JOHANNES WILLMS

TUGEND UND TERROR

JOHANNES WILLMS

TUGEND
UND
TERROR

GESCHICHTE
DER FRANZÖSISCHEN
REVOLUTION

C.H.BECK

Neithard Bulst
sero sed serio
dedicatus

Mit 50 Abbildungen

Gesetzt aus der Walbaum bei Fotosatz Amann, Memmingen
Druck und Bindung: CPI – Ebner & Spiegel, Ulm
Umschlagentwurf: Kunst oder Reklame, München
Umschlagabbildung: Hippolyte Delaroche, Die Eroberer der Bastille
vor dem Hôtel de Ville im Jahre 1789, 1839,
Musée de la Ville de Paris © Bridgeman Images
Gedruckt auf säurefreiem, alterungsbeständigem Papier
(hergestellt aus chlorfrei gebleichtem Zellstoff)
Printed in Germany
ISBN 978 3 406 66936 1

www.beck.de

INHALT

DRITTES BUCH

DER MACHTKAMPF

VIERTES BUCH

DIE SCHRECKENSZEIT

FÜNFTES BUCH

DIE GÖTZENDÄMMERUNG

ANHANG

PROLOG

Die Französische Revolution war ein Drama mit vielen Handlungsträgern, die buchstäblich bis aufs Messer miteinander konkurrierten. Gleichzeitig bekannten sich ihre Akteure selbstlos zum Fortschritt der Menschheit und glaubten, ihre wohlmeinenden Absichten erfüllten ihre Mitbürger mit der nämlichen Begeisterung. So entfesselten sie eine Dynamik, die rasch ihrer Kontrolle entglitt und in Chaos, Gewalt und Zerstörung einmündete. Das hatte keiner der Protagonisten vorhergesehen, geschweige beabsichtigt. Gleichwohl war es die Folge ihres idealistischen wie revolutionären Handelns, das von zwei Imperativen beherrscht wurde, die Jean-Jacques Rousseau im «Contrat social» benannt hatte: «Wenn man danach forscht, worin genau sich das größte Gut für alle erfüllt, welches das wahre Ziel jeglicher Gesetzgebung sein muss, wird man feststellen, dass es sich auf diese beiden wichtigsten Prinzipien beschränkt, die *Freiheit* und die *Gleichheit*».[1]

Die Pointe von Rousseaus Feststellung richtete sich gegen den *Ancien Régime*, der allein dem König unumschränkte politische Handlungsvollmacht zusprach. Dem setzte die Revolution ein Konzept von Politik entgegen, das sich auf die Vorstellung einer Gesellschaft gründete, die sich in der Verwirklichung der allen verbindlichen *vertu publique* erfüllte.[2] Diese Tugend werde durch die *volonté générale*, das selbstlose Eintreten der Bürger für das öffentliche Wohl gewährleistet, das sich an den Prinzipien von Freiheit und Gleichheit orientierte. Beide wurden in der 17 Artikel umfassenden Erklärung der «Menschen- und Bürgerrechte» der Nationalversammlung vom August 1789 ausführlich gewürdigt. In den folgenden Jahren wurden diese Prinzipien von den unterschiedlichen Akteuren der Revolution unablässig bekräftigt und in Anspruch genommen. Daraus entwickelte sich eine erbitterte, von zunehmender Radikalisierung geprägte Konkurrenz, die das Gelingen der Revolution in Frage stellte. Um diese Gefahr zu bannen, verfiel die Partei der Jakobiner, die sich die Führung der Revolution erobert hatte, auf die Gleichschaltung von Tugend und Terror, ein Konzept, das deren Führer Robespierre am 5. Februar 1794 in einer Grundsatzrede über die Prinzipien einer moralisch begründeten Politik rechtfertigte: «Wenn die Tugend zu Friedenszeiten allein die Kraft der demokratischen Regierung ausmacht, so gilt für eine Revolution, dass sich diese Kraft gleichermaßen aus der *Tugend* und dem *Terror* speist: Ohne die Tugend ist der Terror verderblich und ohne Terror ist die Tugend ohnmächtig. Der Terror ist nichts anderes als die rasche, strenge und unbeirrbare Justiz. Der Terror ist damit ein Ausfluss der Tugend».[3]

Die *vertu publique* war das Ideal der Revolution, die *terreur* das radikalste Mittel der Jakobiner zu ihrer Durchsetzung. Mit der gewaltsamen Ausschaltung ihrer ärgsten Konkurrenten, der *Girondins*, Anfang Juni 1793 begann die Schreckenszeit, die rund ein Jahr bis zum Sturz Robespierres im Juli 1794 währte, die aber gleichwohl dem gesamten Verlauf der Französischen Revolution eine Signatur aufprägte, auf die deren Gegner und Befürworter später immer wieder rekurrierten. Dieser Umstand rechtfertigt den Titel, den der Verfasser seiner Darstellung der Französischen Revolution gab.

Die Revolution war immer die Sache einer Minderheit, die versuchte, eine Mehrheit für ihr Projekt zu gewinnen. Das geschah stets mit Zwang, der Widerstand weckte, der mit einer Verschärfung des Zwangs beantwortet wurde. Das setzte eine Eigendynamik und Selbstradikalisierung in Gang, die schließlich die Schreckensherrschaft hervorbrachte: Die Revolution verschlang ihre eigenen Kinder. Schon nach dem Zusammentreten der Generalstände, einer Repräsentativversammlung gewählter Vertreter von Klerus, Adel und Drittem Stand, die seit Anfang Mai 1789 in Versailles tagten, begannen Machtkämpfe, die sich rasch in immer neuen Frontstellungen ausdifferenzierten.

Damit kam ein Drama in Gang, das in ganz Frankreich wie in Europa lebhaften Widerhall fand und das so gut wie ausschließlich von den auf der Pariser Bühne agierenden Konkurrenten vorangetrieben wurde. Alle Versuche, der Entwicklung Einhalt zu tun, die revolutionäre Dynamik zu bändigen, scheiterten regelmäßig an den radikalen Stürmern und Drängern. Der Prozess folgte keinem Plan, gehorchte keiner Regie, sondern wurde stetig von antagonistischen Interessen und Kräften befeuert. Sie alle suchten Antworten auf Entwicklungen, die von der schieren Dynamik der Abläufe freigesetzt wurden. Ausnahmslos waren es neue Herausforderungen, die nach Lösungen verlangten, für die es kein Vorbild gab. Das verweist auf eine Grundtatsache, die erst von der sich stürmisch entfaltenden Revolution geschaffen wurde, denn sie räumte nicht nur politische und gesellschaftliche Antiquitäten ab, sondern zerstörte auch die Handlungssicherheit ihrer Akteure. Das schuf ein Dilemma, das Alexis de Tocqueville im Schlusswort von «De la Démocratie en Amérique» in dem Satz dingfest machte: «Seit die Vergangenheit nicht mehr die Zukunft erhellt, irrt der menschliche Geist im Dunkeln».[4]

Tocquevilles Feststellung hat nichts von ihrer Gültigkeit eingebüßt, weshalb das vergangene Geschehen der Französischen Revolution noch heute verstörend aktuell anmutet, zumal der Blick, den man auf die Vergangenheit wirft, immer auch beeinflusst wird von Erfahrungen und Irritationen der eigenen Gegenwart. Gewiss, die Geschichte wiederholt sich nicht, und der Vergangenheit sind auch keine Lehren für die Gegenwart abzuschauen, aber ihre Kenntnis fördert vielleicht die Einsicht in eigene Problemlagen.

München-Schwabing, im Herbst 2013 *Johannes Willms*

ERSTES BUCH

DIE KRISE

ERSTES KAPITEL

«ICH WILL GELIEBT WERDEN»

Der Tod Louis' XV am 10. Mai 1774 war der Anfang vom Ende des *Ancien Régime*. Als fünfzehn Jahre später in Versailles die Generalstände feierlich eröffnet wurden, die seit 1614 nicht mehr getagt hatten, leitete dieser Akt die förmliche Abdankung der absoluten Monarchie ein. Beide Daten flankieren die unmittelbare Vorgeschichte der Französischen Revolution. In diesem Zeitraum kulminierten Entwicklungen, die sich wechselseitig beeinflussten; sie nährten eine tiefe Unzufriedenheit, die sich immer deutlicher und öfter in einer Kritik äußerte, die die politischen und gesellschaftlichen Zustände in Frage stellte.

Beim Tod von Louis XV war dieser Erosionsprozess schon weit fortgeschritten. Dem Herrscher, der einst als *le bien-aimé* gefeiert worden war, schlug nur noch Verachtung entgegen. Die Beisetzung erfolgte in unziemlicher Hast. Schon kurz nach seinem Hinscheiden wurde der Leichnam des Königs, der an hochinfektiösen Blattern gestorben war, in einen doppelten Bleisarg eingeschlossen. Zwei Tage später schaffte man ihn in den Nachtstunden nach Saint-Denis bei Paris. Die Überführung fand, wie der Kommandeur der Schweizer Garde Baron Pierre Victor de Besenval schreibt, ohne jedes Zeremoniell statt. «Der Kondukt ähnelte mehr dem Transport einer Last, der man sich schleunigst entledigen wollte, als der Bezeugung der letzten Ehren, die einem Monarchen zustanden».[1] Als der Konvoi gegen elf Uhr in Saint-Denis anlangte, waren die Straßen dicht von Neugierigen gesäumt, die das Spektakel mit beißendem Spott kommentierten. Damit nicht genug, war Paris binnen weniger Tage von einer Flut satirischer Leichenreden überschwemmt, die den Toten mit zotiger Häme verunglimpften.

Die Verachtung des Königs hatte sich zuvor schon in pornographischen Satiren angekündigt, die die Ausschweifungen des Herrschers und seine Mätressenwirtschaft aufs Korn nahmen. Mätressen gehörten zwar seit je zur Folklore der französischen Monarchie. Doch hatten alle seine Vorgänger darauf geachtet, ihre Lüste gleichsam standesgemäß auszuleben. Die Damen, mit denen sie sich außerehelich vergnügten, entstammten meist der hochadeligen Hofgesellschaft. Sie trugen sogar dazu bei, Ruf und Glanz der Krone zu mehren. Ihre Stellung als *Maîtresse en titre* war offiziell anerkannt. Dafür sorgte ein feierliches Zeremoniell, mit dem sie bei Hofe eingeführt wurden. Ihr Status verschaffte ihnen eine Fülle von Privilegien und Einflussmöglichkeiten, die ihr Ansehen jenem des Monarchen annäherte.

Dieses Vorbild beherzigte der von seinen Trieben beherrschte Louis XV jedoch nur zu Beginn seiner Regierungszeit. Einen ersten Verstoß gegen die Etikette beging Louis XV, als er sich 1745 für die vierundzwanzigjährige Jeanne-Antoinette Poisson entflammte und sie als Marquise de Pompadour in den Adelsstand erhob. Trotz ihres Geistes, ihres erlesenen Kunst- und Literaturgeschmacks und ihres Einflusses, den sie auf die französische Außenpolitik nahm, verargten die Hofkreise der Pompadour ihre bürgerliche Herkunft bis zuletzt. Dafür sorgten auch die nicht selten aus Adelskreisen stammenden Verfasser satirischer Pamphlete, denen ihr Mädchenname – Poisson heißt Fisch – eine unerschöpfliche Quelle für allerlei Kalauer bot.

Den Tiefpunkt von Louis' XV Mätressenwirtschaft repräsentierte Jeanne Bécu, die spätere Comtesse du Barry, die von 1769 bis zum Tod des Monarchen die *Maîtresse en titre* war. Unter dem Namen *Mlle l'Ange* soll sie in einem Pariser Bordell gearbeitet haben, wo sie von Dominique Guillaume Le Bel, dem Leibdiener Louis' XV, entdeckt wurde, der dem königlichen Harem im Parc aux cerfs in den Gärten von Versailles neue verführerische Weiblichkeit zuzuführen hatte.[2]

Die heftige Kritik, die sich weit über die Hofkreise hinaus am königlichen Mätressenwesen entzündete, erklärt sich nicht allein aus empörter Moral oder Standesdünkel. Die Pompadour und mehr noch die du Barry galten vielmehr als Beispiele dafür, wie sehr Intrigenwirtschaft und Ausschweifung bei Hofe Ehre und Dienstbereitschaft ersetzt hätten. Das nährte die Mutmaßung, dass nicht mehr der König und die Minister, sondern der Serail die oberste Instanz des Staates sei. Eine solche Herrschaftspraxis wurde als Despotie begriffen, wie sie Montesquieu in *De l'Esprit des lois* beschrieben hatte.[3] Dafür lieferte das Regierungshandeln in den letzten Jahren der Herrschaft von Louis XV reichlich Belege.

Einen davon stellte das unaufhaltsam wachsende Haushaltsdefizit dar. Verantwortlich dafür waren nicht nur die enormen Kosten des Siebenjährigen Krieges und die kostspieligen Extravaganzen des Hofes, sondern auch die steigenden Aufwendungen für den Ausbau des absolutistischen Staates, dessen wachsende Bürokratie immer größere Bereiche der Gesellschaft reglementierte. Alle Versuche, die Differenz zwischen Soll und Haben durch neue und höhere Steuern oder durch die Einschränkung von Steuerprivilegien zu verringern, derer sich außer Klerus und Adel auch viele Städte und Provinzen erfreuten, scheiterten immer wieder am Widerstand der *Parlements.* Diese waren zum einen die obersten Berufungsgerichte, die im Namen des Königs letztinstanzliche Urteile fällten. Zum anderen hatten sie sich aber auch weitreichende Kompetenzen in Verwaltungsfragen angeeignet. Das brachte sie regelmäßig mit den königlichen Intendanten und Gouverneuren in Konflikt. Entscheidend aber war ihre Rolle im Prozess der Gesetzgebung. Die Rechtskraft von Gesetzen und Verordnungen der Krone hing von ihrer Zustimmung ab. Danach wurden neue Gesetze und Verordnungen von den *Parlements* registriert, d.h. zu den Akten genommen. Das war keine bloße Formalie, denn die *Parlements* beanspruchten das Recht, dem König *remontrances*, also begründete Einwände zuzuleiten,[4] ein wirksames Mittel, die Registrierung und damit das Inkrafttreten der Gesetze aufzuschieben und so Regierungshandeln zu verzögern oder gar zu vereiteln.

Seit dem Tod Louis' XIV hatten sich die *Parlements* des Rechts auf *remontrances* häufig bedient, um ihrer Opposition gegen bestimmte Vorhaben der Krone Nachdruck zu verleihen. Dieser Absicht entsprach es auch, dass sie mehr und mehr von der zuvor üblichen Praxis, ihre Einwände vertraulich zu handhaben, abwichen und sie veröffentlichten. Das erwies sich als sehr folgenreich, denn die *Parlements* beeinflussten damit die öffentliche Meinung,[5] deren Unterstützung wiederum ihre Stellung gegenüber der Krone festigte. Das stärkte ihre Renitenz erheblich, weshalb sie auf die Beantwortung der *remontrances* seitens des Königs mit neuen Einwänden reagierten.

Damit nicht genug, traten sie in der zweiten Hälfte des 18. Jahrhunderts immer öfter in Streik, d. h. sie verweigerten die Rechtsprechung, um so ihre Opposition zu bekräftigen.

Die *Parlements* trieben damit ein Machtspiel, dessen Ausgang, wie jedermann wusste, keineswegs offen war, denn der König hatte in allen diesen Streitigkeiten stets das letzte Wort. Um deren Widerstand zu brechen, erschien er mit großem Gefolge im *Parlement de Paris* und erzwang so die Registrierung der strittigen Gesetze und Verordnungen. Dieses Ritual war der sogenannte *lit de justice*, mit dem demonstriert wurde, dass der Souverän die alleinige Quelle allen Rechts war, dessen bloße Gegenwart die den Mitgliedern des *Parlement* lediglich delegierte Autorität aufhob. Zwar protestierten die *Parlements* gegen diese Zurschaustellung königlicher Souveränität, aber damit ließen sie es meist bewenden, denn ihrer Ehre und ihrem Ansehen hatten sie Genüge getan, weiterer Widerstand wäre offene Rebellion gewesen, woran sie nicht zu denken wagten.[6]

Diese aufwendig choreographierten Machtrituale zeigen, dass die Gewaltenteilung dem *Ancien Régime* durchaus fremd war und der Souverän Exekutive und Legislative in seiner Person vereinigte. Diese Doktrin des Absolutismus ließ Louis XV dem *Parlement de Paris* am 3. März 1766 in einer Sitzung, die von den Zeitgenossen als *séance de flagellation* charakterisiert wurde, in deutlichen Worten vortragen: «Allein meine Person vereint in sich alle souveräne Macht. (...) Meine Gerichte haben ihre Autorität nur von mir allein. Die ganze Fülle dieser Autorität, die sie nur in meinem Namen ausüben, gehört immer nur mir. (...) Allein mir steht die Gewalt der Gesetzgebung ohne irgendeine Abhängigkeit oder Einschränkung zu. (...) Die gesamte öffentliche Ordnung, die Rechte und Interessen der Nation sind ein Ausfluss meines Willens».[7]

Dass Louis XV sich zu dieser Ermahnung genötigt sah, zeigt, in welche Bedrängnis der Absolutismus *sans phrase* durch die *Parlements* geraten war. Deren wachsendes Selbstbewusstsein nährte sich auch aus der Glaubensdoktrin des Gallikanismus, zu dem sich die Angehörigen des *Parlement de Paris* seit dem späten Mittelalter bekannten. Der Gallikanismus bestand auf der unbedingten Autonomie der französischen Kirche von der Bevormundung durch den Papst. Diese Anschauung geriet im frühen 18. Jahrhundert immer mehr unter den Einfluss des Jansenismus, einer in Frankreich innerhalb des Katholizismus auftretenden Glaubensbewegung, die aus der Gegenreformation hervorging. Die zunächst strikt religiöse Strömung, die auf moralischem Rigorismus beharrte und die Unabhängigkeit individueller Verantwortung postulierte, wurde vom französischen König wie vom römischen Papst gleichermaßen verfolgt. Louis XIV verdächtigte die Jansenisten, verdeckte «Republikaner» zu sein. Auf sein Betreiben hin verdammte Papst Clemens XI. mit der Bulle *Unigenitus* von 1713 eine Anzahl jansenistischer Glaubensartikel. Darüber hinaus nutzte der Papst diese Bulle dazu, das Recht des Papstes auf Exkommunikation des französischen Königs zu bekräftigen.

Statt den Jansenismus zu bannen, wurde nun dessen Fusion mit dem Gallikanismus förmlich erzwungen. Das stiftete einen politisierten Jansenismus, der immer häufiger in offenen Widerspruch zum umfassenden Autoritätsanspruch des Königs trat. Wichtigste Repräsentanten dieser Glaubensströmung waren die Mitglieder der vierzehn *Parlements*. Über welchen Einfluss der Jansenismus nicht nur unter den Magistraten des *Parlement de Paris* gebot, zeigte sich 1764, als der Gerichtshof nach einer langwierigen Kampagne die Vertreibung der Jesuiten aus Frankreich durchsetzte. Im Jahr darauf erklärte der *Parlement de Paris* die Beschlüsse der Generalversammlung des französischen Klerus, die eine größere Unabhängigkeit der Kirchenhierarchie von der staatlichen Macht statuierten, für null und nichtig. Beide Erfolge hatten das politische Selbstbewusstsein der *conseillers* erheblich gestärkt.[8] Die chronische Finanznot der Krone, die sie durch die Erhebung neuer oder höherer Steuern zu überwinden suchte, lieferte von nun an den Mitgliedern der *Parlements* Anlässe, ihren Widerstand gegen deren Ansprüche zu artikulieren.

Ihre Opposition rechtfertigten die *Parlements* mit dem Verweis auf die unverletzliche Verfassung Frankreichs, die nach ihrer Interpretation aus einer Reihe von *lois fondamentales* bestehe. Auf diese Grundgesetze hätten sich, so die sogenannte *thèse parlementaire*, der König und die Nation einst verständigt. Daher könnten sie von diesem nicht einseitig abgeändert werden. Darüber wachten die *Parlements* als Verfassungsgericht[9], dem folglich das Recht zustände, nicht nur bei verfassungsrechtlichen, sondern auch bei politischen Bedenken Gesetzen die Zustimmung zu verweigern. Diese Kompetenz begründeten die *Parlements* damit, dass sie ihnen in Abwesenheit einer Vollversammlung der Stände zufiele. Im Kern beriefen sie sich also darauf, dass Träger der Souveränität die Nation und nicht der König sei. Die Nation hätte der Krone durch einen *contrat social* lediglich bestimmte Rechte übertragen, alle anderen aber behalten.

Der von den *Parlements* während der Herrschaft Louis' XV immer mehr ausdifferenzierte Anspruch, die Interessen der Nation zu vertreten, war kaum mehr als eine opportunistische Rechtfertigung. Sie maskierte den Umstand, dass die rund 2300 Magistrate aller *Parlements* innerhalb der ständischen Gesellschaft eine Funktionselite bildeten, die sich von anderen sozialen Gruppen und Ständen deutlich unterschied. Die Räte des *Parlements*, ursprünglich dem begüterten Bürgertum entstammend, übten ein Amt aus, das ihnen den erblichen Adel, die sogenannte *noblesse de robe*, verschaffte. Bei vielen von ihnen gehörten Amt und Rang schon seit Generationen einer Familie.[10] Sie bildeten regelrechte Dynastien, aus denen fast alle Intendanten und auch ein großer Teil der Minister rekrutiert wurden.[11] Nach Wohlstand, sozialem Ansehen, Lebensführung oder Privilegien unterschieden sich die Angehörigen der *noblesse de robe* in nichts von der *noblesse d'épée*, dem Schwertadel, dem sie sich oft überlegen fühlten.

Das Selbstbewusstsein der *noblesse de robe* der *Parlements* prägte ihr politisches Handeln und bestimmte ihre Interessen, die so gut wie ausschließlich darauf ausgerichtet waren, die eigenen Privilegien zu verteidigen und zu mehren.

Was die Wertschätzung der *Parlements* dennoch in den Augen vieler steigerte, war die Tatsache, dass sie als Einzige gelegentlich in Opposition zum Universalanspruch der Krone traten. Der Hebel, den die *noblesse de robe* mit den *Parlements* handhabte, war jedoch bei weitem zu kurz, um Geltungsansprüche durchzusetzen. Also musste man sich der öffentlichen Meinung als Bundesgenossen versichern. Allerdings würde sich diese nur gewinnen lassen, wenn sie sich ihrerseits Vorteile von diesem Bündnis versprechen konnte. Deshalb galt es, die Fronde der *Parlements* gegen die Krone auf eine breite Rechtfertigungsgrundlage zu stellen, die mit einer Fülle verlockender Prinzipien wie Souveränität des Volkes, Vertragsrecht oder repräsentative Regierung prunkte. Alle diese Prinzipien liefen dem Konzept der absoluten Monarchie diametral zuwider, ließen sich aber für einen Umbau des Staats nach bürgerlichen wie aristokratischen Interessen vorzüglich instrumentalisieren.

Die gegen die Monarchie frondierende *noblesse de robe* machte damit binnen weniger Jahre die Erfahrung von Goethes Zauberlehrling: Die von ihr aus politischer Opportunität aufgerufenen Prinzipien, von deren Richtigkeit auch einige liberal gesinnte Magistrate überzeugt waren, entwickelten sehr schnell eine Eigendynamik und nicht mehr aufhaltbare Radikalität, die in die Revolution einmündete. So stellt der Comte de Ségur in seinen Memoiren fest: «Die Gerichtshöfe wurden, indem sie der Macht unter Wahrung des Respekts trotzten, beinahe republikanisch, ohne dass sie sich dessen bewusst wurden, und sie selbst läuteten damit die Stunde der Revolutionen ein, dabei im Glauben befangen, lediglich dem Vorbild ihrer Vorgänger nachzueifern, die sich dem Konkordat von François I oder dem Steuerdespotismus eines Mazarin widersetzten».[12]

Die *Parlements* schätzten das Ausmaß der Finanznot, die der Krone zu schaffen machte, nicht zutreffend ein. Diese Not fiel mit einer Wirtschaftskrise zusammen, die 1770 mit Wucht einsetzte. Nicht genug damit, war das Ansehen Louis XV bereits so tief gesunken, dass er keine Aussicht hatte, die Öffentlichkeit für eine Unterstützung einschneidender Reformen zu gewinnen. Der Handlungsspielraum des Königs war darauf beschränkt, sich entweder mittels eines Staatsbankrotts der aufgelaufenen Schulden zu entledigen oder neue Steuern von gesellschaftlichen Gruppen einzufordern, die wie Adel und Klerus bislang kaum mit Abgaben belastet waren.

Die eine wie die andere Lösung des Finanzdilemmas verbot sich der Regierung aus Rücksicht auf die öffentliche Meinung, die im Laufe des 18. Jahrhunderts eine wenn auch nicht genau bestimmbare, so doch rasch wachsende Macht darstellte.[13] Charles-Maurice de Talleyrand, der ein feines Gespür für Machtverhältnisse hatte, widmete in seinen Memoiren der «Öffentlichkeit», die bei ihm als «la société», als Gesellschaft der Privilegierten, firmiert, eine aufschlussreiche Reflektion: «Frankreich hatte die Anmutung, aus einer gewissen Anzahl von *sociétés* zusammengesetzt zu sein, denen die Regierung jeweils Rechnung trug. Das eine Mal stellte sie eine davon zufrieden und verschaffte sich so den Kredit, den sie herausschlagen konnte. Danach wandte sie sich einer anderen zu, derer sie sich auf ganz die nämliche

Weise bediente. Wie lange konnte man damit aber fortfahren? – Die Macht dessen, was man in Frankreich *la société* nennt, war in den Jahren, die der Revolution unmittelbar vorausgingen, ja während des ganzen letzten Jahrhunderts, außerordentlich groß».[14]

La société im Sinne Talleyrands war in Paris, in Versailles, aber auch in anderen Städten konzentriert. Hier lebten jene Adeligen, Kleriker und Angehörigen der bürgerlichen Intelligenz, die Leihbibliotheken und Lesehallen frequentierten, die es ab Mitte des 18. Jahrhunderts auch in Provinzstädten gab und in denen für eine geringe Gebühr Zeitungen gelesen und Bücher entliehen werden konnten.[15] Ein weiterer Treffpunkt dieser Schichten waren die literarischen Gesellschaften. Neben Büchern und Zeitungen, die sie ihren Mitgliedern in eigenen Bibliotheken zugänglich machten, boten sie noch eine weitere Attraktion: Sie veranstalteten Diskussionen zu aktuellen Fragen. Die Crème dieser Gesellschaften waren die 35 Akademien, die sich 1789 landesweit etabliert hatten.[16] Das Milieu in diesen Akademien bestimmten die Angehörigen des landsässigen Adels und des lokalen Bürgertums, die hinsichtlich ihrer sozialen Lage wie ihrer Interessen weitgehend übereinstimmten.

Inwieweit Leihbüchereien, Lesehallen und Akademien dazu beitrugen, auch in der Provinz einen politischen Diskurs anzustiften und hier eine kritische Öffentlichkeit zu schaffen, ist offen. Gegen eine solche Vermutung spricht das Zeugnis eines genauen und kundigen Beobachters: Arthur Young, der ganz Frankreich in den Jahren unmittelbar vor Ausbruch der Revolution bereiste, hat sich wiederholt über die Indolenz, auf die er in den Provinzstädten stieß, in seinem Tagebuch echauffiert. Am 7. August 1789 war er in der an der großen Poststraße nach Italien gelegenen Stadt Moulins im Bourbonnais: «Um die Zeitungen zu lesen, ging ich in das Caféhaus von Madame Bourgeau, dem besten in der ganzen Stadt, in dem ich rund zwanzig Tische antraf, die für Gäste eingedeckt waren, allein, was eine Zeitung anbelangte, hätte ich genauso gut nach einem Elefanten fragen können. Das war das Bild nationaler Rückständigkeit, Unwissenheit, Dummheit und Armut! In der Hauptstadt einer großen Provinz, dem Amtssitz eines Intendanten, in einer Zeit wie dieser, mit einer Nationalversammlung, die eine Revolution votiert, und dann nicht eine Zeitung, um die Leute darüber zu unterrichten, ob La Fayette, Mirabeau oder

Louis XVI auf dem Thron sitzt. Besucher in einem Caféhaus, die zahlreich genug sind, um zwanzig Tische zu besetzen, und deren Neugierde nicht so groß ist, um eine einzige Zeitung zu verlangen. (...) Könnte ein Volk wie dieses jemals eine Revolution gemacht oder sich befreit haben? Niemals, und in tausend Jahrhunderten nicht. Der aufgeklärte Mob von Paris, der inmitten Hunderter von Zeitungen und Veröffentlichungen agiert, hat das Alles ins Werk gesetzt».[17]

Das Zeugnis von Arthur Young bestätigt die Unschärfe, die Begriffen wie «Öffentlichkeit» oder «öffentliche Meinung» im Zusammenhang mit der Gesellschaft des *Ancien Régime* anhaftet. Sie wurden zwar von den Zeitgenossen oft gebraucht und besaßen auch im politischen Diskurs große Bedeutung, aber wen oder was sie genau meinten, welches Milieu sie bezeichneten, war weithin unklar. Dass diese Begriffe und die Ansichten, die mit ihnen verbunden wurden, dennoch Einfluss auf politische Entscheidungen hatten, lässt sich jedoch nicht bestreiten, auch wenn sich in ihnen eher ein rhetorisches als ein soziologisches Verständnis aussprach.[18]

1770 waren alle Winkelzüge zur Beschaffung frischen Geldes für die leeren königlichen Kassen erschöpft. Der Ausbruch einer großen Krise drohte ganz Frankreich in Aufruhr zu stürzen. Ein erstes bedrohliches Anzeichen dafür war die *guerre des farines*, der Mehlkrieg. Überall in Frankreich kam es im Frühjahr und Sommer 1770 auf dem flachen Land und in den Städten zu Brotaufständen, mit denen gegen die rapide ansteigenden Preise dieses Grundnahrungsmittels der unterbürgerlichen Massen protestiert wurde. Ursache dafür war eine schlechte Ernte; für den Mangel und die Teuerung aber verantwortlich gemacht wurde die Regierung, die 1763 eine teilweise Liberalisierung des zuvor strikt reglementierten Getreidehandels veranlasst hatte. Die Liberalisierung weckte in weiten Kreisen der Bevölkerung tiefes Misstrauen, das sich Jahre später zum Verdacht verstieg, der König habe mit skrupellosen Spekulanten einen «pacte de famine» geschlossen, um seine Untertanen auszuhungern.[19]

Die *guerre des farines*, die den Vorwand lieferte, die unpopuläre Liberalisierung des Getreidehandels aufzuheben, verschaffte der Regierung eine willkommene Gelegenheit, um eine Lösung des drängenden Finanzproblems anzusteuern. Ein erster Schritt war ein teilweiser Staatsbankrott, den der Generalkontrolleur der Finanzen, Joseph-

Marie Terray, dadurch ins Werk setzte, dass er die Zinsen auf eine Reihe von Staatsanleihen verringerte und bei anderen die vereinbarte Rückzahlung einfach einstellte. Das schädigte zwar einige Gläubiger des Staates, zu denen auch Voltaire gehörte, schonte aber genau diejenigen, deren Widerstand er vermeiden musste: die *conseillers* des *Parlement de Paris*, die ihr Kapital vorzugsweise in den *rentes sur l'Hôtel de Ville* anlegten, die zu manipulieren sich Terray hütete. Möglicherweise war es ihm auch nur darum zu tun, die Magistrate in Sicherheit zu wiegen, denn längst plante die Regierung einen Schlag, der ihr den zunehmend lästiger werdenden Widerstand der *Parlements* in Steuerfragen ein für allemal vom Hals schaffen und die ungeschmälerte Autorität der Monarchie wiederherstellen sollte.

Dieser Schlag war das Edikt vom 3. Dezember 1770. Als der *Parlement de Paris* dessen Registrierung verweigerte, wurde sie bereits am 7. Dezember durch ein *lit de justice* erzwungen. Das Edikt war eine schonungslose Abrechnung mit allen Ansprüchen, die sich der *Parlement* gegenüber der Krone herausgenommen hatte und die jetzt noch deutlicher als in der *séance de flagellation* vom März 1766 detailliert zurückgewiesen wurden. Zugleich wurde die Doktrin des Absolutismus erneut durch die Betonung des monarchischen Gottesgnadentums bekräftigt, nach dem allein der König das uneingeschränkte Recht besaß, Gesetze zu erlassen. Konsequenterweise könne und dürfe der *Parlement* für sich nicht den Anspruch erheben, den Willen der Nation zu repräsentieren. Er sei auch nicht befugt, sich in die Gesetzgebung einzumischen. Insbesondere besitze er keinerlei Rechte, Gesetze nach eigenem Gutdünken zu billigen oder zu verwerfen sowie sich eine Oberaufsicht über die exekutiven oder finanziellen Initiativen der Regierung anzumaßen. Widerspruch sei nur zulässig, wenn er sich darauf beschränke, den Souverän gutwillig zu unterstützen, und ihn in der Ausübung seiner Macht nicht behindere. Eine Bestreikung der Rechtsprechung wurde ebenso verboten wie der Massenrücktritt von der Magistratur.[20]

Wie nicht anders zu erwarten, setzte sich der *Parlement* gegen seine Entmachtung mit Protesten zur Wehr, die von der Krone mit wachsender Schärfe beantwortet wurden. Diese Auseinandersetzungen dienten der Vorbereitung des zweiten Akts des geplanten Staatsstreichs, der am 20. Januar 1771 begann: Die Mitglieder des *Parlement* wurden ultimativ aufgefordert, sich dem Edikt vom 3. Dezember zu unterwerfen. Als sie sich weigerten, erhielten sie umgehend einen *arrêt du conseil* zugestellt, der ihnen verschiedene Orte außerhalb von Paris als Exil anwies.[21] Mit einem weiteren Edikt vom 23. Februar 1771 wurde die Rechtsprechung im Rayon des *Parlement de Paris*, der sich über rund ein Drittel der Fläche Frankreichs erstreckte, neu gebildeten Gerichten, den *conseils supérieurs*, übertragen. Diese Gerichte erhielten jetzt die Zuständigkeit, in Zivil- und Strafsachen zu entscheiden, die zuvor in Paris verhandelt werden mussten.[22] Den Abschluss dieser «Reform» bildete ein Edikt vom 13. April 1771, das die Beseitigung aller Ratsämter am früheren *Parlement de Paris* vorsah. Den Räten wurde eine Rückerstattung des dafür aufgewendeten Kaufpreises unter der Bedingung in Aussicht gestellt, dass sie freiwillig ihre Ämter niederlegten. Eine weitere Bestimmung dieses Edikts war es, einen neuen *Parlement de Paris* zu schaffen, dessen Mitglieder ihre Funktionen aber nicht käuflich erwarben, sondern von der Krone ernannt wurden.[23]

Da die Liquidierung des *Parlement de Paris* bei den anderen obersten Gerichtshöfen in den Provinzen auf anhaltend heftige Proteste stieß, wurden auch diese in der zweiten Jahreshälfte 1771 gründlich «reformiert». Während eine Reihe von ihnen einfach aufgelöst und durch *conseils supérieurs* ersetzt wurde, beschied man sich bei anderen damit, einige besonders renitente Magistrate zu entfernen. Die Übrigen beherzigten diese Maßnahme und unterwarfen sich bedingungslos den neuen Anforderungen.[24]

Nachdem die *Parlements* durch diese Zwangsmaßnahmen zum Schweigen gebracht worden waren, konnte der Generalkontrolleur der Finanzen das Programm zur Sanierung des defizitären Haushalts verwirklichen. Während auf der Einnahmenseite eine Fülle neuer Steuern sowie die Erhöhung alter Abgaben dazu beitrugen, das Defizit zu verringern, blieb auf der Ausgabenseite alles beim Alten und Schlechten.

Die Steuerlasten verschafften der Kritik seitens der Öffentlichkeit weitere Nahrung. Diese äußerte sich in der Verachtung der neuen *Parlements*, denen man vorwarf, sich als willige Werkzeuge des Regimes zu gebärden und alle Steueredikte widerspruchslos passieren zu lassen. Umso mehr wurden die alten *Parlements* verherrlicht, deren Anhänger eine Fülle von Pamphleten verfassten, mit denen sie ihre Wiedereinsetzung forderten. Die Regierung antwortete darauf mit einer Verschärfung der Zensur, die in der Sache selbst wenig erreichte und die Kritik am Regime noch steigerte. Wohl in der Absicht, verlorenen Boden wieder gutzumachen, gab die Regierung nun ihrerseits Broschüren und Flugschriften in Auftrag, die den Einfluss der gegnerischen Propaganda nach Möglichkeit neutralisieren sollten.

Dennoch lässt sich vermuten, dass die Distanz großer Teile der Öffentlichkeit zur Monarchie Louis' XV wuchs. Für den Amtsadel der «reformierten» *Parlements* wie für die Reichen, die jetzt Steuern zahlen mussten, kann eine solche Haltung sicher angenommen werden. Andere jedoch, die durch die «Reformen» keinen Statusverlust oder materiellen Schaden erlitten hatten, nahmen gleichwohl Anstoß an deren brutal anmutender Durchsetzung wie auch an der Betonung des Gottesgnadentums. Die dadurch ausgelöste Kontroverse bewirkte eine in dieser Intensität bislang nicht gekannte Politisierung der Öffentlichkeit. Der Botschafter des Wiener Hofs in Paris, Comte de Mercy-Argenteau, berichtete an Kaiserin Maria Theresia, dass «politische Fragen beinahe der einzige Gegenstand der Gespräche sind, die am Hof, in der Gesellschaft, in der Stadt, ja im ganzen Königreich geführt und die selbst im engsten Kreis der königlichen Familie erörtert werden».[25]

Das alles blieb nicht ohne Einfluss auf den Diskurs der *philosophes* und Aufklärer, der sich zunehmend mit politischen Gegenständen befasste. Es entstand eine regelrechte Mode, wie die von Grimm und Diderot verfasste *Correspondance littéraire* im August 1774 mit Ironie bemerkte: «Der Name eines *philosophe* erwirbt sich derart wohlfeil, dass sich so gut wie jedermann schmeichelt, sich damit zu schmücken. Sollten die Anstrengungen, die man aufwendet, um ihn zu erlangen, nicht immer hinreichen, dann ist wenigstens das Scheitern mit dieser Karriere weit weniger spürbar als mit einer anderen. Es gibt beinahe keinen jungen Mann mehr, der beim Verlassen der Schule nicht das Projekt verfolgt, ein neues philosophisches oder politisches System zu entwickeln. Auch gibt es kaum einen Autor, der sich nicht allen Ernstes verpflichtet fühlt, das Menschengeschlecht über seine grundsätzlichen Interessen aufzuklären, oder der den diversen Mächten auf

Erden die beste Art und Weise, ihre Staaten zu verwalten, vermitteln will».[26]

Die Politisierung großer Teile der Öffentlichkeit trug wesentlich dazu bei, die bislang vorhandenen Alternativen zu diskreditieren: Auf Zustimmung stieß weder der aufgeklärte Absolutismus, der als despotisch verurteilt wurde, noch schlug sich die Empörung über die Abschaffung der *Parlements* in einer uneingeschränkten Befürwortung ihrer von Eigennutz diktierten Opposition gegenüber der Krone nieder. Die politische Meinung strebte vielmehr nach einer Verfassung auf repräsentativer Grundlage, auch wenn einschlägige Überlegungen und Ansichten noch unbestimmt artikuliert wurden. Als Louis XVI 1774 die Thronfolge antrat, musste er erleben, dass das von ihm geerbte politische System in den Augen der Öffentlichkeit seine Legitimation weitgehend eingebüßt hatte.

Diese Situation musste den erst zwanzigjährigen Louis XVI umso mehr überfordern, als Louis XV, sein Großvater, ihn stets von den Regierungsgeschäften ferngehalten hatte. Die vorhersehbaren Folgen der politischen Unerfahrenheit des neuen Herrschers verschlimmerte noch seine von Anfang an betonte Entschlossenheit, nicht nur die Rolle des Königs zu geben, sondern als Monarch auch die Politik Frankreichs zu formulieren. Die Vorstellung, diese Aufgabe einem erfahrenen Premierminister zu übertragen, der in seinem Namen die Regierungsgeschäfte in Zusammenarbeit mit den Ministern führte, lag ihm fern. Dies war auch die erste enttäuschende Erfahrung für den Mann, an den sich der neue König mit der Bitte wandte, ihm mit Rat und Tat zur Seite zu stehen: Jean-Frédéric Phélypeaux Comte de Maurepas, der bis zu seiner Entlassung 1749, als er in Verdacht geriet, satirische Verse auf Madame de Pompadour geschrieben zu haben, Marineminister unter Louis XV gewesen war und seither auf seinem Landsitz in Pontchartrain in Verbannung lebte.

In der ersten Unterredung mit dem König begnügte sich der bereits 73-jährige Maurepas damit, diesem in höflichen Andeutungen nahezulegen, sich für einen Premierminister zu entscheiden, der nach dem Vorbild der Kardinäle Mazarin oder Fleury die Regierung namens des Monarchen ausübte. Monarchien, so Maurepas, bräuchten im Entscheidungszentrum einen Mann, der fähig sei, alle Belange der Souveränität zu überblicken. Louis XIV habe seine so glücklich begonnene Herrschaft schlecht zu Ende geführt, weil er sich selbst für geeignet gehalten habe, dieses Zentrum mit seiner Person zu besetzen. Das sei auch die Ursache für die Fehler gewesen, an denen die Nation unter Louis XV zu leiden hatte. Im Übrigen würde ein Premierminister den König nicht daran hindern, selbst die Geschäfte im Detail zu überwachen, wie ihm auch stets die Entscheidung zustünde, nachdem er den Premierminister und die anderen Mitglieder des Kabinetts konsultiert habe.[27]

Das war ein ebenso loyaler wie kluger Ratschlag, mit dem Maurepas auch andeuten wollte, dass er bereit sei, die Rolle eines Premierministers zu übernehmen. Der junge König jedoch, einerseits unerfahren, andererseits dem bewunderten Vorbild seines Großvaters verhaftet, konnte sich dazu nicht entschließen. Maurepas hatte bis zu seinem Tod 1781 als Staatsminister deshalb einen höchst ambivalenten Status als Berater des Monarchen. Dass Louis XVI seinen Rat nicht beherzigte, lässt sich unschwer als wichtige Ursache für viele Fehler identifizieren, die ihm vor Ausbruch der Revolution unterliefen.

In den ersten Monaten seiner Tätigkeit war Maurepas im *Conseil d'Etat* der einzige Minister, den der neue König berufen hatte, während alle anderen Regierungsmitglieder Sitz und Stimme dem verstorbenen Louis XV verdankten. Noch merkwürdiger machte die Situation, dass sich der König in der Regel Mehrheitsentscheidungen des *Conseil* beugte. Maurepas musste also stets damit rechnen, von den alten Ministern überstimmt zu werden. Da er keine Ressortverantwortung hatte, ihm aber gleichwohl die Aufgabe zufiel, Frankreich in Abstimmung mit dem König zu regieren, war diese Konstellation für ihn mehr als problematisch.

Maurepas wollte das beschädigte Ansehen der Krone wiederherstellen. Das konnte aber nur gelingen, wenn er den zaudernden König durch Geduld und List davon überzeugte, die alten Minister, die für den Legitimationsverlust der Monarchie mitverantwortlich waren, zu entlassen. Mit dem Auswechseln der Minister, an deren Stelle Maurepas Männer seines Vertrauens setzen wollte, war ein grundsätzlicher Politikwechsel mit dem Ziel verbunden, die Stellung der Krone gegenüber der Öffentlichkeit wieder zu festigen, dem Vorwurf des Despotismus den Boden zu entziehen und den aufgeklärten Absolutismus zu fördern.

Maurepas war kein Zyniker, sondern ein traditionalistisch gesinnter Pragmatiker der Macht. Für ihn war deshalb auch ein durchaus selbstbewusster *Parlement*, dessen *esprit de corps* aber keine wirkliche Gefahr darstellte, unverzichtbar für das Dekorum der Monarchie. «Ohne *Parlement* keine Monarchie», lautete seine Maxime.[28] Da aber, so überliefert sein Vertrauter de Véri, «der *Parlement* zuständig ist für die Ausführung aller Gesetze, kann er mittels seiner Interpretation diese nach Belieben ausformen. Derart wird er zum eigentlichen Souverän».[29] Hauptursache dafür, so die Einschätzung von Maurepas, waren Differenzen innerhalb der Regierung gewesen, die vom *Parlement* rücksichtslos ausgenutzt wurden. Deshalb sei es unverzichtbar, die Ministerposten mit Persönlichkeiten zu besetzen, für deren Gesinnung er, Maurepas, sich verbürgen könne und die mit ihm an einem Strang zögen. Um das zu gewährleisten, gelte es zum weiteren, die unterschiedlichen Parteiungen am Versailler Hof daran zu hindern, ihre jeweiligen Favoriten als Minister zu installieren. Deshalb favorisierte Maurepas eine Regierung von «Fachleuten», die aus der Funktionselite der *noblesse de robe* rekrutiert werden sollten. Die Pointe dabei war, dass Maurepas, ohne dass ihn der König zum Premierminister ernannte, im Kreis ihm gleichgesinnter Minister, die ihre Ernennung seinem Vorschlag verdankten, diese Rolle gleichwohl de facto ausübte. Zugleich eröffnete ihm dies die Chance, einen umfassenden politischen Richtungswechsel einzuleiten, dessen Erfolg seine Unersetzbarkeit angesichts der Unerfahrenheit des jungen Königs zu garantieren versprach.

Mit hartnäckiger Geduld gelang es Maurepas schließlich, diesen Plan gegen den unentschlossenen König durchzusetzen. Am Vormittag des 24. August 1774 fand die Unterredung statt, bei der er seine bisherige Zurückhaltung aufgab und Louis XVI zu einer Entscheidung zwang, die exakt seinen Vorstellungen entsprach.[30] Der Kanzler und Siegelbewahrer Maupeou und der Generalkontrolleur der Finanzen *abbé* Terray wurden entlassen und durch Miromesnil und Turgot ersetzt, zwei enge Vertraute von Maurepas, die als Minister für Justiz und Finanzen berufen wurden. Diese Maßnahme traf der König wider seine eigene Überzeugung, denn allein schon aus Respekt vor seinem Großvater hätte er gerne beide Minister in ihren Ämtern behalten. Den Ausschlag für deren Entlassung gaben die geschickten Verweise auf die öffentliche Meinung, mit denen Maurepas in der Unterredung mit dem König argumentiert hatte. Das war eine Instanz, die er in seiner Unsicherheit unbedingt respektierte. Und die öffentliche Meinung erwartete vom neuen König rasche Entschlüsse und eine Korrektur der von ihr lauthals kritisierten Fehler. Dazu gehörte die leidige Frage des *Parlement*, die mit dem Thronwechsel erneut akut geworden war. Als man ihn darauf aufmerksam machte, wie riskant es sei, die vom Großvater veranlasste Zerschlagung des *Parlement* rückgängig zu machen, soll er gesagt haben: «Das mag wahr sein, möglicherweise ist es auch politisch unklug, allein es scheint mir der allgemeine Wunsch zu sein, und *ich will geliebt werden*».[31]

Dieser Wunsch schien in Erfüllung zu gehen, denn als Ende Oktober 1774 die Entscheidung bekannt wurde, den alten *Parlement* wieder einzusetzen, löste das großen Jubel in Paris aus. Sehr schnell wurde aber deutlich, dass der wahre Grund dieser Begeisterung die Überzeugung war, einen Sieg der öffentlichen Meinung zu feiern.[32] Mit einem *lit de justice* vom 12. November wurden die Bedingungen für die Wiedereinsetzung des alten *Parlement* bekannt gemacht, die dessen Widerspruchsmöglichkeiten einschränkten. Welche Absichten ihn dabei leiteten, skizzierte Maurepas im Gespräch mit dem Steuerpächter Augeard: «Es gilt darauf zu achten, dass der König als uneingeschränkter Herrscher in seinem Reich schaltet und waltet. Noch viel notwendiger, und das nicht nur für das Wohl der Untertanen, sondern auch mit Rücksicht auf die Kreditwürdigkeit aber ist, dass niemand die Überzeugung hegt, seine Macht stehe über dem Gesetz, denn wenn die Untertanen ihn für einen Despoten halten, dann wird es ihm unmöglich sein, neue Kredite zu bekommen».[33]

Der Versuch von Maurepas, mit allerhand Tricks und Kniffen den ihm vertrauten Status quo der Monarchie zu Zeiten des Kardinals de Fleury wiederherzustellen, musste scheitern, weil das Land und die Probleme, die es plagten, nicht mehr dieselben wie damals waren. Eben deshalb vermochten die Verfahrensregeln, denen der wiederberufene alte *Parlement* unterworfen wurde, dessen Widerspruchsgeist nicht zu zähmen. Befördert wurde dieser zudem durch die von den Magistraten während ihrer Kaltstellung und Exilierung gemachten bitteren Erfahrungen, wie der Comte de Ségur in seinen Erinnerungen rückblickend feststellte: «Er [i. e. Maurepas] rief die ungnädig entlassenen *Parlements* zurück. Ihr Exil war ein Akt der Tyrannei gewesen; ihre Wiedereinsetzung hätte für sie kein Triumph sein dürfen: Er ist es aber gewesen. Man verlieh ihnen ohne alle Umstände wieder ihre Macht, und dieser Sieg, den die Bestrebungen nach Unabhängigkeit der hohen Magistratur über die Autorität errangen, stärkte ihren Widerstandsgeist und ihr Verlangen nach Neuerungen».[34]

Maurepas erster Erfolg auf dem Weg zu einem auf Reformen basierenden aufgeklärten Absolutismus erwies sich deshalb als ein Pyrrhussieg. Mit dem vermeintlichen Triumph des *Parlement* verhielt es sich nicht anders. Weder das eine noch das andere Konzept konnte eine Öffentlichkeit überzeugen, die in dieser Konkurrenz gegensätzlicher Macht- und Ordnungsvorstellungen nur ein historisches Kostümstück sah.

Wie sehr das traditionelle monarchische Regime von den Zeitgenossen als anachronistisches Phänomen wahrgenommen wurde, zeigte sich bei einem Ritual, das dessen über Jahrhunderte fortdauernde Geltung unter Beweis stellen sollte: der *Sacre*, die im Rahmen einer prunkvollen Feier vollzogene Salbung des Königs. Das Zeremoniell, das am 11. Juni 1775 einer rund tausendjährigen Tradition entsprechend in der Kathedrale von Reims stattfinden sollte, bekräftigte feierlich die Legitimität der Monarchie. Diese Krönung war ein unverzichtbarer Ritus, denn erst mit der Salbung wurde der König von Frankreich, der seinem verstorbenen Vorgänger auf dem Thron nachfolgte, ein Herrscher von Gottes Gnaden.[35] Dass daran jetzt Zweifel laut wurden und manche das Ritual als Verschwendung öffentlicher Gelder kritisierten, ist aufschlussreich, da ein Verzicht auf die Salbung den Charakter des französischen Königtums substantiell verändert hätte. Auch äußerte sich in dieser Kritik eine neue politische Sensibilität, denn die Kosten für die Feierlichkeiten erschienen jetzt umso weniger opportun, als es seit dem Frühjahr in der Umgebung von Paris wie in der Stadt selbst wiederholt zu Aufständen gegen die hohen Mehl- und Brotpreise gekommen war, die erst durch den Einsatz von Truppen niedergeschlagen werden konnten.[36]

Als frommer Mann beharrte Louis XVI jedoch zur Genugtuung des Klerus auf dem traditionellen Ritus. Davon ließ er sich auch nicht durch die Denkschrift abbringen, die ihm der *Contrôleur général des Finances* Turgot am 11. September 1774 überreichte. Turgot bezifferte darin die Kosten für den *Sacre* auf rund 7 Millionen *livres*, die durch den Haushalt nicht gedeckt seien. Um den Aufwand zu reduzieren, schlug er vor, das Zeremoniell nach Paris zu verlegen. Dieser Ortswechsel verspreche auch erhebliche Mehreinnahmen, weil man in Paris auf einen größeren Zulauf von Fremden rechnen könne. Schließlich spräche für Paris als Veranstaltungsort auch der günstige Eindruck, den man damit auf die Öffentlichkeit mache, die eine derart demonstrative Sparsamkeit der Krone mit Beifall aufnehmen würde. Insbesondere bei den ärmsten Bevölkerungsschichten werde man damit auf begeisterte Zustimmung stoßen. Das eröffne nicht zuletzt auch die Aussicht, dass sich der König damit «neue Ansprüche auf die Liebe und die Anerkennung seiner Untertanen» erwerbe.[37]

Louis XVI ließ sich von diesen Einwänden nicht beeindrucken, sondern entschied, den *Sacre* dem traditionellen Ritual entsprechend in Reims stattfinden zu lassen. Dessen ungeachtet versuchte Turgot ein weiteres Mal, den König für eine behutsame Abänderung des Rituals zu gewinnen und es dem Geist der Zeit anzupassen. Er schlug vor, einige Eidesformeln wegzulassen, die der Souverän bei dem Zeremoniell sprechen musste. Er riet dazu, ganz davon abzusehen, sich auf den Kampf gegen die Häresie durch einen Schwur festzulegen. Eine solche Verpflichtung stehe sowohl im Hinblick auf die religiöse Gewissensfreiheit, das Naturrecht wie auch auf die Interessen des Staates in einem unauflöslichen Widerspruch zu den Prinzipien der Gerechtigkeit, auf die er als Souverän verpflichtet sei.[38] Das wäre allerdings auch ein Zugeständnis an die Jansenisten gewesen, das Louis XVI scheute. Die ganze Diskussion zeigt, wie brüchig das Fundament des französischen Königtums bereits geworden war, das der König durch sein Festhalten an der Tradition wieder zu festigen suchte. Unterstützt wurde er in dieser Haltung durch den Klerus, der in der unbedingten Wahrung des mit dem *Sacre* verknüpften Rituals ein probates Mittel sah, die immensen Privilegien der Kirche gegen die in der Öffentlichkeit immer lauter vorgetragene Kritik zu immunisieren. Der Preis für diese Intransigenz der Kirche war die Bildung des *Parti des prélats politiques*, der Turgot beisprang.[39] Bei Beginn der Revolution vierzehn Jahre später hatten diese Prälaten, deren bekanntester Vertreter der Bischof von Autun, Talleyrand, war, entscheidenden Anteil an der Säkularisierung des Kirchenbesitzes.

Das Unbehagen, das sich in den Änderungswünschen Turgots aussprach, wurde von der Öffentlichkeit geteilt. Dem widersprach nicht, dass viele Schaulustige, die dem *Sacre* beiwohnten, von dem frommen Schauspiel überwältigt wurden. Die ausführliche Schilderung des Salbungszeremoniells, die der Duc de Croÿ in seinem Tagebuch gibt, beschreibt dies eindrücklich: «Das Kathedralenportal wird geöffnet. Das Volk strömt herein. Friedenstauben fliegen auf. Die Fanfaren schmettern, doch noch eindrucksvoller kündet das französische Herz von seinem neuen Herrn. Die Menschen schluchzten, und in einer noch nie da gewesenen Begeisterung vermischte sich tosender Beifall mit den Rufen *Vive le Roi!* Alle waren wie außer sich».[40]

Ein skeptischer Beobachter wie de Véri, der ebenfalls in Reims weilte, urteilte über das Spektakel und die Reaktionen, die es auslöste, weit nüchterner: «Die Akklamationen der Zuschauer, die den König und die Königin zutiefst bewegten, deren aus schierer Rührung vergossenen Tränen von jedermann geteilt wurden, sind Phänomene, die immer die außergewöhnlichen und pompösen Zeremonien begleiten. (...) Dessen ungeachtet ist es aber nicht weniger zutreffend, dass das gemeine Volk von Paris und in den Provinzen mit Empörung die Ausgaben sieht, die der *Sacre* verschlingt und die weder gedeckt sind noch für die eine Deckung in Aussicht steht».[41]

Der *Sacre* war der demonstrative Versuch, den von der Aufklärung vorangetriebenen Prozess, der die Monarchie ihres sakralen Charakters entkleidete, umzukehren. Das zeigte sich gerade daran, dass Louis XVI sich auch der peniblen Verpflichtung unterwarf, nach seiner Weihe den *Roi thaumaturge*, den Wunderheiler zu geben. Die mirakulöse Befähigung dazu wurde ihm nach traditioneller Anschauung durch die Salbung mit dem heiligen Öl zuteil. Also genügte Louis XVI in drückender Sommerhitze dem Ritus des *Toucher les écrouelles*, der ihn dazu nötigte, Hunderte von Skrofulösen mit seinen Händen zu berühren. Dieser Atavismus des Sakralkönigtums verfehlte jedoch ebenso wie der gesamte *Sacre* nach dem glaubwürdigen Zeugnis des *abbé* de Véri die beabsichtigte Wirkung auf die breite Öffentlichkeit. Ein Jahr später, im Juni 1776, notierte er: «Die mittlere Etage der Gesellschaft hegt für den göttlichen Ursprung der Monarchie nicht mehr die Verehrung, die noch unsere Väter hatten. Uns ist es längst zur Gewohnheit geworden, den Souverän nur noch als den Geschäftsführer der Nation anzusehen. Für viele ist das Blut der Könige ein jeglichen Sinnes entleertes Wort. Und auch die Erbfolge findet allenfalls als eine für die Nation nützliche Gewohnheit Anerkennung. Das alles trägt dazu bei, den Geistern die kriecherische Unterwerfung und die Begeisterung auszutreiben, die den früheren Königen die blinden Werkzeuge ihres Despotismus verschaffte. Deren Anzahl wird mit jedem Jahr kleiner».[42]

Auch den Nachweis zur Befähigung als Geschäftsführer der Nation blieb Louis XVI schuldig. Das zeigte sich bei den Unruhen, die steigende Brotpreise im Frühjahr 1775 auslösten. Brot war das Hauptnahrungsmittel breiter Bevölkerungsschichten, die dafür einen erheblichen Teil ihres Einkommens aufwenden mussten. Der Anstieg des Brotpreises war deshalb immer mit Elend und Hunger verbunden. Gegen dieses Verhängnis, aus dem manche, wie sofort gemutmaßt wurde, riesige Profite schlugen, setzte man sich mit Empörungen und Aufständen zur Wehr, die regelmäßig dann ausbrachen, wenn die Ernten geringer ausfielen. Daher unterlag der Getreidehandel im Frankreich des *Ancien Régime* immer strikten Polizeikontrollen, mit denen Unruhen präventiv verhindert werden sollten. Die Effizienz dieser Kontrollen dämpfte selbst bei reichen Ernten die Neigung der Bauern, Getreideüberschüsse in Landesteile zu exportieren, in denen wegen schlechter Erträge eine große Nachfrage herrschte. Ein weiteres Hindernis war, dass der Transport über größere Strecken wegen schlechter Verkehrswege und zahlreicher Binnenzölle in Frankreich unprofitabel war und es deshalb nicht einmal einen nationalen Markt gab.

In Übereinstimmung mit den Grundsätzen der Physiokraten, denen er selber angehörte, hatte der Ende August 1774 zum Generalkontrolleur der Finanzen berufene Turgot bereits im September alle einschlägigen Beschränkungen des Getreidehandels aufgehoben. Solche Handelsfreiheit war aber im Frankreich des 18. Jahrhunderts nur unter der Voraussetzung ein positiver Faktor, dass die Ernten zufriedenstellend ausfielen. Das war rund ein Jahrzehnt der Fall. Als diese Strähne mit der Ernte von 1774 jäh abriss, sich der Brotpreis im April und Mai 1775 verdoppelte, brachen Unruhen aus, die auf Versailles und Paris übergriffen.

Die Weigerung des Militärbefehlshabers von Paris, Marschall de Biron, entschlossen gegen die Empörer vorzugehen, war ein erstes

Anzeichen für den Sturm, der Turgot bald aus dem Amt des Generalkontrolleurs fegen sollte. Anfang 1776 unterbreitete er dem *Parlement de Paris* sechs Reformedikte, von denen zwei dessen Widerstand provozieren mussten. Das eine sah vor, die *corvée*, die Wegfronden, die den Landbewohnern an einer bestimmten Anzahl von Tagen des Jahres unbezahlte Arbeit im Straßenbau abforderten, in eine Geldleistung umzuwandeln. Diese sollte nicht nur von Kleinbauern oder Tagelöhnern, sondern hauptsächlich von den Grundbesitzern erhoben werden, gleichgültig ob diese grundsteuerpflichtig oder durch Privilegien von der *taille* befreit waren. Zur Rechtfertigung dieses geradezu revolutionären Steueredikts berief sich Turgot auf den Grundsatz sozialer Gerechtigkeit: Es sollten diejenigen für Anlage und Unterhalt der Straßen aufkommen, die auch den wirtschaftlichen Nutzen davon hatten, also die großen Grundeigentümer, die für den Vertrieb ihrer Produkte diese Verkehrswege in Anspruch nahmen. Das zweite Reformedikt zielte auf die Aufhebung der Pariser Zünfte. Statt von zünftigen Beschränkungen geknebelt, sollte sich das Handwerk in freier Konkurrenz entwickeln.

Die Edikte wirkten auf den *Parlement* wie ein rotes Tuch. Mit aller Entschiedenheit trat er in den *remontrances*, die Louis XVI Anfang März 1776 übermittelt wurden, für die Unantastbarkeit der Steuerprivilegien und die Beibehaltung der Zunftverfassung ein und verweigerte weiteren drei Edikten ebenfalls die Registrierung.[43] Trotz der Ablehnung durch den *Parlement de Paris* und ungeachtet der Kritik, die gegen die sechs Reformedikte Turgots vorgebracht wurde, hielt Louis XVI zu seinem Minister und unterstützte dessen Vorschläge.[44]

Da der *Parlement de Paris* in seinem Widerstand gegen die sechs Reformedikte Turgots verharrte, setzte Louis XVI deren Registrierung am 12. März 1776 mit einem *lit de justice* durch.[45] Nur zwei Monate später, am 12. Mai 1776, entließ ihn der König als Generalkontrolleur der Finanzen. Auch wurde das strittige Edikt die *corvée* betreffend nie in Kraft gesetzt und von Turgots Nachfolger Bernard de Clugny wieder aufgehoben. Zu Turgots Sturz haben viele Umstände beigetragen: die Feindschaft der Königin, die heftige Kritik, die an seinen Reformen geübt wurde und die schließlich auch den König beeindruckt haben mag,[46] der Widerspruch, den Miromesnil gegen sie äußerte, und nicht zuletzt auch die Eifersucht von Maurepas, der sich in seiner Stellung als Erster Minister durch den Aufstieg, den der Generalkontrolleur der Finanzen seit den Brotunruhen beim König genommen hatte, gefährdet sah. Eine Rolle spielte sicher auch, dass es Turgot an Subtilität und Kompromissfähigkeit mangelte.

Der unmittelbare Auslöser für seinen Sturz war eine Kontroverse, mit der sich Turgot im *Conseil* isolierte. Der Streit entzündete sich an einem machtpolitischen Gambit, das zwar riskant war, aber viel Ruhm und Ehre, wenn nicht gar großen Gewinn versprach. In einer ersten, im Dezember 1775 für den König verfassten Denkschrift, trat Außenminister Vergennes für eine Unterstützung der aufständischen amerikanischen Kolonisten im Kampf gegen das britische Mutterland ein.[47] Seine Darlegungen bekräftigte er in einem weiteren, *Considérations* überschriebenem Memorandum von Anfang März 1776,[48] das auf Geheiß Louis' XVI auch den anderen Mitgliedern des *Conseil* mit der Bitte um rasche Stellungnahme zugeleitet wurde. Alle stimmten den Überlegungen von Vergennes zu – mit Ausnahme von Turgot, der fast vier Wochen verstreichen ließ, ehe er seine ausführlich begründete Ablehnung überreichte. Im Gegensatz zu Vergennes, der einen Konflikt zwischen Frankreich und England für unvermeidlich hielt, erschien er Turgot als ausgeschlossen. Obsiegte England nach langwierigem Kampf über die Aufständischen, dann würde dieser Sieg es völlig erschöpft haben, weshalb es nicht daran denken könne, die französischen und spanischen Besitzungen in dieser Hemisphäre anzugreifen. Das träfe ebenso zu, sollte England im Kampf mit den Kolonisten unterliegen.

Das wichtigste Argument von Vergennes war, dass die Verwicklung Englands in einen kräftezehrenden Konflikt mit den amerikanischen Kolonien die große Chance für Frankreich sei, Revanche für die schmerzliche Niederlage im Siebenjährigen Krieg zu nehmen und zugleich damit dem eigenen Anspruch, die führende Macht in Europa zu sein, wieder Nachdruck zu verleihen. Dagegen setzte Turgot, dass man aus dieser Situation seiner Meinung nach den größten Vorteil für Frankreich ziehen könne, wenn man diese Ruhepause für die Umsetzung umfassender Reformen nutze. Ohne die vorgängige Sanierung des Steuer- und Finanzwesens sei ein Krieg für Frankreich das größte Unglück. Außerdem müsse man fürchten, dass dessen Folgen für lange Zeit, wenn nicht gar für immer, die Reform unmöglich machen würden. Diese sei aber eine unverzichtbare Vorbedingung dafür, dass Frankreich innerlich so erstarke, um überhaupt einen Konflikt mit England wagen zu können. Davon sei es augenblicklich noch weit entfernt, weshalb man Gefahr liefe, die eigenen Schwächen zu verewigen, wenn man jetzt von seinen Kräften vorzeitig Gebrauch machte.[49]

Diese Überzeugung hatte Turgot schon in einem ersten Gespräch mit Louis XVI gelegentlich seiner Berufung zum Generalkontrolleur der Finanzen ausgesprochen. In einem Schreiben an den König bekannte er sich noch einmal ausdrücklich dazu: kein Staatsbankrott, keine Steuererhöhungen, keine Anleihen. Diese drei Ziele seien nur durch Einsparungen zu erreichen, die so groß sein müssten, dass sich jährlich rund 20 Millionen *livres* erübrigen ließen, um die Staatsschulden abzutragen. Handele man nicht entsprechend, dann werde der erste Kanonenschuss zum Signal für den Staatsbankrott werden.[50]

Durch Unterstützung der aufständischen Kolonisten in Amerika dem Erzrivalen England eine Niederlage beizubringen, war jedoch für Louis XVI eine zu verlockende Aussicht. Gelänge dieses elegante Spiel über die Bande – wofür manches sprach – dann könnte er zu Beginn seiner Herrschaft seinem Königtum einen Glanz verschaffen, der nicht nur den machtpolitischen Niedergang Frankreichs unter seinem Großvater Louis XV vergessen machte, sondern sogar den Ruhm Louis' XIV noch überstrahlte. Diese Versuchung war übermächtig. Umso lächerlicher muteten deshalb Turgots Einwände an, die sich nur aus dessen Ehrgeiz erklären ließen, den König politisch überspielen zu wollen. Das war auch, so musste es Louis XVI verstehen, der Subtext des indolenten Schreibens, das ihm Turgot am 30. April 1776 sandte.[51] Spätestens jetzt fasste er den Entschluss, den unbotmäßigen Minister zu entlassen.

Der Ausgang des amerikanischen Unabhängigkeitskriegs, in dem sich Frankreich nach einigem Zögern auf Seiten der aufständischen Kolonisten engagierte, rechtfertigte die Bedenken Turgots.[52] Im Unterschied zum König wie zu den anderen Mitgliedern des *Conseil*, den *Parlements* oder auch der breiten Öffentlichkeit verstand er sehr viel von Finanzwesen und politischer Ökonomie. Außerdem kannte er die Zustände, die im Land herrschten, denn vor seiner Berufung zum Generalkontrolleur der Finanzen war er dreizehn Jahre lang Intendant, d. h. der oberste königliche Verwalter, im Limousin, einer der ärmsten und gleichzeitig am höchsten besteuerten *généralités* Frankreichs, gewesen. Bei dieser Tätigkeit hatte er Erfahrungen gemacht, die seine Reformen als Minister inspirierten. Mit diesen jedoch war er zum Scheitern verurteilt: Der *Ancien Régime* war ein in Jahrhunderten gewachsenes und entsprechend dicht verfilztes und komplexes Gebilde, dessen gesamter Bestand in Gefahr zu geraten drohte, wenn man ihm Veränderungen zumutete. Jedenfalls gelang es trotz besserer Einsichten nie, die Widerstände zu überwinden. Diese strukturelle Reformunfähigkeit glich einem Gordischen Knoten und konnte nur überwunden werden, indem man das Ganze zerstörte. Das besorgte die Revolution, nachdem alle zuvor immer wieder versuchten halbherzigen Reformen bereits im Ansatz gescheitert waren.

ZWEITES KAPITEL

EIN UNÜBERSICHTLICHER STAAT

Die Herrschaft des Königs von Frankreich war seit dem frühen Mittelalter bis 1768, als die Krone von der Republik Genua die Insel Korsika erwarb, zu ungefähr jener Gestalt angewachsen, die das Land heute im Kartenbild hat. Doch der Anschein territorialer Geschlossenheit täuscht. Im Nordosten etwa war die Landesgrenze zu den habsburgischen Niederlanden nicht genau gezogen. Was das Bild noch mehr verwirrte, waren eine Anzahl von Enklaven, die von französischem Herrschaftsgebiet umschlossen waren, aber dennoch einem anderen Souverän gehörten. Das galt etwa für die Grafschaft Mömpelgard, das Gebiet um das heutige Montbéliard im Sundgau, das Besitz des Herzogs von Württemberg war, während die Grafschaft Saarwerden sowie das Fürstentum Salm den Fürsten von Nassau unterstanden und die Stadt Mulhouse der Helvetischen Konföderation angehörte. Eine besonders augenfällige Lücke stellte der Comtat Venaissin am Unterlauf der Rhône mit Avignon als Zentrum dar, über den seit dem frühen 14. Jahrhundert der Papst die weltliche Herrschaft ausübte.[1]

Ausgehend von der Ile-de-France, dem fruchtbaren Kerngebiet der Monarchie um Paris, hatten die französischen Könige in einer sich über Jahrhunderte erstreckenden Expansion, die gern mit der Ausbreitung eines Tintenkleckses auf Löschpapier verglichen wird, ihren Herrschaftsbereich ausgeweitet. Dieser Prozess, der mit einer ungleichmäßig verlaufenden inneren Kolonisation einherging, fand erst 1860 seinen Abschluss, als Sardinien-Piemont Savoyen und die Grafschaft Nizza an Napoleon III abtrat, nachdem zuvor schon in den Revolutionskriegen die Enklaven innerhalb des französischen Staatsgebiets beseitigt worden waren.

Im Zuge der Expansion der monarchischen Herrschaft war die Vielfalt an Privilegien, die nicht nur Provinzen, sondern auch Städte und Korporationen besaßen, stets respektiert und gefestigt worden. Bei einer Thronfolge, so der Brauch, bekräftigte ein Edikt die Privilegien einzelner Provinzen, die ihrerseits die Legitimität des königlichen Herrschaftsanspruchs anerkannten. Privilegien vermittelten Herrschaft und dienten der politischen Kommunikation zwischen Staat und Gesellschaft. Dass das Hauptinteresse der Privilegierten in dieser Konstellation der Wahrung ihrer Rechte galt, hinderte sie daran, übergeordnete Belange der Gesellschaft wahrzunehmen, geschweige sich dafür einzusetzen. Diese Fixierung auf die je eigenen Privilegien verschaffte der Krone die Rolle eines Schiedsrichters, der für sich allein in Anspruch nehmen konnte, die Interessen der ganzen Gesellschaft zu vertreten. Je mehr die Privilegien es der Krone erleichterten, ihren Willen der Gesellschaft zu oktroyieren, desto schlechter war es um ihre Fähigkeit bestellt, umfassende Reformen einzuleiten.[2]

Reformen verhinderten die lokalen, regionalen oder auch ständischen Interessen und Mächte, die in der Verteidigung ihres gewachsenen «Sondertums» die beste Gewähr erkannten, um sich gegen die auf Angleichung der Verhältnisse erpichte königliche Verwaltung erfolgreich zu wehren. Wie lebendig diese Erinnerungen waren, zeigte sich noch zu Beginn der Revolution von 1789. Damals begann ein Bewusstsein zu erwachen, den alten Provinzen, die den einstigen feudalen Herrschaftsgebieten entsprachen und von der Krone sukzessive geschluckt worden waren, eine neue Bedeutung zu geben. Bezeichnenderweise galten den Deputierten des Königreichs, die sich zu den Generalständen von 1789 versammelten, zunächst nicht Frankreich als Ganzes, sondern die jeweiligen Provinzen, aus denen sie stammten, als die Referenzgröße, wenn sie von «Souveränität», «Vaterland» (*patrie*) oder gar «Nation» sprachen.

Darin bekundete sich mehr als folkloristischer Eigensinn, auch wenn in der Praxis des absolutistischen Verwaltungsstaats die alten Provinzen nur mehr ein Schattendasein führten.[3] Bemerkenswert ist, dass sich deren Anzahl nicht genau beziffern ließ. Einen Hinweis liefert die *Ordonnance* vom 18. März 1776, in der die Gouverneure, die den militärischen Oberbefehl in den einzelnen Teilen des Landes ausübten, die in etwa den alten Provinzen entsprachen, mit 39 beziffert wurden.[4] Doch auch die Grenzen dieser *Gouvernements généraux militaires* waren keineswegs klar gezogen.[5] Eine Erklärung für diese Ungenauigkeiten ist, dass die Erinnerung an die frühere Ordnung nicht gleichmäßig verblasst war. Während die meisten Provinzen schon seit Jahrhunderten zum Herrschaftsbereich der französischen Krone gehörten, waren Flandern, Artois, das Elsass, die Franche-Comté und der Roussillon erst im 17. Jahrhundert dazugekommen. Zum weiteren unterschieden sich die Provinzen nach Größe und Bedeutung erheblich voneinander. Der Languedoc, der Dauphiné und die Bretagne zählten nach Fläche zu den größten, während Grenzprovinzen wie Foix in den Pyrenäen, Roussillon oder Flandern vergleichsweise klein waren. Auch die Grenzen der einzelnen Provinzen untereinander waren nicht genau auszumachen, zumal die königliche Verwaltung stets darauf bedacht war, die eigene Verwaltungsorganisation nicht an diesen zu orientieren. Dem entsprach, dass ganz Frankreich 1789 in 37 Steuerbezirke, die *généralités*, unterteilt war, deren Grenzen nicht mit denen der alten Provinzen übereinstimmten. Im Sprachgebrauch wurde dieser Unterschied jedoch verwischt, denn der bezeichnete die neuen *généralités* weiterhin unter dem alten Namen der Provinzen.[6]

Die Einführung der *généralités* bedeutete aber nicht, dass die Steuerverwaltung in ganz Frankreich nach einheitlichen Gesichtspunkten organisiert war. In rund zwei Dritteln des Landes hatten die Provinzen ihre einstigen Steuerprivilegien eingebüßt. In diesen Regionen, den *Pays d'élections*, waren die einzelnen *généralités* in *bureaux d'élection* unterteilt, denen Kronbeamte vorstanden, zuständig für die Erhebung der direkten Steuern. Demgegenüber hatten die übrigen Landesteile und Provinzen, die ausnahmslos an Frankreichs Grenzen lagen, es vermocht, den zentralisierenden Tendenzen der absolutistischen Verwaltungsmonarchie zu trotzen. Das waren die sogenannten *Pays d'états*, in denen Ständeversammlungen auf Provinzebene die Steuerlast mit den Vertretern der Krone, den Intendanten, aushandelten und auch über deren Umlage entschieden.

Damit ist aber die Komplexität des Verwaltungsstaats im *Ancien Régime* bei weitem noch nicht erschöpfend geschildert, denn abgesehen von einigen königlichen Gesetzesakten, die von allgemeiner Bedeutung waren, unterlag ganz Frankreich weder einer einheitlichen

Gesetzgebung noch Verwaltungspraxis. In den südlichen Provinzen wurde in Zivilsachen nach Maßgabe des schriftlich fixierten Römischen Rechts geurteilt, während in Nordfrankreich fast für die gesamte Zivilrechtsprechung das Gewohnheitsrecht galt, das sehr unterschiedlich ausgelegt wurde. Das bedeutete, dass gesetzliche Bestimmungen für Ehe-, Erbschafts- oder Eigentumsfragen von Bezirk zu Bezirk voneinander differierten. Diese Vielfalt galt nicht weniger für Maße und Gewichte. Hier kam noch hinzu, dass ein und dieselbe Einheitsbezeichnung je nach Bezirk häufig einen anderen Wert bezifferte, was zu allerhand Betrügereien einlud, die den Handel stark behinderten und den unteren Gerichtsinstanzen eine Fülle von Prozessen bescherten.

Vollends absurd mutet die Praxis der Besteuerung an. Das überrascht umso mehr, als die Steuereinnahmen für die Selbstbehauptung des Absolutismus immer wichtiger wurden. Traditionell trugen Nord- und Mittelfrankreich eine größere Steuerlast als der Süden und die Grenzregionen des Landes. Die älteste direkte Steuer, die *taille*, war in den zentralen Provinzen eine Personensteuer, während sie in jenen an der Peripherie des Landes eine Grundsteuer war. Die *taille* wurde jedoch nicht in ganz Frankreich erhoben. Eine große Ausnahme waren die Bretagne und der Artois, deren Bewohner davon durch Privilegien befreit waren, während in der Provinz Flandern eine pauschale Abgeltung die *taille* ersetzte.

Neben diesen direkten gab es auch noch eine Reihe indirekter Steuern, von denen die Salzsteuer, die *gabelle*, die je nach Provinz in sechs unterschiedlichen Stufen eingefordert wurde, besonders verhasst war. In einigen privilegierten Provinzen jedoch, den *Pays de franc-salé* wie etwa der Bretagne, wurde sie nicht erhoben. Die *gabelle* gehörte neben den *traites*, den Warenzöllen auf Ein- und Ausfuhren an den Landes- sowie verschiedenen Provinzgrenzen, den *aides* genannten Konsumsteuern auf Getränke, dem *octroi*, der an den Stadttoren auf Waren fällig wurde, und der Tabaksteuer zu jenen staatlichen Einnahmequellen, die für eine Laufzeit von jeweils sechs Jahren verpachtet wurden. Die Pächter bildeten ein Konsortium von sechzig, ab 1780 von vierzig Generalsteuerpächtern, die *Fermiers généraux*, die parallel zur staatlichen eine eigene Steuerverwaltung mit quasi hoheitlichen Kompetenzen aufbauten. Als Gegenleistung streckten diese

Fermiers dem Staat eine große Summe Geldes vor, die ratenweise und mit Verzinsung zurückgezahlt werden musste.

Da sich die Monarchie nie aus ihren chronischen Finanznöten befreien konnte, war die Steuerpacht für jene vierzig *Fermiers* ein sicheres und lukratives Geschäft. Ihr Gewinn verdankte sich nicht nur den üppigen Zinsen, sondern auch einem erheblichen Teil der von ihnen erhobenen Steuern, der in ihren Taschen versickerte. Die Steuerpächter geboten über eine beeindruckende Organisation, die das ganze Land umspannte. Neben einem eigenen Wachpersonal von über 15 000 Mann hatten sie ein Heer von Steuereintreibern, die *commis de ferme*, das sich 1780 auf rund 30 000 Köpfe belief und von den Zeitgenossen als wahre «Heuschreckenplage» erlebt wurde.[7]

Die Handlanger der Steuerpächter agierten dabei in einem rechtsfreien Raum, der das im *Ancien Régime* übliche Maß an Willkür weit überschritt. Die Steuerinspektoren hatten zum Beispiel das Recht, bei bloßem Verdacht auf Umgehung der *gabelle* in die Häuser einzudringen, um nach geschmuggeltem Salz zu suchen. Auch hatten sie Vollmacht, Verdächtige mit einem einfachen *lettre de cachet* in Haft zu nehmen. Das bedeutete, dass dieser ohne weitere Erklärung oder Anklage in den Kerker geworfen und ihm der Beistand eines Anwalts ebenso versagt wurde wie das Recht, einem Richter vorgeführt zu werden. Die Urteile, die für Salzschmuggel verhängt wurden, waren oft von unglaublicher Härte. Die Höchststrafe lautete auf lebenslange Galeerenhaft. Häufig basierten diese Urteile auf den Angaben von Denunzianten, die, wenn lediglich Geldstrafen verhängt wurden, davon einen Anteil erhielten.

Das größte Übel dieser von den Steuerpächtern geübten Justiz war aber, wie der Präsident des Pariser Finanzgerichtshofs Lamoignon de Malesherbes in seiner großen Beschwerde vom 6. Mai 1775 ausführte, der Umstand, dass die *Ferme générale* auf zahllosen Verfahrensregelungen basiere, «die nirgendwo gesammelt sind. Das ist eine Geheimwissenschaft, die mit Ausnahme der Finanzleute, niemand studiert hat oder studieren kann. Das hat zur Folge, dass der Einzelne, gegen den man einen Prozess anstrengt, das Gesetz, dem er unterworfen ist, gar nicht kennt, noch dass er imstande ist, sich diese Kenntnis zu verschaffen. Er muss deshalb den Steuerbeamten um Auskunft bitten, der sein Gegner und sein Verfolger ist. (…) Zum anderen sind die für die

Steuerpacht geltenden gesetzlichen Regelungen nicht nur unbekannt, sondern sehr oft auch völlig unklar formuliert. Es gibt zahlreiche fragwürdige Rechte, die der Steuerpächter ganz nach eigenem Belieben auslegt. Vorzugsweise, so muss man feststellen, machen die Angestellten der *Ferme* bei denen davon Gebrauch, die das Unglück haben, ihnen zu missfallen. Andererseits aber fällt auch auf, dass sie das nur immer bei denen versuchen, die nicht imstande sind, sich dagegen zur Wehr zu setzen».[8]

Die Kritik, die Malesherbes an der Justiz des *Ancien Régime* übte, dürfte einmal wegen der *vénalité des charges*, der Käuflichkeit der Ämter, zutreffend gewesen sein. Zum anderen deshalb, weil im *Ancien Régime* Justiz und Verwaltung nicht systematisch getrennt waren. Gerichte übten Verwaltungskompetenzen aus, wie umgekehrt Verwaltungsinstanzen Gerichtsentscheidungen fällten. Diese damals selbstverständliche Vermischung der Zuständigkeiten rührte daher, dass sich die Verwaltung aus dem Regal der Justizpflege entwickelt hatte. Der *Parlement de Paris*, die oberste Instanz der Rechtsprechung, leitete seine Ursprünge aus der *curia regis* her, dem um den König gescharten Kreis von Ratgebern, der sich mit dem Anwachsen der Aufgaben in einen politischen Rat, den *Conseil*, den *Parlement* und einen auf Finanzfragen spezialisierten Beraterkreis, die *Chambre des comptes*, ausdifferenzierte. Unter Berufung auf diese Genese beanspruchte der *Parlement de Paris* ab Mitte des 18. Jahrhunderts für sich eine immer größere politische Bedeutung und machte, durch die *thèse parlementaire* ideologisch abgesichert, gegen den Absolutismus der Krone Front. Im Zuge dieser Auseinandersetzungen wurde die Vorstellung einer konstitutionellen Monarchie entwickelt, in der die Herrschaftswillkür des Königs durch die gesetzgeberische Kompetenz der Generalstände und durch die von den *Parlements* ausgeübte Kontrolle eingeschränkt wurde. Die *Parlements* beharrten auf umfassender Mitsprache bei Verwaltung, Besteuerung und Anleihen. In dieser Sicht erwuchs die größte Gefahr für den Bestand der französischen Verfassungsordnung daraus, dass die königlichen Minister weder die verbriefte Autorität der Generalstände achteten, die seit 1614 nicht mehr einberufen worden waren, noch die der *Parlements*, die, wann immer sie Widerspruch erhoben, vom König zum Schweigen gebracht oder in ihrer Existenz bedroht wurden.

Die königlichen Intendanten waren charakteristisch für die von Louis XIV geprägte absolutistische Monarchie. Als Chefs der 37 *généralités* geboten sie wie die von ihnen ernannten Kommissare, die unteren Finanzbehörden vorstanden, über eine immense Machtfülle.[9] Die Intendanten, die Familien des alten Adels oder der *noblesse de robe* entstammten, wurden vom König ernannt und einfach dem vorhandenen Verwaltungs- und Justizapparat übergestülpt, um diesen schrittweise zu ersetzen, indem sie sich dessen Kompetenzen aneigneten. Das führte zu heftigen und langwierigen Auseinandersetzungen mit dem landsässigen Adel und den Städten sowie den alten Gewalten und Instanzen, aus denen die Intendanten keineswegs immer als Sieger hervorgingen.[10]

Je erfolgreicher die Monarchie ihren Herrschaftsanspruch durchsetzen konnte, desto heftiger wurden der Widerstand und die Despotismusvorwürfe all jener, die sich dadurch in Stellung und Ansehen bedroht sahen. Sie ließen alle Versuche scheitern, die Verwaltung zu straffen und transparenter zu machen, um den wild wuchernden Kompetenzdschungel paralleler und miteinander konkurrierender Instanzen zu lichten.[11]

Der Verwaltungswirrwarr des *Ancien Régime* war ein getreues Spiegelbild der gesellschaftlichen Verfassung von rund 28 Millionen Franzosen, die zu Beginn der Revolution innerhalb der Landesgrenzen lebten. Die Bewohner der Städte kamen auf knapp 20 Prozent, während die Landbevölkerung über 80 Prozent ausmachte. Die große Masse davon, rund 60 Prozent, stellten die Landlosen, die sich als dörfliche Handwerker oder Landarbeiter nur mühsam über Wassser hielten. Die oberen 20 Prozent der Landbevölkerung bildete die Schicht der Pächter, die große Ländereien im Besitz von Kirche oder Adel bewirtschafteten. Auf diese folgten die unabhängigen Bauern, die genug Land, eigenes oder gepachtetes, bearbeiteten, um ihre Familien ernähren zu können. An diese schloss sich das Heer der Kleinbauern an, die kleine und häufig zerstückelte Flächen bestellten, von deren Ertrag allein die Familien mehr schlecht als recht ihre Existenz fristen konnten. Den breiten Bodensatz der Landbevölkerung bildeten Knechte und Mägde sowie zahllose Bettler. Der Umfang der sozialen Elite von Klerus, Adel und Bourgeoisie lässt sich landesweit mit rund 2 Millionen Personen beziffern, davon über 120 000 Kleriker sowie

Mönche und Nonnen, und in etwa ebenso viele Adelige, während die Bourgeoisie unter Hinzurechnung einiger tausend Angehöriger der *noblesse de robe* etwa 1,7 Millionen umfasste. Sie konnten sich und ihre Familien, in sozial angesehenen Berufen stehend oder als Beamte, nicht nur «standesgemäß» ernähren, sondern unterschieden sich auch durch besondere kulturelle Interessen von den unteren Schichten.[12]

Allein schon diese mit vielen Ungenauigkeiten behaftete soziale Quantifizierung zeigt, dass das altfränkische Bild einer in drei Stände gegliederten statischen Gesellschaft von Klerus, Adel und der großen Masse aller übrigen Landesbewohner in seiner Schlichtheit nicht der gesellschaftlichen Wirklichkeit entsprach. Was diese differenzierte, war eine kaum überschaubare Fülle von Privilegien materieller (Steuerbefreiungen) wie immaterieller (Ehren und Vorrechte) Natur. Sie hafteten einzelnen Personen, dem ersten und zweiten Stand, also Klerus und Adel als soziales Kollektiv, Ämtern und Funktionen wie auch Gebietskörperschaften, Städten, Territorien und Provinzen, an. Privilegien waren ursprünglich verbriefte und unwiderruflich geltende Ausnahmeregelungen der Krone, die mit diesen Zugeständnissen ihre Macht mittels freiwilliger Unterwerfung ausdehnte. Diese Praxis wurde auch nach Konsolidierung der Monarchie als königlicher Gunsterweis, den sich die Krone bezahlen ließ, fortgesetzt. Ein wichtiger Aspekt dabei war der Ämterkauf: Mit Ausnahme der Posten von Ministern und Intendanten waren alle Ämter in der Verwaltung von Staat, Städten und Gemeinden käuflich und damit Eigentum des jeweiligen Amtsinhabers, das dieser gegen eine Gebühr an die Krone wie jeden anderen Besitz weiterverkaufen oder vererben konnte.[13] Die Krone konnte sich also durch den Verkauf von Ämtern auf denkbar einfache Weise Geld besorgen und damit auch den in der ständischen Gesellschaft besonders heftig grassierenden Geltungswahn ihrer Untertanen befriedigen. Die vorhersehbare Folge war eine gigantische Aufblähung des Verwaltungsapparats durch die Schaffung zahlloser überflüssiger Ämter und Chargen.

Wegen der stetig wachsenden Staatsausgaben erlangten die materiellen Privilegien, die eine vollständige oder auch nur teilweise Befreiung von den direkten oder indirekten Steuern bedeuteten, rasch eine immer größere Attraktivität. Diese Ungerechtigkeit wurde noch dadurch verschlimmert, dass die Bemessungsgrundlage für die geforderte Steuerleistung keineswegs der lediglich rudimentär vorhandene Kataster war, sondern die allein durch Inaugenscheinnahme gewonnene Schätzung des Steuereintreibers! Das hatte Konsequenzen, die Adam Smith, der sich länger in Frankreich aufgehalten hatte, anschaulich beschrieb: «Angesichts dieser Verfahrensweise fürchtet der Bauer nur zu häufig, gute Pferde oder Ochsen zu besitzen, weshalb er bestrebt ist, sein Land nach besten Kräften mit den kümmerlichsten und schwächsten landwirtschaftlichen Werkzeugen zu bestellen. Derart ausgeprägt ist sein Misstrauen in das gerechte Urteil des Steuereintreibers, dass er Armut vorspiegelt, um so den Eindruck zu erwecken, kaum in der Lage zu sein, irgendeinen Betrag zu zahlen, aus Furcht, er könne gezwungen werden, zuviel entrichten zu müssen. Angesichts dieses elenden Kalküls berücksichtigt er vielleicht nicht immer seinen eigenen Vorteil in effektivster Weise. Wahrscheinlich verliert er mehr durch die Minderung seines Ernteertrags, als er dadurch an Steuer einspart».[14]

Neben der Hauptlast der direkten und indirekten Steuern für den kleinen Bauern, die einen erklecklichen Teil seiner vom Ernteertrag abhängigen Einkünfte verschlangen, musste er auch noch der Kirche den Zehnten und dem *Seigneur* den Grundzins entrichten, hatte er Wegfronden zu leisten und die Einquartierungslasten zu tragen, die ihm gelegentlich zugemutet wurden. Diese gewaltige Last von Steuern und Abgaben, die die ärmsten Bevölkerungsschichten schier erdrückte, wurde ab der Mitte des 18. Jahrhunderts noch unerträglicher, als die adeligen oder geistlichen Grundherren ihre Einkünfte angesichts steigender Preise und einer schleichenden Geldentwertung zu steigern suchten. Also wurden die *terriers*, die Listen, in denen die ihnen zustehenden feudalen Abgaben verzeichnet waren, überarbeitet. Das war das Geschäft von *feudistes* genannten Spezialisten, die alte, längst vergessene Ansprüche wieder ausgruben und sie mit großem Erfindungsreichtum den gewandelten Verhältnissen anpassten, um sie dann, häufig unter Einschaltung der Gerichte, unerbittlich einzufordern. Diese als «réaction féodale» charakterisierte Entwicklung war eine wesentliche Ursache für den landesweit verbreiteten Hass der Bauern auf die Grundherren, der sich zu Beginn der Revolution nicht nur im Ruf nach einer Beseitigung des «Feudalismus», sondern auch in zahllosen Gewalttaten Luft machte, die bisweilen Züge eines «Bauernkriegs» annahmen.

Die Logik des gesamten Steuerwesens zielte darauf ab, die Wohlhabenden und Mächtigen nach Kräften zu schonen, um dafür die große Masse der Armen und Machtlosen umso hemmungsloser zu schröpfen. Arthur Young, ein Experte in landwirtschaftlichen Fragen, dem viel einschlägige Kritik zu Ohren kam, hat die Willkür dieses Systems beschrieben: «Die Listen der *taille*, *capitation*, *vingtièmes* [i. e. Aufschlägen auf die *taille*, die im Laufe des 18. Jahrhunderts eingeführt wurden] und anderer Steuern wurden von den Intendanten nach eigenem Gutdünken auf die Distrikte, Kirchspiele und Individuen aufgeteilt, die ebenfalls, ganz nach Belieben, Ausnahmen, Änderungen, Erhöhungen oder Minderungen festlegen konnten. Eine derart umfassende Machtfülle, die dauernd ausgeübt wird und der sich niemand entziehen konnte, muss, und das liegt in der Natur der Dinge, oft in absolute Tyrannei entarten».[15]

Dieses aberwitzige Steuerwesen war die Achillesferse des *Ancien Régime*.[16] Dessen Ungereimtheiten entsprach das bizarre System der Binnenzölle, die nicht nur den innerfranzösischen Handel und damit die Ausbildung eines nationalen Marktes behinderten, sondern auch das Wachstum einer Industrieproduktion, die einen solchen Markt brauchte, um ihre Erzeugnisse gewinnbringend absetzen zu können. Frankreich war in drei Zollgebiete unterteilt, an deren Grenzen bei Ein- wie Ausfuhr auf alle Waren Zölle, die *traites*, erhoben wurden. Wie die *gabelle* und andere indirekte Steuern war auch dieses Zollwesen an die *Fermiers généraux* verpachtet. Seine Ersetzung durch einheitliche Warenzölle an den Landesgrenzen wurde seit Mitte des 18. Jahrhunderts zwar immer wieder erwogen, scheiterte aber am Unwillen der Finanzverwaltung, die auf die rund 30 Millionen *livres* Einnahmen aus diesen Zöllen nicht verzichten wollte, wie auch am Widerstand der *Fermiers généraux*, die aus diesem korrupten System großen Profit zogen.

Das im *Ancien Régime* herrschende System von Steuern und Zöllen war darauf angelegt, der Monarchie die Mittel zu verschaffen, nach außen eine selbstbewusste Machtpolitik treiben zu können. Dass dabei die Wohlfahrt des Landes, die Entwicklung von Landwirtschaft, Handel und Industrie entschieden benachteiligt wurde, diese Einsicht hatten nur wenige.[17] Eine Reform dieses Systems schien unmöglich.[18] Selbst behutsame praktische Maßnahmen nach dem Vorbild Englands, um etwa die landwirtschaftliche Produktion zu verbessern, scheiterten am obstinaten Konservatismus der Bauern, die von ihren alten Gewohnheiten nicht lassen mochten. Ihr Widerstand reflektierte die Strukturen, denen sie ihre kümmerliche Existenz verdankten und an denen sie deshalb auch festhalten wollten.

Die Landbevölkerung bildete die Basis der Gesellschaft des *Ancien Régime*. Die Bauern waren die ohnmächtigen Heloten, ohne Hoffnung oder Perspektive, ihrem Los zu entrinnen. Am härtesten traf es die Frauen, denen oft die schwersten Feldarbeiten aufgebürdet wurden. Unter dem Datum des 12. Juli 1789 protokollierte Arthur Young in seinem Tagebuch eine Begegnung in Lothringen: «Eine arme Frau leistete mir Gesellschaft, die sich über die Zeitläufte beschwerte, und dass es ein armseliges Land sei. Nach ihren Beweggründen gefragt, sagte sie, ihr Mann besäße nur einen Fetzen Land, eine Kuh und ein armes kleines Pferd, aber dennoch hätten sie ein *franchar* (42 Pfund) Weizen und drei Hühner einem *Seigneur* und einem anderen vier *franchar* Roggen, ein Huhn und einen *sou* als Rente zu bezahlen. Hinzu kämen noch eine drückende *taille* und andere Steuern. Sie hatte sieben Kinder, und dank der Milch der Kuh könne sie ihnen eine Suppe vorsetzen. (…) Diese Frau mochte man, aus der Nähe betrachtet, für sechzig oder siebzig Jahre alt halten, ihre Gestalt jedenfalls war von der Arbeit so gebeugt und ihre Gesichtszüge so zerfurcht und verhärtet. Aber sie sei erst 28 Jahre alt, wie sie sagte.»[19]

Die *taille* und die anderen Steuern waren für den Bauern eine drückende Last, aber auch ein gewissermaßen abstraktes Verhängnis. Konkrete Gestalt gewann es im jeweiligen Grundherrn, dem *Seigneur*, der seinen Lebensunterhalt damit bestritt, dass er den Bauern «Feudalabgaben» ohne die mindeste Gegenleistung abforderte und sie nötigte, das Korn in seinen Mühlen zu mahlen und die Trauben in seinen Keltern zu pressen. Als wohl ärgste Willkür erlebten die Bauern das Jagdrecht, das allein der Grundherr ausüben durfte, der bei Hetz- und Treibjagden Felder und Ernte verwüstete und alle in Wald und Feld wild lebenden Tiere als sein Eigentum beanspruchte. Ein Bauer, der es etwa wagte, sich der Wildschweine zu erwehren, die seine Saat zerwühlten, riskierte dafür, als Strafe lebenslang auf einer Galeere angekettet zu werden.[20] Solche Urteile fällten die vom *Seigneur* eingesetzten Feudalgerichte, deren Richter wegen ihrer Inkompetenz, Bestechlichkeit und völligen Abhängigkeit vom Grundherrn als wahre Ungeheuer galten. Durch solche Willkür staute sich bei den Bauern ein Hass auf, der sich zunächst in den Beschwerdeheften des Dritten Standes für die Generalstände von 1789 vielfältig artikulierte. Wenig später entlud er sich in wüsten Gewaltakten, mit denen die Bauern, einmal in Bewegung gekommen, in vielen Teilen Frankreichs die Wohnsitze ihrer Blutsauger zerstörten.

Nicht alle Bauern fristeten ihre Existenz ausschließlich vom Ertrag des Bodens, den sie bewirtschafteten. In der Nähe größerer Umschlagplätze für Textilien – Wollstoffe und Leinen wurden in Amiens, Sedan oder Clermont-de-Lodève, Baumwollerzeugnisse in Rouen, Nîmes und Elbeuf oder Seiden in Lyon und Nîmes verarbeitet – waren Webereien und Spinnereien angesiedelt. Dort wurden in den Bauernkaten häufig Webstühle oder Spinnrogen betrieben. Die wichtigsten Abnehmer für Wolle und Baumwolle waren die Unterschichten, weshalb Missernten sich regelmäßig als Einbrüche beim Absatz dieser Waren bemerkbar machten. Die industrielle Fabrik- oder Heimarbeit in der Textilproduktion bedeutete für die darbenden Bauern daher kein verlässliches Zubrot. Eine gewisse Ausnahme davon boten lediglich Baumwollstoffe, die überwiegend nach Südosteuropa sowie Amerika exportiert wurden, wie die Bezeichnung *Denim* im amerikanischen Englisch verrät, eine Verballhornung von *de Nîmes*, die auf einen der Herkunftsorte verweist.

Die Textilproduktion stellte neben der von Eisen den wichtigsten Industriezweig dar. Die zügige Entwicklung beider Bereiche wurde jedoch wegen großer Nachfrageschwankungen auf dem französischen Binnenmarkt wie auch wegen der schlechten und durch eine Fülle von Zöllen und Abgaben verteuerten Transportwege stark behindert. Eine markante Ausnahme von dieser Stagnation machten jene Küstenregionen nahe den großen Hafenstädten wie Marseille, Bordeaux, Le Havre oder Nantes, die als wichtige Umschlagplätze eines blühenden Überseehandels boomten. Die Voraussetzung dieser Blüte war ein Dreieckshandel: Französische Schiffe, in diesen Häfen ausgerüstet, verschifften Sklaven von Afrika in die französischen Kolonien. Seit dem Pariser Frieden 1763 waren das, abgesehen von den zwei Besitzungen im Indischen Ozean, nur noch wenige Inseln in der Karibik, darunter das sehr ertragreiche Haiti (Saint-Domingue). Dort nahmen die Schiffe die in Europa begehrten Kolonialprodukte wie Kaffee, Zucker und andere tropische Spezereien an Bord, die auf großen Plantagen angepflanzt und von Sklaven bewirtschaftet wurden. Der wachsende Reichtum der französischen Hafenstädte rührte daher, dass die meisten dieser Produkte nicht auf dem französischen Binnenmarkt abgesetzt, sondern hier nur umgeschlagen und in die nordeuropäischen Staaten ohne Kolonialbesitz exportiert wurden. Von den dabei bisweilen phantastischen Gewinnen wurde ein Großteil nicht in neue Unternehmungen investiert, sondern in den Erwerb von Grund und Boden gesteckt, auch wenn solche Kapitalanlagen nur eine sehr geringe Rendite abwarfen.

So gesehen wies der *Ancien Régime* zwei völlig voneinander getrennte Wirtschaftsbereiche auf: einen weithin stagnierenden Agrarsektor und einen auf den Export spezialisierten Fernhandel. Immerhin sorgte das rege Geschäftstreiben in den wenigen Hafenstädten für Wachstumsimpulse, die auch das Umland erreichten. Dieses war folglich mittelbar mit dem Überseehandel vernetzt und in seiner Entwicklung von den jäh wechselnden Fährnissen des innerfranzösischen Handels abgekoppelt. Dem ähnelte in gewisser Weise die Situation im Raum Paris-Versailles, wo die Nachfrage eines in konjunkturunabhängiger Opulenz schwelgenden Hofs jenen Manufakturen und Handwerken zugutekam, die auf die Herstellung von sogenannten *articles de Paris*, also von Mode- und Luxuserzeugnissen, spezialisiert waren.

Die meisten Untertanen Louis' XVI lebten jedoch fern dieser wenigen Inseln wirtschaftlicher Prosperität in endemischer Misere, die durch Missernten regelmäßig verschärft wurde. Zwar gehörten die großen Hungersnöte des 17. Jahrhunderts der Vergangenheit an. Im kollektiven Gedächtnis waren sie aber noch immer sehr präsent, zumal das Heer der Bettler, die durch Frankreich zogen, immer dann anwuchs, wenn sich das Brot verteuerte und Arbeit knapp wurde. Dann bot auch die Binnenmigration der Saisonarbeiter keine Abhilfe mehr, durch die normalerweise überschüssige Arbeitskräfte aus entlegenen Provinzen in die urbanen Zentren strömten, wo sie im Baugewerbe gebraucht wurden. Die Armut eines Großteils der Bevölkerung war das augenfälligste soziale Problem, mit dem Frankreich im *Ancien*

Régime geschlagen war. Die Ursachen liegen auf der Hand: Die kleinteilige, weithin stagnierende Landwirtschaft konnte den großen Bevölkerungszuwachs ebenso wenig absorbieren wie die konjunkturanfällige Textilindustrie.[21]

Schätzungsweise rund ein Drittel der Bevölkerung Frankreichs, also über neun Millionen Menschen, lebten selbst in guten Zeiten in Armut, d. h. sie waren außer Stande, sich mit ihrer Arbeitskraft zu ernähren. Bei Missernten oder Konjunktureinbrüchen schwoll diese Zahl um zwei oder drei Millionen an. Das von existenzieller Not und Hoffnungslosigkeit beherrschte Schicksal der Unterschichten wurde von der großen Masse jener, die ihr Leben in Stadt und Land gerade einmal so eben mit ihrer Hände Arbeit bestreiten konnten, als kollektive Bedrohung erlebt. Die Angst vor dem sozialen Absturz in entmündigende Armut war für die meisten ein dauerndes Menetekel. Wann immer sie ihrer Verzweiflung mit Gewalt und Empörung Luft machten, jagten sie jenen schmalen, in Sicherheit und Wohlstand lebenden Schichten, die als soziale Eliten in den Städten den Ton angaben, einen tiefen Schrecken ein.

Wohlhabend waren allenfalls ein Fünftel der städtischen Einwohnerschaft und landesweit kaum mehr als zwei Millionen Personen. Dazu zählten neben den Adligen und Klerikern vor allem die Angehörigen der Bourgeoisie. Sie waren gut gekleidet, genährt und gebildet, mussten ihr Leben nicht durch Handarbeit bestreiten, hatten Dienstboten und verfügten über Einkommen und Besitz. Vermutlich gab es von ihnen unter der Herrschaft von Louis XVI doppelt so viele wie zur Zeit Louis' XV, während im selben Zeitraum die Bevölkerung insgesamt nur um ein Viertel zugenommen hatte. In Händen der Bourgeoisie lag ein großer Teil des in der Industrie investierten Kapitals und der gesamte Handel. Außerdem gehörte ihr rund ein Viertel des verfügbaren Landes sowie ein erklecklicher Anteil an den Staatsschuldverschreibungen.

Geld und Lebensstil der reichen Angehörigen der Bourgeoisie leisteten auch einen erheblichen Beitrag zur Blüte des kulturellen Lebens. Dazu zählten etwa die Theater, die in wohlhabenden Provinzstädten wie Nantes oder Bordeaux gebaut wurden, die neuen Schulen und höheren Bildungsanstalten, das Wachstum des Buchmarkts, die Gründung öffentlicher Bibliotheken, Akademien, Clubs und Lesehallen. Wie sehr die begüterte Bourgeoisie Aussehen und Charakter einer Stadt prägte, fiel Arthur Young im August 1787 ins Auge, als er Bordeaux besuchte: «Der Lebenszuschnitt, der hier von Kaufleuten gepflogen wird, ist ausgesprochen luxuriös. Ihre Häuser und Einrichtungen sind sehr kostspielig. Aufwendige Einladungen, bei denen oft auf Silbertellern serviert wird. Glücksspiele mit hohen Einsätzen sind verglichen damit noch viel verwerflicher; und die Skandalchronik weiß von Kaufleuten, die Tänzerinnen und Sängerinnen des Theaters mit Zuwendungen in einer Höhe aushalten, die ihrer Kreditwürdigkeit nicht zugutekommen dürfte».[22]

Die großen Kaufleute von Bordeaux oder Nantes, die Bankiers in Paris und anderswo, kauften oder bauten aufwendige Landsitze oder Schlösser, während der erfolgreiche Kaufmann in der Kleinstadt wesentlich bescheidenere Häuser oder Gärten erwarb. Die Rendite war zwar gering, doch dafür waren Immobilien und Landbesitz sichere Investitionen. Der Besitz von Land verschaffte höheres Ansehen als der von schnödem Geld. Den sichersten und kürzesten Weg, den eigenen Rang nachdrücklich zu verbessern, bedeutete jedoch der Kauf eines Amts. Unter Louis XVI belief sich die Anzahl der Ämter, die man erwerben konnte, auf rund 70 000. Bezeichnend für den Statusehrgeiz, der viele plagte, war die Tatsache, dass nur die wenigsten dieser Ämter nennenswerte Einkünfte abwarfen. Sie waren also genau das, was ein Kaufmann als schlechtes Geschäft bezeichnete. Dennoch war die Nachfrage groß.

Nicht Geld oder Können, sondern ausschließlich der Rang entschied im *Ancien Régime* über gesellschaftliches Ansehen. In Paris, Lyon und anderen größeren Städten grassierte unter den Angehörigen der Bourgeoisie außerdem der Ehrgeiz, den eigenen Namen mit dem Adelsprädikat zu schmücken. Dieser Wunsch war nicht leicht zu befriedigen, aber wer viel Geld hatte, dessen Chancen wuchsen. Allerdings mussten die meisten Ämter, mit denen eine Nobilitierung des Besitzers verknüpft war, über drei Generationen in einer Familie vererbt sein, ehe diese anerkannt wurde. Anders verhielt es sich bei den mehreren Hundert Ämtern, die ihren Eigentümer als Sekretär des Königs auswiesen. Diese waren besonders begehrt, weil mit ihnen die sofortige Standeserhebung verbunden war und sie außerdem ihrem Inhaber keinerlei Pflichten zumuteten. Solche Vergünstigung hatte einen besonders hohen Preis, den nur die ganz Reichen bezahlen konnten. Ein viel preiswerterer, sehr häufig eingeschlagener Weg war die schlichte Fälschung der eigenen Genealogie. Wer selbst diese Kosten scheute, der behauptete einfach, von adeliger Herkunft zu sein.

Die Erfahrung, dass großer Reichtum allein den Nichtadeligen die Türen zu hohen gesellschaftlichen Rängen und Ehren öffnete, provozierte im letzten Drittel des 18. Jahrhunderts Gegenreaktionen. Den Anfang machten die *Parlements*, die nach 1760 damit begannen, ihre Reihen dicht zu schließen, indem sie nur solche Bewerber akzeptierten, die ihre seit mehreren Generationen bestehende Zugehörigkeit zum Adel nachweisen konnten.

Wesentlich mehr Aufsehen und teilweise sehr scharfe Kritik seitens der Öffentlichkeit erregte dagegen ein Erlass des Kriegsministers Philippe-Henri Comte de Ségur vom 22. Mai 1781, der von allen Bewerbern für eine Stelle als Unterleutnant, den niedrigsten Offiziersrang, bei der Infanterie, der Kavallerie und den Dragonern den Nachweis adeliger Herkunft seit wenigstens vier Generationen verlangte. Die Absicht dieses Edikts war es, den Söhnen des alten Schwertadels, der *noblesse d'épée*, Karrierechancen zu eröffnen, die über den bescheidenen Rang eines Hauptmanns hinausgingen, in dem die meisten stecken blieben. Die höheren Chargen, wie die eines Regimentsinhabers, die mit viel Prestige verknüpft waren, waren im 18. Jahrhundert immer öfter Beute von Angehörigen der *noblesse de robe* geworden, die keine Kenntnisse des militärischen Handwerks besaßen. Sehr oft begnügten sie sich mit dem militärischen Rang, der sie zum Tragen einer schmucken Uniform berechtigte, ließen sich aber bei ihrer Truppe nie blicken.[23] Die gravierenden Nachteile daraus, dass solche ahnungslosen «Zierbengel» wichtige Kommandoposten besetzten, hatten sich im Verlauf des Siebenjährigen Krieges reichlich gezeigt.

Dass diesem Unfug mit dem *Edit de Ségur* ein Riegel vorgeschoben wurde, war nur zu einsichtig. Die heftigen Gegenreaktionen zeigten aber auch, dass diese an sich sinnvolle Regelung zu spät kam und sich ihre Absicht nicht mehr vermitteln ließ. Es wirkte wie eine Provokation, dass man Angehörigen der *noblesse de robe* den Aufstieg in hohe Positionen im Staatsapparat verwehren wollte.[24] Auch die Entlassung des populären Generalkontrolleurs der Finanzen, Jacques Necker, drei Tage vor dem Erlass Ségurs am 19. Mai 1781 sollte das bestätigen.

Der aus Genf stammende protestantische Bankier Necker, das Muster eines «Selfmademan», war der erste bürgerliche Inhaber dieses wichtigen Regierungspostens im *Ancien Régime* gewesen. Seine Entlassung ließ sich als Fanal einer Reaktion werten, die ein weiteres Vordringen des Bürgertums in Ränge und Stellungen des Adels verhindern wollte.

Dabei waren Adel und Bourgeoisie längst nicht mehr durch Welten voneinander getrennt.[25] Während des ganzen 18. Jahrhunderts hatten sich ihre Interessen und Ansichten mehr und mehr angenähert. Der wachsende bürgerliche Wohlstand überwand oft die letzten adeligen Standesvorurteile, die zuvor schon durch die allmähliche Ausbildung einer Öffentlichkeit, die sich in der Diskussion der von der Aufklärung aufgeworfenen Fragen und Themen konstituiert hatte, unterminiert wurden.[26] Immer häufiger wurden die verblassten Wappen adelsstolzer Familien durch die Heirat mit reichen Bürgerstöchtern neu vergoldet. Von diesen Verbindungen hatten beide Seiten ihren Vorteil: Die einen gewannen an sozialem Status, die anderen an Vermögen.

Entscheidend für diese Entwicklung war eine immer stürmischer verlaufende soziale Ausdifferenzierung des Zweiten wie des Dritten Standes. Die Komplexität dieses Prozesses rührt daher, dass sich die gesellschaftliche Rangdefinition auf eine Fülle neuer Kriterien stützte, die gleichwohl noch in den alten ständischen Maskeraden ihren Ausdruck fanden.[27] Der Einsicht jener, die an diesem Maskenball teilnahmen, blieb jedoch meist verschlossen, dass dieses Treiben, je länger es dauerte, sich umso mehr von der sozialen Wirklichkeit entfernte.

Der Erste Stand, die Kirche, hielt zu dieser Entwicklung schon deshalb Distanz, als er sich als Sachwalter eines spirituellen Auftrags verstand, dem unterschiedslos alle Respekt schuldeten. Dieses Bewusstsein trug dazu bei, dass die römisch-katholische Kirche die mächtigste Organisation des *Ancien Régime* war. Die Bedeutung der Kirche zeigte sich überall im Lande unübersehbar an gewaltigen Klöstern und Abteien, großen Kathedralen und Kirchen, die viel häufiger waren als die Schlösser der Könige oder des Adels. Auch ihre Würdenträger, die Bischöfe so gut wie die Kanoniker, Priester, Nonnen und Mönche, waren in Stadt und Land stets und überall präsent. Sie alle hatten Ämter, Ehren und Würden, die ihnen nicht durch Geburt oder schnöden Erwerb zugefallen waren, sondern kraft einer inneren Berufung. So jedenfalls die kirchliche Lehre. Dass das nicht immer zutraf, vermochte gegen den Anschein umso weniger etwas auszurichten, als die Kirche stets mit Umsicht darum bemüht war, ihr Ansehen gegen kritische Einwände zu immunisieren. Dazu trug die Kirchenhierarchie bei, die nicht nur das ganze Land mit Kirchenprovinzen, Diözesen und Pfarreien umspannte, sondern deren Vertreter auch in den zahllosen sozialen Abschichtungen und Nischen der formal ständischen Gesellschaft präsent waren. Das, so schien es, machte die Kirche sowohl unangreifbar wie unverzichtbar.

Die Armenfürsorge etwa gehörte zum karitativen Auftrag der Kirche. Klöster, Spitäler, Armenhäuser und *Bureaux de charité*, die in ihrer Regie standen, waren in den Städten konzentriert. Die Zahl der Armen nahm ständig zu, nicht aber die Mittel, die von der Kirche dafür zur Verfügung gestellt wurden. Auch die kirchlichen Armenstiftungen, deren Zuwendungen angesichts der schieren Größe des Problems nur ein Tropfen auf den heißen Stein waren, bekamen die Auswirkungen von Inflation und staatlichen Umschuldungsaktionen zu spüren. Ihre Einnahmen verringerten sich. Schließlich zeigte die oft geäußerte Kritik, die kirchliche Armenpflege fördere die den Armen unterstellte Faulheit, Wirkung. Dabei unternahm der Staat seinerseits nichts, um das Übel der Armut an der Wurzel zu packen.[28]

Die Armut wurde nicht als soziales oder wirtschaftliches Problem gesehen. Man nahm lediglich die mit ihr verknüpfte Kriminalität als eine Störung der öffentlichen Ordnung wahr, der man mit Polizei und Justiz zu begegnen suchte. Wenn, was die Regel war, die kirchliche Fürsorge und die Almosen der Bürger nicht ausreichten, verlegten sich die Armen auf Formen aggressiver Bettelei oder Schmuggel, begingen Diebstähle und Raub, glitten die Frauen in die Prostitution ab. Ein verlässlicher Indikator für das Anwachsen von Armut war auch die Zahl der Findlinge, die sich im Laufe des 18. Jahrhunderts vervielfachte.

Weitaus bedeutender als das oft weit überschätzte Engagement in der Armenfürsorge war der Beitrag, den die Kirche als sehr wohlhabende Korporation – rund 10 Prozent der landwirtschaftlich genutzten Fläche Frankreichs waren im Besitz der Geistlichkeit – zum Wirtschaftsleben leistete. Die Klöster, die Domkapitel, die 16 Erzbischöfe, die den Kirchenprovinzen vorstanden, und viele der 114 Bischöfe in den Diözesen verfügten dank der Einkünfte aus Kirchenland über teilweise erheblichen Reichtum. In Städten, die Bischofssitze größerer Diözesen waren und in denen sich meist zahlreiche Klöster befanden, war die Kirche nicht selten der wichtigste Wirtschaftsfaktor. In ihren diversen Einrichtungen standen auch Laien in Lohn und Brot, und noch viel mehr profitierten die in Handel und Handwerk Beschäftigten. Auf der unteren Ebene waren die Gemeindepfarrer in den Dörfern in aller Regel die Einzigen, die über eine gewisse Bildung und von Amts wegen über eine selbstverständlich anerkannte Autorität geboten. Sie übten eine sehr wichtige Funktion aus, indem sie der Dorfgemeinschaft spirituellen wie sozialen Zusammenhalt verschafften.

Im Unterschied zum Adel und zum Dritten Stand war die Kirche viel besser organisiert. Infolgedessen konnte sie die Steuerbegehrlichkeiten des Staates erfolgreicher abwehren als der Adel. Das Geheimnis dieses Erfolgs war die alle fünf Jahre stattfindende repräsentative Generalversammlung des Klerus. Die Bischöfe trafen dort die Entscheidung über die finanziellen Zubußen, die auf strikt freiwilliger Basis dem Staat geleistet wurden. Alle zehn Jahre wurde von dieser Versammlung der *don gratuit* votiert, der zwischen 1715 und 1788 jährlich rund 3,6 Millionen *livres* betrug. Außerdem mussten Mittel für die Zinszahlungen auf umfangreiche, mit Grundbesitz abgesicherte Anleihen bewilligt werden, die von der Kirche mit ihrer hohen Kreditwürdigkeit zu Gunsten der Staatskasse aufgenommen worden waren. Auch wenn diese Summen für die Kirche eine erhebliche Belastung darstellten, verschafften sie ihr einen unschätzbaren Vorteil: Sie konnte sich damit von der Einmischung des Staates in institutionelle Belange freikaufen.

Die Führungsetagen in der Kirchenhierarchie bekleideten Bischöfe sowie Äbte von Klöstern oder Dekane von Domkapiteln, die über den größten Anteil am Kirchenbesitz verfügten. Mit einer Ausnahme waren vor 1789 alle Bischofssitze in der Hand von Adeligen. Einige Familien der *noblesse d'épée* bildeten regelrechte Dynastien, die die Besetzung von bis zu drei Bischofssitzen über Generationen hinweg für ihre Verwandtschaft sicherten.[29] Diese Posten in der Kirchenhierarchie waren wegen der sehr üppigen Dotierung begehrt. Gemessen an den stattlichen Pfründen ihrer Oberen bekamen die Gemeindepfarrer dagegen mit ihrem lächerlichen Jahressold, der *portion congrue*, einen Hungerlohn. Diese offensichtliche Ungerechtigkeit gab Anlass für

Spannungen und Unmut, die schon in den Jahren vor Ausbruch der Revolution in der Fassade der Kirche einige Sprünge und Risse zum Vorschein brachten.

Die in Jahrhunderten gewachsene Struktur von Staat und Gesellschaft des *Ancien Régime*, die Privilegien, Ausnahmen und Vergünstigungen kennzeichneten, war die Ursache für wachsende soziale Ungleichheiten und Widersprüche, die sich in dem Maße zu einer Systemkrise verschärfen mussten, wie die Monrchie bestrebt war, mit traditionellen Instrumenten das stetig zunehmende Defizit, das ihre Machtstellung und Legitimation bedrohte, in den Griff zu bekommen. Alle einschlägigen, sprich systemkonformen Versuche das zu ändern, trugen nur dazu bei, die Symptome zu verschlimmern. Insofern war die Revolution, die den *Ancien Régime* binnen weniger Wochen hinwegfegte, die geradezu logische Folge längst unwahr und damit dysfunktional gewordener gesellschaftlicher Zustände, die dem Absolutismus als unverzichtbare Bedingungen seiner Existenz galten.

DRITTES KAPITEL

TANZ AUF DEM VULKAN

Im Februar 1778 schlossen Frankreich und die Vereinigten Staaten von Amerika einen Bündnisvertrag. Damit begann ein fünfjähriger Krieg, der zwar mit der Niederlage Großbritanniens endete, dessen überlegener Macht jedoch kaum abträglich war. Frankreich konnte zwar die Erinnerung an die Schmach des Siebenjährigen Krieges tilgen und seinem Prestige als europäischer Großmacht neuen Glanz verleihen; aber der Preis, den das Land für die Ambitionen seines Königs bezahlen musste, betrug weit über eine Milliarde *livres*,[1] die durch Anleihen mit einem ruinösen Zinssatz von bis zu 10 Prozent finanziert werden mussten. Die damit aufgehäufte Schuldenlast brachte Frankreich, wie von Turgot prophezeit, an den Rand des Bankrotts.

Steuererhöhungen waren ausgeschlossen. Also blieb als Ausweg nur die Aufnahme weiterer Kredite. Voraussetzung dafür war das Vertrauen der Geldgeber in die Kreditwürdigkeit des Schuldners. Diese Überlegung gab den Ausschlag, dass sich Louis XVI für Jacques Necker als Finanzminister entschied. Für Necker sprach zum weiteren, dass er verschiedentlich gegen Turgot und die Physiokraten Stellung bezogen hatte. Deren vorsichtige Reformansätze hatten die alten Gewalten zutiefst verstört. Necker hingegen schien die Gewähr zu bieten, die barocken Verhältnisse nicht grundsätzlich anzutasten, sondern lediglich Missbrauch und Verschwendung zu beschneiden. Das war eine für die Privilegierten zunächst beruhigende Perspektive, die im Einklang stand mit der vom *Parlement de Paris* wie auch der *Cour des aides* geäußerten Kritik. Nach deren Ansicht genügte es, unnötige Ausgaben durch eine effizientere Organisation der Finanzverwaltung zu vermeiden und insbesondere die Aufwendungen für die üppige Hofhaltung, die unter Louis XV eingerissen war, zu verringern. Dass sich dieses Ziel durch die Beseitigung überflüssiger Ämter und Chargen, durch Reduzierung der Pensionszahlungen und Geldgeschenke seitens der Krone, mittels einer strikten Kontrolle der gesamten Haushaltsführung des Hofes und einer Beschneidung der Profite der Steuerpächter realisieren ließen, war die Überzeugung Neckers. Entsprechende Maßnahmen deklarierte er als *améliorations*, als Verbesserungen.[2] Mit seinem Reformeifer überschritt aber auch Necker jene Grenzen, die ihm durch den Eigennutz der zahlreichen und mächtigen Profiteure des höchst verwickelten Steuereintreibungswesens gesetzt waren. Das anfängliche Wohlwollen dieser Kreise schlug deshalb schnell um in Kritik, Ablehnung, ja offenen Hass.[3]

Das von Necker gewählte Verfahren zielte auf eine Umschichtung der Lasten zu Gunsten jener, die schon immer die Opfer eines höchst ungerechten Steuersystems gewesen waren. Sie sollten von neuen oder höheren Steuern und Abgaben verschont bleiben. Dem gegenüber sahen sich Besitzer lukrativer Sinekuren in der königlichen Haushaltung oder Angehörige der schmalen Schicht der Finanzmagnaten und Steuerpächter um Zuwendungen und Profite gebracht, auf die sie einen gewohnheitsrechtlich erworbenen Anspruch zu haben glaubten.[4] Das sorgte für rasch anwachsende Empörung, die sich nach 1780 in einer Flut von Pamphleten gegen den Generalkontrolleur der Finanzen Luft machte. Die Ursachen dieser Feindschaft hat Necker genau beziffert: Die Summe der durch diverse *améliorations* erzielten Einsparungen belief sich im Zeitraum von 1776 bis zu seinem Rücktritt im Mai 1781 auf über 84 Millionen *livres*![5]

Um der stetig heftiger werdenden Kritik an seiner Finanzpolitik die Spitze zu nehmen, gelang es Necker, Louis XVI davon zu überzeugen, erstmalig eine detaillierte Bilanz des Staatshaushalts zu veröffentlichen. Dieser *Compte rendu au Roi* wies trotz dreijähriger Kriegführung einen Überschuss von 10,2 Millionen *livres* aus![6] Die überraschend positive Bilanz des notorisch defizitären königlichen Haushalts lässt sich teilweise damit erklären, dass die regulären Einnahmen nur mit den ordentlichen Ausgaben verrechnet wurden, während alle außerordentlichen und kreditfinanzierten Ausgaben wie etwa die exorbitanten Aufwendungen für den amerikanischen Unabhängigkeitskrieg im *Compte rendu* nicht ausgewiesen wurden. Es bleibt freilich schleierhaft, wie sich Necker ein halbwegs zutreffendes Bild auch nur der ordentlichen Einnahmen und Ausgaben der Krone verschafft haben konnte, denn der Generalkontrolleur der Finanzen hatte trotz seines pompösen Titels nur Überblick über einen Bruchteil davon.[7]

Aber diese Ungereimtheiten irritierten die öffentliche Meinung nicht. Wenn in den kommenden sieben Jahren ein Finanzminister über Haushaltsprobleme klagte, wurde ihm unweigerlich entgegengehalten, dass dies unter Necker nicht der Fall gewesen sei. Über den 19. Februar 1781, an dem Neckers Staatshaushalt als Buch auf den Markt kam, notierte der Duc de Croÿ im Tagebuch: «Niemals zuvor hatte man Einblick in die gesamten Finanzen des Königreichs nehmen können. Der König legte nun sozusagen vor seinen Völkern Rechenschaft, und sogar höchst getreuliche Rechenschaft ab. Da Necker im Begriff war, eine Anleihe von sechzig Millionen aufzunehmen, war die Offenlegung teils sogar recht erfreulicher Zahlen ein hervorragender Schachzug. Er verschaffte dem Minister höchstes Ansehen und machte ihn unersetzlich, wobei er sich selbst so beredt lobte, dass es rasch hieß, er habe seinen eigenen Nachruf veröffentlicht».[8]

Dass die öffentliche Meinung, auf die Necker stets so viel Wert legte, den *Compte rendu* als «seinen eigenen Nachruf» qualifizierte, war keineswegs falsch, denn der große Erfolg seiner Veröffentlichung beim Publikum machte ihn übermütig. Daher bestand Necker nun gegenüber Louis XVI darauf, in seiner Eigenschaft als Finanzminister dem *Conseil d'en haut*, dem obersten Exekutivorgan, anzugehören, zu dem sich unter Leitung des Königs die Staatsminister versammelten, um die großen politischen Angelegenheiten zu beraten und zu entscheiden. Das Verlangen war nur billig, denn der *Contrôleur général des Finances* führte so gut wie immer den Titel eines Staatsministers und hatte damit auch Sitz und Stimme im *Conseil*. Auf Betreiben von Maurepas und Vergennes beschied Louis XVI den Wunsch Neckers jedoch abschlägig. Nicht zuletzt berauscht durch den Erfolg, den er mit der Veröffentlichung des *Compte rendu* in der Öffentlichkeit hatte, nahm der Generalkontrolleur die verletzende Absage zum Anlass seines Rücktritts. Dieser Schritt verriet nicht nur großes Selbstbewusstsein, sondern kündete auch von seiner Überzeugung, in der Sache Recht zu haben.[9]

Joly de Fleury, der als Nachfolger Neckers das Amt des Finanzministers antrat, hatte angesichts der Kritik keine andere Wahl, als einen großen Teil der vom Vorgänger veranlassten Einsparungen wie-

Louis XVI

Charles Alexandre de Calonne

Jacques Necker

Étienne Charles Loménie de Brienne

der rückgängig zu machen.[10] Im Unterschied zu diesem sah er sich bald auch genötigt, eine neue Steuer, die dritte *vingtième*, zu erheben, die im Juli 1782 eingeführt und deren Laufzeit auf drei Jahre nach dem Friedensschluss mit England befristet wurde, der am 3. September 1783 in Paris den amerikanischen Unabhängigkeitskrieg beendete. Die Einnahmen aus dieser Steuer boten die Gewähr für die Zinsdeckung weiterer Anleihen, die zwischen Mai 1781 und dem Jahresende 1782 gezeichnet wurden und die notwendigen Mittel bereitstellten, um die Kriegskosten für ein weiteres Jahr zu finanzieren. Joly war sich nur zu bewusst, dass die Anleihen nur Notbehelfe waren, die spätestens beim Friedensschluss hinfällig sein würden. Um wenigstens diese Frist zu gewährleisten, wurde Ende Februar 1783 ein *Comité des finances* eingerichtet. Diesem Ausschuss mussten die Minister ihr laufendes Budget sowie alle von ihnen geplanten Ausgaben zur Genehmigung vorlegen. Das neue Verfahren änderte jedoch an der gängigen und völlig unkontrollierten Ausgabenpraxis der einzelnen Minister wenig. Louis XVI konnte sich nicht dazu aufraffen, ihnen ein Budget vorzuschreiben, sondern beugte sich mit Ausnahme des Kriegs- und des Marineministers, deren Ausgaben erheblich beschnitten wurden, stets der Mehrheitsmeinung.[11] Die anhaltenden Differenzen hinsichtlich einer Fortsetzung der staatlichen Kreditaufnahme führten dazu, dass der *Comité des finances* schon im Oktober 1783 wieder in der Versenkung verschwand.[12]

Joly hatte sich von Anfang an nur dazu bereit erklärt, das Amt des Finanzministers bis zu jenem Friedensschluss auszuüben, dessen Präliminarien am 20. Januar 1783 unterzeichnet wurden. Auf Grund einer Intrige sah er sich aber schon im März dieses Jahres zum Rücktritt genötigt.[13] Ihm folgte Henri François de Paule Lefèvre d'Ormesson nach, der aber bereits im Oktober 1783 durch Charles Alexandre de Calonne abgelöst wurde. Mit Calonne betrat eine Schlüsselfigur die Szene: Seine Finanzpolitik kam der exzessiven Verschwendungssucht der Hofkreise um Königin Marie-Antoinette weit entgegen und leistete damit dem Untergang des *Ancien Régime* erheblich Vorschub. Calonne, über den sein Zeitgenosse Auget de Montyon schrieb, er besäße «die Lebhaftigkeit eines jungen Obersten, den Leichtsinn eines Schülers, die Eleganz eines wohlhabenden Mannes, die Koketterie, die bei jedem, außer einer hübschen Frau, lächerlich anmutet, das

Gehabe eines bedeutenden Mannes, die Pedanterie eines Richters sowie etwas von der Tölpelei eines Provinzlers»,[14] vereinigte in sich damit geradezu idealtypisch alle Wesenszüge, die ihn jenen Hofkreisen angenehm machen mussten. Einen solchen Mann zum Generalkontrolleur der Finanzen zu berufen, hieß den Bock zum Gärtner zu machen.[15]

Die Geldverschwendung des Hofes wirkte in den Augen der Öffentlichkeit begreiflicherweise anstößig und provozierend. Turgot oder Necker waren sich dessen bewusst und deshalb immer bemüht gewesen, allfällige Exzesse zu begrenzen. Dem nachzueifern lag Calonne schon seines Naturells wegen fern. Außerdem lehrte ihn das Schicksal seiner Vorgänger, dass sich auf Dauer nur im Amt halten konnte, wer sich bei Hofe nicht durch Sparsamkeit unbeliebt machte. Aufschlussreich dafür sind die *acquits de comptant*, die gleichsam freihändig ausgezahlten und unkontrollierten Ausgaben und Anweisungen, die 1785 die beträchtliche Höhe von 136 Millionen erreichten. Außerdem legte Calonne ein riesiges, auf Pump finanziertes Ausgabenprogramm auf. Dazu gehörte der Ausbau des französischen Kanalnetzes ebenso wie die Modernisierung der Häfen von La Rochelle, Dieppe, Le Havre, Dünkirchen und Cherbourg. Der Erfolg, den er mit diesem «deficit-spending» hatte, schien ihm auch geraume Weile Recht zu geben: In weniger als drei Jahren gelang es ihm, durch Anleihen und Kredite über 420 Millionen *livres* aufzutreiben.[16] Der *Parlement de Paris* protestierte am 29. Dezember 1784 und 18. Dezember 1785 erfolglos gegen neue Anleihen,[17] deren Zeichnung zunehmend schleppender ausfiel. Das verriet eine rapide schwindende Kreditwürdigkeit des Staates. Hinzu kam eine allgemeine Rezession, die sinkende Steuereinnahmen zur Folge hatte.[18]

Über Calonnes finanzpolitisches Gebaren berichtete der britische Geschäftsträger am Hofe von Versailles, David Hailes, am 24. August 1786 nach London: «Es besteht hier augenblicklich keinerlei Neigung, die Ausgaben in diesem Königreich einzuschränken (...). Dank seiner schrankenlosen Großzügigkeit und seinem ebenso großen Entgegenkommen gegenüber Hochgestellten kann sich M. de Calonne nach wie vor in seiner so überaus wichtigen Position behaupten, aber die Erleichterung der Bürden, die auf dem Volk lasten, und das Interesse der Nation scheinen von ihm so missachtet zu werden wie von den korruptesten seiner Vorgänger».[19]

Gleichwohl scheint sich Calonne 1785 der bedrohlichen finanziellen Lage des Staates bewusst geworden zu sein. Da Steuererhöhungen von ihm ausgeschlossen wurden, suchte er Zuflucht bei Notbehelfen. Der 1785 tagenden Generalversammlung des Klerus schlug Calonne vor, dem Staat einen *don gratuit* von 20 Millionen zu bewilligen. Die Kirchenvertreter fanden sich aber nur zu 8 Millionen bereit, die sie unter der Bedingung gewähren wollten, dass die Regierung im Gegenzug die von Beaumarchais veranstaltete über 70-bändige Ausgabe der Werke Voltaires verbot.[20] Um die Haushaltslücke zu füllen, musste eine weitere Anleihe von 80 Millionen her, der vom *Parlement de Paris* im Dezember 1785 erst nach hartnäckigem Widerstand stattgegeben wurde. Alarmierend war, dass sich die Anleihe nur sehr schleppend auf dem Markt platzieren ließ. Für Calonne war dies ein deutliches Signal, das ihn zu einem umfassenden und radikal anmutenden Reformvorschlag inspirierte, den er Louis XVI im August 1786 vorlegte: «Ich werde zweifelsfrei die Unmöglichkeit darlegen, höhere Steuern zu erheben wie auch, dass es ruinös ist, immer nur Geld zu leihen und es nicht ausreicht, sich allein mit wirtschaftlichen Reformen zu bescheiden und dass, wie die Dinge nun einmal stehen und liegen, herkömmliche Wege nicht zum Ziel führen, weshalb das einzige wirksame Heilmittel, der einzig gangbare Ausweg, die einzige Lösung, um die Finanzen wirklich in Ordnung zu bringen, nur darin bestehen kann, den ganzen Staat dadurch neu zu beleben, dass man alles, was seiner Verfassung abträglich ist, neu ordnet. (...) Ich werde nachweisen, (...) dass (...) ein Königreich, dessen Provinzen sich untereinander völlig fremd sind, in dem zahlreiche Binnenzollgrenzen die Untertanen ein und desselben Souveräns von einander trennen und abspalten, in dem einige Landstriche von Steuern befreit sind, deren ganze Last auf andere drückt, in dem die reichste Klasse die wenigsten Steuern zahlen muss, wo Privilegien jegliches Gleichgewicht verzerren, wo es ebenso unmöglich ist, allgemein verbindliche Verfahrensregeln zu gewährleisten oder ein gemeinsames Wollen herzustellen, dass also ein solches Königreich notwendigerweise ein sehr unvollkommenes, ein von Missbräuchen heimgesuchtes Gebilde darstellt, das gut zu regieren ein Ding der Unmöglichkeit ist».[21]

Calonne beabsichtigte, dem französischen Staat das zu verschaffen, woran es ihm am meisten gebrach: eine rationale Organisation, die sich auf überall gültige Prinzipien gründete. Calonnes Vorschläge waren keineswegs neu, wie er in einer weiteren Denkschrift von Mitte November 1786 einräumte. Er habe lediglich Ideen und Anregungen kombiniert, die seit Anfang des 18. Jahrhunderts bereits Männer wie Vauban, Turgot oder Necker ventiliert hätten, mit deren Durchsetzung man aber an der mangelnden Uniformität des Staatswesens gescheitert sei. Hier Abhilfe zu schaffen, sei die Absicht seiner Vorschläge, die von den Wünschen der Nation unterstützt würden.[22]

Calonnes Reformplan, dem der König im Herbst 1786 zustimmte, verfolgte drei Absichten. Die eine zielte auf eine Steuer- und Verwaltungsreform. So sollten die beiden *vingtièmes*, Einkommenssteuern von je 5 Prozent, durch eine *imposition territoriale* ersetzt werden, die auf alle Bodenerträge proportional zu den daraus erlösten Renteneinkünften erhoben wurde.[23] Zweitens sollte die Landwirtschaft von einer ganzen Reihe von Fesseln befreit werden. Im Einzelnen war geplant, die Wegfronden durch eine Geldzahlung zu ersetzen, den Getreidehandel zu liberalisieren und die Last der *gabelle* zu reduzieren.[24] Drittens sollten auch sämtliche Binnenzölle und Abgaben, die den innerfranzösischen Warenaustausch verteuerten und erschwerten, ersatzlos abgeschafft werden.[25]

Alle diese Maßnahmen versprachen, die Wirtschaft zu stimulieren, was sich zusammen mit der Verwaltungsreform in einer Steigerung der Steuereinnahmen niederschlagen würde. Das brauchte jedoch seine Zeit, weshalb es zunächst galt, durch neue Anleihen frisches Geld zu beschaffen, um die dringendsten Verpflichtungen befriedigen zu können. Im Besonderen galt dies für eine Reihe kurzfristiger Anleihen, deren Rückzahlung in den folgenden zehn Jahren anstand. Voraussetzung dafür war aber, dass die Kreditgeber wieder größeres Vertrauen in die finanziellen Kapazitäten Frankreichs und damit in den Erfolg von Calonnes Reformen fassten.

Calonnes Idee war es, sein Reformkonzept einer Notabelnversammlung vorzustellen. Der Gedanke scheint Louis XVI nicht behagt zu haben, der darin eine Vorstufe für eine Zusammenkunft der Generalstände, der *Etats Généraux*, witterte.[26] Derartige Befürchtungen suchte Calonne mit einer Denkschrift von Ende August 1786 zu zerstreuen. Zum einen würden die Notabeln vom König eingeladen, während die Mitglieder der Generalstände gewählt und an ein imperatives

Mandat in Form der «Cahiers de doléances», der Beschwerdehefte, gebunden seien. Das bedeute zum weiteren, dass die Generalstände im Wesentlichen selbst die Tagesordnung ihrer Verhandlungen festlegen könnten, während bei einer Notabelnversammlung diese Aufgabe dem König zufiele, der damit die Initiative behielte. Die Zustimmung der Notabeln zu den Reformvorschlägen würde nicht nur die Kreditwürdigkeit Frankreichs unter Beweis stellen, sondern könnte auch den Widerstand der *Parlements* leicht überspielen.[27] Der reibungslosen Zustimmung der Notabeln war sich Calonne, darin bestärkt von seinen beiden Beratern, Mirabeau und Talleyrand,[28] allzu sicher. Seine Gewissheit spricht auch aus dem Ratschlag, den er dem König hinsichtlich der personellen Zusammensetzung der Notabelnversammlung gab: «Zwei Voraussetzungen gilt es zu beachten: Zum einen, dass diejenigen, die zu dieser erhabenen Beratung berufen werden, Persönlichkeiten von Gewicht sind, des Vertrauens der Öffentlichkeit würdig, und die deshalb auch mit ihren Ansichten einen bestimmenden Einfluss auf die öffentliche Meinung nehmen können. Zum anderen sollten sie bereitwillig dem König dienen wollen, sich für das gemeine Wohl begeistern und jeglicher Intrige oder parteiischem Interesse fernstehen, damit keinerlei Anlass zu der Befürchtung gegeben ist, dass Oppositionsgeist die Versammlung beherrscht und sich hier weitaus stärker bemerkbar macht als der Ausdruck wahrer patriotischer Gesinnung».[29]

Diesen Kriterien entsprechend wurden 144 Persönlichkeiten zur Notabelnversammlung nach Versailles eingeladen,[30] die am 22. Februar 1787 von Louis XVI eröffnet wurde. Aber trotz dieser Auswahl ließ es sich mit Rücksicht auf den Anschein gesellschaftlicher Repräsentativität, den die Versammlung haben musste,[31] nicht vermeiden, dass in ihr auch Vertreter bestimmter Interessen zugegen waren, die gegen einzelne Reformvorschläge opponieren würden.[32] Mit solchem Widerspruch rechnete Calonne seitens der 14 Bischöfe und der 38 Magistraten, die von den Gerichtshöfen des Landes in die Versammlung entsandt wurden. Deshalb, so sein Rat an den König, erschiene es angezeigt, «dass die Versammlungsteilnehmer des Adels wie des Dritten Stands so zahlreich sind, damit die Ansichten des Königs mehr Zustimmung finden, als auf Einwände zu stoßen».[33]

Dieses Kalkül Calonnes erfüllte sich in den ersten Tagungswochen der Versammlung teilweise, denn die 36 Repräsentanten des Adels gehörten zu denen, die seine Reformvorschläge anfangs begrüßten.[34] Calonne hatte die vorgeschlagenen Reformen allerdings so ausgelegt, dass dem Adel kein Aderlass zugemutet wurde.[35] Im Gegenzug dafür, dass der Adel zur neuen Grundertragssteuer herangezogen werden sollte, erhielt er etwa die Zusicherung, künftig von der *capitation* befreit zu sein. Keine Rede war zum weiteren davon, ihn der wichtigsten Steuer, der *taille*, zu unterwerfen, geschweige ihn zu einer Zubuße für jene Steuerleistung heranzuziehen, mit der die Wegfronden, die *corvée*, abgelöst werden sollten.

Es war aber nicht der den Reformen gegenüber aufgeschlossene Adel, der das Milieu in der Notabelnversammlung zunehmend beherrschte, als vielmehr die 14 Bischöfe. Sie verwahrten sich zwar nicht prinzipiell dagegen, dass auch der Klerus zur *subvention nationale*, der Grundertragssteuer, herangezogen werden sollte, bestanden aber umso nachdrücklicher darauf, diese Steuerleistung wie bisher in eigener Regie zu erheben.[36] Im Unterschied zum Adel war es dem Klerus immer gelungen, das Steuerprivileg erfolgreich zu verteidigen. Darauf wollte man jetzt umso weniger verzichten, als die Regierung ihre Begehrlichkeit nach Hab und Gut des Klerus – siehe die Forderung nach einem *don gratuit* in Höhe von 20 Millionen – bereits deutlich genug zu erkennen gegeben hatte. Auch das Beispiel, das der Habsburger Joseph II. mit der Säkularisation von Klosterbesitz gegeben hatte, war dem französischen Klerus eine Warnung.[37]

Der Opposition des Klerus schlossen sich die Notabelnvertreter aus den *Pays d'états* an, die ebenfalls um ihre Privilegien bangten. Zahlenmäßig fielen beide Gruppen in der Versammlung zwar nicht ins Gewicht, aber diese vermeintliche Schwäche machten sie mit ihren Erfahrungen wett, die sie auf den Provinzialständen oder auf den Generalversammlungen des Klerus gewonnen hatten. Kaum war die Versammlung nach fast einmonatiger Verspätung eröffnet,[38] zeigte sich, dass Calonne seine Fähigkeiten weit überschätzt hatte, dieses Gremium nach seinen Vorstellungen zu manipulieren. Die systematische Opposition des Klerus gegen wesentliche Aspekte des Reformprogramms zog all jene an, die mit Calonne verfeindet waren oder die der Ehrgeiz plagte, selber das Erbe des Generalkontrolleurs der Finanzen anzutreten.[39]

Seit dem Tod von Außenminister Vergennes, der unmittelbar vor Eröffnung der Notabelnversammlung gestorben war, hatte Calonne unter den Ministerkollegen niemanden mehr, der sein Reformprogramm unterstützte. So sah er sich einzig auf die vielen Einflüssen ausgesetzte Autorität des Königs angewiesen. Der hatte zuvor dem Reformprogramm nach monatelangem Zaudern zwar zugestimmt, war aber, wie das Schicksal Turgots und Neckers zeigte, für einen raschen Sinneswandel anfällig, sobald er den Eindruck gewinnen musste, mit seiner Haltung in Widerspruch zur öffentlichen Meinung zu treten.[40] Diese ausgeprägte mentale Schwäche des Königs war für die Notabeln kein Geheimnis. Ihnen entging auch nicht, wie die öffentliche Meinung in Paris über sie dachte: Sie besäßen nicht Rückgrat genug, um sich der Zumutungen Calonnes zu erwehren. Auch seien sie keineswegs die Repräsentanten der Nation, sondern lediglich willenlose Werkzeuge des Despotismus.

Das Geheimnis, das Calonne über den Anlass der Notabelnversammlung zu breiten gesucht hatte, war längst gelüftet. Mit seinem Reformprogramm hatte er die Notabeln überraschen wollen in der Annahme, diese würden seinen Vorschlägen spontan beipflichten. Die Notabeln hatten in den rund vier Wochen, die zwischen ihrem Eintreffen in Versailles und der Eröffnung der Versammlung verstrichen, jedoch Gelegenheit genug gehabt, sich mit den Gerüchten um ihre Zusammenkunft auseinanderzusetzen und ihre Positionen abzustimmen. Angesichts dessen war es umso fataler, dass der König in der Rede zur Eröffnung der Notabelnversammlung am 22. Februar 1787 den Würdenträgern bedeutete, dass es nicht darum ginge, ihre Zustimmung zu den Reformen einzuholen, sondern man sich nur ihren Rat erbitte, wie diese am besten umgesetzt werden könnten.[41] Auch Calonne machte diese Linie deutlich, als er den Notabeln erklärte, der König habe bereits allen Projekten zugestimmt, so dass ihnen lediglich formale Einwände gestattet seien.[42] Des Weiteren verstörte Calonne die Notabeln durch das Eingeständnis eines großen Haushaltsdefizits, das die vorgeschlagenen Reformen förmlich erzwinge. Das machte umso mehr Sensation, als man seit Neckers *Compte rendu* von 1781 des Glaubens war, die finanzielle Situation des Staates sei vortrefflich. Auch Calonne hatte immer dem Anschein das Wort geredet, bei den Staatsfinanzen sei alles zum Besten bestellt, um eine reibungslose Zeichnung der von ihm begebenen Anleihen zu sichern. Da auf diesem Wege aber kein Weiterkommen mehr möglich war, rückte er jetzt mit der Wahrheit heraus. Allerdings beging er dabei einen taktischen Fehler, denn er eröffnete den verblüfften Notabeln, dass der Staatshaushalt bereits 1781, als Necker einen Überschuss von rund 10 Millionen behauptete, tatsächlich ein Defizit von über 46 Millionen aufgewiesen habe, das seither weiter angewachsen sei.[43]

Die enorme Diskrepanz zwischen den Angaben beider rührte daher, dass sie sich auf unterschiedliche Bilanzrechnungen stützten.[44] Während die Bilanz Neckers rein theoretisch die Einnahmen und Ausgaben eines Jahres in Beziehung setzte, verglich Calonne die in diesem Zeitraum erzielten Einnahmen mit den effektiven Ausgaben.[45] Doch erweckte Calonne damit den fatalen Eindruck, Necker alle Schuld am aufgelaufenen Defizit anlasten und sich selber von jeder Verantwortung für die Krise freisprechen zu wollen.[46]

Als Calonne am 23. Februar den Notabeln das Reformprogramm vorstellte, wurde rasch deutlich, dass er mit seiner Strategie auf ganzer Linie scheitern würde. Ohne eine detaillierte Aufstellung des Staatsdefizits waren die Krise, die Diagnose ihrer Ursachen wie die Vorschläge, diesen zu begegnen, Behauptungen Calonnes. Die als wahr und wirklich zu akzeptieren, fiel den Notabeln schwer. Das bedeutete nicht, dass sie von Neckers geschöntem Bild der königlichen Finanzen restlos überzeugt waren. Ihre Ablehnung zielte auf die Person Calonnes, der sich zeit seiner Tätigkeit als königlicher Intendant viele Feinde bei Adel, Klerus und auch in Kreisen der Bourgeoisie gemacht hatte, die in der Notabelnversammlung vertreten waren.

Die Repräsentanten des Klerus bildeten zusammen mit jenen der *Pays d'états* in der Notabelnversammlung einen zwar kleinen, aber einflussreichen Stimmblock, der jeden Angriff auf seine Privilegien entschlossen abwehrte. Für den Klerus war die erklärte Absicht Calonnes, seinen Besitz der geplanten Grundertragssteuer zu unterwerfen,[47] ebenso inakzeptabel wie der Vorschlag, einen Teil der Güter und Feudalrechte zu verkaufen, um die Schulden zu begleichen, die die Kirche durch Anleihen angehäuft hatte, mit denen sie den *don gratuit*, also die freiwillige finanzielle Zubuße des Klerus zur Finanzierung des Staatshaushalts bestritt.[48] Diese Praxis wie die daraus erwachsende Schuldenlast hatten der Kirche immer als bequeme Rechtfertigung ihres lukrativen Steuerprivilegs gedient. Einem derart folgenreichen Ansinnen zuzustimmen, erklärten sich deren Vertreter für nicht zuständig ohne vorheriges Votum einer Generalversammlung des Klerus. Das war nichts anderes als eine höfliche Absage.[49]

Der Klerus, Teile des Adels und die Vertreter der *Pays d'états* fanden sich zunächst in ihrem Widerstand gegen die von Calonne geplanten Ständeversammlungen auf Provinzebene zusammen, die bei der Zumessung der geplanten Grundertragssteuer eine bedeutende Rolle spielen sollten.[50] Die Opposition entzündete sich daran, dass die Mitglieder dieser Ständeversammlungen in erster Linie Grundbesitzer sein sollten und nicht Repräsentanten eines Standes.[51] Die Notabeln verwahrten sich gegen diese Absicht, weil sie in der unbedingten Anerkennung des ständischen Prinzips die beste Gewähr dafür sahen, dem wachsenden Absolutismus der Krone Einhalt zu gebieten. Auf der Linie dieser Argumentation lagen auch die Einwände gegen die dominierende Rolle, die den königlichen Intendanten bei den Beratungen dieser Ständeversammlungen zugedacht wurde. Ihnen blieb in allen strittigen Fragen dank des ihnen zugebilligten Vetorechts das letzte Wort. Dementsprechend insistierten sie darauf, den beiden privilegierten Ständen von vorneherein eine bestimmte Quote der Sitze zu garantieren.[52]

Der Hauptwiderstand der Notabeln galt jedoch der allgemeinen und unbefristeten Grundertragssteuer, mit der die in ihrer Laufzeit begrenzten *vingtièmes* abgelöst werden sollten.[53] Diese Grundertragssteuer war das Kernstück des Calonne'schen Reformwerks. Da ein Kataster fehlte, sollte die Steuer in Naturalabgaben bestehen, die je nach Bodenbeschaffenheit und dem daraus resultierenden Ertrag in vier Kategorien erhoben wurden, die von den aus Grundbesitzern bestehenden Gemeindeversammlungen festgelegt werden sollten.[54] Dagegen wurde eingewandt, dass eine unbefristet geltende und sich nach dem Ertrag bemessende Steuer allen Grundsätzen widerspreche. Weder die Notabeln noch die *Parlements* könnten ihr zustimmen, sondern allein die *Etats Généraux*.

Rund zwei Wochen nach Eröffnung der Notabelnversammlung sah sich Calonne mit dem Scheitern seiner Strategie konfrontiert. Die Notabeln verweigerten dem Kernstück seiner Reform, der Grundertragssteuer, die Zustimmung, weil sie keinen Anlass sahen, deren behaupteten Nutzen, die Minderung des riesigen Staatsdefizits, anzuerkennen, zumal der Minister sich hartnäckig weigerte, dessen Struktur zu offenbaren. Eine solche Haltung war verständlich und hatte auch nichts gemein mit einer grundsätzlichen Ablehnung des gesamten Reformprojekts. Die Notabeln beharrten auch nicht engstirnig auf einer umfassenden Verteidigung aller Privilegien, sondern zeigten sich vielmehr aufgeschlossen, sogar vergleichsweise radikale Wege zu gehen, um die Krise zu bannen. Die Mehrheit der Notabeln war trotz Kritik sogar bereit, ihren Landbesitz dieser Steuer zu unterwerfen. Auch die Umwandlung der Wegefronden in eine Steuerleistung, die Liberalisierung des Getreidehandels und die Beseitigung der innerfranzösischen Zollgrenzen waren nicht strittig.[55] Kurz, eine grundsätzliche Bereitschaft zu Reformen war bei einer Mehrheit der Notabeln durchaus vorhanden, auch wenn die Intransigenz der Kleriker in der Versammlung dies zu dementieren scheint. Diese Zugeständnisse hatten aber einen Preis, denn man wollte lediglich einen Teil der Privilegien für eine direkte Teilhabe an der Ausübung der politischen Macht der Krone preisgeben.

Das große politische Geschick, mit dem die Notabeln die Reformvorschläge Calonnes in der Absicht parierten, einen Triumph des despotischen Absolutismus zu vereiteln, erschien deshalb als etwas ganz anderes als die uneinsichtige Verteidigung längst überholter Privilegien durch die Vertreter des Klerus.[56] Das erkannte auch die Pariser Öffentlichkeit, die durch Indiskretionen über den Gang der Beratungen unterrichtet war. Der Spott, den sie zuvor über die Notabeln ausgegossen hatte, wich im März 1787 begeisterter Zustimmung. Die von Calonne vorgeschlagenen Reformen wurden von ihr im Licht der detaillierten Kritik seitens der Notabeln als Manöver durchschaut, das durch maßlose Verschwendung verursachte Defizit zu decken, um dann in derselben Manier fortfahren zu können. Verstärkt wurde dieser Eindruck durch die von den Notabeln gemachten Vorschläge, die die Reformabsichten des Ministers noch übertrumpften. Das galt beispielsweise für die verhasste *gabelle*, die Salzsteuer, die als Verbrauchssteuer abgeschafft werden sollte.[57]

Dass seine Strategie wider Erwarten bei den Notabeln nicht verfing, war für Calonne so lange eine bloß lästige Irritation, wie er sich der rückhaltlosen Unterstützung durch Louis XVI sicher sein konnte.

Ein Hinweis auf dessen Haltung würde die Kritiker zum Schweigen bringen. Damit würden die Notabeln die Funktion repräsentativer Akklamation erfüllen, die er ihnen von Anfang an zugedacht hatte. Gestützt auf dieses Kalkül nutzte Calonne die Plenarsitzung am 12. März 1787, um seinen zunehmend empörten Zuhörern mitzuteilen: «Seine Majestät hat mit Befriedigung zur Kenntnis genommen, dass im Allgemeinen Ihre Ansichten mit seinen Prinzipien im Einklang stehen, dass Sie von Ordnungssinn und guten Absichten erfüllt sind, von denen auch er geleitet wird, dass Sie zum weiteren das Verlangen hegen, dazu beizutragen, ihre Ausführung zu vervollkommnen. (...) Schließlich, dass die Einwände, die Ihnen zu schaffen machten und die sich mehrheitlich auf bloße Formalien beziehen, keineswegs die wichtigen Punkte des Ziels betreffen, das sich Seine Majestät gesetzt hat, um die Finanzen zu verbessern und um das Los seiner Völker durch die Abstellung von Missbräuchen zu erleichtern».[58]

Für die Notabeln war eine solche Rede, in der ihre kritischen Einwände und Ratschläge nichts zählten, eine Frechheit. Entsprechend heftig waren die Proteste, deren Aufnahme ins Protokoll der Versammlung durchgesetzt wurde.[59] Das zeitigte unmittelbar keine Folgen, denn das Protokoll würde erst Monate nach deren Ende veröffentlicht werden. Umso gravierender aber war, dass die Öffentlichkeit bruchstückhaft Kenntnis von dieser Empörung erhielt. Das steigerte ihr Interesse an den Verhandlungen noch mehr. Für Calonne war das besonders misslich, denn er wusste, wie sehr der König sich von der öffentlichen Meinung beeinflussen ließ. Nahm diese allzu deutlich Partei für die Notabeln und deren Kritik an seinem Reformprogramm, dann musste er um die Unterstützung durch Louis XVI ebenso bangen wie um seinen weiteren Verbleib im Amt des Generalkontrolleurs.

Um dieser Gefahr vorzubeugen, beschloss Calonne seinerseits, sich an die Öffentlichkeit zu wenden und sie über die geplanten Reformen zu informieren. Das war ein unerhörtes Novum, denn bislang war der Anlass der Notabelnversammlung allenfalls gerüchteweise bekannt. Calonne wagte diesen Schritt in der unerschütterlichen Selbstgewissheit, es werde ihm gelingen, die öffentliche Meinung von seinen Reformvorschlägen zu überzeugen. Mit diesem Bundesgenossen würde es ihm dann ein Leichtes sein, sich in der Gunst des Königs zu behaupten und den Widerstand der Notabeln zu überwinden. Das den Notabeln vorgelegte Reformprogramm wurde am 31. März 1786, garniert mit einem vorangestellten achtseitigen *Avertissement*, veröffentlicht, in dem Calonne für sich in Anspruch nahm, die bestehenden Privilegien entschlossen beseitigen zu wollen.[60] Gewiss sei es das Ziel der Reform, mehr Steuern einzunehmen, aber dafür sollten nur die aufkommen, die bislang zu wenig bezahlten. Jedermann müsse entsprechend seiner Möglichkeiten einen Beitrag leisten. Niemand dürfe unter der Last der Forderungen zu leiden haben. Im Übrigen gelte es, Privilegien zu beschneiden. Das sei ein Gebot der Gerechtigkeit. Natürlich würden gegen alle diese Vorschläge kritische Stimmen laut werden. Damit habe man gerechnet. Aber wie sollte man es anstellen, das allgemeine Wohl zu befördern, ohne dass einige Sonderinteressen daran Anstoß nähmen?[61]

Die Veröffentlichung des Reformprogramms wie des *Avertissement* war eine Sensation. Die Buchhändler in Paris und Versailles hatten alle Mühe, die Nachfrage des Publikums zu befriedigen. Die Pariser Gemeindepfarrer sahen sich mit Exemplaren überschwemmt, die von den Kanzeln verlesen wurden. Diese durchsichtige propagandistische Aktion sorgte für beträchtliches Aufsehen, das sich in Unwillen und Empörung äußerte.[62] Die Notabeln waren empört darüber, dass man ihre in vieler Hinsicht stimmige Kritik an den Reformvorschlägen allein mit ihren egoistischen Interessen als Privilegierte erklärte. Für viele galt jetzt, was der Duc d'Orléans in der Sitzung der Notabeln vom 8. April 1786 offen aussprach: Es sei aberwitzig, sich weiterhin mit Winkelzügen zu begnügen; von nun an müsse man den Mann unmittelbar angreifen.[63]

Die Empörung der Notabeln über den *Avertissement* hatte Louis XVI verunsichert. Unter dem rasch wachsenden Druck jener, die Calonnes Entlassung forderten, geriet der König ins Wanken.[64] Der öffentlichen Meinung wie des Friedens mit den Notabeln wegen rang er sich wider eigene Einsicht und wortbrüchig dazu durch, den Finanzminister zu entlassen. Von dessen Reformprogramm, das ihm seit den Tagen Turgots und Neckers nur zu gut vertraut war, war er dennoch weiterhin überzeugt.

Nach Turgot und Necker war Calonne der dritte Finanzminister, der versucht hatte, die für den weiteren Bestand der Krone unverzichtbaren Reformen durchzusetzen, und der von Louis XVI aus Furcht vor der Auseinandersetzung mit den Notabeln und den *Parlements* entlassen wurde. Auch wenn er dumpf die politische Verderblichkeit seiner Schwäche erahnte, gab er ihr dennoch seit Beginn seiner Herrschaft stets mit der Ausrede nach, es sei ihm wichtig, geliebt zu werden, also möglichst ohne Konflikte zu herrschen. Damit beschleunigte Louis XVI das Verhängnis des *Ancien Régime*. Der Tod von Außenminister Vergennes hatte ihn seiner einzigen Stütze beraubt. Vergennes war Maurepas in der Rolle des Ministers nachgefolgt, der Louis XVI den Rücken stärkte und dessen Rat er vertrauen konnte, ohne fürchten zu müssen, dass der Glanz seiner herrschaftlichen Selbstherrlichkeit dadurch in Mitleidenschaft gezogen würde. Jetzt sah er sich allein mit einem Konflikt konfrontiert, den der Finanzminister provoziert hatte.

Die beharrliche Weigerung der Notabeln, der Grundertragssteuer im Prinzip zuzustimmen, ruinierte die Kreditwürdigkeit des Staates, dessen Kassen bis zum 20. Mai völlig geleert sein würden, wie der Erzbischof von Toulouse Loménie de Brienne am 19. April in seinem Tagebuch notierte.[65] Diese Aussicht zwang Louis XVI zu einem Bitt- und Bußgang in die Notabelnversammlung, vor deren Plenum er am 23. April erschien. Louis XVI erklärte sich jetzt dazu bereit, den Notabeln die Aufstellung der Einnahmen und Ausgaben des laufenden Jahrs zu unterbreiten, damit sie sich selbst ein Bild von dem Defizit machen konnten, dessen Existenz von ihnen bislang in Abrede gestellt worden war. Diese Ankündigung verband er mit einer Reihe von Versprechungen, die der bislang geäußerten Kritik der Notabeln am Reformprogramm entgegenkamen. Sie bezogen sich auf die Rückzahlung der vom Klerus aufgehäuften Schulden, die Zusammensetzung der geplanten Provinzialstände sowie auf die Abschaffung der Salzsteuer. Außerdem verpflichtete sich der Monarch zu Einsparungen in Höhe von wenigstens 15 Millionen *livres*.[66]

Die Ankündigung dieser Zugeständnisse wurde von den Klerikern unter den Notabeln mit Befriedigung aufgenommen, wie Loménie de Brienne am 23. April vermerkte: «Welcher Gesinnungswandel in zwei Wochen! Allgemein wurde die Ansicht geäußert, dass der König gegenüber der Nation den richtigen Ton angeschlagen habe. Die Versammlung ist darüber sehr zufrieden, und ich rechne fest auf einen Erfolg».[67] Dieser Optimismus wurde jedoch von der Börse nicht geteilt, an der die Kurse der staatlichen Anleihen weiter fielen.[68] Das nötigte Louis XVI, einen Mann zur Leitung des *Conseil royal des Finances* zu berufen, den er zuvor abgelehnt hatte: Loménie de Brienne, dessen lang gehegter Ehrgeiz damit in Erfüllung ging.[69] Zugleich wurde auch mit Laurent de Villedeuil ein Nachfolger für den Posten des Generalkontrolleurs der Finanzen berufen. Erst dieser Personalwechsel in der ministeriellen Leitung der Staatsgeschäfte wirkte sich sofort günstig auf die Börse aus.

Die Berufung Briennes sowie die Ersetzung des Justizministers Miromesnil durch Lamoignon de Malesherbes, Präsident der *Cour des Aides*, war ein plausibler Schachzug. Brienne war das rührigste Mitglied der Notabelnversammlung, der auch der weithin angesehene Malesherbes angehört hatte. Er schien bestens geeignet, einen Ausweg aus der heillos verfahrenen Situation zu weisen und seine einstigen Mitstreiter zur Kooperation bewegen zu können. In der sicheren Erwartung seiner Aufnahme in die Regierung hatte Brienne dem König am 17. April 1787 in einer Denkschrift vor dem drohenden Scheitern der Notabelnversammlung gewarnt: «Wenn die Notabelnversammlung auseinandergeht, ohne dass ein Ausgleich zwischen Einnahmen und Ausgaben gewährleistet ist, und man deshalb genötigt sein wird, seine Zuflucht zu Steuererhöhungen zu nehmen, dann steht zu befürchten, dass man auf große Widerstände stößt. Diese Versammlung wurde einberufen, weil man der Ansicht war, die von ihr geäußerte Meinung würde alle Widerstände, die man vorhersehen konnte, überwinden. Kommt es aber nicht dazu, dann dürfte dies ungefähr dieselbe Wirkung haben, als wenn die Versammlung in Opposition verharren würde. Wenn sie im Gegenteil aber den Vorschlägen der Regierung beipflichtet, dürfte man gewiss sein, dass die *Parlements*, die einzelnen Stände wie auch die Provinzialversammlungen ihnen fast ohne Einwände zustimmen werden».[70]

Das war schon die Ansicht von Calonne gewesen, der mit diesem Argument Louis XVI für die Einberufung der Notabelnversammlung gewonnen hatte. Und wie schon Calonne, so war jetzt auch Brienne vom Erfolg überzeugt. Dazu genügte es, wie er glaubte, die geplante Grundertragssteuer in zweierlei Hinsicht zu modifizieren. Statt deren ursprünglich geplanter Erstattung in Naturalabgaben sollte jetzt ein von vorneherein festgelegter Geldbetrag erhoben werden. Auch sollte diese Steuer nicht mehr zeitlich unbefristet, sondern nur für eine Reihe von Jahren fällig sein. Zum weiteren wollte er, im Unterschied zum Reformentwurf Calonnes, Klerus und Adel jeweils eine bestimmte Anzahl von Sitzen in den beabsichtigten Provinzialversammlungen garantieren.

Briennes Erwartung, ihm könne gelingen, woran Calonne gescheitert war, erwies sich als allzu optimistisch. Entscheidend war, dass sich die Notabeln seit dem 23. April ausführlich über die angespannte Haushaltslage informieren konnten.[71] Das verwirrende Zahlenwerk, das man ihnen auf Weisung des Königs präsentierte, stürzte die sieben Arbeitsgruppen der Versammlung in hektische Tätigkeit, um das Defizit möglichst genau zu beziffern. Dieses Unterfangen ließ sich in vergleichsweise kurzer Zeit nicht befriedigend bewältigen, zumal jede der Arbeitsgruppen bis Anfang Mai andere Ergebnisse ermittelte, die das Defizit zwischen 133 und 145 Millionen bezifferten, Summen, die alle weit über den 112 Millionen lagen, die Calonne als Fehlbetrag genannt hatte.[72]

Die eingehende Befassung mit der verzweifelten finanziellen Situation des königlichen Haushalts bewirkte bei den Notabeln einen Sinneswandel. Die Zugeständnisse, mit denen Brienne auf die frühere Kritik der Versammlung an den Reformvorschlägen reagiert hatte, spielten jetzt keine Rolle mehr. Statt sich wie bislang damit zu bescheiden, sich den von der Krone vorgelegten Reformvorschlägen zu stellen, gingen die Notabeln in die Offensive und konfrontierten die königliche Regierung mit konkreten Forderungen, um künftig die Misswirtschaft in den öffentlichen Finanzen von vorneherein zu unterbinden. Vorgeschlagen wurde ein permanentes Komitee mit fünf Mitgliedern aller Stände, von denen aber keiner ein öffentliches Amt innehaben dürfe. Diesem Komitee wurde die Aufgabe zugedacht, gemeinsam mit dem *Contrôleur général des Finances* den Etat zu überwachen und für dessen genaue Bilanzierung verantwortlich zu sein. Zum weiteren sollte alljährlich über die Ausgaben des Staates einschließlich der gewährten Pensionen Rechenschaft gegeben werden. Schließlich sollte auch die Aufnahme von Anleihen strengen Kontrollen unterworfen werden, die verhinderten, dass die jeweils gesetzlich fixierten Beträge überschritten wurden.[73]

Auch wenn die Notabeln in der Kürze der Zeit das Dickicht des

Haushalts nicht befriedigend durchdringen konnten, verschafften sie sich dennoch die Einsicht, dass das aufgelaufene Defizit nicht allein durch die verschwenderische Finanzpolitik Calonnes verursacht worden war, sondern den seit langem tolerierten Missbräuchen in der Finanzverwaltung entsprang. Folglich genügte es nicht, lediglich an den Symptomen herumzukurieren, etwa indem man den einen Generalkontrolleur der Finanzen durch einen anderen ersetzte, sondern es galt, das gesamte Steuer- und Finanzwesen so gründlich zu reformieren, dass ein Rückfall in den alten Schlendrian von vorneherein vereitelt wurde.

Brienne war dem von den Notabeln vorgeschlagenen Komitee nicht abgeneigt. Er begriff es als ein taktisches Zugeständnis an die Wünsche der Notabeln, die dann umso eher den bislang verweigerten Reformen zustimmen würden. Das wurde aber von Louis XVI durchkreuzt, der in einem solchen Kontrollorgan eine Einschränkung der königlichen Entscheidungsfreiheit sah. Seine ausweichende Antwort auf ihren Vorschlag war für die Notabeln eine herbe Enttäuschung. Nachdrücklich forderten sie nun die Einberufung der Generalstände und erklärten sich gleichzeitig für unzuständig, neuen Steuern zuzustimmen, deren Erträge das Defizit verringern sollten.[74] Diese Renitenz besiegelte das Los der Notabelnversammlung, die, dauerte sie noch länger fort, die Monarchie in immer größere Bedrängnis bringen würde. Ihre Sitzungen wurden deshalb am 25. Mai 1787 ohne konkretes Ergebnis abgeschlossen. Der Versuch der Krone, mit Hilfe der Notabeln den vorhersehbaren Widerstand der *Parlements* gegen die Einführung neuer oder höherer Steuern zu neutralisieren, war gescheitert. Noch schwerer aber wog, dass wegen dieses Scheiterns die Diskussion über Reformen jetzt die breite Öffentlichkeit mit wachsender Leidenschaft erfüllte.

VIERTES KAPITEL

DEM UNTERGANG ENTGEGEN

Nachdem die Notabelnversammlung ergebnislos auseinandergegangen war, blieb Brienne keine andere Wahl, als zu versuchen, was Calonne mit ihrer Einberufung hatte vermeiden wollen: Jetzt musste er die Zustimmung der *Parlements* für die Reformaßnahmen gewinnen. Dass er damit scheitern würde, ließ sich unschwer vorhersehen, denn zum einen hatten die *Parlements* den Versuch durchschaut, ihre Autorität zu unterlaufen; zum anderen lieferte ihnen das Fiasko der Notabelnversammlung eine Steilvorlage für das eigene Votum.

Trotz der Widerstände der *Parlements* gelang es der von Brienne geführten Regierung, die fünfzehn Monate von Mai 1787 bis August 1788 im Amt war, immerhin eine Anzahl überfälliger Reformen zu initiieren. Dazu gehörten etwa ein umfassender Umbau des Gerichtswesens wie die Abschaffung der Folter, die von Justizminister Chrétien-François de Lamoignon betrieben wurde.[1] Ein gewisser Fortschritt war zum weiteren die mit zahlreichen Einschränkungen garnierte Anerkennung des protestantischen Glaubensbekenntnisses, die wenigstens die nach dessen Ritus geschlossenen Ehen als gültig akzeptierte. Davon abgesehen blieben die Protestanten weiterhin Bürger zweiter Klasse.[2] Erhebliche Reformanstrengungen wurden auch im Bereich des Militärwesens und der Marine mit dem Ziel unternommen, Kosten zu senken und die Schlagkraft des Militärs zu verbessern.[3] Im Bereich der staatlichen Finanzverwaltung wurde ein *Conseil des Finances* geschaffen, der sich an der von Louis XVI abgelehnten Forderung der Notabeln nach Kontrolle der Einnahmen und Ausgaben orientierte. Außerdem wurde die gängige Praxis, dass private Geschäftsinteressen große Bereiche der Steuererhebung kontrollierten und organisierten, durch die Schaffung einer zentralen Finanzverwaltung stark eingeschränkt.[4]

Ein besonderes Augenmerk Briennes galt der zügigen Schaffung der *Assemblées provinciales*, ein Vorschlag, dem bereits von den Notabeln zugestimmt worden war. Diese Versammlungen hatten innerhalb von Briennes Reformkonzept besondere Bedeutung allein schon deswegen, weil er sie als Instrumente nutzen wollte, um die Blockade der *Parlements* zu umgehen. Außerdem hoffte er, dass ein Funktionieren dieser repräsentativen Organe die Einberufung einer Versammlung der Generalstände überflüssig machen würde, die wiederholt gefordert wurde, um der Finanzkrise des Staates zu begegnen.[5]

Diese durchaus bemerkenswerten Erfolge Briennes, der damit weit mehr erreichte als alle seine Vorgänger, sind angesichts des immer reißender werdenden Strudels der Krise, die den *Ancien Régime* verschlang, in Vergessenheit geraten. Dabei waren es gerade jene Erfolge, die ironischerweise dazu beitrugen, diese Krise zu verschärfen und sie für die staatlichen Gewalten unbeherrschbar zu machen. Ausschlaggebend dafür war, dass sich die Durchsetzung dieser Reformen gegen eine Fülle von Widerständen gesellschaftlicher Gruppen und Schichten als ein Pyrrhussieg erwies, der im Erleben der Zeitgenossen die Diskreditierung des *Ancien Régime* beschleunigte. Als die konstitutionelle Krise der alten Monarchie nach dem Zusammentritt der Generalstände im Mai 1789 ihrem Höhepunkt zustrebte, war diese Erosion der Loyalitäten schon so weit fortgeschritten, dass sich zu deren Verteidigung niemand mehr bereitfand. Die Revolution, die ausbrach, leitete einen schmerzhaften und teilweise chaotisch verlaufenden Häutungsprozess ein. Sein Ablauf war unvorhersehbar und ließ sich auch nicht mehr kontrollieren, weil er durch immer neue, weitergehende und im rasch einsetzenden Parteienkampf stetig radikaler artikulierte Forderungen in Gang gehalten wurde.

Die entscheidende Weichenstellung, die dieser irreversiblen Entwicklung die Richtung wies, wurde vom *Parlement de Paris* vollzogen, der im Frühsommer 1787 in seiner feierlichsten Form als *Cour des Pairs* tagte. Damit konstituierten sich die regulären Mitglieder des Pariser Gerichtshofs gemeinsam mit den Fürsten königlichen Geblüts sowie einer Reihe hoher Würdenträger der Monarchie als Gerichtshof,[6] um

Gesetzesvorlagen zu registrieren. Die Möglichkeit, eine solche *Cour plénière* zu berufen, war im Edikt von 1774, das die Wiedereinsetzung der *Parlements* verfügte, bereits vorgesehen und wurde durch ein weiteres Edikt im Mai 1788 mit der Absicht erweitert, den politischen Einfluss der *Parlements* dadurch zu beschneiden, dass man deren Entscheidungen auf eine breitere und, wie man sich erhoffte, loyalere Repräsentation gründete. Mit diesem verzweifelten Versuch wollte man die für das Funktionieren des Absolutismus unabdingbare Symbiose von Krone und *Parlement* retten, die sich trotz aller Differenzen in den Details einvernehmlich in das Geschäft der Gesetzgebung teilten, um so den Rekurs auf vorabsolutistische Repräsentativorgane wie die Versammlung der Generalstände zu vermeiden.

Diese Übereinkunft bescherte den Magistraten der *Parlements* einen Zuwachs an Sozialprestige. Ihr politisches Selbstbewusstsein schlug sich darin nieder, dass sie mehr und mehr in Versuchung gerieten, jene Übereinkunft im Sinne ihrer besonderen Interessen auszulegen. Wann immer die Krone Veränderungen anstrebte, die in irgendeiner Weise an die spezifischen Interessen der Magistraten rührten, mobilisierte das ihren energischen Widerstand. In der sich in den 1780er Jahren zuspitzenden finanziellen Bedrängnis des absolutistischen Staates führte dies zur Paradoxie, dass die *Parlements* die Monarchie, der sie ihr Dasein verdankten, zwar unbedingt zu verteidigen suchten, ihr gleichzeitig aber die Mittel verweigerten, sich gegen die anhaltende Krise zu behaupten. Dabei nahmen sie für sich in Anspruch, die Interessen der Allgemeinheit zu verteidigen.[7]

Diese fundamentale Paradoxie kennzeichnete den im Sommer 1787 beginnenden und von Krone wie *Parlement* mit wachsender Erbitterung ausgefochtenen Konflikt.[8] Zunächst jedoch hatte es den trügerischen Anschein, als bewähre sich die frühere Symbiose, denn die *Cour plénière*, als die der *Parlement de Paris* einberufen worden war, registrierte die ersten drei ihr vorgelegten Edikte zwar nicht kritik-, aber reibungslos. Um diese Kooperation war es aber geschehen, sobald dem *Parlement* am 2. Juli 1787 die Stempelsteuer vorgelegt wurde, die auch für die beiden privilegierten Stände galt. Deren Registrierung wurde in einer eintägigen, stürmisch verlaufenden Sitzung mit der Begründung abgelehnt, der König müsse zunächst genaue Rechenschaft über Einnahmen und Ausgaben ablegen.[9] Dem verweigerte sich die Krone, weil diese Auskünfte bereits den Notabeln gegeben worden seien.[10] Dessen ungeachtet wurden diese Forderungen vom *Parlement* am 9. und 16. Juli wieder erhoben. Hinzu kam das Verlangen, die Generalstände einzuberufen.[11] Davon unbeeindruckt leitete die Regierung dem *Parlement* am 30. Juli das Gesetz über die Erhebung der Grundertragssteuer zu. Wie nicht anders zu erwarten, wurde auch die Registrierung dieses Edikts abgelehnt, diesmal mit einer Begründung, die zuvor in ähnlichen Fällen noch nie bemüht worden war: der *Parlement* besitze keinerlei Befugnis für die Bewilligung neuer Steuern. Diese falle allein in die Zuständigkeit der Generalstände, die der König umgehend einberufen solle.[12]

Das war in der Sache nichts anderes als die förmliche Aufkündigung jener Symbiose von Krone und *Parlement*, die für beide die Geschäftsgrundlage war. Damit legte der *Parlement* selber die Säge an den Ast, auf dem er saß. Viele der jüngeren Mitglieder des *Parlement* hielten die Generalstände, die das letzte Mal 1614 einberufen worden waren und von deren Bedeutung und Funktion sie nur vage Vorstellungen hatten, jedoch für durchaus vereinbar mit der Beibehaltung, wenn nicht gar Stärkung der Autorität der *Parlements*.

Befeuert vom lebhaften Zuspruch der öffentlichen Meinung fanden die Meinungsführer des *Parlement* Gefallen daran, in einer wahren Orgie des Widerspruchs die verzweifelten Reformanstrengungen zu paralysieren,[13] mit denen Brienne dem Absolutismus eine Frist zu stunden suchte. Solche Blindheit lässt sich einerseits mit der empörten Rachsucht der *Parlements* erklären: Sie konnten es der Krone nicht nachsehen, dass sie in ihrer Verzweiflung die Institution der Notabelnversammlung aus der Versenkung hervorgeholt hatte, um sich ihr Maßnahmenbündel zügig und ohne Abstriche absegnen zu lassen.[14] Zum anderen erkannten einige Magistraten aber auch die Chance einer völlig neuen, ihre weitere Zukunft sichernden Machtsymbiose mit der öffentlichen Meinung, die es im Augenblick der großen Krise der absoluten Monarchie nur entschlossen zu ergreifen gelte. Das jedenfalls gewahrte mit feiner Witterung ein alter Fuchs wie Lamoignon de Malesherbes, der Louis XVI ermahnte: «Ich sage, der *Parlement de Paris* ist in dieser Situation nichts anderes als das Echo der Pariser Öffentlichkeit, und die Öffentlichkeit von Paris ist diejenige der ganzen Nation. (…) Es ist also die gesamte Nation, mit der man es zu tun hat; es ist die Nation, gegenüber der sich der König äußert, wenn er dem *Parlement* antwortet. Wie mächtig auch immer ein König ist, so muss er doch stets den Unmut der Nation fürchten, denn es ist nur wegen der Nation, dass er mächtig ist».[15]

Diese Haltung des *Parlement de Paris* bestimmte den weiteren Fortgang des Dramas: Als die Krone mit einem *lit de justice* in Versailles die Registrierung der zwei zuvor abgelehnten Steueredikte erzwang, erklärte der *Parlement* sie für null und nichtig.[16] Damit nicht genug, wurde am 10. August die Finanzpolitik Calonnes vom *Parlement* angegriffen und ihr Verantwortlicher unter Anklage gestellt. Das zielte direkt auf Loménie de Brienne, dessen finanzpolitische Reformen sich kaum von jenen Vorhaben unterschieden, mit denen Calonne gescheitert war und für die er sich jetzt vor Gericht verantworten sollte. Als sich Calonne der drohenden Verfolgung durch Flucht nach London entzog, verstieg sich der *Parlement* dazu, am 13. August den *lit de justice* vom 6. August und die mit ihm registrierten Gesetze zu verdammen.[17] Auf diese Provokation reagierte die Krone umgehend: Sie hob am 14. August dieses Urteil auf und befahl die sofortige Geltung der neuen Steuergesetze, die zu registrieren die *Cour des Comptes* und die *Cour des Aides* gezwungen wurden. Tags darauf, am 15. August, wurde der renitente *Parlement* nach Troyes verbannt.[18]

Solche Verbannungsbescheide, die mit den sogenannten *lettres de cachet* den Betroffenen zugestellt wurden, waren in den Streitereien, die gelegentlich das Verhältnis von Krone und *Parlements* störten, ein vertrautes Druckmittel. Die Wirkung war von vorneherein durch die Gewissheit begrenzt, dass der Konflikt über kurz oder lang durch einen Kompromiss beigelegt werden würde, bei dem beide Parteien ihr Gesicht wahrten. Dennoch unterschied sich diese Kontroverse von früheren Auseinandersetzungen in zweierlei Hinsicht: Zum einen hatten die Entschlossenheit und Verbitterung des *Parlement* eine neue Qualität, zum anderen erfuhr er breite Zustimmung seitens der Öffentlichkeit. Jedes Mal, wenn das Gericht tagte, fand sich eine große Menschenmenge ein, die mit ihrem Lärmen die Haltung der Magistrate unterstützte.[19] Auch in den zahlreichen Salons und Debattierzirkeln in Paris wurde der *Parlement* einhellig gerühmt,[20] ebenso in den Flugschriften und Broschüren, die immer zahlreicher erschienen. Welche Macht der öffentlichen Meinung zugetraut wurde, die sich so unüberhörbar einmütig artikulierte, zeigte sich nicht zuletzt daran, dass der *lit de justice* in Versailles abgehalten wurde, wo man vor Interventionen und Demonstrationen sicher sein konnte.

Es dauerte Tage, bis die aufrührerische Stimmung in Paris wieder abebbte und sich die öffentliche Meinung einem neuen Thema zuwandte: dem drohenden Konflikt mit England wegen der Niederlande. Mit diesen hatte Frankreich im November 1785 ein Defensivbündnis abgeschlossen, dessen Stoßrichtung auf England zielte. Diese Absicht wurde jedoch durch den seit längerem schwelenden Streit kompliziert, der in die Revolte einer patriotischen Reformbewegung gegen den vom Patriziat gestützten Stathouder Willem V. von Oranien einmündete. Der Machtkampf wuchs sich wegen der strategisch bedeutsamen Lage der Niederlande rasch zu einem internationalen Konflikt aus. Während England und Preußen Willem unterstützten, stand Frankreich auf Seiten der Patrioten. Wegen der finanziellen Misere Frankreichs war dieses Engagement aber zahnlos. Als am 12. September 1787 eine preußische Armee in die Niederlande einfiel, war der drohende Bürgerkrieg binnen einer Woche entschieden: Am 20. September hielt Willem seinen Einzug in Den Haag. Der rasche Erfolg der Gegenseite bewahrte die Regierung Brienne vor einem politischen und militärischen Debakel, das weite Kreise der Öffentlichkeit um «der Ehre willen» wie auch gestützt auf die machiavellistische Überlegung mit dem Argument befürworteten, dass ein solcher Krieg die innerfranzösischen Kontroversen überlagerte und die Nation hinter dem König vereinte.[21]

Diese von vielen zu Recht als demütigende Niederlage empfundene Geschehen war ein Anlass, die geplanten Reformen energisch fortzusetzen.[22] Schon die Notabeln hatten mit besonderem Nachdruck darauf gedrängt, die Staatsausgaben zu reduzieren. In diesem Zusammenhang hatten sie sich auch nicht gescheut, Einschnitte in der königlichen Haushaltsführung zu fordern, ein Verlangen, das Malesherbes, der von Brienne im Juni 1787 in die Regierung berufen worden war, unterstützte. Seine Argumente, in einer Denkschrift an Louis XVI niedergelegt, trugen ebenso wie das Erlebnis der eigenen Ohnmacht anlässlich der niederländischen Krise dazu bei, das Zaudern des Monarchen zu überwinden. Bislang hatte er sich Einsparungen verweigert, weil er den Unmut der hochadeligen Nutznießer fürchtete, die von dieser Verschwendung bislang ihren Vorteil hatten.[23] Alles in allem belief sich die Reduzierung der Ausgaben für den Haushalt des Königs und der Königin, die mit 21,9 Millionen *livres* veranschlagt waren, auf 5,6 Millionen *livres* pro Jahr. Von dieser Summe waren aber die Ausgaben für den Rückkauf von Ämtern abzuziehen, die den Einsparungen zum Opfer fielen und die binnen eines Zeitraums von fünf Jahren geleistet werden mussten. Die dafür fälligen Aufwendungen schlugen mit insgesamt über 6 Millionen *livres* zu Buche.[24] Kaum weniger schmerzhaft für die Betroffenen war die Beschneidung der königlichen Pensionszahlungen, die schon von Necker auf die exorbitante Summe von 28 Millionen beziffert worden waren.[25]

Die Ausgaben für das Militär waren noch für das Jahr 1787 mit 114 Millionen veranschlagt,[26] ein Betrag, den selbst hohe Offiziere als weit übertrieben einschätzten. Diese Ausgaben einerseits zu kürzen und gleichzeitig die Professionalität der Armee zu verbessern, wurde einem im Oktober 1787 berufenen *Conseil de la Guerre* anvertraut. Den Reformen, die dieser *Conseil* ab Frühjahr 1788 veranlasste, fielen eine ganze Reihe von Einheiten zum Opfer, die mehr durch aufwendige Uniformen als durch militärischen Wert auffielen. Ein ähnliches Schicksal ereilte 6 der 18 *Maréchaux de France*. Auch das Generalscorps wurde reduziert, das mit 1261 Mitgliedern weitaus größer war als das aller anderen europäischen Armeen zusammengenommen! Trotz der veranlassten Solderhöhung, in deren Genuss die einfachen Soldaten kamen, beliefen sich die Einsparungen auf rund 9 Millionen *livres*.[27] Dieser Erfolg hatte einen Preis: Die Reformen sorgten innerhalb der Armee für erheblichen Unmut, der sich in den Kreisen des «Schwertadels», die sich im Vergleich zu den Angehörigen des Hofadels hinsichtlich ihrer Karrierechancen benachteiligt sahen, in einer distanzierten Haltung zur Krone niederschlug. Das war mit eine Ursache dafür, dass die Armee dem Ausbruch der Revolution tatenlos zusehen sollte.

Die positiven Effekte dieser und einiger anderer Reformerfolge versprachen zumeist aber erst nach einigen Jahren spürbar zu werden. Unmittelbar sorgten sie jedoch in den gesellschaftlichen Kreisen und Gruppen, denen damit bisweilen schmerzhafte Opfer zugemutet wurden, für Empörung und Verstörung. Das galt für den Adel ebenso wie für die Angehörigen der *Parlements*, die in der Reform des Justizwesens oder in den von Brienne durchgesetzten Provinzialversammlungen eine Minderung ihres Einflusses sahen.[28] Schließlich irritierte die halbherzige Anerkennung der Protestanten die katholische Kirche, vor allem aber die Angehörigen der *Parlements* und die breiten Volksschichten.[29] Kurz, der Unmut verband sich mit der um sich greifenden Erkenntnis, dass die Monarchie in einer tiefen Krise steckte.

Brienne war sich dieser Gefahr bewusst, die wohl auch Louis XVI ahnte, weshalb er ihn Ende August zum Premierminister berief. Dieser kluge Entschluss festigte Briennes Stellung innerhalb der Regierung. Mit derart gestärktem Selbstbewusstsein schlug er dem Ersten Präsidenten des nach Troyes verbannten *Parlement de Paris* Anfang September vor, den erbitterten Streit um die Steuerreformgesetzgebung durch einen Kompromiss beizulegen. Brienne erklärte sich bereit, die Stempelsteuer wie auch die Territorialabgabe zurückzuziehen, wenn im Gegenzug der *Parlement* einlenkte und die Geltung der beiden *vingtièmes*, deren Einnahmen ursprünglich durch den Ertrag der beiden geplanten neuen Steuern ersetzt werden sollten, erweiterte und deren Laufzeit verlängerte. Zum weiteren signalisierte Brienne in der Frage der Einberufung der Generalstände seine Kompromissbereitschaft, als er deren Zusammentritt für einen späteren Zeitpunkt, frühestens 1792, in Aussicht stellte. Das war kein schlechtes Angebot und entsprach dem politischen Kalkül Briennes, der im Unterschied zu Louis XVI die Generalstände keineswegs rundheraus ablehnte.[30] Allerdings vertraute er darauf, dass die noch im Aufbau befindlichen Provinzialstände die personelle wie institutionelle Grundlage der Generalstände darstellen würden.[31]

In Briennes Sicht sollten die Generalstände also nichts anderes sein als die Verlängerung jener Provinzialstände, die sich, wie er stillschweigend voraussetzte, bis zu ihrer erstmaligen Konstitution als Nationalversammlung längst als der Krone gegenüber loyale Repräsentativorgane bewährt hätten.

Briennes Plan schien zunächst glänzend aufzugehen. Am 19. September 1787 konnte er zwei miteinander verknüpfte Entscheidungen verkünden. Mit der einen wurden die beiden *vingtièmes* widerspruchslos registriert, während mit der anderen das Prinzip bekräftigt wurde, dass der *Parlement* keine neue Steuer registrieren könne, es sei denn, die zuvor auf den Generalständen versammelte Nation hätte dazu ihre

Zustimmung erteilt.[32] Unmittelbar danach kehrte der *Parlement* nach Paris zurück, wo er stürmisch begrüßt wurde.

Briennes Verzicht auf die Stempelsteuer und die Territorialabgabe rief verständlicherweise Verwunderung hervor, denn beide Vorhaben waren der Anlass gewesen, die Notabeln einzuberufen. Der jähe Sinneswandel der Regierung weckte deshalb den Verdacht, dass man sich mit dem Staatsbankrott abgefunden habe. Die öffentliche Meinung war nur durch Gerüchte und Pamphlete unterrichtet, die tagtäglich auf den Markt geworfen wurden.[33] Sie schwankte zwischen Bangen und Hoffen und gebrauchte wesentliche Begriffe wie Generalstände, Bankrott oder Freiheit nur als Schlagworte, mit denen sie vage oder höchst irrige Vorstellungen verband. Die Abklärung der jeweiligen Begriffsbedeutungen war ein Prozess, der seit dem Sommer 1787 parallel zum ereignisgeschichtlichen Geschehen verlief und dieses in den ersten Jahren nach Ausbruch der Revolution auch unmittelbar beeinflusste.

Für die Regierung Brienne waren die mühevoll erzielte Registrierung der beiden *vingtièmes* durch den *Parlement* wie auch die umfangreichen Einsparungen beim Militär und in der königlichen Haushaltsführung jedoch nur ein Etappensieg auf dem langen Weg, das Haushaltsdefizit binnen fünf Jahren auszugleichen. Die Erträge, die damit erzielt werden konnten, würden nicht sofort zu Buche schlagen. Zunächst wuchs das Defizit sogar noch weiter an, denn die Ausgaben für die Entschädigung der Inhaber von eingesparten Ämtern überstiegen die Summe der damit erzielten Einsparungen. Entsprechendes galt auch für die Mehreinnahmen aus den modifizierten *vingtièmes*, die sich frühestens im übernächsten Steuerjahr auswirken würden. In der Übergangsphase ab 1790 war damit zu rechnen, dass alle Mehreinnahmen dazu beitrügen, das Defizit spürbar zu verringern.

Der Staatsbankrott war also keineswegs gebannt. Um die Deckungslücke zu schließen, entschied sich Brienne zur Auflage einer Anleihe von insgesamt 420 Millionen *livres*, deren einzelne Tranchen binnen fünf Jahren begeben werden sollten.[34] Zu diesem Plan gab es in der konkreten Situation keine Alternative. Die Sanierung des Haushalts hing jetzt allein davon ab, dass der *Parlement de Paris* auch diese Kröte schluckte. Um ihm diese Zumutung zu versüßen, hatte Brienne keine andere Wahl, als mit der Einberufung der Generalstände ernst zu machen.

Dazu nötigte ihn die Einsicht, dass ohne ein solches Zugeständnis der Fünfjahresplan zur Sanierung des chronischen Haushaltsdefizits zum Scheitern verurteilt war. Für die Öffentlichkeit hatten nur die Generalstände die Kraft, den Staat vor dem sicheren Bankrott zu bewahren und Stabilität zu gewährleisten. Zu vermuten ist, dass es Brienne mit diesem Argument gelang, das Widerstreben Louis XVI zu überwinden. Dabei spielten sicherlich noch weitere Überlegungen eine Rolle: Kämen die Generalstände erst 1792 zusammen, also zu einem Zeitpunkt, an dem die Sanierung des Defizits nach Briennes Überzeugung erfolgreich abgeschlossen war, träte der Monarch der Versammlung in einer Position der Stärke gegenüber. Wenn der *Parlement* hingegen die Registrierung der Anleihen ablehnte, obwohl vom König die Einberufung der Generalstände in Aussicht gestellt worden war, dann trüge er allein die Schuld für das Scheitern der Reformen. Unterließ es jedoch der König, die Einberufung der Generalstände zu versprechen, könnte der *Parlement* die Anleihe ohne Ansehensverlust ablehnen, denn dann würde die ganze Verantwortung für das daraus resultierende Desaster der Regierung und Brienne angelastet werden.[35]

Diese so fein ausgeheckte Strategie hatte jedoch eine große Schwäche: Sie übersah die erregte Dynamik, mit der die öffentliche Meinung die anstehenden Probleme diskutierte, wie auch das tiefe Misstrauen gegenüber der Regierung. Als gerüchteweise bekannt wurde, Louis XVI trage sich mit der Absicht, erst 1792 Generalstände einberufen zu wollen, erschien das den meisten als ein Datum in zu ferner Zukunft.

Das Misstrauen explodierte, als der *Parlement de Paris* am 19. November 1787 sehr kurzfristig zu einer feierlichen *Séance royale*, einer Sitzung in Gegenwart des Königs, einberufen wurde, um zwei Vorlagen zu registrieren: die erste Tranche der von Brienne geplanten Anleihe in Höhe von 120 Millionen sowie das Edikt über die zivilrechtliche Emanzipation der Protestanten. Die *Séance royale* war zwar kein *lit de justice*, aber dennoch stand für die Verantwortlichen dieser Inszenierung außer Frage, dass mit Rücksicht auf die Würde des Monarchen die Vorlage zwar diskutiert, deren Registrierung aber ohne vorherige Abstimmung erfolgen müsse.[36] Das war instinktlos, denn ein solches Verfahren musste der Sitzung angesichts der aufgeregten Stimmung den Anstrich eines Staatsstreichs verschaffen. Das war der

Eindruck vieler Anwesender, als nach Ende der Debatte, in der verschiedentlich ein früherer Termin für die Generalstände verlangt wurde, Louis XVI die Sitzung mit den Worten schloss: «Nachdem ich Ihre Ratschläge vernommen habe, sehe ich mich vor die Notwendigkeit gestellt, die in meinem Edikt aufgeführten Anleihen aufzulegen. Ich habe die Generalstände bis 1792 versprochen; mein Wort muss Ihnen genügen. Ich befehle, dass mein Edikt registriert wird».[37] Dagegen erhob sofort der Duc d'Orléans Protest. Er bezeichnete die Registrierung ohne vorherige Abstimmung als illegal, ein Betragen, das Talleyrand seitens eines Blutsverwandten des Königs als einmalig in den Annalen der französischen Monarchie qualifizierte.[38] Louis XVI, den diese Intervention überraschte, stammelte nur einige Worte wie: «Das ist mir gleichgültig ... Es ist legal, weil es mein Wille ist».[39]

Dieses fatale Wort, in dem sich die Essenz des Absolutismus aussprach, musste die schlimmsten Befürchtungen hinsichtlich der Absichten der Regierung bestätigen. Der *Parlement* reagierte sofort mit einem Beschluss, mit dem er bestritt, die Edikte registriert zu haben. Den hob Louis XVI am 21. November wieder auf. Damit konnte die erste Tranche der Anleihe in Höhe von 120 Millionen begeben werden, die wegen ihrer günstigen Konditionen binnen weniger Tage gezeichnet war.

Briennes Strategie wurde jedoch ausgerechnet von den Institutionen durchkreuzt, auf deren bedingungslose Unterstützung er gesetzt hatte: den neu geschaffenen Provinzialversammlungen, die sich im November in ihrer ersten Sitzungsperiode der praktischen Umsetzung der *vingtièmes* widmen mussten, denen der *Parlement* im September zugestimmt hatte. Die Regierung teilte diesen Versammlungen nun mit, man wolle mit einer Abschlagszahlung zufrieden sein, die einen geschätzten Betrag des Steueraufkommens darstellte. Allerdings wurde darauf bestanden, dass dessen Höhe der erweiterten Bemessungsgrundlage der *vingtièmes* angepasst sein, d. h. erheblich höher ausfallen müsse als die vorjährigen Einnahmen aus dieser Steuer. Obwohl in allen diesen Versammlungen nur Repräsentanten saßen, die von der Krone ausgesucht worden waren, sorgte diese Anordnung, die als kalte Steuererhöhung verstanden wurde, für böses Blut. Provinzialversammlungen, die sich rundheraus den ihnen zugedachten Abschlagszahlungen verweigerten, sahen sich sofort mit Steuerprüfungen bedroht, die notfalls mit Gewalt die geforderten Beträge beibringen würden. Um sich dagegen zur Wehr zu setzen, blieb ihnen nur der Appell an den *Parlement de Paris*, der sich bald mit entsprechenden Klagen überschwemmt sah.

Aus juristischer Sicht waren diese Klagen nur zu berechtigt. Dennoch zögerte der *Parlement de Paris* einige Monate, sich mit den Klagen zu befassen, um nicht das Verhältnis zur Krone neuen Belastungen auszusetzen. Als am 29. April 1788 der *Parlement* die Vorgehensweise der Krone mit der Begründung verdammte, sie sei nicht durch den *Arrêt d'enregistrement* vom 19. September 1787 gedeckt,[40] war dies eine Kriegserklärung an die Regierung, deren Programm zur finanziellen Sanierung des Staates damit brutal unterbrochen wurde.

Anlass für dieses spektakuläre Urteil waren Gerüchte, die Regierung plane durch einen Gewaltstreich Einfluss und Macht der *Parlements* zu vernichten. Damit war umso mehr zu rechnen, als die Spannungen seit November 1787 spürbar zunahmen. Auch die *Parlements* in der Provinz schlossen sich unisono den Protesten an.[41] Die von ihnen angeführten Auseinandersetzungen schienen das Schreckgespenst einer Fronde heraufzubeschwören, die Briennes Reformprogramm zu vereiteln und das Land ins Chaos zu stürzen drohte. Der Wille zur Verständigung, um den sich beide Seiten bemühten, seitdem die Verbannung des *Parlement de Paris* im Spätsommer 1787 aufgehoben worden war, verflog spätestens bei der *Séance royale* endgültig. Mit den unbedachten Worten, mit denen Louis XVI auf den Protest des Duc d'Orléans reagierte, hatte die Despotie ihr wahres Gesicht gezeigt. Das von der Regierung gegen alle Widerstände vorangetriebene Reformprogramm konnte keine andere Absicht verfolgen, als diesen Despotismus durchzusetzen. Wer sich dagegen stemmte, würde mit Entmachtung bestraft. Das gab den Anstoß, zu Regierung und Krone in offene Konfrontation zu treten.[42]

Diese Einschätzung durchschaute die Absichten, die die Regierung mit dem Reformpaket verfolgte. Gelänge es, die *Parlements* zu entmachten, dann hätte man es nur noch mit der vage in Aussicht gestellten Einberufung der Generalstände zu tun. Ohne den Einspruch der *Parlements* büßten diese erheblich an Drohpotenzial ein, würde die Finanzierung des Staatsdefizits bloß ein finanztechnisches Problem darstellen. Einerseits die *Parlements* auszuschalten, andererseits die

Einberufung der Generalstände zu verweigern, ließe aber die Nation ohne Vertretung und wäre der blanke Despotismus. Darin lag die ganze Inkonsistenz der geargwöhnten Strategie, die zu durchkreuzen den *Parlements* ein leichtes war.

Allein dieser Absicht diente der historische Beschluss des *Parlement de Paris* vom 3. Mai 1788, mit dem zum ersten Mal in der Geschichte des Gerichtshofs ein vollständiger Katalog aller *lois fondamentales*, aller grundlegenden Prinzipien des öffentlichen Rechts, aufgezählt wurde, die von der Krone respektiert werden mussten. Auf die Geltung dieser Grundrechte hatte sich der *Parlement* zwar immer wieder berufen. Aber noch nie hatte er diese im Einzelnen spezifiziert, geschweige sie als tragende Pfeiler einer Verfassungsordnung ausgewiesen.

Der Beschluss verkündete, dass Frankreich eine Monarchie sei, die von einem König in Übereinstimmung mit den in ihr geltenden Gesetzen regiert werde. Unter diesen seien mehrere *lois fondamentales*. Dazu gehöre die *loi salique*, mit der die Thronfolge ausschließlich im Mannesstamm bestimmt wurde, aber auch das Recht der Nation, in freier Abstimmung der regelmäßig einberufenen Generalstände die Steuern zu beschließen. Dazu gehöre zum weiteren die unbedingte Respektierung der Gewohnheitsrechte und Privilegien einer jeden Provinz, das Prinzip der Unabsetzbarkeit der Richter, das Recht der *Parlements*, in jeder Provinz die Gesetzgebung des Königs zu prüfen und deren Registrierung nur unter der Voraussetzung zu vollziehen, dass die königlichen Edikte sowohl mit den jeweils geltenden Verfassungsnormen als auch mit den *lois fondamentales* der Monarchie im Einklang stünden. Ferner gelte es das Grundrecht zu achten, dass jeder Bürger sich nur vor seinem gesetzlichen Richter verantworten müsse.

Mit Ausnahme der *loi salique*, die als Grundgesetz der Monarchie außer Zweifel stand, verrieten die weiteren, jetzt als gleichrangig aufgeführten Bestimmungen ein Verfassungsdenken, das dem Vorbild Montesquieus verpflichtet und vor 1787 niemals derart explizit geäußert worden war. Mit diesem Beschluss ging der *Parlement de Paris* aufs Ganze.

Briennes Plan war es, sich einerseits auf die im Entstehen begriffenen Provinzialversammlungen und andererseits auf eine neu zu schaffende *Cour plénière* zu stützen. Dadurch konnte man dem drohenden Umsturz der Monarchie begegnen und auch noch die Gewähr für einen Ordnungsentwurf haben, der die Machtstellung Frankreichs nach innen und außen gewährleistete. Diese neu zu konstituierende *Cour plénière* war in ihrer personellen Zusammensetzung wesentlich repräsentativer angelegt als die *Cour des Pairs*. Allein diese *Cour plénière* hätte die Aufgabe, die königlichen Edikte zu registrieren.

Die neue *Cour plénière* zielte auf die vollständige Entmachtung der *Parlements,* weil ihnen nur noch Edikte zur Registrierung vorgelegt werden sollten, die allenfalls lokale Bedeutung hatten. Gleichzeitig war auch beabsichtigt, ihre Rechtsprechungskompetenz durch die von Justizminister Lamoignon ausgearbeitete umfassende Justizreform empfindlich zu beschneiden. Deren Kernstück war eine Neuordnung der Gerichtsinstanzen. Statt der *Parlements* sollten künftig die neu zu schaffenden Gerichte der *Grands Bailliages* über alle Streitfälle bis zu einem Streitwert von 20 000 *livres* in letzter Instanz entscheiden. Da ein höherer Streitwert sehr selten war, bedeutete dies eine erhebliche finanzielle Einbuße für die *Parlements.* Darüber hinaus waren sie nur noch in Kriminalfällen zuständig, bei denen es über Inhaber von Privilegien zu urteilen galt.[43] Dem massiven Bedeutungsverlust der *Parlements* folgte auch die Auflösung von Richterstellen: Ein eigenes Edikt reduzierte die Anzahl der *Conseillers de Parlement* von 828 auf 532.[44] Die Hoffnung der Regierung war es, auf diese Weise einen Keil zwischen *Parlements* und öffentliche Meinung zu treiben. Eine solche Reform des Gerichtswesens konnte auf breiten Beifall rechnen, weil sie die Justiz verbilligte, transparenter und auch leichter zugänglich machte.[45] Verbunden war damit auch das Versprechen einer qualitativen Verbesserung der Justizpflege.

Die Regierung plante also einen Putsch, dem aber, sollte er wirksam sein, der Anschein der Legalität verschafft werden musste. Das bewog den *Parlement de Paris* zu jenem spektakulären Beschluss vom 3. Mai, der sein Schwanengesang werden sollte.

Der Sturm, der sich zusammenbraute, entlud sich am 8. Mai 1788, als der *Parlement de Paris* im Rahmen eines *lit de justice* gezwungen wurde, mit den vier anderen Gesetzen zur Justizreform auch jenes Edikt seiner Selbstentmachtung zu registrieren.[46] Auch die weiteren *Parlements* und *Conseils souverains* wurden an diesem und den beiden folgenden Tagen zu diesem Schritt genötigt. Unmittelbar danach wurden alle *Parlements* solange beurlaubt, bis die neuen *Grands Bailliages* und die ihnen untergeordneten Gerichte ihre Arbeit aufgenommen hatten. Bis dahin wurde den *Parlements* ausdrücklich untersagt, über irgendeine Frage gemeinschaftlich zu beraten.[47]

Aber trotz der großen Umsicht, mit der die Regierung die Entmachtung der *Parlements* vorbereitet hatte, kam es überall in Frankreich an den Sitzen der obersten Gerichtshöfe unmittelbar nach der Registrierung dieser fünf Edikte zu Tumulten. Alle *Parlements* außer dem von Paris verweigerten sich dem königlichen Befehl, in Ferien zu gehen, und verabschiedeten Resolutionen, mit denen die erzwungenen Registrierungen für null und nichtig erklärt wurden. Die Regierung reagierte prompt und entschlossen. Mittels *lettres de cachet* wurden die rebellierenden Richter zur Ordnung gerufen. Sollten sie dennoch in ihrer Unbotmäßigkeit verharren, wurde ihnen der Einsatz von Truppen angedroht. Das zeitigte in den meisten Fällen Wirkung und die *Conseillers*, überall umringt von Menschenmengen, die ihrem Widerstand akklamierten, verließen in feierlichem Zug die Gerichtshöfe. Rennes und Grenoble machten davon eine bemerkenswerte Ausnahme. An beiden Orten musste Militär aufgeboten werden, um eine Räumung der *Parlements* zu erzwingen. In Grenoble führte dies zu regelrechten Straßenschlachten. In den engen Straßen der Stadt überschütteten Demonstranten die Truppen mit einem Hagel von Dachziegeln, die von den Hausdächern auf sie herabgeschleudert wurden. Diese lautstarken und bisweilen gewalttätigen Proteste waren nur das Vorspiel für erbitterte Kontroversen mit zahllosen Pamphleten und Flugschriften.[48] Proteste und Resolutionen der *Parlements*, mit denen die Justizreform in Bausch und Bogen verdammt wurde, eröffneten diesen Reigen, denen sich spezielle Beschwerden an einzelnen der mit diesen Reformen beabsichtigten Neuerungen anschlossen. Nur zu häufig verrieten diese je besondere Interessen von Berufsgruppen innerhalb des Justizwesens, von denen die willkommene Gelegenheit genutzt wurde, ihren grundsätzlichen Unmut über die Regierung zu äußern. Damit bekundeten sie ihre Hoffnung auf eine neue Gesellschaftsordnung, als deren Geburtswehen sie die augenblickliche Krise begriffen.

Die große öffentliche Erregung vereitelte es aber auch, dass die geplante *Cour plénière*, das entscheidende Element der Justizreform, konstituiert werden konnte, weil sich die meisten der designierten Mitglieder weigerten, diesen Auftrag wahrzunehmen. Die Begründung dafür lautete, sie wollten nicht jener «Herde von Sklaven» angehören, «deren Aufgabe es sein würde, die Last des Jochs (...) auf die gesamte Nation zu verteilen, die ihnen als erste zufiele».[49] Die Mitglieder des alten *Parlement de Paris*, die in der *Cour plénière* vertreten sein sollten, fühlten sich durch ihre feierliche Verpflichtung vom 3. Mai 1788, niemals einer anderen *compagnie* anzugehören als dem traditionellen *Parlement*, gebunden. Auch zahlreiche der sonstigen Würdenträger und *Pairs* widersetzten sich. Dies war umso erstaunlicher, als ihnen die *Cour plénière* eine Steigerung ihrer Handlungsautorität und eine beträchtliche Zunahme ihres Sozialprestiges verhieß, beides essentielle Gesichtspunkte für das im *Ancien Régime* vorherrschende Gesellschaftsverständnis.[50]

Für die Regierung Brienne war die eklatante Verweigerung der schmalen Funktionseliten in Paris ein böses Erlebnis. Bedenklich drohte die Lage für die Regierung aber erst dann zu werden, wenn der vom Widerstand der *Parlements* genährte Unmut auf die beiden privilegierten Stände überspringen würde, die versucht sein könnten, damit die eigenen Interessen zu fördern. Der Verlauf der Notabelnversammlung, der die Erwartungen der Regierung so gründlich enttäuschte, hatte das einschlägige Potenzial gezeigt. Das war auch der Grund, warum Brienne die Einberufung einer außerordentlichen Generalversammlung des Klerus, die schon Ende Mai 1787 zusammenkommen sollte, zweimal verschoben hatte. Die Zusammenkunft dieses obersten Leitungsgremiums der Gallikanischen Kirche ein weiteres Mal zu vertagen, war für Brienne angesichts der akuten finanziellen Nöte des Staates aber nicht ratsam, denn er erwartete, dass die Versammlung einen *don gratuit* von 8 Millionen beschließen würde.[51] Jetzt wurde diese Verlegenheit die Ursache dafür, dass die Generalversammlung ausgerechnet im Krisenmonat Mai 1788 in Paris zusammentrat. Neben der Befriedigung der Geldwünsche erhoffte sich Brienne von der Versammlung aber auch deren Verzicht auf die noch geltenden Steuerprivilegien des Klerus, den er bereits in der am 25. Mai 1787 in der Notabelnversammlung gehaltenen Rede vergebens eingefordert hatte.[52] Beide Forderungen jetzt zu erheben, war riskant, wie sich rasch erweisen sollte, aber Brienne blieb keine andere Wahl. Mit beiden erlebte er ein Debakel. Statt der gewünschten 8 Millionen verteilt auf zwei Jahre bewilligten die Repräsentanten des Klerus für denselben Zeitraum lediglich 1,8 Millionen. Auch der Verzicht auf die Steuerprivilegien wurde abgelehnt. Ohne sich davon jedoch irritieren zu lassen, suchte Brienne die Generalversammlung zu einem Votum für die Justizreformgesetze zu bewegen,[53] von denen er sich eine beruhigende Wirkung auf die öffentliche Erregung versprach. Aber auch darin wurde er enttäuscht, denn die Generalversammlung nahm das zum Anlass, mit der gesamten Regierungspolitik abzurechnen.[54]

Das Beispiel des Klerus machte Schule, denn nun mehrten sich die Anzeichen, dass auch der Adel auf Distanz zu Regierung und Monarchie ging. Besonders wild gerierte sich dabei der bretonische Adel, dessen Angehörige mit den Mitgliedern des *Parlement* mit Sitz in Rennes vielfach verbandelt waren. Das erklärt dessen ebenso prompte wie heftige Reaktion auf den *lit de justice* vom 8. Mai, die Mitte Juni zur Einberufung zweier Protestversammlungen führte. Daran nahmen jeweils mehrere hundert Adelige der Provinz teil, von denen Delegationen aufgestellt wurden, die ihren Protest dem König vortragen sollten.[55] Auch in anderen Provinzen Frankreichs fanden solche Adelsversammlungen statt. Allerdings beschied man sich hier damit, einen Advokaten zu beauftragen, den Protest zu formulieren. In Burgund und Lothringen hingegen hielt der Adel völlig still.[56]

Auf die hartnäckige Opposition von Klerus, Adel und der *Parlements* reagierte Brienne mit ostentativer Gelassenheit. Er sei, so ließ er sich vernehmen, auf alles vorbereitet, selbst auf den offenen Ausbruch eines Bürgerkriegs.[57] Die Befürchtung war keineswegs übertrieben, wie die anhaltenden Proteste zeigten, mit denen außer in Grenoble und in Rennes auch an anderen Orten, in Pau, Toulouse und Bordeaux, reagiert wurde.[58] Besonders beunruhigend war, dass an den Protesten in Rennes nicht nur Adelige oder die Mitglieder der *Parlements* sowie deren Klientel beteiligt waren, sondern auch die Armee durch ihr Betragen Zweifel an ihrer Loyalität gegenüber den Befehlen der Regierung aufkommen ließ.[59] Überall, so hatte es den Anschein, bildete der Adel die Speerspitze der Empörung. Für Brienne war dies ein Grund mehr, sich der Unterstützung des *Tiers Etat* zu versichern, um mit dessen Hilfe die Opposition von Adel und Klerus zu spalten und zu überspielen.[60] Dieses Ziel stand auch hinter dem Regierungsbeschluss vom 5. Juli 1788, mit dem die Verwaltungshierarchie, Gemeinden und alle interessierten Parteien aufgefordert wurden, ihre Vorstellungen zur Form der geplanten Generalstände bis zum Frühjahr 1789 kundzutun.[61] Unter dieser Beschäftigung, so das Kalkül, würden sich nicht nur die augenblicklich sehr erregten Gemüter beruhigen, sondern es war auch damit zu rechnen, dass sie sich in einer Fülle von Detailfragen zerstreiten würden.[62] Dann hätte die Regierung alle Freiheit, die Generalstände nach ihren Vorstellungen zu organisieren. Vielleicht zeigten die eingeleiteten Reformen sogar bis zum Frühjahr 1789 erste Erfolge, die der Öffentlichkeit eine Einberufung der Generalstände als nicht mehr so dringlich erscheinen ließen.

Diese Perspektiven erklären die Gelassenheit Briennes, der sich in der Illusion wiegte, alle Trümpfe in der Hand zu haben. Darin bestätigte ihn auch die erfolgreiche Platzierung der ersten Tranche von 120 Millionen der Anleihe von insgesamt 420 Millionen *livres*, die binnen fünf Jahren begeben werden sollte und zusammen mit den dann wirksamen Reformen eine Sanierung des Haushalts zu gewährleisten versprach. Für 1788 jedenfalls wies das Budget sogar einen positiven Saldo von über 7 Millionen aus![63] Diese überraschend positive Bilanz war jedoch, wie Brienne wusste, eine Milchmädchenrechnung, denn mehr als die Hälfte der Einnahmen war mit *anticipations* belastet, den Anleihen mit kurzer Laufzeit von in der Regel einem Jahr, die auf die künftigen Erträge ausgegeben wurden. Die *anticipations* waren ein einfaches Verfahren der kurzfristigen Geldbeschaffung, zumal die Regierung dafür nicht die Zustimmung der *Parlements* einholen musste. Dass die königliche Kasse Anfang August 1788 dennoch leer war, erklärte Brienne plausibel mit den Tücken jener Anleihepraxis: «Die Einnahmen wie die Ausgaben waren zutreffend kalkuliert. Allein, die Einnahmen waren realistisch angesetzt, aber, damit sie dies auch tatsächlich waren, mussten 240 Millionen an *anticipations* aufgenommen werden, um die Verpflichtungen zu bedienen. (…) Folglich galt es, diese 240 Millionen bei den Banken und Finanzleuten als Kredit aufzutreiben. Diese verweigerten sich jedoch dem Ansinnen (…). Das war die Ursache für den akuten Geldmangel im August. Die Haushaltsberechnungen waren stimmig, aber die Einnahmen waren (durch die Bedienung früherer *anticipations*) vermindert, und dieser Fehlbetrag ließ sich nicht ausgleichen».[64]

Die jäh auftretende Deckungslücke in den öffentlichen Kassen, die einen Bankrott heraufbeschwor, ließ sich nur schließen, wenn es schnell gelang, den Markt von der Kreditwürdigkeit des Staates zu überzeugen. Das versuchte Brienne dadurch zu erreichen, dass er seine ursprünglich verfolgte Strategie aufgab und die Einberufung der Generalstände durch ein *arrêt du Conseil* vom 8. August für den 1. Mai 1789 verbindlich festsetzen ließ.[65] Nachdem aber auch dieser allzu durchsichtige Schachzug nicht verfing, sah er sich dazu gezwungen, am 16. August eine Art von Zwangsanleihe aufzulegen: Fällige Zahlungen wurden jetzt mit zu 5 Prozent verzinsten Schuldverschreibungen bestritten, die auf den Kronschatz ausgestellt waren. Lediglich Pensionen, der Sold der Truppen und Rentenzahlungen bis zu einem Betrag von 500 *livres* wurden weiterhin mit Geld beglichen.[66] Dieser aus der Not geborene Finanzierungsbehelf war nichts anderes als ein verschleierter Konkurs. So sahen es jedenfalls die Zeitgenossen.[67] Deren anfängliche Aufregung wich zwar rasch der Zuversicht, dass die Generalstände eine dauerhafte Lösung für die Haushaltssanierung finden würden, diese Erwartung wurde jedoch von den potenziellen Kreditgebern nicht geteilt, die sich weiterhin zurückhielten und die damit den Sturz der Regierung unvermeidlich machten. Um diesen Ausgang zu vermeiden, spielte Brienne jetzt seine letzte Karte: In Absprache mit der Königin wollte er Louis XVI dazu bringen, den Finanzmagier Necker zum Finanzminister in eine weiterhin von ihm geführte Regierung zu berufen.[68] Mit diesem Wunsch war Brienne zwar bereits im Mai 1787 beim König abgeblitzt, doch nach einigem Hin und Her gelang es ihm schließlich, dessen Widerstand zu überwinden. Im anschließenden Machtkampf mit Necker, der darauf beharrte, als Staatsminister mit Brienne ranggleich zu sein, zog er jedoch den Kürzeren. Als er am 25. August erfuhr, dass sich auch die Königin dem Druck der Öffentlichkeit beugte und ihn nicht mehr länger unterstützte,[69] gab das Brienne den letzten Anstoß, seinen Rücktritt einzureichen.[70]

Die Zuspitzung der Finanzkrise hatte die seit der Thronbesteigung Louis' XVI schwelende Verfassungskrise enorm beschleunigt. Die Einberufung der Generalstände, die verbindlich auf den 1. Mai 1789 terminiert war, versprach nach Meinung vieler einen entscheidenden Beitrag zu deren Lösung zu leisten. Wie diese ausfallen würde, stand jedoch in den Sternen. Marie-Antoinette gehörte zu den wenigen, die damit ungute Ahnungen verknüpfte, wie sie am Abend des 25. August 1788 Mercy-Argenteau mitteilte: «Der Erzbischof ist zurückgetreten. Ich vermag Ihnen gar nicht zu schildern, wie sehr der heutige Tag mir nahe gegangen ist. Ich bin zwar überzeugt, dass die Entscheidung notwendig war, aber ich fürchte gleichzeitig, dass sie uns viele Auseinandersetzungen mit den *Parlements* bescheren wird. Ich schreibe drei Zeilen an Herrn Necker, damit er morgen um zehn Uhr zu mir kommt. Er hat jetzt keinerlei Grund mehr, zu zaudern. Wenn er sich schon morgen an die Arbeit machte, wäre es das Beste. Es gilt rasch zu handeln. Ich zittere, sehen Sie mir meine Schwäche nach, bei dem Gedanken, dass ich für seine Rückberufung verantwortlich bin. Mein Los ist es, Unglück zu bringen. Und wenn irgendwelche teuflischen Machenschaften ihn ein weiteres Mal scheitern lassen oder er dazu beiträgt, die Autorität des Königs zu mindern, dann wird man mich deswegen verachten».[71]

FÜNFTES KAPITEL

DIE FLUCHT NACH VORNE

Seit seiner Entlassung im Mai 1781 hatte Jacques Necker mit wachsender Ungeduld darauf gewartet, erneut als Generalkontrolleur der Finanzen berufen zu werden. Der drohende Staatsbankrott, der Loménie de Brienne zu Fall brachte, verschaffte Necker diese Chance. Jetzt zahlte sich aus, dass Necker in den Jahren seit seinem Sturz viel daran gesetzt hatte, sein Ansehen durch Veröffentlichungen umsichtig zu pflegen. Damit festigte er die Legende, die ihn als Finanzmagier auswies und für die er mit dem *Compte rendu* vom Januar 1781 den vermeintlichen Nachweis erbracht hatte. Dieses Ansehen gab ihm jetzt vor dem Hintergrund der sich zuspitzenden Krise geradezu die Aureole eines Retters der Nation, die sein ausgeprägtes Selbstbewusstsein noch mehr steigern musste. Jacob-Nicolas Moreau, ein französischer Historiker, der Necker nicht ausstehen konnte, hat dies mit aller Schärfe erkannt: «Vom König zurückgerufen, führte er sich auf wie ein Souverän, der sein Erbe antrat».[1]

Die überschwängliche Begeisterung des Publikums machte ihn jedoch von Anfang an zum Gefangenen der großen Erwartungen, die er möglichst nicht enttäuschen durfte.[2] Das Kalkül ging zunächst auch glänzend auf, denn allein der Umstand, dass er wieder das Finanzministerium leitete, genügte, um die Staatskasse sofort mit neuen Krediten zu füllen, die den drohenden Bankrott abwendeten.[3] Dieser Erfolg erwies sich aber als fatal, weil er Necker lähmte, der seine unangefochtene Stellung nicht für politische Initiativen nutzte, sondern sich damit beschied, den interimistischen Geschäftsführer zu geben, der bis zum Zusammentritt der Generalstände den Staat am Laufen hielt. Vermutlich klammerte er sich dabei an den verbreiteten Glauben, die Generalstände würden alle Probleme lösen.[4] Dafür spricht, dass er als eine seiner ersten Entscheidungen die Generalstände statt am 1. Mai 1789 bereits zum Januar 1789 einberief.[5] Im Zusammenhang mit dieser Terminverlegung wurden sämtliche Änderungen in der Gerichtsverfassung ausgesetzt, die Lamoignon eingeleitet hatte, der wenige Tage nach Briennes Rücktritt aus seinem Amt als Justizminister entlassen wurde.[6]

Der Beschluss, die Generalstände einzuberufen, enthielt weder einen Hinweis auf ihren Wahlmodus noch auf ihre Konstituierung. Sollte die Anzahl der Repräsentanten des Dritten Stands verdoppelt werden und damit dessen Vertretung in den Generalständen nach Köpfen gleich stark sein wie die von Klerus und Adel zusammen; sollte die Versammlung der Generalstände als Plenum tagen und konsequenterweise Mehrheitsbeschlüsse fassen oder sollten sich deren Delegierte nach Standesangehörigkeit getrennt konstituieren und ihre Voten abgeben? Briennes Versuch, einer Antwort auf beide Fragen auszuweichen, indem er sich Anfang Juli 1788 an die Öffentlichkeit mit der Aufforderung wandte, ihm Vorschläge zu machen, wurde als Maskerade verstanden. Also entschied der König die beiden Fragen nach seinen Interessen.[7]

Der *Parlement de Paris* hatte am 25. September die Registrierung der königlichen Order, die Generalstände für den Januar 1789 einzuberufen, mit dem Beschluss versehen, dass dies in strikter Übereinstimmung mit den Regelungen geschehen müsse, die bei deren letzter Zusammenkunft 1614 galten.[8] Das stieß auf lebhaften Widerstand, denn damit wurde selbstherrlich verkannt, welchen Wandel Gesellschaft und Monarchie in Frankreich seither durchgemacht hatten. Es spricht manches dafür, dass der *Parlement* sich der ganzen Tragweite seines Beschlusses nicht bewusst war. Vermutlich wollte er nur einen störungsfreien Verlauf des Wahlprozesses gewährleisten, der, wie die seit Briennes Sturz in Paris ununterbrochen anhaltenden Tumulte und Demonstrationen zeigten, gefährdet zu sein schien.[9] Er wird aber auch im Blick gehabt haben, dass eine Verdoppelung der Repräsentanten des Dritten Standes sowie der Abstimmung nach Köpfen und nicht nach Ständen durchaus gefährlich wäre. Dann war zu befürchten, dass die Generalstände bei ihren Beratungen und Beschlussfassungen unter einen Erwartungsdruck gerieten, der in letzter Konsequenz sogar die Möglichkeit einer «demokratischen» Herrschaft des Mobs heraufbeschwor.[10]

Von der öffentlichen Meinung wurden solche Erwägungen nicht angestellt; für sie war offensichtlich, dass die Aristokratie diesen Beschluss des *Parlements* so auffasste, dass auch die Generalstände ihre Privilegien verteidigten. Diese Erkenntnis, dass der *Parlement* entgegen dem Anschein, den er sich und seinen Beschlüssen immer zu geben suchte, nur die Interessen der Privilegierten vertrat, vernichtete mit einem Mal die große Wertschätzung, die ihm von einer zunehmend erregten Öffentlichkeit gespendet wurde.

Die durch die Einberufung der Generalstände geweckten Erwartungen erhielten mächtig Auftrieb durch das Geschehen, das sich im Sommer in der Dauphiné zutrug: Die Bevollmächtigten, die über die Wiederbelebung der Provinzialstände beraten sollten, beschlossen Ende Juli in Vizille, die Stände der Dauphiné für Anfang September nach der Maßgabe zu versammeln, dass die Vertretung des Dritten Stands eben soviele Repräsentanten wie die von Adel und Klerus zusammen zählen sollte, die Beratungen gemeinsam stattfinden und alle Abstimmungen nach dem Mehrheitsprinzip entschieden werden sollten. Eine Verdoppelung des Dritten Stands wurde auch für die geplanten Generalstände gefordert. Außerdem wurde Klerus und Adel angeraten, auf ihre Steuerprivilegien zu verzichten, sowie die Zulassung von Angehörigen des Dritten Stands zu allen Ämtern und Posten ins Auge gefasst.[11]

Das waren kühne Beschlüsse, die ihren Eindruck umso weniger verfehlten, als Louis XVI sie ausdrücklich billigte. Bestrebungen, entsprechende Regelungen auch für die Ständeversammlungen in anderen Provinzen durchzusetzen, erzeugten eine Bewegung, die das ganze Land erfasste. Bis zum Frühherbst sah die öffentliche Meinung die für die Ständeversammlung der Dauphiné geltende Geschäftsordnung als vorbildlich auch für die der geplanten Generalstände an. Diese Sicht war durchaus logisch, denn die Angehörigen des höheren Adels und die Prälaten verfügten über den Löwenanteil an Reichtum und Einkommen, den die Krone mit einer Steuerreform anzapfen musste. Damit würde man aber scheitern, überließ man diese Entscheidung einer Versammlung, in der die privilegierte Minderheit über die Mehrheit verfügte. Also galt es die Vertretung des Dritten Stands zu verdoppeln, um so das Stimmverhältnis auszubalancieren. Das bedeutete aber auch, dass man nach Köpfen und nicht nach Ständen getrennt abstimmte.

Die Entscheidung des *Parlement*, die Generalstände von 1614 als verbindliches Modell vorzusehen, brachte Necker in eine schwierige Situation. Die Regierung konnte diesen Beschluss zwar aufheben und sich dabei auf die Öffentlichkeit berufen, aber das wäre nichts weniger als eine «Revolution von oben» gewesen, deren Ausgang ungewiss war. Aus dieser Verlegenheit gab es nur einen Ausweg: Mit dem am 5. Oktober 1788 erlassenen *Arrêt* des *Conseil d'Etat* verfügte Necker die Einberufung einer Versammlung der Notabeln für den 3. November nach Versailles. Deren Aufgabe sollte es sein, Vorschläge für die Wahl und Geschäftsordnung der geplanten Generalstände auszuarbeiten.[12] Necker verband mit dieser Konferenz die Illusion, ihre Vorschläge würden gleichsam die Quersumme der öffentlichen Meinung darstellen und ihm damit die Last einer Entscheidung abnehmen.[13]

Dass auch diese Notabelnversammlung die in sie von Necker gesetzten Erwartungen nicht erfüllen würde, zeichnete sich schon frühzeitig ab. Ihre geheimen Beratungen gelangten sofort an die Öffentlichkeit, die mit einer Flut von Pamphleten in die Diskussionen eingriff, in denen der nackte Egoismus der «Privilegierten» attackiert wurde. Damit nicht genug, wurde eine Fülle neuer Argumente entwickelt, die nach dem Vorbild der Ständeversammlung in der Dauphiné eine Verdoppelung der Vertreter des Dritten Standes verlangten. Das wurde damit begründet, dass dessen Talente, Reichtum und Erfahrung angemessen repräsentiert sein müssten, zumal dieser auch die gesamte Steuerlast zu tragen habe. Vor dem Hintergrund der mit wachsender Vehemenz ausgetragenen Debatten wurde die Intransigenz der Notabeln als besonders empörend empfunden: 111 Notabeln gegen 33 verweigerten dem Dritten Stand die doppelte Anzahl. Die Notabeln zerstörten damit alle Hoffnungen, Klerus und Adel würden für die Generalstände ein Zusammengehen der drei Stände nach dem Vorbild der Dauphiné akzeptieren.

Auf Initiative Neckers trat nun der *Parlement de Paris* in neue Verhandlungen.[14] Er nutzte die Situation, um den Beschluss vom 25. September nicht nur ungeschehen zu machen, sondern sich auch der Öffentlichkeit erneut als verlässlicher Garant ihrer legitimen Wünsche und Forderungen zu empfehlen. Der *Arrêté sur la situation actuelle de la Nation*, den der *Parlement* am 5. Dezember 1788 mit einer knappen Mehrheit von 45 gegen 39 Stimmen verabschiedete,[15] war ein mühsam ausgehandelter Kompromiss. Der Verweis auf die Generalstände von 1614, hieß es darin, sei nicht so zu verstehen, dass man damit die Anzahl der Delegierten oder das Wahlverfahren bestimmen wollte. Man habe nur darauf hingewiesen, dass als Wahlbezirke lediglich die *Bailliages* und *Sénéchaussées,* nicht aber die *Généralités* oder die Provinzen in Frage kämen. Im Übrigen gäbe es auch keinerlei gesetzliche Regelung, die Anzahl der Delegierten festzulegen. Außer dieser nachgereichten Erklärung wartete der *Parlement* noch mit weiteren Eröffnungen auf. So wurde die regelmäßige Einberufung der Generalstände ebenso verlangt wie deren Befugnis reklamiert, über die Erhebung von Steuern und deren Verteilung zu entscheiden. Das Prinzip, dass die Angehörigen aller Stände ausnahmslos der Steuerpflicht unterlägen, wurde ebenso bekräftigt wie die Forderung nach Verantwortlichkeit der Minister erhoben.[16] Kurz: Um die Scharte seines unüberlegten Beschlusses auszuwetzen, formulierte der *Parlement* jetzt einen Forderungskatalog, der das Spektrum der von den Patrioten geäußerten Wünsche nahezu vollständig wiedergab. Entsprechend kühl fiel die Reaktion des Königs aus, der am 9. Dezember den Gerichtshof mit der Erklärung in die Schranken wies: «Auf seine Vorschläge habe Ich Meinem *Parlement* nichts zu antworten. Gemeinsam mit den versammelten Vertretern der Nation werde Ich Mich auf die geeigneten Maßnahmen verständigen, um für immer die öffentliche Ordnung und die Wohlfahrt des Staates zu gewährleisten».[17]

Necker hatte damit gleichwohl mehr erreicht, als er sich erhoffen konnte: Mit dem Beschluss isolierte sich der *Parlement* wie zuvor schon die Notabeln in einer der Krone gegenüber feindlichen Inflexibilität, die ihm freie Hand verschaffte, die Frage nach seinen Vorstellungen zu entscheiden. In den Beratungen, die der Veröffentlichung des *Résultat du Conseil d'Etat* vom 27. Dezember 1788 vorausgingen, gelang es Necker, Louis XVI hinsichtlich der Generalstände zu drei Entscheidungen zu veranlassen: Der *Résultat* bestimmte erstens, dass die Vertretung des Dritten Standes die nämliche Kopfzahl haben solle wie Klerus und Adel zusammen; zum weiteren wurde verfügt, dass die Anzahl der Deputierten einer jeden *Bailliage* oder *Sénéchaussée* proportional zu deren Bevölkerungszahl und Steueraufkommen sein müsse; drittens blieb es den Wählern freigestellt, als Abgeordnete auch Angehörige anderer Stände zu wählen.[18] In seinen Memoiren hat

Justizminister Barentin das von Necker wie ein Mantra gebrauchte Argument wörtlich dokumentiert: «Die Autorität des Königs muss von den zwei privilegierten Ständen alles befürchten, sie kann andererseits aber auch alles gewinnen, wenn sie sich mit dem Volk verbündet. Die geringste Wohltat genügt, um dieses auf die Interessen der Krone zu verpflichten».[19] Das veranlasste Louis XVI, den das Betragen der Notabeln und der Angehörigen des hohen Adels zunehmend verstimmte, sich zu diesem folgenreichen Zugeständnis zu entschließen.[20]

Der zusammen mit diesem *Résultat du Conseil d'Etat* veröffentlichte *Rapport fait au Roi dans son Conseil, par le Ministre de ses Finances* lieferte eine ausführliche Begründung der Entscheidungen aus der Sicht Neckers. Dieser *Rapport* verfolgte sehr unterschiedliche Ziele. Zum einen wollte Necker dem *Parlement* dadurch entgegenkommen, dass er sich ausdrücklich auf die traditionelle Geschäftsordnung der Generalstände berief, die eine getrennte Beratung und Beschlussfassung vorsah. Eine Änderung dieser Geschäftsordnung sei nur dann möglich, wenn die Stände gemeinsam einen entsprechenden Beschluss fassten und der König diesem zustimmte.[21] Zum anderen ließ Necker aber deutlich durchblicken, wären die Steuerprivilegien beseitigt, würde sich eine gemeinsame Beratung und Abstimmung der Deputierten zwangsläufig ergeben. «Was könnte dann noch die Interessen des Dritten Standes von denen der beiden ersten Stände unterscheiden? Hat der Dritte Stand nicht wie der Adel, wie der Klerus, wie alle Franzosen ein Interesse daran, dass die Finanzen in Ordnung sind, an mäßigen Steuern, an der Gerechtigkeit der Zivil- und Strafgesetze, an der Ruhe wie an der Macht des Königreichs, am Glück und Ruhm des Souveräns»?[22]

Auf jeden Fall sei die Verdoppelung der Abgeordneten des Dritten Standes ein Gewinn, denn damit würde gewahrleistet, dass die auf den Generalständen getroffenen Entscheidungen «im ganzen Königreich durch eine Vielzahl von Interpreten und Garanten verkündet und erklärt würden, die ausreicht, um das Vertrauen von vierundzwanzig Millionen Menschen zu gewinnen und zu festigen. (...) Schließlich gilt, wenn der Dritte Stand in seinem Wollen geeint ist, wenn er den Prinzipien der Gerechtigkeit genügt, dann wird man das immer als den nationalen Willen ansprechen».[23] Das war Neckers

Credo, dem die öffentliche Meinung die Richtschnur des politischen Handelns war, an deren Formulierung der Dritte Stand verglichen mit früheren Zeiten einen wesentlich größeren Anteil habe, denn: «Der Reichtum und die Anleihen der Regierung verbinden den Dritten Stand mit dem öffentlichen Wohl; Wissen und Aufklärung sind Gemeinbesitz».[24]

Schließlich verpflichtete Necker mit diesem *Rapport* den König auch darauf, eine Reihe von Verfassungsgrundsätzen anzuerkennen. Vorgesehen war zumal, die Erhebung neuer Steuern von der Zustimmung der Generalstände abhängig zu machen, die künftig regelmäßig einberufen werden sollten. Gleichermaßen sollten sich die Generalstände zur Abschaffung der *lettres de cachet* wie zur Garantie der Pressefreiheit äußern. Zum weiteren wurde der Monarch auf das große Projekt festgelegt, Provinzialstände einzuführen und die Verwaltung der einzelnen Provinzen mit der allgemeinen Gesetzgebung in Übereinstimmung zu bringen. Trotz der Anstrengung Neckers, es allen «Parteien» recht zu machen und Ängste wegen der Verdoppelung des Dritten Stands zu zerstreuen, verrät der *Rapport* eine eindeutig propagandistische Absicht zu dessen Gunsten, damit die in ihrer Zusammensetzung modifizierten Generalstände einen konstruktiven Beitrag zur Bewältigung der Finanzkrise leisteten.

Zwar hatte der König Neckers Ausführungen nicht widersprochen. Sein ausdrückliches Plazet hatte er jedoch nur der Verdoppelung des Dritten Standes gegeben sowie einer zur Bevölkerung wie zum Steueraufkommen proportionalen Repräsentanz und der Möglichkeit, dass auch Angehörige der privilegierten Stände vom Dritten Stand als dessen Vertreter gewählt werden konnten. Das war der harte Kern des *Résultat*, der angesichts der damit verknüpften Visionen und Mutmaßungen eine Fülle parteilicher Schlussfolgerungen zu provozieren drohte, die den Absichten der Regierung zuwiderlaufen mussten.

Den schärfsten Widerspruch erfuhr Necker von seinem alten Rivalen Calonne, der sich aus dem Exil in London mit einem *Lettre adressée au Roi* zu Wort meldete. Seit dem Juli 1788 seien in Frankreich zahllose Veröffentlichungen erschienen, so Calonne, die alle die monarchische Autorität mit dem Argument attackierten, dass die gesetzgeberische Kompetenz der Nation und nicht dem König gehöre. Anstatt diese gefährlichen Ansichten rundheraus zurückzuweisen, erhielten sie durch den *Rapport* Neckers sogar noch Unterstützung, insofern von diesem eine regelmäßige Einberufung der Generalstände sowie die Schaffung von Provinzialständen versprochen werde. Das lege die Vermutung nahe, der König wolle sich seiner gesetzgeberischen Macht entledigen. Möglicherweise habe Louis XVI auch nicht klar erkannt, dass die Veröffentlichung des *Résultat* unweigerlich die Forderung nach Mehrheitsabstimmungen wecken würde. Necker, so lassen sich die Vorwürfe Calonnes zusammenfassen, habe die Autorität des Königs unterminiert und dessen künftigen Handlungsspielraum eingeschränkt, um sich dem *peuple* anzubiedern. Louis XVI habe jetzt keine andere Wahl mehr, als sich auf die privilegierten Stände zu stützen, die allein eine verlässliche Grundlage der königlichen Herrschaft darstellten.[25]

Die Befürchtungen Calonnes waren keineswegs unbegründet, wie das Geschehen in der Bretagne zeigte: Dort waren der *Résultat* und Neckers *Rapport* Ursache für den offenen Ausbruch eines schon seit Monaten schwärenden Streits, in den sich Adel und Dritter Stand der Provinz unversöhnlich verstrickten. Kaum waren beide Dokumente im Laufe des Januar 1789 hier bekannt geworden, fassten die Vertreter des Dritten Standes den Beschluss, die am 29. Dezember 1788 eröffneten Provinzialstände so lange zu boykottieren, wie die beiden privilegierten Stände sich deren grundlegender Reform verweigerten. Ihre Empörung war nur zu verständlich, denn die Versammlung der bretonischen Stände wurde vom Adel, der mit rund 1200 Personen vollzählig vertreten war, und Repräsentanten der Kirchenhierarchie beherrscht. Die Vertretung des Dritten Stands beschränkte sich hingegen auf die Bürgermeister von 42 Städten, die ihre Chargen gekauft hatten und deshalb kaum als Gewährsleute bürgerlicher Interessen gelten konnten.[26] Eine königliche Anordnung vom 3. Januar 1789, die Provinzialstände für einen Monat zu schließen,[27] vermochte die erregten Gemüter nicht zu beruhigen. Der bretonische Adel setzte seine Beratungen einfach fort, was den Dritten Stand zu geharnischten Protesten veranlasste, die in tagelang andauernde Tumulte in der bretonischen Hauptstadt Rennes mündeten.[28] Die hartnäckige Weigerung der ersten beiden Stände, dem Kompromissvorschlag des *Arrêt du Conseil* vom 20. Januar 1789 beizupflichten, führte zu einer tiefen Spaltung der Bretagne, die auch durch den *Règlement du Roi pour la convocation de la Province de Bretagne* vom 16. März 1789 nicht überwunden werden konnte.[29] Während der Dritte Stand und der niedere Klerus dieser Anordnung bereitwillig Folge leisteten, auf Versammlungen ihre Deputierten wählten und die *Cahiers* redigierten, verweigerte sich der Adel und die seinem Beispiel folgende Kirchenhierarchie diesem *Règlement*, die beide aus Protest darauf verzichteten, Abgeordnete zu den Generalständen zu entsenden.[30]

Mit dem *Résultat* vom 27. Dezember 1788 waren lediglich die Organisationsprinzipien der angekündigten Versammlung der Generalstände verabschiedet worden. Gestützt auf die Vorarbeiten der Notabeln befasste sich nun eine von Justizminister Barentin geleitete Kommission damit, die Bestimmungen für die Wahl der Deputierten auszuarbeiten. Das Ergebnis war der *Règlement général* vom 24. Januar 1789, der als Anhang zum Schreiben des Königs, das die Einberufung der Generalstände für den 27. April 1789 nach Versailles ankündigte,[31] veröffentlicht wurde.[32] Danach stand das aktive und passive Wahlrecht allen Männern zu, die das 25. Lebensjahr vollendet hatten und die in die Steuerrollen eingetragen waren. Als Wahlbezirke wurde nach dem Vorbild von 1614 das Gebiet der *Bailliages* festgelegt.[33] Am folgenreichsten war jedoch Artikel 14, der den Gemeindepfarrern das aktive wie passive Wahlrecht zusprach, während auf Klöster jeweils nur eine Stimme entfiel.[34] Diese Bestimmung verschaffte den einfachen Pfarrern die Mehrheit in den Wahlversammlungen des Klerus auf der Ebene der *Bailliages*, die von ihnen auch genutzt wurde: Rund zwei Drittel der Vertreter des Ersten Standes auf den Generalständen waren Gemeindepfarrer.[35]

Während diese Regelung den Einfluss der Kirchenfürsten, die bislang auf den Versammlungen des Klerus allein das Sagen hatten, erheblich einschränkte, wurde das Stimmrecht des Adels ausgeweitet. Zwar war für dessen aktive wie passive Ausübung nur der Besitz eines vererbbaren Adelstitels ausschlaggebend. Doch konnten die Adeligen, die in unterschiedlichen *Bailliages* Besitzer eines Lehens waren, sich dort jeweils durch einen von ihnen bestimmten Gewährsmann an der Wahl beteiligen. Diese Regelung galt auch für Frauen und Minderjährige, was die wahrhaft altfränkische Auffassung dokumentiert, dass das vom Adel ausgeübte Wahlrecht nicht an die Person gebunden war, sondern dem Lehen anhaftete.[36]

Im Gegensatz dazu waren die Wahlbestimmungen für die Angehörigen des Dritten Stands denkbar weit gefasst. Sie galten «für alle Einwohner der Städte, Weiler, Sprengel oder Landgemeinden, die dem Dritten Stand zugehören und in den Steuerlisten aufgeführt werden».[37] Diese sollten sich versammeln, ihr Beschwerdeheft redigieren und einen Deputierten aus ihrer Mitte wählen. Im Unterschied zu Klerus und Adel jedoch war für den Dritten Stand wegen der großen Zahl der Wahlberechtigten ein zwei- bis dreistufiges Wahlverfahren vorgesehen: Ur-Versammlungen auf Gemeinde- oder Distriktebene formulierten die Beschwerden und entsandten pro einhundert Haushalte je einen von ihnen gewählten Repräsentanten auf die Versammlung der *Bailliages*. Von diesen wurden dann die Deputierten für die Generalstände gewählt. In den Städten organisierten die Zünfte sowie die freien, sprich nicht zünftig gebundenen Bürger die Ur-Wahlversammlungen. Einer Reihe größerer Städte, darunter Paris, Lyon oder Rouen wurde außerdem das Recht auf unmittelbare Repräsentanz auf den Generalständen zugesprochen.[38]

Dieses komplexe System mit einer Fülle von Sonderbestimmungen regelte das Verfahren, nach dem in 234 Wahlkreisen nach Ständen getrennt je zwei Vertreter des Klerus und des Adels und vier Vertreter des Dritten Standes für die Generalstände bestimmt wurden. Der Umstand, dass diese Deputierten jeweils ein *Cahier de doléances* pro Stand und Wahlkreis mit sich führten, in dem Klagen und Wünsche verzeichnet waren und das ihnen als Richtschnur für die Beratungen auf den Generalständen dienen sollte, schuf ein eindrucksvolles Stimmungsbild der damaligen Gesellschaft. Das gilt auch unbeschadet der Tatsache, dass die Beschwerdehefte des Dritten Standes in vielen Wahlbezirken auf Grundlage eines einschlägigen Musters verfasst wurden, das häufig von «patriotischen» Interessen beeinflusst war.[39]

Entscheidender war die Politisierung, die das ganze Land erfasste. Die öffentliche Meinung war bislang nur auf wenige gesellschaftliche Gruppen und einige große Städte begrenzt gewesen. Die Redaktion der *Cahiers* hingegen weckte nicht nur das politische Bewusstsein wesentlich größerer Bevölkerungskreise, sondern machte diese auch mit Schlagworten und Forderungen bekannt, mit denen sie ihre Klagen artikulieren konnten.[40] Das setzte große Erwartungen frei, die insbesondere jenen zugutekamen, die sich nicht damit zufrieden gaben, das alte Gemäuer der Monarchie auszubessern, sondern die etwas radikal Neues anstrebten. Allein deshalb glichen die Wahlen zu den Generalständen, die zumeist im März und April 1789 stattfanden – in Paris allerdings erst im Mai und in manchen Gegenden noch später –, schon einer Revolution, weil sie vielen die Zunge lösten und ihnen eine Sprache gaben, mit der sie ausdrücken konnten, was sie beschwerte und was sie ändern wollten.[41]

Dem leistete auch Vorschub, dass die Vorgaben, die von den Notabeln für die Wahlen innerhalb des Dritten Stands gemacht wurden, durchaus liberal waren. So vertraten die Notabeln die Ansicht, dass die Qualität eines *Citoyen*, durch Eintrag in die Steuerrolle ausgewiesen, völlig ausreiche, um über das aktive und passive Wahlrecht des Dritten Stands zu entscheiden.[42] Diese «Liberalität» verfolgte indes den Hintersinn, alle diejenigen von den Wahlen auszuschließen, die in Abhängigkeit von anderen standen. Das galt für die Masse der Land- wie Stadtbewohner, deren Interessen am besten von ihren jeweiligen Brotherren vertreten würden.[43] Der Absicht, die unterbürgerlichen Schichten von der Wahl fernzuhalten, diente auch die Verpflichtung der Abgeordneten des Dritten Stands auf das Prinzip der Abkömmlichkeit. Das hatte zur Folge, dass Handwerker, Pächter und alle anderen, die aus beruflichen oder materiellen Gründen nicht abkömmlich waren, bereits von einer Teilnahme an der zweiten oder dritten Stufe des Wahlgangs ausgeschlossen wurden.

Diese Auslese bewirkte, dass die über sechshundert Deputierten des Dritten Stands auf den Generalständen eine bemerkenswert homogene Gruppe von Personen bildeten, die einen vergleichsweise hohen Bildungsstand hatten und die auch über die Mittel verfügten, die mit ihrem Mandat verknüpften Ausgaben aus eigener Tasche bezahlen zu können. Diese Homogenität wurde auch dadurch unterstrichen, dass auf allen Ebenen des Wahlprozesses jene dominierten, die darin geübt waren, öffentlich Reden zu halten, Veranstaltungen zu leiten und Protokolle zu verfassen. Über diese Fertigkeiten verfügten Anwälte und die Inhaber öffentlicher Ämter, von denen sich schon viele in der seit Monaten anhaltenden Agitation als Meinungsführer auf lokaler Ebene einen Namen gemacht hatten.[44] Rund zwei Drittel der Abgeordneten besaßen eine juristische Ausbildung; ein gutes Viertel waren wie Mounier, Barnave oder Robespierre als Anwälte oder Notare tätig.

Fast die Hälfte der Abgeordneten waren Eigentümer von Ämtern, darunter besonders viele Richter der unteren Instanzen.[45] Verglichen damit stellten Kaufleute, Fabrikanten oder Bankiers eine Minderheit von etwa 15 Prozent der Abgeordneten dar.[46] Das galt erst recht für jene 9 Deputierten, die dem Klerus oder Adel angehörten, aber ihr Mandat dem Dritten Stand verdankten.[47] Die bekanntesten unter ihnen sind *abbé* Sieyès und Graf Mirabeau.

Wie die teilweise heftigen Kontroversen vor den Wahlen zu den Generalständen zeigen, geriet insbesondere der Adel in Bewegung. «Liberale» und «reaktionäre» Adelige unterschieden sich nicht so sehr nach ihrer politischen Grundeinstellung, als in der Wahl der Strategie. Die «Liberalen» waren zur Einsicht gelangt, dass sie hinsichtlich der Steuerprivilegien Zugeständnisse machen müssten, um dadurch Stellung, Vorrechte, Ehren und Würden des Adels zu festigen;[48] die «Reaktionäre» hingen der trügerischen Illusion an, auf dieses Opfer verzichten zu können. Beiden gemeinsam war eine tiefe Abneigung gegen das herrschende politische System und dessen Repräsentanten. «Man war», wie der Marquis de Ferrières schreibt, «des Hofs und der Minister derart überdrüssig, dass die meisten Adeligen zu *Demokraten*, wie man sie seither nennt, geworden waren; diese Bezeichnung ist natürlich keineswegs zutreffend, denn ihnen lag es sehr fern, die Regierungsgeschäfte dem Volk anheimzugeben. Was ihnen vielmehr vorschwebte, war, diese der ministeriellen Oligarchie zu entreißen, in deren Händen sie sich befand.»[49]

Die 322 Mitglieder umfassende Adelsfraktion auf den Generalständen wurde von den wichtigsten, reichsten und ältesten Familien der Aristokratie beherrscht,[50] von denen gut die Hälfte ihren Wohnsitz in Paris hatten. Zur *Noblesse de cour* zählten aber nur 9 Abgeordnete. Rund ein Viertel der Abgeordneten des Adels stammten aus Provinzstädten. Eine dritte verhältnismäßig große Gruppe stellten schließlich die Repräsentanten des landsässigen Adels. Außer dem verarmten Landadel, der nirgendwo zum Zuge kam, erlebte auch die sehr selbstbewusste Oligarchie der *Noblesse de robe* der *Parlements* ein Wahldebakel. Lediglich 23 errangen ein Mandat. So schnell und gründlich hatten die *Parlements* ihr Ansehen verspielt, während von der Wählergunst ihrer Standesgenossen die Söhne alter Adelsfamilien mit Posten in der Armee profitierten: Rund vier Fünftel der

Adelsdeputierten hatten als Offiziere gedient oder waren noch aktiv.[51]

Im Unterschied zur sozial recht homogenen Adelsfraktion boten die Vertreter der Kirche auf den Generalständen ein geradezu revolutionär anmutendes Erscheinungsbild, denn unter den 330 Abgeordneten des Klerus gab es lediglich 46 Bischöfe, während 231 Gemeindepfarrer waren.[52] Aus diesem Ergebnis lässt sich jedoch nicht der naheliegende Schluss ziehen, dass die Kirchenhierarchie das Vertrauen der Pfarrer verloren hätte. Eine plausiblere Vermutung ist vielmehr, dass die Gemeindepfarrer dank ihrer schieren Zahl in allen Wahlversammlungen des Klerus die überwältigende Stimmmehrheit besaßen.[53]

Dass dieses Wahlergebnis keine pauschale Ablehnung der Kirchenhierarchie bedeutete, zeigt sich auch daran, dass neben den 46 Bischöfen und Erzbischöfen noch weitere 85 Kirchenobere, Generalvikare, Äbte und sonstige Würdenträger ein Mandat erhielten.[54] Vieles deutet also darauf hin, dass sich die Pfarrer in ihrem Abstimmungsverhalten durch das politische Image eines Kandidaten bestimmen ließen. Gehörte er zu den «Liberalen» und war er gegenüber den Sorgen und Forderungen der Gemeindepfarrer aufgeschlossen, dann hatte er auch gute Aussichten, gewählt zu werden. Ebenso galt, dass ein konservativer oder reaktionärer Ruf die Erfolgsaussichten bei der Wahl von vorneherein schmälerte.

Trotz der Zweidrittelmehrheit der Landpfarrer dominierten auf den Generalständen zunächst die Bischöfe und sonstigen Kirchenoberen. Sie stammten so gut wie ausnahmslos aus Adelsfamilien, die dank aristokratischen Selbstbewusstseins, gemeinsamer politischer Erfahrungen und übereinstimmender Interessen zusammenhielten. Das verschaffte ihnen zumindest anfangs eine intellektuelle und moralische Überlegenheit gegenüber den Gemeindepfarrern, die in der eingelebten Verehrung ihrer geistlichen Oberhirten befangen waren. Zudem lag es den Gemeindepfarrern sehr fern, Vorrechte der Kirche oder ihre materiellen und institutionellen Grundlagen preisgeben zu wollen. Die gern betonte Interessenübereinstimmung zwischen ihnen und den Vertretern des Dritten Stands, dem die Pfarrer ausnahmslos entstammten, sollte sich deshalb als eine für das weitere Schicksal der katholischen Kirche fatale Illusion erweisen.

Trotz des nur bruchstückhaft dokumentierten Verlaufs der Wahlveranstaltungen geben die zahlreich überlieferten *Cahiers*, die landesweit auf den Versammlungen der drei Stände zu Protokoll gegeben wurden, ein ebenso differenziertes wie detailliertes Stimmungsbild. Das Verfahren dieser Beschwerdehefte, seit den Generalständen von 1560 in Gebrauch, gehörte, obwohl der praktische Nutzen seit je fraglich war, zum ehernen Bestand des mit den Generalständen verknüpften Rituals. Die einzelnen lokalen Beschwerdehefte wurden auf den Generalständen in einem aufwendigen Prozess zu einem einzigen Beschwerdeheft, dem *Cahier général*, für jeden Stand kompiliert. Dies brachte nicht nur eine neuerliche Redaktion jedes einzelnen Artikels mit sich, sondern machte auch die Zustimmung der Vertreter aller *Gouvernements* erforderlich. Sprach sich auch nur eines davon gegen die Aufnahme eines bestimmten Artikels aus, fiel dieser unter den Tisch. Jean-Joseph Mounier, der die Reform der Provinzialstände in der Dauphiné maßgeblich beeinflusst hatte, übte Kritik an dieser Praxis: «Diese Vorgehensweise war für den Absolutismus von unendlichem Vorteil. Sie sorgte dafür, die Beschwerden des Volkes durch ein sinnentleertes Treiben zu beruhigen, indem sie seinen Klagen ein Ventil verschafften und die Arbeitskraft seiner Repräsentanten erstickten, die nur damit beschäftigt waren, die Forderungen zu lesen, sie miteinander zu vergleichen und eine Auswahl zu treffen. Der Despotismus musste unter diesem Tun niemals darum bangen, dass man ihn mit einer Verfassung konfrontierte».[55]

Diese in der Tat sinnlose Herkulesarbeit war bis einschließlich 1614 das Hauptgeschäft der Generalstände gewesen. Dass es dazu 1789 nicht mehr kam, verhinderte lediglich die Revolution. Diese Entwicklung lag aber noch in der Zukunft, als überall im Lande Versammlungen der drei Stände Beschwerden und Wünsche ihrer Mitglieder einsammelten und protokollierten. Besonders kompliziert war dieses Verfahren wegen der großen Zahl beim Dritten Stand. In jeder Gemeindeversammlung wurden die Klagen und Bitten protokolliert, die auf der Ebene der *Bailliages* in einem Beschwerdeheft zusammengefasst wurden.

Dieses Verfahren hatte eine stark sozialdarwinistische Ausprägung, denn die Redakteure der *Bailliages* waren ausnahmslos Bourgeois im Sinne von städtischen Bürgern, Juristen und Amtspersonen, die für die besonderen Lebensumstände der Landleute nicht nur keine Empathie empfanden, sondern als Grundbesitzer auch ganz andere Interessen hatten. Das erklärt, warum Forderungen nach Abschaffung «feudaler» Privilegien in den Beschwerdeheften des Dritten Stands längst nicht so oft und so nachdrücklich erhoben wurden, wie man vermuten möchte. Nur selten etwa wurde das Verlangen geäußert, Ländereien der Kirche zu enteignen, den Zehnten abzuschaffen oder Klöster aufzulösen.[56] Dafür liefert das Beschwerdeheft der zu Evreux gehörenden *Bailliage secondaire* Beaumont-le-Roger eine plausible Erklärung: «Gefangen in den engen und gerechtfertigten Grenzen, die wir uns selbst zuvor gezogen hatten, das Eigentum zu respektieren, sehen wir uns nur nach gewissen Modifikationen dazu imstande, über die Nutzlosigkeit ehrenhalber an Klöster, Abteien etc. überwiesener Lehen und Vorrechte Klage zu führen».[57] So zu verfahren, trug entscheidend dazu bei, dass der gewaltige Hass, der sich in der Landbevölkerung gegen das «Feudalwesen» aufgestaut hatte, selbst noch im Frühjahr 1789 von keinem Zeitgenossen in seinem ganzen Ausmaß wahrgenommen wurde.

In der Praxis war das Verfahren der Beschwerdehefte noch viel komplexer: In vielen *Bailliages* und *Sénéchaussées* wurden für die Formulierung der Beschwerden detaillierte Vorlagen benutzt, deren bekannteste Verfasser der *abbé* Sieyès und der Romancier Choderlos de Laclos, Autor der *Liaisons dangereuses*, waren. Beide standen im Sold des Duc d'Orléans,[58] der in ganz Frankreich Landbesitz hatte. De Laclos war der Verfasser der *Instruction pour les personnes chargées de ma procuration aux Assemblées de Bailliage relatives aux Etats-Généraux*, die einen Katalog von Forderungen darstellt, die nach Maßgabe des Duc d'Orléans in jedem Beschwerdeheft der 21 *Bailliages*, in denen er Landbesitz hatte, erhoben werden sollten. Außerdem galt die Anweisung, sich an den vom *abbé* Sieyès verfassten ausführlichen *Délibérations à prendre pour les assemblées de bailliages* zu orientieren, die zusammen mit der *Instruction* gedruckt und in großer Anzahl vertrieben wurden.[59] Die Vorlage von Choderlos de Laclos enthielt nichts, das Misstrauen oder gar den Widerspruch der privilegierten Stände zu erregen. Keine Rede war etwa davon, dass die Stände gemeinsam beraten oder gar Mehrheitsentscheidungen fällen sollten. Allenfalls der Verzicht auf einige nicht spezifizierte «feudale» Rechte und Ansprüche machte eine gewisse Ausnahme. Ganz anders jedoch tönte es in den vom *abbé* Sieyès redigierten *Délibérations*. Es sei, heißt es da, die Sache des Dritten Stands, der Nation die Freiheit zu verschaffen. Das könne in Übereinstimmung mit den beiden anderen Ständen erfolgen, wenn diese sich einer so großen Wohltat als würdig erwiesen. Das könne aber auch ohne Klerus und Adel geschehen, wenn beide nur ihre eigenen besonderen Interessen verträten. «Die wirklich wichtigen Beratungen werden die des Dritten Stands sein, die er allein unter sich führt. Er allein hat das Interesse der Allgemeinheit im Blick; er allein kann sich als der Repräsentant der Nation betrachten».[60]

Eine gemeinschaftliche Beratung aller Stände sei auch deshalb abzulehnen, weil der «Dritte inkorrekt als Stand bezeichnet wird. Er ist die Nation, er vertritt keine ständischen Interessen; sein einziges Anliegen ist das nationale Interesse».[61] Das bekräftigte die Aussagen von Sieyès' berühmter Schrift *Qu'est-ce que le Tiers-Etat?*, die im Januar 1789 erschienen war, in der er sich ebenfalls gegen eine gemeinsame Beratung der Stände ausgesprochen hatte, weil die Wünsche der überwältigenden Mehrheit der Bürger vom Votum der wenigen, die den privilegierten Ständen angehörten, vereitelt würden. Daran würde auch eine Abstimmung nach Köpfen im Prinzip nichts ändern, weil damit bestenfalls ein gleicher Einfluss zwischen Privilegierten und Nichtprivilegierten hergestellt werde. Umso auffälliger ist, dass Sieyès nicht auch den radikalen Schritt tat, dem *Qu'est-ce que le Tiers-Etat?* seine Berühmtheit verdankt: Die logische Folgerung, der Dritte Stand solle sich als Nationalversammlung proklamieren und damit die Rechte aneignen, die ihm von der Ständegesellschaft so lange vorenthalten worden waren, fehlt in den *Délibérations*. Stattdessen, so rät Sieyès jetzt, solle sich der Dritte Stand auf den kommenden Generalständen darauf beschränken, sich mit Klerus und Adel zu verbünden, um die Macht der Exekutive zu beschneiden. Erst wenn man damit erfolgreich gewesen sei, könne man daran gehen, die Privilegien zu beseitigen.

Vor allem die anhaltenden Auseinandersetzungen in der Bretagne, in denen der Dritte Stand frontal eine politische Ordnung angriff, deren Bestand durch Privilegien gewährleistet wurde, machten Eindruck auf Sieyès. Er kam zu der Einsicht, dass erst alle Privilegien zerstört sein müssten, ehe der Dritte Stand sich als Nation begreifen und als Nationalversammlung konstituieren könne. Das veranlasste ihn, wenngleich nur aus taktischen Gründen, ein Zusammengehen aller Stände zu befürworten, gegen das er sich zuvor so heftig verwahrt hatte. Sieyès schwenkte damit auf die öffentliche Meinung ein, die diese Union seit längerem mit Nachdruck forderte. Sein Widerstand dagegen, der einer rigiden Interpretation von Rousseaus «volonté générale» entsprach, hatte die Schrift *Qu'est-ce que le Tiers-Etat?*, die seither als emblematisch für die Revolution angesehen wird, bei den Zeitgenossen zur Unwirksamkeit verurteilt.

Wesentlich einflussreicher waren die Zusammenstellungen von Musterbeschwerden, die einer breiten Nachfrage entsprachen und häufig kopiert wurden.[62] Die naive Verwendung dieser Vorlagen, deren standardisierte Beschwerden mitunter mit sehr spezifischen Klagen und Beschwernissen vermischt wurden, stiftete gelegentlich seltsame Kontraste. Der Comte de Beugnot, in Chaumont-en-Bassigny mit der Redaktion der *Cahiers* befasst, erheiterte sich darüber, wenn nach Forderungen der Einführung einer strikten Gewaltenteilung, der Freiheit der Presse, von Geschworenengerichten und Abschaffung aller feudalen Lasten und Pflichten im Beschwerdeheft einer Landgemeinde auch verlangt wurde, die Bestimmung des Grundherrn aufzuheben, den Hofhunden einen schweren Holzklotz an den Hals zu hängen, der sie daran hindern sollte, einem Hasen nachzusetzen … Oder wenn in einem anderen *Cahier*, nachdem die Landbewohner «bereits für alle Freiheitsrechte votiert hatten, die dem Hirn des *abbé* Sieyès entsprungen waren, sie auch noch die Forderung geltend machten, dass es ihnen gestattet sei, Flinten zu besitzen, um sich der Wölfe erwehren zu können …».[63]

Die Autoren dieser Musterbeschwerden, die landesweit zu Rate gezogen wurden, waren nicht nur der *abbé* Sieyès oder Choderlos de Laclos. Weit häufiger dürften zu den Verfassern Juristen aus der Provinz oder auch Pfarrer gehört haben, von denen die Ur-Wahlen des Dritten Stands in den Landgemeinden organisiert wurden. Für sie waren solche Handreichungen vorab formulierter und fixierter Klagen eine große Arbeitserleichterung, um die Essenz aus dem aufgeregten Stimmengewirr der Versammelten zu destillieren. Das galt aber auch für Versammlungen auf der Ebene der *Bailliages*,[64] weshalb nur das offene Eingeständnis der Tatsache überrascht, sich einer solchen Vorlage bei der Formulierung der eigenen Beschwerden bedient zu haben. In Marseille beispielsweise wird gleich zu Anfang des Beschwerdehefts bekannt, sich dabei auf die «klugen und großherzigen Prinzipien» der einschlägigen Unterweisungen des Duc d'Orléans gestützt zu haben.[65]

Die von manchen Zeitgenossen behauptete Frontstellung zwischen Bürgertum und Privilegierten schon vor Eröffnung der Generalstände wird vom Inhalt der Beschwerdehefte keineswegs bestätigt. In wichtigen Fragen wie etwa der Beseitigung aller Steuerprivilegien, der regelmäßigen Einberufung der Generalstände, ohne deren vorherige Zustimmung keine neuen Steuern erhoben werden dürften, der Garantie der bürgerlichen Freiheiten oder einer gründlichen Reform der Provinzialstände, gab es eine überwältigende Übereinstimmung in den Forderungskatalogen aller drei Stände. Dies gilt auch für das breite Verlangen, Frankreich eine Verfassung zu geben. Selbst darin, wie diese im Einzelnen ausgestaltet werden sollte, unterschieden sich die Ansichten kaum; Einigkeit herrschte auch darüber, die vorhandenen Institutionen zu reformieren und nicht zu zerstören, um etwas Neues zu errichten. Die *Cahiers* verströmten also keineswegs den Brandgeruch der Revolution, sondern dokumentierten das allen Ständen gemeinsame Verlangen nach umfassenden Reformen. Die Generalstände, und das war eine Ansicht, die in zahlreichen *Cahiers* geäußert wurde, sollten diese Reformen veranlassen, zugleich aber auch eine Verfassungsordnung schaffen, die deren Einhaltung gewährleistete.

Das Beschwerdeheft des Adels von Clermont en Beauvoisis liefert dafür eine Illustration unter vielen: «Die Notwendigkeit der Generalstände wird allgemein empfunden. Das riesige Defizit und die Unmöglichkeit, Kredite zu bekommen, sind der erste und eigentliche Grund dafür gewesen, dass die Minister sich dazu durchrangen, deren Einberufung vorzuschlagen. Diese Anlässe sind heute jedoch von lediglich zweitrangiger Bedeutung. Gewiss gilt es nach wie vor, das Defizit zu bereinigen und die Staatsschuld zu liquidieren. Noch wichtiger ist jedoch, zu verhindern, dass sich derlei wiederholt, die Nation vor allen diesen Missbräuchen zu bewahren, die jederzeit neu sich einstellen können. Deshalb braucht es eine Verfassung, die Eigentum und Freiheit der Nation unter die dauernde Garantie unabänderlicher Gesetze stellt, die genau respektiert werden müssen und die sie für immer vor der rasch wechselnden und quälenden Willkür der Minister bewahrt».[66]

Der Verfassung sollte sogar, wie verschiedentlich in den *Cahiers* des Adels verlangt wurde, eine *Déclaration des droits*, also eine Erklärung der Menschenrechte vorangestellt werden, für die wohl die amerikanische Verfassung das Vorbild war. Die *Noblesse* von Béziers forderte etwa, «dass die Generalversammlung sich mit der Ausarbeitung und Erklärung der Menschen- und Bürgerrechte als ihrer vordringlichsten Aufgabe befassen soll, die als verbindliche Grundlage für alle Gesetze dient, die jetzt und in Zukunft von allen Nationalversammlungen verabschiedet werden».[67]

Alles in allem war es im Wesentlichen nur eine Forderung, in der sich der Dritte Stand von den beiden anderen Ständen unterschied: In sehr vielen *Cahiers* des Dritten Stands wurde verlangt, dass die Abstimmungen auf den Generalständen nach Köpfen und nicht nach Ständen erfolgen sollten. In dieser Schlüsselfrage hielten sich die beiden privilegierten Stände bedeckt. Der Abstimmungsmodus sollte der große Stein des Anstoßes werden, der die Generalstände zu blockieren drohte. Um das Problem zu lösen, wurden in manchen Beschwerdeheften des Dritten Stands Vorschläge gemacht. Einer davon, der im *Cahier* der *Bailliage* von Dijon dokumentiert ist, kam der dann tatsächlich gefundenen Lösung sehr nahe: «Für den Fall, dass die Abgeordneten von Klerus und Adel sich einer gemeinschaftlichen Beratung und einer Abstimmung nach Köpfen verweigern, (...) können und müssen sich die Deputierten des Dritten Standes, die 24 Millionen Menschen repräsentieren, für immer als *Nationalversammlung* konstituieren und das trotz der Abspaltung der Vertreter von vier- oder fünfhundert Tausend Individuen, die dem Adel oder dem Klerus angehören. Diese werden dann gemeinsam mit jenen vom Adel und Klerus, die sich ihnen anschließen wollen, dem König nach der Verkündung einer Verfassung ihre Hilfe und ihre Unterstützung für die Nöte des Staates anbieten, vorausgesetzt, dass die von dieser Versammlung verabschiedeten Steuern auch unterschiedslos von allen Untertanen des Königs eingefordert werden».[68]

ZWEITES BUCH

DIE REVOLUTION

ERSTES KAPITEL

DAS DRAMA NIMMT SEINEN LAUF

Serment du Jeu de Paume.
Le 20 Juin 1789.

Am 13. Juli 1788 vernichtete ein Hagelsturm die Getreideernte in weiten Teilen Nordfrankreichs. Aber auch in Gebieten, die von diesem Unwetter verschont blieben, fielen die Ernteerträge wegen der ungewöhnlichen Trockenheit während des gesamten Frühjahrs nur sehr mager aus. An diese Katastrophen schloss sich ein langer und sehr kalter Winter an, der Nordfrankreich von Dezember 1788 bis in den April unter Eis und Schnee erstarren ließ. In Südfrankreich, in der Provence und im Languedoc, fielen dem strengen Frost abertausende Weinstöcke und Olivenbäume zum Opfer.

Schwere Ertragskrisen der Landwirtschaft gab es im Frankreich Louis' XVI nahezu unablässig. Witterungsbedingte Ernteausfälle bei Getreide, Viehfutter oder bei der Weinlese hatten eine dauernde Verknappung des Angebots und jähe Preissprünge zur Folge, die die unteren Schichten stets mit Härte trafen. Daran änderten auch ungewöhnlich gute Ernten wie die von 1785 wenig; sie füllten zwar die Lager und ließen die Preise sinken, aber dank der Liberalisierung des Getreidehandels, einer der wenigen Reformen, die Calonne durchsetzen konnte, schmolzen die Vorräte schnell dahin. Necker, Ende August 1788 zum Finanzminister berufen, führte die früheren strikten Kontrollen zwar am 7. September wieder ein. Allein, der Schaden, den er damit abwenden wollte, war bereits geschehen und ließ sich auch durch umfangreiche Getreideimporte aus dem Ausland kaum mindern. Die Mehl- und Brotpreise stiegen unaufhörlich und erreichten in Paris am 14. Juli 1789 ihren höchsten Stand.

Brot war das wichtigste Nahrungsmittel der unteren Bevölkerungsschichten, für das ein vergleichsweise gut verdienender Lohnabhängiger in den Städten zwischen einem Drittel und der Hälfte seines verfügbaren Einkommens aufwenden musste. Der Anstieg der Brotpreise im Frühjahr 1789 verschlang rund drei Viertel des Lohnes. Was dafür aufgewendet werden musste, stand für anderes wie Fleisch, Fisch, Gemüse, aber auch Kleidung und Heizung nicht mehr zur Verfügung. Das hatte fatale Folgen selbst für diejenigen, die angesichts des anhaltend strengen Winters, der den Handel weithin zum Erliegen brachte, nicht ihre Arbeit verloren.

Die Versorgungskrise wurde verschärft durch eine Wirtschaftskrise. In der Textilindustrie, konzentriert in der Gegend von Rouen, Lyon und Nîmes, ging die Produktion erheblich zurück. Während die in Lyon ansässigen Seidenmanufakturen Arbeiter zu Tausenden entließen, traf es im Umland von Rouen, Amiens oder Lille viele jener Landleute, die sich durch Heimarbeit in der Flachsspinnerei ein Zubrot verdienten. Der jähe Absatzeinbruch provozierte lokale Aufstände, bei denen Betriebe von der aufgebrachten Menge zerstört wurden, in denen mechanische Webstühle standen, die weitaus effizienter waren als die alten und vertrauten Produktionsmethoden. Die neue Technologie wurde als eine Ursache für die herrschende Krise identifiziert; als eine andere galt der 1786 mit England geschlossene Handelsvertrag, der den französischen Markt für den Import britischer Waren und Erzeugnisse öffnete, die preiswerter und auch von besserer Qualität waren als einheimische Produkte.

Wie stets in jenen durch Mangel verursachten Krisenzeiten war die auf dem platten Land herrschende Not weitaus größer als in den Städten, die wegen des hier konzentrierten Reichtums besser mit Nahrungsmitteln versorgt wurden.[1] Überall auf dem Land kam es zu Übergriffen auf Getreidetransporte, Intendanten und Regierung wurden verdächtigt, das Nahrungsangebot durch Horten zu verknappen, um die daraus resultierenden Preissteigerungen als Spekulationsgewinne einzuheimsen. Entsprechendes wurde auch den Städten vorgeworfen, die dank der steigenden Preise höhere Zölle für Waren einnehmen konnten, die ihre Tore passierten. Überdies traf diejenigen, die kaum noch Mittel hatten, ihren Hunger zu stillen, die Last der Steuern und Abgaben an die Grundherren nun ganz besonders hart. Diese Last wurde dadurch noch erheblich vergrößert, dass die Grundeigentümer angesichts der Wirtschaftskrise die Erträge aus den «feudalen» oder grundherrlichen Rechten erhöhten und ihre Forderungen wesentlich energischer als früher durchsetzten. Ein bewährtes Mittel dazu war der *terrier*, ein Register, in dem die Forderungen des Grundherren dokumentiert waren. Diese *terriers* wurden von Kommissaren im Sold des Grundherren beaufsichtigt; ihre Einkünfte hingen von der Höhe der von ihnen erwirtschafteten Erträge ab, was ihre Unnachsichtigkeit erklärt, die in den Beschwerdeheften der Landgemeinden vielfach beklagt wurde.[2]

In dieser Atmosphäre wachsender Verzweiflung und existenzieller Aussichtslosigkeit versammelten sich überall in den Landgemeinden die Wahlberechtigten, um ihre Beschwerdehefte für die Generalstände zu formulieren. Deren Einberufung war die rettende Planke, an die sich die meisten in der naiven Zuversicht klammerten, der «gute König» sei entschlossen, sein Volk aus der Not zu retten. Wenn man die eigenen Klagen und Wünsche nur aufschrieb, dann hätte der König gar keine andere Wahl, als diesem Katalog nur zu berechtigter Forderungen seiner Untertanen stattzugeben.

Im Frühjahr 1789 waren aufbrechende Unruhen noch vereinzelte Brandherde, die zwar gelegentlich ganze Regionen erfassten, aber durch entschlossenes Eingreifen der Behörden eingedämmt werden konnten. Die hergestellte Ruhe war jedoch trügerisch, denn die fortdauernde Not sorgte überall dafür, dass die Glut nicht verlosch. Der keineswegs unbegründete Verdacht eines «complot aristocratique», einer Verschwörung der Mächtigen, die das Landvolk wieder unter das grundherrliche Joch zwingen wollten, verbreitete sich im Juli 1789 in ganz Frankreich; er war der Sturmwind, der diese Glut zum Flächenbrand entfachte.

Die politisch Verantwortlichen scheint all das nicht sonderlich beunruhigt zu haben. Diese Blindheit rührte daher, dass lokale Empörungen seit je zur politischen Folklore des *Ancien Régime* gehörten. Solange die Loyalität der Truppen garantiert war, an der außer Necker kaum jemand zweifelte, hatten sie stets mit deren Eingreifen ein Ende gefunden.[3] Zum anderen war man am Hofe und in der Regierung damit beschäftigt, die Generalstände für die eigenen Interessen zu instrumentalisieren. Die «aristokratische» Partei brannte darauf, den vermeintlichen Vorteil der «Patrioten» zu beseitigen, die mit dem *Résultat du Conseil* vom 27. Dezember 1788 die Verdoppelung der Abgeordneten des Dritten Stands durchgesetzt hatten. Das schien leicht möglich, weil die wichtige Frage, wie sich die Generalstände konstituieren und nach welchem Modus sie ihre Beschlüsse votieren sollten, noch nicht entschieden war. Die Lösung der Geschäftsordnungsfrage hing auch davon ab, dass der Dritte Stand jene Privilegien von Klerus und Adel, die nicht deren steuerliche Bevorzugung betrafen, ebenso anerkannte wie ihren traditionellen gesellschaftlichen Status. Die «Patrioten» waren bereit, in den Kompromiss, dessen Vorbild die Regelung für die Provinzialstände der Dauphiné im Sommer 1788 darstellte, einzuwilligen, um die angestrebte Union der drei Stände zu realisieren. Der Vorschlag stieß jedoch auf den Widerstand der «aristokratischen Partei», die sich auf die «Verfassungstradition» berief, die der *Parlement de Paris* mit seinem Urteil bekräftigt hatte. Dieser Dissens eröffnete einen Spielraum, den die «Aristokraten» noch vor Beginn der Generalstände, die am 5. Mai in Versailles eröffnet werden sollten, nutzen konnten.

Zugleich wurde das Misstrauen des Monarchen gegen Necker laut der *Correspondance secrète* vom 5. Mai 1789 erneut geweckt: «Wie zu vernehmen ist, hielt sich M. Necker in den letzten Tagen beim König auf, der ihn in Gegenwart einer zahlreichen Hofgesellschaft mit einem Mal mit der Frage konfrontierte: *M. Necker, bin ich es, der den Generalständen eine Verfassung vorschlagen wird, oder werden mir die Generalstände eine solche vorlegen?* Necker war sichtlich verlegen, darauf eine Antwort zu geben, aber er war dies noch viel mehr, als auch die Königin von ihm am nämlichen Tag wissen wollte, *ob die Generalstände dem König befehlen werden oder ob der König weiterhin der Chef der Nation sei*».[4]

Necker ahnte vermutlich, dass man in Hofkreisen darauf sann, ihn noch vor Eröffnung der Generalstände loszuwerden, um danach die Versammlung umso leichter unschädlich machen zu können. Darin musste ihn auch die seltsame Kostümierung bestärken, die sich der königliche Zeremonienmeister für die Deputierten anlässlich der Eröffnungsfeierlichkeiten am 4. Mai 1789 ausgedacht hatte. Die Abgeordneten des Klerus trugen die ihrem geistlichen Rang entsprechenden Gewänder, während den Adeligen schwarze Mäntel, die ebenso wie ihre Westen mit Gold bestickt waren, zu schwarzseidenen Kniehosen, weißen Strümpfen und Spitzenkrawatten sowie Hüte mit weißen Federn à la Henri IV vorgeschrieben wurden. Die Knöpfe, so wurde ausdrücklich gesagt, konnten, mussten jedoch nicht aus Gold sein. Dagegen stach die Pflichtkleidung der Deputierten des Dritten Standes durch ihre gewollte Bescheidenheit entschieden ab: Weste und Hose aus schwarzem Tuch, darüber ein kurzer Mantel aus Seide oder Voile, eine Mousselin-Krawatte sowie ein Hut, dessen Krempe an drei Seiten hochgeschlagen war, der aber weder Schnüre noch Knöpfe haben durfte und in seinem Aussehen der gewöhnlichen Kopfbedeckung von Geistlichen entsprechen sollte.[5]

Wie Necker empfanden vermutlich auch viele andere Augenzeugen der seltsamen Prozession der Deputierten diese Kleiderordnung als befremdliches Vorzeichen, dass die Generalstände nicht die in sie gesetzten Erwartungen erfüllen würden. Diese Ahnung wurde durch die Reden bestätigt, mit denen Louis XVI, der *Garde des Sceaux* Barentin und Necker die Versammlung am 5. Mai eröffneten. In seiner kurzen Ansprache verwies Louis auf die großen finanziellen Probleme, die es zu bewältigen gelte. In diesem Zusammenhang rühmte er das Beispiel von Klerus und Adel, die sich schon bereit erklärt hätten, auf ihre Steuerprivilegien zu verzichten. Auch er habe sich zu erheblichen Einsparungen entschlossen und erwarte, dass ihm weitere diesbezügliche Vorschläge gemacht würden, die er mit Wohlwollen prüfen werde. Allein, auch sehr umfangreiche Einsparungen würden nicht hinreichen, seine Untertanen so schnell zu entlasten, wie er sich dies wünsche. Auch hierzu erwarte er Vorschläge. Im Übrigen habe er seinen Finanzminister angewiesen, den Zustand der Finanzen ausführlich darzulegen.[6]

Aus Angst vor der drohenden Entlassung hielt Necker in seiner Rede, die er dem König zur Genehmigung hatte vorlegen müssen, mit seinen eigenen Vorstellungen zur Verfassung hinterm Berg. Obwohl er darauf insistierte, die Generalstände seien nicht wegen der finanziellen Notlage des Staates einberufen worden, erörterte er vor allem finanz- und haushaltspolitische Themen ausführlich. Zum weiteren versprach er die Unterstützung der Regierung für eine ganze Reihe von Reformen im Bereich der staatlichen Verwaltung und der Justiz, gab aber zugleich zu verstehen, dass der König in diesen Fragen das letzte Wort habe. Einer Entscheidung in der Frage, die allen auf den Nägeln brannte, wich er erneut umständlich aus: Während er einerseits eine gemeinsame Beratung der drei Stände und ein Mehrheitsvotum in wichtigen und drängenden Angelegenheiten empfahl, bezeichnete er andererseits eine nach Ständen getrennte Beratung und Abstimmung als die weitaus bessere Lösung. In jedem Fall aber könne diese Entscheidung nicht autoritär gefällt werden, sondern nur auf Grund der Zustimmung von Klerus und Adel, die zuvor auf eine nach Ständen gesonderte Beratung und Abstimmung freiwillig verzichten müssten. Voraussetzung dafür sei zunächst aber erst einmal, dass die Ständevertreter getrennt ihre Mandate verifizierten.[7]

Dass Necker eine Entscheidung in der umstrittenen Geschäftsordnungsfrage vermied, kostete ihn viel Sympathie. «Jetzt», so der Pastor und Abgeordnete des Dritten Stands von Nîmes, Jean-Paul Rabaut Saint-Etienne, «begann der Streit. Am Abend noch versammelten sich die Abgeordneten der *Communes* [i. e. der Abgeordneten des Dritten Stands] aus den einzelnen Provinzen und kamen darin überein, sich im Saal der Generalstände, den sie als die *Salle nationale* bezeichneten, einzufinden und hier auf das Eintreffen der anderen Deputierten zu warten, um mit ihnen in gemeinsame Beratungen einzutreten».[8] Das war kein förmlicher Beschluss, sondern Ausdruck eines allgemeinen Empfindens, das viele Abgeordnete des Dritten Standes, die einander noch fremd waren, spontan teilten. Angesichts dieser Dynamik, mit der man hätte rechnen können, mutet es umso rätselhafter an, dass Necker auch kein Verfahren für die Verifikation der Mandate festgelegt hatte.[9] Das Versäumnis warf, wie der Marquis de Ferrières kommentierte, «diesen Zankapfel den Ständen zu».[10] Die Folgen waren weitreichend, denn die Eröffnung der Generalstände war, wie sich zeigen sollte, die letzte Chance der Krone, durch Vorlage eines überzeugenden Reformprogramms und Festlegung einer Geschäftsordnung das Gesetz des Handelns zu behaupten. Stattdessen setzte der Hof seine Hoffnungen darauf, dass die vorherrschende Ungewissheit die Gegensätze zwischen Adel und Drittem Stand rasch verschärfen würde. Drohten die Generalstände daran zu scheitern, konnte man sie wie eine beliebige Notabelnversammlung beenden.

Am 6. Mai 1789 versammelten sich die Deputierten nach Ständen getrennt zu ihrer ersten Arbeitssitzung. Tagungsort des Dritten Stands war der Große Saal der *Menus Plaisirs*, in dem am Vortag die feierliche Eröffnung der Generalstände stattgefunden hatte. Aber was sollte er tun? Begann man, die Mandate der versammelten Deputierten zu verifizieren, lief man Gefahr, den Abstimmungsmodus nach Ständen getrennt anzuerkennen. Verweigerte man sich andererseits dieser Aufgabe, drohte man sich das Wohlwollen der Regierung zu verscherzen. Also geschah nichts. Der Dritte Stand vermied es, sich eine eigene Geschäftsordnung zu geben und ein Präsidium zu wählen, sich also als eine geschäftsfähige Versammlung zu konstituieren.[11]

Dagegen kam der Adel rasch zur Sache. Nach stürmischer Diskussion fiel bereits am 7. Mai mit 188 gegen 46 Stimmen der Beschluss, die separate Überprüfung der Mandate vorzunehmen.[12] Vier Tage später wurde der Prozess abgeschlossen. Auch der Klerus entschied sich nach heftigen Debatten und dem knappen Abstimmungsergebnis von 133 zu 114 Stimmen für eine entsprechende Vorgehensweise. Im Ausgang dieser Abstimmung erkannte der Dritte Stand seine Chance und entsandte eine Abordnung zu den beiden anderen Ständen mit dem Vorschlag, über eine gemeinsame Verifikation der Mandate zu verhandeln. Eine Woche später erklärte sich nach dem Klerus auch der Adel dazu bereit. Die so angeknüpften Gespräche zogen sich eine Weile ergebnislos hin,[13] scheiterten aber an der Weigerung der beiden privilegierten Stände, der Forderung des Dritten Stands nach Mehrheitsabstimmungen nachzugeben. Das blockierte zwar die Generalstände, aber es barg für den Dritten Stand auch die große Chance, sich am Ende doch noch durchzusetzen.

Die Entscheidung des Adels, am 26. Mai die Gespräche abzubrechen, lieferte dem Dritten Stand eine willkommene Gelegenheit, dessen Obstruktion in der Öffentlichkeit zu beklagen. Gleichzeitig bekniete er den Klerus erneut, sich ihm «im Namen Gottes, des Friedens und des nationalen Interesses» anzuschließen.[14] Diese Aufforderung stürzte die Gottesmänner in neue Verlegenheiten, zumal jetzt die Gemeindepfarrer unter den Deputierten den Druck verstärkten, dem Dritten Stand entgegenzukommen. In ihrer Not wandten sich die Kleriker an den König, eine weitere Gesprächsrunde unter Beteiligung von Regierungsvertretern einzuberufen. Diesem Wunsch entsprach Louis XVI am 28. Mai. Adel und Dritter Stand folgten dieser königlichen Anordnung allerdings nur sehr widerwillig, weil sich absehen ließ, dass auch diese Runde ergebnislos verlaufen würde.[15]

Unterdessen begann dem Dritten Stand zu dämmern, dass allein dem Beharren auf seiner Forderung kein Erfolg beschieden sein würde, sondern entschlossenes Handeln erforderlich war. Angesichts der wachsenden Verlegenheiten des Klerus war das eine plausible Überlegung. Gingen erst einmal die Gemeindepfarrer zum Dritten Stand über, würden die Bischöfe bald diesem Beispiel folgen, und dann könnte sich auch der Adel nicht mehr länger verschanzen. Seitens der Öffentlichkeit wurde dem Dritten Stand schon seit längerem angetragen, sich zur «Nationalversammlung» zu erklären, und auch unter den Abgeordneten mehrten sich nun die Stimmen, die zu diesem Schritt drängten und ihn demonstrativ mit der Verifikation ihrer Mandate verknüpfen wollten. Zu diesem kämpferischen Selbstbewusstsein trug auch die mehrtägige Weigerung des Königs bei, eine Delegation des Dritten Standes zu empfangen. Das musste dieser als Demütigung empfinden, weil Abordnungen von Klerus und Adel längst vorgelassen worden waren.[16]

Den entscheidenden Antrag stellte der *abbé* Sieyès in der Sitzung vom 10. Juni.[17] Um die Blockade zu überwinden, in der die zweite Gesprächsrunde steckte, solle an die beiden privilegierten Stände eine letzte Einladung ergehen, sich zu einer gemeinsamen Sitzung aller Deputierten zu versammeln. Verweigerten sie sich, dann sähe sich der Dritte Stand genötigt, im Interesse der Nation allein zu handeln und sich zu konstituieren. Das ließ sich auch als Drohung verstehen, dass der Dritte Stand für sich die alleinige Repräsentation der Nation beanspruchen werde. Mit einer Mehrheit von 439 zu 41 Stimmen wurde der Antrag angenommen.

Nach langem Zögern schickten sich die Deputierten endlich an, den Schritt zu tun, zu dem ihre Wähler ihnen im Vertrauen auf die im *Résultat du Conseil* vom 27. Dezember 1788 gemachten Versprechungen des Königs ein überwältigendes Mandat gegeben hatten. Sie überwanden ihr bisheriges Zaudern, weil ihnen immer deutlicher wurde, dass der König sich jener Versprechungen nicht mehr erinnern wollte, selbst um den Preis, dass die Generalstände in der schweren Krise, deretwegen sie einberufen worden waren, untätig verharrten. Ihr Selbstbewusstsein wurde gestärkt durch die große Zustimmung in der breiten Öffentlichkeit, die sich nicht nur in Flugschriften und Pamphleten artikulierte, sondern auch seitens des zahlreichen Publikums bei den Sitzungen des Dritten Stands. Es begleitete die Verhandlungen lautstark mit Rufen, Pfiffen oder Applaus. Diese Kulisse übte, so darf man vermuten, auf die Psychologie der Abgeordneten eine geradezu narkotische Wirkung aus, denn je radikaler sie sich gerierten, desto höher war das Maß an Zustimmung.[18]

Der Beschluss, mit dem der Dritte Stand aus der bislang ängstlich respektierten Legalität des *Ancien Régime* heraustrat, war kein ungefährlicher Schritt. Niemand wusste, wie Krone und Regierung darauf reagieren würden, denn das Ultimatum an die beiden privilegierten Stände war mittelbar auch an den König adressiert. Immer noch war eine große Mehrheit der Deputierten des Dritten Standes überzeugt, er würde den Hoffnungen, die er geweckt hatte, gerecht werden. Deshalb rechnete man mit einer *Séance royale*, in der Louis XVI den Ständen einen eigenen Verfassungsentwurf vorlegte.

Die Reaktion des Königs würde auch dadurch beeinflusst werden, wie die anderen Stände den Schritt des Dritten Stands aufnahmen. Das erklärt die große Begeisterung, als am 13. Juni drei Gemeindepfarrer in dessen Sitzung erschienen, um ihre Mandate überprüfen zu lassen.[19] Die gemeinsame Front, die Klerus und Adel bislang gegenüber dem Dritten Stand aufrechterhalten hatten, begann zu bröckeln – ein Prozess, der sich in den nächsten Tagen fortsetzte, als sich weitere 16 Kleriker in der *Chambre des communes* einfanden.

Die Erosion der ständischen Gliederung setzte die Gleichsetzung von Drittem Stand und Nation gleichsam auf die Tagesordnung. Am 15. Juni beantragte Sieyès, der Dritte Stand solle künftig als «Versammlung der anerkannten und beglaubigten Repräsentanten der französischen Nation» auftreten.[20] Die Umständlichkeit dieses Vorschlags erklärt sich durch die Rücksichtnahme auf jene Abgeordneten, die sich noch immer an die Hoffnung einer Verständigung mit den anderen Ständen klammerten.[21] In der zweitägigen Debatte über den Antrag ging es deshalb nur vordergründig darum, einen prägnanten Begriff für die neue Versammlung zu finden. Die Bezeichnung der Generalstände als «Assemblée Nationale», die der Abgeordnete Jérôme Le Grand am 17. Juni vorschlug und die mit 491 gegen 90 Stimmen akzeptiert wurde,[22] war umgangssprachlich schon längst verbreitet.

Der Dritte Stand hatte nun die Initiative an sich gerissen, um die andauernde Selbstblockade der Generalstände zu durchbrechen. «Nationalversammlung» war nicht, wie Louis XVI bemerkt haben soll, «bloß ein Wort», sondern damit beanspruchten die Abgeordneten des Dritten Stands für sich eine völlig neue Bedeutung. Sie waren nicht länger Teil eines ständisch gegliederten Beratungsorgans, sondern eine Versammlung, die sich anheischig machte, die nationale Souveränität auszuüben und in der alle Deputierten gemeinsam diskutierten. Sieyès verband seinen Antrag mit der Einladung an die Vertreter der anderen Stände, sich ihrerseits in der Nationalversammlung einzufinden. Diese repräsentiere bereits jetzt wenigstens 96 Prozent der Bevölkerung Frankreichs. «Eine derartige Menge von Abgeordneten kann nicht wegen der Abwesenheit der Deputierten einiger *Bailliages* oder Gesellschaftsschichten in Untätigkeit verharren. Denn die Abwesenden, die aufgefordert wurden, sich einzufinden, dürfen nicht die Anwesenden daran hindern, die ganze Fülle ihrer Rechte wahrzunehmen (...). Keine andere Abgeordnetenkammer hat irgendeinen Einfluss auf deren Beratungen. Schließlich darf es zwischen dem Thron und der Versammlung keinerlei Vetorecht oder sonst eine negative Gewalt geben».[23]

Die Bezeichnung *Assemblée Nationale* formulierte einen Titel, den es erst noch gegen Krone und Regierung durchzusetzen galt. Also musste dieser Anspruch unangreifbar gemacht werden. Dem diente der von den Abgeordneten Guy-Jean-Baptiste Target und Isaac Guy René Le Chapelier eingebrachte Antrag, die bislang erhobenen Steuern für illegal zu erklären und sie nur so lange zu tolerieren, bis ein neues Steuersystem verabschiedet worden sei. Diese Ausnahmeregelung sollte aber bei einer Auflösung der Versammlung sofort hinfällig werden.[24] Der Antrag reklamierte für die *Assemblée Nationale* nichts Geringeres als die Souveränität in Steuerfragen. Außerdem wurden alle Bürger aufgefordert, sich durch Steuerverweigerung gegen jede Regierung zu stellen, die es wagte, die Versammlung aufzulösen. Der Antrag wurde einstimmig angenommen.[25]

Damit hatte der Dritte Stand endgültig den Rubikon überschritten. Es war eine offene Herausforderung der Monarchie, die sich nun vor die Wahl gestellt sah, entweder zu kapitulieren oder die Revolution, die ihr andernfalls drohte, gewaltsam zu ersticken. Die Analyse der Situation, die der englische Botschafter am 18. Juni 1789 nach London sandte, schilderte die Konsequenzen in eindrücklicher Nüchternheit: «Die Lage wird mit jedem Tag kritischer, auch wenn die Autorität des Königs noch immer überwältigend ist. Wenn jedoch Seine Majestät den bisherigen Beschlüssen des Dritten Stands Ihre wohlüberlegte

Zustimmung geben sollte, dann bedeutete das kaum weniger, als die Krone diesem zu Füßen zu legen. Die beiden ersten Stände, davon ist auszugehen, würden im Falle einer derart markanten Bevorzugung zu ihrem eigenen Schaden einlenken. Wenn jedoch Seine Majestät sich dazu entschließen sollte, auf die Sache von Klerus und Adel zu setzen, dann würde das Volk sich mit Zähigkeit an das klammern, was es bereits erreicht hat, und in Erwartung weiterer Vorteile (...) dazu entschlossen sein, seine Anliegen mit Gewalt voranzutreiben. In diesem Fall wird die Auseinandersetzung von Anfang an sehr heftig entbrennen, aber die Armee, deren Loyalität und Kampfbereitschaft völlig vom Adel abhängig sind, dürfte sehr bald ihre Macht in die Waagschale des Königs werfen».[26] So die Einschätzung eines gut informierten Diplomaten, der aber ebenso wie der König hinsichtlich der Loyalität der Armee in einem fatalen Irrtum befangen war.

Die Provokation des Dritten Standes, sich als *Assemblée Nationale* zu proklamieren, nötigte den König zu einer Reaktion, die mit Nachdruck seine Stellung als souveräner Herrscher zur Geltung brachte. Necker, der über diesen revolutionären Akt des Dritten Stands entsetzt war,[27] riet deshalb dazu, die Abgeordneten der drei Stände in einer *Séance royale* um den Thron zu versammeln.[28] Bei dieser feierlichen Sitzung, die für den 23. Juni anberaumt wurde, sollte Louis XVI mit einer Reihe von Zugeständnissen an die Forderungen des Dritten Stands seine Autorität wiederherstellen. Die Zeit drängte, denn immer mehr Anzeichen deuteten darauf hin, dass der Hof auch die Option eines militärischen Vorgehens gegen die Generalstände in Erwägung zog. Das verrieten die Truppen, die auf Anweisung des Kriegsministers, des Comte de Puységur, in großer Zahl um Versailles zusammengezogen wurden. Dieses Treiben beunruhigte Necker, der fürchtete, dass es zu einer weiteren Radikalisierung der *Assemblée Nationale* führen würde – mit ebenso ungewissen wie gefährlichen Folgen.[29] Also war es wichtig, dass Louis XVI den Vertretern der Stände Reformvorschläge unterbreitete, die den Wünschen des Dritten Standes entgegenkamen, ohne Klerus und Adel zu verprellen. Kurz, es galt im Wesentlichen das als verbindlich für die künftige Verfassung Frankreichs zu verkünden, was im *Résultat du Conseil* vom 27. Dezember 1788 in Aussicht gestellt worden war.

Der Plan wurde vom König gutgeheißen, und Necker machte sich an die Entwürfe für die Reden und Deklarationen, die Louis XVI bei dieser *Séance royale* abgeben würde. So weit ließ sich alles vielversprechend an, doch es sollte ganz anders kommen. Der Grund dafür war nicht zuletzt schiere Schusseligkeit, denn es wurde versäumt, den Abgeordneten diese insgeheim vorbereitete *Séance royale*, mit der gerüchteweise seit Tagen gerechnet wurde, auch offiziell mitzuteilen. Als die Abgeordneten am Morgen des 20. Juni 1789 die vertrauten Sitzungssäle aufsuchten, fanden sie deren Türen verschlossen und von Soldaten bewacht. Die anfängliche Überraschung wich rasch Entsetzen und Wut. Daran änderte auch die Erklärung nichts, dass die Räume nur deshalb geschlossen worden seien, um sie für die auf Montag terminierte *Séance royale* vorzubereiten. Es entstand der Verdacht, der König habe sich entschlossen, mit den Generalständen kurzen Prozess zu machen. Die Mitglieder der Nationalversammlung hatten gute Gründe, dies zu vermuten, war ihnen doch kaum verborgen geblieben, welchen Schock ihr Beschluss vom 17. Juni in Marly ausgelöst hatte, wo sich Louis XVI aufhielt. Dafür sprach zum weiteren, dass am 19. Juni die Deputierten des Klerus, wenn auch mit knapper Mehrheit, votiert hatten, künftig an den Sitzungen der *Assemblée Nationale* teilzunehmen. Das empfanden deren Mitglieder als großen Triumph, dem sie mit einem entsprechenden Empfang für die Kirchenmänner Ausdruck geben wollten, mit deren Erscheinen man am Morgen des 20. Juni rechnete.

Die Abgeordneten standen in erregt diskutierenden Gruppen vor den verschlossenen Türen und bedrängten ihren Präsidenten Bailly, einen Saal ausfindig zu machen, in dem die Versammlung zusammentreten und ihre Arbeit fortsetzen könne. Einige schlugen vor, auf der Place d'Armes von Versailles unter freiem Himmel zu tagen und so an die Tradition der Versammlungen auf dem Maifeld anzuknüpfen. Andere regten an, vor das königliche Schloss in Marly zu ziehen, dort auf der Wiese die Beratungen abzuhalten und den König einzuladen, sich unter den Repräsentanten seines Volkes einzufinden. Einige hatten sogar den Einfall, die Sitzungen der Nationalversammlung künftig in Paris stattfinden zu lassen.[30] Schließlich wurde mit dem *Jeu de Paume* ein geeignetes Gebäude in Versailles gefunden, das nicht nur die Angehörigen der Nationalversammlung, sondern auch ein zahlreiches Publikum aufnehmen konnte. Die mit Angst untermischte Empörung, die aufgeregten Debatten darüber, wo man sich nun versammeln solle, die lebhafte Genugtuung, dass bis auf wenige Ausnahmen die Kirchenmänner sich zur Nationalversammlung bekannten, schließlich das gute Gefühl, gemeinsam allen Widrigkeiten und finsteren Anschlägen getrotzt zu haben, waren für die meisten ein überwältigendes Erlebnis. Es entstand das spontane Verlangen, dem Geschehen eine Bedeutung zu verleihen, die es all den Zufällen und Widersprüchen überhob, denen es sich letztlich verdankte. Diese Aufgabe wurde Jean-Joseph Mounier aus Grenoble angetragen, einem der Häupter der Ständeversammlungen in der Dauphiné, der auf den Generalständen als moderater Monarchist von sich reden gemacht hatte. Mounier war es, der den Wortlaut des berühmten Ballhausschwurs formulierte, mit der bekannten, gleichsam liturgisch anmutenden Wendung: «Überall, wo sich ihre Mitglieder versammeln, dort ist die Nationalversammlung». Er endete mit der Aufforderung, «dass alle Mitglieder dieser Versammlung ohne Umschweife den Eid ablegen, sich niemals zu trennen, überall zusammenzukommen, wo immer es die Umstände erfordern, bis dass die Verfassung des Königreichs vollendet und durch solide Grundlagen gesichert ist».[31]

Der «Ballhausschwur» machte den Anfang der während der ganzen Revolutionszeit grassierenden Mode von Eidesleistungen. Bezeichnenderweise hat Jacques-Louis David jedoch das riesige Gemälde, das dieses Geschehen zum Gegenstand hat, nicht vollendet. Fraglich ist auch, ob die unmittelbar Beteiligten der Szene jene pathetische und hochsymbolische Bedeutung beigemessen haben, die ihr später immer zugesprochen wurde. Joseph Droz jedenfalls, der sich für seine 1839 veröffentlichte *Histoire du règne de Louis XVI* auf die Auskünfte zahlreicher Zeitzeugen stützen konnte, gibt darauf keinen Hinweis. Der Deputierte Creuzé-Latouche vermerkte dagegen in seinem Tagebuch, dass einige Mitglieder der Versammlung zu Tränen gerührt gewesen seien, während andere mit «heroischer Freude die feierliche Verpflichtung» auf sich genommen hätten, «ihr Heim, ihre Frauen und ihre Kinder so lange nicht wieder zu sehen, wie sie nicht durch die Erfüllung der Pflichten gegenüber dem Vaterland dessen würdig seien».[32] Diese etwas übertriebene Schilderung deutet eher auf die im Ballsaal herrschende Exaltation hin, mit der vermutlich viele der Abgeordneten die Angst vor ihrem Tun zu überspielen suchten.

Der Ballhausschwur war nach der Konstituierung als Nationalversammlung und dem einstimmig gefassten Beschluss, der dieser Versammlung die Hoheit in der Steuergesetzgebung zusprach, bereits der dritte schwere Affront gegen die königliche Autorität. Er sprach dem Monarchen das Recht ab, die Versammlung aufzulösen, die seine Autorität in Frage stellte. Der Ballhausschwur war damit ein Akt geradezu revolutionären Selbstbewusstseins. Zugleich wurde mit ihm auch der Wählerwillen betont, der den Abgeordneten den Auftrag erteilt hatte, eine Verfassung zu entwerfen.

Der Ballhausschwur machte es den Mitgliedern der Nationalversammlung zur Pflicht, auch am Montag – die ursprünglich auf diesen Tag angesetzte *Séance royale* war auf den Dienstag verschoben worden – ihre Sitzung abzuhalten. Jetzt wurde ihnen aber auch der Zutritt zum *Jeu de Paume* verwehrt, da sich der Bruder des Königs, der Comte d'Artois, die Halle angeblich für eine Tennispartie reserviert hatte.[33] Stattdessen versammelte man sich in der Kirche Saint-Louis, in der schon der feierliche Eröffnungsgottesdienst der Generalstände am 4. Mai stattgefunden hatte. Zu dieser Sitzung fanden sich, wie angekündigt, die meisten Abgeordneten des Klerus ein. Mit allgemeinem Jubel begrüßt wurde außerdem das Erscheinen von drei Adeligen aus der Dauphiné, die ersten Überläufer aus der *Chambre de la Noblesse*, die sich der Nationalversammlung anschlossen.[34]

In nur drei Tagen, zwischen dem 17. und dem 20. Juni 1789, hatte der Dritte Stand die Initiative an sich gerissen und sich zur vom Willen des Königs unabhängigen Nationalversammlung proklamiert. Diese würde so lange tagen, bis sie den Auftrag ihrer Wähler erfüllt hatte, eine Verfassung zu verabschieden, die alle Missstände des *Ancien Régime*, wie es jetzt schon gelegentlich bezeichnet wurde, ein für allemal beseitigte. Das war der Beginn der Revolution. Er wurde nicht auf der Straße, sondern im Saal und mit dem Heroismus von Mehrheitsbeschlüssen ins Werk gesetzt. Allein deshalb nahm sich dieser Anfang bei weitem nicht so spektakulär aus wie der Sturm auf die Bastille wenige Wochen später, der seither als das Schlüsselgeschehen jener Kette von Ereignissen gilt, innerhalb der er eigentlich nur ein besonders markantes Glied war: der Französischen Revolution.

Necker hatte sich in der Illusion gewiegt, ihm gelänge im stillen Bündnis mit einem folgsamen Dritten Stand die längst überfällige Generalüberholung und Modernisierung des barocken absolutistischen Verwaltungsstaats nach dem Vorbild der englischen Monarchie. Nun wurde er vom Geschehen jener drei Tage böse überrascht und hoffte, dass der König durch eine entschlossene Intervention den aufgebrochenen Konflikt schlichten würde. Also machte er den Vorschlag, mit einer *Séance royale*, die eher einem *lit de justice* ähnlich sah, die vom Dritten Stand angezettelte Revolution durch Konzessionen zu ersticken. Louis XVI, der offenbar in keiner Weise die Bedeutung der Lage erfasste, stimmte Neckers Vorschlag sofort zu und gab ihm den Auftrag, Entwürfe der Proklamationen für diesen Anlass auszuarbeiten.

Neckers Texte der zwei Deklarationen des Königs sind nicht überliefert. Dokumentiert ist lediglich der Wortlaut dessen, was Louis XVI in der *Séance royale* tatsächlich äußerte. Nachdem Neckers Entwürfe im Umfeld des Königs auf heftigen Widerstand gestoßen waren, wurden zwei neue Vorlagen ausgearbeitet, die in einer Reihe wichtiger Punkte von denen Neckers abwichen. Diese Differenzen lassen sich recht genau, wenngleich nicht vollzählig identifizieren.[35] Vergleicht man die in 15 Artikel untergliederte erste Deklaration des Königs, die er am Nachmittag des 23. Juni 1789 vor den vollzählig versammelten Generalständen abgab,[36] mit den Angaben Neckers über seinen Entwurf, dann zeigt sich deutlich, wie sehr dessen Absicht verändert, um nicht zu sagen ins genaue Gegenteil verkehrt wurde. In der offiziellen Fassung wurde die Unterscheidung in drei Stände geradezu zum Grundgesetz erhoben, das deren getrennte Beratung auf den Generalständen verbindlich vorschreibe. Dementsprechend wurden die Beschlüsse, die der Dritte Stand am 17. Juni gefasst hatte und die Necker mit Schweigen übergehen wollte, als «illegal und als nicht verfassungskonform» für «null und nichtig» erklärt (Art. 1). Auch die gemeinsame Beratung von Fragen des allgemeinen Interesses, zu der Necker die beiden privilegierten Stände gemeinsam mit dem Dritten Stand verpflichten wollte, wurde zu einer Aufforderung abgeschwächt, über die Klerus und Adel nach Lust und Laune entscheiden konnten. Sollte es zu einer gemeinschaftlichen Beratung der drei Stände kommen, dann waren davon nicht nur, wie Necker mit Rücksicht auf deren Vorbehalte vorgeschlagen hatte, die je besonderen Interessen der beiden privilegierten Stände ausgenommen, sondern ausdrücklich auch die Geschäftsordnung der künftigen Generalstände (Art. 8).

Entsprechendes gilt für die zweite Deklaration,[37] die den beabsichtigten Reformen gewidmet war und die in zwei entscheidenden Punkten gravierende Änderungen im Vergleich zu Neckers Entwurf aufwies. Die eine betraf das Prinzip der Steuergleichheit, das für Necker außer Frage stand. In Artikel 9 heißt es: «Sobald die förmlichen Erklärungen, die Klerus und Adel kundgetan haben, auf ihre Steuerprivilegien zu verzichten, durch ihre Beratungen bekräftigt wurden, ist es die Absicht des Königs, diesem Wunsch stattzugeben, so dass es fürderhin bei der Bezahlung der Steuern keinerlei Privilegien oder Unterschiede mehr gibt». Eine solche Formulierung legt es den Betreffenden nahe, sich entgegen ihrer «förmlichen Erklärungen» zu entscheiden, an denen ohnehin schon heftige Kritik laut geworden war und die von den Notabeln weiland auch nur sehr halbherzig und aus taktischen Gründen abgegeben worden waren. Ersatzlos gestrichen wurde die Anregung aus Neckers Entwurf, die einen freien Zugang aller Bürger zu allen Ämtern befürwortete.

Die *Séance royale* bot dem Dritten Stand die willkommene Gelegenheit, als Nationalversammlung politisches Selbstbewusstsein zu demonstrieren. Die Vorlage dazu lieferte Louis XVI, als er die Beschlüsse vom 17. Juni als illegal brandmarkte.[38] In einer zweiten *Déclaration des intentions du Roi* entwickelte er danach in 35 Punkten jene Reformen, die von den Generalständen beraten werden sollten.[39] Unter anderem versprach Louis XVI, dass künftig Steuern und Anleihen von der Zustimmung der Generalstände abhängig sein und einige unpopuläre Steuern abgeschafft oder modifiziert werden sollten. Außerdem wurde eine Abschaffung der *lettres de cachet*, der *corvée* und der *mainmorte* in Aussicht gestellt. Ferner sollten im ganzen Land Provinzialstände eingerichtet werden. Die «feudalen Rechte» jedoch wurden ausdrücklich als unverletzliches Eigentum anerkannt, und Klerus wie Adel wurden lediglich dazu aufgefordert, auf ihre Steuerprivilegien zu verzichten.

Hätte sich die Krone dazu verstanden, dieses Reformprogramm sechs Monate früher zu verkünden, wäre ihr Beifall und Zustimmung sicher gewesen, wie der royalistische Publizist Antoine de Rivarol meinte.[40] Jetzt blieben diese Vorschläge weit hinter den Vorstellungen zurück, die insbesondere der Dritte Stand hatte. Entsprechend eisig war das Schweigen, mit dem die Mitglieder der Nationalversammlung diese Ausführungen quittierten. Besonders empört waren sie darüber, mit welcher Brutalität der König ihre Beschlüsse vom 17. Juni für null und nichtig erklärte. «Niemals zuvor äußerte sich der Despotismus unmissverständlicher, niemals vernahmen die Sklaven herrischere Befehle».[41] Louis XVI schloss seine Ausführungen mit den hochtönenden Worten: «Sie haben, meine Herren, das Ergebnis meiner Pläne und Absichten vernommen; sie sind in Übereinstimmung mit einem lebhaften Verlangen, das mich beseelt, das öffentliche Wohl zu gewährleisten. Sollten Sie mich, durch irgendeine Fatalität veranlasst, allein lassen bei dieser schönen Unternehmung, dann werde ich allein für das Wohl meiner Völker Sorge tragen, denn allein ich betrachte mich als deren wirklichen Repräsentanten».[42]

Kaum hatte der Monarch seine Ausführungen beendet, wurden die *Séance royale* geschlossen und die Deputierten aufgefordert, den Saal zu verlassen. Während der Adel und ein Teil des Klerus dieser Aufforderung Folge leisteten, verharrte der Dritte Stand auf seinen Plätzen. Vom Zeremonienmeister des Königs gedrängt, dem Befehl umgehend zu gehorchen, gab ihm Mirabeau die bekannte Antwort: «Sagen Sie denen, die sie dazu beauftragt haben, dass selbst die Macht der Bajonette nichts gegen den Willen der Nation auszurichten vermag».[43] Die Sitzung der Nationalversammlung fasste dann einen Beschluss, mit dem sie sich ihrer Weigerung, sich dem Willen des Königs zu beugen, als würdig erwies. Sie bekräftigte nicht nur die Entscheidungen vom 17. Juni, sondern stellte auch ihre Mitglieder unter den Schutz einer weit gefassten Immunität. Wer dagegen verstieße, würde als Verräter der Nation zur Rechenschaft gezogen.[44]

Necker, der sich gegen die Umarbeitung seiner Entwürfe vergeblich gewehrt hatte, zeigte seinen Protest auf andere Weise. Bei der *Séance royale* am 23. Juni glänzte er nicht nur durch demonstrative Abwesenheit, sondern erklärte dem König auch seinen Rücktritt vom Amt des Finanzministers.[45] «Das Gerücht von der Entlassung Neckers verbreitete sich in Windeseile und alle Straßen von Versailles waren sofort von Einwohnern belebt, die seinen Namen riefen».[46] Dieses Zeugnis der Tochter Neckers scheint nicht übertrieben, denn auch der Botschafter von Parma, der Bailli de Virieu, berichtete von großen Demonstrationen, deren Teilnehmer bis ins Schloss von Versailles vordrangen, wo sie erst von den *Gardes du corps* unmittelbar vor den königlichen

Gemächern aufgehalten wurden.[47] Das Erlebnis versetzte das hohe Paar in solche Aufregung, dass sie Necker noch am Abend desselben Tages ins Schloss riefen und ihn baten, seinen Rücktritt zurückzunehmen. Die königliche Bitte wie die in Versailles herrschende Empörung hätten ihn veranlasst, wie Necker schreibt, seine Amtsgeschäfte wieder aufzunehmen.[48] Auch diese Nachricht machte schnell die Runde, so dass der Tag seiner politischen Niederlage für Necker mit einem persönlichen Triumph endete. Mit dieser widersprüchlichen Aktion wurde er jedoch ein Opfer seiner eigenen Illusionen, denn er glaubte allen Ernstes, der König habe angesichts der Tumulte die «aggressive und unwiderstehliche Gewalt der öffentlichen Meinung» erkannt, weshalb er seinem Finanzminister künftig rückhaltlos vertrauen werde, «um eine so gute Verbündete und eine derart gefährliche Widersacherin für sich zu gewinnen».[49]

Die Nationalversammlung hatte sich dem König erfolgreich widersetzt und so ihre erste Bewährungsprobe bestanden. Den Erfolg verdankte sie aber nicht nur ihrer unerschrockenen Haltung, sondern mehr noch den Menschenaufläufen und Demonstrationen in Versailles und Paris und nicht zuletzt auch den wachsenden Anzeichen, dass die Krone sich nicht mehr auf die Loyalität der Truppen verlassen konnte. «Die *Gardes françaises* des *Faubourg* St. Marceau, die nach Versailles abkommandiert wurden», schreibt der Buchhändler Nicolas Ruault am Mittag des 25. Juni 1789, «haben ihre Kaserne verlassen und sind überall in der Stadt anzutreffen, wo sie mit dem Volk fraternisieren. Also verweigern sie sich den Befehlen des Königs. Ich überlasse es Ihnen, sich auszumalen, was geschehen wird, wenn die Truppen sich weigern, ein Volk in Zaum zu halten, das man, gleichgültig ob freudig gestimmt oder von Zorn bebend, fürchten muss».[50]

Nach dem Scheitern der *Séance royale* wurde die Nationalversammlung zum neuen Kraftzentrum. Diese Einsicht veranlasste die Mehrheit des Klerus dazu, sich ihr am 24. Juni anzuschließen.[51] Dem Beispiel folgten tags darauf 48 Abgeordnete des Adels.[52] Damit stand fest: Die Krone konnte sich auch nicht mehr auf die Unterstützung von Klerus und Adel verlassen. Die Einsicht in die eigene Schwäche zwang Louis XVI jetzt zu dem Schritt, den er lange verweigert hatte. Auf Betreiben Neckers, der dem Zaudernden nachdrücklich zusetzte,[53] sprach der König in einem an die beiden privilegierten Stände gerichteten

Schreiben vom 27. Juni die «Einladung» aus, sich mit dem Dritten Stand zu gemeinsamen Sitzungen zu versammeln.[54] Das Schreiben formulierte die Kapitulation des Königs, der damit die Nationalversammlung förmlich anerkannte.[55]

Tatsächlich hatte er keine andere Wahl, wie der Comte de Mercy-Argenteau urteilte, der dem österreichischen Kaiser Joseph II. am 4. Juli 1789 schrieb, Frankreich werde gerade von der heftigsten Krise erschüttert, die er hier je erlebt habe, «denn zwischen dem 23. und dem 27. Juni schwebte man in der unmittelbaren Gefahr einer Hungersnot, eines Bankrotts und eines Bürgerkriegs. Der Hof ging schon mit Plänen um, sich an einen sicheren Ort zu flüchten, was angesichts der Befehlsverweigerung der Truppen, für die es einschlägige Beispiele gibt, nicht leicht gewesen wäre. Hätte man dem abwegigen Gedanken, der von einigen Personen der königlichen Familie unterstützt wurde, nachgegeben und M. Necker verhaftet oder wenn der Minister zurückgetreten wäre, wie er es vorhatte, dann hätte sich das Volk empört, wäre ein Massaker von Klerus und Adel sehr wahrscheinlich gewesen, und die Revolution wäre ausgebrochen».[56]

Das Einlenken der Krone löste einen wahren Freudentaumel aus. In Versailles versammelte sich eine große Menschenmenge vor dem Schloss, die Hochrufe auf den Monarchen ausbrachte, der sich gemeinsam mit der sichtlich bewegten Königin auf einem Balkon zeigte.[57] Versailles wurde illuminiert und schwelgte in einem drei Tage andauernden Festrausch, der vielen den Schluss aufdrängte, die Revolution sei vorüber.[58] Das erwies sich als Illusion, die nur wenige Tage währte. Die Hauptschuld daran trug Louis XVI, der sich über seine Haltung nicht klar äußerte und damit Zweifel schürte. Hatten seine Deklarationen in der *Séance royale* noch immer Geltung, oder resignierte er sich zur stillschweigenden Anerkennung des vom Dritten Stand am 17. Juni gefassten Beschlusses, sich als Nationalversammlung zu konstituieren? Das Eine war mit dem Anderen unvereinbar, aber Louis XVI schien das nicht wahrzunehmen: Einerseits stand er zu jenen Deklarationen und der mit ihnen formulierten Politik, andererseits versuchte er sie durch Zugeständnisse abzumildern. Das verstärkte den Eindruck, dass er in seinen Entschlüssen schwanke und sich damit beschiede, wie der schwedische Botschafter konstatierte, «nacheinander den gegensätzlichsten Ratschlägen zu folgen, um alle gegeneinander auszuspielen».[59] Welche langfristigen Folgen dieser Leichtsinn haben musste, sah Arthur Young voraus: «Alle wirkliche Macht wird künftig den *Commons* gehören, die, nachdem sie das Volk für deren Ausübung derart begeistert haben, sich selber nicht mehr im Stande sehen werden, sie mit Maß und Besonnenheit zu gebrauchen».[60]

Das war eine Prognose, die den Umständen weit vorauseilte, denn die von der Krone nun auf einmal gewünschte gemeinsame Beratung der Stände wirkte sich zunächst als erhebliche Schwächung der Nationalversammlung aus. Eine Minderheit des Klerus und die Mehrheit des Adels folgten nur sehr widerstrebend dem Wunsch der Krone, sich mit dem Dritten Stand zu vereinen. Als diese sich schließlich um die Mittagsstunde des 27. Juni einfanden, verrieten die Gesichter der Neuankömmlinge deutlich «Unzufriedenheit und Verärgerung», und «es war leicht zu erkennen, dass sie gegen ihren Willen erschienen waren».[61] Als die Sitzungen am 30. Juni fortgesetzt wurden, verlegten sich einige Abgeordnete des Adels darauf, deren Ablauf zu behindern, indem sie sich weigerten, das Mehrheitsprinzip bei Abstimmungen anzuerkennen.[62] Das zeigte sich etwa am 4. Juli bei der Verifikation der Mandate der vier Abgeordneten von Saint-Domingue, die in namentlicher Abstimmung erfolgen sollte.[63] Das schürte in der Versammlung erheblichen Unmut gegen den Adel, der noch dadurch gesteigert wurde, dass dessen Vertreter auf ihre imperativen Mandate verwiesen, die ihnen eine gemeinsame Beratung mit den anderen Ständen untersagten. Daraus leiteten sie die Verpflichtung ab, sich neue Mandate zu verschaffen, die den geänderten Umständen angepasst sein sollten.

Dieser Obstruktion wurde durch einen von Talleyrand am 7. Juli eingebrachten Antrag der Boden entzogen, den die Nationalversammlung mit großer Mehrheit billigte. Unter Berufung auf die *volonté générale* argumentierte Talleyrand, dass es für die gewählten Abgeordneten nur das eine Mandat gebe, das sie darauf verpflichte, in Übereinstimmung mit ihrem Gewissen darüber zu urteilen, was den Interessen der Nation als Ganzer am besten diene. Alle anderen Mandate und Aufträge seien deshalb hinfällig.[64] Die Beseitigung der Mandatsbindung war eine wichtige Voraussetzung für die großen Reformen, die von der Nationalversammlung in Angriff genommen wurden. Für das weitere Geschehen war diese Entscheidung deshalb kaum weniger bahnbrechend als der Beschluss vom 17. Juni.

Die Aufforderung des Königs an Klerus und Adel, künftig an gemeinsamen Beratungen der Stände teilzunehmen, war der letzte Erfolg Neckers, der zugleich seinen Sturz einleitete. Den bereitete eine Verschwörung am Hof vor, über deren Beteiligte und Absichten der schwedische Botschafter detailliert unterrichtet war.[65] Geplant war wohl ein Staatsstreich mit Hilfe des Militärs, mit dem sich die Krone der Generalstände entledigen wollte. Alle führenden Figuren des Dritten Stands sollten verhaftet und vor Gericht gestellt werden. Bereits am 22. Juni waren erste Befehle erteilt worden, Einheiten aus deutschen oder schweizerischen Söldnern in der Umgebung von Paris und Versailles zu stationieren. Bis zum 13. Juli sollte eine Streitmacht von über 30 000 Mann zusammengezogen werden.[66] Derartige Truppenbewegungen blieben natürlich nicht unbemerkt.[67]

Dem Unheil, das sich ringsum zusammenbraute, schaute die Nationalversammlung zunächst mit Schweigen zu. Erst am 8. Juli ergriff Mirabeau das Wort und verurteilte in einer flammenden Rede die gegenrevolutionären Absichten des Hofes. Ginge es bei den Truppenkonzentrationen wirklich nur darum, wie behauptet, Sicherheit und Ruhe in Versailles und Paris zu gewährleisten, erfülle diesen Zweck weitaus besser eine Bürgermiliz als reguläres Militär mit Artillerie. Tatsächlich aber sei unübersehbar, dass man es auf die Nationalversammlung abgesehen habe. Deshalb solle man keine Zeit mehr verlieren, den König auf diese drohende Gefahr eines Gewaltstreichs hinzuweisen, die nicht nur unmittelbar die Versammlung, sondern mittelbar auch ihn bedrohte, und ihn ersuchen, die Truppen umgehend abzuziehen.[68] Diese Rede dokumentiert, dass nicht nur Mirabeau, sondern auch die gesamte *Assemblée nationale constituante*, wie sie sich seit einem am Vortag gefassten Beschluss künftig nannte, der Überzeugung war, dass Louis XVI mit den gegenrevolutionären Maßnahmen nichts zu tun habe. Diese Fiktion war bis zur Flucht des Königs nach Varennes die von keinem Mitglied in Frage gestellte Arbeitsgrundlage der Verfassunggebenden Versammlung.

In der am 9. Juli mit 744 gegen 4 Stimmen votierten Eingabe an den König wurden bis auf den Vorschlag, in Paris eine eigene Bürgermiliz aufzustellen, über den bei späterer Gelegenheit beraten werden sollte, alle Anregungen Mirabeaus übernommen.[69] Die Antwort des Königs war eben jene Ausrede, mit der bereits der deshalb ebenfalls besorgte Necker abgespeist worden war: Die Truppen, so Louis XVI gegenüber dem Präsidenten der Nationalversammlung, den er bereits am Abend des 8. Juli in Audienz empfangen hatte, seien nicht zusammengezogen worden, «um der nationalen Freiheit Gewalt anzutun, sondern um für Ruhe und Ordnung in der Hauptstadt und deren Umgebung zu sorgen». Das Militär bliebe im Übrigen auch nur so lange, wie sich dies als notwendig erweise, «damit die Personen, die damit beauftragt sind, die Ausführung der Gesetze zu überwachen, ihrer Pflicht in der gebotenen Sicherheit nachgehen können».[70]

Vieles deutet darauf hin, dass das Lavieren des Königs nur auf Zeitgewinn zielte, um genügend loyale Truppen zusammenzuziehen. Dafür sprach auch, dass er am 26. Juni, also einen Tag vor der Aufforderung an Klerus und Adel, sich dem Dritten Stand anzuschließen, weitere große Einheiten angefordert hatte. Bis diese eingetroffen waren, würden noch zwei bis drei Wochen vergehen. Diese Spanne galt es zu überbrücken, indem man es tunlichst unterließ, die Nationalversammlung oder den Pöbel zu provozieren.[71]

Die Bevölkerung hegte die Hoffnung, die in Versailles tagende Versammlung widme sich jetzt den großen Aufgaben, die zu lösen sie einberufen worden war. Neben der andauernden Finanzkrise war dies die immer prekärer werdende Versorgungslage. Für Necker waren beide Krisen eng miteinander verknüpft, denn der Import großer Mengen an Getreide musste über Kredite finanziert werden. Besonders dramatisch spitzte sich die Lage in Paris zu, dessen Einwohnerschaft durch den Zuzug von Arbeitslosen aus den benachbarten Provinzen auf über 700000 angeschwollen war. Sie bildeten eine riesige Reservearmee des Elends, die bei einem auch nur kurzfristigen Aussetzen der Nahrungsversorgung die Stadt in Aufruhr zu versetzen drohte. Es war ein Wettlauf gegen die Zeit, denn die neue Ernte würde erst im September für Entspannung sorgen.

Aus diesem Rennen wurde Necker jetzt durch die Intrige genommen, die der Bruder des Königs, der Comte d'Artois, und die Königin ausgeheckt hatten. Am Nachmittag des 11. Juli erhielt Necker das vom König unterzeichnete Entlassungsschreiben, verbunden mit der Aufforderung, Frankreich sofort zu verlassen. Der Buchhändler Ruault, der am Nachmittag dieses Tages den Palais-Royal und die Champs-Elysées besuchte, berichtet, dass er überall Soldaten gesehen habe, die mit der Menge fraternisierten. «Das Treiben hatte den Anschein eines Festes. Ich frage Sie, was kann ein König mit Soldaten anfangen, die so ausgelassen sind. (...) Unterdessen sind wir von Truppen umzingelt, die auf dem Montmartre, in Sèvres, St. Cloud, Meudon, Vaugirard etc. stationiert sind. Auf allen Anhöhen rings um Paris sind Kanonen in Stellung gebracht. Der Tanz wird beginnen, so heißt es, am kommenden Montag, den 13., dem Jahrestag des Unwetters, das einen Teil Frankreichs verheerte. Für diesen Tag erwartet man jedoch einen ganz anderen und sehr viel schrecklicheren Sturm».[72]

ZWEITES KAPITEL

DIE REVOLUTION DER MASSEN

Die Nachricht von der Entlassung Neckers verbreitet sich am Vormittag des 12. Juli, einem Sonntag, wie ein Lauffeuer in Paris. Jetzt, so war man sich gewiss, würde der König die unbotmäßigen Generalstände wie ein beliebiges *Parlement* von Versailles in eine entlegene Provinzstadt verbannen. Damit bereitete man nur deren längst beabsichtigte Auflösung vor. Das war eine mögliche Konsequenz. Noch gefährlicher erschien vielen jedoch die Aussicht auf eine sofortige Verschärfung der Versorgungskrise. Das Brot für die Massen würde noch knapper und teurer werden, und dahinter erhob sich die Schreckensvision eines Staatsbankrotts verbunden mit der Einstellung aller Zahlungen für Staatsrenten und Anleihen, in die die Begüterten einen Teil ihrer Vermögen investiert hatten.[1]

Der Sturz Neckers machte auf einen Schlag alle Hoffnungen zunichte. Gegen Mittag strömte eine verstörte Menge im Palais-Royal zusammen. Der mitten in der Stadt gelegene Komplex aus Ladengalerien, Spielhöllen und Cafés gehörte dem Duc d'Orléans, der es verstanden hatte, den Erfolg dieses Vergnügungszentrums durch eine liberale Hausordnung zu fördern.[2] Schon vor der Zusammenkunft der Generalstände in Versailles war der Palais-Royal das Forum gewesen, das die öffentliche Meinung mit neuen Schlagworten versorgte. Kaum aber hatten die Vertreter der Stände ihre Sitzungen in der nur zwölf Meilen von Paris gelegenen Residenz des Königs begonnen, entwickelte sich hier, wie Rivarol schrieb, eine parallele Versammlung. «Der Palais-Royal wurde zur Esse, deren Funken in allen Köpfen herumspukten. Im Café de Foy formierte sich eine weitere *Assemblée des Communes*, die durch die Leidenschaft ihrer Beratungen, die ununterbrochene Andauer ihrer Sitzungen und die Zahl ihrer Mitglieder die in Versailles tagende Versammlung übertraf. Diese neuen *Communes* häuften Antrag auf Antrag, Beschluss auf Beschluss; sie hatten ihren Präsidenten und ihre Redner. (...) Und nicht genug damit, dass sie zu den eigentlichen *Communes* in Konkurrenz traten, verbrüderten sie sich auch bald mit diesen. Sie entsandten Abordnungen nach Versailles und diese wurden hier vom Plenum empfangen und angehört».[3]

Einer der Agitatoren im Palais-Royal war Camille Desmoulins. Er gehörte zu jenen publizistischen Feuerköpfen, die mit Artikeln und Pamphleten die öffentliche Meinung beeinflussten. Auf einem Tisch vor dem Café du Foy stehend wandte er sich an die Menge: «Bürger, wir dürfen keinen Augenblick säumen. Ich komme von Versailles. M. Necker ist entlassen worden. Dieser Schritt ist die Sturmglocke, die den Patrioten eine neue Bartholomäusnacht ankündigt. Heute Abend werden alle deutschen und schweizerischen Bataillone den Champ de Mars verlassen, um uns zu ermorden! Es bleibt uns keine andere Wahl, als uns zu bewaffnen und uns Kokarden anzuheften, damit wir uns untereinander erkennen».[4]

Desmoulins sprach damit offen aus, was viele seit Tagen und Wochen fürchteten: Die ausländischen Söldnertruppen, die auf dem Champ de Mars kampierten, würden im Schutz der Nacht in Paris einfallen, die Stadt in einen Schutthaufen verwandeln und ihre Bewohner massakrieren. Dagegen galt es sich mit allen Mitteln zur Wehr zu setzen. Die eigene Existenz, ob kümmerlich und sorgenschwer oder satt und verwöhnt, stand hier und jetzt auf dem Spiel. Die Einmütigkeit der Menge und der Antrieb zur gemeinsamen Aktion lagen im kollektiven Bewusstsein der existenziellen Gefährdung, der nackten Angst um Leib und Leben. Diese Befürchtungen gaben den Ausschlag, dass sich Paris jetzt zum Widerstand rüstete.

Zunächst herrschten Konsternation und Konfusion. Im Palais-Royal war zwar die Parole ausgegeben und die drohende Gefahr vielstimmig identifiziert worden, aber zum Handeln fehlte eine Führung, die dem spontanen Tatendrang Richtung und Ziel wies. Bei Einbruch der Abendstunden rotteten sich in verschiedenen Pariser Stadtvierteln Menschenhaufen zusammen, die, mit Werkzeugen und Stöcken bewaffnet, ziellos hin- und herwogten. Auf der Place Louis XV kam es zu Zusammenstößen zwischen einer friedlichen Menge und einer Dragoner-Abteilung des Regiments *Royal-Allemand*. Währenddessen versammelte sich vor dem Rathaus ein erregter Mob, der immer ungestümer Waffen forderte, um sich gegen die Söldner zu wappnen, die im Schutz der nächtlichen Dunkelheit über die wehrlose Stadt herfallen würden. Schließlich stürmte und plünderte die erregte Menge das Waffenarsenal der Stadt, während der Kommandeur der Pariser Garnison, Besenval, die ihm noch verbliebenen Truppen – zahlreiche *Gardes françaises*, die mit ihren Familien in Paris lebten, waren im Laufe des Tages desertiert und in der Menge versickert – aus Paris abzog. Damit drohte völlige Anarchie.

Erst diese Aussicht veranlasste die Mitglieder der *Assemblée générale du Tiers Etat de Paris* dazu, das Heft in die Hand zu nehmen und für Ruhe und Ordnung zu sorgen. Diese *Assemblée* verdankte ihre Existenz dem besonderen Wahlrecht, nach dem in Paris erst Ende April 1789 die Deputierten für die Generalstände gewählt worden waren. Paris, mit rund 600 000 Einwohnern die mit weitem Abstand bevölkerungsreichste Stadt Frankreichs, galt den Behörden als besonders gefährlich. Das zeigen die scharfen Zensusbestimmungen, die hier in markantem Unterschied zu den sonst geltenden Regelungen das aktive wie passive Wahlrecht des Dritten Standes erheblich einschränkten.[5] Außer dem Nachweis, Franzose und wenigstens 25 Jahre alt zu sein, musste, wer sein Wahlrecht ausüben wollte, dokumentieren, dass er ein Amt innehatte oder über ein abgeschlossenes Studium verfügte. Gleichrangig damit war eine öffentliche Anstellung, der Besitz eines Meisterbriefs oder der Beleg, eine Steuer von mindestens sechs *livres* bezahlt zu haben. So wurde die Zahl der Wahlberechtigten von vorneherein auf weniger als 50 000 beschränkt, von denen allerdings nur 11 706 an den Wahlen teilnahmen![6] Die damit verfolgte Absicht liegt auf der Hand: Die besitz- und bildungslosen Unterschichten sollten ebenso wie Lehrlinge, Gesellen oder Domestiken daran gehindert werden, die Bourgeoisie zu dominieren.[7] Diese Bestimmungen sorgten bereits im Vorfeld der Wahlen für erheblichen Unmut. Um möglichen Tumulten vorzubeugen, wurde deshalb entschieden, die Urwahlen des Dritten Stands in sechzig Sektionen stattfinden zu lassen, in die das gesamte Stadtgebiet unterteilt wurde und zu deren Sitzungen nur Zutritt hatte, wer die Zensusbestimmungen erfüllte.[8] Die Versammlungen in diesen Urwahlbezirken designierten dann die 407 Wahlmänner für die Hauptversammlung des Dritten Stands von Paris, aus deren Reihen wiederum jene 20 Abgeordneten gewählt wurden, die den Dritten Stand von Paris auf den Generalständen in Versailles vertreten sollten.

Die Pariser Unterschichten, obgleich durch den Zensus daran gehindert, Einfluss auf die Wahlen für die Generalstände auszuüben, griffen dennoch nachdrücklich in das Geschehen ein. Am 27. und 28. April 1789 kam es zum Aufruhr, bei dem über hundert Menschen den Tod fanden. Ursache dieser blutigen Unruhen war das Gerücht, zwei Pariser Fabrikanten hätten auf Wahlversammlungen des Dritten Stands die angesichts der anhaltenden Absatzkrise ruinöse Höhe der von ihnen bezahlten Löhne beklagt.[9] Dieses Gerücht brachte eine erregte Menge dazu, die Wohnhäuser der beiden Fabrikanten zu stürmen und zu plündern. Erst jetzt griffen die Behörden ein. Einheiten der *Gardes françaises* eröffneten ohne Vorwarnung das Feuer auf die in den engen Gassen des *Faubourg* Saint-Antoine dicht zusammengedrängten Plünderer. Das schauerliche Blutbad hatte aber keine weiteren Folgen, und bereits am 29. April war in Paris wieder Ruhe eingekehrt. Auch auf die Wahlbürger des Dritten Stands machten die Ereignisse der beiden Vortage keinerlei Eindruck. Niemand, so der Anschein, erkannte darin ein Menetekel, das eine soziale Revolution ankündigte. Gleichwohl galt es, auf der Hut zu sein. Deshalb fasste die Generalversammlung des Dritten Stands von Paris am 10. Mai 1789 den Beschluss, sich auch nach der Wahl der 20 Deputierten für die Generalstände nicht aufzulösen, sondern so lange zu tagen, wie die Beratungen der Ständevertreter in Versailles andauerten.[10] Diesem Beispiel folgten alle sechzig Distrikte, so dass neben der *Assemblée générale du Tiers Etat de Paris* auch die Urwahlversammlungen, die über das gesamte Stadtgebiet verteilt waren, nach Erfüllung ihres eigentlichen Auftrags fortbestanden.[11]

Diese Beschlüsse sind emblematisch für die *Révolution municipale*, die sich damit ankündigte. Paris gab hier das Beispiel, dem bald im ganzen Land die Städte nacheiferten. In dem Maße, wie der monarchischen Zentralgewalt die Kontrolle über Ruhe und Ordnung entglitt, übernahm in den Städten die Bourgeoisie diese Rolle. Das mutet im Vergleich zu früheren Verhältnissen gewiss revolutionär an, auch wenn die Bourgeoisie dabei die Absicht verfolgte, die eigenen Interessen gegen die Ansprüche der unterbürgerlichen Schichten zu verteidigen. Die «Vorreiterrolle» von Paris bei dieser Entwicklung hatte eine plausible Ursache: die Nähe der Stadt zum Tagungsort der Nationalversammlung in Versailles. Daher trat die Generalversammlung des Dritten Stands von Paris am 25. Juni 1789 trotz der Proteste der königlichen Verwaltung zum ersten Mal wieder zu einer Sitzung zusammen.[12] Zum einen votierte man eine Dankadresse an die Nationalversammlung, die deren «unbeirrbare und patriotische Haltung» rühmte. Zum anderen wurde der Nationalversammlung versichert, dass man alle ihre Entscheidungen unterstützen werde. Im Besonderen gelte dies für ihre Beschlüsse vom 17. Juni.[13]

Die politischen Wechsel, die sich die Nationalversammlung am 17. Juni ausgestellt hatte, wurden damit acht Tage später von der Generalversammlung des Dritten Stands von Paris indossiert, die sich ihrerseits bald als *Commune* konstituieren sollte. Diese Demonstration verdeckte aber eine Malaise: Das Votum stützte sich auf die Pariser Bourgeoisie, auf den liberalen Adel, den niederen Klerus der Stadt, stand also im Einklang mit der öffentlichen Meinung. Was ihm aber Nachdruck verlieh, war allein der Umstand, dass es auch den Wünschen und Erwartungen des *peuple de Paris* entsprach, der großen Masse der nach den rigiden Zensusbestimmungen nicht repräsentationsfähigen kleinen Ladenbesitzer, Handwerker, Gewerbetreibenden und Arbeiter, die angesichts der anhaltenden Wirtschaftskrise um ihre Existenz bangten. Solche Bundesgenossenschaft war den guten Bürgern, die in der Generalversammlung des Dritten Stands den Ton angaben, suspekt und zutiefst zuwider. Das verriet auch der Antrag zur Gründung einer Bürgerwehr, der in der Generalversammlung des Dritten Stands vom 25. Juni gestellt wurde. Sie sollte «den inneren Unruhen, dem Mangel an Nahrungsmitteln und dem blinden Eifer, der die tatendurstige Jugend aufputschen kann», wehren und auch die Hoffnungen auf eine Verfassung gegen den ministeriellen Despotismus verteidigen.[14]

«Mourir pour la Constitution!?» – Mit der Waffe in der Hand das eigene Leben für die Beschlüsse und Absichten der *Assemblée nationale constituante* in die Schanze schlagen!? Nein, ein solcher Vorschlag überschätzte bei weitem den revolutionären Elan der wohlhabenden Bourgeoisie, die in der *Assemblée générale* des Dritten Stands von Paris das Sagen hatte. Nicht dafür würde man kämpfen, sondern nur, um den eigenen Besitz zu verteidigen. Aufschlussreich, dass die von Nicolas de Bonneville an jenem Tag eingebrachte *Motion sur la garde bourgeoise* erst in das Sitzungsprotokoll vom 10. Juli aufgenommen wurde. Erst jetzt, so scheint es, begann sich die Bourgeoisie wegen der wachsenden Unruhe unter der Bevölkerung der Pariser *Faubourgs* zu ängstigen.

Mit der Kapitulation des Königs vor der Nationalversammlung war in der Sache noch nichts entschieden.[15] Lediglich die Exposition des Dramas, das jetzt anheben musste, war deutlich skizziert. Unklar war, auf welcher Bühne die Entscheidung fallen würde, auf der in Versailles oder der von Paris. Immer mehr deutete jedoch darauf hin, dass der Schauplatz Paris sein würde. Mit der Adresse vom 25. Juni hatte die Generalversammlung des Dritten Stands zu erkennen gegeben, dass sie gewillt war, die Initiative an sich zu reißen. Diese Bereitschaft war folgerichtig, weil die Nationalversammlung von ihrem bisher bewiesenen Mut überwältigt und wie betäubt zu sein schien. Seit dem Tag der *Séance royale* am 23. Juni war sie von Truppen umstellt, und der Öffentlichkeit wurde der Zutritt zur Versammlung verwehrt. Weit mehr als diese unmittelbare Bedrohung ängstigte die Nationalversammlung aber die Anarchie, die in Paris immer wieder auszubrechen drohte. Sie stellte die königliche Exekutivgewalt nachhaltig in Frage, die man aus eigenem Interesse unbedingt respektieren wollte. Jüngstes Beispiel waren rund dreihundert *Gardes françaises*, die dem Befehl ihres Obersten zuwidergehandelt, ihre Kasernen verlassen und sich mit der ausgelassenen Menge in Paris verbrüdert hatten, die die Kapitulation Louis' XVI vom 27. Juni feierte. Elf dieser Soldaten, die als Rädelsführer galten, waren verhaftet und im Gefängnis der Abbaye eingesperrt worden. Kaum war die Kunde davon zum Palais-Royal gelangt, provozierte dies eine Demonstration, die rasch auf mehrere tausend Teilnehmer anschwoll, zu dem Gefängnis zog und die dort inhaftierten Soldaten gewaltsam befreite.

Das Geschehen stürzte die Nationalversammlung umso mehr in Verlegenheit, als eine Abordnung dieser Demonstranten anderen Tags in Versailles erschien und den Abgeordneten «im Namen einer ganzen Nation» ihre Anerkennung zu übermitteln suchte. Auch wenn diese seltsame Delegation nicht vorgelassen wurde, sah sich die Nationalversammlung dennoch genötigt, zu den Vorfällen in Paris Stellung zu nehmen. Sie desavouierte das Geschehen unmissverständlich und versicherte die «königliche Autorität ihrer Achtung», da von ihr die Sicherheit des Reichs abhinge.[16] In dieser Erklärung war natürlich keine Rede von dem, was viele Abgeordnete gleichwohl umtrieb: die Sorge um die wachsende Macht und Erregung des *peuple*.

Wie zutreffend diese Befürchtungen waren, bestätigten die Ereignisse, die sich in Paris zwischen dem 12. und 14. Juli zutrugen. Nach dem Abzug der Pariser Garnison gab es in der Stadt keine Ordnungsmacht mehr, die den Tumulten hätte entgegentreten können. Erst im Laufe der Nachtstunden versuchte die *Assemblée générale* des Dritten Stands, von der sich einige Mitglieder nach und nach im Rathaus einfanden, mangels einer anderen handlungsfähigen Autorität für ein Mindestmaß an Ruhe und Ordnung zu sorgen. Auch die Distrikte wurden alarmiert, und einige der beherzteren Mitglieder der Generalversammlung wurden ausgesandt, um bewaffnete Bürger, die sie unterwegs antrafen, dazu zu bewegen, sich «im Namen des Vaterlands» von allen Menschenansammlungen fernzuhalten.[17] Solche Aufforderungen waren natürlich so wirkungslos wie lächerlich. Dem Sturm, der sich zusammenbraute, ließ sich nicht durch gutes Zureden «im Namen des Vaterlands» Einhalt gebieten. Schon nutzte der Mob die herrschende Anarchie, um die verhassten, an den Stadtgrenzen errichteten Zollhäuser in Schutt und Asche zu legen, ein Zerstörungswerk, dem in dieser Nacht 40 der 54 Stationen zum Opfer fielen.[18] Auch das mitten in der Stadt gelegene Kloster Saint-Lazare wurde ein Raub der Flammen, nachdem es von einer aufgebrachten Menge nach Waffen und Nahrungsmitteln durchsucht und geplündert worden war.[19]

Dieses Geschehen zeigte zur Genüge, dass eine Autorität gebraucht wurde, die weitere Ausschreitungen verhinderte und die prekäre Versorgung der Stadt gewährleistete. Daher berief die Generalversammlung des Dritten Stands am Vormittag des 13. Juli einen *Comité permanent*, dem die Exekutivgewalt in Paris übertragen wurde. Sofort wurde auch ein Aufruf erlassen, alle Waffen bei den Distrikten abzuliefern, damit diese an die Mitglieder der zu schaffenden Bürgergarde verteilt werden könnten.[20] Den Beschluss, eine solche Bürgergarde zu formieren, für die jeder Distrikt 200 Freiwillige stellen sollte, veröffentlichte der *Comité permanent* am frühen Nachmittag. In die Bürgermiliz sollten nur *Citoyens connus* aufgenommen werden, also Bürger, die Haus und Herd besaßen und für deren Zuverlässigkeit ihr Besitz eine gewisse Garantie bot.[21]

Mit einer solchen Miliz das herrschende Chaos bändigen zu wollen, glich dem Versuch, einen Steppenbrand mit der Gießkanne zu löschen. Zwar billigten alle Distrikte den Beschluss, der ihnen die Last aufbürdete, die Aufstellung dieser Truppe zu organisieren. Aber sie waren nur Inseln in einem vom Sturm aufgewühlten Meer. Außerdem fehlte es an allem, zumal an Waffen, um die Milizionäre auszurüsten. Abhilfe sollte ein *Comité permanent* schaffen. Das forderten die Distrikte, und auch im Palais-Royal und anderswo bekundete eine erregte Menge nur ein Verlangen: Waffen! Auf der Suche nach Flinten und Piken stürmte der Mob am späten Vormittag des 13. Juli das Gefängnis de la Force und befreite alle hier einsitzenden Gefangenen.[22] Der *Comité permanent*, der über keinerlei Mittel verfügte, seinem Mandat Geltung zu verschaffen, flüchtete sich in Versprechungen. Gegen Mittag ließ er verlauten, binnen kurzem würden 12 000 Flinten geliefert, die im Laufe des Nachmittags an die Distrikte verteilt werden könnten.[23] Als am Nachmittag einige mit «Artillerie» beschriftete Kisten im Rathaus eintrafen, enthielten sie nur alte Lumpen …

Trotz aller Schwierigkeiten ging die Aufstellung der Bürgergarde, als deren Chefs zwei Adelige – der Duc d'Aumont und der Marquis de La Salle – vorgeschlagen wurden,[24] zügig vonstatten. Bereits gegen Abend des 13. Juli patrouillierten deren Soldaten, erkenntlich an einer blau-roten Kokarde, überall in der Stadt.[25] Voller Stolz vermerkte das Protokoll des *Comité permanent*, dass es ihm gelungen sei, «Ordnung und Gehorsam gegenüber Unordnung und Anarchie durchzusetzen».[26] Das war allerdings eine viel zu optimistische Einschätzung, wie bereits der folgende Tag, der 14. Juli, zeigen sollte. Zwar mochte der Bourgeoisie die aus ihren Reihen rekrutierte Miliz genügen, um mit größerer Gelassenheit der weiteren Entwicklung zu harren. Aber die Angehörigen des *peuple*, der Unterschichten, waren geneigt, jedes Gerücht – je grauenvoller desto bereitwilliger – für bare Münze zu nehmen.

In der Nacht vom 13. auf den 14. Juli verbreitete sich in Windeseile die «Tatarennachricht», 15 000 Mann der um Paris lagernden Söldnertruppen seien in den *Faubourg* Saint-Antoine eingedrungen und hätten dort ein schreckliches Blutbad angerichtet. Solche Gerüchte, auch wenn sie sich rasch als frei erfunden herausstellten, hatten großen Einfluss: Sie steigerten die diffusen Ängste vor einer drohenden Gefahr, die jeder zu verspüren wähnte, aber niemand wirklich zu benennen wusste. Diese Gefahr wurde mit einem Mal, am Morgen des 14. Juli, mit etwas identifiziert, das eigentlich nur deren mächtiges Symbol war: die Bastille.

Die mächtige Zwingburg des *Ancien Régime* mit ihren acht je 30 Meter hohen Türmen, deren Steinmassen zwischen innerer Stadt und dem *Faubourg* Saint-Antoine lagen, hatte hier schon immer gestanden. Aber erst jetzt, so scheint es, wurde man sich der Bedrohung bewusst, die von ihr ausging. Gewiss, der Dritte Stand von Paris hatte in seinem *Cahier de doléances* den Abbruch der Festung gefordert, aber dem gehörten nur die aufgeklärten Bürger an, die wussten, dass die Bastille lediglich der «Gessler-Hut» des *Ancien Régime* war. Für die Pariser Bourgeoisie war die Festung ein Popanz, der sich überlebt hatte und deshalb verschwinden sollte, damit dort ein neues Symbol errichtet werden konnte – eine Säule für den *Nouveau Régime*. Der *peuple* jedoch, zutiefst überzeugt von der Güte des Königs und von der Wundermacht der Heiligen, vermochte nicht zwischen der Sache und deren bloß symbolischer Vergegenwärtigung zu unterscheiden. Die Bastille nahm er gar nicht bewusst wahr. Sie war ihm so vertraut und selbstverständlich wie der Schmutz, die Armut, die ganze Rechts- und Aussichtslosigkeit, die er als die Bedingung seiner Existenz widerspruchslos hinnahm. Am Morgen des 14. Juli änderte sich das schlagartig. Plötzlich begann der *peuple* die Bastille wahrzunehmen, sah er voller Angst die Schlünde der Kanonen, die auf ihren Türmen standen und den *Faubourg* Saint-Antoine bedrohten.

Dem Sturm auf die Bastille ging am Vormittag des 14. Juli eine andere Gewalttat voraus, die für die weitere Dramaturgie der Abläufe große Bedeutung erlangen sollte. In den Morgenstunden umlagerte eine Menge das Rathaus, in dem der *Comité permanent* tagte, der mit seinen leeren Versprechungen von Waffenlieferungen seine Autorität aufs Spiel gesetzt hatte. Jetzt drohte er von einer Woge des Zorns weggespült zu werden. In seiner Not entsandte er in den frühen Morgenstunden einen Emissär zum Hôtel des Invalides, «um Waffen jeglicher Art, von denen man vermutete, dass sie dort lagerten, zu verlangen und zum Rathaus zu schaffen».[27] Der Kommandeur der Invalides verweigerte sich standhaft diesem Ansinnen. Doch es nutzte nichts: Die große Menschenmenge, die sich bewaffnen wollte und sich ebenfalls vor den Invaliden eingefunden hatte, ahnte jetzt instinktiv, dass nur noch entschlossenes Handeln Abhilfe schaffen konnte. Das gelang zügig, da die wenigen Soldaten in den Invaliden keinerlei Anstalten machten, die Anlage zu verteidigen. Die Angreifer drangen von allen Seiten in den Gebäudekomplex ein und bemächtigten sich der hier gelagerten Musketen sowie einiger Kanonen.[28]

Die erbeuteten Waffen reichten aus, um den kämpferischen Mut zu befeuern. Noch entscheidender dürfte gewesen sein, dass die unweit von den Invaliden auf dem Champ de Mars lagernden Truppen dem wüsten Treiben mit unverhohlener Sympathie zusahen. Der Hôtel des Invalides war zwar nicht mit der Bastille vergleichbar. Dennoch gab es zu denken, dass dieser Gewaltstreich sich so zügig und ohne Verluste seitens der Angreifer ins Werk setzen ließ, während die in der Nähe stationierten Truppen untätig verharrten. Jetzt war die Menge im Besitz von Waffen, aber noch fehlte es an Pulver und Kugeln. Gewaltige Vorräte davon ließen sich in den Gewölben der Bastille vermuten. Das war ein starkes Motiv, jedoch keineswegs das einzige dafür, dass sich die Menge von den Invaliden quer durch die ganze Stadt zur Bastille wälzte. In dem aus vielen Kehlen ausgestoßenen Schrei «A la Bastille!» mischten sich Wut und Erleichterung darüber, dass die bislang nur dunkel gefühlte Gefahr nun endlich erkannt und genau zu lokalisieren war. Alles, was in den aufgeregten Tagen zuvor gefehlt hatte, war mit einem Mal vorhanden: Waffen und ein Ziel. Was sich jetzt abspielte, folgte keinem Plan, sondern geschah spontan. Die Bastille war zwar das Ziel, aber die Menge beabsichtigte weder, diese Zwingburg zu belagern, noch sie im Sturm zu nehmen. Dass ihr in den frühen Nachmittagsstunden des 14. Juli dennoch die Eroberung gelang, verdankte sich manchen Zufällen und einer Verkettung von Missverständnissen und Kopflosigkeiten seitens der Verteidiger, die im herrschenden Durcheinander wohl unvermeidlich waren.

Die Bastille war gewiss kein Kartenhaus. Aber die durch den mühelos errungenen Erfolg bei den Invaliden tollkühn gewordene Menge hielt sich jetzt für unbesiegbar. In diesem aberwitzig erscheinenden Glauben wurde sie durch das tollpatschige Taktieren des Gouverneurs dieser Zwingburg noch bestärkt. Außerdem hatte dank der stummen

Meuterei der Armee bei der Plünderung der Invaliden die Bastille ihren Schrecken verloren. Seit dem Morgen des 14. Juli war sie nichts anderes mehr als ein mächtiges, aber nutzloses Gemäuer, dem der Abriss drohte. Das verhindern zu wollen, war sinnlos. Deshalb war auch keiner der hier Diensttuenden ernsthaft entschlossen, sich gegen die Angreifer zur Wehr zu setzen.

Verständlich andererseits, dass der Sturm der Bastille in den zahlreichen Augenzeugenberichten mythisiert und seine Gefährlichkeit weit übertrieben wurde. Diese Tendenz verrät bereits die umfassende Schilderung im Protokoll der *Assemblée générale* des Dritten Stands von Paris.[29] Damit wird jedoch dessen wahre Bedeutung verdeckt, die der britische Botschafter in seinem Bericht vom 16. Juli 1789 so resümierte: «Derart, My Lord, ist der größte Umsturz, von dem wir bislang Kunde hatten, und in Anbetracht der Größe des Ereignisses mit verhältnismäßig geringen Opfern an Menschenleben ins Werk gesetzt worden: Von nun an können wir Frankreich als ein freies Land ansehen; der König ist hinsichtlich seiner Macht sehr eingeschränkt, und die Stellung des Adels ist soweit herabgesetzt, dass er sich auf gleichem Rang mit dem Rest der Nation befindet».[30]

Das Urteil des Botschafters war zutreffend. Die Pariser Unruhen, durch die Entlassung Neckers ausgelöst, erlebten im Sturm auf die Bastille ihren Höhepunkt. Sie lieferten den Nachweis dafür, wie morsch der Machtanspruch der Krone geworden war. Wenn es einer nur schlecht bewaffneten Menge von exakt 954 Empörern gelang, ohne Führung oder militärische Ausbildung in etwas mehr als einer Stunde die vermeintlich uneinnehmbare Bastille zu erobern, ohne dass die am Stadtrand lagernden Söldnertruppen zu deren Entsatz herbeieilten, dann sprach das für sich. Paris war der Kontrolle der Monarchie entglitten. Der König war nackt. Er verfügte über keinerlei Autorität mehr, seine Macht und seinen Willen durchzusetzen. Das galt nicht nur für Paris, wie sich jetzt schnell zeigte, sondern für das ganze Land. Überall übernahmen in den Städten die Bürger das Regiment, während auf dem platten Land Unruhen aufflammten, die Landleute sich gegen die Grundherren erhoben und das gewaltsam durchzusetzen suchten, was sie in den Beschwerdeheften so zahlreich gefordert hatten.

Der Fall der Bastille bewirkte keineswegs den jähen und vollständigen Zusammenbruch der königlichen Autorität, aber er war deren weithin sichtbares Symbol. Er bildete den symbolischen Kulminationspunkt einer krisenhaften Entwicklung und war zugleich der Auftakt für die Revolution. Dies war die Sinnstiftung, die er am Ende erhielt und die gewissermaßen dadurch kanonisiert wurde, dass der 14. Juli seit 1880 als französischer Nationalfeiertag begangen wird.[31] Um die ganze Tragweite des Geschehens schon damals zu erfassen, brauchte es räumliche und zeitliche Distanz, wie das vom 3. August 1789 datierte Schreiben von Richard Price an Thomas Jefferson zeigt, in dem er sich für dessen ausführliche Unterrichtung über die Pariser Ereignisse bedankt, die von ihm als «eine der wichtigsten Revolutionen, die sich jemals auf der Erde zutrugen», qualifiziert werden: «Es handelt sich dabei um eine Revolution, die Europa in Erstaunen versetzen muss, von der die Grundlagen despotischer Macht erschüttert werden und die wahrscheinlich der Beginn einer umfassenden Umbildung aller Regierungen in der Welt sein wird, die bislang nichts anderes waren als eine Usurpation der Menschenrechte, Hindernisse dafür, den Fortschritt der Menschheit zu hemmen und die nur eine List waren, die es einigen wenigen Großen erlaubte, den Rest der Menschheit zu unterdrücken und zu versklaven.»[32]

Auf die Kunde von den in Paris andauernden Unruhen hatte die Nationalversammlung mit wiederholten Bittgängen versucht, den König zu bewegen, die Truppen aus Versailles abzuziehen. Das sei das einzige sichere Mittel, um Ruhe und Sicherheit ihrer Beratungen zu gewährleisten. Am 10. Juli beschied Louis XVI diese Ersuchen mit der Auskunft, nur Übelgesinnte könnten diese Truppen mit einem geplanten Anschlag auf die «liberté nationale» in Zusammenhang bringen. Ihre einzige Aufgabe sei es, die öffentliche Ruhe zu sichern, möglichen Unruhen vorzubeugen und schließlich auch die ungestörte Beratungsfreiheit der Generalstände zu garantieren. Wäre die Versammlung von seinen wohlmeinenden Absichten jedoch nicht zu überzeugen, dann werde er sie nach Noyon oder Soissons verlegen und sich selbst nach Compiègne begeben, um damit sicherzustellen, dass der Verkehr zwischen ihm und den «Generalständen» nicht unterbrochen werde.[33]

Die Abfuhr wurde von den Abgeordneten mit wortreicher Unentschlossenheit debattiert, ohne dass man sich auf eine energische Resolution verständigen konnte. In diese Verlegenheit platzte die Nachricht von der Entlassung Neckers und vom Ausbruch schwerer Ausschreitungen in Paris. Das löste eine den 13. Juli über andauernde lebhaft geführte Erörterung aus, in der verschiedentlich die Rückberufung Neckers gefordert wurde. Schließlich fasste man den Beschluss, erneut beim König mit drei Bitten vorstellig zu werden: den Befehl zum Rückzug der Truppen zu geben, den Pariser Bürgern zu gestatten, eine eigene Miliz zum Schutz von Ruhe und Ordnung in der Stadt aufzustellen, und der Nationalversammlung zu gestatten, eine Delegation von achtzig ihrer Mitglieder nach Paris zu entsenden, um die aufgeregten Gemüter zu beruhigen. Alle drei Vorschläge wurden von Louis XVI brüsk zurückgewiesen, der sich auch mit Entschiedenheit gegen die Vermutung verwahrte, dass die Verschärfung der Unruhen durch die Entlassung Neckers provoziert worden sei.[34]

Dieser Hochmut des Monarchen kam vor dem Fall: Louis XVI, nur begleitet von seinen beiden Brüdern, erschien schon zwei Tage später in der Nationalversammlung und verkündete den Deputierten die frohe Botschaft, dass er geruht habe, seinen um Paris gelagerten Truppen den Befehl zum Rückzug zu erteilen. Außerdem forderte er die Versammlung in aller Form auf, die Einwohner von Paris von dieser Entscheidung zu unterrichten.[35] Der Rückzugsbefehl war das Eingeständnis des Königs, nicht mehr die Macht zu haben, seinen Willen durchzusetzen. Gleichzeitig war er die Anerkennung all dessen, was die Nationalversammlung seit dem 17. Juni beschlossen und veranlasst hatte. Die Generalstände gehörten der Vergangenheit an, und die Krone sah sich jetzt dazu genötigt, die Nationalversammlung mitsamt ihrem Anspruch auf Souveränität im Namen der Nation anzuerkennen und ihren Auftrag, Frankreich eine Verfassung zu geben, zu akzeptieren. Damit war der verdeckte Machtkampf entschieden, den die Königin, der Comte d'Artois und ihre Verbündeten mehr als vier Wochen lang mit aller Entschlossenheit geführt hatten, um diesen Ausgang zu vereiteln. Der Comte d'Artois, die Fürsten Condé und Conti, der Marschall von Broglie, Justizminister Barentin und der Nachfolger Neckers, Breteuil, sowie die Polignacs zogen aus dieser Niederlage die Konsequenz: Sie machten sich in aller Hast aus dem Staub und verschwanden in der Nacht vom 15. auf den 16. Juli über die Grenze in die Emigration.[36] Diese Flucht verriet zweifelsfrei ihre Putschabsichten, mit denen sie die Revolution hatten abwürgen wollen und die durch den Sturm auf die Bastille vereitelt worden waren. Louis XVI, den sie über ihre Machenschaften weitgehend im Dunkeln gelassen hatten und dem auch der Fall der Bastille von jener Koterie verheimlicht worden war, wurde angeblich erst in der Nacht vom 14. auf den 15. Juli von dem ihm treu ergebenen Duc de La Rochefoucauld-Liancourt über das Ereignis orientiert. Als der König diese Mitteilung mit der Feststellung quittierte «Das ist also eine Revolte?», soll der Duc versetzt haben: «Sire, das ist eine Revolution».[37]

Die Ursache, die für das Einknicken Louis' XVI den Ausschlag gab, war seine tiefe Abscheu vor Gewalt, Blutvergießen und der Perspektive eines Bürgerkriegs. Diese für einen Herrscher seines Anspruchs zwar von Schwäche kündenden, aber gleichwohl ehrenvollen Motive wurden und werden seit damals von dem längst zu frageloser Gewissheit verhärteten Dogma überlagert, allein das Volk von Paris habe mit seinem Sturm auf die Bastille die Nationalversammlung davor bewahrt, auseinander gejagt zu werden und damit die Revolution gerettet. Seither verstand sich der *peuple de Paris* als der berufene Wächter der Freiheit.

Der königliche Rückzugsbefehl wurde von den Abgeordneten mit Applaus quittiert. Erleichtert glaubten sie, dass sie sich jetzt der ungeteilten Zustimmung von Louis XVI zu ihren Beschlüssen erfreuten. Dafür sprach, dass der König am 16. Juli dem Wunsch der Versammlung Folge leistete und Necker und die anderen Minister wieder zurückberief, die er fünf Tage zuvor entlassen hatte. Am selben Tag traten der zum Bürgermeister von Paris ernannte Jean-Sylvain Bailly und der zum Chef der Nationalgarde berufene La Fayette ihre Ämter an. Tags darauf, am 17. Juli, erschien Louis XVI unter dem Schutz der Nationalgarde und umringt von einer großen, aber schweigenden Menge im Pariser Rathaus, um sie förmlich in ihren Ämtern zu bestätigen. Als der König das Rathaus wieder verließ, trug er eine blau-rote Kokarde in den Stadtfarben von Paris. Das wurde als Zeichen der Reue von der Menge mit Jubel begrüßt.[38]

Dieser Triumph der Revolution hatte unmittelbar zwei Konsequenzen. In ganz Frankreich folgten die Städte dem Vorbild von Paris und organisierten ihre eigene Verwaltung. Damit machten sie sich allenthalben unabhängig von der Bevormundung durch die königlichen Intendanten, die seit Louis XIV alle auf Selbstständigkeit zielenden

Regungen erstickt hatten, und der lokalen Obligarchien. Diese Entwicklung war durch die im ganzen Land spürbaren Spannungen vorbereitet worden. Der Nahrungsmangel verursachte überall Unruhen und Konflikte. In Marseille war bereits im März 1789 eine Bürgermiliz aufgestellt worden, was von einigen Städten im Süden nachgeahmt wurde. Das waren jedoch Ausnahmen, denn im Allgemeinen orientierte sich die Provinz am Vorbild von Paris. Erst ab der dritten Juliwoche kam im ganzen Land die *Révolution municipale* in Gang, lösten Bürgerkomitees die alten Autoritäten ab oder nahmen parallel zu diesen ihre Tätigkeit auf, wurden Bürgermilizen aufgestellt. Häufig ging dieser Prozess der Machtablösung mit Unruhen einher, bei denen Rathäuser gestürmt, Getreidevorräte geplündert oder Webstühle zerstört wurden. So gut wie überall wurde der Ruf nach billigem Brot laut, an manchen Orten auch nach Abschaffung aller Steuern. Das eine wie das andere bedeutete neue Unruhen, denen es entgegenzutreten galt. Darin erkannten die selbst ernannten Bürgerkomitees den Imperativ zum Handeln. In ihnen hatten Honoratioren, Advokaten und Anwälte das Sagen, die schon an der Vorbereitung der Wahlen zu den Generalständen beteiligt gewesen waren, aber auch die Besitzbürger, die ihr Eigentum von Anarchie bedroht sahen und sich bislang eher bedeckt gehalten hatten.

Eine weitere Folge des Triumphs der Revolution war, dass die adeligen Abgeordneten in der Nationalversammlung, die in ihrer Mehrheit nur widerwillig der Anordnung Louis' XVI Folge geleistet hatten, sich gemeinsam mit den anderen Deputierten zu versammeln und zu beraten, ihre bisherige Obstruktion aufgaben. Wie der Duc de Mortemart erkannte, entstand der Eindruck, dass alles ohne Zutun des Adels geschah, und sich folglich das Volk an die Vorstellung gewöhne, der Adel nehme an den öffentlichen Angelegenheiten keinen Anteil mehr. Deshalb erklärte der Herzog namens der bislang schweigenden Adelsmehrheit, dass die von ihr mit Rücksicht auf den Wählerwillen geübte Zurückhaltung angesichts der obwaltenden Umstände nicht mehr länger gelte und sie sich künftig aktiv an den Debatten der Versammlung beteiligen werde.[39]

Der 14. Juli und seine Folgen gaben nicht nur jener Mehrheit der adeligen Deputierten zu denken, sondern auch anderen Mitgliedern der Nationalversammlung, die mit einem Mal voller Schrecken das Gefahrenpotenzial von Paris gewahrten. Das veranlasste den Marquis de Lally-Tollendal am 20. Juli dazu, eine Proklamation vorzuschlagen, mit der die Nationalversammlung alle Franzosen dazu aufrufen sollte, Ruhe und Ordnung zu bewahren, die Gesetze zu respektieren, ihren Repräsentanten zu vertrauen und dem König die Treue zu halten. Wer gegen diese Pflichten und Gebote verstoße, der solle als übelgesinnter Bürger gelten. Schließlich sollten alle Gemeinden Bürgerwehren aufstellen, zu denen aber nur diejenigen zugelassen werden dürften, die dem Vaterland nicht schaden könnten, sondern für dessen Verteidigung von Nutzen seien.[40] Lally-Tollendal, der mit einer einstimmigen Annahme seines Antrags gerechnet hatte, sah sich in dieser Erwartung bitter enttäuscht. Der Abgeordnete François Buzot machte ihm den Vorwurf: «Gestern haben wir dem Heroismus der Pariser Beifall gezollt; werden wir sie heute als Rebellen bezeichnen? Werden wir sie dafür bestrafen, dass sie das Vaterland gerettet haben?»[41] Ähnlich argumentierte der Abgeordnete Maximilien Robespierre: «Was ist denn die Folge von diesem Aufruhr von Paris? Die öffentliche Freiheit wurde errungen, etwas Blut vergossen, einige Köpfe wurden abgeschlagen, gewiss, aber es waren schuldbeladene Häupter. Ja, meine Herren, die von M. Lally-Tollendal vorgeschlagene Proklamation ist deplaziert, mit ihr wird die Sturmglocke geläutet. Von vorneherein festzustellen, dass einige die Schuldigen, die Aufrührer sind, ist eine Ungerechtigkeit. Was könnte also, oder vielmehr, was sollte das Motiv der Nationalversammlung sein, das Vorhaben einer derartigen Erklärung zu unterstützen? Handelt es sich um den Aufruhr der Hauptstadt? Ach, meine Herren, eben diesem Aufruhr hat die Nation ihre Freiheit zu verdanken».[42]

Die Befürchtungen von Lally-Tollendal, der sich mit seinem Antrag nicht durchsetzen konnte, wurden schon zwei Tage später durch die grässlichen Lynchmorde bestätigt, denen der *Conseiller d'Etat* Foullon de Doué und dessen Schwiegersohn, der Intendant von Paris, Berthier de Sauvigny, zum Opfer fielen.[43] Angesichts dieser Schreckensszenen begann sich auch die Nationalversammlung vor der entfesselten Gewalt in Paris zu fürchten, die, wie der österreichische Botschafter Mercy-Argenteau am 23. Juli dem Grafen Kaunitz schrieb, die Macht und den Willen habe, selbst den Generalständen das Gesetz des Handelns zu diktieren.[44] Das traf jedoch nur auf die politisch gemäßigten Mitglieder der Versammlung zu, von denen sich jetzt die Radikalen deutlich abzusetzen begannen. Auch wenn diese Exzesstaten keine regelrechte Debatte anstießen, wurden die sehr unterschiedlichen Auffassungen einzelner Abgeordneter in dieser Frage deutlich. Diese ersten Ansätze einer politischen Ausdifferenzierung der Versammlung wurden durch die neue, halbkreisförmige Aufstellung der Abgeordnetenbänke am 22. Juli zusätzlich optisch betont: Jetzt begann die Gewohnheit einzusetzen, dass vom Präsidium aus gesehen auf der rechten Seite des Plenums jene Abgeordneten Platz nahmen, die mehr oder weniger vehement die Interessen des *Ancien Régime* vertraten, während sich auf der linken Seite die «Patrioten» einfanden. In der Mitte zwischen diesen beiden Flügeln sammelte sich die große Mehrheit der Deputierten, die bei den Abstimmungen mal für die Vorschläge der einen, mal der anderen Seite votierten und die als «plaine» oder «marais», als «Ebene» oder «Sumpf», bezeichnet wurden.[45]

Diese Abschichtung entwickelte sich erst nach und nach, denn viele Abgeordnete, die auf einem der beiden Flügel ihren Platz einnahmen, ließen sich ihrem Abstimmungsverhalten nach zunächst nicht eindeutig dem einen oder anderen Lager zurechnen. Bis zum 14. Juli hatte die Nationalversammlung ihren Widersacher mit der «Aristokratie» identifiziert. Das verschaffte ihr eine große Geschlossenheit. Mit dem 14. Juli und der unmittelbar danach einsetzenden Emigrationswelle, angeführt von den Häuptern der «aristokratischen Gegenrevolution», verschwand die Drohung, die bislang die Einheit der Nationalversammlung gewährleistet hatte. Erst jetzt setzte die politische Polarisierung innerhalb der Nationalversammlung ein. Deren Frontlinien entsprachen nicht mehr den Interessen der Stände, brachten also nicht mehr Bürger in Widerspruch zu Adel und hohem Klerus, sondern definierten sich nach politischen Anschauungen und Erwartungen, die alle traditionellen ständischen Zuordnungen durchkreuzten.

Ganz entscheidend war, welche Bedeutung dabei den nicht repräsentationsfähigen Unterschichten, dem *peuple de Paris* zumal, zugewiesen wurde. Während die «Linke» der Nationalversammlung den *peuple* als wertvollen Bundesgenossen begrüßte, dessen Aufbegehren Robespierre geradezu die Inkarnation von Rousseaus *volonté générale* zu sein schien, sah die «Rechte» im *peuple* das vieltausendköpfige und unberechenbare Ungeheuer, das, wenn man es nicht mit aller Strenge züchtigte, Ordnung, Freiheit und Eigentum zerstörte. Das waren die beiden extremen Positionen. Die Mehrheit der Versammlung, von der die «Mitte» besetzt wurde, betrachtete den *peuple* pragmatisch und begriff ihn als Macht, die, wie der 14. Juli gezeigt hatte, sich vorzüglich dafür einsetzen ließ, Anschläge der Gegenrevolution abzuwehren. Entsprechend dieser Sicht schien es als das Klügste, die Aufrechterhaltung der öffentlichen Ordnung in Paris der dort amtierenden provisorischen Stadtverwaltung und der von dieser aufgestellten Nationalgarde zu überlassen.

In einem Brief vom 29. Juli 1789 an seine Frau beschreibt der Marquis de Ferrières recht genau das Wesen des Phänomens, das der Historiker Georges Lefebvre «La Grande Peur de 1789» genannt hat. Ferrières charakterisiert es als «einen allgemein verbreiteten Irrsinn, als ein frenetisches Delirium. (...) So gut wie jeden Augenblick schreckt man das Landvolk mit falschem Alarm. Es werden Zusammenrottungen von drei-, sechs-, zwölf-, ja bis zu zwanzigtausend Briganten erfunden, die, wie man sagt, auf einmal auftauchen, um die Weizenfelder zu verheeren, die Häuser zu plündern. Nichts davon ist zutreffend. Das Volk wird unter falschen Vorwänden aufgehetzt und bewaffnet. Sobald es sich versammelt hat, lässt man es allerhand Dummheiten, bisweilen sogar Grausamkeiten begehen. Reisende werden aufgehalten, durchsucht und die, die verdächtig erscheinen, werden festgesetzt; von all dem wird die Nationalversammlung fortlaufend mit Schreiben unterrichtet».[46]

Für diesen diffusen Erregungszustand des ländlichen Frankreichs waren die Nachrichten vom Geschehen des 14. Juli das Signal, die letzten Hemmungen abzustreifen. Der *peuple* hatte in Paris über die Autoritäten triumphiert. Damit hatte auch dem Landvolk die Stunde der Befreiung geschlagen. Wann, wenn nicht jetzt, galt es, die Wünsche und Forderungen, die man in den Beschwerdeheften aufgeschrieben hatte, gewaltsam zu verwirklichen? Diese jähe Erkenntnis entflammte auf dem flachen Land eine spontane, eine führerlose Revolution. Diese verfolgte aber wesentlich andere Zielsetzungen als jene, mit der sich die Nationalversammlung in Versailles befasste: Die Bauern, die gegen die Last von Steuern und Abgaben, die sie den Grundherren zahlen mussten, ebenso aufbegehrten wie gegen deren

Monopole und Privilegien, begannen eine soziale und wirtschaftliche Revolution, mit der sie nun jener politischen Revolution der Nationalversammlung in die Quere kamen.[47]

Damit hatte in Versailles niemand gerechnet. Die Überraschung war umso größer, als die Nationalversammlung am 3. August einen Bericht des Abgeordneten Guillaume-Anne Salomon de La Saugerie namens des erst kurz zuvor berufenen *Comité des rapports* vernahm. Das Komitee war als Sekretariat und zentrale Poststelle für die immer zahlreicher werdenden Zuschriften eingerichtet worden, mit denen die Abgeordneten aus dem ganzen Land überschwemmt wurden. Aus allen Provinzen, so Salomon, liefen Berichte ein, dass jeglicher Besitz von Räubern bedroht sei. Überall würden Schlösser angezündet, Abteien und Klöster verwüstet, Bauernhöfe geplündert. Die Zahlung von Steuern und seigneurialen Abgaben würde verweigert, die Gesetze seien ohne jede Geltung, die Richter ohne Autorität und die Justiz nur noch ein Phantom.[48] Die anfängliche Verblüffung der Versammlung über diese Schreckensmeldungen, die von einer in ganz Frankreich herrschenden zügellosen Anarchie berichteten, wich aber bald einer tiefen Skepsis. Eine Reihe von Abgeordneten forderten Beweise, Protokolle oder Augenzeugenberichte, um sich ein genaueres Bild von den Unruhen machen zu können.

Andere drängten darauf, schleunigst Maßnahmen zu ergreifen, die herrschende Unordnung zu beenden. Verharre man in Untätigkeit, werde bald ganz Frankreich in der Anarchie eines Bürgerkriegs «der Armen gegen die Reichen» versinken.[49] Das war ein Stichwort, das nicht wenigen Abgeordneten einleuchtete. Die Unentschlossenheit der Mehrheit, die zwar die Unruhen und Übergriffe missbilligte, sich aber zu repressiven Maßnahmen nicht entschließen konnte, rührte aus der Einsicht her, dass sie selber über keinerlei Machtmittel verfügte, um diese durchzusetzen. Dazu wäre allein die Krone imstande gewesen. Wie der 14. Juli gezeigt hatte, gebot aber auch der König über keinerlei Autorität mehr, um für Ruhe und Ordnung im Lande zu sorgen. Das hatte bereits der schwedische Botschafter, der Baron de Staël-Holstein, am 2. August nüchtern festgestellt: «Die Unordnung, die in Paris und in ganz Frankreich herrscht, ist noch lange nicht ihrem Ende nah. Die exekutive Gewalt ist den Händen des Königs dadurch völlig entglitten, dass sich die Truppen weigern, gegen die Bürger einzuschreiten und die Anarchie ist an ihre Stelle getreten. Allein der *peuple* befiehlt und ihm wird gehorcht, weil er seine Urteile selber ausführt».[50]

Am Abend des 4. August 1789 wurde von Guy-Jean-Baptiste Target namens des *Comité des rapports* eine neu gefasste Resolution zur Abstimmung vorgelegt, die eindeutig klarstellte, dass die alten Gesetze, die Steuern und Abgaben regelten, so lange unverändert gültig blieben, wie sie nicht durch die Autorität der Nation neu gefasst worden seien. Ferner gelte es die Gesetze zum Schutz der Personen und des Eigentums umfassend zu respektieren.[51] Die Aussage war eindeutig, aber auch hier stellte sich die Frage: Wie ihr Respekt verschaffen?

Während die Debatte dieses Antrags noch andauerte, ereignete sich der «Theatercoup», der alles umstürzte.[52] Ausgeheckt wurde er von einer kleinen Gruppe liberaler Adeliger, die angesichts der landesweiten Unruhen zu der Einsicht gelangt waren, dass es klüger sei, jetzt eine Reihe von Privilegien und Abgaben preiszugeben, an denen sich die Empörung entzündete, um durch solche Konzessionen die Ruhe wiederherzustellen und weiteren Schaden von ihrem Besitz abzuwenden. Der Vorschlag war keineswegs selbstlos, aber gerade deshalb einleuchtend. Die Sitzung am Abend des 4. August, bei der die Vorschläge zur Abstimmung gestellt werden sollten, nahm rasch den Charakter einer Auktion an, bei der insbesondere Bischöfe mit Adeligen darum wetteiferten, ein jahrhundertealtes Gesellschaftssystem zu demontieren. Aus der Debatte der Anträge entwickelte sich unversehens eine wahre Orgie des Verzichts, bei der jeder den Vorredner übertreffen wollte, ein kollektiver Taumel, den der Marquis de Ferrières als «patriotische Trunkenheit» charakterisierte.[53] Die entfesselte Dynamik wurde noch dadurch gesteigert, dass man die Gelegenheit dazu nutzte, alte Rechnungen zu begleichen, indem man großmütig auf etwas verzichtete, dessen Verlust einem anderen weit mehr wehtat als einem selber. Landadelige rächten sich so an den Angehörigen des Hofadels, die ihnen den Rang abgelaufen hatten. Der Bischof von Chartres, Jean-Baptiste-Joseph de Lubersac, etwa, stellte das Jagdprivileg zur Disposition, was den Duc du Châtelet zu der Retourkutsche provozierte, den Kirchenzehnten durch eine Steuer zu ersetzen.[54]

Aber nicht nur «feudale» Privilegien wurden geopfert und die Geldablöse der feudalen Lasten postuliert. Abgeordnete stellten auch Vorrechte von Städten und Provinzen zur Disposition, die von diesen stets mit Zähigkeit verteidigt worden waren und deren Aufrechterhaltung in vielen Beschwerdeheften ausdrücklich verlangt worden war. Je weiter der Abend fortschritt, desto größer wurde die Bereitwilligkeit, sich von so gut wie allen sozialen Relikten des *Ancien Régime* zu trennen. Die seigneuriale Rechtsprechung wurde beseitigt. Richter verzichteten auf die mit ihren Ämtern verknüpften Privilegien und plädierten für eine kostenlose Rechtspflege. Schließlich wurde sogar die Käuflichkeit aller Ämter preisgegeben. Stattdessen sollte jedes öffentliche Amt künftig jedem, der die fachlichen Voraussetzungen erfüllte, zugänglich sein. Und ausnahmslos alle Bürger sollten steuerlich veranlagt werden. Als sich gegen zwei Uhr in der Frühe des 5. August die denkwürdige Sitzung ihrem Ende zuneigte, wurde beschlossen, diesen Opferrausch mit einem *Te Deum* zu besiegeln, zu dem der König eingeladen werden sollte, dem der Ehrentitel eines *Restaurateur de la liberté française* zuerkannt wurde.[55]

Letztlich gaben allerdings nicht patriotischer Idealismus oder Altruismus den Ausschlag für die Opfer, die in dieser Nacht gebracht wurden, sondern die nackte Angst davor, einen noch größeren Schaden zu erleiden, wenn man sich nicht rasch entschloss, auf all das zu verzichten, was nicht mehr behauptet werden konnte. «Es wäre unnütz, geradezu lebensgefährlich gewesen», schrieb der Marquis de Ferrières am 7. August einem Standesgenossen, «dem Verlangen der Nation zu widersprechen. Damit hätte man nur sich und den eigenen Besitz zu Opfern der wutempörten Menge gemacht, sich der Gefahr ausgesetzt, das eigene Haus angezündet zu bekommen. Die Adeligen, die diesen Opfern zugestimmt haben, erleiden gleichermaßen Einbußen und mehr als Sie. Aber die schiere Unmöglichkeit, sich anders zu verhalten, die genaue Kenntnis, die wir von der unglücklichen Lage des Adels in allen Provinzen des Königreichs hatten, vereitelten es, auch nur einen Augenblick zu zaudern».[56]

Am 14. Juli war die Autorität der Krone unrettbar zerstört worden, die die komplexe Gesellschaftsordnung des *Ancien Régime* garantierte. Im Rausch der Nacht des 4. August war dessen institutionelle und zu einem erheblichen Teil auch dessen soziale Struktur vernichtet worden. Die ersten, die dies instinktiv erfassten und entsprechend konsequent handelten, waren die ländlichen Unterschichten, die sich nun aneigneten, worauf sie einen selbstverständlichen Anspruch zu haben glaubten. Es waren die Kleinbauern und besitzlosen Kleinpächter, die dem *Ancien Régime* den Gnadenstoß versetzten. Mit ihren Unruhen brachten sie nicht nur das «Feudalwesen» , sondern damit auch das gesamte soziale Gerüst, das die Lokal-, Gemeinde-, Stadt- und Provinzialverwaltung der Monarchie zusammengehalten hatte, zum Einsturz.

Dem Adel begann zu dämmern, dass er sich mit den neuen Tatsachen arrangieren musste, wie der Brief zeigt, den der Marquis de Ferrières am 10. August seiner Schwester schrieb: «Dem Adel bleibt nichts besseres zu tun übrig, als sich guten Glaubens mit dem Dritten Stand zu verbünden und die wohlhabenden und honneten Angehörigen der Bourgeoisie zu sich empor zu heben. Das ist das klügste Verhalten und gleichzeitig auch das sicherste Mittel, durch persönliche Anerkennung wieder die Autorität zurückzugewinnen, die er durch die Preisgabe der *droits féodaux* und seiner Privilegien verliert. Der obere Dritte Stand wird durch die Wertschätzung geschmeichelt sein, die ihm der Adel bezeugt. (...) Wenn der Adel auch nur einen Schritt in dieser Richtung tut, wird der *Tiers Etat* ihm zehn Schritte entgegenkommen».[57]

Der *Ancien Régime* war in nur einer Nachtsitzung beseitigt worden, und Frankreich glich einer Tabula rasa, auf der eine neue, von der *Assemblée nationale constituante* ausgearbeitete Verfassung errichtet werden musste. Die Aufgabe hatte sich die Versammlung von Anfang an selber gestellt, aber jetzt war sie wesentlich größer geworden als ursprünglich gedacht. Jetzt ging es nicht mehr darum, den *Ancien Régime* durch umfassende Reformen einzelner Bereiche zu modernisieren, einige Privilegien abzulegen und das Steuerwesen zu optimieren, sondern um einen Neubau der gesamten gesellschaftlichen Ordnung. Die Probleme, die dieses Unterfangen aufwarf, und die konkurrierenden Lösungen, die dafür vorgeschlagen wurden, waren für den weiteren Verlauf und Charakter der Revolution das bestimmende Thema.

Als die Abgeordneten nach dem Rausch dieser Augustnacht wieder zu Sinnen kamen, machten sie sich umgehend daran, den Schaden, den sie ihren ureigensten Interessen als Landbesitzer zugefügt hatten, zu begrenzen. Das zeigen die Debatten, die zwischen dem 5. und

11. August über die vom Comte de Montmorency eingebrachte Gesetzesvorlage geführt wurden, in der alle in der Nacht vom 4. August gemachten Verzichtserklärungen zusammengefasst waren.[58] Die Vertreter der Kirche nutzten den Anlass, um das Ausmaß ihrer materiellen Verluste zu beklagen.[59] Das war verständlich, weil der Kirche mit weitem Abstand die größten finanziellen Opfer ohne sichere Aussicht auf Kompensation zugemutet worden waren.

Die Gesetzesvorlage, die am 11. August von der Nationalversammlung verabschiedet wurde, war zwar lediglich eine Absichtserklärung, die in gesetzlichen Regelungen detailliert zu formulieren fast ein Jahr brauchte. Dessen ungeachtet wurde damit aber bereits die Sterbeurkunde des *Ancien Régime* ausgestellt: «Die Nationalversammlung zerstört vollständig die Herrschaft des Feudalismus». So lautete ihr erster Satz. Diesem Anspruch entsprachen 15 der insgesamt 18 Artikel ohne Einschränkung, während die Artikel 1, 6 und 17 sich wie das «Kleingedruckte» in Verträgen lesen. Bezeichnenderweise beziehen sich diese Artikel auf die «feudalen» Rechte, Ansprüche und Abgaben im engeren Sinne und damit auf die mannigfachen Einschränkungen, Abhängigkeiten und Unfreiheiten, die das Verhältnis der Bauern zu den Grundherren bestimmten. Artikel 1 beseitigte lediglich die Ansprüche und Verpflichtungen, die Personen betrafen, während jene, die sich auf Ländereien und Liegenschaften bezogen, zu bindenden vertragsrechtlichen Vereinbarungen erklärt wurden. Deren Beseitigung könne nur gegen vorherige Zahlung einer Entschädigung erfolgen, deren Höhe vom Gesetzgeber noch festgesetzt werden sollte. Solange diese Ablöse nicht vollständig bezahlt worden sei, müssten alle einschlägigen Abgaben weiterhin entrichtet werden. Eine ähnliche Regelung schrieb Artikel 6 auch für alle Grundrenten sowie für die «champarts» vor, die Anteile am Ernteertrag, den der Pächter dem Grundherrn schuldete. Artikel 17 schließlich erklärte das Eigentum für unverletzlich und heilig. Damit wurden die Bestimmungen der Artikel 1 und 6 noch einmal in aller Form bekräftigt.[60]

Die juristische Spitzfindigkeit dieser beiden Bestimmungen erneuerte die Rechtsmaxime des *Ancien Régime* «nulle terre sans seigneur» (Kein Land ohne einen Herrn). Dem Landmann wurde die persönliche Freiheit zugestanden, aber der Acker, den er bestellte, war so lange nicht sein frei verfügbares Eigentum, wie er dem Grundherrn die Ablöse nicht vollständig bezahlt hatte. Mit anderen Worten: Man schaffte den «Feudalismus» mit großer Geste ab, um ihn im gleichen Atemzug als eine vertragsrechtlich unanfechtbare Fiktion fortbestehen zu lassen! Diese Situation, so wurde versprochen, ließe sich zwar durch eine Entschädigungszahlung ändern, aber über deren Konditionen und Höhe sollte erst später entschieden werden. Die Nationalversammlung nahm damit den wichtigsten Teil dessen wieder zurück, was sie in der Nacht vom 4. August beschlossen hatte.

Das wurde von den Zeitgenossen allerdings *so* nicht verstanden. Sie vernahmen lediglich die frohe Botschaft, dass der «Feudalismus» von der Nationalversammlung abgeschafft worden sei, die von den Zeitungen in Windeseile im ganzen Land verbreitet wurde. Vorerst erkannten nur die wenigsten, dass die Abschaffung des «Feudalismus» mit einer Fülle von Kautelen versehen war, die diese Ankündigung in wesentlichen Aspekten dementierten. Diese Einsicht gewann erst in dem Maße an Boden, wie die Nationalversammlung im Frühjahr 1790 daran ging, die Beschlüsse in Gesetzestexten auszuformulieren. Fürs Erste jedoch genügte die Verheißung der vollständigen Abschaffung des «Feudalismus», damit die Unruhen auf dem Land verebbten. Dazu trug auch die Aussicht auf eine reiche Ernte bei, die einzubringen jetzt die bäuerlichen Massen vorrangig in Anspruch nahm.

Nach diesem Kraftakt wandte sich die Nationalversammlung ab dem 12. August wieder der Debatte zu, mit dem sie sich schon zuvor befasst hatte: der Erörterung der Menschen- und Bürgerrechte, die der geplanten Verfassung vorangestellt werden sollten. Die in siebzehn Artikel gefasste Erklärung konnte bereits am 26. August verabschiedet werden. Binnen zwei Wochen waren also zwei wichtige normative Entscheidungen getroffen worden. Mit der einen wurden die Privilegienordnung und der «Feudalismus» kassiert, die bislang die gesellschaftliche Wirklichkeit geprägt hatten, während mit der anderen die Grundlagen für eine neue Verfassungsordnung gelegt wurden.

Damit kam eine Frage aufs Tapet, die bislang mit Umsicht vermieden worden war: Besaß die Nationalversammlung das Recht, diesen beiden normativen Setzungen Gesetzeskraft zu verleihen, oder war deren Gültigkeit von einer vorherigen Zustimmung durch den König abhängig? An der Beantwortung dieser Frage entschied sich, wie weit die seit Mitte Juni von der Nationalversammlung eingeleitete Revolution fortgesetzt werden sollte. Das Geschehen des 14. Juli und die sich daran anschließenden Unruhen auf dem Land hatten den gemäßigten Royalisten, den *Monarchiens*,[61] einen gehörigen Schrecken eingejagt. Daher wollte man dem Prozess, der sich einer Kontrolle durch die Verfassunggebende Versammlung entzog, nun Einhalt tun. Als Mittel dazu bot sich einerseits die noch von keiner «Partei» angegriffene Autorität des Königs an, dem die Möglichkeit verschafft werden sollte, den Prozess der Gesetzgebung durch ein ihm eingeräumtes Veto-Recht zu beeinflussen.[62] Andererseits sollte die Souveränität der Versammlung noch dadurch eingeschränkt werden, dass man sie in ein Unter- und ein Oberhaus aufteilte.

Diese Absicht war versteckt bereits in Artikel 16 des Gesetzes vom 11. August erwähnt worden, der als Prinzip verkündete, dass kein Land eine Verfassung besitze, wenn in dieser nicht die Gewaltenteilung verankert sei. Für den Verfassungsausschuss, der seit dem 6. Juli tagte und von Jean-Joseph Mounier dominiert wurde, galt als Vorbild für die Gewaltenteilung die englische Monarchie, bei der die Gesetzgebung auf den König und zwei Kammern aufgeteilt war, die alle das Vetorecht besaßen. Dementsprechende Vorstellungen propagierte Mounier in einer im August 1789 veröffentlichten Denkschrift,[63] mit der wohl die öffentliche Meinung für die Empfehlungen des Verfassungsausschusses gewonnen werden sollte, die von ihm am 31. August und 4. September der Nationalversammlung vorgestellt wurden.[64]

Dieser Vorschlag, von vielen als Versuch verstanden, die Revolution auf eine bloße Reform der bestehenden Ordnung zu beschränken, spaltete die «Patrioten». Während die «Gemäßigten», die *Monarchiens*, die sich um Mounier, Malouet und Lally-Tollendal scharten,[65] zwei Kammern und ein absolutes Veto des Königs befürworteten, ihm also die ungeteilte Ausübung der Souveränität garantieren wollten, wandten sich die «Progressiven» dagegen. Sie verstanden die eingeleitete Revolution als Chance, das politische System insgesamt neu zu organisieren. Damit dies gelang, war es unabdingbar, dass die Souveränität von der Nation, sprich von der von ihr gewählten Nationalversammlung, ausgeübt wurde. Aus dieser Perspektive erkannten viele Abgeordnete in dem vorgeschlagenen Oberhaus nur ein Mittel, die alte Ständegesellschaft, der in der Nacht vom 4. August der Todesstoß versetzt worden war, zu restaurieren. Auf jeden Fall würde es sich als Hindernis für die zügige Fortsetzung der begonnenen Reformen auswirken. Das galt noch viel eindeutiger für das absolute Veto des Königs, denn das würde dem Monarchen ermöglichen, die weitere Erneuerung der Gesellschaft zu vereiteln. Ein naheliegender erster Schritt dazu wäre, die Dekrete des 4. bis 11. August mit einem Veto zu blockieren.[66]

Die Auseinandersetzungen, die sich an diesem Gegensatz entzündeten, blieben aber nicht auf die Nationalversammlung beschränkt, sondern fanden ein lebhaftes Echo in der Presse wie im Palais-Royal. Hier schlug diese Kontroverse Funken, die angesichts der in Paris nach den errungenen Erfolgen trunkenen Stimmung leicht neue Unruhen auslösen konnten. Diejenigen, die sich für ein absolutes Veto des Königs aussprachen, wurden als «Aristokraten» verschrien. Damit wurde zum Ausdruck gebracht, dass man hinter ihrem Eintreten die Absicht witterte, den König ermächtigen zu wollen, die Beschlüsse des 4. August wieder rückgängig zu machen. Solcher Verdacht trug dazu bei, die ohnehin gespannte Atmosphäre zu vergiften, wie der Buchhändler Ruault am 16. September 1789 notierte: «Jean-Jacques Rousseau sagte, dass auch die Pistole eine Macht darstelle; augenblicklich haben wir davon eine schrecklichere, die man die Laterne nennt. Damit, daran aufgeknüpft zu werden, bedroht man alle diejenigen, die man Aristokraten nennt. Das sind ausnahmslos jene, die sich unbeliebt gemacht haben. Man male sich den Schrecken aus, der in einem bestimmten Milieu vorherrscht, bei den Reichen, bei denen, die Titel tragen, bei den Gebildeten, kurz bei all denen, die der Pöbel und andere einst fürchtete und die er beneidete. Die Angst vor der Laterne schreckt einige Übelgesinnte ab, Komplotte zu schmieden, aber sie lässt auch viele der gut Gesinnten zittern, die als Gegner der neuen Ordnung gelten, es aber keineswegs sind. Das ist eine fürchterliche Situation, die umso schrecklicher sich ausnimmt, als niemand weiß, wie man ihr entrinnen soll».[67]

In dieser Stimmung einer kollektiven Paranoia wurde selbst ein Wirrkopf wie der Marquis de Saint-Huruge zur unberechenbaren Gefahr. Am 30. August putschte er im Palais-Royal mit Brandreden und seiner Stentor-Stimme die Menge auf, die mit ihm an der Spitze sich nach Versailles auf den Weg machte, um die Aristokraten in der

Nationalversammlung, die sich für das absolute Veto des Königs aussprachen, zur Raison zu bringen. Der Gewaltstreich scheiterte aber bereits an den Stadttoren von Paris, an denen die Nationalgarde die aufgebrachte Menge zur Umkehr nötigte.[68] Das änderte jedoch nichts daran, dass sich an der Veto-Frage die Gemüter in Paris erhitzten. Die Nationalversammlung schien gut beraten, die Streitfrage schnell zu entscheiden. Bereits am 2. September machte Barnave den Kompromissvorschlag eines königlichen Vetos mit aufschiebender Wirkung, das jeweils für nicht mehr als zwei Legislaturperioden Bestand haben sollte.[69] Dieser Vorschlag wurde am 11. September mit 575 gegen 325 Stimmen angenommen,[70] nachdem am Tag zuvor bereits die Schaffung eines Zweikammersystems mit einer noch wesentlich deutlicheren Mehrheit von 849 gegen 89 Stimmen und 122 Enthaltungen gescheitert war.

Louis XVI war jedoch nicht bereit, die zwischen dem 4. und 11. August verabschiedeten Dekrete zu sanktionieren. Am 14. September stellte Barnave deshalb den Antrag, das königliche Veto könne nicht für diese Beschlüsse zur Anwendung kommen, da diese Verfassungsrang besäßen. Im Übrigen seien sie bereits bekannt und überall im Lande mit großer Begeisterung aufgenommen worden. Also könnte es nur gefährliche Auswirkungen haben, wenn der König deren Verkündung noch weiter hinauszögere.[71]

Louis XVI dachte aber gar nicht daran, sich dem Druck der Versammlung zu beugen, geschweige der ihm zugesprochenen Ehrung als *Restaurateur de la liberté française* gerecht zu werden. In einem von Necker ausgearbeiteten Schreiben vom 18. September erklärte der König einleitend, dass er dem weitaus größten Teil der von der Nationalversammlung gefassten Beschlüsse zustimme und diese auch sanktionieren werde, sobald sie als Gesetze formuliert vorlägen. Sieben der 15 Artikel wolle er ohne Wenn und Aber akzeptieren. Unter anderem waren dies der Rückkauf aller *rentes foncières perpétuelles* (Art. 6), die Zulassung aller Bürger zu den Ämtern in Kirche, Verwaltung und Militär (Art. 11) und die Abschaffung aller Privilegien von Personen, Gemeinden, Städten oder Provinzen (Art. 9 und 10). Zu fünf weiteren Artikeln erklärte Louis XVI sein prinzipielles Einverständnis, wies jedoch auf einige Schwierigkeiten bei ihrer Umsetzung hin, die es zu beheben gelte. So werfe etwa die Freigabe des Jagdrechts (Art. 3)

Probleme für die öffentliche Ordnung auf, und die Abschaffung der Ämterkäuflichkeit (Art. 7) verursache insbesondere bei den Gerichtschargen erhebliche Kosten. Blieben drei Artikel, die von Louis XVI abgelehnt wurden: Artikel 1, der die entschädigungslose Abschaffung aller *droits seigneuriaux personnels* und die diese gelegentlich ersetzenden Geldzahlungen vorsah; gegen Artikel 4, die Beseitigung der seigneurialen Gerichtsbarkeit betreffend, wandte der König ein, daran sei erst zu denken, wenn die geplante große Reform des Gerichtswesens abgeschlossen sei. Schließlich sprach sich der König mit Entschiedenheit gegen die ersatzlose Abschaffung des kirchlichen Zehnten aus (Art. 5).[72]

Diese Antwort Louis' XVI war in der Sache keineswegs unplausibel, provozierte aber dennoch ein erneutes Aufflammen der Debatte. Mit einem von Adrien Duport am 19. September eingebrachten Antrag wurde der König schließlich erneut aufgefordert, die am 4. August gefassten Beschlüsse zu sanktionieren. Sobald die Nationalversammlungen diese als detaillierte gesetzliche Regelungen ausformulierte, würden die Anregungen und Einwände des Königs gehörig gewürdigt.[73] Dieser Nachdruck entsprang zum einen wohl der in der Nationalversammlung grassierenden Angst, dass das als Verzögerungstaktik verstandene Verhalten der Krone neue Unruhen heraufbeschwören könnte. Zum anderen wurde in der Empörung, mit der manche Abgeordnete auf die Antwort des Königs reagierten, auch die hohe Meinung sichtbar, die die Nationalversammlung mittlerweile von sich selbst hatte.

Der Antrag Duports veranlasste Louis XVI zu einer weiteren Stellungnahme, die am 21. September der Nationalversammlung mitgeteilt wurde. Darin erklärte er sich zwar mit einer Veröffentlichung der Beschlüsse einverstanden, machte aber gleichzeitig deren förmliche Verkündung davon abhängig, dass zuvor die notwendigen Ausführungsgesetze vorlägen, die, so muss man sinngemäß ergänzen, seine im Schreiben vom 18. September formulierten Einwände und Änderungen berücksichtigten.[74] Das war nicht ungeschickt, denn auch die mit dem Siegel königlicher Autorität veröffentlichten Beschlüsse der Nationalversammlung waren ihrem Charakter nach lediglich Versprechen ohne bindende oder einklagbare Wirkung, solange ihr Gesetzescharakter nicht ausdrücklich anerkannt war. Die Nationalversammlung nahm gleichwohl diese Mitteilung des Königs mit Beifall zur Kenntnis. Tatsächlich dauerte es dann noch bis zum 3. November, dass Louis XVI die Gesetzgebung des 4. bis 11. August sanktionierte.

Währenddessen war die Aufmerksamkeit der Abgeordneten durch die erneuten Gerüchte eines unmittelbar bevorstehenden Gewaltstreichs beansprucht, ähnlich jenem, der schon im Juli geplant gewesen war. So war das flandrische Regiment aus Douai herbeibeordert worden, angeblich um die Sicherheit der königlichen Familie zu verbürgen, die wegen der in Paris unvermindert anhaltenden öffentlichen Erregung und der zweifelhaften Loyalität der Nationalgarde nicht mehr garantiert zu sein schien.[75] Necker hatte deshalb bereits dem König geraten, die Nationalversammlung nach Tours zu verlegen und sich mit seiner Familie ebenfalls dorthin zu begeben, um so die den Radikalen unterstellten Absichten, die Versammlung künftig in Paris tagen zu lassen, zu durchkreuzen. Dem Rat verweigerte sich der König jedoch mit dem Hinweis, dass er bereits Maßnahmen ergriffen habe, um die Nationalversammlung und seine Familie zu schützen.[76]

Aus schierer Bequemlichkeit wie aus falscher Einschätzung der eigenen Machtstellung steuerte die Krone damit auf eine neue Konfrontation mit der Nationalversammlung zu. Das war ein riskantes Wagnis, denn die Versorgungskrise dauerte an, und auch für die finanzielle Misere war keine Lösung in Sicht. Der schwedische Botschafter war nicht der Einzige, der deshalb «eine zweite Revolution in Paris» heraufziehen sah. «Man befindet sich in der Situation der Bewohner an den Abhängen des Ätna oder des Vesuv, sobald das Rumoren im Inneren des Vulkans ihnen ankündigt, sich auf dessen bevorstehenden Ausbruch gefasst zu machen».[77] Schließlich sorgte auch die hartnäckige Weigerung der Krone, die von der Verfassunggebenden Versammlung verkündete Abschaffung des Feudalwesens zu sanktionieren, für eine stetig wachsende Erregung der Öffentlichkeit, die sich nicht nur im Palais-Royal, sondern auch in den Provinzen bemerkbar machte.

Diese hochexplosive Konstellation wurde jedoch nicht erkannt. Bei Hofe schwelgte man vielmehr in falscher Siegesgewissheit, von der Malouet eine anschauliche Schilderung gegeben hat: «Unglücklicherweise gab es um den König und die Königin ein vielstimmiges

Gewirr von Ratschlägen, von gewalttätigen Projekten, die aber alle ohne Haltung oder Fähigkeit hinsichtlich ihrer Ausführung waren. Das reichte einerseits zwar aus, die Patrioten zu empören und ihre Erbitterung auf die Spitze zu treiben; andererseits war es aber bei weitem zu wenig, um über sie zu triumphieren. Die Verachtung, mit der man bei Hof über den *Parti populaire* sprach, überzeugte die Prinzen, dass man sich nur seinen Hut aufsetzen müsse, um diese Partei auseinanderzujagen; als aber dann der Augenblick gekommen war, wusste man noch nicht einmal, wie man sich seinen Hut aufsetzen sollte».[78]

Diese falsche Siegeszuversicht wurde durch die Festlichkeiten gefördert, mit denen das flandrische Regiment, das am 23. September in Versailles eintraf, militärischem Brauch entsprechend von den Soldaten der königlichen Leibgarde willkommen geheißen wurde. Am 1. Oktober luden die Offiziere der Leibgarde ihre Kameraden zu einem Bankett in den Opernsaal des Versailler Schlosses. Als sich auch der König und die Königin, den Dauphin an der Hand, den Feiernden zeigten, äußerte sich die Begeisterung der Anwesenden in vielstimmig ausgebrachten Hochrufen auf das Königspaar. In dieser emotional aufgeladenen Stimmung wird es wohl dazu gekommen sein, dass sich einige der Gäste die blau-weiß-rote Kokarde von ihren Uniformen abrissen und mit ihren Stiefeln zertrampelten. Davon jedenfalls wusste der glühende Antimonarchist Antoine Joseph Gorsas in einem Artikel über dieses Bankett, der im von ihm redigierten *Courrier de Versailles à Paris et de Paris à Versailles* am 3. Oktober erschien, zu berichten. Diese Kokarde war ein Symbol, das dem *peuple de Paris* heilig war; ihre Schändung durch Soldaten, deren Eintreffen sowieso schon Verdacht ausgelöst hatte, war ein Sakrileg, das den Beweis lieferte, dass der Hof eine Verschwörung gegen die Nationalversammlung plante, zu deren Ausführung er sich des flandrischen Regiments bedienen wollte.

Diese vermeintliche Gewissheit genügte, um die sechzig Pariser Distrikte zu alarmieren, die permanent tagten und das Rathaus mit immer neuen Anträgen überschütteten. Tatsächlich wurde die Nationalgarde in Alarmbereitschaft versetzt, und die Pariser Stadtversammlung bekräftigte erneut feierlich, dass die rot-weiß-blaue Kokarde die einzige sei, die von den *Citoyens* getragen werden dürfe.[79] Damit erhielten alle Gerüchte, die über das Geschehen in Versailles umliefen, gleichsam das Siegel offizieller Bestätigung, was die in Paris herrschende Erregung noch steigerte. Einmal mehr war es der Palais-Royal, in dem mit dem Ruf «Nach Versailles!» die Parole zum Handeln ausgegeben wurde. Camille Desmoulins war einer von denen, die in diesem Sinne die Menge zu agitieren suchten.[80]

Am Morgen des 5. Oktober brach der Aufstand gleichzeitig im Hallenviertel und im *Faubourg* Saint-Antoine aus.[81] Im Unterschied zum 14. Juli waren es diesmal aber ausschließlich Frauen, welche die Initiative ergriffen. Wie die Berichte übereinstimmend bezeugen, entstammten sie den unterschiedlichsten Schichten.[82] Was diese mehrere Tausend Frauen – Fischweiber von den Markthallen oder auch *Femmes à chapeau*, «Frauen mit Hut», wie der Buchhändler Hardy im Tagebuch penibel vermerkte[83] – zu ihrem Protest veranlasste und sie am späten Vormittag jenes kalten und verregneten 5. Oktober von Paris nach Versailles aufbrechen ließ, war nicht die Angst vor dem von vielen befürchteten Gewaltstreich der Krone gegen die Nationalversammlung, sondern einzig die nagende Sorge um das tägliche Brot.[84] Ihre Empörung stützte sich dabei auch auf den jahrhundertealten Glauben an die Güte des Königs, dem nur das Elend seines Volkes vor Augen geführt werden müsse, damit er für sofortige Abhilfe sorge.

Mit ihrem Marsch nach Versailles gaben die Frauen ein Beispiel von suggestiver Wirkung, dem sich die Pariser Nationalgarden nicht entziehen konnten. Deren Kommandant La Fayette, der erst gegen Mittag im Rathaus eintraf, versuchte vergeblich, sie davon abzubringen, sich den Frauen anzuschließen, und beugte sich schließlich ihrem Verlangen. Um die eklatante Befehlsverweigerung der Nationalgarden zu kaschieren, gab die *Assemblée de la Commune* ihnen auf Betreiben La Fayettes den Befehl, ebenfalls nach Versailles aufzubrechen.[85]

In der Revolutionsgeschichte von Paris hat es nie wieder eine auch nur annähernd so repräsentative Massenbewegung gegeben wie jene vom 5. Oktober 1789. Es war «ganz Paris», das sich mit den unterschiedlichsten Motiven nach Versailles aufmachte und mit dieser Demonstration die Revolution rettete.[86] Am Abend des 5. Oktober, als die aus Paris herbeigeströmte Menschenmenge das Schloss von Versailles umwogte, gab Louis XVI der Nationalversammlung sein Einverständnis zur Menschenrechtserklärung und zu den ersten 19 Artikeln der Verfassung, die er noch am Tag zuvor verweigert hatte. Das war eine Kapitulation, die Louis XVI und die königliche Familie ebenso wenig aus der akuten Verlegenheit befreite wie das Versprechen, für Mehl und Brot zu sorgen. Das war der verzweifelte Versuch, den Sturm wenigstens zu beruhigen, der die Monarchie zu verschlingen drohte.

Doch dazu war es jetzt zu spät. Die Dynamik des Protests ließ sich nicht mehr abschwächen, zumal sich in den Abendstunden mit dem Eintreffen der Pariser Nationalgarden, denen sich weitere Demonstranten angeschlossen hatten, die Lage weiter verschärfte.[87] Louis XVI hatte jetzt keine andere Wahl mehr, als sich dem Verlangen der Menge zu beugen, die während der ganzen Nacht das Schloss umlagerte. Als er sich ihr am nächsten Vormittag gemeinsam mit der Königin, dem Dauphin und La Fayette auf einem Balkon zeigte, wurde er zwar lebhaft akklamiert. Zugleich schallte ihm aber auch vielstimmig die Aufforderung entgegen: «Nach Paris!» Dass die Übersiedelung der königlichen Familie nach Paris die einzige Lösung sei, um die akute Krise zu entschärfen, war Louis XVI schon in der Nacht zuvor von La Fayette versichert worden. Aber erst jetzt, angesichts der Menge um das Schloss, die von den Leibgarden nur noch mit Mühe daran gehindert werden konnte, in das Innere vorzudringen, wurde ihm klar, dass es dazu keine Alternative gab. Als die Nationalversammlung von diesem Entschluss des Königs unterrichtet wurde, fällte auch sie die Entscheidung, ihre Sitzungen nach Paris zu verlegen.

Am frühen Nachmittag des 6. Oktober setzte sich ein riesiger Zug in Bewegung. An dessen Spitze marschierten die Nationalgarden, denen Wagen beladen mit Mehl und Getreide folgten, die von den Frauen eskortiert wurden. Dann weitere Nationalgarden, die der königlichen Karosse vorangingen, auf die Kutschen folgten, in denen rund hundert Abgeordnete Platz genommen hatten, an die sich weitere Nationalgardisten und die große, lärmende Menge der Demonstranten anschlossen. Der Anblick dieses imposanten Schauspiels ist häufig beschrieben worden, zumal die Zeitgenossen dessen Bedeutung sehr genau verstanden, symbolisierte es doch den Triumph von Paris über das Versailles Louis' XIV, den Sieg der Revolution über den *Ancien Régime*.[88] Mit der Anwesenheit der königlichen Familie in Paris, die ihre Wohnung in den Tuilerien nahm, entstand ein neues Kräfteverhältnis: Der König stand nun unter den wachsamen Augen der Nationalversammlung, die am 19. Oktober nach Paris umzog, unter denen der *Commune de Paris* und der sechzig Distrikte. Zugleich geriet die Nationalversammlung unter den unmittelbaren Einfluss der revolutionären Tendenzen in der Pariser Bevölkerung. Der Comte d'Escherny bemerkte hellsichtig: «Paris wird der geheime Motor von allem sein, was geschieht, der unsichtbare Anstifter einer zweiten Revolution, die man als die notwendige Ergänzung der ersten wird ansehen müssen».[89]

Paris flößte allen Akteuren, insbesondere vielen Abgeordneten der Nationalversammlung, große Furcht ein. Die Stimmung der Volksmenge war von der Versorgung der Hauptstadt mit billigem Brot abhängig. Solange das Mehl, das Louis XVI bei seinem Einzug in Paris versprochen hatte, in ausreichender Menge zur Verfügung stand, blieb alles ruhig. Doch kaum gab es Engpässe, kam es auch zu neuen Ausschreitungen, die am 18. Oktober im *Faubourg* Saint-Antoine ausbrachen.[90] Drei Tage später wurde ein Bäcker von einer aufgebrachten Menge massakriert.[91] Das waren bedrohliche Vorboten, die Schlimmeres befürchten ließen. Die Nationalversammlung verabschiedete daher auf Bitten der *Commune* ein Gesetz über den Ausnahmezustand.[92] Zudem schuf die *Commune* einen *Comité des Recherches*, der allen Hinweisen auf Verschwörungen nachgehen, Verdächtige verhaften und verhören sollte.[93]

Diese präventive Repression provozierte sofort vielfältigen Widerspruch. In der Nationalversammlung sprach sich Robespierre gegen die gesetzliche Regelung des Ausnahmezustands mit dem Argument aus, dass es sinnvoller sei, die Getreideversorgung zu verbessern, als auf diejenigen, die gegen den Nahrungsmangel protestierten, zu schießen.[94] Auch eine Reihe von Pariser Distrikten, in denen der *peuple* dominierte, wandte sich gegen das Kriegsrecht mit dem aufschlussreichen Hinweis, dass es der Nationalgarde, die sich aus dem Kreis der «Aktivbürger» rekrutiere, nicht erlaubt werden dürfe, auf die unterbürgerlichen Schichten das Feuer zu eröffnen. Im Gegensatz dazu wurden die Kriegsrechtsbestimmungen von den eher «bourgeoisen» Distrikten ausdrücklich begrüßt.[95] Damit kamen bereits in aller Deutlichkeit jene politischen und sozialen Frontstellungen zum Vorschein, die in weniger als zwei Jahren in blutige Auseinandersetzungen einmünden und damit eine neue Phase der Revolution einleiten sollten.

Der Volksaufstand des 5. und 6. Oktober war für die Partei der *Monarchiens* in der Nationalversammlung, die ihre Interessen mit einer starken Monarchie verbanden und die insbesondere auf eine umfassende Revision der Beschlüsse vom 4. August gesetzt hatten, die entscheidende Niederlage. In einem verzweifelten Manöver versuchten nun rund 300 Abgeordnete die Nationalversammlung zu paralysieren, indem sie binnen weniger Tage die Ausstellung von Pässen beantragten, um nach Hause zurückkehren zu können.[96] Diese Absicht durchkreuzte Mirabeau, der am 9. Oktober den mit großer Mehrheit gebilligten Antrag stellte, dass «kein Pass seitens der Nationalversammlung den Abgeordneten, die ihr angehören, ausgestellt wird, wenn diese nicht zuvor über ihre Motive vor dem Plenum Rechenschaft abgegeben haben».[97] Das errichtete eine Barriere, die zwischen dem 10. Oktober und dem Ende des Jahres 1789 nur 31 Abgeordnete zu nehmen wagten.[98] Ihre Flucht markierte die erste eindeutig politische «Häutung» der Nationalversammlung. Der schwedische Botschafter, der darin das sichere Anzeichen für den baldigen Ausbruch eines Bürgerkriegs sah, bewies durchaus Weitblick.[99]

DRITTES KAPITEL

DIE NEUORDNUNG FRANKREICHS

Als sich die Deputierten der Generalstände als Nationalversammlung proklamierten, taten sie diesen Schritt im Bewusstsein, dass es ihre Aufgabe sei, Frankreich eine Verfassung zu geben. Das weckte die Erwartung einer Reform der bestehenden Ordnung und war auch in vielen Beschwerdeheften gefordert worden. Ebenso fand sich dort bereits der Gedanke, der Verfassung einen Prolog mit den Grund- und Menschenrechten voranzustellen. Bereits im Juli 1789 hatten eine Reihe von Abgeordneten Entwürfe für eine Grundrechteerklärung vorgelegt, die umfassende gesellschaftliche Veränderungen anstrebten. Am Nachmittag des 4. August fasste die Nationalversammlung den Beschluss, deren Ausarbeitung unbedingten Vorrang zu geben, und am 26. August konnten die 17 Artikel der Menschen- und Bürgerrechte verabschiedet werden.

Der *basso continuo* in 9 der 17 Artikel ist die Herrschaft des Gesetzes, das in Artikel 6 als Ausdruck der *volonté générale* definiert wird, zu der alle Bürger persönlich oder durch die von ihnen gewählten Vertreter beitragen können. Alle Gesetze gelten für alle Bürger. Der Artikel beseitigte zugleich implizit die gesetzgeberische Vollmacht des Königs. Artikel 3 wies dessen Anspruch auf alleinigen Besitz der Souveränität ausdrücklich zurück und bestimmte, dass diese nur der Nation gehöre. Keine Körperschaft, keine Einzelperson könne die aus der Souveränität abgeleitete Autorität für sich beanspruchen. Vor dem Gesetz, so bestimmt es Artikel 1, sind alle Menschen gleich und frei. Deshalb sei es, wie Artikel 2 postulierte, das Ziel jeder politischen Gemeinschaft, die natürlichen und unveräußerlichen Rechte des Menschen auf Freiheit, Eigentum, Sicherheit und Widerstand gegen Unterdrückung zu wahren. Da diese Rechte in Frankreich bislang unbekannt waren oder missachtet wurden, wird in Artikel 7 ausdrücklich statuiert, dass niemand angeklagt, verhaftet oder seiner Freiheit ohne gesetzliche Grundlage beraubt werden könne. Gleichzeitig bestimmte Artikel 8, dass die Strafen unbedingt in einem angemessenen Verhältnis zur Tat stehen sollten. Auch wurde der Grundsatz des *nulla poena sine lege* verankert, dem zufolge keine Tat geahndet werden dürfte, die erst nachträglich unter Strafe gestellt worden war. Im Übrigen habe jeder, der angeklagt sei, so Artikel 9, bis zu seiner Verurteilung als unschuldig zu gelten. Dessen ungeachtet aber sei, so Artikel 15, jeder Inhaber eines öffentlichen Amts gegenüber der Gesellschaft hinsichtlich seiner Amtsführung rechenschaftspflichtig. Artikel 17 erklärt das Eigentum für «unverletzlich und heilig».

Die in Artikel 1 festgeschriebene Gleichheit aller vor dem Gesetz bedeutete auch die Abschaffung aller Privilegien. Ausdrücklich wird dennoch in Artikel 13 betont, dass Steuern künftig von allen Bürgern gleichermaßen und dem Verhältnis ihrer Möglichkeiten entsprechend abgeführt werden müssten. Dem Gleichheitsgrundsatz entsprach auch, allen Bürgern gleichberechtigten Zugang zu Ämtern und Würden zu garantieren, für die sie eine Eignung vorweisen konnten, wie es in Artikel 6 hieß. Das Grundrecht auf Freiheit, so Artikel 4, gestattete jedem alles, was einem anderen nicht schadete oder ihn in der Wahrnehmung seiner Grundrechte einschränkte. Entsprechendes galt auch für das Recht auf Meinungsfreiheit, einschließlich religiöser Überzeugungen, sofern diese, so Artikel 10, nicht die öffentliche Ordnung beeinträchtigten. Auch die freie schriftliche wie mündliche Äußerung von Meinungen und Gedanken, in Artikel 11 als eines «der wertvollsten Rechte des Menschen» bezeichnet, wurde garantiert. Schließlich wurde in Artikel 16 ausdrücklich festgehalten, wie schon erwähnt, dass jede Gesellschaft, in der weder die Wahrung all dieser Rechte noch die Gewaltenteilung ausdrücklich gewährleistet ist, keine Verfassung vorweisen könne.[1]

Die Erklärung der Menschen- und Bürgerrechte versprach ebenso wie die Beschlüsse des 4. August Veränderungen, die es nun durch gesetzliche Regelungen zu implementieren galt. Erst diese beschrieben detailliert, was an die Stelle all dessen treten sollte, was man beseitigen wollte. Mit anderen Worten: Die Nationalversammlung sah sich jetzt mit einem riesigen Aufgabenpensum konfrontiert. Schließlich hatte sie sich in der Nacht vom 4. auf den 5. August dazu hinreißen lassen, ein neues Regime zu entwerfen, während das alte Herrschaftssystem noch überall präsent und in Geltung war: ein kühnes Unterfangen, das der Operation an einem lebendigen Organismus bei vollem Bewusstsein glich. Dazu gab es keine Alternative, wenn man Anarchie oder ein Machtvakuum vermeiden wollte. «Frankreich», schrieb der Pastor Rabaut Saint-Etienne, «glich einem ungeheuren Chaos, in dem zwar alle Elemente der Ordnung vorhanden waren, aber auf die Hand eines Schöpfers warteten».[2]

Diese gewaltige Aufgabe erschwerte die geradezu religiöse Genauigkeit, mit der die Abgeordneten der Nationalversammlung Montesquieus Doktrin von der Gewaltenteilung zu beherzigen suchten. Bei allem, was sie beschlossen und taten, achteten sie zunächst darauf, dass die von ihnen beanspruchte und ausgeübte verfassunggebende Gewalt nicht die exekutive Autorität des Königs tangierte. Das Gezerre um das absolute oder lediglich suspensive Veto des Monarchen illustrierte diese Skrupel. Diese verlangten den Abgeordneten angesichts des Widerstands von Louis XVI gegen wichtige Beschlüsse der Nationalversammlung eine Geschicklichkeit ab, an der mancher schier zu verzweifeln drohte. Der Abgeordnete Adrien Duquesnoy notierte am 22. Februar 1790 eine Lösung des Problems: «Ich hatte bereits im letzten Juli den Gedanken geäußert, die Exekutivgewalt in Gegenwart des versammelten Souveräns [i. e. der Nationalversammlung] für vakant zu erklären. Dann wäre sie von uns ausgeübt worden und, ausgestattet mit diesem mächtigen Mittel, hätte uns alles gehorcht. Des Weiteren hätte man dem König sagen können, dass es nur zu seinem eigenen Glück geschähe, wenn man die Ausübung seiner Macht aussetzte, um ihm angesichts der herrschenden Unordnung den ganzen Kummer und die Verlegenheiten zu ersparen, und dass man ihm dann seine Krone glänzender denn je wieder zurückgeben würde».[3]

Die Verfassunggebende Versammlung war jedoch bis zuletzt gebannt vom Zauber des Königtums, das ihre Mitglieder, durch keine gegenteilige Erfahrung belehrt, nach wie vor für die ideale Vergegenwärtigung von Autorität und Ordnung hielten. In der Praxis jedoch lief seit dem Sommer 1789 alles darauf hinaus, dass die Nationalversammlung mehr und mehr die Exekutive in die Hand nahm, um das Land vor Chaos und Anarchie zu bewahren. Nicht nur die Truppen dispen-

Honoré Gabriel Victor de Riqueti Comte de Mirabeau

Emmanuel Joseph Sieyès

Charles Maurice Talleyrand-Périgord

Jean-Joseph Mounier, Prince de Bénévent

sierten sich, wie das Geschehen des 14. Juli gezeigt hatte, von ihrer Loyalität zur Krone, sondern im ganzen Land begann die königliche Verwaltung zu kollabieren, ein Prozess, den die *Grande Peur* enorm beschleunigte. Mit dieser Entwicklung zog aber auch die Gefahr herauf, dass die Arbeit der Verfassunggebenden Versammlung irreparablen Schaden nähme. Das musste um jeden Preis verhindert werden.

Der Ausweg, den man stillschweigend einschlug, wurde durch eine Verlegenheit förmlich erzwungen, in die sich die Versammlung mit ihren in der Nacht vom 4. August getroffenen Beschlüssen selbst verstrickt hatte. Diese setzten sie jetzt unter Druck, den großen Worten auch Taten folgen zu lassen. Die seigneuriale Ordnung sollte so rasch und so gründlich wie angekündigt beseitigt und zugleich damit die gesamte Verwaltungsorganisation des Landes einschließlich des Justiz- und Steuerwesens neu organisiert werden. Dazu kam das Dauerproblem, dem maroden Staat neue Gelder zu verschaffen, die Steuern einzutreiben, die stets prekäre Versorgung zu gewährleisten, das Militär zusammenzuhalten und überall Nationalgarden aufzustellen, die für Ruhe und Ordnung sorgten. Um diese Herausforderungen zu meistern, musste die Arbeit an der Verfassung, die der Nationalversammlung nach wie vor als Hauptaufgabe galt, immer wieder unterbrochen werden.

Das stürzte die Abgeordneten in eine Malaise, die durch das suspensive Veto des Königs noch vertieft wurde. Das Veto galt zwar nur für Akte der Gesetzgebung und nicht für Verfassungsartikel, aber in der Verfassungswirklichkeit waren beide oft nicht sauber voneinander zu trennen. Das zeigte sich etwa bei der Beratung des Gesetzes über die Neuordnung der städtischen Verwaltung am 14. Dezember 1789, bei der sich die Versammlung mit großer Mehrheit entschied, keine Zeit mit einer genauen Differenzierung zu verschwenden.[4] Das war das Eingeständnis einer Praxis, nach der die Nationalversammlung längst schon verfuhr, denn die Exekutivgewalt in den Händen des Königs und der Minister glich nach dem 14. Juli und dem 5. Oktober nur noch einer Schimäre, während sich die Nationalversammlung zu großen Teilen die faktische Macht angeeignet hatte. Danach handelte man, ohne es sich ausdrücklich einzugestehen. Das war nur klug, denn der Nationalversammlung war die exekutive Gewalt aus denselben Gründen zugefallen, aus denen sie dem König entglitten war. Ironischerweise war es die staatliche Neuorganisation Frankreichs und nicht die Verfassung, die Bestand haben sollte und das Land bis heute prägt.

Die Verfassung stellte den König als Chef der Exekutive an die Spitze des Staats, der als konstitutionelle Erbmonarchie ausgewiesen wurde. Um jedoch die Gefahr des Despotismus, den die Revolution überwunden hatte, ein für allemal zu bannen, wurde die Exekutivgewalt des Monarchen von der Verfassung vergleichsweise schwach angelegt. Das verrät schon dessen neuer Titel *Roi des Français*,[5] König der Franzosen. Er war also nicht mehr Herrscher von «Gottes Gnaden», sondern regierte das Land in Übereinstimmung mit den Gesetzen, denen die höchste Autorität zugesprochen wurde. Konsequenterweise erhielt der König kaum eigene Machtbefugnisse, die nicht der Kontrolle durch die Legislative unterlagen. So hatte er keinerlei Gesetzesinitiative, und Gesetze, die von ihm abgelehnt wurden, konnte er nur für die Dauer von zwei Legislaturperioden mit aufschiebendem Veto blockieren. Auch das Geld für seinen Haushalt, die mit 25 Millionen *livres* dotierte Zivilliste, wurde von der Legislative bestimmt. Zwar ernannte er allein die Minister, aber diese waren der Legislative gegenüber verantwortlich. Auch bei deren Auswahl war er eingeschränkt, denn die Ernennung von ehemaligen oder aktiven Mitgliedern der Legislative war ihm ausdrücklich untersagt.

Der Exekutive stand eine Legislative von 745 Abgeordneten gegenüber. Wahlberechtigt waren nach der am 29. Oktober 1789 verabschiedeten Gesetzgebung nur die sogenannten «Aktivbürger»: Franzosen ausschließlich männlichen Geschlechts von mindestens 21 Jahren, die eine Steuerleistung nachweisen konnten, deren Höhe dem Arbeitslohn eines Arbeiters für drei Tage entsprach, und die für wenigstens ein Jahr im Ort oder Kanton ansässig waren, in dem sie zur Wahl gingen. Diese Bestimmung schloss alle nicht ortsansässigen Landbesitzer von der Wahl aus. Alle anderen waren «Passivbürger» und bis zur Einführung des allgemeinen Wahlrechts für Männer im Herbst 1792 von einer Mitwirkung am politischen Willensbildungsprozess ausgeschlossen. Dazu gehörten ausnahmslos alle Bediensteten, auch wenn sie einen höheren Lohn bezogen als jene 2 *livres*, die als Äquivalent für den Lohn von drei Tagen Arbeit galten.[6]

Dieser Zensus hatte zwar ein Einkommen zur Voraussetzung, das nur wenig über der Armutsgrenze lag,[7] unterschied sich aber doch von den großzügigeren Wahlrechtsbestimmungen bei den Wahlen für die Generalstände. Zum weiteren stand das darauf basierende Wahlrecht auch in einem gewissen Widerspruch zu dem in der Menschenrechtserklärung beschworenen Gleichheitsprinzip, auch wenn damit rund 4,3 Millionen von schätzungsweise 6,2 Millionen die Möglichkeit hatten, sich aktiv am politischen Willensbildungsprozess zu beteiligen.[8] Diese Zahl konnte sich etwa im Vergleich zu England, dem Mutterland der repräsentativen Demokratie, durchaus sehen lassen, denn dort wurde das passive Wahlrecht nur von vier Prozent der Einwohner ausgeübt.[9]

Die Aktivbürger unterteilten sich in zwei weitere Kategorien: Bei den Wahlen zur Legislative hatten sie nur das Recht, je einen Wahlmann pro einhundert aus ihren Reihen zu wählen. Kandidaten für das Elektorenamt mussten eine Steuerleistung nachweisen, die wenigstens dem Arbeitslohn von zehn Tagen entsprach. Die Elektoren trafen sich zu den Wahlversammlungen der einzelnen Departements, um die Abgeordneten für die Gesetzgebende Versammlung zu wählen. Deren Kandidaten mussten jedoch eine Steuerleistung von wenigstens einer *marc d'argent* vorlegen, was rund 54 *livres* entsprach und damit eine Qualifikation einforderte, die nur die wenigsten Aktivbürger erfüllten.[10] Besitz war mithin das Kriterium der Repräsentationsfähigkeit. In der neuen Gesellschaftsordnung der Revolution sollte Wohlstand und nicht mehr Geburt oder Herkommen die Grundlage des politischen Lebens sein.

Mit ihren Beschlüssen vom 4. August hatte die Nationalversammlung Erwartungen geweckt, die umgehend erfüllt werden mussten. Das setzte sie jetzt unter erheblichen Zugzwang, möglichst rasch eine umfassende Verwaltungsreform auszuarbeiten, was freilich einen Vorgriff auf die geplante Verfassung darstellte. Am 7. September 1789 regte Sieyès deshalb in der Nationalversammlung die Berufung eines Komitees an, «um der Versammlung so bald wie möglich einen Plan für die Organisation der Gemeinden und Provinzen vorzulegen».[11] Im Unterschied zu früheren Vorschlägen, die eine umfassende Verwaltungsreform mit einer Reform des Steuerwesens rechtfertigten, war der Vorschlag von Sieyès darauf abgestellt, ein landesweit einheitliches System der Repräsentation zu verwirklichen, das den revolutionären Postulaten von Freiheit, Gleichheit und nationaler Souveränität entsprach und das darauf basierte, dass die Funktionsträger der unterschiedlichen Verwaltungsebenen ausnahmslos durch Wahlen zur Ausübung ihrer Ämter gelangten.

Diese Absicht verkündet auch der Titel des zweiteiligen Berichts, den der Abgeordnete Jacques-Guillaume Thouret namens jenes Komitees am 29. September der Nationalversammlung vorstellte: *Rapport sur les bases de la représentation proportionelle.*[12] Allein die Anforderungen aus dieser «représentation proportionelle» machten es unumgänglich, die alten chaotischen Verwaltungsstrukturen des Landes zu beseitigen und durch eine neue, in sich ausgewogene Gliederung zu ersetzen. Die wichtigsten Merkmale waren Uniformität und Dezentralisation; zudem sollte die Verwaltung jeweils von gewählten Versammlungen wahrgenommen werden. Dabei war die Beseitigung der unzähligen unterschiedlichen, sich vielfach überlappenden Verwaltungseinheiten keineswegs die primäre Absicht der Reform, sondern lediglich deren zwangsläufige Folge. Dieser labyrinthische Wirrwarr wurde ersetzt durch 83 Departements, die jeweils nach Größe, Bevölkerung und Wohlstand ähnlich strukturiert waren. Diese waren ihrerseits wieder in Distrikte und Kommunen unterteilt, deren Verwaltung in den Händen von Repräsentativversammlungen und gewählten Funktionsträgern lag.[13]

In jedem Departement wurde ein Rat von 36 ehrenamtlich tätigen Mitgliedern für zwei Jahre gewählt. Sie bestimmten aus ihrer Mitte ein achtköpfiges Direktorium, zuständig für die Verwaltung des Departements und die Rechtsaufsicht über die innerhalb seiner Grenzen gelegenen Städte. Ihm zur Seite stand ein ebenfalls gewählter *procureur général*, eine Art Syndikus.[14] Auch die Distrikte eines jeden Departements hatten ihre eigenen Räte und Gremien. Ihre Aufgabe war es, die Gemeinden zu beaufsichtigen, die gleichwohl ein hohes Maß an Autonomie besaßen. Entsprechend wurden auf der untersten Verwaltungsebene, in den Städten und Gemeinden, Bürgermeister und Gemeinderäte von und aus den Aktivbürgern gewählt.[15] Die Neugliederung der Verwaltung war von der Nationalversammlung Mitte Dezember 1789 gebilligt worden. Ihr Hauptertrag war die Beseitigung des privilegierten «Sondertums» der alten Provinzen. Die Festlegung der jeweiligen

Departementgrenzen warf eine Fülle von Problemen auf, die aber bis März 1790 ohne größere Zwistigkeiten gelöst werden konnten.

In der bekannten Formulierung: «*Le Royaume est un et indivisible*; sein Gebiet ist gegliedert in 83 Departements …», die von Rabaut de Saint-Etienne am 9. August 1791 vorgeschlagen und von der Nationalversammlung als ein Artikel in die Verfassung übernommen wurde,[16] fand die Essenz der mit dieser Reform angestrebten Uniformität ihren positiven Ausdruck. Hingegen ist die Absicht der Dezentralisierung lediglich negativ dadurch dokumentiert, dass es auf keiner Ebene der Landesverwaltung einen weisungsgebundenen Funktionär gab, der, wie die Intendanten des *Ancien Régime* oder die Präfekten Napoleons, von der Regierungszentrale eingesetzt worden war. Folglich war die Zentralregierung innerhalb dieses auf Selbstverwaltung abgestellten Systems ausschließlich von den Fähigkeiten und dem Diensteifer der Funktionsträger abhängig, die auf der Ebene der Departements oder darunter tätig waren und ihr Amt allein ihrer Wahl durch die Aktivbürger verdankten.

Dieser Systemwechsel war eine stille Revolution, denn die repräsentative und dezentrale Ordnung, die damit einzog, ersetzte übergangslos die alten, strikt lokal fixierten und feudal geprägten Gewohnheiten. Das ging nicht ohne Reibungen ab, aber mehr als ein Aufmucken ließen die alten Gewalten nicht vernehmen, die zwischen Februar und Ende Juni 1790 in dem Rhythmus verschwanden, in dem sich die neuen Departement-, Distrikt- und Kommunalverwaltungen etablierten. Das war nicht überraschend, denn in den Städten waren von der «kommunalen Revolution» vom Juli 1789 die alten Oligarchien bereits durch gewählte Versammlungen abgelöst worden.[17] Etwas anders war die Situation auf der Ebene der Distrikte und der Departements, beides zwar Neuschöpfungen, die aber im Bereich der Justizpflege ab Herbst 1790 vertraute Aufgaben übernahmen. Das war für manche, die ihre käuflichen Ämter verloren hatten, eine Chance, da auch die neue Verwaltung nicht auf den Sachverstand der Fachleute aus dem *Ancien Régime* verzichten konnte.[18]

Das am 16. August 1790 von der Nationalversammlung verabschiedete Gesetz, mit dem das gesamte Gerichtswesen in Übereinstimmung mit der neuen Verwaltungsorganisation eingerichtet wurde, vereinfachte die Rechtspflege erheblich.[19] Ein weiteres Gesetz vom

16. September 1791 ordnete auch die Strafgerichtsbarkeit neu.[20] Mit dieser umfassenden Justizreform wurde die gesamte Rechtsprechung erheblich vereinfacht, verbilligt und den Interessen der Bürger angenähert.[21] Damit verbanden viele Abgeordnete, wie bei der Neugliederung der Verwaltung, die Absicht, das neue Regime nach dem Ideal einer von Eintracht, Gleichheit und Harmonie der Interessen geprägten Gesellschaft freier Bürger zu verwirklichen und es verschwand die gesamte barocke Justizpflege des *Ancien Régime* mit ihrer absurden Fülle käuflicher Ämter. Prominentestes Opfer waren die *Parlements*. Ihr Schicksal besiegelten just jene politischen Einspruchsrechte, die von ihnen in der Spätphase des *Ancien Régime* gegen die absolute Monarchie erhoben worden waren. Jetzt waren diese Einsprüche durch die revolutionären Veränderungen obsolet geworden. Mit der Etablierung der Strafgerichtsbarkeit in den einzelnen Departements, die wesentliche Kompetenzen der alten *Parlements* ausübten, wurden diese mit dem Gesetz vom 6. September 1790 förmlich beseitigt.[22]

Die umfassende landesweite Verwaltungsreform, die von der Nationalversammlung binnen weniger Monate verabschiedet wurde, stellt in ihrer Tragweite eine eigene Revolution dar. Die Übertragung administrativer Kompetenzen auf gewählte Bürger und Gremien war eine kühne Innovation, für die es in dieser Größenordnung kein Vorbild gab und bei der man sich folglich auch auf keine Erfahrungen stützen konnte. Von nun an wurde das Funktionieren aller Institutionen von den Aktivbürgern kontrolliert. Das galt nach Einführung der Zivilkonstitution auch für die Kirchenhierarchie. Selbst Protestanten, Juden oder Atheisten nahmen an der Wahl von Pfarrern oder Bischöfen teil. Die ganze Wucht dieser Verwaltungsreform im Erleben des Einzelnen entfaltete sich aber erst, als sie den Bereich erfasste, der alle Bürger, gleich ob «aktiv» oder «passiv», unterschiedslos traf: die Steuerverwaltung.

Das neue Steuerwesen, das von der Nationalversammlung erst in den letzten Monaten des Jahres 1790 verabschiedet wurde und zum 1. Januar 1791 in Kraft trat, basierte auf drei Steuerarten: der *taxe foncière*, der *taxe mobilière*, der *patente* sowie einigen indirekten Verbrauchssteuern, deren Anzahl aber verglichen mit der im *Ancien Régime* sehr verringert wurde. Die verhasste Salzsteuer etwa wurde ersatzlos beseitigt. Die ertragreichste Steuer war die *taxe foncière*, die auf die Bodenerträge erhoben wurde, gefolgt von der *taxe mobilière*, mit der in der Industrie erwirtschafteten Gewinne sowie Renteneinkünfte erfasst wurden, während die *patente* die in Handel und Handwerk erzielten Einnahmen abschöpfte.

Die Verwaltung dieses Steuerwesens oblag den Kommunen, Distrikten und Departements. Deren gewählte Verwaltungen befassten sich damit, die jeweils fällige Steuerschuld einzuschätzen und die entsprechenden Beträge einzutreiben. Das stellte insbesondere die Gemeinden vor kaum lösbare Herausforderungen, denn die *taxe foncière* war ein *impôt de répartition.* Das bedeutete, dass von vorneherein ein bestimmter Betrag festgesetzt war, den diese Steuer pro Jahr einbringen sollte – für 1791 etwa 300 Millionen *livres* –, der auf alle, die dieser Steuer unterlagen, umgelegt wurde. Auf Grundlage einer mehr oder minder groben Schätzung wurde dieser Betrag auf alle 83 Departements verteilt. Diese hatten dann die Aufgabe, den von ihnen erwarteten Steuerbetrag auf die einzelnen Distrikte umzulegen, die wiederum den Kommunen die Steuerforderungen präsentierten, die von diesen zuletzt den Steuerpflichtigen vorgelegt wurden. Dabei galt überdies noch die Einschränkung, dass die Steuerforderung nicht höher sein durfte als ein Sechstel der vom Steuerpflichtigen erzielten Nettoeinnahmen!

Obwohl sich die Nationalversammlung mit dieser großen Reform des Steuerwesens ernsthaft erst seit Mitte August 1790 zu befassen begann und die entsprechenden Gesetze erst in den letzten Monaten des Jahres verabschiedet wurden, sollte sie schon im Januar 1791 in Kraft treten. Dass sie bei ihrer Umsetzung mit zahllosen Fehlern und Ungereimtheiten behaftet war, kann daher kaum überraschen. Drei fallen besonders ins Auge. Die treuherzige Vermutung der Nationalversammlung, die Aktivbürger würden sich angesichts der ihnen versprochenen Steuergerechtigkeit allein schon aus patriotischem Ehrgefühl der Steuerehrlichkeit befleißigen. Also sahen die Abgeordneten so gut wie keine Kontrollmaßnahmen vor! Eine kaum weniger fatale Fehleinschätzung war die Annahme, dass sich die neue Art der Besteuerung sofort verwirklichen lasse. Außerdem erwartete man, dass die aus Wahlen hervorgegangenen Verwaltungen auf der Ebene der Kommunen, Distrikte und Departements das gründlich reformierte Steuersystem umstandslos beherrschen würden.

Schließlich ging man davon aus, dass das neue System zu gewaltigen Mehreinnahmen führen würde. Tatsächlich belief sich der Steuererlös trotz der Aufhebung aller Steuerprivilegien aber nur auf 469 Millionen,[23] was einem Defizit von gut und gerne 100 Millionen entsprach. Diese enorme Deckungslücke ließ sich nur durch Steuererhöhungen schließen. Doch die waren aus politischen Rücksichten verpönt, denn damit drohte sich die Steuersumme jener des *Ancien Régime* anzunähern, der nicht zuletzt wegen seiner drückenden Steuerlast verhasst war. Dabei war die Einnahmelücke nur das kleinere Übel; fiel schwerer wog der Schuldenberg, den man vom *Ancien Régime* geerbt hatte. Diese Herausforderung, so zeigte sich jetzt, ließ sich weder mit der Beseitigung aller Steuerprivilegien noch mit einer Steuerreform meistern, die wegen ihrer überstürzten Umsetzung die mit ihr verbundenen Erwartungen weit verfehlte.

Die Nationalversammlung hatte es von Anfang an vermieden, sich mit dem größten Problem Frankreichs, der Finanzkrise, zu befassen. Als Ausrede diente der Hinweis darauf, dass man gehalten sei, erst eine Verfassung zu verabschieden, ehe man daran denken könne, sich über neue Steuern oder Anleihen den Kopf zu zerbrechen. Das entsprach zwar den Forderungen in vielen Beschwerdeheften, aber die Nationalversammlung hatte sich von den Fesseln solcher imperativer Mandate längst befreit. Für die ostentative Zurückhaltung der Abgeordneten spielte neben der Befürchtung, nicht auf den Rückhalt der öffentlichen Meinung zählen zu können, auch ihre mangelnde Erfahrung in Finanzfragen eine Rolle.

Angesichts der im Land herrschenden Unruhe und der sich daher mehrenden Ausfälle bei den ordentlichen Steuereinnahmen sowie der kontinuierlichen Ausgabensteigerungen bei der Versorgung der darbenden Bevölkerung mit Nahrungsmitteln begann einigen Abgeordneten die Einsicht zu dämmern, dass die chronische Finanzkrise des Staates keinen weiteren Aufschub duldete. Aber was tun? Erste Ansätze zur Lösung dieses Problems brachten bereits im August 1789 den Besitz des Klerus in die Diskussion, der, wie der Abgeordnete François Buzot bemerkte, Eigentum der Nation sei. Am 8. August machte der Marquis Benjamin de La Coste-Messelière den Vorschlag, die Kirchengüter zur Sanierung der staatlichen Finanzen zu verwenden.[24] Alexandre de Lameth unterstützte diesen Antrag mit der Spezifikation, den Gläubigern des Staates diesen Besitz als hypothekarische Garantie zu überantworten.[25]

Diese Vorschläge verhallten zunächst ungehört, da man noch glaubte, das in seinem ganzen Umfang nicht erkannte Problem mit jenen beiden Anleihen bewältigen zu können, zu deren Auflage man sich am 7. und 27. August durchgerungen hatte. Als sich abzeichnete, dass die damit verknüpften Erwartungen sich nicht erfüllten, ergriff das Mitglied im Finanzausschuss der Nationalversammlung, der Marquis Louis-Marthe de Gouy d'Arsy, am 19. September das Wort zu einer «Brandrede», in der er mit großem Nachdruck das ganze Ausmaß der Finanzmisere detailliert darstellte. Um den akuten Geldmangel rasch zu beheben, schlug er unter anderem vor, dass für insgesamt 400 Millionen Schuldscheine ausgegeben werden sollten. Als Deckung dieser «mandats nationaux» sollten die künftigen *don gratuits* des Klerus dienen.[26] Zwar blieb auch dieser Vorschlag ohne Folgen, doch war damit zum ersten Mal der Gedanke ausgesprochen worden, den Kirchenbesitz als Absicherung für die Ausgabe von Papiergeld zu verwenden.

Am 24. September brachte Dupont de Nemours einen weiteren Vorschlag zur Deckung des Defizits in die Diskussion ein, der nicht auf den Besitz, sondern lediglich auf die Einkünfte der Kirche zielte. Diese bezifferte er – allerdings unter Einschluss des Kirchenzehnten, dessen Abschaffung am 4. August beschlossen worden war – auf rund 160 Millionen pro Jahr.[27] Da von dieser Summe aber nur rund 113 Millionen für den Kultus sowie Erziehungs- und Wohlfahrtsausgaben verwendet würden, könnte der Staat die restlichen 47 Millionen zur Tilgung des Defizits heranziehen.[28]

Noch weiter ging gut zwei Wochen später der Bischof von Autun, Charles-Maurice de Talleyrand, der am 10. Oktober den Vorschlag machte, rund ein Drittel der Einnahmen der Kirche aus ihrem Besitz dem Staat zu überantworten. In dieser berühmt-berüchtigten Rede stützte sich Talleyrand auf Argumente, die im Wesentlichen schon vom Marquis de Cerfvol dreißig Jahre zuvor entwickelt worden waren.[29] Nach Talleyrand hatte der Klerus lediglich auf Grund seiner Funktionen den Nießbrauch der Güter, die er besaß. Übernahm jedoch die Nation diese Aufgaben, dann war es legitim, dass sie auch in den Besitz dieser Güter gelangte. Damit wäre die Nation befugt, gegen angemessene Entschädigung der Kongregationen den gesamten Besitz jener Orden und Klöster zu übernehmen, die keinerlei Funktionen mehr hätten. Das gelte zum weiteren auch für alle Benefizien, denen jeglicher Nutzen abhandengekommen sei. Schließlich sei es nur billig, die Einnahmen der übrigen Benefizien auf eine bestimmte Summe zu beschränken. Aus den damit erzielten Erlösen könne nicht nur das Los jener, die durch den Fortfall des Zehnten geschädigt wurden, sowie das der armen Priester gelindert werden, sondern es ließe sich davon auch noch genug erübrigen, um das Defizit zu tilgen.[30] Mit dieser Rede, die ihm den Beifall der armen Priester eintrug, die sich mit der *portion congrue* in Höhe von 700 *livres* bescheiden mussten,[31] schlug Talleyrand die entscheidende Bresche, die dann von den bedeutenden Rednern der Nationalversammlung, ausnahmslos Juristen, systematisch erweitert wurde.

Am 13. Oktober etwa meldete sich Antoine Barnave mit dem Hinweis zu Wort, dass es für die von Talleyrand erhobene Forderung historische Vorbilder gebe. Könige hätten sich auch schon früher in Notlagen Teile des Kirchenguts angeeignet. Dieses Recht, so folgerte er, müsse folglich auch der Nation und der Nationalversammlung zustehen.[32] Im Debattenbeitrag vom 23. Oktober führte Jacques-Guillaume Thouret mit juristischen Argumenten den Nachweis, dass der Klerus als Körperschaft nicht als Eigentümer seines Besitzes angesehen werden könne. Seine Ausführungen gipfelten in dem hübschen Argument: «Aus demselben Grund, dass die Abschaffung einer Körperschaft keinesfalls als Mord zu qualifizieren ist, folgt zwingend, dass auch die über eine Körperschaft verhängte Besitzstandskündigung nicht den Tatbestand einer Beraubung erfüllt».[33] Ähnlich auch die Argumentation von Jean-Baptiste Treilhard, der dem Klerus nur eingeschränkte Eigentümerrechte an seinem Besitz bescheinigte.[34]

In dieser durch Talleyrand angestoßenen Debatte über das Kirchengut fochten die Verteidiger der Kirche auf verlorenem Posten. «Sie glichen», wie der *abbé* de Pradt rückblickend spottete, «Rittern, die mit ihren Lanzen gegen Gewehre kämpften».[35] Auch wenn es der Kirche nicht an talentierten Rednern mangelte, die wie Sieyès, der *abbé* Maury, Boisgelin oder andere für ihre Interessen stritten, waren die Erfolgsaussichten der «Gemäßigten» von vorneherein eingeschränkt, weil die radikaleren Kräfte in der Nationalversammlung zunehmend das Milieu beherrschten. Dabei kam ihnen vor allem das Publikum zugute, das radikale Äußerungen akklamierte, während es jene, die für Zurückhaltung und Mäßigung plädierten, mit lautstarken Schmähungen einschüchterte. Die mit Besuchern stets dicht besetzten Galerien waren nicht bloß eine lärmende Kulisse, sondern eine Macht, die einen andauernden und systematischen Druck ausübte, der das Verhalten der Versammlung wie einzelner Abgeordneter nachhaltig beeinflusste. Diese Galerien waren gleichsam die Klippen, an denen alle diejenigen scheiterten, die den zunehmend gefährlichen Kurs, den die Revolution nahm, zu korrigieren suchten. Für den Einfluss, den das Publikum auf das Betragen und das Abstimmungsverhalten der Abgeordneten nahm, steht das Zeugnis eines Mannes, der es wie nur wenige verstand, dieses Tohuwabohu zu nutzen: Maximilien Robespierre.

In einer Rede, die er am 10. Februar 1792 im Jakobiner-Club hielt, widmete Robespierre diesem Einfluss eine aufschlussreiche Passage: «Das lebhafte und beeindruckende Spektakel, das sechstausend Besucher geboten haben, die uns in Versailles beiwohnten, hat nicht wenig dazu beigetragen, uns den Mut und die Energie einzuflößen, die für unser Tun notwendig sind. Wenn man der Verfassunggebenden Versammlung nachrühmt, sie habe den Despotismus gefällt, muss man zugeben, dass sie sich in diesen Ruhm mit den Tribünen teilen muss. Die erste Maßnahme, die von den Despoten ergriffen wurde, sobald sie sich ermannten, auf die Repräsentanten der Nation die Anschläge zu verüben, die diese aufweckten, war, das Publikum vom Zutritt zu unseren Versammlungen auszuschließen. Die Nationalversammlung beging einen großen Fehler, als sie sich beeilte, Versailles zu verlassen, um dem König zu folgen, denn sie ließ sich zunächst im Saal des erzbischöflichen Palais, dann im Manege-Saal einsperren. In Gegenwart der zahlreichen Ansammlung von *Citoyens*, von der wir glücklicherweise in Versailles umgeben waren, wer hätte es dort gewagt, uns die Zustimmung zu dem Gesetz über die Verhängung des Ausnahmezustands abzunötigen (...)? (...) Unter den Augen des Volkes vereitelt es wenigstens die Scham, in leichtsinniger Kühnheit die Sache der Gerechtigkeit und der Menschheit zu verraten. Der Patriotismus verspürt das Wachsen von Kraft und Mut, die Intrige hingegen verliert an Kühnheit und Umtriebigkeit. Gesetzgeber, beeilen Sie sich also, sich dieser imposanten Unterstützung zu versichern. Auf den Trümmern der Bastille oder anderswo sollte nach Ihren Anweisungen und für ihre Zwecke ein majestätisches Bauwerk entstehen, das wenigstens zehntausend Zuschauern Platz bietet, zu dem der *peuple* bequemen Zugang hat und unbehelligt der Erörterung seiner Interessen beiwohnen und seiner Mandatsträger ansichtig werden kann».[36]

Es rächte sich jetzt, dass die Bischöfe und die «Monarchiens» ihren anfänglich großen Einfluss in der Versammlung nicht energisch verteidigt, geschweige ausgebaut hatten. Stattdessen hatten sie sich ohne Not in Resignation geflüchtet. So schieden Bergasse, Mounier, Lally-Tollendal und Clermont-Tonnerre, die zu den Wortführern der «Gemäßigten» gehörten, nach ihrer Abstimmungsniederlage in der Veto-Frage am 12. September aus freien Stücken aus dem wichtigen Verfassungsausschuss aus und überließen damit das Feld ihren Gegnern. Die Verzagtheit vor allem der Repräsentanten des hohen Klerus nahm in dem Maße zu, in dem die Gefahr für ihre Interessen immer näher rückte.

In der Sitzung vom 31. Oktober beeindruckten sie dennoch mit Argumenten und rhetorischem Geschick die Versammlung.[37] Als die Nationalversammlung am 2. November wieder zusammentrat, um über die Frage des Kirchenbesitzes abzustimmen, war daher die Meinung unter den Deputierten verbreitet, dieses Votum würde zu Gunsten der kirchlichen Interessen ausfallen. Tatsächlich aber gelang es dem Bretonen Le Chapelier im letzten kurzen Debattenbeitrag, die vermutete Mehrheitsmeinung umzudrehen.[38] «Sie wollten die Stände beseitigen, weil deren Zerstörung notwendig war für das Heil des Staates. Wenn der Klerus aber weiterhin seinen Besitz behält, dann ist der Stand des Klerus noch nicht beseitigt. Damit belassen Sie ihm notwendigerweise die Fähigkeit, sich zu versammeln, Sie rechtfertigen seine Unabhängigkeit, und Sie leisten der Unordnung der Zivilgesellschaft (*corps politique*) Vorschub, die zu organisieren sie den Auftrag haben».[39]

Dieser Appell an die politische Handlungslogik der Abgeordneten erinnerte sie daran, dass sie mit ihren Beschlüssen in der Nacht des 4. August ein neues Modell der Gesellschaft entworfen hatten, mit dem privilegierte Körperschaften nicht mehr zu vereinbaren waren. So stimmte eine Mehrheit von 569 Stimmen gegen 346 bei 40 Enthaltungen dem von Mirabeau formulierten Vorschlag zu, den Kirchenbesitz «der Verfügung durch die Nation zu überantworten».[40] Mirabeau bewies mit dieser Vorlage großes politisches Geschick: Seine ambivalente Formulierung vermied es, die schwierige Eigentumsfrage erneut aufzuwerfen, um die zuvor in den Debatten mit vielen juristischen und historischen Spitzfindigkeiten gestritten worden war. Auch war die Bestimmung so vage gefasst, dass selbst jene zustimmen konnten, die eine Säkularisierung abgelehnt hätten.

Zwar wurde der Kirchenbesitz mit diesem Beschluss nicht direkt enteignet. Aber wann es dazu kommen würde, war jetzt nur noch eine Frage der Zeit. Einerseits verblieben der Kirche Besitz und Verwaltung ihrer Güter, andererseits waren diese der Nation als Hypothek zugeschlagen worden, die sie jederzeit realisieren konnte. Das galt laut Artikel 2 dieses Gesetzes bereits für jenes Kirchengut, das die Kirche nicht für die Bestreitung ihrer Aufgaben benötigte. Artikel 3 beauftragte die *Commission ecclésiastique* damit, diesen Bestand zu eruieren, der dann nach Artikel 4 den jeweiligen Provinzialverwaltungen anheimfallen sollte. Freihändig wurde dessen hypothekarischer Wert in Artikel 11 mit 400 Millionen festgestellt. Diese Summe sollte, so Artikel 12, durch Ausgabe von «billets du clergé», also hypothekarisch abgesicherten Obligationen mit einem Zinssatz von 5 Prozent, realisiert werden, die beim Erwerb von Kirchengut von der am 21. Dezember dafür eigens geschaffenen *Caisse de l'extraordinaire* in Zahlung genommen wurden.[41] Damit wurden die am 19. September 1789 zum ersten Mal von Gouy d'Arsy als «mandats nationaux» vorgeschlagenen «Assignaten», die mit einem Teil des Kirchenguts hypothekarisch besichert waren, als Zahlungsmittel anerkannt.

Sehr schnell wurde deutlich, dass auch diese Anleihe weder rasch genug abgesetzt werden konnte noch ihre Summe ausreichte, um die maroden Staatsfinanzen zu sanieren. Am 6. März 1790 musste Necker, der im August 1789 seine dritte und letzte Amtszeit als Finanzminister angetreten hatte, der Nationalversammlung eingestehen, dass die Unterdeckung des Haushalts sich nicht, wie von ihm im November 1789 prognostiziert, auf 80 Millionen, sondern auf wenigstens 294 Millionen belaufe.[42] Als Retter aus dieser neuen Verlegenheit erschien am 10. März Jean-Sylvain Bailly an der Spitze einer Delegation der *Commune de Paris* und machte der Nationalversammlung den Vorschlag, jenen Kirchenbesitz im Wert von 400 Millionen an Paris und andere

Städte Frankreichs en bloc zu verkaufen. Die Kaufsumme für eine erste Tranche in Höhe von 200 Millionen sollte mit Obligationen mit einem Zinssatz von 4 Prozent beglichen werden, die als Billets von 200 bis 1000 *livres* ausgegeben würden.[43] Der Vorschlag war einleuchtend: Der Staat würde auf diese Weise wesentlich schneller 200 Millionen einnehmen, während Paris und die anderen Städte die von ihnen erworbenen «biens nationaux», um eine Marktsättigung und einen daraus resultierenden Preisverfall zu vermeiden, nach und nach möglichst gewinnbringend weiterveräußern könnten. Diesem Vorschlag gab die Nationalversammlung am 17. März 1790 statt.[44]

Baillys Vorschlag gab den Anstoß, nach diesem Vorbild nun auch die Bestimmungen des Dekrets vom 2. November 1789 zügig umzusetzen. Am 9. April 1790 regte der Abgeordnete Charles Antoine Chasset an, dem Klerus sofort die Verfügung über alle im Dekret beschriebenen Güter zu entziehen und deren Verwertung den einzelnen unterdessen geschaffenen Departements und Distrikten zu übertragen.[45] Ein entsprechendes Dekret wurde von der Nationalversammlung am 20. April verabschiedet.

Damit war der Sinn der schamhaften Formulierung vom 2. November, den Kirchenbesitz «der Verfügung der Nation zu überantworten», eindeutig geklärt. Das eröffnete sofort neue Möglichkeiten: Was hinderte jetzt noch, diesen Besitz im Wert von zwei bis drei Milliarden möglichst vorteilhaft zu veräußern? Mit dem Erlös ließe sich nicht nur das Defizit tilgen, sondern es könnten auch alle Schulden beglichen werden. Binnen Jahresfrist hätte die Nationalversammlung damit die Aufgabe gemeistert, deretwegen die Generalstände einberufen worden waren. Noch vielversprechender waren die politischen Konsequenzen, die gleichsam als Nebenfolge der umfassenden Sanierung der Staatsfinanzen abzusehen waren. Der Verkauf des riesigen Kirchenbesitzes würde eine riesige Eigentumsumverteilung auslösen: Wer immer das frühere Hab und Gut des Klerus erwarb, würde der Revolution verpflichtet sein. Das waren keineswegs neue Schichten wie etwa die Masse der Kleinbauern, sondern die Angehörigen der «revolutionären Bourgeoisie», wie sie von Alfred Cobban etikettiert wurden,[46] deren Repräsentanten das Geschehen in der Nationalversammlung und in anderen Revolutionsgremien beherrschten. Das waren weder Händler, noch Finanzleute oder Besitzer von Manufakturen, sondern in überwältigender Mehrheit Amtsinhaber, Advokaten und Angehörige anderer freier Berufsgruppen, die im städtischen Biotop ihr Auskommen fanden und von denen viele bereits Landbesitzer waren.

Zunächst verfuhr man auch hier sehr schamhaft und tat zumindest so, als ob man beim Verkauf des Kirchenguts die ärmeren ländlichen Schichten bevorzugen wollte. Mit Dekret vom 14. Mai 1790 wurde verfügt, den zur Veräußerung bestimmten Kirchenbesitz an Ackerland, Weinbergen oder Weiden in großem Umfang zu parzellieren. Außerdem wurde für dessen Erwerb nur eine Anzahlung von 12 Prozent verlangt, die sofort beim Kauf fällig war, während die restliche Summe auf zwölf Jahre verteilt in jährlichen Raten zum Zins von 5 Prozent getilgt werden konnte. Schließlich wurde die Festsetzung des Verkaufsangebots auf Grundlage der in aller Regel niedrigen Pachterträge kalkuliert. Das waren Konditionen, die auf Kaufinteressenten zugeschnitten waren, die über kein Kapital verfügten. Deren Aussichten auf ein kleines Stück Land wurden aber durch zwei weitere Bestimmungen sofort wieder vereitelt, denn die Parzellen wurden nur jeweils en bloc zum Verkauf angeboten und der erfolgte im Rahmen einer Auktion.[47] Wenn sich also nicht viele kaufinteressierte Habenichtse zu einer Bietergemeinschaft zusammenschlossen, kamen bei diesen Auktionen nur die zum Zug, die das notwendige Kapital besaßen.

Seit Juni 1790 mehrten sich die Stimmen, die dieses Gesetz mit dem nicht weniger fadenscheinigen physiokratischen Argument kritisierten, dass wenige große bäuerliche Betriebe wesentlich produktiver seien als viele kleine. Die Absicht hinter dieser Kritik lag auf der Hand: Vom Verkauf des Kirchenguts sollten jene profitieren, deren Besitzinteressen die Gewähr dafür boten, dass die revolutionären Errungenschaften von Volkssouveränität und Gleichheit vor dem Gesetz von einer Gesellschaft garantiert wurden, in der die Besitzbürger das Sagen hatten. In diesem Sinne wurde am 3. November 1790 das Gesetz über den Verkauf des Kirchenbesitzes vom 14. Mai entscheidend geändert. Zwar sollten noch bis zum 15. Mai 1791 die großzügigen Zahlungsmodalitäten gelten, die im früheren Gesetz vorgesehen waren. Nach diesem Stichtag sollte aber die vollständige Bezahlung der erworbenen *biens nationaux* innerhalb einer Frist von 4 ½ Jahren erfolgt sein, für Mühlen und städtischen Grundbesitz binnen 2½ Jahren. Außerdem wurde die Parzellierung oder sonstige Aufsplitterung eines zum Verkauf stehenden Besitzes ausdrücklich untersagt.[48]

Die Förderung des Kleinbesitzes wurde durch die einschlägige Gesetzgebung vereitelt.[49] Die ausgeprägte und für alle Stadien der Revolution gleichermaßen gültige Präferenz der besitzbürgerlichen Schichten erwies sich auch in der Abwicklung des «Feudalwesens». Nach Verstreichen einer gewissen Schamfrist hatte die Nationalversammlung mit dem Kirchenbesitz einfach kurzen Prozess gemacht: Die korporative Privilegierung des Klerus ließe sich mit der neuen Gesellschaft gleicher und freier Bürger nicht mehr in Einklang bringen; folglich waren auch dessen eigentumsrechtliche Ansprüche obsolet geworden und fielen damit der Verfügung der Nation anheim. Dieser Logik folgend hätte die Nationalversammlung auch alle «feudalen» Privilegien und Ansprüche, wie in den Beschlüssen des 4. August vollmundig verkündet, ohne alle Umstände beseitigen müssen. Wie wenig davon aber die Rede sein konnte, zeigte sich erst, als die Nationalversammlung daran ging, ihre Absichtserklärungen vom 4. bis 11. August in Gesetzestexten zu kodifizieren. Dabei versagte man sich jene Pauschalität, die es erlaubt hatte, den Kirchenbesitz zu fleddern. Jetzt galt es genau zwischen «feudalen» Privilegien und legitimen Eigentumsrechten zu unterscheiden. Jene wurden einfach beseitigt, diese peinlich respektiert.

Die Besitzbürger unter den Deputierten, die Eigentümer eines ehemaligen Lehens waren, sahen es als selbstverständlich an, dass sie oder ihre Vorfahren dieses mit allen «Feudalrechten» erworben hatten und es deshalb in ganzem Umfang ihr legitimes Eigentum war. Das war die Quintessenz jener Gesetzesvorlage, die der am 9. Oktober 1789 eingesetzte dreißigköpfige *Comité des droits féodaux* ausgearbeitet hatte und die nach ausführlicher Debatte am 15. März 1790 verabschiedet wurde. Dieses Komitee erfand eine mythische Deutung der historischen Ursprünge des Feudalwesens, die es erlaubten, zwei Arten von Rechten zu unterscheiden. Das Wesen des Feudalismus als eine durch persönliche Bindung vermittelte Herrschaftswillkür wurde schlichtweg in ein Vertragsverhältnis umgedeutet: Der Seigneur hatte seinem Vasallen Schutz und Arbeit verschafft, der ihm dafür zu unentgeltlichen Diensten und Abgaben verpflichtet gewesen war. Diese

Rechte und Pflichten waren spätestens mit dem Landfrieden des Absolutismus erledigt und konnten, sofern sie noch Bestand hatten, entschädigungslos beseitigt werden. Ganz anders verhielt es sich mit den realen Rechten, die als Pachtzahlungen auf Ländereien eingefordert wurden, die dem, der sie bewirtschaftete, lediglich in Konzession überlassen worden waren. Diese Pflichten und Abgaben, die zwar auch in aller Regel einen «feudalen» Anstrich hatten, wurden als vertragsrechtliche Vereinbarungen angesehen, die fraglos erfüllt werden mussten, zumal sie im Geldwert des jeweiligen Eigentums an Grund und Boden eingeschlossen waren. Kurz, völlig gleichgültig, ob der Grundbesitzer ein Seigneur oder ein Bürger war, der Pächter oder Bauer einstmals ein Leibeigener gewesen war oder ob Besitztitel vorhanden waren, galten diese Pflichten und Abgaben nach Artikel 17 der Menschen- und Bürgerrechte als eigentumsrechtliche Ansprüche, die nur gegen eine angemessene Entschädigung abgelöst werden konnten.

Dank dieser vertragsrechtlichen Rabulistik wurden zwar die meisten «feudalen» Ansprüche mit dem am 15. März 1790 verabschiedeten Gesetz beseitigt, von denen viele sowieso schon verschwunden waren. Aber es blieben jene in Geltung, die für den Grundeigentümer besonders ertragreich waren.[50] Das galt namentlich für Geldzahlungen wie den *cens* oder für Naturalabgaben wie den *champart*, der auf Ernteerträge fällig wurde. Außerdem wurden auch die verhassten *banalités*, also die Monopole der Grundherren auf Mühlen, Backöfen oder Weinkeltern, die ursprünglich entschädigungslos fortfallen sollten, vertragsrechtlich gerechtfertigt. Alle diese auf angeblichen Verträgen basierenden Zahlungen wurden für ablösbar erklärt. Die genauen Bedingungen dafür wurden durch ein eigenes Gesetz vom 3. Mai 1790 geregelt. Der Betrag für die Entschädigung von Geldzahlungen wurde mit dem Zwanzigfachen der jährlich eingeforderten Summe festgesetzt, während für Naturalabgaben das Fünfundzwanzigfache des Ernteertrags im Mittel der letzten fünfzehn Jahre fällig wurden. Alle Entschädigungen mussten en bloc geleistet werden. Außerdem war die vorherige Erstattung aller noch ausstehenden Abgaben erforderlich.[51]

Wegen dieser Bedingungen vereitelte das Gesetz praktisch, was es theoretisch ermöglichen sollte, denn kein Bauer oder Pächter hatte das Geld oder den Kredit für die geforderten Summen. So wurden die

Versprechungen des 4. August 1789 mit den Interessen der Landbesitzer in Einklang gebracht, für die die Renteneinkünfte aus diesem Eigentum einen ganz wesentlichen Teil ihres Einkommens und Vermögens ausmachten. Dass allein mit diesem Aspekt des «Feudalwesens» sich drei Gesetzgebende Versammlungen – die Verfassunggebende Versammlung, die Legislative und der Konvent – abmühten und weit über hundert Dekrete, Novellierungen, Zusätze und Kommentare zu diesen Gesetzen verabschiedeten, hat einen einfachen Grund: Die meisten Mitglieder dieser Versammlungen waren ländliche Grundbesitzer, die sich scheuten, ihre eigenen Interessen für Prinzipien aufzuopfern, die sie selbst entwickelt hatten. Eine gewisse Bewegung in diese starre Haltung kam erst, als die Revolution durch die Intervention einer Koalition der europäischen Mächte in Bedrängnis geriet und sich deshalb genötigt sah, dem Landvolk Zugeständnisse zu machen, um sich dessen Unterstützung zu sichern.[52] Aber selbst das Gesetz vom 17. Juli 1793, das vermeintlich alle «feudalen» Abgaben, die immer noch erhoben wurden, entschädigungslos beseitigte, war eine Mogelpackung, denn dessen Artikel 2 nahm davon alle Renten und Abgaben aus, die mit dem Boden verbunden (*rentes ou prestations purement foncières*) und nicht «feudalen» Ursprungs waren.[53] Dabei handelte es sich um eben jene vertragsrechtlich abgesicherten Besitzstände, die von den Juristen des *Comité des droits féodaux* der Nationalversammlung herauspräpariert worden waren.

Die Schicht der bourgeoisen Landbesitzer – aus der auch noch die Notabeln der Juli-Revolution von 1830 entstammten – behauptete als Bleigarnitur von 1789 ihren Einfluss über alle Phasen der Revolution hinweg. Sie war von Anfang bis Ende und darüber hinaus deren eigentlicher Gewinner. Eben darin sah Hippolyte Taine, einer der großen Kritiker der Französischen Revolution, deren Wesen und Ertrag. «Was auch immer die großen Worte von Freiheit, Gleichheit, Brüderlichkeit bedeuten mögen, mit denen sich die Revolution schmückte, so ist sie ihrem inneren Wesen nach *eine Vermögensumwälzung*. Diese verschaffte ihr den inneren Halt, ihre fortdauernde Kraft, ihren wichtigsten Antrieb und ihre historische Bedeutung».[54]

VIERTES KAPITEL

DIE REVOLUTION BEGINNT ZU ZERFASERN

1790 gilt als das «glückliche Jahr» der Revolution wegen eines Ereignisses: der *Fête de la Fédération* vom 14. Juli 1790, die in ganz Frankreich als großes Fest nationaler Verbrüderung in Freiheit, Gleichheit und Brüderlichkeit begangen wurde. Treibende Kräfte dieses landesweiten Festrauschs waren die Bürgermilizen, die seit dem Frühjahr 1789 in vielen Städten Frankreichs entstanden waren, um das Machtvakuum nach dem Verfall der königlichen Autorität zu füllen. Dass die Mitgliedschaft in diesen Milizen an unterschiedliche, nicht immer besonders hohe Anforderungen geknüpft war, weckte Besorgnisse hinsichtlich ihrer Zuverlässigkeit. Diese suchte man mit dem Gesetz vom 12. Juni 1790 zu zerstreuen, das die Mitgliedschaft in einer Bürgermiliz nur auf den Kreis der Aktivbürger und deren Söhne beschränkte.[1] Allerdings hütete sich die Nationalversammlung, jene Passivbürger, die den Milizen seit ihrer Gründung angehörten, zu entlassen.

Zuvor wurde den Milizen die Handlungsautonomie beschnitten, indem man sie den Weisungen der jeweiligen Kommunen unterstellte. Eine mittelbare Reaktion auf diesen Autoritätsverlust war die von den Bürgermilizen ausgehende Föderativbewegung, die ihnen eine regionale, wenn nicht gar nationale Rolle zu verschaffen versprach. Solange diese Zusammenschlüsse nur auf Milizen einiger Städte in einer Region beschränkt blieben, wie sie seit Herbst 1789 hier und da zustande kamen, nahm die Nationalversammlung davon keine Notiz. Das änderte sich, als am 20. März 1790 eine *Députation extraordinaire* der «ci-devant provinces Bretagne et d'Anjou» in der Nationalversammlung erschien, um diese über den von ihnen geschlossenen *Pacte fédératif* zu informieren: «Wir erklären feierlich, dass wir weder Bretonen noch Angevins, sondern Franzosen und Bürger desselben Reichs sind; wir verzichten auf alle unsere lokalen und besonderen Privilegien, denen wir als gegen die Verfassung gerichtet abschwören».[2]

Diese Erklärung passte zu der Perspektive, die von der Nationalversammlung mit dem Ende September 1789 beschlossenen Neuaufbau einer landesweit einheitlichen Verwaltungsorganisation verfolgt wurde und mit der das «Sondertum» der Provinzen, *Pays d'élection* und der *Pays d'état*, beseitigt werden sollte. Irritierend war jedoch die Kritik, die jene *Députation extraordinaire* gegen das am 29. Oktober 1789 verabschiedete Wahlrecht vorbrachte: «Ihr Dekret die *marc d'argent* betreffend erschien uns allzu rigoros; wir fürchten, darin die Absicht zu erkennen, die Aristokratie qua Geburt durch eine Aristokratie, die sich auf Wohlstand gründet, ersetzen zu wollen».[3] Das war alarmierend, denn mit solchen Anschauungen drohte sich der von den Nationalgarden inspirierte *mouvement fédéral* zu einer politischen Konkurrenz des gesetzgeberischen Monopols der Nationalversammlung zu entwickeln. Das musste schleunigst unterbunden werden, ohne die willkommenen Tendenzen dieser föderalen Bewegung zu vereiteln, die eine Nationalisierung der Bürger im Sinne einer gemeinsamen Identität als Franzosen beabsichtigte.

Am 5. Juni 1790 schlug der Pariser Bürgermeister Bailly der Nationalversammlung daher vor, am 14. Juli in Paris ein feierliches Föderationsfest zu veranstalten, bei dem Vertreter aller Nationalgarden aus den 83 Departements sowie der *corps civils* einen Eid auf die vom freien Willen der Nation geschaffene Einheit Frankreichs ablegen sollten.[4] Auf Anregung Talleyrands, Mitglied des Verfassungsausschusses vom 7. Juni, sollte dieser Teilnehmerkreis noch um Abordnungen der regulären Armee erweitert werden.[5] Das war sinnvoll, denn so wurde eine einseitige Bevorzugung der Nationalgarden vermieden und auch die königliche Armee auf die Verfassung eingeschworen. Bezeichnenderweise jedoch wurde dem weitergehenden Vorschlag der *Assemblée des députés pour le pacte fédératif* der Kommune von Paris, alle französischen Bürger zu dem Fest einzuladen, nicht stattgegeben. Das zeigte das Misstrauen der Nationalversammlung, die nicht noch einmal von einer Volksbewegung überrollt werden wollte, die sie nicht kontrollieren konnte.

Dessen ungeachtet legte die hauptstädtische Bevölkerung mit Begeisterung Hand an die Vorbereitung des geplanten Fests. Als Schauplatz der Feierlichkeit war der Champ de Mars bestimmt worden, die große freie Fläche zwischen der Seine und der Ecole Militaire. «Man wird es niemals glauben», schrieb der Botschafter von Parma am 12. Juli 1790, «dass binnen vier Wochen mit Fuhren von Erde ein kreisrundes Amphitheater entstand, das dreißig Ränge von hölzernen Bänken hatte, die insgesamt rund 300 000 Zuschauer fassen konnten. In der Mitte der Arena erhob sich auf einem kreisrunden Sockel von ungefähr dreihundert Fuß Durchmesser ein rechteckiger Altar in einer Höhe von vierzig Fuß. Zum Flussufer hin wurde ein Triumphbogen errichtet, während vor der Fassade der Ecole Militaire eine Estrade aus Holz entstand, die zehntausend Zuschauern Platz bot.»[6] An diesen Arbeiten waren mehr als «einhunderttausend Franzosen, Männer, Frauen, Kinder aller Stände und Schichten, Laien, Mönche und Pfarrer beteiligt, alle vom nämlichen Geist beseelt, die sich damit abmühten, die Erde zu bewegen und sich gegenseitig mit den Rufen *Es lebe die Nation, der König und das Gesetz* oder durch den Refrain des Liedes *ça ira, ça ira* anfeuerten.»[7]

Dem patriotischen Eifer bei der Vorbereitung der *Fête de la fédération* konnten auch hartnäckige Gerüchte nichts anhaben, dass am 14. Juli, wenn sich alle auf dem Champ de Mars drängten, Banditen die Stadt an allen vier Ecken in Brand setzen, die verlassenen Häuser ausplündern und alle Patrioten umbringen würden, derer sie habhaft werden könnten. Die Unzufriedenen würden sich gleichzeitig bewaffnen, strategisch wichtige Positionen besetzen und dann jene Abgeordneten der Nationalversammlung erschießen, die sich beim Volk besonderer Beliebtheit erfreuten. Anschließend würde man Louis XVI im Triumph zu den Tuilerien zurück geleiten.[8] Nicht wenige schenkten diesem wüsten Gerücht Glauben.[9]

Trotz anhaltenden Regens, vom Volk als «Tränen der Aristokratie» apostrophiert,[10] erfüllte die *Fête de la Fédération* alle Erwartungen der Veranstalter. Es war ein großes Spektakel, dessen Wirkung auf dem exakten Zusammenspiel aller verfügbaren theatralischen Effekte beruhte. An 83 hohen Masten flatterten die Fahnen der Departements, Einheiten der Nationalgarden und der königlichen Armee umringten in ihren farbenprächtigen Uniformen den Altar des Vaterlands, der den Mittelpunkt der Szene beherrschte. Zweihundert Priester, in

Alben und mit Gürteln in den Farben der Trikolore gekleidet, begleiteten den Bischof von Autun, Talleyrand, bei der Feier des Messopfers. 300 Trommler und 1200 Blasinstrumente sorgten für die musikalische Umrahmung der Feierlichkeit, die immer wieder durch den Donner aus vierzig Kanonen synkopisch akzentuiert wurde. Kaum aber schwieg die Musik, ertönten aus 400 000 Kehlen Vivat-Rufe.

Der Eindruck dieser Inszenierung war auf die Überwältigung der Versammelten angelegt. Sie waren nicht als passive Zuschauer zugegen, sondern als Mitwirkende bei einem *tableau vivant* à la Rousseau. Der Hauptdarsteller war keineswegs der König, der am Rande des Geschehens und vom Regen geschützt auf der Galerie Platz genommen hatte, sondern La Fayette, der Oberbefehlshaber der Pariser Nationalgarden, der auf einem Schimmel reitend seinen Einzug gehalten hatte und sich jetzt, wie Madame de Staël die Szene schilderte, «dem Altar näherte, um der Nation, dem König und dem Gesetz Treue zu schwören. Sowohl der Eid als auch der Mann, der ihn ablegte, erregten ein tiefes Empfinden des Vertrauens. Die Zuschauer waren geradezu trunken; der König und die Freiheit schienen ihnen nun ganz eins zu sein. Die konstitutionelle Monarchie war seit je der wahre Wunsch Frankreichs gewesen: Und die letzte Regung einer wahrhaft nationalen Begeisterung war bei dieser Bundesfeier von 1790 zu gewahren».[11]

Die *Fête de la Fédération* war die wirkungsmächtige symbolische Bestätigung der ersten Phase der Revolution; der erreichte Zustand war in der Eidesformel, mit der man Treue zur «Nation, dem Gesetz und dem König» gelobte, exakt beschrieben: Das Gesetz war das Scharnier zwischen Nation, die als Erste, und König, der als Letzter genannt wurde. Diese neue Verfassungswirklichkeit hatte die Revolution Frankreich beschert; ihre Gültigkeit sollte mit der Bundesfeier zum Ausdruck gebracht werden, die überall im Lande am selben Tag begangen wurde. Nicht weniger bedeutsam war die politische Pädagogik, die mit dieser Veranstaltung bezweckt wurde. Sie zielte darauf ab, der volkstümlichen politischen Kultur Disziplin und Kohärenz als verbindliche Muster aufzuprägen. Deshalb wurde die Feier zwar am ersten Jahrestag des Sturms auf die Bastille veranstaltet, die Erinnerung an dieses Ereignis stand aber nicht, wie einige der Pariser Sektionen gehofft hatten, im Zentrum; das sollte erst im Juli 1792 unter wesentlich anderen politischen Rahmenbedingungen der Fall sein.[12]

Die *Fête de la Fédération*, in Paris und in den Provinzstädten nach ähnlicher Liturgie begangen, beschwor also das neue Ideal der politischen Ordnung, mit dessen Verwirklichung die Nationalversammlung befasst war. Monarchie und Gesellschaft sollten in der Nation aufgehen, die alle anderen und je besonderen sozialen, politischen, wirtschaftlichen oder landsmannschaftlichen Interessen überwölbte. Diese Einheit ebenso wie die Verpflichtung auf ein gegenseitiges Wohlwollen sollten eine im Recht verwurzelte Gemeinschaft der Freien und Gleichen schaffen. Hinter diesem Ideal stand freilich die Illusion, dass Nationalversammlung und König einträchtig daran arbeiteten, die Anliegen der Nation im Einklang mit der Verfassung zu verwirklichen; sie übte einen mächtigen Zauber aus, der erst durch die Flucht des Königs am 21. Juni 1791 jäh und gründlich zerstört wurde.

Großen Anteil am Bestand dieser Illusion hatten nicht zuletzt auch die geheimen Umtriebe Mirabeaus, der seit Frühjahr 1790 als Ratgeber für den Hof tätig war. In seiner Korrespondenz wies er Louis XVI wiederholt darauf hin, wie vorteilhaft für die Interessen der Krone die von der Nationalversammlung energisch betriebene Zerstörung mächtiger und durch eine Fülle von Privilegien geschützter Körperschaften sei: «Ist es denn wirklich ohne Belang, weder auf *Parlements*, *Pays d'Etats*, die Körperschaft des Klerus, die Privilegien oder den Adel Rücksicht nehmen zu müssen? – Der Gedanke, es nur mit einer einzigen Klasse von Bürgern zu tun zu haben, hätte Richelieu eingeleuchtet. Wenn diese Oberfläche an Gleichheit der Freiheit zuträglich ist, dann erleichtert sie auch die Ausübung der Macht. Mehrere Herrschaften einer absoluten Regierung vermochten nicht so viel, um die königliche Autorität zu festigen, wie ein einziges Jahr der Freiheit».[13]

Mirabeaus Versuch, der Revolution ein Ende zu setzen, scheiterte aber nicht nur an der tumben Intransigenz Louis' XVI, sondern auch an der schieren Dynamik der tiefgreifenden gesellschaftlichen Veränderungen, die sich nicht mehr nach Belieben arretieren ließen. Die Rolle des Zauberlehrlings fiel diesmal der Nationalversammlung zu, die sich im Bestreben, die losen Enden einer von ihr angestoßenen Entwicklung miteinander zu verknüpfen, politisch immer mehr ausdifferenzierte und damit dazu beitrug, die Revolution zu radikalisieren.

Die Hauptquelle für jene Dynamik waren die Beschlüsse der Nacht des 4. August 1789. Das galt besonders für jenen halbherzigen Kompromiss, der einen Teil der «feudalen» Rechte und Ansprüche als Eigentum schützte, das nur gegen Zahlung einer ihrem Marktwert angepassten Entschädigung abgelöst werden konnte. Die groß angekündigte Abschaffung des «Feudalismus» ließ damit einen seiner größten Nutznießer, den Adel, weitgehend ungeschoren. Das weckte zunehmend Ängste, der Adel könnte versucht sein, nicht nur die tatsächlich erlittenen Verluste wieder wettzumachen, sondern auch seine dominierende Stellung innerhalb der Gesellschaft zu restaurieren. Entsprechende Sorgen beeinflussten bereits die Abstimmung über den von den *Monarchiens* verfolgten Plan eines Zwei-Kammer-Systems im September 1789, der mit großer Mehrheit abgelehnt worden war. Das war nur ein Etappensieg, der die bei vielen tiefsitzenden Befürchtungen hinsichtlich einer adligen Gegenrevolution nicht zu bannen vermochte, und es hielten sich hartnäckig Gerüchte von Verschwörungen, für die jede durch Nahrungsmangel oder Brotteuerung ausgelöste Unruhe als sicheres Zeichen gewertet wurde.[14] Die Komplotthysterie, die in Paris seit Mitte Dezember 1789 grassierte, war nicht auf das linke Spektrum der Nationalversammlung beschränkt, mit dem sich immer mehr Abgeordnete identifizierten, sondern auch unter den *Monarchiens* auf dem rechten Flügel verbreitet, die «patriotische Demagogen» als Unruhestifter verdächtigten.[15]

Einen konkreten Anhaltspunkt für einen royalistischen Putsch bot der Fall Thomas de Mahy, Marquis de Favras.[16] Dass dem Adeligen schon fünf Tage nach seiner Verhaftung am 24. Dezember 1789 in Paris der Prozess gemacht wurde, galt weithin als Indiz dafür, dass die gegen ihn erhobene Anklage auf erdrückenden Beweisen beruhen müsse. Favras, der mit Monsieur, dem Bruder des Königs, vertrauten Umgang hatte, wurde beschuldigt, mit anderen Verschwörern den Plan ausgeheckt zu haben, die königliche Familie aus Paris zu entführen, die Nationalversammlung aufzulösen und einige ihrer führenden Häupter zu liquidieren. Nach einem zwei Monate dauernden Schauprozess, in dem sich der Angeklagte hartnäckig weigerte, die Namen von Mitverschwörern preiszugeben, wurde er am 18. Februar zum Tod verurteilt und einen Tag später durch den Strang hingerichtet.[17]

La Fayette vertraute darauf, mit diesem Opfer der Verschwörungshysterie den Boden zu entziehen. Dem diente auch eine Inszenierung mit Louis XVI in der Hauptrolle, die das Einvernehmen von Krone und

Nationalversammlung demonstrativ betonen sollte. Der König erschien am Mittag des 4. Februar 1790 nur von seinen Ministern begleitet in der Nationalversammlung und hielt eine Ansprache, die ihm Necker aufgesetzt hatte.[18] Louis XVI versicherte sein Einverständnis mit der geplanten neuen Verwaltungsordnung wie mit dem Vorschlag, dass grundsätzlich alle Positionen in der Administration allen Talenten zugänglich sein müssten. In diesem Zusammenhang forderte er die Abgeordneten auch auf, zu respektieren, «dass alles, was einer Nation die Tradition und die Kontinuität der Dienste einer *race honorée* in Erinnerung ruft, eine Distinktion darstellt, die durch nichts zerstört werden kann». Deshalb gelte es, die «Übertragung von Titeln oder von Erinnerungen zu achten, die das schönste Erbe an die eigenen Kindern darstellen».[19]

Die Ermahnung macht auf eine Nebenfolge der Verschwörungshysterie aufmerksam: Adelige wurden, ungeachtet ihrer politischen Anschauungen, immer häufiger unter Generalverdacht gestellt. So hatten die Pariser Nationalgarden im November 1789 beschlossen, Adelige aus ihren Rängen auszuschließen und zu entwaffnen.[20] Bereits am 6. November 1789 teilte der britische Geschäftsträger dem Außenminister mit, ihm sei zu Ohren gekommen, dass nach dem Enteignungsbeschluss des Kirchenvermögens und der unbefristeten Beurlaubung der *Parlements* als nächste Maßnahme «die Abschaffung aller Adelstitel» aufs Tapet komme.[21] Er muss ein sehr feines Gehör gehabt haben, denn es vergingen noch einige Monate, ehe diese Absicht in der Nationalversammlung am 19. Juni 1790 unter denkbar bizarren Umständen zur Sprache kam.

Die Nationalversammlung beriet damals über das Zeremoniell der geplanten *Fête de la Fédération*, als mehrere Abordnungen vorstellig wurden, die sich um Teilnahme an der Veranstaltung bewarben. Eine dieser Delegationen bestand aus exotisch gekleideten Fremden, deren angebliche Nationalitäten im Sitzungsprotokoll genau verzeichnet waren mit Araber, Chaldäer, Preuße, Pole, Amerikaner, Inder, Syrer, Sarde ... Anführer dieser bunten Truppe war der aus Kleve stammende Jean-Baptiste Cloots, Baron von Gnadenthal, der sich selbst Baron de Val-de-Grâce nannte. Der Anblick der exotischen Gestalten und die kurze Ansprache von Cloots, mit der er darauf hinwies, dass die für den 14. Juli geplante *solennité civique* «keineswegs nur ein Fest der

Franzosen sei, sondern eine Feierlichkeit des gesamten Menschengeschlechts»,[22] müssen einen starken Eindruck auf die Abgeordneten gemacht haben. Zwar war es längst ein Topos ihrer Rhetorik, das Pariser Revolutionsgeschehen im Erwartungshorizont der ganzen Menschheit zu spiegeln. Aber dass nun deren leibhaftige Repräsentanten unter ihnen erschienen und der Baron Cloots ihre überschwänglichen Reden aufgriff, scheint manche Abgeordnete geradezu überwältigt zu haben. Dies verrät auch der Vorschlag, mit dem sich Alexandre de Lameth gleich nach Abzug dieser Gauklertruppe zu Wort meldete: Noch vor dem 14. Juli sollten die durch Fesselung mit Ketten als Sklaven ausgewiesenen Figuren, die am Sockel des Denkmals von Louis XIV auf der Place des Victoires die annektierten Provinzen darstellten, entfernt werden, da deren bildsymbolische Aussage nicht mit der «Herrschaft der Gleichheit» zu vereinbaren sei. Die Anregung ist bemerkenswert, belegt sie doch das Empfinden einer *political correctness*, über deren Respektierung die Revolution von nun an mit terroristischer Inbrunst wachen sollte. Sie führte zu einem Bildersturm, der tiefe Spuren im kulturellen Erbe Frankreichs hinterließ.

Damit im Einklang stand auch die Wortmeldung des weithin unbekannten Abgeordneten Joseph Marie Lambel, eines Advokaten aus Villefranche-de-Rouergue bei Montauban in Südwestfrankreich, wonach das Führen von Adelstiteln künftig verboten sein sollte.[23] Charles de Lameth, der unmittelbar nach Lambel das Wort ergriff, unterstützte dessen Vorschlag, da die Adelstitel das Gebot «der Gleichheit verletzen, das die Grundlage unserer Verfassung ist. Diese Titel haben ihren Ursprung im Feudalregime, das Sie vernichtet haben». Das gelte auch für Lambels zweiten Vorschlag: «Der erbliche Adel steht im Widerspruch zur Vernunft und beleidigt die wahre Freiheit. Es gibt keine politische Gleichheit (...), wenn die Bürger noch eine andere Würde tragen als die, die mit den Funktionen verbunden ist, die ihnen übertragen wurden».[24] Dem schlossen sich weitere Redner an, die ebenfalls wie Charles de Lameth Angehörige des Adels waren. Dagegen wandten sich nur zwei Abgeordnete, darunter der *abbé* Jean-Siffrein Maury, einer der wichtigsten Redner der Rechten. Sein griffiges Argument fiel jedoch auf taube Ohren: «In Frankreich hat der Adel Verfassungsrang; wenn es keinen Adel mehr gibt, gibt es auch keine Monarchie mehr».[25]

Wie schon in der Nacht des 4. August 1789 scheinen auch diesmal die adeligen Abgeordneten einem «patriotischen Rausch» zum Opfer gefallen zu sein. Das Dekret, das den erblichen Adel «für immer» abschaffte, jedem Franzosen das Tragen seines «wahren Familiennamens» vorschrieb und Livreen wie die Verwendung von Wappen verbot, wurde von der Versammlung an jenem 19. Juni 1790 mit großer Mehrheit angenommen.[26] Außerdem wurde festgesetzt, sämtliche Bestimmungen dieses Gesetzes sollten in Paris mit dem 14. Juli 1790, in der Provinz aber erst binnen einer Frist von drei Monaten wirksam werden.[27]

Warum ausgerechnet so viele Adelige das Dekret unterstützten, das Joseph Droz als «Parodie» der Beschlüsse des 4. August 1789 charakterisierte,[28] lässt sich nur vermuten. Einige wollten sich durch den Verzicht auf äußere Distinktionsmerkmale sicherlich «unsichtbar» machen, um dem wachsenden öffentlichen Hass gegen den Adel die Spitze zu nehmen. Jene, die wie die Lameths, La Fayette oder Noailles während ihrer Teilnahme am amerikanischen Unabhängigkeitskrieg mit der republikanischen Gleichgültigkeit gegenüber sozialen Distinktionen in Berührung gekommen waren, konnten auf ihre Titel wohl umso leichter verzichten, weil sie damit ihre revolutionäre Gesinnung unter Beweis stellten. Andere waren vielleicht der ehrlichen Überzeugung, der Fortbestand des Adels verzögere die Herausbildung einer auf völliger Gleichheit basierenden Gesellschaft. Fraglos aber erklärte sich zu diesem Opfer nur eine Minderheit der adeligen Deputierten in der Nationalversammlung bereit, die zum Zeitpunkt der Abstimmung über dieses Gesetz nur sehr spärlich besucht war. Den deshalb verschiedentlich erhobenen Protesten, das Votum zu verschieben, wurde jedoch nicht stattgegeben.[29]

Für Mirabeau und andere drohte das Gesetz die weitere Radikalisierung der Revolution, ja die Gefahr eines Bürgerkriegs heraufzubeschwören.[30] Sein Versuch, Louis XVI zu veranlassen, dem Gesetz seine Sanktion zu verweigern und es damit für zwei Legislaturperioden auszusetzen, hatte jedoch ebenso wenig Erfolg wie entsprechende Ratschläge, die La Fayette, Necker und andere Minister am 25. Juni im *Conseil du Roi* vortrugen. Louis XVI verweigerte sich, da er sich, so mutmaßte Innenminister Saint-Priest, eingeredet habe, «dass sich die Nationalversammlung wegen ihrer Fehler und schlechten Entscheidungen selber in Misskredit bringe.»[31] Diese *politique du pire* des Monarchen spekulierte weniger aus Kalkül denn aus Schwäche darauf, Frankreich über kurz oder lang im Chaos versinken zu lassen. Das empörte Necker, der den König aufforderte, dieses Gesetz, das nur geeignet sei, ein völlig falsches Verständnis vom Begriff der *Gleichheit* zu erwecken, durch sein suspensives Veto zu blockieren, denn damit könne in einer zivilisierten Nation und einer entwickelten Gesellschaft nicht die Gleichheit von Rang oder Besitz gemeint sein.[32] Unbeeindruckt davon sanktionierte Louis XVI das Gesetz mit auffälliger Hast bereits am 29. Juni 1790. Dem besonderen *esprit de corps* des Adels, der ihm eigentümlichen kulturellen Prägung, konnte es freilich weder jetzt noch später irgendetwas anhaben. Seinem Braunschweiger Freund Mauvillon schrieb der Comte de Mirabeau, der sich von nun an nur noch M. de Riquetti nannte, am 4. August 1790: «Ich denke genau wie Sie über das Dekret bezüglich der Titel, Livreen etc. etc. Es ist ganz unmöglich, die Macht der Erinnerung aus dem Herzen der Menschen herauszureißen. In diesem Sinne ist der wahre Adel ein gleichermaßen unzerstörbarer wie geheiligter Besitz. Die Formen mögen sich ändern, aber der Kult bleibt der nämliche. Möge jeder Mensch vor dem Gesetz gleich sein, möge jeder Monopolanspruch in Fragen der Moral verschwinden; alles weitere jedoch ist nichts als eine Veränderung der Einbildung».[33]

Das Gesetz über die Abschaffung des Adels sollte ein weit verbreitetes Verlangen nach Verwirklichung gesellschaftlicher Gleichheit und Einheit befriedigen, doch es zeugte auch von der Änderung der Mehrheitsverhältnisse in der Nationalversammlung. Die Linke dominierte mehr und mehr das Milieu in der Versammlung ebenso wie die öffentliche Meinung. Eine wichtige Ursache für die deutliche Links-Rechts-Frontstellung in der Nationalversammlung bestand darin, dass nach dem Auszug oder dem Verstummen der gemäßigten *Monarchiens* ausgesprochen reaktionäre Konservative an Boden gewonnen hatten. Deren Wortführer waren der *abbé* Maury, Cazalès und d'Eprémesnil, denen man zutraute, den *Ancien Régime* zu restaurieren. Deshalb wurden sie in der Nationalversammlung von vielen Abgeordneten wie Pestkranke gemieden. Diesen Ächtungsprozess beeinflusste das Publikum, das auf Tribünen den Sitzungen beiwohnte und mit lautstarker Zustimmung für die Radikalen die Verhandlungen begleitete, während Redner mit gemäßigten Ansichten bisweilen wütende Missfallensäußerungen provozierten. Die wiederholten Versuche, dem durch die Hausordnung Einhalt zu gebieten, sollten allesamt scheitern.

Ganz entscheidend für den Aufschwung der Linken ab dem Winter 1789 war der Jakobiner-Club. Er wurde Ende November in Paris gegründet und entwickelte sich rasch zu einer landesweit vernetzten politischen *pressure group*.[34] Der Club wurde zum Sammelbecken der gemäßigten bis radikalen «Patrioten», die sich damit eine zentralisierte Organisation schufen, die nach dem Vorbild der Rechten ihren Einfluss innerhalb der Nationalversammlung zur Geltung bringen sollte.[35] Dank einer regen Korrespondenz mit den Filialgründungen überall in den Provinzstädten gelang es zunehmend, die öffentliche Meinung im Sinne der vom Jakobiner-Club vertretenen Interessen zu beeinflussen.[36] Noch wichtiger war, dass die Jakobiner im Laufe des Jahres 1790 die Kontrolle über die meisten Ausschüsse der Nationalversammlung erobern konnten,[37] die erheblichen Anteil an der Entscheidungsfindung und Gesetzgebung hatten.[38]

Die zunehmende Dominanz der Jakobiner über die Nationalversammlung wird auch daran deutlich, dass es ihnen ab September 1790 stets gelang, einen der Ihren auf den Stuhl des alle vierzehn Tage wechselnden Sitzungspräsidenten zu setzen, nachdem sie zuvor schon dessen Sekretariat erobert hatten.[39] Dies erlaubte ihnen, das Geschehen mittels der Tagesordnung zu lenken. Weitaus bedeutsamer waren aber die Mehrheitsentscheidungen in zwei wichtigen Fragen, bei denen die Patrioten die Regie führten. Beide sollten den weiteren Gang der Revolution nachdrücklich beeinflussen: die Abschaffung des erblichen Adels und die Zivilverfassung des Klerus.

Mit der Zivilverfassung des Klerus befasste sich die Nationalversammlung von April bis Ende November 1790. Wie keine andere Reformanstrengung sollte sie dazu beitragen, den revolutionären Konsens zu zerstören. Den Anstoß gab Mitte Februar die Wiedervorlage eines Gesetzesentwurfs zur Abschaffung aller geistlichen Orden, den der *Comité ecclésiastique* bereits am 17. Dezember 1789 vorgestellt hatte und der jetzt ausgiebig debattiert und am 13. Februar 1790 verabschiedet wurde.[40] Die Vorlage wurde von den Jakobinern unterstützt, während die Bischöfe und viele Adelige für den Fortbestand der

Klöster und Kongregationen eintraten.[41] Diese Debatten glichen freilich mehr einer Pflichtübung, nachdem die Entscheidung im Prinzip schon durch das Dekret vom November 1789 vorweggenommen worden war, das den Klöstern die Aufnahme von Novizen untersagte. Auch waren sie nur das Vorgeplänkel für eine heftige Auseinandersetzung, die im April 1790 in der Nationalversammlung um die Frage des Kirchenguts geführt wurde. Sowohl das Dekret vom 2. November 1789 wie die im Dezember verabschiedeten weiteren Gesetze enthielten nur sehr vage Bestimmungen hinsichtlich des Umfangs an Kirchenbesitz, der verkauft werden sollte. Genannt worden war lediglich eine Summe von 400 Millionen *livres*, die durch den Verkauf von Kirchengut und königlichem Domänenbesitz eingenommen werden sollte. Wie jedoch diese Masse verteilt und veräußert werden würde, war nicht geregelt. Diese Ungewissheit ließ viele Abgeordnete vermuten, dass nur ein Teil des Kirchenbesitzes, jener der Klöster, tatsächlich zum Verkauf gelangte. Diese Annahme erleichterte manchen Abgeordneten die Zustimmung.[42]

Alle diese Unklarheiten beseitigten neue alarmierende Nachrichten eines drohenden Staatsbankrotts. Am 6. März 1790 ließ Necker der Nationalversammlung den Stand der Finanzen vortragen, der nach seinen Berechnungen für das laufende Jahr ein Defizit von rund 300 Millionen *livres* auswies. Um diesen Fehlbetrag zu decken, so sein Vorschlag, sollten in großem Umfang neue Assignaten ausgegeben werden, die als gesetzliche Zahlungsmittel im ganzen Königreich anerkannt sein sollten.[43] Das lieferte dem Berichterstatter des *Comité des dîmes*, dem Jakobiner Charles Antoine Chasset, die Vorlage für seinen Gesetzesantrag vom 9. April 1790. Zunächst verblüffte er die Abgeordneten damit, dass er ihnen Überlegungen des *Comité ecclésiastique* vorstellte, die französische Kirche mittels einer Zivilverfassung in den Staat zu integrieren. Der Vorschlag zielte darauf, das Kirchenpersonal zu reduzieren, dessen Besoldung künftig der Staat ebenso übernahm wie die Kosten für den Kultus und den Unterhalt der Kirchen. Von bisher über 130 Erzbischöfen und Bischöfen würde der Episkopat der Gallikanischen Kirche künftig auf nur noch 83 Prälaten – einer für jedes Departement – schrumpfen, die Zahl der Gemeindepfarrer auf 48 000. Die insgesamt dafür anfallenden Kosten bezifferte Chasset mit rund 63 Millionen pro Jahr, eine Summe, die wesentlich geringer sei als die

Einnahmen aus dem Zehnten. Außerdem sollten Priester wie Bischöfe jeweils von den Aktivbürgern gewählt werden.

Im Gegenzug sollte sich der Staat das gesamte Eigentum der Kirche aneignen, um es weiterzuveräußern. Das begründete Chasset mit zwei Argumenten: Zum einen sei eine solche Maßnahme angesichts der immensen Schuldenlast unvermeidlich. Zum anderen sei es dem Patriotismus der Kirche durchaus abträglich, wenn man einer derart großen Korporation ihren Besitz beließe: «Damit hat man innerhalb des Staats einen anderen Staat. (...) Das Gesetz vom 2. November hat so lange keine Bedeutung, bis Sie den Klerus nicht enteignet haben. Die Feinde der Revolution sind darüber entzückt. (...) Solange der Klerus über seine Ländereien verfügt, ist er für sie ihre Hauptstütze».[44]

Dieser Gesetzentwurf, der alle Ambivalenzen des Dekrets vom 2. November 1789 und der darauf fußenden Gesetzgebung vom Dezember beseitigte, löste eine heftige Debatte aus. Der Bischof von Nancy, Anne-Louis-Henri de La Fare, der am 11. April sprach, machte der Nationalversammlung den berechtigten Vorwurf, ihre früheren Versprechungen, den Kirchenbesitz nicht anzutasten, brechen zu wollen. Die Enteignung des Kirchenguts, um einige wenige «Kapitalisten» zufriedenzustellen, sei empörend. Auch hielt er den Deputierten vor, die karitativen und sozialen Pflichten, denen die Kirche nachkomme, zu ignorieren. Schließlich verwahrte er sich dagegen, dass religiöse Fragen von Mehrheiten der Versammlung entschieden werden könnten.[45]

Nach dieser und anderen Interventionen mit scharfer Kritik an der Vorlage Chassets, meldete sich der Kartäusermönch Dom Christophe Antoine Gerle mit dem Vorschlag zu Wort, die Nationalversammlung möge dekretieren, dass «der katholische, apostolische und römische Glaube die nationale Religion ist und dass allein sein öffentlich geübter Kultus innerhalb des Königreichs erlaubt wird».[46] Gerle, der dem Jakobiner-Club angehörte, wollte damit dem Eindruck entgegentreten, das vorgeschlagene Gesetz ziele in Wirklichkeit darauf ab, den katholischen Glauben abzuschaffen. Dieser Antrag scheint, wie der Abgeordnete Jean-Baptiste Poncet-Delpech berichtet, einer großen Mehrheit spontan eingeleuchtet zu haben: «Um zu beweisen, dass diese Wahrheit in allen Herzen eingeschrieben steht, erhob sich einer Eingebung folgend die Versammlung, um ihren Glauben zu bekennen».[47]

Den Patrioten drohte also eine Niederlage ihrer von Chasset klug vorbereiteten Initiative. Allein die Entscheidung des Versammlungspräsidenten Charles-François de Bonnay,[48] der die Sitzung schloss und die Abstimmung über den Antrag Gerles auf den kommenden Tag ansetzte, bewahrte die Linke vermutlich vor einer Niederlage.[49] Die Anerkennung des Katholizismus als Staatsreligion hätte der Kirche eine Verfassungsgarantie gegeben, die eine Durchsetzung weiterer Schritte gegen sie unmöglich gemacht hätte. Also galt es alles daranzusetzen, die verschobene Abstimmung zu vereiteln. Diese Aufgabe übernahmen der den Jakobinern zugehörige Baron Jacques-François de Menou und der liberale Duc de la Rochefoucauld-Liancourt, die der Nationalversammlung die Entscheidungsbefugnis in dieser Frage absprachen. Belange des Glaubens könnten niemals Gegenstand der Gesetzgebung sein. Außerdem wurde daran erinnert, dass allein der katholischen Religion seitens der Nationalversammlung finanzielle Unterstützung zugesagt worden sei.[50]

Zwar waren die Garantien dieses Antrags für die Kirche so viel wert wie alle früheren Versprechen, die ausnahmslos gebrochen worden waren. Dennoch wurde er gegen den Protest der Bischöfe und der Rechten von einer Mehrheit gebilligt. Da die Stimmen nicht gezählt wurden, lässt sich nur spekulieren, wie knapp der Ausgang dieses Votums war. Dabei werden wohl auch manche Abgeordnete, denen Dom Gerles unerwarteter Vorstoß eingeleuchtet hatte, letztlich gegen die Beschlussfassung gestimmt haben: Die Bankrottdrohung, auf die von Chasset angespielt worden war, wog stärker als ihre Sorgen um die Zukunft der katholischen Kirche in der neuen Ordnung. Was ihr Gewissen erleichterte, war zum weiteren, dass Dom Gerle seinen Antrag zurückgezogen und sich dem des Baron de Menou angeschlossen hatte. Die Motive anderer, sich dieser Mehrheit anzuschließen, liegen auf der Hand. Aufschlussreich dafür ist der geradezu klassenkämpferische Sarkasmus, mit dem ein Pfarrer, Thomas Lindet, das Abstimmungsergebnis kommentierte: «Die Litanei der 304 Heiligen, die sich unter dem Banner der Religion um die alten Prinzipien scharten, bekundeten damit ihre Absicht, für oder durch die exekutive Autorität zu sterben und vom Kirchenbesitz wie den Pensionen aus der königlichen Kasse zu leben».[51]

Am nächsten Tag, dem 14. April, wurde das vom *Comité des dîmes* eingebrachte Dekret über die Nationalisierung des Kirchenbesitzes nach heftiger Debatte verabschiedet. Damit wurde der gesamte Kirchenbesitz den Verwaltungen der Departements und der Distrikte überantwortet und bestimmt, dass mit Wirkung vom 1. Januar 1790 alle Kleriker vom Staat besoldet würden. Außerdem wurde die Abschaffung des Zehnten vom 1. Januar 1791 an verfügt. Allerdings wurden die Zehntpflichtigen dazu angehalten, für das laufende Jahr die entsprechenden Abgaben noch zu entrichten.[52] Damit war die schamhafte Ambivalenz des berühmten Dekrets vom 2. November 1789, das den Kirchenbesitz der «Disposition durch die Nation» überantwortete, beseitigt und dessen Enteignung durch den Staat unmissverständlich beschlossen worden.

Die entsprechenden Dekrete über das Kircheneigentum und die Assignaten wurden zwischen dem 14. und 20. April umso problemloser votiert, als deren Gegner sich zumeist der Stimme enthielten.[53] Allerdings gaben sie sich damit noch keineswegs geschlagen, sondern versammelten sich in einem Pariser Kloster, um über ihr weiteres Vorgehen zu beraten. Diese Zusammenkünfte blieben nicht verborgen und provozierten wiederholt Aufläufe einer erregten Menge und das Erscheinen der Nationalgarde. Das Ergebnis dieser Beratungen war eine Deklaration an die Wähler, in der vor der Schwächung der katholischen Religion und drohenden Unruhen gewarnt wurde. Eine entsprechende Deklaration wurde tatsächlich von über 300 Deputierten der Nationalversammlung am 19. April 1790 verabschiedet, in großer Auflage gedruckt und in die Provinzen verschickt.[54] Unmittelbar verfehlte sie zwar den beabsichtigten Erfolg. Auf weitere Sicht trug sie jedoch dazu bei, das ländliche Frankreich gegen die Kirchenpolitik der Nationalversammlung aufzubringen. Im Frühjahr und Sommer 1790 kam es im Süden Frankreichs bereits zu ersten gewalttätigen Auseinandersetzungen zwischen Katholiken und Protestanten.[55]

Das Dekret vom 14. April machte eine Neugliederung der Kirche erforderlich. Der Entwurf einer Zivilverfassung, den der *Comité ecclésiastique* am 29. Mai in die Nationalversammlung einbrachte, zielte darauf ab, die Kirche fest in die zivilgesellschaftliche Ordnung zu integrieren und ihre Hierarchie zu verjüngen und transparenter zu machen. Mit dieser Reform sollten viele der Fehlentwicklungen und Missbräuche einer Institution, die seit mehr als 200 Jahren weitgehend autonom geschaltet und gewaltet hatte, beseitigt werden, ohne allerdings an den spirituellen Auftrag der Kirche zu rühren.

Das am 12. Juli verabschiedete Verfassungsgesetz über die *Constitution civile du clergé* bestimmte, dass die Diözesen künftig deckungsgleich sein sollten mit den neu geschaffenen Gebietsverwaltungen der Departements. Damit wurde die Anzahl der Diözesen von 135 auf 83 reduziert. Ebenso sollte es in jeder Stadt oder Gemeinde mit weniger als 6000 Seelen künftig nur noch eine Pfarrei geben. Die größten Veränderungen brachten jedoch die neuen Regelungen für die Besetzung von Bischofssitzen und Pfarreien, deren Inhaber jeweils durch die Wahlversammlungen auf Ebene der Departements oder der Distrikte eingesetzt werden sollten. Für das Bischofsamt wurde eine mindestens 15-jährige Tätigkeit als Seelsorger in einer Gemeinde vorausgesetzt, eine Bestimmung, nach der keiner der zahlreichen Bischöfe des *Ancien Régime* ins Amt gelangt wäre! Außerdem wurde den Bischöfen eine Residenzpflicht in ihrer Diözese auferlegt. Sie konnten also nicht, wie bislang häufige Praxis, die Wahrnehmung ihrer Pflichten an Stellvertreter delegieren, um an anderen Orten Neigungen zu frönen, die nichts mit ihrem spirituellen Auftrag zu tun hatten. Schließlich wurde dem Papst das Recht zur Investitur genommen. Für die Pfarrer übte dieses Recht von nun an der Bischof, für den Bischof ein anderer Bischof aus.

Eine weitere bedeutsame Neuerung war die Besoldungsordnung, mit der die Bezahlung des Hirten von der Größe seiner Herde abhängig gemacht wurde. Für die Spitze der Kirchenhierarchie, die Bischöfe, bedeutete die Zivilverfassung erhebliche finanzielle Einbußen, während sie das materielle Los der meisten Landpfarrer, die ihr Dasein bislang mit der mageren *portion congrue* von 700 *livres* fristen mussten, enorm verbesserte.[56] Außerdem wurde dank der staatlichen Besoldung der Priester der Katholizismus de facto als Staatsreligion anerkannt.

Wie schon bei den Debatten über das Kircheneigentum wurde es auch während der rund sechswöchigen kontroversen Diskussion dieser Gesetzesvorlage von Gegnern wie Befürwortern tunlichst vermieden, die Interessengegensätze auch offen anzusprechen. Stattdessen mobilisierten beide Seiten einen erstaunlichen Fundus an kanonischem, theologischem und kirchengeschichtlichem Wissen; das macht die Lektüre dieser Kontroversen zu einem schnell ermüdenden Exerzitium. Während die Gegner der Zivilkonstitution auf der heiligen Autonomie der Kirche beharrten, argumentierten die Befürworter, dass die Kirche in allen weltlichen Belangen sehr wohl der staatlichen Autorität zu unterstehen habe. Ein solch fundamentaler Gegensatz ließ sich nicht vermitteln, sondern nur nach dem Prinzip der absolutistischen Staatsrechtslehre des Thomas Hobbes *auctoritas non veritas facit legem* – nicht Wahrheit, sondern Macht entscheidet, was Recht ist – aufheben. Dieses Dilemma umschrieb der Experte im Kirchenrecht Armand-Gaston Camus in der Debatte vom 31. Mai: «Warum empört sich die Kirche, die dem Staat zugehört, gegen eine Maßregel, die der Staat erlassen hat? Ist es nicht eine unbestreitbare Tatsache, dass eine Nation die Macht hat, dieses oder jenes Glaubensbekenntnis in ihrem Bereich zuzulassen? (…) Zweifellos jedoch kann eine Nation nicht, wenn sie die Ausübung einer Religion erlaubt, dieser den freien Gebrauch dessen untersagen, was für diese Religion von essenzieller Bedeutung ist. Schließlich kann man nicht eine Sache wollen, ohne zugleich auch das zu akzeptieren, was dafür essentiell ist. Hinsichtlich allem jedoch, was dem lediglich untergeordnet ist, steht es der Nation frei zu entscheiden; sie kann ihre Bedingungen setzen und dann muss man sich diesen unterwerfen».[57]

Ob es angesichts dieser unüberbrückbaren Differenzen im Grundsätzlichen klug gewesen wäre, die geplante Zivilverfassung einem Konzil der französischen Kirche vorzulegen, kann dahin stehen. Dafür plädierten zwar eine Reihe von Bischöfen.[58] Aus Sicht der Nationalversammlung verbot es sich jedoch, ein Konzil mit der strittigen Frage zu befassen, denn damit hätte man den Anspruch der Kirche, eine Körperschaft nach eigenem Recht zu sein, anerkannt, den man ihr just mit Erfolg bestritten hatte. Und selbst nach der Zustimmung eines nationalen Kirchenkonzils zum geplanten Reformwerk wäre man immer noch von der Billigung des Papstes abhängig gewesen, dessen Suprematie in geistlichen Fragen auch von der gallikanischen Kirche uneingeschränkt anerkannt wurde. Blieben als letzte Möglichkeit für eine einvernehmliche Lösung nur direkte Verhandlungen mit dem Papst. Aber auch dieser Weg verbot sich dem Verfassungsverständnis der Nationalversammlung, für die eine Entscheidung über die Zivilverfassung der katholischen Kirche allein in die Zuständigkeit der nationalen Souveränität fiel, die weder teil- noch verhandelbar war.

Am 9. Juli 1790 warnte Pius VI. den König mit Nachdruck vor den geplanten Eingriffen in die Kirchenverfassung: «Glauben Sie nicht, dass ein rein politisches Organ die Doktrin und die universell gültige Disziplin der Kirche ändern, die Empfindungen der Heiligen Väter wie der Konzilien verachten oder als nichtig ansehen, die Hierarchie zerstören, noch gar die Wahl der Bischöfe regeln oder über die Abschaffung von Diözesen entscheiden kann, in einem Wort, nach eigenem Belieben Veränderungen veranlassen und die gesamte Organisation der katholischen Kirche verunstalten.»[59] Die Verurteilung der Zivilverfassung durch den Papst stand damit außer Frage, auch wenn deren förmliche Verdammnis erst in den beiden Schreiben an die Bischöfe vom 10. März und 13. April 1791 förmlich ausgesprochen wurde.[60] Aus diesem Grund zögerte Louis XVI die Inkraftsetzung der Zivilverfassung bis zum 24. August hinaus. Aber alle Versuche, die bis in den Herbst hinein hinter den Kulissen unternommen wurden, den Papst wenigstens zur stillschweigenden Duldung zu bewegen, blieben ergebnislos. Rom blieb unnachgiebig.[61]

Die deshalb herrschende Unsicherheit drohte sich nachteilig auf die geplante Versteigerung der enteigneten Kirchengüter auszuwirken. Weitaus gravierender war, dass dreißig Bischöfe, durch die Stellungnahme des Papstes ermutigt, am 30. Oktober offen gegen die Zivilverfassung des Klerus protestierten und der Nationalversammlung die Kompetenz in kirchlichen Fragen absprachen.[62] Das weckte latente Befürchtungen vor einer gegenrevolutionären Koalition von Krone, Adel und Klerus, die durch ausländische Mächte gestützt werde. Diese Verschwörungsängste waren nicht unbegründet, hatten aber nie eine Chance, erfolgreich realisiert zu werden.[63] Die Furcht vor einer Fronde von Revolutionsgegnern wurde konkret, als am 26. November 1790 eine Abordnung des Département Loire-Inférieure in der Nationalversammlung erschien und sich über Umtriebe des Bischofs von Nantes, Charles-Eutrope de La Laurencie, beschwerte. Dieser habe ein halbes Jahr den Bischofsstuhl verwaist gelassen, sei erst jetzt zurückgekehrt und suche nun die Pfarrer zum Protest gegen die Zivilverfassung der Kirche aufzuwiegeln.[64] Das sei, so erfuhren die Abgeordneten von Jean-Georges-Charles Voidel, der ihnen die Berichte von vier Ausschüssen zusammenfasste, kein Einzelfall. Insgesamt nannte er sechs weitere Bischöfe, die entweder die Bestimmungen der Zivilverfassung in ihrer Diözese nicht umsetzten und den Klerus anstifteten, dagegen Protest einzulegen, oder die einzelne Bestimmungen nicht respektierten.[65]

Voidels Bericht, gespickt mit zahlreichen antiklerikalen Sarkasmen, führte eine große Zahl von Beispielen an, wie vielfältig der Widerstand sei, den Kleriker landesweit gegen die Zivilverfassung zu mobilisieren suchten. Noch am selben Tag wurde mit großer Mehrheit ein Dekret beschlossen, dass jeder Kleriker binnen acht Tagen nach dessen Veröffentlichung den Eid auf die Verfassung zu leisten habe. Dies sollte am Sonntag im Anschluss an die Messe in Anwesenheit der Gläubigen und des *Conseil général de la Commune* geschehen. Wer innerhalb dieser Frist den Eid nicht abgelegt hatte, wurde seines Amtes enthoben und ersetzt. Bei einer Verletzung des Eides drohten ebenfalls der Verlust des Amts sowie der Rechte als Aktivbürger.[66]

Dieses Gesetz war den geradezu hysterischen Verschwörungsängsten geschuldet. Besonders die Linke in der Nationalversammlung witterte hinter jeder Kritik gegenrevolutionäre Umtriebe. Dieses Gesetz nicht zu verabschieden und stattdessen darauf zu vertrauen, dass die Kritik der Bischöfe an der Zivilverfassung von selbst verstummte, zumal diese den meisten Klerikern große Vorteile verschaffte, wäre bei weitem das Klügere gewesen.[67] Aber solche Gelassenheit vermochte weder die Linke noch eine Mehrheit der Nationalversammlung aufzubringen. Damit beging sie einen großen Fehler, denn das Dekret zeitigte zwei Folgen, die den weiteren Gang der Revolution entscheidend prägten. Zum einen bewirkte es eine Entfremdung der Kirche von der Revolution, und in dem Maße, wie dessen Strafbestimmungen von den Behörden angewandt wurden, traten die *réfractaires*, wie die eidverweigernden Kleriker genannt wurden, in offene Gegnerschaft zum neuen Regime. Die andere Konsequenz war eine tiefe Spaltung innerhalb der Kirche zwischen den Geistlichen, die den Eid leisteten, und jenen, die ihn verweigerten. Das stiftete ein Schisma in der französischen Kirche, das lange nicht überwunden werden sollte.[68]

Doch diese Folgen konnte damals niemand absehen. Was eine Mehrheit der Nationalversammlung dazu veranlasste, für jenes fatale Gesetz zu stimmen, war keineswegs frivoler Antiklerikalismus, sondern Selbstüberschätzung. Nachdem sich gegen die Enteignung des Kirchenbesitzes unter den Laien keine Empörung geregt hatte, sah man sich in der Überzeugung bestätigt, dass die *volonté générale* auch die Zivilverfassung der Kirche gutheißen würde. Doch die Deputierten täuschten sich hinsichtlich der tiefreligiösen Bindung einer Mehrheit der Franzosen an die Kirche. Deshalb fassten die Patrioten die ehrliche Empfindung mancher Kleriker, die den Eid auf die Verfassung verweigerten, als grundsätzliche Gefährdung der Revolution auf. Das, so darf man vermuten, und keineswegs eine in der Nationalversammlung schon damals vorherrschende antiklerikale Stimmung, verschaffte dem Dekret die Mehrheit.

Die Bischöfe suchten den ganzen Sommer über verzweifelt mit Hilfe des französischen Botschafters in Rom, Kardinal Bernis, den drohenden Machtkampf zwischen Revolution und Kirche zu vermeiden. Das Ziel war keineswegs, die Zivilverfassung zu Fall zu bringen, sondern lediglich, sie so lange auszusetzen, bis der Heilige Stuhl sie anerkannt hatte. Die Hoffnungen, die Krone wie Bischöfe auf ein positives Votum des Papstes setzten, wurden jedoch durch das Dekret vom 27. November torpediert, das die gesamte Kirche, Bischöfe wie Pfarrer, vor die Wahl stellte, entweder der Nationalversammlung oder dem Papst zu gehorchen. Der verdeckte Machtkampf zwischen Revolution und Kirche brach damit offen aus.[69]

Mit der Inkraftsetzung des Gesetzes begann die Frist von acht Tagen, binnen der Kleriker, die Abgeordnete der Nationalversammlung waren, den Eid leisten mussten. Bis zum Ablauf der Frist am Nachmittag des 4. Januar 1791 hatten zwei Bischöfe, einer von ihnen war Talleyrand, und 107 Priester den Eid abgelegt und sich damit zur Zivilverfassung der Kirche bekannt. Das war nur rund ein Drittel aller Kleriker, die der Nationalversammlung angehörten.[70] Entsprechend groß war die Enttäuschung der Patrioten. Thomas Lindet, Pfarrer in der Gemeinde von Ste. Croix von Bernay, Abgeordneter von Evreux, schrieb sarkastisch: «Den 4. Januar 1791 wird man billigerweise *la journée des dupes*, den Tag der Betrogenen, nennen. Der Klerus insgesamt ist der Betrogene des Adels; viele der armseligen Landpfarrer sind die Gimpel der Bischöfe; und die Bischöfe sind die Betrogenen ihrer eigenen Eitelkeit».[71]

Für die in Paris ansässigen Kleriker war die Schwurleistung auf Sonntag, den 2. Januar 1791, angesetzt, in anderen Städten und Gemeinden ein oder zwei Wochen später. Aber auch hier waren die Ergebnisse ernüchternd. Von insgesamt 160 Bischöfen legten lediglich sieben den Eid ab, von denen nur vier einer Diözese vorstanden, darunter wiederum Talleyrand und Loménie de Brienne. Die Zahl der einfachen Priester, die den Eid ablegten, lässt sich nicht genau beziffern, zumal einige sich hinterher von ihrem Schwur distanzierten, während andere sich weigerten, ihre Pfarrstellen anzutreten oder dem neuen Bischof die Anerkennung versagten. Einige schworen erst, nachdem sie Vorbehalte zu Protokoll gegeben hatten. Da die Verwaltungen in einigen Departements das Ergebnis «schönen» wollten, wurden auch ehemalige Mönche, Kapläne oder Kleriker, die als Hauslehrer tätig waren und die alle nicht unter das Gesetz vom 27. November fielen, pauschal unter jenen mitgezählt, die den Eid geleistet hatten.

Ungeachtet der recht ungenauen oder unvollständigen Zahlenangaben lassen sich große regionale Differenzen feststellen. Während in einigen Départements wie Indre, Loiret und Var rund 95 Prozent der Priester vereidigt wurden, waren es in Bas-Rhin oder Morbihan weniger als 10 Prozent und in den Départements Jura, Doubs, Haute-Saône oder Tarn jeweils weniger als 25 Prozent.[72] Bezogen auf ganz Frankreich wurde die Zivilverfassung im Zentrum, in der Île-de-France sowie im Südosten Frankreichs von einer großen Mehrheit der Kleriker akzeptiert, während sie in Flandern, dem Artois, im Elsass und der Bretagne mehrheitlich abgelehnt wurde.[73] Aufschlussreich ist zum weiteren die sehr unterschiedliche Akzeptanz der Zivilverfassung bei den einfachen Priestern. Während von den Gemeindepfarrern, die mit weitem Abstand die zahlenmäßig größte Gruppe innerhalb der Kirchenhierarchie stellten, fast 57,3 Prozent bis zum Sommer 1791 den Eid abgelegt hatten, waren es unter den ordinierten Lehrkräften an Priesterseminaren nur 7, 3 Prozent.[74] Mit anderen Worten: Die Revolution wurde nur von etwas mehr als der Hälfte der Gemeindepfarrer «anerkannt», die sich damit als *constitutionnels*, als Patrioten auswiesen. Für die Mehrheit in der Nationalversammlung war dies ein enttäuschendes Ergebnis, denn die Pfarrer hatten in ihren Gemeinden eine große Vorbildfunktion. Fraglich war außerdem, ob Priester, die den Eid geleistet hatten, ausnahmslos als glühende Revolutionäre gelten konnten.

Wie groß die Bestürzung der Patrioten über dieses Fiasko war, zeigt ein auf Vorschlag von Mirabeau am 4. Januar 1791 verabschiedetes Dekret, nach dem für die Wahl zum Bischof nur noch fünf Jahre seelsorgerischer Tätigkeit vonnöten waren und nicht mehr 15. Auch konnte jeder zum Bischof gewählt werden, der in dieser Zeitspanne irgendein Kirchenamt ausgeübt hatte. Weiter konnten vakante Pfarrstellen mit früheren Mönchen oder pensionierten Geistlichen besetzt werden, die zusätzlich zu ihrer Besoldung noch die Hälfte der ihnen zustehenden Pensionen beziehen sollten.[75] Solche Bedingungen für die Ausübung des Priesteramts vorzusehen, kam dem Eingeständnis gefährlich nahe, dass die Zivilverfassung des Klerus gescheitert war. Diesen Eindruck wollte aber eine Mehrheit in der Nationalversammlung um jeden Preis vermeiden, weshalb am 26. Januar 1791 ein weiteres, vom protestantischen Abgeordneten Barnave vorgeschlagenes Dekret verabschiedet wurde, das die Sanktionen für die Eides-Verweigerer verschärfte.

Einer der Gegner des Beschlusses, Jacques-Antoine-Marie de Cazalès, warnte die Abgeordneten vergebens vor einer Entwicklung, die nur zu bald Wirklichkeit werden sollte: «Ich behaupte, dass eine Spaltung eintreten wird; ich behaupte, dass fast der gesamte französische Episkopat und die meisten Pfarrer der Ansicht sind, dass die Grundsätze der Religion es ihnen verbieten, Ihren Gesetzen zu gehorchen. (...) Wenn Sie die Bischöfe aus ihren Diözesen und die Pfarrer aus ihren Gemeinden verjagen, um diesen Widerstand zu brechen, dann werden Sie damit keineswegs gesiegt haben, sondern nur den ersten Schritt auf dem Weg der Verfolgung getan haben, der dann vor Ihnen liegt. (...) Zweifeln Sie etwa daran, dass ein Teil der Gläubigen ihren alten Hirten und den ewigen Prinzipien der Kirche nicht die Treue halten wird? Dann haben Sie das Schisma, dann beginnen neue religiöse Streitigkeiten. (...) Dann wird sich die Zahl der Revolutionsopfer vervielfachen, dann wird das Königreich gespalten sein.»[76] Doch für Besinnung, für ein Einlenken war es jetzt schon zu spät, denn längst machte sich der Druck der Straße bemerkbar. Der *peuple de Paris* feierte alle Kleriker, die den Eid geleistet hatten, und verfluchte all jene, die ihn verweigert und die Flucht ergriffen hatten. Angesichts der vielen Priester, die sich der neuen Regelung widersetzten, war ein normales religiöses Leben kaum noch möglich.

Die Motive der Priester, den Schwur abzulegen und sich damit dem Vorbild der meisten ihrer Oberhirten zu verweigern, waren komplex.

Eine wichtige Rolle spielte die verglichen mit früher gute Besoldung, die mit der Zustimmung zur Zivilverfassung verbunden war. Das wird zumal auf die *congruistes* zutreffen, also auf jene Pfarrer, die nur vom Hungerlohn der *portion congrue* von 700 *livres* leben mussten. Sehr zahlreich waren sie vor allem im Südosten Frankreichs, in der Dauphiné und der Provence, zwei Provinzen, in denen ein vergleichsweise hoher Prozentsatz von Priestern den Eid ablegte. Das Gehalt wie auch das hohe soziale Ansehen, das mit der Stellung eines Gemeindepfarrers verbunden war, dürften also nicht selten die Entscheidung, den Eid zu leisten, beeinflusst haben.[77]

Ausschlaggebend für die Entscheidung der Priester scheint ihr soziales Umfeld gewesen zu sein. In manchen Gemeinden und Städten übten die lokalen Verwaltungen und Clubs entsprechenden Druck aus, der, besonders wenn er von der Bevölkerung unterstützt wurde, die Entscheidung für den Eid wohl erheblich förderte. In Orten jedoch, in denen die Clubs nicht das Milieu beherrschten und die Einwohner der neuen Lokalverwaltung wie der Revolution mit einer gewissen Distanz gegenüberstanden, fiel es den Klerikern folglich wesentlich leichter, den Eid abzulehnen. Mit anderen Worten: Leistung oder Verweigerung des Eids lässt sich auch als eine Abstimmung für oder gegen eine weitere Fortsetzung der Revolution verstehen. Dafür spricht, dass in Paris, der Hauptstadt der Revolution, die nach der Beseitigung der alten Distrikte in 48 sich zunehmend militant gerierende Sektionen unterteilt war, fast die Hälfte aller Priester den Eid ablegten. Demgegenüber waren es in den acht französischen Großstädten mit jeweils mehr als 50 000 Einwohnern im Mittel nur ein Viertel der Priester, die sich zur Zivilverfassung bekannten.[78]

Da aber nicht nur Gemeindepfarrer, sondern alle Kleriker, die der neuen Kirchenhierarchie angehören wollten, den Schwur ablegen mussten, waren die im Januar 1791 modifizierten Eignungsvorschriften eine große Verlockung, der viele bereitwillig nachgaben. Ihnen eröffneten sich damit Aufstiegschancen, von denen sie vor der Revolution noch nicht einmal träumen konnten. Insgesamt waren fast alle der 83 neuen Diözesen zu besetzen, da von den über 130 Bischöfen nur sieben den Eid leisteten, von denen sich zudem die meisten, wie etwa Talleyrand, weigerten, dieses Amt weiterhin auszuüben oder sich zur Wahl zu stellen.

Die erste Weihe von zwei Bischöfen der sich zur Zivilverfassung bekennenden Kirche hatte bereits am 24. Februar 1791 in der Kapelle des Oratoriums der Rue St.-Honoré stattgefunden. Der Bischof von Autun, Talleyrand, nahm diese Weihehandlung vor, mit der die apostolische Nachfolge nach dem kanonischen Ritus vollzogen wurde. Talleyrand, der einen Monat zuvor den König darum gebeten hatte, ihn von seinem Bischofsamt zu entbinden, fand sich, da kein anderer Bischof dies tun wollte, nur unter Zittern und Zagen dazu bereit. Das war zwar ein Affront gegen die Amtskirche, den sie ihm mit Exkommunikation vergalt. Dem Ansinnen konnte er sich jedoch, wollte er seinen Ruf als Patriot nicht riskieren, kaum verweigern. Umso mehr fürchtete er, dass die übergroße Mehrheit seiner einstigen Amtsbrüder, die den Eid auf die Zivilverfassung abgelehnt hatten, ihn diesen Verrat würden büßen lassen, und bangte sogar um sein Leben.

Hätte sich Talleyrand aber verweigert, dann hätte sich die konstitutionelle Kirche nur um den Preis behaupten können, dass sie auf die katholische Doktrin der apostolischen Nachfolge innerhalb des Episkopats verzichtet hätte. Das wäre nichts anderes gewesen als eine vollständige Absage der revolutionskonformen Kirche an den Katholizismus. Talleyrand trug letztlich also die Verantwortung dafür, dass bis Ende April 1791 rund 60 neue Bischöfe gewählt, geweiht und in ihr Amt eingesetzt werden konnten. Damit war der stille Boykott der Zivilverfassung der Kirche, zu dem sich die allermeisten Bischöfe verstanden hatten, zumindest auf der Leitungsebene des Episkopats wirkungslos verpufft. Anders hingegen war die Situation in den Pfarreien. Obwohl deren Zahl nach den Bestimmungen der Zivilkonstitution erheblich verringert werden musste, standen zunächst nicht genügend qualifizierte Bewerber zur Verfügung, alle vakanten Posten mit *constitutionnels* zu besetzen. Das machte es nötig, die *réfractaires* so lange amtieren zu lassen, bis ein Kleriker, der den Eid geleistet hatte, gefunden worden war. Viele davon waren ehemalige Mönche, denen eine Stelle als Gemeindepfarrer Einkommen und sozialen Status verhieß.[79] Aber auch das brachte häufig keine Wende, denn viele Gläubige weigerten sich, die Sakramente von vereidigten Priestern gespendet zu bekommen.

Die Zivilverfassung der Kirche bewirkte das Gegenteil dessen, was mit ihr ursprünglich beabsichtigt gewesen war: Statt einer Integration der Kirche in die neue von der Revolution geschaffene Ordnung verursachte sie Desintegration und Streit. In der Folge wurden die *réfractaires* unter den Pauschalverdacht gestellt, Revolutionsfeinde zu sein, die es unnachsichtig zu bekämpfen galt. Über den Frontverlauf in dem bislang verdeckt geführten Machtkampf erhielt die breite Öffentlichkeit erst Aufschluss durch die Päpstliche Bulle *Caritas quae* vom 4. Mai 1791. Papst Pius VI. verdammte darin die Zivilverfassung als «absurd» und geißelte die Wahl von Bischöfen durch «Laien, Häretiker, Ungläubige und Juden». Außerdem setzte er jedem Eid-Kleriker eine Frist von 40 Tagen, den Schwur zu widerrufen. Im Fall der Weigerung wurde die Exkommunikation angedroht. *Roma locuta.* Jetzt war in dem offenen Konflikt zwischen der Papstkirche und der Revolution keine Kompromisslösung mehr möglich. Ausgerechnet der französische Klerus, dessen Deputierte auf den Generalständen einen wesentlichen Anteil am Zustandekommen der Nationalversammlung gehabt hatten, wurde nun ein Opfer der Revolution. Der Papst hatte, wie sein Verdammungsurteil der Zivilverfassung des Klerus zeigt, den Fortgang der Revolution genau verfolgt, denn nach den Calvinisten, Lutheranern und anderen Protestanten waren auch den sephardischen Juden sowie jenen, die seit Jahrhunderten in Avignon lebten, von der Nationalversammlung nach einer heftigen Debatte am 28. Januar 1790 die Bürgerrechte zuerkannt worden,[80] die aber der großen jiddisch sprechenden Volksgruppe der Ashkenasim, die im Elsass und in Lothringen lebte, weiterhin verweigert wurden. Diese Ungereimtheit, die im eklatanten Widerspruch zur Menschenrechtserklärung stand, wurde erst im September 1791 beseitigt, als die Nationalversammlung auch den in Frankreich ansässigen Ashkenasim die Bürgerrechte verlieh.[81]

FÜNFTES KAPITEL

VARENNES

Die Auseinandersetzungen um die Zivilverfassung der Kirche trugen dazu bei, den Kampf zwischen der gemäßigten Mehrheit und der radikalen Linken in der Nationalversammlung zu verschärfen. Diese Entwicklung stürzte Louis XVI in eine zunehmend schwierige Lage, zumal er auch den Gemäßigten mit tiefem Misstrauen begegnete. Jetzt kam noch hinzu, dass er sich genötigt sah, seinen religiösen Überzeugungen zuwiderhandeln zu müssen, als er die Kirchenreform anerkannte, die vom Papst verdammt wurde. Derart bedrängt begann ihm allmählich zu dämmern, dass er keine andere Wahl hatte, als alles auf eine Karte zu setzen und der konstitutionell-liberalen Monarchie, die mit der Verfassung von 1791 geschaffen worden war, seine Absage zu erteilen. Dazu hatten ihm Marie-Antoinette und seine Berater schon seit längerem geraten, deren Einflüsterungen sich Louis XVI aber bislang beharrlich verweigert hatte, auch wenn er im vertrauten Gespräch die Revolution verdammte. Das hinderte ihn andererseits aber nicht daran, die von der Revolution heraufgeführten radikalen Veränderungen in Staat und Gesellschaft zu sanktionieren.

Mit diesem Doppelspiel war kein Weiterkommen mehr, weshalb sich Louis XVI an die vage Hoffnung zu klammern begann, die energische Verdammung der Zivilverfassung der Kirche durch den Papst verschaffe den gegenrevolutionären Kräften neuen Auftrieb. Bislang jedoch hatte das einschlägig exaltierte Programm, zu dem sich der Bruder Louis' XVI, der in Turin im Exil lebte, lautstark bekannte, kaum ein Echo in Frankreich gefunden. Das hatte etwa der Aufstand erwiesen, den d'Artois im Winter 1790/91 im Umland von Lyon zu entfesseln versuchte und der kläglich gescheitert war, weil dessen antirevolutionären Ziele weder bei der Armee noch der Bevölkerung verfingen.[1]

Wie wenig Verlass auf die Loyalität der königlichen Armee war, hatte sich bereits am 14. Juli 1789 bei den um Paris zusammengezogenen Truppen gezeigt. Die Erosion der Disziplin erfasste bis zum Sommer 1790 weitere Einheiten im ganzen Land. Ursache dafür war das unverändert herrische Betragen der ausschließlich adeligen Offiziere, die immer häufiger mit Unteroffizieren und Mannschaften in Konflikt gerieten, die besonders empfänglich waren für revolutionäre Parolen. So gab es Verbrüderungen, die *Fédérations*, zwischen den Nationalgarden, die sich aus dem Bürgertum rekrutierten und keiner rigiden militärischen Hierarchie unterworfen waren, und den Linientruppen. Es folgten Meutereien in den Garnisonen von Lille und Hesdin im April, in Perpignan und Metz im Juni 1790.[2] Nach dem Urteil des Marquis de Bouillé, des Oberbefehlshabers der in Ostfrankreich stationierten Truppen, hatten die Delegationen, die an der *Fête de la Fédération* vom 14. Juli 1790 in Paris teilnahmen und sich dabei mit dem in der Hauptstadt grassierenden revolutionären Geist infizierten, die neuen Unruhen in der Armee ausgelöst.[3]

Ob das die schwere Meuterei der drei in Nancy stationierten Regimenter erklärt, die im August 1790 begann, kann dahin stehen. Schuld an den Unruhen scheinen vielmehr allzu rüde Versuche gewesen zu sein, die Disziplin der Soldaten wiederherzustellen.[4] Als deren Fehlschlag sich abzeichnete, beauftragte die Nationalversammlung Bouillé damit, die Meuterei niederzuschlagen.[5] Um diesen Befehl auszuführen, zog er eine Truppe von über 4000 Mann aus Regimentern ausländischer Söldner zusammen, mit der er am 30. August vor Nancy erschien. Unbeeindruckt von dieser Streitmacht setzten sich die Meuterer zur Wehr. Die Kämpfe, die bis in den frühen Abend andauerten, forderten auf beiden Seiten zahlreiche Opfer.[6] Dementsprechend unnachsichtig war die Repression. 22 Soldaten des schweizerischen Regiments wurden gehenkt und 41 zu langjährigen Galeerenstrafen verurteilt. Vergleichsweise glimpflich wurde dagegen die Beteiligung der beiden französischen Regimenter an der Meuterei geahndet – sie wurden einfach aufgelöst.[7]

Das harte Durchgreifen Bouillés wurde von verschiedenen Abgeordneten der Nationalversammlung ausdrücklich unterstützt; ein Antrag von Mirabeau, der das Vorgehen sowohl von General Bouillé wie der Truppen als «ruhmreich» lobte, wurde von der Versammlung verabschiedet. Robespierre, der sich ebenfalls zur «affaire de Nancy» äußern wollte, bekam nicht das Wort erteilt.[8] Nichts lässt jedoch vermuten, dass er die Absicht hatte, die Härte der Repression zu kritisieren, denn die fand zunächst nicht nur die Billigung der Pariser Jakobiner, sondern wurde auch von zahlreichen Clubs in der Provinz gutgeheißen. Lediglich radikale Journalisten wie Desmoulins, Loustalot, Carra oder Marat äußerten in ihren Blättern Empörung über das «Massaker» von Nancy.[9] Damit trugen sie dazu bei, jene Menge im Palais-Royal aufzuputschen, die am Vormittag des 2. September zur Nationalversammlung zog, um den Rücktritt der Minister zu fordern, die sie für das Geschehen in Nancy verantwortlich machten. Den von La Fayette mobilisierten Nationalgarden gelang es schließlich, die Menge ohne Blutvergießen zu zerstreuen. Für Finanzminister Necker war die Demonstration jedoch der letzte Anstoß, den seit längerem erwogenen Rücktritt einzureichen.[10] Louis XVI ließ den Minister, dessen einstige Popularität bei den Massen in den letzten Monaten rapide geschwunden war, ohne ein Wort des Bedauerns ziehen und nutzte den Rücktritt, um das gesamte Kabinett mit Ausnahme von Außenminister Montmorin neu zu besetzen.

Die neu ernannten Minister zeichnete weniger Fachkenntnis aus, als ihr Bekenntnis zu einem gegenüber der Revolution kompromissbereiten Liberalismus, dessen Repräsentant La Fayette war. Der gebot mit den Nationalgarden über die einzige Macht, die sich der Radikalisierung der revolutionären Bewegung entgegenstellen konnte. Damit verfolgte Louis XVI konsequent jene konziliante Haltung, die er bei seinem Besuch in der Nationalversammlung am 4. Februar 1790 zur großen Begeisterung der Versammlung gezeigt hatte.[11]

Louis XVI hielt seinem Respekt vor der öffentlichen Meinung die Treue, der man nicht offenen Widerstand entgegensetzen, sondern die man nur mit Zähigkeit und Diskretion in eine Richtung lenken könne, die den eigenen Absichten entspreche. Aus dieser Überzeugung heraus trat er mit Mirabeau, den er ebenso wie die Königin verabscheute, insgeheim ab April 1790 in Verbindung. Mirabeau war einer der Meinungsführer in der Nationalversammlung, dessen unauffällige Unterstützung der königlichen Interessen, die selbst gegenüber den Ministern verborgen wurde, sehr wertvoll schien. Entsprechend gut dotiert war auch das Angebot, das dem von Schulden geplagten Mirabeau unterbreitet wurde: Er sollte aus der königlichen Schatulle nicht nur die Summe von 208 000 *livres* erhalten, auf die er seine Verpflichtungen bezifferte, sondern zusätzlich noch 6300 *livres* pro Monat als Aufwandsentschädigung. Für den Fall, dass seine Tätigkeit im Dienst der Krone erfolgreich wäre, wurden ihm 250 000 *livres* in Aussicht gestellt.[12]

Dass Mirabeau aber nicht das liefern konnte, wofür er bezahlt wurde, blieb Louis XVI nicht lange verborgen. Das erklärt seine große Erleichterung, als das von Bouillé statuierte Exempel die Disziplin in der Armee wiederherstellte. Dieser Erfolg machte Louis XVI auf einen Kommandeur aufmerksam, auf den er sich verlassen konnte, sollte er sich zur Flucht entschließen. Die Königin lag ihm schon seit den Ereignissen des Sommers 1789 mit Fluchtplänen in den Ohren. Das, so begann ihm jetzt zu dämmern, war seine Chance, dem Griff der Revolution zu entrinnen, um ihr mit Unterstützung der Armee aus einer Position unangefochtener Stärke die Stirn zu bieten.

Entsprechende Überlegungen mussten sich Louis XVI jetzt noch umso mehr aufdrängen, als das Glaubensschisma sein katholisches Gewissen schwer belastete. Zwar hatte er die Zivilverfassung des Klerus wie die geforderte Eidesleistung sanktioniert, aber die Weigerung großer Teile des Klerus, sich deren Bestimmungen zu unterwerfen, wie auch das anfängliche Schweigen des Papstes, ließen seine Zweifel wachsen. Auch die beiden in Fragen des Glaubens äußerst devoten Tanten des Königs, *Mesdames* Adélaïde und Victoire, trugen das Ihre dazu bei, seine Gewissensqualen zu steigern. Als diese Tanten im Februar 1791 den Wunsch äußerten, nach Rom zu reisen, um sich dort ungestört ihrem Seelenheil widmen zu können, sah sich Louis XVI genötigt, alles, was er noch an Autorität besaß, aufzubringen, um den Damen die Abreise zu ermöglichen, denen zunächst von der Pariser Stadtverwaltung die Pässe verweigert wurden.[13] Kaum war diese Schwierigkeit überwunden, machte sich eine im Wesentlichen aus Frauen bestehende Menge auf, um die Residenz Bellevue, in der die Tanten ihren Wohnsitz hatten, zu belagern und deren Abreise zu verhindern.[14] Dank einer Warnung war es ihnen gelungen, noch rechtzeitig aufzubrechen und um Mitternacht am 21. Februar die Stadt zu verlassen.[15]

Umso größer war die Empörung, die von den Jakobinern und der radikalen Presse nach Kräften geschürt wurde und auch in der Nationalversammlung eine am 24. Februar leidenschaftlich geführte Debatte auslöste. Anlass dafür war die Verhaftung der Tanten, die damit begründet wurde, dass sich die Damen ohne ausdrückliche Erlaubnis der Nationalversammlung auf ihre Romreise begeben hätten.[16] Der Heftigkeit, mit der über dieses Scheinproblem diskutiert wurde, konnte auch der seither berühmte Einwand des Abgeordneten Jacques-François de Menou nichts anhaben, «dass ganz Europa mit großem Staunen zur Kenntnis nehmen wird, dass sich die Nationalversammlung vier Stunden lang über die Abreise zweier Damen gestritten hat, die lieber die Messe in Rom als in Paris besuchen wollen».[17] Die Kontroverse wurde schließlich mit der Annahme eines von Mirabeau eingebrachten Antrags beigelegt, der die Verhaftung als illegal erklärte und die gesetzliche Garantie der Reisefreiheit für jedermann bekräftigte.[18]

Trotzdem hielt die öffentliche Erregung in Paris unvermindert an. Die Wohnhäuser weiterer Mitglieder der königlichen Familie waren wiederholt Ziel lärmender Demonstrationen. Auch Messen, die von Priestern, die nicht den Eid geschworen hatten, in einigen Pariser Kirchen gelesen wurden, lösten immer wieder Tumulte aus, die das Erscheinen der Nationalgarden erzwangen. La Fayette und die ihm unterstehenden Bürgersoldaten waren das Frühjahr über damit beschäftigt, antiklerikale oder gegen das Königshaus gerichtete Menschenaufläufe zu zerstreuen. Das zerstörte auf die Dauer seine Reputation, und der Hass der revolutionären Clubs, der revolutionären Presse und der unterbürgerlichen Massen, der zukünftigen Sansculotten, fand in ihm eine willkommene Zielscheibe. Diese Rolle spielte er auch für den Monarchen und dessen Anhänger. Das war umso bitterer für ihn, als er sich an die Vorstellung klammerte, die Krone zu beschützen. Louis XVI und die Monarchisten sahen in La Fayette aber nichts anderes als einen Gefängniswärter. Selbst dieser Aufgabe, so wurde er gerügt, konnte er nicht genügen, denn wann immer er gebraucht wurde, war er mit seiner Truppe zu spät zur Stelle. Der Spottname eines «General Morpheus», einer hochrangigen militärischen Schlafmütze, haftete ihm schon seit den Oktobertagen 1789 an, als er sich mit der Nationalgarde viel zu spät auf den Weg nach Versailles gemacht hatte, um den König vor dem Protestzug der Marktweiber zu schützen.

Der schwärzeste Tag für sein Ansehen war der 28. Februar 1791, als er die Bürgerwehr nach Vincennes im Südosten von Paris beorderte. Eine wütende Menge versuchte, das dort liegende festungsartige mittelalterliche Schloss zu schleifen, das dem *Ancien Régime* wie die Bastille als Gefängnis gedient hatte, in dem auch Mirabeau zeitweilig inhaftiert gewesen war.[19] Während La Fayette sich bemühte, das Zerstörungswerk zu unterbinden und einige der Randalierer zu verhaften, verbreitete sich in Paris unter den königstreuen Adeligen das Gerücht, der schutzlose König schwebe in akuter Gefahr, das Opfer eines Mordanschlags zu werden. Also fanden sich in den frühen Nachtstunden einige Hundert mit Jagdmessern und Pistolen bewaffnete Royalisten bei den Tuilerien ein. Trotz der Wachen gelang es ihnen, sich Einlass ins Schloss zu verschaffen; erst die ungewöhnlich große Anzahl von mehr als 60 Kutschen und Kaleschen, die vor dem Schloss abgestellt waren, weckte Argwohn. Jetzt wurde La Fayette alarmiert, der mit der Nationalgarde herbeieilte. Alle Ausgänge wurden besetzt, die Räumlichkeiten durchsucht und die Eindringlinge entwaffnet.[20]

Dieses seltsame Geschehen ging als *Journée des chevaliers du poignard* in die Annalen ein und wurde von vielen als gescheiterter Versuch gedeutet, den König zu entführen. Den Plan dazu habe Marie-Antoinette ausgeheckt, während die dickleibige Unschuld von Louis XVI sich in ihrer Ruhe gestört sah und zum Handeln weder Kraft noch Entschlossenheit aufzubringen vermochte. Die Tanten des Königs hätten sich einfach deshalb schon früher aus dem Staub gemacht, um das Vorhaben nicht zu erschweren ... Diese auf bloße Mutmaßungen sich stützende Deutung der Ereignisse verbreitete sich in Windeseile und wurde allenthalben als zweifellos wahr akzeptiert.

Das Resultat war das Gesetz über den Dienstsitz von Beamten, das am 26. März in der Nationalversammlung debattiert und schon zwei Tage später verabschiedet wurde.[21] Das Gesetz galt zwar für alle *fonctionnaires publics*, war aber ganz offenkundig allein auf den König zugeschnitten. Artikel 3 bestimmte: «Der König, der oberste Beamte, muss seinen Aufenthalt in Reichweite der Nationalversammlung nehmen, solange diese tagt». Und Artikel 8 formulierte die Bestimmung: «Wenn der König sein Herrschaftsgebiet verlassen hat und wenn, nachdem ihn die Gesetzgebende Versammlung durch eine Proklamation aufgefordert hat, zu erscheinen, er nicht nach Frankreich zurückkehrt, wird dies als Abdankung gewertet».[22] Dieses Gesetz – garniert mit der kalkulierten Beleidigung, den König als «obersten Beamten» zu qualifizieren – schränkte die Bewegungsfreiheit des Monarchen entschieden ein. Das Netz, das die Revolution über ihn geworfen hatte, begann sich, wie Louis XVI erkennen musste, immer mehr zusammenzuziehen.

Angesichts dessen nahm der seit dem Oktober 1790 mit dem Marquis de Bouillé erörterte Plan, durch Flucht aus Paris sich wieder die uneingeschränkte Handlungsfreiheit zu verschaffen, Gestalt an.[23] Die Königin hatte bereits im Dezember 1790 Vorstellungen entwickelt, wie der König seine wiedererlangte Freiheit nutzen sollte. In einem Schreiben an Bouillé waren diese skizziert. Sobald er frei sei, werde der König jene Vorschläge veröffentlichen, die er am 23. Juni 1789 den Generalständen vorgetragen hatte: Gemeinsam mit den regelmäßig tagenden Generalständen, die aber lediglich beratende Funktion haben sollten, sei er bereit, die Missbräuche und Widersprüchlichkeiten des monarchischen Regimes zu beseitigen. Voraussetzung sei jedoch, dass die alleinige souveräne Autorität des Königs ebenso anerkannt werde, wie die Gliederung der Gesellschaft in drei Stände. Mit anderen Worten: Alle Errungenschaften der Revolution sollten beseitigt werden, ein Ansinnen, das schon damals von den Deputierten abgelehnt worden war. Gleichwohl vertraute die Königin darauf, dass es dem König jetzt gelingen werde, sich dank der Unterstützung durch das loyale Militär, seine ihm nach wie vor treu ergebenen Untertanen wie auch durch Kriegsdrohungen fremder Mächte damit durchzusetzen. Allein eine solche Koalition würde genügen, um ans Ziel zu gelangen.[24]

Der schwedische Botschafter Baron de Staël-Holstein muss von diesen Überlegungen gehört haben, denn am 16. Dezember 1790 schrieb er in einer Depesche, am Hofe ginge man mit der Absicht um, Paris heimlich zu verlassen. Dieses Gerücht verdiene umso mehr Aufmerksamkeit, als es nicht nur leichtsinnig herumerzählt werde, sondern auch mit einigen Unruhen im Lande in Verbindung gebracht werden könne, die von den in Turin im Exil lebenden Brüdern des Königs geschürt würden. «Außer Frage steht schließlich, dass die Situation, in der sich der König in Paris befindet, schrecklich ist, aber angesichts seines Charakters halte ich es für die wesentlich klügere Entscheidung, hier noch weiter auszuharren. Bewiese er nur etwas mehr Umsicht, könnte er binnen kurzer Zeit große Vorteile aus den ungeheuren Fehlern ziehen, die von der Nationalversammlung gemacht werden, ohne alles auf einmal zu riskieren».[25]

Der schwedische Botschafter schätzte Louis XVI richtig ein, der es ausgerechnet, als der Zeitpunkt für die geplante Flucht nahte, an Klugheit fehlen ließ. Was den König zur Eile trieb, war die Erwartung, die Nationalversammlung werde die Verfassung bis zum Sommer des Jahres ausgearbeitet haben und in Kraft setzen. Das jedoch, so stand zu befürchten, würde die von ihm geplante Durchsetzung des Programms vom 23. Juni 1789 erheblich erschweren oder unmöglich machen. Seine Panik wurde noch gesteigert durch den Tod Mirabeaus, der am 2. April 1791 im Alter von 42 Jahren in Paris starb. Damit fehlte eine wichtige Stütze der Monarchie, auch wenn diese die in sie gesetzten Erwartungen bislang kaum erfüllt hatte.

Um seine Ängstlichkeit zu betäuben, musste sich Louis XVI die Erfolgsgewissheit des Plans einreden. Das verrieten auch Entschlüsse von symbolischer Tragweite, die für großes Misstrauen sorgten. Unmittelbar vor Palmsonntag wandte er sich von seinem bisherigen Beichtvater, dem Pfarrer von Saint-Eustache, der den Eid auf die Zivilverfassung des Klerus geleistet hatte, ab und ließ sich stattdessen die Absolution von einem vormaligen Jesuiten, dem *abbé* Lenfant erteilen, der den Schwur verweigert hatte. Damit nicht genug, empfing er am Sonntag vor Ostern die Kommunion aus den Händen des *grand aumônier* von Frankreich, Kardinal Louis-Joseph de Montmorency-Laval, der als entschiedener Gegner der Zivilverfassung des Klerus bekannt war.

Der König geriet immer mehr in Bedrängnis. Das zeigte sich schon am folgenden Tag, dem Ostermontag, als sich die königliche Familie für vierzehn Tage zum Schloss von Saint-Cloud begeben wollte. Den Ausflug vereitelte eine aufgebrachte Menschenmenge, die auf der Place du Carrousel vor dem Tuilerien-Schloss zusammengeströmt war und die bereitstehende Kutsche umringte. Als der König losfahren wollte, klammerten sich Grenadiere der Nationalgarde an das Geschirr der Pferde und erklärten, dass sie ihn nicht abreisen ließen. Unterdessen waren der Bürgermeister von Paris, Bailly, und La Fayette auf der Szene erschienen und versuchten vergeblich, durch Zureden die Blockade aufzuheben. An diesen Bemühungen beteiligte sich auch Louis XVI, der aus dem geöffneten Kutschenschlag zu vernehmen war, es sei doch sehr erstaunlich, dass er in seiner Freiheit eingeschränkt werde, nachdem der Nation die Freiheit beschert worden sei. Auch dieser Sarkasmus half nichts, denn die meuternden Nationalgarden wurden von der Menge vielstimmig unterstützt, die nun die um die Kutsche herumstehenden königlichen Bediensteten tätlich angriff. Weder La Fayette noch der König konnten sich allerdings dazu entschließen, die Abreise mit Gewalt durchzusetzen. Und so blieb Louis XVI schließlich nichts anderes übrig, als in die Tuilerien zurückzukehren.[26]

Das Geschehen führte Louis XVI in brutaler Deutlichkeit vor Augen, dass er ein Gefangener in der eigenen Hauptstadt war. Das dürfte ihm letzte Zweifel an den Fluchtplänen zerstreut haben.

Die antiklerikalen Ausschreitungen der unterbürgerlichen Schichten verstießen eklatant gegen die Gesetze der Nationalversammlung, die Priester, die den Eid verweigerten, zwar damit bestraften, dass ihnen nur ein Hungerlohn bezahlt wurde, andererseits aber auch garantierten, dass ein jeder nach seiner Façon selig werden konnte. Die Toleranz war jedoch wohlfeil, denn die *Commune de Paris* oder die Nationalgarde hüteten sich, deren Achtung zu erzwingen. Das zeigt einmal mehr die fatale Neigung der politisch Verantwortlichen, der grassierenden Unrast der Unterschichten ein Ventil zu öffnen, aus dem der aufgestaute Druck zum Schaden jener entweichen konnte, die die Revolution ablehnten. Das stiftete nicht nur einen willkommenen Zwang zu revolutionärem Konformismus, sondern kanalisierte auch den wegen der anhaltenden Wirtschaftskrise wachsenden Unmut jener, die ihre Arbeit verloren hatten oder wegen der rasch steigenden Preise zunehmend in Existenznot gerieten.

Schuld an der Krise waren einige Errungenschaften der Revolution, die just von denen frenetisch begrüßt worden waren, die jetzt unter ihren Folgen zu leiden hatten. Der seit dem Sommer anschwellende Auszug von Adeligen, die dem unruhigen Paris den Rücken kehrten, um entweder unauffällig in der Provinz in «innerer Emigration» zu leben, oder außer Landes zu gehen, hatte nicht nur Scharen von Dienstpersonal um ihr Brot gebracht, sondern auch jene zu Erwerbslosen gemacht, die bisher mit Herstellung oder Vertrieb von Luxuswaren ihr Auskommen fanden. Ein weiterer Faktor der großen Arbeitslosigkeit war die Aufhebung von Domkapiteln und Klöstern, von deren Aufträgen zahlreiche Gewerbe abhingen.

Um der Arbeitslosigkeit zu steuern, wurden große öffentliche Baumaßnahmen begonnen. Eine davon war die wahrhaft «patriotische» Aufgabe, die Bastille zu schleifen, deren Steine ein findiger Bauunternehmer als Souvenirs in alle Welt verkaufte. Der Besucher der New York Public Library kann dort noch heute einen solchen Quaderstein bestaunen, der als revolutionäre Devotionalie im Eingangsbereich der Bibliothek ausgestellt ist. Diese mehr oder weniger sinnvollen Arbeitsbeschaffungsmaßnahmen konnten das Problem der Massenarbeitslosigkeit allenfalls lindern, nicht aber beseitigen.

Wegen des Überangebots an Arbeitskräften waren die Löhne seit Ausbruch der Revolution nicht gestiegen, während gleichzeitig die Preise anzogen. Das mehrte die in Paris herrschende soziale Unruhe. Dessen ungeachtet wandte sich die Nationalversammlung im Frühjahr 1791 einer Aufgabe zu, deren Erledigung sie im August 1789 vertagt hatte. Am 2. März 1791 wurde ein Gesetz verabschiedet, das alle Handelsgilden und Zünfte beseitigte.[27] Diese Korporationen galten nun als Bestandteile jener auf Privilegien basierenden Gesellschaft, deren Beseitigung zu den Zielen der Revolution gehörte. Mit der «loi d'Allarde» wurde die Wirtschaft von allen Hemmnissen und staatlichen Kontrollen befreit. Von nun an galt, dass jeder, der sich berufen fühlte, als Unternehmer tätig werden und ein Gewerbe betreiben konnte. Als alleiniges Regulativ galt das «natürliche» Marktgesetz von Angebot und Nachfrage, das nicht nur über den unternehmerischen Erfolg, sondern auch über Preise und Löhne entscheiden sollte.

Diese wirtschaftsliberale Regelung war ebenso konsequent wie kurzsichtig. Die Gilden hatten als Kartelle der Arbeitgeber funktioniert, und aus deren Verschwinden zogen die Arbeiter in verschiedenen Gewerben nun verständlicherweise den Schluss, höhere Löhne zu fordern. Die Zimmerleute führten sich in dieser Hinsicht besonders militant auf, indem sie sich organisierten und Mindestlöhne durch Streiks erzwingen wollten. Solche Überlegungen stießen in der populären Presse wie in manchen der Pariser Sektionen auf lebhaften Beifall. Die *Commune de Paris*, die mit der Aufrechterhaltung von Ruhe und Ordnung sowieso schon überfordert war, musste dies in Alarm versetzen. Schließlich erkannte auch die Nationalversammlung die Gefahr. Hier drohte ein Konflikt, der das Potenzial barg, alle bisherigen Mühen und Errungenschaften zu vernichten. Am 14. Juni wurde eine vom Abgeordneten Isaac René Guy Le Chapelier aus Rennes eingebrachte Gesetzesvorlage votiert, die Arbeiterassoziationen, also Gewerkschaften, ebenso unter Strafe stellte wie alle sonstigen Abreden in Arbeitskonflikten oder bei Lohnforderungen. Zugleich wurde den örtlichen Behörden untersagt, sich mit solchen Zusammenschlüssen ins Benehmen zu setzen oder deren Mitgliedern Arbeit anzubieten.[28] Diese sehr restriktive Arbeitsgesetzgebung, die ein Koalitions- und Streikverbot vorsah, war in Frankreich lange in Geltung. 1864 gestand Napoléon III das Streikrecht zu, während Gewerkschaften erst von der III. Republik 1884 erlaubt wurden.

Dieses Gesetz hat vor dem Hintergrund der Revolutionsgeschichte eine besondere Bedeutung, weil der Abgeordnete Le Chapelier in den Anfängen des Umsturzes einer der führenden Radikalen war. Als solcher gehörte er nicht nur zu den Gründungsmitgliedern des Jakobiner-Clubs, sondern war auch lange Zeit einer der wichtigsten Stichwortgeber der Linken in der Nationalversammlung. Mittlerweile war er aber wie Mounier oder Mirabeau zu der Überzeugung gekommen, dass eine weitere, ungezügelte soziale Radikalisierung der Revolution deren Errungenschaften zu zerstören drohte. Das galt es zu verhindern, weshalb dieses Gesetz nicht bloß als eine logische Ergänzung im Zusammenhang mit der Beseitigung der koporativen Struktur des *Ancien Régime* zu sehen ist; seine Pointe zielte vielmehr darauf, den Anspruch der Nationalversammlung, allein dem souveränen politischen Willen der Nation Ausdruck zu geben, gegen die zunehmend virulenten Ansprüche von Interessengruppen zu immunisieren. Das war eine Absicht, die damals von den Abgeordneten noch geteilt wurde, die deshalb das Gesetz einstimmig billigten.

Der Einstellungswandel, der in diesem Gesetz zum Vorschein kam, materialisierte sich nicht zuletzt auch in der Gründung verschiedener politischer Clubs. Der bedeutendste war der *Club monarchique*, den einige frühere *Monarchiens* Ende des Jahres 1790 eröffneten, um dem Einfluss des Jakobiner-Clubs Konkurrenz zu machen. Schon bald hatte dieser Club großen Zulauf. Im Winter 1790/91 verteilten seine

Mitglieder subventioniertes Brot an die Pariser Unterschichten. Für seinen Einfluss war dies jedoch eher kontraproduktiv, denn es löste eine Gegenkampagne der Jakobiner aus, die von Antoine Barnave angeführt auf die *Commune de Paris* Druck ausübte. Also wurde die Schließung des Clubs mit der Begründung angeordnet, dass die Brotaktion für den Markt sehr nachteilig sei.[29]

Das bedeutete das Ende des Versuchs, einer gemäßigten Strömung innerhalb der Nationalversammlung wie in der Öffentlichkeit zum Erfolg zu verhelfen. Sie hätte ein Gegengewicht gegen den bestimmenden Einfluss der Linken gebildet, die vom Triumvirat von Alexandre Lameth, Adrien Duport und Barnave angeführt wurde. Diese Aufgabe schulterte allein Mirabeau. Ihm gelang es in einer seiner letzten Reden am 28. Februar 1791, eine von Le Chapelier als Mitglied des Verfassungsausschusses eingebrachte Gesetzesvorlage zu Fall zu bringen, die präventive Strafmaßnahmen für Emigranten vorsah. Mit seinem oft zitierten Ausruf «silence aux trente voix!»[30] zielte Mirabeau aber nicht nur auf jene die Linke anführenden Männer, sondern auf die noch weithin unbekannten Abgeordneten, die in deren Schatten auf ihre Chance lauerten.

Zu den «dreißig Stimmen» zählte Mirabeau insbesondere einen Abgeordneten, der ihn ausgerechnet in der Debatte um das Emigrantengesetz wirkungsvoll unterstützt hatte: Maximilien Robespierre. Wie zutreffend die politische Witterung Mirabeaus war, bestätigt das verblüffend hellsichtige Urteil eines Briten, der in Paris als Mitglied des Jakobiner-Clubs häufig Gelegenheit hatte, Robespierre zu studieren. In einem am 1. März 1791 geschriebenen Brief machte sich William Augustus Miles Gedanken über Robespierre und dessen künftige Bedeutung: «Der Mann, den in der Nationalversammlung Mirabeau, La Fayette und sogar die Lameths und die gesamte Orléans-Clique als völlig unbedeutend einschätzen, wird bald die größte Anerkennung genießen. Er ist kühl, beherrscht und entschlossen. In *seinem Herzen* ist er durch und durch Republikaner [i. e. Demokrat], aber nicht, um damit irgendeiner Menge zu gefallen, sondern wegen der Überzeugung, dass dies die bestmögliche, wenn nicht sogar die einzige Regierungsform ist, die als zulässig gelten kann. Dementsprechend handelt er, und die Öffentlichkeit ergreift entschieden Partei für dieses System. Er ist ein aufrechter Mann, unbedingt in seinen Prinzipien, offen, ohne gekünstelte Manieren, einfach gekleidet und jeglicher Korruption abhold, hegt er für Reichtum nur Verachtung, und sein Wesen ist auch frei von jener Beweglichkeit, die Franzosen sonst haben.»[31]

Aus Widerspruch gegen die Unterschätzung, die ihm in der Nationalversammlung entgegengebracht wurde und die sich darin äußerte, dass ihm der Sitzungspräsident nicht das Wort erteilte, um das er sich gleichwohl häufig bemühte, gewann Robespierre die Kraft, zu überzeugen und seine Zuhörer im Jakobiner-Club zu fesseln. Seine Argumente entwickelte Robespierre aus einigen wenigen Prinzipien, an denen er unbeirrbar festhielt. Dass er nicht, wie die meisten anderen, eines Debattenerfolgs wegen seine Anschauungen opportunistisch verbog oder gar verleugnete, sondern seiner prinzipienfesten Geradlinigkeit die Treue hielt, brachte ihm schnell den Ruf eines «Unbestechlichen» ein. Dennoch hielt man ihn lange für ein politisches Leichtgewicht, das in seinem Eifer, irgendwie bedeutend zu werden, bisweilen eine Gesetzesvorlage einbrachte, die ein Problem regelte, das man im Drang wichtigerer Geschäfte übersehen hatte.

Eine erste Chance bot sich Robespierre am 7. April 1791, als er einen Gesetzentwurf vorlegte, der es jedem Abgeordneten während einer Frist von vier Jahren nach dem Ende der Verfassunggebenden Versammlung untersagte, ein Regierungsamt anzutreten.[32] Das mutete harmlos an und appellierte auch an das unter den Mitgliedern der Nationalversammlung verbreitete Misstrauen dagegen, dass einer von ihnen in ein Ministeramt berufen würde. Daran war schon Mirabeaus Ehrgeiz im November 1789 gescheitert, als er Necker in der Leitung des Finanzministeriums ablösen wollte. Er suchte seinen Ehrgeiz mit dem Vorschlag zu verbergen, der König solle künftig nur noch Regierungen in Übereinstimmung mit dem Willen des Volkes berufen, sprich die Minister aus dem Kreis der Abgeordneten auswählen. Die Abgeordneten, die darin einen eklatanten Verstoß gegen das ihnen heilige Prinzip der Gewaltenteilung sahen, lehnten den Antrag Mirabeaus einhellig ab. Der bretonische Abgeordnete Jean-Denis Lanjuinais stellte am 7. November 1789 sogar den Gegenantrag, dass kein Mitglied der Nationalversammlung selbst drei Jahre nach deren Ende einen Ministerposten annehmen dürfe.[33]

Dieses Antrags wie auch des damaligen Scheiterns Mirabeaus wird sich Robespierre entsonnen haben, als er seine Vorlage einbrachte, bei der er sich sehr sicher sein konnte, dass sie auch anderthalb Jahre später Zustimmung fände. Das Kalkül erwies sich als richtig, und über den Antrag wurde ohne weitere Aussprache abgestimmt. Darin verbirgt sich eine reizvolle Ironie, denn es war ausgerechnet Robespierre, der am Abend jenes 7. November 1789 im Jakobiner-Club dem ob seiner Niederlage tief verletzten Mirabeau beigesprungen war. Zwar verteidigte er nicht dessen Gesetzesvorlage, aber er verurteilte mit scharfen Worten die «unheilige Allianz» zwischen den reaktionären Adeligen und dem Triumvirat der Lameth, Barnave und Duport, die sich nur zusammengefunden hätten, um Mirabeau eine parlamentarische Niederlage zuzufügen.[34]

Der Erfolg, den Robespierre mit seiner Vorlage erzielte, war für ihn persönlich von eminenter Bedeutung, denn es verschaffte ihm das Fundament für seinen weiteren politischen Aufstieg. Das erkannte der britische Botschafter in Paris, Earl Gower: «In der gegenwärtigen Anarchie, die inner- wie außerhalb der Nationalversammlung herrscht, ist es mir unmöglich, Ihren Gnaden eine sichere Bestandsaufnahme des Zustands der Parteien zu geben. So viel ist jedenfalls zu erkennen, dass es eine Gruppierung von Männern gibt, deren Ziel die völlige Beseitigung der Monarchie ungeachtet ihrer konstitutionellen Eingrenzung ist. Die führenden Köpfe dieser Partei sind: Robertspierre [sic], Pétion, Buzot und Prieur; denen stehen auf dem anderen Extrem Maury und Cazalès gegenüber; was Barnave und die Lameths anbelangt, so ist deren Durchsetzungsfähigkeit als Partei derart zerstört, dass sie hin und her schwanken, ob sie sich den Republikanern oder den Anhängern einer konstitutionellen Monarchie anschließen sollen. Außer Frage steht jedoch, dass die gegenwärtige Verfassung keine Befürworter hat und deshalb auch keinen Bestand. Der neuen Legislative fällt damit die Aufgabe zu, diese entweder in eine wirkliche Republik umzumodeln, vorausgesetzt die republikanische Partei setzt sich durch, oder aber, wenn die anderen die stärkste Kraft darstellen, müssen viele Gesetze dieser Versammlung aufgehoben und durch neue ersetzt werden, um dem König und der Exekutive mehr Macht zu verschaffen».[35]

Welche Absichten Robespierre damals mit seinem Antrag verband, enthüllt sein nächster Schachzug, mit dem es ihm gelang, die ohnehin schon angeschlagene Führungsrolle des Triumvirats in der Nationalversammlung noch weiter zu beschädigen. Am 16. Mai brachte er eine Gesetzesvorlage ein, die eine Wiederwahl der Mitglieder der Verfassunggebenden Versammlung für die Gesetzgebende Versammlung, die im Oktober 1791 ihre Nachfolge antrat, ausschloss.[36] Damit landete er einen Coup, dessen spätere Folgen sich damals umso weniger absehen ließen, als die meisten Abgeordneten, die dem Antrag zustimmten, darin nur einen augenblicklichen taktischen Sieg erkannten: Die Rechte in der Nationalversammlung votierte für die Vorlage, um das Triumvirat abzustrafen. Allein dieses «Linsengerichts» wegen verzichtete eine Mehrheit der Abgeordneten auf die Aussicht ihrer Wiederwahl.

Ein einziger Abgeordneter, Adrien Duport, einer der Führer des Triumvirats, erkannte jedoch die Gefahren, die mit diesem Gesetz heraufbeschworen wurden. Die revolutionäre Dynamik wurde stets befeuert durch den Wettbewerb einiger Wortführer, die sich wechselseitig durch ständig gesteigerte Radikalität auszustechen suchten. Dem waren als Erste die *Monarchiens* zum Opfer gefallen. Auch Mirabeau, der in ihrer Nachfolge die weitere Entwicklung bestimmen und die Revolution mit der *Fête de la Fédération* symbolisch beenden wollte, war schon mit diesem Anspruch gescheitert, den seither das Triumvirat behauptete, das sich stetig heftigeren Anfechtungen ausgesetzt sah. Das sensibilisierte Duport, der sich am 17. Mai 1791 in einer denkwürdigen Rede gegen die Gesetzesvorlage Robespierres aussprach: «Schritt für Schritt, meine Herren, veranlasst man Sie zu einer wahrhaftigen und umfassenden Auflösung der Gesellschaft (…). Das, was man die Revolution nennt, ist bereits gemacht. Die Menschen wollen nicht mehr den alten Despoten gehorchen. Wenn man nicht aufpasst, werden sie imstande sein, sich neue Herrscher zu erschaffen, deren viel jüngere und populärere Macht unendlich gefährlicher sein wird. (Unruhen) Solange der *esprit public* nicht gefestigt ist, wird das Volk mit nichts anderem befasst sein, als seinen Herrn auszuwechseln. (…) Fallen Sie nicht dem Irrtum anheim, dass die Ideen von Freiheit und Gleichheit jemals wieder verschwinden könnten. Das Gegenteil wird der Fall sein, denn sie werden sich mehr und mehr ausbreiten. (…) Es gilt, sie mit einer legitimen und stabilen Regierung zu verbinden. Ohne diese verlässliche Gewähr werden sie sich weiter verbreiten, werden sie alles einebnen, alles auflösen bis hin zu einer Aufteilung jeglichen Besitzes».[37]

Duport hatte erkannt, dass alle Versuche, dem weiteren Fortgang der Revolution Einhalt zu gebieten, an deren Dynamik zerschellten. Aber welche Motive verband Robespierre mit dem Gesetz, das jene Dynamik umso mehr beschleunigen musste, als die Wahlperiode nur auf zwei Jahre begrenzt war? Eine Antwort gibt seine Rede zur Begründung des Antrags: Zwar müsse man einen Mangel an parlamentarischen Führungsgestalten fürchten, aber ohne diese wäre die Versammlung viel demokratischer. Außerdem seien die einzigen Führer, die eine Gesetzgebende Versammlung brauche, Vernunft und Wahrheit. Schließlich würden die ehemaligen Mitglieder der Nationalversammlung auch von viel größerem Nutzen sein, wenn sie, in ihre Heimatorte zurückgekehrt, die revolutionären Grundsätze überall in Frankreich verbreiteten.[38]

Mit diesen naiv anmutenden Ausführungen gelang es Robespierre, der Versammlung, die seinen Gesetzesvorschlag annahm, einen Bären aufzubinden. Das fiel ihm umso leichter, als die von sich selbst überzeugten Abgeordneten seine Fähigkeiten und Absichten verkannten. Außerdem hatte es im Frühjahr für kurze Zeit den Anschein, als sei die Revolution mit der Verabschiedung der Verfassung tatsächlich beendet. Robespierre wie auch Pétion und Buzot gehörten nicht zu denen, die sich deshalb sorgen mussten, denn sie waren von der *Assemblée électorale du département de Paris* für die höchsten Posten in der Justiz vorgeschlagen worden: Pétion sollte Präsident, Buzot Vizepräsident und Robespierre Generalstaatsanwalt beim *Tribunal criminel du département de Paris* werden, dem nach der Verfassung obersten Gericht des Landes. Mit Schreiben vom 11. Juni 1791 an die *Assemblée électorale* erklärte Robespierre seine Bereitschaft, «dieses wichtige und anspruchsvolle Amt zu akzeptieren», auch wenn ihn die Größe der Aufgaben, die damit auf ihn zukämen, erschrecke.[39]

Was die Erfüllung des Ehrgeizes von Robespierre zerstörte, war ein Ereignis, das, seit längerem geargwöhnt, jetzt tatsächlich eintrat: die Flucht des Königs. Für den Zeitpunkt hatten zwei Überlegungen den Ausschlag gegeben: Zum einen sollten die Wahlen für die Legislative vereitelt, zum anderen die noch tagende Nationalversammlung zu einer Verfassungsänderung gezwungen werden. Diesen Zusammenhang erhellt eine Passage in der Proklamation, die Louis XVI eigenhändig aufgeschrieben und in den Tuilerien zurückgelassen hatte: «Es haben sich Vereinigungen gebildet, die unter dem Namen *Amis de la Constitution* [i. e. die Jakobiner-Clubs] firmieren, die Zusammenschlüsse darstellen, die weit gefährlicher sind als frühere Körperschaften; sie beratschlagen über alle Regierungsbelange, üben eine derartige Macht aus, dass alle Organe, einschließlich der Nationalversammlung, ihnen hörig sind. (…) Statt die Wunden mit Balsam zu lindern, trägt das neue Wahlverfahren [i. e. die Urwahlen] entschieden dazu bei, die Unzufriedenheit anzustacheln; die Fülle von verleumderischen Journalen und Pamphleten, die das Echo der Clubs sind, verstetigen die Unordnung, und die Nationalversammlung unternimmt nichts, hier Abhilfe zu schaffen; das Ergebnis wird eine bloß metaphysische und zum Handeln zu schwache Regierung sein. – Franzosen, ist es Euer Wunsch, dass der Despotismus der Clubs die Monarchie ersetzt, unter der das Königreich vierzehn Jahrhunderte lang geblüht hat?»[40]

Während Louis XVI für die Wahlen zu den Generalständen von 1789 kein Interesse bekundet hatte, beobachtete er jetzt die Wahlvorbereitungen für die Legislative mit gespannter Aufmerksamkeit. Auf diese nahmen, wie er richtig erkannt hatte, die Jakobiner-Clubs landesweit erheblichen Einfluss.[41] Durch seine Flucht erzwang Louis XVI eine Verschiebung der Deputiertenwahlen, die ursprünglich für den 5. Juli vorgesehen waren, in den August. Das wurde ihm von Robespierre unterstellt.[42]

In der Nacht des 20. Juni 1791 gelang es Louis XVI, als Kammerdiener verkleidet, mit seiner Familie in zwei schweren Kutschen, die eigens beschafft worden waren, aus dem bewachten Tuilerien-Schloss zu entweichen. Die Flucht, die seit langem gleichermaßen minutiös wie dilettantisch vorbereitet worden war, hatte die Festung von Montmédy an der Grenze zu Luxemburg zum Ziel.[43] Hier wollte der König im Schutz der ihm noch loyalen Teile der Armee unter dem Befehl des Marquis de Bouillé und der auf der anderen Seite der Grenze zusammengezogenen österreichischen Truppen so lange ausharren, bis sich die Nationalversammlung auf eine seinen Wünschen entsprechende Verfassung verständigt hatte.[44] Das verzweifelte Vorhaben war jedoch zu einem raschen Scheitern verurteilt: Am Morgen des 21. Juni wurde die Flucht des Königs entdeckt, und bereits am Abend desselben Tages wurde er in Sainte-Ménehould vom Sohn des dortigen Posthalters erkannt, der die Physiognomie des beleibten Reisenden anhand seines Porträts auf den Münzen zweifelsfrei identifizierte. Auf dessen Veranlassung hin wurde die Kutsche im nächsten Ort, in Varennes, aufgehalten. Wieder einen Tag später traf der Befehl ein, die gestellten Flüchtlinge umgehend nach Paris zurückzuschaffen.[45]

Häufig ist zu lesen, die gescheiterte Flucht Louis' XVI sei einer der großen Wendepunkte der Revolution gewesen. Das trifft insofern zu, als deren Verfassung zwar den *Ancien Régime* beseitigt, aber ausgerechnet dessen wirkungsvollstes Symbol, den König, verschont hatte. Diese Verlegenheitslösung ergab sich zwingend aus der als unumstößlich angesehenen Überzeugung, ein Land von der Größe Frankreichs ließe sich nur als Monarchie organisieren. Die Möglichkeit, nach dem Vorbild Englands zu einer neuen Dynastie zu wechseln, schien deshalb ausgeschlossen, weil damit der Vetter von Louis XVI, der Duc d'Orléans, der Erbauer und Betreiber des Palais-Royal, ein diskreditierter und intriganter Fürst, zum Zuge gekommen wäre. Also hielt man an dem in Reims gesalbten Herrscher fest, wohl wissend, dass er als Chef der Exekutive im Widerspruch zu den revolutionären Errungenschaften stand und *eo ipso* ein permanentes Risiko darstellte. Der Fluchtversuch beschleunigte insofern eine Entwicklung, die sich ohnehin schon anbahnte: Ein König, der sich offen gegen die Revolution stellte, war nicht nur als Person untragbar, sondern die Institution der Monarchie insgesamt stand offen zur Disposition.[46]

«Die Nationalversammlung setzt ihre Beratungen fort. Die Ruhe war ganz dieselbe wie am Vortag; das Land widmet sich seinen Geschäften; die Fahrzeuge sind gleichfalls unterwegs. Man hätte sich niemals vorstellen können, dass es augenblicklich keinen König in Frankreich gab», schrieb der Marquis de Ferrières am 23. Juni seiner Frau.[47] Seitdem sich der Dritte Stand im Juni 1789 als Nationalversammlung proklamiert hatte, glich die Monarchie einer Artischocke, die Blatt für Blatt verzehrt wurde. Das war zwar eine Entwicklung, die von der Nationalversammlung kodifiziert und legitimiert worden war, aber damit handelte sie nicht auf der Grundlage des Mandats, das ihre Abgeordneten mit der Wahl zu den Generalständen erhalten hatten. Vielmehr stützte sie sich auf eine Macht, die ihr sukzessive seitens der Revolution, also der großen Aufstände des *peuple de Paris* vom Juli und Oktober 1789, zugewachsen und die seither durch den anhaltenden Druck der Straße stetig gemehrt worden war. Die Nationalversammlung, die inmitten des Hexenkessels von Paris tagte, agierte weit mehr in Abhängigkeit von den Clubs, der radikalen Presse und den stets zu Unruhen geneigten unterbürgerlichen Schichten, statt sich in der Auseinandersetzung mit der rapide schwindenden Gewalt der Krone selbst politisch zu bewähren. Sie gewann deshalb an souveräner Handlungsfreiheit nur um den Preis, dass sich das Gewicht der Krone verringerte, die darüber an Ansehen verlor und nur noch als eine Antiquität begriffen wurde, die Zeugnis gab von einer glücklich überwundenen Vergangenheit.

Diese Entwicklung hatte die Nationalversammlung die längste Zeit toleriert und nach Kräften gefördert. Die *Monarchiens*, die sie aufhalten wollten, waren umso leichter überstimmt und in die Resignation getrieben worden, weil man sie verdächtigte, damit den Gegnern der Revolution in die Hände zu spielen. Die revolutionäre Dynamik hatte sich seitdem ungehindert weiter entfaltet, so dass selbst das aufschiebende Veto des Königs, das ihm den Anschein verschaffen sollte, noch eine gewisse gestalterische Autorität zu besitzen, längst zum Popanz geworden war, den der Monarch aus Furcht, den Unmut der Massen zu provozieren, kaum zu gebrauchen wagte. Louis XVI war darüber wie auch aufgrund seines eigenen Handelns und Unvermögens zu einem Götzen geworden, der, mal als Dekoration bei revolutionären Volksbelustigungen wie der *Fête de la Fédération*, mal als Pflaumenaugust, die Zielscheibe von Spott oder Zorn abgab. Erst seine Flucht verschaffte ihm wieder eine Bedeutung, denn sein Verschwinden drohte den ganzen Verfassungsbau zum Einsturz zu bringen. Die jähe Einsicht, dass der Zusammenbruch der Verfassungsordnung eine Leere hinterlassen würde, die sofort eine neuerliche und nicht mehr kontrollierbare revolutionäre Eruption provozieren könnte, entwarf ein Schreckensbild, das es sofort zu bannen galt. Wollte man die Verfassung, also die bislang geschaffene gesellschaftliche Ordnung retten und das drohende Chaos vermeiden, dann galt es zu vermeiden, dass die Monarchie als gestalterisches Prinzip von sich selbst oder von den Revolutionären in Frage gestellt wurde.

Die Flucht des Königs, schrieb der Marquis de Ferrières am 24. Juni 1791, «ist der Gipfel des Wahnsinns und macht unglückseligerweise die verwerfliche Absicht des Königs offenbar, mit Hilfe ausländischer

Truppen den Krieg mitten ins Herz des Vaterlands zu tragen. Er überantwortet damit der Wut des Volkes Adel, Klerus, die Rechte in der Nationalversammlung, seine Freunde, Bediensteten und Minister und gibt ganz Frankreich den nicht vorhersehbaren Übeln eines Bürgerkriegs wie eines Konflikts mit fremden Mächten preis. Dieses Betragen ist abscheulich und erklärt sich aus der Absicht, Stolz, Rachsucht und Raffgier der Königin, einiger Bischöfe und verachtenswerter Hofleute zu befriedigen. Die Gemüter sind deswegen sehr empört. Die Erklärung von der Hand des Königs besiegelt seinen Untergang. Er bekundet darin seine Ablehnung aller von der Nationalversammlung verabschiedeten Gesetze und deklariert sich konsequenterweise auch zum Gegner der Verfassung. (...) Die Jakobiner und die übergroße Mehrheit der Einwohner von Paris wollen Louis XVI absetzen. Die wenigen Abgeordneten, die noch zu ihm stehen, können dieses Dekret nicht verhindern. Was die Abkehr aller Welt von ihm bewirkt, ist das überall verbreitete Gerücht von einer Invasion der Österreicher in Frankreich».[48]

Um diesem Dilemma zu entrinnen, deutete das Triumvirat Barnave, Duport und Alexandre de Lameth die Flucht des Königs kurzerhand als Entführung um![49] Die Erklärung, die der König in den Tuilerien zurückgelassen habe, sei ihm von übelgesinnten Beratern abgenötigt worden und entspräche nicht seinen eigenen Ansichten. Dass dies alles jedoch nur ein rasch zusammengezimmertes Lügengebäude war, das seine Urheber selber nicht recht überzeugte, verrät die Bestimmung, Louis XVI von seinen Funktionen als Monarch solange zu entbinden, bis er sich bereit erklärt habe, die demnächst vollendete Verfassung zu sanktionieren! Im eklatanten Widerspruch zum Dogma der Gewaltenteilung fasste die *Assemblée Nationale* am 24. Juni 1791 außerdem den Beschluss, neben der Fortsetzung ihrer gesetzgeberischen Tätigkeit auch die Belange der Exekutive wahrzunehmen.[50]

Um der Mär von der Entführung des Königs weiteres Gewicht zu verleihen, entschied die Nationalversammlung am 23. Juni, alle als Hochverräter anzusehen, die Louis XVI zur Flucht geraten oder ihn dabei unterstützt hätten. Dagegen erhob nur ein einziger Abgeordneter Einwände: Robespierre machte darauf aufmerksam, dass die Gesetzesvorlage lediglich gegen die Fluchthelfer schwere Strafen verlange. Die Pflicht der Repräsentanten der Nation nötige diese jedoch dazu, eine viel wichtigere Frage zu erörtern. «Sie wissen alle», rief er drohend, «was ich damit meine; ich will sie nicht aufwerfen und fordere deshalb die Nichtbefassung des Ihnen vorliegenden Antrags».[51]

Das Rätsel dieses Einwurfs wird durch die leidenschaftliche Rede gelöst, die Robespierre zwei Tage zuvor im Jakobiner-Club gehalten hatte. Darin bezichtigte er den König, durch seine Flucht die anstehenden Wahlen für die Legislative beeinflussen zu wollen. «Er hat sich den Augenblick ausgesucht, an dem die erste Gesetzgebende Versammlung ans Ende ihrer Arbeit gelangt ist (...), und er erkannte mit dem Blick, mit dem man seinen Erben ins Auge fasst, das Nahen der Legislative, die jene andere Versammlung ablösen wird und die auch das Veto der Nation ausübt, indem sie manche von deren Gesetzen und Entscheidungen kassieren wird. Er hat sich für diesen Augenblick entschieden, an dem die verräterischen Priester durch Pastoralbriefe und Hirtenworte die Phantasie genährt und alle die gegen die Verfassung empört haben, die von der Aufklärung unbeleckt in den 83 Departements als Idioten zugegen sind». Aber weder das noch der Umstand, dass ganz Europa gegen die Revolution zusammensteht, empöre ihn, denn die verbündeten Mächte werden in diesem Kampf unterliegen. Was ihn vielmehr irritiere, sei, dass mit einem Mal alle sich derselben Ausreden bedienten, um die Tatsache der Flucht des Königs in Abrede zu stellen. Darin erkennt Robespierre den Beweis, dass so gut wie alle in der Regierung wie in der Nationalversammlung mit den Absichten des Königs sympathisieren, die in Frankreich die Masse jener darstellten, auf deren Unterstützung Louis XVI mit Bestimmtheit rechne.

Aus all diesen Anschuldigungen und Verdächtigungen baute Robespierre einen Sockel, auf den er sich gegen Ende seiner Ausführungen als die einsame Lichtgestalt stellte: Als Einziger habe er dies alles durchschaut und nehme dafür auch das Risiko auf sich, den Märtyrertod zu erleiden: «Wenigstens habe ich Ihnen alles vorhergesagt, habe ich Ihnen die Absichten Ihrer Feinde entdeckt und habe mir also kein Versäumnis vorzuwerfen. Ich weiß, dass diese Beschuldigung mir persönlich gefährlich ist, aber sie ist es nicht für die *chose publique*. Mir ist bewusst, sage ich, wenn ich beinahe die Gesamtheit meiner Kollegen, die Mitglieder der Versammlung anklage, Gegenrevolutionäre zu sein – die einen aus Dummheit oder Furcht, andere aus einem Ressentiment, aus verletztem Stolz etwa, wieder andere aus blindem Vertrauen und viele einfach deshalb, weil sie durch und durch korrumpiert sind –, werde ich die Eigenliebe aller gegen mich empören, schärfe ich Tausende von Dolchen, gebe ich mich jeglichem Hass preis. Ich weiß um das Los, das mir blüht. Schon in den Anfängen der Revolution, als ich in der Nationalversammlung kaum wahrgenommen wurde, als man allenfalls nur meine Haltung anerkannte, habe ich mein Leben der Wahrheit, der Freiheit und dem Vaterland zum Opfer gebracht.»[52]

Wenn er diese Anklage am 23. Juni in der Nationalversammlung nicht wiederholte, lag das wohl nicht an fehlendem Mut als vielmehr an der Einsicht, dass eine solche Initiative entschieden zu früh kam und deshalb nur seinen politischen Selbstmord zur Folge haben würde. Also schwieg er, registrierte aber mit umso größerem Argwohn, dass der *Club des Cordeliers* am 14. Juli in einer Petition die Nationalversammlung implizit dazu aufforderte, entweder die Absetzung des Königs zu proklamieren oder ein Referendum der Nation zu veranstalten, das über die Monarchie entscheiden sollte.[53] Der Philosoph Condorcet veröffentlichte zur gleichen Zeit ein Pamphlet mit der provokanten Frage: «De la République, ou un Roi est-il nécessaire à la conservation de la liberté?» («Von der Republik, oder ist ein König notwendig zur Erhaltung der Freiheit?»)[54]

Am 15. Juli wurde das Ergebnis der Untersuchungen verkündet, die über die Umstände der vermeintlichen Entführung des Königs angestellt worden waren. Wie nicht anders zu erwarten, wurde die gesamte Verantwortung dafür dem Marquis de Bouillé und seinen Untergebenen angelastet, während Louis XVI die verfassungsmäßige Immunität zugestanden wurde.[55] Die tieferen Absichten, die das Triumvirat mit dieser Schonung des Königs verfolgte, enthüllte Barnave in einer großen Rede, die er am selben Tag in der Nationalversammlung hielt. Auf die von ihm gestellte rhetorische Frage: «Schicken wir uns an, die Revolution zu beenden, oder wollen wir sie von Neuem beginnen?», gab er die Antwort: «Man täte uns ein großes Übel an, wenn man diese revolutionäre Bewegung fortsetzte, die schon alles zerstört hat, was es zu zerstören galt (...). Daraus folgt die große Wahrheit, dass, wenn die Revolution noch einen Schritt weiter geht, sie sich in Gefahr bringt. Ginge sie etwa auf der Bahn der Freiheit noch einen

Schritt weiter, dann könnte die Beseitigung der Monarchie die Folge sein; schritte sie jedoch bezüglich der Gleichheit voran, dann wäre die erste Handlung ein Anschlag auf das Eigentum».[56]

Dem weiteren Fortschreiten der Revolution Einhalt zu gebieten, war jedoch leichter gesagt als getan, denn allein die Revolution legitimierte die Nationalversammlung, das Land zu regieren. Dieses Kunststück würde nur glücken, wenn der so gut wie vollendeten Verfassung unangefochtene Geltung verschafft werden konnte. Diese Absicht aber war durch die gescheiterte Eskapade des Königs nachhaltig gestört worden.

Erschwerend kam hinzu, dass alle Anstrengungen der Nationalversammlung, die Flucht des Königs zu verschleiern, das Gegenteil bewirkten. Die verunsicherte Öffentlichkeit etwa rechnete fest darauf, dass österreichische Truppen in Frankreich einfallen würden, um den König zu befreien. Diese Ängste steigerten sich zu einer Hysterie, die sich auf unterschiedlichste Weise äußerte. Priester, die den Eid verweigerten und deshalb im Verdacht standen, mit den Aristokraten und fremden Mächten gegen die Revolution verbündet zu sein, wurden verstärkt belästigt und verfolgt. Verunsicherte Patrioten strömten in hellen Scharen in die Jakobiner-Clubs, die jetzt einen neuen Aufschwung erlebten. Allein, die Jakobiner wurden durch die Flucht des Königs vor dasselbe Dilemma gestellt wie die Nationalversammlung. Bis auf einige wenige Ausnahmen hielten auch sie noch an der Monarchie fest. Manche erhoben aber die Forderung, dem König den Prozess zu machen.[57]

Das änderte sich, sobald die Nationalversammlung am 15. Juli den König von allen Vorwürfen freigesprochen hatte. Die Nachricht einte die erregte Pariser Öffentlichkeit in ihrer Empörung über die Abgeordneten. Immer häufiger wurden jetzt Stimmen laut, die eine Abschaffung der Monarchie verlangten.[58] Eine entsprechende Petition wurde seit dem Nachmittag, wie Nicolas Ruault berichtet, in unmittelbarer Nähe der Nationalversammlung, in der Cour du Manège, öffentlich ausgelegt, und die Passanten wurden aufgefordert, diese zu unterzeichnen.[59] Damit begann die Konkurrenz diverser Petitionen; während sich die Jakobiner lediglich für die Auswechslung des Herrschers aussprachen, plädierten die *Cordeliers* bereits für die Abschaffung der Monarchie.

Am Abend des 15. Juli war der Beschluss der Nationalversammlung, in dem Louis XVI nicht einmal namentlich erwähnt worden war, das große Thema in der Sitzung des Jakobiner-Clubs. Entsprechend der in der *Société des Amis de la Constitution* geltenden Regeln wurde die Entscheidung der Nationalversammlung nicht kritisiert. Das Club-Mitglied Choderlos de Laclos stellte aber den Antrag, eine «pétition sage, mais ferme», also eine «überlegte und bestimmte Eingabe» zu formulieren, die alle Bürger mit ihrer Unterschrift unterstützen konnten und die ihre Vorbehalte gegenüber dem Untersuchungsergebnis zum Ausdruck bringen sollte.[60]

Diese «sage, mais ferme» Petition konkurrierte mit einer wesentlich schärfer und knapper formulierten Eingabe des *Cordeliers*-Clubs, in der die Abschaffung der Monarchie gefordert wurde. Demgegenüber zielte Choderlos' Antrag lediglich darauf, die Verantwortung von Louis XVI festzustellen. Das lief auf eine Auswechslung der Person des Herrschers und damit auf eine Fortsetzung der Monarchie hinaus. Diese Absicht scheint auch von der erregten Menschenmenge durchschaut worden zu sein, die in das Lokal der Jakobiner eindrang und die endgültige Redaktion der Petition vereitelte.[61] Demgegenüber beharrte die Eingabe der *Cordeliers* darauf, dass Louis XVI mit seiner Flucht die Krone niedergelegt und deshalb seine Ansprüche auf den Thron verwirkt habe.[62] Auch wenn es nicht ausgesprochen wurde, bedeutete das: Abschaffung der Monarchie und die Ausrufung der Republik.

Obwohl es nicht zur förmlichen Verabschiedung der Petition des Jakobiner-Clubs kam, genügte die Auseinandersetzung darum, dessen sich schon länger ankündigende Spaltung zu provozieren: Die große, von den Brüdern Lameth angeführte monarchisch gesinnte Mehrheit verließ jetzt unter Protest den Club und versammelte sich künftig an einem neuen Ort, dem Kloster der *Feuillants*. Diese Sezession wurde von Mitgliedern anderer Zirkel und Clubs wie des *Club monarchique* oder der *Société de 1789*, die wegen des Erfolgs der Jakobiner an Mitgliederschwund litten, dazu genutzt, sich dem *Club des Feuillants* anzuschließen, der damit schlagartig über ein repräsentatives Spektrum der politischen Anschauungen in der Nationalversammlung verfügte, dessen übergroße Mehrheit Gemäßigte und Reaktionäre stellten.[63] Auch die *Feuillants* bezeichneten sich als *Société des*

Amis de la Constitution und beanspruchten für sich in einem Rundschreiben an die Jakobiner-Clubs in der Provinz, die bewährten Traditionen und Werte hochzuhalten, nachdem die ursprüngliche Gesellschaft unter den Einfluss gefährlicher Agitatoren gekommen sei.[64]

Der Antrag der *Cordeliers* wurde am 17. Juli auf dem Marsfeld zur Unterschrift ausgelegt, wo er von mehreren Tausend Parisern unterzeichnet wurde.[65] Damit kündigte sich ein Erfolg dieser radikalen Petition an, den das Triumvirat um jeden Preis vereiteln musste. Das besorgte die Nationalgarde, die unter Führung von La Fayette auf dem Marsfeld erschien, wo sie von der Menge mit einem Steinhagel empfangen wurde. Daraufhin eröffnete diese das Feuer und tötete rund fünfzig Menschen. Diese Bluttat, die als das «Massaker auf dem Marsfeld» in die Annalen der Revolution einging, war das Signal für eine mehrere Wochen anhaltende Repression, bei der einige hundert vermeintliche Unruhestifter in Paris verhaftet wurden.[66]

Tatsächlich schien es zunächst, als ersticke das harte Vorgehen die republikanische Bewegung in ihren ersten Anfängen: Einige radikale Blätter stellten ihr Erscheinen ein, der *Cordeliers*-Club setzte seine Zusammenkünfte für eine Weile aus, und die Jakobiner waren gespalten. Von den Protesten und Einreden der Unterschichten nicht länger gestört, wandte sich die Nationalversammlung unter Führung des Triumvirats nun der Aufgabe zu, eine endgültige Vorlage des Verfassungswerks auszuarbeiten, in die eine ganze Reihe von Änderungen eingefügt wurden, die es dem König erleichtern sollten, der Konstitution zuzustimmen. Die Verabschiedung der Verfassung, so die große Illusion, würde einem unkontrollierten Weiterwuchern der Revolution ein Ende setzen. Das war den Preis einer Reihe von Zugeständnissen wert, die im Übrigen dazu beitragen würden, die Nation hinter der Verfassung zu einen.

Von größter Dringlichkeit war es deshalb, das von der Nationalversammlung ausgeübte provisorische Regime, das mit der Suspendierung des Königs von allen seinen Funktionen notwendig geworden war, aufzuheben und Louis XVI wieder auf den Thron zu setzen. Das würde auch dazu beitragen, die republikanische Agitation zum Schweigen zu bringen. Schon am 5. August wurde daher die königliche Macht nicht nur wiederhergestellt, sondern sogar erweitert. Der König figurierte nun nicht mehr als «premier fonctionnaire public», sondern als der erbliche Repräsentant der Nation, der das Oberkommando über die Streitkräfte in Händen hatte, die Minister ernannte und auch nicht mehr seinen Wohnsitz am Ort der Nationalversammlung nehmen musste.[67]

Das waren vergleichsweise bescheidene Zugeständnisse, weshalb sich Barnave dafür einsetzte, durch eine Reihe weiterer Änderungen die Verfassung für Louis XVI akzeptabel zu machen. So wurde etwa dem Gesetz über die Zivilverfassung des Klerus der Verfassungsrang aberkannt. Damit schloss der von den Klerikern geforderte Eid auf die Verfassung nicht mehr automatisch die Anerkennung der neuen Kirchenordnung ein, die sich nun auch wesentlich einfacher abändern oder gar abschaffen ließ. Verfassungsartikel hingegen sollten erst nach einem langwierigen Prozess von zehn Jahren geändert werden können. Von einem ähnlich großen Symbolwert war die Abschaffung des restriktiven Wahlzensus, der für die Wählbarkeit eines Abgeordneten die Steuerleistung von einer *marc d'argent* vorschrieb. Stattdessen wurden die Zensus-Voraussetzungen für die Teilnahme an den Wahlversammlungen auf der zweiten Ebene, deren Wahlmänner die Deputierten für die Legislative bestimmten, weit über jene Barriere der *marc d'argent* angehoben.[68] Mit anderen Worten: Zur Wahl als Abgeordneter konnte sich praktisch jedermann stellen, der irgendeine Steuerleistung lieferte. Bestimmt wurden die Abgeordneten aber durch Wahlmänner, die zwischen 120 und 240 *livres* im Jahr Steuern zahlten und sich gewiss nicht für einen Habenichts als Deputierten entschieden.[69]

Diese Wahlrechtsänderung war, auch wenn sie für die bereits begonnenen Wahlen für die Legislative noch nicht galt, weit mehr als eine kosmetische Korrektur, denn mit ihr wurde der Zensus erheblich verschärft, um die demokratischen Fürsprecher der Unterschichten auszuschließen. Diese waren in jener breiten Schicht anzutreffen, die mehr oder weniger knapp die Voraussetzung der *marc d'argent* erfüllte und durch den Verkauf der Nationalgüter weiter wuchs. Dagegen protestierte mit Nachdruck Robespierre: «Welchen Belang hat es für mich als Bürger, wenn es keinen Adel mehr gibt, wenn alle diese lächerlichen Titel, auf die sich der Dünkel einiger Männer gründete, abgeschafft worden sind, wenn ich feststellen muss, dass auf diese Privilegierten eine andere Klasse folgt, der ich genötigt werde, ausschließlich meine Stimme abzugeben, damit sie über meine mir so teuren Interessen entscheiden können! Welche Bedeutung hat es dann noch für einen Bürger, dass es keine Wappenzeichen mehr gibt, wenn er überall nur die Distinktion des Goldes gewahrt!»[70] Auch wenn diese Kritik keinen Einfluss auf die Mehrheit hatte, die die Wahlrechtsänderung billigte, waren damit die Fronten des künftigen Konflikts abgesteckt.

Um den Einfluss der unterbürgerlichen Schichten in Paris auf das politische Geschehen noch weiter zu beschneiden, wurde außerdem am 23. August gegen den einsamen Widerstand Robespierres ein Gesetz verabschiedet, das die Pressefreiheit erheblich einschränkte. Danach wurde jeder mit Strafverfolgung bedroht, der zum Ungehorsam gegenüber Gesetzen oder den Anordnungen der Verfassungsorgane und Behörden aufrief. Auch konnten Amtsträger, deren Leumund angegriffen wurde, Schadensersatzklagen anstrengen.[71]

Diese Zugeständnisse und Änderungen, die einerseits den Einfluss der Krone gegenüber der Nationalversammlung stärkten und andererseits darauf abgestellt waren, den Druck der unterbürgerlichen Schichten, der künftigen Sansculotten, frühzeitig abzufangen, kamen aber zu spät. Oder sie wurden seitens der aristokratisch gesinnten Rechten wie der Kleriker in der Nationalversammlung abgelehnt, von denen die meisten ins gegenrevolutionäre Lager eingeschwenkt waren. Seitdem die Nationalversammlung den König wegen seiner Flucht suspendiert hatte, beteiligten sich fast 300 Abgeordnete der Rechten nicht mehr an den Abstimmungen, während andere gemeinsam mit der extremen Linken ihr Votum abgaben.[72] Ihr politisches Kalkül hat der Marquis de Ferrières in Briefen an seine Frau wiederholt kritisiert: «Es ist nicht zu glauben, aber es gibt Aristokraten, die sich eine Absetzung des Königs wünschen. Sie bilden sich ein, dass man ihnen erlaubt, das Königreich zu verlassen und dass sich dann die fremden Mächte auf die Seite des Königs schlagen, ihn wieder auf den Thron setzen und konsequenterweise auch wieder die Bistümer, die reichen Abteien, die *Parlements* und die drei Stände errichten».[73]

Schließlich war es auch nicht ausgemacht, dass der König sich bereitfände, eine Verfassung zu akzeptieren, die von einigen kosmetischen Änderungen abgesehen, noch immer ganz dieselbe war wie die, die er in ihren vorhersehbaren Tendenzen schon seit der Erklärung der Grund- und Menschenrechte im Sommer 1789 innerlich abgelehnt hatte. Seit der gescheiterten Flucht hatte Louis XVI jedoch keine andere Wahl mehr. Die Mehrheit der Nationalversammlung wollte ihm diese Eskapade erst dann verzeihen, wenn er der Verfassung und damit auch der für ihn vorgesehenen Rolle zustimmte. Von der Anerkennung dieses Quidproquo hing aber nicht nur die Fortdauer der Monarchie ab, sondern damit unmittelbar verknüpft waren auch die Erfolgsaussichten des Triumvirats, mittels Verkündung der Verfassung auch die Revolution für beendet zu erklären. Gegen diese Absicht agitierte aber nicht nur die extreme Linke, sondern sie wurde auch von der Rechten boykottiert, die damit den König in seinem Schwanken lange bestärkte.

Die Illusionen der Rechten standen in unmittelbarem Zusammenhang mit der stetig wachsenden Zahl von Emigranten. Je radikaler sich die Revolution gebärdete und je energischer alte Besitzstände reduziert oder abgeschafft wurden, desto mehr schwoll die Zahl jener an, die das Weite suchten.[74] Das nährte die Vorstellung, dass jenseits der Grenzen das Lager der gegenrevolutionären Kräfte stetig an Bedeutung und Macht zunehme. In den ersten sechs Monaten nach Varennes verließen über dreitausend adelige Offiziere die Armee und gingen in die Emigration. Bis zum Sturz der Monarchie am 10. August 1792 hatten mehr als zwei Drittel der Offiziere, die 1789 in Dienst standen, ihrem Posten und Land den Rücken gekehrt.[75]

Um sein Ziel zu erreichen, brauchte das Triumvirat die Verständigung mit der Rechten und mit dem König, der sich aus eigenem Interesse zur neuen Ordnung hätte resignieren müssen. Louis XVI verweigerte sich jedoch hartnäckig dieser politischen Option, die der Monarchie eine Bestandsgarantie im Rahmen der Verfassung verhieß. Diese Ablehnung trug entscheidend dazu bei, die Politik des Triumvirats zu diskreditieren. Dieses fiel nun, wie Patrice Higonnet urteilte, zwischen zwei Stühlen zu Boden: Mit seinem Beharren auf dem Prinzip der gesetzlich verbrieften Gleichheit aller stieß es auf den entschiedenen Widerspruch der Rechten, während die Linke künftig darauf setzte, die Errungenschaften der Revolution durch eine entschlossene Mobilisierung der unteren Volksschichten zu sichern, die durch die Entfesselung eines erfolgreichen Kriegs bewirkt werden sollte.[76]

Keines der politischen Extreme verstand die gescheiterte Flucht des Königs als Signal, dass es einen Kompromiss zu finden galt, der in nichts anderem bestand als in der rückhaltlosen Akzeptanz der in über zwei Jahren ausgearbeiteten Verfassung. Die Linke sah in Varennes den Beweis für eine internationale Verschwörung, das Werk der Revolution zu zerstören. Auf ein antirevolutionäres Aktionsbündnis der legitimen europäischen Mächte hatten die Königin und die Chefs der Emigration, die Brüder des Königs, seit je ihre Hoffnung gesetzt. Nach Varennes gingen alle Parteien in Frankreich davon aus, dass dies insbesondere für Preußen und Österreich das Zeichen wäre, ihre einschlägigen Anstrengungen zu verstärken. Dafür sprach auch der Zustand der französischen Armee, die durch Meutereien und die Flucht vieler adeliger Offiziere erheblich geschwächt war und deswegen außer Stande sei, gegen eine Invasion des Landes erfolgreich Widerstand leisten zu können.

Eine solche entschlossene Interventionspolitik, zu der ihn Marie-Antoinette durch ihre Korrespondenz zu veranlassen suchte, lag dem österreichischen Kaiser Leopold II. zunächst sehr fern.[77] Er raffte sich lediglich zu dem Zirkularschreiben von Padua vom 5. Juli 1791 auf, das an die Kaiserin von Russland, die Könige von England, Preußen, Sardinien, Spanien und Neapel sowie an den Kurfürsten von Mainz gesandt wurde. Darin unterschied Leopold genau zwischen dem Schicksal der königlichen Familie und der französischen Verfassungsfrage, also der Revolution. Während er die erste der Obhut aller Fürsten empfahl, bezeichnete er die Verfassungsfrage als innere Angelegenheit Frankreichs, die das Land, vorbehaltlich der Zustimmung des Königs, mit sich selbst ausmachen müsse. Daher forderte er die von ihm angeschriebenen Fürsten zu einer gemeinsamen Erklärung auf, die geeignet sei, die Führer der extremen Partei in Frankreich «zur Besinnung zu bringen und von verzweifelten Beschlüssen abzuhalten, indem sie ihnen Wege eröffne zu einer vertretbaren Sinnesänderung und zur Schaffung eines Zustands in Frankreich, der wenigstens die Würde der Krone und die für eine allgemeine Ruhe wesentliche Voraussetzungen zu wahren geeignet ist».[78]

Der einzige der von Leopold angeschriebenen Fürsten, der das «Zirkular von Padua» einer positiven Antwort würdigte, war Friedrich Wilhelm II. von Preußen. Der Beweggrund für diese Annäherung an den österreichischen Erzfeind war weniger von Feindschaft gegen die Revolution bestimmt, als vielmehr durch die vage Aussicht auf Territorialgewinne in Gestalt der Herzogtümer Jülich und Berg, die sich Preußen von einem Konflikt mit Frankreich erhoffte. Am 25. August 1791 trafen die beiden Monarchen im sächsischen Schloss Pillnitz zusammen. Hier fand sich auch Monsieur, der Comte de Provence ein, der den Monarchen einen Kriegsplan zur Niederwerfung der Revolution vorlegte, den diese aber rundweg ablehnten.[79] Zum Trost für diese Enttäuschung wurde dem Chef der Emigranten, dem Comte d'Artois, eine gemeinsame Erklärung der Monarchen überreicht, die dieser umgehend veröffentlichte.[80] Darin bekundeten beide ihre Entschlossenheit, gemeinsam mit den anderen Fürsten, denen das «Zirkular von Padua» zugegangen war, in Frankreich zu intervenieren, um sicherzustellen, dass es dem französischen König gelinge, die Grundlagen einer monarchischen Verfassung festzulegen, die seinen wie den Interessen des französischen Volks entspreche.[81]

Diese Erklärung verstand jedoch keiner der beiden Monarchen als ernsthafte Kriegsdrohung gegen die Revolution, zumal sich England bereits dagegen ausgesprochen hatte und weitere Mächte sich dieser Position anschließen würden.[82] Leopold II. schrieb deshalb Kanzler Kaunitz, er könne beruhigt sein, denn die Vereinbarung verpflichte ihn zu nichts und sei eine leere Drohung, die man nur ausspreche, um das Drängen des Comte d'Artois zu befriedigen.[83] Für Leopold II. beschränkte sich deren Bedeutung also darauf, die Familienehre zu wahren und dabei womöglich einen gewissen mäßigenden Einfluss auf die Parteien in Frankreich auszuüben.[84] Deshalb war er auch bestrebt, den durchaus falschen Eindruck, den d'Artois durch die Veröffentlichung der Erklärung von Pillnitz erweckt hatte, so rasch wie möglich zu zerstreuen. Die willkommene Gelegenheit dafür bot die Anerkennung der französischen Verfassung durch Louis XVI, von der Leopold II. die anderen Höfe durch einen «Circular-Erlass» des Fürsten Kaunitz vom 12. November 1791 in Kenntnis setzte. Louis XVI, so hieß es darin, habe seine Handlungsfreiheit wiedererlangt und die Verfassung aus freien Stücken gebilligt. Daraus ergebe sich, dass wegen Frankreich augenblicklich kein Handlungsbedarf bestehe und man vielmehr die weitere Entwicklung in Ruhe beobachten müsse.[85] Damit schien fürs Erste der Plan, eine Koalition der europäischen Mächte gegen die Revolution zu schmieden, zu den Akten genommen zu sein.

Tatsächlich jedoch war die Erklärung von Pillnitz die Ursache für ein dreifaches Missverständnis. Aus der mit dem «Massaker auf dem Marsfeld» eingeleiteten Entwicklung, die in der Verabschiedung der von den *Feuillants* etwas entschärften Verfassung gipfelte, schlossen Österreich und Preußen, dass ihre Interventionsdrohung genügt hatte, um die Radikalität der Revolution zu zähmen. Sollte sich diese Notwendigkeit ein weiteres Mal einstellen, so würde eine neuerliche Drohung erneut ausreichen, um die Revolution zu mäßigen. Für den Augenblick jedoch entsprach eine schwache konstitutionelle Monarchie in Frankreich in idealer Weise ihren Interessen. Die Emigranten hingegen interpretierten Pillnitz als Ermunterung, ihre Rüstungen für einen antirevolutionären Kriegszug zu verstärken, während sich die Pariser Revolutionäre durch Pillnitz und das Treiben der Emigranten in ihrem Verdacht bestätigt sahen, dass eine Invasion Frankreichs nur noch eine Frage der Zeit sei.

Am 14. September 1791 gab Louis XVI seine Zustimmung zu der ihm vorgelegten Verfassung.[86] Tatsächlich hatte er gar keine andere Wahl, was nichts daran änderte, dass seine Zustimmung allenthalben mit Erleichterung quittiert wurde. Damit war die Arbeit der Verfassunggebenden Versammlung getan. Binnen 26 Monaten hatte sie den in Jahrhunderten gewachsene *Ancien Régime* beseitigt und durch eine neue, übersichtliche Ordnung ersetzt. Am 30. September ging die Nationalversammlung, die dies gewaltige Werk vollbracht hatte, auseinander. Die damit verknüpfte Erwartung, die Revolution sei beendet, sollte jedoch schnell enttäuscht werden.

DRITTES BUCH

DER MACHTKAMPF

ERSTES KAPITEL

DER WEG IN DEN KRIEG

Die Abspaltung der *Feuillants* im Juli 1791 hatte die Jakobiner zwar in eine Krise gestürzt, aus der sie aber schon bald gestärkt hervorgingen. Im Gegensatz zu ihren Konkurrenten, der *Société des Amis de la Constitution séante aux Feuillants*, beharrte der von Robespierre angeführte linke Flügel der Jakobiner darauf, die Revolution fortzusetzen. Entsprechend energisch setzten sich die Jakobiner für die Einführung des allgemeinen Wahlrechts ein, denn dieses eröffnete die Möglichkeit eines Bündnisses mit der Pariser Volksbewegung, das ihnen entscheidenden Einfluss auf das weitere Geschehen zu verschaffen versprach.

Zunächst gelang es den Jakobinern, sich wieder der Unterstützung durch die Tochtergesellschaften in der Provinz zu versichern, die mit einem nicht abreißenden Strom an Briefen, Denkschriften und Reden aus dem Pariser Mutterhaus versorgt wurden. Dieser Erfolg, mit dem sie die *Feuillants* ausstachen, ließ die Popularität ihrer beiden Führungsfiguren Robespierre und Pétion schnell anwachsen. Deren landesweiter Ausstrahlung war es zuzuschreiben, dass die meisten Tochtergesellschaften, die nach der Spaltung des Pariser Clubs spontan zu den *Feuillants* übergegangen waren, sich bereits Anfang September 1791 wieder zur Muttergesellschaft bekannten.[1]

Das erwies sich als entscheidende Weichenstellung: In der durch die Wahlen vom September konstituierten Legislative behaupteten die *Feuillants* zwar die Mehrheit, aber die Jakobiner entwickelten sich unter Führung Robespierres, wie François Furet urteilte, von einem den Rahmen der Verfassung von 1791 respektierenden Debattierclub zu einer «politischen Maschine im Dienst einer zweiten Revolution» und usurpierten damit die Meinungsführerschaft und die Regie über den weiteren Gang der Revolution.[2] Die Anzahl ihrer Filialen in der Provinz stieg von 833 Ende Juni 1791 auf über 1000 Ende September.[3] Während rund vier Fünftel der eingeschriebenen Mitglieder des Pariser Jakobiner-Clubs im Zuge der Kontroverse zu den *Feuillants* wechselten, verhielten sich die allermeisten Tochtergesellschaften in der Provinz zunächst abwartend, um sich dann umso entschlossener zum alten Mutterhaus zu bekennen.[4]

Zugleich breitete sich im Land eine gewisse Revolutionsmüdigkeit aus. Einen Beleg für das Desinteresse einer überwältigenden Mehrheit der Franzosen gegenüber dem weiteren Fortgang der Revolution liefern die Zahlen über die Wahlbeteiligungen in den Jahren von 1789 bis zum August 1792, als ein allgemeines Männerwahlrecht in Geltung trat: Von dem durch die Zensusbestimmungen schon erheblich eingeschränkten Wählerkreis beteiligten sich an den 1790 stattfindenden Gemeinde- und Bürgermeisterwahlen allenfalls die Hälfte der Stimmberechtigten.[5] Dabei dürfte die Wahlbeteiligung in ländlichen Gemeinden weit höher gelegen haben als in den Städten. Das markante Desinteresse zeigte sich auch bei den zweistufigen Wahlen für die Legislative im Sommer 1791, die in unmittelbarer zeitlicher Nähe zu so aufwühlenden Ereignissen wie der Flucht des Königs und dem «Massaker auf dem Marsfeld» stattfanden. Bei den Primärwahlen am 16. Juni blieben in Paris 74 000 von 81 200 Aktivbürgern der Abstimmung fern und bei den Sekundärwahlen im August gaben von 946 gewählten Wahlmännern nur 200 ihre Stimme ab![6] Bei den im August 1792 angesetzten Wahlen zum Konvent, die erstmals nach dem Prinzip des allgemeinen Männerstimmrechts abgehalten wurden, das eine substanzielle Vergrößerung der Wählerschaft bedeutete, belief sich die Anzahl der abgegebenen Stimmen sogar auf weniger als 10 Prozent!

Diese Zahlen machen einsichtig, dass die revolutionäre Willensbildung ganz wesentlich nur von einigen kleinen Gruppen militanter Handlungsträger bestimmt wurde, deren Konkurrenz die revolutionäre Bewegung in Gang hielt. Die soziale Zusammensetzung dieser «Oligarchien revolutionärer Aktivität» (Furet) illustriert anschaulich das freimütige Zeugnis, das Georges Danton 1793 einem Anwaltskollegen anvertraute: «Der *Ancien Régime* hat einen großen Fehler gemacht. Dank eines mir von ihm gewährten Stipendiums konnte ich am Collège du Plessis [in Paris] zur Schule gehen. Dort war ich zusammen mit den

Söhnen von *Grandseigneurs*, die meine Kameraden waren und mit denen ich in freundschaftlichem Umgang lebte. Nach dem Ende meiner Studien hatte ich nichts, ich stand vor dem Elend, suchte eine Anstellung, aber der Pariser Anwaltsstand war mir unerreichbar und es verlangte große Anstrengungen, darin aufgenommen zu werden. Ohne vornehme Herkunft oder Gönner konnte ich auch nicht zum Militär gehen. Der Dienst in der Kirche bot mir ebenso wenig Aussicht. Um mir ein Amt zu kaufen, besaß ich keinen roten Heller. Meine alten Kameraden vom *Collège* wandten mir den Rücken zu. Ich blieb ohne feste Anstellung und erst nach langen Jahren gelang es mir, mich in eine Stelle als Advokat bei den *Conseils du Roi* einzukaufen. Als die Revolution ausbrach, habe ich mich wie alle anderen auch, die sich in mein Los teilten, in deren Arme geworfen. Der *Ancien Régime* ließ uns keine andere Wahl, indem er uns eine gute Ausbildung zukommen ließ, ohne unseren Talenten eine angemessene Beschäftigung zu verschaffen».[7]

Danton war kein Einzelfall wie die Beispiele von Maximilien Robespierre, Camille Desmoulins, Jacques-Pierre Brissot, Pierre-Victurien Vergniaud *e tutti quanti* zeigen. In Paris wie auch in anderen großen Städten Frankreichs, insbesondere in jenen, die einst Sitz eines *Parlement* gewesen waren, rekrutierten sich die Bewegungskräfte der Revolution aus Angehörigen jener Schichten, die dank ihrer Ausbildung die besten Voraussetzungen mitbrachten, um die Aufstiegschancen zu nutzen, die sich mit der Öffnung des politischen Systems boten. Sie waren nicht nur im Rechtswesen versiert und beherrschten die Rhetorik des klassischen Humanismus, sondern waren auch durch ihre ökonomische «Abkömmlichkeit» (Max Weber) ausgewiesen.

Nach ihrem sozialen Herkommen unterschieden sich die *Feuillants* in so gut wie nichts von den Jakobinern. Die Differenz gründete in einer unterschiedlichen Perspektive: Zu den *Feuillants* bekannten sich all jene, deren sozialer Ehrgeiz durch den bisherigen Verlauf der Revolution befriedigt war. Für sie hatte die Sicherung der erworbenen Besitzstände Vorrang. Deshalb traten sie auch für ein Ende der Revolution ein. Im Licht der Ereignisse des Sommers 1791 besaßen von den konkurrierenden «Oligarchien» die Jakobiner die besten strukturellen wie personellen Voraussetzungen, den Wettbewerb um die Macht für sich zu entscheiden. Sie repräsentierten zum einen die vom bisherigen Gang der Revolution noch nicht saturierten politischen und sozialen

Geltungsansprüche; zum anderen entwickelten sich die Jakobiner zu einer national vernetzten, vorzüglich organisierten und disziplinierten Bewegung, die in Robespierre, dem «Pädagogen der Revolution» (Furet), eine charismatische Führergestalt hatte.

Robespierre gelang es umso leichter, den *Feuillants* die ganze Verantwortung für die Spaltung des Jakobiner-Clubs zur Last zu legen, als diese Versöhnungsangebote wiederholt ablehnten. Ihr Auszug war der entscheidende Fehler, durch den sich das Triumvirat, das die Sezession betrieben hatte, isolieren sollte. Auch wenn sich dies noch nicht absehen ließ, beschlossen die auf einen kläglichen Rest zusammengeschmolzenen Jakobiner bereits am 24. Juli eine Verschärfung der Aufnahmebedingungen sowie eine rigorose Säuberung der verbliebenen Mitgliedschaft. Damit wurde eine zwölfköpfige Kommission beauftragt, der neben Robespierre und Pétion vier weitere Deputierte der Nationalversammlung angehörten.[8] Diese Reorganisation des Jakobiner-Clubs war verknüpft mit einer Neuformulierung seiner Zielsetzung: Die Jakobiner verstanden sich nicht mehr wie bisher als eine Art staatsbürgerliche Vereinigung, von der die Beschlüsse der Nationalversammlung landesweit verbreitet, erläutert und unterstützt wurden, sondern sie definierten sich von nun an als autonome Instanz, von der die Rechte des Volkes garantiert und durchaus auch offensiv wahrgenommen werden sollten. Mit anderen Worten: Der Debattenzirkel, der mit seinen Diskussionen bislang respektvoll den Meinungsbildungsprozess in der Nationalversammlung begleitet hatte, wurde nun zu einer politischen *pressure group* umgeformt.

Diesen fundamental neuen Charakter des Jakobiner-Clubs entwickelte Jacques-Pierre Brissot in einer Rede am 28. September 1791: Aufgabe der Jakobiner sei es künftig, geplante Gesetze ausführlich zu erörtern; das bedeute auch, die Initiative für neue Regelungen zu ergreifen, um der Nationalversammlung auf die Sprünge zu helfen. Zum weiteren gelte es, verabschiedete Gesetze zu diskutieren einschließlich der Maßgabe, deren Revision zu fordern sowie Möglichkeiten aufzuzeigen, deren Abänderung zu bewerkstelligen. Drittens sollten es sich die Jakobiner zur Pflicht machen, Handlungen und Entscheidungen der gewählten Verwaltungsorgane zu überwachen.[9]

Um dieser neuen programmatischen Ausrichtung Wirkung auf die öffentliche Meinung zu sichern, wurde am 12. Oktober auf Antrag des aus Genf stammenden Bankiers Etienne Clavière beschlossen, künftig zu den Sitzungen des Clubs Publikum zuzulassen.[10] Außerdem wurde mit Nachdruck die Tendenz gefördert, dass sich sowohl in Paris wie in der Provinz um den jeweiligen Jakobiner-Club herum gleichgesinnte Diskussionszirkel etablierten, die zu diesem aber nur in einer losen, informellen Beziehung standen. Die Jakobiner achteten seit je streng auf ihre Legitimität, die dadurch unterstrichen wurde, dass in jeder Stadt oder Gemeinde nur jeweils eine Filiale bestand, deren Gründung durch das Mutterhaus genehmigt wurde, wenn deren Satzung dem Pariser Vorbild entsprach.[11] Gleichzeitig konnte durch jene «Ableger» die Basis der Jakobiner und damit auch das Druckpotenzial erheblich vergrößert werden.

Die informelle Öffnung des Jakobiner-Clubs, der von seinen Mitgliedern einen Jahresbeitrag von 24 *livres* und eine einmalige Aufnahmegebühr von 12 *livres* verlangte, sollte sich im weiteren Fortgang der Revolution als höchst folgenreich erweisen. Während sich die Mitgliedschaft der Jakobiner-Clubs durch eine große soziale Homogenität auszeichnete, die von Magistraten, Offizieren, Kaufleuten, Ärzten, Rentiers, aber auch erstaunlich vielen Pfarrern repräsentiert wurde, rekrutierten sich die informellen «Ableger», die besonders in den 48 Pariser Sektionen in großer Fülle erblühten und wesentlich geringere Mitgliedsgebühren einforderten, aus der großen Masse der unterbürgerlichen Schichten und der Passivbürger. Diese bildeten eine ebenso lärmende wie bedrohliche Hilfstruppe, die mit Geschick gelenkt den Jakobinern einen Einfluss verschaffte, der es ihnen binnen Jahresfrist gestattete, die Legislative zu verjagen und den nachfolgenden Konvent ihrer Kontrolle zu unterwerfen.

Das alles war im September 1791 noch nicht abzusehen, aber die latente Bedrohung, die von jener metastasenartigen Wucherung der Jakobiner-Clubs ausging, war von Brissot am Abend des 28. September in der Sitzung der Pariser Jakobiner offen ausgesprochen worden. Darauf reagierte Le Chapelier mit einem von ihm am 29. September im Namen des Verfassungsausschusses vorgelegten Gesetz, das den Clubs jegliche Einmischung in das politische Leben untersagen sollte. Das war die vordergründige Absicht dieses Gesetzentwurfs. Letztlich zielte er darauf ab, die Revolution dadurch zu beenden, dass die neu geschaffenen Institutionen innerhalb des repräsentativen Systems der konstitutionellen Monarchie ungestört funktionieren konnten.

Dazu mussten allerdings zuvor die patriotischen Gesellschaften mit ihren sowohl politischen wie außerparlamentarischen Bestrebungen zum Schweigen gebracht werden. Ihre Aktivitäten liefen darauf hinaus, die Anerkennung der gewählten Nationalversammlung als alleinigen Ausdruck der nationalen Souveränität infrage zu stellen. Eine Fortführung dieses Treibens, so erkannte Le Chapelier hellsichtig, könne nur in Anarchie einmünden, deren Rechtfertigung es sei, die Revolution fortzuführen. Damit formulierte er deutlich das Dilemma, mit dem man sich in den folgenden Jahren herumschlagen sollte: Entweder übten die gewählten Repräsentanten der Nation die Macht innerhalb des von der Verfassung definierten Rahmens aus. Oder die Aktivitäten verschiedener außerparlamentarischer Gesellschaften und Vereinigungen, die jeweils nur Ansichten und Interessen einer Fraktion artikulierten, höhlten das repräsentative System aus, indem sie es durch ein System direkter Demokratie ersetzten. Das beschwor die Gefahr herauf, dass das Land einer sich immer stärker radikalisierenden Revolution anheimfiel.

Natürlich sollten sich, so Le Chapelier, alle Bürger in einem freien Land versammeln und ihre Meinungen austauschen können, zumal auf diese Weise auch die Kenntnis der Verfassung verbreitet würde. Dessen ungeachtet gebe es aber nur jene «Gewalten, die vom erklärten Willen des Volkes, den seine Repräsentanten bekundeten, geschaffen wurden; es gibt nur diejenigen Autoritäten, die vom Volk als solche eingesetzt worden sind; deshalb sind nur die Inhaber öffentlicher Funktionen handlungsbevollmächtigt». Gesellschaften wie die «Freunde der Verfassung» beanspruchten aber für sich eine gleichsam öffentliche Existenz und einen politischen Einfluss, der in keiner Weise legitimiert sei. Zudem vertieften sie durch ihre Mitgliederauswahl die Unterschiede zwischen den Bürgern, anstatt sie zu überwinden, und leisteten damit der Ausbildung eines «exklusiven Privilegs von Patriotismus» Vorschub, «das alle Individuen, die nicht dazu gehören, ins Unrecht setzt und die Feindschaft auf andere Gesellschaften, die ihnen nicht angeschlossen sind, schürt». Besonders der Jakobiner-Club mit seinem Netzwerk von Vereinigungen im ganzen Land trete in Konkurrenz zu den legitimen Verfassungsorganen und sei eine Gefahr für die politische Ordnung.[12] Sein Ziel sei es, die Macht zu monopolisieren, wobei er bestrebt sei, diesen Anspruch mit dem angeblich «reinen» Patriotismus und den Tugenden seiner Mitglieder zu rechtfertigen.

Das dürfe aber nicht geduldet werden, denn: «Alle haben den Eid auf die Verfassung geleistet, alle rufen nach Ordnung und öffentlichem Frieden, alle wollen, dass die Revolution beendet ist. Da haben Sie nunmehr die untrüglichen Zeichen des Patriotismus. Die Zeit der Zerstörungen ist vorbei; es gibt keine Missbräuche, die abgestellt, keine Vorurteile, die bekämpft werden müssen: Vielmehr gilt es jetzt, dieses Gebäude auszuschmücken, dessen Fundamente die Freiheit und die Gleichheit sind, die neue Ordnung selbst denen schmackhaft zu machen, die sich als deren Gegner zu erkennen gaben; stattdessen müssen jetzt die Menschen als unsere ärgsten Feinde identifiziert werden, die darauf aus sind, die Verfassungsorgane zu verleumden und herabzusetzen, die sich dafür irgendwelcher Gesellschaften bedienen, um ihnen eine aktive Rolle in der öffentlichen Verwaltung zu verschaffen, sie zu willkürlichen Zensoren, Unruhestiftern und vielleicht sogar zu alles beherrschenden Despoten der öffentlichen Verwalter zu machen. (...) Es liegt in der Natur der Dinge, dass solche Gesellschaften danach trachten, Einfluss zu gewinnen, perverse oder ehrgeizige Menschen in ihnen zu Einfluss gelangen und sie zu nützlichen Instrumenten ihrer Ambition oder ihrer Rache zu machen suchen. Wenn die Beschlüsse dieser Gesellschaften veröffentlicht werden, sei es, dass sie von ihren Filialen übernommen, sei es, dass die Zeitungen sie verlautbaren, wird sich dies schnell darauf auswirken, eine verfassungsmäßige Autorität herabzuwürdigen und zu diskreditieren, einen Bürger zu diffamieren; und es wird niemanden geben, der sich dieser Verleumdung erfolgreich zu widersetzen vermag».[13]

In seiner Antwort auf Le Chapelier begnügte sich Robespierre klugerweise damit, die verfolgte Unschuld zu geben und seine Verwunderung zu bekunden, dass ausgerechnet jenen Gesellschaften jetzt Vorwürfe gemacht würden, die ganz entscheidend zum Gelingen der Revolution beigetragen hätten. Auch weiterhin sei es ihre Aufgabe, die Öffentlichkeit zu unterrichten und in den politischen Prozess einzubinden und «die Freiheit gegen die Fortschritte eines machiavellistischen Systems zu verteidigen, das diese demnächst zu zerstören droht. Eben diese Gesellschaften sind es, die den Auftrag haben, die Rechte der Nation gegen die Machenschaften jener verschlagenen Männer zu verteidigen, die voller Lob von der Freiheit schwadronieren, um sie umso rücksichtsloser zu unterdrücken, sie in aller Gemütsruhe zu erdolchen. (...) Aber, so sagt man jetzt, wir brauchen diese Gesellschaften nicht mehr, denn die Revolution ist beendet; es ist also an der Zeit, das Werkzeug, das uns derart von Nutzen war, zu zerbrechen. – Die Revolution ist also beendet; ich würde Ihnen ja gerne darin beipflichten, auch wenn ich nicht wirklich begreife, was Sie mit dieser Aussage meinen, die so oft mit großem Nachdruck ausgesprochen wird; angenommen jedoch, diese Hypothese träfe zu, wäre es dann weniger notwendig, das Wissen darum, also die Grundsätze der Verfassung zu propagieren und das politische Verständnis der Öffentlichkeit zu bilden, ohne das die Verfassung keinen Bestand hat»?[14]

Robespierres Einwände überzeugten jedoch nicht. Das Gesetz, das über die Gesellschaften ein Koalitions- und Abspracheverbot verhängte, wurde verabschiedet, um deren politische Wirksamkeit zu unterbinden. Allerdings wurde lediglich der Gesetzentwurf verabschiedet, nicht jedoch dessen Ausführungsbestimmungen, die für die Inkraftsetzung unverzichtbar waren.[15] Damit erwies sich das ganze Manöver als Eingeständnis der Schwäche: Seit Varennes hatten sich die Jakobiner-Clubs landesweit die Hoheit über die öffentliche Meinung erobert. Die konnte ihnen die Nationalversammlung, deren Ansehen beschädigt war, nicht mehr streitig machen.

Dass es den Jakobinern nur mit Mühe gelang, Einfluss auf die Wahlen zur Legislative zu nehmen, die im Oktober 1791 zusammentrat, steht dazu nur scheinbar in Widerspruch. Ein Blick auf den Kalender genügt. Die Primärwahlen hatten bereits Mitte Juni stattgefunden. Die von ihnen bestimmten Wahlmänner reflektierten also ein Meinungsbild, das noch nicht durch die dramatischen Wochen nach der Flucht des Königs beeinflusst war. Die Wahlmänner, die sich erst am 25. August zur Wahl der Abgeordneten versammelten,[16] repräsentierten mithin Anschauungen, die noch den vor dem 21. Juni herrschenden Kräfteverhältnissen entsprachen. Diese Wahlen gingen mit einer großen gemäßigten Mehrheit aus, die für die geltende Verfassung eintrat. Von den 745 Abgeordneten der Legislative schrieben sich lediglich 135 bei den Jakobinern, aber 365 bei den *Feuillants* ein.[17]

Der Erfolg der *Feuillants* wiederholte sich noch einmal bei den im

Oktober stattfindenden Wahlen zur Neubesetzung der Posten im Département de Paris. Doch als am 15. November wegen des Rücktritts von Bailly als Pariser Bürgermeister Wahlen fällig wurden, gelang den Jakobinern eine spektakuläre Revanche. Nicht La Fayette, den die *Feuillants* unterstützten, machte das Rennen, sondern Robespierres damaliger enger Mitstreiter Jérôme Pétion wurde zum neuen Bürgermeister der Hauptstadt gewählt.

Für den überraschenden Ausgang dieser Direktwahlen gab die massive Enthaltung der gemäßigten «Aktivbürger» den Ausschlag: Von rund einhunderttausend Wahlberechtigten war lediglich ein Zehntel zur Urne gegangen. Diese niedrige Beteiligung spielte den Jakobinern und Radikalen in die Hände, denen es gelang, ihre Anhängerschaft zu mobilisieren. In der Sektion Théâtre-Français, in der Danton führend war, erhielt Pétion über 70 Prozent der Stimmen, im *Faubourg* Saint-Antoine, einem der Unruheherde der Hauptstadt, sogar über 90 Prozent. Außer Pétion gelangten noch zwei weitere Radikaldemokraten in wichtige städtische Ämter: Louis-Pierre Manuel wurde zum Prokuralsyndikus der *Commune*, dem die städtische Polizei unterstand, und Danton zu seinem Stellvertreter gewählt.[18] Damit war die Frontlinie im Machtkampf besetzt, der zwischen der *Commune de Paris* und der Legislative im Juni und Juli 1792 offen entbrennen sollte.

Der Charakter der Legislative, die sich am 1. Oktober 1791 zum ersten Mal in der Salle du Manège versammelte, war sehr homogen. Dank der von Robespierre durchgesetzten Nichtwählbarkeit von Deputierten der vorangegangenen Verfassunggebenden Versammlung waren unter den Abgeordneten, sieht man von Brissot und Condorcet einmal ab, keine bekannten Namen. Verschwunden war auch die massive Präsenz von Klerikern und Adeligen, die in der *Assemblée Nationale* die Hälfte der Abgeordneten gestellt hatten. Die überwältigende Mehrheit verkörperten mithin Angehörige jener Notabelnschicht, deren Existenz sich der Revolution verdankte. Rund ein Fünftel der Abgeordneten waren Advokaten, während Angehörige der im Geschäftsleben tätigen Bourgeoisie oder auch Rentiers, die von Pachterträgen lebten, noch nicht einmal ein Zehntel ausmachten. Trotz der Zensusbestimmungen waren die allermeisten dieser Abgeordneten also keineswegs sehr wohlhabend. Viele von ihnen erfüllten nur knapp den Zensus, den manche sogar verfehlt haben dürften. Ihr Mandat blieb allein deshalb unangefochten, weil eine Überprüfung der Wahlbefähigung nicht vorgenommen wurde.

Fast alle Abgeordneten verfügten über politische Kenntnisse und Erfahrungen, die sie entweder in der Verwaltung oder bei der Umsetzung der revolutionären Veränderungen auf der Ebene der Gemeinden, Distrikte oder Departements gewonnen hatten. Das waren vorzügliche Voraussetzungen für ein Arbeitsparlament, das die großen Umbrüche zu implementieren und Frankreich mit der neuen Verfassung zu harmonisieren hatte. Nachdem in der Legislative die antirevolutionäre Rechte eliminiert worden war, repräsentierten die *Feuillants* statt der Linken, der sie in der Nationalversammlung angehört hatten, nun die politische Mitte. Wie sich rasch zeigen sollte, gerieten sie angesichts der ungebrochenen Dynamik der Revolution als Befürworter einer konstitutionell eingehegten Monarchie mehr und mehr auf die rechte Seite des politischen Spektrums. Die *Feuillants* wurden damit Opfer ihrer Illusion, dass es ihnen gelungen sei, trotz der Flucht des Königs die Monarchie zu retten und eine Verständigung mit Louis XVI und der Königin herzustellen. Darin sah sich das Triumvirat der *Feuillants* durch Marie Antoinette bestärkt.[19]

Diese Konstellation eröffnete dem Ehrgeiz Robespierres neue Perspektiven. Sehr zustatten kam ihm, dass im Spätherbst 1791 eine Frage die Gemüter zu polarisieren begann, die eine Fortsetzung der von den *Feuillants* betriebenen Politik der nationalen Versöhnung unmöglich machte: der Krieg, um die angeblich von den Emigranten drohenden Gefahren zu bannen. Die Erklärung von Pillnitz, mit der die Monarchen von Preußen und Österreich Ende August 1791 ihre Entschlossenheit bekundet hatten, in Frankreich zu intervenieren und eine Verfassung durchzusetzen, die den Interessen Louis' XVI entsprach, wurde erst jetzt als Drohung wahrgenommen.[20] Allerdings hatte der König im September die ihm vorgelegte Verfassung sanktioniert; damit wurde der Erklärung die Grundlage entzogen. Das wurde am 30. September gleichsam beurkundet, als die Nationalversammlung in Gegenwart des Königs von ihrem Präsidenten mit der Feststellung verabschiedet wurde: «Ihre Majestät hat die Revolution durch die ebenso loyale wie freimütige Annahme der Verfassung beendet».[21]

Der Erfolg der Versöhnungspolitik geriet durch das Kriegsgeschrei in Gefahr, das am 20. Oktober in der Legislative aufbrandete, als die Emigranten-Frage aufkam. Für Brissot, der damals zum ersten Mal in der Versammlung das Wort ergriff, war Krieg das probate Mittel, die seiner Meinung nach erst halbfertige Revolution zu vollenden. Wichtigste Voraussetzung dafür war die Beseitigung der soeben erst gebilligten Verfassung. Brissot machte den Vorschlag, den Besitz der Emigranten einschließlich jenes der königlichen Brüder kurzerhand zu konfiszieren. Zeige dies keine Wirkung, dann müsse Frankreich Krieg gegen diejenigen führen, die den Emigranten Schutz und Unterstützung gewährten. Der Krieg, so Brissot, würde kurz und siegreich sein, denn überall in Europa seien die alten Regime von inneren Konflikten geschwächt und ihrem Ende nahe.[22]

Dass die europäischen Mächte ausnahmslos am Rande des Zusammenbruchs stünden, gehörte von nun an zu den unumstößlichen Gewissheiten der Kriegstreiber. Ihre Propaganda befeuerte die Entscheidung, den Konflikt ausbrechen zu lassen. Spiegelbildlich passte dazu die von den französischen Emigranten aufgestellte Behauptung, Frankreich sei durch die Revolution derart geschwächt, dass es einem Angriff der europäischen Monarchien nicht standhalten könne. Beide Einschätzungen basierten auf Wunschdenken und mangelnder Kenntnis der Verhältnisse.

Die von Brissot lancierte Kriegsdrohung ging den meisten Abgeordneten zunächst noch zu weit. Am 31. Oktober verabschiedete die Legislative gegen den schwachen Widerstand der *Feuillants* ein Gesetz, mit dem die Emigranten bis zum 1. Januar 1792 ultimativ zur Rückkehr aufgefordert wurden. Verweigerten sie sich, waren sie der Verschwörung verdächtig, die mit Vermögensverlust und Hinrichtung geahndet werden sollte.[23] Am 9. November verabschiedete die Versammlung ein weiteres Gesetz, ausdrücklich an die Brüder des Königs gerichtet, denen die gleiche Frist und Strafe angekündigt wurde. Außerdem wurde der König aufgefordert, das Gesetz sofort zu sanktionieren.[24] Gegen beide Gesetze legte Louis XVI am 12. November Veto ein. Das entsprach durchaus dem Kalkül Brissots, denn das Veto vernichtete sofort die Wertschätzung, die sich Louis XVI trotz Flucht durch seine umstandslose Akzeptanz der Verfassung erworben hatte. Daran änderte auch die feierliche Deklaration vom 16. November nichts, mit der er die Ablehnung beider Gesetze zu erläutern suchte und seinerseits die Emigranten zur schleunigen Rückkehr nach Frankreich aufforderte.[25]

Die Emigranten jenseits der Grenzen Frankreichs waren aber nur die eine, weit übertriebene Gefahr, der sich die Revolution gegenübersah.[26] Eine andere, ebenfalls aufgebauscht, lauerte im Land selbst: Nach Ansicht vieler hatten jene Priester, die den Eid auf die Zivilverfassung des Klerus verweigert hatten, damit ihre revolutionsfeindliche Gesinnung unter Beweis gestellt. Angesichts der kollektiven Hysterie galten auch sie als Angehörige einer gegenrevolutionären Verschwörung, deren Umtriebe man überall am Werk wähnte.

Als in der Legislative am 21. Oktober 1791 eine Debatte über die *Réfractaires* begann, trafen erste alarmierende Berichte aus Avignon ein.[27] Diese Stadt sowie ein nahe davon gelegenes Territorium, der Comtat Venaissin, beide unter der Herrschaft des Papstes, waren am 14. September 1791 von Frankreich förmlich annektiert worden als Antwort auf die Verdammung der Zivilverfassung und die Vereidigung des Klerus durch Rom.[28] Das war nicht ohne Konflikte geschehen, zumal eine starke Minderheit der hier Lebenden weiterhin Teil des Kirchenstaats bleiben wollte. Auf die an einem Angehörigen der neuen Stadtverwaltung verübte Lynchjustiz antworteten die Anhänger der Annexion am 16. Oktober damit, dass sie rund 60 inhaftierte Parteigänger der Papstherrschaft ermordeten.

Dieses Geschehen, das sich wie der Beginn eines religiös überformten Bürgerkriegs ausnahm, alarmierte die Abgeordneten umso mehr, als fast täglich neue Kunde von handgreiflichen Auseinandersetzungen aus allen Teilen Frankreichs eintraf, für die vermeintlich stets eidverweigernde Priester oder Gläubige, die diesen die Treue hielten, verantwortlich sein sollten. Nachdem die Debatte die Abgeordneten über drei Wochen beschäftigt hatte, wurde vom Justizausschuss ein Gesetzentwurf vorgelegt, den die Mehrheit am 14. November als zu nachsichtig ablehnte. Da meldete sich der Parfümfabrikant Maximin Isnard aus Grasse mit dem Vorschlag neuer Maßnahmen zu Wort. Diese begründete er einleitend mit dem Prinzip, dass ein Priester, der Unruhe stifte, nicht abgeurteilt werden dürfe wie ein gewöhnlicher Aufrührer, sondern an ihn gelte es andere Maßstäbe anzulegen, denn sein Amt verschaffe ihm zahlreichere und wirksamere Möglichkeiten, Menschen zu verführen. «Die Religion ist ein Mittel, um

Menschen zu beeinflussen. Derjenige, der sich ihrer bedient, um Zwietracht zu säen, muss deshalb entsprechend der Gefahr, die diesen Mitteln innewohnt, bestraft werden. Wenn diese Überlegung zutrifft, dann gilt es, dass wir ein besonderes Gesetz gegen alle Diener Gottes erlassen, die den Frieden der Menschen stören». Dafür erscheine ihm nur angemessen, alle aufrührerischen Priester außer Landes zu verweisen, mit der Begründung: «Für mich sind alle Unruhe stiftenden Priester wie die Pestkranken, die man in die Lazarette von Spanien oder Italien verbannen muss». Die Priester seien sogar noch gefährlicher als jene, denn: «Sehen Sie denn nicht, dass diese Priester überall den Bürgerkrieg schüren? Wenn es ihnen bislang noch nicht gelungen ist, das gesamte Königreich mit der Fackel ihres Fanatismus in Brand zu stecken, dann nur deshalb, weil so gut wie überall der Atemhauch der Philosophie diese Flamme in ihren Händen zum Erlöschen bringt». Deshalb gilt: «Eine derartige Klasse von Menschen unnachsichtig zu züchtigen, ist gleichermaßen ein großer Akt der Gerechtigkeit und eine Rache der beleidigten Menschheit».[29]

Weniger die exemplarische Härte der geforderten Strafe war bemerkenswert, als vielmehr die Argumentation Isnards, die einen Vorgeschmack gab auf die revolutionäre Rechtsprechungspraxis während der Schreckensherrschaft. Das am 29. November 1791 von der Legislative schließlich verabschiedete Gesetz forderte alle Kleriker, die sich dem Eid verweigert hatten, dazu auf, einen neuen Schwur zu leisten. Denjenigen, die sich erneut verweigerten, wurde mit dem Verlust ihrer Pensionszahlungen gedroht, die ihnen bisher noch bezahlt worden waren. Künftig sollten diese doppelten Eidverweigerer außerdem als Verdächtige gelten und besonders überwacht werden; diejenigen, die an Orten lebten, an denen es zu religiös geprägten Unruhen gekommen war, sollten verbannt werden.

Das war ein Rückfall in jene Willkürjustiz, wie sie der *Ancien Régime* praktiziert hatte, während das Verbot, ungenutzte Kirchen für Messen der den Eid verweigernden Priester zur Verfügung zu stellen, ein Verstoß gegen die revolutionären Toleranzpostulate war.[30] Louis XVI handelte also durchaus in Übereinstimmung mit der Verfassung und den Errungenschaften der Revolution, als er gegen dieses Gesetz am 19. Dezember sein Veto einlegte. Der König hatte jetzt zweimal mit seinem Veto gegen Gesetze der Legislative opponiert, die der Versammlung besonders wichtig erschienen. Dahinter stand freilich auch seine Illusion, die Initiative gegenüber einer im politischen Geschäft noch unerfahrenen Legislative errungen zu haben.

Am 29. November verlangte die Versammlung vom König, die Kurfürsten von Trier und Mainz ultimativ aufzufordern, die auf ihrem Herrschaftsgebiet versammelten französischen Emigranten zu verjagen.[31] Dieses Ansinnen wurde unter anderem vom Abgeordneten Isnard mit einer flammenden Rede unterstützt, in der erstmals Töne angeschlagen wurden, mit denen sich die expansive revolutionäre Programmatik der kommenden Jahre unüberhörbar ankündigte: «Die Franzosen sind das bemerkenswerteste Volk des Universums geworden; deshalb ist es notwendig, dass ihr Verhalten dieser neuen Bestimmung entspricht. (...) Immer bereit lieber zu kämpfen, zu sterben, ja selbst gänzlich vom Globus zu verschwinden, als sich in Ketten schlagen zu lassen. Da haben Sie, wie ich überzeugt bin, das, was den Charakter der Franzosen kennzeichnen sollte, die ihre Freiheit erlangt haben».[32] Die Absicht, den deutschen Duodezfürsten mit einem Krieg zu drohen, fügte sich vorzüglich in die Pläne, die Louis XVI insgeheim hegte, denn ein solcher Konflikt würde den Kaiser dazu nötigen, endlich auf Seiten der bedrängten Kurfürsten einzugreifen.

Auf den Ausbruch dieses Konflikts brannte aber auch ein La Fayette, der für sich eine neue Rolle suchte, die seinem Ehrgeiz und übersteigerten Selbstbewusstsein entsprach. Er hoffte sie nun als Reorganisator der Armee zu finden, die sich nach einer erfolgreichen Kampagne gegen die Kurfürsten auch als verlässliche Ordnungsmacht verwenden lassen würde, um die brüchige Ruhe in Frankreich zu festigen. In dieser Absicht wusste er sich mit General Narbonne einig, den Louis XVI Anfang Dezember zum Kriegsminister ernannt hatte und der wie La Fayette von der Aussicht entzückt war, dass ein Krieg, ganz gleich, wie er ausginge, neue politische Gestaltungsmöglichkeiten eröffnete.

Am 14. Dezember erschien der König in der Legislative, um die Abgeordneten über das Ultimatum zu unterrichten, das er dem Kurfürsten von Trier gesandt hatte. Dieser wurde aufgefordert, bis zum 15. Januar alle gegen Frankreich gerichteten feindseligen Aktivitäten der Emigranten auf seinem Territorium zu unterbinden, andernfalls würde er ihm den Krieg erklären.[33] Die Ankündigung wurde mit einem wahren Begeisterungstaumel und minutenlangem Beifall quittiert. Louis XVI, so hatte es den Anschein, war zum Äußersten entschlossen, die Revolution zu verteidigen. Viele sahen allerdings, wie Kriegsminister Narbonne, im Ausbruch eines bewaffneten Konflikts mit Österreich die große Chance, die Monarchie aus der Umklammerung der Revolution zu befreien. Dies setzte allerdings voraus, dass England und Preußen in dieser Auseinandersetzung neutral blieben. Um das zu erreichen, galt es, entsprechende diplomatische Vorkehrungen zu treffen. Also wurde Talleyrand Anfang 1792 mit einer entsprechenden Mission nach London gesandt.

Nachdem auch Robespierre anfangs keinen Zweifel daran gelassen hatte, dass er einen Krieg für das geeignete Mittel hielt, um die angeblich von den Emigranten drohenden Gefahren zu bannen, distanzierte er sich davon seit Anfang Dezember 1791 entschieden. Sollten die französischen Streitkräfte in dem Konflikt erfolgreich sein, dann, so seine Befürchtung, könnte ein ebenso skrupelloser wie ehrgeiziger General wie La Fayette, die Macht an sich reißen. Würden jedoch, was angesichts des Zustands der französischen Armee zu vermuten wäre, die Gegner triumphieren, dann könne der Hof, gestützt auf die ausländischen Truppen, die Revolution vernichten. Im Übrigen, so sein Mantra, seien nicht die lärmenden Emigranten die Hauptgefahr. Die wahren Feinde der Revolution gelte es innerhalb Frankreichs aufzuspüren und unschädlich zu machen.[34] Wen er damit konkret meinte, hütete er sich vorerst noch auszusprechen.

Brissot vertrat zwar den genau gegenteiligen Standpunkt, aber die plötzliche Entschlossenheit Louis' XVI wie die des Kriegsministers, energisch gegen die Emigranten vorzugehen, drohte seiner Kampagne allen Wind aus den Segeln zu nehmen. Dieser Gefahr, so meinte er, ließ sich nur begegnen, wenn man mit noch größerer Entschlossenheit den einmal eingeschlagenen Kurs beibehielt. Am 16. Dezember hielt er im Jakobiner-Club eine Grundsatzrede, in der er sich mit aller Entschiedenheit für einen Kriegszug aussprach. «Von wo schreibt sich die Unverfrorenheit unserer Aristokraten her? Sie vertrauen auf die Armee in Koblenz. Aus welcher Quelle speist sich der hartnäckige Fanatismus der eidverweigernden Priester? Sie vertrauen auf die Armee von Koblenz, für die sie bezahlen. Und was schließlich verschafft unseren Gemäßigten, unseren Intriganten, die dominieren und überall die erste Geige spielen wollen, ihren Einfluss? Die Angst, die Koblenz verbreitet. Wollen Sie auf einen Schlag Aristokraten, Unzufriedene und die eidverweigernden Priester beseitigen? Zerstören Sie Koblenz. Ist Koblenz erst einmal vernichtet, wird drinnen und draußen alles zur Ruhe kommen».[35]

Gegen die Ausführungen Brissots nahm Robespierre am 18. Dezember 1791 in der ersten von drei großen Reden Stellung, die er bis Ende Januar 1792 vor den Jakobinern hielt.[36] Nicht Koblenz, so Robespierre, sei der Hort aller Übel und Gefahren, die der Revolution drohten, sondern die befänden sich mitten in Frankreich. Außerdem, bevor man gegen Koblenz vorgehe, müsse erst einmal Vorsorge getroffen werden, dass man einen Krieg überhaupt führen könne. Daran fehle es aber allenthalben, weshalb man augenblicklich auch nicht den Krieg erklären dürfe, sondern erst die Rüstungen ankurbeln und das Volk bewaffnen müsse.

Die Besonnenheit, zu der Robespierre riet, vermochte sich aber nicht durchzusetzen, denn Brissots Ausführungen formulierten die von vielen geteilten Hoffnungen und Sehnsüchte. Deshalb war es ihm ein leichtes, sich mit dieser Rede die Meinungsführerschaft auf der Linken zu erobern, zu der auch eine kleine Gruppe brillanter junger Abgeordneter der Legislative aus dem Départment der Gironde, Vergniaud, Gensonné, Louvet, Guadet und andere, gehörten. Diese «Brissotins» oder «Girondins», wie sie später genannt wurden, verband ihr Eintreten für eine offensive Kriegführung. Nur so ließe sich die Revolution aus der Sackgasse führen, in die sie mit der Verfassung von 1791 geraten war.

Der Machtkampf zwischen Brissot und Robespierre wurde in den kommenden Wochen von beiden mit wachsender Schärfe ausgetragen. Daran konnte auch eine melodramatische Versöhnungsgeste, zu der sie sich Mitte Januar aufrafften, nichts ändern.[37] Es bahnte sich eine Spaltung der Linken an. Ab dem Sommer 1792 tobte ein immer erbitterter werdender Streit zweier «Parteien». Es war ein klassischer Machtkampf, dem keineswegs grundsätzliche Divergenzen zugrunde lagen. Uneinig war man sich nicht über das Ziel, wohl aber über den richtigen Weg dahin. Für die einen war es der Krieg, für die anderen – die Minderheit der Jakobiner mit Robespierre – führte dieser ins sichere Verderben. Hinter der Auseinandersetzung stand die Konkurrenz zwischen Brissot und Robespierre: Beide wollten die Führung und die ganze Macht der Revolution.[38] Deren weiteres Schicksal war in dieser Kontroverse, die nur durch Sieg oder Niederlage einer Seite entschieden werden konnte, kaum mehr als ein Vorwand. Diejenigen, die in dieser Auseinandersetzung den Kürzeren zogen, sollte der Henker im Herbst 1793 auf der Pariser Place de la Révolution, der heutigen Place de la Concorde, unter die Guillotine legen.

Zunächst vermochten Brissot und seine Anhänger die Meinungsführerschaft in dieser Kontroverse zu behaupten. Robespierre war lange Zeit die einsame Stimme, die vor einem überstürzten Krieg warnte. Er tat dies noch mit zwei großen Reden am 2. und am 25. Januar 1792 im Jakobiner-Club.[39] Seine Warnungen fanden aber umso weniger Gehör, als auch die öffentliche Meinung mehrheitlich für den Krieg Partei ergriff, dessen Notwendigkeit Brissot am 29. Dezember 1791 in der Legislative noch einmal beschwor: «Der Krieg ist für Frankreich in jeder Hinsicht eine Notwendigkeit. – Frankreich braucht diesen Krieg wegen seiner Ehre (...). Wegen seiner äußeren Sicherheit (...) wie auch um im Inneren Ruhe zu gewährleisten. (...) Es braucht diesen Krieg, damit wir unsere Finanzen wieder in Ordnung bringen (...), den öffentlichen Kredit wiederherstellen. (...) Es braucht diesen Krieg schließlich, um den Schrecken, den Verrätereien und der Anarchie ein Ende zu setzen (...). Dieser Krieg wird ein wahrer, ein nationaler Gewinn sein: Und die einzige Kalamität, die Frankreich zu fürchten hat, ist es, den Krieg nicht zu führen».[40]

Auf eine Kalamität, die Brissot nicht auf der Rechnung hatte, machte in der anschließenden Debatte Marie-Jean Hérault de Séchelles aufmerksam: Der «Kriegszustand (...) rechtfertigt von vorneherein alle außerordentlichen Maßnahmen, die es notwendigerweise zu ergreifen gilt, (...) denn zunächst müssen wir bei uns die Feinde angreifen, ehe wir sie draußen mit Krieg überziehen. (Beifall) Diese gesetzliche Regelung kann, worin Sie mir beistimmen werden, aber erst in Kraft treten, sobald Sie proklamiert haben, dass das Vaterland in Gefahr ist. – Dieser Überlegung entsprechend hat der römische Senat die bedeutende Regel aufgestellt: *Caveant consules ne quid detrimenti res publica capiat* (Die Konsuln mögen Sorge tragen, dass der Staat nicht Schaden nimmt). (...) Eifern wir diesem Beispiel nach. Suspendieren wir die Geltung der Gesetze für diejenigen, die sich den Interessen des französischen Volkes widersetzen; und um mich eines Gedankens von Montesquieu zu bedienen, meine Herren, dann ist der Augenblick gekommen, die Statue der Freiheit mit einem Schleier zu verhüllen».[41]

Die Suspendierung wichtiger Rechte, die Ausrufung des Notstands, ja in letzter Konsequenz die Diktatur begriff Hérault de Séchelles als unvermeidliche Folge, wenn Frankreich einen Krieg führte, um die Revolution zu verteidigen. Das eine war ohne das andere nicht vorstellbar. Das wollten Brissot und seine Mitstreiter freilich nicht wahrhaben; für sie war der Krieg, den sie zu führen beabsichtigten, einzig und allein ein Krieg für die Freiheit, ein Ausflug in Waffen gewissermaßen, der den Triumphzug der Revolution unter den Deutschen einleitete, die ob ihrer Befreiung in Begeisterung ausbrechen würden. Diese wirklichkeitsfremden Vorstellungen waren in einem Manifest enthalten, das Condorcet in der gleichen Sitzung der Legislative zur Billigung vorlegte und in dem das Ideal eines Befreiungskriegs detailliert geschildert wurde.[42]

Die Argumente Brissots für einen Krieg gegen das monarchische Europa, der die Revolution aus dem Dilemma einer Verfassung befreien sollte, nach der sich das neue Regime und der König gegenseitig blockierten, wurden zur zentralen Botschaft einer Propaganda, die eine immer größer werdende Mehrheit überzeugte. In der Begeisterung für den Krieg wurden alle damit verbundenen Gefahren umso leichter übersehen, als man sich an der Überzeugung berauschte, ein seiner Freiheit bewusstes Volk habe nichts von den Despoten und Aristokraten eines noch in den Banden des «Feudalismus» gefangenen Europa zu fürchten. Allein das Vorbild Frankreichs würde diese überwältigen und zermalmen, zumal deren Untertanen dem französischen Beispiel nacheifern und für sich die Freiheit einfordern würden.

Jetzt schlug die Stunde der Phantasten. Einer davon war der einschlägige «Experte» und selbsternannte «Redner des Menschengeschlechts» Jean-Baptiste gen. Anarcharis Cloots, *ci-devant* Baron du Val de Grace, dem die Legislative am 13. Dezember 1791 das Rederecht gewährte: «Zeigen wir Europa, dass wir uns nicht vor dem Krieg ängstigen, ohne den wir keinen Frieden haben werden; die Emigranten werden auseinandergejagt und keinerlei Unterstützung mehr erhalten. (...) Ich schlage deshalb vor, einen zeitlichen Rahmen zu fixieren, den 20. Januar, an dem sich drei große Armeen in Marsch setzen, eine in Richtung Brüssel, die andere nach Lüttich und die dritte nach Koblenz: Und ich garantiere, dass am 20. Februar die Trikolore und das Lied *Ça ira* das Wohlgefallen von 20 befreiten Völkern erregen werden. (Lebhafter Beifall) Dieser entscheidende Coup wird Frankreich und das Menschengeschlecht retten; denn wenn wir uns nur damit abgeben, die kleinen Fürsten und fetten Nutznießer zu bestrafen, verschwenden wir bloß Zeit und Geld; die Kleinlichkeit unserer Maßnahmen wird jedoch große Racheakte heraufbeschwören. Entweder wir schlagen kräftig zu oder gar nicht, entweder überall oder nirgendwo. (Beifall) Die raschen Vorstöße (...) zu den Mündungen von Schelde, Maas, Mosel und Rhein werden alle umliegenden Throne schrecklich erschüttern. Die Wunderwerke des 16. Jahrhunderts werden von denen des 18. Jahrhunderts ausgelöscht werden».[43]

Angesichts des Kriegslärms, der in Paris seit dem Herbst 1791 immer lauter ertönte, sahen sich der österreichische Kaiser Leopold II. und sein Kanzler Kaunitz im Januar 1792 genötigt, den Plan einer Koalition der europäischen Mächte gegen die Revolution erneut aufzugreifen. Auch das war nur als leere Drohung gemeint, denn in Wien dachte man nicht im Entferntesten daran, den Wünschen der Emigranten zu entsprechen. Man beabsichtigte lediglich, der Legislative einen gehörigen Schrecken einzujagen, um so Louis XVI und seiner Familie die Gewähr einer erträglicheren Existenz zu verschaffen. Auf keinen Fall aber wollte man etwas am Zustand der inneren Schwäche und äußeren Bedeutungslosigkeit Frankreichs ändern, die den Machtinteressen Österreichs sehr entgegenkamen.[44]

Diese Haltung sollte in den kommenden Monaten bestimmend sein für die Politik Österreichs gegenüber der Revolution. Sie verrät eine profunde Unkenntnis der Stimmung und Verhältnisse in Frankreich, über die man in Wien nur sehr unzulänglich unterrichtet war – der Botschafter des Kaisers, Graf Mercy-Argenteau, hatte sich nach der gescheiterten Flucht Louis' XVI in die österreichischen Niederlande nach Brüssel abgesetzt.[45] Daher kam man in Wien auf den Einfall, den Bluff der Deklaration von Pillnitz zu wiederholen. Am 31. Dezember 1791 wurde der Legislative der Inhalt einer Note mitgeteilt, die Fürst Kaunitz am 21. Dezember dem französischen Botschafter in Wien übermittelt hatte. Die Botschaft enthielt im Kern zweierlei:

1. Der Kaiser sähe sich zur bewaffneten Intervention gezwungen, sollte Frankreich gegen die geistlichen Kurfürsten vorgehen, deren Gebiete an seinen nordöstlichen Grenzen lagen. Diese Drohung entbehrte jeder Grundlage, da diese sich beeilt hatten, der von Louis XVI Mitte Dezember zugestellten ultimativen Aufforderung zu entsprechen, die auf ihrem Territorium versammelten Emigranten zu zerstreuen. 2. Sollte sich Frankreich dennoch zum Angriff auf deren Gebiet entschließen, dann richtete sich dieser nicht nur gegen Habsburg als Schutzmacht des Reichs, sondern auch gegen die anderen Souveränen, die sich mit ihnen verbündet hätten.[46]

In Wien war man überzeugt, mit dieser diplomatischen Demarche die kriegslüsterne Linke nachdrücklich zu verschrecken und gleichzeitig die von den *Feuillants* betriebene Versöhnungspolitik zu stärken.[47] Tatsächlich erreichte man das genaue Gegenteil, denn die Wiener Note wurde in Paris als aggressive Drohung missverstanden und zerstörte die letzten Erfolgsaussichten des Triumvirats. Aus demselben Grund war die Ankündigung des Wiener Hofs für die *Brissotins* umso willkommener, von denen die Note zum Beweis der seit langem beargwöhnten Absichten Habsburgs aufgebauscht wurde. So nutzten die *Brissotins* die Debatte, die ab dem 14. Januar 1792 in der Legislative stattfand, um den revolutionären Chauvinismus aufzupeitschen, der sich im Hass auf den Wiener Hof und die Emigranten austobte.

Der Abgeordnete Guadet etwa verstand es, mit einem leidenschaftlichen Appell die Empfindungen seiner Zuhörer in Wallung zu bringen: «Geben wir also, meine Herren, allen Fürsten des Reichs [i. e. des Heiligen Römischen Reichs] unmissverständlich zu verstehen, dass die französische Nation entschlossen ist, ihre Verfassung insgesamt aufrecht zu erhalten; wir sind entschlossen, hier zu sterben ...» Seine von einem Begeisterungssturm unterbrochene Rede beendete Guadet dann mit den Sätzen: «In einem Wort, weisen wir den Verrätern einen Platz zu, und dieser Platz soll das Schafott sein. (Bravo, Bravo. Lebhafter Beifall.) Ich stelle der Nationalversammlung den Antrag, mit sofortiger Wirkung jedes Mitglied der Exekutive, jeden Franzosen, der mittelbar oder unmittelbar beteiligt ist an einem Kongress, der das Ziel hätte, eine Änderung der französischen Verfassung zu bewirken, oder an Verhandlungen zwischen der Nation und den gegen sie verschworenen Rebellen, als Ehrlosen, als Verräter des Vaterlands und des Verbrechens gegen die Nation Schuldigen zu erklären».[48]

Der Antrag Guadets, der mit frenetischem Überschwang akklamiert wurde, machte künftig alle Verhandlungen mit Österreich, die in irgendeiner Weise die inneren Angelegenheiten Frankreichs berührten, von vorneherein unmöglich. Das lähmte die Bestrebungen der *Feuillants*, die insgeheim versuchten, den Wiener Hof für eine Politik der Versöhnung und des Kompromisses zu gewinnen.[49]

Mit seiner Rede bewies Guadet untrüglichen politischen Instinkt. In der französischen Öffentlichkeit gab es seit langem Antipathien gegen den 1756 in Versailles geschlossenen Allianzvertrag mit dem Haus Habsburg. Dieser habe, wie keineswegs völlig zu Unrecht argumentiert wurde, der Stellung Frankreichs nichts als Schaden und Demütigung zugefügt. Entsprechende Vorwürfe prägten bald die Brandreden der *Brissotins* im weiteren Verlauf der Debatte. Es war eine Litanei, die ihren Zweck glänzend erfüllte: Sie entfachte den revolutionären Chauvinismus und amalgamierte ihn mit dem stolzen Empfinden der Revolutionäre, denen Frankreich als größte aller Nationen galt. Diesem Rang musste auch eine Großmachtpolitik entsprechen, und der schnellste Weg, dieses Ziel zu erreichen, sei ein siegreicher Krieg gegen Österreich, das Frankreich seit einer Generation gedemütigt und kleingehalten habe.

Umso dringlicher wurde es jetzt, einen handfesten Anlass zu finden, um den Krieg beginnen zu können. Die Aussichten dafür verschlechterten sich jäh, als am 16. Januar 1792 Außenminister de Lessart der Legislative mitteilte, der Kurfürst von Mainz habe die in Koblenz lagernden Truppeneinheiten der Emigranten zum Abzug genötigt. Entsprechende Auskünfte erhielten die Abgeordneten auch am folgenden Tag über die Truppenansammlungen im Raum Trier.[50] Damit war der ursprüngliche Anlass des drohenden Konflikts beseitigt. Also galt es einen neuen Anlass zu finden. Das war für Brissot kein Problem, der am 17. Januar das Wort zu einer langen Rede ergriff: «Die Maske ist endlich gefallen; der eigentliche Gegner ist erkannt: (...) Es ist der Kaiser. Die Kurfürsten waren seine Strohmänner, die Emigranten lediglich Marionetten in seiner Hand. (...) Der Kaiser ist Ihr Feind; er hat Ihnen die Beweise geliefert. Er lauert nur darauf, Sie entweder anzugreifen oder Sie in Furcht und Schrecken zu versetzen. Ein offener Konflikt ist weniger gefährlich, als dieser stille Krieg».[51]

Stimmen der Mäßigung wurden in der allgemeinen Begeisterung für einen Krieg gegen Österreich nicht mehr gehört. Die Legislative verabschiedete schließlich am 25. Januar 1792 ein von Hérault de Séchelles vorgelegtes Dekret, das den ersehnten Grund zum Krieg liefern sollte. Kaiser Leopold wurde ultimativ aufgefordert, bis zum 1. März alle gegen Frankreich gerichteten feindseligen Aktivitäten einzustellen sowie von jeglicher Einmischung in dessen innere Angelegenheiten abzusehen; andernfalls befände man sich mit Habsburg im Kriegszustand.[52] Dieses Ultimatum, dem sich Österreich aus schierer Selbstachtung nicht beugen konnte, kam einer Kriegserklärung gleich.

Damit, dass es den *Brissotins* gelungen war, dank ihrer geschickten Debattenregie die bislang zurückhaltende Mehrheit in der Legislative auf ihre Kriegspolitik einzuschwören, war das Ziel jedoch noch nicht erreicht. Nach der Verfassung musste auch die Exekutive, also der König und die Regierung, für dieses Ziel gewonnen werden. Davon konnte aber keine Rede sein, wie Louis XVI am 28. Januar 1792 der Legislative in einem Schreiben eröffnete: «Wie Sie wissen, obliegt es nach der Verfassung allein mir, mit dem Ausland politische Beziehungen zu unterhalten und Verhandlungen zu führen; auch kann die Gesetzgebende Versammlung nur auf meinen förmlichen und unabdingbaren Vorschlag hin in Beratungen über den Krieg eintreten.»[53]

Die Antwort des Königs, die den Abgeordneten die einschlägigen Regelungen der Verfassung vorhielt, für die sie zuvor noch hatten sterben wollen, nahm den *Brissotins* erst einmal den Wind aus den Segeln. Der schlichte Hinweis auf die königliche Prärogative in allen außenpolitischen Belangen sowie in der Frage von Krieg und Frieden genügte, um deren Kriegstreiberei vorläufig ein Ende zu setzen. Dass sich die *Girondins* schließlich doch durchsetzen konnten, war weniger ihrem großen Geschick oder der demagogischen Begabung ihrer Wortführer zu verdanken als vielmehr der österreichischen Diplomatie. Dank ihrer profunden Unkenntnis der im revolutionären Frankreich herrschenden Stimmung und politischen Machtverhältnisse fasste sie Beschlüsse, die der Kriegspartei entscheidende Trümpfe zuspielten.

Auf die österreichische Note vom 21. Dezember 1791 antwortete Außenminister de Lessart am 21. Januar mit einem Schreiben an Botschafter de Noailles in Wien, dem er auftrug, Kanzler Kaunitz um weitere Auskünfte zu bitten. Diese Wünsche waren im deutlichen Kontrast zu den Rodomontaden der *Brissotins* so formuliert, dass klar wurde, wie sehr ihm daran gelegen war, den Frieden gewahrt zu wissen.[54] De Lessart versuchte, eingezwängt zwischen den kriegswütigen *Brissotins* und den gegenrevolutionären Absichten des Hofs, eine mittlere Linie zu steuern. Seine sehr zurückhaltende Replik wurde in Wien jedoch so verstanden, dass die Note vom 21. Dezember in Paris die beabsichtigte einschüchternde Wirkung gehabt habe. Diesen vermeintlichen Vorteil suchte Kaunitz durch eine weitere Note vom 17. Februar 1792 auszubauen, in der er, nach einer im Übrigen ebenso ausführlichen wie korrekten Beantwortung der vorgelegten Fragen, sich in einem längeren Exkurs über seine Besorgnisse hinsichtlich der inneren Entwicklung Frankreichs ausließ, in dem er vor dem wachsenden Einfluss der Jakobiner warnte und sie allein für den inneren wie äußeren Unfrieden verantwortlich machte.[55]

Kaunitz' Absicht, die *Brissotins* zu isolieren und zugleich den Unentschiedenen, Gemäßigten und Friedwilligen unter Führung der *Feuillants* zum Erfolg zu verhelfen, konnte aber nicht aufgehen.[56] Schlimmer noch, er erreichte das genaue Gegenteil dessen, was er gewollt hatte. Nicht zuletzt wegen dieser unüberlegten Intervention wurden die Jakobiner jetzt zu der politischen Kraft, mit der sich ganz Frankreich identifizierte.[57] Die Note vom 17. Februar verschaffte den *Brissotins* endlich den Triumph, auf den sie monatelang intensiv hingearbeitet hatten. Als Außenminister de Lessart am 1. März den jüngst geführten diplomatischen Schriftwechsel mit Österreich der Legislative vorlegen musste, schäumten die Abgeordneten vor Empörung. Diese einhellige Reaktion nötigte auch jene, die bislang zu den *Brissotins* noch Distanz gewahrt hatten, zum Schulterschluss.

Der Mehrheit in der Legislative jetzt gewiss begannen die *Brissotins* am Nachmittag des 1. März damit, die Regierung anzugreifen, indem sie die Entlassung de Lessarts und des royalistisch gesinnten Marineministers Bertrand de Moleville forderten, denen nichts weniger als «Verrat» vorgeworfen wurde.[58] Diese Kampagne machte sich Louis XVI zunutze und entließ am 9. März Kriegsminister Narbonne, der sich bei ihm durch Umtriebigkeit, seine enge Verbindung mit La Fayette und seine Intrigen gegen Marineminister Moleville unbeliebt gemacht hatte.[59] Dessen Entlassung war für die *Brissotins* das Signal, Außenminister de Lessart zur Strecke zu bringen. Das besorgte Brissot, der am 10. März diesen des Verrats beschuldigte und die sofortige Anklageerhebung gegen den Minister forderte.[60] Die Anklage wurde von der Legislative mit großer Mehrheit gebilligt und de Lessart noch am Abend des 10. März verhaftet und ins Gefängnis geworfen, wo er Anfang September 1792 eines der vielen Opfer der *Septembriseurs* wurde.

Der Sturz von de Lessart war für die *Brissotins* lediglich ein Etappenerfolg. Brissot führte deshalb erneut seine Argumente für einen Krieg an und stellte die rhetorische Frage: «Sind die Könige also dazu verdammt, niemals die Wahrheit zu erkennen?» Eine Antwort darauf gab sein Mitstreiter Vergniaud: «Meine Herren, in diesem Augenblick der Krise, in dem das Vaterland in Gefahr ist, in der so viele Verschwörungen gegen die Freiheit ausgeheckt werden, fühle ich mich genötigt zu sagen: Ich sehe von dieser Rednerbühne die Fenster eines Schlosses, in dem abartige Ratgeber den König, den uns die Verfassung gegeben hat, täuschen und verführen, die jene Eisen schmieden, in die sie uns schlagen wollen und die Winkelzüge vorbereiten, die uns dem Haus Österreich ausliefern sollen. Ich sehe die Fenster des Schlosses, in dem man die Gegenrevolution verabredet und auf die Mittel sinnt, uns wieder in die Schrecken der Sklaverei zurückzuschleudern, nachdem man uns zuvor alle Wirrnisse der Anarchie und alle Gräuel des Bürgerkriegs hat durchleiden lassen».[61] Die Botschaft war deutlich, und Louis XVI beeilte sich, ihr umgehend Folge zu leisten, indem er alle Minister entließ. Für die *Brissotins* bedeutete dies den entscheidenden Durchbruch, denn mit Ausnahme des zuvor schon entlassenen Narbonne ließen sich alle anderen Minister den *Feuillants* zurechnen, die einen Krieg vermeiden und eine Verständigung mit Österreich erreichen wollten. Auch waren sie eher dazu geneigt, die Wünsche des Königs auszuführen, während sie Forderungen der Legislative nach Möglichkeit ignorierten. Die neuen Minister hingegen wussten, dass sie sich nur im Amt behaupten könnten, wenn sie die Wünsche der Legislative als das Gesetz ihres Handelns begriffen.[62] Drei von ihnen galten als *Brissotins*: Etienne Clavière, ein umtriebiger Finanzmann,

Pamphletist und alter Kumpan von Mirabeau, übernahm das Finanzministerium; Jean-Marie Roland, ein ehemaliger Manufakturinspektor, wurde Innenminister; den wichtigsten Posten, den des Außenministers, erhielt General Charles-François Dumouriez, ein Haudegen aus dem Siebenjährigen Krieg und bekennender Österreichhasser, der die Gewähr dafür bot, dass Wien gegenüber künftig ein schärferer Ton angeschlagen wurde.[63]

Mit der Bildung dieser Regierung war der Beginn des Kriegs gegen Österreich nur noch eine Frage der Zeit. Diese Frist wurde durch den Tod von Kaiser Leopold II. verkürzt, der am 1. März im Alter von 44 Jahren nach kurzer Krankheit gestorben war. Den Thron bestieg sein 24-jähriger Sohn, Erzherzog Franz, dessen Einfluss auf die Politik der Donaumonarchie wegen seiner Unerfahrenheit sehr begrenzt war. Die Weichen waren aber noch von Leopold II. gestellt worden, der sich nach längerem Zaudern in die Unvermeidbarkeit eines Konflikts mit Frankreich geschickt hatte. Am 7. Februar hatten Österreich und Preußen mit Blick auf einen Krieg eine Defensivallianz geschlossen.[64] Dabei war Preußen vom revolutionären Frankreich keineswegs bedroht, sondern wurde vielmehr als Staat Friedrichs des Großen bewundert und umworben. Was Friedrich Wilhelm II. dennoch dazu bewog, ein Bündnis mit dem «Erbfeind» Österreich einzugehen, lässt sich unschwer erraten: Aus seiner Sicht war die geplante Kampagne in Frankreich eindeutig als Eroberungskrieg angelegt. Landgewinne hatten oberste Priorität – auch wenn sie schamhaft als Kompensationen für die Kosten bemäntelt wurden, die man auf sich genommen habe, um in Frankreich die monarchische Ordnung wiederherzustellen.[65] Preußen schielte dabei auf den Erwerb des Herzogtums Jülich und Berg im Westen des Heiligen Römischen Reichs, war aber auch dazu bereit, sich mit polnischem Territorium im Osten, mit Danzig und Thorn etwa, zufriedenzugeben.[66]

Der Krieg rückte nun immer näher. In Frankreich wie in Preußen oder Österreich ließ man sich von der vermeintlich sicheren Aussicht narren, mit diesem Konflikt ohne das mindeste Risiko alles gewinnen zu können.[67] Trotz der Siegesgewissheit hatte man sich in Österreich mit den Vorbereitungen auf den Krieg Zeit gelassen. Zwar ernannte der neue Herrscher Franz am 3. April 1792 den Herzog von Braunschweig zum Oberbefehlshaber der Truppen, die «Frankreich und

Europa vor der Anarchie» bewahren sollten.[68] Aber der Entschluss, einen Offensivkrieg gegen Frankreich zu führen, fiel erst am 28. April. Nur zwei Tage später traf die französische Kriegserklärung in Wien ein,[69] die Louis XVI am 20. April 1792 der Legislative zur Abstimmung vorlegte.

Damit tat sich eine Perspektive für den weiteren Gang der Revolution auf, die der Abgeordnete Gensonné bereits am 26. Dezember 1791 beschworen hatte: «Es gibt zwischen der Freiheit und der Sklaverei, zwischen der Verteidigung der Verfassung oder dem Tod keine Alternative mehr. (Applaus) Solange die Ränke der Emigranten beinahe lächerlich anmuteten, solange ein Angriff von außen sich noch gar nicht vorhersagen ließ, konnten unterschiedliche Meinungen sich mitten unter uns artikulieren und sich gutgesinnte Menschen allen möglichen Parteien anschließen. Heute jedoch gibt es für alle Franzosen nur noch eine Partei; es gilt sich zwischen dem alten und dem neuen Regime zu entscheiden».[70]

Der Abgeordnete Gensonné war ein Realist. Der Krieg, den die Revolution zu ihrer Verteidigung würde führen müssen, zwang jeden dazu, eindeutig Position zu beziehen. Entweder man war Freund oder Feind, Anhänger oder Gegner der Revolution. Das stiftete einen unerbittlichen Manichäismus, der stetig genauer definiert binnen kurzem über Leben und Tod entschied. Noch bevor diese Unterscheidung die Rechtfertigung der revolutionären Schreckensherrschaft wurde, sollte sie den französischen Truppen, die nun zu ihrem Kreuzzug gegen den *Ancien Régime* in Europa aufbrachen, als Feldzeichen dienen, wie der Abgeordnete Vergniaud am 20. April forderte: «Lassen Sie in Frankreich allenthalben die sublimen Worte widerhallen: *Frei leben oder sterben; die Verfassung im Ganzen, ohne jegliche Änderung oder der Tod.* Sorgen Sie dafür, dass diese Rufe den gegen uns verbündeten Thronen entgegenschallen, damit sie begreifen, dass das Verlangen, die Verfassung zu bewahren oder Krieg zu führen, um sie zu verteidigen, nicht nur, wie sie nicht müde werden zu propagieren, die Ansichten irgendeiner Sektion, irgendeiner Partei in Frankreich sind, sondern sich darin die Überzeugung aller Franzosen ausspricht; dass sie vergebens auf unsere inneren Spaltungen gerechnet haben, dass, sobald das Vaterland in Gefahr ist, wir alle nur noch von einer Leidenschaft gepackt sind, es zu retten oder für es zu sterben».[71]

Gegen diesen wild aufschäumenden Nationalismus erhob sich nur eine einzige Stimme. Allein der Abgeordnete Becquey hatte den Mut, die prophetische Warnung auszusprechen, dass der Krieg Folgen haben werde, die das genaue Gegenteil dessen sein würden, was die Enthusiasten sich von ihm erwarteten. Frankreich, so begann er seine Argumentation, bedürfe nach den Umwälzungen der Revolution zunächst der Ruhe, damit sich die radikalen Veränderungen einlebten. «In der augenblicklichen Situation einen Krieg zu führen, bedeutet nur, das Desaster zu vergrößern, die je individuell erlebten Übel zu mehren und jene Epoche hinauszuschieben, in der sich die Bürger der Ruhe und des Glücks erfreuen können». Das gelte insbesondere für die Finanzen, denn ein Krieg, ein Angriffskrieg zumal, ließe sich nur mit klingender Münze führen. «Wenn man seine Nachbarn mit Krieg überziehen will, ist es unerlässlich, dieses Geld zu haben, aber Sie verfügen nur über Assignaten».

Nach diesen Warnungen machte Becquey auf die außenpolitischen Risiken aufmerksam. Hier gelte es, England im Auge zu haben, auf dessen Neutralität man sich nicht blindlings verlassen dürfe, denn um die könne es schlagartig geschehen sein. «Seit langem betrachtet England die Niederlande wie einen Schutzwall, den es sich mit viel Blut und Geld geschaffen hat. Seine immensen Schulden rühren zu einem Gutteil von den Anstrengungen her, die es für den Bau dieses Schutzwalls auf sich genommen hat, der für England von erstrangigem nationalen Interesse ist». Becquey deutete damit an, dass ein Einfall Frankreichs in das österreichische Brabant sofort von England als eine manifeste Bedrohung des eigenen nationalen Interesses angesehen werde. «Deshalb, meine Herren, ist damit zu rechnen, dass, wenn Sie Österreich angreifen, Sie bald gegen ganz Europa werden kämpfen müssen. Aber welche Macht könnte dessen vereinten Kräften Widerstand leisten»?

Überhaupt gebe es keinerlei Anlass gegen Österreich zu Felde zu ziehen: «Der Wiener Hof war der erste, der unsere Verfassung anerkannt hat. In seiner jüngsten Note hat er uns auch erneut versichert, weder die Projekte der Emigranten unterstützen, noch an unsere innere Ordnung rühren zu wollen». Im Übrigen könne das Haus Österreich, dessen Machtzentrum zweihundert Meilen von den Grenzen Frankreichs entfernt liege, einen Krieg nur um den Preis seines eigenen

Ruins führen. Der Nachfolger der Kaiser Leopold und Joseph werde sich hüten, die in seinen Staaten noch nicht verheilten Wunden erneut aufzureißen. «Glauben Sie nur nicht, dass er, statt unverwandt die instabile Lage in Polen im Auge zu haben (...), alle seine Kräfte gegen Frankreich wendet». Polen gelte das Hauptaugenmerk Österreichs. Das zeige sich auch darin, dass Österreich gegenüber Frankreich lediglich defensive Maßnahmen ergriffen habe. Während drei gewaltige französische Armeen an den Grenzen zu Österreichs Macht- und Herrschaftsbereich aufmarschiert seien, habe es für seine Verteidigung keine dem irgend vergleichbare Truppenanzahl dort konzentriert.

Das Fazit, das Becquey zog, war ein Plädoyer, die Verhandlungen fortzusetzen, um einen Bruch zu vermeiden: «Verhandlungen kompromittieren nie eine freie Nation, die ihre Ehre darin erkennt, den Krieg zu verabscheuen. Die Franzosen werden gewiss nie ihre Rechte preisgeben; aber warum sollten sie ihre Nachbarn mit Krieg überziehen, nur weil die Könige Europas sich weigern, die Souveränität der französischen Nation anzuerkennen? Wenn wir nur darauf warten, dass unsere Feinde uns angreifen, werden wir keinen Krieg zu gewärtigen haben, denn keine Macht wird es wagen, ein tapferes und freies Volk zu attackieren, das einsteht für seine Verfassung oder den Tod».

Auch der Erwartung, die Widerstände gegen die Revolution im Inneren verschwänden einfach im Zuge eines auswärtigen Kriegs, widersprach Becquey entschieden, denn eben damit «werden nur die Hoffnungen aller Feinde der Verfassung erneut geweckt. Sie seufzen nur nach dem Ausbruch eines solchen Kriegs; und Sie entsprechen nur ihren Wünschen, wenn Sie Österreich angreifen. Die Emigranten haben keinerlei Unterstützung; sie werden diese aber dann von jenen erhalten, die Sie angreifen wollen. Auch alle, die im Innern mit der Revolution hadern, wollen diesen Konflikt; indem Sie sich dafür entscheiden, befördern Sie nur deren Absichten. Meine Herren, eine Politik, die so passgenau mit der Sicht von Leuten übereinstimmt, die Sie bekämpfen und vernichten wollen, mutet wahrhaft seltsam an».[72]

Der rhetorische Schwung und die Argumente dieser Philippika des Abgeordneten und *Procureur général syndic du département de la Haute-Marne* François-Louis Becquey ähnelten verblüffend jenen großen Reden, mit denen Robespierre im Jakobiner-Club im Winter 1791/92 dem Kriegsgeschrei Brissots widersprochen hatte. Der Versuch, die mittlerweile allgemeine Kriegsbegeisterung durch eine Rede brechen zu wollen, war jedoch von vornherein zum Scheitern verurteilt. Madame de Staël, die der Sitzung der Legislative am 20. April beiwohnte, hat die Ausführungen des Abgeordneten Becquey in ihren der Revolution gewidmeten *Considérations* mit keiner Silbe erwähnt, sondern nur vermerkt, dass die Kriegserklärung von der Versammlung durch begeisterte Akklamation und in ausgeprägt nonchalanter Stimmung gebilligt wurde.[73] Von den anwesenden Abgeordneten stimmten lediglich sieben dagegen.[74]

ZWEITES KAPITEL

DIE ZWEITE REVOLUTION

Der Krieg, den Frankreich am 20. April dem «König von Ungarn und Böhmen» erklärte, hatte zahlreiche Anlässe. Das seit Monaten von der Propaganda der *Brissotins* vorgebrachte Motiv, das aufgebauschte Gefahrenpotenzial der Emigranten zu zerstören, war ebenso wie die populäre Absicht, das verhasste Österreich zu züchtigen, im Wesentlichen ein Vorwand. In Wahrheit ging es darum, mit diesem Konflikt die Revolution in Frankreich dadurch zu festigen, dass sich alle offen für oder gegen ihre Ziele erklären mussten. Gleichzeitig sollte der Krieg auch von dem lebhaften Unmut ablenken, der in Frankreich wegen der sich verschlechternden Wirtschafts- und Versorgungslage wiederholt in lokal begrenzten Empörungen aufschäumte und sich zu einem Flächenbrand ausweiten konnte.

Besonders gefährlich war die Situation in Südfrankreich.[1] Aber auch in anderen Teilen des Landes blieb die Lage prekär. Zwar hatte die Verwaltung des Département de Paris angesichts der schlechten Ernteerträge 1791 rechtzeitig Vorsorge getroffen, die Getreidevorräte der Stadt aufzufüllen.[2] Das ging aber zu Lasten der Gemeinden im weiten Umkreis von Paris. Deshalb kam es in den kleinen Marktstädten während des Winters wiederholt zu Unruhen. In dem südlich von Paris gelegenen Ort Etampes etwa strömten Anfang März bewaffnete Aufrührer aus sechs Gemeinden des Distrikts zusammen und lynchten den Bürgermeister, weil dieser sich geweigert hatte, eine Senkung der Getreidepreise anzuordnen.[3] Zur selben Zeit kam es in Dünkirchen zu Aufständen, um die Verschiffung von Getreide in die südlichen Departements zu unterbinden.[4]

Anlass waren stets die rapiden Preissteigerungen, die aus einer Verknappung des Angebots und dem galoppierenden Wertverfall der

Assignaten resultierten. Von der Entwertung der Assignaten, die in Paris Anfang des Jahres 1792 nur noch zu rund 60 Prozent ihres Nennwerts gehandelt wurden, waren vor allem Importe betroffen. Das zeigt das Beispiel von Marseille, dessen Hafen ein Umschlagplatz für Getreideimporte aus Südeuropa und Nordafrika war. Auch hier zogen die Preise im Frühjahr 1792 so empfindlich an, dass sich die Stadtverwaltung bemüßigt sah, Händlern, die durch Horten von Getreide ihren Gewinn noch steigern wollten, Strafen anzudrohen, «die nicht die des Gesetzes sein würden».[5]

In Paris sorgten im Winter 1792 steigende Preise von Kolonialwaren wie Kaffee und Zucker für Unruhen. Auslöser war der 1791 auf der ertragreichsten französischen Besitzung, der Karibikinsel Saint-Domingue, ausgebrochene Sklavenaufstand, der sich an den Kontroversen über die Anerkennung der Menschenrechte auch für Mulatten entzündet hatte. In dieser Frage hatten sich die Interessenvertreter der Plantagenbesitzer in der Nationalversammlung weitgehend durchsetzen können. Es gelang ihnen auch, alle Initiativen für eine Beseitigung der Sklaverei zu vereiteln. Das war das Signal für den größten Sklavenaufstand in der Geschichte, der erst im Januar 1804 mit der Proklamation der Republik von Haiti, des ersten unabhängigen Staates in Lateinamerika, endete.[6]

Die Begeisterung für einen Krieg gegen das verhasste Österreich würde, so eine verbreitete Meinung, die grassierende Zwietracht heilen und die Unzufriedenheit dämpfen. Dieses Kalkül konnte freilich nur aufgehen, wenn der Krieg die erwarteten raschen Erfolge zeitigte. Ein erster Vorstoß, den Einheiten der von Marschall Rochambeau befehligten Nordarmee am 28. April 1792 nach Flandern unternahmen, endete jedoch vor Tournay in einem spektakulären Debakel. Kaum wurde die Vorhut der französischen Kavallerie einiger österreichischer Husaren ansichtig, wandte sie sich zur Flucht, der sich die Infanterie anschloss. Als General Théobald Dillon seine Soldaten zum Stehen zu bringen suchte, feuerten die eigenen Leute auf ihn und schleppten den Verletzten nach Lille, wo er auf offener Straße gelyncht wurde.[7] Ähnlich unglücklich verlief ein weiterer Vorstoß, der am selben Tag weiter südlich von französischen Truppen auf Mons unternommen wurde. Als die vom Marsch erschöpften Truppen auf den Anhöhen bei Jemappes Feindberührung hatten, gab General Biron nach einem kurzen Artilleriegeplänkel Befehl zum Rückzug, der schnell in panische Flucht ausartete.[8]

Der missglückte Beginn der Kampagne wirkte sich sofort auf die ohnehin nicht sehr hohe Moral der französischen Truppen aus, deren Verbände aus regulären Soldaten in traditionell weißen Uniformen und den Freiwilligen oder Einheiten der Nationalgarden in blauen Uniformen zusammengewürfelt waren. Zwischen *blancs* und *bleus* gab es eine Fülle von Reibereien, zumal sich die Freiwilligen als die wahren Verteidiger der Revolution, als «les enfants chéris de la Liberté» verstanden. Von Eifersüchteleien und Intrigen war auch das Offizierscorps geplagt. Der fatale Eindruck, den das Scheitern der ersten zaghaften französischen Angriffsbewegung auf die Truppe machte, schlug sich in einer rapiden Zunahme der Desertionen nieder. Dem Beispiel zahlreicher Offiziere, die zum Feind übergingen, folgten Anfang Mai 1792 ganze Regimenter der regulären Armee.[9] Angesichts dessen schien es den Befehlshabern der drei französischen Armeen das Klügste zu sein, Mitte Mai die Kampfhandlungen von sich aus fürs Erste einzustellen. Das alles widersprach allerdings der von den *Brissotins* propagierten Siegeszuversicht und löste in Paris Hysterie und Hexenjagd aus. Am 24. Mai 1792 schrieb der Buchhändler Ruault: «Überall hört man den Schrei, dass der König, dass die Generäle uns verraten haben, dass man niemandem trauen könne; dass der *Comité autrichien* [i. e. eine pro-österreichische Verschwörung, deren Zentrum in den Tuilerien vermutet wurde] auf frischer Tat ertappt worden sei, dass Paris binnen sechs Wochen von den Österreichern erobert werde. (...) Adieu, wir sitzen auf einem Vulkan, der demnächst Flammen spucken wird».[10]

Der ominöse *Comité autrichien* war seit dem Fehlschlag der französischen Offensive das Thema, auf dem die revolutionäre Presse herumritt und das einen willkommenen Vorwand lieferte, die ersten militärischen Fehlschläge zu überspielen.[11] Eine Anzeige wegen übler Nachrede, erstattet vom früheren Marineminister Bertrand de Moleville und dem einstigen Außenminister Montmorin gegen Carra, den Redakteur der *Annales patriotiques*, der behauptet hatte, beide gehörten diesem *Comité autrichien* an, brachte den Stein ins Rollen.[12] Friedensrichter Jean-Baptiste Etienne de Larivière, der die Anzeige bearbeitete, beantragte am 18. Mai vor der Legislative, die Strafverfolgung gegen drei Abgeordnete der Linken, Basire, Chabot und Merlin, zu eröffnen. Diese hätten auf sein Befragen gesagt, dass der *Comité de surveillance* der Legislative über einschlägige Informationen und Dokumente verfüge, mit denen sich die Existenz eines *Comité autrichien* beweisen lasse. Er bat deshalb darum, ihm diese Dokumente unverzüglich auszuhändigen und gegen die drei Abgeordneten ein Untersuchungsverfahren einzuleiten.[13]

Das Ansinnen des Richters löste eine lebhafte, zwei Tage anhaltende Debatte aus, die sich die *Brissotins* zunutze machten, um von den Rückschlägen im Krieg abzulenken. Der Richter wurde als «das passive Werkzeug einer mächtigen Fraktion» verdächtigt, der mit seinem Vorgehen gegen die drei unter dem Schutz der Immunität stehenden Abgeordneten die Verfassung verletzt habe.[14] Die Prüfung des Vorwurfs wurde an den *Comité de legislation* verwiesen, worauf die Debatte am 20. Mai erneut entflammte. Kaum war diese in Gange gekommen, erschien Innenminister Roland. Der König habe aus Besorgnis um die Stabilität des Staates den Justizminister beauftragt, jene Verleumdungen, die die Existenz eines *Comité autrichien* in den Tuilerien behaupteten, zu untersuchen und dagegen gerichtlich vorzugehen, weil diese außer in der radikalen Presse jetzt auch in der Legislative laut geworden seien.[15]

Der Versuch Louis' XVI, der Kampagne der *Brissotins* die Grundlage zu entziehen, hatte zwei genau gegenteilige Folgen: Zum einen diskutierte die Legislative jetzt nur noch die Anklageerhebung gegen den Richter, die am gleichen Tag beschlossen und mit dessen Verhaftung vollzogen wurde.[16] Zum anderen, und das wog weitaus schwerer, beglaubigte der König damit in den Augen der Öffentlichkeit nicht nur jene Verleumdungen, sondern geriet auch in die Rolle des Hauptverdächtigen. In den zwei langen, mit Spannung erwarteten Reden, die Gensonné und Brissot am 23. Mai vor der Legislative hielten, kamen allerdings keinerlei unumstößliche Beweise zur Sprache, die Aufschluss über den *Comité autrichien* geschweige über die Verwicklung des Hofs in dessen Machenschaften hätten geben können. Diese Beweise tauchten erst in großer Zahl auf, als im November 1792 in den Tuilerien jener «eiserne Schrank» entdeckt wurde, der zahlreiche Dokumente und Korrespondenzen enthielt, die hochverräterische Aktivitäten des Hofs eindeutig belegten. Dass Gensonné und Brissotin damit nicht dienen konnten, sondern sich nur in Andeutungen, Mutmaßungen und Beschuldigungen vermeintlicher Hauptdrahtzieher des *Comité autrichien* ergingen – etwa gegen die früheren Außenminister Montmorin und de Lessart sowie den österreichischen Botschafter Mercy d'Argenteau –, tat der beabsichtigten Wirkung jedoch keinerlei Abbruch.[17] Beide Reden schürten die in der Öffentlichkeit herrschende Verunsicherung und das Misstrauen gegenüber dem Hof.

Der König wurde so noch mehr in die Enge getrieben. Die *Brissotins* nutzten die Gelegenheit, um drei weitere Maßnahmen durchzusetzen. Die eine richtete sich gegen die Priester, die noch immer den Eid verweigerten. Am 27. Mai verabschiedete die Legislative ein Gesetz, das deren sofortige Deportation vorsah, wenn sich zwanzig Aktivbürger einer Gemeinde dafür aussprachen.[18] Verdächtig, die Umtriebe des *Comité autrichien* zu begünstigen, war aufgrund ihrer Funktion und Nähe zum Hof auch die dem König bewilligte Leibgarde von 1800 regulären Soldaten, die mit Dekret vom 29. Mai aufgelöst und durch eine Truppe patriotisch zuverlässiger Nationalgarden ersetzt wurde.[19] Dass Louis XVI dieses Gesetz wider seine sonstige Gewohnheit schon zwei Tage später am 31. Mai 1792 sanktionierte,[20] machte ihn noch mehr suspekt. Angesichts der grassierenden Hysterie kam jetzt auch der Gedanke auf, alle regulären Truppen in oder um Paris an die Front marschieren zu lassen und den Schutz der Hauptstadt in die Hände von 20 000 der als weitaus verlässlicher geltenden Nationalgarden aus der Provinz zu legen. Diese sollten bis zur *Fête de la Fédération* am 14. Juli eintreffen. Deshalb wurden sie als *Fédérés* bezeichnet und in einem eigens für sie eingerichteten Feldlager nahe Paris untergebracht. Ein entsprechendes Dekret wurde am 8. Juni beschlossen.[21]

Das Gesetz erregte sofort den Unmut der Pariser Nationalgarde, die eifersüchtig über ihre herausgehobene Rolle als bewaffneter Arm der revolutionär gesinnten Bürger in der Hauptstadt wachte. Sie sah sich nun zurückgesetzt und in ihrer Ehre gekränkt. Das gab den Anstoß zur «Petition der 8000», die am 9. Juni die Legislative aufforderte, das am Vortag beschlossene Gesetz zurückzunehmen.[22] In dem Protest erkannte Louis XVI seine Chance, die immer näher rückende Front seiner Gegner zu spalten. Gegenüber den Ministern ließ er durchblicken, dass er weder das Dekret über die Stationierung der

Fédérés noch das Gesetz gegen die Priester sanktionieren werde. Das veranlasste Innenminister Roland, den König am 10. Mai in einem «offenen Brief» aufzufordern, die «zwei wichtigen Dekrete» sofort zu billigen, da beide «von ganz besonderem Belang für die öffentliche Ruhe und das Heil des Staates sind. Jede Verzögerung ihrer Billigung sät Misstrauen. (...) Die Uhr lässt sich nicht mehr zurückstellen, selbst ein Innehalten ist unmöglich. In den Köpfen der Menschen ist die Revolution bereits vollzogen; mit Blut wird sie vollendet und mit Blut wird sie gefestigt werden, wenn die Klugheit nicht einem Unglück vorbeugt, das sich noch vermeiden lässt. (...) Die öffentliche Meinung verdächtigt längst schon die Absichten Ihrer Majestät; dauert das Zögern noch weiter an, wird ein schmerzerfülltes Volk in seinem König den Freund und Komplizen von Verschwörern erkennen».[23]

Dieser Affront lieferte dem König den Vorwand, die drei Minister der *Brissotins*, Roland, Finanzminister Clavière und Kriegsminister Servan, die den «offenen Brief» unterstützt hatten, zu entlassen. Die *Brissotins* büßten damit jeden Einfluss auf die Regierung ein.[24] Die entlassenen Minister wurden durch unbedeutende Figuren ersetzt, die den *Feuillants* nahestanden und manchen als Marionetten La Fayettes galten. Diesen Verdacht schien ein Brief La Fayettes an die Legislative zu bestätigen, in dem er die Jakobiner als die Verantwortlichen der jüngsten Unruhen und Rückschläge beschuldigte und den Sturz der Minister begrüßte.[25] Das Schreiben wurde als Kampfansage verstanden, die nur einen unmittelbar bevorstehenden Putsch ankündigen konnte.

Tatsächlich hatten die *Brissotins* mit ihren drei Dekreten eine Torheit begangen, die sie die ministerielle Mitsprache kostete. Um den Verlust an Einfluss wieder wettzumachen, blieb ihnen keine andere Wahl, als eine Volksbewegung zu inszenieren. Dabei kam ihnen zugute, dass die herben militärischen Rückschläge sowie die angespannte Versorgungslage die Unruhe in den Pariser Sektionen gesteigert hatten. Das zeigten die rund 23 Abordnungen der Sektionen, die zwischen dem 9. und dem 19. Juni 1792 mit Piken in der Legislative erschienen.[26] Der Mehrheit der *Brissotins* kamen diese Störungen nur zu gelegen. Ahnungsvoll hatte der Abgeordnete Delacroix bereits am 28. Mai orakelt: «Ich glaube (...), dass die Versammlung auf einem Vulkan sitzt. Der Ausbruch rumort, er steht kurz vor der Eruption».[27]

Dieses Rumoren ging vor allem vom Fußvolk, den Sansculotten aus. Mit dem Erscheinen dieses neuen Akteurs auf der Pariser Bühne kündigte sich der Beginn einer neuen Etappe der Revolution an. Die Sansculotten belegten das wieder erstarkte Selbstbewusstsein des *peuple*, der sich nach seinen anfänglichen großen Erfolgen auf der Revolutionsbühne zwischenzeitlich mit einer Statistenrolle begnügt hatte. Das änderte sich jetzt. In ihren politischen Zielen stimmten die Sansculotten weitgehend mit den radikalen Revolutionären, den Demokraten, überein, unterschieden sich aber von diesen in ihren sozialen und wirtschaftlichen Erwartungen. Ihnen war es um eine umfassende Reglementierung und Kontrolle des Wirtschaftslebens zu tun, mit dem Ziel, dass ein jeder seinen *natürlichen* Bedürfnissen entsprechend Arbeit und Auskommen fände. Dahinter stand der Glaube an die Utopie einer idealen sozialen Gleichheit aller. Ansonsten besaßen die Sansculotten keinerlei ideologische Kohärenz, die sie befähigt hätte, aus eigener Kraft die politische Macht zu erobern. Ausschlaggebend für diesen Mangel waren die trotz ihrer sozialen Homogenität – sie waren Angehörige des Kleinbürgertums, Ladenbesitzer, Handwerker oder qualifizierte Arbeiter – unterschiedlichen Interessenlagen innerhalb der Bewegung.[28]

Weil es keine verbindende Ideologie gab, waren die Sansculotten von sich aus eher defensiv eingestellt. Sie reagierten mehr spontan, statt selbstständig zu agieren. Was wie eine Schwäche anmutet, war jedoch gerade ihre Stärke. Die Sansculotten stellten eine ständige latente Gefahr dar, die sich umso größer ausnahm, als sie, einmal in Bewegung gekommen, Volksmassen mobilisieren konnten, deren Ansturm nicht einmal die Bastille widerstanden hatte.[29] Wer es verstand, ihren Mangel an ideologischer Kohärenz für seine Absichten zu nutzen, für den waren sie ein unschätzbares Instrument. Robespierre war einer der Ersten, die das erkannten. Mit Hilfe der Pariser Sektionen – das war der Plan, den er in einer Rede vor dem Jakobiner-Club am 10. Februar 1792 entwickelte – müsste es gelingen, die Nationalversammlung einer rigorosen Kontrolle zu unterwerfen und damit den Jakobinern die Macht zu verschaffen.[30]

Die Entlassung ihrer Minister veranlasste die *Brissotins* zu einer Aufstandsbewegung, die ihren Ausgang im *Faubourg* Saint-Antoine nahm. Rädelsführer war der Bierbrauer Antoine-Joseph Santerre, Befehlshaber der Nationalgarde in der Sektion Enfants-Trouvés. Als Vorwand sollte eine Petition an den König und die Legislative dienen, mit der die Rückberufung der entlassenen Minister gefordert wurde. Diese sollte am 20. Juni beiden Adressaten überreicht werden. Außerdem war geplant, im Anschluss auf der Terrasse der *Feuillants* einen Freiheitsbaum in Erinnerung an den *Serment du Jeu de Paume* zu pflanzen. Auch wurde die *Commune de Paris* um Erlaubnis gebeten, dass die *citoyens*, die daran teilnähmen, sich so wie 1789 kleiden und auch ihre Waffen tragen dürften. Als der *Conseil général* dies unter Hinweis auf die geltenden Gesetze ablehnte, machte das auf die Demonstranten keinerlei Eindruck.[31]

Am frühen Morgen des 20. Juni begannen etwa 20 000 mit Piken bewaffnete Sansculotten aus den Vorstädten Saint-Marceau und Saint-Antoine den Zug zur Legislative. Dort musste man sich nach kurzer Debatte eingestehen, dass man nichts gegen den Aufruhr unternehmen konnte. Schließlich fügte man sich dem Ansinnen der Demonstranten, eine mehrere tausend Teilnehmer umfassende Abordnung in den Saal einzulassen,[32] die mit ihren Piken über eine Stunde an den verschreckten Abgeordneten vorbeidefilierte. Einer aus ihrer Mitte, ein gewisser Huguenin, der sich als Jurist bezeichnete, trug zuvor eine Petition vor, die gegen die Entlassung der patriotischen Minister, die Untätigkeit der Armee und die Untätigkeit des in Orléans ansässigen Staatsgerichtshofs protestierte.[33]

Während ein Teil der Demonstranten die Versammlung einschüchterte, hatte sich ein anderer Teil Zugang zu dem unmittelbar benachbarten Garten des Capucins verschafft, wo der mitgeführte Freiheitsbaum errichtet wurde. Kaum war das Defilee der Pikenträger in der Legislative beendet, stießen diese wieder zu den anderen Demonstranten, die nun alle zur Place du Carrousel vor den Tuilerien zogen. Trotz der rund um das Gebäude postierten Truppen gelang es der Menge, sich am Nachmittag gegen vier Uhr kampflos Zugang zum inneren Schlosshof zu verschaffen. Da die Wachen noch immer keinen Widerstand leisteten, konnte ein Teil der Demonstranten ungehindert in das Schloss eindringen, wo sie durch diverse Säle bis zu dem Raum gelangten, in dem sich der König zusammen mit Madame Elisabeth, drei Ministern und mehreren hohen Militärs aufhielt. Über zwei Stunden harrte Louis XVI in eine Fensternische gedrängt dort aus, ließ sich eine rote Revolutionsmütze auf das gesalbte Haupt setzen und von den vorbeiflutenden Sansculotten begaffen. Gelegentlich hob er ein Glas Wein, das ihm zur Stärkung gereicht worden war, und trank auf das Wohl des Volkes. Die demonstrative Gelassenheit des Königs, die von seiner gleichermaßen freundlichen wie bestimmten Unnachgiebigkeit Zeugnis gab, blieb nicht ohne Eindruck auf die Demonstranten. Gegen Abend gelang es schließlich dem Pariser Bürgermeister Pétion, der sich endlich aufgerafft hatte, auf der Szene zu erscheinen, die letzten Eindringlinge durch gutes Zureden aus dem Schloss zu komplimentieren.

In der Geschichtsschreibung wird der 20. Juni gelegentlich als gescheiterter Aufstand bezeichnet, der den König zum Verzicht auf den Thron hätte zwingen sollen. Das Urteil verrät eine spätere Perspektive. Für die damaligen Akteure und ihre Sympathisanten war der 20. Juni eine Art Generalprobe, die Auskunft über Stärken und Schwächen des Stücks gab, das kaum zwei Monate später bei seiner Premiere mit großem Erfolg gegeben wurde. Die *Feuillants* und die konstitutionellen Monarchisten à la La Fayette schöpften dagegen mit dem vermeintlichen Scheitern des Aufstands neue Hoffnung, ihre Ziele doch noch erfolgreich durchsetzen zu können. Die Amtsenthebung von Pétion war dafür ein erster Schritt.[34] Ermutigend war auch, dass der König dank seiner couragierten Haltung wieder an Ansehen gewonnen hatte. Diese Entwicklung konnte den *Brissotins* nicht gefallen. Um den positiven Eindruck, den Louis XVI gemacht hatte, zu relativieren, ließen sie alle jene Schreiben, die aus Städten wie Lyon, Macon, Blois, Évreux etc. einliefen und in denen das Verhalten von König und Hof kritisiert wurde, mit gehörigem Aplomb in der Versammlung verlesen und jedes einzelne mit lobender Erwähnung ins Protokoll aufnehmen.[35]

Den schönsten propagandistischen Erfolg in dieser Phase verdankten die *Brissotins* aber La Fayette, der im Irrglauben die von ihm vertretene Politik sei ihrem Ziel entschieden näher gekommen, am 28. Juni in Paris erschien, um sich den so sicher gewähnten Erfolg durch ein Votum der Legislative absegnen zu lassen. So forderte er die Abgeordneten auf, die Rädelsführer des gescheiterten Aufstandsversuchs exemplarisch als Hochverräter zu bestrafen. Mit aller Entschiedenheit sollten sie «eine Sekte vernichten, von der die Souveränität unterwandert wird, die Bürger tyrannisiert werden und deren öffentlich abgehaltenen Debatten keinerlei Zweifel an den verabscheuungswürdigen Plänen lassen, die jene verfolgen, die diese Sekte anführen».[36] Das war eine siegesgewisse Kampfansage an die Jakobiner, *Brissotins* wie Robespierristen, die es auszuschalten gelte, um die Ruhe im Lande zu gewährleisten.

So viel politische Naivität bei einem Mann, der die Revolution seit Beginn aus nächster Nähe beobachtet hatte, lässt sich nur als Dummheit qualifizieren. Der «Held zweier Welten» erwies sich als der eitle Einfaltspinsel, für den ihn manche Zeitgenossen seit je hielten. Für den *Brissotin* Marguerite-Elie Guadet war es deshalb ein Leichtes, sich in einer von Ironie triefenden Replik über La Fayettes Anmaßung lustig zu machen. Schon mit dem schlichten Hinweis, dass der sich im Augenblick eines Krieges gegen einen starken Gegner, der Frankreich unmittelbar bedrohte, unerlaubt von der von ihm kommandierten Armee entfernt habe, holte er ihn von seinem hohen Ross.[37]

Ein klares Indiz für die wahren Kräfteverhältnisse war der Umstand, dass keine einzige der 48 Pariser Sektionen das Geschehen des 20. Juni missbilligte. Die Sektionen begannen nun auch, das Veto des Königs gegen die Stationierung der *Fédérés* zu unterlaufen, die zur Feier des 14. Juli erwartet wurden. Am 2. Juli erteilte die Legislative dem Treiben mit einem Dekret ihren Segen, das alle mit dieser Truppenkonzentration zusammenhängenden Fragen detailliert regelte.[38] Das Dekret war mit der Weisung verknüpft, es sofort den Departements zur Kenntnis zu bringen. Dass Louis XVI dagegen sein Veto einlegen könnte, wurde also von vorneherein missachtet. Das war ein eindeutiger Bruch der Verfassung, die nun mehr und mehr an Geltung verlor.

Am 3. Juli schlug Vergniaud die Verabschiedung eines Gesetzes über die Erklärung des Kriegszustands vor. Ein entsprechender Entwurf wurde der Legislative bereits am 4. Juli 1792 unterbreitet und einen Tag später verabschiedet.[39] Das Gesetz bestimmte, dass, sobald die Legislative den Zustand «La Patrie en danger» («Das Vaterland in Gefahr») proklamierte, alle Regierungs- und Verwaltungsorgane bis hinunter zu den Gemeinden in Permanenz tagen und Freiwilligeneinheiten für die Nationalgarde aufstellen sollten, zu denen sich jeder, der kämpfen wollte, melden konnte. Bürger, die bereits in der Nationalgarde gedient hatten, mussten sich ebenfalls bewaffnen und bereithalten. Vorgesehen war ferner, die Nationalgarden gemeinsam mit den Linientruppen zum Einsatz an der Front heranzuziehen. Nur Tage später wurde die Ausrufung des Kriegszustands vorgeschlagen und am 11. Juli als Beschluss verkündet.[40]

Die Ausrufung des Kriegszustands ließ den Zustrom von Nationalgarden aus der Provinz erst recht anschwellen. Die Männer aus allen Departements, die in Paris noch Wochen nach den Feierlichkeiten des 14. Juli eintrafen, waren glühende Patrioten, eine Ansammlung revolutionärer Eiferer, die das kritische Potenzial der klein- und unterbürgerlichen Schichten aus den östlichen Stadtvierteln in der Hauptstadt erheblich verstärkten. Exemplarisch dafür waren die Nationalgarden aus Marseille. Der Ruf, den sie sich mit ihren Strafexpeditionen gegen Gegner der Annexion des einst dem Papst gehörenden Territoriums in Avignon wie auch gegen das «antirevolutionäre» Arles erworben hatten, eilte ihnen in ganz Frankreich voraus.[41] Als diese kampferprobten, über jeden Zweifel an ihrer revolutionären Gesinnung erhabenen Nationalgarden Ende Juli in Paris einzogen, machten sie ein Marschlied populär, das Claude Joseph Rouget de Lisle, ein Pionierhauptmann der Rheinarmee, erst Ende April 1792 komponiert und getextet hatte: die *Marseillaise*.

Dass sich mit dem Eintreffen der Nationalgarden aus der Provinz die Lage in Paris verschärfte, musste der Legislative bereits am 11. Juli aufgehen, als eine Abordnung der Nationalgarde von Angers in der Versammlung erschien und Anklageerhebung gegen La Fayette wegen Verrats, die Aussetzung des königlichen Veto-Rechts, eine Verringerung der Zivilliste und die Wiedereinsetzung von Pétion forderte.[42] Dieser letzte Wunsch wurde schon zwei Tage später erfüllt, um, wie der Buchhändler Ruault notierte, das immer lauter werdende Geschrei, «point de Pétion, point de Fédération le 14», das leicht in offenen Aufruhr umkippen konnte, zum Schweigen zu bringen.[43]

«Das Fest vom 14. Juli war», so schrieb der gemäßigte Jakobiner Ruault in sein Tagebuch, «sehr schön anzuschauen, ließ die Herzen der Patrioten aber kalt, auch wenn die Zahl der Schaulustigen die vom Jahr 1790 überstieg. Man sah, wie der König beherzt den Altar des Vaterlands erklomm, an dem er äußerlich unbewegt den Bürgereid ablegte, der ihm im Grunde seiner Seele nichts gilt. Man bereitete ihm das Vergnügen, dem Schauspiel eines großen brennenden Baums beizuwohnen (...), der von oben bis unten mit Wappenschildern, Adelsinsignien etc. behängt war, während Barette von Gerichtspräsidenten, Kronen von Grafen, Baronen und Marquis auf einem großen Tisch am Fuß dieses Baums aufgeschichtet waren; auch der mit all diesem berühmten Tand beladene Tisch wurde angezündet, und die Flammen besorgten bald ihr Zerstörungswerk. Eine riesige Menge sprang und tanzte um dieses Feuer ganz so, wie es die Wilden um den Baumstamm zu tun pflegen, an dem sie ihren daran gefesselten Feind rösten.»[44]

Zugleich wusste Ruault bereits von einer «Verschwörung» der Patrioten zu berichten, deren Ziel es sei, die Tuilerien im Sturm zu nehmen. Am 27. Juli ließ er seinen Bruder wissen: «In diesen Tagen nach dem Fest sind *Fédérés* in großer Zahl eingetroffen (...). In der letzten Nacht gab es einen großen Tumult im *Faubourg* Saint-Antoine; man hat hier die Alarmglocke geläutet. Die Menge wollte am Morgen zu den Tuilerien ziehen und deren Belagerung beginnen. Pétion tauchte plötzlich mitten in dieser erregten Menge auf; es gelang ihm, mit zwei Worten deren *allzu voreilige* Kampfeswut, wie er sich ausdrückte, zu dämpfen».[45]

Die Intervention Pétions verriet die Verlegenheit, in die die *Brissotins* unterdessen geraten waren, denen die Regie der Ereignisse zunehmend entglitt. Zudem war ihnen bewusst, dass spontanes Handeln allein eine durchdachte Vorbereitung nicht ersetzen konnte – das hatte die Generalprobe vom 20. Juni gezeigt. Des Erfolgs konnte man sich nur sicher sein, wenn außer den *Fédérés* auch die Pariser Sansculotten gehörig aufgepeitscht und organisiert waren. Entgegen den geltenden Zensusbestimmungen öffneten nun die 48 Pariser Sektionen ihre Sitzungen für alle Bürger. Die Sektion des Théâtre-Français auf dem linken Seine-Ufer, wo Danton den Ton angab, machte am 27. Juli den Anfang mit ihrem Beschluss, die Unterscheidung von Aktiv- und Passivbürgern außer Kraft zu setzen.[46] Andere Sektionen folgten nach und nach diesem Beispiel, so dass der Zulauf zu den Versammlungen stetig größer wurde. Zuvor bereits hatte die Legislative ein Gesetz verabschiedet, das es den Sektionen erlaubte, in Permanenz zu tagen.[47] Diese koordinierten von nun an mittels eines im Rathaus eingerichteten Büros ihre Aktionen und stimmten sich auch mit den *Fédérés* ab.[48]

Die Öffnung der Sektionssitzungen wie der Nationalgarden für alle Bürger, die eine Pike handhaben konnten, war mit der Ausrufung des Notstands am 11. Juli bereits von der *Commune* angeordnet worden. Schließlich markierte auch die gesetzliche Sanktion, dass die Sektionen künftig in Permanenz tagen durften, eine für den weiteren Verlauf der Revolution extrem wichtige Weichenstellung: Damit wurde die Verlagerung des Machtzentrums von der Nationalversammlung auf die *Commune de Paris* und die Sektionen, von den Aktivbürgern auf die Passivbürger, also die Sansculotten, eingeleitet. Die neuen Handlungsspielräume nutzten sie sofort, um die Revolution entschlossen voranzutreiben. Bereits am 25. Juli wandte sich die *Section du Croix-Rouge* an die Legislative mit der Aufforderung, die Exekutivgewalt außer Kraft zu setzen, also den König abzusetzen.[49] Die Forderung war zwar schon in der radikalen Presse erhoben worden, aber dass sie jetzt von einer Sektion der *Commune de Paris* aufs Tapet gebracht wurde, war qualitativ etwas anderes. Das galt umso mehr, als sich in rascher Folge immer mehr Sektionen diesem radikalen Verlangen anschlossen, das die bestehende Verfassungsordnung schlichtweg ignorierte.

Robespierre, der diese Entwicklung genau beobachtete, gab schließlich am 29. Juli im Jakobiner-Club seine bisherige Haltung auf, die Verfassung zu verteidigen. Die Frage, die nun auf der Tagesordnung stehe, ließe sich, so stellte er in seiner Rede fest, auf denkbar einfache Weise formulieren: «Solange der Chef der Exekutive der Nation die Treue hält, muss man ihn behalten. Hat er sie aber verraten, muss er abgesetzt werden. Die Nationalversammlung möchte diese Absetzung auf keinen Fall aussprechen. Hält man indes den König für schuldig, dann macht sich die Nationalversammlung als Komplizin seiner Anschläge schuldig und damit ist auch sie ebenso wie er außer Stande, den Staat zu retten. In diesem Fall gilt es folglich, zu gleicher Zeit sowohl die Exekutive wie die Legislative zu erneuern».

Wie diese synchrone Regeneration von Exekutive und Legislative erfolgen sollte, ließ Robespierre seine Zuhörer umgehend wissen: «Sobald die Macht des Hofs gebrochen, die Nationalrepräsentation aus Neuwahlen hervorgegangen und die Nation versammelt ist, wird das öffentliche Wohl gesichert sein. (...) Wenn große Gefahren das Vaterland bedrohen, dann ist es geboten, dass alle Bürger zu seiner Verteidigung aufgerufen werden. Folglich müssen auch alle für seine Erhaltung und seinen Ruhm interessiert werden. (…) Sorgen Sie also dafür, (…) dass diese ungerechten Unterscheidungen verschwinden, die die Tugenden und die Rechte des Menschen nach seiner Steuerabgabe bemessen. (…) Allein damit unterstützen, beleben Sie den Patriotismus und die Energie des Volkes wieder; damit vervielfachen Sie unendlich die Ressourcen des Vaterlands, vernichten Sie die Einflüsse und Intrigen der Aristokratie und schaffen Sie einen Nationalkonvent, der dieses Namens wert ist, denn er wird der einzig legitime, der einzig vollzählige sein, den Frankreich jemals besaß». Robespierre ging es dabei nicht nur darum, den König vom Thron zu stoßen, sondern zugleich wollte er auch verhindern, dass die von den *Brissotins* beherrschte Legislative alle Macht an sich riss. Deshalb musste diese durch einen Nationalkonvent ersetzt werden, zu dem die Mitglieder der Legislative keinen Zugang haben sollten.[50]

Dieser Richtungswechsel war nichts weniger als eine Kriegserklärung an die *Brissotins*. Robespierre schien nun die Gelegenheit gekommen, ans Ziel seines Ehrgeizes zu gelangen – die Macht. Dabei war er nicht so tollkühn zu glauben, dass er mit diesen Ausführungen vor den Jakobinern auch eine Mehrheit der Legislative überzeugen könnte. Seine Vorstellung scheint eine andere gewesen zu sein: Als glühender Verehrer Rousseaus hegte er offenbar die feste Zuversicht, die in hellem Zorn auflodernde *volonté générale* werde den längst faul gewordenen Zauber der Monarchie hinwegfegen. Damit war tatsächlich binnen kurzem zu rechnen.

Ausgerechnet das großmäulige Kriegsmanifest des Herzogs von Braunschweig, des Oberbefehlshabers der gegen das revolutionäre Frankreich verbündeten Truppen, leistete dazu den entscheidenden Beitrag. Es war in Paris am Tag vor Robespierres Rede bekannt geworden. Die Drohungen, die darin ausgesprochen wurden, waren unmissverständlich: «Wenn das Schloss der Tuilerien mit Gewalt genommen oder geschmäht, wenn dem König, der Königin und der königlichen Familie auch nur das mindeste Leid, die geringste Beleidigung widerfahren sollte, wenn nicht unverzüglich alles unternommen wird, ihre Sicherheit, ihr Wohlbefinden und ihre Freiheit zu gewährleisten, dann werden ihre Majestäten [i. e. der österreichische Kaiser und der König von Preußen] eine exemplarische und für immer zu erinnernde Rache üben, indem sie die Stadt Paris nach dem Kriegsrecht behandeln, sie von Grund auf zerstören und die für die Anschläge verantwortlichen Aufrührer jenen Strafen überantworten, die sie verdient haben».[51]

Das Manifest war in zweifacher Hinsicht eine folgenschwere Dummheit. Zum einen steigerte es die Panik, die in der Legislative wegen des unaufhaltsamen Vormarschs der feindlichen Truppen ohnehin schon herrschte und gab zum weiteren den Anstoß für den am 30. Juli gefassten Beschluss, die Nationalgarde auch für die «Passivbürger» zu öffnen.[52] Dadurch wurde eine Praxis sanktioniert, zu der seit dem Frühjahr schon die meisten Pariser Sektionen übergegangen waren, um die Ränge der «Garde nationale sédentaire» aufzufüllen. Sie folgten damit der Erfahrung, dass sich die «Passivbürger» im Vergleich mit den aus dem Besitzbürgertum stammenden «Aktivbürgern» als die besseren Patrioten erwiesen hatten. Außerdem genügten für deren zünftige Bewaffnung Piken, die sich schnell und preiswert herstellen ließen. Bei diesen Entscheidungen wurde allerdings übersehen, dass sich so die soziale Schichtung der Pariser Nationalgarde veränderte, der bislang großer Wert beigemessen worden war. Die auf Recht und Ordnung bedachten Bürger sahen sich mit einem Mal von Elementen majorisiert, die nichts zu verlieren hatten und die deshalb mit jeder Umsturzparole, die Gewinn versprach, zu überzeugen waren. Kurz, die Pariser Nationalgarde mutierte zum bewaffneten Arm der Sansculotten, die in den meisten Sektionen und in der *Commune de Paris* schon das Heft in der Hand hatten.

Zum anderen trugen die maßlosen Drohungen des Herzogs von Braunschweig dazu bei, die Empörer, die sich in Paris auf das Losschlagen vorbereiteten, in ihrer Entschlossenheit zu festigen. Das verriet etwa die Eingabe, die Bürgermeister Pétion am 3. August 1792 namens der 48 Pariser Sektionen der Legislative präsentierte und mit der die sofortige Absetzung von Louis XVI gefordert wurde.[53] Auch wenn sich einige Sektionen von der Forderung wieder distanzierten, war dieses Ansinnen ein Signal, das Stärke und Stoßrichtung der schwelenden Empörung andeutete. Gleichzeitig spitzten sich die Spannungen in den Nationalgarden weiter zu. Ihre Funktion als Ordnungsmacht konnten sie umso weniger erfüllen, als ihre Mitglieder sich in unüberbrückbaren politischen Meinungsdifferenzen gegenüberstanden.

Dessen war sich auch die Legislative bewusst, der längst zu dämmern begonnen hatte, dass ihr das Gesetz des Handelns entglitt. Das alarmierte die *Brissotins*, die zwar die Meinungsführerschaft in der Versammlung behaupteten, aber keineswegs über eine verlässliche Mehrheit verfügten. Ihre anfängliche Zuversicht, die *journée* des 20. Juni zwänge den König dazu, zur Rettung der Krone eine Regierung mit Männern aus ihren Reihen zu berufen, hatte sich nicht erfüllt. Louis XVI fiel es leicht, sich diesem Druck zu widersetzen, weil er aus dem bisherigen Verlauf des Kriegs neue Zuversicht schöpfen konnte: Ein rasches Vorrücken der Alliierten auf Paris würde dem Spuk der Revolution ein Ende bereiten. Es galt daher abzuwarten und alle Konzessionen an die *Brissotins* zu vermeiden.

Diese Haltung machte die *Brissotins* zunehmend nervös. Sie wollten den König zwar durch Drohungen zu Zugeständnissen bewegen. Vor der letzten Konsequenz, einem Sturz der Monarchie, schreckten sie aber angesichts der radikalen Stimmung, die durch die Allianz von Sansculotten und *Fédérés* hochexplosiv geworden war, zurück. Damit gerieten sie in genau die Lage, in der sich vor ihnen schon die *Monarchiens* und die *Feuillants* befunden hatten: Um ihren Einfluss zu behaupten und ihrem politischen Konzept eine Chance auf Durchsetzung zu wahren, mussten sie jetzt mit der Krone zu einer Verständigung gelangen. In einer Rede vor der Legislative am 3. Juli, vordergründig eine ultimative Forderung an Louis XVI, deutete Vergniaud die Möglichkeit einer Verständigung an.[54] Nachdem dieses Angebot ungehört verhallte, richtete er am 26. Juli in der Legislative eine *Adresse au roi*, in der er die Rückberufung von Roland, Servan und Clavière als Minister oder wenigstens die Bildung eines Kabinetts aus lupenreinen «Patrioten» als Voraussetzung für eine solche Verständigung zur Bedingung machte.[55] Unmittelbar danach ergriff Brissot das Wort, der eine Entente auf Grundlage dieser Forderungen unterstrich, seine Ausführungen aber mit allerlei Drohungen würzte. Wenn er seine Krone behalten wolle, so Brissot, müsse Louis XVI Minister aus dem Kreis der *Brissotins* berufen. Verweigere er sich dem, dann werde die *Commission extraordinaire* sein Verhalten genau untersuchen ...[56]

Die Drohung, vom Untersuchungsbefund dieser Kommission die Abdankung Louis' XVI abhängig zu machen, war zwar unmissverständlich und überzeugte auch die Legislative, aber nicht die weitere

Öffentlichkeit, die durch die Ambivalenz der Ausführungen Brissots irritiert wurde. Nur zu genau erinnerte man sich, dass er schon zu einer Zeit für die Abschaffung der Monarchie eingetreten war, als noch kaum jemand daran zu denken wagte. Jetzt jedoch signalisierte er die Bereitschaft zu einem Geschäft, das dem König die Krone beließ, den *Brissotins* aber die Macht verschaffte.

Die Irritation hielt freilich nur kurz an, denn der König weigerte sich kategorisch, in den vorgeschlagenen Handel einzutreten, und mit Bekanntwerden des alliierten Kriegsmanifests am 28. Juli verbot sich auch den *Brissotins* jede Konzession an die Krone; dennoch büßte Brissot an Ansehen ein. Umso wichtiger war es daher, jetzt entschieden für die Entthronung von Louis XVI einzutreten, zu der es für die Linke keine politische Alternative mehr gab. Die *Brissotins* zögerten aber immer noch, diesen letzten Schritt zu gehen. Die Gelegenheit, die ihnen Pétion bot, als er der Legislative am 3. August die Forderung der 48 Sektionen nach der sofortigen Beseitigung der Monarchie überbrachte, diese Eingabe einfach zu usurpieren und sich damit an die Spitze der Bewegung zu stellen, ließen die *Brissotins* verstreichen. Sie fassten das Ansinnen der Sektionen gleichsam nur mit der Feuerzange an und überantworteten es der *Commission extraordinaire des Douze.*

Eben jene *Commission extraordinaire* war auch damit befasst, die zahlreichen Anschuldigungen gegen General La Fayette zu prüfen, denen er durch seinen Auftritt am 28. Juni 1792 noch zusätzliche Glaubwürdigkeit verschafft hatte.[57] Als Ergebnis beschloss der Ausschuss mit denkbar knapper Mehrheit, in der Legislative einen Antrag auf Anklageerhebung einzubringen. Das geschah am 8. August. Nicht zuletzt um seinen Ansehensverlust auszuwetzen, sprach sich Brissot vehement für dessen Annahme aus.[58] Die Zuversicht der Linken, durch lebhafte Zustimmungsbekundungen seitens der Besuchertribünen noch angefeuert, wurde jedoch enttäuscht: Von 630 Stimmberechtigten stimmten 406 gegen und nur 224 für eine Anklagerhebung, ein Ergebnis, das auf den Tribünen mit heftigen Protesten quittiert wurde, während auf der Rechten und in der Mitte der Versammlung Beifall aufbrandete.[59]

Mit diesem Mehrheitsvotum kündigte sich an, dass der Petition der 48 Sektionen vermutlich ein ähnliches Schicksal bestimmt sein würde. Jedenfalls wurde die Empfehlung der *Commission extraordinaire* nicht bekannt gegeben. Dies aber lieferte zusammen mit der Ablehnung der Legislative, Anklage gegen La Fayette zu erheben, das Signal für den Aufstand, dessen Ausbruch niemanden mehr überraschte. Das Geschehen schnurrte mit großer Präzision ab. Das verriet, wie genau geplant die Abläufe waren. Noch in der Nacht vom 9. auf den 10. August wurden die Sturmglocken geläutet, das verabredete Zeichen, dass die von den einzelnen Sektionen benannten Kommissare ins Rathaus kommen sollten. Deren Versammlung konstituierte sich als die revolutionäre *Commune*, enthob die alte Stadtverwaltung ihres Amtes und riss alle Macht an sich. Mandat, der Befehlshaber der Nationalgarde, wurde verhaftet und ermordet.

Seinen Posten übernahm der Bierbrauer und Kommandeur des Bataillons der Nationalgarde aus dem *Faubourg* Saint-Antoine, Antoine-Joseph Santerre. Er und nicht Danton, wie eine zuerst von diesem und seither immer wieder erzählte Legende behauptet, war der strategische Kopf des Aufstands. Von Santerre stammte auch der Angriffsplan auf die Tuilerien, auf die zwei Kolonnen, jeweils mehrere Tausend Aufständische stark, in den frühen Vormittagsstunden vorrückten. Die eine wälzte sich aus dem *Faubourg* Saint-Antoine von Südosten kommend an der Bastille vorbei durch die ganze Stadt, während die andere ihren Weg aus den südlich gelegenen Stadtvierteln über die Seine nahm. Die Masse der Aufrührer, rund 20 000 Menschen, bestand nur aus den mit ihren Spießen bewaffnete Sansculotten, Mitgliedern der Pariser Nationalgarden sowie einigen Hundert *Fédérés* aus Marseille und Brest. Beide Marschsäulen vereinigten sich gegen 9.00 Uhr vor den Tuilerien, die der König mit seiner Familie verlassen hatte, um bei der im Manege-Saal tagenden Legislative Schutz zu finden. Zurück blieben 900 Schweizer Garden, über hundert Hofleute und rund 2000 Nationalgardisten, die aber sofort zu den Aufständischen überliefen.

Allein die Schweizer Garden hatten Befehl, den Palast zu verteidigen. Nach übereinstimmenden Berichten waren sie es, die das Feuer auf die Menschenmenge eröffneten. Der Kampf dauerte zwar nur eine Stunde, aber daraus entwickelte sich das blutigste Gemetzel, das die Revolution bislang erlebt hatte. Kaum hatten die Schweizer Garden das Feuer eingestellt, fiel der Mob über sie her, der sie mit Messern, Piken und Beilen verstümmelte, abstach oder zerhackte. Rund sechshundert Gardisten wurden Opfer dieser Schlachterei, einige von ihnen sogar erst nach dem Ende des Blutrauschs, als sie in den Kellerräumen des Schlosses, in denen man sie in Gewahrsam genommen hatte, niedergemacht wurden. Eine kollektive Mordlust brach aus, die sich nur drei Wochen später im Blutrausch der Septembermassaker ins wahrhaft Orgiastische steigern sollte. Weitaus geringer waren die Opferzahlen auf Seiten der Angreifer. Rund 90 von ihnen waren *Fédérés* und etwa ebenso viele Sansculotten.[60]

Louis XVI und seine Familie, die im Manege-Saal in der engen Loge des Stenographen Zuflucht gefunden hatten, gewahrten das Gemetzel, das sich draußen abspielte, nur durch die Schüsse und das Geschrei, das zwar gedämpft, aber deutlich zu vernehmen war. Möglich, dass sich der König auch jetzt wieder an die schon so oft enttäuschte Hoffnung klammerte, seine Sache würde triumphieren. Jedenfalls ließ er lange Zeit verstreichen, ehe er das Billet ausfertigte, das dem Kommandeur der Schweizer Garden den Befehl gab, das Feuer einzustellen.

Das war seine letzte Handlung als Monarch. Er und seine Familie waren nun Gefangene der Revolution. Mit der Eroberung der Tuilerien war es um den letzten Rest seiner Autorität von Gottes Gnaden geschehen. Die bangen Stunden, die Louis XVI an diesem 10. August 1792 in den engen Raum eingezwängt im einstigen Tattersaal zubrachte, waren in jeder Hinsicht der Kontrapunkt zum *Sacre* in der Kathedrale von Reims am 11. Juni 1775. Damals war er der umjubelte Mittelpunkt eines geheimnisvollen Rituals, mit dem er zum Herrscher gesalbt wurde. Jetzt war er nur noch eine lästige Randfigur, die auf den Gang der Ereignisse schon längst keinen Einfluss mehr hatte.

Louis XVI war aber nicht der einzige große Verlierer dieses Tages. Kaum waren die Schüsse verhallt, das Geschrei verebbt und die Tuilerien erobert, erschienen als Vertreter der neuen revolutionären Macht sechs Kommissare der Pariser Sektionen in der Legislative. Ihr Sprecher Huguenin, der am Tag zuvor noch als einfacher Gehilfe an einem der Pariser Zolltore tätig gewesen war, diktierte den Abgeordneten nun ihre Forderungen: «Das Volk, das uns zu Ihnen gesandt hat, trug uns auf, Ihnen zu erklären, dass es Ihnen zwar sein Vertrauen ausspricht, aber es hat uns zugleich auch zur Auflage gemacht, Ihnen zu bedeuten, dass es keinen anderen als Richter über die außerordentlichen Maßnahmen anerkennen kann, die sich aus der Not und dem

Widerstand gegen die Unterjochung ergeben, als das französische Volk, Ihren und unseren Souverän, das in den primären Wahlversammlungen zusammentritt».[61]

Die Botschaft der neuen Macht im Staat, der revolutionären *Commune de Paris*, war unmissverständlich. Die Zeit der Monarchie war abgelaufen, und der Legislative wurde nachdrücklich bedeutet, dass auch sie zusammen mit der Verfassung, auf die sie sich berief, umgehend in der Versenkung zu verschwinden habe – die Versammlung, weil sie keine Legitimation mehr besitze, die Verfassung, weil sie ganz auf die Fortexistenz der Monarchie zugeschnitten war. Gegen diese Entwicklung suchte sich die Legislative nur noch mit schwachen Argumenten zu stemmen. Die Aufgabe übernahm Vergniaud, der als Antwort auf das Diktat der *Commune* den Entwurf eines Dekrets vorlegte, das die Einberufung einer *Convention nationale* und die «provisorische Suspendierung des Chefs der Exekutive von seinen Funktionen bis zur endgültigen Beschlussfassung des Konvents» vorsah. Den *peuple*, der nicht die Suspendierung, sondern die Absetzung des Königs erwartete, konnte er damit freilich nicht zufriedenstellen. Zur gleichen Zeit artikulierte sich die *volonté générale* im Mob, der durch die Straßen von Paris tobte und alle Symbole, Denkmäler und Bildnisse kurz und klein schlug, die an die Monarchie erinnerten.

Die Tatsache, dass die Legislative keinerlei, die neue Pariser *Commune* aber alle Macht in ihren Händen hielt, war inzwischen nur allzu offensichtlich. Angesichts dessen war es für die *Brissotins* ein schaler Triumph, dass auf Vorschlag von Isnard das Innenministerium wieder mit Roland, das des Krieges mit Servan und das Finanzministerium mit Clavière besetzt wurden.[62] Damit geboten sie zwar über die nominelle Mehrheit im *Conseil exécutif*, der nach der Suspendierung des Königs die Regierungsgeschäfte wahrnahm. Doch installierten die neuen Machthaber mit Danton einen der Ihren im Justizministerium, der das künftige Geschehen dominieren sollte. Aufschlussreich war zum weiteren, dass auf Danton mit Abstand die meisten Stimmen entfielen: Von 284 Stimmberechtigten gaben ihm 222 ihr Votum.[63] Dieses Ergebnis zeigt nicht nur, wie schnell sich die Mehrheiten bei revolutionären Umbrüchen ändern, sondern auch, dass die Legislative am 10. August von jenen 630 der nominell 745 Mitglieder, die sich an der Abstimmung vom 8. August beteiligt hatten, auf weniger als die Hälfte geschrumpft war. Diese Rumpfversammlung, die auch nach Maßstäben eines Vergniaud die Legitimation ihres Mandats eingebüßt hatte, traf als letzten Beschluss an diesem Tag noch die denkwürdige Entscheidung, die Pferde der königlichen Garde der Nation zur Disposition zu stellen. Das war weitsichtig gehandelt, denn unmittelbar danach wird als letzter Tagesordnungspunkt dieser Sitzung der Bericht der Feuerwehrleute vermerkt, dass es ihnen unmöglich sei, den in den Tuilerien seit Stunden wütenden Brand unter Kontrolle zu bringen.[64]

Das Ergebnis der Sitzung vom 10. August blieb hinter den Erwartungen der Aufständischen zurück. Ihnen war es zwar gelungen, das Regiment in der Stadt an sich zu reißen und die *Commune* als neues Machtzentrum zu errichten. Aber sie hatten es weder geschafft, die Monarchie endgültig zu beseitigen, noch die Legislative auseinanderzujagen. Lediglich der Sitz des Königs war vom *peuple* in Besitz genommen worden, und die einzige bewaffnete Macht, auf die sich die Krone innerhalb Frankreichs noch stützten konnte, die Schweizer Garde, hatte für ihre Loyalität einen entsetzlichen Preis bezahlt. Insofern ähnelte dieser 10. August 1792 in mancher Hinsicht dem 14. Juli 1789. Im einen wie im anderen Fall wurde ein Symbol gestürzt, und nicht das, wofür es stand. So wie damals galt es auch jetzt wieder, diese zweite Revolution zu vollenden. Das war diesmal allerdings leichter, denn es stand lediglich die Legislative im Wege. Sie aber war nur noch ein stark geschwächter Rumpf und sollte alsbald einem Konvent weichen.

Die Verlierer der Revolution des 10. August waren die *Feuillants*, die an der Illusion festhielten, sich mit dem König und den Emigranten irgendwie auf eine Revision der Verfassung einigen zu können, bei der die wesentlichen Errungenschaften der Revolution erhalten blieben. Die gemäßigten Patrioten, die in der Legislative trotz der Meinungshoheit der *Brissotins* deren Zentrum und damit die breite Mehrheit behaupteten, standen ebenfalls zur Verfassung von 1791. Da diese jedoch die Bestimmung enthielt, dass der König nur dann wegen Hochverrats angeklagt werden könne, wenn er außer Landes wäre und von dort aus eine Armee zum Angriff auf die Nation befehligte, sahen sie sich zum Abwarten verdammt und mussten zusehen, wie sich die Dinge weiter entwickelten. Diesem Dilemma versuchten die

Brissotins zu entkommen, indem sie Louis XVI durch dessen minderjährigen Sohn, der das Mündel eines von ihnen kontrollierten Regentschaftsrats sein sollte, ersetzen wollten. Daran hielten sie auch noch am 10. August fest, wie das von Vergniaud eingebrachte Dekret zeigt, das nur die provisorische Suspendierung des Königs sowie die Ernennung eines «gouverneur du prince royal» vorsah. Also hatten die *Brissotins* weder ein Interesse noch einen Anteil an der Vorbereitung der Revolution des 10. August gehabt. Diese war allein das Werk der Pariser Sansculotten und der verbündeten *Fédérés* aus Marseille und Brest, die damit endgültig als neue und stärkste Bewegungskraft in Erscheinung traten.

Ein weiterer Verlierer des 10. August war La Fayette. Im Tagesbefehl vom 13. August, der vier Tage später der Legislative vorlag, unterrichtete der Oberbefehlshaber der Nordarmee seine Truppen über das Geschehen in Paris, das er als Putsch einer Fraktion gegen die Verfassung wertete, deren Verteidigung man geschworen habe. Daher müsse man sich nun als «gute Bürger und tapfere Soldaten um die Verfassung scharen und den Schwur ablegen, nur zu leben, um ihre Geltung zu erhalten, und zu sterben, um sie zu verteidigen». La Fayette wurde daraufhin als «Feind der Freiheit und der Gleichheit» unter Anklage gestellt.[65] Sein weiteres Schicksal war damit entschieden: Um sein Leben zu retten, hatte er keine andere Wahl, als zu den Österreichern überzulaufen, die ihn bis zum September 1797 in der Festung Olmütz gefangen setzten.

Wie sehr die Legislative seit dem 10. August unter der Fuchtel der revolutionären *Commune* stand, zeigt das weitere Schicksal des Königs und seiner Familie. Die *Commune* verlangte von den Abgeordneten von Anfang an die Unterbringung des Königs im Temple. Nach einigem Hin und Her gaben sie schließlich am 13. August 1792 nach und verfügten die sofortige Überstellung der königlichen Familie an die Organe der *Commune*, die sie an den Ort verbringen sollte, der ihr als «Domizil» angewiesen werde.[66] Dieses «Domizil» war der Temple, ein finsterer mittelalterlicher Turm, einziger Überrest einer Festungsanlage im Nordosten von Paris. Einst hatte sie das Kloster der Tempelritter umschlossen, eines sehr reichen geistlichen Ritterordens, dessen Mitglieder auf Weisung von König Philippe IV nach Scheinprozessen vor Inquisitionsgerichten 1307 hingerichtet worden waren. Die Entscheidung für dieses Gefängnis nahm also in gewisser Weise das Urteil vorweg, das über Louis XVI im Januar 1793 verhängt werden sollte.

Gewiss, seit dem 10. August war der König in politischer Hinsicht nur noch ein *non valeur*, für dessen Schicksal ein größerer Einsatz nicht mehr lohnte; dennoch war der Umgang mit ihm symptomatisch für das neue Kräfteverhältnis: In den rund sieben Wochen, in denen sich die Rumpflegislative noch an ihre Rolle zu klammern suchte, erfüllte sie in vorauseilendem Gehorsam fast alle Forderungen der *Commune*. Als deren Sprachrohr fungierte jetzt Robespierre, der ihr dank der Wahl durch die Sektion der Place Vendôme seit dem 11. August angehörte. Sein Ziel war es, die *Commune* bis zum Zusammentritt des Konvents als sein Machtzentrum zu nutzen und der von den *Brissotins* beherrschten Legislative das Gesetz des Handelns zu diktieren. Angesichts des radikal veränderten Machtgefüges ging das auch glänzend auf. Das «Volk», auf dessen Willen und Mandat sich Robespierre von nun an berufen sollte, waren die Pariser Sansculotten, die die Revolution des 10. August zum Erfolg geführt hatten.

Die Legislative war realistisch genug, ihre Ohnmacht anzuerkennen. Als Erstes willigte sie widerstandslos in ihre Beseitigung ein. Schon seit Juli waren gelegentlich im Jakobiner-Club Forderungen laut geworden, die Legislative durch einen Nationalkonvent zu ersetzen, dessen Aufgabe die Ausarbeitung einer neuen Verfassung sein sollte. Dieses Verlangen ließ sich nun nicht mehr länger ignorieren, weshalb Vergniaud schon am Nachmittag des 10. August die Einberufung einer *Convention nationale* ankündigte. Ein Entwurf für das Wahlverfahren zur Konstituierung wurde bereits am folgenden Tag verabschiedet. Abweichend von den bislang gültigen Bestimmungen wurde die Unterscheidung in Aktiv- und Passivbürger abgeschafft. Alle 21-Jährigen, die ein Arbeitseinkommen hatten, konnten wählen und gewählt werden. Ausgenommen waren lediglich Domestiken.[67]

Ein Versuch des Abgeordneten Choudieu, Robespierres erfolgreiche Gesetzesinitiative vom 16. Mai 1791 zu wiederholen und für den Nationalkonvent die Wahl von Abgeordneten der ersten beiden Nationalversammlungen zu verbieten, ließ sich dieses Mal jedoch nicht durchsetzen. Der Vorstoß richtete sich gegen die *Brissotins* und ihre Anhänger, die den Radikalen als Kompromissler und «indulgents» verdächtig waren. Vergniaud hielt erfolgreich mit dem Argument dagegen, dass der Konvent das gesamte Volk in seiner Souveränität repräsentieren müsse, weshalb man dessen Wahlfreiheit nicht von vorneherein beschränken dürfe.[68] Also hofften die *Brissotins* darauf, sich die Mehrheit im Konvent zu sichern. Dieser Absicht dienten auch zwei weitere Bestimmungen. Zum einen wurde das zweistufige Wahlverfahren mit Urwählern und Wahlmännern trotz des Wegfalls der Zensusbestimmungen, der eine Direktwahl nahegelegt hätte, beibehalten. Dies entsprach den Wünschen der *Brissotins*. Sie wussten aus Erfahrung, dass sich so eher gemäßigte Kandidaten durchsetzen würden. Zum anderen sollten auch die Wahlen zum Konvent dem Repräsentativprinzip entsprechen. Die Urwahlversammlungen wurden daher verpflichtet, die von ihnen bestimmten Wahlmänner mit einer «confiance illimitée», also mit einem nicht weisungsgebundenen Mandat auszustatten. Damit wollte man verhindern, dass die Wähler nachträglich noch Einfluss auf die Entscheidungen ihrer Abgeordneten nähmen.

Ob diese Dispositionen halten würden, was sich die *Brissotins* von ihnen versprachen, würde sich zeigen. Die Aussichten dafür waren, urteilt man nach den Erfahrungen der Legislative in den letzten Wochen ihres Bestehens, nicht allzu ermutigend. Der vom liberalen Bürgertum beherrschte Versammlungsrumpf, der insgeheim eine von ihm kontrollierte konstitutionelle Monarchie anstrebte und sich nur gezwungenermaßen mit der Revolution des 10. August abfand, sah sich mit dem erst in Umrissen erkennbaren Entwurf einer autoritären, republikanischen Radikaldemokratie konfrontiert. Dafür standen die klein- und unterbürgerlichen Schichten ein, die die Pariser Sektionen beherrschten und damit über die Macht geboten. Das weitere Fortschreiten der Revolution war von diesen unterschiedlichen politischen Konzeptionen bestimmt, die letztlich auf sozialen Gegensätzen beruhten. Diese Konfrontation musste zugleich das Machtgefälle zwischen dem Zentrum Paris und der Provinz vergrößern und über kurz oder lang in einen Bürgerkrieg einmünden. Die Bedingungen für diese fatale Möglichkeit wurden von der weitgehend ohnmächtigen Rumpflegislative in den letzten sieben Wochen ihres Bestehens geschaffen.

Das zeigen mehrere Gesetze der Legislative, mit denen die in Paris wie der Provinz unvermindert herrschende Hysterie vor einem gegenrevolutionären Umsturz gedämpft werden sollte. Eines davon war das Gesetz vom 26. August, das alle Kleriker, die den Eid verweigerten, dazu verpflichtete, sich binnen zwei Wochen bei den lokalen Behörden zu melden. Ihnen sollten Pässe ausgestellt werden, damit sie umgehend in ein Land ihrer Wahl ausreisten. Wer sich innerhalb dieser Frist nicht meldete, dem wurde die Deportation nach Guayana angedroht.[69] Zwei weitere Gesetze zielten darauf ab, die Landbevölkerung mit der radikalisierten Revolution zu versöhnen. Am 14. August wurde die Stückelung des Emigrantenbesitzes in kleine Lose von einem bis drei *arpents* gesetzlich verankert, deren Verkauf den Landlosen zugutekommen sollte.[70] Am 28. August wurden alle «droits réels», also die Herrenrechte, die bislang nur durch Zahlungen abgelöst werden konnten, entschädigungslos abgeschafft, wenn deren vertraglich vereinbarte Forderung nicht binnen Jahresfrist zweifelsfrei dokumentiert werden konnte, was zumeist unmöglich war. Außerdem wurde alles ehemalige Gemeindeland, das sich adelige Grundherren angeeignet hatten, unentgeltlich unter den Dorfbewohnern aufgeteilt.[71] Beide Regelungen litten aber unter dem Fluch, an dem die ganze Agrargesetzgebung der Revolution krankte: Es waren bloße Absichtserklärungen, mit der propagandistische Ziele verfolgt wurden und die so gut wie keine praktischen Auswirkungen hatten.

Eine besondere Kuriosität war das ebenfalls am 26. August verabschiedete Gesetz, mit dem der universale, die gesamte Menschheit umfassende Charakter der Revolution zur Geltung gebracht werden sollte: Das französische Bürgerrecht wurde ehrenhalber auch Persönlichkeiten verliehen, die nicht in Frankreich lebten, aber der Revolution mit Sympathie gegenüberstanden. Unter den Ersten, denen diese Ehre zugesprochen wurde, waren George Washington, Friedrich Gottlieb Klopstock, Joachim-Heinrich Campe und Friedrich Schiller.[72]

Die in Paris endemische Paranoia erhielt am Abend desselben Tages neue Nahrung, als in der Legislative bekannt wurde, dass Longwy fünf Tage zuvor praktisch kampflos – die Verluste der Franzosen beliefen sich auf 15 Mann – in die Hände der anrückenden Preußen gefallen war. Sofort begannen Gerüchte zu kursieren, überall trieben Verräter ihr Unwesen. Es war der 1759 in Arcis-sur-Aube geborene Georges-Jacques Danton, von Beruf Anwalt, der in vielen Facetten schillernde Erzengel der Revolution und dank seiner Wortgewalt das

Idol der Sansculotten, der jetzt Maßnahmen vorschlug, um Angst und Verunsicherung durch energisches Handeln entgegenzutreten. Am 28. August erschien er in der Legislative: «Bislang haben wir nur den Scheinkrieg nach Art von La Fayette geführt; jetzt gilt es einen weit schrecklicheren Krieg zu wagen. Es ist Zeit, dass wir dem Volk sagen, dass es sich massenhaft auf die Feinde stürzen muss». Jede Stadt, jede Gemeinde müsse nun ihr Kontingent an Freiwilligen stellen. Für Paris allein betrage diese Quote 30 000 Mann. Ferner sei es notwendig, dass man systematische Hausdurchsuchungen anstelle, um Waffen für die Verteidigung des bedrohten Vaterlands zu requirieren.[73] Bei diesen «visites domiciliaires», die in den letzten beiden Augusttagen begannen und von nun an regelmäßig stattfanden, wurden nicht nur Waffen, sondern auch Verdächtige aufgespürt. Allein in Paris wurden über 3000 Personen verhaftet und in die mit Priestern, Assignatenfälschern, Bankrotteuren und gewöhnlichen Kriminellen bereits überfüllten Gefängnisse eingeliefert.

Das trug aber nicht dazu bei, die Hysterie der Pariser Sansculotten zu dämpfen. Nicht nur der im schweizerischen Neuchâtel geborene Jean-Paul Marat wusste sie mit geifernden Hasstiraden in dem von ihm redigierten Kampfblatt *L'Ami du peuple* zu steigern. Auch der Abgeordnete Damourette rief in der Legislative am 29. August in einer wüsten Rede: «Zweifeln Sie bloß nicht! Es gibt in Paris immer noch eine Aristokratenverschwörung, die es dringend auszuforschen und zu vernichten gilt!»[74] Die kollektiven Ängste der klein- und unterbürgerlichen Schichten fanden ihr Ventil im Drang, kurzen Prozess mit allen Verdächtigen zu machen. Deren Anzahl hatte sich nach dem 10. August erheblich vergrößert, weil neben Priestern, die den Eid verweigerten, auch zahlreiche Hofschranzen verhaftet wurden. Dazu gehörten ferner eine Reihe von Ministern und einige der führenden *Feuillants*, die durch erste in den Tuilerien gefundene Dokumente kompromittiert wurden. Eine Hexenjagd begann, die die weit verbreiteten Angstneurosen noch steigerte.

Ab dem 13. August wurde die *Commune* in der Legislative wiederholt mit der Forderung vorstellig, ein «Tribunal populaire» zur raschen Aburteilung der Verdächtigen einzusetzen, dessen Geschworene von den Sektionen und den *Fédérés* benannt werden sollten.[75] Nachdem sich die Abgeordneten zuerst wenig geneigt zeigten, sich auf diese

Forderung, die kaum mit der Verfassung zu vereinbaren war, einzulassen, erschien am 17. August ein Vertreter der Stadtverwaltung, dessen Drohungen alles bisher Gehörte weit übertrafen: «Als *Citoyen*, als Magistrat des *peuple*, verkünde ich Ihnen, dass heute Abend, um Mitternacht, die Alarmglocke geläutet, der Generalmarsch getrommelt werden wird. Der *peuple* hat es satt, nicht gerächt zu werden. Fürchten Sie also, dass er mit eigener Hand Justiz üben wird. Ich verlange, dass Sie ohne weitere Verzögerung dekretieren, dass jede Sektion einen *Citoyen* benennt, um das Straftribunal zu besetzen. Ich fordere außerdem, dass dieses Tribunal in den Tuilerien stattfindet. Ich bestehe darauf, dass Louis XVI und Marie-Antoinette, die es so nach dem Blut des *peuple* verlangte, sich an dem Anblick des Blutes, das ihre infamen Satelliten verströmen, satt sehen können».[76]

Zu widersprechen hatte nur einer in der Legislative den Mut. Es war der Abgeordnete Pierre-René Choudieu, ausgerechnet ein Parteigänger Robespierres und der extremen Linken in der Versammlung, der den Vorredner in die Schranken wies: «Es wurde eine Erklärung abgegeben; sie spricht für sich selbst. Alle diejenigen, die gelaufen kommen, um hier Geschrei anzustimmen, sind nicht die Freunde des *peuple*. Ich wünsche mir, dass man den *peuple* aufklärt, nicht ihm nach dem Munde redet. Wenn man den Gesetzen der Nationalversammlung nicht gehorchen will, dann muss diese auch keine mehr erlassen. Das Verlangen geht dahin, ein Inquisitionstribunal zu errichten. Dagegen lege ich mit allen meinen Kräften Verwahrung ein. Auch ich habe den Beweis erbracht, ein Freund des *peuple*, ein Verteidiger der Freiheit zu sein. Hier, in dieser Versammlung, habe ich meinen Mut hinlänglich unter Beweis gestellt; aber ich werde mich immer einem Tribunal widersetzen, das sich anmaßt, willkürlich über das Leben der *citoyens* zu entscheiden».[77]

Dieses einsame Beispiel war der verängstigten Rumpflegislative kein Vorbild; noch am gleichen Tag gab sie ihre hinhaltende Taktik preis und knickte vor der Wut des *peuple* ein. Namens der *Commission extraordinaire des Douze* legte Hérault de Séchelles den Gesetzentwurf zur Schaffung eines Sondergerichts vor, dessen Mitglieder von den 48 Sektionen bestimmt werden sollten. Damit wurde die Willkür eines Volksgerichts, das eine Justiz der Rache übte, wenigstens dem Anschein nach vermieden. Auch sah das Gesetz vor, ein Minimum der üblichen Verfahrensregeln zu respektieren. Diese Vorlage wurde von der Legislative ohne Aussprache sofort gebilligt.[78] Schon am 19. August ergriff eine weitere Abordnung der *Commune* in der Versammlung das Wort, deren Sprecher Robespierre war. Er beschwerte sich über das zeitraubende Gerichtsverfahren, insbesondere darüber, dass zwischen der Verkündung des Urteils und dessen Vollstreckung eine Frist von drei Tagen vorgesehen war. Das sei überflüssig, denn gegen die Urteile dieses Gerichts seien keine Revisionen zulässig. Also müsse unmittelbar nach Verkündung des Urteils – das nur auf Freispruch oder Tod lauten konnte – dieses auch vollstreckt werden.[79]

Auch diesem Ansinnen des «Unbestechlichen» beeilte sich die Legislative geflissentlich zu entsprechen. Das Dekret vom 17. August über die Sondergerichtsbarkeit wurde kassiert und Hérault de Séchelles legte einen neuen Gesetzentwurf vor, der das Verfahren entschieden raffte und die Drei-Tage-Frist zwischen Urteilsverkündung und Vollstreckung aufhob. Bereits zuvor hatte die *Commune* beschlossen, die Todesurteile auf der Place du Carrousel vor den Tuilerien zu vollstrecken. Die hier aufgestellte Guillotine trat zum ersten Mal am 21. August bei der Hinrichtung von Collenot d'Angremont in Aktion, der wegen Bandenbildung im Auftrag des Königs verurteilt worden war. Am 23. August kam die Reihe an den Intendanten der königlichen Zivilliste, Laporte, und am 25. August fiel der Kopf von Durosoy, einem gegenrevolutionären Journalisten. Mit der Herrschaft der revolutionären *Commune* war es auch um die bislang geltende Pressefreiheit geschehen. Von nun an herrschte revolutionärer Konformismus.

DRITTES KAPITEL

DIE BLUTTAUFE DER REPUBLIK

Mit dem 10. August 1792 war ein offener Machtkampf zwischen der Legislative und der *Commune de Paris* ausgebrochen. Gestützt auf die Macht der Sektionen und das Bündnis mit den *Fédérés* hatte sich die *Commune* durchgesetzt. Das galt etwa für die Unterbringung der königlichen Familie im Temple oder für die Einrichtung einer Sondergerichtsbarkeit. Dagegen hatte die Legislative jeweils Einwände erhoben, sich aber schließlich den Forderungen der *Commune* gebeugt, die mit den von ihr durchgesetzten *visites domiciliaires* und der rasch anwachsenden Anzahl von Verhaftungen ihre Machtstellung zügig ausbaute. Das weckte den Widerstand der *Brissotins*, die in einigen Sektionen nach wie vor einen gewissen Einfluss behaupteten – in der *Section de la Bibliothèque* etwa war Brissot selbst der starke Mann, während in der *des Lombards* sein Gesinnungsgenosse Louvet de Couvray den Ton angab. Sie nutzten ihn, um sich über Machtmissbräuche der *Commune* zu beschweren.

Diese Klagen wurden orchestriert, um einen Befreiungsschlag gegen die revolutionäre *Commune* vorzubereiten. Das Signal dazu gab ein Schreiben von Innenminister Roland, der sich bei der Legislative am 30. August über den Machtmissbrauch der *Commune* beklagte, die beabsichtige, die *commission de subsistance* aufzulösen, was die Versorgung der Hauptstadt gefährde.[1] Damit wurde der Legislative ein Vorwand geliefert, die *Commune* zu entmachten. Ein entsprechendes Dekret wurde am selben Tag vom Abgeordneten Guadet eingebracht. Es sah einen interimistischen *Conseil général de la Commune de Paris* vor, der mit sofortiger Wirkung die seit dem 10. August amtierenden Kommissare der Sektionen ersetzen sollte.[2]

Das Vorhaben provozierte sofort den geharnischten Protest der

Commune, den Robespierre formulierte und Tallien am 31. August vortrug.[3] Die *Commune* sei verleumdet worden, denn alles, was sie seit dem 10. August veranlasste, habe der *peuple* einvernehmlich gebilligt. Erst gestern noch habe der *peuple* der *Commune* sein volles Vertrauen ausgesprochen. Wolle man sie beseitigen, müsse man sich also gegen den *peuple* stellen, der die Revolution des 14. Juli gemacht und am 10. August erneut konsolidiert habe.[4] Die Legislative knickte ein und kassierte das Dekret, als am 2. September die Nachricht eintraf, die Preußen belagerten Verdun, die letzte Festung auf dem Weg nach Paris. Wenn die Armee nicht in der Lage sei, den Vorstoß des Feindes aufzuhalten, so lautete der von Thuriot begründete Revisionsbeschluss, dann müssten alle Bürger bewaffnet und an die Front geschickt werden. Um das zu organisieren, sei ein funktionierender Verwaltungsapparat unverzichtbar. Deshalb müsse bei der *Commune* alles beim Alten bleiben.[5]

Damit war der Versuch der *Brissotins* gescheitert, die *Commune* zu beseitigen, die seit dem 10. August der Legislative das Gesetz des Handelns diktierte. Robespierre, der sich schon vor dem 10. August den Sektionen und den Sansculotten angenähert hatte und seit dem 12. August der *Commune* als Mitglied angehörte, erzielte damit einen weiteren Etappensieg. Für Brissot war diese Schlappe politisch umso fataler, als weder er noch seine Parteigänger, die Robespierre als die «Fraktion der *Girondins*» zu bezeichnen begann, bei ihrer Kriegspropaganda je daran gedacht hatten, der Feind könne so tief nach Frankreich eindringen und Paris, das Zentrum der Revolution, bedrohen. Angesichts dessen erschien es als noch viel unverantwortlicher, dass sie ausgerechnet die *Commune de Paris* entmachten wollten, die seit dem 10. August alles getan hatte, um das Vaterland und die Revolution vor Schaden zu bewahren. So kam unter den Sansculotten und in den Sektionen der Verdacht auf, die *Girondins* stünden wie zuvor die *Feuillants* im geheimen Einverständnis mit dem Feind und wollten mit dessen Hilfe die Revolution abwürgen.

Der Verdacht kam Robespierre nur zu gelegen. Am Abend des 1. September ergriff er im Plenum des *Conseil général* der *Commune* das Wort: «Niemand wagt es, die Verräter bei ihren Namen zu nennen. Nun gut, ich nehme es für das Wohl des Volkes auf mich, sie auszusprechen. Ich klage an den Mörder der Freiheit Brissot, die Fraktion der Gironde, die verbrecherische *Commission des Vingt et un* der Nationalversammlung. Ich bezichtige sie, Frankreich an Braunschweig [der Hauptsitz der Emigranten] verkauft und schon im Voraus den Lohn für ihre Feigheit kassiert zu haben ...»[6] Die Vollstreckung der daraufhin ausgestellten Haftbefehle für Brissot, Roland und dreißig weitere Abgeordnete der Legislative,[7] die deren sicheren Tod bedeutet hätte, wurde allein durch das beherzte Handeln von Justizminister Danton vereitelt.[8]

Als in der Nacht auf den 2. September die Nachricht in Paris eintraf, Verdun stünde unmittelbar vor dem Fall, näherte sich die Krise ihrem Höhepunkt. Am Morgen erschien Danton in der Legislative und beschwor die Abgeordneten, dem *peuple* äußerste Anstrengungen abzuverlangen. Jeder, der sich weigere, in den Krieg zu ziehen oder seine Waffen zur Verfügung zu stellen, müsse mit dem Tod bestraft werden. «Die Glocke, die man läuten wird, gibt keineswegs das Alarmsignal, sondern ruft zum Angriff auf die Feinde des Vaterlands. Um sie zu besiegen, meine Herren, brauchen wir Kühnheit, noch mehr Kühnheit, immerzu nichts als Kühnheit und Frankreich ist gerettet».[9] Damit verpflichtete Danton die Legislative zu einer Totalmobilmachung, die zuvor schon von der *Commune* beschlossen worden war. Also hielt sich die *Commune de Paris* umso mehr für die legitime Verkörperung der revolutionären *volonté générale*. Die Autorität der Legislative galt ohnehin nicht mehr viel, seit dem sie beschlossen hatte, einem Nationalkonvent zu weichen, der am 20. September zusammentreten sollte.

Die von Danton eingeforderte Kühnheit zeigte sich zunächst keineswegs darin, dass der *peuple de Paris* mannhaft zu den Waffen griff und die Feinde des Vaterlands in die Flucht schlug, sondern in einem Verbrechen, das als Septembermassaker in die Geschichte eingegangen ist. Es ließ bereits die Zeitgenossen erschaudern und fügte der Revolution einen Makel zu, der ihr unauslöschlich anhaftet. Die Mordgräuel begannen am frühen Nachmittag des 2. September. Eine Gruppe von *Fédérés* aus Marseille und Avignon erschien im Rathaus und pferchte rund zwanzig hier inhaftierte Priester in Fiaker, um sie zum Gefängnis von l'Abbaye in der rue Sainte-Marguerite in der Nähe der Kirche von St. Germain-des-Prés zu schaffen. Auf dem Weg dorthin, am Carrefour Bucy, wo sich eine große Menschenmenge vor einem Rekrutierungsbüro staute, kam es zum Exzess. Sansculotten

Marguerite-Élie Guadet

Pierre-Victurien Vergniaud

Jean-Paul Marat

Jacques-Pierre Brissot de Warville

stürzten sich mit Piken und Messern bewaffnet auf die Wehrlosen, die sie als Verräter und Feinde beschimpften. Die Überlebenden wurden nach ihrer Ankunft in l'Abbaye aus den Wagen gezerrt und bis auf drei oder vier, darunter der *abbé* Sicard, der sich um die Taubstummen von Paris kümmerte, massakriert.[10]

So begannen die Septembermassaker, denen in Paris bis zum 7. September, als der Blutrausch verebbte, über 1000 Häftlinge in den Gefängnissen zum Opfer fielen. Dieses grauenhafte Geschehen hat immer wieder Fragen nach den Anstiftern und Verantwortlichen aufgeworfen. Je nach Standpunkt des Fragestellers fiel auch die Antwort aus, wurden einer bestimmten Revolutionspartei oder auch einzelnen Persönlichkeiten wie Robespierre, Danton oder Marat, der seit dem 2. September der *Commune* angehörte, Verantwortung und Mitschuld zugewiesen, um sie zu diskreditieren. Die stark der jakobinischen Tradition verhaftete französische Geschichtsschreibung hat stets die These propagiert, die Robespierre in seiner Verteidigungsrede vom 5. November 1792 gegen die massiven Anklagen der *Girondins* im Konvent entwickelte. Nach Robespierre waren die Massaker Ausdruck einer *Grande Peur*, einer Mischung aus Angst und Rachsucht, einer kollektiven Paranoia also, von der die Sansculotten angesichts des Falls von Verdun und der sich Paris nähernden preußischen Truppen ergriffen worden seien. Die wehrlosen Gefangenen seien abgeschlachtet worden, weil sich der *peuple* ängstigte, sie könnten aus ihrem Gewahrsam ausbrechen, die Bevölkerung massakrieren und den Feind in die Stadt einlassen.

Wie weit verbreitet diese Hysterie in den unterbürgerlichen Schichten war, ist vielfach belegt. Eine Pogromstimmung war also zweifellos vorhanden. Das beantwortet aber nicht die Frage, wer den Funken schlug, wer also ein Interesse daran hatte, dieses brisante Gemisch zur Explosion zu bringen. Eine Antwort auf diese Frage gibt Robespierres Verteidigung nicht.

Tatsache bleibt, dass die Pariser Gefängnisse seit dem 10. August überfüllt waren, weil die *Commune révolutionnaire* die Sektionen ermächtigte, in eigener Regie ohne richterlichen Befehl Hausdurchsuchungen vorzunehmen und Verdächtige zu verhaften. Das war in zweierlei Weise bedeutsam: Zum einen wurde damit überdeutlich, dass die *Commune* eine unanfechtbare und quasi diktatorische Exekutivmacht ausübte; zum anderen verstärkte die nackte Willkür dieses Vorgehens die diffusen Ängste und fokussierte sie gleichzeitig auf einen bestimmten Personenkreis, die Verhafteten, und auf bestimmte Orte, die Gefängnisse. Das schuf die Voraussetzungen dafür, dass die Septembermassaker gleichwohl kontrolliert abliefen.

Diese Kontrolle war ebenso infam wie umfassend. Infam, weil ihr informeller Charakter eine hierarchische Befehlskette überflüssig machte. Dies bot den unschätzbaren Vorteil, die Verantwortlichkeiten zu verschleiern. Zugleich wurde damit der Charakter eruptiver Spontaneität betont, die das Massaker angeblich kennzeichnete. Die Kontrolle war andererseits gleichwohl umfassend, weil die Exzesse von vorneherein auf die Gefängnisse und auf den dort inhaftierten Personenkreis, vorzüglich Priester, Ordensleute und Adelige beschränkt blieben. Innerhalb dieser Grenzen konnte sich der Volkszorn austoben.[11] Das galt auch für den Täterkreis, die Schlächter, die sich entweder aus den noch in Paris sich aufhaltenden *Fédérés* aus Marseille oder den «Putzkolonnen» der Sektionen rekrutierten, deren Mitglieder sich schon bei diversen Unruhen hervorgetan hatten.

Einen Hinweis auf diese informelle Kontrolle gibt die Tatsache, dass weder der *Conseil général de la Commune* noch dessen elfköpfiger *Comité de surveillance*, der für die öffentliche Sicherheit in Paris verantwortlich war, die mindesten Versuche unternahmen, dem Morden Einhalt zu gebieten. Zwar ernannte der *Conseil*, kaum dass er vom Beginn der Unruhen erfahren hatte, sechs Mitglieder zu Kommissaren, die sich zu den Gefängnissen aufmachen sollten, «um die Gefangenen zu schützen, die wegen ihrer Schulden oder wegen zivilrechtlicher Verfehlungen einsitzen». Letztere sollten am besten, wie ein zweiter Beschluss lautete, sofort aus der Haft entlassen werden.[12] Der *Comité de surveillance* riet per Rundschreiben den Mördern sogar dazu, eine «Selektion» ihrer Opfer vorzunehmen und jene zu schonen, die sich im Sinne der Revolution nicht schuldig gemacht hatten, um umso unnachsichtiger und rascher die zu bestrafen, die als schuldig erkannt wurden. Diese Sonderung in Böcke und Schafe sollte Standgerichten anvertraut werden, die auch tatsächlich in einigen Gefängnissen aktiv waren und mit einer Prozessparodie Todesurteile aussprachen, die auf der Stelle exekutiert wurden.[13]

Beide Anweisungen sind entlarvend. Wenn nur das Leben bestimmter Kategorien von Gefangenen nach dem Beschluss des *Conseil* geschützt werden sollte, dann wurden von ihm alle anderen wissentlich und willentlich einem Schicksal überantwortet, mit Piken, Säbeln und Knüppeln abgestochen oder zerhackt zu werden. Die Zahl der Opfer, die sich schließlich auf etwa die Hälfte aller Insassen der zehn Pariser Gefängnisse belief, betrug zwischen 1090 und 1395 Gefangenen.[14] Welche Szenen des Grauens sich abspielten, war dem *Conseil* wie der Legislative aus zahlreichen Berichten bekannt.[15] Die Legislative war ohnmächtig. Aber immerhin raffte sie sich noch am Abend des 3. September auf Antrag des Abgeordneten Gensonné zu einem Dekret auf, das an die Bürger appellierte, alles zu unternehmen, um die öffentliche Sicherheit und Ordnung zu gewährleisten.[16]

Allenfalls für die Mörder trifft also die Erklärung zu, die gemeinhin für die Septembermorde genannt wird: Ihr Tatvorsatz war beherrscht von psychotischen Ängsten, die in den Schichten grassierten, denen sie entstammten; mit ihren Mordtaten verschafften sie sich Entlastung. Das Ausmaß dieser Exzesse binnen weniger Tage lässt sich dagegen nur mit der durch den bisherigen Verlauf der Revolution abgesenkten Tötungshemmung erklären: War diese niedrige Schwelle erst einmal überschritten, steigerten sich die Täter rasch in einen Blutrausch, der selbst die in der Salpêtrière verwahrten Dirnen, Geschlechtskranken und Waisenkinder nicht verschonte.[17]

Diese Motivation der Mörder lässt sich nur sehr bedingt auch jenen unterstellen, die sich die Hände nicht schmutzig machten, aber die Voraussetzungen für das Morden schufen und dessen kontrollierten Ablauf gewährleisteten. Bei der *Commune révolutionnaire* und dem *Comité de surveillance* kann man ein entsprechendes Kalkül vermuten: Die Massaker öffneten ein Ventil, aus dem die diffusen Ängste jener Bevölkerungsschichten entweichen konnten, deren Zuspruch die *Commune* ihre Legitimation verdankte und die dadurch zusätzliche Stärkung erfuhr. Das war aber nur eine Nebenfolge des Massakers, das auch den britischen Geschäftsträger beschäftigte. In seinem Bericht vom 4. September heißt es, einer in den frühen Morgenstunden des Vortags überall in der Stadt proklamierten Aufforderung, sich auf dem Marsfeld einzufinden, wo eine Truppe von 60 000 Mann aufgestellt werden sollte, habe niemand Folge geleistet.[18] Kaum aber war der Blutrausch am 9. September verebbt, bot sich ein ganz anderes

Bild: «Die Anzahl von Männern, denn ich kann sie nicht Truppen nennen, die heute zur Armee abgegangen sind, ist gewaltig. Die umliegenden Ortschaften einmal beiseite gelassen, hat Paris allein rund 70 000 aufgeboten, die noch immer zur Rekrutierung anstehen. Viele davon, die ich gesehen habe, denn mein Hotel liegt in unmittelbarer Nachbarschaft zum Kriegsministerium, haben mir als Militär den Eindruck gemacht, dass sie einen entschieden größeren Beitrag dazu leisten werden, in einer regulären Armee Unordnung zu stiften, als dieser von irgendeinem Nutzen zu sein».[19]

Das entscheidende Kalkül, das die verborgenen Drahtzieher mit den Septembermassakern verfolgten, war auf den großen Schrecken und dessen politische Wirkung abgestellt. Der Hauptnutznießer war vordergründig die *Commune révolutionnaire*, der es so gelang, die Widerstände der bürgerlichen Schichten und der von den *Girondins* beherrschten Legislative zu beseitigen und ihre quasi-diktatorische Herrschaft zu festigen. Der am 30. August von den *Girondins* in der Legislative unternommene Versuch, die *Commune révolutionnaire* aufzulösen, wurde am 2. September erfolgreich zu Fall gebracht. Am selben Tag begannen die Massaker, mit denen unmissverständlich klar wurde, wo sich nunmehr das revolutionäre Machtzentrum befand.

Während die *Commune révolutionnaire* die Regie für die Septembermassaker übernahm, übersah sie jedoch, dass sie damit die ihr von Robespierre zugedachte Funktion erfüllt hatte. Diese bestand darin, den Einfluss der *Girondins* zu brechen und einen Erdrutschsieg der linken Jakobiner bei den im September in Paris anstehenden Wahlen für den Konvent zu garantieren. Sie glich damit Schillers Mohr: Sie hatte ihre Schuldigkeit getan und konnte abtreten. Paris war durch ihr Schreckensregiment auf Linie gebracht. Nachdem das Pariser Wahlergebnis feststand, verschwand einen Tag vor Zusammentritt des Konvents am 20. September 1793 die *Commune révolutionnaire* sang- und klanglos in der Versenkung.[20] Alle 24 Abgeordneten, die Paris in den Konvent entsandte, waren Jakobiner des linken Flügels, davon 16 Mitglieder der *Commune*: Neben Robespierre selbst dessen jüngerer Bruder Augustin sowie Danton, David, Camille Desmoulins, Fabre d'Eglantine, Legendre, Panis, Sergent, Billaud-Varenne, Collot d'Herbois, Dussault, Fréron, Marat und Philippe Egalité; zwei davon, Camille

Desmoulins und Louis-Marie Stanislas Fréron, waren dem menschenscheuen Robespierre sogar seit gemeinsamen Schultagen im Lycée Louis-le-Grand vertraute Freunde. Diese 24 Pariser Abgeordneten, auf deren Loyalität Robespierre zählen konnte, bildeten den harten Kern der Bergpartei, der *Montagnards*, der im Konvent den äußersten Flügel der Linken besetzte.

Auch wenn man Robespierre wegen seiner dominanten Rolle in der *Commune révolutionnaire* die politische und moralische Hauptverantwortung für die Septembermassaker zusprechen kann, ist der Anteil, den Danton daran hatte, kaum geringer. Als Justizminister war er dank seiner soliden Gefolgschaft unter den Sansculotten der starke Mann in der Regierung. In einer Rede vom 28. August, mit der er sich für die massenhafte Mobilisierung aussprach, hatte Danton ein suggestives Bild gebraucht: «Wenn ein Schiff unterzugehen droht, dann wirft dessen Besatzung alles ins Meer, was diesen Untergang verursachen könnte. Entsprechend gilt: Alles, was einer Nation schaden könnte, von dem muss sie sich trennen. (…) Wenn man noch mehr als 30 000 Verräter dingfest machen muss, dann gilt es, diese schon morgen zu verhaften».[21] Diese Hinweise waren nur zu geeignet, Angst und Wut unter den Patrioten ein Ziel zu setzen.

Spätere Bemerkungen Dantons, nach dem 21. September, lassen eine Haltung erkennen, die zwischen Bedauern für die Opfer und Verständnis für die Täter oszilliert.[22] Brissot schreibt in seinen Memoiren, er sei während der Massaker bei Danton vorstellig geworden, um ihn zum Einschreiten zu veranlassen. Der Minister habe darauf lediglich erwidert, dass diese Exzesse notwendig seien, «um das Volk zu beruhigen, das es satt habe, die Verschwörer unbehelligt zu sehen». Es sei ein unvermeidliches Opfer. «*Vox populi, vox Dei*, das ist der wahrste und beste republikanische Sinnspruch, den ich kenne», beschied ihn Danton.[23]

Unmittelbar vor Beginn der Mordorgie in den Pariser Gefängnissen hatte Robespierre die politische Abrechnung mit den *Girondins* eröffnet. Das zeigt, wie sicher er sich seines Erfolgs seit dem 10. August war. Der den *Girondins* angehörende Kriegsminister Servan scheint das nicht erkannt zu haben, denn er unternahm noch am 3. September den halbherzigen Versuch, den Konflikt zu entschärfen, auf den Robespierre brannte. Vor der Legislative klagte Servan darüber, dass sich die Feinde der Freiheit eines siegreichen Mittels besonnen hätten: Sie säten Zwietracht. Ihren Umtrieben seien die Zersplitterung, das Misstrauen und die Unordnung anzulasten, die tagtäglich Probleme verursachten. «Während man in den zur Grenze hin gelegenen Departements das Gerücht streut, der Herzog von York würde auf den Thron Frankreichs gerufen, verbreitet man in Paris, dass die Versammlung gewillt sei, Louis XVI wieder einzusetzen».[24]

Mit Appellen war aber nichts mehr zu gewinnen, denn am 10. August war die Handlungseinheit der Revolutionäre in die Brüche gegangen. Sie im Sinne der *Girondins* wiederherstellen zu wollen, verlangte einen Preis, den Robespierre und seine Anhänger nicht zu zahlen bereit waren. Innenminister Roland benannte ihn in einem Schreiben an die Legislative vom 3. September. Darin machte er der *Commune* den Vorwurf, sie triebe Missbrauch «durch die fortgesetzte Ausübung einer revolutionären Macht, die zeitlich eng begrenzt sein müsse, um sich nicht zerstörerisch auszuwirken». Das gelte insbesondere dann, wenn man sich durch die Zustimmung der Massen und durch das eigene Maulheldentum ermutigt fühle, zum Hass anzustacheln und Verhaftungen anzuordnen. «Unter solchen Zuständen ist die Regierung nur noch ein Schatten; sie ist ein Nichts». Das könne auf Dauer nur schrecklichste Folgen zeitigen, denn, um dem unablässig sich nahenden Feind die Stirn zu bieten, sei Geschlossenheit vonnöten. «Die Kraft des Volkes, wenn es gut geführt ist, wird gegen die Feinde unüberwindliche Hindernisse errichten». Voraussetzung dafür seien aber Tatkraft und Führung, die beide vereitelt würden, «solange jedermann sich berufen fühlt, zu befehlen». Er gesteht aber auch ein Versagen der Behörden ein: «Gestern war ein Tag, über dessen Geschehnisse man vielleicht einen Schleier breiten sollte. Ich weiß, dass der *peuple*, schrecklich in seiner Rache, noch immer eine Art von Justiz ausübt; er nimmt nicht alles, was seiner Wut begegnet, als Opfer; er verhängt Strafen nur über die, von denen er vermutet, dass sie allzu lange vom Richtschwert des Gesetzes verschont wurden und die sofort zu liquidieren ihm die augenblicklichen Gefahren nahelegen. Aber ich weiß auch, dass es für Verbrecher, für Verräter ein Leichtes ist, diese Aufgeregtheit zu missbrauchen und dem muss man Einhalt gebieten; ich weiß auch, dass wir ganz Frankreich die Erklärung schulden, dass sich die Exekutive außer Stande sah, diese Ausschreitungen vorherzusehen oder zu verhindern; mir ist des Weiteren bewusst, dass es die Pflicht der legitimen Autoritäten ist, dem entweder ein Ende zu setzen oder sich als suspendiert zu betrachten».[25]

Roland scheint eine Ahnung gehabt zu haben, dass der mit den Massakern entfesselte Schrecken dazu beitragen werde, einen Umschwung in der öffentlichen Meinung einzuleiten.[26] Dass dieser sich rasch vollzog, hing sicherlich damit zusammen, dass die Radikalen, die in den Sektionen seit dem 10. August das Klima beherrschten, als Erste zu den Fahnen eilten. Einen Hinweis auf diesen Wandel gibt auch die Bereitschaft der *Commune*, ohne Widerspruch die Anweisung der Legislative vom 5. September zu befolgen, die Stadttore wieder zu öffnen.[27] Ebenso verhielt es sich mit der am 15. August von der *Commune* eingeführten Passpflicht, die mit Ausnahme der Grenzregionen am 8. September von der Legislative aufgehoben wurde,[28] ohne dass auch nur ein Murren der Sansculotten zu vernehmen gewesen wäre.

Das ermutigte die *Girondins*, aus der Defensive zu kommen. Am 17. September unternahm Vergniaud eine erste scharfe Attacke auf die *Commune*, deren Führer er bezichtigte, sich anstelle des Königs in den Tuilerien einrichten zu wollen. «Die verblendeten Pariser wähnen, frei zu sein! Ach! Sie sind gewiss nicht mehr Sklaven gekrönter Tyrannen; aber sie sind es der schlechtesten, der verabscheuungswürdigsten und verbrecherischsten Männer! Es ist höchste Zeit, diese schmachvollen Ketten zu zerbrechen, diese neue Tyrannei zu zerstören; jetzt gilt es, dass diejenigen, die den Menschen, die das Gute wollen, Angst machten, sich jetzt selber ängstigen.»[29] Zunächst legten es die *Girondins* darauf an, die Robespierristen von ihrer Basis in den Sektionen und der *Commune* sowie den tonangebenden Sansculotten zu isolieren, um sie dann als Konkurrenten um die Macht auszuschalten. Dabei konnten sie sich auf die mit wachsendem zeitlichen Abstand zu den Massakern stetig größer werdende Scham und Abscheu stützen, mit deren Bekundung die Sektionen sich förmlich überboten.

Am 20. September traten zwei Ereignisse ein, die die Position der *Girondins* weiter stärkten: Die berühmte «Kanonade von Valmy» und die erste Sitzung des Konvents, der die Legislative ablöste. Bei Valmy, östlich von Châlons, standen sich im hügeligen Gelände der Champagne die französische und die preußische Armee gegenüber. Die von

Dumouriez kommandierte Armee, die sich hier mit dem von Kellermann befehligten Corps vereinigte, hatte eine Stärke von rund 36 000 Mann und war so den Preußen, die 34 000 Mann stellten, leicht überlegen. Das war ein geringfügiger Vorteil. Die Preußen hatten jedoch mit 54 Kanonen eine höhere Feuerkraft als die Franzosen, die nur über 40 Geschütze verfügten. Beide Armeen litten unter erheblichen Versorgungsmängeln, da der Nachschub wegen der durch Dauerregen schier unpassierbar gewordenen Straßen nicht nachkam.

Valmy war ein Artillerieduell, das am Morgen des 20. September gegen 7 Uhr mit großer Heftigkeit einsetzte, gegen 9 Uhr merklich nachließ, um am Mittag wieder aufzuflammen und bis zum späten Nachmittag fortzudauern. Verlauf und Ausgang dieses Feuergefechts hat Friedrich Christian Laukhard, der den Invasionstruppen angehörte, mit schnörkelloser Lakonie beschrieben: «Warum wir bey dieser Kanonade keinen Vortheil erhielten, ist handgreiflich. Der Feind hatte mehr Volk, mehr und besseres Geschütz und eine weit bessere Stellung als wir; besonders machte eine Batterie an einer Windmühle, wenn diese gleich von unserem Geschütz und auffliegenden Pulverkarren zusammen geschmissen wurde, es völlig unmöglich, den Feind mit Infanterie anzugreifen».[30]

Das war für den Ausgang des Duells entscheidend: Nicht nur war die Artillerie der Franzosen denen der Preußen an Treffsicherheit und Feuergeschwindigkeit weit überlegen, sondern sie hielten auch die Anhöhen besetzt. Das gab den Ausschlag dafür, dass die Preußen an diesem Tag eine doppelte Überraschung erlebten. Zum einen hatten sie die Qualität der französischen Artillerie allzu gering veranschlagt. Noch größer aber war ihre Verblüffung, dass die angeblich demoralisierten französischen Truppen den Angreifern ungerührt Stand hielten.

Dumouriez und Kellermann jedenfalls brauchten geraume Zeit, bis ihnen zu dämmern begann, dass die militärisch unspektakuläre Kanonade von Valmy die große Wende im preußischen Kriegszug gegen die Revolution bedeutete, weil sie den Rückzug der Invasoren erzwang. Das zeigen die langwierigen, von mancherlei Illusionen beeinflussten Verhandlungen. Den Preußen gereichte das zum Vorteil, weil sie ihren geschwächten Truppen den unbehelligten Abzug hinter den Rhein ermöglichten.[31] Eine Einsicht aber lag auf der Hand: Die nicht kriegserprobten Revolutionstruppen hatten der gefürchteten preußischen Armee Stand gehalten. Das war ein Triumph, der propagandistisch gebührend ausgeschlachtet wurde und dazu beitrug, Kampfmoral und Zuversicht der Armee wie der politischen Führung in Paris zu heben.

Der Konvent, der an jenem folgenreichen 20. September in Paris zu seiner ersten Sitzung zusammentrat, umfasste nominell 782 Abgeordnete.[32] Tatsächlich fanden sich zunächst nur 371 Abgeordnete ein,[33] von denen wiederum lediglich 253 an der namentlichen Abstimmung zur Wahl des Versammlungspräsidenten teilnahmen; 235 gaben ihre Stimme für Pétion ab.[34] Während die Legislative in ihrer Sitzungsperiode geschrumpft war, begann der Konvent seine Beratungen von Anfang an mit weniger als der Hälfte der Abgeordneten, was aber nichts daran änderte, dass die Versammlung sich für gültig konstituiert erklärte. Kaum war das geschehen, beantragte einer der Abgeordneten von Paris, Jean-Marie Collot d'Herbois, am 21. September, der Nationalkonvent möge erklären, «dass die unveränderliche Grundlage aller seiner Beschlüsse die Abschaffung der Monarchie sein werde»![35] Eine Erörterung dieses Vorschlags schnitt der Deputierte Henri Grégoire mit dem Hinweis ab: «Welche Notwendigkeit gibt es für eine Debatte, wenn alle Welt damit einverstanden ist? Die Könige stellen im Moralischen eben das vor, was im Organischen die Missgeburten sind. Die Höfe sind die Werkstätten des Verbrechens, das Foyer der Korruption und die Höhle der Tyrannen. Die Geschichte der Könige ist der Katalog des Martyriums der Völker. Da wir alle gleichermaßen von dieser Wahrheit überzeugt sind, was machte dann noch eine Debatte notwendig?»[36] Einstimmig wurde daraufhin die Abschaffung der Monarchie in Frankreich beschlossen. Die Republik wurde jedoch nicht proklamiert. Ihre Gründung wurde vielmehr am folgenden Tag stillschweigend auf dem Verwaltungsweg durch die Entscheidung vollzogen, dass künftig alle amtlichen Schreiben und Dokumente «aus dem Jahr I der Republik» zu datieren seien.

Dieser Schritt war seit dem 10. August absehbar gewesen, weshalb man sich fragen kann, warum es so lange – fast sechs Wochen – dauerte, bis die Konsequenzen gezogen wurden. Der König saß zwar als Gefangener im Temple und in Paris waren alle Denkmale, die Könige verherrlichten, umgestürzt worden. Die Forderung nach Ausrufung einer Republik aber war vorerst nicht laut geworden. Das mutet seltsam an, lässt sich aber durch den Mangel an Vorbildern erklären: Die Zeitgenossen hatten kein entsprechendes Vorbild zur Hand. Gewiss gab es die Republik von Venedig, aber diese war ein exklusiver aristokratischer Herrschaftsklüngel, eine Oligarchie von Patriziern, die sich mit den Postulaten von Freiheit und Gleichheit kaum vereinbaren ließ. Ähnlich verhielt es sich mit den Vereinigten Staaten, in denen die Macht von einer Handvoll Pflanzeraristokraten ausgeübt wurde, was Demokraten vom Schlage eines Robespierre mit tiefer Abscheu erfüllte. Aber wie konnte es auch anders sein? Nach Rousseau ließ sich eine demokratisch verfasste Republik nur in kleinen Staaten verwirklichen, in denen sich die *volonté générale* in Bürgerversammlungen ganz unmittelbar – und nicht repräsentativ vermittelt – artikulierte wie etwa in den Landgemeinden der Schweizer Kantone.

Es gab aber auch einen ganz praktischen Grund, warum der Gedanke einer Republik nicht so schnell aufkam: Die Legislative war der Verfassung von 1791 verpflichtet, die eine konstitutionelle Monarchie vorsah. Ihre Skrupel kamen deutlich zum Vorschein, als der Abgeordnete François Chabot die Legislative am 4. September über Versuche informierte, die Versammlung in «Misskredit zu bringen». So werde das Gerücht ausgestreut, die Legislative habe Louis XVI nur deshalb suspendiert, um den Herzog von Braunschweig oder den Herzog von York [zweiten Sohn des englischen Königs Georg III.] auf den Thron Frankreichs zu setzen. «Ohne Zweifel», so schloss der *Girondin* Chabot seinen Bericht, «steht es Ihnen nicht zu, die große Frage zu entscheiden, ob wir künftig noch Könige haben werden, denn Sie sind nicht als Verfassungsgeber berufen; darüber wird der Nationalkonvent zu befinden haben und das Volk wird seinen Vorschlag billigen, aber Sie haben den großherzigen Entschluss gefasst, die gesamte Nation zur Wahl des Konvents aufzurufen».[37]

Um den Schaden zu beseitigen, der Legislative und den *Girondins* wegen dieser Gerüchte drohte, die in den Wahlversammlungen der Pariser Sektionen für den Konvent die Runde machten, regte der Abgeordnete Guadet eine *Adresse au Peuple Français* an, mit der diese der Versammlung unterstellten Absichten dementiert werden sollten. Außerdem wurden die Deputierten aufgefordert, nicht als Abgeordnete, sondern als «Bürger und Individuen zu schwören, mit allen ihren

Kräften die Könige und die Monarchie zu bekämpfen».[38] Diese durchsichtige Absicht wurde sogleich von dem Robespierre nahestehenden Abgeordneten Jacques-Alexis Thuriot durchkreuzt, der zu verstehen gab, dass solche feierlichen Erklärungen die Haltung der Sansculotten keineswegs beeinflussen würden.[39]

Die Tendenz, die Monarchie abzuschaffen und sie durch eine republikanische Staatsform zu ersetzen, dominierte im Übrigen nicht nur in Paris, sondern im ganzen Land die Wahlen zum Konvent.[40] Verstärkt wurde dieser Trend dadurch, dass trotz der Erweiterung des Wahlrechts die Wahlbeteiligung noch wesentlich geringer ausfiel als beim Urnengang für die Legislative im Jahr 1791.[41] Während in Paris kein einziger *Girondin* in den Konvent entsandt wurde, behaupteten sich in der Provinz die meisten Abgeordneten der *Gironde*.[42] Dieses Votum sicherte den *Girondins* zumindest in der Anfangszeit des Konvents einen vergleichsweise großen Einfluss. Ihr Versuch, die führende Rolle der revolutionären *Commune* zu beschneiden, schlug jedoch fehl, weil das Triumvirat von Robespierre, Danton und Marat inzwischen den Ton angab. Auch im *Conseil général* der *Commune* hatten die Jakobiner die Macht. Dank ihrer zahlreichen Verflechtungen mit der *Commune* konnten sie sich auf die Unterstützung der Pariser Sektionen verlassen. Dem hatte der Konvent nichts entgegenzusetzen.

Die *Girondins* versuchten nun, den übermächtigen Einfluss der von Robespierre und den Jakobinern dominierten Hauptstadt auf die französische Politik zu beschränken. So forderte am 25. September der Abgeordnete Marc-David-Albin Lasource im Konvent, «die Bedeutung von Paris auf ein Dreiundachtzigstel zu reduzieren und seinen Einfluss dem eines jeden anderen Departements anzupassen».[43] Er schlug sogar ein Dekret zur Schaffung einer *Garde des Départements* zum Schutz des Konvents vor.[44] So einleuchtend der von einer Mehrheit befürwortete Vorschlag war, die Unabhängigkeit und Beratungsfreiheit des Konvents zu schützen,[45] konnte er doch nur als Schutzmaßnahme gegen die Jakobiner und die Pariser Sektionen verstanden werden.

Die Jakobiner witterten hinter dem Vorschlag die weitergehende Absicht, Frankreich als Föderation von 83 völlig gleichberechtigten Departements zu organisieren – auch wenn ein solcher Gedanke den *Girondins* fernlag. Paris hatte von Anfang an der Revolution den Takt vorgegeben, der *peuple de Paris* hatte die großen, unumkehrbaren Fakten der Revolution geschaffen und einer zaudernden Nationalversammlung das Marschtempo diktiert. Diese Rollenverteilung ließ sich jetzt nicht einfach abändern. Das widersprach allen bisherigen Erfahrungen, verhöhnte die Verdienste von Paris und beschwor die Gefahr eines großen Durcheinanders, einer riesigen Kakophonie konkurrierender Geltungsansprüche, unter der die notwendige Einheit des revolutionären Willens zu zersplittern drohte. So jedenfalls argumentierte Robespierre, der das Bündnis mit der *Commune* und den Sansculotten immer fester schmiedete, indem er sich zum Fürsprecher ihrer Forderungen machte und sie gegen Angriffe in Schutz nahm. Die *Girondins* hingegen sahen darin einen Versuch, die Revolution als Vehikel zu missbrauchen, das Robespierre der Diktatur verschaffen sollte.

Diese Unterstellung suchten die *Girondins* jetzt zur schärfsten Waffe im Machtkampf gegen Robespierre zu schmieden. Das war eine riskante Strategie, die allzu deutlich verriet, dass die Sorge um die Revolution nur ein Vorwand war, um die Regie des weiteren Geschehens an sich zu reißen. Das verargten den *Girondins* viele der nicht parteilich gebundenen Abgeordneten, die eine tiefempfundene Abneigung gegen Streitereien Einzelner um Macht und Einfluss in einer Versammlung hatten, deren einzige Aufgabe nach ihrem Verständnis die Beförderung des Wohls von Frankreich war. Das scheint Danton gespürt zu haben, der nun versuchte, ein republikanisches Aktionsbündnis zwischen *Girondins* und Jakobinern zu stiften.

In den Anfängen des Konvents war Danton dessen führende Gestalt. Vom Département de Paris zum Abgeordneten gewählt, verblieb er auf Wunsch der Versammlung gleichwohl bis zum 11. Oktober im Amt des Justizministers. Die Jakobiner wählten ihn zu ihrem Präsidenten, mit den *Girondins*, Vergniaud zumal, stand er jedoch in freundschaftlichem Verkehr.[46] Das hohe Ansehen und Vertrauen, das er allseits genoss, verstand er durch kluge Reden im Konvent zu mehren, in denen er sich gegen die überschießende Polemik der *Girondins* ebenso wandte wie gegen die Besitzumverteilungsideen der Sansculotten, die das bürgerliche Publikum verschreckten. So stellte er etwa am 21. September 1792 fest: «Die sinnleeren Gespenster von Diktaturen, die übersteigerten Ideen eines Triumvirats, alle diese Absurditäten, die nur darauf abgestellt sind, das Volk zu ängstigen, werden von selbst verschwinden, denn nichts wird mit der Verfassung vereinbar sein als das, was vom Volk gebilligt wurde. (...) Lassen Sie uns erklären, dass jegliche Form von Besitz, ob Land, persönliches Vermögen oder Industrie für immer respektiert wird».[47] Diese doppelte Absage an die Diktatur als Bedrohung der Freiheit und an Forderungen nach gleichem Besitz für alle wurde von den Abgeordneten einvernehmlich gebilligt.

Am 25. September geißelte der Abgeordnete Lasource erneut «den Despotismus von Paris» und unterstellte den Jakobinern um Robespierre, die Macht an sich reißen zu wollen. Nach dieser Einleitung wurden die *Montagnards* als die Anstifter der Septembermassaker beschuldigt, die sich mittels dieser Unruhen ganz Frankreich unterwerfen wollten. «Ich bin überzeugt, dass es eine Partei gibt, die den breiten Zuspruch, den der Konvent findet, verkümmern, die ihn beherrschen und verderben will, die unter einem anderen Namen die Macht an sich reißen möchte, indem sie die Geschicke der Nation den Händen einiger Individuen anvertraut».[48] Das veranlasste einen Hinterbänkler, den Abgeordneten François-Trophime Rebecquy, zu der überflüssigen Klarstellung: «Die Partei, die man denunziert hat und die eine Diktatur errichten will, ist die Partei von Robespierre».[49] Auf diesen Angriff reagierte Danton sofort, indem er die «Beschuldigung als vage und unbestimmt» qualifizierte und zur Überwindung der Gegensätze zwischen den Gruppierungen aufrief. In seiner Rede versuchte er beiden Seiten entgegenzukommen: «Außer Frage steht, dass es ein scharfes Gesetz gegen die braucht, die sich anschicken, die Freiheit zu zerstören. Nun gut, machen wir ein solches Gesetz. Formulieren wir ein Gesetz, das jedem, der für die Diktatur oder ein Triumvirat eintritt, die Todesstrafe androht. Aber sorgen wir auch dafür, dass, nachdem die Grundlagen für die Herrschaft der Gleichheit geschaffen wurden, wir auch den Parteigeist ausrotten, der uns verderben wird. – Auch soll es unter uns Männer geben, die Frankreich zu zerstückeln beabsichtigen; sorgen wir dafür, dass derart absurde Ideen verschwinden, indem wir deren Urhebern die Todesstrafe androhen. Frankreich muss ein ungeteiltes Ganzes sein».[50]

Danton parierte damit die Attacken der *Girondins* gegen Marat und Robespierre durch einen Gegenangriff, von dem sich jene aber nicht beeindrucken ließen, wie die Rede von Vergniaud zeigt, der Robespierre rundheraus als den Drahtzieher aller gegen die *Girondins* gerichteten Umtriebe identifizierte. Zum Beweis stützte er sich auf eine Proklamation der *Commune* vom 3. September, in der die vom Volk an den Gefangenen verübten Morde als notwendige Akte der Gerechtigkeit verklärt wurden, «um durch diesen Schrecken die Legionen von Verrätern zu lähmen, die sich in den Mauern von Paris versteckten, als man sich anschickte, gegen den Feind aufzubrechen. (...) Beachten Sie den zeitlichen Zusammenhang; diese Proklamation datiert vom 3. September, und in der Nacht vom 2. auf den 3. September trug es sich zu, dass ein Mann, von dem ich bislang nur mit Hochachtung sprach, dass Robespierre in dieser Schreckensnacht dem Volk die Eröffnung machte, dass es eine große Verschwörung gäbe, die er allein dem Volk zur Anzeige bringe, weil nur das Volk dieses Komplott vereiteln könne. Robespierre zufolge wurde diese Verschwörung von Ducos, Vergniaud, Brissot de Warville, Guadet, Condorcet, Lasource etc. mit der Absicht ausgeheckt, Frankreich dem Herzog von Braunschweig auszuliefern»![51]

Die *Girondins* zielten darauf ab, die *Montagnards* und besonders Robespierre in den schlechten Ruf Marats zu bringen, der sich offen für Blutbäder und die Errichtung einer Diktatur einsetzte, um die Revolution zügig zu vollenden. Diese Absicht zeitigte ein höchst widersprüchliches Ergebnis, denn die mit vielen persönlichen Anschuldigungen gespickte Kontroverse erregte zunehmend den Unwillen einer Mehrheit der Versammlung. Der gelähmte Abgeordnete Georges Couthon machte sich das zunutze, um einen Themenwechsel zu erzwingen. Er schlug vor, die Einheit und Unteilbarkeit der Republik zu proklamieren. Sein Antrag wurde ohne weitere Aussprache einstimmig gebilligt.[52] Die Abstimmung war ein eindeutiger Sieg für die *Montagnards*, die damit nicht nur eine weitergehende Erörterung der gegen sie erhobenen Verschwörungsvorwürfe unterbanden, sondern auch den vermeintlich auf Errichtung eines föderalistischen Systems abzielenden Vorschlag Buzots, den Konvent unter den Schutz einer von den Departements organisierten Truppe zu stellen, vom Tisch wischten. Dass der Föderalismusverdacht, unter den die *Girondins* gestellt wurden, gleichwohl unzutreffend war, zeigt die Einstimmigkeit, mit der Couthons Antrag verabschiedet wurde.

Die *Girondins* ließen sich dieses unvorgesehene Resultat ihrer Angriffe aber nicht lange eine Lehre sein. Am 29. Oktober 1792 war es der als Verfasser des Romans *Les Amours du Chevalier de Faublas* noch heute bekannte Jean-Baptiste Louvet de Couvray, der Robespierre erneut angriff. «Es ist an der Zeit», begann er seine lange, sorgfältig aufgebaute Anklage, «Gewissheit zu erlangen, ob es entweder eine Fraktion von sieben oder acht Mitgliedern in dieser Versammlung oder in den 730 anderen Zusammenkünften [i. e. die Jakobiner-Clubs in ganz Frankreich] gibt, die ihr den Kampf angesagt hat. (...) Es ist notwendig, dass Sie Frankreich Rechenschaft geben über die Gründe, die Sie bewogen haben, in Ihrem Kreis jenen Mann zu behalten, den die öffentliche Meinung nur mit Schrecken gewahrt [i. e. Marat]. (...) Wenn ich die Revolution des 10. August mit der des 2. September vergleiche, dann ist es die Anklage von Robespierre, in der Ihr Handeln und Ihr Empfinden zur Übereinstimmung kommen! (...) Es war im letzten Januar, als man im Jakobiner-Club eine Partei bemerken konnte, die schwach an Zahl und Mitteln, aber sehr kühn und reich begabt mit allerlei Schlechtigkeiten war. (...) Damals geschah es, dass man, anstatt die nur zu berechtigten Schuldzuweisungen zu beweisen und einen verräterischen Hof verdientermaßen zu verfolgen, seine ganze Sorgfalt daran wandte, die exzellente Linke in der Gesetzgebenden Versammlung mit den seltsamsten Anschuldigungen zu bewerfen».

Es folgte eine lange Diatribe gegen Robespierre, dem Louvet unter anderem nachsagte, «er betet die unendliche Aufzählung der Verdienste, der Vollkommenheiten und zahllosen Tugenden herunter, die zu besitzen er sich zuspricht, vorausgesetzt jedoch, woran er es nie fehlen lässt, dass er zuvor wenigstens zwanzig Mal dem Volk seine Kraft, Größe, Güte und Souveränität bescheinigt und hinzugefügt hat, dass auch er ein Teil des Volkes sei. (...) In dem Augenblick, als der verräterische König stürzte, wollten sie sich selber als Könige oder Tribunen, als Diktatoren oder Triumvirn einsetzen, allein, welche Bedeutung hat der Name? (...) Die Revolution des 10. August gehört allen. Die aber des 2. September, barbarische Verschwörer, gehört Ihnen alleine. (...) Die angeblichen Freunde des Volkes wollten auf das Volk von Paris die Schrecknisse abwälzen, von denen die erste Septemberwoche befleckt ist. (...) Damit haben sie das Volk von Paris auf schändlichste Weise beleidigt. Ich kenne es, das Volk von Paris, ich wurde hier geboren und bin mit ihm aufgewachsen; es ist tapfer, und wie alle, die tapfer sind, besitzt es auch Güte! (...) Es versteht sich darauf, zu kämpfen, das Volk von Paris, aber nicht darauf, zu morden. (...) Robespierre, ich klage Dich an, seit langem die aufrichtigsten, die besten Patrioten zu verleumden. (...) Ich klage Dich an, eben die nämlichen Männer während der ersten Septembertage mit noch mehr Wut verunglimpft zu haben, das heißt also zu einer Zeit, als solche Schmähungen Todesurteilen gleichkamen! (...) Ich klage Dich an, dass Du Dich andauernd als ein Objekt kultischer Verehrung produziert hast; dass Du es gelitten hast, wenn man in Deiner Gegenwart sagte, Du seiest der einzig tugendhafte Mann in ganz Frankreich».[53]

Auf diese Anklage antwortete Robespierre am 5. November 1792 im Konvent mit einer seiner besten Reden. Nach einer Reihe von Analogien zur Römischen Geschichte[54] setzte er zur Gegenattacke an: «Bürger, wollen Sie eine Revolution ohne Revolution? (...) Das Universum, die Nachwelt wird in diesen Geschehnissen [i. e. den Septembermorden] nur ihren heiligen Anlass und ihr sublimes Ergebnis erkennen. Sie müssen sie ganz genauso ansehen. Sie dürfen darüber nicht in der Manier von Friedensrichtern urteilen, sondern in der von Staatsmännern und Gesetzgebern der Welt. (...) Die Magistraten waren außer Stande, dem *peuple* in den Arm zu fallen, denn die Septembermassaker waren eine Volksbewegung und nicht, wie man lächerlicherweise behauptete, der Aufruhr einiger bezahlter Verbrecher, die ihresgleichen umbrachten. (...) Sobald das Volk nicht davon zu überzeugen war, es den Gerichten zu überlassen, die Verräter zu bestrafen, ließen es sich die städtischen Beamten angelegen sein, dass wenigstens gewisse Verfahrensregeln mit dem Ziel befolgt wurden, die Schuldigen, die man bestrafen wollte, nicht mit den inhaftierten Bürgern zu verwechseln, die nichts mit der Verschwörung vom 10. August zu tun hatten. Und es sind eben diese städtischen Beamten, die Ihnen jetzt als blutdurstige Briganten hingestellt werden. (...) Jene Empfindlichkeit, die beinahe stets nur um die Feinde der Freiheit barmt, ist mir verdächtig.»[55]

Am Ende mussten die *Girondins* erkennen, dass sie es mit ihren Angriffen auf Robespierre, Marat oder die revolutionäre *Commune de Paris* nicht schaffen würden, die Dominanz der Jakobiner im Konvent zu brechen. Die *Plaine*, die Mehrheit der «parteilich» nicht gebundenen Abgeordneten, deren Wortführer Barère war, stimmte seit dem 10. August in allen entscheidenden Fragen mit den *Montagnards*. Damit war die Versammlung nicht mehr das geeignete Forum, um den Kampf gegen Robespierre erfolgreich fortzusetzen.

Brissot, dem am 10. Oktober die Mitgliedschaft im Jakobiner-Club entzogen worden war,[56] versuchte es jetzt mit einem Appell an die Öffentlichkeit, der am 29. Oktober 1792 unter dem Titel *A tous les Républicains de France; sur la Société des Jacobins de Paris* erschien.[57] Drei Revolutionen, so die Kernaussage dieses Pamphlets, waren notwendig, um Frankreich zu retten: die erste, um den Despotismus zu vernichten, die zweite, um die Monarchie zu beseitigen; mit der dritten gelte es nun die Anarchie zu bannen. Das Ziel der *Montagnards* sei es, Paris eine überlegene Stellung zu verschaffen. Damit würden sie nur die Absicht verfolgen, ihre eigene Macht unangreifbar zu machen, indem sie die gesamte Republik um das Zentrum ihrer Intrigen herum organisierten. Das wiederum lieferte den *Montagnards* die Vorlage, den *Girondins* zu unterstellen, sie wollten die Einheit und Unteilbarkeit der Republik im Föderalismus von 83 miteinander konkurrierenden Teilrepubliken auflösen.

Robespierre berief sich weiterhin auf die *volonté générale*, die für ihn im Willen und Handeln des *peuple* – vor allem desjenigen von Paris – ihren unverfälschten, metaphysisch wahren Ausdruck fand. In Rede und Gegenrede, in Anklage und Verteidigung entfaltete sich so ein Konflikt, der als *basso continuo* die großen Debatten im Konvent bis Ende Mai 1793 begleitete, als es Robespierre und den *Montagnards* schließlich gelang, die *Girondins* zu eliminieren. Die Frontstellung in dieser Kontroverse fand ihren Ausdruck auch in der Sitzverteilung der Abgeordneten. Die 24 Deputierten von Paris, der Kern der radikalen *Montagnards*, versammelten sich im langgestreckten rechteckigen Manege-Saal auf der linken Seite des Präsidiums zur Gartenseite der Tuilerien hin. Auf dieser wie der gegenüberliegenden Längsseite waren die Abgeordnetensitzplätze wie in einem Amphitheater nach oben aufsteigend angeordnet. Die Abgeordneten der *Gironde* hatten ihre Plätze auf der rechten Seite des Saals, während in der Mitte zwischen beiden sich die *Plaine* oder der *Marais*, die «Ebene» oder der «Sumpf», erstreckte. So wurde die Mehrheit der Konventsabgeordneten bezeichnet, die nicht festgelegt waren und sich bei Abstimmungen mal dieser, mal jener Meinung anschlossen.

In der «Ebene» oder dem «Sumpf» versammelte sich zu Anfang des Konvents die große Mehrheit der 476 Abgeordneten. Sie hatten noch in keiner der vorangegangenen Versammlungen gesessen und waren also politische Neulinge; von ihnen gelang es nur dreien, sich in der Versammlung politische Reputation zu erwerben: Barbaroux, Louvet de Couvray und Saint-Just.[58] Gegenüber der Masse der Unentschlossenen und Unerfahrenen in der Mitte zeichnete sich das Wesen der beiden Ränder, von *Montagnards* und *Girondins*, umso deutlicher ab. Kennzeichnend für deren Zusammenhalt waren nicht nur ihre gemeinsamen politischen oder ideologischen Überzeugungen, sondern auch ihr ähnliches soziales Herkommen. Zudem stammten viele aus derselben Gegend wie etwa der Gironde, der die *Girondins* ihren Namen verdankten. Die *Montagnards*, die Anhänger der «Bergpartei», kamen hingegen vorwiegend aus Paris. Für beide jedoch galt, dass die Herkunft keineswegs allein über ihre politische Haltung entschied. Brissot etwa, die dominante Figur der *Girondins*, stammte aus Chartres, während Robespierre in Arras im Norden Frankreichs geboren war. Danton, der sich weder der *Gironde* noch ganz der *Montagne* zurechnen ließ, kam aus Arcis-sur-Aube in der Champagne.

Ob man sich der Rechten oder der Linken anschloss, hatte auch etwas mit Leidenschaften und Antipathien zu tun. Diese heute nur schwer nachvollziehbare, weil so gut wie ausschließlich durch vorpolitische Kriterien gekennzeichnete Gruppenbindung war der entscheidende Grund dafür, dass keine der Revolutionsversammlungen nach Fraktionen oder Parteien gegliedert war. Eine solche Gliederung galt als Anschlag auf die postulierte Einvernehmlichkeit des revolutionären Wollens, eine ihre Ziele verratende Spaltung. Daher wies man als Deputierter der Legislative wie des Konvents die Bindung an eine Partei weit von sich.

Dieses Revolutionsdogma, das jegliche Parteienbildung verdammte, duldete auch keinerlei Nuancen oder Abweichungen von einer imaginären Linie, die allein zum revolutionären Heil führen sollte. Wer politisch eine andere Position vertrat als man selbst, konnte folglich nur ein Gegner der Revolution sein. Diese eigentümliche Logik sollten sich die Bolschewiki mit erheblich größerem Erfolg zum Vorbild nehmen. Sie wies dem Unheil endgültig die Bahn, dem die Französische Revolution von nun an zustrebte; denn wenn alle darin übereinstimmten, mit der Revolution dasselbe zu wollen, jeder damit aber seine eigenen Vorstellungen, Interessen und Ambitionen verknüpfte, dann musste das zwangsläufig dazu führen, dass jeder unter «der Revolution» vor allem seinen eigenen politischen Standpunkt verstand. Damit blieb am Ende nur, dass man den Abweichlern, den Lauen und Zaudernden mit sozialer Ausgrenzung drohte oder gleich kurzen Prozess machte, indem man sie als Feinde der Revolution stigmatisierte und sich nicht nur das Recht, sondern geradezu die Pflicht zusprach, sie zu liquidieren.

An den eidverweigernden Klerikern, von denen viele anfänglich zum Erfolg der Revolution beigetragen hatten, lässt sich jener Prozess einer schleichenden Selbstzerstörung der Revolution ebenso zeigen wie an der Ächtung, der nach den *Monarchiens* um Mounier die *Feuillants* zum Opfer fielen, deren Erbe im Konvent jetzt die *Girondins* antraten. Diese sich wiederholenden Abläufe kennzeichnet treffend ein prophetisches Bonmot Pierre Vergniauds in einer seiner Reden am 13. März 1793: «Bürger, die Befürchtung drängt sich auf, dass die Revolution, indem sie wie Saturn nacheinander alle Kinder verschlingt, schließlich den Despotismus mit den Übeln, die ihm eigentümlich sind, hervorbringt».[59]

Zunächst jedoch schien die außenpolitische Entwicklung den *Girondins* in die Hände zu spielen. In den ersten Wochen und Monaten nach Valmy waren die Revolutionstruppen überall auf dem Vormarsch. Das zu Österreich gehörende Belgien wurde erobert, Savoyen und Nizza von Frankreich annektiert. Schließlich flatterte die Trikolore auch über Mainz und der Freien Reichsstadt Frankfurt am Main. Diese schönen Erfolge waren aber kaum solche, von denen sich die Mehrheit im Konvent beeindrucken ließ. Hier saßen die Repräsentanten der bürgerlichen Revolution, darauf bedacht, die zahlreichen materiellen Vorteile, die sie eingeheimst hatten, zu verteidigen. Für sie war der große Angstgegner die Gegenrevolution, die ihnen, wenn sie sich durchsetzte, alles wieder abnehmen würde, was sie als ihr legitimes Eigentum ansahen. Diese Angst machte die *Plaine* anfällig für die Radikalen und ließ sie den *Montagnards* ihre Stimme geben, wenn diese ein energisches Vorgehen gegen die Aristokraten und andere Revolutionsfeinde forderten. Das machte die Mitte im Konvent zu einem unzuverlässigen Bundesgenossen für die *Girondins*.

Das Blatt wendete sich schließlich gegen die *Gironde*, als am 1. Oktober eine Abordnung des *Comité de surveillance de la Commune de Paris* mit der Behauptung im Konvent erschien, im Besitz von Beweisen zu sein, dass einige Abgeordnete bezahlte Mitarbeiter des gestürzten Königs gewesen seien; jenen wie diesem gehöre deshalb umgehend der Prozess gemacht.[60] Nun wurden auch unter den Abgeordneten des Konvents Stimmen laut, den König unter Anklage zu stellen. Damit war ein Thema aufgeworfen, das die *Girondins* am liebsten vermieden hätten. Das war jedoch aussichtslos, denn sowohl der 10. August und die Republik als auch der Konvent verloren jegliche Rechtfertigung, wenn Louis XVI keine gegenrevolutionären Aktivitäten nachgewiesen werden konnten. Zudem ließ es sich kaum rechtfertigen, auch wenn die Prüfung der Dokumente die Schuld des Königs erwies, ihn einfach ohne Prozess für längere Zeit gefangen zu halten. Schließlich war es den *Girondins* unmöglich, sich offen gegen den Prozess auszusprechen, weil es ja Brissot, Vergniaud und andere gewesen waren, die in der ersten Hälfte des Jahres 1792 unablässig die Monarchie attackiert hatten. Deshalb war umso aufmerksamer registriert worden, dass sie sich seit Juli, als die Kriegshysterie in Paris einem neuen Höhepunkt zustrebte, damit zurückhielten. Das hatte Misstrauen geweckt, dem sie jetzt weitere Nahrung gaben, weil sie, anstatt mit Nachdruck darauf zu bestehen, Louis XVI den Prozess zu machen, diesen Forderungen mit allerhand Einwänden entgegentraten. Zunächst ließ sich damit noch Zeit gewinnen. Der Abgeordnete Charles Barbaroux schlug vor, eine vom Konvent ernannte Kommission sollte die Dokumente an Ort und Stelle überprüfen.[61]

Den ganzen Oktober über herrschte tiefe Stille, bis am 1. November 1792 der Abgeordnete Jean De Bry verlangte, der Konvent solle sich endlich über das «Los dessen äußern, der 25 Millionen Menschen der Gefahr aussetzte, Opfer von Tyrannen zu werden».[62] Daraufhin erstattete eine Woche später, am 7. November, Pierre Malhes im Namen des *Comité de Législation* einen Bericht, der die verfassungsrechtlich komplizierte Frage, ob der Monarch überhaupt angeklagt und verurteilt werden könnte, ausführlich erörterte. Für die Juristen, auch im

Konvent zahlreich vertreten, war die Sakralität des Königs, seine von der Verfassung von 1791 garantierte Unverletzlichkeit, die ihm eine umfassende Immunität verschaffte, ein Problem, das sie schließlich im Einklang mit der Logik der Revolution lösten: Der Konvent als der gewählte Repräsentant des souveränen Volkes stehe über der Verfassung und sei folglich auch nicht deren Einschränkungen unterworfen. Da die Nation den König vom Thron gestoßen habe, der Konvent aber deren Mandat wahrnehme, habe die Versammlung das Recht, über den gestürzten Monarchen das Urteil zu fällen. Der vorgelegte Gesetzentwurf sah schließlich vor, dass der Nationalkonvent selbst über Louis XVI urteilen sollte und die Mitglieder ihr Urteil in namentlicher Abstimmung abgeben würden.[63]

In der Debatte über diesen Gesetzentwurf, die am 13. November begann, äußerte sich zunächst der Abgeordnete Charles Morisson, der ein Dekret vorschlug, das Prozess und Urteil zu vermeiden suchte. Louis XVI, so Morisson, solle auf alle Zeit aus Frankreich verbannt werden. Handele er dem zuwider und erscheine dennoch auf französischem Territorium, sei er vogelfrei und werde ohne weitere Umstände mit dem Tode bestraft.[64] Diesem Vorschlag, den König ohne Prozess und Schuldspruch ins Exil zu verbannen, widersprach vehement der junge Abgeordnete Antoine Saint-Just, der hier seine Jungfernrede im Konvent hielt. Der Vorschlag Morissons, der Louis XVI die Immunität zubillige wie der des *Comité de Législation*, der darauf hinauslaufe, über ihn als *Citoyen* zu urteilen, seien gleichermaßen falsch. «Die alleinige Absicht des *Comité* war es, Sie davon zu überzeugen, dass der König wie ein einfacher Bürger abgeurteilt werden solle. Ich aber bin der Ansicht, dass über den König als Feind Gericht gehalten werden muss: Es gilt weniger, über ihn Recht zu sprechen, als ihn zu bekämpfen. (...) Die Form des Verfahrens ist nicht zivilrechtlicher Natur, sondern folgt dem Gesetz des Völkerrechts. (...) Dieselben Menschen, die über Louis urteilen wollen, haben eine Republik zu gründen; diejenigen jedoch, die der gerechten Bestrafung eines Königs irgendeine Bedeutung beimessen, werden niemals eine Republik gründen. (...) Bürger, das Tribunal, das über Louis urteilen muss, ist nicht ein gewöhnliches Strafgericht; es ist vielmehr eine Ratsversammlung, es ist das Volk, es sind Sie; und die Gesetze, an denen wir uns zu orientieren haben, sind die des Völkerrechts».[65]

Saint-Justs Forderung, Louis XVI als «Feind» anzusehen und ihn entsprechend der Gesetze des Völkerrechts abzuurteilen, hieß nichts anderes als ihn ohne Umstände seiner Hinrichtung zu überantworten. Diese Absicht gewann durch die Entdeckung von Briefen und Dokumenten, die im «eisernen Schrank» in den Tuilerien gefunden wurden, weiteren Rückhalt. Am 20. November erstattete Innenminister Roland dem Konvent Bericht über diesen Fund. Durch die Schriftstücke, so deutete er an, schienen auch mehrere Mitglieder der Konstituante und der Legislative kompromittiert zu sein.[66] Der Hinweis war reichlich plump, denn unter den Papieren waren viele Schriftstücke, die aus der Zeit vor Varennes datierten, als der Verkehr mit dem Monarchen noch kein republikfeindliches Verbrechen darstellte. Gleichwohl konnte es jetzt peinlich sein, wenn man sich deswegen rechtfertigen musste.

Die Entdeckung dieser Papiere war für die Strategie der *Girondins*, die zunächst noch versucht hatten, einen Prozess gegen Louis XVI zu vermeiden, fatal. Angesichts der Beweislast, die den Verrat des Königs belegte, würden sie sich so nur selber in höchste Gefahr bringen. Also mussten sie jetzt für ein ordentliches Gerichtsverfahren eintreten, um den «kurzen Prozess», den Saint-Just forderte, zu vereiteln. Die neue Haltung der *Girondins* illustriert die schriftliche Stellungnahme von Thomas Paine,[67] die am 21. November im Konvent verlesen wurde: «Ich bin davon überzeugt, dass der Prozess gegen Louis XVI geführt werden muss. (…) Sollte Louis unschuldig sein, geben wir ihm damit Gelegenheit, seine Unschuld zu beweisen; ist er jedoch schuldig, obliegt es dem Willen der Nation, darüber zu entscheiden, ob man ihn begnadigen oder bestrafen soll». Damit hielten sich die *Girondins* auch weiterhin alle Optionen offen, das Leben des Königs zu retten. Doch sowohl, dass dieser die Möglichkeit erhalten sollte, seine Unschuld unter Beweis zu stellen, als auch die Möglichkeit seiner Begnadigung lief den Absichten der radikalen Jakobiner, der Sansculotten und der Pariser Sektionen entschieden zuwider. Für sie war die Schuld von Louis XVI klar erwiesen. Dafür brauchte es keinen Prozess. Der gestürzte König war als «Feind» identifiziert, der liquidiert werden musste. Mit seinem Blut galt es die Republik jetzt gewissermaßen zu taufen.

Diese Ansicht vertrat mit Nachdruck Robespierre, der am 3. Dezember 1792 vor dem Konvent sprach: «Bürger, wider ihre Absichten ist die Versammlung von der eigentlichen Frage abgelenkt worden. Es geht nicht darum, hier einen Prozess zu führen. Louis ist kein Angeklagter. Sie sind keine Richter. Sie können nur Staatsmänner und Repräsentanten der Nation sein. Ihre Aufgabe ist es keineswegs, für oder gegen einen Mann ein Urteil zu sprechen, sondern lediglich eine Maßnahme für das öffentliche Heil zu veranlassen, einen Akt der nationalen Vorsehung auszuführen. (...)Welches ist denn tatsächlich die Entscheidung, die eine vernünftige Politik treffen muss, um die im Entstehen begriffene Republik zu festigen? Die Antwort darauf kann nur lauten, die Verachtung der Monarchie unauslöschlich in die Herzen aller einzuschreiben und alle Anhänger des Königs mit Schrecken zu erfüllen. (...) Louis war König, aber die Republik ist begründet: Die berühmte Frage, die Sie beschäftigt, wird allein schon durch diese Worte entschieden: Louis wurde durch seine Verbrechen um den Thron gebracht; Louis beschuldigte das französische Volk der Rebellion; um es zu züchtigen, hat er die Waffen seiner tyrannischen Mitbrüder herbeigerufen; der Sieg und das Volk haben entschieden, dass nur er allein der Rebell war: Deshalb kann Louis nicht vor Gericht gestellt werden; entweder er ist bereits verurteilt, oder die Republik hat keine Absolution erhalten. Der Vorschlag, Louis XVI auf welche Weise auch immer den Prozess zu machen, bedeutet einen Rückfall in den königlichen und konstitutionellen Despotismus; recht eigentlich handelt es sich dabei um einen gegenrevolutionären Vorschlag, denn damit wird die Revolution selber unter Anklage gestellt. Außerdem, wenn man Louis trotzdem noch immer den Prozess machen wollte, könnte er freigesprochen werden; er könnte seine Unschuld erweisen; aber was sage ich! Er gilt als unschuldig, solange er nicht verurteilt ist; aber wenn Louis freigesprochen wird, wenn er als unschuldig gilt, was wird dann aus der Revolution?»[68]

Diese Frage musste allen Abgeordneten den Schreck in die Glieder fahren lassen, denn die Revolution war ihrer aller Werk, mit dessen Erfolg oder Scheitern nicht nur ihre politische, sondern auch ihre physische Existenz verknüpft war. Zwar stimmte spontan eine Mehrheit dem Vorschlag von Pétion zu, der unmittelbar nach Robespierres Rede dafür plädierte, Louis XVI den Prozess zu machen.[69] Das aber war nur ein Pyrrhussieg für die *Girondins*, denn sofort wurden Stimmen laut, mit denen sich jener Schrecken Geltung verschaffte. Das führte zu einer wirren Diskussion, in der die Angst der Deputierten mit ihrem Rechtsempfinden in Widerstreit trat. Aus diesem Dilemma suchte der Sitzungspräsident Bertrand Barère mit drei Fragen einen Ausweg zu weisen: Soll Louis angeklagt werden? Wird er zum Feind des Vaterlands erklärt? Wird er verurteilt werden? Das war auch keine Lösung, sondern nur eine klar strukturierte Formulierung der Verlegenheit, weshalb Pierre-Joseph Cambon den Einwurf machte, Louis XVI noch in dieser Nacht einfach aufzuknüpfen. Das wiederum rief Robespierre auf den Plan, der stattdessen vorschlug, Louis XVI als «Verräter der Nation, Feind der Menschheit» auf jenem Platz hinzurichten, «auf dem die Verteidiger der Freiheit am 10. August ihr Leben ließen».[70]

Angesichts der Stimmung im Konvent musste den *Girondins* klar sein, dass ihnen auch ein solcher Prozess keine Chance lassen würde, das Leben des Königs zu retten. Setzten sie sich für seine Verteidigung ein, boten sie den *Montagnards* den Vorwand, sie als Royalisten zu verdächtigen, ein Vorwurf, der die Gefahr barg, sie nicht nur politisch mundtot zu machen. Schlügen sie sich aber auf die Seite der Ankläger, die den Tod des Königs forderten, dann hätten auch die *Girondins* das Odium von Königsmördern zu tragen, das sie die Unterstützung der gemäßigten Kräfte in der Provinz kosten würde. Dieses Dilemma bestimmte die *Montagnards* nun ihrerseits dazu, von den durch Saint-Just und Robespierre vorgetragenen radikalen Forderungen abzurücken und einen Prozess gegen Louis XVI zu verlangen, dessen Nebenfolge eine Kompromittierung der *Girondins* sein würde.

Auf Vorschlag von Pétion wurde am 4. Dezember 1792 der Beschluss verabschiedet, der Konvent solle sich in jeder Sitzung ab der Mittagsstunde ausschließlich damit befassen, die Anklage gegen Louis XVI vorzubereiten, damit der Prozess bald stattfinden könne.[71] Eine Woche später, am 11. Dezember, wurde der König, von Einheiten der Nationalgarde bewacht, vom Temple in den Konvent gebracht, wo ihm die Anklageschrift verlesen wurde, mit der man ihm sein ganzes Verhalten seit dem Zusammentritt der Generalstände zur Last legte. Auf die Hauptpunkte dieser Anklage, die ihm der Versammlungspräsident Bertrand Barère im Anschluss an deren Verlesung jeweils noch einmal einzeln vorhielt, antwortete Louis XVI langsam, aber mit fester Stimme und würdiger Haltung mit einer ganzen Reihe von Ausflüchten, Widersprüchen und offensichtlichen Lügen. Nach dieser förmlichen Anklageerhebung verlangte der gestürzte König, dass ihm ein Verteidiger gestellt werde, ein Ansinnen, dem auf Antrag von Pétion zugestimmt wurde.[72]

Die weiteren Debatten im Konvent kreisten nun darum, ob das Urteil angefochten und ob es in eine Begnadigung umgewandelt werden könne. Die *Girondins* traten zunächst vehement dafür ein, den Urteilsspruch durch einen *Appel au peuple*, ein Referendum, bestätigen zu lassen, denn eine Entscheidung von einer solchen politischen Tragweite könne der Konvent unmöglich aus eigener Verantwortung heraus treffen. Der *Appel au peuple* war die letzte Trumpfkarte der *Girondins*, um das Leben des Königs zu retten, denn es konnte als ausgemacht gelten, dass im Unterschied zu Paris das übrige Land noch immer dem Zauber der Monarchie erlegen war, sich jedenfalls keine Mehrheit für den Tod des Königs aussprechen würde. Den *Girondins* bot der *Appel au peuple* außerdem die Möglichkeit, ihr beschädigtes Ansehen als lupenreine Revolutionäre wieder aufzupolieren.

Gestützt auf den Zuspruch der Pariser Sektionen und der Sansculotten hatte Robespierre jedoch keine große Mühe, den *Appel au peuple* mit einfachen und überzeugenden Argumenten zu verwerfen. Schließlich habe das Volk bereits spontan und mit aller Entschiedenheit seinen Willen am 10. August bekundet, wie mit «Louis», wie er ihn lediglich nannte, zu verfahren sei. Das Ziel seiner Verurteilung sei es, «die Freiheit und die öffentliche Ruhe durch die Bestrafung des Tyrannen zu festigen.» Ein langwieriger Prozess unter Einbeziehung des ganzen Landes würde demgegenüber nur «der Unordnung und dem Beginn eines Bürgerkriegs Vorschub zu leisten». Einen solchen Vorschlag könnten ernsthaft deshalb nur Anhänger des Despotismus machen.[73]

Die Debatten waren damit noch nicht zu Ende. Vergniaud etwa machte verfassungsrechtliche Bedenken geltend: Das Volk habe mit der Verfassung von 1791 dem König die Unverletzlichkeit garantiert, also könne auch nur das Volk diese Immunität wieder entziehen, indem es durch ein Referendum das Urteil über ihn fälle.[74] Dem ließ sich eine gewisse Logik nicht absprechen, denn Aufgabe des Konvents war es, eine neue Verfassung auszuarbeiten, die dem Volk zur Abstimmung vorgelegt werden sollte. Also war das Volk auch dazu aufgerufen, das Urteil über den König zu ratifizieren. Allein diesem Aspekt des Problems waren zahlreiche Debattenbeiträge gewidmet – was in einer Versammlung, die mehrheitlich aus Advokaten bestand, nicht verwundern kann. Diese prinzipiellen Erwägungen wurden von den *Appelants*, wie die Befürworter des Referendums genannt wurden, stets noch mit anderen, wesentlich konkreteren und dringlicheren Fragen verknüpft. Wie würde die öffentliche Meinung im Ausland auf ein Todesurteil reagieren? Würden die offensichtlichen Meinungsverschiedenheiten der Abgeordneten den Konvent insgesamt kompromittieren? Sei gar zu befürchten, dass der Urteilsspruch des Konvents durch äußeren Druck – die drohende Haltung der Sektionen und der Sansculotten oder Reaktionen des Publikums auf den Tribünen – beeinflusst werde?

Mit dem *Appel au peuple* ließen sich alle Gewissensqualen und Befürchtungen vermeiden, die vermutlich deshalb so intensiv erlebt wurden, weil eine Mehrheit der Deputierten davor zurückschreckte, über den König das Todesurteil zu verhängen. Das aber war für den ihm zur Last gelegten Vorwurf des Hochverrats das einzig denkbare Strafmaß. Andererseits hegte kein Abgeordneter hinsichtlich der Berechtigung dieses Vorwurfs irgendeinen Zweifel. Keiner jedenfalls wagte es, den König in Schutz zu nehmen. Dieses Schweigen bestätigte das Argument Robespierres, dass das Urteil über «Louis» bereits vom Volk gefällt worden sei und der Konvent lediglich die Pflicht habe, dessen Vollstreckung zu gewährleisten.

Der Versuch, den einige *Girondins* mit dem *Appel au peuple* unternahmen, scheiterte nicht zuletzt an ihrer Unfähigkeit zu geschlossenem und entschlossenem Handeln. *Montagnards* und Jakobiner erwiesen sich in dieser Hinsicht dank der Führung durch Robespierre überlegen. Den Trumpf, der das Referendumsbegehren endgültig erledigte, spielten sie am 3. Januar aus. An diesem Tag ergriff der Abgeordnete Thomas-Augustin de Gasparin im Konvent das Wort und enthüllte den verblüfften Deputierten, dass ausgerechnet die *Girondins*, die als Erste die Absetzung des Königs betrieben, diesen seit Juli 1792 insgeheim unterstützt hätten. Er, Gasparin, habe eine von den Girondisten Vergniaud, Guadet und Gensonné unterzeichnete Denkschrift gesehen, die um den 20. Juli 1792 herum durch Vermittlung des Porträtmalers Boze Louis XVI zugespielt worden sei und detaillierte Vorschläge enthalten habe, wie durch eine Mitwirkung des Königs die sich damals abzeichnende Krise zu bannen sei. Die Vorschläge seien jedoch von Louis XVI abschlägig beschieden worden.[75] Diese peinliche Enthüllung war den Abgeordneten der *Plaine* ein weiterer Beweis für die Uneinigkeit und Unzuverlässigkeit der *Girondins*. Das machte es diesen unmöglich, sich noch weiter für den *Appel au peuple* ins Zeug zu legen.

Der *Plaine* hatte am *Appel* immer missfallen, dass er den Anspruch auf Repräsentativität beschädigte, in dem sie die Legitimation ihres Handelns erkannte. Überantwortete der Konvent das Urteil über Louis XVI der Entscheidung durch die Primärversammlungen der Wähler, die zu diesem Zweck einberufen werden mussten, machte er sich selbst nicht nur überflüssig, sondern drohte damit auch das ganze Land in eine Diskussion zu stürzen, die es entzweien würde. Nach Lage der Dinge würde damit ein Bürgerkrieg heraufbeschworen, der mancherorts schon ausgebrochen zu sein schien. Diese bislang noch voneinander isolierten Unruhen konnten durch das Referendum zum unkontrollierbaren Flächenbrand werden. Vor dieser Gefahr warnte Barère am 4. Januar in einer mehrstündigen Rede, mit der er alle Argumente Vergniauds, dessen aufrichtige Gesinnung und Großmut er würdigte, analysierte und widerlegte. Das Bündnis der europäischen Mächte gegen Frankreich, das Vergniaud für den Fall einer Verurteilung des Königs kommen sah, sei längst schon geschmiedet. Sollte diese Drohung also jetzt die Wirkung haben, dass die Abgeordneten vor ihren Pflichten ängstlich zurückschreckten? Diesen Appell an die feste Haltung des Konvents, den er für seine verantwortlichen und klugen Debatten ausdrücklich lobte, nutzte Barère auch als rhetorischen Kniff, um das zentrale Argument Vergniauds zu zerpflücken: Wie feige und überflüssig würde es sich im Kontrast dazu ausnehmen, wenn sich nun die Deputierten an ihre Wähler wendeten, um für das Urteil über den König ein neues Mandat einzuholen? «Befinde ich mich hier inmitten des Nationalkonvents, der die einzige Hoffnung eines republikanischen Frankreich darstellt? Stolz und kühn gegenüber den Belgiern, gerieren Sie sich sklavisch und ängstlich gegenüber Franzosen? Sie sind die Repräsentanten der Nation. Es ist allein Ihre Pflicht, alle für die öffentliche Sicherheit notwendigen Maßnahmen zu ergreifen».[76]

Diese Rede entfaltete Argumente, die viele zögernde Abgeordnete mitrissen. Das galt zumal für die Abgeordneten der *Plaine*, die mit ihrem Votum über die Mehrheit entschieden. Mit seiner Rede half Barère ihnen nicht nur ihre Ängste zu überwinden, sondern er stärkte auch ihr politisches Selbstbewusstsein. Darauf gestützt sollte die *Plaine* von nun an in den großen Fragen immer mit der *Montagne* stimmen und damit den entscheidenden Beitrag dazu leisten, dass diese sich im Kampf um die Macht gegen die *Girondins* durchsetzen konnte.

Am 15. Januar wurde der Antrag, das über Louis XVI gefällte Urteil einem Referendum zu überantworten, mit großer Mehrheit abgelehnt. Von 717 anwesenden Deputierten stimmten 424 dagegen und nur 283 dafür, während sich 10 ihrer Stimme enthielten.[77] In der diesem Votum vorangegangenen Abstimmung, ob Louis XVI schuldig oder nicht schuldig sei, hatten bis auf 26, die sich der Stimme enthielten, 693 Abgeordnete mit Ja gestimmt.[78] Die Abstimmung über das Strafmaß sollte am folgenden Tag stattfinden. Davor unternahm Lanjuinais noch einen Versuch, das Leben Louis' XVI zu retten, indem er den Antrag stellte, dass ein Todesurteil nur mit einer Dreiviertelmehrheit des Konvents gefällt werden dürfe.[79] Der Antrag wurde jedoch ohne Aussprache abgelehnt. Da viele Abgeordnete darauf bestanden, ihr Votum zu begründen, dauerte die Abstimmung vom 16. bis in die Nachtstunden des 17. Januar an. Von 721 anwesenden Abgeordneten votierten 366 für die Todesstrafe, 319 stimmten für eine Inhaftierung des Königs und dessen Ausweisung, sobald der Frieden geschlossen sei, während sich die 36 restlichen zwar für die Todesstrafe, aber nicht für deren sofortige Vollstreckung aussprachen.[80]

Der denkbar knappe Ausgang der Abstimmung ermutigte diejenigen, die den Kopf des Königs retten wollten, zu einer letzten Anstrengung. Am 18. Januar 1793 beantragte Jacques-Alexis Thuriot einen Aufschub der Urteilsvollstreckung.[81] Nach heftigen Auseinandersetzungen und Tumulten wurde die Abstimmung darüber auf den nächsten Tag angesetzt. Eine weitere, sehr stürmisch verlaufende Diskussion wurde schließlich durch eine namentliche Abstimmung über den Urteilsaufschub beendet. Von 690 anwesenden Abgeordneten stimmten 310 dafür, 380 dagegen.[82] Damit war das über Louis XVI verhängte Todesurteil rechtskräftig, und nichts konnte dessen Vollzug mehr aufhalten, der auf den 21. Januar 1793 angesetzt wurde.

Prozess wie Urteil waren trotz der angeblich erdrückenden «Beweislast», die den «Verrat» des Königs belegte, ausschließlich politisch motiviert. Diejenigen, die für den Tod des «Tyrannen» gestimmt hatten, wollten jede Kompromisslösung verhindern, die nach ihrer Überzeugung die Möglichkeit, die Revolution rückgängig zu machen, als denkbare Alternative bestehen ließ. Die Gefahren einer Gegenrevolution waren seit dem 14. Juli 1789 stetig bedrohlicher geworden, weil mit ihrem Triumph alle seither durchgesetzten politischen und sozialen Errungenschaften mit einem Mal wieder zunichte gemacht worden wären. Das galt es unbedingt zu vermeiden. Erst die Hinrichtung des Königs besiegelte den Erwerb des säkularisierten Kirchenbesitzes und den Verkauf der enteigneten Liegenschaften der Emigranten.

Für die Hinrichtung des Königs war die Guillotine von ihrem Standort auf der Place du Caroussel zur Place de la Révolution, der vormaligen Place Louis XIV und heutigen Place de la Concorde, geschafft worden. Die *Commune de Paris* hatte strenge Sicherheitsvorkehrungen getroffen: Die Sektionen wurden zu den Waffen gerufen, und sämtliche Zugänge zur Stadt waren mit doppelten Wachen besetzt. Alle Geschäfte blieben geschlossen. Die Straßen, die vom Temple zum Richtplatz führten, waren auf beiden Seiten von Nationalgarden gesäumt. Gegen halb neun Uhr erschien deren Oberbefehlshaber, der Bierbrauer Santerre, im Temple, um den König zur Hinrichtung abzuholen. Im Hof wartete eine geschlossene Kutsche, die Louis XVI in Begleitung seines Beichtvaters bestieg.

Die letzte Fahrt des Königs dauerte weit über eine Stunde. Mit Piken und Flinten bewaffnete Abordnungen der einzelnen Sektionen gaben der Kutsche das Geleit. Gegen 10 Uhr langte der König am Fuß des etwa zwei Meter hohen Blutgerüsts an. Rund um das Schafott waren über 2000 Nationalgardisten und *Fédérés* postiert, hinter denen sich eine vieltausendköpfige Menge aufgestaut hatte. Hier angekommen, verharrte Louis XVI einige Minuten regungslos in der Karosse, ehe er ausstieg, den Blick auf das Fallbeil gerichtet, dessen metallische Silhouette sich scharf vor dem regengrauen Pariser Himmel abzeichnete. Nachdem er seine Oberkleider abgelegt hatte, wurden ihm die Hände auf den Rücken gebunden, und der Henker schnitt ihm die Haare ab. Dann erklomm er die steilen Stufen zur Plattform. Oben angelangt wollte er seine Stimme erheben und zu den Schaulustigen sprechen, aber ein sofort einsetzender Trommelwirbel übertönte seine Worte. Wenige Augenblicke später trennte das Fallbeil das gesalbte Haupt Louis' XVI vom Rumpf. In diesem Moment löste sich die Spannung, die auf der Menge gelastet hatte, ertönten Rufe «Vive la République! Vive la Nation! Vive la Liberté!» – Der Leichnam des Königs wurde, wie der eines gewöhnlichen Verbrechers, auf den Friedhof der Eglise de la Madeleine geschafft und ohne jedes Zeremoniell in einem Massengrab verscharrt.[83]

Mit der Hinrichtung von Louis XVI erlebte die republikanische Revolution, deren Auslöser die Flucht des Königs und seine Verhaftung in Varennes gewesen war, ihren Höhepunkt. Das Ende, das die Monarchie an diesem 21. Januar 1792 nahm, war seit dem 10. August 1791 nicht mehr aufzuhalten. Die innere Ruhe und Entspannung, die man sich davon versprochen hatte, sollte sich nicht einstellen, denn die mit dem Blut des Königs getaufte Republik vollendete nicht die Revolution, wie Thomas Paine gemutmaßt hatte, sondern mit ihr begann eine neue Etappe, die mit unaufhaltsamer Konsequenz ihre Selbstzerstörung einleiten sollte.

VIERTES KAPITEL

DIE REVOLUTION WIRD EXPORTIERT

Der 20. September 1792, der Tag der Kanonade von Valmy, markiert ebenso wie der 10. August einen der großen Wendepunkte der Französischen Revolution. In Frankreich begann die seither gefürchtete Bedrohung durch Emigranten und die sie unterstützenden europäischen Mächte zu verblassen. Dazu trug auch das Geschehen an den Fronten bei. Am 21. September drang die von General Montesquiou kommandierte *Armée du Midi* in Savoyen ein, das zum Königreich Sardinien-Piemont gehörte. Dessen Herrscher, König Victor Amadeus III., Schwiegervater des Comte d'Artois und des Comte de Provence, hatte die Umtriebe der Emigranten, die sich an den Hof von Turin geflüchtet hatten, stets unterstützt. Sardinien-Piemont war deshalb eine dauernde Bedrohung der südöstlichen Flanke Frankreichs. Diese Gefahr zu bannen, verhieß der Revolution also einen strategischen Erfolg, der umso größer ausfiel, als es der französischen Armee gelang, Savoyen zu besetzen, ohne einen einzigen Schuss abzufeuern.[1] Gleichzeitig eroberte ein Corps der *Armée du Midi* auch die Grafschaft Nizza.

Das Geheimnis dieses Erfolgs war die Schwäche des Gegners, der sich kampflos in den Schutz der Alpen zurückzog und das Glacis seines Herrschaftsgebiets, Savoyen und Nizza, den Franzosen opferte. Als weitaus spektakulärer wurde in Paris ein ganz anderer Aspekt wahrgenommen, auch wenn der für den Ausgang dieses Feldzugs lediglich symbolische Bedeutung hatte: Savoyardische Radikale, die als Exilanten in Paris lebten und deren Chef der Arzt Amadée Doppet war, machten am 30. Juli 1792 der Legislative den Vorschlag, eine *Légion des Allobroges* – Allobroga war der lateinische Name für Savoyen – aufzustellen: «Meine Herren, die Sache der Franzosen ist die aller

Menschen; deshalb wollen wir uns nicht auf patriotische Spenden beschränken. Wir verlangen in einer Legion zu dienen, die den Namen *Légion des Allobroges* führen wird».[2] Dem Ansinnen entsprach die Legislative mit dem Dekret vom 8. August und bewilligte für diesen Verband die Summe von 700000 *livres*.[3] Doppet, zum Chef dieser Truppe ernannt, gelang es zwar nur, eine Kompanie auf die Beine zu stellen, aber das genügte vollauf, um der Invasion Montesquious in Savoyen den in propagandistischer Hinsicht unschätzbaren Anstrich eines «Befreiungskriegs» zu geben.[4]

Die Behauptung war glaubwürdig, weil die Franzosen von den Einheimischen als «Befreier» begrüßt wurden. Den Empfang nahmen die Invasoren zum Anlass, in Savoyen am 14. Oktober Wahlen für eine «Nationalversammlung» zu organisieren, deren Deputierte sich für einen Anschluss an Frankreich aussprachen. Schon vier Tage nach ihrem Zusammentritt in Chambéry wurde am 21. Oktober eine Verfassung verabschiedet, die nach dem Vorbild Frankreichs jene Reformen in Kraft setzte, die im Nachbarland unter den Konvulsionen einer Revolution durchgesetzt worden waren.[5] Das lieferte dem Konvent den Vorwand, die militärische Eroberung Savoyens als «Wiedervereinigung» (*réunion*) zu etikettieren. Ein entsprechender Beschluss für Savoyen wurde am 27. November 1792 und für Nizza am 31. Januar 1793 ratifiziert und verkündet.[6]

Diese in Übereinstimmung mit der *volonté générale* der Annektierten vollzogenen «Wiedervereinigungen» lieferten ein verführerisches Muster, das die Erwartung nährte, es auch anderswo anwenden zu können. Eine Gelegenheit dazu bot sich etwa am Mittelabschnitt der Front. Der Rückzug der österreichischen Truppen, die die linke Flanke der preußischen Invasion decken sollten, ließ die gesamte Pfalz ungeschützt. Das war eine Einladung für Custine, dessen *Armée des Vosges* am 30. September Speyer, am 4. Oktober Worms, am 21. Oktober Mainz und zwei Tage später Frankfurt am Main einnahm. Wie unmittelbar zuvor die erfolgreiche Kampagne der *Armée du Midi* war auch dieser Feldzug in militärischer Hinsicht eher belanglos, politisch jedoch von eminenter Bedeutung.

Die Gemengelage von kleinen geistlichen oder weltlichen Fürstentümern und freien Reichsstädten (Aachen, Köln, Trier, Mainz sowie Frankfurt am Main) repräsentierte geradezu idealtypisch die machtpolitische Schwäche des Deutschen Reichs. Allein in die Herrschaft über das linke Rheinufer von Mainz stromabwärts teilten sich nicht weniger als fünfzehn Erzbischöfe, Bischöfe und Äbte, fünfundsiebzig weltliche Fürsten und Grafen, zwei freie Reichsstädte und zahlreiche Reichsritter. Die hier paradierenden Machthaber waren einander in herzlichem Misstrauen zugetan, und keiner war aus eigener Kraft fähig oder willens, sich zu ernsthaftem Widerstand gegen die Revolutionstruppen zu ermannen. Einige suchten ihre Schwäche mit strikter Neutralität zu kaschieren um den Preis, dass sie den Invasoren bereitwillig Durchmarschrechte durch ihr Herrschaftsgebiet gewährten, während andere mit unterwürfiger Freundlichkeit dem Eindringling die Tore öffneten.[7] Zwar befasste sich der Regensburger Reichstag seit dem 1. September 1792 mit vorbereitenden Beratungen für die Organisation eines Reichskriegs gegen Frankreich. Diese zogen sich aber bis in den April 1793 hin, als der Konflikt, für den man sich rüsten wollte, schon längst entbrannt war.[8]

Der kampflose Fall der Residenz- und Festungsstadt Mainz, Sitz des mächtigsten geistlichen Kurfürsten und Erzkanzlers des Reichs, war ein Fanal. Die Französische Revolution zerstörte damit die Dekoration eines milde aufgeklärten und kulturgesättigten zweiten perikleischen Zeitalters, mit der sich die schwache westliche Flanke des Reichs, die «Pfaffengasse» beiderseits des Rheins von Speyer bis Köln, schmückte. Das war der Anfang vom Ende der Herrlichkeit des Alten Reichs. Jetzt nahte die Stunde, da sich die Prophetie erfüllte, die der von der Revolution trunkene Schwärmer Anacharsis Cloots am 13. Dezember 1791 vor der Legislative geäußert hatte. Um die Abgeordneten für einen Angriffskrieg auf das Alte Reich zu gewinnen, hatte er ihnen verheißen: «Die Wunderwerke des 16. Jahrhunderts werden von denen des 18. Jahrhunderts ausgelöscht werden».[9] Die neuen Wunderwerke waren Freiheit und Gleichheit sowie die weiteren revolutionären Errungenschaften, die mit der Armee Custines nun ihren Einzug in den deutschen Gebieten hielten. Konsequenterweise war es deren Auftrag, nicht als Eroberer und Räuber zu agieren, sondern als selbstlose Befreier von der Tyrannenherrschaft. So verkündete es Custine in einer in Speyer am 8. Oktober datierten Proklamation, die an die Einwohner von Worms, das nächste Ziel seines «Befreiungszugs», gerichtet war: «Der Krieg, den wir heute führen, unterscheidet sich sehr von den Kriegen, die bislang stattgefunden haben, denn er ist nur gegen die gerichtet, die sich die Macht angeeignet haben, und nicht gegen die Völker».[10] Dass das keine leere Versprechen waren, zeigt der Rechenschaftsbericht, den Custine am 9. Oktober dem Konvent sandte: «Ich bin davon überzeugt, dass die Repräsentanten der Nation die Entschädigung billigen werden, die ich zu Gunsten der notleidenden Klasse der Bewohner von Speyer (*de la classe indigente du peuple de Spire*) gewährt habe als Wiedergutmachung für die von ihr erlittenen Schäden, die durch Übergriffe verursacht wurden, zu denen sich einige Soldaten nach dem Vorbild und den Redereien von Offizieren und Unteroffizieren autorisiert wähnten (...). Ich glaubte auch den Wünschen der Repräsentanten des Volkes wie denen der gesamten Nation zu entsprechen, wenn ich es nicht duldete, dass auch nur ein Unglücklicher wegen unserer Erfolge zu leiden hatte. Mein Ziel war es, dass alle Einwohner den französischen Namen segnen, deren Glück unsere Verfassung vollenden muss».[11]

Custine befolgte damit wie andere französische Generäle das neue Konzept des revolutionären Befreiungskriegs, der sich nicht gegen die Völker, sondern gegen deren Unterdrücker richtete – nach der bekannten, damals in Gebrauch kommenden Propagandaformel «Friede den Hütten, Krieg den Palästen». Damit nicht genug, mutierte nach dem Ende der akuten Kampfhandlungen der Besatzer zum Missionar, der in den eroberten Gebieten das Evangelium der Revolution propagierte. Seinem unmittelbaren Vorgesetzten, dem General Biron, schrieb Custine am 18. Oktober 1792 aus Worms, er rücke jetzt gegen Mainz vor. Dieser Vormarsch werde auf diesen ganzen Teil Deutschlands einen großen Eindruck machen. «Der wird mich in Stand setzen, unsere Dekrete und Schriften auszusäen, die hier die Revolution im Angesicht der Armeen unserer Feinde vorbereiten werden».[12]

Damit war das Programm angedeutet, das der französischen Besatzungsherrschaft einen geradezu politisch-pädagogischen Auftrag zuwies, auf eine umfassende Revolutionierung der eroberten Gebiete hinzuwirken. Nach der Besetzung von Mainz erließ Custine am 23. Oktober eine Proklamation, mit der er dieses Programm erläuterte: «Als die Franzosen sich zum Krieg entschlossen, wurden sie dazu durch die ungerechtfertigte Aggression der Despoten provoziert (...). Die Repräsentanten des französischen Volks, die Nation in ihrer Gesamtheit, werden in ihrem Urteil immer die unglücklichen Völker, die sich gezwungen sahen, ihre Häupter unter das Joch des Despotismus zu beugen, von diesen ungerechten Menschen unterscheiden. Eine Nation, die als Erste allen Völkern das Beispiel gegeben hat, in ihre Rechte einzutreten, macht Ihnen das Angebot von Brüderlichkeit, von Freiheit».

Dieses Anerbieten schmückte Custine mit der Ankündigung eines Besatzungsregimes, das sich deutlich von der bisherigen Praxis unterschied: «Ich werde die alten Steuern und Abgaben beibehalten, aber ich werde ihre Bezahlung nur von denen verlangen, die sich bislang davon befreit und alle Lasten allein auf Sie abgewälzt hatten. Ich werde die Einrichtungen der Verwaltung respektieren, sie bis zu dem Moment in ihrer Tätigkeit unterstützen, an dem der frei geäußerte Wille die Wünsche des Volkes offenbart hat. (...) Möge von Mainz aus der Siegeslauf der Freiheit für alle Völker des Deutschen Reichs seinen Ausgang nehmen! Mögen aus dem Herzen dieser Stadt die Prinzipien der ewigen Wahrheiten Verbreitung finden! Möge deren Stichhaltigkeit alle die Menschen überzeugen, die in das Joch der Sklaverei eingespannt sind»![13]

Mainz, das kündigte Custine damit an, sollte zum großen Schaufenster ausgestaltet werden, in dem man alle Verlockungen und Verheißungen der revolutionären Errungenschaften verführerisch arrangiert und illuminiert ausstellte. Unter dem verzückten Staunen ob dieser Herrlichkeiten einer die Menschheit beglückenden Revolution sollte den in verblödender Sklaverei vegetierenden Deutschen das Morgenrot eines Lebens in selbstbestimmter Freiheit dämmern. Das war große Propaganda. Hinter der vermeintlichen Selbstlosigkeit verbargen sich indes die zunehmend expansiven und durchaus egoistischen Machtprojektionen der Französischen Revolution, die bald zum Vorschein kommen sollten. Gleichwohl ist der Revolutionskarneval, der in Mainz mit dem 23. Oktober 1792 begann und bis zum 22. Juli 1793 andauerte, als die Stadt vor den preußischen und österreichischen Truppen kapitulierte, in lebhafter Erinnerung geblieben. Seinen Höhepunkt erlebte dieses Geschehen, bei dem man, wie der preußisch-deutschnationale Historiker Heinrich von Treitschke schrieb, «in ehrfürchtiger Scheu alle Kraftworte der Pariser Völkerbeglücker» nachsprach,[14] mit der Proklamation der «Mainzer Republik» nach französischem Vorbild. Es war eine «Republik ohne Republikaner», denn sie wurde nur von einer kleinen Minderheit der Mainzer Bürger gestützt und hätte sich ohne die französische Besatzungsmacht weder etablieren noch behaupten können.[15] Das stand aber gleichwohl den unablässigen Versuchen der Besatzungsmacht und ihrer einheimischen Helfer nicht entgegen, die Bewohner von Mainz und des von ihm kontrollierten Rheinlandes für die Sache der Revolution und eine Annexion durch Frankreich zu gewinnen.

Die Revolutionierung von Mainz war vor allem in propagandistischer Hinsicht bedeutsam. Handfestere Vorteile versprach hingegen die Eroberung Belgiens, für die Dumouriez nach Valmy vom Konvent Soldaten, Geld und sonstige Unterstützung zugesagt bekam. Das waren aber, wie Dumouriez wusste, nur leere Versprechungen und nicht gedeckte Wechsel. Deshalb stieß er bei den Ministern auf offene Ohren, als er dem Exekutivrat den Vorschlag machte, die geplante Kampagne solle dazu dienen, seine Armee auf Kosten der Nachbarländer zu ernähren. Der Einfall in Belgien sei allein deshalb notwendig, weil die Gefahr bestünde, dass die Armee, wenn sie zu Hause bliebe, die Mittel Frankreichs erschöpfe. Das war auch die Meinung der Minister, unter ihnen Innenminister Roland, der drastisch bemerkte: «Wir müssen die Tausende von Männern, die wir unter Waffen haben, so weit marschieren lassen, wie ihre Füße sie tragen, denn kehren sie zurück, werden sie uns die Gurgel durchschneiden»![16] Alle diese Befürchtungen diktierten den Beschluss des *Conseil exécutif* vom 24. Oktober 1792, die französischen Armeen erst dann in ihre Winterquartiere einrücken zu lassen, wenn sie die Feinde über den Rhein zurückgedrängt hätten.[17]

Der Beschluss war ganz im Sinne von Dumouriez, der sofort an General Kellermann schrieb, der mit seiner Armee bei Longwy im Nordosten Frankreichs lagerte: «Wir haben das Vaterland gerettet; jetzt kommt es darauf an, es jenseits der Grenzen triumphieren zu lassen. Das Verlangen und das begründete Interesse der Nation ist es, dass wir außerhalb unserer Grenzen die Winterquartiere beziehen».[18] Kellermann sollte sich also seinerseits in Richtung auf Trier, Koblenz und schließlich Köln in Bewegung setzen.

Damit kündigte sich ein fundamentaler Wandel der außenpolitischen Grundsätze an, die bislang für die Revolution verbindlich gewesen waren. Als deren Kernaussage kann Artikel 4 der Verfassung gelten, der am 22. Mai 1790 angenommen wurde und mit dem sich Frankreich dazu verpflichtete, keine Eroberungskriege zu führen oder seine Macht dazu zu gebrauchen, die Freiheit eines anderen Volkes zu schmälern.[19] Der spektakuläre Sieg, den Dumouriez am 6. November 1792 über die Österreicher bei dem Dorf Jemappes unweit von Mons errang, die damit zum Abzug aus Belgien genötigt wurden, gab dafür den Ausschlag. Fortan bekannte sich die Revolution zu einer anderen außenpolitischen Doktrin. Die Proklamation, mit der Custine die Mainzer am 23. Oktober zu ködern versucht hatte, war nach dem 6. November ebenso nur noch «schöne Literatur» wie das Manifest, das Dumouriez zu Beginn seiner Kampagne den Belgiern verkündete: «Wir betreten umgehend Ihr Territorium; wir kommen, um Ihnen bei der Errichtung des Freiheitsbaums zur Hand zu gehen, ohne uns irgend in die Verfassung einzumischen, die Sie sich geben werden. (...) Wir respektieren Ihren Besitz und Ihre Gesetze».[20] Von nun an waren diese und andere Erklärungen und Versprechungen nichts anderes als Propaganda, die von der zunehmend rücksichtslosen Praxis des französischen Besatzungsregimes Lügen gestraft wurde.

Der revolutionäre Idealismus, der den Krieg anfangs mit der Verpflichtung gerechtfertigt hatte, die Tyrannen zu verjagen und die Unterdrückten zu befreien, wich jetzt einem machtpolitischen Kalkül, von dem man sich die Befreiung aus mancherlei drückenden Verlegenheiten versprach. Die neue außenpolitische Doktrin verabschiedete der Konvent mit zwei Dekreten. Mit dem ersten vom 19. November 1792 erklärte er namens der französischen Nation seine Bereitschaft, brüderliche Hilfe allen Völkern zukommen zu lassen, die sich ihre Freiheit erobern wollten. Zugleich wurde die Regierung beauftragt, den Truppenbefehlshabern die notwendigen Anweisungen zu übermitteln, damit diese geeignete Maßnahmen ergriffen, um die von ihnen befreiten Völker gegen Übergriffe ihrer früheren Unterdrücker zu schützen. Dieses Dekret sollte in allen Sprachen der Länder und Territorien veröffentlicht werden, in denen französische Truppen operierten.[21]

Am 15. Dezember wurde ein weiteres Dekret beschlossen, das den Generälen der französischen Besatzungsarmeen genaue Anweisungen gab. Darin wurde den Befehlshabern zur Pflicht gemacht, den *Ancien Régime* umfassend zu beseitigen, sprich alle Privilegien einschließlich des Adels, des alten Steuerwesens, des Zehnten, der «feudalen» Rechte sowie der übrigen Antiquitäten, überkommenen Bindungen und Einrichtungen abzuschaffen. Die an ihrer Stelle zu errichtende neue Ordnung sollte auf der breiten Grundlage der Volkssouveränität beruhen, die sich mit Einführung eines allgemeinen Männerwahlrechts erfüllte. Schließlich sollten alle Wahlberechtigten sowie die Kandidaten für Ämter auf die Prinzipien von Freiheit und Gleichheit einen Eid leisten.[22]

Über das «Kleingedruckte», das dieses Dekret sehr im Ungefähren gelassen hatte, gab erst die Rede des Abgeordneten Cambon Auskunft. Seine Ausführungen, mit denen er den Gesetzentwurf einbrachte, sind ein Musterbeispiel des revolutionären «new speak». Da der augenblicklich geführte Krieg, so Cambon eingangs, nach der Devise «Friede den Hütten, Krieg den Palästen» geführt werde, gelte es zunächst, den gesamten «feudalen Plunder», so wie in Frankreich vorgeführt, in den Ländern, in denen französische Armeen stünden, abzuräumen. Das sei das erste Erfordernis, dem ein Volk, das frei sein wolle, genügen müsse. «Wenn dieses Volk aber nicht die Mittel hat, dieses Werk aus eigener Kraft zu vollbringen, muss sein Befreier ihm in dessen eigenem wohlverstandenen Interesse zur Hand gehen, indem er zeitweilig selber die revolutionäre Macht ausübt». Der von der Revolution immer wieder betonte Respekt für das Selbstbestimmungsrecht der Völker wurde jetzt beiseite geschoben. Bei Völkern also, die nicht in der Lage waren, ihre eigenen Rechte einzufordern – was der vom Redner vorausgesetzte Normalfall zu sein scheint –, «müssen wir uns zur revolutionären Gewalt erklären und den *Ancien Régime*, der diese Völker versklavt, zerstören. (…) Wenn wir also die revolutionäre Gewalt sind, dann muss, kaum dass wir das Land betreten haben, alles sofort verschwinden, was den Rechten der Völker widerspricht. (…) Zunächst ist es notwendig, dass ein wahrhaft volkstümliches System eingeführt wird, alle Amtsträger ausgetauscht werden, denn sonst hat man es nur mit Feinden in den öffentlichen Angelegenheiten zu tun. (…) unbedingt erforderlich ist deshalb eine Beteiligung der Sansculotten an der Verwaltung.» Doch beschränkten sich die vorgesehenen Eingriffe nicht nur auf die Verwaltung. Weiterhin stelle sich die Aufgabe, «dass wir dem souveränen Volk jene Güter erhalten, die wir die Nationalgüter nennen, und die sich in ganz Europa die Privilegierten angeeignet haben. Es gilt also, diese Güter der Obhut der Nation anzuvertrauen». Deren Verwaltung sollte in die Hände des Volkes gelegt werden. Um den Feinden der Revolution von vornherein jede Einflussmöglichkeit zu nehmen, schlug Cambon außerdem vor, «dass nur diejenigen zur Wahl dieser Übergangsverwaltung zugelassen sind, die zuvor den Eid auf Freiheit und Gleichheit geschworen und sie außerdem schriftlich auf alle Privilegien und Vorzüge Verzicht geleistet haben, die sie möglicherweise einmal besaßen».

Mit anderen Worten: Die Wahlen für das Verwaltungspersonal, dem die enteigneten Besitztümer von Adel und Klerus überantwortet werden sollten, wurden auf diejenigen beschränkt, die sich für ihre unbedingte Loyalität gegenüber der Revolution verbürgt hatten. Da es aber möglicherweise um deren fachliche Kompetenz nicht sonderlich gut bestellt war oder, was wahrscheinlicher zu sein scheint, Cambon ihnen misstraute, machte er den Vorschlag, «dass, sobald die Übergangsverwaltung eingesetzt ist, der Konvent ihr Kommissare zur Seite stellt, die aus dem Kreis seiner Mitglieder benannt werden, die ihnen brüderlich mit Rat und Tat zur Hand gehen». Da diese Konvents-Kommissare aber nicht handlungsbevollmächtigt, sondern nur beratend tätig sein könnten, müsse auch der *Comité exécutif*, also die Regierung, eigene «nationale Kommissare» entsenden.

Da aber «die befreiten Völker über keinerlei Steuereinnahmen verfügen», müsse ihnen Frankreich vorerst aushelfen. Die Mittel dazu sollten aus den Assignaten kommen, die man auf die enteigneten Kirchengüter ausgegeben hatte.[23] Damit handelte man freilich keineswegs selbstlos: Durch den forcierten Export der Assignaten, deren Wert sich ihrem Altpapierpreis bedrohlich näherte, bekäme man nicht nur die galoppierende Inflation in Frankreich in den Griff, sondern man könnte auf diese Weise auch den Unterhalt der im Ausland stationierten Armeen ohne eigene Kosten finanzieren. Das änderte aber nichts daran, dass den «befreiten» Ländern, sobald sie finanziell wieder auf eigenen Beinen stünden, eine saftige Rechnung für die ihnen geleistete Hilfe präsentiert werden sollte, die selbstverständlich nicht mit revolutionärem Papiergeld zu begleichen war.

Mit dieser Rede Cambons machte die Revolution ganz nebenbei das Eingeständnis, dass sie an der Lösung eben jenes Problems bislang gescheitert war, das 1789 die Ursache ihres Ausbruchs gewesen war: die Finanzkrise des *Ancien Régime*. Seither war diese Misere, für die man die Verschwendungssucht des Hofs verantwortlich gemacht hatte, keineswegs behoben, sondern sogar noch wesentlich vergrößert worden. Daran hatte auch die Ausplünderung der Kirche nichts geändert. Deshalb sah man sich jetzt, wie Cambon ankündigte, dazu gezwungen, ganz Europa zu revolutionieren, es mit Assignaten zu überschwemmen und es für die Werkzeuge dieser aufgedrängten Befreiung, die französischen Armeen, zur Kasse zu bitten.

Das Projekt, das Cambon, ein Geschäftsmann aus Montpellier, damit vorschlug, war nach der Logik der Revolutionäre absolut plausibel. Indem man die Assignaten als Zahlungsmittel in den «befreiten» Ländern einführte, ließ sich deren Wert stabilisieren. Zugleich würden die Assignaten als Zahlungsmittel die «befreiten» Staaten dazu zwingen, auch künftig enge Beziehungen zur Republik zu unterhalten und den Fortgang der Revolution zu fördern. Um den Preis ihres eigenen Untergangs würden die neuen führenden Schichten in den «befreiten» Staaten an den Erfolg der Revolution gefesselt, denn eine Restauration des *Ancien Régime*, von dessen Ausplünderung sie wie die Käufer der französischen Nationalgüter zuvor profitiert hatten, bedeutete ihren sicheren Ruin.

Das revolutionäre Adagio, dass im Zeichen von Freiheit und Gleichheit alle Menschen Brüder werden würden, nötigte den Konvent, wie Albert Sorel aufgezeigt hat, angesichts dieses Paradigmenwechsels in der Außenpolitik zu einer sehr missverständlichen Verwendung der zwei zentralen Begriffe «Volk» und «Freiheit». Unter «Volk» versteht man gemeinhin die Bürger eines Staates, während «Freiheit» das unabdingbare Recht dieses Volkes bezeichnet, sich eine Regierung nach eigenem Gutdünken zu geben. Die vom Konvent stürmisch akklamierte Rede Cambons reduzierte jedoch den Begriff «Volk» im Einklang mit dem in der Republik längst üblichen Sprachgebrauch auf eine bestimmte soziale Schicht. Ebenso verhielt es sich mit dem Begriff «Freiheit», dessen Bedeutung sich im Status quo des in Frankreich ausgebildeten Zustands der Revolution erschöpfte. Das in diesem Sinne «befreite» und auf eine soziale Schicht geschrumpfte «Volk» war danach so unabhängig oder souverän wie ein Mündel im Verhältnis zu seinem Vormund; seine Wahlfreiheit war auf die «freiwillige» Akzeptanz der ihm verordneten Bindung an Frankreich beschränkt.[24]

Cambons Ausführungen zerrissen den dünnen Schleier idealistischer Freiheitsliebe, hinter dem Montesquiou oder Custine anfangs die wahren Absichten ihres Eroberungszugs zu verbergen suchten.[25] Der Griff nach dem Rheinland oder Belgien war für die Revolutionsregierung deshalb so verlockend, weil beide Regionen zu den reichsten im damaligen Europa zählten. Sie zu kontrollieren, versprach die finanziellen Schwierigkeiten zu beseitigen, die Frankreich strangulierten. Die Übernahme der französischen Verwaltungspraxis, die als Befreiung vom altständischen Schlendrian ausgegeben wurde, verhieß zwar eine erhebliche Modernisierung, ihr wahrer Zweck aber war eine reibungslose Optimierung der geplanten Ausbeutung. Deren Regie wurde den «befreiten» Einheimischen großmütig überlassen, die dabei von den entsandten «nationalen Kommissaren» beaufsichtigt und «brüderlich» beraten werden sollten.

Das aber bedeutete, dass das Prinzip der Selbstbestimmung der Völker, das der Kriegspropaganda der *Girondins* stets als Palladium vorangetragen wurde, Einbußen erlitt. Dieses Eingeständnis lieferte bereits der Abgeordnete Henri Grégoire, der im Konvent am 27. November 1792 feststellte: «Sobald unsere siegreichen Armeen in ein Land eingedrungen sind, zufrieden damit, die Fesseln der unterdrückten Völker durchtrennt zu haben, gewähren sie ihnen die völlige und uneingeschränkte Möglichkeit, sich über die Form ihrer künftigen Regierung zu beraten, ohne diese Entscheidung im Mindesten zu beeinflussen. (...) Als Meister ihres eigenen Geschicks werden sie bei uns immer Hilfe und Brüderlichkeit finden, vorausgesetzt jedoch, sie wollen nicht die Tyrannen durch andere Tyrannen ersetzen; denn, wenn mein Nachbar Schlangen ernährt, dann habe ich das Recht, diese zu erwürgen aus Furcht, ich könnte ihnen zum Opfer fallen. (Beifall) Die Franzosen verstehen sich nicht darauf, mit Prinzipien Kompromisse einzugehen, denn wir haben geschworen: keine Eroberungen und keine Könige».[26] Mit anderen Worten: Wer sich von der Französischen Revolution «befreien» ließ, war damit noch lange nicht frei, selbstbestimmt über die eigene Verfassung zu entscheiden! Zulässig war allein das von der Revolution gleichsam patentierte Modell.

Im Unterschied zu den Savoyern, die Opfer ihrer anfänglichen Begeisterung wurden, hatten die Mainzer jedoch die Chance, genaueren Aufschluss über die Absichten der französischen Besatzungsmacht zu gewinnen. Um die Umsetzung seiner Beschlüsse zu überwachen, entsandte der Konvent drei am 18. Dezember 1792 ernannte Kommissare zur Rheinarmee, während der *Conseil exécutif* am 13. Januar 1793 zwei *commissaires nationaux* nach Mainz abordnete.[27] Kaum waren diese Kommissare Anfang Februar 1793 eingetroffen, wurde von ihnen die Verwaltung ausgeübt. Ihre wichtigsten Aufgaben waren die Vorbereitungen für die auf den 24. Februar angesetzten Wahlen zum «Rheinisch-Deutschen Nationalkonvent» sowie die zügige «Munizipalisierung», also die Angleichung aller Verwaltungsstrukturen im besetzten Gebiet an das französische Vorbild, um dessen geplante Annexion vorzubereiten. Spätestens unter der rührigen Tätigkeit dieser Kommissare gingen den Mainzern endgültig die Augen auf, begann sich immer öfter und nachdrücklicher Widerstand gegen die Diktate der Besatzer zu regen.[28]

Über die für den 24. Februar angesetzten Wahlen berichteten die beiden Nationalkommissare Simon und Grégoire dem Konvent am 20. Februar 1793: «Wir können Sie von vornherein dessen versichern, dass wir allen Grund zur Hoffnung haben, dass das Ziel unserer Mission erfüllt wird und dass sich das gesamte Land im Laufe des kommenden Monats in die Arme der französischen Nation werfen wird, um ein Departement der Republik zu werden». Allerdings geben sie zu, dass sie bei ihrer Ankunft in Mainz eine durchaus feindselige und gegen Frankreich aufgebrachte Stimmung angetroffen hätten, die durch das rüde Betragen der Militärverwaltung verursacht worden sei, die nicht nur die Stadtkasse geplündert, sondern auch die ganze Stadt zu einer einzigen Kloake habe verkommen lassen. «Das hat die Bürger umso mehr empört, als sie normalerweise sehr auf Sauberkeit achten, die ihre ganze Freude ist. Die Verschmutzung hatte einen derartigen Grad erreicht, dass Ärzte bei uns vorstellig wurden, die vor dem Ausbruch einer Epidemie beim Nahen des Frühjahrs warnten. (…) Um die Öffentlichkeit zu gewinnen, haben wir uns beeilt, diesem allgemein geäußerten Wunsch zu entsprechen, d. h. wir haben uns für die Sauberkeit von Mainz eingesetzt. (…) Unterdessen ist die Stadt wieder blitzblank und ihre Einwohner sind uns dafür sehr dankbar. (…) In einigen Konferenzen mit den Konventskommissaren, der provisorischen Stadtverwaltung und uns haben wir eine Wahlordnung für die Volkswahlen erstellt. (…) Schließlich haben wir auch eine eigene umfangreiche Proklamation hinsichtlich der Wahlen am 24. und den folgenden Tagen veröffentlicht, in der wir uns bemühten, alle Zweifel und Einwände des Volks zu zerstreuen, die uns zu Ohren gekommen sind. (...) Nach den uns von allen Seiten zugetragenen Informationen erscheint es uns bei weitem jedoch zu gefährlich zu sein, die Stimmen zu zählen (!); was die Mehrheit derjenigen, die sich für uns erklären, anbelangt, dürften wir wohl in allen Gemeinden Gefahr laufen, in der Minderzahl zu sein, aber dank der getroffenen Vorsichtsmaßnahmen werden wir die Anhänger der aristokratischen Partei von den Wahlen fernhalten. Die Übelgesinnten werden eingeschüchtert sein, und überall werden wenigstens einige ihre Stimme abgeben».[29]

Die Wahlen waren also für die Organisatoren von vorneherein eine Farce, deren Ergebnis bereits feststand, ohne dass die Stimmen ausgezählt werden mussten! Ob die potentiellen Wähler im besetzten Gebiet am Rhein dies auch so sahen, ist zweifelhaft. Jedenfalls widersetzten sie sich dem geforderten Eid, ohne den sie gar nicht wählen konnten, und das trotz des wachsenden Drucks der Besatzungsmacht.[30] Der Ausgang der Wahlen, die vom 24. bis 26. Februar 1793 stattfanden, dürfte dennoch die schwärzesten Ahnungen der Kommissare übertroffen haben: In Mainz etwa erschienen von 4626 stimmfähigen Bürgern am ersten Wahltag nur 250, am zweiten 232 und am dritten 247 in den Urwahlversammlungen, um ihre Stimme für den «rheinischen Nationalkonvent» oder die Organe der Gemeindevertretung abzugeben. Insgesamt hatten sogar nur 372 Bürger den Eid auf «Freiheit und Gleichheit» abgelegt und damit nach dem von der Besatzungsmacht erlassenen Vorschriften die Wahlberechtigung erworben.[31]

Letztlich spielte aber weder die Wahlbeteiligung noch das Abstimmungsergebnis irgendeine Rolle. Ganz in diesem Sinne schrieben die drei Kommissare des Konvents am 25. Februar 1793: «Die wahren Patrioten sind längst gewohnt, sich nicht um die Zahl (der abgegebenen Stimmen) zu scheren, so groß oder klein sie auch sein mag; sie sind sich ihres Sieges (...) gewiss».[32] Gelegentlich der Vorlage eines Dekrets für die «Wiedervereinigung» der «ci-devant principauté de Monaco» mit Frankreich am 14. Februar 1793 trug Lazare Carnot einen Bericht vor, in dem er zwei Maximen propagierte, die es bei künftigen Annexionen zu bedenken gelte: «1. Jede politische Handlung ist legitim, sofern sie das Wohl des Staates gebietet. 2. Jedes Tun, das die Interessen eines anderen verletzt, ohne dass es aus sich heraus eine unabdingbare Notwendigkeit darstellt, ist ungerecht». Auf konkrete territoriale Veränderungen angewandt, bedeutete dies nach Carnot: «1. dass diese Veränderung in keiner Hinsicht den Interessen des Staates zuwiderläuft; 2. dass die Bürger, die von dieser Veränderung betroffen sind, sie mittels einer freien und förmlichen Abstimmung verlangt haben *oder* dass Belange der allgemeinen Sicherheit der Republik diese als unverzichtbar erscheinen lassen».[33]

Diese beiden Handlungsmaximen wurden vom damals aufkommenden Schlagwort von den «natürlichen Grenzen» Frankreichs programmatisch verkürzt zusammengefasst. Dass Frankreich sich bis an diese Grenzen ausdehnen sollte, wurde von der Revolution als Handlungsimperativ des nationalen Interesses proklamiert. Damit hatte man gleichzeitig ein Kriegsziel definiert, das sich wesentlich einfacher und viel wirksamer verwerten ließ als die universalistische Behauptung, die Menschheit aus der Knechtschaft von Tyrannen zu befreien. Die *Girondins* erkannten als Erste die Verwertbarkeit dieses Schlagworts. In einem exaltierten Schreiben an Dumouriez vom 28. November 1792, mit dem er ihn in seine ausschweifenden Pläne einweihte, in Spanien und in dessen südamerikanischen Besitzungen mithilfe des Generals Miranda eine Revolution anzuzetteln, teilte Brissot ganz zum Schluss mit: «Ich verrate Ihnen, dass hier eine Ansicht mächtig an Boden gewinnt: Die besagt, dass die Französische Republik nur den Rhein als Grenze haben kann. Sind die Geister in Ihrer Umgebung einer solchen Wiedervereinigung gewogen? In jedem Fall muss man sie damit vertraut machen».[34] In Paris besorgte das Danton am 31. Januar 1793, als er im Konvent gelegentlich seiner Forderung der Annexion Belgiens gleichsam die regierungsamtliche Definition dieses Aspekts der revolutionären Außenpolitik vortrug: «Ich sage, dass es vergeblich ist, wenn man uns damit erschrecken will, dass wir der Republik eine zu große Ausdehnung verschaffen. Ihre Grenzen sind durch die Natur bezeichnet. Wir erreichen sie in allen vier Himmelsrichtungen: an den Ufern des Rheins, den Gestaden des Ozeans, den Gipfeln der Alpen und denen der Pyrenäen. Dort müssen die Grenzen unserer Republik sein und keine Macht auf Erden wird uns daran hindern, sich uns ihrer zu versichern».[35]

Ebenso Carnot am 14. Februar 1793: «Die alten und natürlichen Grenzen Frankreichs sind der Rhein, die Alpen und die Pyrenäen; die Teile, die abgetrennt wurden, gingen nur durch Usurpation verloren; deshalb ist es nach den gewöhnlichsten Regeln kein Unrecht, sie wieder zu erlangen».[36] Dass, wie Carnot meinte, die «natürlichen Grenzen» mit den vermeintlich geschichtlichen Grenzen Frankreichs übereinstimmten, war, historisch betrachtet, ein Anachronismus, denn Frankreich gelangte erst durch die Revolution zur Vorstellung seiner selbst. Carnots Rechtfertigung der Expansionsziele repräsentiert ein seither sehr geläufiges Argumentationsmuster nationalistischer Ideologie, die ihre Ansprüche mit deren behaupteter historischer und damit angeblich seit jeher erwiesener Gültigkeit gegen Widerspruch zu immunisieren sucht.

Wie bekannt, kommt der Appetit oft erst beim Essen. Die Eroberung der «natürlichen Grenzen» erschien manchen *Girondins*, die diese Kriegszielpolitik formulierten und durchsetzten, nur als *Hors d'œuvre*. Sie kamen nun auf die Idee, dass Frankreich auch jenseits dieser Grenzen gelegene Staaten und Völker unter seine Kontrolle bringen und sich als Protektoratsmacht einen Kranz von «Schwesterrepubliken» schaffen müsse. Diese Staaten sollten nicht nur die französischen Grenzen weiträumig absichern, sondern auch eng mit dem heimischen Wirtschaftsraum verflochten sein. Das Konzept der «Schwesterrepubliken» blieb jedoch fürs Erste Zukunftsmusik. Im Frühjahr 1793 sah sich die Revolution mit einer europäischen Koalition konfrontiert, der alle Mächte mit Ausnahme Russlands angehörten. Der Übermacht, die sich damit formierte, konnte die Revolution kaum etwas entgegensetzen, weil die Freiwilligen, die ihre Armeen hatten anschwellen lassen, diesen ab Dezember 1792 in hellen Scharen den Rücken kehrten. Das Debakel war vorherzusehen, denn die Freiwilligen orientierten sich dabei an einem Gesetz, das von der Legislative am 28. Dezember 1791 verabschiedet worden war. Demnach stand es ihnen frei, zum Ende einer jeden Kampagne den Dienst zu quittieren, und zwar jeweils zum 1. Dezember.[37] Folglich waren die französischen Einheiten an allen Fronten im Dezember 1792 auf rund die Hälfte ihres ursprünglichen Mannschaftsbestands vom Herbst des Jahres zusammengeschmolzen.[38]

Das beschwor eine schwere militärische Krise herauf. Wenn im

Frühjahr die Kampfhandlungen erneut begannen, konnte die Revolution der unterdessen wesentlich größer gewordenen Zahl ihrer Gegner nur mit erheblich geschwächten Kräften gegenübertreten. Dieser Gefahr galt es umgehend zu begegnen. Der Konvent beschloss daher am 24. Februar 1793 eine unverzügliche Mobilisierung von 300 000 Mann und rief die Franzosen mit einem flammenden Appell zu den Waffen.[39] Der Mobilisierungsbefehl enthielt eine genaue tabellarische Aufstellung, wie viele Soldaten die 83 Departements jeweils beisteuern sollten.[40] Bereits drei Tage zuvor, am 21. Februar, hatte der Konvent beschlossen, die Freiwilligeneinheiten der Infanterie mit denen der Linientruppen zu verschmelzen, sie einheitlich zu uniformieren, zu gliedern und zu besolden. Die neu gebildete taktische Einheit der Infanterie war die «Halb-Brigade», die aus zwei Bataillonen von Freiwilligen und einem Bataillon von Berufssoldaten der Linientruppen bestand. Diese Verschmelzung machte auch eine neue Beförderungsordnung notwendig, von der die Angehörigen der Linientruppen profitierten. Damit wurden die organisatorischen Grundlagen für die Revolutionsarmeen geschaffen, deren wesentlich verbesserte Führung und gesteigerte militärische Effizienz sich nach anfänglichen Schwierigkeiten und Niederlagen bewähren sollte.[41]

Die Mobilisierung der neuen Einheiten war leichtsinnigerweise erst relativ spät angeordnet worden. Bereits am 1. Februar 1793 hatte der Konvent Großbritannien und der Holländischen Republik den Krieg erklärt.[42] Am 16. Februar 1793 begann Dumouriez mit der Invasion der Holländischen Republik, die sich mit der Einnahme einiger Festungen erfolgreich anzulassen schien.[43] Die Aussichten, Den Haag und Amsterdam einzunehmen, schwanden aber jäh dahin, als am 1. März eine österreichische Armee die Ruhr bei Jülich und Düren überschritt, die hier stehenden französischen Vorposten überwältigte und am folgenden Tag Aachen eroberte. Diese Niederlage vereitelte nicht nur die weitere Eroberung Hollands, sondern hatte auch auf die in Belgien stehende französische Besatzungsmacht eine stark demoralisierende Wirkung. Die Zahl der Desertionen stieg steil an.[44] Um dem entgegenzuwirken verfiel der Konvent darauf, nun in rascher Folge belgische Städte und Landschaften zu annektieren. Mit Brügge wurde am 3. März 1793 der Anfang gemacht; es folgten Tournai am 6. März und Löwen am 8. März.[45] Dieses Schicksal erreichte schließlich vor Ende des Monats auch Brüssel, Gent und den Hennegau. Das erfüllte allem Anschein nach seinen Zweck, denn die in Belgien stationierten französischen Armeeeinheiten schöpften neue Zuversicht.[46]

Die Siegesgewissheit, die im Konvent trotz des erfolgreichen Beginns der österreichischen Operationen vorherrschte, fand ihren Ausdruck darin, dass am 7. März auf Antrag von Barère auch dem König von Spanien der Krieg erklärt wurde.[47] Das war leichtfertig, denn Frankreich befand sich damit gleichzeitig im Konflikt mit Österreich, Preußen, Sardinien-Piemont, Großbritannien, Holland und Spanien. Am 22. März 1793 kam auch noch das Heilige Römische Reich dazu, als sich der Immerwährende Reichstag zu Regensburg nach langwierigen Beratungen zu der Feststellung durchrang, dass die französischen Feindseligkeiten ihm den Kriegszustand aufzwangen.[48] Zusammengenommen mussten diese Mächte Frankreich um ein Vielfaches überlegen sein, doch war dieser naheliegende Schluss von der Kriegspropaganda der *Girondins* seit langem außer Geltung gesetzt worden. Man operierte mit der Behauptung, dass jeder Franzose, der dank der Revolution ein freier Bürger geworden war, entschlossen sei, die erzielten Errungenschaften als Soldat zu verteidigen. Einer, der dieses seither vielfach wiederholte und variierte Argument erstmals gebrauchte, war der Abgeordnete Louis Thibault Dubois-Dubais, der am 22. Oktober 1791 die Legislative mit der Überlegung begeisterte: «Louis XIV vermochte es mit 400 000 Sklaven den Mächten von ganz Europa die Stirn zu bieten; können wir sie mit unseren Millionen von bewaffneten Menschen fürchten? Lässt sich der Mut eines freien Volkes überhaupt ermessen?»[49] Am 27. November 1791 wartete der Abgeordnete Philippe Rühl mit der Gewissheit auf: «Wir stehen an erster Stelle unter den Völkern Europas; wir werden diesen Rang zu behaupten wissen mit mehr als vier Millionen Bewaffneten, die ihn verteidigen».[50] Bei Brissot waren es am 29. Dezember 1791 schon «sechs Millionen freie Soldaten».[51] Den Vogel schoss am 21. Januar 1792 aber der Deputierte Louis Joseph Charlier ab: «Es ist eine Tatsache, dass es in Frankreich 25 Millionen bewaffnete Menschen gibt; denn, niemand wird da widersprechen, es gibt weder Männer noch Frauen noch Kinder, die nicht bereit wären, ihr Leben für das Vaterland zu opfern».[52]

Die von der Propaganda der *Girondins* so hemmungslos beförderte

Autosuggestion der militärischen Überlegenheit Frankreichs war jedoch eine Illusion, die bei der ersten Berührung mit der Wirklichkeit zerplatzen musste. Das geschah, als das Dekret vom 24. Februar, das die Mobilisierung nicht von vier, sechs oder 25 Millionen, sondern lediglich von 300000 Franzosen anordnete, in die Tat umzusetzen war. Der so vollmundig beschworene «Mut eines freien Volkes» war erschütternd überschaubar, und die Aushebung ging nur sehr schleppend vonstatten. Nirgendwo meldeten sich auch nur annähernd so viele Freiwillige zu den Fahnen, dass die Quoten der einzelnen Departements erfüllt worden wären. Insgesamt gelang es mit vielen Mühen, rund die Hälfte des Kontingents von 300000 Mann aufzustellen. Um den 17. Mai 1793 herum befanden sich erst 97000 davon auf dem Weg an die Front, während rund 37000 weitere Soldaten höchst unzulänglich versorgt in der Etappe darbten. Aber selbst diese Zahlen waren nur eingeschränkt zutreffend, denn Desertionen rissen ständig Lücken in die Verbände, deren soziales Niveau zudem weit niedriger war als das der Freiwilligen, die sich während der Kampagne des Vorjahres mit Bravour geschlagen hatten. Unter dem Aufgebot, das man ins Feld stellen konnte, waren überdies viele Untaugliche, zu alte oder zu junge Männer, die nur akzeptiert wurden, um die Quoten wenigstens halbwegs zu erfüllen.[53] Die neu aufgestellten Einheiten bestanden also zum größten Teil aus «Kanonenfutter», waren noch dazu schlecht ausgerüstet und alles in allem weit vom Ideal des freien Bürgers in Waffen entfernt, das die *Girondins* immer wieder beschworen hatten.

Der Fehlschlag, jene 300000 Mann zu mobilisieren, sollte sich für das weitere politische Geschick der *Girondins* als fatal erweisen. Den unmittelbaren Anstoß für ihren Untergang gab aber ein anderes militärisches Debakel: die Schlacht auf der Ebene von Neerwinden am 18. März 1793, die den eigentlichen Auftakt der zweiten Kampagne der französischen Revolutionskriege darstellte. Unmittelbar nach dem Fall von Aachen brach Dumouriez die Eroberung der Holländischen Republik ab, um sich den Österreichern, die seine rechte Flanke bedrohten, entgegenzustellen. Beim belgischen Dorf Neerwinden stießen beide Armeen, diesmal gleich stark, aufeinander – bei seinem Erfolg im Vorjahr bei Jemappes war die Armee von Dumouriez den Österreichern zahlenmäßig um mehr als das Dreifache überlegen gewesen. Dreimal stürmte und eroberte das Zentrum der französischen

Armee das Dorf Neerwinden, dreimal wurde sie wieder vertrieben. Den Ausgang der Schlacht, die lange unentschieden hin- und herwogte, entschied schließlich, dass die Freiwilligenbataillone auf dem linken Flügel von Dumouriez' Armee, vom disziplinierten Feuer und der Standhaftigkeit der Österreicher entnervt, die Flucht ergriffen.[54] Durch geschicktes Manövrieren gelang es den Österreichern am folgenden Tag, die demoralisierte gegnerische Armee endgültig zum Rückzug zu zwingen, der mehr einer Flucht glich. An ihrem Sieg in der Schlacht war danach nicht mehr zu zweifeln. Zwar gelang es Dumouriez, seine Truppen zum Stehen zu bringen und sich den Österreichern zwei Tage später noch einmal entgegenzustellen, doch konnte er damit nicht verhindern, dass diese Löwen einnahmen.[55]

Die Kämpfe der vergangenen Tage hatten beide Armeen erschöpft. Die weitere Entwicklung beeinflusste aber nicht so sehr die militärische Situation als vielmehr die Einsicht von Dumouriez, dass die vermeintliche Begeisterung der Belgier für die Revolution nur ein dünner Firnis war. Zwar hatte auch hier eine kleine Minderheit für den Anschluss an Frankreich gestimmt, aber nach den Siegen der Österreicher hatte dieses Votum keinerlei Bedeutung mehr. Entsprechende Ahnungen hatten Dumouriez schon zuvor geplagt, weshalb er sich mit den aus Paris angereisten Kommissaren, die auf einer raschen und umfassenden Revolutionierung des eroberten Landes bestanden, mehrfach angelegt hatte. Das konnte er sich herausnehmen, solange er der Sieger war. Damit war es jetzt vorbei, und aus Erfahrung war ihm überdies geläufig, dass man als Verlierer im Konvent sofort in Verdacht geriet, ein Verräter zu sein.[56] Also schien es ihm das Klügste, besser mit als ohne Grund des Verrats verdächtigt zu werden. Er bat die Österreicher, von weiteren Angriffen abzusehen, um so den Franzosen einen halbwegs geordneten Abzug aus Belgien zu ermöglichen. Dazu fand sich der Gegner gern bereit, weshalb Dumouriez, nachdem er zuvor Brüssel geräumt hatte, am 25. März in Ath entsprechende Weisungen erteilte.[57]

Dumouriez dürfte bereits jetzt beschlossen haben, mit der Revolution zu brechen. Den Ausschlag dafür gab wohl die Brutalität, mit der die Besatzungsmacht in Belgien vorgegangen war. Darüber beschwerte er sich am 12. März 1793 in einem Brief an den Präsidenten des Konvents. Das Schreiben gibt nicht nur über seine Motive Aufschluss, sondern auch über das Wüten der nach Belgien entsandten Regierungskommissare, die sich ähnlich in anderen besetzten Gebieten aufgeführt haben dürften: «Man hat die Belgier alle möglichen Arten von Quälereien erfahren lassen; man hat in ihrem Fall die heiligen Rechte der Freiheit genotzüchtigt; man hat mit Schamlosigkeit ihre religiösen Überzeugungen beleidigt, durch gewinnbringende Diebereien die Gerätschaften ihres Kultus profaniert; man hat sie in jeder Hinsicht belogen und betrogen; die Vereinigung des Hennegaus mit Frankreich wurde mit Säbelhieben und Flintenschüssen erzwungen, während die von Brüssel das Werk von vielleicht zwanzig Männern war, die nur in Unruhen ihre Existenz fristen können, und von einigen Schlägern, die man aufgeboten hat, um den Bürgern Angst zu machen. (…) Auf Grund Ihrer Befehle hat der *pouvoir exécutif* wenigstens dreißig Kommissare entsandt; deren Auswahl ist miserabel; und mit Ausnahme einiger weniger anständiger Leute, deren bürgerliche Gesinnung man möglicherweise deshalb in Zweifel zieht, weil sie den Übelgesinnten in den Arm zu fallen versuchen, sind die meisten anderen entweder Tölpel oder Tyrannen, Männer, die völlig gedankenlos zu Werk gehen und durch ein brutales und anmaßendes Betragen immer den Rahmen ihres Auftrags überschreiten. (…) Das Ergebnis ist, dass der Schrecken und vielleicht auch der Hass an die Stelle der brüderlichen Zugewandtheit getreten sind, die uns bei unseren ersten Schritten in Belgien entgegengebracht wurden».[58]

Dumouriez entschloss sich, die Zustände offen zu kritisieren, auch wenn ihm bewusst sein musste, dass dies als offene Rebellion ausgelegt werden würde. Deshalb nahm er gegenüber den drei Kommissaren, die der Konvent Ende März zu ihm schickte, auch kein Blatt vor den Mund und ließ sie mit Bestimmtheit wissen, «dass der Konvent und die Jakobiner die Ursache aller Übel seien, an denen Frankreich leidet. Aber er, als General, sei stark genug, um sich nach vorne wie nach hinten zu verteidigen, und würde (…) Frankreich allein und ungeachtet des Konvents retten». Der Konvent bestehe im Übrigen aus «745 Tyrannen, ausnahmslos Königsmörder». Die Kommissare protokollierten diese Unterredungen genau und waren sich sicher, dass Dumouriez einen Putsch plante.[59]

Den stichhaltigen Beweis dafür lieferte er mit seiner nicht datierten *Adresse aux Administrateurs du département du Nord*, in der es unter anderem heißt: «Die Anarchie frisst uns auf; und unter dem geheiligten Namen der Freiheit sind wir alle in die schändlichste Sklaverei geraten. (...) Ich werde nicht zögern, nach Paris zu marschieren, um die dort herrschende blutige Anarchie zu beenden. (...) Wir haben 1789, 90 und 91 einen Eid auf eine Verfassung geschworen, die uns Gesetzen unterwarf und uns eine stabile Regierung verschaffte. Erst seitdem wir diese beseitigt haben, setzten unsere Verbrechen und unsere Leiden ein».[60] Ähnlich die Proklamation, mit der er sich am 1. April 1793 an die Armee wandte: «Es ist Zeit, dass die Armee ihre Stimme erhebt, Frankreich von Mördern und Agitatoren säubert und unserem unglücklichen Vaterland wieder die Ruhe verschafft, die es mit den Verbrechen seiner Repräsentanten verloren hat».[61]

Am 3. April verabschiedete der Konvent daraufhin ein Dekret, das ihn seines Kommandos enthob, wegen Hochverrats anklagte und für vogelfrei erklärte.[62] Damit hatte er rechnen müssen; aber seine Putschabsichten endgültig durchkreuzt haben dürfte ein zweites Dekret, das von Lasource namens des *Comité de défense* am nämlichen Tag eingebracht und einstimmig verabschiedet wurde. Es sah vor, die Väter, Mütter, Frauen und Kinder aller Offiziere, die in der Armee von Dumouriez Dienst taten, in Geiselhaft zu nehmen![63] Das war nichts anderes als Staatsterrorismus, der zeigt, wie nervös der Konvent auf die Putschdrohungen von Dumouriez reagierte.

Vermutlich wusste Dumouriez nach seiner Niederlage bei Neerwinden sowieso, dass er als General der Revolutionsarmee keine Zukunft mehr hatte. Ihm drohte, vor den Konvent zitiert zu werden, der ihn aller Voraussicht nach verurteilen würde. Diesem ruhmlosen Ende wollte er durch seine Putschpläne zuvorkommen. Diese scheiterten jedoch letztlich daran, dass es ihm, wie zuvor schon La Fayette, nicht gelang, die ihm unterstellten Truppen für seine Putschabsichten zu gewinnen und sie nach Paris in Marsch zu setzen.[64] Am 1. April erschien Kriegsminister Beurnonville, begleitet von vier Kommissaren, in Tournai, wo sich Dumouriez aufhielt. Ihr Auftrag war es, ihn zu verhaften und nach Paris zu schaffen, wo ihm der Prozess gemacht werden sollte. Nach einem längeren Wortwechsel endete deren Mission damit, dass Dumouriez sie festsetzen ließ und kurzerhand an die Österreicher auslieferte. Am 5. April suchte er mit einigen Mitgliedern seines Stabs schließlich selbst bei ihnen Zuflucht.

FÜNFTES KAPITEL

DER UNTERGANG DER *GIRONDINS*

le Crible de la Revolution.

Mit der Hinrichtung des Königs endete die zweite Phase der Revolution, die mit der gescheiterten Flucht von Louis XVI begonnen hatte. Für die Republik bedeutete das allerdings keine politische Konsolidierung, zumal mit dem 10. August 1792 eine Spaltung der revolutionären Bewegungskräfte eingeleitet worden war. Im Konvent standen sich jetzt zwei feindliche Lager, *Montagnards* und *Girondins*, gegenüber, die um die Deutungshoheit der Revolution konkurrierten. Zwar verfügten die *Girondins* in der Versammlung anfangs noch über die Mehrheit, aber die *Montagnards* stützten sich auf eine solide Machtbasis, die in Paris konzentriert war. Das verschaffte ihnen einen uneinholbaren strategischen Vorteil, den sie zügig ausbauten, indem sie sich mit den Jakobinern amalgamierten. Am 1. März 1793 schloss der Club alle Konventsabgeordneten aus, die zur Sanktionierung des Urteils über den König für den *Appel au peuple* votiert hatten.[1] Das besiegelte die Monopolisierung der Jakobiner durch die *Montagnards*, die gleichsam zu einer revolutionären Kaderpartei *avant la lettre* mutierten, deren Durchsetzungskraft dank der Unterstützung durch die Pariser Sansculotten enorm gesteigert wurde.

Darin kommt eine hübsche Ironie zum Vorschein: Die von Robespierre dominierten *Montagnards* kamen damit einer Partei im modernen Verständnis sehr nahe. Andererseits war er derjenige, der in Auslegung der Lehren seines Vorbilds Rousseau stets am lautesten über Parteien herzog, die ihm als «Fraktionen» galten, weil sie die *volonté générale* verzerrten – als deren Sprachrohr er sich gleichwohl mehr und mehr sah. In der Rede vom 28. Dezember 1792 vertrat Robespierre diese Haltung mit Nachdruck: «Ich erkenne hier weder eine Minderheit noch eine Mehrheit an. Die Mehrheit ist diejenige der guten Bürger; die Mehrheit ist keineswegs eine feststehende Größe, denn sie ist nicht deckungsgleich mit einer Partei; sie verändert sich mit jeder frei abgehaltenen Abstimmung, denn sie ist der *cause publique* und der ewig gültigen Vernunft wesenseigentümlich».[2]

Im Unterschied zu den *Montagnards*, die sich unter dem Einfluss Robespierres nach dem 10. August 1792 aus dem Kern der 24 Pariser Abgeordneten zu einer Kaderpartei entwickelten, blieben die *Girondins* immer eine politische Strömung ohne programmatische Kohärenz, die Abstand zu den Pariser Sektionen und den Sansculotten hielten. Gegenüber den klein- und unterbürgerlichen Schichten verspürten sie eine instinktive Abneigung, in der sie sich durch manche Exzesstaten seit dem 14. Juli 1789 bestätigt sahen. Zu spät, erst nach dem 10. August 1792, wurden sich die *Girondins* des Gefahrenpotentials bewusst, das diese Schichten darstellten, sobald eine entschlossene Führung ihnen ein Ziel wies. Den schrecklichen Beweis dafür hatten die Septembermassaker gegeben. Von nun an sahen die *Girondins* in den Sansculotten Blutsäufer, Mörder, Anarchisten und *Septembriseurs* und begegneten ihnen mit einer Verachtung, die jede Verständigung unmöglich machte. Die Pariser Sansculotten vergalten ihnen dies mit einem Hass, der auf Vernichtung abzielte. Das spielte Robespierre in die Karten. Er hatte sich schon vor dem 10. August den Sansculotten angenähert, um mit ihnen ein Zweckbündnis zu schließen, das ihm den Weg zur Macht ebnete. Dieser Schulterschluss wurde von den *Girondins* gefördert, als sie die politisch-moralische Verantwortung für die Septembermorde Robespierre und Marat sowie der revolutionären *Commune de Paris* anlasteten. Das verstanden die Sansculotten nicht als Angriffe auf ihre Idole, sondern auf sich selbst. Umso selbstverständlicher wurde es für sie, in den *Montagnards* die politische Führung im Konvent zu sehen, die als Gegenleistung für ihre Unterstützung die Interessen der Sansculotten durchsetzten.

Diese Entwicklung wurde durch die militärischen Debakel im Frühjahr 1793 beschleunigt. Der Verlust der belgischen und rheinischen Annexionen, der durch den Verrat von Dumouriez den Anstrich eines gegenrevolutionären Manövers erhielt und von *Montagnards* wie Sansculotten entsprechend propagandistisch ausgebeutet wurde, erwies sich für die *Girondins* als besonders fatal. Von den außenpolitischen Erfolgen hatten sie sich eine dauerhafte Sicherung ihrer politischen Dominanz und die Lösung der wirtschaftlichen und sozialen Probleme versprochen, die Frankreich plagten und die eine Stabilisierung der revolutionären Errungenschaften vereitelten. Als sich diese Hoffnungen zerschlugen, standen die *Girondins* vor den Trümmern einer Politik, zu der sie keine Alternative hatten. Auch war ihnen eine Unterstützung im Konvent und in der Öffentlichkeit lediglich so lange sicher, wie sie erfolgreich waren. Zudem erwiesen sich die *Girondins* als unfähig, Paris und die hier vorherrschenden Kräfte als einen Machtfaktor zu begreifen, mit dem man sich arrangieren musste. Diese Intransigenz machte ihren Untergang unvermeidlich.

Das große Drama des Prozesses gegen den König hatte die Gemüter von der herrschenden Misere ebenso abgelenkt wie die Siege der Revolutionsarmeen. Jetzt verstellte nichts mehr den Blick auf den Marasmus, in dem das Land und die Revolution zu versinken drohten. Das zeigt der Stimmungsbericht, den die in die tiefste Provinz, in den Lot und die Dordogne, entsandten Kommissare Jeanbon Saint-André und Elie Lacoste am 26. März 1793 nach Paris sandten: «Überall ist man der Revolution überdrüssig. Die Reichen verachten sie, die Armen leiden unter Mangel an Brot, und man redet ihnen ein, dass wir dafür verantwortlich sind. Die Journalisten haben die öffentliche Meinung vollends verhetzt. Selbst die *Sociétés populaires* haben alle Kraft eingebüßt. (…) Schlimmer noch: Alle diejenigen, die man zuvor als die Gemäßigten bezeichnete, die immer irgendwie gemeinsame Sache mit den Patrioten machten und die auch mehr oder weniger für irgendeine Revolution eintraten, wollen diese heute nicht mehr. Sie sinnen darauf, diese wieder rückgängig zu machen, kurz, sie treten für die Gegenrevolution ein. (…) Der Arme hat kein Brot, aber es mangelt keineswegs an Getreide, das gehortet wird, wie uns alle Verwalter, die wir gesprochen haben, versicherten. Es gilt also zuvörderst, dem Armen Nahrung zu verschaffen, wenn Sie wollen, dass er Ihnen dabei hilft, die Revolution zu vollenden».[3]

Damit sprachen die beiden Kommissare eine Einsicht aus, der sich auch die *Montagnards* und die Mehrheit des Konvents auf Dauer nicht verschließen konnten. Zunächst vertrauten sie allerdings noch auf das freie Spiel von Angebot und Nachfrage. Noch am 8. Dezember 1792 hatte der Konvent die uneingeschränkte Handelsfreiheit für Getreide und andere Nahrungsmittel innerhalb Frankreichs gesetzlich verankert.[4] Die damit verknüpften Erwartungen wurden durch die galoppierende Geldentwertung aufgrund der ungehemmt fortgesetzten Ausgabe von Assignaten unterlaufen, während die Ausweitung des Krieges den Import von Getreide erschwerte. Die Folge waren Preissteigerungen, die die Kaufkraft von immer mehr Konsumenten überforderten und Unruhen in der Provinz auslösten.[5]

Am 12. Februar 1793 erschien eine Deputation der 48 Pariser Sektionen im Konvent, um Maßnahmen gegen die grassierende Teuerung zu verlangen: «Bürger Gesetzgeber, es reicht bei weitem nicht hin, zu erklären, dass wir französische Republikaner sind; ebenso notwendig ist, dass das Volk glücklich ist, dass es genügend Brot hat, denn wenn es ihm daran mangelt, gibt es keine Gesetze, keine Freiheit und keine Republik mehr». Mit diesen Klagen wurde die Forderung nach Einführung von Höchstpreisen für Nahrungsmittel begründet.[6] Die Petition der Pariser Sektionen wurde jedoch von der Versammlung einvernehmlich und mit Empörung zurückgewiesen. Der Konvent war entschlossen, am wirtschaftsliberalen Dogma festzuhalten.

Die Entschiedenheit, mit der die *Montagnards* die wiederholten Forderungen nach Festsetzung von Höchstpreisen zunächst noch zurückwiesen, maskierte zugleich ihre Furcht vor einer Konkurrenz um den revolutionären Führungsanspruch. Verkörpert wurde diese Konkurrenz durch zwei Männer: Jean Varlet und den ehemaligen Priester Jacques Roux. Beide hatten in der agitatorischen Ausbeutung der wachsenden Diskrepanz zwischen Preisen und Löhnen, die für die wachsende Misere breiter Volksschichten ursächlich war, ein Mittel erkannt, ihr sozialrevolutionäres Programm zu befördern. Das Dokument, das ihr Vorhaben umriss, war der mit Ausfällen gegen den Konvent gespickte *Discours sur le jugement de Louis-le-dernier, sur la poursuite des agioteurs, des accapareurs et des traîtres*, den Jacques Roux am 1. Dezember 1792 vor der Sektion de l'Observatoire vorgetragen hatte. Roux stellte darin unter anderem den vermeintlichen «Despotismus» der Versammlung, die das Volk mit von ihr erlassenen Gesetzen versklave, auf die gleiche Stufe mit der Tyrannei des Königs. Der Konvent verletze damit die legitimen Rechte des Volkes, weil er sich in seiner Gesetzgebung immer mehr von der öffentlichen Meinung entferne. Diese allein diktiere jedoch die Gesetze, habe immer recht und sei allmächtig. Die Beschuldigungen zielten zwar in erster Linie auf die *Girondins*, nahmen darüber hinaus aber auch all diejenigen ins Visier, die den Wucher und das Horten von Nahrungsmitteln tolerierten und damit die Not und die fortschreitende Verarmung des Volkes in Kauf nahmen.[7] Davon mussten sich auch die *Montagnards* angesprochen fühlen, die ebenfalls aus Überzeugung den attackierten Wirtschaftsliberalismus befürworteten.

Je mehr die von Roux und Varlet vorgetragene Agitation bei den Pariser Sansculotten ein lebhaftes Echo fand, desto größer wurde bei den Jakobinern die Sorge, von den *Enragés*, den «Tollwütigen», links überholt zu werden. Zu diesen Befürchtungen trugen auch die Unruhen bei, die am 25. Februar in Paris ausbrachen und den ganzen Tag über andauerten, ohne dass sich die *Commune* zum Einschreiten bemüßigt sah. Bäckereien und Kolonialwarengeschäfte wurden gestürmt und deren Waren – Zucker, Kaffee, Kerzen und Seife – zu willkürlich festgesetzten Preisen verkauft. Erst gegen Abend schritt die Pariser Nationalgarde ein und stellte die Ordnung wieder her.

Wie die meisten Abgeordneten über die Ausschreitungen dachten, brachte am folgenden Tag Barère zum Ausdruck: «Vergessen wir nicht die ewigen Prinzipien aller Gesellschaften; denn dort, wo es keine Achtung des Eigentums gibt, vermag ich auch keine soziale Ordnung zu erkennen. (...) Wir machen eine Revolution der freien Menschen und nicht eine von Banditen. Je weiter wir mit der Revolution voranschreiten, desto mehr sind wir dazu verpflichtet, in diesem politischen Umbruch die zwei einzigen Anker auszuwerfen, die das Staatsschiff stabilisieren: den Anker des Eigentums und den Anker der politischen Moral».[8] Wie nicht anders zu erwarten, machten die *Girondins* Marat für die Unruhen verantwortlich, gegen den der Abgeordnete Salle die Anklageerhebung verlangte, was jedoch nach heftiger Debatte abgelehnt wurde.[9]

Die anfängliche Entschlossenheit auch der Linken, sich der Festsetzung von Höchstpreisen zu verweigern, die der Auslöser dieser Unruhen gewesen waren, geriet aber bald ins Wanken.[10] Den Ausschlag dafür gab die innere Lage der Republik. Angesichts der sich zuspitzenden Situation wurde die im Konvent vorherrschende Blockade zwischen *Girondins* und *Montagnards* von immer mehr Abgeordneten als unerträglich empfunden. Das führte dazu, dass sich die *Plaine* auf die Seite der *Montagnards* schlug, weil diese die energischeren

Maßnahmen zur Wahrung der revolutionären Errungenschaften forderten.

Konventsabgeordnete, die ausgesandt worden waren, um die in der Stadt herrschende Stimmung angesichts der am 21. Februar beschlossenen Aufstellung von 300 000 Mann zu erkunden, berichteten der Versammlung am 9. März, überall sei der Wille zur Verteidigung des Vaterlands groß. Zugleich aber seien die Bürger unwillig, zur Armee aufzubrechen, «denn es gebe in der Republik keine entschiedene Justiz; es fehle daran, dass die Verräter und Verschwörer verhaftet würden. Zum weiteren wird gefordert, ein Gericht zu schaffen, auf das Verlass ist, ein Tribunal, das Gegenrevolutionäre aburteilt».[11] Diese Berichte, die sofort die Erinnerung an die Septembermassaker wachriefen,[12] veranlassten den Abgeordneten Jean-Baptiste Carrier, den Antrag auf Schaffung eines *Tribunal révolutionnaire* zu stellen, der sofort angenommen wurde.[13]

Nur wenige Tage später verabschiedete der Konvent zudem ein Dekret, das die Entsendung von Kommissaren in die einzelnen Departements der Republik bestimmte. Für diese Aufgabe waren Konventsabgeordnete vorgesehen, die die am 21. Februar beschlossene Mobilisierung neuer Truppen überwachen sollten.[14] Ein drittes Dekret, das wie die Schaffung des Revolutionsgerichts den Wünschen der Sansculotten entgegenkam, komplettierte diese «Notstandsgesetzgebung»: die Erhebung einer für «Reiche» geltenden Sondersteuer zur Finanzierung der Kriegskosten.[15]

Die jähe Entschlossenheit, der Krise energisch entgegenzutreten, die eine Konventsmehrheit von *Montagnards* und *Plaine* mit der Verabschiedung der drei Gesetze gegen den Widerstand der *Girondins* bekundete, war Auslöser für einen Bewusstseinswandel, der in einzelnen Debattenbeiträgen über das Dekret zur Schaffung der revolutionären Sondergerichtsbarkeit aufblitzte. So forderte der Abgeordnete Pierre-Anselme Garrau am 10. März, dass man unmittelbar nach Einsetzung dieses Gerichts eine Regierung installiere, «die ganz im Sinne der Republik handelt». Diese Anregung wurde von Jean-Jacques Cambacérès aufgegriffen: «Machen Sie den Nationalkonvent zum Zentrum allen politischen Handelns, dergestalt, (...) dass man nicht mehr sagen kann, die Tyrannei sei lediglich eine Folge der völligen Konfusion von legislativer und exekutiver Gewalt».[16] Dem schloss sich auch Danton an: «Sie haben über die Nation zu disponieren, Sie sind ein Nationalkonvent, keine Versammlung, deren Geschäftsbereich eine Verfassung regelt, sondern eine solche, die den Auftrag hat, alle Gewalten, alle Prinzipien unserer Republik zu konstituieren. Sie würden deshalb keinen einzigen Grundsatz verletzen, nichts würde umgestoßen, wenn Sie in Ausübung der ganzen Breite Ihrer Vollmachten das Talent überall dort nähmen, wo es sich anbietet, um es dort seine Wirkung entfalten zu lassen, wo es von Nutzen zu sein verspricht. (...) Damit will ich zwar nicht der Notwendigkeit das Wort reden, die Minister aus Ihrem Kreis auszuwählen, aber sehr wohl der Notwendigkeit, sich diese Möglichkeit offenzuhalten».[17] Zu dem Gedanken, die Sperre zwischen Legislative und Exekutive zu beseitigen, bekannte sich auch Robespierre: «Das Auswechseln des Kriegs- oder des Finanzministers» sei «nicht die Frage, die uns augenblicklich beschäftigen sollte, sondern es gilt eine Lösung für die Organisation der Regierung zu finden».[18]

Alle diese Äußerungen beschworen einen Wandel des politischen Systems, der mit den «Notstandsgesetzen» eingeleitet wurde. Seit der Revolution des 10. August 1792 war Frankreich ohne Regierung. Entscheidungen der Exekutive waren das Resultat eines Zusammenspiels der Fachminister und einzelner Konventausschüsse, die unterschiedliche Politikfelder kontrollierten. Das Verfahren war umso schwerfälliger, als in keinem dieser Ausschüsse *Montagnards* oder *Girondins* über die Mehrheit verfügten. Allein das vereitelte ein konsistentes und zügiges Regierungshandeln, das angesichts der Fülle drängender Probleme unverzichtbar war. Erste Anzeichen für einen durch Entscheidungsnot erzwungenen Wandel dieses Schlendrians waren das Dekret, das die Aushebung von 300 000 Soldaten anordnete, und die Einrichtung des Revolutionsgerichts, das geschaffen wurde, um dessen Durchsetzung zu gewährleisten.

Bedeutsam war in diesem Zusammenhang auch der Beschluss, Konventskommissare in alle Departements zu entsenden, die eine zügige Implementierung der «Notstandsgesetze» überwachen sollten. Diese bis zu 130 Kommissare, die mit unbeschränkten Vollmachten ausgestattet ständig im Land unterwegs waren, fungierten als effiziente Repräsentanten der bislang zahnlosen Exekutive. Ihre Berichte sandten sie dem am 6. April geschaffenen *Comité de Salut public*, das die Funktionen einer Notstandsregierung ausübte. Da die allermeisten Konventskommissare *Montagnards* waren, die mit den von ihnen getroffenen Entscheidungen den Willen der Exekutive im Land zur Geltung brachten, hatte Frankreich damit bereits im Frühjahr 1793 eine zentralisierte politische Führung, die im Wesentlichen von der jakobinischen Linken kontrolliert wurde. Lediglich die dauernde Abwesenheit von rund einhundert Abgeordneten der *Montagnards*, die als Kommissare unterwegs waren, wiegte die *Girondins* in der trügerischen Gewissheit, im Konvent noch immer über eine Machtstellung zu verfügen, die ihnen mit dem Prozess gegen Louis XVI bereits entglitten war.[19]

Komplementär zu dieser Illusion war die Intransigenz, in der die *Girondins* gegenüber Paris verharrten. In dieser Haltung sahen sie sich dadurch bestärkt, dass sich an den Auseinandersetzungen zwischen *Girondins* und *Montagnards* nun auch die Sansculotten beteiligten, die sich der radikalen Linken als Schlägertruppe zur Verfügung stellten. Das zeigte die gezielte Zerstörung von Druckereien, in denen Presseorgane der *Girondins* hergestellt wurden. Die Drahtzieher dieser Attacken sind im Jakobiner-Club zu vermuten.[20] Im Konvent war es der Abgeordnete Pierre-Joseph Duhem, der in der Sitzung vom 8. März wüste Angriffe gegen Presseorgane der *Girondins* richtete: «Man muss diese stinkenden Verleumder, die einzigen und eigentlichen Hindernisse für die Fortschritte der Revolution zum Schweigen bringen. (...) Es gilt, alle diese Kerle, die die Patrioten herunterputzen, alle diese Redakteure von Zeitungen und Flugschriften, von denen die Departements in Unruhe versetzt werden, die Autoren aller dieser Hetzblätter endlich der nationalen Gewalt zu unterwerfen. (...) Ich fordere also, dass der Konvent alle diese schmutzigen Wesen aus seinem Kreis verjagt und dass man den *Comité de sûreté générale* damit beauftragt, sie zur Vernunft zu bringen».[21]

Die Attacken auf die Presse der *Girondins* veranlassten den Konvent zu einem Dekret, das alle Mitglieder der Versammlung, die auch eine Zeitung veröffentlichten, dazu zwang, sich zwischen dem Beruf eines Journalisten und dem Mandat eines Abgeordneten zu entscheiden.[22] Das Gesetz betraf auch den Abgeordneten Jean-Paul Marat, der das Hetzblatt *L'Ami du Peuple* redigierte, das schon wiederholt wegen seiner tendenziösen Berichterstattung Anstoß erregt hatte. Der Mob wusste den Unterschied jedoch zu beachten und zerstörte am Abend des 9. März nur die Druckereien der Girondisten Gorsas und Brissot.[23] Am 10. März unternahmen vermutlich dieselben Rädelsführer den Versuch, einen großen Aufstand in Paris anzuzetteln, um den Konvent zu zwingen, die führenden *Girondins* zu verhaften. Es wurde Alarm geläutet und die Stadttore geschlossen, doch die *Commune de Paris* verweigerte ihre Teilnahme und bot die Nationalgarde auf, die binnen kurzem die Ruhe wiederherstellte.[24] Trotz dieses Scheiterns war damit ein Präzedenzfall geschaffen worden. Ein Pariser Volksaufstand könnte ein Mittel sein, den Konvent zu säubern.

Vom grundsätzlichen Wandel des politischen Bewusstseins einer Mehrheit im Konvent kündete auch die programmatische und viel bejubelte Rede, mit der Barère am 18. März ein Konzept zu Fragen der Staatssicherheit umriss: In Zeiten akuten Notstands, so Barère, sei es nicht mehr damit getan, sich der normalen gesetzlichen Möglichkeiten zu bedienen, sondern dann gelte es, revolutionär zu handeln, sprich die Legalität außer Acht zu lassen. Initiativen dazu sollten allein von den Repräsentanten des Volkes, also vom Konvent, und nicht von der Straße ergriffen werden. Schließlich sei das Eigentum unbedingt zu respektieren. Wer etwa eine *loi agraire*, also eine Gleichheit hinsichtlich der Vermögen und des Einkommens fordere, solle mit dem Tode bestraft werden.[25]

Das waren Argumente, die jene Mehrheit überzeugten, die am folgenden Tag das Dekret verabschiedete, das die Aufständischen in der Vendée, die sich seit dem Frühjahr 1793 mit Gewalt gegen die Revolution auflehnten, für vogelfrei erklärte; wer mit Waffen in der Hand angetroffen wurde, sollte sofort ohne Prozess hingerichtet werden.[26] Am 21. März wurde eine Gesetzesvorlage gebilligt, die vorsah, in jeder Gemeinde aus jeweils 12 Bürgern bestehende *Comités révolutionnaires* einzurichten, die die Aktivitäten von Ausländern und «Verdächtigen» überwachen sollten.[27] Hinzu kam das Dekret vom 1. April, das Abgeordneten den Schutz der Immunität nahm, sobald sie in Verdacht gerieten, mit den Feinden der Revolution in Verbindung zu stehen.[28]

Von unmittelbarer Bedeutung war der Vorschlag, den der Abgeordnete Maximin Isnard namens des *Comité de défense générale* am 3. April vorlegte, der die Bildung eines *Conseil d'exécution* vorsah, dem neun Mitglieder des Konvents angehören sollten. In diesem *Conseil*, dem ersten *Comité de Salut public*, fand der seit dem 10. März angestoßene Wandel des politischen Problembewusstseins seinen vorläufigen Ausdruck, denn der von dem *Girondin* Isnard vorgelegte Dekretentwurf bestimmte in Artikel 4: «Die Minister beschränken sich lediglich auf die Wahrnehmung von Verwaltungsaufgaben».[29] Mit anderen Worten: Das geplante neue Gremium reduzierte Regierung und Minister auf die Rolle von bloßen Erfüllungsgehilfen, die den Anweisungen der neun Konventsabgeordneten unbedingt Folge zu leisten hatten. Das war nichts weniger als die Beseitigung der Gewaltenteilung. Hinter der ablehnenden Haltung der *Girondins* stand gleichwohl auch ihre Furcht vor einer auf die Pariser Volksmassen gestützte Diktatur der *Montagnards*. Diese Furcht wurde von Marat noch verstärkt, der ihnen am 6. April entgegenhielt: «Der einzige Einwand, den man gegen dieses Komitee erheben könnte, besteht allenfalls darin, dass es nicht mit hinreichend großer Macht ausgestattet ist, um die Kräfte der Nation zu mobilisieren und die Feinde zu vernichten. Allein mit Gewalt muss man die Freiheit durchsetzen und jetzt ist der Augenblick gekommen, um den Despotismus der Freiheit zu organisieren, um den Despotismus der Könige zu vernichten».[30]

Marat beschwor damit die Vision, die das Regime der *Terreur* vorwegnahm. Danton suchte in der Frage des *Comité de Salut public* gleichwohl eine Verständigung mit den *Girondins* herzustellen. Die Republik habe nicht nur die Macht, sondern geradezu die Pflicht, «sich eine schreckliche Autorität zu schaffen. Die Wut des Sturms, dem sich das Staatsschiff ausgesetzt sieht, ist derart, dass es unmöglich ist, es allein mit den Prinzipien der Staatskunst zu retten. (...) Verbünden wir uns, vereinen wir uns brüderlich; es gilt das Heil aller. Sollte die Verschwörung [i. e. die Putschabsichten von Dumouriez] triumphieren, wird sie jeden verfolgen, der als Patriot gilt, ganz gleich, welche politische Haltung er hat».[31]

Ähnlich argumentierte auch Barère. Ihm war es auch zuzuschreiben, dass das Dekret zur Schaffung des *Comité de Salut public* in der Fassung, in der es am 6. April 1793 verabschiedet wurde, im Vergleich zu dem von Isnard vorgelegten Entwurf wesentlich maßvoller formuliert war;[32] tatsächlich mutet dessen Fassung wie ein Kompromiss an, dem neben den Abgeordneten der *Plaine* auch die *Girondins* zustimmen konnten. Diese Absicht spiegelte sich auch in der Wahl der neun Mitglieder des *Comité de Salut public* wider, die weder *Girondins* noch enragierte *Montagnards* waren, sondern Abgeordnete der *Plaine*. Sie standen zu beiden Parteien in Distanz, begegneten den Sansculotten mit tiefem Misstrauen, fürchteten aber noch mehr einen Erfolg der Gegenrevolution, weil der ihre seit 1789 erzielten Gewinne in Frage zu stellen drohte.[33] Die Etablierung des *Comité de Salut public*, die den Abschluss der «Notstandsgesetzgebung» bildete, beendete fürs Erste die akute Krise.

Dieser Ausgang war für den Ehrgeiz Robespierres eine herbe Enttäuschung. Am Abend des 3. April 1793 hatte er den Versuch unternommen, die Empörung über den Verrat von Dumouriez für eine Diskreditierung der *Girondins* zu nutzen: «Es ist höchste Zeit, dass diese Komödie aufhört. Es gilt (...) große Maßnahmen zu ergreifen, wie sie die Gefahren des Vaterlands erfordern (...). Wie groß muss meine Überraschung sein (...), wenn ich sehe, dass eben jene, die seit dem Beginn der letzten Revolution [i. e. der 10. August 1792] es mit solcher Unverfrorenheit wagen, die Mitglieder dieser Seite (er zeigt auf die Linke) und die Stadt Paris zu verleumden, die das Bollwerk der Freiheit war und bleibt, eben jene da, sage ich, die über die Verbrechen von Dumouriez fein stille schweigen. (...) Und da Brissot hier ist (...), der das Wort verlangt, um mich zu zermalmen, nehme ich Brissot selber zum Anlass, um die Prinzipien, die mein Handeln bestimmen, darzulegen. – Normalerweise mache ich keinerlei Aufhebens von Individuen, und ein Brissot verdient als Mann auch nicht die Aufmerksamkeit eines Gesetzgebers, aber er ist aufs Engste mit dem gegenrevolutionären System verbunden, das sich augenblicklich entfaltet. Ich möchte das Vaterland nicht einem Brissot geopfert wissen, und selbst wenn Brissot das Vertrauen eines großen Teils dieser Versammlung genießt, kündige ich dennoch an, (...) dass er demaskiert wird, dass ich den Mut haben werde, die ganze Wahrheit aufzudecken».[34]

Der Augenblick für diesen Angriff war mit Bedacht gewählt, denn am Morgen des 3. April hatte die Regierung die Nachricht erhalten, dass Dumouriez Kriegsminister Beurnonville und die drei Kommissare in dessen Begleitung an die Österreicher ausgeliefert hatte. Das zerstreute letzte Zweifel an seinem Verrat. Umso größer war die Verlegenheit, in die sich Brissot gestürzt sah, was sich an der schwachen Rede ablesen ließ, mit der er sich gegen die Anklage Robespierres zur Wehr setzte. Was ihn aus dieser Verlegenheit rettete, war der Vorschlag, mit dem Robespierre seine Ausführungen abschloss: die Aufstellung einer Revolutionsarmee aus Sansculotten, die der drohenden Gegenrevolution die Stirn bieten sollte. Dieses Verlangen verschreckte die gemäßigte Mehrheit des Konvents zutiefst, die daraufhin sowohl die Anklage gegen Brissot als auch diese Forderung einfach ignorierte und zur Tagesordnung überging.

Um die *Girondins* im Konvent zur Strecke zu bringen, blieb Robespierre keine andere Wahl, als den langen Marsch durch die Pariser Sektionen anzutreten. Es galt, den Druck der Straße zu mobilisieren, um im Konvent eine förmliche Anklage gegen die *Girondins* zu erzwingen. Das war umso naheliegender, als die Empörung über den Verrat von Dumouriez eine weitere Annäherung von *Montagnards* und Sansculotten beschleunigte. Die sich auf dieses Einverständnis gründende Offensive gegen die *Girondins* wurde am Abend des 5. April von Marat eröffnet. Dem Pariser Jakobiner-Club legte er ein Rundschreiben vor, dem er die Tartarennachricht voranstellte, Dumouriez marschiere mit seinen Truppen auf Paris. «Empören wir uns! Ja, empören wir uns alle! Verhaften wir alle Feinde unserer Revolution und alle Verdächtigen. Vertilgen wir ohne Mitleid alle Verschwörer, wenn wir nicht von ihnen vernichtet werden wollen. Verschaffen wir dem Nationalkonvent, der uns allein retten kann, Kraft und Energie. (…) An Paris will Dumouriez seine Rache üben, indem er alle Royalisten, *Feuillants*, Gemäßigten und alle feigen Feinde unserer Freiheit auf seine Seite zu ziehen sucht. Die Freiheit müssen wir also alle in Paris verteidigen, und beherzigen Sie gut die Wahrheit, dass Paris ohne Sie nicht die Republik retten kann».[35] Das war eine unmißverständlich Denunziation der *Girondins*, ein Aufruf, ihnen das Handwerk zu legen.

Am nämlichen Abend ließ sich auch Augustin, der jüngere Bruder Robespierres, mit der Aufforderung an die Sektionen vernehmen, sie sollten im Konvent vorstellig werden und ihn «dazu zwingen, die verräterischen Abgeordneten zu verhaften».[36] Das Echo, das in Form einer Petition der *Section Bonconseil* darauf antwortete, ließ es an Deutlichkeit nicht fehlen: «Seit geraumer Zeit bereits macht Sie die Stimme der Öffentlichkeit auf die Brissot, Gensonné, Vergniaud, Barbaroux, Buzot, Louvet, Guadet etc. … aufmerksam, auf alle diese Häupter der Fraktion, die schon lange in Übereinstimmung mit ihrem Komplizen Roland den Bürgerkrieg vorbereiten … (Stürmischer Beifall auf der Linken und auf den Tribünen, Empörung und Tumulte in der Mitte und auf der Rechten) (…) Ermannen Sie sich, Gesetzgeber, noch ist es Zeit, übergeben Sie diese Monster, die von der öffentlichen Meinung längst geächtet sind, den Gerichten; führen Sie einen Vernichtungskrieg gegen diese Gemäßigten, diese *Feuillants*, diese Aristokratensippschaft und schließlich auch gegen alle Mitarbeiter des einstigen *cabinet des Tuileries*».[37]

Weitaus gefährlicher als diese Anschuldigung einer einzigen der Pariser Sektionen drohte für die *Girondins* eine Initiative zu werden, die von der *Section de la Halle au Blé* am 7. April gestartet wurde. Die Sektion hatte eine Fülle von Forderungen in einer Petition zusammengefasst, die sie den anderen 47 Sektionen mit der Aufforderung zuleitete, ihr beizutreten. Allein dieses Ansinnen machte die besondere Brisanz der Eingabe deutlich, denn wenn mehr als die Hälfte der Pariser Sektionen sich diese Forderungen zu eigen machte, war das ein Signal für den Beginn einer neuen Revolution in Paris. Den Präzedenzfall dafür lieferte die vom damaligen Bürgermeister Pétion der Legislative am 3. August 1792 vorgelegte Eingabe der 48 Pariser Sektionen, mit der die Entthronung Louis' XVI gefordert worden war. Diese Parallele stand auch den Autoren vor Augen, von denen die Eingabe der *Section de la Halle au Blé* formuliert wurde. Sie begann mit der unüberhörbaren Drohung: «Bis jetzt sind unsere Petitionen im Staub Ihrer Komitees versunken, derselben Ausschüsse, in denen die schuldigen Mandatsträger sitzen, die Sie anschließend mit tendenziösen oder zu spät erstatteten Berichten täuschen. (…) Die französische Nation hat es satt, dauernd das Ziel von Verrätereien zu sein; sie ist es überdrüssig, unter Ihnen untreue Mandatsträger zu gewahren, die ihr Vertrauen missbrauchen». Damit kündigte sich an, was in dem Forderungskatalog an vorletzter und letzter Stelle aufgeführt war, «dass alle Mitglieder des Konvents, die durch ihre Äußerungen oder ihre Schriften die Absichten ihrer Wähler verraten haben, angeklagt werden sollen; dass schließlich diejenigen, die nicht den Mut aufbrachten, die Republik zu verteidigen, abgelöst und durch ihre Nachrücker ersetzt werden».[38]

Robespierre kam diese Initiative sehr gelegen. Als der Konvent darüber debattierte, ging er sofort zum Angriff über und stellte am 10. April eine detaillierte Liste aller Klagen und Beschwerden auf, die der *peuple* schon im Vorfeld des 10. August 1792 gegen die *Girondins* erhoben hatte. Seine Ausführungen schloss er mit einer giftig-ironischen Attacke auf die *Girondins*: «Ich wage nicht, Ihnen den Vorschlag zu machen, Anklage gegen so ausgezeichnete Patrioten wie die Herren Vergniaud, Brissot und andere zu erheben; ich unterstehe mich auch nicht, zu sagen, dass ein Mann, der tagtäglich in Korrespondenz mit Dumouriez stand [i. e. Gensonné], sich der Komplizenschaft verdächtig gemacht hat, um das Mindeste zu sagen; denn, das steht außer Zweifel, dieser Mann ist ein Vorbild an Patriotismus und es wäre eine Art von Sakrileg, verlangte man Monsieur Gensonné unter Anklage zu stellen. Außerdem bin ich, was das anbelangt, mir zu sehr des Ungenügens meiner Anstrengungen bewusst, weshalb ich mich hinsichtlich allem, was diese illustren Mitglieder der Versammlung betrifft, der Weisheit des Konvents anheimgebe».[39]

Vergniaud antwortete mit einem Gegenangriff: «Ich habe auch viel Gefasel von einem Aufstand gehört, davon, dass es gelte, das Volk in Aufruhr zu versetzen und, ich gebe zu, ich war darüber bestürzt. (...) Also wollen die, die einem Aufruhr das Wort reden, den Konvent zerstören; ihre Absicht ist es mithin, die Wahrnehmung der Souveränität einer kleinen Anzahl von Männern oder einem einzigen Bürger zu überantworten; ihr Ziel ist also kein anderes, als entweder eine aristokratische Regierung zu schaffen oder die Monarchie wieder zu errichten. Im einen wie im anderen Fall verschwören sie sich wider die Republik und die Freiheit (...). Ständig geht die Rede von Maßnahmen des Schreckens, der Revolution. Ich bin auch dafür, aber unter der Voraussetzung, dass sie allein gegen die Feinde des Vaterlands angewandt werden. (...) Ich bin für Strafen, nicht für Ächtungen. Für manche Mitmenschen scheint der Patriotismus sich darin zu erfüllen, zu quälen, Leid und Tränen zu verursachen. Mein Begriff von Patriotismus ist, dass er die Menschen glücklich macht. (...) Man war bestrebt, die Revolution durch Schrecken zu vermitteln; mein Wunsch hingegen ist es, sie durch Liebe nahe zu bringen».[40]

Das am 10. und 11. April zwischen Robespierre und Vergniaud ausgefochtene Rededuell endete unentschieden. Keiner der beiden Redner vermochte die *Plaine* zu überzeugen. Schon am nächsten Tag wähnten aber beide Parteien, dieses Patt durch einen Sieg auflösen zu können: Der Abgeordnete Guadet, der am 12. April auf Robespierre antwortete, unterrichtete den Konvent über das Rundschreiben Marats vom 5. April. Auf die heftigen Proteste, die Marat deswegen erhob, sprang der Deputierte Pierre Gyomar Guadet zur Seite. Die Stadtverwaltung von Sens habe ihm dieses Rundschreiben zur Anzeige gebracht und er stelle den Antrag, Marat deswegen anzuklagen. Nach neuerlichen Tumulten gelang es dem *Girondin* Jean-Baptiste Boyer-Fonfrède, die sofortige Verhaftung und Anklage Marats erneut zu beantragen. Dem wurde jetzt vom Konvent stattgegeben.[41]

Das war die Antwort der *Girondins* darauf, dass Robespierre am Abend des 10. April im Jakobiner-Club dazu aufgerufen hatte, die Petition der *Halle au Blé* neu aufzusetzen und ihr den Passus einzufügen, «das Volk verlangt, dass das Revolutionstribunal der Fraktion d'Orléans (...) und allen Verrätern den Prozess macht. (...) Ich fordere, dass, wenn die Frage dieses für das öffentliche Wohl so bedeutenden Aktes aufgerufen wird, man eine außerordentliche Sitzung in den Sektionen einberuft, um über die Mittel zu beraten, in ganz Frankreich die kriminellen Ränke der Verräter zu entdecken; sobald diese Aufgabe erfüllt ist, begebt Ihr Euch zum Konvent, und Ihr werdet die Verräter vor dem Angesicht Frankreichs demaskieren.»[42]

Robespierres Intervention ist in zweierlei Hinsicht bemerkenswert. Zum einen galt ihm die Meinung, die von der Schnittmenge der Pariser Sektionen geäußert wurde, als identisch mit jener, die alle Bürger der Republik hatten. Der Rest des Landes sollte aber gleichwohl über das Geschehen unterrichtet werden, um «fatale Auswirkungen in den Departements» zu verhindern, die von den *Girondins* ausgenutzt werden könnten. Zum anderen verpflichtete er diese Meinung auf eine Anklage gegen die führenden Köpfe der *Girondins*, die deren Ausschaltung zur Folge haben musste. Das Verfahren, das Robespierre anstrebte, war also ein Putsch im Rahmen der Legalität, der ihm die lästigen Konkurrenten vom Hals schaffen sollte. Dabei kam es ihm vor allem darauf an, Gewalt, gar einen neuen Aufstand in Paris zu vermeiden, denn der könnte eine Gegenreaktion der Departements zu Gunsten der *Girondins* zur Folge haben, auf die von ihnen sowieso schon hingearbeitet würde.[43]

Die *Girondins* waren unterdessen bestrebt, sich die Anklage gegen Marat zunutze zu machen, die vom Konvent am 12. April nach einigen Tumulten beschlossen worden war. Vorausgegangen war dem eine

Anzeige der Stadtverwaltung von Sens, die sich gegen Marats Rundschreiben vom 5. April richtete, mit denen er die Jakobiner-Clubs gegen die *Girondins* aufgewiegelt hatte. Am 13. April 1793 brachten sie die Anklage im Konvent zur namentlichen Abstimmung; sie wurde mit 221 gegen 93 Stimmen angenommen. Angesichts des schlechten Rufs von Marat im Konvent, dessen Mehrheit ihn im Verdacht hatte, einer der Hauptdrahtzieher der Septembermassaker gewesen zu sein, war dieses Ergebnis alles andere als ein glänzender Erfolg, denn allein 96 *Montagnards* waren als Kommissare unterwegs, während *Girondins* und *Plaine* aus diesem Grund nur auf die Anwesenheit von 20 Abgeordnete verzichten mussten. Außerdem beteiligten sich 55 Abgeordnete nicht an der Abstimmung, von denen allein 9 zu den *Girondins* zählten.[44] Das zeigte, dass die *Girondins* selbst bei einer so wichtigen Entscheidung unfähig waren, geschlossen zu handeln. Für die Abgeordneten der *Plaine* war dies ein Anlass mehr, sich bei Abstimmungen den *Montagnards* anzuschließen, die ihnen eine bessere Gewähr zu bieten schienen, die Revolution durch die schwere Krise zu steuern, die ihre ureigensten Interessen bedrohte.

Am 20. April debattierte die Versammlung die ihr vorliegende Petition, mit der 35 der Pariser Sektionen und die *Commune de Paris* die Forderung erhoben, 22 Konventsmitglieder, ausnahmslos *Girondins*, unter Anklage zu stellen und aus dem Konvent auszuschließen. Die *Girondins* konnten jedoch eine Mehrheit für ein Dekret gewinnen, das diese Petition als verleumderisch bewertete und damit aus dem Verkehr zog.[45] Das war eine Niederlage Robespierres, die ein Patt zwischen *Girondins* und *Montagnards* im Konvent zur Folge hatte, dem schließlich zwei Entwicklungen ein Ende machten, die der Empörung der Pariser Sektionen neue Nahrung gaben: die Agitation, Höchstpreise für Lebensmittel einzuführen, und die Aushebung frischer Truppen, die für die Bekämpfung des Aufstands in der Vendée gebraucht wurden. Die *Montagnards* gingen nun dazu über, offen mit den Sansculotten zu paktieren, und gaben ihren bisherigen Widerstand gegen die Einführung von Festpreisen für Nahrungsmittel, das sogenannte Maximum, auf.

Dieses Zugeständnis signalisierte Robespierre am 24. April im Konvent: In einem Debattenbeitrag zu der am Vortag begonnenen Diskussion über die Menschenrechtserklärung, die auch der neuen Verfassung vorangestellt werden sollte, regte er Einschränkungen bei der Ausübung des Eigentumsrechts an. Zwar verwahrte er sich ausdrücklich gegen Vorstellungen der *Enragés*, Vermögensunterschiede zu beseitigen. Entscheidend sei es vielmehr, jedem innerhalb seiner Möglichkeiten und Fähigkeiten ein hinlängliches Auskommen zu gewährleisten, das ihm materielle Sicherheit und Unabhängigkeit verschaffte. Was vielen Menschen einen solchen Zustand unmöglich mache und sie zum Elend verdamme, sei der Missbrauch, der mit den Eigentumsrechten getrieben werde. «Fragen Sie etwa einen Menschenhändler, was er als sein Eigentum betrachtet. Er wird Ihnen versetzen, indem er auf den langgestreckten Sarg verweist, den er als ein Schiff bezeichnet, in dem er allem Anschein nach lebendige Menschen eingepfercht und angekettet hat: Da haben Sie mein Eigentum, ich habe die ganze Fracht um den und den Preis pro Kopf gekauft». Entsprechende Ansichten vom Eigentum entwickelte auch ein Adeliger hinsichtlich seiner Ländereien und seiner Vasallen: «Für alle diese Leute hat das Eigentum mit der Moral nichts zu schaffen». Also gelte es, auch das Eigentumsrecht wie alle anderen Rechte in der Weise klar zu definieren und zu begrenzen, dass es anderen nicht zum Schaden gereicht. Was für das Grundrecht auf Freiheit gelte, dessen Ausübung nur soweit garantiert sei, als es die Freiheit eines anderen nicht beeinträchtige, müsse auch der bestimmende Grundsatz für das Eigentumsrecht sein. Gestützt auf diese Überlegung schlug Robespierre vier Zusatzartikel vor: «Eigentum ist das jedem Bürger zustehende Recht, über jenen Besitz frei zu verfügen, der ihm vom Gesetz garantiert wird; das Eigentumsrecht hat wie jedes andere Recht auch seine Begrenzung im Respekt der Rechte anderer; das Eigentumsrecht darf weder für die Sicherheit oder die Freiheit, weder für die Existenz oder das Eigentum eines anderen von Schaden sein; jedes Eigentum, jeder Handel, von denen dieses Prinzip verletzt wird, ist ungesetzlich und unmoralisch».[46]

Dieser wahrhaft sozialrevolutionäre Gedanke, das Eigentumsrecht vom Nutzen der Gesellschaft abhängig zu machen, war der politischen Opportunität geschuldet, den Sansculotten als Preis für ihre Unterstützung im Kampf gegen die *Girondins* ein Angebot zu machen, das ihren Vorstellungen weit entgegenkam. Der Konvent jedenfalls quittierte diese Vorschläge mit Schweigen, und Robespierre brachte sie zwei Monate später, als im Juni 1793 der Entwurf der neuen Verfassung ausgiebig diskutiert wurde, auch nicht wieder aufs Tapet. Das verdankte sich erneut opportunistischen Erwägungen, denn jetzt galt es, die Verfassung so rasch und reibungslos wie möglich zu verabschieden.

Auch wenn es Robespierre vermied, die Forderung der Sansculotten nach Preisobergrenzen für Nahrungsmittel anzusprechen, ließen sich seine Ausführungen dennoch als prinzipielle Zustimmung dazu verstehen. Außerdem debattierte der Konvent schon seit dem 25. April über eine von den Pariser Sektionen wie den Gemeinden des Département de Paris einhellig geforderte gesetzliche Reglementierung des Getreidehandels. Das führte zur Verabschiedung des umfangreichen Dekrets vom 4. Mai, mit dem erstmals ein Maximum für den Preis von Getreide festgelegt wurde.[47] Das detaillierte Gesetz, dessen Anwendung einen eigenen bürokratischen Apparat erforderte, stiftete eben deshalb weit mehr Schaden als Nutzen.[48]

So wirkungslos das Gesetz vom 4. Mai auch blieb, so bedeutsam war es in anderer Hinsicht. Für das Gesetz hatten auch viele *Girondins* gestimmt, obwohl dessen Bestimmungen ihren Ansichten zuwiderliefen. Den Ausschlag für ihr widersprüchliches Votum gab nackte Angst. Am 1. Mai war der *Faubourg* Saint-Antoine in Bewegung geraten. Eine Menge von einigen Tausend Menschen belagerte den Konvent, in den sich eine Abordnung Einlass verschaffte, deren Sprecher mit den Abgeordneten scharf ins Gericht ging. Nachdem er die Maßnahmen aufgezählt hatte, die von den Sektionen des *Faubourg* veranlasst worden waren, um Freiwillige für den Einsatz gegen die Aufständischen in der Vendée zu mobilisieren, kam er schließlich zu der Forderung eines Maximums und einer Besteuerung der Reichen: «Da haben Sie, was die freien Männer des 14. Juli wie die von heute fordern: Das Maximum (...) und eine Besteuerung der Wohlhabenden und dann erst der Abmarsch der Freiwilligen *et pas avant*!» Das war eine Drohung, die der Redner mit seinen Schlussworten noch veranschaulichte: «Mandatsträger, da haben Sie unsere Mittel, um das öffentliche Wesen zu retten, und wir sind überzeugt davon, dass dies die einzigen sind, die eine unfehlbare Wirkung haben. Wenn Sie sich nicht dazu aufraffen können, dann erklären wir Ihnen in aller Form, dass wir uns die Rettung angelegen sein lassen, dass wir zum Aufstand entschlossen sind und dass 9000 Männer, die vor den Türen dieses Saals sich versammelt haben, darin übereinstimmen».[49]

Die Drohung zeigte Wirkung: Aus Furcht vor einem neuerlichen revolutionären Aufbegehren von Paris resignierten sich auch viele *Girondins* dazu, lieber das Maximum zu votieren, als ein solches Risiko einzugehen. Wie sich hier noch einmal eindeutig zeigte, war die Entscheidungsfreiheit der Versammlung durch den Druck des *peuple de Paris* empfindlich eingeschränkt. Das war ein spätestens seit dem 10. August 1792 vorhersehbares Verhängnis, das die *Girondins* mit dem im September 1792 gescheiterten Versuch zu bannen versucht hatten, aus den Nationalgarden der Departements eine Schutztruppe der in Paris tagenden Versammlung aufzustellen.

Angesichts dessen wuchs auch die Zuversicht der *Montagnards*, sich der lästigen Konkurrenz der *Girondins* einfach entledigen zu können. Nach den bislang gemachten Erfahrungen ließe sich das zügig durch die Inszenierung einer neuerlichen revolutionären Bewegung bewerkstelligen. Dabei galt es mit Umsicht darüber zu wachen, dass der Aufstand nicht über das ihm gesetzte Ziel hinausschoss. Eine strikte Kontrolle der Abläufe musste gewährleisten, dass die geplante Revolte innerhalb der Grenzen der republikanischen Legitimität ablief. Allein die führenden *Girondins* sollten ausgeschaltet werden, ohne dass dadurch der Konvent als repräsentatives Vertretungsorgan beschädigt wurde. In diesem Sinne hatte sich Robespierre bereits am 29. März vor dem Jakobiner-Club ausgesprochen: «Wenn ich entschlossene und wirksame Maßnahmen vorschlage, dann meine ich damit nicht diese Aufstände, von denen die politischen Körperschaften hinweggefegt werden. Vielmehr verlange ich, dass alle Sektionen wachsam und vor übelgesinnten Bürgern auf der Hut sind, ohne dass sie andererseits aber die Unverletzlichkeit der Abgeordneten in irgendeiner Weise missachten. Ich beharre darauf, dass man diese Fragmente der Nationalrepräsentation nicht anrührt, sondern wünsche mir vielmehr, dass man sie demaskiert und unschädlich macht».[50]

Die *Girondins* versuchten unterdessen ihrerseits noch einmal, die *Montagnards* zu entmachten. Am 18. Mai brachte der Abgeordnete Guadet im Konvent den Vorschlag ein, einen «Ersatz-Konvent» in dem von Paris weit entfernten Bourges einzuberufen. Auf diese Weise hätte man die *Montagnards* von ihrem Bündnispartner, der *Commune de*

Paris, räumlich abgeschnitten, die in immer schärfere Konkurrenz zum Konvent getreten war, und zugleich auch die Gefahr einer neuerlichen Pariser Revolution gebannt.[51] Der Aberwitz des Vorschlags verschreckte jedoch viele Abgeordnete. Barère fiel es daher leicht, ihn durch einen Kompromissvorschlag zu entkräften: Eine zwölfköpfige Kommission wurde berufen, die für die öffentliche Sicherheit und Ordnung notwendigen Maßnahmen veranlassen und die von der *Commune* während des letzten Monats gefassten Beschlüsse überprüfen sollte.[52]

Die Tätigkeit dieser «Zwölferkommission», als deren Mitglieder man ausschließlich *Girondins* bestimmte, beschleunigte den Ablauf der Ereignisse. Am 24. Mai legte sie ihren ersten Bericht vor. «Bei unseren anfänglichen Nachforschungen», hieß es dort, «haben wir eine ungeheuerliche Verschwörung gegen die Republik, die Freiheit, den Konvent, das Leben zahlreicher seiner Mitglieder wie das anderer Bürger aufgedeckt. Im Zuge unserer Nachforschungen stoßen wir ständig auf neue Beweise dafür. Schon einige Tage später wäre die Republik verloren, wären Sie nicht mehr am Leben». Diese wahrhaft dramatische Eröffnung lieferte die Begründung für den Vorschlag eines Dekrets, Paris und den Konvent unter den Schutz einer eigens gebildeten Bürgergarde zu stellen, um sie vor den Radikalen zu schützen. Nach einer Debatte, in der Marat diese Verschwörung als Märchen qualifizierte, wurde auch dieser Dekretentwurf von einer Mehrheit gebilligt.[53]

Als Drahtzieher des geplanten Umsturzes wurden außer Claude-Emmanuel Dobsen, dem Präsidenten der *Section de la Cité*, auch zwei Männer verhaftet, die zum Kreis der üblichen Verdächtigen gehörten: Jacques-René Hébert, Redakteur der Zeitung *Le Père Duchesne*, eines Zentralorgans der Pariser Sansculotten. Seine große Popularität verdankte er seinen unablässigen Angriffen auf die *Girondins*, die von ihm mit maßlos gehässigen Verdächtigungen im wüsten Gossenjargon verfolgt wurden.[54] Der andere war Jean-François Varlet, eines der führenden Häupter der *Enragés*, der neben Hébert einer der Einpeitscher der Pariser Revolutionsbewegung war.

Schon am folgenden Tag, am 25. Mai 1793, erschien eine Abordnung des *Conseil général de la Commune de Paris* im Konvent, die mit Nachdruck die sofortige Haftentlassung Héberts verlangte. Dieses Ansinnen brachte den Sitzungspräsidenten, den *Girondin* Maximin Isnard, derart in Rage, dass er sich in einen leidenschaftlichen Ausbruch steigerte: «Frankreich hat Paris zum Sitz seiner Nationalrepräsentation gemacht; dem muss Paris seine Achtung zollen; die zuständigen Behörden von Paris sind dazu angehalten, all ihre Macht aufzubieten, um der Versammlung diesen ihr zustehenden Respekt zu garantieren. (...) Wenn jemals durch die sich ständig wiederholenden Unruhen die Nationalvertretung Schaden nehmen sollte, erkläre ich Ihnen im Namen von ganz Frankreich ... (neuerliche Tumulte), dann wird ganz Paris ausgelöscht werden ... (Erneute Tumulte auf der Linken) Bald wird man sich dann beim Anblick der Seine-Ufer fragen, ob es Paris jemals gegeben hat ... (neue Unruhen) Das Schwert des Gesetzes, von dem noch immer das Blut des Tyrannen tropft, wird das Haupt eines jeden fällen, der es wagte, sich gegen die Nationalrepräsentanz zu empören».[55]

Dieser Ausfall des Sitzungspräsidenten Isnard, der sich damit zu einer Paraphrase des berüchtigten Manifests des Herzogs von Braunschweig verstieg, war der Funken, der den Unmut der Sansculotten zur Explosion bringen sollte. Jetzt kam auch Robespierre endgültig aus der Deckung und äußerte sich am 26. Mai im Jakobiner-Club: «Der augenblickliche Triumph der Aristokratie darf Euch ebenso wenig verschrecken wie der Erfolg der Intriganten in einigen verderbten Sektionen.[56] (...) Wenn alle Gesetze missachtet werden, wenn der Despotismus sich bläht, wenn man Vertrauen und Schamgefühl mit Füßen tritt, muss sich das Volk empören. Dieser Augenblick ist da: Unsere Feinde unterdrücken offen die Patrioten, sie wollen, im Namen des Gesetzes, das Volk ins Elend und die Sklaverei zurückstoßen.»[57]

Das war ein Aufruf, den Aufstand zu wagen. Das Gesetz des Handelns lag nun in den Händen von zuletzt 25 Mitgliedern eines mysteriösen «Exekutivkomitees», das die Beschlüsse von bevollmächtigten Delegierten aus 33 der 48 Pariser Sektionen umsetzte, die ab dem 29. Mai im Pariser Bischofspalast in Permanenz tagten.[58] Was dieses «Exekutivkomitee» ausheckte, das führte der Abgeordnete Jean-Denis Lanjuinais dem Konvent drastisch vor Augen. In seiner Rede vom 30. Mai zitierte er Ausführungen des Jakobiners Jean Henri Hassenfratz, die dieser unlängst «vor Tausenden von Bürgern» getan habe: «Erinnert Euch des 10. August; vor diesem Datum waren die Meinungen hinsichtlich der Republik sehr geteilt; aber kaum habt ihr den entscheidenden Schlag ausgeführt, herrschte allenthalben Schweigen. Der Augenblick, neue Schläge auszuteilen, ist gekommen; besorgt Euch nicht wegen Reaktionen seitens der Departements: Ich habe sie alle bereist, ich kenne sie ohne Ausnahme; mit der Androhung von Schrecken und Direktiven werden wir alle Geister auf unsere Seite ziehen. Die weiter entfernt gelegenen Departements werden sowieso dem Vorbild folgen, das ihnen Paris gibt; von denen in unmittelbarer Nachbarschaft zu Paris sind mehrere uns ohnehin schon ergeben. Das von Versailles etwa ist bereit, uns zu unterstützen; beim ersten Alarmsignal wird eine furchterregende Armee von Versailles zu uns stoßen und gemeinsam überwältigen wir dann die Egoisten, will sagen die Reichen. Gewiss doch, der Aufstand gegen die korrumpierte Mehrheit des Konvents ist eine Notwendigkeit».[59]

Die eindringliche Warnung von Lanjuinais kam zu spät, denn noch in der Nacht vom 30. auf den 31. Mai verfügte das «Exekutivkomitee» die Auflösung der *Commune de Paris* und deren sofortige Neukonstituierung, nachdem ihre Mitglieder dem «souveränen Volk», sprich den Aufrührern, Loyalität geschworen hatten. Diesem Vorbild entsprechend wurden auch das Direktorium und der *Conseil général du Département de Paris* entmachtet und nach erfolgter Eidesleistung sofort wieder eingesetzt.[60] Außerdem wurde François Hanriot, ein früherer Stadtzollbeamter, zum Befehlshaber der Pariser Nationalgarde ernannt.[61] Damit war, wie der den *Montagnards* zugehörige Konventsabgeordnete René Levasseur in seinen Memoiren schrieb, «das Schwert gezogen und dessen Scheide weit weggeworfen. Jetzt galt es zu kämpfen. In diesem schicksalsschweren Moment betrugen sich die *Girondins* bis auf eine oder zwei Ausnahmen völlig hilflos, während wir entschlossen auf unser Ziel zumarschierten».[62]

Ganz so zügig waren die Abläufe, die zur Vertreibung der *Girondins* aus dem Konvent führten, aber dann doch nicht, denn der Aufruhr, für den in den frühen Morgenstunden des 31. Mai das Läuten der Sturmglocken das Signal gab, kam nicht auf die Beine. Erst nach und nach fand sich im Laufe des Tages eine Menschenmenge auf der Place du Carrousel vor dem Sitzungssaal des Konvents ein, der seit dem 10. Mai im umgebauten Theatersaal des Tuilerien-Schlosses tagte. Diese Demonstration war aber nicht die eindrucksvolle Drohkulisse, die es gebraucht hätte, um den Konvent einzuschüchtern und dessen Mehrheit zur Preisgabe der *Girondins* zu nötigen. Das stürzte die *Montagnards*, deren Beteiligung an den Aufstandsvorbereitungen ein offenes Geheimnis war, in kein geringes Dilemma, denn ohne die massive Unterstützung durch die Sektionen würden sie ihre Widersacher nicht ausschalten können.

Jetzt rächte es sich, dass mit dem Aufstand zu viele unterschiedliche Interessen und Erwartungen verknüpft waren. Während die Radikalen um Varlet den gesamten Konvent auseinanderjagen wollten, verfolgten die *Montagnards* lediglich das Ziel, den Ausschluss jener 22 girondistischen Konventsabgeordneten zu erzwingen, deren Namen erstmals am 15. April genannt worden waren. Die im Westen von Paris gelegenen bürgerlichen Sektionen weigerten sich zudem standhaft, den Aufstand zu unterstützen, und zwei von ihnen, die am frühen Morgen des 31. Mai mit Deputationen im Konvent vorstellig wurden, erklärten sogar ihre Bereitschaft, zu dessen Schutz beitragen zu wollen.[63] Für das letztendliche Scheitern der Aufstandsbewegung vom 31. Mai waren ihre offensichtlichen inneren Unstimmigkeiten verantwortlich. Das verschaffte den *Girondins* eine letzte trügerische Illusion, ihr Schicksal sei noch nicht entschieden. Darin wurden sie auch durch die Auskünfte bestärkt, die der von dem «Exekutivkomitee» ab- und sofort wieder in sein Amt eingesetzte Pariser Bürgermeister Jean Nicolas Pache gab, der den Abgeordneten versicherte, «dass man in den ungewöhnlichen Umtrieben, die in Paris vorfielen, eine *insurrection morale* erkennen müsse». Im Übrigen seien, so fügte er hinzu, seitens des Département de Paris eine Reihe von Maßnahmen ergriffen worden, um zu gewährleisten, «dass trotz des Aufruhrs die Ordnung gewahrt bliebe, Personen und deren Eigentum respektiert würden».[64]

Um dem *peuple* entgegenzukommen, billigte der Konvent am Nachmittag des 31. Mai ein von Vergniaud eingebrachtes Dekret, mit dem Paris bescheinigt wurde, sich an diesem Tag um das Wohl des Vaterlands verdient gemacht zu haben! «Der Nationalkonvent erklärt einstimmig, dass sich die Sektionen von Paris durch den Eifer, den sie heute bewiesen, die Ordnung aufrechtzuerhalten, Personen und Eigentum zu respektieren wie auch Freiheit und Würde der Nationalrepräsentation zu gewährleisten, große Verdienste um das Wohl des Vaterlands erworben haben».[65] Nach dieser Lesart war das eklatante Scheitern des Aufstands nichts anderes als eine machtvolle Demonstration, eine «insurrection morale» für Ruhe und Ordnung und als solche eine deutliche Absage an alle von dem rätselhaften «Zentralkomitee» ausgeheckten Putschpläne!

Vergniauds verzweifeltes Manöver kam allerdings zu spät und war zu durchsichtig, als dass es das Feuer des Hasses hätte löschen können, das in Paris gegen die *Girondins* aufloderte. Das zeigte eine Deputation der 48 Sektionen, die im Konvent erschien und die Aufstellung einer allein aus Sansculotten bestehenden «armée révolutionnaire centrale» verlangte. Deren Mannschaften sollten pro Kopf und Tag mit 40 *sous* aus dem Aufkommen der den «Reichen» auferlegten Steuer besoldet werden; ihre alleinige Aufgabe sollte es sein, «die Patrioten gegen die Feinde im Inneren zu schützen». Eine weitere Forderung lautete, «die 22 Abgeordneten, die von den Sektionen von Paris und von der großen Mehrheit der Departements namhaft gemacht wurden, ebenso anzuklagen wie die Mitglieder der Zwölferkommission».[66] Zwar war die Anklageerhebung gegen die 22 Abgeordneten keineswegs von allen Pariser Sektionen, geschweige einer «großen Mehrheit der Departements» verlangt worden. Was diesem Ansinnen aber trotzdem Nachdruck verlieh, war das Erscheinen des seit Januar 1793 als *Procureur général syndic* des *Département de Paris* amtierenden Louis Marie Lhullier im Konvent, der eine Abordnung aus Vertretern des Département, der *Commune* und der 48 *Sections de Paris* anführte. Die wüsten Ausfälle, mit denen Lhullier über die *Girondins* herfiel,[67] machten deutlich, dass das Scheitern des Aufstands keineswegs das Ende des Machtkampfs bedeutete.

Barère schlug schließlich ein Dekret vor, das den Streit durch einen weiteren jener Kompromisse schlichten sollte, auf die er sich verstand: «Dieses Dekret stellt die bewaffnete Macht des Département de Paris der Disposition des Nationalkonvents anheim. Es beauftragt den *Comité de Salut public* in Übereinstimmung mit den verfassungsmäßig konstituierten Autoritäten, die Verschwörungen aufzudecken, die gegen die Sicherheit der Republik und den Konvent angestellt wurden oder werden. Es verfügt schließlich die Abschaffung der Zwölferkommission und die Übergabe von dessen Akten an den *Comité de Salut public*».[68] Den *Girondins* sollte also die Zwölferkommission und der *Commune révolutionnaire de Paris* die Verfügung über die Nationalgarde genommen werden. Die Befugnisse der Zwölferkommission sollten künftig vom Wohlfahrtsausschuss wahrgenommen werden.[69] Kein Wort aber darüber, gegen die Mitglieder dieser Kommission oder gegen die 22 führenden *Girondins* Anklage zu erheben. Letztlich zielte dieser vom Konvent gebilligte Vorschlag auf die Wiederherstellung seiner unangefochtenen Macht und bedeutete damit nichts anderes, als einen letzten Aufschub der Entscheidung im Machtkampf zwischen *Montagnards* und *Girondins*.

Diese Einsicht bestimmte Robespierre, der sich bislang in Schweigen gehüllt hatte, das Wort zu ergreifen: «Bürger, verschwenden wir diesen Tag nicht mit vergeblichen Klagen und bedeutungslosen Maßnahmen! Dieser Tag ist möglicherweise der letzte, an dem der Patriotismus die Tyrannen niederkämpfen wird! Ich fordere die ihrem Auftrag treuen Repräsentanten des Volkes dazu auf, zusammenzustehen, um dessen Glück zu gewährleisten»! Von Barères Vorschlägen könne er nur einen einzigen gutheißen: die Abschaffung der Zwölferkommission. «Aber, glauben Sie wirklich, dass diese Maßnahme allein die Bedeutung hat, die beunruhigten Freunde des Vaterlands zufriedenzustellen»? Nein, denn diese Kommission war bereits einmal abgeschafft worden, ein Beschluss, der unverzüglich wieder rückgängig gemacht wurde. «Schaffen Sie also diese Kommission erneut ab, aber ergreifen Sie auch gleichzeitig energische Maßnahmen gegen deren Mitglieder. Was das anbelangt, haben Ihnen jene Deputationen, die Sie angehört haben, den Weg gewiesen, den Sie einschlagen müssen». Dem Vorschlag, die bewaffnete Macht der Verfügung durch die Versammlung zu unterstellen, gelte es mit aller Entschiedenheit zu widersprechen, wenn man sich die Frage stellte, welche Bedeutung diese Macht eigentlich habe. «Das sind bewaffnete Bürger, die aufgeboten sind, um ihre Freiheit gegen Schurken zu verteidigen, die sie verraten, gegen Schurken, die in dieser Versammlung zugegen sind. Wer bestreitet denn die Beratungen im Konvent? Sind das nicht Individuen, die von Paris denunziert wurden? Und haben wir nicht Beispiele genug für Beratungen, die von eben diesen Männern beherrscht wurden? Habe ich nicht zuletzt auch heute den Vorschlag vernommen, die Drahtzieher eines sich anbahnenden Aufstands zu verfolgen? Ist es also nicht so, dass es auch hier Männer gibt, die diese Empörung bestrafen wollen? Also wäre es doch wahrhaft absurd, gerade in diese

Hände die Verfügung über die bewaffnete Macht zu legen. Aber sind die Vorschläge dieses *Comité* wirklich die einzigen, die Sie billigen könnten? Haben Ihnen die Abordnungen nicht eine Fülle anderer Anregungen gegeben, die ausnahmslos alle geeignet sind, die *chose publique* zu retten? Können diejenigen Vorschläge, gegen die ich mich wandte, denn auch wirklich verhindern, dass die Armee missbraucht wird? Nein, deshalb muss die Armee gesäubert werden; es muss ...» Hier wurde Robespierre von Vergniaud mit dem Zwischenruf unterbrochen, endlich zum Schluss zu kommen. Darauf reagierte Robespierre mit einer Flut von Beschuldigungen gegen die *Girondins*, die mit den Worten endeten: «Nun gut, ich komme zum Schluss, indem ich Anklageerhebung gegen alle Komplizen von Dumouriez wie gegen jene fordere, die schon in den Petitionen namhaft gemacht worden sind».[70]

Aber selbst diese energische Intervention Robespierres konnte den gescheiterten Aufstand nicht mehr retten, und der Konvent billigte den Kompromissvorschlag, die Nationalgarde dem Konvent zu unterstellen und die Zwölferkommission abzuschaffen, deren Befugnisse künftig vom Wohlfahrtsausschuss wahrgenommen werden sollten.[71]

Der folgende Tag, der 1. Juni, ein Samstag, war in Paris bis zum späten Nachmittag von trügerischer Ruhe. Auch im Konvent war nach den stürmischen Debatten des Vortags geschäftsmäßige Routine eingekehrt. Das Bild änderte sich jäh, als in der Abendsitzung eine von Hassenfratz angeführte Delegation der *Commune* und des *Comité révolutionnaire* erschien, die den Abgeordneten ohne Umschweife ankündigte, was die Stunde geschlagen hatte: «Das Volk hat sich erhoben. Wir fordern den Anklagebeschluss gegen Pétion, Guadet, Gensonné (...), gegen siebenundzwanzig Abgeordnete».[72] Das war ein Befehl. So verstand es auch der Konvent, der als Antwort darauf auf Vorschlag von Barère den Beschluss verabschiedete, den *Comité de Salut public* zu beauftragen, binnen drei Tagen eine Antwort zu geben. Auch das war wieder ein Kompromiss à la Barère, der den Verschwörern allein schon deshalb missfallen musste, weil ihnen die vorgeschlagene Frist viel zu lang war. So bemerkte etwa Marat: «Es ist notwendig, dass wir uns morgen damit befassen, den Konvent zu säubern und dass das Volk erst nach Abschluss der Säuberung die Waffen niederlegt».[73]

Marat ahnte oder wusste, was sich vorbereitete. Am frühen Nachmittag des 2. Juni war der Konvent von einer riesigen Menschenmenge umlagert, die sich hinter den Bataillonen der Nationalgarden aufstaute, die mit ihren Kanonen um die Tuilerien Aufstellung genommen hatten. Die Aufrührer forderten erneut die sofortige Verhaftung der *Girondins* und der Mitglieder der Zwölferkommission. In seinen Memoiren beziffert Arnaud Meillan die Nationalgarden, die den Konvent umstellten, mit 80000 Mann, die 163 Kanonen in Stellung gebracht hätten. Von diesen hätten aber 75000 keinerlei Ahnung gehabt, warum sie mobilisiert worden seien. Vermutlich, so Meillan, hätten diese die Abgeordneten auch eher verteidigen wollen, als sie anzugreifen. Deshalb habe ihr Befehlshaber Hanriot Sorge dafür getragen, diese weiter entfernt zu postieren, während er die Elitetruppen unmittelbar vor den Ausgängen des Sitzungssaals Aufstellung nehmen ließ. «Aus dieser Aufstellung ergaben sich zwangsläufig zwei Effekte: Der eine war, dem entschlossenen Auftreten von vier- oder fünftausend Banditen den Anschein zu geben, das ganze Volk sei in Bewegung geraten; der andere war, eben dieses Volk erfolgreich zu neutralisieren, um so zu vereiteln, dass es das Vorhaben durchkreuze».[74] Die Vermutung, die Meillan äußerte, war zutreffend, denn das im Pariser Bischofssitz tagende geheimnisvolle Exekutivkomitee der Aufrührer hatte Hanriot die Anweisung übermitteln lassen, die Einheiten «verdächtiger» Sektionen sollten mit Rücksicht auf die «öffentliche Sicherheit» an vom Ort der Versammlung entfernten Plätzen aufmarschieren; damit «wir außer Gefahr sind», seien sie dort auch «mit bewaffneten Bürgern aus vertrauenswürdigen Sektionen zu umringen».[75]

Die von der Außenwelt abgeschnittene Versammlung war zur Ohnmacht verdammt. Barère nutzte die Situation, um dem ohnmächtigen Konvent die Gloriole republikanischer Standhaftigkeit zu verleihen: «Es ziemt sich nicht für Sklaven, Gesetze zu geben: Frankreich wird jene, die von einer unterwürfigen Versammlung verabschiedet wurden, verabscheuen. Wie sollten auch diese Gesetze Achtung finden, die unter der Drohung von Bajonetten zustande kamen? Wir sind in Gefahr, denn neue Tyrannen wachen über uns; ihre Macht hat uns umstellt. Diese Tyrannei hat ihren Sitz im *Comité révolutionnaire de la Commune*; und wenn der *Conseil général* nicht energische Maßnahmen ergreift, um diese Gewalt zu bannen, wird er sich schwere Vorwürfe machen lassen müssen.»[76]

Der Versuch, die Ohnmacht des Konvents als antike Tragödie zu inszenieren, stürzte die Anwesenden, wie sich Levasseur erinnert, erst recht in tiefe Verlegenheit: «Eine Art von Betäubung legte sich über die Versammlung. Selbst wir, die Abgeordneten der *Montagne*, die wir es herbeisehnten, der Dominanz einiger Kollegen ein Ende zu machen, die unfähig waren, ihre erhabenen Aufgaben zu erfüllen, selbst wir konnten nicht ohne Schmerzen gewahren, wie der Aufstand des Volkes das einzige ordentlich konstituierte Gremium bedrohte, das überhaupt das Vaterland noch retten konnte. Niemand verlangte, das Wort zu ergreifen; keinerlei Beratung wollte in Gang kommen. Lediglich einige Abgeordnete beider Seiten beklagten sich darüber, beim Versuch, den Sitzungssaal zu verlassen, beleidigt worden zu sein».[77]

Es war zwar das offenkundige Ziel der *Montagnards*, die *Girondins* zu eliminieren, aber gleichzeitig galt es unter allen Umständen, den Eindruck zu vermeiden, dies sei auf Druck der Straße und von außen geschehen. Das hätte den Anspruch des Konvents, die legitime und moralische Autorität der Revolution zu sein, in Mitleidenschaft gezogen. Je länger sich die Versammlung nicht entschließen konnte, wie sie auf die Forderungen der Demonstranten reagieren sollte, desto mehr wuchs die Gefahr, dass sich die Menge Zutritt zum Sitzungssaal verschaffte, um mit roher Gewalt zu vollbringen, wozu sich der Konvent nicht aufzuraffen vermochte. Kam es dazu, dann bestand die Gefahr, dass die *Montagnards* gemeinsam mit den *Girondins* und dem Konvent von den reißenden Fluten einer weiteren Revolution fortgerissen werden würden, die ganz Frankreich in das Chaos eines Bürgerkriegs stürzen könnte.

Im Süden und im Westen hatten seit dem Frühjahr in immer mehr Städten und Landstrichen Unruhen um sich gegriffen, mit denen die lokale Bevölkerung gegen die Politik des Revolutionsregimes aufbegehrte. Nachrichten, die am Morgen des 2. Juni in Paris eingetroffen waren, meldeten etwa den Umsturz der von den Jakobinern kontrollierten *Commune* von Lyon, brachten die Kunde von einer sich rasch ausbreitenden Aufstandsbewegung im Lozère und von weiteren Siegen, die Bauernhaufen in der Vendée über republikanische Armeeeinheiten errungen hatten.[78] Weite Teile Frankreichs befanden sich in Gärung – ein Prozess, den ein neuerlicher revolutionärer Ausbruch in Paris beschleunigen und unkontrollierbar ausweiten musste.

Angesichts solcher Perspektiven war es unverantwortlich, die Farce, die der um seine Würde besorgte Konvent spielte, fortzusetzen. Wie aber ließe es sich jetzt anstellen, diese so zu beenden, dass weder der Konvent noch dessen Würde Schaden nahmen? Dafür brauchte es einen weiteren inszenatorischen Einfall, den erneut Barère hatte: «Bürger, beweisen wir uns, dass wir frei sind. Um uns dessen zu versichern, schlage ich vor, dass sich der Nationalkonvent geschlossen zu dem Volk und den bewaffneten Männern begibt, die uns umstellt haben, um so dessen Mitglieder davon zu überzeugen, dass sie nichts von diesen Leuten zu befürchten haben, wie auch um ihnen gleichermaßen Zeugnis von dem Vertrauen zu geben, das die Versammlung in die Loyalität der Pariser setzt».[79]

Bis auf einige Abgeordnete der Linken, die auf ihren Plätzen verharrten, verließen daraufhin die Abgeordneten unter Führung des Sitzungspräsidenten Hérault de Séchelles den Saal. Allein, die davor aufgestellten Nationalgardisten wichen nicht auseinander wie die Fluten des Roten Meeres, um die Abgeordneten passieren zu lassen. Vermutlich gewahrten sie erst jetzt das ganze Ausmaß ihrer Ohnmacht. Was sich zutrug, darüber gibt es verschiedene Augenzeugenberichte. Danach soll Hanriot den Präsidenten Hérault ultimativ aufgefordert haben, die 22 Abgeordneten, deren Verhaftung die Menge verlangt hatte, auszuliefern. Nach dessen Weigerung habe Hanriot den Kanonieren den Befehl gegeben, an ihre Geschütze zu treten …[80] Die bewaffneten Nationalgarden, die in vorderster Front aufgestellt worden waren und hinter denen sich eine riesige Menschenmenge aufstaute, verfehlten ihre Wirkung auf die zutiefst erschrockenen Abgeordneten nicht. So schreibt Levasseur in seinen Memoiren: «Der schreckliche Anblick dieser Menschenmenge bewirkte einen Sinneswandel beim *Marais*. Bei der Rückkehr in unseren Sitzungssaal dachte keiner mehr daran, dem Anklagedekret zu widersprechen».[81]

Georges Couthon stellte nun den Antrag, dass die 32 beschuldigten Konventsabgeordneten «ebenso wie die Mitglieder der Zwölferkommission und die Minister Clavière und Lebrun unter Hausarrest gestellt werden».[82] Der Antrag wurde von der Versammlung durch Akklamation gebilligt. Ob sich in diesem Votum Einschüchterung oder Erleichterung aussprach, kann dahinstehen. Wichtiger ist die Frage nach dem Sinn des antiparlamentarischen Putsches, als welcher sich die Säuberung des Konvents von den *Girondins* darstellt. Spätestens seit Verabschiedung der «Notstandsgesetze» vom Frühjahr waren sie den *Montagnards* keine ernsthafte Konkurrenz mehr. Das änderte aber nichts daran, dass die weitere Präsenz der *Girondins* im Konvent eine unkalkulierbare Gefahr darstellte, weil sie für die Pariser Sansculotten ein rotes Tuch waren. Allein das nötigte die *Montagnards* im Interesse ihres Machterhalts dazu, sie auszuschalten. Auch dieser Zwang war wieder der revolutionären Dynamik geschuldet, denn solange die *Girondins* im Konvent vertreten waren, käme Paris nicht zur Ruhe, schürten die Sansculotten ständig neue Unruhen, die den Bestand der Nationalrepräsentation insgesamt bedrohten. Damit war umso mehr zu rechnen, als die *Enragés* keinen Hehl daraus machten, wie sehr sie dem Konvent misstrauten. Am liebsten wollten sie ihn durch eine auf direkter Demokratie basierende Herrschaftsform ersetzen, die sich auf die 48 Pariser Sektionen stützen sollte, von denen die *volonté générale* vermeintlich zum Ausdruck gebracht wurde.

Diese Optionen galt es zu vereiteln, denn die *Montagnards* waren auf den Konvent angewiesen, gleichgültig, wie sehr dessen Legitimität durch den Putsch und die Verhaftung von 32 seiner Mitglieder beschädigt wurde. Dass ihnen angesichts eines von inneren Unruhen erschütterten und von äußeren Feinden bedrohten Frankreichs keine andere Wahl geblieben sei, ist eine spätere Rechtfertigung. Tatsächlich ging es den *Montagnards* um den Erhalt und den Ausbau der eigenen Macht, für die ihnen der Schulterschluss mit den Pariser Sansculotten unverzichtbar war. Mit der «Notstandsgesetzgebung» vom Frühjahr 1793 war diese Entscheidung bereits gefallen. Jetzt kam es darauf an, deren kontrollierte Exekution möglichst geräusch- und gewaltlos zu inszenieren. Dass dieser Prozess vom 10. März bis zum 2. Juni andauerte, erklärt sich weniger aus dem schwachen und unkoordinierten Widerstand, den die *Girondins* im Konvent entfalteten. Vielmehr ist dies auf die überschäumende Rachsucht der Sansculotten zurückzuführen, die mit der Eliminierung ihrer Blutfeinde und unter dem Einfluss der *Enragés* viel weitergehende Ziele verfolgten als die *Montagnards*. Diese mussten dabei im Übrigen immer darauf bedacht sein, den Unmut des *peuple* als eine «insurrection morale» darzustellen. Nach einem ersten Anlauf am 31. Mai, der an den widersprüchlichen Absichten scheiterte, die von den Aufrührern gehegt wurden, gelangte man am 2. Juni zu eben dem Erfolg, auf den es die *Montagnards* abgesehen hatten: Angesichts des Chaos, das auch den Konvent zu verschlingen drohte, resignierte sich dessen Mehrheit zu dem vermeintlich kleineren Übel und lieferte eine wortgewaltige Handvoll ihrer Kollegen den Sansculotten aus, um sie mit diesem Opfer ruhig zu stellen.[83]

Im Zenit seiner Macht stehend erinnerte Robespierre den Konvent am 16. März 1794 an diesen Vorgang: «Volk, in welchem Land wurde man schon Zeuge dessen, dass derjenige, der im Besitz der souveränen Macht war, das Schwert des Gesetzes gegen sich selber führte? In welchem Land konnte man bereits gewahren, dass ein mächtiger Senat die entlarvte, die Verräter der gemeinsamen Sache waren und sie dem Richtschwert des Gesetzes überantwortete? Wer also hat dieses Schauspiel der Welt geboten? Sie, Bürger!»[84]

VIERTES BUCH

DIE SCHRECKENSZEIT

ERSTES KAPITEL

DAS AUFBEGEHREN GEGEN DIE REVOLUTION

Die Gegenrevolution war ein Gespenst, das die Akteure der Revolution von Anfang an schreckte und ihre Entscheidungen beeinflusste. Als geschworene Widersacher der Revolution wurden die Emigranten identifiziert, die sich, um die Brüder des Königs geschart, seit dem 14. Juli 1789 jenseits der östlichen Grenzen Frankreichs zusammenrotteten. Die Drohkulisse, die sie dort aufbauten, gründete sich auf die Illusion, die Revolution sei das Werk einiger Rattenfänger. Diese hätten sich die Beschwerden zunutze gemacht, die anlässlich der Einberufung der Generalstände landesweit protokolliert worden waren, um das tumbe Volk zu verführen. Die Rädelsführer des Umsturzes, so das simple Kalkül, gelte es unschädlich zu machen und exemplarisch zu bestrafen. Danach würde die von ihnen irregeleitete Herde des Volks wieder in die Pferche und unter das Joch der alten Ordnung zurückkehren.

Das war eine groteske Selbsttäuschung, die auf einer profunden Unkenntnis der in Frankreich herrschenden Stimmung und Verhältnisse basierte. Zu dieser Fehleinschätzung bei den Führern der Emigranten trug auch das Informantennetz bei, das der in Mendrisio im Tessin residierende Comte d'Antraigues gesponnen hatte. Aus den verschlüsselten Nachrichten, die ihm Agenten aus Paris und der französischen Provinz zuspielten, fabrizierte er *bulletins d'information*, die seine Abnehmer in ihrem Wunschdenken bestärkten.[1] Das fiel umso leichter, als es im Süden und Westen Frankreichs seit dem Herbst 1789 immer wieder zu lokal begrenzten Unruhen kam. Der Unmut gegen die Revolution, der sich darin artikulierte und der auch oft einen royalistischen Anstrich hatte, verfolgte allerdings keineswegs jene gegenrevolutionären Ziele, denen die Emigranten nachjagten. Anlässe waren vielmehr Beschwerden, die sich an der Fülle neuer Forderungen entzündeten, die Paris an die Provinzen richtete. Mit diesen machte sich die Revolution umso unbeliebter, weil sie damit staatliche Entscheidungskompetenz auch für Bereiche beanspruchte, die im *Ancien Régime* weitgehend sich selbst überlassen geblieben waren. Besonderen Anstoß erregte, dass für diese als willkürlich erlebten Eingriffe und Störungen ein Personenkreis zuständig war, dem die besondere Animosität der Landbevölkerung galt: die Winkeladvokaten, die es in jeder Kleinstadt gab und die in zweifacher Hinsicht Revolutionsgewinnler waren. Zum einen besetzten sie die Verwaltungsposten in den Departements, den Distrikten und Kommunen, zum anderen gehörten sie jener bürgerlichen Schicht an, die sich an der Verschleuderung des Kirchenbesitzes bereichert hatte.

Der Unmut darüber wurde noch dadurch verstärkt, dass sich die mit der Einberufung der Generalstände verknüpften Erwartungen für viele nicht erfüllt hatten. All dies schlug um in Ablehnung der Revolution, die sich immer wieder in Unruhen Luft machte. Für diese war charakteristisch, dass sie sich zwar gegen die neuen Geltungsansprüche richteten, aber deshalb keineswegs eine Wiederherstellung der Zustände des *Ancien Régime* anstrebten. Dieses Missverständnis narrte die Chefs der Emigration ebenso wie die Pariser Revolutionäre, die hinter diesen Revolten stets royalistische Drahtzieher vermuteten. Zwar waren Aristokraten oder Priester, die den Eid auf die Zivilverfassung des Klerus verweigerten, als die üblichen Verdächtigen stets zur Hand. In Wirklichkeit kennzeichneten diese Unruhen jedoch zwei andere Elemente: zum einen ein ausgeprägter Lokalpatriotismus – das Bestreben einzelner Gemeinden oder Regionen, ihre eingelebten Gewohnheiten gegen die generalisierenden Ansprüche, die von der Revolution und deren Repräsentanten an sie herangetragen wurden, zu verteidigen. Das zweite Element war die religiöse Frage, die der ländlichen Revolte gegen die Revolution eine große Kohärenz verschaffte. Die am längsten virulente und opferreichste dieser Rebellionen, der Aufstand der Vendée im Westen Frankreichs, ist dafür exemplarisch.

Vendée bezeichnet eine Region, die aus Teilen dreier alter Provinzen, Bretagne, Anjou und Poitou, vier von der Revolution geschaffenen Départements, Loire-Atlantique, Maine-et-Loire, Vendée und Deux-Sèvres, sowie sieben nach ihrer Bodengestalt unterschiedenen Landschaften besteht. Sie war der Schauplatz jener Aufstände, die 1793 begannen und mit unterschiedlicher Intensität rund neun Jahre andauerten.[2] Hauptschauplatz der ersten Aufstandsbewegung, die sich rasch zu einem von beiden Seiten ohne Nachsicht geführten Bürgerkrieg auswuchs, war die *Bocage* genannte Landschaft südlich des Unterlaufs der Loire zwischen Nantes und Luçon im Süden und Angers und Saumur im Osten, der von dichten Hecken eingefriedete Viehweiden, Hohlwege und zahlreiche kleine Wälder und Bäche ihr Gepräge geben. In diese Idylle eingesprengt waren Weiler und allein stehende Bauernhöfe, während die wenigen kleinen Städte ausschließlich am Rand dieser Region lagen, deren Herzstück die Mauges, eine Landschaft im südwestlichen Teil der alten Provinz Anjou, bildeten.

Die Mauges waren wegen ihrer ausgesprochen ländlichen Struktur noch nicht mit der revolutionären Dynamik in Berührung gekommen. Das änderte sich in dem Maße, wie die «Städter» nach den Ereignissen des 10. August 1792 auch auf dem Land die Errungenschaften der Revolution durchzusetzen suchten. Das führte zu ständigen Reibereien, bisweilen sogar zu regelrechten Schlachten, die sich die Aufrührer mit den Nationalgarden lieferten und die dem wachsenden Widerstand der Landbevölkerung gegen die Revolution neue Nahrung gaben.[3] Als Anfang März 1793 die Bestimmungen des Dekrets vom 24. Februar bekannt gemacht wurden, das die Aushebung von 300 000 Mann anordnete, brachte diese Ankündigung den aufgestauten Unmut der Landleute zur Explosion. Für den Département Vendée war in dem Gesetz zwar nur eine Quote von 4197 Mann vorgesehen.[4] Das änderte aber nichts daran, dass diese Forderung jetzt der Tropfen war, der das Fass endgültig zum Überlaufen brachte. Dies markierte den Beginn eines Bürgerkriegs, dem bis zur endgültigen Befriedung der Region durch Bonaparte 1802 nach einer eher zurückhaltenden Schätzung über 117 000 Menschen und damit gut 14 Prozent der Bevölkerung in der Region zum Opfer fallen sollten.[5]

Ein Auslöser des Konflikts war die Maßgabe der Revolution, die körperlich tüchtigsten, unverheirateten oder verwitweten Männer im Alter von 20 bis 40 Jahren in Uniformen zu stecken, um sie gegen einen fernen Feind kämpfen zu lassen, der für die eigene Idylle keinerlei Bedrohung darstellte. Als besonders willkürlich wurde deshalb das Losverfahren erlebt, nach dem jene vergleichsweise wenigen, denen dieses Schicksal drohte, aus der großen Zahl der Kandidaten ausgewählt werden sollten. Für Erbitterung sorgte aber erst recht, dass alle Verwaltungsangehörigen sowie die Arbeiter in Waffen- und Pulverfabriken vom Kriegsdienst freigestellt wurden.[6] Diese Bestimmung galt auch für die Mitglieder der Nationalgarden, die für die Wahrung von Sicherheit und Ordnung in ihren Heimatorten zurückbleiben sollten und dafür zu sorgen hatten, dass jene, auf die das Los gefallen war, an die Front abgingen. Die Freistellung dieser Personengruppen wirkte umso mehr wie ein rotes Tuch, als Verwalter und Milizionäre in aller Regel «Patrioten» waren, die per se als geschworene Gegner des vielschichtigen und zutiefst konservativen Lokalpatriotismus galten, dem die Mehrzahl der Landleute zuneigte.

Die Unruhen, die am 3. März, einem Sonntag, mit zunächst harmlos verlaufenden Protesten einiger hundert junger Männer in Cholet begannen, schlugen binnen einer Woche in gewalttätige Auseinandersetzungen um, die an verschiedenen Orten in den Mauges stets nach demselben Schema abliefen: Sobald Milizionäre versuchten, Haufen empörter Landleute zu zerstreuen, die Häuser von «Patrioten» angriffen und plünderten, kam es zu einem Handgemenge, das erste Opfer forderte. Zunächst behielten die Ordnungskräfte noch die Oberhand, was die Empörung aber nur noch mehr schürte und auf weitere Distrikte übergreifen ließ. Am 11. März kam es im Umkreis von Cholet, in den Mauges und darüber hinaus zu Auseinandersetzungen, bei denen die Nationalgarden der Lage nicht mehr Herr werden konnten.[7] Was als Protest junger Leute gegen das Losverfahren begonnen hatte, wurde jetzt zu einer offenen Rebellion gegen die Revolution, zu einem Flächenbrand, der binnen drei Wochen weite Teile von Westfrankreich erfasste und dem die Behörden ohnmächtig gegenüberstanden. Der Aufstand entwickelte sich spontan, ohne erkennbaren Plan oder Führung. Die wenigen hundert zumeist jungen Leute, Knechte, Tagelöhner, kleine Handwerker, die sich zunächst hier und da im Protest gegen die ihnen drohende Auslosung zum Wehrdienst zusammenrotteten, verdichteten sich innerhalb weniger Tage zu mehrere tausend Köpfe zählenden Haufen schlecht bewaffneter Aufrührer, deren äußeres Erkennungsmerkmal eine weiße Kokarde, ein Rosenkranz oder ein aus Stoff verfertigtes Heiligstes Herz Jesu war. Der Wut dieser Menge, der auch geraume Zeit nach Beginn des Aufstands keine irgendwie geartete militärische Organisation Struktur und Führung verschaffte, konnten die «patriotischen» Milizionäre umso weniger Widerstand leisten, als ganz Westfrankreich mit Ausnahme der Küstenorte von regulären Truppen entblößt worden war, die der Konvent Anfang März 1793 an die wankende Front in Nordostfrankreich geworfen hatte.

Die ersten Nachrichten von den Aufständen im Westen erreichten den Konvent zusammen mit Hiobsbotschaften aus anderen Regionen am 18. März 1793.[8] In einem Schreiben des *Conseil général* des *Département de la Vendée* und des Distrikts von Fontenay-le-Peuple vom 15. März ist von Unruhen die Rede, vor denen die Nationalgarden zurückgewichen seien. Eine «gegenrevolutionäre Armee» unter dem Befehl eines gewissen Gaston habe die Distrikte von Machecoul und Challans unter ihre Kontrolle gebracht. Die Verfasser dieses Briefs zeigen sich überzeugt, dass die Aufstandsbewegung durch einige hundert Emigranten angezettelt worden sei, «die an der Spitze der Rebellen marschieren, weiße Kappen tragen und die laut riefen: *Es lebe der König, wir handeln im Namen des Regenten von Frankreich!*» Ganz ähnlich vermeldet auch ein Schreiben des Département des Deux-Sèvres, die Rebellen machten rasche Fortschritte, weshalb die Lage zusehends gefährlicher werde. Noch alarmierender waren gleichzeitig eintreffende Nachrichten aus dem Département de la Loire-Inférieure und dem Distrikt Châtillon: «Cholet steht in Flammen und liegt in Schutt und Asche. Ein Teil der nationalen Streitmacht wurde von den Rebellen niedergemacht, die so rasch vorrücken, dass sie binnen kurzem den gesamten Departement in ihre Gewalt gebracht haben».[9]

Schon in der Reaktion der Abgeordneten auf diese ersten Nachrichten zeichnete sich ein Muster ab, das sich in der Folge verhärten und die Beurteilung der Ursachen für die Aufstandsbewegung in der Vendée prägen sollte. Bezeichnend ist die Bereitwilligkeit, mit der die Mutmaßung, die Empörung sei von einigen hundert Emigranten angezettelt worden, die an der Spitze der Rebellen marschierten, für bare Münze genommen wurde. Der Abgeordnete La Révellière-Lépeaux meldete sich sofort mit der Einschätzung zu Wort: «Allem Anschein nach hat Pitt [i. e. der britische Premierminister William Pitt der Jüngere] vor allem dort seine *Guineas* ausgestreut; diese Menschenansammlungen stehen mit den Verschwörungen in Paris in Verbindung. Hier ist man darauf aus, den Nationalkonvent zu vernichten; in den Departements schickt man sich an, die Verwaltungen zu beseitigen. Alle diese Machenschaften verfolgen das Ziel, die Republik in Unordnung zu stürzen».[10]

Ein ganz ähnliches Urteil fällte auch der *Girondin* Lanjuinais: «Augenblicklich gewahren wir überall in der Republik die verstörenden Symptome einer Gegenrevolution. Es sind die Emigranten und ihre Diener, die Priester, die den Eid verweigerten, die sich auf jede denkbare Weise bemerkbar machen und die Tausende von Landleuten verführt haben. Schon jetzt haben die Verschwörer große Erfolge in der früheren Bretagne errungen; um ihnen Einhalt zu tun, müssen schleunigst Maßnahmen ergriffen werden, Maßnahmen, die augenblicklich und an Ort und Stelle wirksam sind. Ich fordere deshalb, dass das Gesetz gegen die Emigranten, die mit Waffen in der Hand ertappt werden, auch auf jene angewandt wird, die sich der Rekrutierung widersetzen oder die eine weiße Kokarde tragen, (...) und dass auch der Besitz jener, die gelegentlich der Niederschlagung dieser Aufstände getötet werden, konfisziert wird».[11]

Gegen das von Lanjuinais geforderte scharfe Vorgehen gegen die Empörer wandte jedoch ausgerechnet Jean-Paul Marat, der sonst wenig zur Mäßigung neigte, ein, dass man damit nur die Bevölkerung gegen die Revolution aufbringen würde. Daher sollten «allein die Anstifter der Verschwörung mit dem Tod bestraft und von einem Militärgericht abgeurteilt werden».[12] Marats Einschätzung erwies sich, auch wenn sie vorerst nur von wenigen geteilt wurde, als durchaus weitsichtig: Tatsächlich würde die unnachsichtige Repression der Aufstände eher zur Verschärfung als zur Lösung des Problems beitragen.

Schon bald wurden Zusammenhänge mit den Auseinandersetzungen zwischen *Girondins* und *Montagnards* und den Unruhen in der Vendée hergestellt. Die Feinde der Revolution sah man überall am Werk – in Paris, in den Provinzen und außerhalb von Frankreichs Grenzen. Seit Beginn der Revolution diente die Behauptung einer «aristokratischen Verschwörung» als das Mittel schlechthin, die revolutionäre Deutungsmacht zu erobern und zu behaupten. Dieser Methode bediente sich insbesondere Robespierre, wie dies dem Abgeordneten Adrien Duquesnoy bereits am 16. Januar 1790 aufgefallen war: «M. de Robespierre sprach, wie er es immer tut, von Komplotten, von Verschwörung etc. etc.»[13] Der Aufstand in der Vendée, die sich gleichzeitig in rascher Folge häufenden Niederlagen an der Front, der Verrat von Dumouriez und die hartnäckige Intransigenz der *Girondins* im Konvent lieferten diesem Diskurs eine Fülle neuen Stoffs. Das sollte für den in der Vendée sich anbahnenden Konflikt tragische Folgen haben. Dessen verschwörungstheoretische Wahrnehmung wucherte bald in eine Hysterie aus, die rationales Agieren und Reagieren unmöglich machte. Die Folge war eine Politik des panischen Aktionismus, die von den *Montagnards* nach der erfolgreichen Ausschaltung der *Girondins* zum Programm gemacht wurde. Für die massenpsychologischen Voraussetzungen der «Schreckenszeit», die im Sommer 1793 begann, lieferte diese kollektive Paranoia und die daraus resultierende äußerst brutale Praxis bei der Niederwerfung des Vendée-Aufstands entscheidende Anstöße.

Zunächst folgte auf das anfängliche Erschrecken über das schiere Ausmaß der im Westen Frankreichs ausgebrochenen Unruhen eine kurzfristige Beruhigung, für die Meldungen sorgten, die von vermeintlich entscheidenden Erfolgen berichteten.[14] Umso größer war die Wirkung der unmittelbar danach am 23. März in Paris einlaufenden Nachrichten, die von der vernichtenden Niederlage der Linientruppen unter General Marcé Mitteilung machten, die auf ihrem Marsch nach Pont-Charrault am 19. März in einem Hohlweg von den Rebellen vollständig aufgerieben worden waren.[15] Dieser Vorfall war den in der tückischen Topographie der Vendée nicht bewanderten Deputierten umso unverständlicher, als Marcé 1200 Mann kommandierte. Mit dieser Macht hätte es ihm nach Meinung des Konvents ein Leichtes sein müssen, die undisziplinierten und schlecht bewaffneten Bauern zu überwältigen.

Der Verdacht, dass bei der Niederlage Verrat im Spiel war, diente dem Konvent als willkommene Erklärung für das Desaster. Marcé wurde sofort seines Kommandos enthoben, er selbst und sein Sohn verhaftet. Vielen galt er als Teil einer aristokratischen Verschwörung, die sich auf den religiösen Fanatismus der Landbevölkerung stütze, womöglich im Bündnis mit England stehe und auch die Militärbefehlshaber der Republik bereits unterwandert habe. Diese Verdachtsmomente wurden von Barère zu einem großen Verschwörungspanorama zusammengefügt: «Im Namen Gottes schickt man sich zur Gegenrevolution an. (...) Der religiöse Fanatismus ist ein weiteres Mittel in der Hand der Aristokraten, die sich mit den Militärbefehlshabern (...) verbündet haben». Um dem zu wehren, wurden von ihm drei Maßnahmen vorgeschlagen: Verstärkung der Truppen, General Marcé vor ein Kriegsgericht in La Rochelle zu stellen und eine Proklamation an die Landbewohner zu richten, um sie wieder auf den rechten, den revolutionären Weg zu verpflichten, von dem sie, durch den Fanatismus der Priester angestiftet, abgekommen seien.[16]

Dem von Barère aus den einzelnen Verdachtsvermutungen zusammengefügten Mosaik mangelte es aber noch entschieden an der Konfession, die daraus erst ein anschauliches Bild machte. Das besorgte Robespierre, der sich gegen den Vorschlag wandte, General Marcé vor ein Kriegsgericht zu stellen. Marcé müsse sich vor dem Revolutionsgericht in Paris verantworten: «Ein Bürger, der im Rang eines Generals die Verteidiger der Freiheit anführt und diese verrät, macht sich nicht allein militärischer Verfehlungen schuldig, ist nicht bloß ein Soldat, ein General, der die militärischen Gesetze missachtet, sondern ein Verbrecher, der einen Anschlag auf das Vaterland verübt, ein Bürger, der die Freiheit verrät. Ich erkenne darin also ein Verbrechen gegen die Majestät, ein Verbrechen gegen die Nation (...). Daraus ziehe ich den Schluss, dass nicht ein Militärgericht, sondern ein Ziviltribunal über die urteilen muss, die in dem Kampf zwischen den guten Bürgern und den Feinden der Freiheit den Staat verraten haben».[17]

Die justizförmige Ahndung des gegen General Marcé erhobenen Vorwurfs sollte nach dem Willen Robespierres Auskunft geben über die politische Qualität der Aufstandsbewegung in der Vendée. Diese dürfe nicht als eine weitere bloß lokale oder regionale Empörung verharmlost werden. Die Unruhen im Westen Frankreichs galten dem «Unbestechlichen» von Anfang an als Bestätigung seiner Verschwörungsparanoia. Noch bevor sich der Konflikt zu einem regelrechten Bürgerkrieg auswuchs, wurde ihm von Robespierre dieser Charakter zugesprochen. Was sich in der Vendée zutrug, war seiner Sicht zufolge das jüngste Symptom für koordinierte Anstrengungen, die Revolution zu vernichten. Den vermeintlichen Beweis dafür lieferte die zeitliche Koinzidenz dieser Aufstandsbewegung mit den sich häufenden Niederlagen der Nordarmee, deren Befehlshaber, Dumouriez, seit Anfang

März bei der Linken im Konvent immer stärker in Verdacht geriet, Verrat im Schilde zu führen. Dieses Ensemble höchst disparater Elemente und Mutmaßungen verdichtete sich binnen kürzester Zeit zu einem politischen Deutungsmuster. Der Bericht der in die Unruheregion entsandten Kommissare Jean-Louis Carra und Jean-Baptiste Auguis vom 6. April 1793 gibt dafür ein anschauliches Beispiel: «Bürger, Kollegen, wir machen Sie darauf aufmerksam, dass der vom ehemaligen General Marcé bei Saint-Vincent am 19. des vergangenen Monats verübte Verrat sich an demselben Tag zutrug, wie der des schändlichen Dumouriez von Neerwinden. Weitere Angriffe der Briganten fanden übrigens am nämlichen Tag in der Nähe von Nantes und Angers statt. Das alles lässt keinen Zweifel mehr an einer allgemeinen Verschwörung: Marcé und Dumouriez zogen am selben Strang; was uns aber besonders beunruhigt, ist der Umstand, dass diese Verrätereien unter Augen und Ohren unserer Kommissarskollegen geschahen».[18]

Hier wie dort, in der Vendée wie in Belgien, war allein Verrat die Ursache für die militärischen Debakel; hier wie dort galt es, den Kampf mit der Gegenrevolution zu führen, und hier wie dort waren Verräter am Werk, die sich in einer allgemeinen Verschwörung verbunden hatten. Also waren die Unruhen in der Vendée nicht bloß Aufstände schlecht bewaffneter und undisziplinierter Bauernhaufen, sondern Teil einer großen gegenrevolutionären Verschwörung, deren Drahtzieher Emigranten waren, die von England massiv unterstützt wurden. Eben dieses Missverständnis war die entscheidende Ursache für den Vendée-Krieg, der von beiden Seiten mit wachsender Erbitterung und Grausamkeit ausgefochten wurde. Der Krieg zog sich dabei auch deshalb so lange hin, weil die Revolutionsarmeen weder über die Mittel noch die Taktik geboten, um einen solchen Guerillakrieg in schwierigem Gelände schnell für sich zu entscheiden.

Die *Grande Guerre* in der Vendée, die bis zum Ende des Jahres 1793 andauerte, verlief in drei Phasen. Binnen drei Wochen nach Ausbruch der Unruhen hatten die Aufständischen die gesamte Bocage, das unübersichtliche und von Hohlwegen durchzogene Buschland einschließlich einiger kleinerer Städte wie Cholet, Machecoul oder La Roche-sur-Yon in ihre Gewalt gebracht. Anfang Mai gelang es ihnen auch, die etwas größeren Orte an der Peripherie dieser Region wie

Bressuire, Thouars oder Fontenay-le-Comte, das die Revolutionäre in Fontenay-le-Peuple umbenannt hatten, zu erobern. Die anfänglichen großen Erfolge der Aufständischen nehmen wenig Wunder, denn sie operierten auf einem ihnen vertrauten Gelände, dessen topographische Gegebenheiten sie geschickt zu nutzen verstanden, um ihre Gegner in Hinterhalte zu locken und zu überwältigen. Diese Taktik entsprach auch dem Umstand, dass die Empörer immer Bauern blieben, die sich weder zu weit noch zu lange von Haus und Hof entfernten, zu denen sie in den Kampfpausen zurückkehrten.

Der große Nachteil dieser Kriegführung war, dass die Anführer der Aufständischen weder eine militärische Organisation durchsetzen noch eine konsistente Strategie entwickeln konnten, die allein die Gewähr geboten hätten, die anfänglichen Siege und Geländegewinne dauerhaft zu sichern. Das fiel zunächst nicht ins Gewicht, weil die Aufständischen dank ihrer «regellosen» Kriegführung den Nationalgarden weit überlegen waren. «Der hiesige Krieg», klagte etwa der Kommissar Jean-Baptiste Auguis im Bericht vom 16. April 1793, «ist eine *véritable guerre de chicane*. Die Banditen flüchten sich in die Wälder, die man alle abbrennen müsste. Auch wurden in den Dörfern beim Passieren der Truppen Schreckenstaten verübt; in einem Ort namens Echebrune wurde aus den Fenstern gefeuert; das ist der Armee von Quentineau widerfahren. Verdienten es nicht derartige Ortschaften, zerstört zu werden?»[19]

Mit der Ausweitung der Kampfzone stellte sich auch den Aufständischen die praktische Notwendigkeit, ihre Kriegshaufen in vier, allerdings sehr lose zusammengehaltenen, Armeen zu organisieren, die von einem Chef, einem Adeligen aus der Region etwa, der über militärische Erfahrungen verfügte, befehligt wurden. Diese sehr rudimentäre Gliederung bedeutete aber keine Abstimmung über strategische Ziele; ähnlich chaotisch war es um die Verwaltung der eroberten Gebiete bestellt, in denen eine Fülle unterschiedlicher Komitees mehr gegen- als miteinander agierten. Was diese Aufstandsbewegung dennoch zu einer ernsten Gefahr für das Revolutionsregime werden ließ, waren ihre anfänglichen Erfolge, die dazu beitrugen, die durch den Machtkampf im Konvent und die Niederlagen in Belgien getrübten Erfolgsaussichten noch mehr zu verdunkeln.

An der um sich greifenden Wahrnehmung, dass die Revolution in einer Krise war, konnte auch die am 2. Juni halbwegs geräuschlos und ohne Blutvergießen gelungene Ausschaltung der *Girondins* aus dem Konvent nichts ändern, denn zur selben Zeit gelang es den Rebellen in der Vendée, über die Grenzen ihres Gebiets hinaus vorzustoßen und am 9. Juni die Stadt Saumur einzunehmen. Damit stand ihnen der Weg nach Paris offen. Umso irritierender war, dass sie hier kehrt machten und sich nach Westen wandten, wo sie am 18. Juni in Angers einzogen, das zuvor Verwaltung und Verteidiger fluchtartig verlassen hatten. Von dort rückte die von Jacques Cathelineau, dem neben Jean-Nicolas Stofflet bekanntesten nichtadeligen Rebellenführer, kommandierte und angeblich 40 000 Mann starke Armee auf Nantes vor,[20] mit dessen Belagerung Ende Juni begonnen wurde. Nantes war eine der großen Hafenstädte am Atlantik und damit eine ideale Basis für die englische Flotte, um die Rebellen mit Nachschub an Waffen und Munition zu versorgen. Diese Befürchtungen bewahrheiteten sich aber nicht, denn Cathelineau, der in Saumur zum «Generalissimus» gewählt worden war, wurde vor Nantes tödlich verwundet. Das demoralisierte die Angreifer, denen es in der Folge nicht gelang, die von schwachen Kräften verteidigte Stadt zu erobern. Schließlich brachen sie die ganze Unternehmung ab und kehrten wieder zu ihrer heimatlichen Scholle zurück.

Dieser Fehlschlag markierte das Ende der ersten, für die Aufständischen sehr erfolgreichen Phase des Vendée-Kriegs. Während der Sommermonate schien der Aufstand einzuschlafen, zumal die Chefs der *Armée catholique et royale*, wie die Bauernhaufen großspurig genannt wurden, ihre Soldaten, die nun mit der Einbringung der Ernte befasst waren, nicht bei den Fahnen halten konnten. Das jähe Abflauen der Kämpfe wurde in Paris als Chance begriffen, den Unruheherd entschlossen zu befrieden. Am 1. August 1793 erstattete Barère namens des *Comité de Salut public* dem Konvent einen großen Bericht, in dem er erneut das ganze Ausmaß der gegen die Revolution gerichteten Verschwörung detailliert ausfaltete. Er rief die Deputierten dazu auf, «gleichzeitig riesige, rasche und entschlossene Maßnahmen zu ergreifen. Es muss gewährleistet sein, dass Sie am nämlichen Tag England, Österreich, die Vendée, den Temple [in dem noch immer Marie-Antoinette gefangen gehalten wurde] und die Bourbonen treffen». Mit Blick auf den Aufstand in der Vendée, den er als «croisade ridicule» apostrophierte, verhieß er den Abgeordneten schließlich: «Plus de Vendée, plus de royauté; plus de Vendée, plus d'aristocratie; plus de Vendée, et les ennemis de la République ont disparu» (Ohne Vendée auch kein Königtum mehr; ohne Vendée keine Aristokratie mehr; ist der Vendée-Aufstand erst beseitigt, gibt es für die Republik keine Feinde mehr). Dieses Wunder sollten die Linientruppen bewirken, die nach der Kapitulation von Mainz wieder zur Verfügung standen.[21] Im Anschluss an Barères Bericht beschloss die Versammlung ein Dekret, das die gewaltsame Deportation der Bevölkerung und die gründliche Verwüstung der gesamten Region anordnete.[22] Der Plan war, die Landschaft so gründlich zu veröden, dass dort künftig Friedhofsruhe herrschte.

Zunächt wurden diese Linientruppen jedoch schon am 19. September in der Schlacht von Torfou von den Aufständischen vernichtend geschlagen. Das verschlug Barère aber keineswegs die Sprache, denn bereits am 1. Oktober empfahl er den Deputierten, die eigens zu diesem Zweck neu geschaffene West-Armee gegen die Rebellen einzusetzen. Barère begann seine Rede mit den seither berühmten Worten: «Citoyens, l'inexplicable Vendée existe encore ...» (Bürger, die unerklärliche Vendée besteht noch immer ...), um dann den Deputierten zu verheißen, dass die Vernichtung dieses Unruheherds auch die Städte, die ebenfalls gegen die Revolution aufbegehrten, sofort zur republikanischen Vernunft bringen würde: «Nach Zerstörung der Vendée wird Lyon nicht länger Widerstand leisten, wird sich Toulon gegen Spanier und Engländer erheben, wird auch die Gesinnung von Marseille sich wieder in die Höhen der republikanischen Revolution aufschwingen. (...) Die Vendée, und immer wieder die Vendée! Da haben Sie den politischen Krebsschaden, der das Herz der französischen Republik zerstört».[23]

Die West-Armee, die von Süden und Norden einen Zangenangriff startete, schlug die *Armée catholique et royale* am 17. Oktober bei Cholet. Deren Reste, darunter viele Frauen, Kinder und Greise, flüchteten sich nach Norden bis nach Granville an der Kanalküste, wo sie am 14. November anlangten, aber daran scheiterten, die Stadt zu erobern. Von Hunger erschöpft und von Seuchen dezimiert, traten sie jetzt den Rückzug an. Bei Le Mans wurden die demoralisierten Flüchtlinge am 12. Dezember von republikanischen Einheiten überrascht, die unter ihnen ein Blutbad anrichteten. Die meisten derjenigen, die dem Massaker entkamen, ereilte dieses Schicksal am 23. Dezember im Marschgebiet von Savenay an der Loire. Das war das Ende der *Grande Guerre* in der Vendée. Jetzt folgte die furchtbare Rache der Sieger. Tausende von Gefangenen wurden in Nantes in der Loire ertränkt,[24] in Angers erschossen oder fielen den «colonnes infernales» zum Opfer, mit denen General Turreau von Januar bis Mai 1794 kreuz und quer durch die Vendée zog und das ganze Land systematisch verheerte: «Vendée – vengé».

Der Krieg in der Vendée markierte den Beginn einer Reihe weiterer Aufstände, die im Laufe des Jahres 1793 in Marseille, Lyon, Bordeaux, Toulon und weiteren Städten ausbrachen. Allein schon in dieser zeitlichen Koinzidenz sahen die Jakobiner die Bestätigung ihrer gegenrevolutionären Verschwörungsparanoia. Die Unruheherde in der Provinz verfolgten demnach das Ziel, die Einheit und Unteilbarkeit der Republik zu vernichten, um stattdessen eine Föderation selbstständiger Republiken zu errichten. Damit sollte die revolutionäre Führungsrolle von Paris beseitigt werden. Die Proklamation der *République une et indivisible* war ein geschicktes Manöver der *Montagnards* gewesen, die *Girondins* zu stigmatisieren. Seither wurde der zuvor als Ausdruck der neuen revolutionären Einheit der Nation gefeierte «Föderalismus» zu einem politischen Schimpfwort, das die *Montagnards* ihren unterlegenen Widersachern anhefteten, die sie nach ihrer Ausschaltung im Juni 1793 als die «föderalistischen Deputierten» bezeichneten.[25]

Von Einzelheiten abgesehen, waren die Ursachen, die in den genannten Städten zu Aufständen gegen das Diktat der Pariser Patrioten führten, weitgehend identisch. Zwar überraschte etwa der Stimmungsumschlag in Marseille, denn die Hafenstadt hatte sich seit Beginn der Revolution als Hochburg des Radikalismus einen Namen erworben, von dem nicht zuletzt die *Marseillaise* Mitteilung machte. Auch hatten militante *Fédérés* aus Marseille bei der Revolution des 10. August eine bedeutende Rolle gespielt. Aber der zur Schau gestellte Radikalismus, auf den sich das revolutionäre Renommee von Marseille gründete, täuschte hier wie anderswo darüber hinweg, dass er lediglich von einer Minderheit getragen wurde. Seine Stärke konnte er letztlich nur so lange ausspielen, wie die Mehrheit in ihrem mehr oder weniger ausgeprägten Desinteresse an den politischen Belangen verharrte. Diese Passivität erleichterte es auch in Marseille den lokalen Jakobinern, die Macht in der Stadt an sich zu reißen und ein Regiment zu errichten, das sich an den Vorgaben aus dem Pariser Mutterhaus orientierte. Daran hielten sie auch fest, als mit Beginn des Kriegs der Seehandel, der den Reichtum der Stadt ausmachte, immer mehr zurückging und gleichzeitig die schmale Basis ihrer Sympathisanten schrumpfte, von denen viele als Freiwillige an die Front gingen. Um der drohenden Erosion ihrer Macht zu begegnen, kamen die Jakobiner in Marseille auf den Einfall, sich durch eine weitere Radikalisierung unangreifbar zu machen. Dazu gehörte etwa, dass sie nach dem Vorbild des Pariser Revolutionstribunals ein Sondergericht in der Hafenstadt etablierten, die Entwaffnung der Bevölkerung anordneten, und die wohlhabenden Bürger mit einer Zwangsanleihe schröpften.

Diese Maßnahmen erregten den Widerstand der unterbürgerlichen Schichten. Sie hatten unter der wachsenden Arbeitslosigkeit und den steigenden Preisen für knapper werdende Lebensmittel besonders zu leiden und schlugen sich jetzt auf die Seite der reichen Bürger, die früher für ihr Auskommen gesorgt hatten, von den Jakobinern aber als Unterdrücker gebrandmarkt wurden.[26] Diese seltsam anmutende Widerstandsallianz formierte sich in den 32 Sektionen, den ursprünglichen Urwahlbezirken von Marseille, die sich unter dem Zustrom zahlreicher Hafenarbeiter von der Führung durch den Jakobiner-Club abwandten und eigene Forderungen zu stellen begannen. Das führte bald zu erbitterten Kämpfen um Macht und Einfluss. Ihren vorläufigen Höhepunkt erreichten sie Ende April 1793, als sich die Sektionen mit der Forderung gegen die Jakobiner durchsetzten, den Bürgermeister und den *Procureur de la commune* abzusetzen und zu inhaftieren. Beiden machten die Sektionen in einer Fülle von Petitionen den Vorwurf des Despotismus und der Willkür. Schließlich bildeten die Sektionen ein *Comité central*, das ihre Forderungen koordinieren sollte und die Devise ausgab: «Es ist an der Zeit, dass die Anarchie einiger Blutsäufer endet».[27]

Zwar war es den aus Paris an die Mittelmeerküste entsandten Kommissaren weisungsgemäß gelungen, mit der Rekrutierung einer Streitmacht von 6000 Mann zu beginnen, die in den umliegenden Departements für die Aufrechterhaltung der revolutionären Ordnung sorgen sollte. Das erregte jedoch das Misstrauen der Sektionen, die darin nur einen Vorwand sahen, den Kommissaren eine Prätorianergarde zu verschaffen, die Marseille dem Willen der Jakobiner unterwerfen sollte. Also setzten sie bei der Verwaltung des Departements durch, dass die Rekrutierung der Truppen eingestellt wurde. Den Kommissaren wurde der Boden in Marseille zu heiß, und sie brachten sich nach Avignon in Sicherheit.

Ihre Flucht Ende April 1793 gab das Signal für den Beginn des offenen Machtkampfs zwischen den Sektionen und dem Jakobiner-Club, der in der Nacht vom 18. auf den 19. Mai zur Verhaftung zahlreicher bekannter Jakobiner führte.[28] Diese Repression der politischen Gegner wurde begleitet von einer geschickten Propaganda. Ein Beispiel dafür ist die angeblich von mehr als 25 000 Marseiller Bürgern unterschriebene Denkschrift, die eine Deputation der 32 Sektionen der Stadt am 25. Mai 1793 dem Pariser Konvent präsentierte: «Repräsentanten, der Kopf des Despoten ist unter dem Schwert des Gesetzes gefallen; die Ehrgeizlinge, die Verräter und die untergeordneten Tyrannen müssen dasselbe Los erfahren. Die Marseiller haben ihnen, indem sie sich erneut erhoben, die ersten Schläge versetzt. (...) Es ist an der Zeit, vor der öffentlichen Meinung Anklage gegen diese perversen Männer zu erheben, die, sei es, um sich verbrecherische Ambitionen oder unersättliche Habgier zu befriedigen, das allzu leichtgläubige Volk an den Rand eines fürchterlichen Abgrunds geführt haben, indem sie ihm schmeichelten und vorspiegelten, seine Verteidigung wahrzunehmen. (...) Die Marseiller stehen ein für die eine und unteilbare Republik. (...) Ihr Herz schlägt einzig für die Freiheit und die Gleichheit, mit den Gesetzen und durch die Gesetze».[29]

Trotz der Beteuerungen, fest zu den Prinzipien der Revolution zu stehen, beschlich zumal die *Montagnards* die Ahnung, in Marseille empöre man sich nicht bloß über den ungeschickten Übereifer einiger Jakobiner und der Kommissare, sondern betreibe einen regelrechten Aufstand gegen Einheit und Unteilbarkeit der Republik. Solche Befürchtungen fanden überdies weitere Nahrung in Nachrichten, die aus anderen Regionen im Süden einliefen und von wachsenden Protesten berichteten.[30] Nirgendwo aber waren die Ereignisse gefährlicher als in Lyon, der zweitgrößten Stadt Frankreichs.

Die in Lyon konzentrierte französische Seidenproduktion war

schon vor Ausbruch der Revolution von einer Absatzkrise geplagt, die sich seit 1789 verschärfte. Aber wie auch in Marseille war dies für die reiche Bürgerschaft der Stadt kein Anlass, sich um die Organisation des neuen Stadtregiments zu kümmern, das mit der Revolution seinen Einzug gehalten hatte. Die Verschwörungshysterie wurde seit den Augusttagen auch in Lyon von Mitgliedern des dortigen Jakobiner-Clubs, des *Club Central*, geschürt. In Nachahmung des von der Hauptstadt gegebenen Beispiels stürmte am Nachmittag des 9. September eine Menschenmenge das Gefängnis und lynchte neun inhaftierte Offiziere eines Kavallerieregiments, ohne dass sich die Nationalgarde der Stadt zum Einschreiten bemüßigt sah. Das gab den Anstoß für neue Unruhen. Am 14. September stürmte der Mob, wie am 25. Februar in Paris, Geschäfte in verschiedenen Vierteln der Stadt, deren Waren anschließend zu Preisen verkauft wurden, die ein «tribunal féminin» festgesetzt hatte. Diese Welle von Plünderungen und willkürlichen Preisfestsetzungen – für insgesamt 59 Produkte des täglichen Bedarfs wurden von «commissaires de police femelles» gedruckte Preislisten auf den Straßen der Stadt verteilt – dauerte bis zum 19. September an. Alle Versuche der Stadtverwaltung, dem Treiben Einhalt zu gebieten, scheiterten schlicht daran, dass sich die Nationalgarden nach einem ersten Einsatz, bei dem sie von einem Steinhagel in die Flucht geschlagen worden waren, weigerten, weiter gegen die Plünderer vorzugehen. Als schließlich wieder Ruhe einkehrte, war die amtierende Stadtverwaltung durch ihre unzulängliche Reaktion auf die Geschehnisse so gründlich diskreditiert, dass die radikalen Kräfte des *Club Central* leichtes Spiel hatten, den Ausgang der auf November 1793 vorgezogenen Wahlen zum Magistrat von Lyon für sich zu entscheiden.[31]

Rasch zeigte es sich aber, dass jeder, der die Macht in Lyon hatte, an einer befriedigenden Lösung der akuten Versorgungsprobleme gemessen wurde. Doch hatten auch die lokalen Jakobiner nicht mehr zu bieten als revolutionäre Phrasen, mit denen sie die Politik und die Deklamationen ihrer Pariser Vorbilder nachzuäffen suchten. Im Unterschied zu Paris war Lyon nicht der Sitz der Nationalversammlung, die unter dem Druck der Sansculotten stets darauf achtete, dass der Brotpreis in der Hauptstadt niedrig blieb. Deshalb waren alle Versuche, auch in Lyon eine die unterbürgerlichen Massen zufriedenstellende Versorgung mit preiswerten Nahrungsmitteln zu gewährleisten, von vorneherein zum Scheitern verurteilt. Infolgedessen schrumpfte die Unterstützerbasis der Jakobiner rapide. Im Besonderen galt dies für eine Kampagne gegen die «Gemäßigten», die der Revolution und ihren Segnungen mit Gleichgültigkeit oder passiver Abneigung begegneten und denen man mit Hausdurchsuchungen und anderen Maßnahmen beizukommen suchte. Hier wie schon in Marseille mündeten die in Paris unter ganz anderen Voraussetzungen erfolgreich erprobten Machttechniken des Jakobinismus in ein unvermeidliches Desaster ein, das durch das Eingreifen der Pariser Kommissare nur noch vergrößert wurde.

Die Kommissare teilten die Voreingenommenheit der Pariser *Montagnards*, die Lyon verdächtigten, ein Hort gegenrevolutionärer Verschwörungen zu sein. Allein deshalb vertrauten sie den Einflüsterungen der lokalen Jakobiner, die spürten, dass ihnen die Macht zu entgleiten drohte. Um das zu vereiteln, galt es energische Maßnahmen zu ergreifen. Eine davon war die Schaffung eines örtlichen *Comité de Salut public*, eines «Wohlfahrtsausschusses» nach Pariser Vorbild, dessen nicht genau definierte Befugnisse auf jeden Fall die Verhaftung von «Verdächtigen» einschlossen. Außerdem sollte im Département Rhône-et-Loire eine aus Sansculotten rekrutierte *Armée Révolutionnaire* von rund 6500 Mann gebildet werden,[32] deren Aufstellung durch eine «Reichensteuer» der Lyoner Bürger finanziert werden sollte. Wer zu dieser Steuer veranlagt und welchen Beitrag er binnen 24 Stunden zu erbringen hatte, entschieden die *Comités de surveillance* und der *Comité de Salut public*, Einrichtungen, in denen ausschließlich bewährte Jakobiner vertreten waren. Beide Organe wurden außerdem beauftragt, die Einheiten der Nationalgarde zu «säubern»; all jene, die als unzuverlässig eingestuft wurden, mussten ihre Waffen abgeben. Mit diesen sollte dann die *Armée Révolutionnaire* ausgerüstet werden, in deren Kontrolle sich die Pariser Kommissare und der örtliche *Comité de Salut public* teilten.[33]

Die Aufstellung der *Armée Révolutionnaire*, die den Jakobinern ein zuverlässiges Machtinstrument an die Hand geben sollte, schleppte sich allerdings hin. Gleichzeitig nahmen die Spannungen in der Stadt zu, zumal immer mehr Sektionen in offene Opposition zu den Anordnungen der Stadtverwaltung traten. Als in dieser Situation die Kommissare Anweisung gaben, Einheiten der Armee von Grenoble nach

Lyon zu verlegen, alarmierte das die Sektionen.[34] Die Linientruppen würden den Jakobinern die Möglichkeit verschaffen, der Stadt ihr Gesetz zu diktieren. Um sich gegen eine solche Eventualität zu wappnen, forderten die Sektionen eine sofortige Mobilisierung der von ihnen kontrollierten Nationalgarden. Am 29. Mai stürmten diese das Rathaus und verjagten die von den Jakobinern beherrschte *Commune*. Diese Vorgänge versuchten die Kommissare Antoine-François Gauthier und Pierre-Claude Nioche in ihrem Bericht an den Konvent vom 3. Juni mit der Einschätzung zu verharmlosen: «Alles, was vorgefallen ist, zeigt, dass die Bürger von Lyon, die zu den Waffen gegriffen haben, keineswegs gegenrevolutionäre Absichten verfolgen. (...) Der unglückselige Gewaltausbruch, der vorgefallen ist, war lediglich die Folge der Unzufriedenheit mit einer Stadtverwaltung, die ihre Macht missbrauchte».[35] Das war in der Sache zwar nicht völlig falsch gesehen, änderte aber nichts daran, dass sich nun neben Marseille auch Lyon gegen die Autorität des Konvents auflehnte.

Was dem von den *Montagnards* beschworenen Gespenst einer «föderalistischen» Verschwörung endgültig Glaubwürdigkeit zu verschaffen schien, war der Abfall von Bordeaux. Zwar hatte auch diese mit Abstand bedeutendste französische Hafenstadt durch den bisherigen Verlauf der Revolution erhebliche wirtschaftliche Einbußen erlitten, aber im Unterschied zu Marseille oder Lyon spielten die Jakobiner in Bordeaux keine große Rolle. Das politische Leben in der Stadt wurde nicht vom Jakobiner-Club beherrscht, sondern von der Gesellschaft der *Amis de la Constitution*, deren Mitgliedschaft die in der Stadt führenden bürgerlichen Schichten von Kaufleuten und Juristen repräsentierte. Diesen Kreisen gehörten auch die Deputierten an, die vom Département de la Gironde in die Legislative wie in den Konvent entsandt worden waren und die zu den führenden *Girondins* zählten: Boyer-Fonfrède, Ducos, Gensonné, Grangeneuve, Guadet und Vergniaud. Im Unterschied zu Marseille, das sich in einer ersten, entschieden revolutionären Phase deutlich von dem ausgesprochen konservativ gesinnten Hinterland unterschied, waren die *Amis de la Constitution* von Beginn der Revolution an das Vorbild, dem außer den 28 Sektionen der Stadt auch die politischen Vereinigungen in den Kleinstädten im weiteren Umland nacheiferten. Zudem unterhielten die *Amis de la Constitution* auch einen regen Meinungsaustausch mit Gleichgesinnten in

Nantes, Limoges oder Marseille und insbesondere mit ihrem in Paris ansässigen Mutterhaus gleichen Namens. In der Anfangszeit der Revolution bestanden auch zwischen ihnen und den Pariser Jakobinern rege Verbindungen, die erst nach dem 10. August 1792 abkühlten, als die Anschauungen beider Gesellschaften auseinanderzudriften begannen. Im Februar 1793 kündigten die Jakobiner schließlich die bisherige Zusammenarbeit förmlich auf und nahmen stattdessen die von ihnen bislang verweigerten Beziehungen mit dem Jakobiner-Club in Bordeaux, dem *Club National*, auf. Die *Amis de la Constitution* dagegen identifizierten sich nun ganz mit der Führung der *Girondins* im Konvent, die sich in einem regen Meinungsaustausch über nationale Fragen niederschlug.[36]

Unter diesen Umständen konnte es der politisch interessierten Öffentlichkeit in Bordeaux nicht verborgen bleiben, dass die *Girondins* im Konvent in eine zunehmend prekäre Lage gerieten. Bereits Anfang November 1792 wurde deshalb die Möglichkeit erwogen, nach dem Vorbild der *Fédérés* aus Marseille eine eigene Freiwilligentruppe des Departements aufzustellen und nach Paris zu schicken, die den Konvent vor möglichen Übergriffen schützen sollte. Am 19. Januar 1793 fasste die Gesellschaft der *Amis de la Constitution* sogar einen entsprechenden Beschluss, der wirksam werden sollte, sobald sich die Situation in Paris zuspitzte. Trotz dieser eindeutigen Festlegung handelte es sich dabei nur um eine Absichtserklärung, der keine Taten folgten. Stattdessen schickten die Sektionen von Bordeaux am 9. Mai eine drohende Botschaft an den Konvent, die am 14. Mai verlesen wurde: «Gesetzgeber, welch schrecklicher Schrei hallt bis an die Ränder der Republik! (…) 300 Repräsentanten des Volkes sind zur Verfolgung bestimmt, 22 droht das die Freiheit auslöschende Beil der Centumvirn [i. e. der «Einhundert Männer»; gemeint sind damit die *Montagnards*]! (…) Sollte dieses schreckliche Verbrechen zur Ausführung gelangen, dann zittert, Gesetzgeber, zittert vor dem Ausmaß unserer Empörung und unserer Verzweiflung. Wenn der Blutdurst uns unserer Brüder, unserer Repräsentanten, beraubt hat, wird die Schrecklichkeit des Verbrechens bestimmend sein für unsere Rache, und die Kannibalen, die sich an allen Bestimmungen des Rechts und der Menschlichkeit vergangen haben, werden unseren Schlägen zum Opfer fallen. Nationalkonvent, Bürger von Paris, (…) retten Sie uns, bewahren Sie uns vor dem Bürgerkrieg, denn wir werden sofort die Hälfte unserer Nationalgarden in Marsch setzen; wenn uns nicht ein Rachedekret Einhalt gebietet, kommen wir nach Paris geeilt, und wir schwören, entweder unsere Repräsentanten zu retten oder auf ihren Gräbern zu sterben».[37]

Das waren Drohungen, die der Pariser Abgeordnete Louis Legendre, von Beruf Metzger und Sansculotte *sans phrase* als einen weiteren Beweis für eine weitverzweigte Verschwörung wertete, die Departements gegen Paris aufzuhetzen. Im Übrigen mutmaßte Legendre, der sich in den einschlägigen Machenschaften vorzüglich auskannte, dass die Mitglieder der Sektionen gar nicht gefragt worden seien, sondern lediglich die Büroschwengel in den *Comités de Section* dieses Schreiben unterzeichnet hätten. Zudem, so höhnte er, könne ja auch keiner von denen, die man angeblich umbringen wolle, seinen Wählern als Beleg für diese Behauptung den mindesten Kratzer vorweisen.[38]

Legendre täuschte sich nicht in der Gelassenheit, mit der er im Unterschied zu anderen Abgeordneten auf dieses Schreiben reagierte: In Bordeaux blieb bis auf Weiteres alles ruhig. Das schien sich erst zu ändern, als die Nachrichten vom Ausschluss der 29 Abgeordneten der *Gironde* aus dem Konvent nach Bordeaux gelangten. Aber auch diesmal gebar die Empörung viele Phrasen, denen nur halbherzige Taten folgten. Eine aus Vertretern aller Organe des Departements, der Distrikte, Gerichte und der Stadtverwaltung von Bordeaux formierte *Commission populaire de Salut public* sollte alle weiteren Schritte koordinieren. Deren erste Handlung war die Proklamation vom 9. Juni, mit der die Aufstellung einer Streitmacht angeordnet und angekündigt wurde, dass bevollmächtigte Abgesandte in alle Departements abgehen sollten, um sie für ein gemeinsames Vorgehen gegen Paris zu gewinnen.[39] Die Truppe, die man schließlich bis Anfang Juli auf die Beine stellen konnte, erreichte mit rund 400 Mann jedoch die ohnehin schon sehr bescheiden angesetzte Sollstärke von 1200 bei weitem nicht.[40] Sie gelangte auch nie über die Grenzen des Département de la Gironde hinaus, sondern kehrte vielmehr schon Ende Juli wieder nach Bordeaux zurück, wo sie sich umgehend auflöste. Kurz darauf, am 2. August 1793, stellte auch die *Commission populaire* ihre Arbeit ein.[41] Damit war der Aufstand in Bordeaux schon wieder erloschen, auch wenn die Verwaltung des Departements noch bis Mitte Oktober 1793 zögerte, die Autorität des Konvents wieder förmlich anzuerkennen.[42]

Marseille, Lyon und Bordeaux waren zwar die nach Paris bevölkerungsreichsten und wichtigsten Städte Frankreichs, aber sie lagen von Paris weit entfernt. Insofern stellten die Aufstandsbewegungen, die dort wie auch in der Vendée aufflammten, zunächst nur eine potenzielle Bedrohung der Revolution dar. Das konnte sich aber ändern, sobald diese Empörungen nicht mehr auf ihre Zentren beschränkt blieben, sondern sich zu einer Fronde zusammenschlossen, die unter einer einheitlichen Leitung ganze Regionen gegen die Revolutionsführung der Pariser Jakobiner aufwiegeln würde. An entsprechenden Ankündigungen fehlte es zwar nicht, aber alle Versuche, diesen durch die Aufstellung einer eigenen Streitmacht Taten folgen zu lassen, scheiterten ausnahmslos. Ebenso schlugen auch alle Bemühungen fehl, über das je eigene Departement hinaus weitere Regionen für eine Unterstützung des Aufruhrs zu gewinnen. Vielversprechende Anfänge, die sich etwa in der Provence oder im Jura ankündigten, verpufften schnell wieder. Die föderalistische Fronde, die von der Propaganda der *Montagnards* unermüdlich beschworen wurde, nahm also nie auch nur entfernt Gestalt an. Angesichts der weiträumigen Zersplitterung der Unruheherde stellten diese keine ernst zu nehmende Gefährdung für den Konvent dar. Seit dem Scheitern der Belagerung von Nantes galt das auch für die Vendée, denn solange es den Aufständischen nicht gelang, einen Atlantikhafen in ihren Besitz zu bringen, über den die britische Flotte sie mit Nachschub und aus Emigranten rekrutierten Truppen hätte unterstützen können, blieb die *Guerre de Vendée* auf ihren abgelegenen Schauplatz und eine vergleichsweise niedrige Intensität der Kämpfe beschränkt.

Eine gewisse Ausnahme stellten lediglich die Départements Calvados und Eure dar. Deren Hauptorte, die Hafenstadt Caen und Evreux, gerieten Anfang Juni 1793 nach dem Ausschluss der girondistischen Abgeordneten aus dem Konvent in Unruhe und verkündeten am 8. Juni unter reger Beteiligung der lokalen Vertretungsorgane die Absicht, den Aufstand so lange fortsetzen zu wollen, bis der Konvent seine volle Handlungsfreiheit wiedererlangt habe. Dieser Ankündigung ließ man auch Taten folgen. Zwei Kommissare, die zur Inspektion der Küstenbefestigungen im Department unterwegs waren, wurden als Geiseln für die unter Hausarrest gestellten Konventsabgeordneten in der Festung von Caen inhaftiert. Auch wurde Kontakt zum Befehlshaber des 14. Militärdistrikts, General Félix Wimpffen, in Bayeux aufgenommen, der ein verkappter Royalist war und sich daher den Absichten der Aufrührer gegenüber sehr aufgeschlossen zeigte. An einer zweiten Sitzung, die von den Aufständischen am Abend des 9. Juni abgehalten wurde, nahmen mit Antoine Josh Gorsas und Pierre-François Henry-Larivière die beiden ersten Konventsabgeordneten der *Gironde* teil, die sich nach Caen geflüchtet hatten. Sie leisteten vermutlich einen wichtigen Beitrag, die Entschlossenheit der Versammlung zu festigen und ihren aufrührerischen Absichten eine Richtung zu weisen. Jedenfalls beschloss die Versammlung, alle Beziehungen zum Konvent zu kappen und dessen seit dem 27. Mai verabschiedete Gesetze nicht anzuerkennen. Noch bedeutsamer waren der Beschluss, im Departement eine eigene Streitmacht aufzustellen, und die Ernennung von 16 bevollmächtigten Kommissaren, die die benachbarten Departements für eine aktive Beteiligung am Aufstand gewinnen und die Bildung eines zentralen Lenkungsausschusses mit Sitz in Caen vorbereiten sollten.[43]

Das war binnen zwei Tagen ein beeindruckender Anfang für den Aufstand, der durch die Erfolge der in die Bretagne entsandten Emissäre weiteren Auftrieb erhielt. An der ersten Sitzung des Lenkungsausschusses, der am 28. Juni in Caen zusammentrat, nahmen Vertreter von neun westlich gelegenen Departements teil, die sich – mit Ausnahme von Maine-et-Loire und Loire-Inférieure, die an den Kämpfen in der Vendée unmittelbar beteiligt waren – bereit erklärten, Freiwillige für einen geplanten Marsch auf Paris zu stellen. Auch wenn sich Rouen und der Département der Seine-Inférieure weigerten, an dem Aufstand teilzunehmen, war dies ein föderalistischer Verbund, der für die Pariser Zentralgewalt eine weit größere Gefahr darstellte als die isolierten Brandherde in anderen Städten oder Departements.[44] Das lag nicht zuletzt an der größeren Nähe der Départements Calvados und Eure zu Paris. Außerdem war die Normandie für die Versorgung der Hauptstadt von erheblicher Bedeutung. Am 10. Juni verabschiedete die Generalversammlung des Département Calvados deshalb den Beschluss, ab sofort alle Nahrungsmitteltransporte nach Paris zu unterbinden. Der Boykott war allerdings nur teilweise erfolgreich, da aus dem Département Seine-Maritime weiterhin Getreidelieferungen nach Paris gelangten.[45] Andererseits strömten in Caen immer mehr Abgeordnete der *Gironde* zusammen,[46] denen man einen nachdrücklichen Einfluss auf das weitere Geschehen zutrauen konnte.

Allein, der Erfolg dieses Aufstands stand und fiel mit der Aufstellung der Freiwilligenarmee, die auf Paris vorrücken sollte. Auch hier meldeten sich bei weitem nicht genügend Freiwillige. Mit dem disparaten Haufen von rund 2000 Bewaffneten, der sich am 10. Juli von Evreux aus in Richtung Paris in Marsch setzte, war die drohende Gewitterfront, die sich im Calvados zusammenzuballen schien, auf ein einsames dunkles Wölkchen zusammengeschrumpft. Als diesen waghalsigen Aufständischen am 13. Juli bei Vernon zahlenmäßig weit unterlegene Linientruppen des Konvents den Weg versperrten, machten sie sofort kehrt und kamen erst wieder zum Halten, als sie in Caen angelangt waren.[47]

Für das Scheitern der Aufstandsbewegung, die sich an der Entmachtung der *Gironde* entzündete, mag eine Rolle gespielt haben, dass viele Bürger Caens ausgeprägt royalistisch eingestellt waren und nicht nur die *Montagnards*, sondern die Republik insgesamt ablehnten. «Es war leicht zu bemerken», wie Pétion rückblickend schrieb, «dass die politische Gesinnung der Masse der Bürger schlecht war. Caen war entschieden dem Royalismus zugeneigt. – Diese Einsicht schloss uns ein Rätsel auf, an dessen Lösung wir uns abgeplackt hatten. Diejenigen unserer Kollegen, die als Erste hier angelangt waren, wurden in mehreren Häusern der guten Bourgeoisie sehr freundlich aufgenommen. Selbst die Aristokraten schienen sie mit Freude zu sehen. Sie waren wohl davon überzeugt, die Verfolgten seien Royalisten, die diese Klasse des Volkes, bekannt unter der abschätzigen Bezeichnung *sansculottes*, verachteten. Da dieser Spott und diese Verachtung jeden Tag in den Zeitungen wiederholt wurden, zumal die *Montagne* ihre Popularität herausstellte, war es nicht weiter überraschend, dass man fern des Geschehens diesen falschen Urteilen anhing. Aber sobald alle diese vornehmen Leute bemerkten, dass die Verfolgten die Monarchie verachteten und sie ernsthaft für die Republik eintraten, gingen sie auf Abstand und wandten ihnen den Rücken zu; sie verachteten aus tiefstem Herzen die *Montagne*, aber sie liebten deswegen noch lange nicht die Republikaner».[48] Was für das Scheitern des Aufstands vor allem den Ausschlag gab, war hier wie in Bordeaux und anderswo die Beschränkung des eigenen Handelns auf den Raum, den man vom eigenen Kirchturm aus überblickte. Die unüberwindliche, aber lediglich lokale Abneigung gegen die ausgeprägten zentralisierenden Tendenzen der jakobinischen Revolution verurteilte das Aufbegehren von Anfang an zum Misslingen.

Eine Ungleichzeitigkeit kam hinzu, die in der schieren Dynamik der Revolution selbst begründet lag: Jenseits von Paris blieb man länger und zäher den in Jahrhunderten gewachsenen Lebensumständen und den entsprechenden Sichtweisen verhaftet, als dies die Mitglieder der Nationalversammlung wahrnahmen. Eine Ausnahme davon ergab sich lediglich dann, wenn der revolutionäre Umbruch dem Einzelnen Chancen eröffnete, deren persönlicher Nutzen ihm unmittelbar einleuchtete. Das klassische Exempel ist die Verschleuderung des von der Revolution enteigneten Kirchenbesitzes, die landesweit eine auf die neue Ordnung verpflichtete Notabelnschicht schuf, die über ein Jahrhundert hinaus ungeachtet aller industriellen Revolutionen und sonstigen Umbrüche das soziale System immer wieder stabilisierte.

Dass diese Beschränkung auf den eigenen Lebensraum, die Fixierung auf die «Heimat», die Entstehung einer oppositionellen Bewegung im nationalen Rahmen vereiteln musste, zeigt auch eine bemerkenswerte Inkonsequenz. In den Augen der Aufständischen hatte der Konvent durch den Ausschluss der *Girondins* seine Legitimation als Vertretungsorgan der gesamten Nation eingebüßt. Das gab den Ausschlag dafür, dass allen Konventsbeschlüssen und Dekreten, die ab Ende Mai 1793 verabschiedet worden waren, von den Rebellen die Anerkennung verweigert wurde. Als der Konvent am 24. Juni 1793 aber den Entwurf der neuen Verfassung verabschiedete,[49] bewirkte das eine völlige Umkehrung jener Haltung.

Damit erfüllte sich die Hoffnung, auf die die Pariser Abgeordneten gesetzt hatten: Das Verfassungsdokument würde allen Mutmaßungen und Verdächtigungen der Aufständischen den Boden entziehen. Die «föderalistische» Bewegung erwiese sich als bloße Rebellion, der alle republikanisch Gesinnten entgegentreten müssten. Die vom Konvent verabschiedete republikanische Verfassung würde der Lackmustest einer aufrichtig republikanischen Gesinnung sein. Mit dieser einsichtigen Überlegung begründete Barère am 27. Juni 1793 auch den Vorschlag, die Verfassung einem landesweiten Referendum der zu diesem Zweck einberufenen *Assemblées primaires* zu unterbreiten.[50]

Um den Abstimmungserfolg in den Urwählerversammlungen zu gewährleisten, wurde von Robert Lindet ein weiteres Gesetz eingebracht, das darauf abzielte, die verirrten Schafe, also die Mitläufer der Aufstandsbewegung, dazu zu veranlassen, sich wieder mit der Herde zu vereinen. Dafür wurde ihnen, sofern sie binnen drei Tagen nach Veröffentlichung des Dekrets schriftlich dem *Comité de Salut public de la Convention nationale* gegenüber ihren Irrtum eingestanden, Straffreiheit zugesichert. Wer eine solche Erklärung verweigerte, sollte als Vaterlandsverräter angesehen und verfolgt werden. Ein entsprechendes Versprechen wurde auch denen gemacht, die sich innerhalb dieser Frist entschlossen, die Waffen niederzulegen. Ausgenommen von diesem Amnestieangebot waren lediglich die Rädelsführer der Unruhen, die vom Konvent angeklagt werden sollten.[51] Dieses Angebot eines «Persilscheins» *avant la lettre*, das allen, die sich nicht allzu deutlich exponiert hatten, Vergeben und Vergessen versprach, wenn sie ihre Verirrung einbekannten, wurde von vielen Angehörigen der Verwaltung von Gemeinden, Sektionen oder Departements genutzt.[52] Was ihnen diesen Schritt erleichterte, ja, sie geradezu zu diesem nötigen musste, war die Überzeugungskraft der neuen Verfassung, die auch in den aufständischen Departements verbreitet wurde. Dass auch hier von Ende Juni bis Mitte Juli Urwählerversammlungen für das Referendum stattfanden, war schon ein deutliches Zeichen dafür, dass der Aufstandsbewegung die Puste ausging.

Besonders bizarr waren die Umstände in Lyon, wo es nach heftigen Auseinandersetzungen ebenfalls zur Einberufung der Urwählerversammlungen kam. Wie in Marseille, Bordeaux oder Caen hatten auch in Lyon die Aufständischen alle Verbindungen mit dem Konvent abgebrochen und verhinderten es folglich, dessen Dekrete und Schreiben zu veröffentlichen. Dieses Verbot wurde von Agenten des Innenministers unterlaufen, die den Verfassungstext unter die Leute brachten. Sobald sich dessen Kenntnis verbreitete, wuchs der Druck der öffentlichen Meinung, sich dazu äußern zu können. Er wurde noch durch das Erscheinen von zwei Abgesandten aus dem Département Jura vergrößert, die berichteten, dass man dort Urwählerversammlungen vorbereite, die über die Verfassung abstimmen sollten. Als dann auch noch Nachrichten aus den Départements Ain und Doubs in Lyon eintrafen, die mit überwältigender Mehrheit der Verfassung zugestimmt hatten, obwohl sie wie der Jura zu den Aufständischen zählten, gab es auch dort kein Halten mehr. Am 19. Juli berief der Lenkungsausschuss des Aufstands in Lyon die *Assemblées primaires* ein und begründete dies damit, dass es sich bei der Verfassung nicht um ein Gesetz handele, sondern lediglich um einen «Vorschlag, den zu prüfen das französische Volk das Recht habe». Außerdem sei die Prüfung einer jeden Verfassung ein souveräner Akt, und niemand habe das Recht, die Ausübung dieser Souveränität zu beschneiden.[53] Das waren sehr doppelsinnige Formulierungen, die darauf abgestellt waren, das Umfallen der Aufständischen zu verbergen. Umso eindeutiger war das Abstimmungsergebnis des Referendums, das in Lyon am 28. Juli stattfand: 5152 Bürger votierten die Verfassung ohne Wenn und Aber, 2049 stimmten unter gewissen Vorbehalten zu, und nur 45 lehnten sie rundheraus ab.[54]

Angesichts der auf eine breite Bevölkerungsbasis gestützten Entschlossenheit, mit der in Lyon der Aufstand Anfang Juni begonnen worden war, verrät dieses Ergebnis einen radikalen Meinungswandel. Dieser war aufgrund der ringsum zusammenbrechenden Aufstandsbewegung von der Überlegung motiviert, das Verhängnis abzuwenden, das der Stadt jetzt drohte. Das dürfte auch die Erklärung dafür sein, dass Lyon eine Delegation aufbot, die das Abstimmungsergebnis nach Paris überbringen und an den dort für den 10. August geplanten Feierlichkeiten zur Annahme der Verfassung teilnehmen sollte. Die Delegation brach auf, als bereits die ersten Vorbereitungen im Gange waren, Lyon mit Truppen der *Armée des Alpes* einzuschließen und zu belagern.[55]

In manchen der straffer kontrollierten urbanen Aufstandszentren konnte sich der Stimmungsumschwung anfangs nur schwer durchsetzen. Hier gab es jedoch ein anderes unfehlbares Mittel, das dem Aufstand die Kraft raubte: der Hunger. Probleme, die Versorgung von Bordeaux zu gewährleisten, hatten die hier als Lenkungsorgan fungierende *Commission populaire* bereits am 2. August 1793 dazu genötigt, sich selbst und damit die gesamte Organisation des Aufstands aufzulösen. Zwar hatte der Aufstand nun keine Leitung mehr, aber das änderte nichts daran, dass die Empörung in der Stadt immer noch fortschwelte. Um den Widerstand zu brechen, wurde Bordeaux durch eine Blockade von der Lebensmittelzufuhr abgeschnitten. Außerdem weigerten sich auch nahe gelegene Gemeinden, Lebensmittel in die Stadt zu liefern. Beides zusammen machte den stetig kleiner werdenden Teil der Bürgerschaft, der zum Widerstand nach wie vor entschlossen war, langsam mürbe. Die Minderheit der Uneinsichtigen verschwand aber erst von der Bildfläche, als am 17. Oktober Truppen in die Stadt einmarschierten.

Auch in Marseille war es der Mangel, der entscheidend dazu beitrug, den nach dem Scheitern der föderalistischen Erhebung unvermeidlichen Machtwechsel herbeizuführen. Anfang August kam es zu ersten Hungerunruhen, die mit Hinrichtungen bekannter Jakobiner nach summarischen Gerichtsverhandlungen vergolten wurden. Unterdessen rückten «patriotische» Armeeeinheiten von Norden her auf die Stadt vor und schnitten sie vom Umland ab. Am 23. August kam es in Marseille zu Kämpfen zwischen jenen, die durch Verhandlungen mit einer britischen Flotte, die vor dem Hafen kreuzte, die Anlandung dringend benötigter Lebensmittel zu erreichen suchten, und anderen, die darin einen Verrat sahen und sich lieber der von General Carteaux kommandierten «patriotischen» Armee ergeben wollten.[56] Als Carteaux am 25. August 1793 in Marseille einzog, flüchteten sich viele der Aufständischen vor der Rache der Sieger nach Toulon, wo die Bürger erst im Juli das Joch der Jakobiner abgeschüttelt hatten. Die Ankunft der Flüchtlinge aus Marseille trug nun dazu bei, dass hier das Geschehen sich zu einem Zeitpunkt noch einmal dramatisch zuspitzte, an dem bereits unübersehbar war, dass der «föderalistische» Aufstand überall sonst gescheitert war. Lyon und Toulon wurden die beiden ersten Städte, in denen sich die von den Pariser Jakobinern proklamierte Herrschaft des Schreckens in schauerlicher Weise ausagierte.

ZWEITES KAPITEL

DER WEG ZUR DIKTATUR DES SCHRECKENS

Die Säuberung des Konvents von den *Girondins* hatte nicht die von den *Montagnards* erwartete Wirkung, wie die Aufstände in vielen Teilen des Landes zeigen. Aber auch die Pariser Sansculotten haderten mit diesem Erfolg. Am 4. Juni protestierte Theophile Leclerc, einer der Drahtzieher des von den *Enragés* um Varlet dominierten «Exekutivkomitees», das den Aufstand der Sansculotten koordiniert hatte, gegen die Behauptung, die Revolution sei vollendet. Längst nicht alle Verdächtigen wären in Haft, und auch die sistierten Abgeordneten hätten vermutlich schon längst die Flucht ergriffen. «Warum», so fragte Leclerc empört, «gehen Sie mit dieser Langsamkeit zu Werke, sich Ihrer Feinde zu entledigen? Warum scheuen Sie davor zurück, einige Tropfen Blut zu vergießen?»[1] Was Leclerc offensichtlich vermisste, war ein neuerliches Septembermassaker. Das mussten die *Montagnards* verhindern, wollten sie ihren Erfolg nicht wieder aufs Spiel setzen, indem sie eine Empörung heraufbeschworen, die das Land gegen die Diktatur von Paris einen würde.

Leclerc stand mit dieser Ansicht keineswegs allein. Auch Marat ließ sich mit ähnlicher Tendenz vernehmen, als er in seinem an den Konvent gerichteten Schreiben vom 3. Juni 1793 dem *Comité de Salut public* mangelnde Energie und ein fehlendes Bewusstsein für die der Revolution tatsächlich drohenden Gefahren vorwarf: «Mögen meine geschätzten Kollegen von der *Montagne* der Nation die Augen dafür öffnen, dass die Übelgesinnten ihre Anstrengungen abstimmen; mögen sie endlich die großen Maßnahmen ergreifen, um (...) die Feinde im Inneren zu Boden zu werfen, die Übel abzustellen, die das Vaterland in Verzweiflung stürzen, Frieden und Überfluss wiederherzustellen».[2]

Entscheidend für die *Montagnards* war, dass sie die Macht im Konvent mit Hilfe der Sansculotten an sich gerissen hatten. Um sich in ihrer Ausübung zu behaupten, konnten sie nicht auf deren Unterstützung verzichten. Also galt es, die Sansculotten zufriedenzustellen, denn nur so ließ sich auch das Risiko verringern, dass diese lauthals Ansprüche erhoben, die den Ansichten und Interessen der *Montagnards* zuwiderliefen. Umso beunruhigender war die wiederholt geäußerte Absicht der *Enragés*, nicht allein die *Girondins* auszuschalten, sondern den Konvent insgesamt zum Teufel zu jagen. Das würde Frankreich gegen die Revolution aufbringen. Deshalb ergab sich für die *Montagnards* nun die Notwendigkeit, auch die *Enragés*, die radikalste Gruppierung innerhalb der Sansculotten-Bewegung, zu neutralisieren. Dabei galt es allerdings zu vermeiden, sich die Sansculotten zu entfremden oder gar die Anhänger der *Girondins* zum Widerstand zu ermutigen.

Einen Ausweg aus dieser Verlegenheit wies Barère, der am 6. Juni 1793 namens des *Comité de Salut public* den Vorschlag machte, alle im Lande bestehenden *Comités révolutionnaires* zu beseitigen. Nur so könne die Handlungsfreiheit des Konvents gewährleistet werden, denn «sobald diese ihren Nutzen verloren haben, könnten sie der bürgerlichen Freiheit oder der nationalen Souveränität abträglich sein».[3] Auch wenn es nicht ausdrücklich genannt wurde, hatte Barère das von den *Enragés* dominierte «Exekutivkomitee» mit Sitz im Pariser *Evêché* im Sinn. Es wurde am 8. Juni durch ein *Comité de Salut public du département de Paris* ersetzt, dessen Mitglieder ausnahmslos zuverlässige Sansculotten waren, unter denen sich keine *Enragés* mehr befanden.[4]

Um sich der Loyalität der Sansculotten zu versichern und sie auch besser kontrollieren zu können, hatte der Konvent schon am 2. Juni 1793 auf Antrag von Dantons Freund Delacroix die Aufstellung einer «Revolutionsarmee» im Prinzip beschlossen. Ein Kontingent von 6000 Mann, die, mit 40 *sous* pro Tag besoldet, aus den Reihen der Pariser Sansculotten rekrutiert wurden, sollte den Kern der Truppe bilden.[5] Entsprechende Vorschläge, die auf eine Arbeitsbeschaffungsmaßnahme abstellten, waren seit April wiederholt seitens der Sektionen gemacht worden. Dabei ging es allerdings weniger um die militärische Bedeutung dieser Truppe, als um ihren symbolischen Wert. Dafür spricht auch, dass diese patriotischen Kohorten aufrechter Sansculotten lediglich im Umland von Paris eingesetzt werden sollten, um Verräter, Verdächtige oder solche, die Waren horteten, aufzuspüren und zu bestrafen.

Die wesentlich größere Herausforderung, die sich den *Montagnards* stellte, war die Versöhnung der Nation mit der Beseitigung der *Girondins*. Zu diesem propagandistischen Zweck votierte der Konvent etwa am 13. Juni dem Befehlshaber der Pariser Nationalgarde Hanriot eine «couronne civique» und verabschiedete ein Dekret, das der *Commune* und dem *peuple de Paris* feierlich bescheinigte, mit Entschlossenheit am 31. Mai, 1. und 2. Juni «die Freiheit, die Einheit und die Unteilbarkeit der Republik» verteidigt zu haben.[6] Ein Palliativ, das sich nach dem 14. Juli 1789 und dem 10. August 1792 bewährt hatte, war außerdem eine Gesetzgebung, mit der sich die Bauern auf die Revolution einschwören ließen. Dem entsprachen drei am 3. und 10. Juni sowie am 17. Juli verabschiedete Gesetze, die den bäuerlichen Kleinbesitz fördern sollten.

Noch wichtiger war es, der «Föderalismusbewegung», also dem mit Anti-Jakobinismus verbundenen Lokalpatriotismus, den Boden zu entziehen und die durch den Rauswurf der *Girondins* beschädigte Autorität des Konvents wiederherzustellen. Dazu musste der Konvent die Verfassung vollenden. Mit dieser Aufgabe wurde Hérault de Séchelles beauftragt, der einen neuen Entwurf vorlegen sollte, der die von Condorcet ausgearbeiteten umfangreichen und unhandlichen Vorschläge ersetzte, die allzu sehr auf die Vorstellungen der *Girondins* zugeschnitten waren. Zwischen dem 11. und 24. Juni wurde der lediglich 124 Artikel umfassende Text, dem eine in 35 Artikel untergliederte Menschen- und Bürgerrechtserklärung vorangestellt war, im Konvent debattiert und votiert. Diese «schlanke» Verfassung verzichtete nicht nur auf den schwerfälligen Gewaltenteilungsmechanismus und die komplizierten Wahlrechtsbestimmungen, die Condorcet vorgesehen hatte, sondern gab auch die Absichten einer weitgehenden Dezentralisierung preis, die in den 1789 geführten Verfassungsdebatten eine so bedeutende Rolle gespielt hatten.[7] Vorgesehen war stattdessen die Konzentration der Legislative in einer Kammer, die jährlich auf Grundlage des allgemeinen und direkten Männerstimmrechts gewählt werden sollte. Der Legislative sollte auch die Aufgabe zufallen, die 24 Mitglieder des *Conseil exécutif* zu bestimmen, die aus dem Kreis der Kandidaten ausgewählt wurden, die von den *Assemblées électorales* vorgeschlagen worden waren. Die Verfassung wie spätere Änderungen sollten erst durch ein Referendum in Kraft gesetzt werden.[8] Zu diesem Zweck wurden Kopien des am 24. Juni vom Konvent ratifizierten Verfassungstexts an alle Wahlversammlungen mit der Maßgabe geschickt, über diese so schnell wie möglich abzustimmen. Das Ziel war, am 10. August 1793, dem ersten Jahrestag des Falls der Monarchie, die Annahme der neuen Verfassung proklamieren zu können. Diese ehrgeizige Frist war aber nicht einzuhalten, so dass das amtliche Abstimmungsergebnis, das rund 1,8 Millionen Ja- und nur 11 610 Nein-Stimmen auswies, erst im Januar 1794 vorgelegt werden konnte.[9]

Mit der überwältigenden Zustimmung – bei der gleichwohl hier und da etwas nachgeholfen wurde[10] – hatte sich der propagandistische Zweck der Verfassung, der «föderalistischen» Aufstandsbewegung das Wasser abzugraben, erfüllt. Entsprechend aufwendig waren die Feierlichkeiten, die am 10. August 1793, einem Samstag, stattfanden. Bei strahlendem Sommerwetter wälzte sich eine große, von Jacques-Louis David choreographierte Prozession von der Bastille über den Platz vor den Tuilerien bis zum Champ de Mars.[11] Der Verfassungstext wurde am folgenden Tag in einer eigens dafür angefertigten Kiste aus Zedernholz, sinnigerweise «Arche» genannt, deponiert, die an der Decke des Sitzungssaals, in dem der Konvent tagte, befestigt wurde. Das war von schöner Symbolik. Mit der Vollendung der neuen Verfassung, die über ihren Häuptern schwebte, hatten die Konventsabgeordneten ihrer Aufgabe genügt und hätten nun eigentlich einer nach den Bestimmungen eben dieser Verfassung gewählten Gesetzgebenden Versammlung weichen müssen. Doch die Verfassung wurde, wie vermutlich von Anfang an beabsichtigt, nie in Geltung gesetzt. Das Ganze war ein Propaganda-Coup der Jakobiner. Dem Antrag, mit den Wahlvorbereitungen für die Legislative zu beginnen, der am 11. August im Konvent eingebracht worden war,[12] widersprach Robespierre im Jakobiner-Club umgehend mit aller Entschiedenheit: «Ich erkläre, dass nichts mehr die Republik wird retten können, wenn der Antrag, der heute Morgen gestellt wurde, angenommen wird; er lautet, dass sich der Konvent auflöst und durch eine Gesetzgebende Versammlung ersetzt wird. (…) Ich habe keinerlei Veranlassung, die augenblickliche Legislatur in alle Ewigkeit zu verlängern. (...) Aber der heimtückische Vorschlag, der uns gemacht wurde, zielt auf nichts anderes als darauf, die Mitglieder des gesäuberten Konvents, wie er jetzt tagt, durch Abgesandte von Pitt und Cobourg zu ersetzen».[13]

Nachdem ihm der König, die Exilanten und auch die *Girondins* als revolutionsfeindliche Buhmänner abhanden gekommen waren, erfand Robespierre sich nun mit dem englischen Premier Pitt und dem österreichischen Oberbefehlshaber Coburg sowie ihren angeblichen Verbündeten innerhalb Frankreichs neue Hauptverdächtige, die ihm einen Grund lieferten, seine Macht zu verteidigen und auszubauen. Robespierres Meinung war jetzt Gesetz. Solange die Republik in ihrem Bestand im Inneren wie von außen akut bedroht war, erschien es als grober Unfug, diese Unsicherheit noch durch Wahlen für eine Gesetzgebende Versammlung zu mehren. Das galt umso mehr, als der Ausgang dieser Wahlen ein Debakel für Robespierres Ehrgeiz verhieß. Also wurde die Sitzungsperiode des Konvents einfach verlängert und die Verfassung nicht in Kraft gesetzt; sie war in jeder Hinsicht suspendiert. Aber ebenso wenig, wie die Republik nach dem 10. August 1792 förmlich proklamiert wurde, fand auch diese Entscheidung von kaum geringerer Bedeutung eine irgendwie notarielle Beurkundung. Was dem allenfalls nahekam, war Artikel 1 des Gesetzes, das auf Vorschlag von Saint-Just namens des *Comité de Salut public* am 10. Oktober 1793 vom Konvent verabschiedet wurde: «Le gouvernement provisoire de la France est révolutionnaire jusqu'à la paix» (Die provisorische Regierung Frankreichs ist revolutionär bis zum Friedensschluss).[14] Damit wurde ebenso beiläufig wie spät ratifiziert, was seit dem 10. August 1792 der Fall war: Die Republik war ohne Verfassung; was sie zusammenhielt, waren der Konvent und eine lediglich geschäftsführende, revolutionäre Regierung, die der *Comité de Salut public* und der *Comité de Sûreté générale* darstellten. Der Aufgabenbereich des bereits im September 1792 geschaffenen *Comité de Sûreté générale* umfasste alle Belange der politischen Polizei, die im Zusammenhang mit den stetig erweiterten Repressionsmaßnahmen während der *Terreur* erheblich zunahmen. Dessen ungeachtet war der seit April 1793 bestehende *Comité de Salut public*, der von der Außenpolitik über die Kriegführung bis hin zu den Finanzen und der Versorgung die Kernbereiche des Regierungshandelns wahrnahm, der gewichtigere Ausschuss. Der

Comité de Sûreté générale wurde daher im Dezember 1793 dem Wohlfahrtsausschuss unterstellt. Damit wurde endgültig eine provisorische Regierung organisiert, an der vor allem Robespierre ein Interesse hatte. Sie sollte ihn gleichwohl um mehr als ein Jahr, bis zum 26. Oktober 1795, überleben, als die seit September 1792 tagende Verfassunggebende Versammlung mit Inkrafttreten einer neuen, der dritten Verfassung schließlich in der Versenkung verschwand.

Dieser mehr als drei Jahre währende Zwischenakt im Revolutionsdrama mutet umso merkwürdiger an, als es das erklärte große Ziel der Revolution von 1789 gewesen war, die Despotie des *Ancien Régime* durch eine Verfassung zu ersetzen, die das Prinzip der Volkssouveränität zum Ausdruck brachte. Daran war die Revolution fürs Erste gescheitert; jetzt galt es eine Konkursverwaltung einzusetzen, die als «gouvernement provisoire révolutionnaire» firmierte. Sie entpuppte sich als nichts anderes als eine Diktatur, die im Wesentlichen von einer Art «Politbüro» namens *Comité de Salut public*, dem Wohlfahrtsausschuss, ausgeübt wurde, als dessen starker Mann sich der «Unbestechliche», Maximilien Robespierre, durchsetzte. Der Weg zu dieser Diktatur war ein Prozess, der mit der Eliminierung der *Girondins* am 2. Juni begann und mit der sogenannten «Verfassung des Schreckens» vom 14 Frimaire an II, dem 4. Dezember 1793, seinen vorläufigen Abschluss fand.

Die Einsicht, dass man eine deutlich härtere Gangart einlegen und legalistische Skrupel hintanstellen müsse, um der Krise entschlossen zu begegnen, in der die Republik unterzugehen drohte, wurde den *Montagnards* in den Sommermonaten des Jahres 1793 schrittweise zur Gewissheit. Den Anstoß dazu gaben Ereignisse und Entwicklungen, die jeweils willkommene Vorwände lieferten, die Kontrolle zu verschärfen.[15] Ein Anlass war die Agitation der *Enragés*. Die anhaltende Teuerung wie die damit verbundene Furcht vor Versorgungsengpässen beunruhigte die Sansculotten zwar ständig, aber in der dritten Juniwoche wurde diese Angst durch Gerüchte gesteigert, die Aufständischen im Calvados würden die Getreidelieferungen aus der Normandie unterbinden. Aus dieser Unruhe suchten die Führer der *Enragés*, Jacques Roux und Jean-François Varlet, sofort für sich Kapital zu schlagen. Am Abend des 25. Juni erschien Roux im Konvent, um eine scharf formulierte Petition der Sektionen Gravilliers und Bonne-

Nouvelle sowie des *Club des Cordeliers* vorzutragen. Darin wurde den Abgeordneten der Vorwurf gemacht, das Volk seit langem mit Versprechungen, dessen Not zu beheben, hinzuhalten, denen aber nie Taten folgten. Deshalb seien die *Montagnards* in dieser Hinsicht keinen Deut besser als die Machthaber des *Ancien Régime*.[16] Diesen Anklagen widersprachen Thuriot, Robespierre und Billaud-Varenne entschieden und verdächtigten Roux, mit seinen maßlosen Vorwürfen das Geschäft der Gegenrevolution zu besorgen. Schließlich setzten die empörten Abgeordneten durch, dass er der Sitzung verwiesen wurde. Am 28. Juni wiederholte Robespierre die Angriffe auf Roux: «Diejenigen, die gegen die *Montagne de la Convention* predigen, sind die wahren Feinde des Volkes».[17] Das war das Signal zur zügigen Entmachtung von Roux, der binnen zwei Tagen seinen Posten als Redakteur des Mitteilungsblatts der *Commune* verlor und auch aus dem *Club des Cordeliers* ausgeschlossen wurde. Damit war dieser Putschversuch der *Enragés* zwar abgewehrt, aber der latente Unmut der Sansculotten über die prekäre Versorgungslage dauerte weiter an und sollte sich im September in einem neuen Aufstandsversuch entladen.

Zuvor waren es andere Ereignisse, die das Krisenerlebnis steigerten. Am 13. Juli forderte der vermeintliche Aufstand der «Föderalisten» in Paris sein erstes und einziges Opfer: Jean-Paul Marat, der von einer jungen, aus Caen stammenden Frau, Charlotte Corday, in der Badewanne sitzend erstochen wurde. Der Konvent beschloss ein Staatsbegräbnis für Marat, und die *Montagnards* hatten – nach dem Abgeordneten Michel Lepeletier de Saint-Fargeau, der am 20. Januar 1793 von einem Royalisten ermordet worden war, weil er für den Tod Louis' XVI gestimmt hatte – einen zweiten, für ihre Sache noch viel bedeutenderen Märtyrer. Als Dritter folgte Joseph Chalier, der Chef der Lyoner Jakobiner, der am 16. Juli von den Aufständischen in Lyon guillotiniert wurde. Damit hatten die *Montagnards* ihr Dreigestirn an Blutzeugen komplett, deren Gipsbüsten zeit der Schreckensherrschaft auf allen «Altären des Vaterlands», im Konvent, in den Sektionen und Clubs aufgestellt wurden. Die Ermordung Marats löste große Empörung und den Ruf nach scharfen Repressalien aus. Der Prozess gegen Charlotte Corday, die am 19. Juli hingerichtet wurde, konnte dieses Verlangen nach Rache indessen nicht stillen. Deshalb wandte sich jetzt alle Aufmerksamkeit den *Girondins* zu.

Noch am 8. Juli war ausgerechnet Saint-Just in einem langen Bericht des *Comité de Salut public* dafür eingetreten, bei einigen *Girondins* Nachsicht walten zu lassen. «Keineswegs sind alle Verhafteten schuldig; die meisten unter ihnen sind verführt worden; aber da bei einer Verschwörung das Wohl des Vaterlands das höchste Gesetz ist, sahen Sie sich für einen Moment dazu gezwungen, Verführung und Tatausführung über einen Leisten zu schlagen und klugerweise die Freiheit einiger dem Wohl aller zum Opfer zu bringen. (…) Also müssen Sie unter den Verhafteten einige Differenzierungen in Anschlag bringen: Die meisten unter ihnen waren lediglich getäuscht, und wer unter uns könnte sich schmeicheln, es sei ihm dies noch nie widerfahren? Die wahren Schuldigen sind diejenigen, die geflohen sind; für die müssen Sie keinerlei Nachsicht haben, denn sie ruinieren ihr Vaterland. Es ist das Feuer der Freiheit, das uns gereinigt hat, so wie bei der Schmelze des Metalls der unreine Schaum im Schmelztiegel abgeschieden wird».[18]

Eine Woche später war von solcher Differenzierung, geschweige gar von Nachsicht gegenüber den Mitläufern keine Rede mehr. Am 15. Juli trug Jacques-Nicolas Billaud-Varenne im Konvent eine fulminante Anklage gegen die 32 *Girondins* vor, die in der Forderung gipfelte, ihnen endlich den Prozess zu machen.[19] Die Ausführungen Billauds ließen keinen Zweifel daran, dass ausnahmslos alle bestraft werden müssten. Der von ihm gestellte Antrag auf Anklageerhebung gegen die in Paris inhaftierten *Girondins* wie Gensonné, Vergniaud oder Fauchet wurde umgehend angenommen, während jene, die geflüchtet waren, für vogelfrei erklärt wurden. Damit nicht genug, wurde jetzt gefordert, auch die *Girondins* anzuklagen, die, wie Boyer-Fonfrède oder Carra, von der Säuberung vom 2. Juni verschont geblieben waren und weiterhin dem Konvent angehörten. Der Erste, den es traf, war Jean-Louis Carra, gegen den Couthon namens des *Comité de Salut public* am 2. August die Anklageerhebung beantragte. Dieser habe sich für die Wiedererrichtung der Monarchie eingesetzt und dafür den Herzog von York, den Sohn des englischen Königs und Verwandten des Herzogs von Braunschweig, vorgeschlagen.[20] Der Antrag wurde sofort befürwortet. Als Carra sich gegen die Anschuldigungen Couthons zu verteidigen suchte, wurde ihm das Wort entzogen. Stattdessen kam Robespierre zum Zug. Als Beweis für die Verfehlungen von Carra zitierte er längere Passagen aus Artikeln, die dieser 1792 veröffentlicht und in denen er unter anderem die Liberalität des Herzogs von Braunschweig herausgestellt hatte, der, erschiene er in Paris, sicherlich die rote Mütze trage![21] – Solche Mutmaßungen zu einem Zeitpunkt zu veröffentlichen, da die preußischen Truppen sich Paris näherten und der Herzog sich durch das berühmte Manifest kompromittierte, war schon damals eine abgrundtiefe Dummheit gewesen. Jetzt aber würde sie ihren Autor den Kopf kosten, zumal die Erregung in Paris nach Bekanntwerden der Kapitulation der französischen Besatzungstruppen von Mainz ihrem Siedepunkt zustrebte. Dazu trugen auch allerlei Befürchtungen bei, in Paris wimmele es von mordlüsternen royalistischen Agenten, Charlotte Corday sei lediglich eine von vielen gewesen.

Angesichts dieser allseits empfundenen Bedrohung wurde man auch auf einen Mangel aufmerksam, den es umgehend zu beseitigen galt: Die Republik verfügte nicht über eine tatkräftige und zum entschlossenen Handeln befähigte Exekutive. Die Forderung von Danton, dem *Comité de Salut public* Rang und Funktion einer provisorischen Regierung zuzuweisen, die alle für die innere wie äußere Sicherheit notwendigen Maßnahmen veranlassen sollte,[22] fand jedoch nicht die Zustimmung des Konvents. Das änderte gleichwohl nichts daran, dass der *Comité de Salut public* vom Sommer 1793 de facto die Funktionen einer provisorischen Regierung ausübte. De jure blieb ihm dieser Status zwar stets verwehrt, was sich auch darin äußerte, dass seine Autorität als Exekutive immer wieder bestritten wurde. Doch hinderte das den Wohlfahrtsausschuss nicht daran, Frankreich in den kommenden zwölf Monaten eine Führung zu geben. Er überwand nicht nur die schwere Krise im Sommer 1793, sondern verstand es auch, die großen Ressourcen des Landes zu mobilisieren und mit ihrem konzentrierten Einsatz die Siege zu erzielen, die den Bestand der Revolution sicherten. Dieser Erfolg hatte viele Ursachen und einen hohen Preis.

Zu den Ursachen gehört zuallererst die personelle Zusammensetzung des Wohlfahrtsausschusses, der nach dem Ausscheiden von Thuriot am 20. September 12 Mitglieder im Alter von 26 bis 47 Jahren hatte: Saint-Just (26), Prieur de la Côte d'Or (30), Hérault de Séchelles (34), Robespierre (35), Prieur de la Marne und Billaud (37), Barère und Couthon (38), Carnot (40), Jeanbon Saint-André und Collot d'Herbois (44) und Robert Lindet (47). Vier unter ihnen hatten schon vor dem Konvent einer anderen Nationalversammlung angehört: Robespierre und Prieur de la Marne der Konstituante, Carnot und Couthon der Legislative. Lindet war in der Departementverwaltung tätig gewesen, Hérault de Séchelles bekleidete vor Ausbruch der Revolution die Stelle eines *Avocat général du Parlement*, Billaud war Anwalt gewesen, Jeanbon Saint-André Kapitän eines Handelsschiffs, ehe er protestantischer Pastor geworden war; schließlich die zwei militärischen Fachleute, Carnot und Prieur de la Côte d'Or, die beide Pionier-Offiziere waren. Während die Mehrheit der Mitglieder des Wohlfahrtsausschusses mehr oder minder beinharte *Montagnards* waren, können Barère, Lindet und die beiden Militärs als politisch eher gemäßigt gelten. Diese politischen Schattierungen schlugen jedoch auf die praktische Arbeit des *Comité de Salut public* kaum durch, da er in erster Linie auf die Verteidigung des Landes wie der revolutionären Errungenschaften konzentriert war.[23] Ein Richtungsstreit innerhalb des *Comité de Salut public* wurde so lange Zeit vermieden.

Dazu trug auch bei, dass der Ausschuss ständig zwischen zwei konkurrierenden Kräften zu lavieren hatte: den Sansculotten auf der einen und dem Konvent auf der anderen Seite. Den radikalen Forderungen, die von den Sansculotten erhoben wurden, musste er ebenso gegensteuern wie dem Widerstand, den der Konvent dagegen geltend machte. Das verschaffte dem Wohlfahrtsausschuss eine Mittlerrolle, durch die er ein hohes Maß an politischer Handlungsautonomie erlangte. Seine Verantwortlichkeit gegenüber dem Konvent nutzte er dazu, die Sansculotten in Schach zu halten, die ihm andererseits aber dazu dienten, die Geltungsansprüche der Abgeordneten abzuwehren. Daraus gewann der *Comité de Salut public* einen *esprit de corps*, der seinen Anspruch, allein im Interesse des Staatswohls zu handeln, lange unangreifbar machte. Das änderte aber gleichwohl nichts daran, dass die Autorität des Wohlfahrtsausschusses stets prekär blieb und er sich nur behaupten konnte, solange er, gemessen an den Interessen der einen wie der anderen, mit der von ihm verfolgten Politik erfolgreich war.

Als Reaktion auf diese Unsicherheit lässt sich auch jener Aspekt seiner Politik erklären, der wie kein anderer den *Comité de Salut public* im Urteil der Nachwelt in Verruf brachte: die unnachsichtig angewandte Praxis der Schreckensherrschaft. Diese entsprach zum einen dem gesteigerten Rachebedürfnis der Sansculotten; zum anderen nötigte die obrigkeitlich legitimierte Terrorherrschaft die Konventsabgeordneten zu furchtsamem Respekt. Im Übrigen ließ sich dieses Handeln als angemessene Strafe für alle Verstöße und Verbrechen rechtfertigen, die den Revolutionsfeinden vorgeworfen wurden.

In den Memoiren des damaligen Innenministers Garat findet sich eine Szene geschildert, die sich wohl Anfang August im *Comité de Salut public* abgespielt hat. Garat war einbestellt worden, um seine Einschätzung der aktuellen Lage und Probleme zu geben. Seiner Schilderung nach habe er diese Gelegenheit genutzt, dem Wohlfahrtsausschuss die Notwendigkeit vor Augen zu stellen, eine Regierung zu verkörpern, die über den Parteien stehe und die deshalb auch fähig sein müsse, die Repression auf ein Mindestmaß einzuschränken, um die Widerherstellung der nationalen Einheit zu beschleunigen. «Man hat eine revolutionäre Regierung geschaffen, um mittels der Einheit ihres Wollens und Handelns diese Tausende von unterschiedlichen und unorganisierten Bewegungen, die im Zuge der Revolution entstanden sind, zu lenken und zu bündeln. Nun gut! Aber bedienen Sie sich dieser Macht, die unbeschränkt sein muss, um zu bewahren und nicht, um zu zerstören. Machen Sie sich diese zunutze, um in Lyon vorläufig eine Regierungsmacht zu installieren, die weder die der Sektionen noch die der *Commune* dieser Stadt ist, sondern ihre eigene, will sagen die des Konvents, der Nation. Üben Sie auf alle Parteien Druck aus, um sie daran zu hindern, dass sie sich gegenseitig zerfleischen und um Sie von der Aufgabe zu entbinden, Anschläge zu bestrafen, die Sie nicht vorhergesehen haben». Laut Garat zeigte sich Couthon von seinen Ausführungen beeindruckt und schien ihm auch beipflichten zu wollen, bis Robespierre das Wort ergriff: «Ich verstehe, was Sie sagten, so, dass Sie den Vorschlag machen, eine patriotische *Commune* zu zerstören; das widerspricht allen Grundsätzen; die Regierung ist dazu berufen, deren Garantie zu gewährleisten, nicht sie zu vernichten». Nach diesen Worten, so Garat, fielen alle in Schweigen und das Thema kam nicht mehr zur Sprache.[24]

Warum Robespierre den Vorschlägen Garats widersprach, enthüllt eine Denkschrift, die von Courtois 1795 veröffentlicht wurde und die dieser als «eine Art von Katechismus, geschrieben von Robespierre selbst» charakterisierte. Das undatierte Dokument dürfte in der Zeit zwischen dem 2. Juni und Mitte Juli 1793 entstanden sein und gibt u. a. Aufschluss darüber, wie nach Meinung Robespierres mit den Aufständischen verfahren werden solle: «Das Mittel, den Bürgerkrieg zu beenden, ist, die Verräter und Verschwörer zu bestrafen, insbesondere die Deputierten und Verwaltungsleute, die sich schuldig gemacht haben; patriotische Truppen müssen ausgesandt werden, um die Aristokraten von Lyon, Marseille, Toulon, der Vendée, des Jura und aller anderen Gegenden zu beseitigen, in denen das Banner des Royalismus und des Aufstands gehisst wurde und es muss ein schreckliches Exempel an allen Verbrechern statuiert werden, die sich an der Freiheit vergangen und das Blut der Patrioten vergossen haben».[25]

Robespierre war erst am 27. Juli – im Widerspruch zu seinen Neigungen, wie er in einer am 11. August im Jakobiner-Club gehaltenen Rede behauptete[26] – zum Mitglied des *Comité de Salut public* gewählt worden, übte aber schon bald einen dominierenden Einfluss innerhalb der Revolutionsregierung aus und wurde die treibende Kraft hinter der Politik des Schreckens.

Die Ersten, die dies zu spüren bekamen, waren die Einwohner von Lyon: Die zweitgrößte Stadt Frankreichs wurde zum Experimentierfeld des Terrorregimes bestimmt. Bereits am 4. August erteilte der Wohlfahrtsausschuss den Konventskommissaren in den Départements Saône-et-Loire, Rhône-et-Loire und Ain den Befehl, alle verfügbaren Truppen nach Lyon in Bewegung zu setzen. Die übelgesinnten Bürger sollten umgehend entwaffnet und verhaftet, die Patrioten befreit und dem getäuschten Volk seine wahren Feinde vorgeführt werden. Damit wurde eine friedliche Beendigung des Aufstands und eine Reintegration Lyons in die Republik auf Grundlage wechselseitiger Zugeständnisse, wie sie wohl möglich gewesen wäre, von vorneherein ausgeschlossen.

Was das Verhängnis, das sich jetzt über Lyon zusammenbraute, unvermeidlich machte, war die Entschlossenheit Robespierres, an der Stadt ein Exempel zu statuieren, die von den Jakobinern schon lange verdächtigt wurde, der Hort der Gegenrevolution im Süden zu sein. Diese Absicht teilte Robespierre mit vielen seiner Gesinnungsgenossen, die auch im Wohlfahrtsausschuss die Meinungshoheit besaßen. Für sie war der Anti-Jakobinismus, der den Lyoner Aufstand provoziert und getragen hatte, nichts anderes als gegenrevolutionär.[27] Angesichts der in Caen und Bordeaux gemachten Erfahrungen, wo die Aufstandsbewegungen in sich zusammengefallen waren, ging man allerdings anfangs noch davon aus, dass schon die Drohung mit einer militärischen Aktion ihre Wirkung tun würde. Das erwies sich als Irrtum. Vor allem die Furcht vor den fanatisierten Revolutionstruppen, die gegen Lyon aufgeboten wurden, stärkte den Widerstand der Stadt erheblich. Das zwang die Angreifer zu einer rund neun Wochen dauernden Belagerung, um Lyon durch Aushungern und fortgesetztes Bombardement mürbe zu machen. Erst am 9. Oktober wurde die Stadt von den «Patrioten» in Besitz genommen. Mit dem Ende der Kampfhandlungen begann die Herrschaft des Schreckens, die hier zum ersten Mal ihr Wüten in aller Rücksichtslosigkeit entfaltete.

Die gesetzlichen Voraussetzungen, mit denen die enthemmte Rachsucht der Sieger sanktioniert wurde, billigte der Konvent am 1. August 1793. Namens des *Comité de Salut public* schlug Barère für die «Befriedung» der Vendée ein ganzes Bündel von Regelungen vor, die den «Katechismus» Robespierres ausbuchstabierten. «Der Wohlfahrtsausschuss hat, ihre Zustimmung vorausgesetzt, Maßnahmen entworfen, die darauf abstellen, diese rebellische Rasse [i. e. die Aufständischen in der Vendée] zu vernichten, ihre Basis zu zerstören, ihre Wälder in Brand zu stecken, ihre Ernten zu verkümmern und den Kampf gegen sie zu führen mit Arbeitern und Pionieren ebenso wie mit Soldaten. Den Wundbrand muss die Medizin mit Eisen und Feuer behandeln. In Mortagne, Cholet, Chemillé muss die politische Medizin dieselben Heilmethoden und Heilmittel zur Anwendung bringen. (...) Die Menschlichkeit wird sich umso weniger beklagen, als es ihrem Heil dient, wenn man das Übel ausrottet; die Rebellen zu bestrafen ist dem Wohl des Vaterlands zuträglich.» Die Metastasen des Krebsgeschwürs, das die Republik befallen habe, seien überall zu diagnostizieren und daher die vorgeschlagene terroristische Therapie auch nicht allein auf den Krankheitsherd Vendée zu beschränken. Damit nicht genug, müssten auch die Ursachen entschlossen bekämpft werden, was bedeute, den Krieg gegen die «oppression insulaire» und die «tyrannie navale» von England und der mit ihm verbündeten Mächte zu führen. Das war der große Revolutionskrieg, den Brissot schon im Herbst des Vorjahrs gepredigt und gegen den sich Robespierre damals so heftig gestemmt hatte. Nun avancierte er zum Allheilmittel. Außerdem sollte, so Barère weiter, auch Marie-Antoinette vor Gericht gestellt werden. Schließlich, um den Jahrestag des 10. August feierlich zu begehen, an dem der Thron gestürzt wurde, machte er den Vorschlag, «zu diesem Datum die aufwendigen Mausoleen in Saint-Denis zu zerstören. In der Monarchie dienten selbst die Grabdenkmäler dazu, die Könige zu verherrlichen. Es darf nicht zugelassen werden, dass sich der königliche Stolz und Prunk auf dieser Schaubühne des Todes aufspreizt; die Szepterträger, die so viel Leid über Frankreich und die Menschheit gebracht haben, scheinen sich noch in ihrem Grab einer längst dahingegangenen *Grandeur* zu berühmen. Die starke Hand der Republik muss rücksichtslos diese prunkvollen Epitaphe auslöschen und ohne Reue diese Mausoleen zerstören, die immer noch die schreckliche Erinnerung an die Könige wachhalten».[28]

Der Vortrag Barères skizzierte in Umrissen das Programm der nun Schritt für Schritt einsetzenden Schreckensherrschaft, wie es vom Wohlfahrtsausschuss konzipiert worden war: Rücksichtslose Niederwerfung und Auslöschung der Vendée sowie, was sich von selbst verstand, der anderen Aufstandsherde, Entfesselung eines Revolutionskriegs gegen die europäischen Mächte, Prozess gegen Marie-Antoinette, der angesichts der ihr zur Last gelegten Taten mit einem Todesurteil enden musste, und schließlich die Auslöschung jeglicher Erinnerung an die Monarchie, ihre *damnatio memoriae*. Noch am selben Tag wurde beschlossen, Marie-Antoinette vor ein Sondergericht zu stellen. Ein weiteres Dekret regelte detailliert die Niederschlagung des Vendée-Aufstandes.[29]

Diese terroristischen Maßnahmen und Gesetze vermochten aber ebenso wenig wie die Festlichkeiten des 10. August der Agitation der *Enragés* den Wind aus den Segeln zu nehmen. Diese suchten den andauernden Unmut der Pariser Sansculotten über den chronischen Mangel an erschwinglichen Nahrungsmitteln auszunutzen. Ebenso griffen sie deren Empörung über die als viel zu lasch empfundene Verfolgung der Verschwörungen auf, die für die Niederlagen der Republik verantwortlich gemacht wurden. Mit ihren Forderungen nach einem energischen Vorgehen gegen alle Verdächtigen setzten die Sektionen wie die Chefs der *Enragés* den Konvent unter Druck.[30] Der sah sich schließlich dazu genötigt, dem ebenfalls seit längerem geäußerten

Verlangen der Sansculotten nach einer massenhaften Mobilisierung aller wehrfähigen Franzosen, der *levée en masse*, stattzugeben.

Diese Forderung verriet die Mentalität der Sansculotten: Unter «Masse» verstanden sie nicht nur eine möglichst große Zahl, sondern zugleich die mentale Gleichschaltung aller, die an die Front aufbrachen. Darin artikulierte sich das Verständnis eines Volksaufstands, der die Armee zu Höchstleistungen anspornen sollte. Diesem Elan standen die Verantwortlichen lange Zeit mit verständlicher Reserve gegenüber, denn mit dem massenhaften Aufbruch drohte ein Chaos, das sich schwer bändigen ließe. Außerdem fehlte es an Waffen und Ausrüstung in entsprechender Menge, so dass zu befürchten stand, dass der revolutionäre Enthusiasmus mehr Schaden als Gewinn stiftete. Dass man sich dem Ansinnen nicht länger widersetzen konnte, erkannten die Abgeordneten, als am 16. August 1793 eine Abordnung der 48 Pariser Sektionen vorstellig wurde und nochmals zu entschlossenem Handeln mahnte: «Das Volk wünscht (...) diesen Krieg, der uns zutiefst schädigt, durch eine plötzliche Aufwallung der Rache und der Vernichtung unserer Feinde zu beenden. Ordnen Sie also auf der Stelle an, dass die Alarmglocke der Freiheit an einem bestimmten Tag in allen Orten der Republik geläutet wird. (...) Dass es auch keine Ausnahme gibt für jeden Mann, der in der Lage ist, Waffen zu tragen, gleich welche Funktion er ausübt; dass die Landwirtschaft lediglich die Arbeitskräfte zurückhält, die für die Einbringung der Ernte notwendig sind; dass der Handel für einen Augenblick ruht; dass jedes Geschäft zum Stillstand kommt und dass es die große, die einzige und umfassende Aufgabe der Franzosen ist, die Republik zu retten».[31]

Das zeitigte Wirkung, und der Konvent erteilte dem *Comité de Salut public* den Auftrag, ein entsprechendes Dekret auszuarbeiten. Der Text, den der Wohlfahrtsausschuss am 23. August vorlegte, begann mit viel Pathos: «Von nun an bis zu dem Tag, an dem die Feinde vom Boden der Republik vertrieben sind, sind alle Franzosen zum Dienst für die Armeen verpflichtet. – Die jungen Männer ziehen in den Kampf; die Verheirateten schmieden die Waffen und transportieren den Nachschub; die Frauen verfertigen Zelte, Uniformen und arbeiten in den Lazaretten; die Kinder zerwirken alte Bettwäsche zu Verbandstoff; die Alten begeben sich auf die öffentlichen Plätze, um den Kriegern Mut einzuflößen, den Hass auf die Könige und die Einheit der

Republik zu predigen». Weiterhin stellte das Dekret fest: «*La levée sera générale*; die nicht verheirateten Bürger oder die kinderlosen Witwer im Alter von 18 bis 25 Jahren marschieren als Erste. Sie finden sich unverzüglich im Hauptort des jeweiligen Distrikts ein, wo sie sich täglich im Gebrauch der Waffen üben, bis der Augenblick ihres Abmarschs gekommen ist».[32]

Dieses Dekret entsprach indes kaum den Vorstellungen, die von den Sansculotten mit einer *levée en masse* verbunden wurden. So war die Ankündigung einer allgemeinen Aushebung (*la levée sera générale*) mit der Einschränkung verbunden, dass zuerst nur die 18- bis 25-Jährigen eingezogen wurden, die schon von der Deputation der 48 Pariser Sektionen am 16. August mit Nachdruck kritisiert worden war. Ausnahmen wurden ferner auch für alle Beamten und Verwaltungsmitarbeiter gemacht. Das Hauptproblem war allerdings, dass alle diese Ankündigungen erst noch praktisch umgesetzt werden mussten. Das warf umso größere Schwierigkeiten auf, als zugleich auch wesentliche politische und wirtschaftliche Fragen weiterhin einer Lösung harrten. Um hier einen Ausweg zu finden, brauchte es eine neue Krise und neuen Druck seitens der Sansculotten.

Die Proklamation der *levée en masse* erwies sich nicht als das erhoffte Ventil für den Unmut der Sansculotten, und auch die von den *Enragés* orchestrierte Agitation gegen die anhaltende Teuerung der Lebensmittel hielt unvermindert an.[33] Die Achillesferse des von den *Montagnards* beherrschten Konvents wie des *Comité de Salut public* war nach wie vor die prekäre Versorgungslage, für die seitens der Sansculotten und der *Enragés* die sogenannten *accapareurs* – also jene, die Nahrungsmittel horteten, um ihre Profite zu steigern – verantwortlich gemacht wurden. Am 24. August 1793 verbot der Konvent alle Aktiengesellschaften mit Wirkung vom 1. Januar 1794.[34] Bis dieses Verbot Resultate erbrachte, würde es allerdings eine Weile dauern. Auch das bereits am 26. Juli verabschiedete Gesetz gegen das Horten und die Spekulation mit Lebensmitteln hatte bislang keinerlei Verbesserung der angespannten Versorgungslage gebracht. Daraufhin begannen sich auch die Jakobiner über die Langsamkeit zu erregen, mit der die Revolutionsregierung auf die brennenden Probleme reagierte. Im Zusammenhang mit einer energischeren Bekämpfung der Versorgungskrise wurde dabei auch wiederholt die Verschärfung des Schreckensregimes gefordert, ein Verlangen, das mit der Anfang September eingetroffenen Nachricht, dass die englische Flotte den Hafen von Toulon in Besitz genommen hatte,[35] jäh an Plausibilität gewann.

Für den Jakobiner-Club war diese Nachricht der Anlass, am Abend des 2. September eine Resolution mit der Forderung zu verabschieden, die Arbeit des Revolutionsgerichts zu beschleunigen und insbesondere das Verfahren gegen die *Girondins* umgehend zu eröffnen.[36] Dies, die Nachrichten aus Toulon sowie die sich mehrenden Hinweise auf neuerliche Unruhen in Paris veranlassten den Konvent zum Handeln. Bereits am 3. September wurde ein *emprunt forcé*, eine Sondersteuer auf Einkommen, verabschiedet sowie ein weiteres Dekret, das die seit längerem geforderten Preisbegrenzungen für Getreide landesweit festlegte.[37] Das änderte aber nichts daran, dass es am Morgen des 4. September überall in Paris zu Zusammenrottungen von Arbeitern kam, die lautstark für erschwingliche Nahrungsmittel demonstrierten.[38] Davon ließen sich auch die Jakobiner beeindrucken. Robespierre versuchte zwar, sie von seiner Ansicht zu überzeugen, es handele sich dabei lediglich um ein gegenrevolutionäres Komplott. Die Zustimmung der Club-Mitglieder erhielt jedoch der radikale *abbé* Royer, der den Vorschlag machte, «die Sitzungen des Jakobiner-Clubs bis auf Weiteres auszusetzen, auf die Straße zu gehen und den *peuple* aufzufordern, sich seiner Führung anzuschließen, um den Konvent zu nötigen, revolutionäre Maßnahmen zu ergreifen».[39]

Der Schulterschluss wurde am nächsten Tag, dem 5. September, vollzogen, als die Jakobiner im Sitzungssaal des *Conseil général de la Commune de Paris* zur Menge der Demonstranten, die sich hier versammelten, hinzustießen und gemeinsam mit ihnen die Verhaftung «aller Verdächtigen» forderten.[40] Hier wurde auch lautstark die Adresse akklamiert, die der *Procureur de la Commune,* Anaxagoras Chaumette, dem Konvent vorlegte: «Sie haben kluge Gesetze verabschiedet; sie versprechen das Glück aller; aber sie kamen bislang noch nicht zur Anwendung, weil es an der entsprechenden Durchsetzungskraft mangelte. (...) Die Patrioten aller Departements und in Sonderheit der *peuple de Paris* haben bis jetzt sehr viel Geduld gezeigt; damit ist es jetzt genug: Der Tag der Gerechtigkeit und des Zorns ist angebrochen. – Gesetzgeber, die unübersehbar große Menge von Bürgern, die zusammenströmten, hat einen Wunsch: (...) Nahrungsmittel, und, um diese zu haben, den Nachdruck des Gesetzes. – Deshalb haben wir den Auftrag, Sie zur Aufstellung einer Revolutionsarmee aufzufordern, die von Ihnen bereits gebilligt wurde, aber die Intrige und Angst von Schuldigen bislang vereitelt hat. (…) Dieser Armee muss ein ebenso unbestechliches wie gefürchtetes Gericht nebst dem schrecklichen Instrument folgen, das mit ein und derselben Bewegung die Verschwörungen wie die Köpfe ihrer Anstifter abtrennt».[41]

Diese terroristische Inbrunst, die von anderen Rednern noch gesteigert wurde, verband sich mit einer scharfen Kritik am Wohlfahrtsausschuss wie dem Konvent. Die aufgeheizte Stimmung galt es umgehend zu beruhigen; andernfalls wuchs die Gefahr, dass beide von einem drohenden Aufstand der Pariser Volksmassen fortgespült werden würden. Danton setzte sich daher dafür ein, den Forderungen der Sansculotten entgegenzukommen: Der Konvent solle sofort die Aufstellung einer Revolutionsarmee beschließen. Außerdem sollten die Sitzungen der Pariser Sektionen künftig zweimal pro Woche stattfinden, wobei den «Angehörigen des *peuple*» die Teilnahme durch «eine angemessene Entschädigung» ermöglicht werden sollte. Die Begrenzung der Sitzungen auf zwei pro Woche wie auch das in Aussicht gestellte Sitzungsgeld waren dabei gleichermaßen geeignet, den Einfluss der Radikalen zu schwächen. Schließlich ging Danton auch auf die Forderung nach einer Verschärfung des Terrors ein: «Was noch zu tun bleibt, ist, die Feinde im Inneren, die man bereits in Gewahrsam hat, wie die anderen, die es noch zu ergreifen gilt, zu bestrafen. Deshalb muss das Revolutionsgericht in eine ausreichend große Anzahl von Abteilungen gegliedert werden, damit gewährleistet ist, dass jeden Tag ein Aristokrat, ein Übeltäter mit seinem Kopf für seine Taten einsteht».[42]

Dantons Vorschläge wurden vom Konvent zwar sofort gebilligt, doch Billaud-Varenne, einer der Führer der Radikalen, stellte nun die Forderung, die Stadttore zu schließen und sofort mit der Jagd auf die Verdächtigen zu beginnen. Die Versammlung, die durch die lautstarke Unterstützung Billaud-Varennes auf den Zuschauertribünen ebenso eingeschüchtert war wie durch die Aussicht auf einen neuerlichen Pariser Volksaufstand, beschloss auf der Stelle die Verhaftung aller Verdächtigen und eine Säuberung der Revolutionskomitees in den Sektionen, deren Aufgabe es war, sie ausfindig zu machen.[43]

Unmittelbar nach dieser Abstimmung erschien eine Abordnung des Jakobiner-Clubs im Konvent mit der Forderung, die *Terreur* auf die Tagesordnung zu setzen. Auch wurde von ihr das Verlangen geäußert, eine in mehrere Abteilungen gegliederte Revolutionsarmee zu schaffen, der jeweils ein Gericht und die Guillotine auf dem Fuße folgen sollte.[44] Damit reihten sich auch die Pariser Jakobiner in die vorderste Front eines weiteren Volksaufstands ein, der sich nach nur drei Monaten erneut gegen den Konvent zu richten drohte. Wie stets war auch diesmal die prekäre Versorgungslage ein willkommener Vorwand, um eine breite Massenbewegung auf die Beine zu bringen. Tatsächlich war den *Enragés* vor allem an der Erfüllung ihrer radikalen politischen Forderungen gelegen. Worum es ihnen ging, stellte der Abgeordnete Jean-Baptiste Drouet am 5. September noch einmal in aller Deutlichkeit fest: «Der Augenblick ist gekommen, das Blut der Schuldigen zu vergießen. Was schert uns unser Ansehen in Europa? Unsere Großzügigkeit wurde uns als Schwäche ausgelegt; sie hat die Verräter in ihrem Tun bestärkt und damit neue Verbrechen provoziert. (…) Nun gut! Da unsere Tugendhaftigkeit, unsere Mäßigung und unsere philosophischen Gedanken uns nichts genützt haben, sollten wir uns um des Glücks des Volkes willen als Briganten aufführen …»[45]

Drouets Appell ließ sich durchaus als Aufruf zu einem neuen Septembermassaker verstehen. Im Wohlfahrtsausschuss wurden diese Bedenken jedoch nicht laut; er beeilte sich vielmehr, durch Barère seine prinzipielle Zustimmung zu fast allen Forderungen zu erteilen.[46] Damit bewies er seine Konformität mit der Mehrheitsmeinung im Konvent, der am Abend Billaud-Varenne zum neuen Präsidenten wählte.[47] Sehr aufschlussreich dafür ist auch, dass der Konvent am 6. September sowohl Billaud-Varenne wie den nicht minder radikalen Collot d'Herbois als neue Mitglieder in den *Comité de Salut public* entsandte, während Danton und François-Omer Granet, die ebenfalls gewählt worden waren, dieses Mandat ausschlugen.[48]

Die prinzipielle Weigerung Dantons, Mitglied in irgendeinem Ausschuss zu werden, war die entscheidende, die fatale Wende in seiner Laufbahn als Revolutionär. Nicht nur verzichtete er darauf, den beiden Radikalen, Collot d'Herbois und Billaud-Varenne, in diesem Gremium, das als Revolutionsregierung fungierte, die Stirn zu bieten, sondern er profilierte sich damit zugleich auch als ein potenzieller

Oppositionsführer. Das jedenfalls war die Rolle, in der ihn diejenigen sahen, die mit der Politik des Schreckens, der sich der *Comité de Salut public* jetzt verschrieb, nicht einverstanden waren.

Die *Journée* des 5. September war gewiss nicht so spektakulär verlaufen wie die des 31. Mai oder des 2. Juni 1793, aber ihre Folgen, die alle Beteiligten irgendwie als Sieger auswiesen, sollten weitaus gravierender sein. Zu den Siegern gehörten in erster Linie die Radikalen, die Einpeitscher der Sansculotten um Jacques-René Hébert, den Redakteur des Kampfblatts *Le Père Duchesne*, denen es damit zum letzten Mal gelang, dem Konvent ihren Willen aufzuzwingen; Sieger waren aber auch die Sansculotten, die es allein durch die Demonstration ihrer Geschlossenheit vermochten, der *Commune*, dem Wohlfahrtsausschuss und dem Konvent die weitere revolutionäre Marschroute zu diktieren. Auf längere Sicht gehörten aber auch die vermeintlichen «Verlierer» zu den Gewinnern, denn der Konvent blieb innerhalb der Legalität, weil er es diesmal durch geschmeidige Zugeständnisse vermeiden konnte, sich roher Gewalt zu beugen. Das galt auch für den *Comité de Salut public*, der in seiner Rolle als provisorische Revolutionsregierung gestärkt wurde.

Am 9. September wurde das Dekret zur Aufstellung der Revolutionsarmee verabschiedet, das für Paris die Rekrutierung von 6000 Infanteristen und 1200 Kavalleristen vorsah, die von den *Comités révolutionnaires* vorgeschlagen werden sollten und die mithin dem Reservoir der Sansculotten entstammten.[49] Die Mannschaften dieser Truppe sollten sich ihre Offiziere wählen können, während der *Conseil exécutif* und der Wohlfahrtsausschuss sich die Ernennung des Befehlshabers wie des Generalstabs vorbehielten, was am 17. September geschah.[50] Am selben Tag wurde auch im Anschluss an die Vorschläge Dantons gesetzlich geregelt, dass die Sektionssitzungen zweimal in der Woche, jeweils sonntags und donnerstags, tagen und deren Teilnehmer eine Entschädigung von 40 *sous* erhalten sollten.[51] Die Absicht, damit den Einfluss der *Enragés* auf die Sansculotten zu beschneiden, wurde von diesen in der Folge unterlaufen: In jeder Sektion entstanden jetzt *Sociétés populaires*, an deren täglich stattfindenden Sitzungen jedermann teilnehmen konnte – allerdings ohne dafür mit 40 *sous* entschädigt zu werden.[52] Am 29. September wurde die bereits am 3. September prinzipiell beschlossene zweite Regelung, die Höchstpreise für Nahrungsmittel sowie alle Waren des Grundbedarfs vorsah und im ganzen Land gelten sollte, detailliert kodifiziert.[53] Dieses «Maximum», das bis zum Ende der Revolutionsregierung im *Brumaire* des Jahres III Geltung hatte, machte dem Wirrwarr der früheren Regelung ein Ende, die für jedes Departement ein je eigenes «Maximum» bestimmt hatte.

Von herausragender Bedeutung für die Praxis der Schreckensherrschaft war das am 17. September verabschiedete Gesetz, das die Verhaftung von Verdächtigen regelte. Dieses Gesetz unterschied sich insofern fundamental von der bislang schon geltenden Regelung, als es einen ganzen Katalog von Merkmalen spezifizierte, die einen einschlägigen Verdacht rechtfertigten. Von den insgesamt sechs aufgeführten Verdachtsmerkmalen hält allenfalls die Hälfte einer Prüfung stand: Als verdächtig galten alle diejenigen, die nicht den Nachweis beibringen konnten, ihren Bürgerpflichten genügt, also ihre Steuern und Abgaben bezahlt oder ihren Dienst in der Nationalgarde absolviert zu haben; verdächtig waren zum weiteren diejenigen, denen der obligatorische *Certificat de civisme* verweigert worden war, sowie alle Inhaber öffentlicher Ämter, die dieser auf Anordnung des Konvents oder von dessen Kommissaren verlustig gegangen waren.

Verdächtig im Sinne des Gesetzes waren darüber hinaus aber auch alle diejenigen, die sich, «sei es durch ihr Betragen, ihre Beziehungen, ihre Worte oder Veröffentlichungen als Anhänger der Tyrannei, des Föderalismus oder als Feinde der Freiheit ausgewiesen haben». Diese Bestimmung war ebenso vage wie perfide, denn mit ihr gerieten automatisch alle unter Verdacht, die nicht von Beginn der Revolution an eindeutig auf der politisch-ideologischen Linie der späteren *Montagnards* gelegen hatten, also prinzipiell alle, die sich 1789 zu den *Monarchiens* um Jean-Joseph Mounier, später zu den *Feuillants* oder schließlich zu den *Girondins* und damit den erklärten Gegnern der *Montagnards* bekannt hatten. Ebenso gerieten ins Visier «diejenigen ehemaligen Adligen, gleichgültig ob Gatten, Ehefrauen, Väter, Mütter, Söhne oder Töchter, Brüder oder Schwestern wie auch deren Bediensteten, die nicht glaubwürdig ihre Anhänglichkeit an die Revolution unter Beweis gestellt hatten; außerdem jene, die im Zeitraum vom 1. Juli 1789 bis zur Veröffentlichung des Gesetzes vom 8. April 1792 in die Emigration gegangen waren, auch wenn sie in der durch dieses Gesetz festgelegten Frist oder davor nach Frankreich zurückgekehrt sind». In Übereinstimmung mit diesen Kriterien wurden die *Comités de surveillance* der jeweiligen *Arrondissements* angehalten, Listen der Verdächtigen anzulegen, Haftbefehle gegen diese zu erwirken und ihre Papiere zu beschlagnahmen.[54]

Dieses Gesetz beseitigte die persönliche Freiheit und Sicherheit des einzelnen Bürgers und lieferte damit ein Muster für alle späteren diktatorischen Regime. Drei Tage später wurde es noch durch ein Dekret präzisiert, das bestimmte, dass auch die bereits ausgestellten *Certificats de civisme* von den im März 1793 geschaffenen *Comités révolutionnaires* noch einmal überprüft werden sollten.[55] Das bedeutete nichts anderes, als dass in Belangen der Staatssicherheit die je lokalen *Comités révolutionnaires* oder *Comités de Salut public*, die dem *Comité de Sûreté générale* und dem Wohlfahrtsausschuss direkt unterstellt waren, den Kommunen oder Sektionsversammlungen übergeordnet und zu einer alles wie alle kontrollierenden Staatspolizei wurden. Das Verdächtigengesetz war passgenau auf Robespierres stets waches Misstrauen zugeschnitten, aus dem er eine seiner schärfsten Waffen im Kampf um die Macht schliff. Es lieferte ihm die bürokratische Handhabe für die Beschäftigung, der er sich zeit seiner Zugehörigkeit zum Wohlfahrtsausschuss am liebsten widmete: der unnachsichtigen Kontrolle der Subalternen.

Das Gesetz vom 17. September schuf lediglich den Rahmen für das heraufziehende Regime des Schreckens. Dessen ungezügelte Fürchterlichkeit kündigte sich bereits in den Worten an, mit denen sich einer der Apostel der *Terreur*, Collot d'Herbois, an diesem Tag gegen den Vorschlag verwahrte, Erfinder oder Verbreiter von Schreckensnachrichten lediglich durch Deportation zu bestrafen: «Man darf nicht deportieren, man muss alle Verschwörer vernichten und in der Erde der Freiheit begraben; es gilt, alle zu verhaften, alle Örtlichkeiten, in denen man sie gefangen setzt, gilt es zu verminen, die brennende Lunte muss stets bereitgehalten werden, um sie in die Luft zu sprengen, damit sie oder ihre Anhänger daran gehindert werden, neue Anschläge gegen die Republik zu wagen».[56]

Hinter diesen Worten stand die gleiche Absicht, die auch mit dem Gesetz vom 17. September über die Verdächtigen verfolgt wurde: Es galt um jeden Preis zu vereiteln, dass der Wohlfahrtsausschuss und die Revolutionsregierung durch eine von den *Enragés* inspirierte Bewegung der Sansculotten an Radikalität überholt wurden. Diese forderten seit Anfang September eine unnachsichtige Repression. Auf Drängen von Billaud-Varenne hatte der Konvent deshalb am 5. September den Beschluss gefasst, die *Comités révolutionnaires* zu bevollmächtigen, Verdächtige zu verhaften.[57] Das öffnete der Willkür und der Rachsucht erst recht alle Schleusen. Viele der Pariser Sektionen veranstalteten von nun an nächtliche Razzien und nahmen Verhaftungen vor. Dem konnten die allzu unpräzisen Bestimmungen des Gesetzes vom 17. September keinen Einhalt gebieten, zumal diese als zu restriktiv kritisiert wurden.[58] Ein weiterer Aspekt der drohenden revolutionären Anarchie waren die Forderungen nach Bestrafung von Marie-Antoinette und der *Girondins*. Die Anklageerhebung gegen die «Witwe Capet» war vom Konvent zwar bereits am 1. August prinzipiell beschlossen worden, doch war seither nichts geschehen. Am 3. Oktober wurde der Antrag von Billaud-Varenne votiert, Marie-Antoinette binnen Wochenfrist vor Gericht zu stellen. Am selben Tag wurde auch die Anklageerhebung gegen die *Girondins* gebilligt sowie die Verhaftung jener 75 Abgeordneten verfügt, die es gewagt hatten, am 6. und 19. Juni am Geschehen des 31. Mai und 2. Juni Anstoß zu nehmen.[59] Beide Beschlüsse trugen dazu bei, die in der Öffentlichkeit herrschende Erregung zu dämpfen.

Kaum zu übersehen ist, dass mit dieser Aktivität eine kompensatorische Absicht verbunden war. Gerade erst hatte das sich seit der Krise von Anfang September rasch festigende Schreckensregime mit Jacques Roux und Varlet auch die Führer der extremen Linken zu Fall gebracht, die verhaftet und damit mundtot gemacht wurden.[60] Mit der extremen Linken war es aber wie mit der Hydra: Kaum hatte man ihr einen Kopf abgeschlagen, wuchsen ihr andere nach. Das waren die *Hébertisten*, auch wenn die Attacken ihres Anführers Hébert zunächst verpufften, weil ihm der Konvent mit der endgültigen Verabschiedung eines umfassenden Maximumgesetzes am 29. September den Wind aus den Segeln genommen hatte. Doch blieben all diese Gesetze so lange Stückwerk, wie die entscheidende politische Frage nach der Regierungsverantwortung, die ihre Durchsetzung gewährleistete, noch nicht befriedigend gelöst war.

Das seit langem latente Problem wurde offenkundig, als im Konvent Stimmen laut wurden, die Entscheidungen des Wohlfahrtsausschusses kritisierten. Anlass dazu waren umfangreiche Säuberungen in der Führung der Armeen, die vor allem Robespierre vorantrieb. Als Laie in militärischen Belangen tobte er sich in der Bestrafung vermeintlich verräterischer Generäle aus, die er durch politisch zuverlässige Männer ersetzte, die für die Rückschläge an der Front im Norden wie in der Vendée verantwortlich waren. Die Kritik erreichte ihr Crescendo am 25. September, als der Konvent beschloss, die Mitglieder des *Comité de Salut public* umgehend zum Rapport zu bestellen.[61] Das kam einem Misstrauensvotum gleich, auf das zu antworten Barère, Prieur de la Marne und Robespierre, die einzigen Mitglieder des Wohlfahrtsausschusses, die zu dieser Zeit nicht als Kommissare unterwegs waren, sofort herbeigeeilt kamen.

Robespierre war es, der in einer von ihm frei formulierten und leidenschaftlichen Rede den Sturm der Kritik meisterte, in dem der Wohlfahrtsausschuss unterzugehen drohte: «Man beschuldigt uns nichts zu tun. Aber hat man denn einmal unsere Situation bedacht? Wir müssen 11 Armeen dirigieren, haben die Last von ganz Europa zu tragen, überall gilt es Verräter zu entlarven, Agenten aufzuspüren, die mit dem Gold der ausländischen Mächte beladen sind, müssen ungetreue Verwalter überwacht und verfolgt, überall Hindernisse und Widerstände, von denen die klügsten Maßnahmen behindert werden, aus dem Weg geräumt, alle Tyrannen bekämpft, alle Verschwörer eingeschüchtert werden, die so gut wie ausnahmslos einer Kaste angehören, die einst durch ihre Reichtümer und Intrigen so übermächtig war. Das alles sind unsere Aufgaben. Glauben Sie wirklich, dass die Regierung ohne eine Handlungseinheit, ohne Geheimhaltung ihrer Operationen und ohne die Gewissheit, die Unterstützung des Konvents zu besitzen, über so viele Widerstände und Feinde triumphieren kann? (…) Der Wohlfahrtsausschuss hat sich Anspruch auf den Hass der Könige und der Schufte erworben; sollten Sie aber kein Zutrauen in seinen Eifer haben, in die Dienste, die er für die *chose publique* geleistet hat, dann zerbrechen Sie dieses Instrument; aber bevor Sie dies tun, bedenken Sie die Umstände, in denen Sie sich befinden. Diejenigen, die uns denunzieren, sind ihrerseits dem Komitee angezeigt worden; die Ankläger, die sie heute sind, werden die Angeklagten sein. (…) Ich bin also der festen Überzeugung, dass das Vaterland zugrunde geht, wenn die Regierung sich nicht auf grenzenloses Vertrauen stützt und wenn sie nicht mit Männern besetzt ist, die dieses Vertrauen rechtfertigen.»[62]

Mit dieser Rede gelang es Robespierre, alle Kritik am Wohlfahrtsausschuss zum Schweigen zu bringen und die Zustimmung des Konvents auch zu dessen strittigen Entscheidungen zu erhalten. Zugleich verschaffte er sich mit ihr auch uneingeschränkte Vollmacht für sein künftiges Handeln. Damit erwarb sich der *Comité de Salut public* endgültig die Anerkennung seiner Autorität als Regierung, die es jetzt eindeutig zu verankern und gegenüber dem Konvent zu definieren galt. Dem diente die Ausarbeitung eines Gesetzentwurfs, den das jüngste Mitglied des Wohlfahrtsausschusses, Louis-Antoine-Léon de Saint-Just, am 10. Oktober 1793 dem Konvent vorstellte.

Unter den markanten Männergestalten, die von den Strudeln der Revolution hochgespült und wieder verschlungen wurden, war der 1767 geborene Saint-Just eine der für Zeitgenossen wie Nachwelt faszinierendsten und mysteriösesten Erscheinungen. Was ihn auszeichnete, waren Energie und rhetorische Begabung. Sie verschafften dem Konventsabgeordneten des Département Aisne in der Regierung des Schreckens trotz seiner Jugend eine herausgehobene Stellung. Ein Grund dafür war aber auch die enge freundschaftliche Beziehung, die ihn mit Robespierre verband. Tatsächlich verkörperte Saint-Just noch weit mehr als der von ihm bewunderte Robespierre die unerbittliche Stringenz der Revolution, die durch die Diktatur des *Comité de Salut public* und die von diesem ausgeübte Schreckensherrschaft zur Geltung gebracht wurde. Die Unentschiedenheit, die Gewissensqualen, die Robespierre bisweilen zu schaffen und ihn sogar zur Milde geneigt machten, menschliche Regungen also, die er in oft langatmigen Reden zu überdröhnen suchte, waren Saint-Just fremd. Reden und Handeln, ja seine ganze unerschütterliche Haltung machten Mitteilung von dem gleichermaßen absoluten wie abstrakten ideologischen Anspruch, den die Revolution in den Augen dieses kaltherzigen Fanatikers erhob.

Im Anschluss an die Rede, mit der Saint-Just die von ihm eingebrachte Gesetzesvorlage begründete, gab der Konvent seine Zustimmung. Das Gesetz zielte darauf ab, den Wohlfahrtsausschuss von der Weisungsabhängigkeit gegenüber dem Konvent zu befreien und ihn zum uneingeschränkten Exekutivorgan der Republik zu machen. Es übertrug ihm die Aufsicht über die Revolutionsarmee, die Führung der regulären Armee, die Minister und die Verwaltung. Die Zauberformel dazu lieferte der berühmte erste Artikel des Gesetzes, der bestimmte, dass die «provisorische Regierung Frankreichs revolutionär bis zum Friedensschluss» sei.[63] Das bedeutete zunächst, dass die Republik im Wohlfahrtsausschuss eine Exekutive besaß, die dem Konvent zwar theoretisch untergeordnet blieb, weil dieser das Gremium am 10. eines jeden Monats neu bestellen konnte. Praktisch hatte dies jedoch keinerlei Bedeutung, denn bis zum 9. Thermidor, dem Sturz Robespierres Ende Juli 1794, blieb die personelle Zusammensetzung des Ausschusses unverändert. Die Regierung wurde zugleich als «revolutionär» bezeichnet, weil sie lediglich «provisorisch», das heißt nicht nach Maßgabe der Verfassung konstituiert wurde, die bis zum Frieden nicht in Kraft gesetzt werden sollte.

Gleichzeitig bedeutete dies aber auch, dass die «provisorische» und «revolutionäre» Regierung ein diktatorisches Regime darstellte, das nicht auf den Respekt der verfassungsmäßig garantierten Rechte und Gesetze verpflichtet war, sondern allein durch ein politisches Dogma gerechtfertigt wurde, dessen Geltung jener des Gesetzes übergeordnet war. Mit anderen Worten: Solange der Wohlfahrtsausschuss in Übereinstimmung mit diesem politischen Dogma handelte, waren alle seine Maßnahmen, auch wenn sie die Gesetze verletzten, opportun. Eben diesen Gedanken entwickelte Saint-Just gleich zu Beginn seiner Rede: «Man kann so lange nicht auf ein Wohlergehen hoffen, wie der letzte Feind der Freiheit noch am Leben ist. Ihre Aufgabe ist es aber nicht allein, die Verräter zu bestrafen, sondern auch die Gleichgültigen, die Unentschiedenen; Sie müssen jeden verfolgen, der in Passivität gegenüber der Republik verharrt und der sich nicht für sie einsetzt; denn seitdem das französische Volk seinen Willen bekundet hat, stellt sich alles, was diesem Willen widerspricht, außerhalb des Souveräns: Alles aber, was außerhalb des Souveräns ist, gilt als dessen Feind».[64]

Rousseaus mysteriöse «volonté générale» war nach Saint-Just das politische Dogma, die revolutionäre Universalklausel, die alle Taten und Untaten, die in ihrem Namen begangen wurden, rechtfertigte. Jedes Individuum, jede Klasse oder Partei, die sich in ihrem erklärten Wollen nicht mit der «volonté générale» identifizierte, stand außerhalb des Souveräns und konnte sich somit nicht auf die Geltung oder den

Schutz von dessen Gesetzen berufen. Das verschaffte ihnen zugleich den Status von Feinden, die es zu vernichten galt. Entsprechend, wenngleich weniger elegant, hatte sich zuvor schon Collot d'Herbois geäußert, als er bemerkte, dass «die Menschenrechte nicht für die Gegenrevolutionäre gemacht wurden, sondern allein für die Sansculotten».[65] Die Ersten, die von der erbarmungslosen Härte dieser terroristischen Logik zu kosten bekamen, waren die Aufständischen in Lyon, Toulon und der Vendée, an denen nun der Wohlfahrtsausschuss ein Exempel seiner diktatorischen Machtfülle statuierte.

DRITTES KAPITEL

DIE RACHE DER REPUBLIK: LYON, TOULON UND NANTES

Mit dem Gesetz vom 10. Oktober 1793 hatte der Konvent die vom Wohlfahrtsausschuss ausgeübte und mit diktatorischen Vollmachten ausgestattete Revolutionsregierung sanktioniert, deren Tätigkeit mit dem Abschluss eines europäischen Friedens enden sollte. Damit würde es gute Weile haben, denn diesen Frieden stiftete erst der Wiener Kongress 1814/15. Keinerlei Aufschub duldete aber jetzt, dass sich der Ausschuss des Vertrauens als würdig erwies, um das Saint-Just bei Einbringung der Gesetzesvorlage geworben und das ihm der Konvent mit dem Votum des Gesetzes ausgesprochen hatte. Das konnte nur dadurch geschehen, dass der *Comité de Salut public* entschlossene Maßnahmen ergriff, die spektakuläre Erfolge zeitigten. Eine Chance dafür bot sich in Lyon. Seit August hatten patriotische Verbände unter Befehl von General Kellermann eine Blockade über die rebellische Stadt verhängt. Diese Strategie gehorchte der schieren Not, denn trotz wiederholter Demarchen verfügte Kellermann nicht über die Truppenstärke, die er für eine regelrechte Belagerung oder gar eine erfolgreiche Erstürmung der Stadt benötigte. Damit blieb nur, die Moral der Verteidiger durch fortgesetzten Beschuss zu schwächen und im Übrigen darauf zu vertrauen, dass der bald einsetzende Hunger sie zum Aufgeben zwingen würde.

Dessen ungeachtet war man in Paris auf einen raschen Erfolg gegen die Aufständischen von Lyon erpicht, der sich aber trotz kleinerer taktischer Erfolge der Angreifer nicht einstellen wollte.[1] Ende September war der Belagerungsring um die Stadt so dicht geschlossen, dass alle Viertel unter Beschuss gerieten und der Mangel an Nahrungsmitteln immer spürbarer wurde. Das erzwang schließlich die Aufnahme von Übergabeverhandlungen, die am 9. Oktober in die Besetzung Lyons einmündeten. Diese Nachricht lief just an jenem 12. Oktober in Paris ein, an dem der Konvent auf Drängen des Wohlfahrtsausschusses jenes für das Schicksal der Stadt fatale Dekret votierte, das nichts weniger als deren weitgehende Zerstörung bestimmte:

«Lyon wird zerstört. Alle Häuser, in denen Reiche leben, werden dem Erdboden gleichgemacht. Es bleiben die Wohnstätten der Armen, die der ermordeten oder verfolgten Patrioten, die gewerblich genutzten Bauten sowie die Spitäler und Schulen davon ausgenommen. – Der Name Lyon wird aus der Liste der Städtenamen, die in der Republik vorhanden sind, gelöscht. Die Ansammlung von Häusern, die der angeordneten Zerstörung entgangen sind, wird künftig den Namen *Ville affranchie* (Befreite Stadt) tragen. – Auf den Trümmern von Lyon wird eine Säule errichtet, die der Nachwelt Kunde von den Verbrechen und der Strafe, die diese Stadt ereilte, mit der Inschrift gibt:

Lyon führte Krieg gegen die Freiheit;
Lyon ist nicht mehr.
Den 18. Tag des ersten Monats,
des zweiten Jahres der französischen Republik,
une et indivisible.»[2]

Mit diesem wahrhaft neronischen Befehl wurde nichts weniger als eine klassenkämpferische Politik angekündigt, die mit der Herrschaft des Schreckens in Lyon ihren Einzug hielt. Ihre Ausführung oblag den im Auftrag des Wohlfahrtsausschusses entsandten Kommissaren Collot d'Herbois und Joseph Fouché sowie der aus Pariser Sansculotten rekrutierten Revolutionsarmee.

Gegen die geplante Barbarei protestierte ein einsamer *Montagnard*, der aus Lyon stammende Joseph-Marie Cusset, der als Kommissar zur Mosel Armee entsandt worden war. Im Schreiben an den Konvent vom 26. Oktober drückte er sein Unverständnis über das Dekret aus: «Darf man darin die republikanischen Sitten erkennen? Die Römer, die unserer Aufklärung und Philosophie sehr fern standen, gaben dennoch den Germanen, nachdem sie diese dreimal zurückgeschlagen hatten, die Möglichkeit, ihre Äcker zu bestellen. Auch wenn sie keine Philosophen waren, so besaßen sie die Klugheit, ihre Interessen zu erkennen. Der Republikaner erschafft und zerstört lediglich das, was der Gesellschaft schädlich ist. Sind es also die Baulichkeiten, die uns verhöhnt haben? Nein, das waren die Verbrecher, die von den republikanischen Truppen vernichtet werden. (…) Kommt es Republikanern zu, gegen Häuser zu kämpfen? Überlassen wir das den feigen gekrönten Tyrannen, die es allein wagen, sich mit Männern zu messen, wenn das Kräfteverhältnis 20 zu 1 ist».[3]

Das Programm des Wohlfahrtsausschusses zielte von Anfang an auf exemplarische Bestrafung mittels weitgehender physischer und kultureller Zerstörung des nach Paris zweitgrößten Gemeinwesens Frankreichs. Die Absicht war nichts weniger als ungeheuerlich; sie entsprang weder einem momentanen Affekt, noch lässt sie sich als Reflex einer hysterischen Angst um den Bestand der Revolution erklären. In ihr offenbart sich vielmehr in unverstellter Klarheit und Eindeutigkeit die Methode, die das Wesen der Schreckensherrschaft charakterisierte. Diese Methode kannte lediglich eine Logik: Die Ausübung der diktatorischen Macht, die der Wohlfahrtsausschuss für sich beanspruchte, war gegen jegliche Opposition wirksam abzusichern.

Meist konnten sich die Kommissare des Wohlfahrtsausschusses bei ihren Missionen auf die bereitwillige Kollaboration zuverlässiger Jakobiner vor Ort stützen. Entsprechende Voraussetzungen waren aber in Lyon, Bordeaux, Marseille oder Toulon nicht gegeben. Georges Auguste Couthon klagte in einem Schreiben vom 20. Oktober aus «Ville affranchie» Saint-Just sein Leid: «Ich lebe hier in einem Landstrich, der vollständig regeneriert werden muss. Das Volk wurde hier von den Reichen derart geknechtet, dass es sich kein bisschen um die Revolution schert. Man musste ihm erst einmal das Alphabet beibringen; sobald es begriffen hat, dass es eine Erklärung der Rechte gibt, es sich dabei nicht um ein Gespinst handelt, wurde es ein ganz anderes. Es ist zwar immer noch nicht der *peuple de Paris*, oder auch der von Puy de Dôme [i. e. Hauptort des gleichnamigen Département im Zentralmassiv und aus Pariser Sicht gleichbedeutend mit dem Ende der Welt], von dem es noch immer himmelweit entfernt ist. Ich bin der Überzeugung, dass man hier einfach aus Temperament dumm ist, und dass die Nebel, die von der Rhône und der Saône aufsteigen, der Atmosphäre einen Dunst zuführen, der sich auf die Gedanken niederschlägt. Wir haben deshalb eine Kolonie von Jakobinern angefordert, deren Anstrengungen gemeinsam mit den unsrigen den Bewohnern

Maximilien-François-Isidore de Robespierre

Louis-Antoine-Leon de Saint-Just

Lazare Nicolas Marguerite Carnot

Bertrand Barère

von Ville affranchie eine neue Erziehung verschaffen, die, wie ich hoffe, die Einflüsse des Klimas beseitigt».[4]

Der Diagnose Couthons schloss sich auch dessen Nachfolger Collot d'Herbois an, der dem Wohlfahrtsausschuss im ersten Bericht vom 7. November vermeldete, dass «zuverlässige Männer extrem selten» seien und der Aufbau einer Verwaltung und die Einrichtung von Sicherheitsbehörden deshalb große Probleme aufwerfen würden.[5] Also galt es, wie schon von Couthon angeregt, sich auf erprobte Jakobiner zu stützen, um die Gegenrevolutionäre auszumerzen und alle anderen aus ihrer politischen Dumpfheit zu erwecken. Das erlebten die Bewohner der Stadt aber, wie es Richard Cobb treffend qualifiziert hat, als «eine Art von ultrarevolutionärem Kolonialismus à la Hébert, insofern die *Fremden*, die in Lyon den Ton angaben, die Mentalität von Kolonialbeamten hatten, die nicht genug verächtliche Worte fanden, um die Dummheit der *Eingeborenen*, der *Lyoner Deppen* zu beschreiben».[6]

Der Entschluss, in Lyon ein drakonisches Exempel zu statuieren, war vom Wohlfahrtsausschuss längst gefasst worden. Dessen Verfügungen wurden zwar kollektiv beschlossen, denn ausnahmslos alle 12 Mitglieder des Ausschusses bürgten für sie, auch wenn sie nicht bei den jeweiligen Entscheidungen anwesend waren. Gleichwohl kündet dieser Entschluss vor allem vom Willen eines Mannes, der wie kein anderer die *Terreur* inspirierte: Maximilien Robespierre, der «Unbestechliche». Ein Beweis dafür ist das Schreiben vom 12. Oktober in Robespierres Handschrift, das, von ihm und Marie-Jean Hérault de Séchelles unterfertigt, namens des Wohlfahrtsausschusses an die in Lyon weilenden *Représentants en mission* geschickt wurde. Darin wurde diesen eine allzu große Nachsicht gegenüber den Bewohnern der eroberten Stadt vorgeworfen. Viele der «Verräter», der Feinde der Revolution, hätten fliehen können, andere wären nur milde bestraft worden. Stattdessen gelte es äußerste Härte zu zeigen: «Die Verräter müssen demaskiert und rücksichtslos bestraft werden. Allein diese Grundsätze, die vom Nationalkonvent gebilligt wurden, retten das Vaterland. Auch Sie müssen sich diese zu eigen machen; folgen Sie ihnen; hören Sie auf Ihre eigene Entschlossenheit und exekutieren Sie mit unnachsichtiger Strenge die heilsamen Dekrete, die wir Ihnen zusenden».[7] Letzte Zweifel, wie diese Mahnung zu verstehen war, zerstreuten die

Äußerungen, mit denen sich Robespierre zwei Tage später im Pariser Jakobiner-Club vernehmen ließ: «So viele Verbrecher blieben straflos, so viele Verräter sind der nationalen Rache entgangen, so viele Unschuldige fielen ihren Schlägen zum Opfer. (...) Nein, deren Erinnerung schreit nach Rache; diese Monster müssen demaskiert und ausgerottet werden oder ich muss selber zugrunde gehen».[8]

Dass die vier zuerst nach Lyon entsandten *Représentants en mission*, Couthon, Maignet, Laporte und Châteauneuf-Randon, nicht jene Rache und Vergeltung üben wollten, die Robespierre forderte, sondern eher eine behutsame republikanische Missionsarbeit planten, um die verirrten Schafe wieder mit der großen Herde zu vereinen,[9] stieß bei den radikalen Jakobinern auf scharfe Kritik, wobei sich neben Robespierre vor allem Collot d'Herbois zu Wort meldete. Zur Linie unnachsichtiger Härte gegenüber Lyon bekannte sich auch der Wohlfahrtsausschuss. Die Äußerungen Robespierres wie auch das Dekret, Lyon zu zerstören, gaben den dort weilenden *Représentants du peuple* zu verstehen, dass ihre Spielräume für Milde dahinschwanden. Jetzt hatten sie keine andere Wahl, als mit der geforderten Härte vorzugehen. Das zeigt ihr Schreiben vom 16. Oktober, in dem sie den Befehl, die Stadt dem Erdboden gleichzumachen, ausdrücklich guthießen – «damit sie allen anderen Städten eine deutliche Warnung ist, die wie sie versucht sein könnten, sich gegen das Vaterland zu empören». Außerdem versicherten sie der Pariser Führung noch einmal nachdrücklich: «Seien Sie beruhigt, Bürger und Kollegen, und versichern Sie dem Nationalkonvent: Seine Grundsätze sind die unsrigen, seine Unerbittlichkeit ist in unseren Seelen, sein Dekret wird buchstabengetreu befolgt. Wir verhängen über die Stadt Lyon so lange den Kriegszustand, bis uns eine Änderung befohlen wird, damit alles unter unseren Augen auf militärische Weise geschieht.»[10]

Unter dem Druck von Konvent und Wohlfahrtsausschuss sahen sich Couthon und Kollegen nun dazu genötigt, die Schraube der Repression wider ihre eigene Überzeugung anzuziehen. Die *Comités de surveillance* stellten Listen der Reichen auf, die nach den Bestimmungen des Dekrets vom 12. Oktober verhaftet werden sollten, und es begannen systematische Hausdurchsuchungen. Auch die *Commission militaire* trat in Tätigkeit und fällte Todesurteile, die sofort durch Erschießen vollzogen wurden. Verglichen mit der im November einsetzenden

«Säuberung» war die während dieser Phase ausgeübte Unterdrückung aber von lediglich symbolischer Bedeutung. Couthon war noch immer bestrebt, den Wohlfahrtsausschuss zur Milde und Nachsicht zu bewegen.

Was die Chancen, dass er sich damit durchsetzen könnte, entscheidend zu verbessern schien, war der strategisch bedeutsame Sieg, den Jourdan am 16. Oktober bei Wattignies errang. Die Tatsache, dass damit die französische Nordgrenze gesichert wurde, bannte ebenso wie der bald einsetzende Winter, der weitere militärische Operationen vereitelte, für geraume Zeit die Gefahr einer Invasion Frankreichs. Damit verflüchtigte sich das Argument, mit dem damals wie später immer wieder die Schreckensherrschaft gerechtfertigt wurde: Sie sei angeblich notwendig gewesen, um die Errungenschaften der Revolution wie den Bestand der Republik zu gewährleisten. Doch der Sieg von Wattignies wie die Niederlage der Aufständischen in der Schlacht von Cholet, mit der im Oktober die große Wende im Vendée-Krieg eingeleitet wurde, waren im Gegenteil gerade die Voraussetzungen dafür, dass die *Terreur* sich von jetzt an mit aller Wucht und Grausamkeit entfaltete. Symptomatisch dafür war der mit absurden Zeugen und Zeugnissen inszenierte Prozess gegen Marie-Antoinette, der am 14. und 15. Oktober verhandelt wurde und dessen Urteil von vorneherein feststand. Am 16. Oktober, dem Tag der Schlachten von Wattignies und Cholet, bestieg die Königin in Paris das Schafott.

Vermutlich im Vertrauen auf einen grundsätzlichen Sinneswandel zeigten die in Lyon tätigen *Représentants du peuple* trotz ihres feierlichen Versprechens, umgehend die Auflagen des Dekrets vom 12. des Monats zu erfüllen, keine sonderliche Eile, diesen Worten auch Taten folgen zu lassen. So wurde erst am 21. Oktober der *Tribunal de justice populaire*, das «Volksgericht», installiert. Vier Tage später erging eine Anordnung des Bürgermeisters, die Bürgerhäuser, deren prachtvolle Fassaden die Place de Bellecour auf zwei Seiten einrahmten, umgehend zu räumen, weil deren Zerstörung beginnen sollte. Damit stand Lyon, das der weitgereiste Komponist Johann Friedrich Reinhardt, der im Februar 1792 hier auf Besuch weilte, als die «für das Auge bei weitem schönste Stadt» bezeichnete, «die ich jemals gesehen habe, nicht eine einzige italienische, französische oder deutsche ausgenommen»,[11] das vom Konvent verhängte Unheil unmittelbar bevor. Mit Schreiben vom 26. Oktober unterrichtete Couthon den Wohlfahrtsausschuss davon, dass achthundert Arbeiter mit dem Abbruch der herrschaftlichen, «vom Verbrechen und Aufruhr beschmutzten Häuser» begonnen hätten. «Wir selbst haben den ersten Hammerschlag zur Zerstörung dieser aufrührerischen Stadt ausgeführt». Damit verknüpft ist erneut das Mantra Couthons, die Stadt bedürfe einer umfassenden Erneuerung, und da sie nur sehr wenige «patriotes purs» aufweise, sei eine «colonie de patriotes» unverzichtbar.[12]

Die Berichte, die Couthon an den Wohlfahrtsausschuss sandte, dürften von diesem mit zunehmendem Misstrauen zur Kenntnis genommen worden sein. Das erklärt wohl, weshalb gegen Ende Oktober Antoine-Louis Albitte als Kommissar mit dem offiziellen Auftrag ausgesandt wurde, Truppen, die in Lyon nicht mehr gebraucht wurden, nach Toulon zu beordern.[13] Ein weiterer Zweck dieser Mission war es, den Ausschuss über die Verhältnisse in Lyon zu orientieren.[14] Dieser Weisung entsprach Albitte mit einem ausführlichen Bericht vom 26. Oktober, in dem er unter anderem ausführte, dass täglich vom Militärtribunal verurteilte Aufrührer erschossen würden. Er habe seinen in Lyon tätigen Kollegen gegenüber angeregt, die Anzahl dieser Gerichte zu erhöhen, «damit in einem Schwung alle diese Elenden abgeurteilt werden können und um durch eine massenhafte Hinrichtung den Effekt zu steigern, der durch ein derart schreckliches Exempel erzielt wird (...). Eine weitere noch besser gesicherte Wahrheit aber ist, dass sich Lyon keineswegs in dem ruinösen Zustand befindet, wie behauptet wird. Zwar zeigt die Stadt eindrucksvolle Spuren der Zerstörung, aber sie genügen bei weitem nicht der Vorstellung, deren eine Hälfte läge in Trümmern. Für die Ausführung des Dekrets braucht es noch viel Zeit und Arbeit». Auch die in Lyon anzutreffende Moral sei noch weit von dem entfernt, was man sich wünschen möchte: «Ich bin hier auf lediglich drei Arten von Männern gestoßen: auf gegenrevolutionäre, auf geizige Egoisten und auf Sansculotten ohne Saft und Kraft. (...) Man muss hier entweder eine Kolonie von Patrioten ansiedeln, oder man kommt nie ans Ziel».[15]

Entsprechend der terroristischen Entschlossenheit, die im Wohlfahrtsausschuss unter dem Einfluss von Robespierre, Saint-Just, Collot d'Herbois oder Barère vorherrschte, brannte man auf unnachsichtige, rasche und umfassende Vergeltung. Dementsprechend war längst der

Beschluss gefasst worden, den als zu «weich» befundenen Couthon nebst seinen Kollegen nach knapp einmonatiger Tätigkeit abzuberufen und sie durch Männer zu ersetzen, die Gewähr für kompromisslose Härte boten.

Am 30. Oktober 1793, dem Tag, an dem die seit dem 2. Juni inhaftierten *Girondins* zum Tod verurteilt wurden, beschloß der Konvent auf Antrag von Barère im Namen des Wohlfahrtsausschusses, dass sich die Bürger Collot d'Herbois, Montaut und Fouché als *Représentants du peuple* unverzüglich nach «Ville affranchie» verfügen, während die dort tätigen Kommissare ebenso unverzüglich in den Konvent zurückkehren sollten.[16] In Ergänzung dazu erging auch die Weisung an den Kriegsminister, sofort 1200 Füsiliere, 600 Artilleristen (!) und 120 Kavalleristen der Revolutionsarmee nach Lyon zu beordern. Zum weiteren wurde Collot d'Herbois zum Chef der drei Kommissare bestellt. In Abstimmung mit seinen beiden Kollegen wurde ihm aufgetragen, alle Maßnahmen zu veranlassen, die geeignet erschienen, die Dekrete des Konvents umzusetzen. Außerdem erteilte der Wohlfahrtsausschuss seine Zustimmung zu jenen 18 Bürgern, die von ihm als Subkommissare vorgeschlagen worden waren und die seinen Anweisungen unterstanden.[17]

Mit Collot d'Herbois und Fouché hatten die «Schreibtischtäter» im Wohlfahrtsausschuss die richtigen Männer gefunden, die ihre Beschlüsse und verschwiegenen Absichten widerspruchslos exekutierten. Bereits fünf Tage nach seiner Ankunft meldete Collot d'Herbois am 9. November nach Paris: «Wir haben die Tribunale und Kommissionen angewiesen, sehr viel zügiger zu arbeiten. Gestern wurden sechs Todesurteile vollstreckt. Ein weiteres Gericht wird seine Tätigkeit in Feurs aufnehmen. Die Guillotine, die es braucht, um die Urteile zu exekutieren, wurde gestern bestellt und wird unverzüglich eintreffen. Minen werden die Abbrucharbeiten beschleunigen». [18]

Am 10. November traf auch Joseph Fouché in der Stadt ein, der eine weitere Gruppe bewährter Jakobiner mitbrachte, die dem Schrecken zusätzlichen Schwung zu geben versprachen. Ihre revolutionäre Tatkraft würde es brauchen, denn am selben Tag verfügte der Konvent, dass der Zuständigkeitsbereich der *Représentants du peuple*, die nach «Ville affranchie» entsandt worden waren, auch auf die benachbarten Departements ausgedehnt wurde.[19] Das machte eine straffe

Neuorganisation des lahmenden Repressionsapparats notwendig, den die *Représentants du peuple* jetzt um ein entscheidendes Instrument erweiterten: die *Commission temporaire de surveillance républicaine*, die in zwei Sektionen untergliedert wurde: eine, die in Lyon tätig werden sollte, während die andere ständig in den benachbarten Departements unterwegs war. Beide unterstanden unmittelbar den Weisungen der Kommissare und hatten die Aufgabe, dafür zu sorgen, dass deren Befehle von den lokalen Verwaltungsgliederungen zügig umgesetzt wurden. Darüber hinaus überwachten sie alle Beschlagnahmen, die Aufstellung der Listen von Gegenrevolutionären, deren Verhaftung und die Lebensmittelversorgung. Auch fiel es in ihre Zuständigkeit, eine *taxe révolutionnaire*, zu der die «Reichen» veranlagt wurden, einzutreiben. Das Personal dieser Kommission rekrutierte sich aus jenem Trupp von Jakobinern, die im Gefolge von Collot d'Herbois und Fouché auf der Szene erschienen waren.[20]

Der revolutionäre Eifer und Stolz, der die Mitglieder dieser Truppe erfüllte, kam in der von ihnen gewünschten Uniformierung zum Vorschein, die entsprechend der Tätigkeit ausgelegt war: Ein dunkelblauer langer Rock mit rotem Kragen kombiniert mit roter Kniehose, wahlweise auch mit Breeches aus Wildleder oder einer langen blauen Hose, die auf der Innenseite der Schenkel einen Lederbesatz hatte. Zur Ausrüstung gehörte ferner ein lederner Mantelsack und ein Mantel, im Halfter zu tragende Pistolen, ein Husarensäbel, ein Dreispitz mit Federn in den Farben der Trikolore, ein Gürtel, ein schwarzes Wehrgehänge, eine Polizeimütze, Stiefel «à l'américaine» mit Sporen aus Bronze, eine über Kreuz zu tragende plissierte Schärpe in den Farben der Trikolore mit Rüsche und Medaille geschmückt und lederne Handschuhe «à l'espagnole». Bis auf den dunkelblauen Überrock, bei dem die *Représentants du peuple* darauf bestanden, dass dessen Farbe stahlgrau sein müsse, fand diese Kostümierung ihren Beifall.[21]

Diese auffällig gekleideten Sbirren, die ihnen jetzt zur Verfügung standen, scheinen den *Représentants du peuple* neue Zuversicht verschafft zu haben. Davon kündet ihr Schreiben vom 16. November 1793 an den Wohlfahrtsausschuss: «Wir erfüllen unsere Mission mit der Tatkraft von Republikanern, die keinen Zweifel hinsichtlich ihres Charakters hegen. (...) Von der Überzeugung durchdrungen, dass es in dieser infamen Stadt allein derjenige wirklich frei von Schuld ist, der unterdrückt oder von den Mördern des *peuple* in Ketten geschlagen wurde, begegnen wir den Tränen der Reue nur mit Verachtung; nichts wird vermögen, unsere Härte zu mildern. (...) Die Abbrucharbeiten gehen allzu langsam vonstatten, die republikanische Ungeduld verlangt es nach schneller wirkenden Mitteln. Allein die Sprengkraft der Mine und das alles verzehrende Feuer können angemessener Ausdruck der Allmacht des Volkes sein; dessen Verlangen kann nicht wie das der Tyrannen unterbunden werden, es muss die Wirkung eines Ungewitters haben».[22]

Collot d'Herbois und Fouché folgten eisern dem Grundsatz: Der Zweck heiligt die Mittel. Den verriet etwa die *Instruction* vom 16. November über die Aufgaben der *Commission temporaire de surveillance républicaine*: «Denjenigen, die im Sinne der Revolution tätig sind, ist alles gestattet. Ein Republikaner läuft keine andere Gefahr, als hinter den Gesetzen der Republik zurückzubleiben».[23]

Aber trotz der stetig größer werdenden Zahl von Hinrichtungen, bei denen bis zu ein Dutzend und mehr «Verräter» ihr Leben ließen, hatte das im Namen der Freiheit ausgeübte Schreckensregiment nicht den Schmiss und Schneid, um jene Wirkung zu erzielen, die sich der den Pariser Schreibtischtätern hörige Collot d'Herbois erhofft hatte. Das sollte sich ändern, sobald die Revolutionsarmee in Lyon eintraf. Am 23. November 1793 verkündeten die *Représentants du peuple*, dass für «Ville affranchie» künftig der «état de guerre révolutionnaire», der revolutionäre Kriegszustand gelte. Das bedeutete eine weitere Vereinfachung und Beschleunigung der Verfahren zur Aburteilung von Aufständischen und «Verrätern». Über sie sollte künftig von einer zu diesem Zweck gebildeten Kommission nach kurzem Verhör das Urteil gefällt und sofort vollzogen werden. Die Hinrichtungsmethode, die als «feu de la foudre» spezifiziert wurde, entsprach dem summarischen Verfahren.[24] Was damit gemeint war, wurde sehr bald deutlich, nachdem diese Kommission, die zwar als *Tribunal des Sept* firmierte, tatsächlich aber bloß fünf Mitglieder hatte, am 4. Dezember ihre «Arbeit» aufnahm. Dorfeuille, der *Président du Tribunal révolutionnaire* in «Ville affranchie», sandte unter diesem Datum dem Konvent ein Schreiben, in dem er voller Stolz vermeldete, dass allein im November 113 Todesurteile in Lyon vollstreckt worden seien. Diese Mitteilung verknüpfte er mit der Verheißung: «Vier- oder fünfhundert Gegenrevolutionäre, mit denen die Gefängnisse gefüllt sind, werden an einem der kommenden Tage ihre Verbrechen büßen. Das Feuer des Blitzstrahls wird die Erde auf einen Schlag von ihnen befreien. (...) Möge dieses Fest für immer den Schrecken in die Seele der Verbrecher einbrennen und das Vertrauen in das Herz der Republikaner! Ich sage Fest, Bürger Präsident, ja, Fest ist das treffende Wort. Wenn das Verbrechen ins Grab sinkt, atmet die Menschheit auf und das ist das Fest der Tugend».[25]

Das «Fest», von dem Dorfeuille schwärmte und zu dem er die Bürger von Lyon als Zuschauer ausdrücklich einlud,[26] war in Wirklichkeit eine grauenhafte Metzelei, bei der am 4. Dezember sechzig von diesem Tribunal zum Tod Bestimmte dichtgedrängt in zwei Reihen vor einem frisch ausgehobenen Graben aufgestellt wurden. Drei mit Eisenschrott (*mitraille*) geladene Kanonen, von Kanonieren abgefeuert, verursachten ein grässliches Blutbad, das viele nur verwundete, die dann mit Säbeln, Bajonetten oder Flintenschüssen endgültig liquidiert wurden. Am 5. Dezember wurden sogar 208 Verurteilte auf diese barbarische Weise massakriert.[27] In Vorfreude auf dieses Blutbad schrieb Collot d'Herbois an Maurice Duplay, den Vertrauten Robespierres, in dessen Haus der «Unbestechliche» seit Juli 1791 wohnte, einen exaltierten Brief: «Wir haben den Vollzug der republikanischen Justiz neu belebt, will sagen, wir haben ihn so schnell und schrecklich gemacht, wie es der Wille des Volkes befiehlt. Sie muss die Verräter treffen wie der Blitz und von ihnen nichts übrig lassen als Asche. Indem wir eine infame und rebellische Stadt zerstören, festigt man alle anderen. (...) Das Beil des Volkes schlägt täglich zwanzig Verschwörern die Köpfe ab. (...) 64 dieser Unruhestifter wurden gestern füsiliert (!) (...). 230 von ihnen werden heute erschossen (...). Diese großen Beispiele werden auf jene Städte, an deren Loyalität man Zweifel haben kann, ihren Eindruck nicht verfehlen. Dort leben die Menschen, die einer falschen und barbarischen (!) Sensibilität anhängen; die unsrige orientiert sich allein am Vaterland».[28]

Die Hinrichtungen hatten allerdings nicht nur die von Collot d'Herbois beabsichtigte Wirkung. Die Sensibilität der Zeitgenossen nahm an den Massakern wie an der Zerstörung von Lyon durchaus lebhaften Anstoß. Die *Représentants du peuple* ließen den Wohlfahrtsausschuss daher am 6. Dezember vorsichtshalber wissen: «Man bedient sich aller denkbaren Mittel, um uns als blutdurstige Tyrannen und mutwillige Zerstörer hinzustellen, als ob uns nicht alles, was wir tun, vom Willen des Volkes mit allem Nachdruck aufgetragen worden wäre». Von diesen Beschwerden lasse man sich aber auf keinen Fall beirren, «damit alle jene, die mit den Aufrührern der Commune-affranchie in Verbindung standen oder sich ihnen angeschlossen hatten, von den Blitzen der Justiz getroffen werden und ihre blutüberströmten Kadaver, die man in die Rhône geworfen hat, auf beiden Ufern des Flusses bis zu seiner Mündung, unter den Mauern des infamen Toulon den feigen und wütenden Augen der Engländer einen verstörenden Eindruck und das Bild der Allmacht des französischen Volkes verschaffen».[29]

Der Poesie des Schreckens, in der die *Représentants du peuple* so gern und ausgiebig schwelgten, fiel jetzt sogar die Geographie zum Opfer, denn von Lyon bis zum Mündungsdelta der Rhône und von dort bis Toulon war es ein weiter Weg ... Aber wie von ihnen angekündigt, fanden auch an den folgenden Tagen auf der Ebene von Brotteaux bei Lyon weitere Hinrichtungen statt: Am 10. Dezember waren es fünfzig und am 11. Dezember über 100, die von der *Mitraille* zerfetzt wurden. An dem fürchterlichen Spektakel vermochte sich aber lediglich das Gemüt beinharter Jakobiner zu delektieren,[30] während selbst die *Commission temporaire de surveillance républicaine* daran Anstoß nahm. Ihre Einwände gegen die massenhaften Hinrichtungen mit Artilleriefeuer und *Mitraille*, die sie am 10. Dezember äußerte,[31] machten dieser barbarischen Praxis zwar ein Ende, aber nicht den Exekutionen durch Erschießung oder Guillotine, die stattdessen beschleunigt fortgesetzt wurden.

Die wackeren Volksbeauftragten waren deshalb zwar etwas irritiert, besannen sich aber keineswegs eines Besseren, wie ihr Schreiben an den Wohlfahrtsausschuss vom 12. Dezember 1793 zeigt, in dem sie versichern, dass sie wegen der Hinrichtungen «secrètes satisfactions, de solides jouissances» empfänden und das sie mit der Versicherung schlossen: «Der Schrecken, der heilsame Schrecken, steht hier wahrhaftig auf der Tagesordnung».[32] Was das besagen wollte, hat Friedrich Christian Laukhard beschrieben, der mit der Pariser Revolutionsarmee nach Lyon gekommen war: «Ganze Reihen Häuser waren weggebrannt, und gerade die allerschönsten. Kirchen, Klöster und alle Gebäude der ehemaligen großen Herren, waren ruiniert. (...) Als ich an die Guillotine kam, floss das Blut derer, welche wenige Stunden vorher waren geköpft worden, noch auf dem Platze. Dieser Anblick machte mich schaudern. Ich trat in eine nahe Schenke, zu einem Haufen Sansculottes, und sagte: *Es würde doch hübsch seyn, das Menschenblut dort wegzuschaffen. Warum?* Antwortete einer: *Das ist aristokratisches Rebellen-Blut, das müssen die Hunde auflecken*».[33]

Die Schreckensherrschaft wütete in Lyon am intensivsten zwischen dem 27. November 1793 und dem 13. April 1794, dem Tag, an dem der *Tribunal des Sept* aufgelöst wurde. In diesen Wochen wurden 1673 Todesurteile verhängt und vollstreckt. Bis zum Sturz Robespierres am 9 Thermidor, der die *Terreur* beendete, belief sich deren Bilanz für Lyon auf wenigstens 1897 Opfer.[34] Nach den von Donald Greer vorgelegten Zahlen wurden in der Zeit der Schreckensherrschaft in ganz Frankreich 16 594 Todesurteile ausgesprochen und vollstreckt.[35] Der Anteil davon, der auf Lyon entfällt, entspricht über 10 Prozent, das damit in einer nach Städten untergliederten Opferstatistik nach Nantes und Paris an dritter Stelle rangiert.

Den vierten Platz in dieser makabren Statistik nimmt Toulon ein, wo erst Mitte Juli 1793 und damit später als in Bordeaux, Marseille oder Lyon ein Aufstand das Regime, das die Jakobiner über die Stadt errichtet hatten, hinwegfegte. Der Aufstand in Toulon verlief verglichen mit den anderen «föderalistischen» Erhebungen insofern untypisch, als die Stadt Ende August der britischen Flotte ihren Hafen öffnete, um so dem Schicksal Marseilles zu entgehen, das unmittelbar zuvor von patriotischen Truppen erobert worden war. Dieser Hochverrat war eine verzweifelte Entscheidung, um der Rache der Jakobiner zu entrinnen, die noch dadurch verschlimmert wurde, dass sich Toulon auf Drängen der Engländer zur Monarchie und zu Louis XVII, dem im Exil lebenden Prätendenten, bekannte. Spätestens damit erhielt der Aufstand einen monarchistischen Charakter, der ihm zuvor völlig fremd gewesen war. Dies führte zu heftigen internen Auseinandersetzungen, die durch den Zwang, die Stadt gegen ihre patriotischen Belagerer zu verteidigen, nur mühsam begrenzt wurden.[36] Die Einschließung der Stadt, die sich von August bis zum 19. Dezember 1793 hinzog, endete, als die britische Flotte mit mehreren tausend Flüchtlingen an Bord den Hafen räumen musste, nachdem es den Belagerern gelungen war, strategisch wichtige Anhöhen zu erobern, von denen aus sie mit ihrer Artillerie die britischen Schiffe zusammenzuschießen drohten.[37]

Mit der Einnahme der Stadt setzte auch in Toulon eine unnachsichtige Repression ein, die sich aber nach Dauer und Charakter sehr vom Wüten in Lyon unterschied. In der ersten Woche wurden zwar einige hundert Rebellen, die von örtlichen Jakobinern als solche identifiziert wurden, standrechtlich erschossen. Aber das am 31. Dezember eingesetzte dreiköpfige Militärgericht, das bis Ende März 1794 tätig war, beschied sich damit, lediglich 282 weitere Todesurteile zu fällen, die mit der Guillotine vollstreckt wurden. Was Toulon vor der Systematik der Schreckensherrschaft bewahrte, wie sie zu gleicher Zeit in Lyon ausgeübt wurde, war die große strategische Bedeutung von Stadt und Hafen. Das hatte auch zur Folge, dass die stark zerstörte Stadt, aus der rund die Hälfte der Bevölkerung geflohen war, durch den Zuzug von Arbeitsmigranten aus den Alpen, der Provence und der ligurischen Riviera, die beim zügigen Wiederaufbau der Flotte gebraucht wurden, rasch wieder aufblühte. Im Oktober 1794 lebten hier schon wieder 15 000 Menschen, deren Zahl bis zum Mai 1795 auf über 28 000 anwuchs. Damit erlebte Toulon das Schicksal, das für Lyon erwogen worden war: Die Stadt entwickelte sich zu einer «Kolonie der Revolution», von der die ursprünglich ortsansässige Bevölkerung weitgehend ersetzt wurde.

Von ganz besonderer Gründlichkeit und Grausamkeit war das Wüten, das mit dem Namen des *Représentant du peuple* Jean-Baptiste Carrier verbunden ist, der Ende September 1793 nach Nantes entsandt wurde.[38] Sein erstes Schreiben an den Wohlfahrtsausschuss, datiert vom 7. Oktober, verrät den brennenden Tatendrang, mit dem er sich seinen Aufgaben zuwandte: «Gestern in Nantes eingelangt, war ich zunächst damit befasst, die bestehenden Verwaltungsorgane zu beseitigen, den föderalistischen Club aufzulösen, den hier eingerichteten lokalen Wohlfahrtsausschuss um Kommissare der einzelnen Sektionen zu erweitern, alle *certificats de civisme* zu annullieren und die Anordnung zu treffen, dass von der neuen Stadtverwaltung dafür neue Bestimmungen erlassen und vom *Comité de surveillance* genehmigt werden, alle Individuen zu verhaften, die keine Gewähr für ihre Zuverlässigkeit beibringen können, Hausdurchsuchungen zu veranstalten, alle Verdächtigen zu entwaffnen, um die Patrioten auszurüsten, darüber hinaus alle notwendigen Verhaftungen vorzunehmen, alle Geschäfte zu überprüfen (...). Ich muss Sie darauf aufmerksam machen, dass die Gefängnisse von Nantes mit Häftlingen überfüllt sind, die man wie die Pilze in der Vendée eingesammelt hat. Statt mich damit zu amüsieren, ihnen den Prozess zu machen, werde ich sie an ihre Wohnorte zurückschicken, um sie dort zu füsilieren. Diese schrecklichen Beispiele werden die Übelgesinnten einschüchtern und die anderen, die möglicherweise mit der Absicht umgehen, es ihnen gleich zu tun und die Kohorte der Banditen zu vergrößern, davon abhalten.»[39]

Für die Orgie der Repression, für die sein Name berüchtigt ist, hatte Carrier an Ort und Stelle in den Sansculotten von Nantes willige Helfer, die ihm die Opfer aufspürten und ans Messer lieferten, sofern sie nicht schon in den überfüllten Gefängnissen der Stadt zusammengepfercht waren. Für das eigentliche Mordgeschäft, die massenhafte Liquidierung von Gefangenen, standen ihm hingegen drei Sonderformationen zur Verfügung: die aus ortsansässigen Sansculotten gebildete *Compagnie Marat*, die *Hussards américains* und die *Eclaireurs de la Montagne*. Die *Hussards américains* bestanden aus Elementen der regulären Armee. Ihr Name schrieb sich daher, dass sie sich so gut wie ausschließlich aus Schwarzen, Mulatten, aber auch weißen Soldaten rekrutierten, die von den französischen Antillen stammten; die *Eclaireurs de la Montagne* hingegen waren eine kleine, mit 15 *livres* pro Kopf und Tag vergleichsweise üppig besoldete Elitetruppe von Sansculotten, die unabhängig von der militärischen Hierarchie organisiert einer *Commission des Cinq* unterstellt war. Aufgabe der *Eclaireurs* war es ursprünglich gewesen, jeweils zu zweit oder zu dritt in das von den Aufständischen kontrollierte Gelände vorzustoßen, um Stärke und Absichten des Gegners auszukundschaften. Ergänzt wurden diese Schlächtertruppen noch durch zwei geheime Polizeiorganisationen, die Carrier aufzog und die unabhängig voneinander im Département Loire-Atlantique sowie im Morbihan operierten. Die Spitze dieses regionalen Repressionsapparats bildete ein eigenes Tribunal, die nach dem Namen ihres Chefs benannte *Commission Lenoir*, die als ein militärisches Standgericht organisiert war. Ihre besondere Aufgabe bestand darin, die in den Gefängnissen einsitzenden Aufständischen rasch «abzufertigen».[40]

Wie im Fall von Lyon lässt sich auch die in Nantes und der Vendée von den *Représentants du peuple* mit Rückendeckung von Konvent und

Wohlfahrtsausschuss ausgeübte äußerst brutale und lang andauernde Repression nicht damit erklären oder gar rechtfertigen, man habe sich damit einer existentiellen Bedrohung der Revolution erwehrt. Tatsächlich handelte es sich dabei um blanken Terror, der von atavistischem Hass getrieben war. Dies zeigt auch der Vergleich mit der in Marseille, Bordeaux oder Caen geradezu milde geübten Repression. In Lyon trug jener Hass ausgeprägt klassenkämpferische Züge, während er in Nantes oder der Vendée antiklerikal und antimonarchisch motiviert war. Sein eigentlicher Auslöser dürfte aber gewesen sein, dass man geraume Zeit solche Mühe gehabt hatte, die Aufstände niederzuwerfen.

Im Unterschied zu Lyon sind vom Wüten der Täter in Nantes oder der Vendée nur wenige Zeugnisse überliefert. Von Carrier jedenfalls ist bekannt, dass er seine Anweisungen mündlich erteilte, wofür der unter seinen Schergen vermutlich verbreitete Analphabetismus eine Erklärung ist. Auch wurden sehr viele Exzesstaten ohne die Farce einer ihnen vorausgehenden und protokollierten Verhandlung verübt. Die unter Carrier gängige Repressionspraxis war die massenhafte Liquidation von Gefangenen, die mit der Überfüllung der Gefängnisse und der damit verbundenen Gefahr von Epidemien pauschal gerechtfertigt wurde. Die auf diese Weise gefällten «Urteile» wurden im Regelfall mit der Guillotine vollstreckt. Diese Hinrichtungsmaschine, die Carrier gerne als «moulin à silence», eine Mühle, die für Ruhe sorgt, oder als «rasoir national», als Rasiermesser der Nation, bezeichnete,[41] arbeitete für seinen Geschmack aber viel zu langsam, um die Opfermassen möglichst schnell zu liquidieren.

So kam es zu der Liquidationstechnik, für die Carrier seither berüchtigt ist: den *noyades*, im Schutz der Nacht verübten massenhaften Ertränkungen von Gefangenen in der Loire, die an Armen und Beinen gefesselt in der Mitte des Flusses von flachen Transportkähnen aus ins Wasser verklappt wurden. Diese Hinrichtungsmethode ist durch zahlreiche Zeugnisse belegt.[42] Zumindest Andeutungen darüber finden sich auch in den Berichten, die Carrier dem Wohlfahrtsausschuss sandte. So bemerkte er im Schreiben vom 17. November mit perfider Verschämtheit: «Ein Ereignis (...) scheint es gewollt zu haben, die Anzahl der Priester zu verringern; 90 von ihnen, die wir *réfractaires* nennen, waren auf einem Boot in der Loire gefangengesetzt. Wie ich soeben erfahre, und die Nachricht ist, wie ich mich verbürge, sicher, sind sie alle im Fluss ertrunken».[43] Am 6. Dezember schrieb er in einem weiteren Bericht, den François-Alphonse Aulard in seiner Sammlung der Akten des Wohlfahrtsausschusses nur als Regest wiedergibt: «Die Priester haben ihr Grab in der Loire gefunden. 53 weitere wird das nämliche Los ereilen».[44] Am 10. Dezember vermeldete er geradezu triumphierend: «58 Individuen, die man als *prêtres réfractaires* bezeichnet, sind aus Angers in Nantes eingetroffen; sie wurden sogleich in einem Schiff auf der Loire eingesperrt; in der vergangenen Nacht wurden sie alle in diesem Fluss versenkt. Was für ein revolutionärer Strom ist diese Loire!»[45] Schließlich ist in einem Schreiben vom 22. Dezember die Rede von «den Wundern der Loire, die erneut 360 Konterrevolutionäre aus Nantes verschlingen wird».[46] Ungewiss ist, wie lange und wie oft diese besondere Barbarei praktiziert wurde; die Angaben schwanken zwischen 7 und 23 solcher *noyades*. Auch über deren Opferbilanzen gibt es unterschiedliche Angaben.[47]

Die *noyades* von Nantes waren aber nicht allein eine Spezialität von Carrier und seinen Henkern, sondern wurden auch in anderen Orten entlang der Loire, wenn auch nicht in gleichem Umfang, praktiziert. Ob sie eher den «terroristischen Praktiken» als den «revolutionären Zielen» anzulasten sind, wie dies etwa Jean-Clément Martin zuletzt vermutete, ist nicht erheblich.[48] Das entspricht im Übrigen einer ausgeprägten Tendenz in der französischen Revolutionsgeschichtsschreibung, die dieses speziell für die Herrschaft der Jakobiner emblematische Geschehen weitgehend ausblendet oder die Verirrungen untergeordneter Befehlsempfänger dafür verantwortlich macht. Diese Ansicht stützt sich unter anderem darauf, dass die Drahtzieher dieses Treiben mit Tarnbegriffen oder Metaphern wie «patriotische Taufe» oder «vertikale Exekution» umschrieben, die das tatsächliche Geschehen gegenüber Uneingeweihten verschleiern sollten. Auch die Mitglieder des Wohlfahrtsausschusses und des Konvents wussten nicht zuletzt durch die Berichte von Carrier Bescheid und schwiegen einfach deshalb, weil es ihnen im Grunde gleichgültig war, mit welchen Methoden die von ihnen propagierten Ziele erfüllt wurden.

Die *noyades* waren zwar ein besonders spektakulärer Aspekt des Schreckensregiments, forderten aber vermutlich nicht die meisten Opfer unter den weit über 100 000 Toten des Vendée-Kriegs von 1793.

Weitaus häufiger waren Massenerschießungen. Was die Opferbilanz erheblich anschwellen ließ, waren die Menschenjagden, zu denen die Kriegführung nach der von den Aufständischen verlorenen Schlacht von Cholet Mitte Oktober degenerierte. Ihr Ziel war ein riesiger Flüchtlingszug, der mit Frauen, Greisen und Kindern kreuz und quer durch die Bretagne irrte. Der Bericht, den Carrier am 20. Dezember dem Wohlfahrtsausschuss sandte, vermittelt davon eine lediglich ungefähre Ahnung: «Sie haben den Beschluss verkündet, dass es die Vendée nicht mehr gibt; Sie werden bald verlautbaren, dass kein einziger Aufständischer mehr am Leben ist. Die Affäre von Mans [i. e. das Blutbad von Mans am 12. Dezember] ging so blutig, so mörderisch für sie aus, dass zwischen dieser Gemeinde bis nach Laval der Boden mit ihren Kadavern bedeckt war. (...) Am 18. Dezember sind (General) Westermann und der Adjutant General Hector mit geringen Kräften durch zwei einander gegenüberliegende Tore in Ancenis eingedrungen. Sie haben hier ein unbeschreibliches Massaker unter den Briganten veranstaltet: Die Straßen dieser Gemeinde waren dicht übersät mit Toten. Sie selbst haben nicht einen Mann verloren; es gab einen Verwundeten».[49] Jene, die diesem Gemetzel entrinnen konnten, ereilte bei Savenay am 21. Dezember ihr Schicksal, wie General Westermann dem Wohlfahrtsausschuss mitteilte: «Es gibt keine Vendée mehr, *citoyens républicains*. Sie ist unter den Säbeln der Freiheit gestorben mitsamt ihrer Frauen und Kinder. Ich habe sie in den Sümpfen und Wäldern von Savenay eingescharrt. Entsprechend der mir von Ihnen erteilten Befehle habe ich die Kinder von den Pferdehufen zermalmen lassen, die Frauen massakriert, die damit wenigstens keine neuen Briganten mehr austragen können. Ich habe keine Gefangenen gemacht. Alles wurde ausgelöscht».[50]

Diese «Schlachtfeste» der letzten Kriegsphase, denen Tausende demoralisierte, erschöpfte und zu keinem nennenswerten Widerstand mehr fähige *Vendéens* zum Opfer fielen, waren erst der Anfang des systematischen Grauens. Ab Januar 1794 verwirklichte General Louis-Marie Turreau, ein Mann der *Montagnards* wie der Sansculotten, der im November zuvor den Oberbefehl über die West-Armee erhalten hatte, seinen Plan zur Vernichtung der Vendée. Die gesamte Region sollte hermetisch abgeriegelt, alle Verbindungen nach außen abgeschnitten, den Einwohnern jede Überlebenschance genommen werden, um dann umso leichter die letzten Verstecke der Rebellen zu zerstören und diese vollständig liquidieren zu können. Angesichts der Überlegenheit der patriotischen Truppen war dieses Vorgehen ein Kinderspiel, dessen Erfolg in der Folge bei der «Partisanenbekämpfung» Schule machte.

Zur Ausführung seines Plans unterteilte Turreau die ihm zur Verfügung stehenden Truppen in 12 «Colonnes infernales», die nach dem 17. Januar 1794 von allen Seiten die Vendée zernieren, alle Vorräte, die sie auf ihrem Weg fanden, wegführen oder vernichten, Häuser und Dörfer mit Ausnahme von 12 Kommunen, die als Garnisonsorte bestimmt waren, einäschern und alle Bewohner, einschließlich der Patrioten, entwaffnen und evakuieren sowie alle Verdächtigen sofort erschießen sollten. Dieser auf die totale Vernichtung einer ganzen Region und ihrer Bevölkerung abzielende Plan, der ab dem 20. Januar 1794 verwirklicht wurde, entsprach den Befehlen des Wohlfahrtsausschusses. Am 15. Februar gab er dem *Represéntant du peuple* in der Region die Anweisung: «Statt die Gehöfte in Brand zu stecken, lassen Sie alle Briganten über die Klinge springen, sorgen Sie dafür, dass die Flüchtenden und die Feigen bestraft wie auch diese ganze schreckliche Vendée völlig ausgelöscht werden.»[51] Je weiter diese Kolonnen vordrangen, desto erbitterter wurde der verzweifelte Widerstand, der ihnen entgegenschlug. Dieses Vorgehen war die Ursache für die noch jahrelange anhaltenden Unruhen in der Vendée und in der benachbarten Bretagne, die erst Bonaparte zu Beginn des 19. Jahrhunderts unter Kontrolle brachte.[52]

Diese ganze Mord- und Zerstörungsorgie war militärisch völlig sinnlos und politisch höchst kontraproduktiv. Ihr einziger – negativer – Effekt war, die Entwicklung einer ganzen Region auf Jahrzehnte zurückzuwerfen und Wunden zu schlagen, die lange nicht verheilen sollten. Die Einsicht, dass diese in jeder Hinsicht maßlose Repression ein fürchterlicher Fehler war, begann den Verantwortlichen, die fern des furchtbaren Geschehens in Paris saßen, bald zu dämmern. Den Anstoß dazu gaben mehrere Briefe, in denen Marc-Antoine Jullien, ein enger Vertrauter Robespierres, Anfang des Jahres 1794 diesem das wüste Treiben Carriers in Nantes schilderte. Carrier, der sich wie ein Satrap gebärde, führe ein Schreckensregiment, das die Zahl der Republikfeinde nur zunehmen ließe, weshalb er unverzüglich abberufen werden müsse.[53] Die Beschwerden Julliens gaben den Ausschlag, Carrier Anfang Februar 1794 seines Postens als *Représentant du peuple* in Nantes zu entheben.[54] Nach dem Ende der Schreckenszeit, das mit dem Sturz Robespierres Ende Juli 1794 eingeleitet wurde, avancierte Carrier zum bequemen Hauptverantwortlichen für die *noyades* und den Terror in Nantes. Als Einzigem der Kommissare machte ihm der Konvent zwischen dem 23. November und dem 14. Dezember 1794 einen Schauprozess, der damit endete, dass 498 von 500 Abgeordneten ihn zum Tod verurteilten.[55] In diesem Verfahren, bei dem die Mitverantwortlichen für die von ihm verübten Verbrechen über ihn zu Gericht saßen, verteidigte Carrier sich mit einem Satz, der ins Herz der *Terreur* traf: «Alles ist hier schuldig, sogar die Glocke des Präsidenten».[56]

Lyon, Toulon und Nantes sind drei exemplarische Fälle innerhalb des umfassenden Zusammenhangs der *Terreur*, die mehr als jedes andere Geschehen der Revolution eine unauslöschliche Signatur gegeben hat. Auch wenn diese Beispiele sich allesamt durch eine besondere Extremität auszeichnen, unterscheiden sie sich doch sowohl hinsichtlich der angewandten Methoden der Repression wie der dahinterstehenden Motive. Dieser Befund hat häufig dazu verführt, das Urteil über die *Terreur* zu differenzieren oder zu pauschalisieren. Indem die Differenzierung die Unterschiede betonte, leistete sie der Tendenz Vorschub, die Verantwortung für das Regime des Schreckens einzelnen Tätern wie Collot d'Herbois und Fouché in Lyon, Barras und Salicetti in Toulon oder Carrier in Nantes und Turreau in der Vendée zuzuschieben, die innerhalb der Hierarchie mittlere Ränge einnahmen. Daraus ließ sich dann die Folgerung ziehen, dass diese mehr oder minder eigenmächtig die ihnen erteilten Aufträge interpretiert und entsprechend exekutiert hätten, ohne dass das zentrale Leitungsgremium darüber jeweils unterrichtet gewesen wäre, geschweige diese Vorgehensweise gebilligt hätte. Eine solche Sicht reproduziert die Lebenslüge einer jeden Diktatur. Im besonderen Maß gilt das aber für die durch Robespierre verkörperte Diktatur, die sich durch den Anspruch auf Tugend und Unbestechlichkei zu rechtfertigen suchte.

Ergänzt und gestützt wurde diese differenzierende Interpretation durch die Pauschalisierung, wonach die *Terreur* als eine übergesetzliche Notstandsmaßnahme eine unverzichtbare Notwendigkeit gewesen sei, um Republik und Revolution vor Gefahren zu bewahren, die sie zu vernichten drohten. Die vermeintliche Evidenz dieser Behauptung lässt sich mit guten Gründen bestreiten, die auch schon im Spätjahr 1793 zu erkennen waren. Die blutige Repression in Lyon, Toulon oder Nantes und der Vendée setzte erst mit voller Wucht ein, nachdem die Gefahr, die von diesen Aufstandszentren ausging, längst gebannt war. Also handelte es sich ausnahmslos um Straf- oder Vergeltungsaktionen. Ihnen wird deshalb gerne eine abschreckende Wirkung zugeschrieben. Allerdings kann man sich durchaus fragen, welcher Adressat damit gemeint gewesen sein soll. Mit dem Fall von Lyon, Toulon und der Zerschlagung der *Armée catholique et royale* in der Vendée war die innerfranzösische Aufstandsbewegung unterdrückt, auch wenn die endgültige Befriedung weiter Gebiete in Nordwestfrankreich auf Jahre hinaus Probleme aufwarf. Die Invasionsdrohung der europäischen Mächtekoalition war seit der Schlacht von Wattignies ebenfalls erfolgreich gebannt. Viel spricht also dafür, dass die heraufbeschworenen Gefahren weit übertrieben wurden: Preußen und Österreich waren in der gegen Frankreich und die Revolution gerichteten Fronde von Anfang an nur sehr halbherzig engagiert, während Großbritannien allein darauf schielte, sich Frankreichs Kolonialbesitz in der Karibik einzuverleiben.

Die vermeintliche Bedrohung, die Preußen, Österreich und England für die Revolution darstellten, war ganz wesentlich eine französische Projektion, in die sich Probleme und Widersprüche der revolutionären Dynamik einspiegeln ließen. Eine andere Methode war es, dem politischen Konkurrenten die alleinige Verantwortung für die Gefährdungen der Revolution anzulasten. Die militärischen Rückschläge in Belgien und im Rheinland machten sich die *Montagnards* beispielsweise zunutze, um die *Girondins* zu eliminieren. Entsprechend schlugen die Jakobiner auch aus der innerfranzösischen Aufstandsbewegung politisches Kapital, indem sie die *Girondins* dafür verantwortlich machten. Das war besonders dreist, denn ob in Marseille, Lyon oder Toulon, überall war der intransigente Radikalismus der örtlichen Jakobiner, die dem Pariser Vorbild sklavisch nacheiferten, der Auslöser für diese Empörungen gewesen.

Dieses Treiben beförderte einen Realitätsverlust, dem die Jakobiner nach ihrem Triumph über die *Girondins* endgültig zum Opfer fielen. Das war eine wichtige Voraussetzung für die Schreckensherrschaft, die jetzt einsetzte. Damals wie später wurde sie als notwendig gerechtfertigt, um die der Revolution drohenden großen Gefahren zu bannen. Tatsächlich diente die *Terreur* jedoch nur dazu, nach der gelungenen Ausschaltung der *Girondins* die Herrschaft der Jakobiner in ganz Frankreich durchzusetzen und zu sichern. Dafür sorgten nicht zuletzt die *Armées révolutionnaires*, die nach dem Vorbild jenes aus Pariser Sansculotten rekrutierten Heerbanns überall in der Provinz im Herbst 1793 entstanden und den *Représentants du peuple* bei der Aufspürung und Verhaftung von Verdächtigen zur Hand gingen. Wie viele Opfer diese landesweite *Terreur* fand, lässt sich im Unterschied zu jenen, die von der Revolutionsjustiz abgeurteilt wurden, umso weniger beziffern, als sicherlich die meisten infolge elender Haftbedingungen starben oder einfach ohne jeden Prozess gelyncht wurden.

In dem wirren und verfilzten Knäuel der Motive, die damals wie später argumentativ für die Praxis der Schreckensherrschaft ins Feld geführt wurden, lassen sich zwei rote Fäden isolieren, die beide mit Robespierre verknüpft sind und ihn als den Dämon der Französischen Revolution ausweisen. Der eine rote Faden ist seine Paranoia, die ihn überall Verschwörungen wittern ließ und sich im Zusammenspiel mit seinem Ehrgeiz so schauerlich entfaltete; der andere war seine völlige Unfähigkeit, politisch zu denken und zu urteilen, das heißt die Interessen, Absichten, Ansprüche und Rechte anderer überhaupt zu wägen. Diesen Mangel suchte Robespierre stets mit dem dogmatischen Beharren auf Prinzipien zu überspielen, deren unwandelbare Gültigkeit für ihn die Mechanik politischer Gesetzmäßigkeit schlechthin darstellte. Der Jurist aus Arras wurde damit immer mehr zum Gefangenen eines hermetischen Wahnsystems, nach dessen Maßgaben er jetzt das revolutionäre Frankreich zu gestalten suchte.

VIERTES KAPITEL

DIE ANARCHIE DES SCHRECKENS

In der Reaktion auf die Aufstandsbewegung, die im Frühjahr in der Vendée begann und bis zum Sommer weite Teile Frankreichs erfasst hatte, äußerte sich auch Ratlosigkeit, welchen weiteren Gang die Revolution nehmen sollte. Ein Problem war die unvermindert prekäre Lage der Wirtschaft. Weder ließ sich zunächst der galoppierende Wertverlust der Assignaten aufhalten, noch durch Zwangsmaßnahmen die Versorgung der Bevölkerung mit preiswerten Lebensmitteln garantieren. Die halbherzigen planwirtschaftlichen Versuche, durch Festlegung von Obergrenzen für Preise und Löhne Abhilfe zu schaffen, führten anfangs zu einer weiteren Verknappung des Angebots. Die damit Hand in Hand gehenden verschärften Kontrollen, mit denen Wucher und Spekulation bekämpft werden sollten, ließen die Spannungen innerhalb der revolutionären Gefolgschaft noch weiter wachsen: Bauern und Händler waren an Preisen interessiert, die sich an Angebot und Nachfrage orientierten, während Lohnempfänger auf einer ausreichenden Versorgung mit für sie erschwinglichen Nahrungsmitteln bestanden. Das stürzte die Revolutionsregierung in ein schwer lösbares Dilemma. Im Interesse ihrer politischen Stabilität war sie auf den Zuspruch aller angewiesen und konnte nicht die Wünsche der lohnabhängigen Massen zu Lasten von Bauern, Bürgern und der vielen kleinbürgerlichen Händler befriedigen. Das Ergebnis war ein ständiges Lavieren zwischen Zwangsmaßnahmen und Ausnahmeregelungen, die durch massive Subventionen mühsam ausbalanciert wurden. Das sorgte für weitere Kritik und neuen Streit.

Die Verlegenheit, das Glücksversprechen der Revolution einzulösen, schuf die atmosphärischen Voraussetzungen für die weitere Radikalisierung einer Tendenz, die für den Umsturz seit Beginn charakteristisch war: die Entfremdung vom Christentum. Dieser Prozess trat jetzt in eine neue Phase, in der die christlich-kulturelle Prägung der Lebenswirklichkeit weitgehend ausgelöscht werden sollte. Entsprechende Weichenstellungen waren bereits von der Legislative unmittelbar vor ihrem Ende am 20. September 1792 veranlasst worden, als sowohl die Ziviltrauung wie die Ehescheidung gesetzlich verankert wurden.[1] Beide waren miteinander verknüpft, denn die Ziviltrauung ersetzte das kirchliche Sakrament durch einen Vertrag, der, wie jeder andere Kontrakt auch, wieder aufgelöst werden konnte. Diese Gesetze waren noch keineswegs von jener kulturkämpferischen Tendenz geprägt,[2] die erst gut ein Jahr später deutlich zum Vorschein kommen sollte, als der Konvent auf Antrag des Abgeordneten Charles Gilbert Romme am 5. Oktober 1793 beschloss, die christliche durch die revolutionäre Zeitrechnung zu ersetzen: Demzufolge begann das «Jahr I der Freiheit» mit dem 22. September 1792 alter Zeitrechnung – dem Tag also, an dem die Republik durch eine bürokratische Verfügung in Kraft gesetzt worden war.[3] Mit der Ersetzung der bisherigen «ère vulgaire» durch die nun gültige Zeitrechnung nach der «ère des Français» wurde das Jahr in zwölf Monate von jeweils 30 Tagen unterteilt; um die dadurch im Verhältnis zum Kalenderjahr der «année ordinaire» eintretende Lücke von fünf Tagen auszugleichen, wurden diese als «jours complémentaires» einfach angehängt. Außerdem wurden die Kalenderwochen abgeschafft und stattdessen jeder Monat in drei Abschnitte von jeweils zehn Tagen, die «décades», unterteilt, deren Namen jeweils ihrer zahlenmäßigen Abfolge entsprach: erster, zweiter, dritter Tag …, erste, zweite, dritte Dekade sowie erster, zweiter, dritter Monat … und schließlich erster, zweiter, dritter «jour complémentaire». Diese Kalenderreform nach dem Dezimalsystem, auf dessen Grundlage vom Konvent wenige Tage zuvor alle Maße und Gewichte einheitlich festgelegt worden waren, war in jeder Hinsicht schlicht blödsinnig und höchst unhandlich.

Um den neuen Kalender mit einer über die bloße Zeitrechnung hinausgehenden Bedeutung aufzuladen, wurde der vor Beginn der Revolution als Dichter und Komödienautor tätige Pariser Deputierte Nazaire Fabre d'Eglantine beauftragt, Vorschläge für die Benennung von Tagen, Dekaden und Monaten zu machen. Seinen Entwurf stellte er in der Konventssitzung vom «3 du second mois de la seconde année de la République française», also am 24. Oktober 1793, vor: «Die Erneuerung des französischen Volks, die Einführung der Republik haben notwendigerweise eine Reform der *ère vulgaire* mit sich gebracht. Wir können nicht mehr länger die Jahre, in denen uns die Könige unterdrückten, als eine Zeit veranschlagen, in der wir gelebt haben. Die Vorurteile des Throns und der Kirche, die Lügen des einen wie der anderen, beschmutzen jede Seite des Kalenders, dessen wir uns bedienen. Diese Zeitrechnung haben Sie reformiert und durch eine andere ersetzt, durch die der Zeitverlauf wesentlich genauer und symmetrischer vermessen wird. Das allein ist aber noch nicht genug. Die lange Gewöhnung an den gregorianischen Kalender hat das Gedächtnis des Volkes mit einer Fülle von Bildern vollgestopft, die es lange verehrt hat und die noch heute die Quelle seiner religiösen Verirrungen sind. Es ist deshalb notwendig, diese Visionen des Unwissens zu ersetzen durch die Realitäten der Vernunft, und das Prestige der Priester durch die Wahrheit der Natur».[4] Die einzelnen Monate wurden entsprechend ihrer jahreszeitlichen Charakteristika benannt, die für das Klima in Nordfrankreich typisch sind. Der Herbst gliederte sich in die Monate *Vendémiaire*, *Brumaire* und *Frimaire*, der Winter in *Nivôse, Pluviôse* und *Ventôse*, der Frühling in *Germinal, Floréal* und *Prairial* und der Sommer in *Messidor, Thermidor* und *Fructidor*. Diese poetische Nomenklatur der Monate wurde noch übertroffen durch jene, die Fabre d'Eglantine statt der Heiligen des gregorianischen Kalenders den einzelnen Tagen des Jahres zuordnete. Fauna und Flora – Kalb, Kuh, Stier oder Schwein und Möhre, Tomate, Veilchen oder Löwenzahn – kamen ebenso zum Zuge wie einzelne Elemente – Quecksilber, Blei, Eisen oder Kupfer –, aber auch Schiefer, Salz, Petroleum oder Terpentin, von Knoblauch oder Stallmist ganz zu schweigen.[5]

Die bukolischen Bezeichnungen für die Tage und Monate des republikanischen Kalenders sollten der revolutionären Entchristianisierung Vorschub leisten, die im Herbst 1793 als eine das ganze Land erfassende Bewegung einsetzte. Jetzt ging es nicht mehr nur darum, wertvolle liturgische Gerätschaften zu beschlagnahmen und zu «versilbern» oder Kirchenglocken einzuschmelzen, um aus deren Bronze Kanonen zu gießen, wie dies während der Krise des Jahres 1792 gelegentlich geschehen war. Jetzt war das Ziel eine umfassende Auslöschung aller christlichen Prägungen der Alltagskultur. Neben einer wüsten antiklerikalen Kampagne, mit der Priester und Ordensleute gezwungen wurden, ihren geistlichen Stand aufzugeben,[6] kennzeichnete diese Bewegung ein beispielloser Bildersturm. Kirchen wurden als Ställe oder Lagerhallen genutzt, ihr Schmuck an Statuen und Bildern sowie alle anderen religiösen Zeichen oder Bezeichnungen systematisch zerstört oder ausgelöscht.[7] Exemplarisch dafür ist das Wirken eines Mannes, der in der Revolution Karriere machte: Joseph Fouché.[8] In Le Pellerin bei Nantes 1754 geboren, trat Fouché in den Orden der Oratorianer ein und war vor Ausbruch der Revolution als Lehrer für Logik und Physik tätig. Im September 1792 wurde er als einer der Abgeordneten des Département Loire-Inférieure in den Konvent entsandt. Dort schloss er sich den *Girondins* an, stimmte aber, wie auch Brissot und Vergniaud, mit der Mehrheit für das Todesurteil gegen Louis XVI. Nach diesem Votum ging er zu den *Montagnards* über. Diesem Fahnenwechsel verdankte es Fouché, dass er im März 1793 als einer der Konventskommissare nach Westfrankreich in die Départements Mayenne, Ille-et-Vilaine und Loire-Inférieure entsandt wurde, um dort die vom Konvent verabschiedete Aushebung von Rekruten zu überwachen und zu beschleunigen. Während dieser Tätigkeit erlebte er den Beginn des Aufstands in der Vendée[9] und wurde Zeuge, welchen Einfluss der lokale Klerus auf den sich zum Fanatismus steigernden Widerstand der Einheimischen gegen die Autorität der Republik nahm.

Dieses Erlebnis Fouchés liefert eine plausible Erklärung für sein Engagement in der Entchristianisierungsbewegung. Schließlich war einer von deren wesentlichen Auslösern das in der Vendée offensichtlich gewordene Versagen der konstitutionellen Kirche, aus der Landbevölkerung Proselyten der Revolution zu machen. Dieser Aufgabe hatten sich viele Priester, die den Eid auf die Revolution geschworen hatten, mit Enthusiasmus gewidmet, die neben ihrer seelsorgerischen Tätigkeit auch in den lokalen Clubs und Gesellschaften mitwirkten oder sich in Verwaltungsämter wählen ließen. Dabei wurden sie von den revolutionären Autoritäten nach Kräften unterstützt, die in ihnen wichtige Helfer bei der Bekämpfung des «Fanatismus» sahen, von dem jene beseelt waren, die den Priestern, die den Eid verweigert hatten, die Treue hielten und die eo ipso als das gegenrevolutionäre Fußvolk eingeschätzt wurden. Der vermeintlich royalistisch inspirierte Aufstand in der Vendée und in geringerem Ausmaß auch in anderen Regionen, der als ein Triumph jenes «Fanatismus» gedeutet wurde, lieferte Fouché und anderen den Nachweis für das Versagen der konstitutionellen Kirche, die nun zum Sündenbock gestempelt und ihrerseits verfolgt wurde. Entsprechend dieser Logik war die Entchristianisierung nur eine strategische Variante im Kampf gegen eine volkstümliche antirevolutionäre Bewegung, der sich bislang auf die Verfolgung der Eidverweigerer beschränkt hatte.

Aus den Erfahrungen in Nantes zog Fouché den Schluss, dass ein friedliches Miteinander von christlichem Glaubensbekenntnis und Revolution unmöglich sei. Entsprechende Überlegungen erläuterte er in einer Denkschrift, die er am 3. Juli dem Konvent vorlegte: «Der Nationalkonvent kann keine andere Religion zulassen als die der Moral, keinen anderen Kultus dulden als den des Vaterlands, kein anderes Dogma anerkennen, als das der Souveränität des Volkes. (...) Die Politik wie die Philosophie machen es uns also zur Pflicht, schleunigst die allzu lang gehegten Vorurteile, die alten Irrtümer durch Einrichtungen zu ersetzen, die einem großen Volk würdig sind».[10]

Dieses Programm eines rücksichtslosen Kulturkampfes verwirklichte der *Représentant du peuple* Fouché im September 1793 im Département Nièvre. Zu dieser Zeit weilte auch der *Procureur de la Commune de Paris* und einer der Anführer der Pariser Sansculotten, Anaxagoras Chaumette, auf Besuch in seiner Heimatstadt Nevers. Voller Bewunderung schilderte er die Leistungen, die Fouché dort vollbracht habe. Ihm sei es zu verdanken, dass der *peuple*, den die Priestersippschaft «fanatisiert» hätte, diesem Irrtum abgeschworen habe. «Die Bilder der Heiligen und Jungfrauen sind durch die Embleme der Freiheit und Gleichheit ersetzt worden». Gegenüber dem *Moniteur* äußerte sich Chaumette: «Der Fanatismus war zerstört, dem Föderalismus jeder Boden entzogen, die Eisenproduktion in Schwung gebracht, die Verdächtigen verhaftet, die Verbrechen exemplarisch bestraft und die Wucherer verfolgt und eingesperrt. Das ist in Kürze zusammengefasst die Leistung des *Représentant du peuple* Fouché».[11]

Fouché war zuvor nicht durch besondere Kirchenfeindschaft aufgefallen. Doch das änderte sich jetzt: Ohne dazu vom Wohlfahrtsausschuss bevollmächtigt zu sein, betrieb er im Département Nièvre auf eigene Faust die Zerstörung des Christentums. Dazu gehörte auch die systematische Ausplünderung der Kirchen. Am 29. Oktober 1793 teilte er dem Konvent mit: «Ich sende Ihnen 17 Kisten gefüllt mit Gold, Silber und Silberzeug aller Art, das aus der Beute stammt, die in Kirchen und Schlössern gemacht wurde, oder von Sansculotten gestiftet wurde. (…) Das Gold und Silber haben der Republik mehr Leid zugefügt als Feuer und Eisen der wilden Österreicher oder der feigen Engländer. Ich vermag nicht zu sagen, welche verrückte Nachsicht diese Metalle noch immer in den Händen von Verdächtigen belässt. (…) Verwerfen wir Gold und Silber, schleifen wir durch den Straßenkot diese Götzen der Monarchie, wenn wir nur noch die Gottheit der Republik verehren und den Kult der nüchternen Tugenden der Freiheit errichten wollen».[12]

Fouché, der zu den Anhängern Héberts gehörte, schwebte die Schaffung einer republikanischen Zivilreligion vor, die ihm als unverzichtbare Grundlage der «Révolution intégrale» galt. Um dieses Vorhaben zu propagieren, entwickelte er eine regelrechte Pädagogik des Sakrilegs. Am 22. September veranstaltete er in Nevers ein «Fest für Brutus» und ließ dessen Büste in der Kathedrale aufstellen.[13] Bei weitem noch pompöser war die von ihm selbst bis ins Detail festgelegte Gestaltung der *Fête civique pour honorer la Valeur et les Mœurs*, ein Fest, bei dem die Bürger Sitten und Werte ehren sollten und das am 20. Oktober in einem Park bei Nevers stattfand.[14] Sinn und Absicht dieses Treibens erläuterte Fouché mit einer vom 26. September datierten Proklamation, in der er die wahrheitswidrige Behauptung aufstellte, der Konvent habe ihn als «den Apostel der Freiheit» eingesetzt und beauftragt, «die abergläubischen und verlogenen Kultushandlungen, denen das Volk unglücklicherweise noch immer die Treue hält, durch solche zu ersetzen, die der Republik und der natürlichen Moral gemäß sind».[15]

Was die Gemüter nachhaltiger zu beeinflussen versprach als solche aufwendigen Feste, war die konsequente Desakralisierung des Gedenkens an die Verstorbenen. Auch dafür lieferte Fouché das Exempel mit seiner vom 10. Oktober datierten Anordnung, die als einzigen Schmuck für die Friedhöfe eine Skulptur bestimmte, die den Schlaf symbolisierte; alle anderen Bildnisse und Zeichen müssten hingegen beseitigt werden. Außerdem sollte über dem Eingang zum Friedhof die Inschrift zu lesen sein: «Der Tod ist ein ewiger Schlaf».[16]

Der durch religiöse Bestattungsriten und das damit verbundene Memento mori «gezähmte Tod» (Philippe Ariès) wurde nun gleichsam «ausgewildert»; er war überall und nirgends. Überall, weil nicht nur in den großen Zentren Hinrichtungen ein alltägliches Schauspiel waren; nirgends, weil die Friedhöfe zu wüsten Stätten verkamen, auf denen die Verstorbenen in anonymen Massengräbern verscharrt wurden, und auch die profanierten Kirchen den Toten keinen Schutz mehr boten. Dieses Erlebnis leistete der Ausbildung einer Mentalität Vorschub, die sich durch die bewusste Missachtung der Toten in der Zeit der *Terreur* gegen die bedrängende Allgegenwart des Todes zu schützen suchte. Das stellte die Gesellschaft nach dem Ende der Schreckenszeit vor das Problem, wie nun mit den Toten umgegangen werden sollte. Der *Directoire*, der etwa Pläne für phantastisch anmutende Nekropolen ausarbeiten ließ, die zum Corpus der heute viel bestaunten utopischen Revolutionsarchitektur gehören, schlug sich damit letztlich vergeblich herum. Erst mit dem Consulat und dem napoleonischen Kaiserreich begann sich ein allmählicher Einstellungswandel abzuzeichnen. In Paris wurde nun mit der Anlage von drei großen Friedhöfen jenseits der Stadtgrenze begonnen, auf denen Privatleute «ewige» Konzessionen auf Grabstätten erwerben und diese auch mit je individuellen Grabmonumenten schmücken konnten.[17]

Auch die Pariser Sansculotten begeisterten sich für die Entchristianisierung. Deren Vorkämpfer machten durch Worte und Taten immer wieder darauf aufmerksam, dass sie nicht nur eine bloß ideologische Kampagne gegen das Christentum beabsichtigten, sondern auch das Ziel verfolgten, Vorstellungen einer extremen demokratischen Gleichheit zu verwirklichen. So ordnete etwa Fouché am 19. September an, in jedem Hauptort eines Distrikts einen *comité philantropique* einzurichten, «der autorisiert ist, entsprechend der Anzahl der Armen des Sprengels von den Reichen eine Steuer zu erheben».[18] Bei weitem noch radikaler als Fouché war sein im Département Loire tätiger Kollege Claude Javogues, der nach der Überzeugung handelte, dass die Armen und Unglücklichen nur in der demokratischen Republik ihr Glück finden könnten. Diese Personengruppe identifizierte er pauschal mit der überwältigenden Mehrheit des Volkes, als dessen natürliche Feinde er die Reichen, die Aristokraten, die Priester, die Advokaten und Wucherer ausmachte, also in Bausch und Bogen alle, die von ihm als selbstsüchtige Egoisten gebrandmarkt wurden. Da sie über ihren Reichtum nur deshalb verfügten, weil sie ihn den Sansculotten vorenthalten hätten, sei es nur gerecht, sie durch eine entsprechend hohe Steuerlast zu schröpfen.[19] Solche Ansichten wurden auch von anderen *Représentants du peuple* geteilt, die damit ganz auf der Linie der Anhänger Héberts lagen, die mit ihrem Radikalismus die Pariser Sansculotten zunehmend dominierten. In deren «Weltanschauung» war die Entchristianisierung untrennbar mit dem Ziel verknüpft, den neuen Menschen der Republik zu erschaffen – ein Individuum, das frei von allen Lastern und Vorurteilen des *Ancien Régime* sein sollte, ein Wesen von nüchterner Tugendhaftigkeit, bescheiden, selbstlos, duldsam und eben deswegen von unbesiegbarer Überlegenheit.

Aus dieser innerweltlichen Heilsgewissheit heraus drängten Anacharsis Cloots, Hébert, Anaxagoras Chaumette und einige weitere Radikalrevolutionäre den Pariser Bischof Joseph Gobel dazu, mit einem spektakulären Auftritt vor dem Konvent sein Amt niederzulegen und allen Gelübden zu entsagen.[20] Diesen Schritt vollzogen Gobel und eine Reihe weiterer Bischöfe und Priester der konstitutionellen Kirche am 7. November 1793.[21] Der Erfolg zwang jetzt auch den Département und den *Conseil général de la Commune de Paris* dazu, sich durch eine markante Demonstration zu der antikirchlichen Kampagne zu bekennen. Also wurde der Beschluss verabschiedet, am 10. November in der Pariser Kathedrale von Notre-Dame ein großes Fest nicht für die «ci-devant Sainte-Vierge», die «vormalige Heilige Jungfrau», sondern zu Ehren der Vernunft zu veranstalten, die bei dieser Gelegenheit von einer Schauspielerin verkörpert wurde.[22]

Kaum war dieser von Musik und Gesängen begleitete Festakt beendet, erschienen dessen Teilnehmer im feierlichen Zug im Konvent, nahm die «Göttin der Vernunft» neben dem Versammlungspräsidenten Platz und Chaumette ergriff das Wort. Seine wiederholt von Beifall unterbrochenen Ausführungen schloss er mit der Forderung, die «ci-devant» Bischofskirche von Paris «der Vernunft und der Freiheit zu weihen. Der Fanatismus hat sie verlassen; die vernunftbegabten Wesen haben sich ihrer bemächtigt: Bestätigen Sie deren Besitzansprüche». Dem Verlangen wurde spontan entsprochen, und der Konvent votierte einstimmig Notre-Dame zum «Tempel der Vernunft». Damit nicht genug, stellte Thuriot jetzt den Antrag, dass sich die Mitglieder des Konvents gemeinsam mit dem *peuple* sofort zum «Tempel der Vernunft» begeben sollten, um dort den Hymnus auf die Freiheit anzustimmen. Auch dieser Vorschlag wurde gebilligt: In Notre-Dame angelangt, sangen Abgeordnete und Pariser Sansculotten die von Chénier gedichtete und von François Joseph Gossec komponierte Hymne an die Freiheit.[23]

Angesichts solcher Begeisterung nimmt es nicht Wunder, dass sich Chaumette Tags darauf, am 11. November, im *Conseil général de la Commune de Paris* mit der Forderung durchsetzte, die Heiligenfiguren am Hauptportal von Notre-Dame zu zerstören.[24] Zuvor bereits war ebenfalls auf dessen Veranlassung der kostbare Reliquienschrein, der die Gebeine der Heiligen Geneviève, der Patronin von Paris, barg, in die Münze geschafft und eingeschmolzen worden. Mit weiteren Vorschlägen, wie etwa der Zerstörung aller Kirchtürme, weil diese den Prinzipien der Gleichheit widersprächen, konnte sich Chaumette zwar nicht durchsetzen, wohl aber mit dem Votum vom 23. November, das die Schließung aller Pariser Kirchen anordnete.[25]

Der ikonoklastische Rausch der Ultra-Revolutionäre um Hébert und Chaumette ging Hand in Hand mit dem wüsten Karnevalstreiben der Sansculotten einiger Pariser Sektionen, die wiederholt mit liturgischen Gewändern bekleidet im Konvent erschienen. Am 12. November etwa war es eine Delegation der Section des Gravilliers, die in Messgewänder gehüllt und mit Kreuzen, Monstranzen oder Kirchenfahnen in den Händen zu den Klängen der *Carmagnole* ihren Einzug in den Sitzungssaal hielt. Kaum waren ihre Teilnehmer vollzählig versammelt, entledigten sie sich des frommen Mummenschanzes, unter dem sie die Uniform der Nationalgarde trugen, und warfen Mitren, Kasel, Stolen oder Chorhemden mit den Rufen «*Vive la Liberté!, Vive la République!*» in die Luft.[26] Dieser abgeschmackte Schabernack verstörte all jene, die zwar dem Kult der Vernunft und einem verschwommenen Deismus anhingen, dieses Treiben aber gleichwohl ablehnten, weil sie darin nur den Ausdruck eines groben Atheismus erkannten. Dazu gehörte auch Robespierre, dem diese ostentative Gottlosigkeit nicht zuletzt deshalb zuwider war, weil er wusste, dass der *peuple* tief im Glauben verwurzelt war. Die religionsfeindlichen Kampagnen bargen die Gefahr, dass die Revolution ihren Rückhalt im Volk verlor.

Für die Sorgen und Befürchtungen, die Robespierre deshalb plagten, finden sich zwei Hinweise. Seinem «Carnet» ist zu entnehmen, dass er Bedenken wegen der Kalenderreform hegte, weshalb er diese wohl aussetzen wollte.[27] Eine dementsprechende öffentliche Stellungnahme hütete er sich aber abzugeben. Zu vermuten ist außerdem, dass Robespierre die treibende Kraft hinter dem Schreiben war, das der Wohlfahrtsausschuss am 27. Oktober 1793 André Dumont, dem im Département Somme in Abbéville tätigen *Représentant du peuple*, sandte. Der Brief war ein Verweis an Dumont, der sich auf eigene Faust unterstanden hatte, Priester der konstitutionellen Kirche zu nötigen, ihren Gelübden zu entsagen. Nach Ansicht Dumonts konnten sie nur so den Nachweis ihrer über jeden Zweifel erhabenen Loyalität gegenüber der Revolution erbringen. Aufschlussreich ist die politische Begründung der Kritik an diesem Vorgehen: «Uns will es scheinen, dass Sie mit ihren letzten Handlungen allzu heftig gegen den katholischen Kultus vorgegangen sind. Ein Teil von Frankreich, insbesondere der Süden, ist noch immer sehr im Glauben verwurzelt (*fanatisée*). Deshalb muss man sich davor hüten, den scheinheiligen Gegenrevolutionären Stoff für ihre Verleumdungen zu liefern, die nur danach trachten, den Bürgerkrieg zu entfachen. Es gilt also alles zu unterlassen, was ihnen Gelegenheit gibt zu behaupten, dass man die Kultusfreiheit verletze und die Religion als solche bekriege. Allein die aufrührerischen und gegen die Gesetze verstoßenden Priester müssen bestraft werden, aber keineswegs darf man das Priestertum als solches verbieten. Zum weiteren sollte man unbedingt auch davon absehen, in Gegenden, in denen der Patriotismus lau oder eingeschlafen ist, jene gewalttätigen Maßnahmen anzuwenden, die in aufständischen und gegenrevolutionären Landstrichen notwendig sind.»[28]

Vieles spricht dafür, dass sich Robespierres Ablehnung der Entchristianisierungskampagne in dem Maße verfestigte, wie immer deutlicher wurde, dass diese von den Hébertisten dazu genutzt wurde, ihre radikalen sozialrevolutionären Ziele zu propagieren. Das beschwor die Gefahr einer Spaltung der revolutionären Bewegungskräfte herauf, verbunden mit der Aussicht, dass die radikalen Hébertisten in ihrer Pariser Hochburg Robespierre den Rang abliefen und gestützt auf diesen Erfolg den weiteren Gang der Revolution bestimmten. Der Abgeordnete René Levasseur, der im November 1793 von diversen Missionen nach Paris zurückgekehrt war, hat die völlig veränderte Situation, die er damals im Konvent antraf, in seinen Memoiren anschaulich geschildert: «Mit lebhaftem Schmerz musste ich gewahren, dass mir statt dieser *Montagne*, die einst ein kompaktes und geschlossenes Ganzes gebildet hatte, eine große Anzahl rivalisierender Fraktionen gegenübertraten, die es aber nicht wagten, offen miteinander zu streiten, sondern die sich einen lautlosen Krieg lieferten, der vielleicht viel gefährlicher ist als die Redeschlachten im Konvent».[29] Was Levasseur irritierte, war ein verdecktes Gerangel um Macht und Einfluss, das im andauernden Kampf gegen wirkliche oder auch eingebildete Gegner ausgetragen wurde. Persönliche Animositäten und Feindschaften waren dabei unentwirrbar verquickt mit politischen Differenzen, und die, die in einem Streit als Verbündete auftraten, standen sich in einem anderen als erbitterte Feinde gegenüber. Allianzen und Anhänglichkeiten wechselten rasch, Korruption und Erpressung waren überall im Spiel, und die Atmosphäre war vergiftet durch Verdächtigungen und Verratsvorwürfe, bei denen sich Wahrheit und Lüge schwer unterscheiden ließen.

Keine der konkurrierenden Fraktionen fühlte sich stark genug, den Machtkampf offen auszutragen. Hébert konnte sich zwar auf die Sansculotten und auf die *Commune de Paris* stützen, aber Robespierre war der starke Mann bei den Jakobinern, im Konvent und im *Comité de Salut public*. Zur Konfrontation kam es schließlich, als Hébert am 8. November im Jakobiner-Club verschiedene zu den Armeen ausgesandte *Représentants du peuple* denunzierte. Einer davon war der zur Armee vor Toulon abgeordnete Louis-Marie Fréron, der mit Danton und Camille Desmoulins befreundet war und den er rundheraus als «Aristokraten» beschimpfte; ein anderer der bei der Nordarmee tätige François-Joseph Duquesnoy, den Hébert bezichtigte, seinem Bruder zu einem raschen Avancement in der Armee verholfen zu haben. Auch der Redakteur des *Journal de la Montagne*, Laveaux, wurde von ihm scharf angegriffen, weil er es gewagt hatte, in diesem Organ der Jakobiner zwei Artikel zu veröffentlichen, die sich kritisch mit dem Atheismus auseinandersetzten. Nach weiteren Anschuldigungen von Chaumette und Brichet fiel schließlich der Beschluss, alle diese Fälle dem *Comité de Salut public* zur weiteren Befassung zu überweisen.[30]

Die Angriffe von Hébert und Konsorten waren für Robespierre das Signal, die Regie in diesem verdeckt geführten Machtkampf zu übernehmen. Am nächsten Tag erschien er demonstrativ an der Seite des verleumdeten Duquesnoy im Jakobiner-Club. Duquesnoy widerlegte alle gegen ihn erhobenen Vorwürfe mit Aplomb. Seinen Ausführungen schloss sich Robespierre mit einer allgemein gehaltenen Erklärung an: «Die reine Wahrheit, die ich Ihnen von dieser Bühne aus verkünden kann, ist die, dass man bestrebt ist, uns durch uns selbst zu verderben. Das war seit je Ziel und Mittel der Föderalisten, der Aristokraten, der ausländischen Mächte... Spalten sie die Jakobiner, so lautete ihr Rat, indem sie Männern ihre Unterstützung geben, die diese verwirren und unter ihnen Zweifel säen, wie der Revolution am besten gedient sei.»[31]

Hébert reagierte auf diesen Angriff mit keinem Wort, aber als zwei Tage später, am 11. November, der Konvent den Wohlfahrtsausschuss beauftragte, «nach den Gründen und Personen zu forschen, die verantwortlich sind für die Verleumdungen der zu den Armeen entsandten Kommissare»,[32] bekannte er am Abend im Jakobiner-Club, dass er sich mit der Beschuldigung von Duquesnoy geirrt habe, und tauschte mit diesem den Bruderkuss. Das hinderte ihn aber nicht daran, nun Thuriot zu denunzieren sowie zu fordern, das Betragen von Chabot und Basire zu untersuchen, zwei Konventsabgeordneten, die zu den Hébertisten gehört, sich aber von ihnen abgewandt hatten. Zur Begründung zitierte er einen Ausspruch von Vergniaud, der seinem eigenen revolutionären Credo entsprach: Im Ablauf einer Revolution dürfe man nie innehalten; ein Schritt zurück stürzt unweigerlich die Partei, die weich geworden ist, in den Abgrund.[33] Das war Héberts Kampfansage an Robespierre, denn damit reagierte er auch auf den lebhaften Zuspruch, den dessen Ausführungen vor den Jakobinern am 10. November im Konvent gefunden hatten, als hier der Abgeordnete Pierre Philippeaux den Antrag stellte, dass jeder Abgeordnete und sonstige Mandatsträger binnen zehn Tagen ihre Vermögensverhältnisse aus der Zeit vor Beginn der Revolution offenlegen und auch nachweisen sollten, ob diese seither zugenommen hätten und auf welche Weise dieser Zuwachs zustande gekommen sei. Wer dem innerhalb der gesetzten Frist nicht entspreche, sollte als Vaterlandsverräter respektive als Verdächtigter in Haft genommen werden.[34]

Der Antrag von Philippeaux zielte darauf ab, den vagen Unterstellungen Robespierres Substanz zu verleihen. Dieses Ansinnen wurde von den Abgeordneten sofort als Bedrohung empfunden, die wegen ihrer engen Verbindungen mit zumeist ausländischen Bankiers und Geschäftsleuten, die in Paris mit Heereslieferungen große Gewinne erzielten, einschlägig verdächtig waren. Der Verdacht gründete sich darauf, dass diese Abgeordneten zwar zu den Gefolgsleuten von Danton zählten, sie aber gleichwohl die großen Ziele der Hébertisten, die unbedingte Fortsetzung der revolutionären Expansionskriege und die Entchristianisierungskampagne, unterstützten, weil beide versprachen, die Gewinnabsichten der Spekulanten zu fördern. Gegen den Antrag von Philippeaux legte als Erster der Abgeordnete Claude Basire Verwahrung ein, der seinen Widerspruch damit begründete, dass er sich zum Anwalt des begründeten Unbehagens machte, das sich gegen die Schreckensherrschaft regte: «Es geschieht nicht aus Patriotismus, dass man denunziert, verleumdet; häufig geschieht dies aus purer Spitzfindigkeit, aus Schikane und steht im Zusammenhang mit gegenrevolutionären Absichten. (...) Es ist an der Zeit, dass Sie die Patrioten von diesem Terror befreien, der die großherzigen Tugenden, die generösen Empfindungen zerstört, den Elan der Phantasie erstickt, die Anstrengungen des Patriotismus verkümmert und es dem Gesetzgeber unmöglich macht, gute Gesetze zu verabschieden. Was ich damit sage, wird mir Hass und Rachegefühle eintragen und mich möglicherweise meinen Kopf als Preis für meinen Mut kosten».[35]

Basire sprang François Chabot bei,[36] der noch deutlicher als sein Vorredner die Diktatur des Wohlfahrtsausschusses angriff: «Worauf es mir ankommt, ist, dass die Freiheit triumphiert, dass die *Terreur* nicht alle Departements zerschmettert; dass die Schreckensherrschaft nicht die Bürger, die würdig sind, unsere Nachfolger zu werden, dem Konvent entfremdet; dass der Konvent diskutiert und nicht, dass er einfach einer Vorlage zustimmt; dass es nicht immer nur eine einzige Vorlage für alle Beschlüsse gibt. Sollte es keine Rechte mehr geben, dann werde ich allein diese repräsentieren, sollte es mich auch meinen Kopf kosten, damit es eine Opposition gibt und man nicht sagen kann, dass wir alle Gesetze aus Gefälligkeit und ohne jede Aussprache verabschieden. – Wer hat Ihnen gesagt, Bürger, dass die Gegenrevolutionäre nicht darauf zählen, dass Ihre Köpfe auf dem Schafott abgeschlagen werden? Einer meiner Kollegen hat einen sagen hören: *Heute ist dieser an der Reihe; morgen trifft es Danton; übermorgen wird Billaud-Varenne einen Kopf kürzer gemacht; enden wird es mit Robes-*

pierre. Solches Gerede muss die Republikaner entsetzten. Wer von Ihnen kann sich dessen sicher sein, dass nicht die besten Patrioten auf Grundlage eines gefälschten Schreibens unter Anklage gestellt werden»?[37]

Jacques-Alexis Thuriot, der von Hébert ebenfalls ins Visier genommen worden war, verklagte ein «système de terreur et de calomnie», dem jene Bürger zugeschlagen würden, die sich ganz besonders für das Vaterland einsetzten. «Warum nehmen Sie nicht zur Kenntnis, was in den Kreisen ausgeheckt wird, in denen man sich verschwört, die Freiheit zu beseitigen? Ich bin der Überzeugung, dass die Partei der Tyrannenherrschaft noch immer existiert. Ihre Agenten wimmeln in den Clubs, in den Gruppen, auf den öffentlichen Plätzen herum, wo sie das Blutbad predigen. Gehen Sie doch einmal in diese Versammlungen, zu denen sich politisch Interessierte zusammenfinden, dann werden ihnen dort diese Männer begegnen, die Ansichten vertreten, die darauf aus sind, das Talent und alles, was Handel und Industrie fördert, zu vernichten».[38]

Alle diese Stimmen artikulierten eine entschiedene Ablehnung der *Terreur*. Darin klangen unüberhörbar Befürchtungen und Ängste an, von denen die Abgeordneten seit der Säuberung des Konvents von den *Girondins* heimgesucht wurden. Eine tiefe Verunsicherung griff seither um sich, die von den ständigen Denunziationen genährt wurde und sich schließlich mit dem Sturz Robespierres am 9 Thermidor gewaltsam Luft machte. Dazu reichte das Potenzial des Widerspruchs, der jetzt laut wurde, aber noch nicht aus. Ein Grund dafür war, dass die drei Abgeordneten übel beleumdet und ihre Namen wiederholt im Zusammenhang mit Korruptionsvorwürfen genannt worden waren. Allerdings fand sich aber auch niemand, um das Regime der *Terreur* zu verteidigen. Diese Unentschlossenheit zeigte sich daran, dass der Konvent zwar dem Antrag Chabots entsprach,[39] das entsprechende Gesetz aber bereits zwei Tage später auf Antrag von Barère mit der fadenscheinigen Begründung wieder kippte, es widerspreche dem Gleichheitsprinzip.[40]

Am Abend zuvor war deswegen schon im Jakobiner-Club Empörung laut geworden.[41] Das war ein Signal, dem sich der Konvent umgehend beugte, der in derselben Sitzung auch das Mandat des Wohlfahrtsausschusses um einen weiteren Monat verlängerte.[42] Beides machte den drei Dissidenten Basire, Chabot und Thuriot unmissverständlich klar, dass sie sich mit ihrem keineswegs uneigennützigen Eintreten für eine Mäßigung der *Terreur* ins politische Abseits manövriert und damit höchst angreifbar gemacht hatten. Als am 13. November die Abordnung des Jakobiner-Clubs im Konvent das Wort erhielt und ihr Redner den Abgeordneten versicherte, der Franzose kenne in seiner Ergebenheit gegenüber der Revolution nur die *Terreur* oder den Tod, um die Freiheit zu gewährleisten,[43] beeilten sich die drei, sich von ihren am 10. November gemachten Ausführungen zu distanzieren und ihre Übereinstimmung mit den radikalrevolutionären Ansichten der Jakobiner zu bekunden.[44] Diese «Selbstkritik» konnte sie allerdings nicht mehr retten, am Abend des 13. November wurden sie im Jakobiner-Club vielstimmig denunziert und kurz darauf ausgeschlossen.[45]

Um sein Verhängnis abzuwenden, suchte Chabot am Morgen des 14. November Robespierre in dessen Wohnung auf und unterrichtete ihn in Umrissen von einer riesigen, vom feindlichen Ausland gesteuerten Verschwörung gegen den Konvent, in die ihn Hébert und Chaumette seit August hineingezogen hätten. Er habe sich darauf eingelassen, um genauen Aufschluss über den geplanten Umsturz zu erlangen, den er jetzt zur Anzeige bringe.[46] Robespierre war gewitzt genug, das Manöver Chabots zu durchschauen. Die umfangreichen Aussagen, die Chabot und Basire dem Sicherheitsausschuss zu Protokoll gaben, muteten zwar völlig phantastisch an, enthielten aber auch viele Elemente, die Robespierre einleuchteten.[47] Das zeigt der Bericht, den Amar seitens des Wohlfahrts- und des Sicherheitsausschusses am 18. November dem Konvent vorlegte und in dem von der Aufdeckung einer riesigen Verschwörung zur Beseitigung des Konvents die Rede war, die von Agenten ausländischer Mächte ausgeheckt worden sei. Beteiligt wären außer Chabot und Basire, die bereits verhaftet worden waren, noch eine Reihe weiterer Abgeordneter sowie Personen, die nicht dem Konvent angehörten.[48]

Zwar wurden die von Chabot wie Basire in diesem Zusammenhang behaupteten Machenschaften, mit denen sich Abgeordnete des Konvents, ausländische Bankiers und royalistische Agenten an der *Compagnie des Indes,* einer Handelsgesellschaft, die seit dem 17. Jahrhundert den französischen Seehandel mit Indien organisierte, zu bereichern versucht hätten, durch die Ermittlungen zum Teil sogar bestätigt. Die Behauptung, dass diese Korruption zusammen mit einer gezielten Verleumdungskampagne gegen führende Revolutionäre Teil eines einzigen großen Komplotts gewesen wäre, entbehrte allerdings jeder Grundlage. Robespierre lieferte die Aufdeckung dieser «intrigue ténébreuse» gleichwohl eine Fülle von «Beweisen», derer er sich im Machtkampf mit den Hébertisten sofort zu bedienen wusste. Einen ersten Anlass dazu bot ihm der Bericht über die außenpolitische Situation Frankreichs, den er dem Konvent am 17. November abstattete und zugleich zu einem Angriff auf seine innenpolitischen Gegner nutzte. Nachdem er die Abgeordneten vor der «systematischen Übertreibung der falschen Patrioten» gewarnt hatte, stellte er einen Zusammenhang zwischen ihren Denunziationen und der aktuellen Korruptionsaffäre her: «Die Volksvertreter, die dafür anfällig sind, zu korrumpieren oder diejenigen, die sich nicht korrumpieren lassen, zu verleumden und zu vernichten, um so die Auflösung der Nationalrepräsentation zu erreichen – da haben Sie das Ziel, auf das alle Machenschaften abgestellt sind, deren Zeugen wir sind, das ist die Absicht hinter allen vermeintlich patriotischen Anstrengungen, die die Gegenrevolution im Schilde führt, derer sich die Durchtriebenheit bedient, um in Paris einen Aufruhr zu entflammen und die ganze Republik umzustürzen».[49]

Robespierres Ausführungen zeigen, dass er die Verschwörung als wahr und wirklich einschätzte. Solange aber der Sicherheitsausschuss seine Anklage noch nicht formuliert hatte und die breite Öffentlichkeit von ihrer Richtigkeit noch nicht überzeugt war, musste er Vorsicht walten lassen. Am 21. November führte er einen weiteren Angriff und wandte sich in einer großen Rede vor den Jakobinern gegen die von den Hébertisten geförderte Entchristianisierung und Kirchenschändung: «Man war der irrigen Annahme, dass der Konvent, als er die Spenden von Kirchengerät akzeptierte, den katholischen Kultus untersagt hätte. Nein, der Konvent hat eine derartig voreilige Maßnahme nicht ergriffen, der Konvent wird ihr niemals zustimmen. Seine Absicht ist es vielmehr, die Freiheit der Religionsausübung, die er verkündet hat, aufrechtzuerhalten und zugleich alle diejenigen zu verfolgen, die diese missbrauchen, um die öffentliche Ordnung zu stören. Der Konvent wird es nicht dulden, dass die gesetzestreuen Diener des Kultus verfolgt werden; aber er wird sie auch jedes Mal unnachsichtig bestrafen, sollten sie es wagen, ihre Funktionen dafür zu nutzen, die Bürger zu täuschen und die Vorurteile oder die royalistischen Ansichten, die gegen die Republik gerichtet sind, zu kräftigen. Man hat die Priester denunziert, weil sie die Messe gelesen haben; sie werden sie noch viel länger lesen, wenn man sie daran zu hindern sucht. Derjenige, der ihnen das Messopfer untersagen will, ist im Übrigen weitaus fanatischer als der, der die Messe liest. – Auch gibt es Leute, die noch viel weiter gehen und unter dem Vorwand, den Aberglauben zu beseitigen, den Atheismus selbst zu einer Religion machen wollen. Jeder Philosoph, jedes Individuum, kann es diesbezüglich halten, wie es ihm gefällt. (...) Der Konvent kompiliert keine Bücher, ist kein Autor metaphysischer Systeme; er ist vielmehr die politische Vertretung des Volkes und seine Aufgabe ist es nicht nur, die Gesetze, sondern auch den Charakter des französischen Volkes zu respektieren. Es war deshalb keineswegs eine leere Geste, dass er die Menschenrechte unter der Voraussetzung eines höchsten Wesens proklamiert hat. Möglicherweise meint man jetzt, ich sei ein engstirniger Geist, ein Mann mit Vorurteilen; wer weiß, vielleicht sogar ein Fanatiker. Ich habe bereits betont, dass ich weder als eine Einzelperson, noch als ein Künder eines philosophischen Systems spreche, sondern als Vertreter des Volkes. Der Atheismus ist eine durch und durch aristokratische Überzeugung, während die Vorstellung eines obersten Wesens, das über die unterdrückte Unschuld wacht und von dem das siegreiche Verbrechen geahndet wird, zutiefst volkstümlich ist. (...) Wenn es Gott nicht gäbe, müsste man ihn erfinden».[50]

Damit, dass er sich dieses berühmte Wort von Voltaire zu eigen machte, verblüffte Robespierre sicherlich seine Zuhörer im Jakobiner-Club. Darin dürfte sich aber auch die Wirkung seiner Ausführungen bereits erschöpft haben, denn die Entchristianisierung war bei den Pariser Sansculotten längst zu einem Selbstläufer geworden und ließ sich durch eine solche Kritik nicht mehr aufhalten.

Daran zeigt sich, wie schwach Robespierres Stellung tatsächlich war. Dasselbe galt auch für den Wohlfahrtsausschuss, der zwar die Revolutionsregierung darstellte, es aber nicht vermochte, die entfesselte Dynamik der Revolution zu moderieren, geschweige diese zu lenken. Die wachsende Anarchie spielte den Ultraradikalen, den Hébertisten, in die Karten, die mit den Pariser Sansculotten, der *Com-*

mune de Paris sowie vielen der *Représentants du peuple* vom Schlage eines Fouché oder Javogues die stärkeren Bataillone hatten, mit denen sie den Konvent und damit auch den Wohlfahrtsausschuss vor sich her treiben konnten. Die Bewegungskräfte der Revolution, die seit dem Ausschluss der *Girondins* allein von den *Montagnards* repräsentiert wurden, spalteten sich zunehmend in Fraktionen auf, die miteinander um die Macht konkurrierten. Dies wurde in dem Maße immer deutlicher erkennbar, wie die kritische Lage, in der sich Frankreich seit dem Sommer 1793 befunden hatte, nicht mehr zur Rechtfertigung der *Terreur* herangezogen werden konnte.

Die Situation Frankreichs und der Revolution hatte sich unterdessen grundsätzlich gebessert. Nach den Siegen über die englischen und österreichischen Truppen im September und Oktober war die Gefahr einer Invasion fürs Erste gebannt. Die Brandherde des «Föderalismus» in Lyon, Toulon und anderen Orten waren gelöscht oder unter Kontrolle gebracht worden. Das galt auch für den Aufstand in der Vendée. Zwar weniger auffällig, aber dennoch spürbar waren auch die Verbesserungen bei der Versorgung. Die Ende September eingeführten Höchstpreisbestimmungen wurden ab November in ganz Frankreich wirksam. Die meisten Distriktbehörden führten nun entsprechende Kontrollen aus, was gleichwohl nichts daran änderte, dass der Schwarzmarkt nach wie vor blühte. Ein weiterer Schritt zur Regulierung der Märkte und der Versorgung war das am 22. Oktober 1793 verabschiedete Gesetz, mit dem eine nationale *Commission de subsistances et d'approvisionnements* geschaffen wurde, die unmittelbar dem Wohlfahrtsausschuss und dessen Mitglied Robert Lindet unterstellt war. Diese Kommission erhielt den Auftrag, Märkte und Warenströme zu kontrollieren, In- und Export zu regulieren sowie die reibungslose Versorgung der Armeen wie der Departements und insbesondere von Paris zu gewährleisten, die Industrieproduktion anzukurbeln und die Verbesserung der landwirtschaftlichen Produktivität zu überwachen.[51] Zwar dauerte es bis zum Frühjahr 1794, bis alle diese Kontrollmechanismen griffen, aber ihre Wirkung zeigte sich sehr schnell am Wertzuwachs der Assignaten. Waren diese bis zum August 1793 auf 22 Prozent ihres Nennwerts gefallen, stiegen sie bis November auf 33 Prozent und notierten im Dezember bei 48 Prozent.

Das alles sprach für eine Milderung des drakonischen Schreckensregiments. Inwieweit auch Robespierre diese Ansicht teilte, muss jedoch dahinstehen. Zumindest war auch er davon überzeugt, dass sich die Republik inzwischen gefestigt hatte, jedenfalls nicht mehr mit Waffengewalt beseitigt werden konnte – womit also ein wesentliches Argument für die *Terreur* wegfiel. Doch fürchtete Robespierre jetzt, dass die Alliierten und insbesondere England stattdessen versuchen würden, die Revolution durch Intrigen und Korruption zu vernichten. Eben zu diesem Ziel würden bezahlte Agenten, die sich als vorbildliche Patrioten tarnten, die Republikaner gegeneinander aufhetzen. Entsprechende Hinweise lieferte ihm in großer Fülle die bereits erwähnte umfangreiche Aussage Chabots. Zu diesen Machenschaften zählte für Robespierre aber auch die Entchristianisierungskampagne, die sich den naiven Radikalismus mancher Revolutionäre zunutze mache und dabei die Bevölkerung gegen die Revolution aufbringe. Davor hatte Danton bereits im Jahr zuvor gewarnt, als er am 30. November 1792 im Konvent die Absicht, dem Volk den Glauben zu verbieten, geradezu als ein «crime de lèse-nation», als Verbrechen gegen die Nation, qualifizierte.[52] Möglich, dass sich Robespierre jetzt dessen entsann und in Danton einen potentiellen Verbündeten erkannte, um einen Kurswechsel durchzusetzen.

Danton, der sich seit Mitte Oktober in seinem Heimatort Arcis-sur-Aube aufhielt, war um den 20. November wieder nach Paris zurückgekehrt. Aufgrund seiner Beziehungen zu einer Reihe von Leuten, die unmittelbar in den Korruptionsskandal um die *Compagnie des Indes* verwickelt waren, musste er befürchten, ebenfalls in diesen Sumpf gezogen zu werden. Tatsächlich hatten Chabot und Basire in ihren Aussagen bezeugt, Danton sei mittel- oder unmittelbar an finanziellen Machenschaften beteiligt gewesen, was ihm durchaus zuzutrauen war. Was ihn besonders alarmieren musste, waren die gegenrevolutionären Implikationen, mit denen Chabot seine Aussage würzte. So sollte Danton etwa als Justizminister zweimal einen gewissen Benoît, der als royalistischer Agent galt, mit vertraulichen Missionen beauftragt haben. Angesichts der Angriffe, die Hébert schon vor Bekanntwerden dieser Affäre gegen Danton gerichtet hatte, waren solche Andeutungen höchst gefährlich. Also war es ratsam, den Sicherheitsausschuss durch diskrete Einflussnahme dazu zu bringen, seinen Namen aus den Akten zu tilgen, bevor die Anklage formuliert worden war – was ihm schließlich auch gelang.[53]

Danton hatte sofort registriert, dass Robespierre in der Rede vom 21. November erstmals die Entchristianisierungskampagne mit einem vom Ausland gesteuerten gegenrevolutionären Komplott in Verbindung gebracht hatte. Darin verriet sich ein grundsätzlicher politischer Sinneswandel, denn bislang hatte er sich damit beschieden, gelegentlich einzelne Auswüchse zu tadeln, aber nie die Motive derer in Frage zu stellen, die dafür die Verantwortung trugen. Danton schlug daher sofort in die nämliche Kerbe und reichte dem übervorsichtigen Robespierre die Hand zu einem informellen Bündnis, um den Einfluss der Hébertisten einzuschränken. Er eröffnete sein Werben mit einer Rede, die er am 22. November in der Debatte über das Gesetz im Konvent hielt, das eine Fortsetzung der staatlichen Besoldung von Priestern vorsah, die abzuschaffen im Zuge der Entchristianisierungskampagne am 11. November gefordert worden war.[54] «Auf welchen Überlegungen basiert das Gesetzesvorhaben, das man Ihnen vorschlägt? – Auf einem sparsamen Umgang mit dem Blut von Menschen. Ihre Feinde haben auf den Moment gelauert, den sie nutzen könnten, um Sie zu vernichten, auf die Weltanschauung, auf die Sie mit solchem Eifer bedacht sind. Sie waren der Überzeugung, dass die Franzosen die Schwachen unter ihren Mitbürgern verfolgen würden. Dem gilt es einen Strich durch die Rechnung zu machen. (...) Es ist keineswegs schwer, sich den Nachteil für die Freiheit auszumalen, den eine Ablehnung dieses Ihnen vorgeschlagenen Gesetzes mit sich bringen würde. Stellen Sie sich vor, dass Ihre siegreichen Armeen, sobald sie in Belgien eindringen, dort, statt auf Freunde zu stoßen, nichts anderes als erbitterte Feinde antreffen. – Ohne Großzügigkeit, ohne Nachsicht gegenüber der Masse der Priester, die durchaus zu Recht verdächtig sind, können Sie nicht den Maßgaben einer vernünftigen Politik entsprechen. (...) Deshalb verlange ich, mit dem Blut der Menschen zu haushalten. Ich fordere, dass Sie nicht die Mittel aus der Hand geben, bei Ihren Feinden einzuziehen und sich diese uns gewogen zu machen».[55]

Danton formulierte damit als Maxime, was Robespierre in seinem Überblick über die außenpolitische Situation Frankreichs lediglich angedeutet hatte: Die rabiate Entchristianisierung war unpolitisch, weil sie den wahren Interessen Frankreichs und der Revolution schadete. Danton bezeichnete die Nachsicht, also die konsequente Mäßigung des Regimes der *Terreur* geradezu als ein Erfordernis, das die unabdingbare Voraussetzung für den angestrebten politischen Erfolg der Revolution darstelle. Dieses politische Leitmotiv exemplifizierte er noch deutlicher, als er sich am 26. November mit großer Vehemenz gegen die «mascarades anti-religieuses» aussprach, mit denen die Arbeit des Konvents immer wieder gestört würden: «Man macht viel zu viel Aufhebens von gebieterischen Einreden, die durch die Umstände veranlasst wurden. Zweifellos haben diejenigen, die als Erste ein Beispiel dafür gaben, Glückwünsche verdient; man muss aber keineswegs anderen gleichfalls große Anerkennung spenden, die lediglich von dem unwiderstehlichen Sturzbach der Meinung mitgerissen wurden. (...) Ganz allgemein formuliert, sollte man davon absehen, diesen antireligiösen Mummenschanz weiter zu dulden. (...) Unsere Aufgabe ist es nicht, Prozessionen zu empfangen und Priestern zuzuhören, die sich von ihren Gelübden lossagen. Das bedeutet immer, sich in demselben Kreis zu drehen, dieselben Reden anhören zu müssen. Mit allem muss einmal Schluss sein. Ich fordere, dass man damit jetzt aufhört». Einmal derart in Schwung erhob Danton die weitere Forderung, dass umgehend ein detaillierter Bericht über den bekannt gewordenen Komplott, in den dem Vernehmen nach auch Ausländer verwickelt seien, vorgelegt werde. «Es gilt, dessen Rädelsführer und Komplizen, die sich auch im Konvent befinden sollen, unnachsichtig zu enttarnen, die Verräter, überall und gleichgültig welche Masken sie auch tragen mögen, zu bestrafen. Dabei ist genau zu unterscheiden zwischen dem, was sich dem Irrtum, und dem, was sich der verbrecherischen Absicht zuschreiben lässt. Das Volk wünscht es nicht, dass der Schrecken die Tagesordnung beherrscht, sondern es verlangt lediglich, dass dieser einzig und allein gegen die wahren Feinde der Republik geübt wird.»[56]

Viel spricht dafür, dass die eindringlichen Warnungen Dantons den *Comité de Salut public* dazu veranlassten, der im Oktober proklamierten Revolutionsregierung endlich eine Struktur und eine Geschäftsordnung zu geben. Ein entsprechender Vorschlag, der dem Wohlfahrtsausschuss die unmittelbare Kontrolle aller Regierungsgeschäfte zusprach, wurde von Billaud-Varenne am 18. November dem Konvent unterbreitet.[57] Auffällig daran war die Zentralisierung aller exekutiven Befugnisse, die auch von der Debatte, die der Verabschiedung dieses Entwurfs am 4. Dezember vorausging, nur unwesentlich abgeändert wurde.[58] Danton brachte außerdem am 23. November den Vorschlag in die Diskussion ein, die bislang gewählten «procureurs généraux syndics», die in jedem Departement die Kontrolle der Verwaltung ausübten, durch «agents nationaux» zu ersetzen. Diese sollten unmittelbar dem Wohlfahrtsausschuss unterstehen und von diesem auch ernannt oder abberufen werden, ohne dass er deshalb gegenüber dem Konvent zur Rechenschaft verpflichtet sein sollte.[59] Danton begründete seinen Vorschlag verharmlosend damit, dass so der «esprit de localité» beseitigt werde, der eine überall gleichmäßige Umsetzung der Gesetze verhindere. In Wahrheit handelte es sich dabei jedoch um den entscheidenden Schachzug, mit dem die Macht von Chaumette und der *Commune de Paris* unterminiert werden sollte.

Zwar blieb der Wohlfahrtsausschuss dem Konvent gegenüber formal verantwortlich, und dieser war auch befugt, dessen personelle Zusammensetzung alle vier Wochen zu verändern. Gleichwohl verschaffte die Neuorganisation des «gouvernement provisoire et révolutionnaire» dem Gremium einen beträchtlichen Machtzuwachs. In Verwaltungs- und Polizeibelangen oblag ihm die exekutive Gewalt. Der weiterhin existierende Ministerrat wurde zu einem bloß passiven Ausführungsorgan herabgestuft, das die Anordnungen des *Comité de Salut public* wie des *Comité de Sûreté générale*, der allgemeine polizeiliche Überwachungsaufgaben wahrnahm, zu exekutieren hatte. Allen untergeordneten Behörden und Organen wurde außerdem ausdrücklich untersagt, Gesetze und Anweisungen eigenmächtig zu verändern, zu kommentieren oder zu interpretieren. Das zielte in erster Linie auf die *Représentants du peuple*, auf die Kommissare, die sich während des Jahres 1793 ausnahmslos als Prokonsuln in den ihnen zugewiesenen Gebieten aufgeführt und während ihrer Tätigkeit so gut wie keiner zentralen Kontrolle unterstanden hatten.[60] Mit dieser Machtherrlichkeit war es nun vorbei. Fortan wurde die Umsetzung der revolutionären Gesetzgebung auf lokaler Ebene den Behörden der Distrikte wie den *Conseils de Commune* übertragen, die alle zehn Tage den beiden Regierungskomitees unmittelbar Bericht erstatten mussten. Um sicherzugehen, dass diese auch ihren neuen Aufgaben gewissenhaft nachkamen, erhielten sie entsprechend dem von Danton gemachten Vorschlag jeweils einen *Procureur national*, einen von beiden Komitees beauftragten «Aufpasser», beigestellt, der seinerseits zur unmittelbaren Berichterstattung verpflichtet war. Weitgehend kaltgestellt wurden hingegen die Departements, die sich durch ihr «föderalistisches» Engagements verdächtig gemacht hatten; in deren Zuständigkeit fiel nur noch die Verwaltungsroutine der Steuererhebung und die Beaufsichtigung öffentlicher Bauvorhaben. Vollständig abgeschafft wurden die lokalen *Armées révolutionnaires* mit der Begründung, dass sie ein einheitliches Regierungshandeln behinderten und außerdem die Gefahr des «Föderalismus» befördern könnten. Lediglich die lokalen *Comités de Surveillance,* die dem *Comité de Sûreté générale* unterstellt wurden und diesem berichten mussten, wurden beibehalten: Sie boten die beste Gewähr für die Durchsetzung der *Loi des Suspects*, des Gesetzes gegen die «Verdächtigen», in seiner letzten und verschärften Fassung vom 17. September 1793. Unübersehbar war, dass die beiden Regierungskomitees darauf abzielten, sich eine einheitliche Verwaltungsorganisation zu schaffen, die zügig und ohne jede Änderungen, Einreden oder gar Widerstände ihre Absichten und Direktiven verwirklichen konnte.

Das Verdächtigengesetz wurde damit zum tragenden Element des bürokratischen Schreckensregiments. Nach Geist und Inhalt stand diese *Loi du 14 Frimaire*, wie sie nach dem Revolutionskalender genannt wurde, in deutlichem Widerspruch zu den Absichten, von denen sich die Väter der Verfassung von 1791 hatten leiten lassen. Und auch mit der republikanischen Verfassung von 1793, die noch nicht in Kraft gesetzt worden war, ließ es sich schwerlich in Einklang bringen. Das verlangte nach einer Erklärung, die Robespierre mit der großen Rede vom 25. Dezember 1793 lieferte, in der er namens des Wohlfahrtsausschusses die Prinzipien erläuterte, die für die Revolutionsregierung bestimmend seien: «Die Aufgabe einer Regierung ist es, die moralischen und physischen Kräfte der Nation auf das Ziel hin auszurichten, dem sie ihre Einrichtung verdankt. Das Ziel einer konstitutionellen Regierung ist die Wahrung der Republik; das einer Revolutionsregierung ist es, diese zu schaffen. – Die Revolution ist der Krieg der Freiheit gegen ihre Feinde; die Verfassung hingegen bezeichnet die Herrschaft der siegreichen und unangefochtenen Freiheit. – Die revolutionäre

Regierung bedarf außergewöhnlicher Tatkraft, eben weil sie sich im Krieg befindet. Sie ist weit weniger uniformen und rigorosen Regeln unterworfen, weil die Umstände, in denen sie agieren muss, stürmisch und sehr veränderlich sind, aber auch, weil sie andauernd dazu genötigt wird, neue und rasche Antworten auf neue und drängende Gefahren zu geben. – Die verfassungsmäßige Regierung beschäftigt sich vorrangig mit den Belangen bürgerlicher Freiheit, die Revolutionsregierung mit denen der öffentlichen Freiheit. Unter der verfassungsmäßigen Herrschaft kann man sich fast damit bescheiden, die Individuen vor den Übergriffen der öffentlichen Macht zu schützen. Für ein revolutionäres Regime ist es charakteristisch, dass die öffentliche Macht dazu verpflichtet ist, sich gegen alle Fraktionen, die sie angreifen, zur Wehr zu setzen. – Die Revolutionsregierung ist darauf verpflichtet, den guten Bürgern den geballten nationalen Schutz zu gewähren; gegenüber den Feinden des Volkes lautet diese Verpflichtung darauf, diesen den Tod zu bringen».[61]

Das war die Programmatik der organisierten Schreckensherrschaft, deren Praxis durch die *Loi du 14 Frimaire* eine feste Struktur gegeben werden sollte. Für die bislang herrschende Anarchie des Schreckens standen etwa die Revolutionsarmeen, die jetzt zu einer einzigen, streng kontrollierten Truppe zusammengefasst werden sollten, ebenso wie die Kampagne gegen das Christentum oder das Machtgebaren der *Représentants du peuple.* Schließlich stellte dieses Gesetz die erste stabile Zentralregierung in Aussicht, die Frankreich seit der Einberufung der Generalstände erlebt hatte. Allein, trotz seiner eindeutigen und auf sofortige Respektierung angelegten Bestimmungen, brauchte dieses Gesetz geraume Zeit, um wirksam zu werden. So dauerte es Monate, bis die regionalen Revolutionsarmeen aufgelöst waren, zumal diese für die jeweiligen Volkskommissare ein unverzichtbares Instrument darstellten, um ihrer Macht den notwendigen Nachdruck zu verschaffen.[62] Entsprechendes galt auch für die Entchristianisierungskampagne, die in manchen Teilen Frankreichs noch bis ins Frühjahr 1794 andauerte.

Was die Wirkung des Gesetzes vereitelte, war eben das, was mit ihm beseitigt werden sollte: die Anarchie des Schreckens, an deren Fortdauer eine Vielzahl von Akteuren interessiert waren, die ihrer Entmachtung einen zähen und lang anhaltenden Widerstand entgegensetzten. Exemplarisch dafür ist die Wirkungslosigkeit des von Robespierre eingebrachten und am 6. Dezember 1793 vom Konvent verabschiedeten Gesetzes, mit dem das Grundrecht auf freie und ungehinderte Religionsausübung bekräftigt wurde.[63] Nicht nur die *Commune de Paris* hielt an ihrer extremen Kirchenfeindlichkeit einfach fest, auch viele *Représentants du peuple* suchten mit der Fortsetzung der Entchristianisierung ihre Machtfülle als Prokonsuln zu verteidigen.[64]

Wie Robespierre in seinen Ausführungen vom 25. Dezember deutlich machte, war das Ziel der Revolutionsregierung der Kampf gegen die Feinde der Freiheit. Unklar blieb allerdings, mit welcher Strategie dieses Ziel erreicht werden sollte, und dies umso mehr, als er die Exekutive darauf verpflichtet hatte, alle Fraktionen zu bekämpfen, die sie angriffen. Dass er sich dazu nicht deutlicher äußerte, lag freilich auch darin begründet, dass die Entscheidung für eine bestimmte Strategie allein von der Einschätzung der Kräfteverhältnisse der revolutionären Bewegungskräfte abhängig war. Vieles deutet darauf hin, dass Robespierre im Spätjahr 1793 jene Kräfte für durchsetzungsfähig hielt, die für eine Milderung des Schreckensregiments eintraten. Das waren die «Indulgents», die «Nachsichtigen», als deren informelle Führungsfigur sich Danton mit seiner Rede vom 22. November profiliert hatte.

Robespierres war von der fixen Idee besessen, dass sich als Ultra-Revolutionäre gerierende Revolutionsfeinde darauf hinarbeiteten, die Revolution zu diskreditieren und den Konvent zu entzweien. Und eines der Mittel dazu war nach seiner Überzeugung die Entchristianisierungskampagne. Darin bestärkte ihn noch die geschickt auf seine Paranoia abgestimmte «Zusammenfassung» der Aussagen von Chabot, die Dantons Vertrauter Fabre d'Eglantine verfasst hatte. In dieser Schrift wurde der Anschein hervorgerufen, dass so gut wie alle, die in den Skandal der *Compagnie des Indes* und damit in die Verschwörung des Auslands gegen die Revolution verstrickt waren, auch zu den Verantwortlichen für die Entchristianisierungskampagne gehörten.[65] Robespierre strickte nun umsichtig das Netz, mit dem er seine Konkurrenten um die Macht, die Hébertisten, fangen wollte. Darauf verweist nicht zuletzt seine kurzzeitige Annäherung an Danton, den er schon vier Monate später aller gegenrevolutionären Verbrechen beschuldigen sollte, die vorstellbar waren.

Ganz in Robespierres Sinne war wohl auch die Strategie, mit der Danton das Schreckensregiment mäßigen und zugleich der weiteren Radikalisierung der Revolution einen Riegel vorschieben wollte. Schenkt man den Memoiren des früheren Innenministers Dominique-Joseph Garat Glauben, verfolgte Danton in dieser Zeit das Ziel, den Exzessen der Revolution Einhalt zu gebieten, das Personal von Wohlfahrts- und Sicherheitsausschuss zumindest teilweise auszutauschen und die Ultra-Revolutionäre auszuschalten. Ein Mittel dazu sollte es sein, die öffentliche Meinung durch die Presse im Sinne dieser Ziele zu beeinflussen.[66] Auch wenn solchen Mitteilungen gegenüber stets größtes Misstrauen angezeigt ist, so muten sie keineswegs unplausibel an.

Dafür spricht jedenfalls, dass der Freund und Vertraute Dantons, Camille Desmoulins, Anfang Dezember 1793 eine neue Zeitung, den *Vieux Cordelier*, lancierte. Sie attackierte die Männer des Schreckensregiments, dessen Auswüchse wie auch die Entchristianisierungskampagne mit satirischer Schärfe. Berühmt ist die dritte Ausgabe des *Vieux Cordelier*, die Mitte Dezember 1793 erschien, in der Desmoulins vermeintlich das Schreckensregiment der römischen Kaiser in der Nachfolge des Augustus schilderte, tatsächlich aber ein satirisches Bild der Zustände in Frankreich während der *Terreur* entwarf: «Man musste ob des Todes eines Freundes oder eines Verwandten seine Freude zeigen, wollte man nicht Gefahr laufen, selber getötet zu werden. Unter Nero haben manche, deren Angehörige er liquidieren ließ, den Göttern dafür gedankt, indem sie ihre Häuser festlich beleuchteten. Zumindest musste man sich den Anschein geben, zufrieden, offen und ruhig zu sein, denn man bangte, dass einen selbst die Furcht verdächtig machte. – Alles erregte den Verdacht des Tyrannen. Ein Bürger, der beliebt war, galt als Konkurrent des Herrschers, denn er könnte einen Bürgerkrieg auslösen. Verdächtig. – Vermied man andererseits alles, um nicht aufzufallen und blieb bei sich zu Hause, dann weckte dieses zurückgezogene Leben Aufmerksamkeit, verschaffte es einem Anerkennung. Verdächtig. – War man reich, dann barg dies die Gefahr, das Volk durch Wohltaten zu verderben. Verdächtig. – War man arm, galt es diesen Menschen noch viel strenger zu überwachen, denn niemand ist unternehmerischer, als der, der nichts besitzt. Verdächtig.»[67]

Für die Zeitgenossen, bei denen diese Nummer des *Vieux Cordelier* ein riesiger Erfolg war, muss die historisch gewandete Karikatur ein getreues Spiegelbild ihrer Lebenswirklichkeit gewesen sein. Tatsächlich hatte das Verdächtigengesetz vom 17. September 1793 der Willkür all jener, die sich eine einwandfreie revolutionäre Gesinnung anmaßten, freie Bahn verschafft.[68] Kaum überraschend, sah sich Desmoulins deshalb im Jakobiner-Club sofort Anfeindungen ausgesetzt.[69] Er konnte diese umso leichter ignorieren, als er sich der Protektion durch Danton gewiss war. Sogar Robespierre scheint ihn anfangs zu seinen journalistischen Angriffen ermuntert zu haben, so lange jedenfalls, wie er mit den «Indulgents» flirtete, die ihm die willkommene Möglichkeit zu offerieren schienen, die Hébertisten nachdrücklich zu diskreditieren.

Diese Erwartungen erhielten am 13. Dezember einen ersten Dämpfer. An diesem Tag scheiterte ein allerdings nur halbherzig gewagter Versuch, die jeden Monat fällige Bestätigung der personellen Zusammensetzung des Wohlfahrtsausschusses durch den Konvent zu nutzen, um die Ultra-Revolutionäre Billaud und Collot gegen Danton und einen weiteren «Indulgent» auszutauschen. Auch wenn diese Namen im Antrag des Abgeordneten François-Louis Bourdon nicht genannt wurden und der sich lediglich mit der Bemerkung beschied, «dass gewisse Mitglieder dieses Komitees kaum dem gesamten Konvent behagten» und deshalb ausgewechselt werden sollten, war für alle offensichtlich, wer damit gemeint war.[70] Der Abgeordnete Jean Jay wandte jedoch ein, dass eine personelle Neubesetzung des Wohlfahrtsausschusses angesichts der Gefahren, die der Revolution nach wie vor drohten, nicht ratsam sei, und konnte damit eine Mehrheit der Abgeordneten überzeugen.[71] Dieser Putschversuch im Rahmen der Geschäftsordnung scheiterte wohl auch deshalb, weil sich Danton wie Robespierre völlig bedeckt hielten. Anscheinend waren beide der Ansicht, dass es noch zu früh war, Stellung zu beziehen, und man zuwarten müsse, bis die Unterstützung der Gegner bei den Pariser Jakobinern und Sansculotten ernstlich zu schwinden begann.

Am 15. Dezember erschien die erwähnte dritte Ausgabe des *Vieux Cordelier*, die neben der Satire auf die *Terreur* auch eine Fülle von Anspielungen auf die Massaker in Lyon enthielt. Das große Aufsehen, das dieses Heft erregte, machte sich Fabre d'Eglantine zunutze, um am

17. Dezember im Konvent die Verhaftung von drei Männern zu beantragen, die zwar nicht zur Führungsgruppe der Hébertisten zählten, aber wegen der von ihnen ausgeübten Funktionen dennoch für diese von Bedeutung waren: François Nicolas Vincent, rechte Hand von Kriegsminister Jean-Baptiste Bouchotte, der eine neuerliche Säuberung des Konvents angeregt hatte, um die «Indulgents» zum Schweigen zu bringen; Stanislas Maillard, Chef einer in Paris operierenden «Volkspolizei», deren 68 Angehörige ausnahmslos Sansculotten waren, die durch willkürliche Verhaftungen und selbstherrliches Auftreten für viel böses Blut sorgten; sowie Charles Philippe Ronsin, der sich als Befehlshaber der in Lyon wütenden Einheiten der Pariser Revolutionsarmee einen einschlägigen Ruf erworben hatte und soeben von dort zurückgekehrt war.

Da die drei, von den militanten Sansculotten abgesehen, keinerlei Sympathien in der öffentlichen Meinung genossen,[72] war es einfach, ihre Verhaftung durchzusetzen. Das ermutigte Robespierre am 20. Dezember dazu, sich ein Stück weit aus seiner Deckung herauszuwagen und die Einrichtung einer Kommission zu fordern, die all jene Verhafteten unverzüglich in Freiheit setzen sollte, deren Unschuld erwiesen sei. Entsprechende Forderungen waren zuvor bereits zahlreich an den Konvent herangetragen worden, doch Robespierre war klug genug, diesen nicht pauschal stattzugeben. Zwar sei jeder Einzelfall zu prüfen, aber unter den Verhafteten seien sicher auch nur wenige Unschuldige. Gleichwohl diene jeder solche Fall den Feinden der Revolution als Anlass, diese zu verunglimpfen.[73]

Ronsin war das wichtigste Werkzeug von Collot d'Herbois bei der grauenhaften Repression in Lyon gewesen. Von dessen Verhaftung alarmiert, eilte Collot schleunigst aus Lyon nach Paris zurück. Vor dem Konvent rechtfertigte er am 21. Dezember in einem ausführlichen Bericht die von ihm verantwortete Unterdrückung der Gegenrevolution in Lyon.[74] Am Abend desselben Tags erschien er auch im Jakobiner-Club, wo er in einer weiteren Rede unter dem Beifall der Anwesenden die Bestrafung der Verleumder Ronsins verlangte. Collots plötzliches Auftauchen wie sein stürmischer Empfang lösten sofort die Schreckstarre, in die Hébert und Konsorten während der letzten Tage verfallen waren.

Wie Collot suchte auch Hébert die ihm drohende Attacke durch einen entschlossenen Gegenangriff abzufangen, indem er neben Fabre d'Eglantine, dem Anhänger Dantons und Sprachrohr des «Moderantismus» im Konvent, auch den Publizisten Pierre Nicolas Philippeaux, der ihm besonders verhasst war, als Verschwörer denunzierte. Von Februar 1792 bis zum Erscheinen des *Vieux Cordelier* Ende November 1793 hatte Philippeaux, der dem Konvent als Abgeordneter angehörte, das Periodikum *Le Défenseur de la Vérité ou l'Ami du genre humain* redigiert. Ende Juni 1793 war er als einer der *Représentants du peuple* in die Vendée entsandt worden, von wo er am 10. Oktober nach Paris zurückkehrte. In den Berichten während der letzten Phase seiner dortigen Tätigkeit, die er auch im *Défenseur* veröffentlichte, äußerte er sich zunehmend kritisch über die Sansculotten-Generale Ronsin und Rossignol sowie Kriegsminister Bouchotte, deren Unfähigkeit er die anhaltenden Erfolge der Aufständischen anlastete.[75] Mit der Publikation des *Vieux Cordelier* verstärkte Philippeaux die Angriffe auf die Hébertisten. Die von ihm am 6. Dezember veröffentlichte «Lettre au Comité de Salut public» lieferte für Fabre d'Eglantines Antrag im Konvent, Ronsin, Vincent und Maillard zu verhaften, wichtige publizistische Schützenhilfe. Weitere kritische Veröffentlichungen aus seiner Feder verschafften ihm den Ruf, einer der Chefs der «Moderantisten» und Gegner des Schreckensregimes zu sein.

Der dritte, gegen den Hébert seine Anklagen schleuderte, war Camille Desmoulins, dem man, weil er sich in den Anfängen der Revolution große Verdienste erworben habe, nun seine späteren Verirrungen nachsehe. Diese drei bildeten ein Komplott, «um die Patrioten zu inhaftieren, Beweise gegen sie zu fabrizieren, falsche Zeugen aufzubauen, die gegen sie aussagten. Der Konvent, der sich in diesem Durcheinander nicht mehr zurechtfindet, lässt die *Feuillants*, die Aristokraten, die *Brissotins* und die Gemäßigten dabei gewähren, eine allgemeine Amnestie zu verabschieden [eine Anspielung auf die von Robespierre vorgeschlagene Kommission]. Die Schuldigen werden also dem Schwert der nationalen Justiz entrinnen». Eine einzige Ausnahme lasse er gelten, denn «es gibt zwei Männer, die meine ganze Wertschätzung und all mein Vertrauen haben: Danton und Robespierre, die beiden Säulen der Revolution. Ich fordere sie auf, sich nicht länger von diesen Pygmäen umgarnen zu lassen, die sich im Schatten ihres Patriotismus zu ermächtigen suchen. Auch wenn diese beiden die einzigen wären, so werden sie dennoch stark genug sein, um zusammen mit uns dieses Gezücht zu zerschmettern, das sich verschworen hat, die Freiheit zu vernichten».[76] Dass Hébert Danton und Robespierre als die «beiden Säulen der Revolution» bezeichnete, verrät lediglich, dass er sich hinsichtlich des in der Führung der Revolution herrschenden Kräfteverhältnisses im Unklaren war. Um sich selbst in Sicherheit zu bringen, war es ratsam, auf beide zu setzen.

Angesichts des stürmischen Empfangs von Collot auf der Pariser Szene und der neuen Angriffe der Ultra-Revolutionäre um Hébert, entschied sich Robespierre, seinen Flirt mit den «Indulgents» um Danton und den «Moderantismus» zu beenden. Dies tat er am 25. Dezember mit einer Rede vor dem Konvent, mit der er die Notwendigkeit rechtfertigte, die Schreckensherrschaft beizubehalten: «Wenn die Revolutionsregierung viel entschlossener und freier agieren muss, als eine gewöhnliche Regierung, ist sie dann weniger gerecht oder legitim? Nein, denn sie orientiert sich am heiligsten unter allen Gesetzen, dem Wohl des Volkes und der am wenigsten infrage zu stellenden Herausforderung, der Notwendigkeit. (…) Die Revolutionsregierung hat weder mit Anarchie noch mit Unordnung etwas gemein; ganz im Gegenteil ist es ihr Ziel, diese zu vereiteln, um die Herrschaft des Rechts heraufzuführen und zu festigen; ebenso fremd ist ihr jegliche Willkür, denn es sind nicht die je besonderen Leidenschaften, die ihre Entscheidungen bestimmen, sondern das öffentliche Interesse. (…) Sie muss die Mitte zwischen zwei Verlockungen halten, zwischen Schwäche oder Verwegenheit, zwischen Moderantismus oder Übertreibung. Der Moderantismus verhält sich zur Mäßigung wie die Impotenz zur Keuschheit, und die Übertreibung unterscheidet sich von der Energie wie die Wassersucht von der Gesundheit. (…) Die zwei Extreme tendieren dazu, sich in einem Punkt zu berühren. Gleichviel ob man vor dem Ziel innehält oder über es hinausschießt, es wird im einen wie im anderen Fall verfehlt. Nichts ähnelt einem Apostel des Föderalismus mehr als der unzeitige Prediger der einen und universellen Republik. Der Freund der Könige und der Generalbevollmächtigte des Menschengeschlechts verstehen sich vorzüglich. Der Fanatiker, der im Überwurf der Ordenstracht steckt und der Fanatiker, der den Atheismus predigt, stehen miteinander in vielfältiger Beziehung. Die demokratischen Barone sind die Brüder der Marquis von Koblenz, und bisweilen haben die roten Mützen mehr mit den roten Absätzen [i. e. die *talons rouges* waren ein Kennzeichen des Versailler Hofadels im 18. Jahrhundert] gemein, als man vermuten möchte. – Deshalb muss die Regierung gerade hier besondere Umsicht walten lassen, denn alle Feinde der Freiheit lauern darauf, deren Fehler wie deren wohl überlegte Maßnahmen als Einwände gegen sie zu nutzen».[77] Robespierre stellte damit sein untrügliches Empfinden für das Kräfteverhältnis im Wohlfahrtsausschuss unter Beweis, das sich durch die Rückkehr Collots verändert hatte. Durch seine rechtzeitige Distanzierung vom Moderantismus vermied er den Anschein einer Niederlage bei den Auseinandersetzungen im *Comité de Salut public*. Deren Ergebnis war der Antrag, den Barère am 26. Dezember in den Konvent einbrachte, der das erst am 20. Dezember auf Betreiben Robespierres verabschiedete Dekret zur Einberufung eines Komitees, das die Stichhaltigkeit von Verhaftungen überprüfen sollte, wieder kassierte.[78]

Um sich keinerlei Verdächtigungen auszusetzen, sah sich Robespierre wenig später auch dazu genötigt, den diskreten Flirt mit Danton und den «Indulgents», der während der Abwesenheit Collots für ihn eine vage Option gewesen war, zu leugnen. Den Anlass dafür lieferte ihm, dass in der ersten Januarwoche 1794 ans Licht kam, wie tief Fabre d'Eglantine in den Skandalsumpf um die Liquidierung der *Compagnie des Indes* verstrickt war. Am Abend des 7. Januar meldete sich Robespierre im Jakobiner-Club zu Wort und distanzierte sich vom *Vieux Cordelier*, den er als ein Journal charakterisierte, «bei dessen Lektüre die Aristokraten Trost finden (...). Ich mache deshalb der Gesellschaft der Jakobiner den Vorschlag, die Zeitung hier im Saal den Flammen zu überantworten». Als Desmoulins dagegen protestierte und sich dabei auf den Satz des von Robespierre verehrten Rousseau berief, «Verbrennen bedeutet nicht antworten!», zog der seinen Vorschlag zwar wieder zurück. Gleichwohl kam es in der Folge zu einer heftigen Auseinandersetzung und damit zum Bruch zwischen den beiden Männern, die seit gemeinsamen Schultagen befreundet waren. Während Robespierre an Desmoulins' guter revolutionärer Gesinnung zweifelte, warf der ihm einen Schlag gegen die Pressefreiheit vor.[79]

Am folgenden Abend führte Robespierre im Jakobiner-Club erneut einen Angriff gegen die Feinde der Revolution, die er sowohl bei den

Gemäßigten als auch bei den Ultraradikalen vermutete. Seiner Meinung nach war die Republik das Ziel von Intrigen der «ausländischen Partei», die sich aus zwei Fraktionen zusammensetze, die nur anscheinend in Konkurrenz zueinander standen. «Ihr Kalkül ist das folgende: *Alle Mittel sind gut, vorausgesetzt, dass wir damit Erfolg haben.* Deshalb, um die Öffentlichkeit und die Wachsamkeit des Patriotismus besser zu täuschen, verhalten sie sich wie die Räuber im Wald. Diejenigen, die einen draufgängerischen und stürmischen Charakter haben, setzten sich für ultra-revolutionäre Maßnahmen ein; diejenigen, die zurückhaltender und gemäßigter veranlagt sind, befürworten citra-revolutionäre Mittel. (...) Ob aber die eine oder die andere Partei siegreich sein wird, ist ihnen völlig gleichgültig, denn da die eine oder die andere Strategie die Republik vernichten wird, ist das Ergebnis das Nämliche, die Auflösung des Nationalkonvents. – Man wagt es noch nicht, die Macht der versammelten Volksvertreter frontal anzugreifen, aber man unternimmt Scheinangriffe und stellt so seinen Feind gleichsam auf die Probe. (...) Die beiden Parteien verfügen über eine ganze Anzahl von Provokateuren, um deren Banner sich die gutgläubigen Bürger entsprechend ihrer Veranlagung scharen.»[80]

Nüchtern betrachtet konnten diese Ausführungen nicht verbergen, dass auch Robespierre keinen Ausweg wusste aus dem Imbroglio, in das die Revolution nach den zurückliegenden mehrwöchigen Machtkämpfen der miteinander konkurrierenden Fraktionen von *Ultra*- und *Citra*-Revolutionären, von Hébertisten und «Indulgents», geraten war. Die Entscheidung im Machtkampf zwischen Robespierre, den Anhängern Dantons und denen Héberts war einstweilen vertagt.

FÜNFTES KAPITEL

DIE REVOLUTION VERSCHLINGT IHRE KINDER

In einer Rede, die Robespierre zwar ausgearbeitet, aber nie gehalten hat, verurteilte er «Indulgents» wie Hébertisten scharf. Der Triumph der einen wie der anderen Partei sei «gleichermaßen fatal für die Freiheit und die *autorité nationale*». Beide verfolgten das nämliche Ziel, «den Nationalkonvent aufzulösen und die republikanische Regierung zu stürzen».[1] Robespierres Diagnose verwies auf die bewährte Therapie, beide Fraktionen zu eliminieren. Doch dafür war die Zeit noch nicht reif, denn die Hébertisten glichen, kaum dass sie am 2. Februar die Haftentlassung ihrer drei Idole Ronsin, Vincent und Maillard mangels stichhaltiger Beweise durchgesetzt hatten, einem Schwarm wütender Hornissen. Auch Danton hatte sich für deren Entlassung eingesetzt.[2] Vermutlich rechnete er darauf, die Hébertisten würde dieser Erfolg beruhigen. Diese Erwartung ging jedoch nicht in Erfüllung, denn Robespierres deutliche Abkehr vom «Moderantismus» stärkte die Position der Hébertisten, denen bereits am 12. Januar mit der Verhaftung Fabre d'Eglantines, des Sprachrohrs des «Moderantismus» im Konvent, ein entscheidender Schlag gegen ihre Konkurrenten gelungen war.[3] Die Korruptionsvorwürfe, die Desmoulins in der fünften Nummer des *Vieux Cordelier* gegen Hébert erhoben hatte, fielen damit auf dessen Ankläger zurück, denn unterdessen hatte die Untersuchung der Denunziation von Chabot eine Fülle von Beweisen erbracht, wie tief Fabre d'Eglantine in den Korruptionssumpf um die Abwicklung der *Compagnie des Indes* verstrickt war. Bezeichnenderweise war Danton der Einzige gewesen, der ihm am 13. Januar erfolglos beisprang.[4] Diesen Misserfolg suchte er wettzumachen, indem er sich am 2. Februar für die Entlassung der inhaftierten Hébertisten mit Argumenten aussprach, die, wie er forderte, auch für seinen Freund Fabre d'Eglantine gelten müssten. Damit hatte er keinen Erfolg, denn die Hébertisten erhielten Unterstützung durch jene *Représentants du peuple*, die wie Carrier oder Javogues in der Provinz ein Schreckensregiment geführt hatten und fürchten mussten, zur Verantwortung gezogen zu werden.

Die erdrückende Beweislast gegen Fabre d'Eglantine wie die Berichte seines Vertrauten Jullien über das korrupte Schreckensregiment, das etwa Carrier in der Vendée übte, bestärkten Robespierre in der Überzeugung, dass die Gemäßigten und die Ultra-Revolutionäre unter einer Decke steckten und im Sold des feindlichen Auslands darauf hinarbeiteten, die Revolution zu zerstören. Diese Bestrebungen ließen sich seiner Überzeugung nach nur vereiteln, wenn man die Aufgaben der revolutionären Regierung neu definierte und diese auch über die Macht gebot, ihr Programm durchzusetzen. Entsprechende Überlegungen hatte er bereits in seiner Rede vom 25. Dezember vor dem Konvent anklingen lassen. Unter dem Eindruck der fortgesetzten Agitation von Hébertisten und «Indulgents» suchte Robespierre umso intensiver nach einem Ausweg aus dieser Verlegenheit. In der Rede, die er am 5. Februar 1794 im Konvent hielt, umriss er die Prinzipien politischer Moral, an denen sich die Politik der Revolutionsregierung orientieren sollte.

Ziel allen Strebens müsse es sein, dass der Ruhm Frankreichs den «aller freien Völker, die es je gegeben hat, überstrahlt, Frankreich zum Vorbild der Nationen wird, der Schrecken der Unterdrücker, der Trost der Unterdrückten, die Zierde des Universums». Das alles ließe sich mittels einer demokratischen und republikanischen Regierung einlösen. «Was aber ist das wichtigste Prinzip, das einer demokratischen oder volkstümlichen Regierung zugrunde liegen muss, will sagen, die entscheidende Spannkraft, die diese Regierung trägt und in Bewegung hält? Das ist die Tugend. Damit meine ich die *vertu publique*, die so viele Wunderwerke in Griechenland und in Rom vollbracht hat und die noch viel erstaunlichere in einem republikanischen Frankreich zeitigen wird, eben diese Tugend, die nichts anderes ist als die Liebe zum Vaterland und zu seinen Gesetzen. (...) Nicht nur ist die Tugend die Seele der Demokratie, sondern sie kann auch nur unter einer demokratischen Regierung existieren. (...) Da die Seele der Republik die Tugend ist, (...) folgt daraus als erste Regel für euer politisches

Handeln, dass alles, was man unternimmt, sich danach richten muss, die Gleichheit zu gewährleisten und die Tugend zu entwickeln. (...) Für das System der Französischen Revolution gilt: Was unmoralisch ist, ist unpolitisch, und was korrumpiert, ist gegenrevolutionär. (...) Wenn die Tugend zu Friedenszeiten allein die Kraft der demokratischen Regierung ausmacht, so gilt für eine Revolution, dass sich diese Kraft gleichermaßen aus der *Tugend* und dem *Terror* speist: Ohne die Tugend ist der Terror verderblich, und ohne Terror ist die Tugend ohnmächtig. Der Terror ist nichts anderes als die rasche, strenge und unbeirrbare Justiz. Der Terror ist damit ein Ausfluss der Tugend».[5]

Für manchen Abgeordneten werden diese Worte wie die üblichen revolutionären Phrasen geklungen haben; Robespierre meinte jedoch bitterernst, was er sagte. Tugend und Terror waren sein Programm, dessen Entfaltung die Utopie universellen Glücks verhieß. Dafür mussten sich der Konvent und alle Franzosen einvernehmlich hinter dem Wohlfahrtsausschuss als provisorischer Revolutionsregierung versammeln. Das hatte zur Voraussetzung, alle Fraktionen zu beseitigen, die dieser Handlungseinheit im Wege standen. Wie dieses Etappenziel zu erreichen sei, wusste auch er nicht zu sagen. Ein erheblicher Teil der Last wurde Robespierre, der wenige Tage nach dieser Rede erkrankte und bis zum 13. März aus der Öffentlichkeit verschwand, von den Hébertisten abgenommen. Um den taktischen Vorteil auszubauen, den sie mit der Freilassung von Vincent, Ronsin und Maillard Anfang Februar erzielt hatten, begannen die Ultra-Revolutionäre mit dem Gedanken an eine umfassende Säuberung des Konvents zu spielen. Im *Club des Cordeliers*, ihrem Machtzentrum, wurde nun mit wachsender Schärfe gegen die «Indulgents» agitiert. Auch wurde der Versuch unternommen, die Sansculotten zu einer neuen Aufstandsbewegung zu provozieren. Carrier, der Schlächter von Nantes, rief sogar zu einem «heiligen Aufruhr» auf, «um allen Monstern die Masken abzureißen, die sich anschicken, die Freunde der Revolution zu vernichten». Das veranlasste Hébert dazu, ihm nicht nur beizupflichten, sondern ihn in der Radikalität seiner Äußerungen noch zu übertreffen.[6] Damit überschätzten die Ultra-Revolutionäre ihren Einfluss auf die Pariser Sansculotten, die auf diese Aufrufe mit Gleichgültigkeit oder Ablehnung reagierten. Am 6. März erschien die *Section* Marat, in der der *Club des Cordeliers* seinen Sitz hatte, im Rathaus und eröffnete dem *Conseil général* der *Commune de Paris*, so lange im Zustand der Empörung zu verharren, «bis alle Mörder des Volkes vernichtet sind».[7]

Auch wenn eine Mobilisierung der Massen fehlgeschlagen war, war es angesichts der angespannten Versorgungslage von Paris durchaus ratsam, solche Drohungen ernst zu nehmen. Im Bericht, den Barère am 6. März dem Konvent vorlegte, wurde versichert, dass die Nahrungsmittelknappheit das Werk eben jener sei, die sich darüber beschwerten und die dafür von Pitt bezahlt würden. Alle diese gelte es entschlossen zu bekämpfen, weshalb man «die Fraktion der ‹Indulgents› und der *Pacifiques* ebenso überwachen muss, wie jene der angeblichen Aufrührer».[8] Die Gefahr erkannte auch Collot d'Herbois, der in Abwesenheit von Robespierre im Jakobiner-Club das große Wort führte und sich am Abend des 6. März dafür einsetzte, *Cordeliers* und Jakobiner sollten die Revolutionsregierung einvernehmlich unterstützen.[9] Mit ihrem demonstrativen Einlenken vermochten die *Cordeliers* aber nicht, das den Hébertisten drohende Unheil abzuwenden. Am 11. März war die Regierung vom Konvent erneut bestätigt worden, und am 12. März erschien auch Robespierre wieder auf der Szene. Damit waren die Voraussetzungen für die fällige Abrechnung erfüllt. Am 13. März enthüllte Saint-Just dem Konvent eine weitverzweigte, vom Ausland gesteuerte Verschwörung, die das Ziel verfolge, «die republikanische Regierung durch Korruption zu zerstören und Paris auszuhungern».[10] Zwar beschied sich Saint-Just damit, in allgemeinen Wendungen die Gefahren zu beschwören, die Fraktionen für die Revolution darstellten. Aber schon das erfüllte den beabsichtigten Zweck. Die Verhaftung von Hébert, Ronsin, Vincent und einer Anzahl ihrer Gefolgsleute, mit der in den Nachtstunden des 13. März begonnen wurde, ging reibungslos vonstatten.[11]

Was folgte, war Routine. Der Ankläger am Revolutionsgericht, Antoine Quentin Fouquier-Tinville, wurde angewiesen, eine zügige Aburteilung der zwanzig verhafteten Hébertisten zu verbürgen. Den offensichtlich politischen Charakter des angestrebten Prozesses verriet die Anklage, die auf Anstiftung zum Aufruhr, Störung der Versorgung und Planung eines Massakers unter den Gefängnisinsassen lautete. All dies habe dem Ziel gedient, der Monarchie den Weg zu bereiten.[12] Zum Beweis der ebenfalls von der Anklage behaupteten internationalen Verflechtung der Verschwörung figurierten unter den Angeklagten auch einige Ausländer wie der aus Brüssel gebürtige Kaufmann Proly, der holländische Bankier Kock und Anacharsis Cloots. Der Prozess dauerte vom 21. bis zum 24. März und endete mit 19 Todesurteilen und einem Freispruch. Mit Ausnahme von Catherine Latreille, die im vierten Monat schwanger war und deren Hinrichtung deshalb bis nach ihrer Niederkunft ausgesetzt wurde, bestiegen die 18 anderen am Nachmittag des 24. März das Blutgerüst auf der Place de la Révolution. Auf dem Platz hatte sich eine große, in feindseligem Schweigen verharrende Menschenmenge eingefunden, die die Hinrichtung von Hébert mit Händeklatschen und lauten Rufen «Vive la République!» begleitete.[13]

Die Reaktion der Schaulustigen zeigte, dass die Sansculotten ausgerechnet jene im Stich ließen, die sich als ihre Führer und Sprachrohre ausgegeben hatten. Das war zweifellos auch der guten propagandistischen Vorbereitung des Schauprozesses geschuldet. Hinzu kam die ausgeprägte Revolutionsmüdigkeit der Pariser Sansculotten, die sich im Fehlschlagen des für den 6. März geplanten Aufruhrs verriet. Ihnen mangelte es schlicht an Zielen, die ein Engagement lohnten, nachdem ihre Forderungen wie Gesetze gegen das Horten von Nahrungsmitteln, die Festsetzung von Höchstpreisen, die *levée en masse* sowie ein energisches Vorgehen gegen Verdächtige längst verwirklicht worden waren. Schließlich gab es auch eine Revolutionsregierung, die alle diese Maßnahmen entschlossen anwandte. Also verlangte es die patriotische Pflicht, diese nach Kräften zu unterstützen und allen Fraktionen zu wehren, die ihr in den Arm fielen. Das leuchtete zumal den Revolutionären ein, die ein Auskommen in der Verwaltung gefunden hatten. Umso größer war deshalb der Argwohn, mit dem das Treiben von Hébert und Genossen betrachtet wurde, die einer Revolutionsregierung Schwierigkeiten zu machen suchten, die mit Erfolgen gegen innere wie äußere Feinde an Legitimation gewann.

Der Prozess gegen die Hébertisten markierte das Ende der Pariser Sansculotten als eine den Lauf der Revolution bestimmenden politischen Kraft wie auch das der *Commune de Paris*, die lange deren Sprachrohr gewesen war. Vier Tage nach der Hinrichtung der Verurteilten wurde Chaumette, der frühere *Procureur de la Commune de Paris* verhaftet. Als Vorwand diente, dass die *Commune* wie auch die

Armée révolutionnaire im Unterschied zu zahlreichen Sektionen noch keine Glückwünsche wegen der Aufdeckung der Verschwörung übermittelt hätten! Das Schweigen nähre den Verdacht der Komplizenschaft, dem sofort nachgegangen werden müsse. Der Antrag fand die Billigung des Konvents, der die beiden Regierungskomitees beauftragte, Untersuchungen einzuleiten und eine Säuberung der *Commune* vorzunehmen.[14] Das geschah mit eingespielter Routine, und schon am 13. April 1794 wurden Chaumette und 25 verurteilte Mitangeklagte zur Hinrichtung geführt.[15] Die *Commune* büßte damit ihre Selbstständigkeit ein und bestand künftig nur noch um den Preis fort, dem Wohlfahrtsausschuss als ein williges Werkzeug zu dienen. Den Beschluss zur Auflösung der Pariser Revolutionsarmee fasste der Konvent auf Antrag Barères am 27. März. Unter anderem bediente sich Barère des hübschen Arguments, dass in einem freien Land jede Revolutionsarmee eine antidemokratische Institution und damit ein gefährliches Instrument sei.[16]

Mit Hilfe des Konvents war es dem Wohlfahrtsausschuss gelungen, die ultra-revolutionäre Konkurrenz und deren Organe auszuschalten. Das stärkte dessen Position, noch mehr aber die des Konvents, der in seiner Handlungsfreiheit künftig von dem permanenten Bedrohungspotenzial befreit war, das Paris seit Beginn der Revolution auf ihn ausgeübt hatte. Das bot zugleich die Chance, nun auch die Revolutionsregierung, die formal von ihm abhängig war und in seinem Auftrag die Exekutive ausübte, stärker zu kontrollieren. Voraussetzung dafür war allerdings, dass der Konvent diese Chance auch erkannte und zügig realisierte, indem er sich der Führung eines Mannes anvertraute, der zu den Parteikämpfen der letzten Wochen Distanz gehalten hatte: Danton. Dazu brauchte es aber Selbstbewusstsein und politische Weitsicht, zwei Eigenschaften, die der Versammlung abgingen. Das zeigte sich, als der Konvent am 18. März für die Eröffnung des Prozesses stimmte, in dem sich vier Abgeordnete, Fabre d'Eglantine, Basire, Chabot und Delaunay, wegen des Verdachts ihrer Verstrickung in den Korruptionssumpf der *Compagnie des Indes* verantworten mussten.[17]

Für Robespierre war dieser Prozess ein Geschenk des Himmels, denn er sollte ihm den Vorwand liefern, nach den *Cordeliers* auch die Fraktion der «Indulgents» zu eliminieren. Kaum war er von seiner Krankheit genesen, ließ er einen grundlegenden Sinneswandel erkennen. Der wurde anlässlich des Untersuchungsberichts über die Affäre der *Compagnie des Indes* offenkundig, den Jean Pierre André Amar als Mitglied des Sicherheitsausschusses am 16. März dem Konvent vorlegte.[18] Robespierre kritisierte diesen Bericht scharf mit dem Argument, er konzentriere sich allzu sehr auf die finanziellen Einzelheiten und vernachlässige darüber weitgehend, dass es sich bei dieser Affäre vor allem um eine weitverzweigte Verschwörung zur Beseitigung der Französischen Republik handele. Amar habe in seinem Bericht den mit Abstand wichtigsten Gesichtspunkt unberücksichtigt gelassen, «gegenüber dem Universum das verleumderische System anzuzeigen, dessen sich die Tyrannei gegen die Freiheit, das Verbrechen gegen die Tugend bedient».[19] Deshalb schloss er sich dem zuvor bereits von Billaud-Varenne gestellten Antrag an, diesen Bericht nicht zu billigen und stattdessen auf der Vorlage einer neuen Fassung zu beharren, die jene politischen und moralischen Aspekte gebührend berücksichtigte. Diesem Auftrag scheint Amar mit dem zweiten Untersuchungsbericht genügt zu haben, den der Konvent am 19. März widerspruchslos akzeptierte. Dieses Votum bestimmte die förmliche Anklageerhebung gegen die vier Abgeordneten und eine Reihe weiterer Verdächtiger, deren Prozess von den Regierungskomitees vorbereitet wurde.

Mit der Anklageerhebung gegen Fabre d'Eglantine, das Sprachrohr der «Indulgents» im Konvent, gerieten auch dessen enge Freunde Camille Desmoulins und Danton ins Visier der Ermittler. Wie die Kritik Robespierres am ersten Untersuchungsbericht Amars zeigte, wollte er die Korruptionsaffäre zu einer groß angelegten Verschwörung aufbauschen. Das eröffnete die willkommene Perspektive, nach den *Cordeliers* nun auch die «Indulgents» auszuschalten, was ihm umso mehr geboten schien, als diese ihre Agitation verstärkten. Als am 20. März eine Abordnung des *Conseil général* von Versailles im Konvent erschien, die gegen die willkürliche Verhaftung einiger «Patrioten» protestierte, nutzte dies der Abgeordnete Bourdon, um Héron, einen wichtigen Mitarbeiter des *Comité de Sûreté générale* zu denunzieren und dessen Inhaftierung zu beantragen, die vom Konvent umgehend verfügt wurde.[20] Das rief sofort Couthon und Robespierre auf den Plan. Während Couthon dem Konvent die Vorlage eines Berichts über die *Modérés* ankündigte, «die bestrebt sind, die augenblickliche Unruhe zu ihrem Vorteil auszunutzen»,[21] sprach Robespierre von den durchsichtigen Machenschaften einer Fraktion, die Regierungskomitees zu diskreditieren.[22]

Auch wenn der Konvent daraufhin den Verhaftungsbefehl gegen Héron wieder kassierte, führte der Vorgang Robespierre nachdrücklich vor Augen, wie gefährlich es wäre, wenn ein Mann von anderer Statur, Stimmgewalt und Popularität als der Abgeordnete Bourdon die Versammlung in seinen Bann schlüge und sie für das Vorhaben der *Indulgents*, der Schreckensherrschaft ein Ende zu machen, gewinnen würde. Das hätte alle bisher erzielten stillen Erfolge seines Ehrgeizes zunichte gemacht, gestützt auf den Wohlfahrtsausschuss die Herrschaft von Tugend und Gleichheit durchzusetzen. Ein solches Scheitern musste Robespierre um jeden Preis verhindern. Dieser Preis war, wie ihm jetzt klar wurde, die Ausschaltung Dantons, der als Einziger für jene Führungsrolle in Frage kam.

Misslich war allerdings, dass Danton keinerlei Angriffsfläche bot. Auch stand er in seinem Ansehen mit Robespierre auf gleicher Stufe. In den Regierungskomitees hatte Danton zwar Gegner, die aber jeweils in der Minderheit waren. Feindschaften fochten ihn auch nicht an, zumal er in dem Irrtum lebte, unverletzlich zu sein.[23] Robespierre gebot zwar im Konvent und bei den Jakobinern über großes Ansehen. Das verschaffte ihm aber keine unangefochtene Dominanz über den Wohlfahrtsausschuss. Auf dessen Zustimmung war er jedoch angewiesen, wenn er auch den Konvent von der Notwendigkeit überzeugen wollte, Danton zu eliminieren. Um solche Unterstützung in den geheimen Sitzungen des *Comité de Salut public* zu werben, hatte allein dann Aussicht auf Erfolg, wenn es ihm gelang, dessen Mitglieder von der besonderen Gefährlichkeit seines Widersachers zu überzeugen. Das war ein sehr riskantes Spiel, aber Robespierre hatte keine andere Wahl. Der politische Schauprozess, der die *Cordeliers* zur Strecke gebracht hatte, ohne dass deren Anhänger aufbegehrt hätten, lieferte kein Vorbild, denn diese hatten sich die Schlinge gleichsam selbst um den Hals gelegt, als sie vergeblich zum Aufstand geblasen hatten. Eine vergleichbare Blöße hatte sich Danton nicht gegeben. Also galt es einen Verdacht gegen ihn zu konstruieren, der sich auf eine Fülle von vermeintlichen Indizien und Mutmaßungen stützen konnte, für die Danton im Laufe seiner stürmischen und bisweilen von Opportunismus geprägten revolutionären Karriere mancherlei Anlass geboten hatte.

Danton war anders als der «Unbestechliche» von Korruptionsgerüchten umwittert und unterhielt häufig auch enge Beziehungen zu Personen, die im Nachhinein als Verräter entlarvt worden waren. Das alles versuchte Robespierre zu einem Netz aus Verdächtigungen zu knüpfen, mit dem er Danton zu Fall bringen konnte.

Dantons Freundschaft mit Fabre d'Eglantine bot einen ersten Anknüpfungspunkt. Also musste das Verfahren gegen d'Eglantine, dessen Eröffnung nach dem Votum des Konvents vom 19. März unmittelbar bevorstand, irgendwie als großer politischer Schauprozess aufgezäumt werden, der Dantons Erscheinen auf der Anklagebank plausibel machte. Einen Tag, nachdem es ihm gemeinsam mit Couthon gelungen war, den Angriff auf Héron abzuwehren, ergriff Robespierre deshalb am Abend des 21. März im Jakobiner-Club das Wort, um in allgemeinen Wendungen vor den Gefahren zu warnen, die Fraktionen für die Revolution darstellten: «Das Ausland unterstützt bei uns die Fraktion der *Modérés* wie auch jene der perfiden Männer [i. e. die *Cordeliers*], die unter der Maske eines übertriebenen Patriotismus die wahren Patrioten beseitigen wollen. Für das Ausland ist es völlig gleichgültig, ob die eine oder die andere dieser Fraktionen triumphiert. Obsiegte Hébert, würden der Konvent aufgelöst, die Patrioten massakriert, stürzte Frankreich erneut ins Chaos und wäre die Tyrannei befriedigt. Hätten stattdessen die *Modérés* Erfolg, verlöre der Konvent seine Kraft, blieben die Verbrechen der Aristokraten ungesühnt und erlebten die Tyrannen ebenfalls ihren Triumph. Das Ausland muss alle diese Fraktionen unterstützen, ohne einer den Vorzug zu geben. Was kümmert dieses ein Hébert, der für seinen Verrat auf dem Schafott büßt, wenn es nach ihm andere Bösewichter findet, die bereit sind, die Republik zu verderben und alle die zu liquidieren, die stets gegen die Verräter und Tyrannen vorgegangen sind. (...) Wenn die letzte Fraktion nicht morgen, nicht schon heute vernichtet ist, werden die Armeen geschlagen, Eure Frauen und Kinder erwürgt, wird die Republik zerstückelt, Paris ausgehungert, und Ihr alle werdet den Schlägen Eurer Feinde unterliegen und Eure Nachkommen werden unter dem Joch der Tyrannei schmachten».[24]

Diese Äußerungen verfolgten allein den Zweck, die Jakobiner atmosphärisch auf den gegen Danton geplanten Gewaltstreich einzustimmen, zumal es Robespierre aus zwei Gründen verboten war, sich konkreter zu äußern. Zum einen musste er zuerst den Wohlfahrtsausschuss für seine Absichten gewinnen; zum anderen galt es, Danton so lange wie möglich das Unheil zu verbergen, das sich über ihm zusammenbraute. Aber ungeachtet aller Vorsicht, mit der Robespierre seine Intrige spann, wird Danton dennoch schnell Bescheid gewusst haben. Antoine Claire Thibaudeau, der dem Konvent angehörte, will ihn, wie er in seinen Memoiren schreibt, ausdrücklich gewarnt haben, was Danton aber in seiner ostentativen Unbekümmertheit nicht weiter irritiert habe.[25] Auch soll sich Robespierre in den letzten Tagen des März 1794 zwei- oder gar dreimal mit Danton getroffen und ausgesprochen haben, wie dessen Biographen andeuten.[26] Über die Anlässe dieser Begegnungen lässt sich trefflich spekulieren. Ob Robespierre bis zuletzt Zweifel oder gar Skrupel plagten, seinen Vorsatz auszuführen, oder ob er sein Opfer in falscher Sicherheit wiegen und damit verhindern wollte, dass Danton seine Pläne durch einen Frontalangriff auf die Regierungskomitees in letzter Minute durchkreuzte, muss offenbleiben.

Der Beschluss, Danton, Desmoulins, Delacroix und Philippeaux in der Nacht vom 30. auf den 31. März gegen zwei Uhr in der Frühe zu verhaften, fiel auf einer dramatischen Sitzung der Mitglieder von Wohlfahrts- und Sicherheitsausschuss. Saint-Just präsentierte in der Sitzung einen Entwurf für den Bericht, der dem Konvent vorgelegt werden sollte. Auch wenn der Wortlaut nicht überliefert ist, lässt sich vermuten, dass dieser Entwurf bereits einen ganzen Katalog von Beschuldigungen enthielt, die Danton vorgehalten werden sollten. Die Aussicht auf diese Konfrontation war aber augenscheinlich zu viel für Saint-Just, der sich weigerte, den Bericht am nächsten Tag im Konvent vorzutragen. In der erregten Diskussion, die seine Weigerung auslöste, warf er seinen Hut und das Manuskript ins Kaminfeuer, aus dem es aber noch rechtzeitig von Amar gerettet wurde.[27]

Der Zwischenfall scheint die Verschwörer auf einen Regiefehler aufmerksam gemacht zu haben, der ihnen beinahe unterlaufen wäre. Man verständigte sich darauf, noch in der Nacht *ohne* vorherige Unterrichtung des Konvents die Männer zu verhaften, die dann am anderen Morgen mit dem Bericht in der Versammlung denunziert werden sollten. Ohne die Anwesenheit von Danton, Desmoulins und der anderen würde das nur noch eine reine Formalie sein. Saint-Just lief so nicht mehr Gefahr, in einem von Danton entfesselten Entrüstungssturm unterzugehen und statt des von ihm Beschuldigten selbst den Gang zum Schafott antreten zu müssen. Um die letzten Bedenken Saint-Justs zu zerstreuen, fand sich Robespierre dazu bereit, dessen Entwurf zu überarbeiten, namentlich die gegen Danton erhobenen Beschuldigungen zu korrigieren, zu spezifizieren und zu verschärfen, während er seinen alten Schulfreund Desmoulins eher in Schutz zu nehmen suchte.[28]

Der endgültige Bericht, den Saint-Just ausarbeitete und am 31. März im Konvent vortrug, war auf einen politischen Schauprozess abgestellt.[29] Die Anregungen, die Robespierre beisteuerte, wurden von Saint-Just weitgehend genutzt. Ausgerechnet der Vorwurf, korrupt zu sein, der sich gut hätte belegen lassen, wurde aber nicht erhoben. Die Verfehlungen, die Danton stattdessen von Robespierre angelastet wurden, bezogen sich auf sein Verhalten in unterschiedlichen Phasen der Revolution, waren sehr allgemein formuliert und von keinerlei Evidenz. Das galt etwa für die Anschuldigung, er habe zeitweilig Mirabeau, die konstitutionellen Monarchisten oder die *Girondins* unterstützt und sich auch gegen die Hinrichtung des Königs wie gegen den Putsch von Ende Mai/Anfang Juni 1793 ausgesprochen. Solche Vorwürfe hätte man gegen die allermeisten Zeitgenossen und auch gegen manche Mitglieder der beiden Regierungskommissionen erheben können. In diesem fragwürdigen Sündenregister bezichtigten zwei Anschuldigungen Danton konterrevolutionärer Aktivitäten: die eine warf ihm vor, er habe Dumouriez unterstützt, die preußische Armee entwischen zu lassen, und die andere, er hätte mit diesem Verräter im Frühjahr 1793 Pläne geschmiedet, den Konvent zu beseitigen. Beides waren Behauptungen, für die Robespierre jeden Beweis schuldig blieb.

Umso mehr springt ins Auge, dass es sich Robespierre nicht versagen konnte, Äußerungen Dantons, die ihn wohl zutiefst irritiert hatten, als Beweise für dessen Verworfenheit anzuführen: «Der Begriff der Tugend brachte Danton zum Lachen. *Es gäbe keine solidere Tugend,* versicherte er spaßhaft, *als diejenige, die er jede Nacht gegenüber seiner Frau anwende.* Wie kann ein Mann, dem jegliche Idee von Moral fremd ist, der Verteidiger der Freiheit sein»?[30] Den erhobenen Beschuldigungen zu widersprechen, wagte allein der Pariser Abgeordnete Louis Legendre, einer der Helden des 10. August 1792, der über Danton sagte, er halte ihn für so unschuldig (*pur*) wie sich selber. Die vier Verhafteten seien Opfer persönlicher Feindschaften und müssten vom Konvent angehört werden. Allein dieser könne über ihre Anklageerhebung oder ihre Entlastung entscheiden. Erst danach sei es statthaft, den Bericht anzuhören.[31] Der Geschäftsordnungsantrag Legendres war nichts weniger als ein Frontalangriff auf die Intrige der Revolutionsregierung, der die auf sehr schwachen Beinen stehende Konstruktion der Anklage zum Einsturz zu bringen drohte. Dafür sprach zumal, dass insbesondere Danton im Konvent große Popularität besaß. Das zeigten nicht zuletzt zahlreiche zustimmende Zwischenrufe einzelner Abgeordneter, die bei Legendres Antrag wiederholt laut wurden.

Um das drohende Scheitern der Intrige zu verhindern, ergriff Robespierre das Wort: «Legendre scheint die Namen der Verhafteten nicht zu kennen: Der ganze Konvent kennt sie. Sein Freund Lacroix ist einer davon. Warum erweckt er den Anschein, dies nicht zu wissen? Weil ihm zu bewusst ist, dass man viel Schamlosigkeit besitzen muss, um Lacroix in Schutz zu nehmen. Stattdessen sprach er von Danton, zweifellos weil er überzeugt ist, mit diesem Namen sei ein Privileg verbunden. Nein, wir wollen keine Privilegien mehr. Nein, wir dulden auch keine Idole mehr. (Lebhafter Beifall) – Wir werden es am heutigen Tag erleben, ob sich der Konvent dazu versteht, ein vermeintliches Idol zu zerstören, das schon seit langem völlig verfault ist, oder ob dieses Idol mit seinem Sturz auch den Konvent und das französische Volk vernichten wird.» Auch die aufgekommenen Zweifel an den Motiven und Absichten des Wohlfahrtsausschusses suchte er zu zerstreuen: «Man möchte Euch die Furcht einflößen, dass das Volk als ein Opfer der Komitees zugrunde geht, die das Vertrauen der Öffentlichkeit besitzen, die aus dem Nationalkonvent hervorgegangen sind und die man von diesem separieren will; denn alle diejenigen, die die Würde der Versammlung verteidigen, werden verleumdet. Man hegt die Befürchtung, dass die Verhafteten mit Willkür behandelt werden. Damit schmäht man die nationale Justiz, eben jene Männer, die das Vertrauen des Nationalkonvents haben; man schmäht damit den Konvent, der dieses Vertrauen in sie setzte, die öffentliche Meinung, die das gebilligt hat. Ich folgere daraus also, wer immer in diesem Moment zittert, bekennt sich als schuldig, denn niemals fürchtet die wahre Unschuld die Überwachung seitens der Öffentlichkeit».[32]

Mit dieser Rede gelang es Robespierre, das seinen Plänen höchst gefährliche Ansinnen Legendres zu vereiteln. Gleichzeitig brachte er auch jene Abgeordneten zum Schweigen, die dessen Ausführungen zuvor mit ihrer lauthals geäußerten Zustimmung begleitet hatten. Kein Abgeordneter wagte es mehr, für Danton das Wort zu ergreifen. Selbst Legendre beeilte sich, seinen Antrag zurückzunehmen, und fiel künftig nur noch dadurch auf, dass er die Regierung über den grünen Klee lobte. Noch bevor es richtig einsetzte, entfaltete das Schreckensregiment Wirkung: Der Konvent unterwarf sich bedingungslos der Führung durch die von den beiden Komitees ausgeübte Revolutionsregierung, in der jetzt ein Mann unangefochten das Sagen hatte: Robespierre.

Nach Robespierres Intervention war dem Bericht von Saint-Just die Billigung durch den Konvent sicher. Auch das Urteil in diesem politischen Schauprozess, der einfach mit dem wegen der *Compagnie des Indes* anhängigen Verfahren gekoppelt wurde, war damit im Grunde bereits gesprochen. Nach nur drei Verhandlungstagen wurden insgesamt 16 der Angeklagten zum Tode verurteilt und noch am Nachmittag desselben Tages hingerichtet. Der stürmische Verlauf der Gerichtsverhandlung ist lediglich in Bruchstücken überliefert.[33] Das erklärt sich daraus, dass die beiden Regierungskomitees eine detaillierte Unterrichtung der Öffentlichkeit über dieses Verfahren vermeiden wollten, bei dem durch Eingriffe in den Ablauf – Entlastungszeugen waren nicht zugelassen und am letzten Prozesstag wurden die Angeklagten aus dem Sitzungssaal ausgeschlossen – der erwünschte Urteilsspruch sichergestellt wurde. Im Gerichtsprotokoll wurden deshalb lediglich die Formalien, nicht die Inhalte der Prozessführung verzeichnet; der offizielle *Bulletin du Tribunal criminel révolutionnaire* unterlag wie die übrige Presse einer strikten Zensur, so dass vor allem die Äußerungen Dantons nur sehr fragmentarisch überliefert sind.[34] Authentisch ist wohl die berühmte Antwort, die Danton auf die Frage nach seinem Wohnort gab und die in verschiedenen Versionen überliefert ist: «Meine Wohnung wird bald im Nichts sein; was meinen Namen anbelangt, wird man ihn im Pantheon der Geschichte lesen».[35]

Die Frage nach der Schuld, die Danton, Desmoulins, Delacroix und Philippeaux auf sich geladen hatten, beantwortete weder der Bericht, den Saint-Just dem Konvent erstattete, noch dieser Prozess. Sie mussten beseitigt werden, weil sie Robespierre im Ringen um die Macht zu gefährlich geworden waren. Das und nicht irgendwelche Verschwörungsabsichten oder sonstige Vergehen wider die revolutionäre Orthodoxie war ihr Verbrechen.

Für einen klugen Zeitgenossen wie Nicolas Ruault war das im Unterschied zu manchen späteren Historikern, denen Robespierre als die Lichtgestalt der Französischen Revolution gilt, kein Rätsel. In einem Brief vom 2. April 1794 schreibt er seinem Bruder: «Das Unglück Dantons hat seine Ursache darin, dass er bei den gut gesinnten Patrioten und selbst bei den Leuten von Welt einiges an Ansehen zurückgewonnen hat, seitdem er etwas nachsichtigere Regungen zu erkennen gab, als er sich mit Camille Desmoulins im *Vieux Cordelier* zusammentat, um dem Blutrausch des Revolutionsgerichts Einhalt zu tun. Diese zwei Männer, Führer einer bekannten Partei, hatten sich etwas Menschlichkeit bewahrt und wollten durch eine ehrenwerte Rückbesinnung auf die guten Prinzipien ihre früheren Narrheiten, ja selbst Grausamkeiten vergessen machen. Der gute Ruf Dantons hat die Eifersucht Robespierres geweckt, der heute der König der Revolution ist».[36]

Danton und seine Mitangeklagten waren die ersten Opfer einer neuen Phase der Schreckensherrschaft: Mit ihrer Hinrichtung begann die *Grande Terreur*, während der Menschen nicht wegen ihrer angeblichen Verfehlungen und Verbrechen guillotiniert wurden, sondern viel häufiger wegen der Gefahr, die sie für die Verwirklichung der vollkommenen, der tugendhaften Republik und Gesellschaft darstellten. Entsprechende Vorahnungen hatte Danton, wie Nicolas Ruault schreibt, bereits drei Monate vor seinem Sturz: «Schon morgen werde er vor Gericht gestellt, übermorgen zusammen mit seinen Freunden hingerichtet. Das ist das Los der wilden (enragés) und zahmen (désenragés) Patrioten; das sind die Folgen der Anarchie; sie verschlingt ihre eigenen Kinder; sie ermordet ihre Brüder und verspeist deren Eingeweide; kurz, sie ist das fürchterlichste und grausamste von allen Monstern. Dieses schreckliche Ungeheuer ist heute mitten unter uns mit all seiner riesigen Lebenskraft. Niemand von uns kann sich sicher sein, ihm zu entrinnen, denn es schlägt völlig wahllos zu.»[37]

Dantons düstere Vision sollte sich schnell bewahrheiten. Ein untrügliches Anzeichen dafür war, dass die Macht der Exekutive gestärkt und konzentriert wurde. Am 1. April 1794 wurden der Ministerrat auf Antrag von Carnot namens des *Comité de Salut public* abgeschafft und die Geschäftsbereiche der früheren Ministerien auf 12 Kommissionen verteilt, die jeweils einem Mitglied der beiden Regierungskomitees unterstanden.[38] Das auswuchernde Kommissarwesen wurde ebenfalls stark beschnitten: Die im Auftrag des *Conseil exécutif*, also des Ministerrats, ausgesandten Kommissare wurden zusammen mit diesem außer Dienst gestellt. Dieses Schicksal ereilte auch die meisten *Représentants du peuple*, die vom Konvent bestallten Kommissare, die mit Ausnahme jener, die bei den Armeen waren, abberufen wurden. Künftig war allein der Wohlfahrtsausschuss berechtigt, Kommissare in die Provinz zu entsenden.[39]

Hand in Hand mit dieser Zentralisierung der exekutiven Organe ging auch eine subtile Gleichschaltung des politischen Lebens. Im Konvent wurden kaum mehr Einwände gegen von der Revolutionsregierung eingebrachte Vorlagen laut. Damit verkamen dessen Sitzungen zu bloßen Akklamationsritualen. Eine ähnliche Entwicklung machte sich auch im Pariser Jakobiner-Club bemerkbar, dessen Milieu nach den vorausgegangenen Säuberungen zunehmend von nachrangigen Funktionären der Revolutionsregierung beherrscht wurde. Mit dem Prozess und der Hinrichtung von Danton war Robespierre an sein Ziel gelangt. Er hoffte von nun an, die Revolution verkörpern und allein über deren weiteren Fortgang bestimmen zu können. Dieser Absicht diente auch die Säuberung und Gleichschaltung der *Commune de Paris*. Deren Handlungsfreiheit war durch das Gesetz vom 4. Dezember 1793 schon stark eingeschränkt worden. Seitdem unterstand sie der unmittelbaren Aufsicht durch die Regierungskomitees, und der *Procureur de la Commune* wie dessen Stellvertreter waren *agents nationaux*, das heißt, sie konnten jederzeit ersetzt werden. Dieses Schicksal ereilte Chaumette, der mit seiner Entchristianisierungskampagne den Zorn Robespierres erregt hatte. Am 11. Mai wurde der Bürgermeister Jean Nicolas Pache abgelöst und durch Fleuriot-Lescot, einen Mann Robespierres, ersetzt. Auch der *Conseil général de la Commune* wurde gesäubert. Dessen neue Mitglieder wurden nicht mehr gewählt, sondern vom *Comité de Salut public* ernannt. Ergänzt und flankiert wurde dieses Vorgehen der Revolutionsregierung durch eine Offensive, die von den Jakobinern gegen die *Sociétés populaires* in den

Pariser Sektionen begonnen und mit deren Verbot im Juni 1794 abgeschlossen wurde.[40]

Die Gleichschaltung der revolutionären Bewegungskräfte wiegte Robespierre in der Illusion, gestützt auf seine keineswegs unangefochtene Führungsrolle im *Comité de Salut public* dem Besitz unumschränkter Autorität entschieden näher gekommen zu sein. Doch erwuchs ihm aus der spätestens mit der Bildung der provisorischen Revolutionsregierung Anfang Dezember 1793 faktisch eingeleiteten Umkehrung der Machtverhältnisse, die den Konvent zum notariellen Erfüllungsgehilfen der Beschlüsse des Wohlfahrtsausschusses degradierte, nur eine trügerische Sicherheit. Der Zugewinn an politischer Gestaltungsmacht, den dieser Ausschuss spätestens seit Juli 1793 erlebt hatte, verdankte sich der Furcht des Konvents vor einem von den Pariser Sansculotten angezettelten Aufstand. Mit diesem war jedoch inzwischen kaum noch zu rechnen. Damit eröffnete sich dem Konvent die Perspektive, wieder ein politisches Selbstbewusstsein zu entwickeln und gegen die Vormundschaft des Wohlfahrtsausschusses aufzubegehren. Diese Einsicht brauchte indes einige Zeit, um wirksam zu werden. Danton soll auf der Fahrt zur Richtstätte mit dem ihm eigenen mächtigen Organ die Bemerkung gemacht haben: «Was mich wirklich verdrießt, ist, sechs Wochen vor Robespierre zu sterben».[41] Die genannte Frist war, wie sich zeigen sollte, etwas zu kurz angesetzt.

Jenes Selbstbewusstsein, das der Konvent bislang vermissen ließ, wurde durch die jetzt vom Wohlfahrtsausschuss eingeleitete politische Wende gestärkt. Nach der Entmachtung der Sansculotten und der *Commune de Paris* wurden die rigiden Bestimmungen zur Zwangsbewirtschaftung schrittweise gelockert. Am 21. März wurden neue, weit über dem bislang gültigen Niveau liegende Höchstpreise für Nahrungsmittel und Güter des täglichen Bedarfs verkündet. Gleichzeitig wurden die neuen Preisobergrenzen durch zahlreiche Ausnahmen noch zusätzlich gemildert.[42] Warenhortung wurde nicht mehr mit dem Tod geahndet, sondern mit Geldstrafen. Zugleich wurde zwischen Kaufleuten, die ein Warenlager unterhalten mussten, und Spekulanten unterschieden, die diese horteten, um höheren Gewinn zu erzielen. Auch der Außenhandel wurde schrittweise liberalisiert, während dagegen das für die Arbeiterlöhne geltende Maximum unnachsichtig durchgesetzt wurde, um die Lohnkosten stabil zu halten.[43] Alle diese Lockerungen und Liberalisierungen, die den bürgerlichen Wirtschaftsinteressen entgegenkamen, nährten Hoffnungen auf einen grundsätzlichen Wandel der politischen Verhältnisse.

Diese Erwartungen wurden allerdings nachdrücklich enttäuscht, denn der Wohlfahrtsausschuss versteifte sich gleichzeitig darauf, das Schreckensregiment zu verschärfen, das ihm jetzt, da er die alleinige revolutionäre Bewegungsmacht war, als unverzichtbare Garantie seiner Herrschaft erschien. Daraus ergab sich die Notwendigkeit, die Revolutionsgerichtsbarkeit in Paris zu konzentrieren, weil sich nur so die strikte politische Kontrolle und straffe Verhandlungsführung gewährleisten ließ, für die bewährte Ankläger wie Fouquier-Tinville und skrupellose Blutrichter wie Dumas, Coffinhal oder Scellier zur Verfügung standen. Mit dem Gesetz vom 16. April 1794 wurde daher verfügt, künftig alle Prozesse zum Tatbestand der «Verschwörung» in Paris zu entscheiden.[44] Das machte die in der Provinz tätigen Revolutionsgerichte weitgehend überflüssig, die mit Dekret vom 8. Mai aufgehoben wurden.[45] Eine Folge dieser Regelung war, dass die Zahl der in Pariser Gefängnissen Inhaftierten, über die der Konvent täglich informiert wurde, sprunghaft anwuchs, von durchschnittlich 3000 im Oktober/November 1793 auf über 7800 am 28. Juli 1794. Im gleichen Umfang nahmen auch die Prozesse vor dem Revolutionsgericht zu. Um diese zu beschleunigen, wurde es zur Regel, Angeklagte aus unterschiedlichen Regionen, denen durchaus auch unterschiedliche Tatbestände vorgeworfen wurden, zu Gruppen (fournées) von zwanzig und mehr zu bündeln und sie in Sammelverfahren abzuurteilen.

Als man aber selbst mit diesen Methoden die sehr elastischen Grenzen revolutionärer Rechtspflege erreichte, entschied man sich für eine radikale Vereinfachung der Strafprozessordnung, die mit dem Gesetz vom 10. Juni 1794 statuiert wurde.[46] Das Gesetz, das im wesentlichen von Robespierre formuliert worden war, erhöhte die Zahl der Richter und Geschworenen, untersagte aber gleichzeitig die Aufrufung von Zeugen oder die Tätigkeit von Verteidigern. Auch wurde es als Zuständigkeit des Revolutionsgerichts definiert, die «Feinde des Volkes» zu bestrafen, für deren Vergehen nun als einziges Strafmaß das Todesurteil vorgeschrieben wurde. Das Kriterium der «Volksfeindschaft» war, wie schon das Verdächtigengesetz gezeigt hatte, eine reine Passepartoutbestimmung, die auf so gut wie jeden angewandt werden konnte. Entsprechend simpel war die Regelung der Beweisführung, die Artikel 8 des Gesetzes spezifizierte: «Der unverzichtbare Beweis, um die Feinde des Volkes zu verurteilen, ist jedes Dokument, sei es materiell, moralisch, mündlich oder schriftlich, das *naturellement* jedem *esprit juste* und *raisonnable* einleuchtet. Die für das Urteil gültige Norm ist das Gewissen der Geschworenen *éclairés par l'amour de la patrie*; ihr Ziel ist der Triumph der Republik und der Ruin ihrer Feinde».

Wie eine Gerichtsverhandlung nach diesen Maßgaben ablief, hat Nicolas Ruault, der zu dieser Zeit als Redakteur beim *Moniteur* arbeitete, geschildert: «Die Richter trafen in aller Heimlichkeit die Auswahl derer, die sie verurteilen wollten oder die zu richten ihnen aufgetragen worden war. Am Abend zuvor wurde diesen Gefangenen in der Conciergerie eine Art von Auszug aus der Anklageschrift ausgehändigt, dem sie entnehmen konnten, dass sie am folgenden Tag vor dem Revolutionsgericht erscheinen würden. Dort fanden sie sich auch tatsächlich zu 50, 60 oder gar 70 an der Zahl wieder und nahmen auf einer Estrade mit fünf oder sechs Rängen Platz. Nachdem man sie nach ihrem Namen, Alter, Stand und Beruf gefragt hatte, wurde ihnen eine pauschale Anklage vorgelesen. Der Form halber stellte man einigen der Angeklagten ein paar Fragen, auf die sie antworteten oder nicht. Dann zogen sich die Geschworenen etwa eine Stunde zu einem Palaver zurück, das sie lächerlicherweise als *Beratung* bezeichneten. Danach kehrten sie in den Gerichtssaal zurück und erklärten auf *Ehre und Gewissen* die Angeklagten für schuldig. Innerhalb von zwei oder drei Stunden wurden auf diese Weise 60 oder 70 Menschen zum Tod verurteilt und noch am selben Tag auf dem nämlichen Schafott hingerichtet».[47]

Die Folgen dieser wahrhaft revolutionären Änderung der Strafprozessordnung lassen sich an den Zahlen der Hinrichtungen ablesen, die in Paris während der Zeit der Schreckensherrschaft von Oktober 1793 bis Ende Juli 1794 stattfanden. Von den insgesamt 2639 Hinrichtungen entfielen mit 1515 Vollstreckungen mehr als die Hälfte auf die Monate Juni und Juli![48] Den höchsten Blutzoll entrichteten davon Angehörige aus den wohlhabenden bürgerlichen Schichten, deren Anteil von Juni auf Juli von 277 (24 Prozent) auf 349 (25 Prozent) stieg; der von Adeligen schnellte von 160 (14 Prozent) auf 341 (24 Prozent) und der von Klerikern von 123 (11 Prozent) auf 204 (15 Prozent) nach oben.[49] Mehr als die Hälfte derjenigen, die in den letzten beiden Monaten der *Terreur* in Paris hingerichtet wurden, gehörten also diesen drei Gruppen an, deren Anteil an der Einwohnerschaft Frankreichs weit weniger als 10 Prozent betrug. Das legt die Schlussfolgerung nahe, dass zumal in der letzten Phase der *Terreur* vorzugsweise Prozesse gegen Personen bestimmter sozialer Kategorien geführt wurden, die einfach deshalb gegenrevolutionärer Umtriebe verdächtig waren, weil sie durch ihre Herkunft nach Überzeugung der Revolutionäre per se schuldig waren. Das verraten auch lapidare Urteilsbegründungen wie jene, mit der am 14. Mai eine Gruppe von ehemaligen Adeligen und Priestern beschieden wurde: «Wegen Standeszugehörigkeit und Prinzipien Gegner der Gleichheit». Zum weiteren war die Justizpflege der Schreckenszeit dadurch gekennzeichnet, dass der Grundsatz «nulla poena sine lege» systematisch missachtet wurde. Das galt erst recht, wenn die Angeklagten vermögend waren, wie die «grande fournée» (Fouquier-Tinville) illustriert, mit der am 20. April 25 Mitglieder der früheren *Parlements* von Paris und Toulouse zum Tode verurteilt wurden. Unter den Angeklagten befanden sich Träger so bekannter Namen wie Lefèvre-d'Ormesson, Molé de Champlatreux oder Pasquier. Die Begründung für den Urteilsspruch lautete, die Verurteilten hätten gegen verschiedene Gesetze der *Assemblée constituante* protestiert, die vom 10. Juli 1789 bis zum 30. September 1791 tagte! Zwei Tage später traf es den früheren Minister Lamoignon de Malesherbes, einen der Verteidiger Louis' XVI, das frühere Mitglied des *Parlement de Paris*, Duval d'Eprémesnil, Jacques-Guillaume Thouret, eine der großen Gestalten der *Assemblée constituante*, und Isaac-René-Guy Le Chapelier, Autor des Gesetzes vom 14. Juni 1791, das die Zünfte beseitigte. Am 8. Mai stand eine «fournée» von 28 früheren *Fermiers généraux* vor dem Revolutionsgericht. Ihnen fand sich auch der Chemiker Antoine Laurent de Lavoisier zugesellt, der zu dem Vorsitzenden Richter Pierre-André Coffinhal bemerkte, er brauche noch vierzehn Tage, um ein Experiment zu beenden, mit dem er seit mehreren Jahren beschäftigt sei, worauf dieser versetzte: «Die Republik braucht weder Gelehrte noch Chemiker. Der Gang der Justiz lässt sich nicht aufhalten».[50]

Je blindwütiger die *Grande Terreur* ihre Opfer forderte, desto fadenscheiniger klangen die Begründungen für diesen Blutrausch. Damit leistete das Regime selbst einen wichtigen Beitrag, die Legitimation für sein Handeln zu zerstören. «Wer wird jemals glauben», schrieb Nicolas Ruault am 21. Juni seinem Bruder, «dass Malesherbes, Lavoisier, d'Estaing, d'Alleray, Thouret, die Rosambo, die Loménie etc. Anhänger der Sklaverei oder der Tyrannenherrschaft waren? Aber nein, sie mussten sterben, weil sie adelig, reich und gebildet waren».[51] Der Legitimationsverlust wurde noch dadurch beschleunigt, dass in einem immer schnelleren Tempo die Männer verschwanden, die einst die Revolution verkörpert hatten. Sie wurden nun durch Bürokraten ersetzt, die die Organisation des Schreckens gewissermaßen geschäftsmäßig handhabten. All dies bewirkte in der Öffentlichkeit einen Stimmungswandel, der spätestens mit der Hinrichtung von Danton einsetzte. Bildete zuvor eine johlende Menschenmenge die Kulisse für das tagtäglich sich wiederholende grauenhafte Schauspiel, wenn die Todeskandidaten in offenen Leiterwagen von der Conciergerie zur Place de la Révolution gekarrt wurden, auf der das «Rasiermesser der Gleichheit» aufgestellt war, so verharrten die Zuschauer jetzt immer öfter in tiefem Schweigen.

Zuvor bereits waren lebhafte Proteste gegen die Praxis laut geworden, die Leichname der Enthaupteten auf Karren, aus deren Fugen das Blut sickerte, durch die Straßen des vornehmen *Faubourg* Saint-Honoré zum Friedhof de la Madeleine zu schaffen, wo sie in Massengräbern verscharrt wurden. Die an dieser Route ansässigen Ladenbesitzer klagten darüber, das schauerliche Spektakel vergraule ihnen die Kunden, während die Anwohner des Friedhofs sich über den Leichengestank beschwerten, der aus den offenen Massengräbern aufstieg und sie um ihre Gesundheit bangen ließ.[52] Das bewirkte Ende März 1794 die Schließung des Friedhofs. Als neuen Begräbnisplatz für die Guillotinierten entschied man sich für ein Stück Brachland am damaligen Stadtrand in der Nachbarschaft einer großen Abfalldeponie, die an den damals Folie de Chartres genannten späteren Parc Monceau angrenzte. Hier wurden die Enthaupteten in Massengräbern aufeinandergeschichtet bestattet. Den Anfang machten die Hébertisten, denen Danton und seine Mitangeklagten folgten.

Der Historiker Jules Michelet besuchte im Mai 1852 den auf der

Plaine des Errancis gelegenen *Bal de la Chaumière*, ein beliebtes Ausflugslokal, das in der Zeit der Restauration nach 1815 hier entstanden war und erst 1860 im Zuge von Haussmanns *Transformation de Paris* verschwand. Dieser Gartenwirtschaft benachbart war nach der Schilderung Michelets «ein unfruchtbares, sandiges und mit Steinen durchsetztes Gelände, mit dem nichts anzufangen war und das man deshalb an Pariser verpachtet hatte, die sich gerade solche Böden aussuchen, um Gärten anzulegen. (...) Auf diesem unfruchtbaren Gelände gibt es (...) ein Stück Land, das noch viel unfruchtbarer ist als das übrige Terrain. Hier hatte man, da und dort, einige Fuß tief gegraben, um die Fundamente für Hasenställe zu setzen und war dabei auf menschliche Knochen und Schädel gestoßen. Das waren die Überreste jener, die während der *Terreur* auf der Place de la Révolution hingerichtet worden waren».[53]

Am 9. Juni wurde auch der *Cimetière des Errancis*, wie ihn der Volksmund nannte, geschlossen. Die *Commune* reagierte damit, so scheint es, auf die anhaltenden Proteste der Einwohner des *Faubourg* Saint-Honoré, den die Leichenwagen nach wie vor passierten ... Das gab wohl auch die Veranlassung, dass die Guillotine zur Place de la Bastille geschafft wurde. Mit ihrem neuen Standort war die Erwartung verknüpft, der revolutionsbewährte *Faubourg* Saint-Antoine würde mit größerer Gelassenheit als die Einwohner der westlichen Stadtteile das Schauspiel der seit dem 10. Juni immer zahlreicher werdenden Hinrichtungen ertragen. Darin sah man sich aber schnell getäuscht, denn schon nach drei Tagen, an denen 73 Menschen hier enthauptet worden waren, erzwangen Beschwerden der Bewohner dieser einstigen Hochburg des Sansculottismus einen erneuten Standortwechsel der Guillotine, die am 13. Juni auf der am südöstlichen Stadtrand gelegenen Place du Trône-Renversé, der heutigen Place de la Nation, aufgestellt wurde. Die *Commune*, die aus den bislang gemachten Erfahrungen gelernt hatte, sorgte jetzt dafür, dass die Leichname der Hingerichteten mit aller Diskretion entsorgt wurden. Verscharrt wurden die Enthaupteten nun auf dem kleinen Friedhof von Picpus, einem Ort, der als Einziger der zahlreichen Schauplätze der Revolution in Paris noch heute so aussieht wie in jenen Schreckenswochen.[54]

All diese Irritationen angesichts einer galoppierenden Revolutionsjustiz stifteten bei einer wachsenden Zahl der Zeitgenossen eine tiefe existentielle Verunsicherung. Am 21. Juni 1794 etwa ließ Nicolas Ruault seinen Bruder wissen: «Es ist gut möglich, dass dieser (Brief) der letzte ist, den ich Ihnen schreibe. Kein Bürger hat die Gewissheit, in zwei Tagen noch am Leben zu sein».[55] Plagte diese Verunsicherung auch die Regisseure des Schreckens, die Schreibtischtäter im *Comité de Salut public*? Stand ihnen das den Zeitgenossen geläufige Bild der Revolution vor Augen, die wie Saturn die eigenen Kinder verschlang? Hielten sie etwa die Guillotine deshalb unablässig in Gang, weil sie die Angst umtrieb, die Intrige eines Kollegen könnte sie den eigenen Kopf kosten? So äußerte sich Barère mehr als zwanzig Jahre später, im Juli 1815: «Wir alle hatten ein einziges Anliegen: unser eigenes Leben zu retten; uns beseelte das eine Verlangen, uns unsere Existenz zu bewahren, um die ein jeder von uns bangte. Man überantwortete den Nachbarn der Guillotine, um zu verhindern, dass der uns ihr auslieferte».[56]

Auch wenn es sich dabei um spätere Rechtfertigungen handelte, die die eigene Tatbeteiligung als putative Notwehr verharmlosten, trifft es gleichwohl zu, dass in der blindwütigen Dynamik der *Terreur* nur einer der Haupttäter überhaupt einen Sinn erkannte: Robespierre, dessen krankhafte Paranoia sich in dem Maße, wie sich die Dynamik des Schreckens entfaltete, immer mehr verstärkte. In den Reden, die er ab Frühjahr 1793 im Konvent oder vor den Jakobinern hielt, war so gut wie ständig die Rede davon, die Widersacher der Revolution unnachsichtig zu verfolgen. Am 8. Mai 1793 erhob er im Konvent etwa die Forderung: «Es muss gewährleistet sein, dass alle Feinde der Freiheit, unter welcher Bezeichnung sie auch figurieren, ob *Robins* [i. e. Angehörige des einstigen Amtsadels], Adelige, Geschäftsleute, Bankiers oder Priester, ihr nicht schaden können. Ich fordere deshalb, dass alle diese Verdächtigen als Geiseln genommen und verhaftet werden».[57] Am Abend dieses 8. Mai äußerte er im Jakobiner-Club: «Damit schließlich kein Zweifel hinsichtlich der mich leitenden Vorstellungen herrscht, erkläre ich, dass alle Rebellen in der Vendée ausgerottet werden müssen, sowie auch all jene, die in Frankreich gegen die Menschheit und den *peuple* aufbegehren. (…) Wer nicht für den *peuple* ist, gehört zu dessen Gegnern, wer mit Gold gesäumte Hosen trägt, ist der Feind aller Sansculotten. Es gibt also zwei Parteien, die der korrumpierten Menschen und die der tugendhaften».[58] Bezeichnenderweise waren solche Äußerungen auch häufig mit der Ankündigung garniert, er sei bereit, den Märtyrertod für die Revolution zu sterben, wenn man seine Warnungen und Mahnungen nicht beherzige. Ein Beispiel dafür liefert der Schluss der Rede, die er am 10. Mai 1793 vor den Jakobinern hielt: «Ich habe Euch nicht mehr zu sagen und ich bin dazu entschlossen, wenn sich der *esprit public* nicht wieder ermannt, wenn die Patrioten nicht bereit sind zu einer letzten Anstrengung, dann werde ich auf dem Kurulischen Stuhl [i. e. Amtssessel der Römischen Konsuln und Machthaber], auf den ich vom Volk gesetzt wurde, die Dolche der Konterrevolutionäre erwarten».[59]

Dass Robespierre überall die Feinde der Revolution am Werk sah, zeigt auf eindrucksvolle Weise auch seine Grundsatzrede über die Prinzipien einer revolutionären Regierung, die er am 25. Dezember 1793 vor dem Konvent hielt: «Das Schiff der Verfassung wurde nicht auf Kiel gelegt, um für immer in der Werft liegen zu bleiben; sollte man es aber zu Wasser lassen, wenn Sturm tobt, widrige Winde ihm zusetzen? Eben das wollen die Tyrannen und die Sklaven, die sich seiner Konstruktion widersetzten; das französische Volk hat Euch aber angewiesen, ruhiges Wetter abzuwarten. Einvernehmlich hat es Euch beauftragt, (…) es zunächst von allen seinen Feinden zu befreien. (…) Wenn die Revolutionsregierung aktiver ist in ihrem Handeln und viel freier in ihren Bewegungen, als eine normale Regierung, ist sie dann weniger gerecht und legitim? Nein, denn sie beruft sich auf das heiligste von allen Gesetzen, auf das Wohl des Volkes und auf den am wenigsten bestreitbaren Anspruch, auf die Notwendigkeit. (…) Was muss also getan werden? Diejenigen, die sich mit der Entwicklung perfider Gegenentwürfe schuldig machen, gilt es aufzuspüren und den Patriotismus, selbst wenn er irrt, zu schützen. (…) Unsere Feinde verbergen sich überall. Sie sind mit Rat und Tat in unseren Verwaltungen, in den Sektionen der Versammlungen vertreten; sind in unsere Clubs eingesickert, ja, sie nahmen selbst im Heiligtum der Nationalrepräsentation Plätze ein; sie verfolgen, und werden dies immer tun, die Gegenrevolution nach ein und demselben Plan».[60]

Zur Dynamik der Schreckensherrschaft trug zweifellos auch die Überzeugung der Revolutionäre bei, dass das Ausland nur darauf wartete, der Revolution den Garaus zu machen. Das war eine Fehleinschätzung, denn das Hauptaugenmerk der kontinentaleuropäischen

Mächte Preußen und Österreich galt Polen. Für die innenpolitischen Entwicklung in Frankreich interessierten sie sich wenig; sie sahen in der Revolution vielmehr die willkommene Chance, die Großmachtrolle Frankreichs mit geringstmöglichem Aufwand dauerhaft zu zerstören. Bis zur Kanonade von Valmy am 20. September 1792 hatte man dies halbherzig mit militärischen Mitteln versucht. Seither verwirklichte sich diese Absicht durch die entfesselte Dynamik der Revolution weitgehend von selbst. In London wiederum hatte man nur insoweit Interesse an Frankreich, als die dauerhafte Schwächung des Landes durch die Revolution die Aussicht eröffnete, den eigenen Kolonialbesitz auf Kosten des Konkurrenten zu arrondieren. Das marode Spanien oder das Heilige Römische Reich schließlich waren ebenso wie die Operettenmonarchie Sardinien-Piemont zu keiner Zeit eine ernsthafte Gefahr für Frankreich oder die Revolution.

Gleichwohl wurden die ausländischen Mächte in Paris als eine tödliche Bedrohung wahrgenommen, derer man sich um jeden Preis erwehren musste. Darin stimmten Robespierre, Danton *e tutti quanti* nahtlos überein. Unklar ist hingegen, ob ihnen die *Terreur* nicht auch als eine ideale Ausrede diente, die vom Fußvolk der «Patrioten» nicht durchschaut wurde. Die Revolution hatte Frankreich in ein heilloses Chaos gestürzt. In vielen Lebensbereichen wurden die Zustände von den meisten Franzosen verglichen mit jenen am Ende des *Ancien Régime* als weitaus bedrückender empfunden. Die *Terreur* war also gleichsam ein erfolgreiches Revolutions-Marketing, das es den Führern des Umsturzes erlaubte, die kollektive Hysterie permanenter Bedrohung stets wachzuhalten. Das erlaubte es, die Kugel immer auf dieselben Kegel zu schieben. Diese Liturgie war für politisch schlichte Gemüter vor allem deshalb so einleuchtend, weil die Kegel für alles Mögliche und Unmögliche verantwortlich gemacht werden konnten. Dem entsprach auch die Routine der Hinrichtungen, mit der sich jedermann anschaulich Widersprüche überwinden, Einreden zum Schweigen oder eine schwer verständliche Komplexität vereinfachen ließen.

Robespierre, der seine politische Karriere als eher bescheidenes Rednertalent begonnen hatte, gelang es mit Zähigkeit und Ehrgeiz ein Meister in der revolutionären Rhetorik zu werden. Deren Vorrat an Argumenten bereicherte er um einen Aspekt, in dem keiner dem «Unbestechlichen» Konkurrenz machen konnte: der Beschwörung der

Tugend, für die er mit seinem asketischen Lebenswandel als Hagestolz den Scherenschnitt einer Karikatur lieferte. Weil ihm letztlich niemand wirklich nahekam, war es für die Zeitgenossen auch kaum möglich, seine Paranoia zutreffend zu diagnostizieren. Der in Genf lebende Emigrant und politische Journalist Jacques Mallet du Pan kam diesem Befund recht nahe, als er Lord Elgin am 8. März 1794 schrieb: «Robespierre brennt darauf, sich als Meister zu behaupten, weniger aus Ehrgeiz, denn aus Furcht. Die Angst ist der Grund und die Kraft seines Charakters. Als Kenner der Menschen, die sich mit ihm in das öffentliche Geschäft teilen, weiß er aus eigener Erfahrung angesichts seiner Vorgänger um die Schwierigkeit, sich an der Spitze zu behaupten und den Tarpejischen Felsen [von dem die zum Tode Verurteilten im Alten Rom herabgestürzt wurden] zu vermeiden. Er hat vor eben denen Angst, die er der nämlichen Furcht verdächtigt, die ihm selber zu schaffen macht, die Postenjäger, die Chef werden wollen, die Agitatoren, die Ehrgeizigen und die Heuchler. Umgeben von Rivalen, von Leuten, die ihn belauern oder solchen, die keinerlei Hemmungen haben (...), verfolgt er den Plan, sich sukzessive der einen wie der anderen zu entledigen, um allein das Feld zu behaupten, nachdem er allen anderen die Macht und das Recht zu herrschen, entwunden hat».[61]

Der Verdacht, Robespierre strebe eine Diktatur an, war zwar schon gelegentlich laut geworden, aber Mallet du Pan war der erste, der auch Robespierres Strategie erkannte, um ans Ziel zu gelangen. Die Diktatur war für Robespierre kein Selbstzweck, sondern galt ihm als das unverzichtbare Mittel, seine Utopie von der Republik als gesellschaftlicher und politischer Emanation der Tugend zu verwirklichen. Die Diktatur, wie er sie verstand, repräsentierte die *volonté générale* und galt ihm als die einzig wahre Form von Demokratie. Die Beseitigung zunächst der Hébertisten gefolgt von Danton und den führenden «Indulgents» erschien ihm, ebenso wie alle anderen Opfer der Schreckensherrschaft, als unvermeidlich, um diese Utopie zu verwirklichen.

Dem gleichen Ziel diente auch die Einführung des *Culte de l'Être-Suprême*, den Robespierre am 7. Mai namens des Wohlfahrtsausschusses im Konvent vorstellte. Die Rede ist gleichsam das Gründungsdokument einer republikanischen Zivilreligion im Geiste Rousseaus: «Das einzige Fundament der Zivilgesellschaft ist die Moral. (...) In den Augen des Gesetzgebers ist alles Wahrheit, was der Welt zum Vorteil gereicht und in der Praxis gut ist. Die Vorstellung eines Höchsten Wesens (être suprême) und der Unsterblichkeit der Seele ist eine dauernde Mahnung zur Gerechtigkeit; sie ist sozial und republikanisch».[62] Am letzten Tag jeder Dekade, dem offiziellen Ruhetag des Revolutionskalenders, sollten, so Robespierre, in ganz Frankreich Feierlichkeiten stattfinden, mit denen das französische Volk sein Bekenntnis zu Tugend und Moral ablegen könne. Beginnen sollte dieser Festzyklus am 20 Prairial, dem 8. Juni, mit der Feier «A l'Être suprême et à la Nature». Weitere Anlässe sollten unter anderem der «Hass auf Tyrannen und Verräter», die «Scham», die «eheliche Treue», die «Mutterliebe», das «Alter», das «Unglück» (!), die «Landwirtschaft», «Ruhm und Unsterblichkeit» und das «Glück» sein.

Das war ein großes nationalpädagogisches Programm, die Republik auf die Tugend zu verpflichten und ihr damit zugleich auch eine metaphysische Basis zu verschaffen. Was Choreographie und Liturgie der geplanten Feierlichkeiten anbelangte, die das erste Mal vier Wochen später stattfanden, wurden keinerlei Vorgaben gemacht. In Paris übertrug man die Aufgabe der Festgestaltung dem Maler Jacques-Louis David, der sich bei ähnlichen Aufträgen schon bewährt hatte und dessen politische Zuverlässigkeit seine Mitgliedschaft im *Comité de Sûreté générale* verbürgte. Schauplatz der geplanten Feierlichkeiten sollte das Marsfeld sein, auf dem ein Hügel aufgeschüttet wurde, den ein Freiheitsbaum krönte. Eine besondere Attraktion war eine Figurengruppe aus Gips, die alle Feinde der «öffentlichen Glückseligkeit» symbolisierte und die von dem «entsetzlichen Monster des Atheismus» beherrscht wurde, um das sich die Allegorien von Ehrgeiz, Egoismus, Zwietracht und heuchlerischer Einfachheit scharten. Zu Füßen des «Altars des Vaterlands» sollten sich Prozessionszüge, die in allen Stadtteilen Aufstellung nahmen, begleitet von Musikkapellen und Chören in genau festgelegter Marschfolge einfinden.[63] Die Mitglieder des Konvents formierten sich zu einem eigenen Zug, der von Robespierre, der in dieser Dekade Präsident der Versammlung war, mit einem Bündel Ähren in der Hand angeführt wurde. Er nutzte den Festakt zugleich dazu, in zwei weiteren Ansprachen sein Tugendcredo zu verkünden.[64]

Robespierre, so schien es an diesem Tag, war am Ziel seines Ehrgeizes angelangt. Er war der Mann im Mittelpunkt, der von Sünden reine Repräsentant des *peuple*; er verkörperte die Revolution und die

Hoffnungen, die viele noch immer mit ihr verbanden, wie auch paradoxerweise die jener, die sich danach sehnten, dass das Wüten der Guillotine ein rasches Ende nähme. Solche Erwartungen, das legale Morden werde nun bald aufhören, wurden aber schon dadurch enttäuscht, dass die Zahl der Hinrichtungen mit dem fatalen Gesetz vom 10. Juni (22 Prairial) rapide zunahm. Dieses Gesetz, das im wesentlichen Robespierre formuliert hatte, war der Tropfen, der das Fass zum Überlaufen brachte. Der Wohlfahrtsausschuss war mit dessen Vorbereitung nie befasst gewesen, sondern von Robespierres Vertrautem Couthon damit überrumpelt worden. Die gewählte Methode verrät, wie unsicher Robespierre gewesen sein muss, ob er eine Mehrheit der Mitglieder des Komitees von der Richtigkeit seines Entwurfs überzeugen könnte. Dazu hatte er Anlass genug, denn seit April war der Wohlfahrtsausschuss Schauplatz heftiger Kontroversen, bei denen Robespierre, Saint-Just und auch Couthon einer Front der anderen Mitglieder gegenüberstanden.

Angesichts der höchst unterschiedlichen Charaktere und der intensiven Arbeit, die der Wohlfahrtsausschuss tagein tagaus zu bewältigen hatte, entstanden solche Animositäten fast zwangsläufig. Hinzu kam aber nun ein von manchen immer lebhafter empfundener Unmut über die zahlreichen Eigensinnigkeiten des missionarischen Robespierre. Das galt namentlich für die drei auf ihrem Tätigkeitsfeld hochqualifizierten Fachleute Lazare Carnot (Armee), Claude-Antoine Prieur (Waffen- und Munitionsproduktion sowie Steuern) und Robert Lindet (Nahrungsmittelversorgung und Transportwesen). Sie hatten eine immense Arbeitslast zu schultern, von deren Bewältigung das Schicksal der Revolution entschieden mehr abhing als von dem rousseauistischen Tugendwahn Robespierres, der zunächst für Erziehungsfragen und dann, auf seinen eigenen Wunsch hin, für Propaganda zuständig war.[65]

Das vernichtende Urteil, das Carnot über Robespierre äußerte, dürfte von den meisten Mitgliedern des Komitees geteilt worden sein: «Wenn Robespierre ein gewöhnlicher Kopf gewesen wäre, hätte man schwer seine herausgehobene Position verstanden, die er sich bei den Jakobinern und im Konvent erworben hatte. (...) Das Gewölk mystischer Philosophie, in das er sich einzuhüllen liebte, (...) trug zu seinem Erfolg bei; derlei verfehlt selten seine Wirkung auf große Versammlungen, insbesondere wenn es begleitet ist von einer gewissen Feierlichkeit, und derjenige, der sich dessen bedient, von einem Ruf sittenstrenger Reinheit umwittert ist und im Halbdunkel eines wenig bekannten Privatlebens steht. Das genügt auch vollends, um den Einfluss zu erklären, den Robespierre auf die weibliche Vorstellungskraft ausübte. Allein, an den nüchternen und praktischen Ansprüchen der Regierungsgeschäfte mangelte es ihm entschieden. Eben das sind die Qualitäten eines Staatsmanns, die es am Regierungstisch unter Beweis zu stellen gilt, an dem die Meinung Robespierres nach Einschätzung seiner Kollegen aber nichts zählte. Zur Beratung der Geschäfte steuerte er nur verschwommene Allgemeinplätze bei. Insbesondere ein Verständnis der Belange, die mit der Organisation der Kriegführung zu tun hatten, war ihm völlig fremd. Deshalb ist es leicht nachzuvollziehen, dass Prieur oder Carnot, die ganz in ihren so überaus wichtigen Aufgaben der Kriegführung und der Versorgung aufgingen, diesen Kollegen nicht sonderlich schätzten (...). *Robespierre*, so sagten sie, *gab sich nur wenig mit den öffentlichen Angelegenheiten ab und interessierte sich stattdessen vielmehr für Personen. Mit seinem ständigen Misstrauen, das ihn nichts als Verräter und Verschwörer gewahren ließ, machte er sich unerträglich.* Tatsächlich war er so etwas wie ein Genie des Verdachts. (...) Machte er auf eine Verschwörung gegen die Republik aufmerksam, dann war es immer er, Robespierre, dem die Verschwörer nach dem Leben trachteten. Trotz alledem gelang es ihm häufig, sich mit seinen Ansichten im Komitee durchzusetzen, sei es mittels impertinenter Hartnäckigkeit (...), sei es, dass er die Jakobiner in die Waagschale warf, mit deren Einfluss man wohl oder übel unter allen Umständen zu rechnen hatte».[66]

Die Schilderung zeigt sehr schön die Diskrepanz zwischen dem Bild, das sich die Öffentlichkeit von Robespierre machte, und seiner prekären Stellung im Wohlfahrtsausschuss. Robespierre hatte viele Gegner und Verächter. Dazu gehörten zumal jene *Représentants du peuple*, die einstigen Prokonsuln wie Fouché, Barras, Fréron und andere, die von ihren Missionen zurückbeordert worden waren und nun fürchteten, für ihre Untaten zur Rechenschaft gezogen zu werden. Seit ihrer Rückkehr waren sie wieder Deputierte im Konvent und hatten mit Collot d'Herbois und Billaud-Varenne im Wohlfahrtsausschuss zwei mächtige Verbündete. Mehr als deren Gegnerschaft mussten Robespierre aber die Anfeindungen verstören, mit denen ihm Jean Pierre André Amar und Marc-Guillaume-Alexis Vadier vom religionsfeindlichen Flügel der Bergpartei begegneten, die dem Sicherheitsausschuss angehörten. Beide machten sich über ihn als «Pontifex» lustig. Das war ein Spott, dem sich auch andere im Konvent anschlossen und der den «Unbestechlichen» besonders verletzen musste.

Gegen Feinde, Spötter und Widersacher setzte Robespierre sein radikales Programm von Terror und Tugend. Dabei übersah er allerdings, dass das «Schwert des Gesetzes» bei zu häufigem Gebrauch stumpf werden musste. Auch wurden damit Abwehrraktionen in der Öffentlichkeit ausgelöst, die vom stereotypen Revolutionsgeschrei nicht mehr überlagert werden konnten. Diese Blindheit gegenüber der veränderten Stimmungslage verleitete ihn schließlich zu zwei kapitalen Fehlern, die seinen Sturz beschleunigten. Der eine war, dass er Saint-Just dabei unterstützte, ein eigenes Polizeibüro, den *Bureau de surveillance administrative et de police générale*, durchzusetzen, das am 16. April im Wohlfahrtsausschuss eingerichtet wurde und dessen Aufgabe es sein sollte, staatliche Funktionsträger zu überwachen.[67] Der fragwürdige Nutzen, den der neue Spitzelapparat versprach, stand aber in keinem Verhältnis zu dem Schaden, den man sich damit zufügte: Die Mitglieder des *Comité de Sûreté générale* sahen darin eine Konkurrenz und Bedrohung, die sie Robespierre und Saint-Just mit wachsender Feindschaft vergalten.[68]

Schwerer wog der zweite Fehler, ein am 10. Juni 1794 von Couthon eingebrachtes Gesetz, das eine erhebliche Beschleunigung der beim Revolutionsgericht anhängigen Verfahren vorsah und mit dem die Absicht verfolgt wurde, noch mehr Menschen in noch kürzerer Zeit zum Tode zu verurteilen. Den Vorwand dafür lieferten zwei gescheiterte Attentate, die am 23. und 24. Mai auf Collot d'Herbois und Robespierre verübt worden waren. Beide schlachtete man propagandistisch als Beleg dafür aus, dass Konterrevolutionäre im Solde Englands überall in Frankreich unbehelligt ihr Unwesen trieben und sich nun sogar zu Mordanschlägen auf Revolutionsführer erkühnten.[69] Robespierre, dessen Verschwörungsparanoia dadurch unweigerlich weiter befeuert worden war, ließ nun alle Klugheit fahren und arbeitete eigenhändig jenen Gesetzentwurf aus, den Couthon, ohne ihn zuvor in den beiden Komitees zur Diskussion zu stellen, am 10. Juni dem Konvent zur sofortigen Beschlussfassung vorlegte. Das sorgte für böses Blut und verstärkte den Verdacht, Robespierre strebe nach der Diktatur. Zu einer großen Krise entwickelte sich der Vorgang aber erst dadurch, dass sich der Konvent weigerte, die Gesetzesvorlage so schnell zu verabschieden, wie es ihm von Couthon nahegelegt worden war.

Auf eine Verschiebung der Abstimmung, wie sie von zwei Abgeordneten gefordert wurde, wollte sich Robespierre auf keinen Fall einlassen. Zwar ging er auf den Vorschlag ein, über alle Artikel des Gesetzes einzeln zu debattieren und abzustimmen. Gleichwohl forderte er unmissverständlich: «Ich verlange also, dass der Konvent, ohne sich mit dem Vorschlag einer Verschiebung zu befassen, dieses ihm vorgelegte Gesetz diskutiert, dauerte dies auch bis heute Abend neun Uhr».[70] Der «Unbestechliche» gerierte sich damit in der Tat diktatorisch, und das Verfahren, das sich den ganzen Sitzungstag über hinzog und mit dem einige Regelungen geringfügig modifiziert wurden, sicherte die widerspruchslose Billigung des Gesetzes. Der Konvent, so schien es, hatte sich erneut dem Willen Robespierres unterworfen. Dafür sprach auch, dass am Ende der Sitzung die fällige Bestätigung für das Personal des Wohlfahrtsausschusses votiert wurde.

Die Kritik an dem verabschiedeten Gesetz brachte dies gleichwohl nicht zum Verstummen. Der Abgeordnete François-Louis Bourdon etwa forderte, dass die beiden Regierungskomitees wie bisher nur provisorische Verhaftungen veranlassen könnten, die davon betroffenen Abgeordneten aber erst dann dem Revolutionsgericht vorgeführt werden dürften, wenn der Konvent gegen sie zuvor ein Anklagedekret beschlossen hätte.[71] Ein anderer Abgeordneter, Charles Delacroix, bemängelte: «Eine der Bestimmungen des Gesetzes qualifiziert die Verwahrlosung der Sitten als gegenrevolutionär. Der Wortlaut ist so unbestimmt formuliert, dass er zu willkürlicher Interpretation einlädt. Ich fordere deshalb, dass der Tatbestand durch ein präzises Dekret erläutert wird, damit man nicht jeden Bürger, der in Gesellschaft oder gar auf dem Theater einen Scherz gemacht hat, vor das Revolutionsgericht stellt».[72]

Schließlich griff Couthon ein, der sich vehement gegen eine vermeintliche Verleumdung der Revolutionsregierung zur Wehr setzte und damit den Antrag verband, sämtliche Einwände als beleidigend und unpolitisch zurückzuweisen. Allerdings sah er sich auch zu dem Zugeständnis genötigt, dass die Immunität der Abgeordneten «ein ebenso verfassungsmäßiges wie fundamentales Gesetz der Freiheit» sei.[73] Dieser Feststellung musste auch Robespierre notgedrungen beipflichten. Damit war sein Versuch gescheitert, die Immunität der Abgeordneten auszuhebeln; bei einer Anklage gegen Abgeordnete musste er auch weiterhin die vorherige Zustimmung des Konvents einholen. Das Gesetz, das seinen Triumph festigen sollte, trug so dazu bei, seinen Ruf in der Versammlung zu beschädigen. Um diese Gefahr zu bannen, eröffnete Robespierre seine Gegenattacke mit einer dreisten Lüge, indem er die Behauptung Bourdons, das Gesetz schränke die Autorität und Unabhängigkeit des Konvents ein, als «evident falsch» bezeichnete und mit der wohlfeilen Behauptung fortfuhr: «Der Vorredner hat in der Diskussion versucht, den Wohlfahrtsausschuss von der *Montagne* zu trennen. Der Konvent, die *Montagne* und der Ausschuss sind aber ein und dasselbe. Jeder *Représentant du peuple*, der wirklich die Freiheit liebt, jeder Volksvertreter, der bereit ist, für das Vaterland zu sterben, gehört der *Montagne* an. (Stürmischer Beifall bricht aus; die Abgeordneten erheben sich, um ihre Zustimmung zu unterstreichen, von ihren Sitzen.) – (...) In dem Augenblick, in dem jedes Mitglied dieser Versammlung sich dem Vaterland weiht, kann es im Konvent nur zwei Parteien geben, die guten und die schlechten, die Patrioten und die heuchlerischen Gegenrevolutionäre. (Beifall) Mir steht es umso mehr zu, diese Wahrheit auszusprechen, als mich niemand hier für voreingenommen halten kann, denn wer wäre das erste Objekt des Irrtums, von dem ich spreche? Und wer wäre das erste Opfer von Verleumdungen und Verfolgungen ohne eine glückliche Fügung der Revolution? Ich wage zu behaupten, dass ich es wäre».[74]

Das Gesetz, das den Beginn der *Grande Terreur* markierte, sollte Robespierre die Handhabe verschaffen, alle Widersacher problemlos aus dem Weg zu räumen, indem er sie schlicht als «Feinde der Revolution» stigmatisierte. Diese Effizienz machte es zu einem gefährlichen Instrument, an dem auch sein Schöpfer Schaden nehmen konnte, wenn sich diejenigen, die sich bedroht fühlten, zu seinem Sturz verbündeten, um ihren eigenen Kopf zu retten. Der Spott, den man über ihn wegen seiner Rolle beim Fest des «Être suprême» ausgegossen hatte, war verletzend gewesen, aber die hartnäckigen Einwände gegen dieses Gesetz waren untrügliche Anzeichen einer Fronde, die sich gegen ihn in den Regierungskomitees wie im Konvent zu formieren begann.[75] Das veranlasste Robespierre dazu, sowohl den Wohlfahrtsausschuss wie die Nationalversammlung zu meiden und seine öffentlichen Auftritte während der nächsten sechs Wochen ausschließlich auf die Sitzungen des Jakobiner-Clubs zu beschränken. Hier wusste er sich noch unangefochten, bewundert und unterstützt.

Doch die Jakobiner geboten nicht mehr über die unbestrittene revolutionäre Deutungsmacht, die sie lange besessen hatten. Auch standen sie keineswegs so geschlossen hinter ihm, wie er wähnte. Dazu trug er selber bei, als er am 11. Juni und 14. Juli Fouché scharf wegen der von ihm und Chaumette in Nevers betriebenen Entchristianisierungskampagne angriff.[76] Seit seiner Tätigkeit in Lyon war Fouché auch in enger Komplizenschaft mit Collot d'Herbois verbunden, der ebenso wie dieser Interesse daran hatte, nicht wegen der von ihnen begangenen Gräuel zur Rechenschaft gezogen zu werden. In solchen Befürchtungen sahen sie sich bestätigt, als Robespierre ihren Ausschluss aus dem Jakobiner-Club durchsetzte. Das war eine offene Kriegserklärung.

Robespierres Taktik, allein den Jakobiner-Club zu nutzen, um in die Offensive zu gehen, verrät seine Fehleinschätzung der Lage. Auch dass er dort seine Angriffe weiter fortsetzte,[77] zeigt, dass er sich seines Einflusses und seiner Stellung inzwischen allzu sicher war. Er erkannte nicht, dass er mit diesen Angriffen dazu beitrug, seine Gegner zu einen. Diese begannen nun ihrerseits, unter den Abgeordneten der *Plaine* im Konvent intensiv um Verbündete zu werben. Dieses Werben war umso erfolgreicher, als viele Abgeordnete für die seit dem 10. Juni intensivierte *Terreur* immer weniger Verständnis aufbrachten und vermutlich sogar fürchteten, demnächst selbst deren Opfer zu werden. Als am 26. Juni die Österreicher in der Schlacht von Fleurus geschlagen wurden und damit die Gefahr einer Invasion Frankreichs endgültig gebannt war, gab es keine plausible Rechtfertigung mehr, die Schreckensherrschaft fortzusetzen. Das war jedenfalls die Erwartung in der Öffentlichkeit, deren Druck sich jetzt in *Banquets patriotiques* Luft machte, in Straßenfesten, die in Paris seit dem Eintreffen der Nachricht vom Sieg gefeiert wurden.[78] Die Feste waren friedliche Demonstrationen, mit denen nicht nur dieser Sieg, sondern auch der sich damit abzeichnende Frieden und das Ende der Revolutionsregierung und der *Terreur* gefeiert wurden.[79]

Diese Erwartungen blieben dem Wohlfahrtsausschuss natürlich nicht verborgen. Barère qualifizierte die Feste am 16. Juli im Konvent als eine neue Intrige der «Testamentsvollstrecker von Hébert und Chaumette», als «eine verfrühte Amnestie, eine voreilige Proklamation des Friedens und eine gefährliche Vermischung von reinen Gefühlen und perfiden Absichten, von republikanischem Tun und gegenrevolutionären Prinzipien». Auch wenn der Konvent kein förmliches Verbot dieser *Banquets fraternels* verabschiedete, genügte schon der Hinweis Barères, die Versammlung überantworte «die Exekution dieses moralischen Dekrets an das Revolutionsgericht der öffentlichen Meinung»,[80] um dem Treiben ein Ende zu machen. Die Botschaft war unmissverständlich: Die Revolutionsregierung zeigte sich entschlossen, das Schreckensregiment fortzusetzen.

An seiner Haltung ließ auch Robespierre keinen Zweifel. Als er nach sechs Wochen am 26. Juli 1794 wieder im Konvent erschien, entschloss er sich, einen Generalangriff zu wagen: «Sprechen wir es also aus: Es gibt eine Verschwörung gegen die öffentliche Freiheit; ihre Stärke verdankt sie einer kriminellen Vereinigung, die im Konvent selbst ihre Intrigen spinnt. Diese Vereinigung hat Komplizen im *Comité de Sûreté générale* und in den Sektionen dieses Ausschusses, der von ihnen beherrscht wird. Die Feinde der Republik haben dieses Komitee in Opposition zum Wohlfahrtsausschuss gebracht und so zwei Regierungen geschaffen. Auch Mitglieder des *Comité de Salut public* sind an diesem Komplott beteiligt. Das Bündnis, das so geschaffen wurde, will die Patrioten und das Vaterland ins Verderben stürzen. Was kann man dagegen unternehmen? Es gilt, die Verräter zu bestrafen, den *Comité de Sûreté générale* zu erneuern, dieses Komitee zu säubern und es dem Wohlfahrtsausschuss zu unterstellen, der seinerseits gesäubert werden muss, um so die Einheit der Regierung unter der obersten Autorität des Nationalkonvents herzustellen, der sowohl das Zentrum wie der Richter ist, und um derart alle Fraktionen mit dem Gewicht der nationalen Autorität zu zermalmen, auf deren Trümmern dann die Macht des Rechts und der Freiheit errichtet wird».[81]

Auf was Robespierre also hinauswollte, war eine weitere Konzentration der Macht im *Comité de Salut public*. Was versprach er sich davon? Glaubte er allen Ernstes, dass seine Anhänger im Konvent jetzt die Namen derer aussprechen und ans Messer liefern würden, auf die er angespielt hatte? Darin sah er sich enttäuscht. Der Konvent, um dessen Gefolgschaft er mit dieser Rede gebuhlt hatte, zeigte ihm die kalte Schulter. Die Erklärung dafür war nicht nur, dass ein Fouché oder ein Tallien, die sich von ihm ins Visier genommen fühlten, die Abgeordneten des *Marais*, die im Konvent über die Mehrheit entschieden, in ihrem Sinne bearbeitet und gegen Robespierre eingenommen hatten. Viel fataler für ihn war vielmehr, dass diese gegen die Revolutionsregierung gerichtete Kriegserklärung ein schwerer taktischer Fehler war.

Zwar war Robespierres Rede im Konvent mit starkem Beifall aufgenommen worden, doch wurde im Anschluss gleichwohl Kritik an seinen Ausführungen laut. Pierre-Joseph Cambon etwa verwahrte sich als Mitglied des Finanzausschusses gegen die heftigen Vorwürfe, die Robespierre gegen die Finanzpolitik erhoben und bei denen er ihn sogar namentlich erwähnt hatte. Cambon konterte mit einem Gegenangriff auf Robespierre, der in den Worten gipfelte: «Es ist an der Zeit, die ganze Wahrheit auszusprechen: Ein einziger Mann hintertreibt den Willen des Konvents; das ist eben derjenige, der die Rede gehalten hat, es ist Robespierre».[82] Das gab dem Abgeordneten Étienne-Jean Panis den Anstoß, aus der Deckung zu kommen und Robespierre vorzuwerfen, jeden, der ihm nicht passe, aus dem Jakobiner-Club ausschließen zu lassen. «Ich fordere, dass er nicht mehr Einfluss hat als jeder andere auch. Ich verlange ferner, dass er sich darüber erklärt, ob er uns bereits auf die Liste derer gesetzt hat, die ausgeschaltet werden sollen, ob mein Kopf etwa schon auf der Liste steht, die er aufgestellt hat». Andere verlangten von Robespierre, die von ihm erhobenen vagen Beschuldigungen und Drohungen zu präzisieren. Darauf entgegnete dieser, man unterstelle ihm Behauptungen, die er nicht gemacht habe, was ihm aber weitere Hinweise auf die Verschwörung liefere, die er denunziere; im Übrigen sei es auch nicht seine Absicht, mit denen zu marschieren, die ihn ermorden wollten. Als ihn der Sitzungspräsident Collot d'Herbois wegen dieser Bemerkung zur Ordnung rief, entgegnete Robespierre, er nehme keine Befehle von dem entgegen, der seinen Mördern vorsäße ...[83]

Auch wenn während der gesamten verworrenen Debatte lediglich Couthon Robespierre unterstützte, so zeigte sie andererseits aber auch, dass von einer gegen Robespierre gerichteten Verschwörung keine Rede sein konnte. Dafür waren die Einwände, die selbst von denen gemacht wurden, die Robespierre direkt angegriffen hatte oder die glaubten, von ihm ins Visier genommen worden zu sein, zu disparat. Vielmehr ging es ihnen darum, die Macht der beiden Komitees zu beschneiden.

Nach dem für ihn unerfreulichen Verlauf der Debatte im Konvent musste Robespierre umso mehr daran gelegen sein, sich am Abend der Unterstützung im Jakobiner-Club zu versichern. Hier verlas er seine Rede noch einmal und erntete stürmische Ovationen, während Billaud und Collot, die ebenfalls zu Wort kommen wollten, von einer Mehrheit der Anwesenden daran gehindert wurden. Als sie danach gewaltsam und unter Verwünschungen des Clubs verwiesen wurden, eilten sie wütend zu den wie stets in den Abendstunden tagenden Regierungskomitees, um hier den Sturm zu entfachen, der am nächsten Tag Robespierre im Konvent hinwegfegen sollte.[84] Er drohte umso gewisser, weil Collot d'Herbois als Sitzungspräsident amtierte und damit darüber bestimmte, wer das Rederecht erhielt.

In der Sitzung des Konvents am Sonntag, dem 27. Juli 1794, dem 9 Thermidor an II, erhielt als Erster Saint-Just das Wort, der zu einer Rede anhob, deren Beginn wie eine Paraphrase jener anmutete, die Robespierre am Vortag gehalten hatte. Schon nach wenigen Sätzen unterbrach ihn Jean-Lambert Tallien, der den Antrag zur Geschäftsordnung stellte, die Verschwörungsvorwürfe, die sich jetzt mit Saint-Just ein weiterer Redner anschicke zu erheben, entschlossen aufzuklären und die Schuldigen zur Verantwortung zu ziehen. Diesem Ansinnen sekundierte Billaud-Varenne mit einem weiteren Geschäftsordnungsantrag, den er dazu nutzte, Robespierre und Saint-Just offen zu denunzieren. Das fand die lebhafte Zustimmung der Versammlung, die sich vielstimmig mit dem Ruf «Nieder mit dem Tyrannen!» vernehmen ließ. Als Robespierre daraufhin das Wort ergreifen wollte, wurde er vom neu aufbrandenden Geschrei «Nieder mit dem Tyrannen!» übertönt. Der Sitzungspräsident verweigerte ihm wiederholt das Wort, während ein Redner nach dem anderen weitere Beschuldigungen vortrug und die Stimmung im Konvent gegen ihn aufpeitschte. Schließlich wurde die sofortige Verhaftung von Robespierre, Couthon und Saint-Just gefordert. Diese Anträge wurden einstimmig mit den Rufen «Vive la liberté! Vive la République!» verabschiedet.[85]

Die chaotische Konventssitzung am 27. Juli war für Robespierre eine vernichtende Niederlage. Damit hatte er nicht gerechnet. Umso wichtiger war, dass der Jakobiner-Club geschlossen hinter ihm stand und, so durfte er annehmen, auch die *Commune de Paris*, in der nach dem Sturz Héberts Anhänger Robespierres in Schlüsselpositionen eingerückt waren.[86] Die *Commune* gebot auch über die Nationalgarden, die einzige bewaffnete Macht in Paris, deren Auftritt am 2. Juni 1793 den Konvent genötigt hatte, die Mitglieder der Gironde auszuliefern. Die Gefahr, die hier lauerte, suchte der Konvent auf Antrag von Billaud-Varenne dadurch zu bannen, dass er die Verhaftung von Hanriot, dem Oberbefehlshaber der Nationalgarden, sowie aller Mitglieder seines Stabes anordnete.[87] Zugleich wurde auf Antrag von Barère eine Proklamation an die Pariser Sektionen verabschiedet, die, ohne Robespierre namentlich zu erwähnen, vor einem drohenden Umsturz warnte. Damit verknüpft war die dringliche Aufforderung, sich hinter den Konvent und die Regierung zu stellen, um diesen Anschlag abzuwehren.[88]

Trotz dieser Vorkehrungen mehrten sich sehr schnell die Anzeichen, dass es zur Machtprobe zwischen dem Konvent auf der einen und der *Commune*, den Nationalgarden und den Jakobinern, die zu Robespierre hielten, auf der anderen Seite kommen würde. In der Abendsitzung des Konvents vom 27. Juli wurde bekannt, dass sich Hanriot und die anderen Befehlshaber ihrer Verhaftung entzogen hatten. Außerdem habe zumindest ein Teil der Nationalgarden ihren Befehlen Folge geleistet, indem sie die verhafteten Abgeordneten befreit und ins Rathaus gebracht hätten, wo ihnen von den Mitgliedern der *Commune* versichert worden sei, man werde sie schützen und ihrer Sache zum Sieg verhelfen.[89] In Übereinstimmung mit Robespierre, Couthon und Saint-Just bereite man den militärischen Widerstand vor und plane auch die Organisation einer Regierung, die den Aufstand leiten solle. Außerdem würden Anstalten getroffen, den Konvent sowie die Regierungskommissionen von der Außenwelt abzuriegeln und jede Kommunikation zwischen ihnen zu unterbinden. Emissäre seien unterwegs, um die Pariser Sektionen aufzufordern, sich dem Widerstand der *Commune* anzuschließen.[90] Darauf antwortete der Konvent mit der Verabschiedung von drei Dekreten: Hanriot, der Pariser Bürgermeister und alle Mitglieder des *Conseil général de la Commune*, die sich dem Widerstand angeschlossen hatten, wurden für vogelfrei erklärt. Auf Antrag von Wohlfahrts- und Sicherheitsausschuss wurden auch die aus ihrer Inhaftierung befreiten Abgeordneten außerhalb des gesetzlichen Schutzes gestellt und die beiden Regierungskomitees angewiesen, die Belange der *Commune* interimistisch zu übernehmen. Schließlich wurde der Abgeordnete Barras vom Konvent mit dem Oberbefehl über die Nationalgarden betraut.[91]

Die demonstrative Entschlossenheit, sich durch die *Commune* nicht einschüchtern zu lassen, zeigte Wirkung: Im Laufe des Abends wurden im Konvent Abordnungen von über 30 der 48 Pariser Sektionen vorstellig, die der Versammlung ihre unbedingte Loyalität versicherten.[92] Damit war der Machtkampf, zu dem es am 28. Juli zwischen dem Konvent und der *Commune* kommen musste, am Abend zuvor bereits im Wesentlichen entschieden. Hanriot gelang es zwar, die Nationalgarden von 17 Sektionen für den Aufstand zu gewinnen, die sich am Morgen auf der Place de Grève vor dem Rathaus einfanden. Aber dieses Aufgebot war bei weitem zu schwach, um der von Barras kommandierten Übermacht der dem Konvent loyalen Truppen Widerstand leisten zu können. Als diese sich nach Mitternacht zum Sturm aufs Rathaus formierten, nachdem die letzten Nationalgarden, die zur *Commune* hielten, in der Nacht versickert waren, ergriff die Insurgenten Panik. Der gelähmte Couthon stürzte im Rollstuhl sitzend eine steinerne Treppe hinunter und verletzte sich am Kopf; Robespierres jüngerer Bruder sprang aus einem Fenster in die Tiefe und brach sich dabei die Hüfte; Robespierre selbst wollte sich erschießen; das misslang, und die Kugel zerschmetterte seinen Unterkiefer. In diesem Zustand wurde er im Rathaus angetroffen, als die Nationalgarden dort eindrangen.[93]

Den Schluss des Dramas, dem sich Robespierre, sein Bruder und Couthon durch Selbstmord entziehen wollten, hat Célestin Guittard de Floriban mit präziser Lakonie in seinem Tagebuch beschrieben: «Heute (...) wurden Robespierre und 21 Mitverschwörer dem Revolutionsgericht vorgeführt, das ihr Urteil lediglich bestätigte, denn, da sie vogelfrei waren, war ihnen der Prozess bereits gemacht worden. Es wurde beschlossen, sie auf der Place Henri IV, dem heutigen Place de la Révolution hinzurichten [die Guillotine, die auf der Place du Trône renversé aufgestellt war, musste also eigens deswegen hierher geschafft werden]. Hierhin wurden sie überführt, und auf ihrem Weg passierten sie die Rue St. Honoré. Überall wurden sie vom Volk beschimpft, das sich darüber empörte, wie sie es getäuscht hatten. Ihnen wurde gegen 7 Uhr abends der Kopf abgeschlagen».[94] Robespierre war der vorletzte, der an diesem Nachmittag starb; vor ihm kamen unter anderem sein jüngerer Bruder, Augustin Bon Joseph Robespierre, genannt «Bonbon», Couthon, Saint-Just, Hanriot und Dumas, der Präsident des Revolutionsgerichts, an die Reihe. Einen Tag später folgten ihnen 71 Mitglieder des *Conseil général de la Commune de Paris*. «Über sechzig Personen», schrieb Archibald Hamilton Rowan, ein Augenzeuge des Geschehens, der in Paris im Exil lebte, «wurden in weniger als eineinhalb Stunden auf der Place de la Révolution guillotiniert; und obwohl ich hundert Schritt vom Richtplatz entfernt stand, floss das Blut der Opfer um meine Füße.»[95]

FÜNFTES BUCH

DIE GÖTZENDÄMMERUNG

ERSTES KAPITEL

THERMIDOR ODER DAS TRAUMA DES SCHRECKENS

Der Sturz Robespierres war die Revolution des Konvents und nicht, wie die des 10. August 1792, eine der *Commune de Paris*. Die gehörte diesmal zu deren Verlierern. Der Umsturz kam mit der Plötzlichkeit eines Sommergewitters. Alles entschied sich erst unter dessen Verlauf. Ausschlaggebend für den Ausgang war, dass die Sektionen, die Sansculotten ihrem Idol Robespierre nicht zu Hilfe eilten, sondern in Lethargie verharrten. Darin verriet sich der wachsende Überdruss an der *Terreur*, der bereits in den *Banquets patriotiques* zum Ausdruck gekommen war. Einen weiteren Anlass zum Stillhalten lieferten die Anfang der Woche verkündeten neuen Obergrenzen für Löhne, die ebenfalls den revolutionären Enthusiasmus lähmten.[1] Den Rest besorgten in Windeseile sich in der Stadt verbreitende Gerüchte. Célestin Guittard de Floriban etwa notierte am 28. Juli im Tagebuch, der «Unbestechliche» habe die Absicht gehabt, «sich in Lyon und den anderen Departements als König ausrufen zu lassen und die Tochter Capets [i. e. die Tochter Louis' XVI, die im Temple inhaftiert vegetierte] zu heiraten».[2]

Für die rasche Verbreitung dieser Absurdität sorgte der Mann, der sie erfunden hatte: Marc-Guillaume-Alexis Vadier, Mitglied des *Comité de Sûreté générale*, der zum Kreis jener gehörte, die nach Robespierres Rede vom 26. Juli um ihr Leben zittern mussten. Der materielle Beweis, der jener Behauptung Substanz verlieh, war eine Siegelpetschaft mit den bourbonischen Lilien, die angeblich bei Robespierre gefunden wurde, als man ihn im Rathaus festnahm. Nachdem sie sofort dem Präsidenten des Konvents überbracht worden war, wurde sie von verschiedenen Deputierten als authentisch begutachtet. Dieses Beweisstück war eine Fälschung, die Robespierre von Agenten des Sicherheitsbüros bei seiner Festnahme untergeschoben wurde. Rund zwanzig Jahre später machte Vadier einigen Schicksalsgenossen, die sich mit ihm nach der Restauration der Bourbonen in Brüssel in das Los des Exils teilten, das Eingeständnis, er habe dieses Beweisstück fabriziert, weil er um seinen eigenen Kopf gefürchtet habe.[3]

Gleichgültig ob Vadier die alleinige Urheberschaft für diesen Einfall hatte oder nicht: Er war genau auf die Naivität des *peuple* abgestellt, dem die Behauptung, Robespierre strebe nach einer Diktatur, vermutlich viel zu abstrakt und deshalb nichtssagend gewesen wäre. Mit der Monarchie verband der *peuple* hingegen eine sehr konkrete und von tiefer Abscheu geprägte Vorstellung, die für alle Leiden und Entbehrungen einstand, die durch die Revolution von ihm genommen worden waren. Barras, der möglicherweise an dieser Beweisfälschung beteiligt war, hat die mentale Disposition des *peuple* anschaulich beschrieben: «Ich glaubte kein Wort von diesen Anschuldigungen, aber sie beschäftigten die Gemüter. Auch wenn sie sich höchst unwahrscheinlich ausnahmen, war es vielleicht dennoch nicht unnütz, sie dem Volk hinzuwerfen, das Robespierre allein dann als Tyrannen begreifen konnte, wenn man ihn mit der alten Monarchie in Verbindung brachte, die für es das Einzige war, das in seinen Augen einen nachvollziehbaren *Corpus delicti* darstellte. (…) Wie hätte der *peuple* auch sonst zu der Einsicht kommen können, dass ausgerechnet derjenige, der ihm tagtäglich schmeichelte, der ihm von der Souveränität des Volkes sprach, von seiner Freiheit und Gleichheit, der sich als deren Verteidiger darstellte und der in diesem Moment der Märtyrer seiner Überzeugungen zu sein schien, dass also ausgerechnet er einer war, den wir heute einen Feind der Freiheit, einen Unterdrücker und Tyrannen nennen?»[4]

Robespierre, Saint-Just und Couthon sowie 19 weitere ihrer Helfer wurden am 28. Juli geköpft. Dasselbe Schicksal ereilte am 29. Juli 71 Mitglieder des *Conseil général de la Commune de Paris* und am 30. Juli 12 weitere seiner Angehörigen, die alle ausgewiesene Parteigänger von Robespierre waren. Von den insgesamt 140 Mitgliedern der *Commune* wurden binnen drei Tagen 87 liquidiert, 40 schmachteten in diversen Gefängnissen. Diejenigen von ihnen, die zugleich dem Revolutionstribunal angehörten, traten zusammen mit dem Chefankläger Fouquier-Tinville am 7. Mai 1795 den Gang zur Guillotine an.

Lediglich 13 Angehörige des *Conseil général de la Commune* blieben in Freiheit. Das war das Ende der von der *Commune de Paris* bislang ausgeübten städtischen Selbstverwaltung, die wieder aufleben zu lassen der Konvent sich hütete. Von nun wachten die Regierungskomitees über die Belange der Stadt. Konsequenterweise wurde am 6. August auch das Oberkommando der Nationalgarde sowie deren Generalstab abgeschafft, dessen Funktionen bislang im steten Wechsel von den Befehlshabern der einzelnen Sektionen wahrgenommen worden waren, die ihrerseits den Anweisungen der *Commune* unterstanden. Jetzt übernahm diese Aufgabe ein Militärausschuss, den der Konvent unmittelbar kontrollierte.

Damit war die Gefahr, dass der Putsch noch scheiterte, fürs Erste gebannt. Aber wie weiter? Eine Antwort darauf suchte Barère am 29. Juli zu geben. Die Nationalvertretung sei «binnen eines Tages (...) vor den Verschwörungen gerettet worden, die seit einem Jahr gegen sie gesponnen wurden», und damit sollte es nach der Ansicht des Wohlfahrtsausschusses auch sein Bewenden haben. Lediglich das Revolutionstribunal gelte es noch zu säubern und mit neuem Personal zu besetzen, während man sich bei der Regierung damit begnügen könne, gelegentlich der in zehn Tagen fälligen Bestätigung des *Comité de Salut public* drei geeignete neue Mitglieder zu wählen. Bis dahin könnte diese Aufgabe «vorläufig» von drei Beisitzern wahrgenommen werden.[5]

Der Vorschlag Barères verriet, was ihn und andere Führungsgestalten des Schreckensregimes wie Collot d'Herbois, Billaud-Varenne und Vadier erst in buchstäblich letzter Minute dazu veranlasst hatte, sich am Sturz Robespierres aktiv zu beteiligen: Ihnen war es um die Liquidation des «Unbestechlichen» zu tun, von dem sie mit guten Gründen fürchteten, er werde sie früher oder später wegen ihrer zahllosen Verstöße gegen den republikanischen Tugendkatalog beseitigen. Dieser Absicht war man zuvorgekommen, alles weitere sollte so bleiben wie bisher. Das vereitelte jedoch der Konvent, der sofort daran ging, der Revolutionsregierung die schärfsten Zähne zu ziehen. Vor allem Tallien, Legendre, Thuriot, Fréron und Merlin de Thionville wollten personelle und institutionelle Änderungen, die nichts weniger als einen Systemwechsel bedeuteten. Ihre Bestrebungen fanden die begeisterte Zustimmung der öffentlichen Meinung. Damit wurde eine Dynamik angestoßen, die ein Abwürgen oder gar eine Umkehr der eingeleiteten Entwicklung unmöglich machte. Binnen weniger Wochen wurden so die Macht und das System der Revolutionsregierung zerschlagen, ohne dass allerdings irgendein Konsens vorhanden gewesen wäre, was man an dessen Stelle setzen sollte.

Diese Konfusion führte zu einer Spaltung der Thermidorianer, wie jene genannt wurden, die den Sturz Robespierres bewerkstelligt hatten. In dem Machtkampf, der nun begann, standen sich im Wesentlichen zwei Fraktionen gegenüber: auf der einen Seite die «Gemäßigten», die den Systemwechsel irgendwie vollenden wollten, sich aber höchst uneins darüber waren, wie umfangreich er ausfallen und welche Ordnung an Stelle des Schreckensregiments treten sollte; auf der anderen Seite Jakobiner und *Montagnards*, die möglichst wenig geändert wissen wollten.

Alles begann damit, dass Barères Vorschlag, lediglich den «Tyrannen» und seine engsten Genossen auszuwechseln, im Konvent auf lebhaften Widerspruch stieß und von einer Mehrheit abgelehnt wurde. Stattdessen fiel auf Anregung von Tallien der Beschluss, dass ein Viertel der Mitglieder aller Komitees zunächst durch Losentscheid, danach entsprechend der Dauer ihrer Zugehörigkeit jeden Monat ausgewechselt werden sollten, wobei diejenigen, die ausschieden, während der Frist eines Monats nicht wieder gewählt werden könnten.[6] Damit sollte verhindert werden, dass sich nach dem Vorbild Robespierres ein Mitglied eine alle anderen dominierende Reputation erwarb. Gleichzeitig wurde damit auch das Kalkül des linken Flügels der Putschisten durchkreuzt, zu denen etwa Collot d'Herbois oder Billaud-Varenne gehörten, die versuchten, ungeachtet ihrer Verstrickung in das Schreckensregime ihren Machtanteil zu behaupten, indem sie alle Schuld auf Robespierre abwälzten. Wie illusorisch das war, wurde bereits am 1. August 1794 offensichtlich, als die gesäuberten Komitees dem Konvent die Abschaffung des Gesetzes vom 10. Juni als Beschlussvorlage zuleiteten.[7] Damit wurde ein Minimum an Rechtssicherheit wiederhergestellt, denn künftig musste sich eine auf gegenrevolutionäre Bestrebungen lautende Anklage auf gerichtsfeste Beweise stützen, um ein Urteil zu rechtfertigen. Gleichzeitig wurde auch die Voraussetzung geschaffen, viele, dic in den überfüllten Gefängnissen schmachteten, aus der Haft zu entlassen. Im Zusammenhang damit steht auch der

Beschluss, dem Ankläger des Revolutionstribunals, Fouquier-Tinville, den Prozess zu machen.[8] Schließlich wurde am 10. August eine umfassende Säuberung des Revolutionstribunals dekretiert.[9] Damit war das Instrumentarium der Schreckensherrschaft in weniger als zwei Wochen so weitgehend demontiert, dass im August in Paris lediglich sechs Menschen hingerichtet wurden. Gegen den Widerstand Barères wurde am 11. August auch die im *Comité de Salut public* konzentrierte Exekutivgewalt zerschlagen; mit Ausnahme der Belange von Kriegführung und Außenpolitik wurden dessen Zuständigkeiten anderen Ausschüssen zugeteilt.[10]

Es war die *Plaine* gewesen, die durch ihre Abwendung von Robespierre dessen Sturz unvermeidlich gemacht hatte. Damit hatte sie eine Machtstellung erlangt, die sie jetzt verständlicherweise nicht mehr preisgeben wollte und in der sie sich von der Öffentlichkeit akklamiert sah. Nach der Beseitigung Robespierres wurde der Konvent mit über 700 Glückwunschschreiben überschwemmt, die ihm von Städten oder Gemeinden, Bürgergesellschaften oder den Armeen zugesandt wurden.[11] Das will nicht viel besagen, denn es waren durchweg konforme Adressen, die den neuen Machthabern gegenüber unbedingte Loyalität zum Ausdruck brachten. Welchen Kurs die Thermidorianer steuern wollten, war aber trotz ihrer ersten Beschlüsse nicht abzusehen, denn die *Terreur* war ein Herrschaftssystem, das viele getragen hatten. Dazu gehörten auch die neuen Machthaber, die Abgeordneten der *Plaine*, die folglich kein Interesse daran hatten, dass es pauschal diskreditiert und abgeschafft wurde. Bezeichnend dafür ist, dass die berüchtigten *Comités révolutionnaires*, mit denen die Willkür des Schreckens in der unmittelbaren Nachbarschaft eines jeden Bürgers ihren Einzug gehalten hatte, keineswegs völlig abgeschafft, sondern lediglich ausgedünnt und umstrukturiert wurden. In Paris etwa wurden mit Wirkung des Dekrets vom 24. August die bisherigen 48 *Comités révolutionnaires* durch 12 *Comités de surveillance* ersetzt, die direkt dem Sicherheitsausschuss des Konvents unterstellt waren und deren Mitglieder auch von der Regierung berufen wurden.[12]

Mit diesem Gesetz wurde außerdem die zu Beginn der Revolution eingeführte Verwaltungsgliederung von Paris in 48 Sektionen beseitigt. An ihre Stelle traten zwölf *Arrondissements*, die so zugeschnitten waren, dass jeweils vier Sektionen eine der neuen Verwaltungseinheiten bildeten. Damit wurde die Organisationsbasis des Sansculottismus zerstört, da es bei der Bildung der *Arrondissements* vermieden wurde, sozial homogene Sektionen miteinander zu verbinden. So wurden beispielsweise der *Faubourg* Saint-Antoine und der Marais zu einem *Arrondissement* zusammengefügt, die *Faubourgs* Montmartre und Poisonnière hingegen wurden getrennt. Bisweilen vereinigte man sogar Sektionen, die gar nicht aneinander grenzten, wie etwa die *Faubourgs* Saint-Denis und Saint-Martin mit Bonne-Nouvelle und Montorgueil. Andererseits wurde die Cité zwischen dem IX. und dem XI. *Arrondissement* aufgeteilt.[13]

Dass damit bereits alles getan sei, um den Irrweg zu korrigieren, den die Revolution unter dem Einfluss Robespierres eingeschlagen habe, war bezeichnenderweise zunächst auch die Ansicht, zu der sich Jean-Lambert Tallien in einer Rede vom 28. August bekannte. «Die Neugliederung der Komitees ist abgeschlossen; die Regierung wird ihre Arbeit fortsetzen. (...) Es ist jetzt an der Zeit, dass der schwankende Zustand, in dem wir seit dreißig Tagen leben, aufhört; es ist an der Zeit, dass wir uns endlich mit der öffentlichen Wohlfahrt befassen und nicht mehr mit besonderen Streitereien; schließlich ist auch Eile geboten, den Feinden der Revolution ihre letzte Hoffnung zu nehmen, die Nationalrepräsentation zu zerstören. (...) Eine einfache Meinungsverschiedenheit, die fortdauert und sich immer wieder entzündet (...) genügt vollauf, um alles umzustürzen, denn in der Republik sind alle Köpfe gleichsam mit Pulver imprägniert und es genügt der geringste Funke, den diese Auseinandersetzungen auf der Linken oder der Rechten im Konvent schlagen, um irgendwo im Land das Feuer zu entfachen. (...) Weithin herrscht Übereinstimmung darüber, dass es eine Revolutionsregierung braucht; gleichzeitig ist man hinsichtlich der Freiheit und der Gerechtigkeit einer Meinung; Meinungsverschiedenheiten gibt es lediglich in der Frage, was es heißt, revolutionär zu sein, ohne sich tyrannisch aufzuführen und Schrecken zu verbreiten, ohne ungerecht zu werden; also kommt alles darauf an, genau zu bestimmen, was man unter einer revolutionären Regierung versteht. Ist das eine Regierung, die geeignet erscheint, die Revolution zu vollenden oder eine solche, die sich revolutionär aufführt»? Das Kennzeichen letzterer sei die Schreckensherrschaft, die alles und jeden mit immer schrecklicheren Strafen bedrohe. «Der Konvent kann es nicht dulden, dass die Republik noch länger in zwei Klassen aufgeteilt wird; in die Klasse jener, die Schrecken verbreitet und in die derjenigen, die in Furcht leben, in Verfolger und Verfolgte. Couthon und Robespierre können nicht mehr verhindern, dass die Prinzipien von Gleichheit und Gerechtigkeit verteidigt werden. (...) Die *Terreur* ist einer Minderheit von Nutzen, die die Mehrheit unterdrücken will. (...) Das System des Schreckens war dasjenige von Robespierre. Er war es, der es mit Hilfe einiger Handlanger ins Werk setzte, von denen die einen mit ihm liquidiert und die anderen lebendig unter der öffentlichen Verachtung begraben wurden. Der Konvent ist ein Opfer, niemals ein Komplize dieser Praxis gewesen».[14]

Talliens Versuch, einen Schlussstrich zu ziehen und die Schreckensherrschaft als eine Episode der Revolution zu den Akten zu nehmen, wurde aber bereits am Tag darauf nachdrücklich in Frage gestellt. Am 29. August beantragte Laurent Lecointre Anklage gegen eine Reihe der führenden Terroristen in den beiden Regierungskomitees wie Billaud-Varenne, Collot d'Herbois und Barère vom Wohlfahrtsausschuss sowie Vadier, Amar, Voulland und David aus dem Sicherheitsausschuss. Unter anderem beschuldigte er sie, durch rücksichtslose Anwendung des Verdächtigengesetzes vom 17. September 1793 wahllos zahlreiche Bürger ohne Beweis verfolgt, dem von ihnen ausgeübten System des Schreckens auch den Konvent unterworfen und in ganz Frankreich «Tausende von Bastillen» errichtet zu haben, in denen über einhunderttausend Bürger unschuldig schmachteten ...[15]

Der Antrag Lecointres zielte darauf ab, die fälligen politischen Konsequenzen aus der am 11. August begonnenen Neustrukturierung des Regierungssystems zu ziehen. Diese war mit der Beschneidung des vordem allmächtigen Wohlfahrtsausschusses eingeleitet worden und hatte mit dem Dekret vom 24. August, mit dem die Befugnisse der Exekutive auf 13 der insgesamt 16 Ausschüsse des Konvents übertragen wurden, seinen vorläufigen Abschluss gefunden. Dank dieser neuen Geschäftsordnung der Exekutive lag die Regierungsverantwortung nun beim Konvent, der bis zum 9 Thermidor die Rolle einer beliebig manipulierbaren Akklamationsmaschine für die vom Wohlfahrtsausschuss getroffenen Entscheidungen gespielt hatte. Das Mündel wurde damit zum Vormund, denn jetzt übernahmen die 13 Ausschüsse, die von der Konventsmehrheit kontrolliert wurden, die Regierungsaufgaben. Umso mehr rächte es sich aber, dass seit den Anfängen der Revolution die Bildung fester Parteien strikt verpönt war. Das vereitelte die Ausbildung eines in Regierung und Opposition gegliederten parlamentarischen Systems, so dass die als Diktatur erlebte Einheit der einstigen Revolutionsregierung jetzt von einem Regime abgelöst wurde, das von sehr instabilen Mehrheiten abhängig war, deren Zusammensetzung unmittelbar durch die jeweils herrschende öffentliche Meinung beeinflusst wurde.

Das erklärt auch, dass in den ersten Wochen nach dem 9 Thermidor die Mehrheit im Konvent von Jakobinern und *Montagnards* beherrscht wurde, die sich zwar als entschiedene Gegner Robespierres gebärdeten, aber dessen Schreckensregiment im Wesentlichen fortsetzen wollten und die sich dabei nach wie vor auf eine Unterstützung durch die Abgeordneten der *Plaine* verlassen konnten. Billaud-Varenne hatte daher auch leichtes Spiel, der von Lecointre erhobenen Anklage zu widersprechen: «Wir waren es, die Robespierre bekämpft haben, hier und im Jakobiner-Club; wir haben ihm die Maske des Patriotismus, hinter der er sich verbarg, entrissen. Verschiedene Mitglieder dieser Versammlung wissen darum, dass wir seit langem schon übereingekommen waren, die erste sich bietende Gelegenheit für seinen Sturz zu nutzen; und unseren Anklägern ist auch gut bekannt, dass die Umstände stets so ungünstig, so kritisch waren, dass wir bis zum 9 Thermidor zuwarten mussten, um diese Absicht zu verwirklichen.»[16] Auf Antrag Thuriots wurde die Anklage von Lecointre von einer Mehrheit als verleumderisch zurückgewiesen.[17]

Dass die Mehrheit in der Versammlung nach wie vor gewillt war, den revolutionären Radikalismus nach einigen durch den Sturz Robespierres unvermeidlichen Korrekturen beizubehalten, musste die Jakobiner ermutigen. Am 3. September schlossen sie auf Antrag Carriers Lecointre, Tallien und Fréron aus, die sich als Wortführer jenes Flügels der Thermidorianer zu profilieren begannen, in dem sich die «Indulgents» zusammenfanden.[18] Als am 10. September im Konvent bekannt wurde, dass in der Nacht zuvor Tallien bei einem Attentat verletzt worden war, lieferte dies Merlin de Thionville den willkommenen Anlass, ein Gesetz zu beantragen, das es den Abgeordneten untersagte, an den Sitzungen des Jakobiner-Clubs teilzunehmen. Seine Rede nutzte er zu einem scharfen Angriff auf die Jakobiner: «Gibt es welche, die Robespierre nacheifern? (Zustimmung von allen Seiten) Das Volk will nicht länger zwei Autoritäten dulden ... (Erneut lebhafte Zustimmung) Es fordert, dass die Herrschaft der Mörder endet. (Lebhafter Beifall) Nun gut, Bürger, ich klage hier die Mörder meines Landes an, (...) diese Männer, die sich ohne alle Scham in einer allzu bekannten Gesellschaft aussprechen, die sehr viel dazu beigetragen hat, den Thron zu stürzen, die aber jetzt, da es keinen Thron mehr zu stürzen gibt, den Konvent zu vernichten sucht».[19]

Der Angriff löste eine heftige Debatte aus, die damit endete, dass der Antrag Merlins den Regierungsausschüssen für Wohlfahrt, Sicherheit und Gesetzgebung zur Beratung überwiesen wurde. Auch erhielten diese Komitees den Auftrag, einen Bericht zur Lage der Nation vorzulegen. Diesen Vorschlag spezifizierte Merlin de Thionville mit der bemerkenswerten Forderung: «Ich verlange, dass dieser Bericht Antwort auf drei Fragen gibt: Woher kommen wir? Wo befinden wir uns? Wohin gehen wir?»[20] Damit wurden die großen Fragen formuliert, die vom 9 Thermidor zwar aufgeworfen, aber bislang noch nicht beantwortet worden waren. Dieses Versäumnis suchte Pierre-Toussaint Durand-Maillane, einer der Wortführer der *Plaine*, zu beheben: «Es steht den *Sociétés populaires* nicht zu, die öffentliche Meinung zu beherrschen (...). Von der öffentlichen Meinung ist das Heil des Vaterlands abhängig. Ich frage mich also, ob wir in der Lage, in der wir uns befinden, nicht die Erschütterungen fürchten müssen, die das Netz der Jakobiner auslösen kann. Ich fordere deshalb, dass der Bericht auch überprüft, ob die Freiheit nicht durch die Existenz einer in Paris ansässigen Körperschaft der *Société populaire* Gefahr läuft, die über vierundvierzigtausend Ableger verfügt, die mit ihr in Korrespondenz stehen».[21]

Der Verdacht, den Merlin und Durand-Maillane äußerten, war plausibel, denn die Jakobiner, bei denen Schreckensmänner wie Collot, Billaud oder Carrier, der «Schlächter von Nantes», den Ton angaben, suchten sich als Bewegungsmacht der Revolution zu behaupten. Ihre Absichten verrieten sie dadurch, dass sie die Handlanger der *Terreur*, die sich durch Lecointres Antrag gefährdet sahen, in Schutz nahmen. Das Dokument dafür ist die Denkschrift, die sie dem Konvent am 11. September vorlegten, und die energische Maßnahmen einforderte, um dem sich angeblich erneut mächtig regenden «Föderalismus» entgegenzutreten.[22] Die Beschwörung dieser alten Gespenster tat auch jetzt wieder ihre Wirkung und veranlasste eine Mehrheit des Konvents am 12. September zu der symbolpolitischen Entscheidung, die Gebeine Mirabeaus aus dem Panthéon zu entfernen und stattdessen die von Marat am 21. September mit einem feierlichen Festakt in den Ehrentempel der Republik zu überführen.[23] Dem entsprach, dass Robert Lindet, der auch nach dem Sturz Robespierres alle Beschlüsse der Schreckensherrschaft rechtfertigte, anstelle von Barère, der am 31. August durch Losentscheid aus dem Wohlfahrtsausschuss ausgeschieden war, zum Berichterstatter der Regierung gegenüber dem Konvent gewählt wurde. In dieser Eigenschaft erstattete er am 20. September 1794 den Bericht zur Lage der Republik, den er ganz im Sinne der Jakobiner dazu nutzte, alle jene zu beruhigen, die sich durch ihre Tätigkeit während der *Terreur* kompromittiert hatten und nun fürchteten, deswegen zur Rechenschaft gezogen zu werden: «Sie müssen nicht in der Angst leben, dass Frankreich Sie jetzt dem Groll und den Rachegefühlen überantwortet; Sie haben einen Beitrag dazu geleistet, die heilige Sache der Freiheit zu verteidigen und haben sich dazu in stürmischen Zeiten einer großen Macht bedient, die Ihnen von der Notwendigkeit an die Hand gegeben wurde. Die Nation wird nicht zulassen, dass diejenigen, die den Blitzstrahl gegen ihre Feinde gerichtet und geschleudert haben, nun ihrerseits von diesem getroffen und vernichtet werden».[24]

Dieser Bericht war einer der letzten Versuche, die Einheit der Thermidorianer zu beschwören, um so die Mehrheit der *Montagnards* im Konvent zu verteidigen. Das war ein vergebliches Unterfangen, denn der Spaltung der Thermidorianer war bereits die der Jakobiner vorausgegangen, die mit dem Ausschluss von Lecointre, Tallien und Fréron am 3. September eingeleitet worden war. Damit hatten sich die Jakobiner eindeutig zu den *Montagnards* bekannt, die nach wie vor den Konvent beherrschten. Der bislang durch sehr unklare Frontverläufe charakterisierte stille Machtkampf erhielt damit eine klarere Kontur und ein eindeutiges strategisches Ziel. Die Mehrheit der Linken im Konvent stand und fiel mit den Jakobinern, die dank ihres das ganze Land überspannenden Netzwerks von Filialen nicht nur in propagandistischer Hinsicht ein unverzichtbares Hilfsorgan der Revolutionsregierung waren. Indem sich die Clubmitglieder eindeutig auf die

Seite der Linken schlugen, erteilten sie jenen Thermidorianern eine Absage, die zunächst darauf gehofft hatten, sie könnten die Jakobiner für sich gewinnen. Diese Erwartung inspirierte die gemeinsam von Wohlfahrts- und Sicherheitsausschuss bereits am 29. Juli gefasste Entscheidung, das am Vortag geschlossene Club-Lokal wieder zu öffnen, «damit die Sitzungen der *vrais Jacobins* erneut stattfinden können».[25] Das damit verknüpfte Kalkül schien zunächst auch aufzugehen, denn die «vrais Jacobins» beeilten sich, in ihrer Sitzung vom 31. Juli jene Mitglieder wie Thuriot, Dubois-Crancé, Fouché oder Tallien, die zuvor wegen ihrer Gegnerschaft zu Robespierre ausgeschlossen worden waren, wieder aufzunehmen. Außerdem wurde eine Säuberung der Gesellschaft von Anhängern des jetzt als Diktator geächteten Robespierre gefordert.[26]

Dabei handelte es sich aber, wie sich schnell zeigte, nur um heuchlerische Bußübungen, denn die «vrais Jacobins» standen unter Führung von Billaud-Varenne in unverbrüchlicher Treue fest zu ihren alten Bundesgenossen aus der Zeit der Schreckensherrschaft, den *Montagnards*. Wie diese wollten sie die Schreckensherrschaft im Wesentlichen fortsetzen. Das erklärt auch, dass die von Merlin und Durand-Maillane im Konvent unternommenen Angriffe auf den Jakobiner-Club, zunächst noch abgeschmettert wurden.

Unter dem Einfluss zweier Entwicklungen begannen sich aber die Mehrheitsverhältnisse im Konvent zu verändern. Bei beiden spielte die öffentliche Meinung, die dank der wieder aufgeblühten Pressefreiheit ein vielstimmiges Echo fand, eine entscheidende Rolle. Zum einen sorgte die Zurückweisung der Anklage gegen eine Reihe führender Vertreter der Schreckensherrschaft in der Pariser Öffentlichkeit für erhebliche Empörung.[27] Zum anderen verschaffte die lauter werdende Kritik, genährt auch von den Berichten jener, die aus den Revolutionsgefängnissen entlassen wurden, den Schlägertrupps der *Jeunesse dorée*, die sich jetzt zusammenrotteten und lauthals Stimmung gegen die Jakobiner machten, Sympathie und Zulauf. Diese *Muscadins*, wie sie auch genannt wurden, waren junge Männer, Notars- oder Anwaltsgehilfen, kleine Behördenangestellte oder Ladenschwengel, die Spaß daran hatten, Lärm zu machen und Aufruhr zu stiften. Im beabsichtigten Kontrast zur betont einfachen Kleidung und den groben Manieren, die von den «Patrioten» zur Schau gestellt wurden, waren sie stutzerhaft herausgeputzt.[28] Das Haar häufig in kleine Löckchen gelegt, trugen sie voluminöse seidene Halsbinden, enge, taillierte Leibröcke mit gewaltigen Revers und weit herabhängenden Rockschößen. Ihr Äußeres vervollständigten weiche, spitz zulaufende Stiefel sowie ein derber Knotenstock, den sie in ihrem Jargon als die «Exekutivgewalt» bezeichneten und mit dem sie auf «Terroristenjagd» gingen. Diese *Jeunesse dorée* war zum ersten Mal 1793 in Erscheinung getreten, als sich in Paris junge Leute zusammenschlossen, um ihrer Weigerung, den Militärdienst zu leisten, Ausdruck zu verleihen. Während der *Terreur* waren sie von der Bildfläche verschwunden, um nach dem 9 Thermidor zahlreicher und impertinenter denn je wieder hervorzukommen.

Diese *Muscadins* formte sich Louis-Marie Stanislas Fréron zu einem Instrument seiner politischen Absichten.[29] Fréron war ein politischer Opportunist, der sich zwar wie Barras, Tallien oder Fouché durch Verbrechen während der Schreckensherrschaft kompromittiert hatte, sein Heil aber nun darin erkannte, vom Saulus zu einem Paulus zu werden. In seinem Kampfblatt *L'Orateur du Peuple*, das nach dem 9 Thermidor wieder erschien, gab Fréron diesen Stutzern die Parolen aus und wies ihnen die Ziele, auf die sich ihre Empörung konzentrieren sollte. Die Erfolge, die er dank dieser Schlägertruppen erzielte, deren Gewaltbereitschaft viele Anhänger der Revolution und engagierte Patrioten verschreckte, haben ganz wesentlich dazu beigetragen, dass der Rückschwung des revolutionären Pendels in der Sicht der Nachwelt vielen als reaktionär erschien: Auf die von Robespierre propagierte Herrschaft egalitärer Tugend folgte nun nach dieser Lesart die Etablierung einer von Ausschweifung und Sittenverfall gekennzeichneten bürgerlichen Klassenherrschaft, die sich anschickte, die vermeintlich demokratischen und sozialen Errungenschaften der jakobinischen Revolution rückgängig zu machen.

In diesem Urteil schwingt die Skepsis gegenüber den fragwürdigen Motiven jener Wendehälse mit, die maßgeblich am Sturz Robespierres beteiligt waren. Auch die von Fréron dirigierten *Muscadins* spielten dabei eine große Rolle. Durch ihr massiertes Auftreten und die von ihnen provozierten Tumulte demonstrierten sie eine Meinungshoheit, von der sich viele umso mehr beeindrucken ließen, als sie sich offen mit einer Gruppe anlegten, die unmittelbar für die diskreditierte Herrschaft des Schreckens mitverantwortlich war: den Jakobinern. Diese, bis zuletzt die treuen Jünger Robespierres und sein begeistertes Forum, zogen nach dem 9 Thermidor allen Hass auf sich, und dies umso mehr, weil die meisten von ihnen an der Praxis der *Terreur* auch ohne Robespierre festhalten wollten. Damit leisteten die Jakobiner einen wichtigen Beitrag dazu, dass sich die gemäßigten Thermidorianer, die als bürgerliche Republikaner, konstitutionelle Monarchisten oder Anhänger des *Ancien Régime* sehr unterschiedliche politische Absichten verfolgten, in einem Zweckbündnis zusammenfanden. Dessen Grundlage waren die während der Schreckensherrschaft erlebten Leiden sowie die Gewissheit, dass die politischen, institutionellen wie sozialen Ziele dieses Regimes ihren eigenen Interessen diametral widersprachen. Das Verlangen, sich an den Jakobinern zu rächen und deren einstige Bündnispartner, die Sansculotten, als Machtfaktor zu eliminieren, bildete folglich die Klammer, die diese politisch höchst heterogene Koalition zusammenhielt.

Was der Kampagne gegen die Jakobiner besonderen Nachdruck verlieh und ihr schließlich den Triumph über ihre Gegner sicherte, war ein Gerichtsverfahren. Am 8. September 1794 begann vor dem neu gebildeten Revolutionsgericht in Paris der Prozess gegen 94 Bürger aus Nantes, Mitglieder der früheren Stadtverwaltung, Kaufleute und Honoratioren, die im Januar zuvor von Carrier wegen ihrer angeblichen Unterstützung der «Föderalismusbewegung» verhaftet worden waren. Da sie sich, wie der Comte Fleury schrieb, wegen der gegen sie erhobenen vagen Anschuldigungen nicht in eine der üblichen Kategorien der *noyables* oder *fusillables*, der «zu Ertränkenden» oder der «zu Erschießenden», einsortieren ließen, entgingen sie dem üblichen Los, nach einem lediglich summarischen Verfahren sofort liquidiert zu werden. Der *Comité révolutionnaire* von Nantes ließ die Verhafteten daher nach Paris schaffen, wo der Revolutionsgerichtshof in bewährter Manier kurzen Prozess mit ihnen machen sollte. Von den ursprünglich 132 verhafteten Notabeln aus Nantes überlebten aber nur 94 die fürchterlichen Haftbedingungen und die Strapazen des Marschs nach Paris, wo sie Anfang Januar 1794 ankamen. Zwar hatten sie unterwegs erfahren müssen, dass ihre Hinrichtung für den 9. Januar anberaumt sei. Was ihnen jedoch einen letzten Aufschub verschaffte, war die schiere Überfüllung der Pariser Gefängnisse. In einigen improvisierten Verließen eingesperrt, verschwanden sie für die nächsten Monate aus der unmittelbaren Wahrnehmung der Bürokratie des Schreckens, der außerdem auch ihre große Zahl Probleme bereitete. Als man sie schließlich am 6 Thermidor anlässlich der unmittelbar bevorstehenden Eröffnung des Prozesses in der Conciergerie zusammengepfercht hatte, wurde dessen Beginn wegen des Sturzes von Robespierre vertagt.[30]

Das bedeutete für die Angeklagten die Rettung, denn die gemäßigten Thermidorianer nutzten den Prozess für eine Kampagne gegen ihre Gegner, bei der vor allem die ausführliche Berichterstattung der Presse über den Prozess eine zentrale Rolle spielte. In dem Verfahren, das schließlich am 8. September vor dem Pariser Revolutionsgericht eröffnet wurde, hatten die Angeklagten, nachdem das Gesetz vom 10. Juni aufgehoben worden war, jetzt auch die Möglichkeit, sich zu verteidigen. Dabei kam eine Fülle detaillierter Vorwürfe gegen das Revolutionskomitee von Nantes zur Sprache, wurden die Angeklagten zu Anklägern, die zum ersten Mal das schreckliche Ausmaß der Gewaltexzesse schilderten, die während des Schreckensregiments in der Stadt von Carrier und seinen Spießgesellen begangen worden waren.[31] Als der Prozess gegen die Notabeln aus Nantes am 15. September mit dem Freispruch aller Angeklagten endete, war das Schicksal der Jakobiner und Carriers besiegelt.

Dem wachsenden Druck der Öffentlichkeit, die jetzt umfassende Aufklärung und Bestrafung forderte, suchte der Konvent zunächst auszuweichen, indem er sich anlässlich der Debatte über den Vendée-Krieg am 29. September dazu bequemte, nachrangige Befehlshaber wie General Louis-Marie Turreau, den Erfinder der «colonnes infernales», wegen begangener Gräuel zur Verantwortung zu ziehen.[32] Gleichwohl wandte sich das Blatt nun auch gegen Barère, Billaud-Varenne und Collot d'Herbois, die während der Schreckensherrschaft im Wohlfahrtsausschuss zusammen mit Robespierre an den Schalthebeln der Macht gesessen hatten. Als am 14. Oktober gegen die Mitglieder des *Comité révolutionnaire* von Nantes Anklage erhoben wurde,[33] bestritten diese, wie nicht anders zu erwarten, unisono jegliche Verantwortung und plädierten auf «Befehlsnotstand», da sie gänzlich von den Weisungen des Konventsbevollmächtigten Carrier abhängig gewesen seien.[34] Damit geriet Carrier endgültig in den Fokus der öffentlichen Aufmerksamkeit.

Das nötigte den Konvent schließlich zum Handeln. Den Anstoß gab der Pariser Abgeordnete Nicolas Raffron, der am 27. Oktober angesichts der schweren Beschuldigungen gegen Carrier eine Regelung forderte, die es ermöglichen sollte, die Immunität von Abgeordneten aufzuheben. Außerdem sollten die einschlägigen Komitees des Konvents beauftragt werden, einen Bericht über Carrier vorzulegen, der zu den Tatvorwürfen eindeutig Stellung nehmen sollte.[35] Dieser Geschäftsordnungsantrag, dem angesichts des Drucks der öffentlichen Meinung im Konvent niemand zu widersprechen wagte, wurde zwei Tage später gebilligt. Gleichwohl befürchtete man, dass die Strafverfolgung Carriers einen Präzedenzfall schaffe, der Ermittlungen gegen weitere *Représentants du peuple* und auch die Revolutionsregierung nach sich ziehen könnte, die unvermeidlich Fragen nach der Verantwortung des Konvents aufwerfen würden.

Dies gab den Anstoß für eine bemerkenswerte Regelung, mit der die vorhersehbar politisch fatalen, ungewollten und unkontrollierbaren Folgen dieser «Vergangenheitsbewältigung» eingehegt werden sollten. Ein entsprechendes Dekret, das gemeinsam vom Wohlfahrts- und Sicherheitsausschuss sowie dem *Comité de Législation* ausgearbeitet worden war, verabschiedete der Konvent am 29. Oktober. Jede Anklage gegen einen Volksvertreter sollte demnach zuerst von den drei Ausschüssen geprüft und beraten werden. Im Anschluss daran sollte eine Kommission aus Konventsabgeordneten die Vorwürfe und die Beweise, auf die sich diese stützten, prüfen und darüber in einem Bericht Rechenschaft ablegen. Sollte sich dieser Rapport für eine Anklageerhebung aussprechen, war es dem Konvent vorbehalten, diesem Votum durch Beschluss eines vorläufigen Haftbefehls stattzugeben und das Verfahren samt Anklageschrift an ein reguläres Gericht zu überweisen. Während des gesamten Vorgangs sollte der Angeklagte stets die Möglichkeit haben, sich zu den Vorwürfen zu äußern.[36] Die Kommission, die die Anschuldigungen gegen Carrier nach diesem Verfahren prüfen sollte, wurde noch in derselben Nacht gebildet.[37] Gleichgültig, wie diese Kommission im Falle Carrier entscheiden würde, errangen die «Gemäßigten» mit der Verabschiedung dieses Dekrets einen großen Erfolg, denn es schuf die Voraussetzungen, um kompromittierten Abgeordneten den Prozess zu machen.

Das galt aber nicht nur für jene, die während der *Terreur* als Konventskommissare Exzesstaten begangen hatten, sondern auch für die 73 Abgeordneten, die am 2. Juni 1793 gegen die Eliminierung der *Girondins* protestiert hatten und seit ihrer Verhaftung am 3. Oktober ohne Aussicht auf ein Verfahren im Gefängnis saßen. Nachdem diese den Konvent mit einer Petition auf ihr Schicksal aufmerksam gemacht hatten,[38] beantragte der Abgeordnete Jean-Augustin Pénières am 22. Oktober, die 73 Männer unverzüglich aus der Haft zu entlassen.[39] Durch die Initiative Pénières wurde damit jene Grundsatzdebatte angestoßen, die eine «große Koalition» im Konvent liebend gerne vermieden hätte und die Thuriot umriss: «Die Frage, über die man eine überstürzte Entscheidung erzwingen will, ist die weitaus schwerwiegendste, mit der sich der Konvent auseinandersetzen muss, denn wir dürfen sie nicht nur hinsichtlich der in Rede stehenden Individuen, sondern müssen sie auch in politischer Perspektive betrachten. Die Frage, die sich uns stellt, ist deshalb, ob wir gewillt sind, der Revolution des 31. Mai [1793] den Prozess zu machen. Es gibt Männer, die sich immer den Vorwurf gefallen lassen müssen, sich vom Patriotismus abgewendet, nichts für die Revolution geleistet und damit gleichsam die Tore von Paris den Feinden der Freiheit geöffnet zu haben. Allein deshalb sind die Motive nicht anzuzweifeln, diese Inhaftierten weiter im Gefängnis zu belassen, aus dem man sie jetzt mit geradezu exzessiver Gefälligkeit entlassen will. (...) Wird man uns deswegen nicht den Vorwurf machen, wir hätten die öffentliche Freiheit der einiger Individuen geopfert? Geben wir neuerlicher Zwietracht keine Chance. In seiner augenblicklichen Zusammensetzung ist der Konvent dazu entschlossen, Gutes zu tun. Vermeiden wir also alles, was als geeignet erscheint, diese Harmonie zu beseitigen. Ist man sich denn nicht bewusst, dass man eben damit einen schrecklichen Hebel in die Hand jener legt, die eben diese Harmonie in der Nationalvertretung zerstören wollen? Frankreich war tief befriedigt, denn Sie haben sich zu den großen Prinzipien bekannt. Warum also sollten wir Männer in unseren Kreis aufnehmen, die sich immer denen in den Weg stellten, die diese Prinzipien hochhielten»?[40]

Ganz im Sinne des «Patrioten» Thuriot äußerte sich auch Tallien: «Hüten Sie sich, wenn Sie diese Fragen aufwerfen, der Revolution des 31. Mai [1793] den Prozess zu machen. Derjenige, der Ihnen seinerzeit sagte, es hätte damals seitens des amtierenden Wohlfahrtsausschusses eine Art von Protest gegeben, war außergewöhnlich unklug, denn außer Frage steht, dass man während einer Revolution niemals zurückblicken darf».[41] Talliens Mahnung musste deshalb wirkungslos verhallen, weil schon Wochen vor Beginn des Prozesses gegen Carrier am 27. November die Öffentlichkeit mit einer Fülle grausiger Einzelheiten bekannt gemacht wurde, die sich zwischen dem 31. Mai 1793 und dem 9 Thermidor, dem 27. Juli 1794, ereignet hatten. Vor allem das bewirkte einen tiefen Sinneswandel, der sich mit Hinweisen auf die Harmonie des Konvents nicht mehr aufhalten ließ. Den endgültigen Verlust ihres dominierenden Einflusses auf den weiteren Gang der Revolution vermochten die «Patrioten» jetzt nicht mehr zu verhindern.

Eine Woche vor Verkündung und Vollstreckung des Todesurteils im Prozess gegen Carrier verabschiedete der Konvent das von Merlin de Douai namens der Ausschüsse für Wohlfahrt, Sicherheit und Gesetzgebung vorgelegte Dekret, das die 73 inhaftierten Abgeordneten in die Versammlung zurückberief.[42] Am 8. März 1795 wurden auch jene sechs *Girondins*, die sich wie Lanjuinais oder Louvet de Couvray durch rechtzeitige Flucht dem ihnen im Oktober 1793 drohenden Todesurteil entzogen hatten und die seither im Untergrund lebten, rehabilitiert und als Abgeordnete zugelassen. Gegen das entsprechende Dekret, das mit großer Mehrheit in Abwesenheit der meisten Abgeordneten der Linken gebilligt wurde, opponierte mit Pierre Bentabole ein einsamer Deputierter.[43] Bemerkenswert war auch, dass ein anderer Abgeordneter bei dieser Gelegenheit seine Stimme vernehmen ließ: Sieyès, den man lange nicht gehört hatte.[44]

Der Pariser Jakobiner-Club fügte sich allerdings keineswegs bereitwillig in seine Niederlage. Seine Agitation gegen das Dekret vom 29. Oktober entlud sich in der Club-Sitzung vom 3. November schließlich in einer Explosion. Billaud-Varenne ließ sich mit der Drohung vernehmen: «Man beschuldigt die Patrioten zu schweigen; aber der Löwe ist keineswegs tot, wenn er schläft, und sobald er erwacht, zerreißt er alle seine Feinde. Der Laufgraben für den Angriff ist geöffnet; die Patrioten werden sich ihrer Kraft besinnen und sich dafür verwenden, das Volk zu alarmieren».[45]

Das war die Androhung eines Aufstands. So jedenfalls wurden Billaud-Varennes Worte verstanden, die der Abgeordnete Pierre Bentabole am 5. November dem Konvent zur Anzeige brachte, dem er zunächst bescheinigte, seit dem 9 Thermidor alles unternommen zu haben, um die Herrschaft der *Terreur* durch *Justice* zu ersetzen. «In all dieser Zeit gibt es Männer, die in einer allzu bekannten Gesellschaft damit befasst sind, die Leistung des Konvents zu vernichten». Zum Beleg seiner Behauptung zitierte er jene Worte Billaud-Varennes. Damit trat er eine wüste Kontroverse los, in der sich schließlich auch Billaud zu Wort meldete, der seine inkriminierten Äußerungen zu erklären suchte: «Niemand kann leugnen, dass man die Gegenrevolutionäre in Schutz nimmt, während man gleichzeitig alle jene verfolgt, die sich für die Revolution eingesetzt haben. Deshalb kann man meinen Einfall gar nicht missverstehen, als ich das Volk dazu aufforderte, sich der Gefahren gewahr zu werden, die ihm drohen, denn, wenn die Menschen auf ihren Rechten einschlafen, dann führt sie das geradewegs in die Sklaverei». Das lieferte Tallien den Anlass für eine scharfe Attacke auf Billaud-Varenne: «Das sind die Männer, die sich fürchten, weil sie das Schwert der Justiz über ihren verbrecherischen Häuptern schweben sehen, das sind eben die Männer, die es darauf abgesehen haben, die Revolution zurückzudrehen; sie sind die wahren Verschwörer. (…) Sobald sie erkannt hatten, dass gegen diesen Mann [i. e. Carrier] ermittelt wurde, dass der Konvent Aufschluss über seine Verbrechen zu gewinnen suchte, redeten sie vor den Jakobinern davon, das Volk müsse erwachen. Die Unruhen, die sie damit provozieren wollten, verschafften denen, die dem Treiben Carriers zugestimmt hatten, den Vorteil, darin ein Mittel für ihre Rettung zu erkennen».[46]

Mit dem Konsens der Thermidorianer, über die Vergangenheit des Schreckensregimes den Mantel des Schweigens zu breiten, war es damit endgültig vorbei. Eine solche Linie ließ sich angesichts der Fülle grausiger Einzelheiten, die durch den Prozess vor dem Pariser Revolutionsgericht ans Licht kamen und die öffentliche Meinung nachdrücklich beeinflussten, nicht länger vertreten. Von nun an ging es vielmehr darum, dem jeweils anderen Lager die alleinige Verantwortung dafür aufzubürden. Die Gemäßigten verunglimpften ihre Widersacher, die radikalen Jakobiner und *Montagnards*, pauschal als Monster und Blutsäufer, während diese ihre Gegner mit dem ebenso pauschalen Vorwurf zu kompromittieren suchten, Gegenrevolutionäre, Aristokraten und verkappte Royalisten zu sein. In der wüsten politischen Auseinandersetzung errangen die gemäßigten Thermidorianer, angeführt von

Wendehälsen wie Fréron, Tallien, Fouché und anderen rasch die Oberhand. Auch im Konvent eroberten sie die Mehrheit, weil sich die Abgeordneten der *Plaine* nach und nach ins Lager der Sieger flüchteten.

Mit seinen unbedachten Äußerungen hatte Billaud-Varenne den Wind gesät, der zunächst die Jakobiner am Abend des 9. November 1794 als Sturm heimsuchte. Schlägertrupps der von Fréron aufgehetzten *Jeunesse dorée* warfen die Fenster des Versammlungslokals im früheren Jakobinerkloster mit einem Hagel von Steinen ein.[47] Als die Vorfälle am nächsten Tag im Konvent zur Sprache kamen, nutzte der Abgeordnete Jean-François Reubell, der den Vorsitz im Sicherheitsausschuss innehatte, dies zu heftigen Angriffen auf die Jakobiner, die er für die Gräuel des Schreckensregimes verantwortlich machte. Das verband er mit einem Appell an den Konvent: «Wenn Sie jetzt nicht den Mut haben, sich offen auszusprechen, wird es um die Republik geschehen sein, denn dann werden Sie es nur noch mit Jakobinern zu tun haben».[48] Das war das Signal für eine erneute Attacke der *Jeunesse dorée* auf den Jakobiner-Club am Abend des 11. November, woraufhin der – an diesem Tag nur schütter besetzte – Konvent den Beschluss fasste, die Sitzungen der Jakobiner zu untersagen und ihr Club-Lokal zu schließen.[49] Antoine-Claire Thibaudeau hat dieses für den weiteren Gang der Revolution symptomatische Ereignis in seinen Erinnerungen mit den Worten kommentiert: «Derart wurde dieser Gesellschaft, die berühmt wurde durch die starken Impulse, die sie der Revolution gegeben hatte, in der sich die bekanntesten Patrioten ein Stelldichein gaben und der die Ehre eines Kriegsmanifests des österreichischen Hofes zuteil geworden war, der letzte Streich von der Hand eines Mannes versetzt, der zu ihren eifrigsten Mitgliedern gehört hatte (...). Auch wenn die Jakobiner damit nicht völlig von der Szene verschwanden, erholten sie sich dennoch nicht wieder von dieser Niederlage. Sie sorgten zwar noch immer für Unruhe, ohne ihre frühere Macht je wiederzuerlangen. Jetzt, da sie am Boden lagen, auseinandergesprengt und auf der Suche nach einer neuen Bleibe waren, verfolgte sie die öffentliche Meinung mit noch größerer Wut, gewannen die reaktionären Kräfte darüber umso mehr an Entschlossenheit».[50]

Am 21. November begann der Konvent im Beisein von Carrier mit den Beratungen über dessen Anklageerhebung. Bei der namentlichen Abstimmung, die am 23. November stattfand, votierten von 500 anwesenden Abgeordneten 498 für die Anklage gegen Carrier, der sofort verhaftet und dem Gericht überstellt wurde.[51] Der Prozess, bei dem auch über die Mitglieder des früheren *Comité révolutionnaire* von Nantes Recht gesprochen werden sollte, wurde am 27. November eröffnet und endete am 16. Dezember mit der Verkündung und unverzüglichen Vollstreckung der Urteile.

Obwohl in diesem Verfahren übereinstimmende Tatvorwürfe verhandelt worden waren, unterschieden sich die gefällten Urteile und ihre Begründungen diametral: Carrier und zwei weitere mit ihm Angeklagte wurden zum Tode verurteilt, weil sie mit ihren Taten die konterrevolutionäre Absicht verbunden hätten, dem Ansehen des Konvents zu schaden.[52] Demgegenüber wurden die Mitglieder des Revolutionskomitees von Nantes mit der Begründung freigesprochen, dass man ihnen weder einen verbrecherischen noch gegenrevolutionären Tatvorsatz nachweisen könne![53] Die völlig widersprüchliche Begründung beider Urteile verrät, dass sich das Gericht vor allem von Rücksichten auf die politische Opportunität leiten ließ: Wenn es im Falle des vormaligen *Comité révolutionnaire* einen kriminellen oder gegenrevolutionären Tatvorsatz ausschloss, so ging es ihm vor allem darum, jeden Anschein zu vermeiden, die vom Wohlfahrtsausschuss erteilten Anweisungen oder die einschlägigen Beschlüsse des Konvents seien ihrerseits ungesetzlicher oder gar krimineller Natur gewesen.

Das gegen Carrier anhängige Verfahren veranlasste den Abgeordneten Lecointre dazu, am 5. Dezember 1794 erneut eine Anklage gegen Barère, Collot und Billaud zu beantragen.[54] Diesmal fand sich eine Mehrheit bereit, den Antrag den drei zuständigen Ausschüssen zu überweisen, die am 27. Dezember ihren Bericht vorlegten, der sich für die Aufhebung der Immunität der Deputierten aussprach.[55] Die zur Überprüfung des Falls eingesetzte Kommission empfahl am 2. März 1795 dem Konvent die sofortige Verhaftung und Anklageerhebung der Abgeordneten, ein Votum, dem die Versammlung ohne Aussprache einstimmig folgte.[56]

Mit dem Verbot der Jakobiner, der Verurteilung Carriers und der Rückberufung der im Jahr zuvor verjagten Abgeordneten der *Gironde* waren bis Dezember 1794 die Aufräumarbeiten der fürchterlichen Hinterlassenschaft der *Terreur* weitgehend abgeschlossen. Dieses Ergebnis wurde nicht nur seitens der bürgerlichen Öffentlichkeit mit Erleichterung begrüßt, sondern stieß auch in den unteren Volksschichten auf Zustimmung. Sie waren vom materiellen Ertrag der Schreckensherrschaft tief enttäuscht, der sich allzu deutlich von den ihnen gemachten Versprechungen unterschied. Damit hatte die gemäßigte Rechte den Machtkampf mit der orthodoxen Linken für sich entschieden, ohne fürs Erste den massiven Widerspruch der Pariser Unterschichten fürchten zu müssen. Angesichts des bisherigen Verlaufs der Revolution verhieß das eine so zuvor nie gekannte politische Handlungssicherheit. Sie wurde noch durch die Rückkehr der geächteten Abgeordneten verstärkt, die den Gemäßigten im Konvent eine stabile Mehrheit verschafften. Da sich ihr auch die Deputierten der *Plaine* zunehmend anschlossen, schrumpften die einst die Versammlung beherrschenden *Montagnards* zu einer Minderheit, die nur noch die *Crête*, den linken Höhenrücken der aufsteigenden Sitzbänke im Versammlungslokal, einnahmen. «Die *Montagne*», so kommentierte dies Nicolas Ruault im Schreiben an seinen Bruder vom 6. März 1795, «hat damit begonnen, sich selbst zu guillotinieren; andere werden das vollenden. Die Bergpartei ist heute derart geschwächt, dass man sie beinahe nicht mehr gewahrt. Was von ihr noch übrig geblieben ist, kann noch das *Mea culpa* sprechen und sich an die Brust schlagen».[57]

Für den moralischen, wirtschaftlichen und politischen Wiederaufbau Frankreichs, das durch die zentralisierte Schreckensherrschaft zerstört worden war, gab es keinen Generalplan. Keiner der Abgeordneten vermochte mit einem Entwurf aufzuwarten, der die in der Öffentlichkeit virulenten Erwartungen hätte zusammenfassen und verwirklichen können. Konsens herrschte lediglich darüber, dass an die Prinzipien der Revolution von 1789, aber auf keinen Fall an jene von 1793 angeknüpft werden sollte, doch was darunter konkret zu verstehen war, blieb vage. Also hieß es, sich mit pragmatischer Umsicht voranzutasten, nicht alles auf einmal ändern zu wollen und gleichzeitig auch nicht alle störenden Auswüchse zu beschneiden, die sich mit der neugewonnenen Freiheit bisweilen störend bemerkbar machten. Das galt für die Pressefreiheit, die immer mehr ausgesprochen royalistische oder offen reaktionäre Organe nutzten, ebenso wie für die Ausschweifungen in der Mode oder den gesellschaftlichen Vergnügungen, die in einen wahren Rausch von Bällen und Festen einmündeten.[58]

Mit der Entmachtung der Jakobiner hielt auch das mondäne Leben wieder seinen Einzug in Paris, wie das Zeugnis eines Kadetten der *École militaire* namens Napoleon Bonaparte beweist, der darüber in einem Brief berichtete: «Der Luxus, die Vergnügungen und die Künste treten hier wieder in ganz erstaunlicher Weise in Erscheinung. Gestern gab man eine Benefizvorstellung der Phädra in der Oper: Seit nachmittags 2 Uhr drängte sich eine schier unübersehbare Menschenmenge herbei, und das, obwohl die Eintrittspreise das Dreifache betrugen. Die Karossen, die eleganten Menschen sind wieder auferstanden, oder, besser gesagt, sie können sich, wie bei einem langen Traum, gar nicht mehr daran erinnern, dass ihr Glanz jemals aufgehört hatte, zu strahlen».[59]

Der *Jeunesse dorée* war mit der Schließung des Jakobiner-Clubs das Objekt abhanden gekommen, an dem sie ihr Mütchen kühlen konnte. Daher wandte sie jetzt ihre Aufmerksamkeit vor allem den Theatern zu, deren Vorstellungen sie störte, weil ihnen Stücke oder Schauspieler aus politischen Rücksichten missfielen. Für ihr Treiben bezeichnend war es auch, dass sie die *Marseillaise*, die sie als jakobinische Hymne verunglimpfte, wo und wann immer sie angestimmt wurde, mit ihrem eigenen Kampfgesang, dem *Reveil du peuple*, zu ersticken suchte. Das alles war lästig, hatte aber keine weiteren Folgen. Anders hingegen verhielt es sich damit, dass die *Muscadins* begannen, systematisch die überall an öffentlichen Orten, in Theatern oder anderen Sälen aufgestellten Marat-Büsten zu zerstören, was mit immer häufigeren Forderungen einherging, die sterblichen Überreste des Volkstribuns aus dem Panthéon zu entfernen.[60] Dagegen wurde in einigen Sektionen der östlichen Stadtviertel von Paris, in denen Marat nach wie vor als der Heilige der sozialen Revolution verehrt wurde, Protest laut. Ein Radikaldemokrat wie Gracchus Babeuf, der mit dem von ihm redigierten sozialrevolutionären Kampfblatt *Tribun du Peuple* eine treue Leserschaft unter Jakobinern und militanten Sansculotten um sich geschart hatte, suchte Ende Januar 1795 diesen Unmut zu einem Volksaufstand nach bewährtem Muster zu bündeln. Damit erlitt er jedoch sofort Schiffbruch, denn der von ihm gewählte Schlachtruf, der die Umsetzung der Verfassung von 1793 einforderte, brachte nicht die unterbürgerlichen Schichten, wohl aber die Behörden in Bewegung, die ihn verhaften und auch die in den *Faubourgs* Marceau,

Quinze-Vingts und Antoine noch existierenden *Sociétés populaires* schließen ließen.[61] Das lieferte André Dumont den Anlass zu einem Gesetzesvorschlag, wonach über die Ehrung, im Panthéon beigesetzt zu werden sowie über die Aufstellung von Büsten des Verstorbenen erst nach einer Frist von zehn Jahren nach dessen Tod entschieden werden dürfe. Folglich seien auch alle früheren Entscheidungen, die diese Frist nicht respektierten, ungültig.[62] Mit der Annahme dieses Dekrets wurden die sterblichen Überreste Marats aus dem Ehrentempel der Nation wieder herausgeschafft.

Wie die Überführung der Gebeine Marats knapp fünf Monate zuvor ins Pantheon, war auch deren Hinauswurf eine symbolpolitische Entscheidung, mit der sich diesmal aber eine überraschende Wende in einer damit verwandten Frage ankündigte. In einem engen zeitlichen wie kausalen Zusammenhang mit dem Beschluss, die Umbettung Marats endlich auszuführen, stand das sechs Tage später vom Konvent verabschiedete Dekret, das die strikte Trennung von Staat und Kirche vorsah.[63] Die Republik kündigte damit alle Zahlungen an die Kirche, sei es für Gehälter von Priestern und Bischöfen, sei es für den Unterhalt der kirchlich genutzten Räume. Das war zwar schon seit längerem die Praxis, wurde aber nun gesetzlich geregelt. Hinter dem Gesetz, das sich wie der logische Schlusspunkt der 1790 von der Revolution eingeleiteten Kirchenpolitik ausnimmt und das der letzte Erfolg war, den die Jakobiner im Konvent errangen, stand vor allem das Bestreben, die offizielle Anerkennung des Kults eines «Höchsten Wesens», der allzu eindeutig mit Robespierre verbunden war, stillschweigend zu beseitigen. Weitaus bedeutsamer war, dass sich damit die Revolution von ihrer eigenen Schöpfung, der konstitutionellen Kirche, lossagte. Die förmliche Trennung markierte aber nicht den Beginn einer neuen kirchenfeindlichen Kampagne, sondern war vielmehr ein Versuch, die Feindschaft zu neutralisieren, die jene, die der Kirche unbeirrt die Treue hielten, gegen die Republik hegten. Diese Absicht fand ihre logische Ergänzung in dem Gesetz vom 21. Februar 1795, das allen Glaubensgemeinschaften die Freiheit ihres Kultus garantierte.[64]

Allerdings stellte der Staat die ausnahmslos in seinem Besitz befindlichen Kirchen nicht für den Kultus zur Verfügung, sondern dieser sollte in eigenen, zu diesem Zweck bestimmten Räumlichkeiten stattfinden. Mit anderen Worten: Es blieb den Gläubigen überlassen, für Gottesdienste geeignete Räume zu kaufen oder zu mieten; ebenso mussten sie für den Unterhalt der Priester sorgen. Auch waren alle äußerlichen religiösen Zeichen oder Merkmale wie Soutanen für Priester, das Läuten von Glocken, Gebäudeaufschriften oder gar Prozessionen untersagt. Das alles schreckte die Gläubigen jedoch nicht ab, die sich nach Inkrafttreten des Dekrets wieder in hellen Scharen zum Sonntagsgottesdienst einfanden.[65]

Die neue Kirchenpolitik des Konvents stand in einem unmittelbaren Zusammenhang mit den Bemühungen, den in den westlichen Landesteilen noch immer schwärenden Konflikt beizulegen. Dass daran kein Weg vorbeiführte, war eine längst überfällige Einsicht, die jetzt umso rascher an Boden gewann, wie der Einfluss der «Patrioten» schwand und sich die Herrschaft der «Gemäßigten» festigte. Zwar war durch die militärisch entscheidende Niederlage der Rebellen im Dezember 1793 die *Grande Guerre* in der Vendée beendet worden. Aber Turreaus Mordbanden, die «colonnes infernales», die seitdem sengend und brennend die Region nach versprengten Rebellen durchkämmten, sorgten nicht etwa für eine Befriedung des geschundenen Landes, sondern für eine wachsende Verbitterung seiner Einwohner, die nun in kleinen Gruppen Widerstand zu leisten suchten. Ähnlich war die Situation nördlich der Loire, in der Bretagne, wo die *Chouans* ihr Unwesen trieben, Banden von Aufständischen, die vom Raub lebten und denen sich zahlreiche junge Leute anschlossen, die den Dienst in den Revolutionsarmeen verweigerten. Bis zum Sommer 1794 kontrollierten sie weite Landstriche; nur die wenigen größeren Städte im Inneren und die Häfen waren in der Hand der Revolutionsregierung.

All das bewirkte unmittelbar nach dem Sturz Robespierres einen Strategiewechsel: Die republikanischen Truppen erhielten Anweisung, ihre Strafexpeditionen einzustellen, und auch die verhasste Praxis der *Dragonaden*, der Einquartierung der Soldaten in privaten Haushalten, wurde aufgegeben und durch die Einrichtung von Feldlagern ersetzt. Außerdem verkündete General Hoche, der das Oberkommando über die nördlich der Loire operierenden Truppen erhielt, eine Amnestie für alle Rebellen, die ihre Waffen ablieferten. Welcher Einstellungswandel diese Initiativen möglich machte, zeigt exemplarisch die Debatte im Konvent vom 29. September, in der ein Abgeordneter äußerte: «Es ist an der Zeit, die Wahrheit zu sagen: Der Krieg in der Vendée ist wegen der Schreckenstaten, die dort begangen wurden, derart entflammt.» Für die Fortdauer des Kriegs seien insbesondere Carrier und die dort eingesetzten Militärbefehlshaber verantwortlich.[66]

Tatsächlich beschloss der Konvent am Ende der Debatte, die Generäle Carpantier, Grignon, Huché und Turreau verhaften zu lassen.[67] Das wirkte ähnlich befriedend auf die Aufständischen wie die Nachrichten vom Prozess gegen Carrier. Alle diese Signale verschafften ihnen die Gewissheit, dass die Republik des Thermidor sich entschlossen habe, die bislang geübte Politik des Schreckens und der unnachsichtigen Repression aufzugeben und an Verhandlungen über eine friedliche Lösung des Konflikts interessiert zu sein. Diesen Eindruck unterstrich der Konvent demonstrativ, als er am 1. Dezember 1794 allen Aufständischen Straffreiheit zusicherte, wenn sie binnen eines Monats ihre Waffen abgaben.[68] Am 17. Februar 1795 wurde im Schloss von La Jaunaye bei Nantes ein erstes «Friedensabkommen» unterzeichnet, dessen für die Aufständischen sehr vorteilhafte Bedingungen die Entschlossenheit des Konvents dokumentierten, den Konflikt um fast jeden Preis beizulegen. Neben einer Amnestie erhielten die Rebellen Glaubensfreiheit sowie die uneingeschränkte Garantie ihres Eigentums zugesichert. Außerdem wurden sie vom Armeedienst und jeglicher Requisition freigestellt. Schließlich wurden die von Charette befehligten Rebelleneinheiten nicht aufgelöst, sondern blieben als eigenständige bewaffnete Formationen, die lediglich ihre Kanonen abliefern mussten, unter seinem Kommando bestehen. Ähnliche Verträge mit anderen Rebellengruppen wurden im April und Anfang Mai abgeschlossen.[69]

Der Versuch, vor allem durch die Erfüllung der religiösen Forderungen der Bauern, den Konflikt zu beenden, die vom Krieg verheerte Vendée zu befrieden und sie mit dem übrigen Frankreich und der Revolution zu versöhnen, konnte indes nicht gelingen. Verantwortlich dafür waren zum einen die tiefen Wunden, die durch den Konflikt entstanden waren und nicht durch einige Zugeständnisse geheilt werden konnten. Eine noch wichtigere Rolle spielte aber, dass die Anführer der Rebellen nur über eine sehr begrenzte Legitimation verfügten. Auch verfolgte jeder von ihnen seine eigenen Interessen, die keineswegs identisch waren mit den Interessen derer, für die sie angeblich sprachen und verhandelten. Schließlich waren die Chefs der einzelnen Rebellengruppen untereinander in heftige Rivalitäten verstrickt. Sie suchten die eigene Macht zu mehren und zu festigen sowie ihr jeweiliges Territorium gegen das der Konkurrenten abzugrenzen und diese bei den getrennt geführten Verhandlungen zu übervorteilen. Das blieb natürlich den Unterhändlern der Republik nicht verborgen, die diese Eifersüchteleien bei ihrer Verhandlungstaktik berücksichtigten. Am meisten fiel jedoch ins Gewicht, dass die Rebellenführer die geschlossenen Verträge lediglich als Waffenstillstandsvereinbarungen ansahen, auf die sie sich einließen, weil sie im Moment zu sehr geschwächt waren, um den Kampf fortzusetzen. Das würde sich ändern, sobald die erwartete massive Unterstützung an Truppen, Waffen und Munition aus England einträfe ... Schon am 24. Juni 1795 eröffnete Charette die Kämpfe erneut, und zwei Tage später landete eine englische Flotte auf der Halbinsel von Quiberon drei Regimenter von Emigranten an.

An der seit Herbst 1794 bestehenden Entschlossenheit des Konvents, mit den Aufständischen in der Vendée einen Modus vivendi zu finden, der die Region dauerhaft befriedete, kann andererseits nicht gezweifelt werden. Dafür sprachen politische wie praktische Überlegungen, die mit der Einsicht zusammenfielen, dass der Konflikt militärisch in absehbarer Zeit nicht zu gewinnen war. Je länger er allerdings andauerte, desto mehr musste er den Ruf von Republik und Revolution beschädigen. Zum weiteren schwächte dieser Krieg die nordwestliche Flanke Frankreichs, ein Umstand, der eine fortwährende Verlockung für England sein musste, sich hier mit einem denkbar geringen Risiko einzumischen. Das wiederum zwang die Republik dazu, neben den regulären Truppen, die zur Bandenbekämpfung im westlichen Binnenland gebraucht wurden, auch große Garnisonen in den Küstenorten zu unterhalten. Alle diese Truppen fehlten aber auf den anderen Kriegsschauplätzen. Das gab den Ausschlag für die vom Konvent verfolgte Befriedungspolitik.

Die Politik der Männer des Thermidor war insgesamt von dem Ziel geprägt, die Überbeanspruchung aller Kräfte der Republik durch die Konflikte im Inneren und Äußeren zu vermindern. Diese Kräfte zu mobilisieren war angeblich der tiefere Sinn und Zweck von Robespierres Terrorregime gewesen, und zweifellos hatte die seit dem Sommer 1793 verschärfte *Terreur* die Voraussetzungen dafür geschaffen, dank der *levée en masse* große Heere zu mobilisieren und ins Feld zu stellen. Dasselbe galt auch für die Organisation einer effizienten Kriegswirtschaft, um diese Truppen auszurüsten und ihren Unterhalt zu gewährleisten. Mit beidem erzielte man binnen kurzer Frist spektakuläre Erfolge. Die Siege, die von den «grünen» Revolutionstruppen im Herbst 1793 in rascher Folge über die Koalitionstruppen bei Hondschoote, über die Österreicher bei Wattignies sowie über Preußen und Österreicher am Rhein und im Elsass errungen wurden, bannten die Gefahr einer feindlichen Invasion Frankreichs und schufen gleichzeitig die Voraussetzungen für die erfolgreiche Offensivkriegführung der Republik, die im Frühjahr 1794 begonnen wurde.

Diese gewaltige Kraftanstrengung, zu der sich das revolutionäre Frankreich unter dem Diktat des Schreckensregimes aufraffte, zeitigte auf längere Sicht aber auch erhebliche Nachteile. Dazu gehörte der Widerstand, der sich in vielen Landesteilen gegen die massenhafte Mobilisierung unverheirateter junger Männer zu regen begann und in Westfrankreich in einen gegenrevolutionären Volksaufstand und regelrechten Bürgerkrieg einmündete. Außerdem verschärften die im Zusammenhang mit der Kriegswirtschaft unternommenen Anstrengungen die Inflation wie auch die übrigen fiskalischen und wirtschaftlichen Probleme Frankreichs, die ganz wesentlich dazu beitrugen, die Legitimation der von Robespierre verkörperten Herrschaft zu zersetzen.

Mit dem Sturz Robespierres ging ein politischer Paradigmenwechsel einher, eine Sehnsucht nach Frieden, die sich, wie Mallet du Pan am 1. November 1794 diagnostizierte, in Frankreich derart stark bemerkbar mache, «dass der Konvent dem Untergang geweiht ist, wenn es ihm nicht gelingt, noch vor dem Frühjahr einen unterzeichneten Friedensvertrag vorzuweisen. Das ist mehr als eine Leidenschaft, das ist der Durst nach Frieden».[70] Dieser Durst manifestierte sich ebenso in dem Bestreben, die Vendée zu befrieden, wie in dem Drang, die gegen Frankreich gerichtete Koalition der europäischen Mächte aufzusprengen, indem man die eine oder andere Macht durch einen Friedensschluss herauslöste. Einen ersten bescheidenen Erfolg erzielte man mit dem am 9. Februar 1795 geschlossenen Friedensvertrag mit dem Großherzogtum Toscana, das damit aus der Mächtekoalition gegen Frankreich ausschied und seine Neutralität erklärte.[71] Dem folgte nach Verhandlungen, die im Dezember 1794 begannen, am 5. April 1795 in Basel die Unterzeichnung des Friedens zwischen Frankreich und Preußen.[72] Das war für die Thermidorianer in zweifacher Hinsicht ein großer Durchbruch: Zum einen verließ mit Preußen auch die von Berlin dominierte norddeutsche Staatenwelt das Bündnis gegen Frankreich und verpflichtete sich zur Neutralität. Zum anderen erkannte Preußen in den Geheimklauseln des Vertrags den Besitzanspruch Frankreichs auf das gesamte linke Rheinufer an.[73]

Mit dem «Sonderfrieden» von Basel, mit dem sich Preußen für die nächsten elf Jahre «in das Stillleben der norddeutschen Neutralität zurückzog», wie Heinrich von Treitschke tadelte,[74] zeichnete sich eine neue Konstellation ab, die mit dem Friedens- und Bündnisvertrag, den Frankreich am 16. Mai 1795 mit der Batavischen Republik in Den Haag schloss[75] und der Holland zu einem französischen Klientelstaat machte, sowie dem Friedens- und Allianzabkommen mit Spanien, auf das man sich am 22. Juli ebenfalls in Basel verständigte, vollendet wurde. Damit war der Ring feindlicher Mächte, der Frankreich umschloss, zerschlagen worden. Die Republik konnte alle Truppen von der Nordost-Front abziehen, die wegen ihrer verhältnismäßig großen Nähe zu Paris eine besondere Gefahr dargestellt hatte, und sie in Süddeutschland und im küstennahen Abschnitt der Alpen gegen Habsburg massieren. Das verminderte nicht nur den großen äußeren Druck, der trotz aller militärischen Erfolge nach wie vor auf dem erschöpften Land lastete, sondern eröffnete der Republik auch Perspektiven, die in den kommenden Jahren erfolgreich genutzt wurden.

ZWEITES KAPITEL

DIE MACHT UND IHR PREIS

Im strengen Winter 1794/95 spitzte sich die Versorgungskrise erheblich zu, die sich seit dem Herbst 1794 angekündigt hatte und im Frühjahr 1795 ihren Höhepunkt erreichte. Ein wesentlicher Grund dafür war neben der klirrenden Kälte auch die Abschaffung des Systems von Höchstpreisen für Güter des täglichen Bedarfs.[1] Zwar war die Geltungsdauer der einschlägigen Bestimmungen am 7. September noch einmal bis zum 23. September 1795 verlängert worden.[2] Das hinderte den Konvent jedoch nicht daran, sie am 24. Dezember 1794 ersatzlos zu kassieren.[3] Diese widersprüchliche Entscheidung reflektierte nicht allein die Meinung einer Mehrheit wirtschaftsliberal gesinnter Abgeordneter, wie immer wieder geargwöhnt wird, sondern trug der Einsicht Rechnung, dass das Maximum das Problem einer aus strukturellen Gründen unzureichenden Versorgung allenfalls für eine gewisse Zeit und in einem begrenzten Umfang linderte, aber nicht beseitigte.[4] Hinzu kam, worauf Legendre am 3. Dezember im Konvent hinwies, dass sich die Einhaltung des Maximums allein mit den terroristischen Gesetzen durchsetzen ließ, deren Geltung unmittelbar nach dem 9 Thermidor ausgesetzt worden war.[5] Auch die *vox populi* sprach sich ausweislich der Stimmungsberichte der Polizeiagenten inzwischen gegen das Maximum aus: «Die Mehrheit des Volkes hat den Wunsch, den Handel freizugeben (...). Man glaubt, dass dann ein Angebotsüberfluss zurückkehren werde, die Preise zunächst zwar anziehen, dann aber wegen der Konkurrenz auch rasch fallen würden».[6]

Davon war eine Mehrheit im Konvent ebenfalls stets überzeugt gewesen. Sie hatte die planwirtschaftlichen Eingriffe deshalb auch nur widerwillig gebilligt. Nach der Beseitigung der *Commune de Paris* war man dieser Rücksichtnahme enthoben. Zunächst lotete man den neuen Entscheidungsspielraum aus, indem man die bislang gültigen restriktiven Bedingungen beseitigte, die für Importe galten. Dabei erlebte man eine nicht vorhergesehene Nebenfolge, denn der ungehinderte Außenhandel offenbarte mit einem Mal den Wertverlust der Assignaten, der von der bisherigen Abschottung des Markts verschleiert worden war. Der sich damit abzeichnende Zusammenbruch der Papiergeldwährung beschleunigte ebenso wie die Abschaffung des Maximums den Preisauftrieb und die Geldentwertung, die wiederum die Preise für Waren und Dienstleistungen explodieren ließ.[7]

Was tun? Ebenso naheliegend wie fatal war, noch mehr Papiergeld zu drucken. Waren im November 1794 Assignaten im Nennwert von rund 8 Milliarden *livres* im Umlauf, wuchs die Geldmenge bis zum Mai 1795 auf 11,4 Milliarden an und belief sich im November auf 19,7 Milliarden.[8] Für die große Masse jener, deren Einkünfte stagnierten und ohnehin kaum ausreichten, um sich und ihre Familien zu ernähren, drohte der Absturz in Hunger und Elend. Andererseits konnten die Erzeuger, die keine Sanktionen mehr zu fürchten hatten, auf höhere Preise für ihre Produkte spekulieren, während die Wohlhabenden ihren Besitz durch den Erwerb von Nationalgütern spielend mehren konnten, die sie mit Assignaten bezahlten, deren Wert rapide verfiel.[9] Entsprechend groß war die Empörung, als der Konvent am 12. Januar eine Verdoppelung der Abgeordnetendiäten auf 36 *livres* pro Tag beschloss, während über die Marge einer Erhöhung der Bezüge von Angestellten im öffentlichen Dienst erst zu einem späteren Zeitpunkt entschieden werden sollte.[10]

Zum Hunger, der vielen drohte, weil die behördlich garantierten Brotrationen wegen der anhaltenden Lieferschwierigkeiten für Getreide immer geringer ausfielen, gesellte sich jetzt noch die klirrende Kälte hinzu. Die Frostperiode setzte Ende Dezember 1795 ein und bescherte Paris und Frankreich den mit Abstand grimmigsten und längsten Winter des 18. Jahrhunderts. Seit dem 26. Dezember konnte man auf Höhe des Jardin des Plantes die gefrorene Seine zu Fuß überqueren![11] Die vom Eis blockierten Wasserwege machten die ohnehin schon nicht ausreichenden Lieferungen an Holz, Kohle und Getreide, die zumeist per Schiff nach Paris geschafft wurden, für Tage und Wochen unmöglich und ließen obendrein die Mühlen stillstehen. Das ließ die Preise erst recht explodieren. Daran änderte sich auch nichts, als der Schiffsverkehr wieder aufgenommen werden konnte, denn jetzt waren, wie stets im Frühjahr, die Vorräte erschöpft und alle Reserven aufgebraucht, während gleichzeitig die Blockade der britischen Marine den Import von Getreide, mit dem man sich sonst behelfen konnte, weitgehend unterband.[12]

Da auch die Anstrengungen des Wohlfahrtsausschusses,[13] die blanke Existenznot der Unterschichten zu lindern, nichts fruchteten, machten sich deren Wut und Verzweiflung ab Mitte November 1794 in einer Reihe von Empörungen Luft, mit denen sich größere Unruhen ankündigten.[14] Immer öfter wurde jetzt eine zuvor weitgehend verstummte Kritik laut, die den Wirtschaftsdirigismus während der Schreckensherrschaft nostalgisch verklärte, als «die Waren noch nicht so teuer waren und Münzgeld und Assignaten denselben Wert hatten», wie es im Bericht eines Polizeispitzels vom 16. März heißt. «Das bedeutet allerdings nicht, (...) dass man dieses Regime wiederhaben wolle, das so viele Schreckenstaten begangen hat, aber man wünschte es sich sehr, dass die Raffgier der Kaufleute gezügelt wird und dass man diese nicht noch unterstützt, um die Sansculotten zu vernichten».[15]

Ausgerechnet in dieser delikaten Situation, in der auch die Wirkung der militärischen Erfolge, von der das Ansehen der Revolutionsregierung profitiert hatte, bei den Unterschichten verblasste, stand ab dem 22. März die Beratung über die von der zuständigen Kommission vorgelegte Anklage gegen Barère, Billaud-Varenne und Collot d'Herbois auf der Tagesordnung des Konvents. Als Lindet und Carnot ihre früheren Kollegen aus dem Wohlfahrtsausschuss mit Verve verteidigten und sich mit ihnen solidarisierten,[16] löste das eine hitzige Debatte aus, zumal sich auch die Angeklagten mit Geschick verteidigten. Damit war abzusehen, dass das Verfahren keinen reibungslosen Verlauf nehmen und dem öffentlichen Unmut weitere Nahrung geben würde. Das ließ die Befürchtung wachsen, die sich hinziehende und zunehmend erregte Kontroverse könnte den Funken schlagen, der die Wut des *peuple* zu einer Explosion bringen würde. Die systematische Verfolgung der «Patrioten», die Schließung des Jakobiner-Clubs, die Kampagne gegen den Marat-Kult und die wohlwollende Duldung der verhassten *Muscadins* hatten ohnehin schon die Stimmung angeheizt und politisch aufgeladen. Die Furcht war umso plausibler, als die Kontroversen von den *Montagnards* im Konvent ausgiebig dazu genutzt wurden, mit ihren Widersachern, insbesondere den erst seit kurzem wieder in der Versammlung anwesenden *Girondins*, die Klinge zu kreuzen. Und auch diese ließen es ihrerseits an aggressiven Ausfällen nicht fehlen, die in der Propaganda beider Lager ein lebhaftes Echo fanden. Diese Auseinandersetzungen trugen dazu bei, die Schreckensvision eines Volksaufstands heraufzubeschwören. Stützen würde sich dieser Umsturz auf die massiv vorgetragene Forderung, die «demokratische» Verfassung von 1793 sofort in Geltung zu setzen, jenes propagandistische Meisterstück, das, wie einst verheißen, die Schreckensherrschaft ablösen sollte, sobald ein allgemeiner Frieden geschlossen sei. Der schien jetzt wegen der großen militärischen Erfolge in greifbarer Nähe zu sein, und damit verbunden war die Zuversicht, dass auch die herrschende Misere ein Ende finden würde.

Der Text dieser Verfassung, die ihren Zweck längst überlebt hatte, war angesichts der grassierenden Psychose längst zu einer latenten Drohung mutiert, gegen die es sich zu wappnen galt. Deshalb wurde die Regierung beauftragt, eine Gesetzesvorlage auszuarbeiten, die Notstandsmaßnahmen vorsah, um den Konvent vor dem gefürchteten Umsturz zu schützen. Der Zufall wollte es, dass just am 21. März, unmittelbar bevor Sieyès diese Vorlage einer «Loi de grande police» einbrachte, eine Deputation der Sektion Quinze-Vingts aus dem *Faubourg* Saint-Antoine im Konvent erschien. Deren Sprecher versicherte, ihre Wünsche seien nicht die einer Partei, sondern des ganzen Volkes. Dann appellierte er an die Deputierten: «Sie halten in Ihren Händen das wirksamste Mittel, um den politischen Sturm zu befrieden, dessen Spielball wir alle sind. Bringen Sie es zur Anwendung; sorgen Sie noch heute dafür, dass die volkstümliche Verfassung von 1793 in Kraft tritt; das französische Volk hat sie gebilligt und geschworen, sie zu verteidigen; sie ist sein *Palladium*, der Schrecken seiner Feinde».[17]

In der lebhaften Diskussion, die sich an diesen Appell anschloss, brachte Thibaudeau eben jenen Aspekt dieser Verfassung zur Sprache, der die Mehrheit im Konvent aus leidvoller Erfahrung am meisten verschreckte: «Ich weiß nicht, was man eigentlich damit meint, wenn tagtäglich von einer demokratischen Verfassung die Rede ist. Verstehen Sie als eine solche Verfassung eine Regierung, mit der das Volk selbst alle seine Rechte ausübt? – Alle Deputierten rufen: Nein, nein! – Mir ist lediglich eine demokratische Verfassung bekannt und das ist diejenige, die dem Volk Freiheit, Gleichheit und die ungestörte Ausübung seiner Rechte gewährleistet. (Lebhafter Beifall) In dieser Hinsicht ist die gegenwärtig vorliegende Verfassung keineswegs demokratisch, denn die Nationalvertretung stünde noch immer unter der Kuratel einer putschistischen Kommune, die verschiedene Male versucht hat, die Freiheit abzuschaffen und zu vernichten. (Neuerliche Beifallsbekundungen) In dem Augenblick, in dem Ihre Verfassung in Kraft tritt, können Sie es nicht mehr verhindern, Paris wieder eine eigene Stadtverwaltung zu geben und … (*Viele Deputierte lassen sich mit dem Ruf vernehmen*: Die Jakobiner! – Beifall) Ich erkläre also, dass ich niemals der sofortigen Inkraftsetzung der Verfassung zustimmen werde (…), denn ich möchte nicht gewahren müssen, dass binnen drei Monaten die Jakobiner wieder an der Macht sind und die Nationalversammlung aufgelöst ist.»[18] Thibaudeau kennzeichnete damit die Erfahrungen, die man während der *Terreur* mit dem Demokratieverständnis der Jakobiner hatte machen können, als der Konvent sich der radikaldemokratischen *Commune de Paris* beugen musste. Diese hatte sich zwar auf die *volonté générale* berufen, doch die Meinung der Bevölkerungsmehrheit hatte sie allenfalls in Paris, aber keineswegs in ganz Frankreich repräsentiert. In dieser Sicht war der Wille Frankreichs mit der Revolution des 10. August 1792 durch die Diktatur von Paris ersetzt worden, auf die sich das Schreckensregiment gründete. Den Status quo ante, der durch den 9 Thermidor wiederhergestellt worden war, galt es deshalb nach Ansicht der Konventsmehrheit um jeden Preis zu verteidigen.

Das war auch die Absicht jener *Loi de grande police*, deren Entwurf Sieyès dem Konvent namens der Ausschüsse für Wohlfahrt, Sicherheit und Gesetzgebung vorlegte und der gegen den Widerspruch der *Montagnards* gebilligt wurde. Das Gesetz definierte jede Empörung als ein Verbrechen, mit der zu Plünderungen, Gewalt gegen Personen, zur Errichtung der Monarchie, zum Widerstand gegen die legitimen Autoritäten, die Regierung oder die Nationalversammlung etc. aufgerufen werde. Die dafür angedrohte Strafe war die Deportation, die bei Feststellung mildernder Umstände auf zwei Jahre Gefängnis reduziert werden konnte. Verglichen damit wesentlich umfangreicher waren die

Bestimmungen, die sich unmittelbar auf die Sicherheit des Konvents bezogen. Verbannung respektive eine Gefängnisstrafe gewärtigte, wer einen Abgeordneten beleidigte; bei einem tätlichen Angriff sollte die Todesstrafe verhängt werden. Geriet die Versammlung insgesamt durch einen Aufstand in Gefahr, mussten alle Sektionen zu ihrem Schutz beitragen. Aufrührerische Zwischenrufe während der Sitzungen sollten ebenfalls mit Deportation, unter gewissen Umständen sogar mit der Todesstrafe geahndet werden. Schließlich sollten sich, für den Fall, dass alle diese Vorkehrungen versagten, die Aufständischen die versammelten Deputierten terrorisierten oder den Konvent auflösten, dessen Mitglieder unverzüglich nach Châlons-sur-Marne oder an einen anderen Ort begeben, denn «überall dort, wo die Mehrheit der Versammlung zu Beratungen zusammenkommt, ist auch der Sitz der *Représentation nationale*».[19]

Die sehr detaillierten und scharfen Bestimmungen dieses Gesetzes waren politisch töricht, denn sie verrieten deutlich die Angst und Schwäche des Konvents. Die bewaffnete Macht, deren Schutz man sich im Falle einer Bedrohung treuherzig anvertrauen wollte, waren die Pariser Nationalgarden, eine notorisch unzuverlässige Bürgerwehr, deren Bereitstellung zeitraubend war und der viele Bürger angehörten, auf deren Loyalität man sich nur sehr bedingt verlassen konnte. Kurz, das Gesetz war ein leicht durchschaubarer Bluff, dessen Bestimmung, der Konvent könne sich im Notfall auch in eine Provinzstadt flüchten, Erinnerungen an eine entsprechende Drohung der *Girondins* in der Endphase ihrer Auseinandersetzungen mit den *Montagnards* und der *Commune de Paris* weckte.

Die wachsende Panik der Abgeordneten, noch verstärkt durch die nicht abreißenden Spitzelberichte über Aufläufe vor Bäcker- oder Metzgereien, war ein untrügliches Anzeichen für den im *peuple* grassierenden Unmut.[20] Als am 1. April (12 Germinal) der seit Tagen gefürchtete Aufstand schließlich ausbrach, mehrere Tausend Demonstranten aus den östlichen Stadtvierteln die Reihen der um den Konvent aufgestellten *Jeunesse dorée* durchbrachen und mit Rufen nach Brot in die Versammlung eindrangen, flüchteten viele Abgeordnete aus dem Saal. Damit überließen sie den Demonstranten kampflos das Feld, mit dem diese allerdings nichts anzufangen wussten, da sie weder einen Plan noch eine Führung hatten. Auch die zurückgebliebenen *Montagnards* unternahmen seltsamerweise nicht die mindeste Anstrengung, diesen Mangel wettzumachen. Levasseur hat eine hübsche Schilderung des Durcheinanders gegeben: «Statt einer disziplinierten und verständigen Truppe, bot sich uns der bedauernswerte Anblick einer wahren Orgie des *peuple*. Ein fester Plan hätte dem Abhilfe geschaffen; allein, diesen Plan gab es nicht. Außerdem, noch bevor es uns vielleicht gelungen wäre, für eine gewisse Ordnung zu sorgen, hatten die Bataillone der Nationalgarde aus den innerstädtischen Bezirken und die *Jeunesse dorée* Frérons den Sitzungssaal gestürmt. Die Grenadiere, angeführt von Legendre, Kervélégan und Taillien durchkämmten mit gefälltem Bajonett die Flure. Das Volk wurde verjagt, und die Mehrheit nahm wieder ihre Plätze ein, auf denen zuvor der *peuple* aus den *Faubourgs* sich niedergelassen hatte».[21]

Die Überraschung darüber, dass der so angstvoll erwartete Aufstand am späten Nachmittag wie ein Soufflé zusammengefallen war, galt es nun mit umso größerer Unnachsichtigkeit zu überspielen. Die bewies der Konvent dadurch, dass er bis in den frühen Morgen hinein tagte und eine Reihe weitreichender Beschlüsse fasste, die eine Wiederholung solcher Vorkommnisse vereiteln sollten. Dazu gehörte etwa, dass unter eindeutiger Verletzung des umständlichen Verfahrens, das am 29. Oktober für die Aufhebung der Immunität von Abgeordneten verabschiedet worden war, die sofortige Verhaftung von acht *Montagnards* und deren Überstellung in die Festung Ham in der Picardie verabschiedet wurde. Auch mit den drei Angeklagten Barère, Collot d'Herbois und Billaud wurde jetzt kurzer Prozess gemacht. Die einschlägige Begründung dafür gab der Abgeordnete Antoine-Marie-Charles Garnier: «Wenn es gilt, die Tyrannei abzuschaffen, muss man sich nicht an Verfahrensregeln halten. Haben wir uns etwa gelegentlich des 9 Thermidor an diesen orientiert? Es handelt sich jetzt darum, über Menschen zu entscheiden, die Feinde aller Gesetze, jeglicher Ordnung und der gesamten Menschheit sind. Was sich seit einigen Tagen hier zugetragen hat, sollte uns Lehre genug sein».[22] Anstatt das Verfahren über ihre Anklageerhebung vor dem Konvent zu einem ordentlichen Abschluss zu bringen und sie danach an das Revolutionsgericht zu überstellen, verfügte der Konvent in dieser Nachtsitzung ihre sofortige Deportation.[23] Damit erfuhren sie ein gnädigeres Schicksal als Carrier, der zum Tode verurteilt und hingerichtet worden war.[24]

Weit bedeutsamer als diese an den unterlegenen Gegnern geübte Vergeltung waren die Maßnahmen, die eine Wiederholung der demütigenden Ereignisse verhindern sollten. Entsprechende Vorschläge, die sämtlich angenommen wurden, machte Barras, der sich als der künftige starke Mann auswies. Auf seine Anregung hin wurde über Paris der Kriegszustand mit der Begründung verhängt, dass der Oberbefehlshaber die Möglichkeit bekomme, die Aufrechterhaltung der Ordnung sowie eine beschleunigte Versorgung der Stadt zu gewährleisten. Den Oberbefehl erhielt General Pichegru; Barras und Merlin de Thionville wurden zu dessen Stellvertretern ernannt.[25] Pichegru erfüllte seinen Auftrag und sorgte dafür, dass sich die Menschenaufläufe überall in der Stadt rasch zerstreuten und Verdächtige arretiert wurden. Am 10. April wurde diese «wilde» Repression durch ein Dekret formalisiert und ausgeweitet, das die «Entwaffnung» all jener anordnete, von denen «bekannt» war, dass sie vor dem 8 Thermidor in ihren jeweiligen Sektionen aktiv an terroristischen Maßnahmen beteiligt gewesen waren. Entsprechende Anweisungen erhielten auch die *Représentants du peuple* im ganzen Land; in den Departements, in denen sie nicht zugegen waren, wurde diese Aufgabe den Distriktverwaltungen übertragen, die darüber dem Wohlfahrtsausschuss berichten sollten.[26] Damit wurde eine regelrechte Menschenjagd auf alle Funktionäre und Kollaborateure des Terrorregimes eröffnet, von denen die meisten nach dem 9 Thermidor ohnehin schon ihr Amt verloren hatten. Allein in Paris fielen rund 1600 Personen unter diese Bestimmung, die damit ihrer bürgerlichen Rechte weitgehend beraubt wurden.[27]

Der gescheiterte Aufstand vom 1. April und das Gesetz vom 10. April schlugen die Funken, die im Süden Frankreichs den «weißen Terror» hell auflodern ließen. «Weiß» hieß er deshalb, weil er angeblich monarchistisch inspiriert war, und gewiss spielte das auch eine Rolle. Gleichwohl beschreibt der Begriff das Phänomen gegenrevolutionärer Empörungen, denen in Nîmes, Lyon, Marseille und anderen Städten am Unterlauf der Rhône, in der Provence und im östlichen Languedoc Hunderte von «Patrioten» und Jakobinern zum Opfer fielen, nur sehr unzulänglich. Ausschlaggebend für diese Exzesse war vielmehr ein kollektiver Rachedurst, der sich vor allem dort aufgestaut hatte, wo zuvor die Repression der Schreckensherrschaft besonders heftig gewütet hatte. Am 4. Mai etwa stürmte eine Menge das Gefängnis von

Lyon und massakrierte über einhundert der hier inhaftierten früheren Terroristen. Eine Woche später ereilte das gleiche Schicksal rund sechzig Gefangene in Aix-en-Provence, und am 5. Juni wurden in Marseille weitere einhundert Inhaftierte abgeschlachtet.[28] Das alles geschah mit Duldung der örtlichen Behörden und der anwesenden *Représentants du peuple*, die diesen Exzessen, die ihren Höhepunkt im Mai hatten und im Juni als Reaktion auf die Pariser Ereignisse erneut aufflammten, entweder machtlos oder auch billigend gegenüberstanden.[29]

In seinen Memoiren hat Thibaudeau die Frage aufgeworfen, warum der Konvent nichts unternahm, diese Verbrechen zu ahnden, warum er einen Carrier zur Rechenschaft zog, aber nicht die Verantwortlichen für die grauenhaften Morde, die in Marseille, Aix oder Tarascon verübt wurden – kurz, warum er weit härter gegen die revolutionären als gegen die vermeintlich royalistischen Terroristen des Thermidor vorging. «Der Grund war», so Thibaudeau, «dass er die einen mehr fürchtete als die anderen. Erstere bedrohten ihn unmittelbar (...), sie attackierten ihn und verfolgten damit die Absicht, die Macht erneut an sich zu reißen, um wieder mit den revolutionären Gesetzen zu herrschen. Da sie sich als die Sachwalter der Revolution und der Republik ausgaben, verfügten sie noch immer über eine gewisse Popularität. Die anderen hingegen waren nicht sehr zahlreich und verübten ihre Verbrechen fern der Hauptstadt. Da sie nicht leugneten, Parteigänger der Monarchie zu sein, verbreiteten sie zwar Entsetzen, aber sie hatten nur wenige Anhänger, weshalb man nicht befürchten musste, dass sie ihre Ziele durchsetzen könnten».[30] Das klingt plausibel, ist aber lediglich die halbe Wahrheit, denn es war vor allem die Schwäche des Konvents, die ihn den Terror der einen wie der anderen so unterschiedlich gewichten ließ. «Der Konvent», so erkannte Mallet du Pan hellsichtig schon am 18. Februar 1795, «steht in völliger Abhängigkeit von der öffentlichen Meinung. Sein Kurs besteht darin, sich auf diese zu stützen, ohne die Kraft zu haben, sich deren Fortschreiten entgegenzustellen. Das ist das ganze Geheimnis des Vorteils, den die Gemäßigten und die Föderalisten haben. Die Macht der Versammlung liegt außerhalb von ihr.»[31]

Diese Abhängigkeit hatte ihre eigenen Tücken, wie sich gelegentlich der Neuorganisation der Nationalgarde zeigte, die durch das Gesetz vom 17. April 1795 verfügt wurde. Neben den gewöhnlichen Nationalgarden sollten eine Reihe von «Elite-Kompanien» aufgestellt werden, deren Mitglieder für ihre Ausrüstung, Uniform und Waffen, selbst aufkommen mussten.[32] Diese Kompanien, die sich aus den Angehörigen des bessergestellten Bürgertums rekrutierten, waren als besonders verlässliche Prätorianergarde gedacht, die einen wirksamen Schutz des Konvents vor dem immer wieder drohenden Volkszorn gewährleisten sollte. Das ging gründlich schief, denn die revolutionäre Sensibilität nahm an solchen Unterscheidungen, die als eklatante Verstöße gegen die verbürgte Gleichheit der Bürger gewertet wurden, lebhaften Anstoß. Gleichwohl war es letztlich nicht diese Empörung über die Verletzung revolutionärer Prinzipien, an der die Umsetzung des Gesetzes über die Neugliederung der Pariser Nationalgarden scheiterte, sondern die Weigerung der wohlhabenden Bürger, ihren Beitrag für die Schutztruppe zu leisten, die ihre Interessen verteidigen sollte. Der Republik der Konventsmehrheit fehlten die Republikaner, die entschlossen gewesen wären, sie zu verteidigen.

Um einem erneuten Aufflammen von Hungerrevolten wie der vom 1. April vorzubeugen, war es zwingend, die Versorgung von Paris zu verbessern. An einschlägigen Versprechungen herrschte zwar kein Mangel, wohl aber an deren Erfüllung. Ungeachtet der hektischen Aktivität, die der Wohlfahrtsausschuss an den Tag legte,[33] nahm der Brotmangel in Paris stetig zu. Die herrschende Not wurde dem Konvent umso mehr als schuldhaftes Versäumnis angekreidet, als sie in einem deutlichen Kontrast stand zu den Nachrichten von dem sehr vorteilhaften Frieden, den die Republik soeben mit Preußen und der Batavischen Republik geschlossen hatte. Das revolutionäre Frankreich, das den europäischen Mächten seinen Willen diktierte, erwies sich als unfähig, die eigene Bevölkerung zu ernähren. Dieser offensichtliche Widerspruch schlug umso leichter in eine Kritik am herrschenden Regime der Konventsmehrheit um, als der Nahrungsmangel mit seiner ganzen Wucht allein die ärmeren Schichten traf.

Die Hauptleidtragenden der anhaltenden Versorgungskrise waren die Masse jener, die den größten Teil ihres Lohns für Nahrungsmittel aufwenden mussten. Ins Elend gerieten dabei nicht nur Handlanger und Arbeiter, sondern auch Kleinkapitalisten und Rentenbezieher, die von bescheidenen Zinserträgen lebten, die in den stetig an Wert verlierenden Assignaten ausgezahlt wurden, während Fabrikanten, Spekulanten, Heereslieferanten, Bankiers und Großkaufleute in Saus und Braus lebten. In seinen Erinnerungen hat Georges Duval, ein Notarschreiber, die scharfen Kontraste der beiden Lebenswelten, die sich in Paris begegneten, anschaulich beschrieben: «Die Bälle gingen weiter und die Hungersnot auch. Wenn man zwischen Mitternacht und ein Uhr die Tanzsäle verließ, gewahrte man als Erstes im fahlen Schein der Straßenlaternen Menschenschlangen, die sich bereits vor den Bäckereien gebildet hatten».[34] Der Brotmangel war so extrem, dass sich diejenigen, die sich wenigstens das ihnen unvertraute Schwarzbrot verschaffen konnten, glücklich schätzten. «Brot», so schreibt Duval, «war nicht mehr als eine schöne Erinnerung. Einige Leute entsannen sich, es einmal gesehen zu haben, aber das war bereits alles. Wer hätte sich auch getraut, die wenigen Unzen einer schwärzlichen und widerwärtigen Masse, die man in winzigen Portionen bei den Bäckern kaufen konnte, Brot zu nennen? Man sah es noch an den Tischen einiger reicher Adeliger und in wenigen bürgerlichen Haushalten von einigem Wohlstand, wie etwa bei M. Chavet [der Notar, bei dem Duval damals angestellt war], der sich Mehl für pures Gold verschafft hatte und sich daraus heimlich im eigenen Haus Brot backen ließ. Es vom Bäcker backen zu lassen, wäre nicht ratsam gewesen, denn kein Bröckchen wäre zurückgekommen! In dieser Zeit endeten auch alle Einladungen zum Abendessen mit dem Hinweis: ‹Bringen Sie Ihr Brot mit›! Und Gäste, die dazu nicht imstande waren, sahen sich auf in Salzwasser gekochte Kartoffeln verwiesen wie die Angestellten bei M. Chavet».[35] Ein untrügliches Merkmal des Massenelends war der Straßentrödel, der Paris in einen riesigen Flohmarkt verwandelte, auf dem die Menschen ihr Hab und Gut zu Geld zu machen versuchten, um das immer knapper und damit teurer werdende Brot und andere Lebensmittel überhaupt noch bezahlen zu können.[36]

Die Wahrnehmung der wachsenden sozialen Gegensätze äußerte sich vielstimmig in einem Unmut, der sich rasch politisierte und erneut in die Forderung einmündete, die «demokratische Verfassung» von 1793 endlich in Kraft zu setzen. Diese Stimmung machten sich die Jakobiner zunutze, die in den Sektionen des *Faubourg* Saint-Antoine ihren Einfluss behauptet hatten und ab Ende April eine neue Aufstandsbewegung zu organisieren begannen. Das Signal dazu gab das am 19. Mai veröffentlichte Pamphlet, dessen Titel *Insurrection du Peuple pour obtenir du Pain et reconquérir ses Droits* die Ziele der Empörer auf einen bündigen Nenner brachte: Brot und die sofortige Inkraftsetzung der Verfassung von 1793, Beseitigung der Revolutionsregierung und Verhaftung aller ihrer Mitglieder sowie Wahlen für eine Gesetzgebende Versammlung, die am 13. Juli zusammentreten und den Konvent ablösen sollte. Um den geplanten Umsturz zu verwirklichen, sollte der *peuple de Paris* schon am Tag darauf den Konvent stürmen und seinen Willen durchsetzen.[37] Nach dem Revolutionskalender war das der 1 Prairial, der 20. Mai 1795.

Um 5 Uhr morgens wurden in den *Faubourgs* Saint-Antoine und Marceau die Sturmglocken geläutet.[38] Wie schon im Oktober 1789 waren auch diesmal Frauen die Träger des Aufruhrs. Gegen 2 Uhr hatten sie sich auf der Place du Carrousel eingefunden, waren in den Sitzungssaal des Konvents eingedrungen, besetzten die Besuchertribünen und störten die Sitzung mit ihrem Protestgeschrei. Zwar wurden sie rasch von Soldaten vertrieben, aber unterdessen hatten sich auch die Männer aus den *Faubourgs* Saint-Antoine und Saint-Marcel sowie der in der Stadtmitte gelegenen Sektionen bewaffnet und auf den Weg gemacht.[39] Als diese Haufen gegen 4 Uhr vor dem Konvent anlangten, wurde der Sitzungssaal ein zweites Mal gestürmt. Der Abgeordnete Féraud, der sich den Eindringlingen in den Weg stellte, wurde niedergemacht, sein abgeschlagener Kopf auf eine Pike gespießt und im Triumphzug herumgetragen. Jetzt waren die Empörer in der Übermacht und hatten die Abgeordneten in ihrer Gewalt. Diesen Vorteil verstanden sie aber wieder nicht zu nutzen.

Erneut beschieden sich die Aufrührer damit, den Konvent rund elf Stunden lang zu besetzen, und verschwendeten ihre Zeit mit sinnlosen Defilees, großmäuligen Ansprachen und wirrem Palaver, wie sie die vermeintlich im Handstreich eroberte Macht organisieren könnten.[40] Alles, was sie damit erreichten, war, die Arbeit der Abgeordneten zu stören, die stoisch auf ihren Plätzen ausharrten. Im Unterschied zur *Journée* des 1. April und möglicherweise überwältigt von der auch viel größeren Wucht des Aufstands solidarisierten sich die Abgeordneten der *Montagne* diesmal mit den Forderungen der Demonstranten. Während sich die schweigende Mehrheit passiv verhielt, stellten die *Montagnards* die Forderungen der Aufrührer zur Abstimmung, die dann auch prompt angenommen wurden. «Auf diese fragwürdige Weise erreichten die *Montagnards*», wie Thibaudeau berichtet, dass die Verfassung von 1793 in Kraft gesetzt und «die Rückberufung der verhafteten oder verurteilten Abgeordneten ebenso verfügt wurde wie die Schaffung einer außerordentlichen Kommission, um die Regierungsausschüsse zu ersetzen, die Bildung eines neuen Büros sowie die Verhaftung von Journalisten. Auf diese Weise wurde alles beseitigt, was seit dem 9 Thermidor geleistet worden war: Diesem Umsturz wurde der Prozess gemacht; seinen Rädelsführern und ihren Helfern drohte die Verfolgung. Noch einige Stunden mehr und diese Beschlüsse wären verwirklicht worden, hätte die *Terreur* wieder ihre Schafotte errichtet, Frankreich in Strömen von Blut ersäuft und mit einem Trauerflor zugedeckt».[41]

Diesen Ausgang verhinderte die Orientierungslosigkeit der Aufständischen, die offensichtlich in dem Irrtum befangen waren, allein die von ihnen erzwungenen Beschlüsse des Konvents würden genügen, um ihnen den Sieg zu verschaffen. Das war ein erstaunliches Missverständnis, das sich aus ihrer sklavischen Nachahmung des erfolgreichen Coups vom 31. Mai und 2. Juni 1793 erklärt, bei dem es genügt hatte, die Abgeordneten in Geiselhaft zu nehmen. Damals stand die von Robespierre dominierte Revolutionsregierung auf der Seite der Aufständischen und ließ sie bereitwillig gewähren, weil die Säuberung des Konvents von den *Girondins* ihren Absichten entsprach. Dass jetzt die Situation eine ganz andere war, scheint keiner der Akteure begriffen zu haben. Der *Comité de Salut public*, der *Comité militaire* und der *Comité de Sûreté générale* konnten daher von den Aufständischen unbehelligt alle Maßnahmen veranlassen, um den Aufstand niederzuschlagen. Zu diesem Zweck tagten diese drei Regierungsausschüsse am 20. Mai in Permanenz im Hôtel de Brionne, das während des Aufstands das Regierungszentrum war. Von hier unterhielt man ständige und völlig ungestörte Verbindungen mit den *Comités de surveillance* in den zwölf Pariser Arrondissements. Auch über das Geschehen im Konvent waren die Regierungsvertreter fortlaufend unterrichtet, denn die Aufständischen hatten es versäumt, die Verbindung zwischen den Büros des Wohlfahrtsausschusses und dem Sitzungssaal zu unterbrechen.[42]

Dessen ungeachtet dauerte es bis zum Abend, bis der Befehl zum

Sturm des Konvents gegeben wurde, um dem Spuk ein Ende zu machen. Der Grund für diese erstaunliche Verzögerung war vermutlich, dass die von der Regierung alarmierten Nationalgarden wie üblich viel Zeit brauchten, um sich zu formieren. Kaum aber waren die ersten Einheiten im Laufe des Nachmittags einsatzbereit, kamen Zweifel an deren Loyalität auf, zumal nicht wenige Bataillone ihre Sympathien mit den Aufständischen und ihre Verachtung für die Versammlung lautstark bekundeten. Mit solchen Truppen wäre es also mehr als töricht gewesen, die Schlacht zu wagen, so dass man so lange zuwarten musste, bis verlässliche Einheiten zur Hand waren. Die fanden sich schließlich mit den Bataillonen der Sektionen Lepeletier, der Butte des Moulins und der Fontaine de Grenelle ein.

Gegen Mitternacht erhielten sie Befehl, in die Versammlung einzudringen, als die *Montagnards* sich gerade anschickten, eine *Commission extraordinaire* zu bilden, die als provisorische Regierung fungieren sollte. Da viele Aufständische zuvor bereits in siegesgewisser Müdigkeit den Konvent verlassen hatten, ergriffen auch diejenigen, die noch zurückgeblieben waren, nach kurzem Widerstand die Flucht.[43] In der rund zweistündigen Sitzung, die sich daran anschloss, wurden von den Abgeordneten zunächst alle Beschlüsse kassiert, die unter dem Druck der Aufständischen verabschiedet worden waren. Dann folgte die Abrechnung: Die Verhaftung von elf Abgeordneten der *Montagne* wurde beschlossen, die man beschuldigte, die Forderungen der Empörer unterstützt zu haben – was zutraf – und an der Vorbereitung des Aufstands maßgeblich beteiligt gewesen zu sein – wofür nichts sprach.[44]

Der Ausgang der *Journée* des 20. Mai war nicht der Triumph von Regierung und Konvent über die Aufständischen. Dessen wurde man sich im Laufe des 21. Mai bewusst, als die Empörer im *Faubourg* Saint-Antoine die «insurrection permanente», die unbefristete Fortdauer des Aufstands, proklamierten.[45] Dieser Absicht verliehen am Nachmittag drei Bataillone der Nationalgarde Nachdruck, die mit ihren Kanonen zu den Tuilerien in Marsch gesetzt wurden. Bei ihrem Eintreffen stießen sie auf Nationalgarden aus anderen Sektionen, die zum Schutz des Konvents aufmarschiert waren. Verschärft wurde diese Konfrontation dadurch, dass deren Kanoniere mit ihren Geschützen sofort geschlossen zu den Aufständischen überliefen, die damit die

Übermacht hatten. Eine Abordnung von Deputierten verließ daraufhin den Saal und trat mit den Aufständischen in Verhandlungen. Ihnen schlossen sich auch einige Mitglieder der Regierungskommissionen an, die mit der Zusicherung, dass der Konvent bereit sei, sich die Forderungen der Aufrührer anzuhören, für eine gewisse Beruhigung sorgten.

Als die Abordnung der Aufständischen im Sitzungssaal erschien und Forderungen nach Brot, Freilassung der verhafteten Patrioten und sofortiger Inkraftsetzung der Verfassung von 1793 erhob, antworteten ihr Proteste. Es gelang dem Sitzungspräsidenten Vernier, Schlimmeres zu vereiteln, indem er einen zuvor auf Vorschlag der Regierungskomitees verabschiedeten Beschluss verkündete, die «lois organiques» für die Verfassung von 1793 bis zum 11. Juni vorzulegen. Außerdem, so versicherte er, werde der Konvent unverzüglich in Beratungen über die weiteren Forderungen der Aufständischen eintreten. Diese Ankündigung genügte, damit sich die vom langen Warten vor dem Konvent erschöpfte Menge gegen 11 Uhr in der Nacht friedlich zerstreute.[46]

Die Aufständischen hatten damit ein weiteres Mal aus schierer Planlosigkeit den sicheren Erfolg aus den Händen gegeben und sich mit leeren Versprechungen abspeisen lassen. Damit verloren die Sansculotten endgültig die Fähigkeit, auf den weiteren Gang der Revolution einen Einfluss zu nehmen, der auch nur entfernt an den heranreichte, den sie mittels der *Commune de Paris* während der Schreckenszeit ausgeübt hatten. Der Konvent und die Revolutionsregierung, die bereits durch die noch in der Nacht vom 20. Mai gefassten Beschlüsse unmissverständlich ihre Entschlossenheit angekündigt hatten, dem Spuk dieser permanenten Aufstandsdrohung ein für allemal ein Ende zu setzen, trafen jetzt energische Maßnahmen, um ein nachhaltiges Exempel sozialer Repression zu statuieren. Mit den Vorbereitungen dazu wurde schon am Morgen des 22. Mai begonnen. Auf Veranlassung des Konvents wurden Linientruppen nach Paris beordert und Einheiten der Nationalgarde aufgeboten, zu denen allein solche Bürger einberufen wurden, deren Loyalität außer Zweifel stand. Alle diese Einheiten, insgesamt eine Truppe von rund 20 000 Mann, versammelten sich im Laufe des Tages im Jardin des Tuileries. Von hier aus, so der Plan, sollten sie in geordneten Kolonnen losmarschieren und den *Faubourg* Saint-Antoine, «le Gibraltar des Jacobins», wie Charles de Lacretelle ihn charakterisierte,[47] einschließen.

Während diese Vorbereitungen noch liefen, rottete sich die *Jeunesse dorée* am frühen Morgen des 23. Mai auf der Place du Carrousel zusammen, um den Einwohnern des *Faubourg* Saint-Antoine eine Lektion zu erteilen. Das ging allerdings gründlich schief, denn diese setzten sich heftig zur Wehr, errichteten Barrikaden und lieferten den Gecken und den wenigen Soldaten, die sich ihnen angeschlossen hatten, eine solche Gegenwehr, dass diese schleunigst den Rückzug antreten mussten. Dieser Ausgang beschleunigte die Vorbereitungen für den Marsch auf die drei Sektionen des *Faubourg* Saint-Antoine mit den Einheiten der regulären Truppen und der loyalen Nationalgarden. Das glückte den Angreifern, die sich in fünf Kolonnen am Nachmittag gegen 4 Uhr in Bewegung setzten, deshalb umso leichter, weil sich die Bewohner der Vorstadt nicht rechtzeitig zu entschlossener Gegenwehr aufraffen konnten. Der Grund war die nach wie vor anhaltende Konfusion. Angesichts der geballten Macht, die von allen Seiten in den *Faubourg* eindrang, sahen sich die Sektionen zur kampflosen Kapitulation und zur Übergabe ihrer Kanonen genötigt.[48]

Unmittelbar danach setzte die Repression mit aller Wucht ein. Ein wichtiges Instrument dafür war die eigens vom Konvent am Morgen des 23. Mai geschaffene *Commission militaire*, eine Sondergerichtsbarkeit, die summarisch urteilen sollte, also nicht den individuellen Tatvorsatz der Angeklagten ergründen musste, denen auch keine Verteidiger beigestellt wurden.[49] Dieses Militärtribunal, das einen Rückfall der Thermidorianer in die Justizwillkür der *Terreur* darstellte und bis zum 3. August 1795 tätig war,[50] saß einschließlich der verhafteten *Montagnards* über 149 Personen zu Gericht, von denen aber im markanten Unterschied zur terroristischen Rechtsprechungspraxis «nur» 36 zum Tod, 12 zur Deportation und 25 zu Haftstrafen verurteilt wurden, während ebenso viele Angeklagte, also 73, freigesprochen wurden.[51] Weitaus umfangreicher war die von den zwölf *Comités de surveillance* ausgeübte Repression: Von diesen wurden rund 6000 Sansculotten entweder verhaftet oder ihrer Bürgerrechte entkleidet, die auch nachdem sie im November 1795 in den Genuss einer Amnestie gelangt waren, für mehrere Jahre zum Kreis der «üblichen Verdächtigen» gehörten.[52]

Das unnachsichtige Vorgehen gegen die Sansculotten vereitelte jede Aussicht auf eine Versöhnung mit den Revolutionären, die die Unterschichten für eine wohlwollende Duldung der «bürgerlichen» Republik hätten gewinnen können. Diese Kurzsichtigkeit trug entscheidend dazu bei, dass die Republik durch den Triumph über die Aufständischen des *Germinal* und *Prairial*, im Widerspruch zu den damit verknüpften Erwartungen, auf mittlere Sicht an Stabilität einbüßte. Diese Gefahr wurde umso weniger erkannt, als man der festen Überzeugung war, dass es durch die Ausarbeitung einer neuen Verfassung gelingen müsse, den Idealen der Revolution von 1789 einen stabilen und dauerhaften Ausdruck zu geben. Am 6. Mai 1795 hatte die zu diesem Zweck einberufene *Commission des Onze* ihre Arbeit begonnen, in der ehemalige *Girondins* wie Daunou, Louvet, Lanjuinais, Creuzé-Latouche, Boissy d'Anglas oder Thibaudeau die Mehrheit hatten.[53] Knapp zwei Monate später, am 23. Juni, wurde der Entwurf von Boissy d'Anglas dem Konvent mit einer Rede vorgestellt, in der er die mit der Revolution gemachten Erfahrungen in dem berühmten Satz zusammenfasste: «Wir haben sechs Jahrhunderte in sechs Jahren durchlebt. (…) Wir haben Jahrhunderte voller Irrtümer hinter uns gebracht und können uns damit heute endlich, indem wir die Lehren aus unseren Fehlern, aus dem Unglück des Volkes und aus den Verbrechen unserer Tyrannen ziehen, den wahren Prinzipien anschließen und daraus alle Folgerungen ziehen». Deren Quintessenz, so Boissy d'Anglas, bestehe in der Einsicht: «Die bürgerliche Gleichheit ist in der Tat alles, was ein vernunftbegabter Mensch verlangen kann. Absolute Gleichheit ist eine Chimäre. Ihre Bedingung der Möglichkeit müsste eine vollständige Gleichheit der Intelligenz, der Tugend, der Körperkraft, der Erziehung und des Besitzes aller Menschen sein. (…) Wir müssen von den Besten regiert werden; die Besten sind diejenigen, die am besten ausgebildet sind und die am meisten an der Aufrechterhaltung der Gesetze interessiert sind; allein, von einigen wenigen Ausnahmen abgesehen, findet man solche Menschen unter denen, die Eigentum haben, die dem Land, in dem dieser Besitz liegt, oder den Gesetzen, die es schützen, wie der Ruhe, die die Garantie dafür ist, verpflichtet sind und die diesem Eigentum und der wirtschaftlichen Sicherheit, die es gewährleistet, die Erziehung verdanken, die sie dazu befähigt, mit Weisheit und Genauigkeit die Vor- und Nachteile der Gesetze abzuwägen, die für das Geschick ihrer Heimat von Belang sind. (...) Ein Land, das von Eigentümern verwaltet wird, ist innerhalb der sozialen Ordnung; ein Land, über das die Besitzlosen herrschen, befindet sich im Naturzustand».[54]

Exakt diesen Prinzipien entsprach der Verfassungstext, der vom Konvent am 22. August verabschiedet wurde. Alle Steuerzahler, die männlichen Geschlechts und über 21 Jahre alt waren, erhielten als *Citoyens* das Wahlrecht. Die Wahl der Abgeordneten erfolgte durch zwei Wahlkollegien, in die lediglich Bürger entsandt werden durften, die Grundbesitz oder einen Pachtvertrag nachweisen konnten, dessen Wert wenigstens dem Betrag der Steuerleistung entsprechen musste, den ein Arbeiter, je nach Größe des Wahlbezirks, für einen Verdienst von 100 oder 200 Arbeitstagen zu entrichten hatte. Diesen Bestimmungen werden rund 1 Million Männer entsprochen haben, die damit etwa ein Drittel der passiv Wahlberechtigten von 1789 ausmachten. Diese bestimmten ihrerseits die 30000 Wahlmänner, die schließlich für die Wahl der Abgeordneten zuständig waren. Mit anderen Worten: In jedem Departement war nur eine schmale Schicht von einigen hundert Notabeln unmittelbar aktiv an der Wahl der Abgeordneten beteiligt. Sie bildeten eine in sozialer Hinsicht sehr homogene Kohorte aus Angehörigen der oberen Mittelklasse, die damit das Bleigewicht der «bürgerlichen Republik» verkörperte. Daran änderte auch nichts, dass jedes Jahr sowohl ein Drittel dieser Wahlmänner wie auch der von ihnen designierten Abgeordneten durch Neuwahlen ausgetauscht werden sollten.

Weit auffälliger als diese Bestimmung waren im Vergleich mit der Verfassung von 1791 zwei weitere Änderungen: Während damals die Warnungen der *Monarchiens* vor einem Ein-Kammer-System in den Wind geschlagen worden waren, sahen sich die Autoren der neuen Verfassung angesichts der seither gesammelten Erfahrungen eines Besseren belehrt. Entsprechend ausgepicht waren in dem von ihnen vorgelegten Entwurf die «checks and balances», die das Zwei-Kammer-System gewährleisten sollte: Ein Unterhaus mit fünfhundert Mitgliedern, der *Conseil des Cinq-Cents*, die mindestens dreißig Jahre alt sein mussten, hatte allein das Recht, Gesetze vorzuschlagen, die dann vom Oberhaus, dem *Conseil des Anciens*, dessen 250 Mitglieder wenigstens 40 Jahre alt sein mussten, geprüft und entweder en bloc gebilligt oder abgelehnt werden konnten. Auf diese Weise wurde das vormals königliche Veto-Recht der Legislative überantwortet und damit gleichsam «republikanisiert». Außerdem konnten die *Cinq-Cents* jede Gesetzesvorlage erst nach dreimaliger Beratung, bei der ein Intervall von je zehn Tagen berücksichtigt werden musste, verabschieden und den *Anciens* vorlegen.

Für die Belange der Exekutive waren fünf Direktoren zuständig, die von den *Anciens* aus einer Liste von je zehn Kandidaten ausgewählt wurden, die ihnen die *Cinq-Cents* vorgelegt hatten. Jedes Jahr schied einer dieser fünf durch Losentscheid aus seinem Amt aus. Weder die Direktoren noch die Minister, die von ihnen ernannt wurden, durften einen Sitz in einer der beiden Kammern der Legislative innehaben. Auch war es ihnen untersagt, in das Gesetzgebungsverfahren einzugreifen oder von sich aus Gesetze anzuregen; sie mussten sich also damit bescheiden, die von der Legislative verabschiedeten Gesetze zu verkünden, ohne deren Geltung aussetzen zu können. Diesen Beschränkungen stand die Fülle ihrer exekutiven Befugnisse gegenüber: Sie überwachten die Arbeit der Ministerien und der Verwaltung, ernannten Botschafter und Generäle, lenkten Armee, Polizei und Diplomatie, kurz, sie geboten über weitreichende Machtbefugnisse. Die fünf Direktoren waren ferner mit dem Dekorum eines konstitutionellen Monarchen geschmückt: Sie erhielten den Palais du Luxembourg als Amtssitz, eine Ehrengarde, und sie wurden üppig besoldet. Am 25. Oktober votierte der Konvent den Direktoren, den Abgeordneten der beiden Kammern sowie den Ministern außerdem ein nach Farbe, Stoffqualität und Bordüren genau festgelegtes Kostüm, das wie eine Uniform ihren Rang und ihre Funktion auswies.[55]

Damit nach den Stürmen der Revolution das politische System der Republik in dem gemäßigten Zustand blieb, den man glücklich erreicht hatte, wurden noch zwei Sicherungen eingebaut. Die eine sah vor, dass die Verfassung auf legalem Weg nur durch eine Prozedur zu ändern war, die im günstigsten Fall eine Frist von 9 Jahren beanspruchte. Dadurch sollte die Stabilität des neuen Regimes gefördert und insbesondere vereitelt werden, dass es von politischen Extremisten gekapert werden könnte. Für die zweite Sicherung standen die sehr gemischten Erfahrungen Pate, die man mit dem von Robespierre 1791 angeregten Beschluss gemacht hatte, den Abgeordneten der Nationalversammlung die Kandidatur für die Legislative zu untersagen. Stattdessen wurde nun gesetzlich verankert, dass bei den Wahlen zur neuen Legislative zwei Drittel der Abgeordneten in den beiden Kammern Männer sein sollten, die bereits als Deputierte im Konvent gesessen hatten.[56] Das verhieß zusätzliche Stabilität, bewirkte aber letztlich das genaue Gegenteil, denn diese massive Einschränkung der Wahlfreiheit wurde seitens der Öffentlichkeit heftig kritisiert, weil dadurch die Möglichkeiten entschieden eingeschränkt wurden, den Konvent, der sich als unfähig erwiesen hatte, die Versorgungskrise zu meistern, mittels der anstehenden Wahlen abzustrafen. Im Besonderen nahmen die Royalisten an dieser Regelung Anstoß, da sie sich an die Illusion klammerten, bei den Wahlen einen großen Erfolg erringen zu können. Alle diese Enttäuschungen fanden ihren Niederschlag im Ergebnis der Volksabstimmung über die neue Verfassung, die Anfang September abgehalten wurde. Zwar billigten fast eine Million Wähler die Verfassung, die nur von rund 50 000 abgelehnt wurde, aber das für die erste Wahl geltende Sondergesetz, das die Zweidrittel-Regelung statuierte, befürworteten nur etwas mehr als 167 000 Wähler, während es rund 95 000 ablehnten.[57] Besonders deutlich war das Ergebnis in Paris, wo in so gut wie allen der 48 Sektionen dieses Gesetz durchfiel.[58]

Dieses Abstimmungsergebnis offenbarte, wie schwankend der Grund war, auf dem man sich anschickte, die Verfassung zu errichten, die der Republik Stabilität und Zukunftsfähigkeit verschaffen sollte. Bereits nach der Niederschlagung des *Prairial*-Aufstands hatte die Revolutionsregierung vorsichtig damit begonnen, die politischen Extreme neu auszutarieren, zumal die Royalisten durch ihre Presse die öffentliche Meinung zu beherrschen begannen. Daran änderte auch nichts, dass zumindest die Anhänger einer konstitutionellen Monarchie durch den Tod des zehnjährigen Sohnes von Louis XVI, der am 8. Juni 1795 im Temple an den Blattern starb, einen schweren Rückschlag ihrer Hoffnungen erlebten. Noch verheerender war, dass sich der Comte de Provence, der sich seit der Hinrichtung von Louis XVI als Regent Frankreichs aufgeführt hatte, flugs als Louis XVIII zum König proklamierte und am 24. Juni in seinem Exil in Verona ein Manifest veröffentlichte, das jede Aussicht auf eine Verständigung mit den Männern, die Frankreich jetzt regierten, von vorneherein unmöglich machte. Sobald die Monarchie in Frankreich wieder restauriert sei und er auf dem Thron sitze, so verhieß dieses aberwitzige Manifest, würde auch wieder die Gesellschaftsordnung des *Ancien Régime* errichtet, die Uhr auf die Zeit vor Beginn der Revolution zurückgestellt.[59] Das als sein Programm zu verkünden, war eine ungeheure Dummheit, die so gut wie ganz Frankreich gegen ihn aufbringen musste.

Solch blühenden und zutiefst unpolitischen Irrsinn verfochten allenfalls jene rund 1000 Adelsemigranten, die zusammen mit französischen Kriegsgefangenen, die zu diesem Abenteuer gezwungen worden waren, von der englischen Flotte Ende Juni 1795 auf der Halbinsel Quiberon in der südlichen Bretagne angelandet wurden, um sich hier mit den Aufständischen unter der Führung von Puisaye zu vereinigen. Binnen weniger Tage sahen sich diese Invasoren von regulären Truppen unter General Hoche umzingelt. Bis auf einige wenige, darunter Puisaye, denen es gelang, sich auf die vor der Küste kreuzenden englischen Schiffe zu flüchten, wurden alle anderen, rund 6000 Mann, gefangen genommen.[60] Standgerichte, die von den Konventskommissaren Tallien und Claude-Antoine-Augustin Blad eingesetzt worden waren, verhängten über 751 Emigranten in Übereinstimmung mit den geltenden Gesetzen die Todesstrafe, die sofort durch Erschießen vollstreckt wurde. Das war die Antwort der Republik auf das Manifest von Verona.

Dieses Blutgericht, dem auch viele Offiziere zum Opfer fielen, die im amerikanischen Unabhängigkeitskrieg gegen die Engländer gekämpft hatten, zerstörte «gründlich das gute Einvernehmen, das zwischen dem Konvent und der öffentlichen Meinung geherrscht hatte»,[61] die darin mit Schaudern einen Rückfall in die Barbarei der Schreckenszeit sah – eine Reaktion, die den Royalisten Sympathie und Zulauf bescherte. Dies nötigte die Thermidorianer nun dazu, die repressiven Maßnahmen, die seit der Niederschlagung des *Prairial*-Aufstands von ihnen ergriffen worden waren, einzustellen, wenn nicht gar teilweise wieder rückgängig zu machen. Am 24. Juli verabschiedete der Konvent nach heftiger Diskussion ein von Claude-Christophe Gourdan vorgeschlagenes Dekret, eine Kommission zu schaffen, die alle Vorwürfe wegen revolutionärer Umtriebe überprüfen, also die vermutlich größere Anzahl jener, die auf Grund eines vagen Verdachts verhaftet worden waren, in Freiheit setzen sollte.[62]

Diese Absicht wurde von den Royalisten sofort durchschaut. Ein Beispiel für den Protest, der sich dagegen von dieser Seite erhob, lieferte die Sektion Mont-Blanc, die am 29. Juli eine Deputation in den Konvent entsandte: «Wir sagen es Ihnen rundheraus: Die Langsamkeit, mit der die Justiz ans Werk geht, die Satelliten des ruchlosen Robespierre zu bestrafen, erschöpft unsere Geduld und stärkt deren Hoffnung, uns erneut zu beherrschen. (...) Sie verklagen ohne Unterlass den Royalismus. Aber das tun, wie wir wissen, gerade die, die noch immer der alten Tyrannei nachtrauern. (...) Abgeordnete, beeilen Sie sich, Ihre so oft versprochene Säuberung zu vollenden. Entfernen Sie aus Ihrer Mitte alles, was hier an Unreinem noch anzutreffen ist».[63] Am 31. Juli erschien eine Abordnung der *Section de l'Observatoire* im Konvent, die eine ähnliche Kritik äußerte und außerdem verlangte, dass alle Verhafteten schleunigst der *Commission militaire* vorgeführt, also standrechtlich abgeurteilt werden sollten.[64] Darauf meinte Edmond-Louis-Alexis Dubois-Crancé: «Nachdem Sie applaudiert haben, als der Konvent nach dem 9 Thermidor alle die, die im Gefängnis saßen, in Freiheit gesetzt hat, dürfen Sie sich heute nicht darüber beschweren, wenn er mit denen, die jetzt inhaftiert sind, ähnlich verfahren will. (...) Sie lassen sich von den Gegenrevolutionären zu Narren machen. Wenn Sie fordern, dass die Gerichte über die urteilen, die Sie als Terroristen bezeichnen, dann müssen Sie auch die Royalisten und Gegenrevolutionäre wieder vor die Tribunale zerren, die in Freiheit entlassen worden sind. Wollen Sie etwa einen Krieg im Inneren beginnen, kaum dass wir im Äußeren zum Frieden gekommen sind»?[65]

Dubois-Crancé zeigte damit ein Problem auf, mit dem sich das Regime des Thermidor wie das ihm nachfolgende des Direktoriums ständig herumschlagen musste, ohne es je befriedigend lösen zu können: die Republik unangefochten durch die miteinander politisch nicht vermittelbaren Geltungsansprüche hindurchzusteuern, die von der Linken wie der Rechten an sie gestellt wurden. Der einzige Ausweg bestand darin, immer das jeweils schwächere Extrem zu stärken, um ein Überhandnehmen des stärkeren Extrems zu vereiteln. Um das Gleichgewicht zwischen beiden neu auszutarieren, musste die Linke, die nach dem Aufstand des *Prairial* stark geschwächt war, gestärkt werden, um den an Einfluss gewinnenden konstitutionellen Monarchisten wenigstens so lange Paroli zu bieten, bis die neue Verfassung in Kraft getreten war.

Ein Triumph selbst der Verfechter einer verfassungsmäßigen Monarchie barg für die Thermidorianer vor allem auch aus persönlichen Gründen eine große Gefahr, denn die meisten von ihnen galten als «Königsmörder», weil sie für die Hinrichtung von Louis XVI gestimmt hatten. Das erhellt, warum die Mehrheit am 3. August dafür war, die erst am 23. Mai geschaffene *Commission militaire* zu kassieren, deren Auftrag die zügige Aburteilung der Aufständischen des *Prairial* gewesen war.[66] Dieses Repressionsinstrument musste im Interesse der eigenen Sicherheit schleunigst verschwinden. Eben dieses Kalkül sprach Dubois-Crancé unverblümt aus: «Sehen Sie denn nicht, dass die heutigen Strippenzieher sich ganz des nämlichen Systems bedienen, wie jene früheren, indem sie auf eine vollständige Zerstörung der Nationalvertretung aus sind? (...) *Citoyens*, nehmen Sie bloß nicht das Gerede von einem angeblichen Wiedererwachen des Terrorismus für bare Münze. Das führen Leute im Munde, für die Sie ausnahmslos alle Terroristen sind, denn Sie alle haben den König des Hochverrats für schuldig erkannt, Sie alle haben für die Republik votiert, und in den Augen dieser Leute ist dieser bedeutende Akt der Rechtsprechung ein unverzeihliches Verbrechen».

Zwar beschloss der Kongress nun die offizielle Überprüfung der Vorwürfe, die gegen Abgeordnete der *Montagne* anhängig waren. Außerdem sollten alle Abgeordneten, die sich bereits in Haft befanden und bei deren Festsetzung die geltenden Gesetze nicht beachtet worden waren, umgehend einer Kommission vorgeführt werden, die über eine Anklageerhebung entscheiden sollte.[67] Doch das war nur der späte, durch den zwischenzeitlich sehr spürbaren Terraingewinn der Royalisten erzwungene Versuch, die Folgen der «wilden» Säuberung des Konvents von den *Montagnards* abzuschwächen. Auf Grund der Überprüfung wurden einige *Montagnards* entlastet, andere, für deren Untaten Beweise vorgelegt werden konnten, hingegen angeklagt. Das galt insbesondere für eine Reihe von Abgeordneten, die während der Schreckenszeit als *Représentants du peuple* tätig gewesen waren, wie etwa Joseph Fouché, den seine Beteiligung am 9 Thermidor bislang vor Verfolgung geschützt hatte, dessen sofortige Verhaftung der Konvent aber jetzt am Abend des 9. August beschloss.[68] Insgesamt waren es zehn Abgeordnete der *Montagne*, die im Zuge dieser Säuberungswelle verhaftet und angeklagt wurden.

Um die Gefahr für das politische Gleichgewicht zu begrenzen, brachte die Regierung am 18. August eine Gesetzesvorlage ein, die erneut ein energischeres Vorgehen gegen die Umtriebe der Emigranten vorsah. Dass die während der Schreckenszeit erlassenen scharfen Bestimmungen gegen die Emigranten durch die Gesetze vom 10. Januar und 12. April etwas abgemildert worden waren,[69] hatten viele von ihnen genutzt, um unter falschem Namen und als Landarbeiter oder Handwerker getarnt nach Frankreich zurückzukehren. Andere ließen ihre Beziehungen zu Abgeordneten spielen, um aus der Liste der Emigranten gestrichen zu werden. Als besonders rührig erwies sich in dieser Hinsicht die Frau des schwedischen Botschafters, Germaine de Staël, die das große Ansehen, das sie in der Gesellschaft des Thermidor genoss, dazu nutzte, einer Reihe hochgestellter Emigranten wie etwa Talleyrand zur unbehelligten Rückkehr nach Frankreich zu verhelfen.

Inwieweit diese Remigranten dazu beitrugen, die royalistische Bewegung zu stärken, ist schwer einzuschätzen, aber es genügte hier die bloße Vermutung, um ein Zeichen zu setzen. Eben das wurde mit der Gesetzesvorlage beabsichtigt, die Delaunay namens der *Comités de Salut public, de Sûreté générale* und *de Législation* am 18. August 1795 einbrachte. Danach sollten sich alle, die sich unter falschem Namen oder Angabe einer falschen Adresse in Paris aufhielten, um ihre Löschung aus der Liste der Emigranten zu erreichen, sofort in ihre Heimatorte verfügen, wo sie unter behördliche Aufsicht gestellt wurden.[70]

Auch die Verabschiedung der «Zweidrittel-Bestimmung» am 22. August heizte den wachsenden Unmut der konstitutionellen Royalisten, der *Feuillants*, weiter an. Da sich ihre Aussicht, bei den unmittelbar nach der Abstimmung über die Verfassung anstehenden Wahlen zur Legislative die Mehrheit erringen zu können, damit als Illusion erwies, gingen sie dazu über, in den von ihnen dominierten Pariser Sektionen einen Staatsstreich vorzubereiten. Die damit verbundene Bedrohung war umso unberechenbarer, als die gemäßigten Monarchisten unter den Abgeordneten an den Putschvorbereitungen nicht beteiligt waren: Ihr Einzug in die Legislative wurde durch die «Zweidrittel-Klausel» garantiert, weshalb es ein Gebot politischer Klugheit war, zuzuwarten und darauf zu vertrauen, dass gelegentlich der alljährlich stattfindenden Neuwahlen, bei denen jeweils ein Drittel der Abgeordneten ausgetauscht wurde, die konstitutionellen Royalisten dank des Wählerwillens in allerspätestens drei Jahren die Mehrheit in beiden Kammern errungen hätten.

Das aber leuchtete vielen der royalistischen Scharfmacher, die in den Sektionen den Ton angaben, partout nicht ein. Die Urwählerversammlungen für den Volksentscheid über die Verfassung und das «Zweidrittel-Dekret» traten zwischen dem 6. und dem 23. September zusammen. Der Ausgang der Abstimmung würde Aufschluss geben über den Rückhalt, den die gemäßigten Royalisten bei den Wählern hatten. In Paris war dieses Ergebnis eindeutig, denn mit Ausnahme einer einzigen Sektion lehnten die 47 anderen das «Zweidrittel-Dekret» ab. Eine große Mehrheit der Pariser Wähler entschied sich damit dagegen, dass die «Ewiggestrigen», wie die Thermidorianer von ihren Gegnern qualifiziert wurden, weiterhin die Macht ausübten und so eine Republik am Leben hielten, die nur auf die Unterstützung durch eine Minderheit rechnen konnte. Diesen falschen Zauber galt es mit einem Gewaltstreich zu beseitigen, für den sich die Sektionen ziemlich unverhohlen rüsteten.

Allerdings war dieses Vorhaben von vornherein zum Scheitern verurteilt. Zwar war eine Mehrheit des gemäßigten Bürgertums der revolutionären Unordnung von Herzen überdrüssig und sah in einer von ihm kontrollierten Monarchie die beste Garantie für die ruhige Abwicklung seiner Geschäfte und Interessen; aber ein Staatsstreich wurde von derselben Mehrheit ebenso entschieden abgelehnt. Diese Haltung verschaffte der Republik der Thermidorianer vorerst eine prekäre Stabilität.

Dass die Republik nicht ohne Rückhalt war, zeigt sich auch daran, dass die Mehrheit der Wähler für die neue Verfassung stimmte. Diese wurde am 22. September vom Konvent einstimmig verabschiedet. In der nämlichen Sitzung wurden auch die Wahlversammlungen für die Legislative terminiert, die am 11. Oktober beginnen und spätestens am 20. Oktober beendet werden sollten. Die erste Sitzung der Legislative wurde auf den 5. November 1795 anberaumt.[71] Was diese geplanten Abläufe allerdings nachhaltig zu stören drohte, war das Rumoren in den Pariser Sektionen, die sich in ihrem Widerstand gegen das

«Zweidrittel-Dekret» versteiften, obwohl dieses landesweit zwar ohne Enthusiasmus, aber auch ohne größere Widerrede von den Wählern akzeptiert worden war. Lediglich in der weiteren Umgebung von Paris, in Orléans, Chartres, Dreux und Verneuil provozierte die Regelung Unmutsäußerungen, die sich aber rasch unter Kontrolle bringen ließen.[72] Ganz anders die Entwicklung in Paris, wo die Sektionen offen gegen das Abstimmungsergebnis zu revoltieren begannen, das sie mittelbar als eine Verfälschung des Wählerwillens bezeichneten.

Die grassierende Erregung erreichte schließlich den Siedepunkt, als der Konvent am 4. Oktober zwei Gesetze kassierte: das vom 23. Februar, mit dem die Inhaftierung zahlreicher Personen angeordnet worden war, die man jakobinischer Neigungen oder der Beteiligung an terroristischen Taten verdächtigte, und das Gesetz vom 10. April, aufgrund dessen die Teilnehmer am *Germinal*-Aufstand des *peuple* «entwaffnet» worden waren.[73] Mit beiden Regelungen wurde ein Personenkreis rehabilitiert, aus dem man drei Bataillone bildete, die als «Patrioten von 1789» ebenfalls zum Schutz des Konvents vor royalistischen Anschlägen aufgeboten wurden. Diese Kehrtwendung verstanden die Royalisten als einen weiteren Hinweis, dass die Thermidorianer nun entschlossen seien, ihre Gegner mit brachialer Gewalt zu vernichten. Dieses Schreckbild wurde noch dadurch vervollständigt, dass General Menou beauftragt worden war, mit Truppen unter seinem Kommando den Unruheherd der Sektion Lepeletier zur Raison zu bringen, die zusammen mit zwei anderen Sektionen die offene Revolte ausgerufen hatte. Dem Auftrag genügte Menou aber nur sehr halbherzig, denn allein auf die Versicherung hin, man werde sich zerstreuen, zog der General seine Einheiten zurück. Statt des unzuverlässigen Menou, der sofort seines Kommandos enthoben wurde, ernannte der Konvent Barras zum Oberbefehlshaber der um Paris konzentrierten Streitkräfte und bevollmächtigte ihn, alle Maßnahmen zum Schutz der Versammlung zu ergreifen.[74]

Barras war der richtige Mann für diese Aufgabe. Das bewies er allein schon dadurch, dass er mit den Generälen Bonaparte, Brune und Carteaux drei Befehlshaber für die ihm zur Verfügung stehenden etwa 5000 Soldaten der Linientruppen berief, deren Fähigkeiten ihm seit der Niederschlagung des Aufstands von Toulon vertraut waren und die ihm für entschlossenes Durchgreifen Gewähr boten. Das verrieten auch die Dispositionen, die von ihm in Vorbereitung auf den 13 Vendémiaire, den 5. Oktober 1795, getroffen wurden. Das war der Tag, an dem der Aufstand losbrach und man in Paris zum letzten Mal während der Revolution zu den Waffen griff. Das Gros der Truppen, die dem Konvent zur Verfügung standen, wurde unter dem Befehl von Carteaux zum Schutz der Versammlung in der Nähe der Tuilerien konzentriert, die auch den Pont-Royal und den Pont-Neuf auf dem rechten Seineufer bewachten, während Bonaparte mit seinen Leuten die Rue St. Honoré auf Höhe der Kirche Saint-Roch blockierte.

Zwar kontrollierten die Aufständischen große Teile von Paris und waren den Verteidigern des Konvents mit rund 25 000 Mann, die am Nachmittag des 5. Oktober in zwei großen Marschsäulen auf dem linken und dem rechten Seineufer auf die Tuilerien vorrückten, auch zahlenmäßig weit überlegen. Ihre Gegner hatten allerdings zwei Stärken, die für das Scheitern der royalistischen Empörung entscheidend waren: militärische Disziplin und überlegene Feuerkraft. Letztere verschafften den Truppen von Barras jene Kanonen, die nach dem *Prairial*-Aufstand den Nationalgarden abgenommen worden waren und seither in einem Depot in Les Sablons verwahrt wurden. Gerade noch rechtzeitig vor dem drohenden Zugriff der Aufständischen hatte sich Joachim Murat auf Anweisung Bonapartes am frühen Morgen dieser Kanonen bemächtigt und damit zwei Batterien bestückt, die am Pont-Royal auf dem linken Seineufer und in der Rue St. Honoré in Stellung gingen, von wo aus sie die beiden aus unterschiedlichen Richtungen auf die Tuilerien vorrückenden Kolonnen der Aufständischen mit konzentriertem *Mitraille*-Feuer bestreichen konnten. Das entschied den Kampf, der an diesen beiden Stellen am Nachmittag begann, sobald die Empörer versuchten, die Sperren zu durchbrechen.[75]

Die Niederschlagung des Aufstands forderte 300 Opfer an Toten und Verwundeten. Verglichen mit der Repression nach dem *Prairial*-Aufstand ließ der Konvent große Milde walten. Die Pariser Stadttore blieben geöffnet, was den meisten Rädelsführern aus den Sektionen die Flucht erlaubte, und eine von den Siegern eingesetzte Militärkommission beschied sich damit, lediglich rund dreißig Verfahren anzustrengen, in denen sieben Todesurteile verhängt wurden, von denen fünf in Abwesenheit der Verurteilten ergingen. Den Ausschlag für diese Nachsicht gab, dass viele, wenn nicht die meisten der Empörer, die den bürgerlichen Schichten entstammten, keineswegs enragierte Royalisten waren. Ihr Protest richtete sich allein gegen die «Zweidrittel-Bestimmung». Sie wollten also die Verlängerung der Mandate von Abgeordneten verhindern, die das Regime der *Terreur* lange gestützt hatten. Das galt für die wenigen *Montagnards* so gut wie für die linken Thermidorianer, die in den Tagen vor dem Aufstand maßgeblich daran beteiligt gewesen waren, einige der Repressionsgesetze des *Prairial* aufzuheben. Das sorgte für eine zusätzliche Beunruhigung der öffentlichen Meinung, die sich auf die Wahlen zur Legislative auswirkte. Dabei zeichnete sich deutlich die Tendenz ab, dass von den bisherigen Abgeordneten vor allem die favorisiert wurden, die nicht zu den Männern des 9 Thermidor gehörten, sondern solche mit royalistischen Neigungen sowie *Girondins* oder «graue Mäuse» der *Plaine*. Das wiederum veranlasste die Linken zu der Überlegung, die kaum begonnenen Wahlen abzusetzen und stattdessen den bestehenden Konvent in zwei Kammern aufzuteilen, die das Direktorium wählen sollten![76] Das vereitelten die Abgeordneten der *Plaine* ebenso wie die Versuche, einige prominentere Abgeordnete der Rechten wie Lanjuinais, Boissy d'Anglas oder Lesage als Verbündete der Aufständischen anzuschwärzen und deren Anklage zu betreiben. Dabei stützte man sich auf windige Beweise, die bei einigen verhafteten royalistischen Agenten gefunden worden waren.[77]

Dessen ungeachtet verabschiedete der Konvent am 25. Oktober (3 Brumaire an IV) ein Gesetz, das alle, die in den Wahlversammlungen «freiheitsfeindliche Beschlüsse» unterstützt hatten oder die aus der Emigration zurückgekehrt waren, ohne dass ihre Namen aus der Liste der Emigranten entfernt worden waren, einschließlich ihrer Verwandten von öffentlichen Ämtern ausschloss. Außerdem wurden die Bestimmungen gegen die Priester, die den Eid verweigerten, erneut bekräftigt.[78] Die Beratung dieses Gesetzes ermutigte die Linke zu neuen Vorstößen. Eine Abordnung der «Patrioten von 1789», die im Konvent erschien, erhob etwa die Forderung, dass alle Inhaber öffentlicher Ämter, die diese nach dem 9 Thermidor «pour cause de prétendu terrorisme» verloren hätten, ihr Gehalt bis zum heutigen Tag empfangen sollten. Dieses Begehren wurde auf Antrag von Barras an die Regierungskomitees verwiesen. Eine weitere Deputation von «Patrioten» äußerte den Wunsch, dass General Rossignol, der einstige Befehlshaber der Pariser Revolutionsarmee und einer der Schlächter in der Vendée sowie alle Personen, die auf Anweisung der Sektionen inhaftiert worden seien, unverzüglich freigelassen werden sollten. Die Begründung im Fall Rossignols lautete, er sei ernsthaft bestrebt gewesen, den Vendée-Krieg zu beenden, und wenn er dabei Fehler begangen hätte, dann seien diese nur seiner Liebe zum Vaterland zuzuschreiben, also zu entschuldigen. Dieser Antrag wurde an den *Comité de Sûreté générale* überwiesen, was den Abgeordneten Le Breton zu der sarkastischen Bemerkung veranlasste: «Man verlangt die Haftentlassung der wichtigsten Würger Robespierres; schon jetzt sind die meisten in Freiheit und, wenn Sie dieses Ansinnen an den Sicherheitsausschuss weiterleiten, dann ist das genau so gut, als wenn Sie die Anweisung zur Entlassung von Rossignol gäben».[79]

Als letzten Tagesordnungspunkt in seiner letzten Sitzung am 26. Oktober 1795 verabschiedete der Konvent drei Gesetzesartikel, mit denen er sich gewissermaßen selbst die Generalabsolution erteilte.

Artikel I.: «Vom Tag der Verkündung des allgemeinen Friedens an wird die Todesstrafe in der gesamten französischen Republik abgeschafft».

Artikel II.: «Die Place de la Révolution trägt von nun an den Namen Place de la Concorde».

Artikel III.: «Vom heutigen Tag an setzt der Konvent jede Anklage und Verhaftung, jeden Haftbefehl, alle eingeleiteten Untersuchungen und Verfahren in Angelegenheiten, die ausschließlich im Zusammenhang mit der Revolution stehen, außer Kraft und Wirkung. Alle deswegen Inhaftierten werden unverzüglich in die Freiheit entlassen, mit Ausnahme jener, die der Beteiligung an der Verschwörung vom zurückliegenden 13 Vendémiaire schuldig sind».[80]

DRITTES KAPITEL

DIE KONKURSVERWALTUNG DER REVOLUTION

Sechs Jahre lang hatte die Revolution gekreißt, um mit der Republik des Direktoriums niederzukommen. Dessen Überlebensfähigkeit wurde von Anfang an dadurch in Frage gestellt, dass es nur ein sehr schmales Spektrum der politischen Geltungsansprüche repräsentierte, die zu den Bewegungskräften der Revolution gehört und deren Dynamik in Gang gehalten hatten. Die meisten *Citoyens* jedoch bekannten sich entweder zu Ordnungsentwürfen, die das Direktorium allein um den Preis seiner Selbstaufgabe hätte integrieren können, oder sie standen ihm mit sehr eingeschränkter Loyalität gegenüber. Dazu gehörten die Royalisten jeglicher Couleur auf der Rechten wie die Jakobiner und *Montagnards* auf der Linken. Aber auch innerhalb jenes schmalen Spektrums, auf das sich das Direktorium stützen konnte, gab es deutliche Unterschiede, die sich auf seine Geschlossenheit nachteilig auswirken mussten.

Die Sorge um seine Stabilität erklärt auch, warum das Regime keineswegs parlamentarisch ausgelegt worden war: Die fünf Direktoren, die Chefs der Exekutive, waren gegenüber den beiden für die Gesetzgebung zuständigen Kammern nicht verantwortlich, konnten also von diesen auch nicht gestürzt werden. Diese seltsame Konstellation weckte die Befürchtungen der einen und die Hoffnungen der anderen. «Die Patrioten kritisieren die augenblickliche Verfassung», heißt es in einem Polizeibericht vom 30. Dezember 1795, «sie behaupten, dass sie nichts anderes sei als der Entwurf, den Breteuil 1790 vorgelegt habe, der einen König und die Schaffung zweier Kammern vorsah. Die beiden *Conseils* sind die zwei Kammern, während das Direktorium den Monarchen so lange repräsentiert, bis der Augenblick gekommen ist, an dem man den Thron dem Prätendenten überlassen kann. Diese

Verfassung, so wird erläuternd hinzugefügt, sei das Werk der 73 [i. e. der rehabilitierten Abgeordneten, die gegen den Ausschluss der *Girondins* protestiert hatten], die damit nichts anderes im Schilde führten, als den royalistischen Plänen Brissots und der *Girondins* zu folgen. Die Royalisten ihrerseits hoffen darauf, unter den Direktoren einen vom Ehrgeiz getriebenen Mann ausfindig zu machen, der sich bereitfindet, die Alleinregierung zu übernehmen; den wollen sie zunächst unterstützen, um ihn dann fallen zu lassen und den legitimen König auf den Thron zu setzen».[1]

Diese Einschätzung blieb für das Schicksal des Regimes bestimmend. Die Exekutive war auch ohne parlamentarische Verantwortung auf die Zustimmung durch eine Mehrheit in den Kammern angewiesen, um sich politisch behaupten zu können. Ihre Hegemonie konnte sie nur behaupten, solange sie die Schnittmenge der politischen Interessen der Putschisten des 9 Thermidor repräsentierte. Von Anfang an erschien es als sehr fraglich, ob diese Conditio sine qua non durch das Ergebnis der Wahlen zu den Kammern bestätigt werden würde. Aus dieser Sorge verfiel man auf den fragwürdigen Behelf der «Zweidrittel-Regelung», wonach bei den ersten Wahlen zur Legislative zwei Drittel der gewählten Abgeordneten bereits dem Konvent angehört haben mussten. Das war, wie der Ausgang der Wahlen zeigte, hellsichtig, denn von den 234 gewählten Abgeordneten, deren Mandat nicht unter diese Regelung fiel, waren gut die Hälfte ausgesprochene Monarchisten.[2] Unter diesen figurierten auch eine Reihe von Mandatsträgern, die wie Du Pont de Nemours, Lecoulteux-Canteleu und Tronchet schon der Nationalversammlung von 1789 oder wie Laffon-Ladébat und Lacuée der Legislative von 1791 angehört hatten und entschiedene Anhänger der konstitutionellen Monarchie waren.

Ein ganz ähnlicher Trend kennzeichnete auch das Ergebnis der Wahl, die aufgrund der «Zweidrittel Bestimmung» stattfand. Da auf viele der Konventsmitglieder in mehreren Wahlkreisen zugleich die jeweils meisten Stimmen entfallen waren, konnten lediglich 394 Abgeordnete bestimmt werden. Damit wurde das Soll der Zweidrittel-Regelung um 105 Abgeordnete verfehlt. Um diese Lücke zu schließen, wurden diese Abgeordneten von den neuen Mandatsträgern einfach aus den früheren Mitgliedern des Konvents ergänzt! Durch dieses Verfahren ließ sich das recht eindeutige Ergebnis etwas ausgleichen, denn die Wahlmänner hatten für Konventsmitglieder votiert, die als gemäßigt galten, weil sie während der *Terreur* nicht einschlägig auffällig geworden waren. Erst dank der «Zuwahl» der 105 Abgeordneten gelangte ein größerer Schub früherer Konventsabgeordneter in die Legislative, die sich allein deshalb der Linken zurechnen ließen, weil sie für das Todesurteil von Louis XVI gestimmt hatten.[3]

Von den insgesamt 741 Abgeordneten, die sich am 28. Oktober 1795 zur Legislative versammelten, ließen sich also allenfalls 64 der Linken zuschlagen; 88 Deputierte hingegen galten als ausgesprochen gegenrevolutionär, während 73 weitere als konstitutionelle Monarchisten anzusehen waren. Die Mehrheit, auf die sich die Exekutive und die neue Verfassung von 1795 stützen konnten, war folglich ein aus zwei Gruppen gebildetes Zweckbündnis: den gemäßigten Vernunftrepublikanern, die gleichermaßen gegen eine monarchische Restauration wie gegen eine Neuauflage der *Terreur* eingestellt waren und die rund 139 Abgeordnete zählten, und den 242 Abgeordneten um Barras, Merlin de Thionville und Tallien, die gewissermaßen das «Syndikat der Thermidorianer» (Denis Woronoff) bildeten und deren Hauptinteresse dem Erhalt der eigenen Machtstellung galt. Verbreitern ließ sich diese parlamentarische Machtgrundlage noch durch die übrigen, politisch nicht eindeutig festgelegten Abgeordneten, die den *Marais* bildeten und die erfahrungsgemäß immer mit der Mehrheit stimmten.[4]

Unter denjenigen Abgeordneten, die älter als 40 Jahre waren, wurden durch Losentscheid jene 243 ausgewählt, die ihre Sitze in der Zweiten Kammer, dem *Conseil des Anciens*, einnehmen sollten und deren erste Aufgabe es war, die fünf Direktoren zu bestimmen. Die Mehrheit aus Vernunftrepublikanern und Thermidorianern in der Ersten Kammer, dem *Conseil des Cinq-Cents*, handelte eine Vorschlagsliste mit 50 Kandidaten aus beiden Kammern aus, bei der die bekanntesten Namen auf den ersten Plätzen figurierten: Sieyès, Barras, Reubell, La Révellière-Lépeaux und Le Tourneur. Die *Anciens* entschieden sich, wie ihnen nahegelegt worden war, für eben diese. Da Sieyès seine Wahl ablehnte, kam Carnot zum Zug. Die fünf Direktoren, ausnahmslos frühere Konventsabgeordnete, die für das Todesurteil für Louis XVI gestimmt hatten, gehörten alle der Führungsgruppe der Thermidorianer an, die seit einem Jahr die Macht ausübte.

Die Stabilität und Handlungssicherheit, die dadurch gegeben zu

Paul-François-Jean-Nicolas de Barras

Napoleon Bonaparte

Lucien Bonaparte

François-Noël Gracchus Babeuf

sein schien, erwies sich gleichwohl als illusionär, denn diese Gemeinsamkeiten stifteten, mit Ausnahme der beiden «Militärs» Carnot und Le Tourneur, keineswegs eine Übereinstimmung der Direktoren in wichtigen oder selbst unwichtigeren Fragen. Auch mit den beiden Kammern gerieten sie häufig über Kreuz. Alle diese internen Reibereien trugen dazu bei, den Eindruck von Sprunghaftigkeit, Inkonsistenz und Unberechenbarkeit zu verstärken, der die Politik des *Directoire exécutif* charakterisierte. Zeit seiner Dauer tanzte das Direktorium wie ein Korken auf dem Wellenschlag von Ereignissen und Entwicklungen, der die instabilen Fundamente seiner Macht unterspülte. «Frankreich», urteilte Mallet du Pan, «wird von Ereignissen geführt und nicht von Männern; diese werden von der Macht der Umstände gelenkt, die von ihnen kaum je vorausbedacht werden.»[5]

Dieses Treiben erweckte damals und später den Eindruck, die Direktoren agierten wie Hochstapler, die ständig fürchteten, als solche entlarvt zu werden. Lauthals beriefen sie sich darauf, die Souveränität des Volkes zu repräsentieren. Das Volk aber begegnete ihnen entweder mit Gleichgültigkeit oder Feindschaft und nötigte sie deshalb immer wieder zu Methoden, die ihre Behauptung, eine verfassungsmäßige Regierung zu sein, Lügen straften. Den Anstoß dazu gaben oft Verlegenheiten, die daher rührten, dass die Männer, die sich zur Geschäftsleitung der Republik berufen hatten, nur das Ziel verfolgten, sich selbst an der Macht zu behaupten. Das zwang sie zu einem ständigen Zick-Zack-Kurs, um die Republik durch den Wirrwarr widersprüchlicher Erinnerungen und Erwartungen hindurchzulavieren, den die Revolution ihnen hinterlassen hatte. Mit der Zeit verfilzte sich dieser Wirrwarr zu einem Gordischen Knoten, der sich nicht mehr auflösen ließ, sondern nur noch mit dem Schwerthieb eines erfolgreichen Heerführers durchtrennt werden konnte.

Die noch vom Konvent unternommenen Versuche, der bürgerlichen Republik durch Repression Stabilität und Handlungsfreiheit zu verschaffen, waren erfolglos gewesen. Das hatte nicht zuletzt der Aufstand der Royalisten vom 13 Vendémiaire gezeigt, der trotz seines blutigen Ausgangs kein Befreiungsschlag war. Das Direktorium, das rund vier Wochen später die Regierungsgeschäfte übernahm, sah sich von Anfang an mit den Umtrieben der Royalisten konfrontiert, die unter Ausnutzung der von der Verfassung garantierten Rechte und Freiheiten auf die Beseitigung der Republik hinarbeiteten. Das geschah einerseits ganz offen durch eine ausgesprochen royalistische Publizistik, die sich auf eine ganze Anzahl viel gelesener Blätter stützte. Zum anderen wurde insgeheim am Aufbau eines das Land umspannenden konspirativen Netzes gearbeitet, mit dem die Royalisten eine Aufstandsbewegung zu organisieren suchten. Dessen zufällige Entdeckung stürzte das Direktorium Anfang Dezember 1795 in helle Aufregung.[6]

Die Einsicht, dass die Royalisten die größte Gefahr für den Bestand der Republik darstellten, hatte das Direktorium unmittelbar nach seiner Installierung am 5. November zu einer Proklamation an das französische Volk veranlasst, die das Programm einer Politik republikanischer Einheit entwarf, das für seine Tätigkeit verbindlich sein sollte: «Die Aufgabe Eurer Gesetzgeber und des *Directoire exécutif* wird es immer sein, den Royalismus aktiv zu bekämpfen, den Patriotismus zu beleben, mit harter Hand alle Fraktionen zu züchtigen, jeglichen Parteigeist zu unterdrücken, jedes Verlangen nach Rache zu vereiteln, der Eintracht die Herrschaft zu verschaffen, (…) die soziale Ordnung an Stelle des Chaos zu errichten, das mit Revolution einhergeht, und schließlich der Französischen Republik das Glück wie den Ruhm zu bringen, die sie sich erwartet».[7]

Diesen Absichten entsprach eine republikanische Sammlungsbewegung, die nicht nur die «Patrioten von 1789», sondern auch Repräsentanten der einstigen Schreckensherrschaft, die dank der Amnestie vom 26. Oktober nicht mehr verfolgt wurden, zur Unterstützung des neuen Regimes zu gewinnen suchte. Eine ganze Reihe früherer *Montagnards* fand deshalb ihr Auskommen im Regierungsapparat. So etwa Fouché, der eine Aufgabe im Rekrutierungswesen übernahm, oder Léonard Bourdon, der in die Leitung der Behörde, die für die Versorgung von Paris zuständig war, berufen wurde. Außerdem subventionierte das Direktorium auch mehrere Zeitungen wie etwa den *Orateur Plébéien*, den *Journal du Bonhomme Richard*, den *Courrier de Paris* oder den *Journal des Patriotes de 1789*,[8] um damit ein gewisses Gegengewicht gegen die royalistischen Presse zu schaffen.

Um dem Einfluss der Royalisten gegenzusteuern, hatte das Direktorium auch den Einfall, den heimatlosen Jakobinern ein kontrolliertes Forum zu offerieren. Dieser Absicht diente der *Club du Panthéon*, der als *Réunion des Amis de la République* firmierte und sich am 16. November 1795 in der ehemaligen Abtei Sainte-Geneviève in Paris konstituierte. Trotz eines Mitgliedsbeitrags von 50 *livres* fand diese Gesellschaft sofort lebhaften Zuspruch. Schon vierzehn Tage nach ihrer Eröffnung hatten sich 934 Mitglieder eingeschrieben,[9] die den Kreisen des besseren Bürgertums entstammten und in kritischer Distanz zum Direktorium standen. Entsprechend moderat waren auch zunächst die Themen und Debatten. Das änderte sich allerdings sehr schnell. Auf die Radikalisierung des hier gepflegten Diskurses übte der von François-Noël Babeuf redigierte *Tribun du Peuple, ou le Défenseur des Droits de l'Homme* einen erheblichen Einfluss aus. Babeuf war Anfang Februar 1795 nach Veröffentlichung der Nummer 33 des *Tribun du Peuple* verhaftet worden und erst mit der Amnestie von Ende Oktober wieder freigekommen. Die erzwungene Muße der Inhaftierung hatte er genutzt, seine sozialrevolutionären Anschauungen zuzuspitzen. Dies zeigte etwa die am 17. November erschienene Nummer 34 des Blatts, über die ein Polizeibericht bemerkte, es werde darin «offen der Aufstand, die Empörung und die Verfassung von 1793 gepredigt».[10]

Babeufs Thema war die soziale Revolution. Damit stieß er auf wachsenden Zuspruch, zumal seine Parolen an all jene appellierten, die an der Anpassung der früheren Jakobiner an die vom Direktorium verfolgte Politik eines «juste milieu» umso mehr Anstoß nahmen, als diese auch keinen Ausweg aus der Versorgungs-, Wirtschafts- und Sinnkrise wies, in der Frankreich nach dem 9 Thermidor immer tiefer zu versinken drohte. Babeuf gehörte dem *Club du Panthéon* zwar nicht an, aber unter dessen wachsender Mitgliederzahl fanden seine radikalen Thesen immer mehr Anklang. Dafür sorgte nicht zuletzt auch der Publizist René-François Lebois, eines der Gründungsmitglieder des Clubs, dessen Blatt *L'Ami du Peuple* mit der These auf sich aufmerksam machte, «die wahre Absicht der Französischen Revolution ist es gewesen, jene von ihrem Besitz zu erleichtern, die zu viel davon hatten, um ihn jenen zukommen zu lassen, die nicht genug besaßen».[11] Das war das Credo, dem auch Babeuf anhing, der nicht müde wurde, den zutiefst antidemokratischen Charakter der Verfassung des Direktoriums zu kritisieren: «In allen Erklärungen der Grundrechte hat man, mit Ausnahme der von 1795, dieser wichtigsten Maxime der ewigen Gerechtigkeit den unbedingten Vorrang eingeräumt: *Die Pflicht der Gesellschaft erfüllt sich im Glück aller.* Diesem Ziel ist man mit großen Schritten, mit gewaltigen und raschen Fortschritten bis vor Kurzem näher gekommen; seither hat man sich von dieser gesellschaftlichen Pflicht, diesem Ziel, das die Revolution anstrebte, abgewendet und tritt stattdessen ein für das *Unglück aller*, für das Glück lediglich einer *kleinen Anzahl.* Wir wagen die Feststellung, dass die Revolution trotz der Hindernisse und aller Einreden bis zum 9 Thermidor vorangeschritten ist und erst seitdem zurückweicht».[12]

Damit konnten sich nicht nur viele identifizieren, deren Renteneinkünfte angesichts des galoppierenden Wertverfalls der Assignaten dahinschwanden, sondern auch all jene einstigen Funktionsträger des Schreckensregimes, die sich am 9 Thermidor nicht flugs zu den Putschisten bekannt hatten und sich deshalb kaltgestellt oder gar verfolgt sahen. Babeuf schwenkte eine Fahne, um die sich binnen kurzer Zeit immer mehr Mitglieder des *Club du Panthéo*n versammelten, der sich damit in eine ganz andere Richtung zu entwickeln drohte, als die, die ihm vom Direktorium angesonnen worden war. Was sich hier abzuzeichnen begann, reichte aus, um die Regierung zu beunruhigen. Das verstärkte auch die Zweifel am Sinn und Nutzen der nachsichtigen Personalpolitik, mit der man sich im Zeichen der Sammlungspolitik darum bemüht hatte, möglichst viele der am 26. Oktober 1795 amnestierten Terroristen für die bürgerliche Republik zu gewinnen. Jetzt glaubte man in all dem falsche Signale gewahren zu müssen, wie La Révellière in seinen Memoiren schrieb, die eine «große Anzahl wahrer Patrioten dazu anstifteten, sich aus Furcht in die Arme der royalistischen Partei zu werfen, sobald sie sahen, dass eine Menge von Leuten Posten bekleideten, die ihnen durch ihr vergangenes und gegenwärtiges Betragen Angst vor einer damit drohenden Rückkehr des Schreckensregimes einflößten».[13]

In solchen Spekulationen sprach sich die Unsicherheit des Direktoriums aus, die es das Gefahrenpotential weit überschätzen ließ, das Agitatoren wie Babeuf darstellten. Babeuf scharte eine kleine, radikale Minderheit um sich, die aber nicht entfernt zu einer Massenbasis anschwoll, die es gebraucht hätte, um der Drohung einer sozialen Revolution den notwendigen Nachdruck zu verschaffen. Die wachsende Nervosität veranlasste die Mehrheit der Direktoren gleichwohl dazu, gegen den einsamen Widerstand von Barras am 27. Februar 1796 das Verbot des *Club du Panthéon* anzuordnen. Gleichzeitig, wohl um den Anschein zu vermeiden, dass man diesen Club besonders fürchtete, wurde auch die Schließung einer Reihe royalistischer Zirkel verfügt.[14]

Das Verbot des Panthéon-Clubs, das von der breiten Öffentlichkeit begrüßt wurde,[15] verschaffte Babeuf endgültig die angestrebte Rolle. Er konnte nun die Opposition jener Republikaner gegen das Regime organisieren, die von dessen halbherziger Sammlungspolitik enttäuscht worden waren. Deren Zahl schwoll erst recht an, nachdem sich das Direktorium am 17. März 1796 zu einer umfassenden Säuberung des gesamten Verwaltungsapparats von unzuverlässigen Elementen entschlossen hatte.[16] Das war das endgültige Eingeständnis, dass man mit der Linie, die das Direktorium mit seiner Proklamation vom 5. November 1795 angekündigt hatte, gescheitert war. Der Versuch, die Royalisten klein zu halten und damit das Regime zu stabilisieren, indem man sich mit den Jakobinern versöhnte und ihnen diskret überwachte Foren gestattete, drohte außer Kontrolle zu geraten und musste umgehend eingestellt werden. Bei vielen Jakobinern, die mit den neuen Machtverhältnissen ihren Frieden geschlossen hatten, musste dieser abrupte Politikwechsel jedoch neue Verfolgungsängste wecken. Manche schlossen sich deshalb der Verschwörung an, die der von Verhaftung bedrohte und seit Dezember 1795 im Untergrund lebende Babeuf mit der *Conjuration des Egaux*, der «Verschwörung der Gleichen», zu organisieren begann.

Babeufs Verschwörung unterschied sich in zweierlei Hinsicht von früheren Bewegungen, die die Dynamik der Revolution beeinflusst hatten. Zum einen bekannte sie sich zu einer geradezu kommunistischen Ideologie, die Babeuf während seiner achtmonatigen Haftzeit ausgearbeitet hatte und die er seit dem 17. November im *Tribun du Peuple* propagierte. Wahre Gleichheit zwischen den Menschen, so seine zentrale These, lasse sich nur dann gewährleisten, wenn alles Eigentum abgeschafft worden sei. Den gleichberechtigten Anteil an allen Gütern und deren gleiche Verteilung zu garantieren, sei die wichtigste Aufgabe des Staates, die dieser, wenn nötig, mit terroristischen Maßnahmen erzwingen müsse, die es unter Umständen noch weit rücksichtsloser zu handhaben gelte als alles, was man in dieser Hinsicht in

Frankreich bislang erlebt habe. Als ein erster Schritt auf diesem Weg müsse die Verfassung von 1793 in Kraft gesetzt werden.[17]

Beide Forderungen waren keineswegs neu. Der Gedanke einer «Loi agraire», die sich am Vorbild der römischen *lex Sempronia agraria* des Tiberius Sempronius Gracchus von 133 v. Chr. orientierte und den Grundsatz einer gleichmäßigen Besitzverteilung als Basis der Gesellschaftsordnung auswies, war schon verschiedentlich während der Revolution laut geworden, aber stets auf Ablehnung und Empörung gestoßen. Anders verhielt es sich hingegen mit dem Wunsch nach der Verfassung von 1793, der von den gescheiterten Pariser Volksaufständen von April und Mai 1795 vorgetragen worden war. Von verstörender sozialrevolutionärer Radikalität war deshalb, dass Babeuf beide Forderungen miteinander verknüpfte. Die Geltung der Verfassung von 1793 war für ihn kein Ziel an sich mehr, sondern lediglich ein Schritt auf dem Weg zur Vollendung der Revolution, die erst mit der Beseitigung des Eigentums und der gleichberechtigten Teilhabe aller an den disponiblen Gütern und Ressourcen der Nation verwirklicht sei. Der Anklang, den Babeuf damit fand, spiegelte sich in den Verkaufszahlen des *Tribun du Peuple*, der unmittelbar nach seinem Wiedererscheinen mit rund 2000 verkauften Exemplaren einen geradezu reißenden Absatz fand. Das wenige, kleinformatige Druckseiten umfassende Blatt wurde in Paris wie in der nordfranzösischen Provinz in Kaffeehäusern und Clubs von einstigen Terroristen und Jakobinern geradezu verschlungen.

Neben dieser neuen Programmatik unterschied sich die *Conjuration des Égaux* von bisherigen Verschwörungen auch hinsichtlich der Strategie, die ihr den Erfolg sichern sollte. Wie das klägliche Scheitern der Aufstände des 12 Germinal und des 1 Prairial gezeigt hatte, führte ein Aufstand nach dem klassischen Muster revolutionärer Volkserhebungen nicht mehr zum Ziel. Selbst eine massenhafte Empörung der Sansculotten verpuffte wirkungslos, weil sie keine Führung mehr hatten, die sich der eingespielten Strukturen der inzwischen abgeschafften 48 Sektionen bedienen konnte. Aus dieser Erfahrung zogen Babeuf und seine Mitverschwörer die Lehre, dass allein ein sorgfältig vorbereiteter Putsch die Gewähr bot, die Macht zu erlangen. «In den ersten Tagen des *Germinal* [i. e. Ende März 1796]», schreibt der Chronist der Verschwörung, Filippo Buonarroti, «konstituierten sich Babeuf,

Antonelle, Sylvain Maréchal und Félix Lepeletier als *Directoire secret de Salut public* und fassten den großherzigen Entschluss, die verstreuten Söhne der Demokratie um sich zu scharen, um sie in geschlossener Formation zur Errichtung der Souveränität des Volkes zu führen».[18] Diese «Söhne» sollten zivile und militärische Gewalten systematisch unterwandern, die es durch Überzeugungsarbeit für die Ziele der Verschwörung zu gewinnen galt. Vorrangige Ziele waren dabei die *Légion de Police*, die die aufgelöste Nationalgarde ersetzte, sowie die in oder bei Paris lagernden Einheiten der von General Bonaparte kommandierten Inlandsarmee.[19] Damit sollte erreicht werden, dass sich die Ordnungskräfte den Aufständischen anschlossen, sobald das Signal zum Aufstand gegeben wurde.

Die Erwartung, dass diese Vorbereitung schon ausreichte, um den Erfolg des geplanten Coups sicherzustellen, verriet die *Acte insurrecteur*. Darin wurde unter anderem die Behauptung aufgestellt, dass die dem Volk zustehende Souveränität von einer Fraktion aus Verschwörern, den Angehörigen des früheren Konvents, die das Direktorium und die beiden Kammern beherrschten, usurpiert worden sei. Diese missachteten den in freier Abstimmung in den Primärwahlen des Jahres 1793 geäußerten Willen des französischen Volkes, indem sie ihm einen «code exécrable», die so genannte Verfassung von 1795, unter Gewaltanwendung aufgezwungen hätten. Sobald sie zur Macht gelangt wären, so versprachen die Putschisten, würden sie die Verfassung von 1793 unverzüglich in Kraft setzen. Dann gelte die Losung: «Gleichheit, Freiheit und gemeinsames Glück». Eine weitere Parole lautete: «Diejenigen, die die Souveränität in Besitz genommen haben, werden von den freien Bürgern dem Tod überantwortet». Jeder Widerstand werde im Übrigen gewaltsam gebrochen: «Diejenigen, die Widerstand leisten, werden auf der Stelle getötet».

Diese wüsten Drohungen garnierte der *Acte insurrecteur* mit einer Fülle von Versprechungen, die dem *peuple* sofortige Erlösung von seiner drückenden Misere versprachen: Lebensmittel aller Art sollten auf den öffentlichen Plätzen verteilt werden; die Bäcker würden dazu verpflichtet, ohne Unterlass Brot zu backen, das dem Volk unentgeltlich ausgehändigt werde; Besitz von Emigranten, Verschwörern und Volksfeinden solle unter den Verteidigern des Vaterlands und den Bedürftigen verteilt werden; die Obdachlosen aus der gesamten Republik fänden Unterkunft in den Häusern der Verschwörer; alle Pfänder, die vom Volk in die Pfandleihhäuser getragen worden seien, würden ihm unentgeltlich zurückerstattet; außerdem wurde den Angehörigen jener Bürger, die während des Aufstands ihr Leben ließen, die Fürsorge des Volkes versichert. Schließlich: «Die Aufgabe, die Revolution zu beenden und der Republik Freiheit, Gleichheit und die Verfassung von 1793 zu verschaffen, wird einer Nationalversammlung anvertraut, die aus je einem Demokraten pro Departement besteht, der auf Vorschlag des *Comité insurrecteur* vom aufständischen Volk gewählt wird».[20]

Diesem radikalen Maßnahmenpaket blieb die Probe seiner Bewährung versagt, denn die *Conjuration des Égaux* wurde durch den Verrat eines ihrer Mitglieder dem Direktorium entdeckt, das am 10. Mai 1796 Babeuf und Buonarroti verhaften ließ. Die Öffentlichkeit wurde mit einer Proklamation über die Zerschlagung der als höchst gefährlich dargestellten Verschwörung unterrichtet.[21] Das erwies sich als ein Propagandaerfolg für das Direktorium, der noch größer wurde, als in den folgenden Tagen über einhundert weitere Verschwörer in Paris und der Provinz verhaftet wurden.[22] Darunter waren so bekannte Männer wie der Ex-General Rossignol oder ehemalige prominente Konventsmitglieder wie Robert Lindet, Vadier, Amar, Choudieu und Félix Lepeletier, die seit dem 9 Thermidor zu «den üblichen Verdächtigen» gehörten. Für eine gewisse Aufregung unter den Abgeordneten in beiden Kammern sorgte, dass angeblich auch ein Mitglied des *Conseil des Cinq-Cents*, Jean-Baptiste Drouet, zu den Verschwörern gehörte. Dessen Verhaftung und Anklage zu votieren, stellte einen Präzedenzfall dar, dem die Abgeordneten aus verständlichen Gründen erst nach einigem Zögern zustimmten.[23] Drouet, eine der bekanntesten Fußnoten in der Geschichte der Französischen Revolution, der als Posthalter in Sainte-Menehould Louis XVI erkannt und damit dessen Flucht zum Scheitern gebracht hatte, lieferte der Regierung den willkommenen Vorwand, den Verschwörern vor einer eigens dafür gebildeten *Haute Cour de Justice*, die sich fern von Paris in Vendôme konstituieren sollte, den Prozess zu machen. Bei dieser Entscheidung blieb es auch, nachdem Drouet im August die Flucht aus dem Pariser Abbaye-Gefängnis gelungen war.

Der Prozess vor dem Gerichtshof in Vendôme, der am 20. Februar

1797 gegen 47 Angeklagte begann, dauerte über drei Monate. Die Verhandlungen brachten manche Ungereimtheiten in der Beweisführung der Anklage zu Tage, die unter anderem dazu führten, dass das Gericht den Hauptvorwurf, der auf Verschwörung zum Sturz der Regierung lautete, fallen lassen musste. Dass der Prozess nicht mit einem vollständigen Debakel des Direktoriums endete, vereitelte nur das Sondergesetz vom 16. April 1796, das die Forderung nach Einführung der Verfassung von 1793 im besonders schweren Fall mit der Todesstrafe ahndete. Allein auf Grundlage dieses Gesetzes ergingen am 26. Mai 1797 die Urteile gegen 9 der 47 Angeklagten.[24] Babeuf und Augustin Alexandre Joseph Darthé, eines der Gründungsmitglieder des *Club du Panthéon*, wurden zum Tod verurteilt und einen Tag später guillotiniert. Sieben weitere Verschwörer, darunter Buonarroti, schickte das Gericht in die Verbannung, während die anderen Angeklagten freigesprochen wurden.[25]

Verlauf wie Ausgang dieses Prozesses demonstrierten anschaulich die ganze Widersprüchlichkeit des Direktorial-Regimes, das für sich in Anspruch nahm, die von der Revolution verursachten Verwerfungen in der Gesellschaft durch die strikte Anwendung von Recht und Gesetz zu heilen. Das Bekenntnis zu diesen Grundsätzen hinderte das Direktorium aber nicht daran, aus durchsichtigen Opportunitätserwägungen politische Schauprozesse zu inszenieren, die eben diesen Prinzipien widersprachen und erheblich dazu beitrugen, seine Legitimation bei den Zeitgenossen zu beschädigen.

Die Ausschaltung der Jakobiner, der «Robespierristen», wie der *Conjuration des Égaux* des Gracchus Babeuf erwies sich für das Direktorium als vergeblicher Versuch, die eigene Stellung politisch zu festigen. Es gelang ihm nicht, die Konkursverwaltung des chaotischen Erbes der Revolution zu bewerkstelligen. Die Regierung musste eine umfassende Lösung für die katastrophale finanzielle und wirtschaftliche Situation Frankreichs und die Versorgung der Bevölkerung mit Nahrungsmitteln und Gütern des täglichen Bedarfs zu erschwinglichen Preisen finden. Davon waren die Akzeptanz der Republik wie die unangefochtene Stabilität des Direktoriums viel unmittelbarer abhängig als von der Ausschaltung politischer Gegner auf der Rechten oder der Linken.

Die Folgen des Hungerwinters 1794/95 ließen sich mit der Ernte, die im Sommer 1795 eingefahren wurde, kaum überwinden, denn wegen der anhaltenden Kälte war das Getreide erst spät ausgesät worden, und der ungewöhnlich trockene Sommer war eine weitere Ursache für bescheidene Erträge. Gleichzeitig unterband die fortdauernde britische Blockade der französischen Häfen den Import von Weizen. Die Folge war, dass alle Grundnahrungsmittel, aber auch Kerzen oder Feuerholz, strikt rationiert waren, während der «schwarze Markt» blühte. Wer Hartgeld hatte, litt keinen Mangel, während die große Masse für sich nur die Perspektive eines nicht enden wollenden Elends sah. Bei Amtsantritt des Direktoriums am 1. November 1795 war der Wert der Assignaten auf 1 Prozent des Nennwerts gefallen. Entsprechend stiegen die Preise.

Auch das Direktorium wusste sich keinen anderen Rat, als so weiterzumachen wie bisher, also immer mehr Assignaten zu drucken und in Umlauf zu bringen, deren Wert damit noch schneller verfiel. Der Schaden, der damit angerichtet wurde, traf auch die Regierung, die kaum noch Steuern einnahm, da diese in Assignaten bezahlt wurden. Wie immer in Zeiten einer außer Kontrolle geratenen Inflation waren die Schuldner im Vorteil, hatten die Gläubiger das Nachsehen. Als sich der Nominalwert der ausgegebenen Assignaten schließlich auf mehr als 40 Milliarden belief, war klar, dass es so nicht weitergehen konnte. Am 19. Februar 1796 wurden daher auf der Place Vendôme alle Druckplatten und sonstigen zur Herstellung von Assignaten benötigten Materialien zerstört. Das sollte die Abkehr vom bisherigen System eindrücklich demonstrieren. Aber welches Zahlungsmittel sollte stattdessen gelten? Der Vorrat an noch im Land vorhandenen Hartgeld würde für den Zahlungsverkehr kaum ausreichen. Also verfiel man auf die fatale Idee, eine neue Papiergeldwährung auszugeben, die *Mandats territoriaux*, die durch die noch nicht veräußerten Nationalgüter gedeckt werden sollte. Der Einfall hatte den Charme, dass man auf diese Weise auch den Verkauf der Nationalgüter beschleunigte, der ins Stocken geraten war. Aufgrund der einsetzenden Spekulation verlor die neue Währung allerdings so schnell an Wert, dass man sich schon nach wenigen Monaten gezwungen sah, sie wieder aus dem Verkehr zu ziehen.[26] Ab dem Sommer 1796 war somit allein Hartgeld als gültige Währung im Umlauf.

Diese chaotischen Zustände, die durch die Ausgabe von Assignaten und *Mandats* entstanden waren, verschafften den *Fournisseurs*, den Finanzmagnaten und Lieferanten, die dem Staat das zum Überleben notwendige Geld auf Kreditbasis zur Verfügung stellten, eine Fülle von Möglichkeiten, binnen kurzer Zeit durch Spekulationen riesige Vermögen aufzuhäufen.[27] Das gelang ihnen umso leichter, als die siegreichen französischen Armeen die marode Republik mit einem ständigen Geldstrom an Kontributionen alimentierten, die in Holland, Belgien und Italien eingetrieben wurden. Dieses *manu militari* betriebene Abschöpfen des Reichtums eroberter Länder brachte die Republik nicht nur in eine gefährliche Abhängigkeit von der Fortüne ihrer Generäle, sondern schuf auch ideale Voraussetzungen für das Aufblühen der Korruption. Davon profitierten freilich nur die wenigsten, während die große Masse jener, die ihre schlecht bezahlte Arbeitskraft verkaufen mussten oder von schwindenden Rentenerträgen lebten, 1795/96 ein zweiter Hungerwinter erwartete.

Untrügliche Anzeichen der wachsenden existentiellen Not waren die Zunahme von Bettelei, Prostitution und Straßenraub. Erschreckend war auch das sprunghafte Ansteigen der Sterblichkeitsziffer: Im Jahr IV der Republik übertraf in Paris die Zahl der Todesfälle um rund 10 000 die der Geburten. Überhaupt war die wachsende Verelendung in den Städten besonders augenfällig, am deutlichsten zweifellos in der Hauptstadt. Mallet du Pan schrieb am 18. Juli 1795: «Paris ist zu einer Stadt der Trödler geworden: Das ist beinahe das einzige Gewerbe, mit dem sich die Mehrheit jener, die Assignaten besitzen, abgibt: Jedes Bürgerhaus gleicht einem Warenlager. (...) Täglich, so berichtet mir einer meiner Informanten, sei er Zeuge, dass Menschen an Unterernährung auf offener Straße tot umfallen; andere, vor allem die Frauen, ernähren sich von nichts anderem als von Abfällen, von fauligen Gemüseresten oder vom Blut, das aus den Metzgereien sickert».[28] In Paris stießen die Gegensätze zwischen der ostentativ zur Schau gestellten Opulenz der neureichen Spekulanten und dem nackten Elend, in dem die meisten vegetierten, unmittelbar aufeinander. Die alltägliche Wahrnehmung dieser Kontraste war der Nährboden für den wachsenden Unmut, den die Berichte der Polizeispitzel zahlreich dokumentieren. «Der *peuple*», so ein Bericht vom 1. Januar 1796, «beklagt lauthals das Verschwinden der alten Ordnung, denn damals habe es keinen Mangel an den lebensnotwendigen Dingen gegeben.

Ob der *peuple* unter alter Ordnung die Monarchie oder den Wohlfahrtsausschuss der *Terreur* versteht, konnte nicht in Erfahrung gebracht werden».[29]

Die Männer des Regimes, focht dies gleichwohl nicht an, denn diese immunisierte eine Haltung, die Mallet du Pan wie folgt geschildert hat: «Niemand kümmerte sich im mindesten darum, was morgen sein könnte, und das traf insbesondere auf die zu, die an der Macht waren. Die auswärtigen Siege hatten diese Sicherheit noch außerordentlich gesteigert mit dem Ergebnis, dass man den Dingen einfach ihren natürlichen Lauf ließ (...). Im Zustand eines inneren Krieges, der das Spiel der Macht darauf reduziert, eine Fraktion zu verteidigen oder zu bekämpfen, ist eine Verwaltung überflüssig. Man schert sich kein bisschen um das öffentliche Wohlergehen, um das private Eigentum, die Interessen des Staates oder jene der Bürger. Seit 1789 war die Verwaltung nichts anderes als eine bloß zeitweilige Geschäftsführung der Macht und der beschlagnahmten Besitztümer, aber nie eine dauernde und unverletzliche Ordnung.»[30]

Der Preis dafür war einerseits die andauernde und sich verschärfende Krise, andererseits die Fortsetzung des Krieges, dessen die meisten Franzosen umso überdrüssiger waren, als sie ihn für die Hauptursache ihrer zahllosen Entbehrungen hielten. Die Politik des Direktoriums enthielt aber auch eine Reihe von Risiken, die von den Machthabern unterschätzt wurden, weil sie sich in der Gewissheit wiegten, auch diese in bewährter Weise bewältigen zu können. So setzte ihre Politik etwa voraus, dass sich die Erfolge der expansiven französischen Kriegführung fortsetzen ließen. Diese hatte längst den idealistischen Vorwand, anderen Völkern Glück und Freiheit zu verschaffen, abgelegt und praktizierte unverhohlen Eroberung und Raub. Die Konquistadorenzüge der Revolutionsgeneräle waren für die Existenz der Republik unverzichtbar, weil die systematische Auspressung der eroberten Länder dem Regime die dringend benötigten Mittel verschaffte, die das marode Steuerwesen nicht abwarf. Im blinden Vertrauen auf das Sprudeln dieser Geldquelle machte sich das Direktorium immer abhängiger von der Fortüne seiner Generäle, was diese über kurz oder lang in Versuchung führen musste: nicht länger die Befehlsempfänger korrupter und am eigenen Machterhalt interessierter Politiker zu sein, die sich auf eine mehr als fragwürdige Legitimation stützten, sondern selber die Ausübung der Herrschaft zu beanspruchen.

Ein anderes Risiko bestand darin, dass das Machtspiel des Direktoriums, mal die Linke, mal die Rechte zu bekämpfen, einen Einsatz verlangte, der seine Möglichkeiten systematisch überfordern musste. Diese Gefahr drohte weniger von den Jakobinern, die das Regime fürs Erste erfolgreich marginalisiert hatte, als von Seiten der Monarchisten, deren gemäßigter konstitutioneller Spielart, die die revolutionären Errungenschaften prinzipiell anerkannte, vermutlich eine Mehrheit der Franzosen zuneigte. Die Bedrohung, die dem Direktorium daraus erwuchs, war paradoxerweise gerade wegen der Zerstrittenheit des royalistischen Lagers umso größer. Die Ultras, die «Absolutisten» um Louis XVIII, die für eine kompromisslose Restauration des *Ancien Régime* eintraten, hatten sich ausweislich der Proklamation von Verona in einer ebenso prinzipienfesten wie dummstolzen Position eingemauert, die allein mit Krieg und Gewalt durchzusetzen gewesen wäre. Die Aussichten, damit erfolgreich zu sein, waren nach dem Desaster in Quiberon endgültig geschwunden, zumal die englische Regierung in der Folge jegliches Interesse daran verlor, eine royalistische Aufstandsbewegung in Frankreich finanziell und materiell zu unterstützen.[51] Letzte verzweifelte Illusionen, die mit den noch immer andauernden Aufständen in der Vendée und der Bretagne verknüpft waren, wurden von General Lazare Hoche rasch und gründlich zerstört, dem es bis zum Sommer 1796 gelang, die wieder aufgeflammte royalistische Rebellion in Westfrankreich zu ersticken. Das aberwitzige Konzept der Ultra-Royalisten, die uneingeschränkte Macht der Krone in Frankreich durch Waffengewalt wiederherstellen zu wollen, war damit endgültig gescheitert.

Von nun an konzentrierten sich die Monarchisten darauf, die Republik gleichsam auf legalem Weg zu beseitigen. Einen Ansatz für diese Lösung boten die im Frühjahr 1797 turnusgemäß stattfindenden Wahlen, mit denen ein Drittel der Abgeordneten in beiden Kammern neu bestimmt werden mussten. Da auch die «Zweidrittel-Regelung» dann nicht mehr galt, ließ sich absehen, dass unter den neu gewählten Abgeordneten jene die Mehrheit erringen würden, die für die Errichtung einer Monarchie welchen Zuschnitts auch immer eintraten oder zumindest deren konstitutioneller Version nicht prinzipiell abgeneigt waren. Angesichts des Wahlausgangs vom Herbst 1795 wie des Verlangens nach einem raschen Friedensschluss, das durch die im Oktober 1796 in Amiens aufgenommenen Verhandlungen mit England noch zusätzlich beflügelt wurde, war eine solche Aussicht sehr wahrscheinlich. Zwar war das Direktorium kein parlamentarisches Regime, die Regierung also nicht unmittelbar von der Mehrheit in den beiden Kammern abhängig. Gleichwohl verhieß dieser Wahlausgang den Royalisten einen ersten Etappensieg auf dem Weg zum Ziel, das damit in greifbare Nähe zu rücken schien.

Dies galt umso mehr, als auch das fünfköpfige Direktorium alles andere als eine verschworene Gemeinschaft von beinharten Thermidorianern war. Die Herren standen einander vielmehr mit Misstrauen und Abneigung gegenüber, was insbesondere gelegentlich der Verschwörungen, die den Bestand des Regimes bedrohten, deutlich zum Vorschein kam. Während La Révellière-Lépeaux und Reubell den Jakobinern mit einem gewissen Wohlwollen begegneten, gaben sich Carnot und Le Tourneur als Parteigänger der Vernunftrepublikaner und der Gemäßigten zu erkennen. Der zynische Opportunist Barras hingegen schlug sich immer auf die Seite der jeweils Stärkeren. Nach der Geschäftsverteilung des Direktoriums war Carnot für die Innenpolitik zuständig. Das wies ihm die Rolle des «starken Mannes» zu, der die Aufgabe hatte, die Republik vor Anschlägen von rechts oder links zu schützen. Als entschiedener Republikaner war Carnot davon überzeugt, dass allein die unbedingte Wahrung der Ordnung die Gewähr dafür böte, die Krise in Frankreich zu überwinden. Deshalb war es für ihn besonders irritierend, dass nach der Verhaftung von Babeuf ans Licht kam, wie verzweigt der Kreis potentieller Unterstützer dieser Verschwörung auf der Linken war. Er setzte sich in der Folge dafür ein, zahlreiche Jakobiner, die dem 13 Vendémiaire (5. Oktober 1795) gezielt auf Posten innerhalb der Verwaltung berufen worden waren, wieder zu entlassen. Damit näherte er sich zwangsläufig den Erwartungen der gemäßigten Rechten an, die ihn und seinen blassen Gefolgsmann Le Tourneur nun als Hoffungsträger im Direktorium ansahen.[32]

Überhaupt nötigte die Aufdeckung der C*onjuration des Égaux* und die daraus resultierende Repression der Jakobiner das Direktorium dazu, sich schon aus Erwägungen der reinen Selbsterhaltung wieder mehr der Rechten zuzuwenden und die konstitutionellen Monarchisten dafür zu gewinnen, das Regime wenigstens insoweit zu unterstützen, als es die Aufrechterhaltung der von der Revolution geschaffenen Gesellschaftsordnung verlangte. Mit anderen Worten: Nachdem der Versuch gescheitert war, die schmale Basis, auf die sich das Direktorium stützte, durch die Einbindung der Linken zu verbreitern, suchte man jetzt das Heil in einer Verständigung mit der gemäßigten Rechten. Das entsprach angesichts der mutmaßlichen Mehrheitsverhältnisse im Lande durchaus politischer Klugheit.

Die vorsichtig begonnenen Avancen an die Rechte fanden, was angesichts der Mehrheiten nicht überrascht, eine positive Resonanz in den Kammern, die nicht nur Gesetze verabschiedeten, die die im Oktober des Vorjahres amnestierten «anciens terroristes» von allen öffentlichen Ämtern ausschlossen, sondern auch Strafandrohungen aufhoben, die in der Schreckenszeit gegen Kleriker verhängt worden waren und deren weitere Geltung am 3 Brumaire an IV (25. Oktober 1795) noch einmal bekräftigt worden war.[33] Damit wurden alle inhaftierten Priester freigelassen, und auch jene, die den Eid verweigert hatten, mussten von nun an keine Verfolgung mehr fürchten, wenn sie öffentlich die Messe lasen. Eine weitere Folge der Rücknahme dieser kirchenfeindlichen Gesetze war, dass ab Januar 1797 viele dieser *Prêtres réfractaires* aus der Verbannung oder der Emigration wieder in ihre früheren Gemeinden zurückkehrten. An dieser Mäßigung der Kirchenpolitik nahm Louis-Marie La Révellière-Lépeaux, den der Ehrgeiz plagte, die von ihm propagierte «Theophilantropie», eine Art Vernunftreligion, durchzusetzen,[34] besonderen Anstoß. Er schloss sich daher Reubell und Barras an, denen ihrerseits die Fortschritte der Monarchisten zunehmend missfielen.

Dieses Misstrauen mutete zunächst übertrieben an, denn die Royalisten waren nach wie vor gespalten in Absolutisten und Konstitutionalisten. Außerdem waren sie in diverse Strömungen verzweigt, die daher rührten, dass es zu viele Prätendenten für den verwaisten französischen Thron gab. Neben Louis XVIII waren dies sein jüngerer Bruder, der Comte d'Artois, der im Exil in Edinburgh lebte und später als Charles X von 1824 bis 1830 auf dem französischen Thron sitzen sollte, sowie dessen Cousin Louis Joseph de Bourbon, besser bekannt als Prince de Condé. Auch wenn diese beiden den Thronanspruch von

Louis XVIII anerkannten und sich von dessen rigider absolutistischer Gesinnung nur in Nuancen unterschieden, unterstützten sie dennoch unabhängig von ihm eigene Aktivitäten, um in Frankreich die Monarchie wieder zu errichten. An dieser Konkurrenz beteiligte sich nur einer nicht, in den aber gleichwohl viele gemäßigte Monarchisten ihre Hoffnungen setzten: der Duc d'Orléans, der Sohn von Philippe Egalité, der als Mitglied des Konvents für das Todesurteil von Louis XVI gestimmt hatte. Schon das, so schien es den konstitutionellen Monarchisten, bot hinlänglich Gewähr dafür, dass Louis-Philippe als König die Errungenschaften der Revolution respektieren würde. Diese schon damals in ihn gesetzte Erwartung enttäuschte er auch nicht, als er nach der Juli-Revolution von 1830 den französischen Thron bestieg und 18 Jahre lang den «Bürgerkönig» des «juste milieu» mimte. Seinerzeit jedoch entzog er sich spektakulär dem Ansinnen seiner Anhänger, der *Orléanistes*, indem er sich aus seinem Londoner Exil im Dezember 1796 nach den Vereinigten Staaten einschiffte.

Diese Differenzen im Lager der Monarchisten wurden gleichwohl von der Zuversicht überlagert, mit den jeweils eigenen Kandidaten bei den bevorstehenden Wahlen erfolgreich zu sein. Um sich dessen ganz sicher zu sein, machte man sich an den Aufbau eines das ganze Land umspannenden Netzwerks von Agenturen, die unter dem harmlosen Namen *Instituts philanthropiques* firmierten. Während die konstitutionellen Monarchisten damit nur Wahlpropaganda trieben, verfolgten die «Absolutisten» weitergehende Ziele. Dieser Gegensatz zeigte sich auch an den unterschiedlichen Absichten, die die beiden Aktivistengruppen der *Amis de l'ordre* und der *Fils légitimes* jeweils verfolgten. Erstere setzten sich, wie ihr Name verriet, für die Verteidigung der Verfassung gegen ihre politischen Gegner, die linken Republikaner, die Jakobiner, Terroristen und «Blutsäufer» ein, für Ziele also, die mit der Linie des Direktoriums seit der Aufdeckung der Verschwörung von Babeuf übereinstimmten und die damit den schönen Anschein der Legalität hatten.

Die zweite, kleinere und im Geheimen operierende Gruppe, die *Fils légitimes*, mied dagegen jeden Kontakt zu den *Amis de l'ordre*, die sie allenfalls bei den Wahlen als «nützliche Idioten» einschätzten.[35] Als Louis XVIII Ende 1796 erneut einer konstitutionellen Monarchie seine Absage erteilte, war das für die *Fils légitimes* der Pariser Agentur das

Signal, wider alle Vernunft und Aussicht auf Erfolg einen Putsch vorzubereiten. Der Plan war, Louis XVIII auf den französischen Thron zu setzen, nachdem man zuvor die fünf Direktoren gefangen genommen hatte. Das wollte man mit Hilfe der Garde des Direktoriums bewerkstelligen, die von Mathieu Dumas, einem konstitutionellen Monarchisten, kommandiert wurde, den man für das Vorhaben gewonnen zu haben glaubte. Aber auch diesmal wurde das Unternehmen verraten und die Verschwörer wurden festgenommen.[36]

Die Wahlen zur Legislative, bei denen rund 234 Abgeordnete bestimmt werden mussten, begannen am 21. März 1797 und dauerten bis zum 9. April. In der Erwartung, die Aufdeckung einer royalistischen Verschwörung würde das Votum jener Wähler stärken, die sich rückhaltlos für die Republik aussprachen, sah man sich jedoch enttäuscht, auch wenn das Direktorium nichts unversucht ließ, den Ausgang der Wahlen in seinem Sinne zu beeinflussen.[37] Damit gelangte man indes rasch an Grenzen, denn in vielen Departements hatten nach der Säuberung der Verwaltung von Jakobinern und ehemaligen Terroristen Royalisten deren Funktionen übernommen. Also suchte man auf anderem Wege zum Ziel zu kommen, indem man mit einem Dekret vom 25. Februar 1797 bestimmte, dass alle, die auf den Emigrantenlisten geführt wurden und von denen viele unterdessen unbehelligt wieder zurückgekehrt waren, von der Wahl ausgeschlossen seien. Das stieß auf lebhaften Widerspruch in den Kammern, die darauf hinwiesen, dass die einschlägigen gesetzlichen Bestimmungen aus der Zeit der *Terreur* durch die Verfassung bereits außer Kraft gesetzt waren. Außerdem hätten viele der zurückgekehrten Emigranten, die noch immer auf diesen Listen aufgeführt würden, auch schon an den vorherigen Wahlen teilgenommen. Diese Kontroverse endete mit einer Niederlage des Direktoriums, denn es wurde den einzelnen Departementalverwaltungen überlassen, darüber zu entscheiden, wer nach wie vor als Emigrant geächtet war und wer nicht. In der Praxis lief das darauf hinaus, dass nicht nur in Departements, in denen die Royalisten die Geschäfte führten, alle früheren Emigranten das Wahlrecht ausüben konnten. Ein weiterer Versuch zur Wahlbeeinflussung war die Forderung des Direktoriums, die Wahlmänner müssten ein förmliches Gelöbnis ablegen, mit dem sie sich zum «Hass auf Monarchie und Anarchie» bekannten. Auch dieses Ansinnen stieß auf den empörten

Widerspruch der Legislative. Schließlich einigte man sich auf den unverbindlichen Kompromiss, die Wahlmänner sollten erklären, keine Aktivitäten oder Absichten zu unterstützen, die gegen die Verfassung gerichtet seien, eine Formulierung, die so große Spielräume eröffnete, dass sie zu nichts verpflichtete.[38]

Das alles zeigt, wie sehr die Thermidorianer mit einem Wahldebakel rechneten, während ihre augenblicklichen Hauptwidersacher, die Royalisten, sich davon einen großen Erfolg für ihre Sache erwarteten. Allerdings repräsentierten die siegesgewissen Monarchisten, wie Benjamin Constant ihnen in einer Denkschrift vorhielt, die im März 1797 erschien, keineswegs eine irgendwie überzeugende Lösung.[39] Ausgehend von der These, dass die Revolution für die Menschheit einen nicht bestreitbaren Fortschritt darstelle, charakterisierte er eine Restauration des *Ancien Régime* als den aussichtslosen Versuch, ein Bauwerk der Vergangenheit auf einem Grund errichten zu wollen, der dieses nicht trage.

Wie apathisch die Öffentlichkeit angesichts der fortdauernden Krise und immer wieder enttäuschten Friedenshoffnungen war, ließ sich daran ablesen, dass die Kontroversen zwischen Thermidorianern und Monarchisten keinerlei Politisierung bewirkten. Auch wenn die Wahlbeteiligung ähnlich gering war wie bei allen Wahlgängen seit 1791, änderte das nichts an der Eindeutigkeit der Wählermeinung: Das Ergebnis war nichts weniger als ein Misstrauensvotum gegen die Erben des Konvents, die sich selber als dessen Konkursverwalter berufen hatten. Lediglich elf Abgeordnete, die dem Drittel zugehörten, das turnusmäßig aus der Legislative ausschied, erhielten ein neues Mandat. Kandidaten, die sich eindeutig zur Linken bekannten, reüssierten nirgendwo. In den über neunzig Departements errangen lediglich in zehn Republikaner die Mehrheit.[40]

Die halbwegs stabile Mehrheit in den beiden Kammern, auf die sich die fünf Direktoren bislang stützen konnten, war damit unrettbar zerstört. «Unter den 250 Mitgliedern des *Conseil des Anciens*», schreibt Mallet du Pan, «hat die Regierung 70 Stimmen und in den *Cinq-Cents* kann sie nur auf 200 von 500 Abgeordneten zählen».[41] Mit seinem Vorschlag, das Wahlergebnis einfach zu kassieren und eine neue Wahl zu veranstalten, nachdem man eine Reihe von Vorkehrungen getroffen hatte – den Ausschluss der Emigranten von der Stimmabgabe, die erneute Deportation von Priestern, die den Eid verweigert hatten, sowie eine scharfe Pressezensur –, konnte sich Reubell im Direktorium gleichwohl nicht durchsetzen. Also galt es abzuwarten, was die Wahlgewinner mit ihrem Erfolg anfangen würden.

Am 20. Mai 1779 traten die neuen Kammern zu ihrer ersten Sitzung zusammen. Eine ihrer Aufgaben war es zunächst, für einen der fünf Direktoren, der – durch Losentscheid bestimmt – aus seinem Amt scheiden musste, einen Nachfolger zu wählen. Das Los fiel auf Le Tourneur, der durch den Karrierediplomaten François Barthélemy ersetzt wurde, der 1795 in Basel den Frieden mit Preußen ausgehandelt hatte. Dies gab wohl den Ausschlag für seine Wahl, die mit der Erwartung verknüpft war, er würde einen maßgeblichen Beitrag dazu leisten, den Krieg zu beenden. Wie sich Barthélemy im politischen Meinungsspektrum einordnen würde, war vorerst nicht bekannt. Eine erste größere Konfrontation zwischen der royalistischen Mehrheit in den beiden Kammern und dem Direktorium ließ allerdings nicht lange auf sich warten, denn schon zwei Tage nach Zusammentritt der Legislative berief die Erste Kammer der *Cinq-Cents* eine Kommission, um die noch geltenden «terroristischen Gesetze» zu revidieren oder zu kassieren. Im Visier der neuen Mehrheit war zunächst das Gesetz vom 25. Oktober 1795 (3 Brumaire an IV), das den Familienangehörigen von Emigranten untersagte, sich als Abgeordnete wählen zu lassen oder ein öffentliches Amt zu bekleiden, das am 9. Juni aufgehoben wurde. Dem schlossen sich in rascher Folge weitere Initiativen an, noch geltende Bestimmungen gegen die Kirche und die Emigranten außer Kraft zu setzen.[42]

Das waren Nadelstiche, auf die man zwar mit Gelassenheit reagierte, die aber dazu beitrugen, die Spannungen unter den Direktoren steigen zu lassen. Während Carnot und Barthélemy die royalistische Mehrheit in der Legislative als ein *fait accompli* ansahen, mit dem man sich arrangieren müsse, sannen Barras und Reubell auf Abhilfe. Der Ausgang dieses stillen Machtkampfs war davon abhängig, auf welche Seite sich der fünfte Direktor, La Révellière-Lépeaux, schlagen würde. Den Ausschlag gab sein Steckenpferd, die Theophilantropie, deren Aussichten La Révellière in dem Maße dahinschwinden sah, wie der katholische Klerus dank der massiven Unterstützung durch die Royalisten, die in ihm einen natürlichen Verbündeten sahen, an Boden gewann. Die Verärgerung darüber bestimmte ihn dazu, sich Barras und Reubell anzuschließen und gemeinsam mit ihnen Pläne zu schmieden, wie man die Legislative in ihrer augenblicklichen Zusammensetzung neutralisieren könnte.

Laut Barras wurde der Pakt der drei Direktoren, der «triumvirn», wie sie fortan genannt werden sollten, am 29. Juni geschlossen, als sie sich für eine abendliche Zusammenkunft bei Reubell verabredeten. Um was es bei diesem Treffen ging, hat er in seinen Memoiren in schöner Offenheit geschildert: «Man will uns Minister, die sich dem Ausland verkauft haben, aufnötigen; es wird beabsichtigt, uns zu übertölpeln, um die Republik zu vernichten, deren oberste Wächter wir sind. Nun gut, vereinigen wir drei uns hier in dem Schwur, die Republik zu retten. Zur Abwehr derart drängender Gefahren sind alle Mittel gerechtfertigt; und selbst wenn uns die Verfassung keine Möglichkeiten bietet, den Bestand der Republik gegen so viele gegen sie gerichtete Angriffe zu garantieren, ist es dennoch legitim, dass die Mehrheit der Regierung in Übereinstimmung mit den Abgeordneten, die ihr die Treue halten, und im Bündnis mit der Masse der guten Bürger eben jene Maßnahmen ergreift, die jene ernsten Umstände, die uns beunruhigen, nahelegen».[43]

Barras musste nicht erst bis zu diesem Abend warten, um einen Putsch zur Beseitigung der royalistischen Legislative ins Auge zu fassen. Bereits Ende Mai hatte er seinen Vertrauten Jean Pierre Fabre nach Mailand zum Oberbefehlshaber der Italienarmee, General Bonaparte, mit dem Auftrag geschickt, sich dessen Unterstützung bei einem Gewaltstreich gegen die Kammern zu versichern.[44] Barras dürfte fest mit einer Zusage Bonapartes gerechnet haben, denn das Ansinnen entsprach der politischen Haltung des Generals, der nicht nur ein Protegé von ihm, sondern auch ein glühender Jakobiner war. Außerdem erhielt Bonaparte bald Anlass, den geplanten Putsch auch aus sehr persönlichen Motiven zu fördern: Ende Juni erreichte ihn die Nachricht, in den *Cinq-Cents* sei der Antrag gestellt worden, sein Verhalten in Italien und insbesondere seine Rolle bei der Vernichtung der Republik von Venedig zu untersuchen.

Die Ministerkrise, auf die Barras in den Memoiren anspielte, spitzte sich Mitte Juli 1797 zu. Im Kern ging es dabei um den Versuch der Legislative, dem Direktorium eine Reihe von Ministern aufzunötigen, die der royalistischen Mehrheit wesentlich genehmer waren als die derzeitigen Amtsinhaber. Damit sollte nach dem Willen der konstitutionellen Monarchisten der Präzedenzfall für eine parlamentarische Regierung geschaffen werden, deren Minister in Übereinstimmung mit der Mehrheit in den Kammern berufen wurden. Dagegen setzte sich das Direktorium solange zur Wehr, bis Barras, dem dieser Anspruch als eine weitere Rechtfertigung für den insgeheim geplanten Putsch willkommen war, seine Bereitschaft signalisierte, sich dem Wunsch der Kammern zu beugen. Da sich Carnot und Barthélemy schon zuvor dazu bereitgefunden hatten, stand einer Regierungsumbildung nun nichts mehr im Wege. Von der alten Riege blieben nur Justizminister Merlin und Finanzminister Ramel im Amt, während die anderen Minister am 16. Juli ausgewechselt wurden.

Vermutlich hatte Barras mit seinem Zaudern Zeit gewinnen wollen, denn Fabre war erst zwischen dem 20. und 25. Juni von Mailand nach Paris zurückgekehrt. Er überbrachte nicht nur die Botschaft Bonapartes, den Putsch tatkräftig zu unterstützen, sondern auch ein Konvolut von Dokumenten und Schreiben, die bei einem in Venedig verhafteten royalistischen Agenten gefunden worden waren. Zum Entzücken von Barras kompromittierten diese Papiere sowohl General Pichegru, den Präsidenten der *Cinq-Cents*, als auch weitere Mitglieder der royalistischen Mehrheit, die alle mehr oder minder aktiv in Pläne verstrickt waren, den *Ancien Régime* wieder zu errichten.[45]

Wenig später, am 9. oder 10. Juli, erhielt Barras detaillierte Aufschlüsse über eine von den Royalisten geplante Verschwörung, die bereits sehr weit gediehen war.[46] Damit drohte eine unmittelbare Gefahr. Auf Bonaparte konnte man also nicht warten. Deshalb hatte sich Barras schon an den Befehlshaber der weit näher an Paris operierenden *Armée de Sambre-et-Meuse*, Lazare Hoche, gewandt, der unter dem Vorwand, Einheiten für eine geplante Invasion Irlands, die von Brest aus eingeschifft werden sollten, bereitzustellen, diese am 1. Juli in Richtung Paris abmarschieren ließ. Damit glaubte Barras die Truppe zur Hand zu haben, die seinen Plänen den notwendigen Nachdruck geben würde.

Barras wagte ein riskantes Spiel, denn bislang war die Armee nur von der Exekutive eingesetzt worden, um einen Aufstand – den der Jakobiner im *Prairial*, und den der Royalisten am 13 Vendémiaire –

niederzuschlagen; beide Male blieb man damit im Rahmen der Verfassung. Jetzt hingegen plante man einen Staatsstreich gegen die Verfassung. Der Armee kam dadurch die Rolle eines innenpolitischen Machtfaktors zu, die sie umso bereitwilliger übernahm, als ihre Angehörigen mehrheitlich republikanisch gesinnt waren. Das galt besonders für ihre Befehlshaber Hoche und Bonaparte, die sich beide für den Staatsstreich ausgesprochen hatten, um ein royalistisches Komplott zu vereiteln. Zumindest bei Bonaparte gab dafür nicht nur republikanische Gesinnungsfestigkeit den Ausschlag, sondern auch sein mit den militärischen Erfolgen in Italien gewachsener Ehrgeiz, auf der politischen Bühne eine Rolle zu spielen.

Die Konzentration von Armeeeinheiten in der Nähe von Paris musste die Royalisten beunruhigen, die fieberhafte Überlegungen anstellten, wie sie dieser Drohung begegnen könnten. Doch die Kammern, die sich bezüglich der Putschpläne des Direktoriums keinerlei Illusionen mehr machten, verfielen in leere Hektik, die nur ihre Angst und Ohnmacht signalisierte.[47] Die Kopflosigkeit der einen wie die minutiöse Vorbereitung des Staatsstreichs durch die anderen garantierten dessen reibungslosen und unblutigen Verlauf. In der Nacht vom 3. auf den 4. September 1797 (17/18 Fructidor an V) rückten die Truppen nach Paris ein, besetzten die strategisch wichtigen Punkte und umzingelten die Kammern.[48] Mit dieser Machtdemonstration war bereits alles entschieden. Überall in der Stadt wurden Plakate angeschlagen, mit denen die Aufdeckung eines «Complot royaliste» angezeigt und allen, die für die Monarchie oder die Verfassung von 1793 eintraten, die standrechtliche Erschießung angedroht wurde. Gleichzeitig wurden Verhaftungsbefehle für Carnot und Barthélemy sowie eine Reihe von Abgeordneten, bekannten Royalisten und Journalisten ausgestellt, die, soweit man ihrer habhaft werden konnte, im Temple inhaftiert wurden. Danach geriet der Staatsstreich erst einmal ins Stocken, weil die Putschisten Wert darauf legten, dass ihre Repressionsmaßnahmen im scheinbaren Einklang mit der Verfassung verabschiedet wurden. Am Vormittag des 4. September kam auf Anweisung des Direktoriums eine Rumpfversammlung der *Cinq-Cents* im Théâtre de l'Odéon zusammen, während sich gegen Mittag ein Rest des *Conseil des Anciens* in der nahegelegenen École de Médecine zu einer Sitzung einfand.[49]

Das Ergebnis ihrer Beratungen war unter anderem ein Beschluss, der das Direktorium nachträglich dazu ermächtigte, Truppen innerhalb des «Rayon constitutionnel» zu versammeln. Außerdem wurde am 5. September das (nach diesem Datum benannte) «Loi du 19 Fructidor» verabschiedet. Die wichtigsten Bestimmungen dieses Gesetzes sahen vor, alle Wahlen, einschließlich der Kommunal- und Richterwahlen sowie jener, mit denen das Verwaltungspersonal bestimmt wurde, in 49 Departements zu annullieren. Neben den beiden Direktoren Carnot und Barthélemy sowie dem früheren Polizeiminister Cochon, die bereits verhaftet waren, sollten 42 Abgeordnete der *Cinq-Cents* und 11 Deputierte der *Anciens* sowie einige weitere Personen deportiert werden. Insgesamt traf dieses Schicksal über 65 Personen. Jene 16, derer man habhaft werden konnte, traten am 8. September in einem Gitterkäfig zusammengepfercht die Reise nach Guayana an, wo die Hälfte von ihnen starb, während die anderen nach dem 18 Brumaire an VII (9. November 1799) ammestiert wurden.

Neben jenen Abgenordneten aus den 41 Departements, in denen die Wahlen für ungültig erklärt worden waren, wurden noch 136 weitere Deputierte ihrer Sitze in den Kammern beraubt. Alles in allem waren 210 Abgeordnete von dieser Säuberung der beiden Kammern betroffen, also etwas weniger als die Hälfte der ausgesprochen royalistisch oder monarchisch – konstitutionell gesinnten Deputierten. Einige weitere zogen es nach den Ereignissen vor, ihren Abgeordnetensitz freiwillig zu räumen. So etwa Dupont de Nemours, der nach Amerika ging und dort eine sehr erfolgreiche Industriellen-Dynastie gründete.

Um einer royalistischen Drohung dauerhaft vorzubauen, wurden mit der «Loi du 19 Fructidor» außerdem eine ganze Reihe repressiver Maßnahmen veranlasst. Emigranten und eidverweigernde Priester mussten das Land binnen 14 Tagen verlassen. Wurden sie nach Verstreichen dieser Frist aufgegriffen, sollten sie vor ein Militärgericht gestellt und binnen 24 Stunden erschossen werden. Auch sollten die bereits in Haft sitzenden Emigranten deportiert werden. Kurz, es wurden im Wesentlichen alle terroristischen Gesetze gegen per se als «Feinde der Republik» abgestempelte Personen, die zwischenzeitlich abgeschafft worden waren, erneut in Gültigkeit gesetzt. Nicht minder harsch war die Pressegesetzgebung vom 22 Fructidor: Alle Periodika unterstanden fortan der Aufsicht durch die Polizei, die sie in Übereinstimmung mit der Verfassung für ein Jahr verbieten konnte. 42 Blätter wurden sofort verboten, ihre Besitzer, Verleger, Autoren und Redakteure sollten ebenfalls deportiert werden.

Der Staatsstreich vom 18 Fructidor hinterlässt einen zwiespältigen Eindruck. Ob das Direktorium mit ihm tatsächlich einem royalistischen Coup zuvorkam, kann bezweifelt werden. Der ausbleibende Widerstand wie die Anzahl der Opfer zeigt, dass von einer zu einem solchen Handeln entschlossenen royalistischen Mehrheit in den Kammern nicht die Rede sein konnte. Manches hingegen spricht dafür, dass die konstitutionellen Monarchisten, die keinen Prätendenten für den Thron zur Hand hatten, es auf eine längerfristige Entwicklung abgesehen hatten, die durch die Zusammenarbeit zwischen der Exekutive und der gemäßigten, durch die Wahlen kontinuierlich gestärkten Kammermehrheit eine sanfte Systemänderung bewirken sollte. Das war eine Perspektive, die von den «Triumvirn» wie den ehrgeizigen Generälen gleichermaßen gefürchtet wurde. Die einen wurden von einer geradezu neurotischen Furcht vor Verschwörungen geplagt, während die anderen jede Form von Mäßigung mißbilligten, zumal diese immer die Gefahr unvorteilhafter Friedensschlüsse barg, mit denen die von ihnen gemachten Eroberungen auf dem Spiel standen.

Letztlich maskierte der Staatsstreich das Scheitern der Thermidorianer, ein gleichermaßen liberales wie im Einklang mit der Verfassung stehendes Regime zu installieren, das ihre Interessen schützte. Diese Absicht hatten sie gleich zu Beginn ihrer Herrschaft durch die Einführung der «Zweidrittel-Regelung» konterkariert. Wie der Wahlausgang von 1797 zeigte, reichte diese Regelung jedoch keineswegs aus, um das Regime zu stabilisieren. Um ihre theoretische Chance auf die Macht auch praktisch wahrzunehmen, hätten Absolutisten und konstitutionelle Monarchisten allerdings ihre Differenzen überwinden und sich zu einvernehmlichen Handeln aufraffen müssen. Davon waren sie weit entfernt. Damit blieb das Spielfeld den Thermidorianern überlassen, die sich nun von den liberalen und verfassungskonformen Rücksichten abwandten und wieder zu den bewährten Praktiken einer Revolutionsregierung zurückkehrten.

VIERTES KAPITEL

DIE REVOLUTIONÄRE EXPANSION

Seit dem 20. April 1792, als die Legislative dem «König von Böhmen und Ungarn», dem nur wenig später zum habsburgischen Kaiser gekrönten Franz II., den Krieg erklärte, stand die Revolution in einem bewaffneten Konflikt mit einer Koalition der europäischen Mächte. Der Hochmut, der sich darin aussprach, drohte bereits im Sommer zu Fall zu kommen. Das konnte mit der Kanonade von Valmy am 20. September 1792 noch einmal mit knapper Not vermieden werden. Dieser Sieg über die preußischen Invasoren markierte die Wende, die es Dumouriez erlaubte, sich mit seinen Truppen nach Nordosten zu wenden und die österreichischen Niederlande anzugreifen. Binnen eines Monats waren ganz Belgien und das Bistum Lüttich überrannt. Kaum weniger groß waren die Erfolge der Revolutionsarmeen im Osten und Südosten. Am Rhein hatte Custine leichtes Spiel, die Milchstraße der geistlichen Fürstentümer zu überwältigen; am 21. Oktober nahmen die Franzosen Mainz, zwei Tage später Frankfurt am Main ein. Zuvor bereits war es General Montesquiou gelungen, Savoyen und die Grafschaft Nizza zu besetzen, die dem Königreich Piemont gehörten, das sich der Mächtekoalition gegen Frankreich am Tag nach Valmy angeschlossen hatte.

Das waren spektakuläre Erfolge, die den Revolutionären begreiflicherweise zu Kopf steigen mussten. Am 19. November 1792 verkündete der Konvent den Beschluss, allen Völkern, die ihre Freiheit erlangen wollten, brüderliche Hilfe zu gewähren.[1] Einen Monat später, am 15. Dezember, wurde diese Wahlfreiheit bereits kassiert. Nun erhielten die französischen Generäle den Auftrag, in den von ihnen eroberten Ländern sofort die sozialen Errungenschaften der Französischen Revolution einzuführen.[2] Es galt die Parole: «Friede den Hütten, Krieg den Palästen», die ein Programm beschrieb, das in die Annexion dieser Gebiete einmündete. Diese Expansionspolitik wurde durch Dantons Dogma abgesichert, die Grenzen der Republik seien durch die Natur vorgegeben; sie würden sie in allen vier Himmelsrichtungen erreichen, nämlich am Ozean, am Rhein, mit den Alpen und den Pyrenäen».[3]

So viel Siegeszuversicht überspannte den Bogen, denn die sich abzeichnende Annexion Belgiens rief Großbritannien auf den Plan, das sich bislang damit beschieden hatte, den Fortgang der Revolution mit wachsendem Argwohn zu verfolgen. Als Nächstes, das kündigte sich unübersehbar an, würde Frankreich sich auch die Holländische Republik einverleiben. Das widersprach vitalen Interessen der Briten, für die seit mehr als einhundert Jahren die Unabhängigkeit dieses Landes unabdingbar war.[4] Das musste auch den Pariser Revolutionären bekannt sein, was sie gleichwohl nicht daran hinderte, London die fällige Entscheidung abzunehmen. Am 1. Februar 1793 erklärte der Konvent, wie schon erwähnt, einstimmig Großbritannien und der Holländischen Republik den Krieg.[5] Kurz darauf fiel Dumouriez in die Holländische Republik ein. Am 7. März erklärte der Konvent auch Spanien den Krieg. Die Revolution stand damit einer Mächtekoalition aus Österreich, Preußen, Großbritannien, Spanien, Sardinien-Piemont und der Holländischen Republik gegenüber, der am 22. März das Heilige Römische Reich und am 25. März auch Russland beitraten.

Sich aus freien Stücken mit dieser Übermacht an Gegnern anzulegen, war schiere Tollheit, die sich rächen musste. Schon am 2. Dezember 1792 eroberten die Preußen Frankfurt am Main. Das war ein Rückschlag, der sich verschmerzen ließ, solange sich Frankreich unangefochten am Rhein behaupten konnte. Die Aussichten dafür verschlechterten sich aber jäh, als sich Russland und Preußen am 23. Januar 1793, zwei Tage nach der Hinrichtung von Louis XVI, auf die Zweite Teilung Polens einigten. Auch wenn Österreich bei dieser Teilung das Nachsehen hatte und leer ausging, hielt der Kaiser am Bündnis mit Preußen gegen die Revolution fest. Beide Mächte hatten nun die Hände frei und konnten sich ganz dem Krieg im Westen zuwenden. Das war eine Gefahr, die den Konvent dazu nötigte, am 24. Februar die Aushebung von 300 000 Mann zu beschließen, die wiederum der Auslöser für den Anfang März in der Vendée beginnenden Aufstand war. Am 1. März überschritt eine österreichische Armee die Ruhr und eroberte einen Tag später Aachen. Dumouriez sah sich nun gezwungen, den Vorstoß in die Holländische Republik abzubrechen, um die in seinem Rücken auftauchende Bedrohung zu bannen. Am 18. März wurde seine Armee von den Österreichern bei Neerwinden geschlagen. Die Niederlage nötigte ihn zur Räumung Belgiens und der linksrheinischen Gebiete. Eine weitere Folge dieses Debakels war der Sturz Brissots und der *Girondins*, die am 2. Juni 1793 von ihren Widersachern, den *Montagnards*, im Bündnis mit den Pariser Sansculotten eliminiert wurden.

Dieses Geschehen markierte den Beginn der Schreckenszeit, zu deren Ursachen nicht zuletzt das Scheitern der *Girondins* mit einem Krieg gehörte, den vor allem sie beschworen hatten. Es zeigt aber auch, dass trotz der Revolution die Außenpolitik für die Entwicklung in Frankreich ausschlaggebend blieb. Ihr kam von nun an immer größeres Gewicht zu, denn die Niederlagen an allen Fronten – selbst den Spaniern, von deren militärischen Fähigkeiten die Zeitgenossen keine hohe Meinung hatten, gelang der Vorstoß ins Roussillon – nötigten zu außerordentlichen Anstrengungen, die ihrerseits den weiteren Verlauf der Revolution beeinflussten. Damit sich die Revolution in dieser Lage behaupten konnte, musste Zwang angewendet werden, dem die *Terreur* Nachdruck verschaffte. Als besonders folgenreich erwies sich dabei die vom Konvent am 23. August 1793 proklamierte *levée en masse*. Sie initierte eine neue, eine revolutionäre und geradezu totalitäre Kriegführung, für die alle Ressourcen der Nation mobilisiert werden sollten.

Die Durchsetzung dieses neuen Verständnisses von Krieg war zweifellos eine entscheidende Voraussetzung für die künftigen Erfolge der Revolutionsarmeen, die mit der Schlacht von Fleurus am 26. Juni 1794 begannen. Eine weitere, kaum weniger bedeutsame Bedingung für diese Wende waren allerdings auch die gravierenden politischen und strategischen Fehler der Alliierten, die es nach ihrer Rückereroberung des linken Rheinufers und Belgiens unterließen, im Frühjahr 1793 tiefer nach Frankreich vorzustoßen oder gar, wie bei der Kampagne von 1792, Paris zu bedrohen. Den Ausschlag für diese Zurückhaltung gab keineswegs die Angst vor revolutionärer Ansteckung, sondern vielmehr eine tiefe Uneinigkeit über die Ziele, die man mit dem Feldzug verfolgen wollte. Die ursprüngliche Absicht, die Monarchie in Frankreich zu restaurieren, galt zwar noch immer, aber nach der Hinrichtung von Louis XVI wuchsen die Zweifel an deren Durchsetzbarkeit, denn der Thronfolger war ein kränkelndes Kind, das die Republikaner in Gewahrsam hielten. Das waren wenig verlockende Perspektiven, zumal es im Erfolgsfall zu Verhandlungen über Kompensationen mit der Regentschaft kommen würde. Diese Kompensationen, auf die alle Koalitionsmächte erpicht waren, mussten sich kontraproduktiv auf die geplante Restauration auswirken, da die Monarchie in der öffentlichen Wahrnehmung damit vorneherein mit dem Makel von Gebietsverlusten behaftet sein würde.

Schließlich vereitelten auch Interessendivergenzen eine entschlossene Kriegführung der Alliierten. Großbritannien war zwar daran interessiert, dass Belgien von Österreich beherrscht wurde, richtete seine Kriegsanstrengung aber lieber darauf, Frankreich einige Inseln in der Karibik streitig zu machen. Die Österreicher hatten sich zwar wieder in den Besitz von Belgien gebracht, das ihnen aber, von ihrem Hauptstaatsgebiet weit abgelegen, nie rechte Freude gemacht hatte und das sie deshalb am liebsten gegen Bayern eingetauscht hätten. Abgesehen davon war man in Wien auf Polen fixiert, denn dass man bei der Zweiten Teilung leer ausgegangen war, galt es auszugleichen, sobald über Restpolen die Würfel geworfen wurden. Dieses Interesse beherrschte auch die russische und die preußische Politik, was erklärt, warum neben den österreichischen auch die preußischen Truppen an der französischen Front sehr zurückhaltend operierten, während die russische Zarin sich rundheraus weigerte, der Koalition eigene Truppen zur Verfügung zu stellen.[6]

Gleichwohl wiegte man sich auf Seiten der Alliierten in der Zuversicht, dass Frankreich über kurz oder lang an dem äußeren Druck und den inneren Widersprüchen der Revolution zerbrechen müsse, ohne dass es dafür noch einer sonderlichen Anstrengung bedurfte. Auch das war eine Illusion, die sich schnell rächen sollte, denn der Zwang, den das Schreckensregiment ausübte, reichte aus, die im Innern Frankreichs schwärenden Konflikte im Zaum und dem sehr schwachen äußeren Druck standzuhalten. Dank der im Februar beschlossenen Aushebung und der im August verkündeten *levée en masse* gelang es, die Armee bis zum September auf eine Stärke von über 600 000 Mann zu bringen. Ein erster Erfolg dieser Anstrengungen war die Schlacht von Hondschoote vom 6. bis 8. September, die den Duke of York, der eine Armee aus hannoverschen Einheiten, deutschen Söldnertruppen und holländischen Soldaten kommandierte, dazu nötigte, die Belagerung von Dünkirchen abzubrechen. Ein weiterer Erfolg war der Sieg, den Jourdan am 15. und 16. Oktober 1793 über die österreichischen Truppen bei Wattignies errang, mit dem die Invasoren aus Frankreich vertrieben werden konnten. Daran schlossen sich im Oktober und November die Siege gegen die Aufständischen in der Vendée bei Cholet und Granville an, die der Widerstandsbewegung in Westfrankreich das Rückgrat brachen. Das Jahr 1793 endete mit einem Sieg Hoches in der Pfalz am 26. Dezember.[7]

Alle diese Siege verschafften den Revolutionsarmeen eine starke Ausgangsposition für die 1794 beginnende Kampagne. Einen positiven Effekt hatte auch die zu Beginn des Vorjahres eingeleitete Neuorganisation der Truppen. Im unmittelbaren Zusammenhang mit der Aushebung vom 24. Februar hatte der Konvent drei Tage zuvor auch eine Vereinheitlichung der Armeeeinheiten beschlossen: Die bisherigen Linientruppen und die Einheiten der Freiwilligen, die sich bislang nach Organisation, Uniformierung und Bezahlung unterschieden hatten, wurden in den neuen taktischen Einheiten der «Halb-Brigade» zusammengefasst, die aus zwei Bataillonen von Freiwilligen und einem Bataillon aus Linientruppen bestand. Diese Regelung galt zunächst allein für die Infanterie, während aus den berittenen Einheiten und Freicorps erst später nach dem gleichen Prinzip Kavallerieregimenter gebildet wurden. Diese Reformen verschafften der Republik eine neue Armee, die den aus Söldnern oder zum Waffendienst gepressten Landeskindern bestehenden Einheiten ihrer Gegner hinsichtlich ihres Kampfgeists überlegen war.[8] Auch die Ausrüstung konnte durch die großen kriegswirtschaftlichen Anstrengungen, die im Gefolge mit der *levée en masse* ab August 1793 unternommen wurden, zügig verbessert werden.

Dank der *levée en masse* waren die Armeen der Revolution zahlenmäßig weit stärker als die ihrer Gegner, und was ihnen an militärischem Drill abging, machte ihr patriotischer Enthusiasmus mehr als wett. Erste Proben auf die Überlegenheit dieser Begeisterung über die

Ballettchoreographie, mit der die Armeen des 18. Jahrhunderts auf dem Schlachtfeld bewegt wurden, hatten bereits die Schlachten von Valmy und Jemappes gegeben. Durch die Truppenmassen wurde daraus jetzt ein kruder gefechtstaktischer Vorteil: Die Revolutionstruppen vermochten mit immer neuen Angriffswellen ihre im Feuer diszipliniert agierenden Gegner zu überwältigen, ohne dass die dabei erlittenen Verluste den Siegeswillen minderten. Exemplarisch dafür waren die in erbitterten Kämpfen errungenen Schlachtensiege über die Österreicher bei Tourcoing am 18. Mai und bei Fleurus am 26. Juni 1794.[9]

Ausschlaggebend für diese Siege war auch eine konfuse Strategie der Alliierten, die sich wie schon im Jahr zuvor nicht auf ein koordiniertes Vorgehen verständigen konnten, vielmehr den Gegner jeweils getrennt zu schlagen suchten. Das war ein kapitaler Fehler, der sich damit rächte, dass die Revolutionstruppen zu Jahresbeginn 1795 ganz Holland, Belgien und das gesamte linke Rheinufer erobert, die Engländer vom Kontinent vertrieben und die Österreicher auf der gesamten Front zum Rückzug gezwungen hatten.[10] Der Krieg, den die Alliierten gegen die Revolution 1792 begonnen hatten, um dem König wieder die uneingeschränkte Ausübung seiner Herrschaft zu verschaffen, endete so gut zwei Jahre später mit einem Triumph der Republik. Bezeichnenderweise war es aber nicht dieser unerwartete Ausgang, der die Verbündeten nun entzweite, sondern die Ursache dafür war einmal mehr die polnische Frage.[11] Aus Rücksicht auf die Sicherung der polnischen Beute hatte sich Preußen schon seit dem Sommer 1793 nicht mehr an dem Krieg gegen die Revolution beteiligt. Diesen Entschluss bekräftigte ein im November 1794 geschlossener Waffenstillstand, mit dem Preußen in förmliche Friedensverhandlungen mit der Republik eintrat, deren Ergebnis der im April 1795 in Basel unterzeichnete Frieden war, der beiden Parteien jene Vorteile bescherte, die sie sich erwartet hatten: Preußens erschöpfte Finanzen wurden entlastet, und Berlin bekam damit freie Hand gegenüber Polen. Frankreich hingegen erhielt mit diesem Frieden eine Bestandsgarantie für seine Eroberungen von Holland, Belgien und des Rheinlands, deren rücksichtslose Ausbeutung dem Regime der Thermidorianer das Überleben an der Macht zu sichern versprach.

Dass sich Frankreich nach dem Ausscheren Preußens einer sehr günstigen militärischen Konstellation gegenübersah, trug entscheidend dazu bei, dass die revolutionäre Expansion künftig mit den Existenzinteressen der französischen Republik identifiziert wurde. Die Konsequenz war eine Nationalisierung der Kriegführung. Damit verschwanden die Phrasen des kosmopolitischen Idealismus eines Anacharsis Cloots, deren Echo die den unterdrückten Völkern Freiheit und Glück verheißende Propaganda der Jakobiner gewesen war. Diese Änderung hatte sich schon nach den militärischen Rückschlägen des Jahres 1793 angekündigt, in denen Jeanbon Saint-André den Beweis für den «barbarischen Krieg» erkannte, wie er am 15. September 1793 im Konvent ausführte, «den Ihre Feinde gegen Sie führen. Die Unverfrorenheit dieser Kannibalen wird noch durch den philanthropischen Geist gefördert, der Sie beflügelt. Ich bin überzeugt davon, dass wir für eine Weile unserer philosophischen Ideen entsagen und gegen diese Menschenfresser Repressalien gebrauchen müssen. Ich verlange deshalb, dass unseren Generälen befohlen wird, in den eroberten Ländern die Härte des Kriegsrechts anzuwenden». Dem pflichtete der Konvent bei und fasste den Beschluss, «dass die Generäle, die die Truppen der Republik zu Lande und zu Wasser befehligen, künftig auf jeglichen philanthropischen Gedanken verzichten, der zuvor vom französischen Volk in der Absicht gefasst worden war, den fremden Nationen den Preis und die Vorteile der Freiheit zu vermitteln, und dass sie sich gegen die Feinde Frankreichs in eben der Weise betragen, wie sich die Mächte der Koalition uns gegenüber aufgeführt haben. Sie [i. e. die französischen Generäle] werden hinsichtlich der Länder und Menschen, die sie mit ihren Armeen unterworfen haben, das herkömmliche Kriegsrecht anwenden».[12]

Mit dem 9 Thermidor wurde die stetige Ausweitung des französischen Herrschaftsbereichs zu einem Imperativ, der das weitere Handeln bestimmte. Mittels der Parole von der «Grande Nation» wurde einerseits ein Ventil geschaffen, durch das der innenpolitische Druck entweichen konnte. Zum anderen wurde diese Expansion nun zur unabdingbare Voraussetzung für den weiteren Bestand der von inneren Krisen geschüttelten Republik. Allein schon um den völligen finanziellen Zusammenbruch zu vermeiden, hatte Frankreich keine andere Wahl, als den Krieg fortzusetzen und damit die Siege zu erringen, die ihm entweder neue Annexionen verschafften oder es ihm erlaubten, dem Unterlegenen einen Unterwerfungsfrieden zu diktieren, der ihm nur den Anschein der Selbstständigkeit ließ. Für die eine wie die andere Variante sind Belgien und Holland beispielhaft.

Nach seiner Wiedereroberung im Juli 1794 wurde Belgien einem harschen Besatzungsregime unterworfen. Zwar wurden im Konvent akademische Debatten darüber geführt, ob damit nicht die frühere Zugehörigkeit dieser im Frühjahr 1793 annektierten, danach aber wieder verlorenen Gebiete zur Republik wiederhergestellt worden sei. Sehr schnell obsiegte jedoch die Einsicht, dass die Militärverwaltung eine viel effektivere Ausplünderung des Landes gewährleistete. Darauf kam es dem Wohlfahrtsausschuss jetzt vor allem an. Drückende Kriegssteuern und Requisitionen für den Unterhalt der französischen Truppen wurden erhoben, während man Kompensationen, wenn überhaupt, in wertlosen Assignaten beglich.

Bereits am 13. Mai 1794 wurde die *Commission du commerce et des approvisionnements* angewiesen, in den eroberten Gebieten Agenturen einzurichten, die den Abtransport von Versorgungsgütern, Waren, Kunstwerken und Büchern organisieren sollten.[13] Im Schreiben vom 11. Juli 1794 verpflichtete Carnot die Kommissare, die der *Armée de Sambre-et-Meuse* attachiert waren, auf die Maßregel: «Wir wollen das Land weder in Aufruhr versetzen noch uns mit ihm verbrüdern; es handelt sich vielmehr um ein von uns erobertes Territorium, das uns erhebliche Entschädigungen schuldet und aus dem man schleunigst alle Ressourcen fortschaffen muss, die einer neuerlichen Invasion des Gegners von Nutzen sein könnten. Dabei sollten Sie aber nicht vergessen, dass insbesondere Brabant ganz dem Kaiser ergeben ist und alle Beweise des Hasses gegeben hat, den man gegen uns hegt; diese Landschaft darf also nicht geschont werden».[14] Diese Ankündigungen wurden durch einen Beschluss des Wohlfahrtsausschusses vom 14. Juli präzisiert, mit dem Brüssel eine Kontribution von 50 Millionen *francs* auferlegt wurde. Um die zügige Eintreibung dieser Summe zu gewährleisten, sollten 600 Geiseln unter den reichsten Bürgern der Stadt genommen werden. Außerdem wurden die Kommissare angewiesen, sofort 3000 Pferde und 1000 Fuhrwerke in Belgien zu requirieren.[15]

Die zügellose Ausplünderung Belgiens veranlasste schließlich sogar die Kommissare bei der *Armée de Sambre-et-Meuse* am 13. Oktober 1794 zum Protest: «Belgien ist ein in jeder Hinsicht reiches Land. (...) Wenn Sie von dessen überreichen Erträgen profitieren wollen, darf man nicht deren Quelle zum Versiegen bringen. Eine gute und kluge Verwaltung, die mit Bedacht handelt, kann deren Ströme ins Innere der Republik lenken. Mit Zwangs- und Willkürmaßnahmen wird dieses Ziel verfehlt, sie werden das Land in Aufruhr versetzen und wir geraten von zwei Seiten in Bedrängnis.»[16] Solche Beschwerden förderten auch im Konvent die Einsicht, dass der langfristige Schaden, den man mit Raub und Erpressung anrichtete, die kurzfristigen Vorteile weit überwiegen würde. Im Februar 1795 verschwanden daher die Agenturen, die Belgiens Ausplünderung systematisch betrieben hatten. Im August folgte die Bildung von neun Departements nach französischem Muster, von denen die Belange der staatlichen Verwaltung wahrgenommen wurden. Damit kündigte sich an, was der Konvent am 1. Oktober 1795 vollzog: die förmliche Annexion Belgiens durch die französische Republik.

Die in Belgien zusammengerafften und nach Frankreich geschafften Reichtümer vermochten die hier herrschende Krise nicht dauerhaft zu beheben, während die Wirtschaft in dem eroberten Land durch diese Ausplünderung gründlich ruiniert und dessen Einwohner gegen Frankreich aufgebracht wurden. Nachdem die französische Armee im Januar 1795 Holland überrannt hatte, wurde diese Einsicht mit dem am 16. Mai in Den Haag geschlossenen Diktatfrieden zumindest halbwegs beherzigt. Holland, das jetzt zur Batavischen Republik wurde und damit erstmalig den zweifelhaften Rang einer «Schwesterrepublik» zugesprochen erhielt, musste sich zur Bezahlung einer Kriegskostenentschädigung von 100 Millionen Gulden sowie einem Kredit in gleicher Höhe verpflichten, der Frankreich zu besonders günstigen Zinsen gegeben wurde. Maastricht, Venlo, das Bistum Limburg und das Gebiet südlich der Scheldemündung mussten ferner an Frankreich abgetreten und eine französische Besatzungsarmee von 30 000 Mann unterhalten werden. Schließlich wurde die «Schwesterrepublik» auch zu einem Bündnisvertrag genötigt, dessen militärischen Wert die holländische Flotte darstellte, deren 16 stolze Linienschiffe aber von der britischen Flotte am 11. Oktober 1797 in der Seeschlacht von Kamperduin (Camperdown) an der Küste vor Alkmaar versenkt wurden.

Das in Belgien zunächst ausgeübte Besatzungsregime lieferte auch das Vorbild für die französische Militärverwaltung in den bis auf Mainz seit August 1794 zügig eroberten linksrheinischen Gebieten.[17] Sobald die französischen Truppen in eine Stadt im Rheinland einrückten, sahen sich die Kaufleute gezwungen, für ihre Waren die inzwischen fast wertlosen Assignaten in Zahlung zu nehmen. Außerdem wurden im ganzen Rheinland die in Lille geltenden Höchstpreise für Waren angesetzt, um Spekulationen oder Preiserhöhungen zur Ausgleichung des Wertverlusts der Assignaten zu unterbinden.[18] Ein weiterer Schritt war die Auferlegung von Kontributionen, mit denen man zunächst noch zuwartete, um, wie der *Représentant* Bourbotte den Wohlfahrtsausschuss am 29. August 1794 in unverblümtem Zynismus wissen ließ, «umso leichter den Individuen jene Dinge abnehmen zu können, die wir aufgefordert haben, an uns zu übergeben [i. e. Weizen, Futter und Waren aller Art], indem wir sie in dem Glauben wiegen, dass sie damit vielleicht bereits allen unseren Forderungen genügt hätten und wir nicht noch weitere Ansprüche an sie stellen. Schon morgen oder übermorgen werden wir ihre Kassen öffnen und unser Geld [i. e. das von den französischen Emigranten während ihres Aufenthalts ausgegebene] beschlagnahmen. So sehr sie auch Einbußen deshalb erlitten haben, dass ihre Emigranten, ihre Adeligen und die gesamte Priestersippschaft mit ihrem Hab und Gut nach Koblenz geflüchtet sind, umso mehr sind diejenigen, die zurückgeblieben sind, dazu verpflichtet, Kontributionen zu zahlen, damit die Republik deshalb keine Einbuße erleidet».[19]

Das im Tal der Mosel gelegene reiche Trier, die einstige Residenz eines geistlichen Kurfürsten und neben Koblenz der zweite Ort, an dem sich die französischen Adelsemigranten in besonders großer Zahl aufgehalten hatten, war die erste Stadt im Rheinland, die von den Revolutionstruppen Anfang August 1794 eingenommen wurde. Das weckte eine Beutegier, von der das Schreiben, das Pierre Bourbotte am 8. August an den Wohlfahrtsausschuss schickte, Mitteilung macht: «Die Armee hat auf den Anhöhen um Trier Aufstellung genommen (...). Auf diese Weise kontrollieren wir die beiden Flüsse Saar und Mosel sowie einen großen Teil des Kurfürstentums Trier, ein reiches, im Überfluss schwelgendes Land, eine wahre Milchkuh für die französische Republik. (...) Hunderttausend Brotrationen wird die Stadt bereits morgen für die Ernährung der Armee abliefern, und so wird es weitergehen. (...) Die Mosel, die Saar, die zahlreichen Schiffe, die im Hafen liegen, werden uns zum Abtransport alles dessen dienen, mit dem das Land überfüllt ist und das die Republik benötigt.»[20]

Dieser Aderlass verbitterte für mehr als vier Jahre das Los von Pfälzern und Rheinländern, denn die linksrheinischen Gebiete wurden erst im Januar 1798 in vier Departements eingeteilt, die das bis dahin herrschende Verwaltungschaos nach französischem Vorbild organisierten.[21] Damit wurden wenigstens die ärgsten Auswüchse des Besatzungsregimes gemildert, das ein Elend verursachte, dem viele Bewohner durch Flucht zu entrinnen suchten.[22] Nicht minder fatal als die systematische Auspressung wirkte sich auch die Säkularisation des immensen linksrheinischen Kirchenbesitzes aus. Dadurch verschwanden auf einen Schlag die üppigen Haushaltungen der Fürstbischöfe von Trier und Köln, der Domkapitel und Propsteien, deren Versorgung vielen Arbeit und Einkommen verschafft hatte. Aus höhnischer Willkür forderten die Besitzer dessen ungeachtet bis zum Frühjahr 1798 weiterhin alle den früheren Herrn geschuldeten Abgaben ein, die in Frankreich von der Revolution längst abgeschafft worden waren. Das galt auch für den Kirchenzehnten, der nicht mehr für den Unterhalt des Klerus, sondern für den der Besatzungsmacht erhoben wurde.[23] Damit nicht genug, gefielen sich die Besatzer zudem in kirchenfeindlichen Maßnahmen, wie sie in Frankreich selbst längst außer Gebrauch gekommen waren. In den von tiefer Volksfrömmigkeit geprägten linksrheinischen Gebieten gab das dem Hass auf die Franzosen noch zusätzliche Nahrung.

Dieses Regime endete erst 1801, als die vier linksrheinischen Departements von Frankreich förmlich annektiert wurden. Die verglichen mit Belgien lange Dauer dieses Prozesses erklärt sich zum einen damit, dass das linke Rheinufer auch nach seiner weitgehenden Besetzung durch französische Truppen in seiner südlichen Hälfte bis zum November 1796 eine Front darstellte, deren Verlauf wegen erfolgreicher österreichischer Vorstöße erheblich schwankte.[24] Weitaus wichtiger war aber die verworrene territoriale Gemengelage auf dem linken Rheinufer. Außer Österreich und Preußen besaßen eine Reihe weiterer deutscher Staaten sowie der Kaiser hier Exklaven, Herrschaftsrechte oder entsprechende Ansprüche, die zu ignorieren zahlreiche Anlässe zu neuen kriegerischen Auseinandersetzungen geliefert hätte, was selbst dem Direktorium nicht klug erschien. Dieses Problem wurde erst durch die Erfolge Bonapartes in Norditalien gelöst, denn im Frieden von Campo Formio (17. Oktober 1797) resignierte sich zunächst Österreich dazu, den Besitzanspruch Frankreichs auf das linke Rheinufer anzuerkennen. Diesem Beispiel folgte auch das Heilige Römische Reich einschließlich Preußens auf dem Kongress von Rastatt im Dezember 1798.

Die Friedensabkommen, die der Konvent in Basel am 5. April mit Preußen und mit Spanien am 22. Juli 1795 abgeschlossen hatte, eröffneten der Außenpolitik des Direktoriums eine glänzende Perspektive. Die europäische Mächteallianz, die Frankreich einzuschnüren drohte, war aufgesprengt, und die Republik konnte ihre ganze Kraft daran wenden, die beiden ihr noch verbliebenen Hauptgegner Großbritannien und Österreich auszuschalten. Die Unterwerfung Hollands und der Diktatfrieden von Den Haag vom 16. Mai hatten die «Batavische Republik» zu einem Satellitenstaat der Revolution gemacht. Von dem willkommenen Zugewinn an Ressourcen für die marode Republik abgesehen, bedeutete dies vor allem eine Schwächung Großbritanniens, das damit seinen Brückenkopf auf dem Kontinent einbüßte. Damit avancierte Österreich jetzt zu dem Gegner, den es zunächst zu eliminieren galt. Das Land war von großen finanziellen Problemen geplagt. Außerdem dominierte die polnische Frage weiterhin die Wiener Politik, da Restpolen Gier und Konkurrenzneid der drei Teilungsmächte unvermindert wachhielt. Und schließlich sah sich Österreich inzwischen ohne größeren kontinentalen Bündnispartner allein mit Frankreich konfrontiert. Dieser Lagebeurteilung entsprach der Plan, den das Direktorium fasste: Durch die süddeutschen Staaten entlang der Donau sollte ein massiver Frontalangriff auf das österreichische Kernland und Wien geführt werden, während gleichzeitig eine kleinere Streitmacht den Besitz des Kaiserstaats in Norditalien bedrohte. Für den Oberbefehl über die militärischen Operationen auf dem oberitalienischen Nebenkriegsschauplatz ernannte das Direktorium am 2. März 1796 mit General Bonaparte einen Mann, der sich spätestens seit dem Juli des Vorjahres ausweislich zweier Denkschriften auf diese Aufgabe vorbereitet hatte. In dem ersten Memorandum heißt es: «Sollte mit den Reichsständen Frieden geschlossen werden, wird der Kaiser den Breisgau und seine Staaten in Italien zu seiner Linken haben. Das legt den Schluss nahe, dass Italien der Schauplatz sehr wichtiger Ereignisse sein wird».[25] Für diesen Fall skizzierte Bonaparte in der zweiten Juli-Denkschrift schon die Handlungsabläufe: «Angesichts der augenblicklichen Lage in Europa kann man mit der Italienarmee einen großen Vorteil realisieren, indem man diese dazu bestimmt, entscheidende Schläge zu führen (…). Sobald wir die Lombardei beherrschen, gilt es, (…) in das Innere von Tirol vorzustoßen, sich mit der Rheinarmee zu vereinigen, um dann den Kaiser, der im Herzen seiner Erblande angegriffen wird, zu einem Frieden zu zwingen, der den Erwartungen Europas und sämtlichen Opfern entspricht, die wir dafür gebracht haben».[26]

Bonaparte verfolgte damit bereits eine Option, die nicht mit den strategischen Planungen des Direktoriums übereinstimmte, denn diese wiesen den in Italien geplanten Operationen lediglich den Charakter einer Diversion zu. Kaum zum Oberbefehlshaber der Italienarmee ernannt, scheint Bonaparte für seine so anders gearteten Absichten in der Regierung jedoch eine gewisse Zustimmung gefunden zu haben, denn, wie der preußische Botschafter Sandoz-Rollin am 26. April 1796 nach Berlin meldete, habe ihm Außenminister Delacroix versichert: «Wir müssen den Frieden seitens der Italienarmee und ihrer Operationen erwarten.»[27] Dafür sprach weniger das militärische Können des Generals, das dieser erst noch unter Beweis stellen musste, als vielmehr die Einschätzung der politischen Situation in Italien.

Nicht anders als das Deutsche Reich war auch Italien Ende des 18. Jahrhunderts lediglich ein geographischer Begriff, der eine Fülle von Herrschaften umfasste, die aus zahlreichen inneren Auseinandersetzungen hervorgegangen waren und sich dank einer längeren Friedensperiode zu einem bunten Staatenmuster konsolidiert hatten. In der Folge waren Handel und Wandel erblüht und die einzelnen Machtzentren miteinander in einen regen und friedlichen Austausch getreten. Insbesondere Norditalien galt als sehr wohlhabend und versprach einem hungrigen Eroberer reiche Beute. Mit Ausnahme der Republiken Genua und Venedig sowie des Kirchenstaats durchlebte die italienische Staatenwelt gegen Ende des 18. Jahrhunderts eine Zeit innerer Spannungen und Krisen. Das Bürgertum geriet in Bewegung. Sein Ehrgeiz richtete sich auf eine gesellschaftliche Stellung, die ihm vom Adel verweigert wurde, der seinerseits immer lauter seine Unzufriedenheit mit den herrschenden Regimes artikulierte. Diese hatten sich einem aufgeklärten Absolutismus verschrieben, der viele der Gebildeten auf einen Siegszug der Aufklärung in ganz Italien hoffen ließ.

Damit stießen sie auf den erbitterten Widerstand von Adel und Klerus, die einen Verlust ihrer traditionellen Machtstellung fürchteten. Diese gegenläufigen Strömungen bewirkten eine Fermentation der Geister, die sich in der Publizistik wie in der Gründung von Diskussionszirkeln niederschlug, die in den größeren Städten florierten. Die Französische Revolution gab dieser Entwicklung neuen Auftrieb, der sich in gelegentlichen, jeweils rasch unterdrückten Umsturzversuchen in Neapel, Bologna und Turin entlud und dazu führte, dass überall die Repression wieder verstärkt wurde.[28]

Italien, so mochte es in Paris deshalb manchem scheinen, war eine reife Frucht, die sich mühelos pflücken ließe. Wie sich das im Einzelnen gestalten sollte, darüber machte man sich wenig Gedanken, was allein schon der Umstand zeigt, dass Montierung und Moral der rund 37 000 Mann starken Italienarmee unter dem seit 1792 von beiden Seiten lustlos geführten Stellungskrieg gegen Sardinien-Piemont und Österreich stark gelitten hatten.[29] Bei Beginn der Offensive am 10. April 1796 war Bonapartes Streitmacht den 25 000 Piemontesen und den 28 000 österreichischen Soldaten weit unterlegen.[30] Diesen Nachteil machte Bonaparte indes durch geschicktes Manövrieren wett. Es gelang ihm, die Piemontesen binnen zwei Wochen auszuschalten und zu einem Waffenstillstand zu zwingen. Damit war deren Allianz mit Österreich zerschlagen, an der seit den Anfangserfolgen 1792 alle französischen Vorstöße gescheitert waren. Darüber hinaus hatte sich auch das Kräfteverhältnis zugunsten der *Armée d'Italie* verschoben. Noch bedeutsamer aber war, dass sich dank der dem Gegner aufzuerlegenden Kontributionen nun ein Ende der Not absehen ließ, unter der diese litt.

Der Abschluss des Waffenstillstands verschaffte Bonaparte freie Hand, sich auf die Österreicher zu werfen, die Mailand zu schützen suchten. Beaulieu, der Chef der österreichischen Truppen, erwartete den Angriff der Franzosen von Westen. Bonaparte näherte sich aber von Süden und drohte, ihm in den Rücken zu fallen. Dieses Manöver nötigte Beaulieu dazu, in Windeseile die Lombardei zu räumen und die österreichischen Truppen im Schutz der Festung von Mantua neu zu gruppieren. Am 15. Mai hielt Bonaparte seinen triumphalen Einzug in Mailand. André Masséna, der mit der Vorhut schon tags zuvor in der Stadt angelangt war, hatte ihn bereits auf die Begeisterung vorbereitet, mit der er hier begrüßt werden würde.[31] Das bürgerlich-liberale Mailand, das seit 1714 zu Österreich gehörte, hieß Bonaparte als seinen Befreier willkommen.

Der Empfang war vielversprechend, denn, so ließ Bonaparte das Direktorium wissen, «dieses Land [i. e. die Lombardei] ist viel patriotischer als Piemont; es ist der Freiheit viel näher». Die Schafe, so heißt das, würden sich freiwillig in die Pferche drängen, in denen sie von ihren vermeintlichen Befreiern geschoren werden würden. Auf die Begeisterung der Mailänder reagierte Bonaparte geschickt mit seiner «Proclamation au Peuple de la Lombardie», mit der er am 19. Mai die Achtung des Eigentums, der Freiheitsrechte und der Religion versprach. Auch säumte er nicht, eine mögliche «Unabhängigkeit» der Lombardei wenigstens anzudeuten. Diese hätte allerdings, so gab er zu verstehen, ihren Preis, denn die Truppen müssten sich mit dem, was sie bräuchten, in der Lombardei versorgen können. Außerdem müssten die einzelnen Provinzen der Lombardei eine Umlage von 20 Millionen *francs* aufbringen, um den Bedürfnissen der Armee abzuhelfen. Die Eintreibung dieser immensen Summe wurde freundlicherweise den lombardischen Behörden übertragen, wobei vorzugsweise Reiche und Wohlhabende wie der bislang von jeder Steuer befreite Klerus herangezogen werden sollten, um das Volk zu schonen.[32]

Mit dieser Ankündigung, die den freudigen Elan mancher Italiener, die sich für die Sache der Revolution begeistert hatten, dämpfen musste, begann die Ausplünderung Italiens. Das «geringfügige Entgelt» von 20 Millionen war nur der erste Posten auf der Rechnung, die jetzt präsentiert wurde. Für die Versorgung der Armee mussten Futter und Vieh, Brot und Wein requiriert werden, die Kassen der Städte und Gemeinden sowie die für Italien typischen Pfandhäuser, die Kreditinstitute der kleinen Leute, wurden ausgeleert. Ganz besondere Aufmerksamkeit schenkten die Besatzer den reichen Kunst- und Kulturschätzen des Landes. Aus Kirchen und Palästen wurden Gemälde und Skulpturen, aus Bibliotheken Bücher und Manuskripte fuhrenweise nach Frankreich gebracht. Das Geschäft der Auswahl besorgte zunächst ein eigens dazu berufener Beauftragter, später waren Expertenkommissionen tätig.[33] Ganz besonders willkommen waren in Paris aber Gold und Silber, das Bonaparte in Form von Barren oder Münzen im Wert von rund 45 Millionen *francs* allein 1796 aus Italien fortschaffen ließ. Dabei wanderte ein erklecklicher Anteil der italienischen Beute auch in die weiten Taschen der Generäle, von denen sich der eitle Masséna besonders schamlos bereicherte.

In der Wahrnehmung vieler Italiener vollzog sich die Metamorphose Bonapartes vom bejubelten Befreier zum Prokuristen des Schreckens binnen kürzester Zeit. Daran änderte auch nichts, dass in den Städten einheimische Jakobiner die Verwaltung ausübten und den Franzosen bei den Requisitionen zur Hand gingen. Diese Kollaboration funktionierte so lange, wie sie im Schutz französischer Bajonette stattfand. Kaum machte sich aber die Italienarmee an die Verfolgung der österreichischen Truppen, sorgten diese Methoden für Aufstände. Schon nach dem 20. Mai 1796 kam es in Mailand, Pavia und anderen kleineren Orten in ihrem Umland zu bewaffneten Unruhen, die jeweils mit unnachsichtiger Brutalität niedergeschlagen wurden. An dem bei Pavia gelegenen Dorf Binasco wurde zur kalkulierten Abschreckung ein fürchterliches Exempel statuiert. Ein gutes Hundert der Aufständischen wurde füsiliert, das Dorf in Schutt und Asche gelegt. Pavia selbst wurde erst nach mehrstündiger Belagerung am 26. Mai von französischen Truppen erstürmt, deren Kavallerie unter den fliehenden, schlecht bewaffneten Bauern, die in der Stadt Schutz gesucht hatten, ein fürchterliches Blutbad anrichteten.[34]

Auch wenn diese Unruhen selten wirklich bedrohliche Ausmaße annahmen und sie überdies auf das flache Land beschränkt blieben, während in den Städten einheimische Jakobiner, die *Giacobini*, das Funktionieren der Kollaboration mit den Besatzern gewährleisteten, so fielen sie doch wegen ihrer Häufung zunehmend lästig und provozierten Vergeltungsmaßnahmen, die ihrerseits der Empörung weitere Nahrung gaben. Diesen Teufelskreis galt es zu durchbrechen. Eine erste Maßnahme, die aber letztlich wenig bewirkte, war ein hartes Vorgehen gegen die notorisch betrügerischen Heereslieferanten und andere Kriegsgewinnler, die der Italienarmee wie ein Schwarm von Schmeißfliegen folgten, sich bereicherten und die Bevölkerung auf jede nur erdenkliche Weise auspressten.[35]

Wie Bonaparte am 12. Oktober dem Direktorium schrieb, habe der Unmut dazu geführt, «dass tausend Stimmen wider mich eifern, die versuchen, die Meinung über mich zu verderben. So musste ich seit zwei Monaten hören, ich wolle der Herzog von Mailand sein; heute sagt man mir nach, König von Italien werden zu wollen».[36] Solche Nachrede konnte ihm gefährlich werden, denn Bonaparte hatte durch sein eigenwilliges, die Anweisungen des Direktoriums klar missachtendes Betragen schon reichlich Anlass gegeben, an seiner Loyalität zu zweifeln, und auch den Verdacht geweckt, eigene Absichten zu verfolgen.[37] Dieser Verdacht war, wie sich zeigen sollte, keineswegs unbegründet, aber Bonaparte war geschickt genug, ihn lange zu zerstreuen. Außerdem erzielte er eine Serie neuer Erfolge, die ihn unersetzbar machten. Bis Ende Mai 1796 war es ihm durch geschickte Manöver gelungen, die Österreicher zum Rückzug in die Berge von Südtirol zu zwingen. Dieser binnen zwei Monaten erzielte Erfolg wurde allein von der österreichischen Festung Mantua beeinträchtigt, die ihren Belagerern hartnäckig trotzte. Bonaparte wusste, dass die Österreicher versuchen würden, die Festung zu entsetzen, um die Rückeroberung der Lombardei zu beginnen.

Beim Eintreffen in Verona am 3. Juni erhielt Bonaparte Kenntnis von drei Schreiben des Direktoriums. Sie enthielten den unmissverständlichen Befehl: bis hierhin und nicht weiter. Also kein Gedanke mehr daran, die abziehenden Österreicher zu verfolgen und weiter nach Bayern vorzustoßen. Stattdessen wurde er gemahnt, endlich den ihm längst erteilten Auftrag zu erfüllen und sich nach Mittelitalien zu wenden.[38] Bonaparte musste sich fügen und in Mittelitalien den Part des uniformierten Räubers spielen. Die Rolle widerstrebte ihm gewiss nicht aus moralischen Rücksichten. Der Auftrag erschien ihm vielmehr aus politischen und strategischen Gründen eine überflüssige Diversion zu sein. Diese Ansicht teilte man in Paris nicht, denn hier ließ man sich vor allem von der Aussicht auf fette Beute locken, die man ohne großes Risiko binnen kürzester Zeit machen konnte.

Der Gehorsam, den Bonaparte jetzt an den Tag legen musste, war der Preis für seine beschränkte politische Handlungsvollmacht als Oberbefehlshaber der Italienarmee. Masséna überwachte die Stellungen an der Etsch, während er sich nach Florenz auf den Weg machte. Neben einer Besetzung des Hafens von Livorno, der von der britischen Flotte als wichtiger Stützpunkt im Mittelmeer genutzt wurde, hatte er den Auftrag, den Papst die Macht der Revolution spüren zu lassen und zu Konzessionen zu nötigen. Aber auch das entsprach kaum seinen Vorstellungen. Bonaparte wusste, dass die Römische Kirche in Italien noch eine sehr vitale Kraft war, deren Einfluss weit reichte. Zutreffend erkannte er in ihr einen Machtfaktor, mit dem jeder rechnen musste, der südlich der Alpen auf Dauer Fuß fassen wollte. Von dieser Überlegung – und nicht etwa von religiösen Bedenken – ließ er sich bei seinen Verhandlungen mit dem Heiligen Stuhl leiten.

Des römischen Auftrags wollte sich Bonaparte nach dem Vorbild seines Umgangs mit dem Königreich Sardinien-Piemont entledigen: Damals hatte er es vermieden, den König durch einen Einmarsch der französischen Truppen in die Hauptstadt Turin zu demütigen. Stattdessen beließ er ihn um den Preis wohlwollender Neutralität im scheinbaren Besitz seiner uneingeschränkten Souveränität. So wollte er es jetzt auch mit dem Papst halten. Rom würde er nicht betreten und damit auch nicht an die weltliche oder gar die spirituelle Macht des Papstes rühren, wie dies der antiklerikale Hitzkopf unter den Direktoren, La Révellière-Lépeaux, immer wieder forderte. Gleichwohl sollten dem Heiligen Stuhl Bedingungen diktiert werden, mit denen sich die Beutegier des Direktoriums befriedigen ließ. Abzusehen war zwar, dass er damit nicht bei allen Direktoren auf Zustimmung stoßen würde, aber dank der Kontributionen, die er dem Papst abnötigte, würde sich die Erregung in Paris legen. Mit ernsthaften Konsequenzen für seine eigenmächtige Zurückhaltung rechnete er nicht, denn er wusste sich längst unentbehrlich. Überdies war sich Bonaparte auch sicher, dass Österreich in der Zwischenzeit mit einer neuen Armee nach Oberitalien einfallen würde, um das verlorene Terrain zurückzuerobern und die Festung Mantua aus dem Klammergriff ihrer Belagerer zu befreien. Das waren zwei Herausforderungen, denen allein *er* die Stirn bieten konnte. Damit verbunden war aber auch die Aussicht auf unbeschränkte Handlungsvollmacht, denn dieser Erfolg musste ihm das Prokonsulat über Italien verschaffen.

Die mittelitalienische Unternehmung war für Bonaparte eine Landpartie, denn Papst Pius VI. hatte ihm militärisch nichts entgegenzusetzen. Entsprechend zügig ließ sich der Auftrag erledigen. In Verhandlungen, die Bonaparte am 21. und 22. Juni in Bologna mit Vertretern des Heiligen Stuhls führte, schlossen Frankreich und der Papst ein Waffenstillstandsabkommen. Zu kriegerischen Handlungen war es ohnehin nur am Anfang der Revolution bei den Auseinandersetzungen um Avignon und den Comtat Venaissin gekommen. Pius VI. verpflichtete sich zu Tributzahlungen im Wert von insgesamt 20,5 Millionen *francs* sowie zur Übergabe von 100 Kunstwerken und 500 Manuskripten.[39] Außerdem verzichtete Rom auf den Besitz der Exklaven Bologna und Ferrara sowie des zum Kirchenstaat gehörenden Hafens Ancona. Das Ergebnis blieb dennoch hinter den Erwartungen des Direktoriums weit zurück. In Paris hatte man darauf gezählt, dass der Papst alle Verdammungsurteile, mit denen er die Revolution wegen ihrer kirchenfeindlichen Politik belegt hatte, zurücknehmen würde. Davon erhoffte man sich eine Stärkung des inneren Friedens in Frankreich. Diesem Ansinnen verweigerte sich der Papst jedoch hartnäckig.

Am 2. Juli teilte Bonaparte dem Direktorium begeistert mit: «Eine befriedigendere Situation anzutreffen, ist kaum vorstellbar. Die Einwohner lieben uns abgöttisch, zahlen mit größter Bereitwilligkeit die Kontributionen und hassen den Papst mit Inbrunst. (…) Aus Bologna, Ferrara und der Romagna ließe sich ohne jede größere Anstrengung oder Mühe eine *aristokratisch-demokratische* Republik bauen, (…) die 1. über zwei Häfen an der Adria verfügte, die es mit Venedig aufnehmen können, und die 2. die Macht des Papstes beseitigen sowie auf längere Sicht Rom und die Toskana auf die Seite der Freiheit ziehen würde».[40] Das war in nuce eine Skizze seiner Geschäftspolitik, die Frankreich auf Dauer die Rolle einer Protektoratsmacht über Italien verschaffen sollte. Das stand allerdings im Widerspruch zu den Absichten der Direktoren, die auf der Apenninenhalbinsel jedes Engagement zu vermeiden suchten und allein das Ziel verfolgten, Italien so gründlich wie möglich auszuplündern.

Das Direktorium, dem unterdessen die Eigenwilligkeiten des Oberbefehlshabers der Italienarmee geläufig waren und dem überdies die *Giacobini* in den Ohren lagen, die es zum Handeln drängten, wandte sich an den französischen Botschafter am Florentiner Hof, Miot de Mélito, mit der Frage, «ob es der Französischen Republik möglich und von Nutzen sei, Italien zu republikanisieren»? Miot, der mit Bonaparte längst in bestem Einvernehmen stand, antwortete ganz in dessen Sinne. Eine «Revolutionierung» Italiens sei völlig unmöglich; versuchte man sie, hätte dies fürchterliche Folgen. Stattdessen riet er dem Direktorium dazu, seine Politik für Italien zu verdeutlichen, vor allem zu erklären, dass nach einem Friedensschluss die eroberten Provinzen nicht an ihre früheren Herren zurückfallen würden. Das sei die unverzichtbare Vorbedingung für eine eigene staatliche Organisation, die freilich für längere Zeit des militärischen Schutzes von Frankreich bedürfe. Im Übrigen sei dies auch eine Lösung, die den französischen Interessen am besten entspräche.[41]

Auch Bonaparte hatte inzwischen erkannt, dass die Förderung und Ermutigung der einheimischen *Giacobini* und Revolutionäre sich sehr nachteilig auf die französischen Interessen in Italien auswirkte.[42] Deren Drängen aber bloß Widerstand entgegenzusetzen, war ebenso kontraproduktiv. Blieb also, diesen Enthusiasmus klug zu nutzen, indem man ihm ein Spielfeld zuwies, das von der Besatzungsmacht kontrolliert wurde. Diese Überlegung suchte er nun Zug um Zug zu realisieren. Zur Verwaltung der vormals päpstlichen Legationen von Bologna und Ferrara sowie des Herzogtums Modena berief Bonaparte provisorische Regierungen und ermunterte diese, in Paris wegen der Gründung einer Republik vorstellig zu werden.

Dabei wusste er, dass man in Paris ganz andere Pläne hegte. Sollte es zu Friedensverhandlungen mit Österreich kommen, war Italien in der Sicht des Direktoriums lediglich eine Verhandlungsmasse. Die Wiederherstellung des territorialen und politischen Status quo ante würde der Preis sein, den man Österreich für die Anerkennung der «natürlichen Grenzen» Frankreichs am Rhein und in den Alpen einschließlich der Annexion Belgiens, der vormaligen habsburgischen Niederlande, offerierte. Im Gegenzug würden Mailand und die Lombardei wieder an Wien fallen. Damit wurde den Bestrebungen Bonapartes, die auf eine politische Selbstorganisation der eroberten Territorien abzielten, eine Absage erteilt. Dadurch ließ er sich aber nicht beeindrucken. Vielmehr ermutigte er weiter die gemäßigten Kräfte in der Region um Bologna, Ferrara und Modena, deren Repräsentanten sich Ende Dezember als die Cispadanische Republik konstituierten. Eine ähnliche Entwicklung zeichnete sich in Mailand und der Lombardei indes nicht ab, weshalb es Bonaparte unumgänglich schien, auch hier dem «patriotischen Elan» auf die Sprünge zu helfen. Ein Mittel dazu war die Aufstellung von drei Bataillonen Mailänder Bürger, die bei der Belagerung der Festung Mantua eingesetzt werden sollten.

Angesichts der fortgesetzten Eigenmächtigkeiten Bonapartes entschloss man sich in Paris dazu, sich mit Wien auf einen Friedensvertrag zu verständigen. Hatte man damit Erfolg, konnte man umso leichter auf Bonaparte verzichten. Doch die Friedensfühler, die das Direktorium ausstreckte, scheiterten an der österreichischen Intransigenz. Mit Rücksicht auf sein Selbstverständnis als Großmacht konnte sich Wien auf Verhandlungen so lange nicht einlassen, wie sich die Festung Mantua noch behauptete. Ziel war es vielmehr, den französischen Belagerungsring aufzubrechen, um mit diesem Erfolg ein Unterpfand für die Aufrechterhaltung der österreichischen Ansprüche auf Mailand und die Lombardei zu erwerben. Der Plan misslang jedoch gründlich: Am 14. und 16. Januar 1797 schlug Bonaparte die Österreicher in Rivoli und La Favorita vernichtend. Damit war der Entsatz von Mantua gescheitert, das am 2. Februar kapitulierte.

Der Fall der Festung Mantua veränderte die Voraussetzungen, unter denen man in Paris zu einem Frieden mit Österreich bereit war. Schon nach der Schlacht von Rivoli verständigte sich das Direktorium auf die Bedingungen: Die ehemals österreichischen Niederlande einschließlich des Bistums Lüttich, Savoyen und Nizza sollten auf jeden Fall zu Frankreich gehören. Über das linke Rheinufer hingegen wollte man mit dem Kaiser verhandeln, der für seine Gebietsverluste entschädigt werden sollte. Ursprünglich hatte man ihm für die Anerkennung der «natürlichen Grenzen» Frankreichs am Rhein die Rückgabe Mailands und der Lombardei anbieten wollen. Davon war jetzt keine Rede mehr. Das weitere Vorgehen zeigte deutlich, wie sehr das Direktorium unterdessen in den Sog von Bonapartes italienischen Ordnungsentwürfen geraten war: Am 25. Januar 1797 legten sich die Direktoren zunächst auf die Unabhängigkeit Mailands fest. Zwei Tage später warf Barras den Gedanken in die Debatte, die Republik Venedig zu «revolutionieren», also zu erobern, um sie dann Österreich als Kompensation anzubieten. Am 3. Februar griff La Révellière-Lépeaux seinen alten Lieblingsplan wieder auf, den Kirchenstaat zu zerstören. Diesmal fand er die Unterstützung von Barras und Reubell. Mit einem Schreiben vom gleichen Tag wurde Bonaparte angewiesen, den Kirchenstaat zu beseitigen, «sei es, dass man Rom einer anderen Macht unterstellt, sei es, was noch erstrebenswerter wäre, dass man hier eine Regierung schüfe, die das Regiment der Priester verachtens- und hassenswert macht», da, so die Begründung, «die römische Religion immer der unversöhnliche Feind der Republik sein wird».[43]

Bonaparte hingegen war jetzt, nachdem sich das Direktorium seinen ordnungspolitischen Vorstellungen für Italien angeschlossen hatte, umso mehr entschlossen, seinem Kurs gegenüber dem Heiligen Stuhl treu zu bleiben. Er war überzeugt, dass sich eine Neuordnung der italienischen Verhältnisse im Einklang mit den Interessen der Republik nur bewerkstelligen ließ, wenn man die spirituelle Macht des Papstes respektierte, der sich die breiten bäuerlichen Schichten Italiens bereitwillig unterwarfen. Das war schon seine Linie bei den Verhandlungen gewesen, die zum Abschluss des Waffenstillstands von Bologna geführt hatten. In dieser Haltung ließ er sich auch nicht irritieren, als er erkennen musste, dass der Kirchenstaat unter Pius VI. sich weigerte, die in Bologna eingegangenen Verpflichtungen zu erfüllen, solange er darauf rechnete, dass es den Österreichern gelingen würde, die Franzosen wieder aus Italien zu vertreiben.

Nach der Kapitulation von Mantua konnte sich Bonaparte der römischen Diversion zuwenden, die dem Direktorium so wichtig war, und den Kirchenstaat militärisch unter Druck setzen. Er drang in die Romagna und die Marken ein, besetzte auch den Hafen von Ancona, vermied aber jeden Anschein, Rom direkt angreifen zu wollen. Das tat schon die erwünschte Wirkung, denn bereits am 16. Februar 1797 erschienen Bevollmächtigte des Papstes im Hauptquartier von Tolentino. Drei Tage später wurde hier ein neuer Waffenstillstand unterzeichnet, mit dem sich Pius VI. zur Zahlung von insgesamt 30 Millionen Lire und der Abtretung von Avignon, Ancona, Bologna, Ferrara und der Romagna verpflichtete.

Unmittelbar danach eilte Bonaparte wieder nach Mantua, um mit seinen Truppen, die zwischenzeitlich durch zwei Divisionen der Rheinarmee verstärkt worden waren, das alte Vorhaben zu verwirklichen, über die Alpen in Richtung auf Wien vorzustoßen. Bereits am 16. März 1797 überschritt er am Tagliamento die letzte österreichische Verteidigungslinie, und drei Wochen später stand er in Leoben nördlich von Graz. Als Bonaparte – so erzählte er es jedenfalls später – am 31. März in Klagenfurt erfuhr, dass das Direktorium die geplanten Operationen der Rheinarmee in Süddeutschland auf unbestimmte Zeit vertagt hatte, musste er erkennen, dass er mit seiner Armee gefährlich in der Luft hing.[44] Um dennoch das Beste aus seinem Vorstoß über die Alpen herauszuholen, der die in Wien herrschende Nervosität erheblich gesteigert hatte, schlug er dem Gegner die Einleitung von Verhandlungen vor. Österreich, das nach der verlorenen Schlacht bei Rivoli solchen Avancen noch die kalte Schulter gezeigt hatte, zierte sich jetzt nicht mehr. Aus den Gesprächen über einen Waffenstillstand entwickelte sich rasch die Erörterung der Bedingungen eines Vorfriedens, an dem beide Seiten ein lebhaftes Interesse hatten, den abzuschließen Bonaparte jedoch keinerlei Vollmachten besaß. Das scherte ihn allerdings nicht, denn das war seine Chance, den Status Italiens seinen Vorstellungen gemäß zu fixieren, also weder Mailand noch die Lombardei an Österreich zurückzugeben. Als Kompensation für diesen Verlust, so wurde vereinbart, sollte Österreich Mantua und Venedig nebst dessen Festlandbesitz bis zum Tagliamento sowie Istrien und Dalmatien erhalten.[45] Davon war in seinem Schreiben an das Direktorium vom 16. April 1797 bezeichnenderweise keine Rede,[46] denn Bonaparte verschacherte mit Venedig das Fell eines Löwen, den er noch gar nicht erlegt hatte!

Die Motive, die ihn zu einem derart hochstaplerischen Handeln bewogen, liegen auf der Hand. Zum einen wollte er den Frieden mit Österreich abschließen, um dem Lorbeer des Siegers noch den Olivenzweig des Friedensstifters hinzuzufügen. Zum weiteren war es Bonapartes Wunsch, sich Mailand und die Lombardei als Experimentierfeld zu erhalten, auf dem er seine staatsmännischen Fähigkeiten entfalten konnte. Also machte er Wien mit Venedig ein verlockendes Angebot, das abzulehnen töricht gewesen wäre. Das diente auch der Absicht, die Verhandlungen zügig abzuschließen, um zu vermeiden, dass das Direktorium diese mit seinem Veto durchkreuzte. Schließlich war sich Bonaparte bewusst, dass deren Ergebnis nicht mit den politischen Absichten übereinstimmte, die man in Paris hatte. Auch damit hatte er Glück. Der Vorfrieden von Leoben wurde am 18. April 1797 auf der Basis von Bonapartes Vorschlag geschlossen, Belgien, Mailand und die Lombardei gegen Venedig zu tauschen.[47]

Wie nicht anders zu erwarten, lösten die Vertragsbedingungen von Leoben im Direktorium heftige Kontroversen aus.[48] Das änderte aber nichts daran, dass sie schließlich gebilligt wurden. Das erzwang nicht zuletzt die große Begeisterung in der französischen Öffentlichkeit, die über die Nachricht von dem Friedensschluss in einen Freudentaumel geriet, der alle Einwände unter sich begrub. Darauf hatte es Bonaparte wohl auch angelegt, denn die Nachricht von dem Frieden erreichte Paris bereits am 26., der Vertragstext hingegen traf erst am 29. April ein. Zähneknirschend musste sich das Direktorium eingestehen, dass Bonaparte das erreicht hatte, was es ihm bislang hartnäckig verweigerte: das Prokonsulat in Italien.

Dieser Triumph war für Bonaparte aber mit einer herben Enttäuschung garniert. Im April 1797 hatten in der Cispadanischen Republik, die hinsichtlich ihrer Verfassung ganz nach dem Muster der Geschäftsordnung der Französischen Republik von 1795 zugeschnitten war, erste Wahlen stattgefunden. Deren Ausgang blieb hinter Bonapartes Erwartungen weit zurück, denn die konservativen Kräfte, die unter dem Einfluss klerikaler Interessen standen, errangen die Mehrheit. Das war allerdings nicht überraschend, weil sich die Begeisterung über die «Befreiung» von der päpstlichen Herrschaft in Bologna, Modena, Ferrara und anderen Städten auf die schmale Schicht des aufgeklärten oder liberalen Bürgertums beschränkte, während die bäuerlichen Massen, von den Pfarrern dazu ermuntert, ihren alten Gewohnheiten und Loyalitäten die Treue hielten.

Wie Bonaparte dem Direktorium am 1. Mai mitteilte, machte er sich nun daran, «die Lombardei und Cispadanien unter einer provisorischen Regierung zu vereinigen; ist das geschehen, werde ich unter Berücksichtigung ihrer Gebräuche Maßnahmen ergreifen, um den Einfluss der Priester zu vermindern und die öffentliche Meinung aufzuklären».[49] Mit der angekündigten Fusion der Lombardei mit der *République cispadane* zur *République cisalpine*, die große Teile Norditaliens vereinigte, die bislang eine separate staatliche Existenz geführt hatten, wurde nach dem 24. Mai 1797, dem Tag, an dem die Ratifikationsurkunden des Vertrags von Leoben ausgetauscht worden waren, zügig begonnen. Gesetzgebende Kommissionen wurden einberufen, eine Verfassung auszuarbeiten, Direktoren und Räte ernannt, ein einheitliches Justizwesen geschaffen und Bürgerwehren aufgestellt. Obwohl die Verfassung, die am 9. Juli verkündet wurde, Wahlen für die Legislative vorsah, verfügte Bonaparte eingedenk der jüngst gemachten Erfahrungen, alle Mitglieder der Exekutive und der Legislative für das erste Jahr ihrer Tätigkeit selbst zu ernennen.[50] Die *République cisalpine* blieb ein ephemeres Gebilde, das alles in allem zwanzig Monate Bestand hatte.

Die Zerstörung der Republik Venedig dagegen, der sich Bonaparte unmittelbar nach Leoben zuwandte, um sein vertraglich besiegeltes Kompensationsversprechen zu verwirklichen, bereitete der ruhmreichen Geschichte dieser seit dem 5. Jahrhundert bestehenden Stadtrepublik ein unrühmliches Ende auf Dauer. Nachdem Bonaparte bereits Ende Mai 1796 die zu Venedigs Festlandbesitzungen gehörenden Städte Brescia und Verona sowie die Festung von Peschiera besetzt hatte, war das Schicksal der Stadt so gut wie besiegelt. Als der Vorfrieden mit Österreich im Mai 1797 geschlossen war, brauchte es nur noch einen Vorwand, um der Stadt, die die ganze Zeit über an ihrer unbewaffneten Neutralität festgehalten hatte, ihre Freiheit zu nehmen. Der bot sich, als Bonaparte Kenntnis von der Beschlagnahme eines französischen Schiffs erhielt, das am 20. April in Venedig einlaufen wollte. Dabei war es zu Kampfhandlungen gekommen, bei denen der Kapitän getötet wurde.[51] Dieser Zwischenfall verschaffte Bonaparte den willkommenen Anlass, über Venedig herzufallen. Am 2. Mai veröffentlichte er ein Manifest mit der Liste seiner Beschwerden gegen Venedig.[52] Zehn Tage später waren die Herrschaft des Dogen beseitigt und eine provisorische Regierung installiert. Zwar zögerte das Direktorium etwas, die altehrwürdige Republik Venedig zu zerstören, um sie dann gemäß den Bestimmungen des Vorfriedens von Leoben an Österreich auszuliefern. Doch die Aussicht auf Beute überwand rasch alle Skrupel. Bonaparte hatte längst in Venedig Fakten geschaffen, als er vom Direktorium eine umfassende Handlungsvollmacht erhielt.

Die Verhandlungen, mit denen der Vorfrieden von Leoben in einen endgültigen Friedensvertrag überführt werden sollte, fanden seit dem Sommer im Schloss von Passariano bei Udine statt. Hatten die Österreicher die Friedensgespräche anfangs noch in der Hoffnung auf einen Regimewechsel in Paris verschleppt, erkannten sie nach dem Staatsstreich vom 18 Fructidor, dass sie mit weiteren Verzögerungen nichts gewinnen konnten, während das Direktorium, durch den Putsch im Inneren gestärkt, seine Forderungen hochschraubte. Wie Talleyrand, der seit dem 24. Juli als Außenminister amtierte, Bonaparte wissen ließ, sollte es das Ziel der Verhandlungen sein, «die Italienische Republik gut gesichert zurückzulassen und ihr auch Mantua zuzuschlagen. Das ist der laut geäußerte Wunsch aller Republikaner. Wenn wir zusammen damit noch die Rheingrenze erlangen und Venedig nicht dem Kaiser überantworten, dann wäre das ein Frieden, der eines Bonaparte würdig ist.»[53]

Diese Instruktionen signalisierten nicht nur eine Annäherung des Direktoriums an die Wünsche der «Patrioten», die es nach dem geglückten Streich gegen die Royalisten wieder zu hofieren galt. Sie waren auch eine Aufkündigung wichtiger Vereinbarungen, auf die man sich mit dem Vorfrieden von Leoben bereits verständigt hatte. In der Sache bedeutete dies nichts anderes, als die Friedensgespräche scheitern zu lassen und den Krieg fortzusetzen. Das aber entsprach in keiner Weise den Vorstellungen Bonapartes. Er bot daher eigenmächtig an, Österreich das venezianische Territorium nicht nur bis zum Isonzo abzutreten, wie vom Direktorium vorgesehen, sondern bis an die Etsch, wenn man sich im Gegenzug bereitfände, die Ionischen Inseln an Frankreich abzutreten. Außerdem ließ er seinen Verhandlungspartner wissen, das Direktorium beharre mit Ausnahme der preußischen Territorien im Raum Köln auf dem Besitz des linken Rheinufers. Über diese Forderung solle zwar noch ein Kongress unter Beteiligung des Heiligen Römischen Reichs entscheiden, aber Österreich müsse sie bereits jetzt anerkennen.

Auf der Grundlage dieser Bedingungen, die die Bonapartes und nicht die des Direktoriums waren, wurde am 18. Oktober 1797 der Frieden von Campo Formio abgeschlossen. Venedig wurde damit ganz in der Manier der Diplomatie des *Ancien Régime* an Österreich abgetreten, eine Vorgehensweise, die das Gegenstück zu den polnischen Teilungen darstellte, während die Anerkennung des französischen Anspruchs auf das linke Rheinufer lediglich in den Geheimartikeln des Vertrags erwähnt wurde. Österreich versprach darin, keine Einwände geltend zu machen, sollte der Reichstag des Deutschen Reichs dessen Abtretung zustimmen. Der zu diesen Bedingungen geschlossene Frieden mit Österreich rief im Direktorium, kaum dass der Vertragstext am 26. Oktober in Paris eingetroffen war, helle Empörung hervor. Aber wie Bonaparte kalkuliert hatte, gab es zu dessen Akzeptanz keine Alternative, denn Ablehnung hätte den Bruch mit ihm bedeutet. Den konnte sich das Direktorium allerdings umso weniger leisten, als er seit dem Tod Hoches im September 1797 der einzige fähige General war, den die Republik hatte. Überdies hätte die Ablehnung des Friedens die Fortsetzung des Krieges bedeutet, was die öffentliche Meinung kaum gebilligt hätte. Schließlich wäre das auch nicht mit der Absicht des Direktoriums vereinbar gewesen, seine starke Position nach dem Staatsstreich vom 18 Fructidor für eine Sanierung der Republik zu nutzen. Kurz, dem Direktorium blieb keine andere Wahl, als die Kröte zu schlucken, die ihm Bonaparte mit dem Frieden von Campo Formio zumutete, der für Österreich ohnehin nur ein Waffenstillstand war.

Bonaparte musste am Sinneswandel des Direktoriums in der Italienfrage vor allem dessen plötzliche Vorliebe für die italienischen «Schwesterrepubliken» irritieren, die es zuvor wenig geschätzt hatte. Dass sich dies nun geändert hatte, lag nicht nur daran, dass man diese Eroberungen jetzt nicht mehr für mögliche Kompensationen in den Verhandlungen mit Österreich brauchte, sondern auch am Einfluss jener Italiener auf das Direktorium, die sich in Paris als «Patrioten» aufführten, das heißt als glühende Befürworter einer raschen und umfassenden staatlichen Lösung der italienischen Frage nach dem Vorbild der Französischen Republik eintraten. Aufgrund seiner Erfahrungen mit diesen Enthusiasten, die nur eine kleine liberale Minderheit repräsentierten, warnte Bonaparte Außenminister Talleyrand wiederholt vor den Gefahren, die er hier lauern sah: «Man überschätze nicht den Einfluss, den diese angeblichen piemontesischen, cisalpinischen und genuesischen Patrioten besitzen, zumal es als ausgemacht gelten kann, dass, zögen wir uns zurück, unsere moralische und militärische Bedeutung auf einen Schlag verschwinden und alle diese vermeintlichen Patrioten vom Pöbel totgeschlagen würden». Um hingegen in Italien eine positive Entwicklung zu gewährleisten, brauche es viel Zeit und eine kluge Politik, die jeweils die sich bietenden Umstände ausnutzte, die öffentliche Meinung entsprechend bearbeitete und vor falschen Einflüssen bewahrte.[54]

Bonapartes Warnung war nichts weniger als prophetisch, denn kaum hatte er im November 1797 Italien verlassen, beging das Direktorium all jene Fehler, die er stets vermieden hatte: Der Kirchenstaat wurde «revolutioniert», der Papst verbannt, die «Römische Republik» ausgerufen, und überall kamen die «Patrioten» an die Hebel der Macht. Die Folgen ließen nicht lange auf sich warten. Das nach französischem Vorbild organisierte und «republikanisierte» Italien wurde binnen kürzester Zeit von Unruhen und Aufständen heimgesucht und versank in einem blutigen Chaos. Das machte es zur leichten Beute der europäischen Mächte, die sich in der zweiten Koalition gegen Frankreich verbündeten und denen im Frühjahr 1798 Italien wie eine reife Frucht in die Hände fiel.

FÜNFTES KAPITEL

BRUMAIRE

Campo Formio war lediglich ein Waffenstillstand. Dies erleichterte es dem Direktorium, Bonapartes Vereinbarungen zuzustimmen. Man hatte auch keine andere Wahl. Die Begeisterung der Öffentlichkeit über den Frieden nötigte ebenso zur Ratifikation wie die Furcht vor Bonaparte, dessen Gewicht und Einfluss dank seiner nicht abreißenden Erfolge ständig zunahmen. Das Direktorium überschlug sich deshalb mit Lob für ihn und setzte andererseits alles daran, die triumphale Heimkehr des Siegers zu verhindern.

Das Direktorium ernannte Bonaparte daher am 26. Oktober 1797 zum *Général en chef de l'armée d'Angleterre.*[1] Die Aufstellung dieser Armee an der Kanalküste war aber noch nicht abgeschlossen, und so musste man Bonaparte für eine Weile anderweitig beschäftigen, um seinen Aufenthalt in Paris möglichst abzukürzen. Dieser Verlegenheit verdankte er seine Ernennung zum Chef der französischen Delegation beim Rastatter Kongress, der am 16. November beginnen und von dem die französische Rheingrenze endgültig festgelegt werden sollte. Mit der Abreise nach Rastatt hatte es Bonaparte indes nicht eilig, denn zuvor wollte er noch letzte Hand an das in Italien begonnene Werk staatlicher Neuordnung legen. Das galt namentlich für das Schicksal Venedigs, dessen reiche Schätze nach Frankreich geschafft wurden. Was man nicht erraffen konnte, sollte nach Möglichkeit zerstört werden, um es den Österreichern nicht in die Hände fallen zu lassen. Da wurde nichts geschont, und selbst die goldenen Verzierungen des prächtigen Staatsschiffs, der *Bucentaure*, wurden heruntergerissen und der Beute einverleibt.[2] Der Glanz Venedigs schwand dahin in einer wahren Plünderungsorgie, in der Bonaparte wohl auch seine Enttäuschungen über die Italiener auslebte.[3]

Auf der Reise nach Rastatt machte er am 19. November in Turin Station. Hier traf er seinen Vertrauten André-François Miot de Mélito, der unterdessen als französischer Botschafter an den Hof von Piemont-Sardinien entsandt worden war. In einer längeren Unterredung äußerte Bonaparte Überlegungen, die sein künftiges Verhalten gegenüber dem Direktorium erhellen: «Diese Advokaten in Paris, die man jetzt ins Direktorium aufgenommen hat, verstehen nichts vom Regieren; das sind Kleingeister. (…) Sie sind eifersüchtig auf mich, das weiß ich bestimmt, und unbeschadet allen Weihrauchs, mit dem sie mich einnebeln, gehe ich ihnen nicht auf den Leim. Sie fürchten mich mehr, als dass sie mich lieben. (…) Was mich anbelangt, mein lieber Miot, so gestehe ich Ihnen, dass ich mich nicht mehr unterzuordnen vermag. Ich habe davon gekostet, zu befehlen, und davon möchte ich nicht mehr lassen.»[4]

Den Ehrgeiz musste Bonaparte aber verbergen, wollte er seinen Erfolg nicht gefährden. Am 26. November traf er in Rastatt ein. Binnen kurzem gelang es ihm, mit dem österreichischen Bevollmächtigten Cobenzl handelseinig zu werden und den Tausch von Mainz, das an Frankreich fiel, gegen Venedig, das in den Besitz Österreichs überging, zu besiegeln. Mit diesem neuerlichen Erfolg in der Tasche hatte er es eilig, nach Paris zu kommen, wo er am 5. Dezember eintraf. Doch der Auftrag, der seiner hier harrte, die Invasion Englands zu unternehmen, entsprach nicht seinen Vorstellungen. Hoche war bereits 1796 mit einem entsprechenden Versuch kläglich gescheitert. Die Aussichten auf ein Gelingen des Unternehmens hatten sich auch seither nicht verbessert, weil die Briten im Oktober 1797 bei Kamperduin vor der niederländischen Küste die holländische Flotte versenkt hatten. Eine Inspektion der französischen Kanalhäfen, zu der Bonaparte am 8. Februar 1798 aufbrach, verschaffte ihm niederschmetternde Eindrücke vom Stand der Invasionsvorbereitungen. Solange die Engländer die Herrschaft zur See behaupteten, erschien es ihm als zu riskant, den Gegner direkt zu attackieren. Das Inselreich ließ sich nur über seine Flanken angreifen.[5]

Die eine Option war die Besetzung von Hamburg und Hannover, zweier Territorien, über die englische Waren auf den Kontinent gelangten; die andere ein Vorstoß in die Levante, die Eroberung Ägyptens, dessen Besitz die Kontrolle des Seewegs nach Indien erlaubte.

Die erste Option war aus politischen Rücksichten nicht zu realisieren. Hamburg wie Hannover fielen unter die norddeutsche Neutralität, die von Preußen garantiert wurde, mit dem man im April 1795 Frieden geschlossen hatte. Außerdem war bei jeder größeren Bewegung auf dem Kontinent mit dem Eingreifen Österreichs zu rechnen. Blieb also nur das abenteuerliche ägyptische Gambit, das Bonaparte dem Direktorium bereits am 16. August 1797 vorgeschlagen hatte.[6]

Der Plan, Ägypten für Frankreich zu erobern, war schon während des *Ancien Régime* gelegentlich ventiliert, seiner Unausführbarkeit wegen aber nicht weiterverfolgt worden. Möglicherweise hatte Bonaparte davon gehört, denn die Überlegung, eine solche Expedition zu wagen, ergriff förmlich von ihm Besitz, wie seine wiederholten Anspielungen darauf belegen.[7] Vermutlich war Ägypten für Bonaparte damals nicht mehr als ein Traumgespinst, in das er sich verlor, um sich in seiner Imagination einen neuen Bildersaal unerhörter Ruhmestaten auszumalen, die an exotischem Reiz seine Erfolge in Italien noch in den Schatten stellen würden. Das änderte sich aber in dem Maße, wie er Außenminister Talleyrand mit diesen Phantastereien anstecken konnte. Dieser leitete dem Direktorium am 14. Februar 1798 ein längeres Memorandum zu, das Ägypten geradezu als «Gelobtes Land» schilderte, dessen Eroberung er in finanzieller wie militärischer Hinsicht als Kinderspiel darstellte.[8] Für eine von chronischem Geldmangel geplagte Regierung war das ein verlockender Köder. Das Direktorium biss aber noch nicht an, sondern klammerte sich starrsinnig an das Vorhaben einer Invasion Englands, für das bereits beträchtliche Mittel aufgewandt worden waren. Erst als Bonaparte am 5. März 1798 eine detaillierte Denkschrift zur Eroberung Ägyptens vorlegte, änderte es seine Meinung.[9]

Noch am gleichen Tag erteilte das Direktorium Bonaparte den Befehl, mit Nachdruck und unter strenger Geheimhaltung die Ägypten-Expedition vorzubereiten. Dabei spielte keine geringe Rolle, dass man Bonaparte loswerden wollte. Solange der Frieden in Europa währte, hatte man für ihn keine Verwendung. Blieb er aber noch länger in Paris, drohte er wegen seines Ruhmes, den er sich in Italien nicht nur als Krieger, sondern auch als Verwalter erworben hatte, zu einer immer größeren Gefahr für das Direktorium zu werden. Zum weiteren schaffte man sich damit auch die rund 30000 Mann der von Beute und Erfolg verwöhnten Italienarmee vom Hals, die jetzt nach

Frankreich zurückkehrten und von Bonaparte als Prätorianergarde genutzt werden konnten, falls er beabsichtigen sollte, nach der Macht zu greifen.

Bonaparte schiffte sich also am 19. Mai 1798 mit einer Flotte von Toulon aus nach Ägypten ein. Mit seinem Verschwinden aus Paris sah sich das Direktorium endgültig im Besitz der uneingeschränkten Handlungsfreiheit. Die entscheidende Etappe dafür war zuvor schon durch den Staatsstreich vom 18 Fructidor erreicht worden, der auch insofern ein Befreiungsschlag gewesen war, als durch den Austausch zweier seiner Mitglieder das Direktorium eine zuvor nicht gekannte Geschlossenheit erhielt. Sie wirkte sich umso vorteilhafter aus, als seitens der beiden Kammern nach der vorausgegangenen umfangreichen Säuberung keinerlei Widerstand mehr zu gewärtigen war. Das erlaubte es endlich, alle die Probleme entschlossen anzugehen, deren Lösung bislang aufgeschoben worden war.

Besonders dringlich war eine Sanierung des Finanzwesens, die wegen des völligen Zusammenbruchs der Papiergeldwährung keinerlei Aufschub mehr duldete. Das Verschwinden des Inflationsgelds verursachte eine Deflation, die umso massiver war, als das Münzgeld, das nun erneut alleinige gesetzliche Gültigkeit hatte, nicht in ausreichender Menge zur Verfügung stand. Während die Preise rapide zurückgingen, stiegen umgekehrt die Zinslasten für Schulden, die auf Papiergeldbasis kontrahiert und nicht rechtzeitig abgelöst worden waren. Das führte zum einen dazu, dass vielfach zu einem primitiven Tauschhandel übergegangen wurde, während andererseits die Steuereinnahmen versiegten, die für die Bedienung der exorbitanten Schulden gebraucht wurden, die mit der dauernden Kriegführung kontinuierlich angewachsen waren. Das nötigte wieder zu eben solchen Behelfen, wie sie schon zum Untergang des *Ancien Régime* beigetragen hatten: Die Erträge aus künftigen Steuereinnahmen wurden an Finanzleute zu Wucherzinsen verpfändet, während gleichzeitig Staatseigentum, vor allem Nationalgüter aus säkularisiertem Kirchenbesitz im annektierten Belgien oder auch die Kronjuwelen der französischen Monarchie, verschleudert wurde. Haupteinnahmequelle blieben aber die Kontributionen und Zwangsanleihen, die den eroberten Ländern nun umso nachdrücklicher abgepresst wurden. Alle diese riesigen Summen waren indes nur ein Tropfen auf den heißen Stein.

Der 18 Fructidor erlaubte es Finanzminister Ramel, jene radikalen Maßnahmen einzuleiten, deren Durchsetzung zuvor am Widerstand der Kammern gescheitert wäre: Am 30. September 1797 wurde den Rentenbesitzern, den Gläubigern der Staatsschuld, eröffnet, dass ihnen sofort zwei Drittel der geschuldeten Summe in Papieren erstattet werden sollte, die zum Erwerb von Nationalgütern berechtigten, während lediglich das restliche Drittel der Schuld in harter Währung bedient wurde. Das war nichts anderes als die durchsichtige Verschleierung eines Staatsbankrotts. Die Ansprüche der Gläubiger wurden damit de facto auf ein Drittel reduziert, während ihnen für die restlichen zwei Drittel zweckgebundene Genussscheine ausgestellt wurden, die einem galoppierenden Wertverlust ausgesetzt waren.[10]

Das war der erste Staatsbankrott seit 1770. Zeit der Revolution war diese brachiale Methode, die vom Staat aufgehäuften Schulden zu beseitigen, vermieden worden. Ein solcher Versuch hätte die Revolution unrettbar diskreditiert. Ihre Legitimation zehrte nicht zuletzt von der Bereitschaft, die mit der Staatsverschuldung eingegangenen Verpflichtungen gegenüber den Gläubigern unbedingt zu respektieren. Immerhin aber konnte sich der Staat nun vom größten Teil der Schuldenlast befreien. Allein die Zinszahlungen hatten jährlich über 160 Millionen *francs* verschlungen. Das war gleichwohl nur ein erster Schritt zu einer dauerhaften Sanierung der öffentlichen Finanzen. Um diesen Prozess zu verstetigen, musste nicht nur das gesamte Steuerwesen überarbeitet, sondern auch das Steueraufkommen verbessert werden. Entweder mussten die Einnahmen pünktlich eingehen oder neue Steuern erhoben werden. Mit dem am 12. November 1797 verabschiedeten Gesetz wurde die *Agence des contributions directes* geschaffen, die erste zentralisierte Finanzbehörde seit dem Ende des *Ancien Régime*. Ihre Aufgabe war es, die direkten Steuern auf lokaler Ebene einzutreiben. Um die fristgerechte Erstattung der Steuerschulden zu gewährleisten, konnten die Beamten dieser *Agence* das Militär zu Hilfe rufen, das mit Zwangseinquartierungen säumige Steuerzahler drangsalierte.[11]

Da die direkten Steuern trotz solcher Zwangsmaßnahmen erfahrungsgemäß nur mit großer Verzögerung eingingen, suchte man die Einnahmen durch die Wiedereinführung einer Reihe indirekter Steuern auf Tabak, Salz, Personenverkehr und schließlich auch auf Fenster und Türen zu verbessern, deren Abschaffung zu den Errungenschaften der Revolution gehört hatte.[12] Allerdings brauchte es Jahre, bis sich alle diese fiskalischen Reformen auszuwirken begannen. Ursächlich dafür war nicht zuletzt der anhaltende Mangel an Münzgeld.

Einen unmittelbaren negativen Effekt hatten der Staatsbankrott und die Neuordnung des Steuerwesens dagegen auf die Popularität des Regimes beim Besitzbürgertum, seiner wichtigsten Stütze. Was diesen Ansehensverlust des Direktoriums noch verstärkte, war die ausgeprägt illiberale Politik, auf die es nach dem 18 Fructidor einschwenkte. Mit der Säuberung der Kammern und der Annullierung der Wahlen begann eine mehrere Monate andauernde Phase fortgesetzter Repression, die bisweilen als *Terreur Directoriale* bezeichnet wird. Der Begriff impliziert allerdings eine völlig unangemessene Analogie zum Schreckensregiment des Jahres II. Die *Terreur* hatte damals einer diktatorischen Revolutionsregierung nicht nur als Mittel gedient, sich an der Macht zu behaupten, sondern auch dazu, eine zentral gelenkte Kriegswirtschaft durchzusetzen. Von Letzterem konnte jetzt keine Rede sein, und außerdem verstieß der Schrecken, den das Direktorium entfaltete, zwar gegen den Geist der Verfassung, kam aber weder nach Ausmaß noch Intensität jenem des zweiten Revolutionsjahres auch nur nahe.

Von den zahlreichen Gesetzen, die im Laufe der ersten *Terreur* erlassen wurden, waren eine ganze Reihe noch immer nicht förmlich außer Geltung gesetzt worden, sondern lediglich außer Gebrauch gekommen. Deren fortdauernde Gültigkeit wurde jetzt im Zusammenhang mit der erneut beginnenden Verfolgung von Emigranten und Priestern wieder in Anschlag gebracht. *Emigrés*, die im Vertrauen auf die im Frühjahr 1797 aufblühenden royalistischen Hoffnungen nach Frankreich zurückgekehrt waren, sahen sich nach dem Fructidor plötzlich mit der Forderung konfrontiert, das Land binnen zwei Wochen zu verlassen. Bei Nichtbefolgung drohte ihnen die Todesstrafe, die in den kommenden Monaten tatsächlich über 160 Mal von Militärgerichten ausgesprochen und vollzogen wurde.[13]

Unerbittlicher Verfolgung sahen sich auch wieder jene Priester ausgesetzt, die den Eid auf die Verfassung verweigert hatten und denen man vor dem Staatsstreich des *Fructidor* noch mit Nachsicht begegnet war. Unmittelbar nach dem 18 Fructidor wurde ein Gesetz gebilligt, wonach alle Priester, die sich weigerten, einen neuen Eid zu leisten, der sie zum Hass auf die Monarchie verpflichtete, in die Fiebersümpfe von Guayana deportiert werden sollten. Davon waren viele jener Priester betroffen, die 1797 nach Frankreich zurückgekehrt und hier ihren seelsorgerischen Pflichten nachgegangen waren. Rund 1400 dieser Priester wurden verhaftet und auf die vor der französischen Atlantikküste gelegenen Inseln Ré und Oléron geschafft, von denen aus sie nach Guayana verschifft werden sollten. Dorthin gelangten aber nur gut 200; andere wurden unterwegs von britischen Schiffen aufgebracht und so vor ihrem sicheren Verderben gerettet, während die meisten an Alter und Entkräftung in der Abschiebehaft starben.[14]

Das scharfe Vorgehen gegen Adelsemigranten und Kleriker, die den Eid auf die Revolution verweigerten, verstanden die Jakobiner als ein aufmunterndes Signal. Das entsprach durchaus der Herrschaftslogik des Regimes, das sich zwar auf das Besitzbürgertum zu stützen suchte, gleichzeitig aber darauf bedacht sein musste, diese Basis abwechselnd nach rechts oder links zu verbreitern. Dass jetzt nach gut 18 Monaten der Ächtung die Linke wieder toleriert, wenn nicht gar hofiert wurde, fand seinen Niederschlag in der *Union républicaine*. Die Jakobiner wurden nach dem *Fructidor* aus ihrer politischen Acht befreit und erneut zu zahlreichen Ämtern in der Verwaltung und den Gerichten zugelassen. Dieses Wohlwollen erstreckte sich auch auf die linke Presse, die nun viel weniger gegängelt wurde als die Organe der Rechten. Das galt ebenso für die linken Debattenclubs, die *Cercles constitutionnels*, die sich in den französischen Städten wieder überall ungehindert etablieren konnten.

Die Linke gewann aufgrund dieser Entwicklung einen dominierenden Einfluss auf die öffentliche Meinung, den das Direktorium im Interesse des eigenen Machterhalts begrenzen musste. Das war umso dringender geboten, als im April 1798 erneut Wahlen anstanden, die noch bedeutsamer waren als die vom Jahr zuvor: Jetzt galt es nicht nur das letzte Drittel der einstigen Konventsabgeordneten in der Legislative zu ersetzen, sondern es mussten insgesamt 437 Deputierte gewählt werden, von denen die meisten ihr Mandat bis 1801 ausüben würden. Die anfängliche und höchst fragwürdige Regelung, mit der die Wähler dazu genötigt worden waren, zwei Drittel der Konventsabgeordneten in die neue Legislative zu entsenden, galt nun nicht mehr, weshalb sich jetzt die Gefahr einer völlig neu zusammengesetzten Kammer ergab, deren Mehrheit sich nicht prognostizieren ließ.

Das war eine Perspektive, die das Direktorium umso nervöser machen musste, als viele dieser Wähler ihre Interessen offenbar von konstitutionellen Monarchisten gut vertreten sahen. Das war die Lehre aus den Wahlen vom Frühjahr 1797. Diese vorhersehbare «Wählerwanderung» dadurch auszugleichen, dass man mittels der *Union républicaine* die Unterstützung von gemäßigten Linken zu gewinnen suchte, bot auch keine Gewähr, denn nichts garantierte, dass diese ihre Interessen nicht in einer extremeren Spielart der Linken besser aufgehoben sahen. Das stiftete eine komplexe politische Gemengelage, die durch umfangreiche Manipulationen unter Kontrolle gebracht werden sollte. Dazu gehörte insbesondere, dass in den Departements, in denen die Wahlen vorhersehbar nicht im Sinne des Direktoriums ausfielen, Voraussetzungen geschaffen wurden, die Legalität des Mehrheitsergebnisses zu bestreiten und stattdessen das Mandat dem an den Urnen zwar unterlegenen, der Regierung aber politisch genehmen Kandidaten zuzusprechen. Um diesem Verfahren den Anschein der Legalität zu geben, erhielten die noch amtierenden Kammern die Vollmacht, in diesen Fällen über die Legitimität der konkurrierenden Fraktionen und Kandidaten zu entscheiden.[15]

Absehbar war, dass dieses windige Verfahren problemlos nur bei vergleichsweise eindeutigen Abstimmungsergebnissen angewandt werden konnte. Das war aber in lediglich 37 Departements der Fall. In zahlreichen Distrikten, insbesondere in den Städten, wurden die Wahlversammlungen von den *Cercles constitutionnels* beherrscht, die den Kandidaten der Regierung eine vernichtende Niederlage bescherten. Allein 176 der gewählten Abgeordneten, unter ihnen 77, die für den Tod Louis' XVI votiert hatten, hatten bereits dem Konvent angehört.[16] Von den Kandidaten der Regierung konnten hingegen nur 43 auf Anhieb ein Mandat erringen. In allen anderen Wahlkreisen war das Stimmensplitting sowohl in den Urwählerversammlungen wie in den Kollegien der Wahlmänner derart kompliziert ausgefallen,[17] dass die Frist für deren Überprüfung durch die Kammern, die durch den für den 20. Mai angesetzten Beginn der neuen Legislaturperiode begrenzt war, vorhersehbar nicht ausreichen würde. Das nötigte zu einem neuerlichen Staatsstreich, der mit dem Gesetz vom 22 Floréal (11. Mai

1798) ausgeführt wurde.[18] Durch dieses Gesetz wurden insgesamt 115 gewählte Abgeordnete «floréalisiert», das heißt bereits vor Beginn der Legislaturperiode ihres Mandats beraubt. Am meisten waren mit 84 Mandatsträgern die Jakobiner betroffen, gefolgt von 14 Abgeordneten, die sich keiner Fraktion zurechnen ließen, und 9 Royalisten oder Gegenrevolutionären. In 8 Departements wurden die Wahlen vollständig annulliert, in 37 wurde die Abstimmung auf Grundlage des Stimmensplittings entschieden, und nur in 53 von insgesamt 98 Departements hielt das Wahlergebnis der Überprüfung stand.[19]

Der «Staatsstreich» des *Floréal* verlief wesentlich unspektakulärer als der des *Fructidor* und war auch weit weniger erfolgreich: Binnen Jahresfrist stand ein erheblicher Teil der Abgeordneten, die als zuverlässig angesehen worden waren, in Opposition zur Regierung. Zunächst aber garantierten die manipulierten Mehrheitsverhältnisse die Dominanz des Direktoriums über die Kammern. Das hat die Wähler, die von ihrem Wahlrecht sowieso nur sehr kursorisch Gebrauch machten, nicht sonderlich irritiert; was in den Augen der Öffentlichkeit allein zählte, war der vorteilhafte Frieden nach einem siegreichen Krieg, und den schien Bonaparte in Campo Formio erreicht zu haben. Das, und weniger die vermeintlich überwältigende Mehrheit, auf die man sich in den Kammern stützen konnte, verschaffte dem Direktorium die Handlungssicherheit, die es mit einer gewissen Zuversicht in die Zukunft blicken ließ. Doch binnen zwölf Monaten waren die meisten Vorteile verspielt, die man mit List, Glück und Tücke erlangt hatte.

Der Frieden von Campo Formio hatte eine Perspektive eröffnet, die gierig machte. Was die Propaganda der *Girondins* beschworen hatte, schien jetzt Wirklichkeit zu werden. Der Eroberungskrieg war das unfehlbare Mittel, den endgültigen Triumph der Revolution zu sichern. Als endgültig erwies sich aber nur, dass deren Ideale abhanden kamen. Der Widerspruch, dass man sich eben jener Methoden des *Ancien Régime* bediente, wie sie von Russland, Österreich und Preußen erst jüngst bei der Zerstückelung Polens exemplarisch vorgeführt worden waren, blieb ebenso ausgeblendet wie die Ursünde, dass man das Selbstbestimmungsrecht, jenes Palladium der Revolution von 1789, nackten Machtinteressen geopfert hatte.

Ein erster Schritt auf diesem Weg war die Doktrin von den «natürlichen Grenzen» Frankreichs gewesen, die eine gleichermaßen fragwürdige wie gefährliche Rechtfertigung dafür lieferte, in den annektierten Territorien gewaltsam die politischen und sozialen Errungenschaften der Revolution einzuführen. Die jeweiligen Bevölkerungen waren über diese Zwangsbeglückung aus verständlichen Gründen oft nicht begeistert. Ihre Ablehnung erklärt sich aus dem Erlebnis, dass revolutionäre Propaganda und revolutionäre Praxis weit auseinandergingen. In der Summe machte es auch keinen Unterschied, ob die eroberten Länder und Territorien von Frankreich annektiert wurden oder ob sie als «Schwesterrepubliken» firmierten. Die Selbstständigkeit, die damit angedeutet werden sollte, war nichts anderes als bloße Dekoration. Alle «Schwesterrepubliken» waren ausnahmslos Protektorate Frankreichs, deren Marionettenregierungen unter dem Kuratel des Direktoriums standen und diesem wie Vasallen tributpflichtig waren. Der Knebelvertrag von Den Haag, den Reubell und Sièyes Mitte Mai 1795 der *Batavischen Republik* aufgezwungen hatten, war dafür typisch.

Am 21. Februar 1798 schloss das Direktorium mit der von Bonaparte geschaffenen *République Cisalpine* einen Bündnisvertrag, mit dem es deren Unabhängigkeit gegen jeglichen Angreifer garantierte, diese ihrerseits aber dazu verpflichtete, Frankreich im Falle eines Krieges zu unterstützen. Außerdem blieb eine französische Garnison mit 25000 Mann im Land, für deren jährlichen Unterhalt die Bürger der *Cisalpinischen Republik* 18 Millionen *francs* aufwenden mussten. Militärisch war die «Schwesterrepublik» damit, den Wünschen Bonapartes entsprechend,[20] völlig Frankreich unterworfen. Während die eine Kammer der *Republique Cisalpine* an diesen Bestimmungen keinerlei Anstoß nahm, wurde sie im *Conseil des Anciens* zweimal unter Hinweis auf die exorbitanten Besatzungskosten abgelehnt. Daraufhin machte das Direktorium kurzen Prozess, setzte zwei Direktoren, die als «gefährliche Aristokraten» denunziert wurden, ab und säuberte die Kammern von unliebsamen Mitgliedern, die durch neue, genehme Leute ersetzt wurden. Die Konstituierung der «Schwesterrepublik» ließ sich umso leichter bewerkstelligen, als die dem Land von Bonaparte verordnete Verfassung weder vom Direktorium noch durch Wahlen oder eine Volksabstimmung sanktioniert worden war. Das war gewissermaßen das Mailänder Gegenstück zum 18 Fructidor: Am 20. April wurde der Bündnisvertrag auch von der Zweiten Kammer ratifiziert.

Ein so mühelos erzielter Erfolg war umso verführerischer, als das Direktorium nach Campo Formio die Vorteile zu erkennen begann, die ihm aus der Gründung der cisalpinischen «Schwesterrepublik» erwuchsen. Nichts war naheliegender, als weitere Territorien in Italien nach diesem bewährten Muster zu organisieren. Dafür sprach, dass in der Lombardei und anderswo eine einflussreiche Minderheit Bonaparte zugejubelt hatte, der diesen Enthusiasmus klug auszunutzen verstand, indem er aus ihren Reihen die Männer rekrutierte, die unter seiner Aufsicht die innere Organisation der *République Cisalpine* wahrnahmen. Voraussetzung dafür war, dass man ihnen ihre Illusionen und Träume beließ. Sie erhoffen sich von der Unterstützung der französischen Schutzmacht die Verwirklichung all dessen, was ihnen schon immer vorgeschwebt hatte. Dazu gehörte auch der Traum eines *Risorgimento*, der nationalstaatlichen Einigung ganz Italiens in selbstbestimmter Freiheit.

Das ging nur so lange gut, wie man jene Illusionen und Träume nicht beschädigte. Nicht nur schiere Beutegier, sondern auch Unerfahrenheit auf beiden Seiten führten zu unvorhersehbaren Friktionen. Diese ließen sich zwar durch Interventionen und Säuberungen beheben, lösten aber mittelfristig Verwerfungen und Unruhen aus und führten damit zu instabilen Verhältnissen. Damit warfen die «Schwesterrepubliken», die durch die Okkupation ohnehin schon ausgelaugt waren, Probleme auf, die sie für das Direktorium alsbald von einer bequemen Stütze zu einer drückenden Last werden ließen.[21]

Diese Entwicklung wurde in Paris allerdings erst spät erkannt, weil man sich hier, vom Erfolg des Diktatfriedens von Campo Formio berauscht, von der Vorstellung der «Grande Nation» blenden ließ, die mit gleichsam naturgesetzlicher Zwangsläufigkeit daran ging, anderen Völkern die französische Freiheit zu schenken und deren Tyrannen zu verjagen. Solange sich in Italien zudem noch reichlich Beute machen ließ, war man in Paris bereit, sich die Sympathien der Italiener endgültig zu verscherzen und damit auch die vielversprechende Chance preiszugeben, Nord- und Mittelitalien unter französischer Führung eine stabile Organisation von Staaten mittlerer Größe zu verschaffen.

Bezeichnend dafür war der Umgang mit dem Kirchenstaat, den Bonaparte trotz gegenteiliger Anweisungen des Direktoriums stets respektiert hatte und mit dem man jetzt, nachdem der General seinen Posten bei der Italienarmee verlassen hatte, nach Belieben umspringen konnte. Das ahnte man auch am Heiligen Stuhl. Die päpstlichen Diplomaten ließen es deshalb nicht an versöhnlichen Gesten gegenüber der Revolution fehlen. Damit schürten sie aber nur das Misstrauen, das man in Paris ohnehin gegenüber den verborgenen Absichten des Papstes hegte. Suspekt war etwa, dass Rom sich bislang geweigert hatte, die Existenz der *République Cisalpine* förmlich anzuerkennen. *Giacobini* wurden daher ermuntert, in den Kirchenstaat einzusickern, um hier einen Aufstand anzuzetteln. Dazu brauchte es nicht viel, denn im Papststaat gab es genug Gleichgesinnte, die nur auf Unterstützung warteten.

Am 28. Dezember 1797 kam es zu einem auf das Stadtviertel Trastevere begrenzten Aufruhr, den niederzuschlagen die päpstlichen Truppen keine sonderliche Mühe hatten. In ihrem Eifer verfolgten sie einige der Empörer, die sich in die französische Botschaft im Palais Corsini flüchteten. Dabei wurde der französische General Duphot von einer Kugel tödlich getroffen. Als diese Nachricht am 11. Januar 1798 nach Paris gelangte, wurde sie sofort zu einer Verschwörung aufgebauscht, die angeblich der Hof von Neapel, der Truppen zum Schutz des Papstes im Kirchenstaat stationiert hatte, angezettelt habe. Aufgrund dieser höchst fragwürdigen Lageanalyse erhielt General Brune den Befehl, Ferdinand IV. von Neapel ultimativ aufzufordern, seine Truppen zurückzuziehen; andernfalls drohe dem Staat die Invasion. Gleichzeitig wurde General Berthier angewiesen, in den Kirchenstaat einzumarschieren. Als Mitte Februar 1798 französische Truppen Rom besetzten, ergriff eine Gruppe von *Giacobini* die Gelegenheit, um die Römische Republik auszurufen, die Frankreich auch sofort anerkannte. Papst Pius VI. wurde gefangen gesetzt, und die Römische Republik erhielt eine Verfassung nach dem Vorbild der französischen diktiert. Damit war auch der Kirchenstaat in eine «Schwesterrepublik» verwandelt worden, die von den französischen Armeelieferanten schamlos ausgeplündert werden konnte.[22]

Fast zeitgleich mit der «Befreiung» des Kirchenstaats ereilte die Helvetische Konföderation das gleiche Los. Die Schweizer Kantone bildeten einen lockeren Verband höchst unterschiedlicher, auf ihre Souveränität bedachter Territorien, deren Zusammenhalt keinerlei

Zentralgewalt gewährleistete. Danach hatten dessen einzelne Glieder auch nicht das mindeste Verlangen, denn das hätte eine Beschneidung ihrer seit Jahrhunderten eifersüchtig bewachten Freiheiten und unterschiedlichen Gebräuche bedeutet. Angesichts der Verheerungen, zu denen der Dreißigjährige Krieg in den Ländern im Norden der Schweiz geführt hatte, beschloss die Eidgenossenschaft 1647 die «immerwährende, bewaffnete Neutralität». Diese wurde von den europäischen Mächten in den Kriegen des 17. und 18. Jahrhunderts auch respektiert, weil keine von ihnen ein strategisches Interesse an diesem gebirgigen Land im Herzen Europas hatte. Das änderte sich schlagartig 1796, als Bonaparte Norditalien eroberte: Alle Alpenpässe, die Frankreich die sichersten und bequemsten Verbindungen zu seinen italienischen Vasallenstaaten verschafften, lagen im Waadtland auf dem Gebiet der Eidgenossenschaft. Nachdem Bonapartes Ansinnen, eine Etappenstraße zwischen Italien und Frankreich anzulegen, die über den Simplonpass führen sollte, von den betroffenen Kantonen abgelehnt worden war,[23] geriet die Schweiz endgültig in den Fokus der französischen Machtinteressen.

Nach dem Frieden von Campo Formio erkannten das auch einige eidgenössische Honoratioren, die in den daraus erwachsenden Gefahren eine Chance witterten, den zu einvernehmlichem Handeln unfähigen Verbund von Kantonen zu reformieren und zu konsolidieren. Diese Reform duldete jetzt umso weniger Aufschub, als ansonsten eine französische Intervention drohte, die alle schweizerischen Antiquitäten abräumte und das gebirgige Territorium kurzerhand nach französischem Vorbild politisch umgestaltete. Diese Einsicht veranlasste Peter Ochs, ein führendes Mitglied des Patriziats im Kanton Basel, dazu, im Dezember 1797 nach Paris zu reisen, um in Gesprächen mit dem Direktorium eine einvernehmliche Lösung des Problems zu erzielen.[24] Damit war er insoweit erfolgreich, als er die Forderung akzeptierte, eine Verfassung für eine *République Helvétique une et indivisible* auszuarbeiten. Diese Verfassung sollte mittels einer innerschweizerischen Revolution in Kraft gesetzt werden, mit der die Eidgenossen in eigener Regie die alten Zustände beseitigten. Die Ausführung dieses Plans scheiterte indes an genau den Gegensätzen, die mit seinem Gelingen beseitigt werden sollten. Zwar kam es im Hinterland von Basel und Zürich zu Aufständen, rebellierte das frankophone

Waadtland gegen die Herrschaft des deutschsprachigen Bern, doch entweder verfolgten diese Empörungen ausgesprochen partikularistische Ziele oder sie wurden vom städtischen Patriziat rasch niedergeschlagen.[25]

Das anfängliche Misslingen des Plans sollte nun eine französische Intervention korrigieren. Im Februar 1798 erhielt General Brune den Befehl, Bern zu besetzen und aus den westlich und südlich davon gelegenen Kantonen, die wegen ihrer Kontrolle der Alpenpässe für Frankreich von besonderer strategischer Bedeutung waren, drei unabhängige «Schwesterrepubliken» unter Berücksichtigung der Sprachgrenzen zu bilden. Diese Absicht vereitelte der erbitterte Widerstand, auf den die Franzosen stießen. Umso leichter fiel es deshalb den Schweizer Patrioten, das Direktorium davon zu überzeugen, dass lediglich die *République Helvétique une et indivisible* künftig solche Störungen verhindern könne. Am 22. März 1798 wurde sie von General Brune proklamiert. Die Verfassung dieser neuen helvetischen «Schwesterrepublik» war eben jene, die Ochs mit Vertretern des Direktoriums, darunter Bonaparte, bereits ausgearbeitet hatte und die der Konföderation einfach aufoktroyiert wurde. Ihr Schnittmuster – 23 gleichberechtigte Kantone, eine Legislative mit zwei Kammern und eine Exekutive, die von fünf Direktoren ausgeübt wurde – verriet das Vorbild. Als sich die Legislative einen Monat später zum ersten Mal versammelte, waren Repräsentanten aus lediglich 10 Kantonen erschienen; alle anderen weigerten sich mit der Begründung, dass sie zur neuen Verfassung nicht befragt worden seien und ihr folglich auch nicht zugestimmt hätten. Erneut mussten französische Truppen aufgeboten werden, um die Widerspenstigen zum Einlenken zu nötigen. Am 2. August billigte die Versammlung den Vertrag, der die Ursache für diese Schweizer «Revolution» gewesen war: Frankreich wurde der freie Zugang zu den Alpenpässen und die Stationierung der für deren Bewachung notwendigen Truppen zugestanden.[26]

Auch wenn die Schweiz mit knapper Not der Okkupation entgangen war, bewahrte sie das nicht vor der Ausplünderung durch die Franzosen. Zwar hatte das Direktorium versprochen, keine Kontributionen zu erheben, aber die gut gefüllten Kassen der größeren Städte wurden dennoch zur Finanzierung der ägyptischen Expedition geleert. Auch erhoben die im Land stehenden französischen Truppen

Kriegssteuern, um den eigenen Unterhalt zu bestreiten, und es kam auch zu Plünderungen, denen nur gelegentlich Einhalt geboten wurde.[27] Damit nicht genug, setzte das Direktorium schon im Juni 1798 die Ablösung von zwei Mitgliedern des Schweizer Direktoriums durch, weil diese sich nach dem Pariser Geschmack nicht kooperativ genug gezeigt hatten.

Die französische Okkupation des Kirchenstaats und die Notzüchtigung der Schweiz standen in eklatantem Widerspruch zum Geist des Friedens von Campo Formio. Ohne Bündnispartner war das auf sich allein gestellte Österreich aber zu schwach, um sich dieser Expansion Frankreichs, die insbesondere seinen venezianischen Besitz bedrohte, in den Weg zu stellen. Diese Wien zur Passivität verdammende Konstellation änderte sich durch die Entwicklung auf einem anderen, Europa fernen Schauplatz, denn die allzu leichtfertig begonnene ägyptische Expedition Bonapartes sahen drei Mächte als Anschlag auf ihre Machtansprüche: Großbritannien, das Osmanische Reich und Russland.

Damit hatte man im Direktorium nicht gerechnet. In Paris wiegte man sich in der Zuversicht, mit der ägyptischen Operation England zu überraschen und dessen indische Interessen zu beschädigen. Das war eine plausible Kalkulation, die Frankreich mit der Besetzung Ägyptens nicht nur für die anderweitig erlittenen Verluste außereuropäischer Territorien entschädigte, sondern ihm auch neue und vielversprechende Perspektiven im Kampf gegen den «Erbfeind» eröffnete. Zunächst entwickelte sich auch alles wie geplant. Zwar waren die umfangreichen Vorbereitungen in Toulon den Engländern nicht verborgen geblieben, aber hinsichtlich der Bestimmung der Flotte, die in dem Hafen ausgerüstet wurde, tappte man völlig im Dunkeln. Am 12. Juni gelang es Bonaparte, im Handstreich Malta zu besetzen und die Ordensritter vom Heiligen Johannes zu Jerusalem zu entmachten, die seit dem 16. Jahrhundert die Insel als ein Lehen der spanischen Krone in Besitz hatten. Am 2. Juli langte die französische Flotte in Ägypten an. Unmittelbar darauf wurde Alexandria gestürmt und erobert. Wenige Tage nach der Schlacht bei den Pyramiden, in der am 21. Juli eine Mameluckenarmee vernichtend geschlagen wurde, zog Bonaparte in Kairo ein und Ägypten befand sich in französischer Hand.

Dieser so spielerisch erzielte Triumph währte aber nicht lange, denn am 1. August überraschte eine britische Flotte unter Admiral Nelson die vor Abukir ankernden französischen Schiffe, die von ihr fast vollständig zusammengeschossen oder versenkt wurden. Damit war der französischen Armee in Ägypten der Rückzug über See abgeschnitten. Kaum war die Nachricht über die Seeschlacht von Abukir nach Konstantinopel gelangt, erklärte auch Sultan Selim III., der Herrscher über das Osmanische Reich, der Französischen Republik den Krieg. Darauf war niemand in Paris vorbereitet, denn das Land am Nil war längst der unmittelbaren türkischen Kontrolle entglitten. Den europäischen Mächten galt die Türkei zwar erst im 19. Jahrhunderts als «kranker Mann am Bosporus», aber diese lauerten schon jetzt alle darauf, sich Stücke aus dessen Imperium anzueignen, das große Teile des Nahen Ostens umspannte. Was der türkischen Kriegserklärung entscheidenden Nachdruck verlieh, war die Empörung über die unprovozierte französische Aggression, der die Hohe Pforte zu einem beispiellosen Schritt veranlasste: Nicht nur schloss man im September 1798 ein Bündnis mit Russland, mit dem das Osmanische Reich von 1787 bis 1792 einen erbitterten Krieg geführt hatte, sondern es wurde – was weitaus spektakulärer war – der russischen Schwarzmeerflotte erlaubt, die Dardanellen zu passieren und ins Mittelmeer einzulaufen! Ihr Ziel: das in Campo Formio an Frankreich abgetretene Korfu anzugreifen.

Wohl schon im Hinblick auf das Ägyptenprojekt hatte Bonaparte in Campo Formio auf dem Erwerb der Ionischen Inseln bestanden, die zum Besitzstand der Venezianischen Republik gehörten. Darin erkannte Zar Paul I., der im November 1796 seiner Mutter Katharina der Großen auf den russischen Thron nachgefolgt war, den willkommenen Vorwand für eine energische, dezidiert antirevolutionäre Außenpolitik, zu der seine Vorgängerin nur immer folgenlose Lippenbekenntnisse abgelegt hatte. Damit sollte es jetzt ein Ende haben. Den Auslöser lieferte die Besetzung Maltas durch die Truppen Bonapartes, als dessen Beschützer sich Paul I. 1797 ausgerufen hatte. Die Zerstörung der französischen Flotte verschaffte ihm jetzt die risikolose Chance, aller Welt zu beweisen, wie ernst er seine Rolle als Protektor des Malteserordens und als entschiedener Gegner der Revolution nahm. Abukir war das Signal, das die russische Kriegserklärung an Frankreich zur unmittelbaren Folge hatte.

Ganz ähnlich reagierte auch der Hof in Neapel. Hier hatte man die französische Besetzung des Kirchenstaats und dessen Umwandlung in eine «Schwesterrepublik» mit Angst und Empörung aufgenommen. Darin erblickte man die Vorboten des eigenen Verhängnisses, dem man nichts entgegenzusetzen vermochte. Umso größer war die Erleichterung, als die britische Flotte nach Abukir im September in Neapel vor Anker ging und Nelson die über das Königreich beider Sizilien herrschenden Bourbonen aufforderte, der sich formierenden Mächtekoalition beizutreten. Dazu war man nur zu gerne bereit, und im Vertrauen auf die britische Bündnishilfe überschritt eine neapolitanische Armee am 22. November 1798 die Grenze zur Römischen Republik und besetzte, ohne einen Schuss abzufeuern, vier Tage später Rom, das die Franzosen zuvor überstürzt geräumt hatten. Am 1. Dezember unterzeichneten Großbritannien und das Königreich beider Sizilien einen Vertrag, das damit seine Häfen der britischen Flotte zur Verfügung stellte. Im Gegenzug verpflichtete sich England, eine Flotte bereitzuhalten, die stärker als die gegnerischen Verbände sein sollte. Außerdem erhielt das Königreich nach Ende des Krieges Territorialgewinne in Aussicht gestellt. Ein weiterer Vertrag mit Russland wurde am 29. Dezember in St. Petersburg geschlossen. Diesem Reigen schloss sich auch die Hohe Pforte an, die am 25. Januar 1799 das Versprechen besiegelte, alles in ihren Kräften Stehende zu tun, um Frankreich in die Schranken zu weisen.[28]

Der leichtsinnigen Selbstüberschätzung, die Neapel zum Einfall in die Römische Republik angestiftet hatte, folgte das Desaster auf dem Fuß. Am 28. November schlugen die Franzosen die von einem österreichischen General angeführten neapolitanischen Truppen bei Terni, eine weitere Niederlage am 4. Dezember bei Cività Castellana ließ diese fluchtartig nach Neapel zurückkehren. Obwohl die in drei Kolonnen vorrückenden Invasoren nur mühsam vorankamen, verließ der Hof unter Mitnahme des Staatsschatzes und zahlreicher Kunstwerke am 23. Dezember die Stadt und flüchtete auf Schiffen Nelsons nach Sizilien. Nach heftigen Kämpfen mit den *lazzaroni*, Angehörigen der Unterschichten Neapels, gelang es den Franzosen erst am 21. Januar 1799, dort einzuziehen.

Das Direktorium, das mittlerweile zu der Überzeugung gelangt war, das Konzept der «Schwesterrepubliken» sei in so gut wie jeder

Hinsicht ein Irrtum, hatte dem örtlichen Befehlshaber Championnet klare Anweisungen gegeben, Neapel einem Besatzungsregime zu unterstellen und systematisch auszuplündern. Der jedoch, in das Vorbild Bonapartes vernarrt, missachtete diese Befehle und proklamierte nach dem Einzug in Neapel aus eigenem Gutdünken und gestützt auf einige neapolitanische *Giacobini* die *République parthénopéenne*, die gerade einmal fünf Monate Bestand haben sollte. Championnet, der schon zuvor durch sein selbstherrliches Agieren den Unmut der Direktoren hervorgerufen hatte, wurde daraufhin am 13. Februar seines Kommandos enthoben und durch General Jacques-Joseph Macdonald ersetzt. Die neue, ungeliebte «Schwesterrepublik» ließ sich damit gleichwohl nicht mehr rückgängig machen. Ihre ordnungsgemäße Einrichtung nach französischem Vorbild wurde daher nun in die Hände eines Zivilkommissars gelegt.[29]

Während die aus neapolitanischen *Giacobini* gebildete Marionettenregierung utopische Reformpläne schmiedete, war die Gegenoffensive schon im Gange. Angeführt wurde sie von einem Mann der Kirche, dem aus Kalabrien gebürtigen Kardinal Fabrizio Ruffo, der mit dem Königspaar im Dezember nach Sizilien geflüchtet war und der Ferdinand IV. das Angebot machte, einen Aufstand in seiner süditalienischen Heimat zu organisieren, bevor die Franzosen Kalabrien besetzten. Der König, der nichts mehr zu verlieren hatte, ging darauf ein, und Ruffo landete am 7. Februar 1799 mit einigen Getreuen in Süditalien. Binnen weniger Wochen hatte er eine stattliche Armee, den *Esercito della Santa Fede in Nostro Signore Gesù Cristo*, von fast 17 000 Mann, zumeist arme süditalienische Bauern, um sich geschart, die bald Kalabrien, Apulien und die Basilicata kontrollierte. Das war die Mezzogiorno-Variante des Aufstands in der Vendée, aber bei weitem erfolgreicher als dieser. Kaum hatte Macdonald unter Zurücklassung einer kleinen Besatzung mit seiner Armee am 7. Mai 1799 Neapel in Richtung Norditalien verlassen, wo der Krieg erneut ausgebrochen war, den Frankreich Österreich am 12. März 1799 erklärt hatte, war die Stadt weitgehend schutzlos. Das machte sich Ruffo zunutze, der mit seinen Bauernhaufen am 13. Juni in Neapel einzog, das britische Schiffe von See her blockierten. Die Kapitulation der französischen Besatzung, die danach per Schiff nach Toulon abzog, macht den internationalen Charakter dieses vermeintlich bloß regionalen Konflikts sehr schön deutlich. Das Dokument wurde von dem französischen Kommandeur und Ruffo sowie von drei Vertretern der mit Neapel verbündeten Mächte unterzeichnet: einem Engländer, einem Russen und einem Repräsentanten des Osmanischen Reichs.[30]

Der Fall Neapels illuminierte die Lage, mit der sich Frankreich in Italien seit dem Spätjahr 1798 konfrontiert sah. Überall in den «Schwesterrepubliken» kamen die Bauern in Bewegung und begehrten gegen die drückenden Lasten und die gottlosen Regime auf, die ihnen aufgezwungen worden waren. Solange der drohende Konflikt mit einer neuen europäischen Mächtekoalition noch nicht offen ausgebrochen war, kam man mit diesen Unruhen in bewährter Weise zu Rande. Auch hinderte diese Gärung Frankreich zunächst nicht daran, den eisernen Griff noch zu verstärken, in dem es große Teile Italiens hielt. Piemont etwa, das ganz von französisch kontrollierten Gebieten umschlossen war, wurde im Dezember 1798 besetzt, eine Annexion durch eine «Volksabstimmung» im Februar 1799 ausdrücklich befürwortet.

So viel Federlesens wurde mit dem Herzogtum Toskana nicht gemacht. Das Zaunkönigtum, dessen Herrscher Erzherzog Ferdinand ein Bruder des österreichischen Kaisers war, hatte bislang alle Umwälzungen in Italien unbeschädigt überdauert. Kaum, dass Frankreich wieder im Krieg mit Österreich stand, sah man sich in Paris jedoch veranlasst, auch dieses bislang respektierte Territorium zu besetzen und seine Reichtümer zu plündern. Während der Großherzog zu seiner Verwandtschaft nach Wien expediert wurde, geriet Papst Pius VI., der in Florenz Asyl gefunden hatte, wieder in die Hände der Franzosen, die den alten kranken Mann nach Valence in Frankreich verbrachten, wo er Ende August 1799 starb.

Mit beiden Erwerbungen konnte die französische Republik aber nicht lange froh werden. Dafür sorgte die drohende russisch-österreichische Invasion Norditaliens, die, von kleinen Kontingenten abgesehen, den Abzug der Besatzungstruppen nötig machte. Das ließ den Unmut in den französischen Protektoraten allerorten zu Empörungen auflodern, die rasch an Intensität und Umfang gewannen. Damit kündigte sich der vollständige moralische und politische Bankrott der Besatzungspolitik an, denn zu deutlich war insbesondere für die italienische Landbevölkerung der Kontrast zwischen deren Propaganda und den Plünderungen. Exemplarisch dafür war, dass trotz der Ankündigung, den Feudalismus gründlich beseitigen zu wollen, die dem Grundherrn geschuldeten Abgaben von der Besatzungsmacht ungerührt weiter eingefordert wurden, weil sie eine zu bequeme Einnahmequelle darstellten.

Der wachsende Widerstand gegen das Besatzungsregime beschränkte sich aber nicht auf die zumeist des Lesens und Schreibens unkundigen Bauernmassen, sondern erfasste zunehmend auch die städtischen Eliten, das aufgeklärte Bürgertum und damit sogar die *Giacobini*. Diese wandten sich zunehmend enttäuscht von ihren vermeintlichen Förderern ab, weil diese allzu offensichtlich Interessen verfolgten, die im Widerspruch zu ihren eigenen Ambitionen standen. Kurz, kaum zogen die Franzosen ab, drohten die «Schwesterrepubliken» wie Kartenhäuser zusammenzufallen und ganz Italien in einer Anarchie regionaler oder lokaler *Vendettas* zu versinken.

Spätestens seit September 1798 verlor die «Grande Nation» in Italien an Rückhalt; ähnlich verhielt es sich auch in anderen Territorien, in Belgien, Luxemburg oder der Schweiz, wo es ebenfalls zu Aufständen gegen Frankreich und die Segnungen der Revolution kam. Das alles waren Anzeichen, die einer Konzentration der Kräfte hätten raten müssen, doch eine solche Einsicht war dem Direktorium fremd. Angesichts seiner chronischen inneren Schwäche und seines Legitimationsdefizits, die sich nur notdürftig durch Staatsstreiche und Wahlmanipulationen kaschieren ließen, war die Doktrin von der «Grande Nation», die eine mit dem Regime unzufriedene Öffentlichkeit zu begeistern versuchte, für das Direktorium zur rettenden Planke geworden. An die musste man sich also klammern, wollte man nicht ertrinken. Deshalb war es das Direktorium, das Schwäche mit Arroganz überspielte, Österreich im März 1799 den Krieg erklärte und sofort an drei Fronten, in Süddeutschland, der Schweiz und Norditalien, die Offensive eröffnete.

Österreich war zu diesem Zeitpunkt ebenfalls der zweiten Mächtekoalition gegen die Revolution beigetreten, die nach der französischen Niederlage bei Abukir zügig Gestalt angenommen hatte. Damit sah sich die Revolution mit einer bedrohlichen Perspektive konfrontiert, denn die Zahl und die Kampfkraft ihrer Gegner konnten nur noch weiter wachsen, zumal auch die Staaten, die bislang neutral geblieben waren, sich nun gegen Frankreich zu wenden begannen und Anschluss an die Allianz suchten. Für das Direktorium war diese Entwicklung umso gefährlicher, als die kriegserprobten französischen Truppen zusammengeschmolzen waren. Bei diesen handelte es sich im Wesentlichen noch immer um dieselbe Armee, die mit dem Kraftakt der *levée en masse* von 1793 aufgestellt und deren effektives Maximum im Sommer 1794 mit rund 750 000 Mann erreicht worden war. Diese stolze Streitmacht belief sich im März 1798 nur noch auf weniger als 250 000 Mann, von denen bestenfalls 175 000 eine im Feld brauchbare Truppe abgaben. Zudem verteilten sich diese Soldaten über einen Raum, der von Ägypten bis Holland reichte. Hauptursache für diesen rapiden Schwund waren nicht im Kampf erlittene Verluste, sondern die grassierende Desertion, ein Phänomen, das vor allem darauf zurückzuführen war, dass das Direktorium die Soldzahlungen weitgehend eingestellt hatte.[31] Um für alle Herausforderungen gewappnet zu sein, fehlten, so kalkulierte Kriegsminister Scherer, wenigstens rund 200 000 Soldaten.

Am 5. September 1798 wurde daher mit der «loi Jourdan» die Wehrpflicht gesetzlich verankert, die bestimmte, dass prinzipiell alle Franzosen männlichen Geschlechts zwischen 20 und 25 Jahren, sofern sie zum Kriegsdienst körperlich geeignet und nicht verheiratet waren, zu den Waffen gerufen werden konnten. Innerhalb eines Jahres bekam man so gut 250 000 neue Soldaten.[32] Rein numerisch gesehen, war das eine beeindruckende Streitmacht, die ins Feld zu stellen es aber eine gute Weile brauchte. Bis es so weit war, musste man mit den vorhandenen Truppen auskommen.

Auf der Apenninenhalbinsel fielen die «Schwesterrepubliken» nach dem Abzug der französischen Besatzungen wie Herbstlaub im Sturm. Bis Ende 1799 war ganz Italien bis auf einen schmalen Küstenabschnitt bei Genua von den französischen Befreiern befreit. Diese Verluste nahmen sich zwar bedrohlich aus. Tatsächlich beschränkte sich der Schaden für das Direktorium aber auf die versiegenden Einnahmequellen und rührte mehr an den Nationalstolz als an die Substanz.

Auch in einer weiteren Perspektive sahen sich Frankreich und die Revolution keineswegs einer so akuten Bedrohung gegenüber, wie sie von den Zeitgenossen erlebt wurde. Daran ändert auch die Tatsache nichts, dass sie später gerne in möglichst düsteren Farben ausgemalt wurde, um dem Auftritt des Retters einen möglichst effektvollen Bühnenhintergrund zu verschaffen, denn Frankreich wurde von einer Mächtekoalition bedrängt, die große Ähnlichkeit mit einem Papiertiger hatte. Da die Alliierten sich uneins über die Ziele waren, verfocht jeder Partner seine eigenen Interessen. Österreich, das wegen der zuvor gegen die Türken (1788–1790) und die Revolution (1792–1797) geführten Kriege am Rande des Bankrotts stand, war es vor allem darum zu tun, seine Rolle als europäische Großmacht wieder zu festigen. Das konnte in der Manier des *Ancien Régime* allein durch Territorialgewinne bewerkstelligt werden. Also schielte man auf Bayern, war man bestrebt, den norditalienischen Besitz wiederherzustellen, und hatte außerdem den Plan, nach einem Sieg über Frankreich die alten Reichslande Elsass und Lothringen zu annektieren. Nicht unähnlich waren die Absichten, die das Osmanische Reich umtrieben. Großbritannien ging es ausschließlich um die Verteidigung seiner Handelsinteressen, die am besten möglichst kostenneutral durch ein europäisches Mächtegleichgewicht garantiert wurden, über das London wachte. Am rätselhaftesten waren die Motive Russlands, die sich am ehesten mit dem übersteigerten Ehrgefühl des halbirren Zaren Paul I. erklären lassen, der sich mangels konkreter Interessen zum selbstlosen Beschützer der europäischen Kleinstaaten aufspielte.

Diese höchst wackelige Koalition wurde nicht eben durch die – nur vermeintlich beeindruckende – militärische Macht der Alliierten gefestigt, deren Hauptlast Österreich zu schultern hatte. Da man in Wien aus den Erfahrungen mit Bonaparte nichts gelernt hatte, blieb bei der Armee hinsichtlich Führung, Strategie und Taktik alles beim Alten und Schlechten. Die Erfolge, die man in der Kampagne von 1799 erzielte, verdankten sich ausschließlich einer jeweils erdrückenden zahlenmäßigen Überlegenheit. Außerdem blieben die Schauplätze des Kampfgeschehens so gut wie ausschließlich auf die Ebenen Süddeutschlands und Norditaliens beschränkt. Hier ließ sich diese Überlegenheit trotz antiquierter Gefechtstaktik gefahrlos ausspielen. Frankreich beherrschte dagegen mit der Schweiz eine exzellente strategische Position, die seine numerische Unterlegenheit mehr als ausglich. Die Kontrolle der Alpenpässe verschaffte Frankreich den immensen Vorteil, im Bedarfsfall Truppen rasch vom süddeutschen auf den norditalienischen Kriegsschauplatz verlegen zu können und umgekehrt. Hinzu kam, dass die viel beweglicheren und besser geführten französischen

Einheiten im gebirgigen Gelände den österreichischen und russischen Angreifern weit überlegen waren. Allein schon deshalb unternahmen diese nie den Versuch, die «Alpenfestung» zu stürmen.[33]

Bislang waren Frankreichs militärische Erfolge eine Bestandsgarantie für das Direktorium gewesen. Die eroberten und ausgeplünderten Territorien ernährten und finanzierten die Armee, und die nicht abreißende Serie von Siegen begeisterte die Öffentlichkeit. Der Ruhmesglanz, in dem sich Generalität und Militär sonnten, strahlte auch auf das Direktorium ab. Um dessen Ansehen war es aber endgültig geschehen, als es ab dem Frühjahr 1799 Niederlagen hagelte. Das verstärkte die seitens der bürgerlichen Schichten dem Direktorium entgegengebrachte tiefe Ablehnung. Die Rentenbesitzer, die unmittelbar von dem «Zweidrittelkonkurs», dem nur notdürftig verschleierten Staatsbankrott, in Mitleidenschaft gezogen worden waren, machten es keineswegs zu Unrecht für ihren Ruin verantwortlich, während die anderen unter der Deflation litten, die die Preise und Kreditzinsen steigen ließ und vor allem auch all die schönen Spekulationschancen verkümmerte, die man während der Inflation risikolos zur Mehrung der Vermögen genutzt hatte. Die Einzigen, die in tiefer Ruhe verharrten, waren die zuvor wegen ihres leicht entzündlichen Empörungspotenzials so sehr gefürchteten städtischen Unterschichten. Die drei sehr ertragreichen Ernten der Jahre 1796–1798 hatten sie satt gemacht zu Preisen, die sie sich immer gewünscht, aber mit keinem der Aufstände annähernd erreicht hatten. Also herrschten jetzt Lethargie und Desinteresse, die sich gleichwohl kaum als Akklamation der politischen Zustände deuten ließen.

Im Mai 1799 standen turnusgemäß Wahlen für ein Drittel der Abgeordneten in den Kammern an. Auch deren Ausgang sollte entsprechend der Wünsche des Direktoriums ausfallen, das heißt, Royalisten auf der Rechten ebenso wie «Anarchisten» auf der Linken durften nicht zum Zuge kommen. Am 4. März 1799 sandte das Innenministerium ein Rundschreiben aus, in dem es hieß: «Die Hydra mit den tausend Köpfen, dem infamen Royalismus und dem verderbten Terrorismus muss erschlagen werden. Keine Chance der Anarchie in Frankreich! Keine Verbrecher in öffentlichen Ämtern, keine Halunken an den Hebeln der Macht! (...) Wollen Sie, dass das Gesetz des Maximums wieder in Geltung gesetzt wird? Möchten Sie die Mörder wieder zum

Zuge kommen lassen, die den blutigen Kopf eines Féraud auf eine Pike gespießt paradierten? Und Ihr, Verteidiger des Vaterlands, die Fouquier-Tinville, die Dumas oder die Coffinhal, die Eure Frauen, Töchter oder Schwestern umbrachten, während Ihr auszogt, die Anschläge des Kabinetts von London zu ahnden»?[34] Wie man sieht, wurden die Royalisten lediglich der Vollständigkeit halber erwähnt, weil die Regierung alle Gefahren auf der Linken vermutete.

Ungeachtet aller Einflussnahmen und trotz der niedrigsten Wahlbeteiligung, die bislang registriert wurde, war das Wahlergebnis katastrophal: Nur 66 der 187 «offiziellen» Kandidaten erhielten ein Mandat. Alles in allem errangen rund 50 Jakobiner einen Abgeordnetensitz, darunter einige, die zuvor «floréalisiert» worden waren. Das genügte, um der öffentlichen Meinung den Eindruck zu verschaffen, die Wahlen hätten der Regierung eine Niederlage beschert. Dies traf zwar durchaus zu, doch war es gleichwohl übertrieben, dass die Jakobiner nun als die eindeutigen Wahlsieger erschienen. Allerdings stellten sie eine in sich kompakte und lautstarke Gruppe dar, die von einer Mehrheit zwar weit entfernt war, aber zahlreiche andere, eher gemäßigte Abgeordnete, die dem Direktorium ablehnend gegenüberstanden, auf ihre Seite ziehen konnte.[35]

Unmittelbar zuvor musste auch einer der fünf Direktoren ausgewechselt werden. Diesmal fiel das Los auf den Elsässer Reubell, zu dessen Nachfolger die Kammern einen Mann erkoren, der sich als unerbittlicher Kritiker der geltenden Verfassung ausgewiesen hatte: Sieyès. Die Entscheidung war in zweifacher Hinsicht bedeutsam, denn zum einen war seine Wahl ein Misstrauensvotum gegen das amtierende Direktorium; zum anderen würde, was natürlich niemand vorhersehen konnte, Sieyès die Figur sein, die eine vorläufige Parenthese der Revolution verkörpern sollte. Außer Frage stand, dass Sieyès das Amt mit der Absicht annahm, die augenblickliche schwere Krise der Republik zu nutzen, um die Verfassung nach seinen Vorstellungen zu verändern. Dass dies die Mehrheit derer, die für ihn gestimmt hatten, von ihm erwartete, kann ebenfalls angenommen werden, denn auf Platz eins der Vorschlagsliste war der General Lefebvre gesetzt, ein ausgewiesener Jakobiner. Nicht ihm, sondern Sieyès gaben 126 der bei dieser Wahl anwesenden 205 Mitglieder des *Conseil des Anciens* ihre Stimme.[36]

Mit dem Eintreffen von Sieyès, der ein Jahr lang als französischer Botschafter in Berlin eine argwöhnisch geduldete Existenz gefristet hatte und am 9. Juni seinen Platz im Direktorium einnahm, brach die latente politische Krise offen aus. Das Ausscheiden Reubells hatte das Direktorium gespalten, und die Legislative verhieß nach den Wahlen sehr unsichere Mehrheiten, während die zunehmend kritischer werdende Situation an den Fronten eine entschlossene Führung verlangte. Der Auslöser der akuten Krise war eine von den Jakobinern inspirierte Aufforderung des *Conseil des Cinq-Cents* an die Regierung, eine Erklärung für die sich häufenden Niederlagen der Armeen abzugeben. Darin klang unüberhörbar der Verdacht an, dafür seien vor allem die profitgierigen Armeelieferanten verantwortlich, von denen die Truppen nicht ausreichend mit Nachschub versorgt würden, und das alles im stillen Einverständnis mit einem korrupten Direktorium. Als die Direktoren darauf mit betretenem Schweigen reagierten, erhöhten die *Cinq-Cents* eine Woche später ihren Druck, indem sie ihre Sitzungen für permanent erklärten, bis ihnen eine Antwort vorläge. Dem schloss sich auch die Zweite Kammer, der *Conseil des Anciens*, an.

Die herrschende Spannung wurde durch den Abgeordneten Bergasse verschärft, der den Vorwurf erhob, einer der Direktoren, Treilhard, sei unrechtmäßig ins Amt gelangt, aus dem er deshalb sofort zu entfernen sei. Die Behauptung war zwar fragwürdig, aber dennoch beschloss eine Mehrheit der *Cinq-Cents* ohne weitere Aussprache seine Abberufung. Dem schlossen sich auch die *Anciens* an. Damit spitzte sich die politische Krise endgültig zu einem Machtkampf zwischen Legislative und Exekutive zu. Eine mögliche Lösung wäre ein Staatsstreich gewesen, um die Legislative zu unterwerfen. Diesen Ausgang vereitelte Treilhard durch seinen Rücktritt.[57] Damit war an einen Staatsstreich fürs Erste nicht mehr zu denken, weil das Direktorium nun endgültig in zwei Lager gespalten war. Gohier, der neu gewählte Direktor, ein blasser Bürokrat, schlug sich jedoch sofort auf die Seite von Barras und Sieyès und verdammte damit La Révellière und Merlin zur Minderheit innerhalb der Exekutive. Das bot der Legislative eine neue Chance, den Machtkampf mit der Exekutive durch eine weitere Attacke für sich zu entscheiden.

Am 18. Juni beschuldigte der sonst eher gemäßigte Abgeordnete Boulay de la Meurthe die Direktoren, sich die Legislative unterwerfen zu wollen. Um endgültig an Ziel zu gelangen, habe man einen Staatsstreich erwogen, weshalb er die sofortige Entlassung von La Réveillière und Merlin aus ihren Ämtern verlange. Gestützt auf die Brandrede Boulays verstärkten am Tag darauf Abgeordnete, die zahlreich bei Barras vorstellig wurden, den Druck, die beiden Direktoren zum Amtsverzicht zu bewegen. Zunächst hatte Barras damit Erfolg bei Merlin. Das veranlasste schließlich auch La Révellière zu kapitulieren, der aber darauf insistierte, dass man ihm sein Ausscheiden üppig vergoldete.[38] Die beiden neuen Direktoren waren Roger Ducos, den Sieyès vorschlug, und Jean-François Moulin, ein General, der sich in den Augen der Abgeordneten wohl vor allem deshalb für seine Wahl empfahl, weil er im Unterschied zu einer Reihe anderer Generäle, die ebenfalls auf der Vorschlagsliste des Direktoriums standen, derjenige war, dessen militärische Karriere die geringste Fortüne aufwies.[39] Das war der Staatsstreich vom 30 Prairial, der erste und einzige, mit dem in bemerkenswerter Umkehrung der bislang üblichen Praxis die Legislative eine Säuberung der Exekutive erzwang. Der große Gewinner dieses Revirements im Direktorium aber war Sieyès, der damit Barras aus seiner Führungsrolle verdrängte und selbst zum starken Mann innerhalb der Exekutive aufstieg.

Am vordergründigen Erfolg, den die Kammern mit dem 30 Prairial erzielten, schien die Linke den entscheidenden Anteil gehabt zu haben. Dafür sprach jedenfalls, dass die drei Direktoren Gohier, Ducos und Moulin zu jenen gehörten, die beim vorausgegangenen Staatsstreich «floréalisiert» worden waren. Ducos hatte überdies auch schon dem Konvent angehört und für die Hinrichtung von Louis XVI gestimmt. Eine weitere Bestätigung für diesen «Linksruck» war, dass nicht erst mit der zum 1. August erneut verkündeten Pressefreiheit Zeitungen der Jakobiner, die für gut ein Jahr verschwunden waren, wieder erschienen. Auch ein neuer Club konstituierte sich, der ausgerechnet im Manege-Saal, dem einstigen Versammlungsort des Konvents in den Tuilerien, tagte und dessen Präsident Drouet war, der weithin berühmte einstige Posthalter von Sainte-Menehould. Als noch nachdrücklichere Bestätigung dieser Tendenz wurden auch die Gesetze wahrgenommen, mit denen die beiden Kammern darauf reagierten, dass sich die militärischen Niederlagen häuften und der Feind den Grenzen Frankreichs immer näher rückte. Am 27. Juni kam es zu einer Reprise der *levée en masse*, als die «loi Jourdan» in vollem Umfang, also die simultane Einberufung aller Wehrpflichtigen zwischen 20 und 25 Jahren, beantragt und verabschiedet wurde. Am gleichen Tag wartete der Abgeordnete Jourdan mit einer weiteren Überraschung auf, als er eine Zwangsanleihe im Umfang von 100 Millionen vorschlug, die von den Reichen zur Bestreitung der Kriegskosten aufgebracht werden sollte. Der Vorschlag stieß zwar auf heftige Widerstände, was seine Umsetzung aber nur bis zum 6. August verzögerte.

Noch übertroffen wurden diese Gesetze vom sogenannten «Geisel-Gesetz», das die Kammern zwischen dem 10. und 12. Juli verabschiedeten: In allen Departements, Kantonen oder Gemeinden, in denen Unruhen stattfänden, sollten die Behörden nach Beschlussfassung durch die Legislative unter den Verwandten von Emigranten Geiseln nehmen, ebenso unter einstigen Adeligen, die kein Aufenthaltsrecht besaßen, sowie unter Vätern, Müttern oder Großeltern von Personen, von denen bekannt sei, dass sie sich bewaffneten Banden angeschlossen hätten. Zu diesem Zweck sollten die Verwaltungsorgane binnen eines Monats Listen aller Personen anlegen, die dafür in Frage kämen. Wann immer Mitglieder der Verwaltung, konstitutionelle Priester, Militärs sowie Eigentümer oder Käufer von Nationalgütern ermordet würden, sollte das Direktorium innerhalb von 20 Tagen die Deportation von je vier Geiseln der genannten Personenkategorien verfügen können. Dieselbe Maßgabe gelte auch im Falle einer Entführung, wenn die betreffende Person nicht binnen 24 Stunden wieder in Freiheit gesetzt werde. Schließlich waren grundsätzlich alle Personen, die in den Listen als mögliche Geiseln geführt wurden, dazu verpflichtet, für jeden Ermordeten eine Entschädigung von 5000 *francs*, für jede Witwe von mindestens 6000 *francs* und für jedes Kind von 3000 *francs* aufzubringen. Wer sich diesen Zahlungen verweigerte, sollte zur Enteignung seines Besitzes verurteilt werden. Die Summen, die durch dessen Verkauf eingenommen wurden, sollten den Denunzianten, die zur Ergreifung der Täter beitrugen, als Belohnung zufließen.[40]

Das ausgesprochen terroristische «Geisel-Gesetz» war eine Präventivmaßnahme, die zur Eindämmung royalistischer Banden gedacht war, die sich angesichts der nicht abreißenden Niederlagen der französischen Truppen insbesondere im Westen und Süden des Landes zu regen begannen. Bei dieser Bandenkriminalität, zu der sich Wehrdienstverweigerer zusammenrotteten, denen eine legale Existenz wegen der scharfen Gesetze gegen Fahnenflucht unmöglich gemacht wurde, ließen sich politische und kriminelle Motive kaum voneinander unterscheiden. Das erklärt auch, dass diese Banden meist getrennt und jeweils regional begrenzt operierten.[41] Eine Ausnahme davon machte lediglich im August 1799 eine royalistische Aufstandsbewegung im Hinterland von Toulon, die auf mehrere Departements im Südwesten übergriff, aber rasch niedergeschlagen werden konnte.[42]

Der Rückfall in die Praxis einer ausgesprochen terroristischen Gesetzgebung bedeutete keineswegs, dass die Jakobiner im Begriff standen, die Geschicke der Republik wieder maßgeblich zu beeinflussen. Vielmehr handelte es sich eher um einen panischen Reflex, mit dem das erschöpfte politische Establishment auf die Gefahren reagierte, die sich aus den Debakeln an der Front ergaben. Das änderte jedoch nichts daran, dass die Neo-Jakobiner einschlägige Illusionen hegten, in denen sie sich auch durch den großen Zulauf, den der *Club du Manège* hatte, bestätigt sahen. Das lärmende Spektakel dieser meist überfüllten Versammlungen rief auch wieder die *Muscadins* auf den Plan, so dass die Club-Sitzungen bald einen solchen Skandal machten, dass sich der *Conseil des Anciens* Ende Juli 1799 dazu bewegen ließ, den Manege-Saal für diese Zwecke nicht mehr zur Verfügung zu stellen. Nachdem der Club auf das linke Seine-Ufer in die Rue du Bac umgezogen war, wurde dessen Lärm aber noch viel schriller, was dem neuen Polizeiminister Joseph Fouché schließlich den Vorwand lieferte, den Club am 13. August zu schließen.

Neue Nahrung erhielten die Hoffnungen der Neo-Jakobiner wieder, als Ende August britische und russische Truppen in der Batavischen Republik an Land gingen. Das sorgte in Paris für eine weitaus lebhaftere Verstörung als alle Erfolge von Österreichern und Russen in Norditalien, denn fiel das von Unruhen geschüttelte Belgien, dann stand der Feind bald an der französischen Nordost-Grenze. Das wiederum könnte Preußen dazu verführen, seine Neutralität aufzukündigen und sich der antifranzösischen Mächtekoalition anzuschließen, um zu den Siegermächten zu gehören, die der Republik in Paris den Frieden diktieren würden. Diese Befürchtungen waren umso plausibler, als Preußen jetzt die verzweifelte Lage Frankreichs auszunutzen suchte und eine Räumung der preußischen Territorien in Holland und auf dem linken Rheinufer forderte.[43] Für die Jakobiner war dieses Gefahrenszenario ein Geschenk, das sie sofort nutzten. Am 13. September stellte Jourdan in den *Cinq-Cents* den Antrag, das Notstandsgesetz der *Patrie en danger* vom 5. Juli 1792 erneut zu proklamieren. Das Ansinnen löste eine stürmische Debatte aus. Die Jakobiner argumentierten, dass nur ein erneutes Entfachen revolutionärer Begeisterung die Republik in dieser Situation noch retten könne. Ihre Widersacher verwiesen dagegen darauf, dass man sich auf diesem Weg binnen kurzem in der Schreckenszeit des Jahres 1793 wiederfände. Diese gräßliche Vorstellung überzeugte die Mehrheit der Abgeordneten, die mit 245 zu 171 Stimmen den Antrag Jourdans abwiesen und damit mittelbar auch die anti-jakobinische Politik unterstützten, für die Sieyès innerhalb des Direktoriums gegen Barras eintrat.

Die Besonnenheit der Mehrheit erwies sich als richtig, denn von den Fronten trafen nun mit einem Mal Siegesmeldungen ein. In der Batavischen Republik gelang es General Brune am 19. September, die Eindringlinge zurückzudrängen, und binnen Monatsfrist mussten die letzten Invasoren die «Schwesterrepublik» verlassen. In der Schweiz gelang es ebenfalls, die Russen zum Stehen zu bringen und innerhalb von vier Wochen zu vertreiben. Das war weniger dem taktischen Geschick Massénas zu verdanken, als vielmehr einer Fehlkalkulation des österreichischen Kanzlers Thugut, der die eigenen Truppen aus der Schweiz abzog, um sie an den Rhein zu werfen, wo sie die von einem Sieg über die Revolution erhofften Landgewinne sichern sollten.

Diese überraschende Wende spielte Sieyès in die Karten, denn sie stärkte nachdrücklich die von ihm dominierte Exekutive. Um diese unabhängig von der weiteren Entwicklung der politischen Konjunktur zu machen, brauchte es jedoch eine grundlegende Verfassungsänderung. Diese auf legalem Weg durchzusetzen, würde nach den einschlägigen Bestimmungen der Verfassung gut zehn Jahre dauern. Nicht zuletzt angesichts der aktuellen Krise war diese Zeitspanne viel zu lang. Das ließ als einzigen Ausweg einen Putsch, dessen Wirkung sich aber nicht wie bislang darin erschöpfen konnte, die Legislative und den Verwaltungsapparat von politisch unliebsamen Elementen zu säubern. Vielmehr schien eine umfassende Operation geboten, für die es größere Mittel brauchte, die entschlossen gehandhabt werden mussten. Das legte einen Militärputsch nahe, bei dem die Exekutive, sprich Sieyès, die Dinge in der Hand behielt und dessen Erfolg ihm die politische Gestaltungsfreiheit garantierte.

Das Kalkül war insoweit plausibel, als die Armee die einzige Institution der Republik war, die alle Exzesse und Spannungen der Revolution unbeschädigt überdauert und deren schieres Überleben gewährleistet hatte. Ihre seit dem Winter 1794/95 bis zum Frühjahr 1799 ununterbrochen anhaltende Serie von Siegen verschaffte den Generälen, alle ausnahmslos Geschöpfe der Revolution, einen Nimbus, der sie in den Augen der Öffentlichkeit zu Halbgöttern machte. Den für ihre Funktion nicht wirklich qualifizierten Mitgliedern des Direktoriums wie den Mitgliedern der Kammern fühlten sie sich – nicht ganz zu Unrecht – weit überlegen. Bonaparte, den spätestens seit seinen Erfolgen in Norditalien ein politischer Gestaltungsehrgeiz umtrieb, bekannte sich unverblümt dazu. Am 23. August 1799, dem Tag seines Aufbruchs aus Ägypten, erklärte er General Menou: «Ich werde in Paris eintreffen, den Haufen von Advokaten verjagen, die sich über uns lustig machen und die unfähig sind, die Republik zu regieren, dann werde ich mich selbst an die Spitze der Exekutive setzen».[44]

Es ist gleichgültig, ob sich Bonaparte tatsächlich so geäußert hat, wie er es in seinen auf St. Helena diktierten Erinnerungen an die Kampagne in Ägypten und Syrien behauptet; entscheidend ist, dass er so gedacht hat, und das nicht erst am Tag des Aufbruchs von Ägypten, sondern schon viel früher. Seine Verachtung blitzte bereits in einer Bemerkung über die «Pariser Advokaten» auf, die er im November 1797 gegenüber Miot de Mélito gemacht hatte. Die Macht war längst sein Ziel, und was ihn hinderte, schon damals entschlossen nach ihr zu greifen, war allein die kluge Einsicht, dass – um eine seiner gern gebrauchten Wendungen zu benutzen – die «Birne noch nicht reif» sei. Das aber war jetzt der Fall, wie er wusste, und das gab für ihn den Ausschlag, Ägypten zu verlassen und nach Frankreich zurückzukehren. Was ihm zu schaffen machte, war die Furcht, dass er womöglich zu spät käme und die Birne – um im Bild zu bleiben – schon vom Baum gefallen wäre. Als die kleine Flottille mit Bonaparte an Bord am Morgen des 9. Oktober bei Fréjus vor Anker ging, zerstreute der begeisterte Empfang jedoch schnell alle seine Befürchtungen. Er hatte den *Kairos* getroffen, jenes schmale Zeitfenster, in dem die Umstände mit seinen Absichten übereinstimmten.

Während Bonaparte seine eigenen Pläne schmiedete, suchte Sieyès fieberhaft nach einer Möglichkeit, die heillose Misswirtschaft des politischen Systems der Republik zu beseitigen. Die Rettung sah er in einem Militärputsch, aber dafür brauchte es einen General, ein Schwert, das aber auch nicht zu lang sein durfte, wie er gesagt haben soll, also einen Mann, der seinen Befehlen gehorchte, keine eigenen Ziele verfolgte und nach getaner Arbeit wieder zurück ins Glied trat. Für diese Rolle hatte Sieyès eine Reihe von Generälen ins Auge gefasst. Joubert, an den er zunächst gedacht hatte, fiel Mitte August. Danach sondierte Sieyès vergebens weitere Generäle und geriet schließlich an Moreau, mit dem er Anfang Oktober eine erste Unterredung hatte. Der General zauderte und zierte sich, aber man verabredete für den 13. Oktober ein weiteres Treffen. Unterdessen war die Landung Bonapartes in Paris bekannt geworden, worauf Moreau Sieyès sogleich mit den oft zitierten Worten beschieden haben soll: «Da haben Sie Ihren Mann; er macht Ihren Staatsstreich besser als ich».

Sieyès wusste, dass Bonaparte nicht der General war, den er gesucht hatte, aber ihm war auch klar, dass dessen plötzliches Erscheinen auf der Szene ihm keine andere Wahl ließ. Sein Dilemma offenbarte er dem Abgeordneten François Daunou: «Wenn er den Putsch nicht mit uns macht, wird er ihn gemeinsam mit den Jakobinern wagen; er machte ihn auch mit dem Teufel im Bunde».[45] Ähnlich kritisch sah Bonaparte auch Sieyès, der ihm zutiefst unsympathisch war. Als Steigbügelhalter, der ihm in den Sattel der Macht half, erschien er ihm gleichwohl gut geeignet. Das erklärt, warum beide sich sehr schnell einig wurden – auch wenn jeder Ziele verfolgte, die er dem anderen verschwieg. In den Plan eingeweiht waren auch Bonapartes jüngster Bruder Lucien, der das Amt eines Präsidenten im *Conseil des Cinq-Cents* innehatte, Fouché und Talleyrand sowie eine Reihe publizistischer Büchsenspanner wie Regnault de Saint-Jean d'Angély, Maret und Roederer.

Die Vorbereitung des Putsches, die viele komödiantische Züge aufwies, lief reibungslos ab. Der Umsturz, darin waren sich Bonaparte wie Sieyès aus politischen Rücksichten einig, musste ohne Blutvergießen und im Rahmen der verfassungsmäßigen Ordnung erfolgen. Das setzte voraus, dass das Vorhaben die Unterstützung einer Mehrheit in beiden Kammern fand und auch auf keinen Widerstand der Exekutive, also der fünf Direktoren, stieß. In den beiden Kammern hatten Bonapartes Brüder, Joseph und Lucien, bereits in aller Diskretion die Vorarbeit geleistet. Blieb das Direktorium, von dessen fünf Mitgliedern Sieyès bereits mit im Boot saß. General Moulin und Roger Ducos waren Nebendarsteller, die nicht viel zählten. Anders verhielt es sich dagegen mit Gohier und Barras, die beide eine gewisse politische Potenz verkörperten. Gohier, der zum Zeitpunkt des Putsches turnusmäßig den Vorsitz im Direktorium hatte, war der Repräsentant einer mittleren politischen Linie, die den bürgerlichen Interessen verpflichtet war. Barras, der zuletzt den Jakobinern zuneigte, war ein politischer Überlebenskünstler und ein «altes Krokodil», korrupt, lasterhaft, verschlagen und, weil immer auf den eigenen Vorteil bedacht, opportunistisch und deshalb als Bundesgenosse unzuverlässig.

Als Datum für den Staatsstreich war der 18 Brumaire, der 9. November 1799, vorgesehen. In den Tuilerien versammelte sich an diesem Tag zu ungewöhnlich früher Stunde um 7 Uhr der *Conseil des Anciens*. Die Versammlung war keineswegs vollzählig, da zu ihr nur die Mitglieder geladen worden waren, auf deren Unterstützung die Putschisten rechnen konnten. Präsident Lemercier legte einen Antrag vor, der ohne Aussprache gebilligt wurde und eine Einberufung der *Anciens* und der *Cinq-Cents* für den folgenden Tag ins Schloss von Saint-Cloud mit der windigen Begründung vorsah, es drohe ein Aufstand der Jakobiner. Zur eigenen Sicherheit sei es deshalb ratsam, an diesem Ort zu tagen. Aus dem gleichen Grund habe man General Bonaparte mit dem Oberbefehl über die reguläre Armee, die Nationalgarden und die Wachmannschaften des *Corps législatif* betraut.

Während dieser Teil der Inszenierung ganz nach Drehbuch verlief, gab es Widerstände bei den Direktoren. Zwar verkündeten Sieyès und Ducos am Vormittag ihren Rücktritt, doch hatte ihr Beispiel nicht die erhoffte Wirkung auf die anderen drei Direktoren. Barras schickte sich erst am Nachmittag in das Unvermeidliche, als ihm Talleyrand das von Roederer formulierte Rücktrittsgesuch zur Unterschrift vorlegte, während Gohier und Moulin sich weigerten, es ihm gleichzutun. Doch dieser Widerstand war zwecklos, denn Bonaparte ließ sie nun einfach im Palais du Luxembourg gefangen setzen. Damit war das Direktorium ausgeschaltet. Die Exekutivgewalt lag allein in den Händen Bonapartes. Paris blieb ruhig, und auch die jakobinischen Generäle wie Bernadotte, Jourdan oder Augereau machten keine Miene, aus der Reserve zu treten. Es blieben die *Cinq-Cents*, in denen die Jakobiner das Milieu beherrschten, die für den kommenden Tag nach Saint-Cloud einberufen worden waren, um den Umsturz als verfassungskonform abzusegnen.

Die Aufteilung des Putsches auf zwei Tage war mehr als ein Schönheitsfehler im Ablauf; sie stiftete ein unkalkulierbares Risiko für dessen Gelingen, denn Bonapartes schiere Dominanz des Geschehens wie die Beteiligung der Armee weckten Befürchtungen, die Putschisten strebten nicht einfach eine umfassende Reform der Verfassung an, sondern wollten die Republik durch eine Militärdiktatur ersetzen. Zwar versäumte Bonaparte keine Gelegenheit, seine unbedingte Loyalität zur Republik zu betonen, aber diese Worte standen in einem allzu deutlichen Widerspruch zu dem herrischen Gebaren, das er aus schierer Nervosität zeigte. Außerdem waren die Zivilisten ganz offensichtlich nur noch als Statisten oder Stichwortgeber geduldet.

Mögliche Widerstände seitens der *Cinq-Cents* versprach Lucien Bonaparte zu ersticken. Um dennoch ganz sicherzugehen, schlug Sieyès die präventive Verhaftung von 40 Abgeordneten vor, die als eingefleischte Jakobiner galten. Das lehnte Bonaparte allerdings ab, vielleicht weil er sich die Jakobiner nicht als potenzielle Bundesgenossen verprellen wollte, falls Sieyès auf den Einfall kommen sollte, ihn in letzter Minute noch auszumanövrieren. Durchaus möglich aber auch, dass ihn die Begeisterung, die ihm seit seiner Rückkehr aus Ägypten entgegenbrandete, zu Kopf gestiegen war und er im Glauben lebte, auch die *Cinq-Cents* würden ihn unisono als Retter von Vaterland, Republik und Revolution akklamieren, sobald er ihnen leibhaftig erschiene. Für diese Vermutung spricht sein linkisches Betragen am 19 Brumaire in Saint-Cloud. Um Haaresbreite wäre der Putsch daran gescheitert.

Das Geschehen in Saint-Cloud war noch einmal großes Theater, aber zugleich eine klägliche und deshalb umso symbolischer anmutende *dernière*. Das mitreißende Schauspiel der großen Repräsentativversammlungen, mit denen seit Sommer 1789 das Menschheitsspektakel der Revolution mit einer schier unerschöpflichen Fülle an politischen und rednerischen Talenten aufgeführt worden war, wurde jetzt für lange Zeit vom Spielplan abgesetzt. Bonaparte, der in einem Salon des Schlosses auf ein Ende der Debatte wartete, riss schließlich der Geduldsfaden. In einer Sitzungspause erschien er im Kreis der *Anciens*, um deren kasuistisches Geplänkel mit einer Standpauke zu beenden. Klare Anweisungen, Befehl und Gehorsam – so schlug man erfolgreich Schlachten, so zog man auch einen Umsturz durch! Dabei verwechselte er allerdings die Abgeordneten mit Grenadieren. Das war ungeschickt; weniger wegen dem, *was*, sondern vielmehr durch die Art und Weise, *wie* er es sagte.

Als ein Abgeordneter den Zwischenruf wagte: «Und die Verfassung?», war er zutiefst irritiert. Eine solche Störung nicht gewöhnt – welcher Grenadier hätte dies auch gewagt? –, ließ Bonaparte die Maske seiner bislang bekundeten Verfassungstreue fallen und nahm die Kammern mit einer wahren Schimpfkanonade unter Beschuss: «Die Verfassung haben Sie am 18 Fructidor, am 22 Floréal, am 30 Prairial verletzt. Die Verfassung! Jede Partei beruft sich auf sie; jede Partei verletzt sie! Alle verachten die Verfassung! Für uns kann sie kein Heilmittel mehr sein, denn niemand respektiert sie mehr. (...) Retten wir die Gleichheit, die Freiheit, finden wir die Mittel, die jedermann die Freiheit sichert, die ihm zusteht und die von der Verfassung nicht mehr gewährleistet ist. Ich versichere Sie, sobald die Gefahren vorüber sind, deretwegen man mir meine außerordentlichen Befugnisse übertragen hat, werde ich diesen wieder entsagen».[46]

Mit den beiden letzten Sätzen vermied Bonaparte wohl das Schlimmste, aber der Schaden war dennoch geschehen, denn jetzt war das Misstrauen einiger Abgeordneter erst recht geweckt. Als die Sitzung nach einer Unterbrechung fortgesetzt wurde, sah er sich aufgefordert, erneut vor den *Anciens* zu erscheinen, die von ihm verlangten, die Namen der Verschwörer zu nennen, deren Anschlagspläne ihn zum Handeln veranlasst hätten. Darauf war Bonaparte nicht vorbereitet. Also musste er improvisieren. Er behauptete, Barras und General Moulin hätten ihn aufgefordert, eine Bewegung anzuführen, alle freiheitlich Gesinnten auszuschalten. Unter den *Cinq-Cents* befänden sich ausnahmslos solche, «die uns die Konventsherrschaft zurückbringen wollen, die Revolutionskomitees und die Blutgerüste».[47] Das war zwar alles entweder übertrieben oder gelogen, aber es war auf die Ängste der Gemäßigten abgestellt, die den Jakobinern derlei bereitwillig zutrauten. Deren Reaktionen ermutigten ihn, und so war Bonaparte drauf und dran, sich um Kopf und Kragen zu reden, indem er den Abgeordneten mit einem Militärputsch drohte und ihnen so die Illusion raubte, ohne sie könne der Umsturz nicht gelingen. Das aber war es, woran sie sich klammerten, denn damit verknüpften sie die Gewissheit, auch in der neuen Verfassungsordnung unverzichtbar zu sein…

Damit drohte jetzt das ganze Vorhaben zu scheitern, denn die *Anciens* zauderten, die ihnen von den Umsturzplanern aufgetragenen energischen Beschlüsse zu fassen. Darüber wurde die Zeit knapp. Gelang der Umsturz nicht heute, war sein Scheitern morgen gewiss. Das nötigte zu einer Änderung des vorgesehenen Ablaufs. Die *Cinq-Cents* avancierten jetzt zur entscheidenden Instanz. Hier musste das Stück irgendwie zu Ende gebracht werden. Also wandte sich Bonaparte zum Saal der *Cinq-Cents*. Er hatte keinen Plan, keinen festen Vorsatz. Es war wie in einer Schlacht: Nur vorwärts, den Gegner in Unordnung bringen, um ihn dann zu werfen. Diesmal begleitete ihn auch eine Eskorte Soldaten, mit denen er im Getümmel des Saals erschien und zum Rednerpult zu gelangen suchte. Sofort wurde er bemerkt, und es ertönten Rufe: «Nieder mit dem Diktator! Nieder mit dem Tyrannen!» Die Szene drohte zum Tribunal zu werden. Sein unaufgefordertes Erscheinen in der Sitzung verletzte das durch die Verfassung geheiligte Reglement. Einige Abgeordnete stürzten sich auf ihn, packten und bedrängten ihn, überhäuften ihn mit ihren Verwünschungen. Für Bonaparte, der immer einen tiefen Abscheu vor der physischen Nähe der Masse empfand, war das eine unerträgliche Zumutung. Ihm schwanden die Sinne. Endlich befreiten ihn die Generäle Murat, Lefebvre, Gardanne und mehrere Grenadiere aus dem Getümmel und schafften ihn aus dem Saal.

Bleich, noch immer einer Ohnmacht nahe, wankte Bonaparte von der Walstatt. Sieyès, dem er begegnete, redete er an: «General [sic!], sie wollten mich außerhalb des Gesetzes stellen»![48] Jetzt rieten ihm die Souffleure, den Tumult zu nutzen, um dem Spuk der Versammlung gewaltsam ein rasches Ende zu machen. Bonaparte zauderte. Währenddessen nahm das wütende Toben bei den *Cinq-Cents* seinen Fortgang, das wenigstens etwas zu beruhigen der Sitzungspräsident, Lucien Bonaparte, seine liebe Not hatte. Das verschaffte den Verschwörern wertvolle Zeit, die dazu genutzt wurde, die um das Schloss aufgestellten Truppen aufzuwiegeln. Schließlich erschien auch Bonaparte, doch als er sich an die Soldaten wandte, glotzten sie ihn nur regungslos an – er sprach ausgerechnet zu jenen Soldaten, die seit Jahren den Wachdienst des *Corps législatif* versahen, also keine Troupiers waren, sondern Paradetruppen. Die Einheiten der regulären Armee hingegen waren – ein weiterer taktischer Fehler – in einiger Entfernung vom Schloss aufgestellt. Diese zu agitieren hatte man mehr Erfolg, denn unter ihnen waren manche Veteranen des Italienfeldzugs, viele Offiziere, denen Bonaparte vertraut war. Ihre Reaktionen hatten auf Bonaparte eine stimulierende Wirkung. Außer sich vor Wut, die durch die Scham über seine vor Zeugen offenbar gewordene Schwäche nur noch verstärkt wurde, steigerte er sich in eine wahre Raserei, stürzte sich hoch zu Ross in den vielkehligen Jubel und badete im Erlebnis einer Menge, die sich von seiner blindwütigen Erregung anstecken ließ.

Zur gleichen Zeit brachte Lucien Bonaparte die *Cinq-Cents* mit dem vergeblichen Versuch in Rage, seinen Bruder zu rechtfertigen. Erneut drohte die Empörung in offene Gewalt umzuschlagen, doch dazu fehlte es an einer Führung, an zwei oder drei Leitfiguren, die der schäumenden Wut der Mehrheit ein Ziel wiesen. Das nutzte Lucien Bonaparte, der ein theatralisches Genie gewesen sein muss, um noch weiteres Öl ins Feuer zu schütten. Damit erreichte er wohl den beabsichtigten Zweck, denn jetzt richtete sich die geballte Empörung gegen ihn, den Präsidenten. Rot vor Erregung entledigte er sich seiner Insignien, der Schärpe und der Toga, und verkündete dazu mit Stentorstimme, angesichts solcher Zustände sein Amt nicht länger ausüben zu können. Dieser Coup erzwang das Ende der Sitzung und nahm der Linken die letzte Möglichkeit, sich ihrer verfassungsmäßigen Macht zu bedienen, um den Umsturz noch zu vereiteln. Das ebnete der Gewaltlösung den Weg, zu deren Herbeiführung Lucien entschieden mehr beitrug als sein Bruder. Gemeinsam mit diesem trat Lucien vor die Truppe. Auch er war erregt, wusste sich aber zu beherrschen und zur Größe der Rolle zu finden, welche er jetzt spielen musste. Mit einer leidenschaftlichen Rede gab er eine sehr einseitige Schilderung der Vorfälle im Saal, die er mit dem Appell beendete, die Verbrecher, die sich anmaßten sich Repräsentanten des Volkes zu nennen, auseinanderzujagen. – Die Rede zeitigte aber dennoch nicht die beabsichtigte Wirkung, denn, so berichtet Bonapartes getreues Faktotum Bourrienne, «trotz der Schreie *vive Bonaparte!*, mit denen die Ausführungen quittiert wurden, verharrte die Truppe im Zögern. Noch schwankte sie, ihre Waffen gegen die Vertreter des Volkes zu gebrauchen». Das gewahrte Lucien, der ein weiteres Mal Geistesgegenwart bewies; er ließ sich einen Säbel geben, den er mit den Worten hochreckte: «Ich schwöre, die Brust meines eigenen Bruders zu durchbohren, sollte er es jemals wagen, Hand an die Freiheit der Franzosen zu legen»![49] Eine Szene aus dem Schmierentheater, aber in Geste, Ton und Allüre genau der richtige Einfall, die noch Zaudernden mitzureißen. Bonaparte gab den Befehl, und Murat stürmte an der Spitze seiner Grenadiere in die Orangerie, den Tagungsort der *Cinq-Cents*. In Panik sprangen die Abgeordneten aus den Fenster – und landeten weich auf der Gartenerde. Ohne Blutvergießen – Bonapartes ausdrücklicher Wunsch – wurde auf diese drastische Weise der Saal geräumt.

Das letzte Hindernis für den Umsturz war damit zwar überwunden, aber die Tragikomödie dauerte noch bis in die späten Nachtstunden fort. Der Grund war, dass nun die *Anciens* Widerstand leisteten, die den Schleier der legalen Fiktion, der nach den Vorstellungen von Sieyès über das durch und durch illegale Geschehen gebreitet werden sollte, nach ihren Vorstellungen zuschneiden wollten. Das missfiel den Putschisten umso mehr, als sie darin die Gefahr witterten, um die Früchte all ihrer Anstrengungen gebracht zu werden. Also flüchtete man sich in den Einfall, zum ursprünglichen Drehplan zurückzukehren, von dem man zwischenzeitlich abgewichen war. Das setzte aber voraus, dass es gelang, wenigstens einen Teil der in wilder Flucht auseinandergestobenen Abgeordneten der *Cinq-Cents* wieder zu versammeln. Sollte das erforderliche Quorum von 200 Abgeordneten nicht zusammenkommen, ohne das die Versammlung laut Artikel 75 der Verfassung nicht beschlussfähig war, spielte das auch keine Rolle; die, die sich einfanden, erklärten sich einfach zur Mehrheit!

Es war Lucien Bonaparte, der diesen rettenden Einfall hatte. Bonaparte waren die parlamentarischen Usancen fremd, und Sieyès war ein Verfassungstheoretiker, aber kein Politiker. Über praktische Erfahrung in diesen Dingen verfügte allein Lucien, der auch die schöpferische Phantasie besaß, die Anforderungen den Umständen geschmeidig anzupassen. Also machten sich Helfer auf, die Abgeordneten wieder einzusammeln, von denen einige noch durch den nachtdunklen Park irrten, andere sich in den Gasthäusern von Saint-Cloud vom Schrecken erholten oder zu Fuß auf dem Heimweg nach Paris waren.

Gegen 9 Uhr abends war es gelungen, einige Mitglieder der *Cinq-Cents* wieder in der Orangerie von Saint-Cloud zu versammeln. Ihre Zahl ist nicht genau bekannt; die Angaben schwanken zwischen dreißig und über dreihundert. Der mit eilends herbeigeschafften Kerzenleuchtern in ein gespenstisches Licht getauchte Raum war notdürftig wieder hergerichtet worden. Lucien Bonaparte, der als Sitzungspräsident fungierte, ließ sich von der phantastischen Szenerie zu einer ebensolchen Rede inspirieren: «Dieses ehemalige Palais der Könige, in dem wir uns in dieser feierlichen Nacht versammelt haben, gibt uns den Beweis, dass die Macht sehr zerbrechlich, und einzig der Ruhm von Dauer ist»![50] Nach intensiven Beratungen wurde von einer Kommission die Resolution formuliert, die ohnehin schon feststand: Auflösung des Direktoriums und dessen Ersetzung durch eine «konsularische Kommission» als provisorische Exekutive, der drei Bürger, Sieyès, Roger Ducos und Bonaparte, angehörten. Als ihre Aufgabe wurde bestimmt, die Ordnung in der Verwaltung zu gewährleisten und Frankreich den inneren wie äußeren Frieden zu verschaffen. Außerdem wurde die Legislative bis zum 20. Februar 1800 beurlaubt. In dieser Zeit sollten zwei Kommissionen Vorschläge für eine neue Verfassung ausarbeiten.[51]

Nachdem diese Resolution gebilligt worden war, wurden die Konsuln in Gegenwart des *Corps législatif* feierlich auf diese Absichtserklärung eingeschworen. Danach ergriff Lucien Bonaparte noch einmal das Wort zu einer kurzen Ansprache, die das wüste Geschehen von Saint-Cloud als die Parenthese apostrophierte, die den notwendigen Abschluss der Französischen Revolution darstelle: «Vernehmt aber auch diesen Zuruf der Nachwelt: Die Freiheit Frankreichs, die im *Jeu de Paume* von Versailles geboren ward, ist in der Orangerie von Saint-Cloud erneuert worden».

Morgens gegen vier Uhr des 20 Brumaire verließen die Akteure die Bühne von Saint-Cloud. In Paris angelangt, bemerkte Bonaparte zu seinem Sekretär: «Bourrienne, ich habe heute ziemlich viel Blödsinn gesagt. – Ja, ziemlich viel, General. – Ich spreche auch lieber zu Soldaten als zu Advokaten. Diese Hohlköpfe haben mich eingeschüchtert. Ich habe keinerlei Erfahrung im Umgang mit Versammlungen. Das wird schon anders werden».[52] Das war kein für die Öffentlichkeit bestimmtes Schlusswort. Das hatte Bonaparte bereits zuvor diktiert, eine Proklamation, die der *Moniteur* am 20 Brumaire veröffentlichte und die seine, die nunmehr offizielle Version des Staatsstreichs wiedergab.[53] An dieser Darstellung, die den Tumult in den *Cinq-Cents* lang und breit schilderte, ist vor allem zweierlei bemerkenswert: Der Name des Regisseurs Sieyès wird nicht genannt, und auch das geistesgegenwärtige Handeln des Bruders Lucien, der durch sein beherztes Eingreifen den Umsturz vor dem sicheren Scheitern bewahrte, findet keinerlei Erwähnung.[54]

Bis heute haben französische Historiker viel Geist und Scharfsinn daran verschwendet, das Gegenteil dessen zu beweisen, was nicht zu leugnen ist: Der Umsturz des 19 Brumaire wäre ohne militärische Gewaltanwendung nicht geglückt. Dessen Ablauf war im Übrigen emblematisch: Napoleon Bonaparte würde auch späterhin immer Gewalt als das Mittel seiner Wahl anwenden, um seine Interessen durchzusetzen. Sehr bezeichnend ist auch, dass er sich in seiner unbeholfenen und für die eigenen Absichten denkbar kontraproduktiven Ansprache vor den *Anciens* nicht nur wiederholt auf die nackte militärische Macht berief; er benutzte in diesem Zusammenhang auch eine Phrase, die er wortwörtlich bereits zuvor in Kairo Ende Oktober 1798 gebraucht hatte, als er die dortige Bevölkerung nach einem Aufstand einzuschüchtern suchte: «Denken Sie daran, dass ich in Begleitung des Kriegs- wie des Glücksgottes voranschreite!»[55] Das war eine Sprache, die selbst in den Ohren der Abgeordneten einen Missklang hatte, die den Umsturz befürworteten. Sie offenbarte die Selbsteinschätzung eines Mannes, der die Revolution beenden wollte, um die Geschicke Frankreichs und Europas in den kommenden fünfzehn Jahren zu bestimmen.

EPILOG

Den Putsch vom 9. November 1799 machte das Versagen des Direktoriums unvermeidlich, dem es nicht gelungen war, die Schreckenszeit durch eine politische Ordnung zu überwinden, die der Dynamik der Revolution ein Ende setzte. Wichtigste Ursache dafür war die Spaltung der revolutionären Bewegungskräfte, die sich in dem Maße immer weniger überbrücken ließ, wie die reichlich vagen revolutionären Handlungsimperative von Freiheit und Gleichheit von den konkurrierenden Parteien nicht nur unterschiedlich gewichtet, sondern auch vor dem Hintergrund je neuer Herausforderungen und Interessen immer wieder neu interpretiert wurden. Die Aufgabe, die daraus resultierende Anarchie zu überwinden, fiel am Ende der Armee zu.

Die Armee gehörte neben den Grundbesitzern und der Bourgeoisie zu den großen Gewinnern des revolutionären Umsturzes, ließ sich aber im Unterschied zu diesen nicht eindeutig einem der parteilichen Lager zurechnen. Außerdem besaß sie wegen ihrer sozialen Schichtung wie ihrer Erfolge den Nimbus, die Ziele der Revolution zu verkörpern. Beides machte die Armee in der Rolle einer über den revolutionären Parteikämpfen stehenden Ordnungsmacht der großen Masse der einfachen Bevölkerung genehm, den Habenichtsen, Krämern und Handwerkern, den Kleinbauern, Pächtern und Tagelöhnern, die sich um ihre mit der Revolution verknüpften Hoffnungen betrogen sahen. Zu den Verlierern zählten auch die Frauen, denen ihr Eintreten für die Revolution nicht mit der Gleichberechtigung vergolten worden war, die ihnen das Prinzip der Gleichheit verheißen hatte – auch wenn dies eher einer heutigen Sichtweise entspricht, die unter den Zeitgenossen noch nicht allzu viele Anhänger hatte.

Die großen Erwartungen, die 1789 geweckt worden waren, sollten sich mit dem Versprechen von Freiheit und Gleichheit für alle erfüllen – die Brüderlichkeit, die seit der III. Republik die bis heute gültige Devise des französischen Staates komplettiert, erlangte erst spät, 1793, Geltung, um nach dem Sturz Robespierres 1794 rasch wieder zu verschwinden. Gemessen an diesen Erwartungen war die Revolution gescheitert. Dieser Befund änderte aber nichts daran, dass mit der Französischen Revolution die Vision einer nimmerwelken Heilserwartung, die sich als eine säkulare Umformung des christlichen Heilsversprechens charakterisieren lässt, in den Erwartungshorizont der Menschheit einrückte, die seither ihrer Verwirklichung harrt. Angesichts dieser Perspektive beschied der chinesische Premierminister Zhou Enlai die Frage, ob die Französische Revolution vollendet sei, mit der bekannten Antwort, es sei noch zu früh, um darüber zu urteilen.

Im markanten Kontrast dazu stand zunächst die Haltung Bonapartes. Eine Erklärung anlässlich der Vorstellung der Konsulatsverfassung am 15. Dezember 1799 schloss er mit den Worten: «Bürger! Die Revolution ist zu den Grundsätzen zurückgekehrt, von denen sie ihren Ausgang nahm: Sie ist zu Ende».[1] Damit sprach Bonaparte sicherlich das Verlangen einer überwältigenden Mehrheit der Franzosen aus, die der Wirren der Revolution überdrüssig waren. Das klang aber schon bald anders. So ließ sich Bonaparte bereits ein Jahr später, am 18. November 1800, also einige Monate nach der siegreichen Schlacht von Marengo am 14. Juni, die den Auftakt zur napoleonischen Expansion in Europa darstellte, vor dem *Conseil d'Etat* mit den programmatischen Worten vernehmen: «Wir haben den Roman der Revolution beendet. Jetzt gilt es deren Geschichte zu beginnen, allein dem statt zu geben, was in der Anwendung ihrer Prinzipien realistisch und möglich ist, und nicht dem, was lediglich spekulativ und hypothetisch erscheint. Entschieden wir uns heute dazu, eine andere Richtung einzuschlagen, dann hieße das zu philosophieren statt zu regieren».[2] Von nun an war das Ziel nicht mehr, die Revolution zu besiegeln, sondern sie kontrolliert fortzusetzen. Damit verband Bonaparte die Absicht, das hochbrisante Potenzial der Revolution einzusetzen, um das in Frankreich überwundene *Ancien Régime* auch in ganz Europa zu beseitigen. Die französische Ausnahme sollte zur europäischen Norm werden. Das Gelingen dieses Plans würde Frankreich die unanfechtbare politische und kulturelle Hegemonie über das restliche Europa verschaffen.

Eine innenpolitische Voraussetzung dafür war jedoch, das kontroverse Geschehen der Revolution im Einklang mit diesen Absichten zu historisieren und dessen nach wie vor virulente Widersprüche zu den Akten zu legen. Daher unterstützte er auch das Projekt, die von Paul François Velly begonnene und unterdessen auf 30 Bände angewachsene *Histoire de France* über die Darstellung der Herrschaft von Louis XIV hinaus bis in die Gegenwart fortzusetzen. Dafür brauche es, so schrieb er am 12. April 1808, einen talentierten Verfasser, dessen Gesinnung über jeden Zweifel erhaben und der deshalb auch befähigt sei, das vergangene Geschehen unverfälscht zu schildern: «Er hat die Septembermassaker und die Schrecken der Revolution mit demselben Pinselstrich darzustellen wie die Inquisition und die *massacres des Seize*. Wenn man von der Revolution spricht, muss jede Stellungnahme tunlichst vermieden werden. Keiner vermochte sich ihr zu widersetzen. Schuldig sind weder diejenigen, die ihr zum Opfer gefallen sind, noch die, die sie überlebt haben. Es gab niemanden, der imstande gewesen wäre, ihrem Verlauf eine andere Richtung zu geben oder Ereignissen vorzubeugen, die aus der Natur der Dinge und den Umständen resultierten».

Mit anderen Worten: Weder der Revolution noch ihren Akteuren dürfe in der geplanten Darstellung der Prozess gemacht werden, um zu vermeiden, dass die noch nicht verheilten Wunden wieder aufgerissen, der alte Parteienstreit und Hass entfesselt wurde. Jedoch gelte es, so Napoleon, «die andauernde Unordnung der Finanzen, das Chaos der Ständeversammlungen in den Provinzen, die Ansprüche der *Parlements*, die vollständige Unordnung in der Verwaltung, dieses buntscheckige Frankreich ohne einheitliche Gesetze und Administration vorzuführen, das mehr wie ein Verbund von zwanzig Königreichen als wie ein einheitlicher Staat anmutete. Diese Schilderung muss so sein, dass man aufatmet, sobald man in der Epoche angelangt ist, in der man sich der Wohltaten erfreuen kann, die sich der Einheitlichkeit der Gesetze, der Verwaltung und der räumlichen Gliederung verdanken. Die andauernde Schwäche der Regierung, der von Louis XIV wie vor allem der von Louis XV und Louis XVI, muss den Wunsch bestärken, das erst jüngst Erreichte und die damit erlangte Vormachtstellung zu unterstützen. Auch muss die Wiederherstellung der Religionsfreiheit und der Kirche die Furcht vor dem Einfluss eines ausländischen Priesters [i. e. des Papstes] oder eines auf Macht erpichten Beichtvaters wachhalten, die darauf aus sein könnten, die in Frankreich herrschende Ruhe zu zerstören».[3]

Diese Regiebemerkungen sind sehr *à propos*, denn Anfang Februar 1808 hatten französische Truppen den Kirchenstaat und Rom besetzt. Damit bahnte sich ein neuer Konflikt mit dem Papst an, der ein Jahr später, am 6. Juli 1809, in die Verhaftung des Pontifex einmündete. Außerdem diktierte Napoleon dieses Schreiben an den Innenminister während seines Aufenthalts in Bordeaux. Von hier reiste er damals nach Bayonne weiter, wo er Anfang Mai 1808 den spanischen König, den letzten europäischen Herrscher aus dem Geschlecht der Bourbonen, mit Hilfe einer von ihm umsichtig eingefädelten Intrige des Throns beraubte, auf den er seinen ältesten Bruder Joseph setzte.[4] Das eine wie das andere Geschehen würde in der französischen Öffentlichkeit ein zwiespältiges, an die Revolution gemahnendes Echo finden, weshalb es geboten schien, das napoleonische Kaiserreich als «die beste aller Welten» im deutlichen Kontrast zur revolutionären Vorvergangenheit des *Ancien Régime* zu schildern.

Das geschichtspolitische Konzept Napoleons änderte sich jedoch erneut schlagartig, als ihn nach der Niederlage in der «Völkerschlacht» bei Leipzig im Oktober 1813 die Ahnung beschlich, die Tage seiner Macht und Herrlichkeit seien gezählt. Justizminister Mathieu Louis comte Molé offenbarte er sich damals mit den Worten: «Nach mir werden die Revolution oder vielmehr die Ideen, die sie beherrschten, mit neuer Kraft ihr Werk wiederaufnehmen. Das wird so sein wie mit einem Buch, dessen Lektüre man auf der Seite fortsetzt, auf der man sie unterbrochen hatte. Wenn es geschickten Händen nicht gelingt, dem reißenden Strom ein Bett zu graben und seinen Lauf mit Dämmen einzuhegen, wird er überall über seine Ufer treten und diese mit beklagenswerten und riesigen Trümmern bedecken. Diese Doktrinen, die man die Prinzipien von 1789 nennt, werden für immer eine bedrohliche Waffe in den Händen der Unzufriedenen, der Ehrgeizigen und der Ideologen aller Zeiten sein».[5] Diese Prophezeiung hat sich erfüllt: Gerade weil Napoleon damit scheiterte, die Revolution im Sinne seiner Machtinteressen kontrolliert zu vollenden, avancierte sie im

Bewusstsein der Nachgeborenen endgültig zu einem Versprechen, das trotz aller Irrwege seit nunmehr rund 200 Jahren die Hoffnungen der Menschen beflügelt.

ANMERKUNGEN

PROLOG

1 Jean-Jacques Rousseau, *Du Contrat social*, II. Buch, 11. Kapitel, *Œuvres complètes*, (eds.) Bernard Gagnebin u. Marcel Raymond, Paris 1964, III, 391
2 Zur Bedeutung von «Tugend» im vorrevolutionären Diskurs in Frankreich vgl. Marisa Linton, *The Politics of Virtue in Enlightenment France*, New York 2001
3 *Œuvres complètes de Maximilien Robespierre*, (eds.) Marc Bouloiseau u. Albert Soboul, Paris 1967, X, 357
4 Alexis de Tocqueville, *De la Démocratie en Amérique*, *Œuvres complètes*, (ed.) J.-P. Mayer, Paris 1961, I, 2, 336

ERSTES BUCH · DIE KRISE

Erstes Kapitel · «Ich will geliebt werden»

1 *Mémoires du Baron de Besenval sur la Cour de France*, (ed.) Ghislain de Diesbach, Paris 1987, 172
2 Jean-Louis Soulavie, *Mémoires historiques et politiques du règne de Louis XVI, depuis son mariage jusqu'à sa mort*, Paris 1802, I, 100–102
3 Robert Darnton, *The Devil in the Holy Water or the Art of Slander from Louis XIV to Napoleon*, Philadelphia 2010, 377–378
4 William Doyle, «The Parlements», in: *The French Revolution and the Creation of Modern Political Culture. The Political Culture of the Old Regime*, (ed.) Keith Michael Baker, Oxford 1987, 157–167
5 Zur Problematik dieses Begriffs im vorrevolutionären Frankreich vgl. Mona Ozouf, «L'opinion publique», in: *The Political Culture of the Old Regime*, 419–434
6 Bailey Stone, *The French Parlements and the Crisis of the Old Regime*, Chapel Hill u. London 1986, 19–21
7 *Les Remontrances du Parlement de Paris au XVIIIe siècle*, (ed.) Jules Flammermont, Paris 1895, II, 557–558
8 Dale K. Van Kley, *The Religious Origins of the French Revolution. From Calvin to the Civil Constitution 1560–1791*, New Haven u. London 1996, 75–248

9 Diesen Anspruch, dass der *Parlement de Paris* der wichtigste Gerichtshof des Landes sei, dessen Ableger alle anderen *Parlements* in den Provinzen seien, sie also zusammen ein einziges großes *Parlement* bildeten, der vom nämlichen Geist, von denselben Grundsätzen und übereinstimmenden Absichten beherrscht sei, formulierten die *remontrances* vom 4. August 1756. Flammermont, *Remontrances,* II, 138

10 Der Anteil jener, denen es erst im Laufe des 18. Jahrhunderts gelang, sich in diese Funktionselite einzukaufen, lag bei etwa 10 Prozent. François Bluche, *Les Magistrats du Parlement de Paris au XVIIIe siècle, 1715–1771*, Paris 1960, 82–83

11 Vivian R. Gruder, *The Royal Provincial Intendants: A Governing Elite in Eighteenth-Century France*, Ithaca N. Y. 1968, 34–51

12 Louis-Philippe Comte de Ségur, *Mémoires ou souvenirs et anecdotes*, Paris 1826, I, 24

13 Der schwedische Botschafter am Hof von Versailles, der Baron de Staël-Holstein, urteilte bündig: «Cette monarchie ne diffère du despotisme que par l'influence de l'opinion publique. Elle est la seule sauvegarde du citoyen». *Correspondance diplomatique du Baron de Staël-Holstein, ambassadeur de Suède en France et de son successeur comme chargé d'affaires le Baron Brinkman,* (ed.) L. Leouzon Le Duc, Paris 1881, 32

14 *Mémoires du Prince de Talleyrand*, (ed.) Duc de Broglie, Paris 1891, I, 63

15 Zur wachsenden Bedeutung der Presse in der Spätphase des *Ancien Régime* vgl. Jeremy Popkin, «The Prerevolutionary Origins of Political Journalism», in: *The Political Culture of the Old Regime*, 203–223

16 Daniel Roche, «Milieux académiques provinciaux et société des lumières. Trois académies provinciales au 18e siècle: Bordeaux, Dijon, Châlons sur Marne», *Livre et société dans la France du XVIIIe siècle*, (eds.) G. Bollême et al., Paris 1965, 93–177

17 Arthur Young, *Travels in France during the Years 1787, 1788 & 1789*, (ed.) Constantia Maxwell, Cambridge 1929, 202

18 John Hardman, *French Politics 1774–1789. From the Accession of Louis XVI to the Fall of the Bastille*, London u. New York 1995, 232–242

19 Steven L. Kaplan, *Le complot de famine. Histoire d'une rumeur au XVIIIe siècle*, Paris 1982

20 *Recueil général des anciennes lois françaises depuis l'an 420 jusqu'à la révolution de 1789*, (eds.) François-André Isambert et al., Paris 1821–1833, XXII, 501–509

21 Soulavie, *Mémoires historiques*, I, 105

22 *Recueil général des anciennes lois*, XXII, 512–515

23 *Recueil général des anciennes lois*, XXII, 522

24 Durand Echeverria, *The Maupeou Revolution. A Study in the History of Libertarianism. France, 1770–1774*, Baton Rouge u. London 1985, 18–19

25 *Correspondance secrète entre Marie Thérèse et le comte de Mercy-Argenteau, avec les lettres de Marie Thérèse et de Marie Antoinette*, (eds.) Alfred d'Arneth u. M. A. Geffroy, Paris 1875, I, 149

26 Grimm u. Diderot, *Correspondance littéraire, philosophique et critique, adres-*

sée à un souverain d'Allemagne depuis 1770 jusqu'en 1782, Paris 1812, III, 153–154

27 Joseph-Alphonse de Véri, *Journal* (ed.) Jehan de Witte, Paris 1928, I, 95–96

28 J. M. Augeard, *Mémoires secrets*, (ed.) Evariste Bavoux, Paris 1866, 77

29 Véri, *Journal*, I, 71

30 Véri, *Journal*, I, 184–186

31 Zit. Echeverria, *The Maupeou Revolution*, 32

32 Armand François d'Allonville, *Mémoires secrets, de 1770 à 1830*, Paris 1838, I, 87

33 Augeard, *Mémoires secrets*, 81–82

34 Ségur, *Mémoires*, I, 38

35 Jacques Le Goff, *Reims, ville du sacre*, in: *Les Lieux de mémoire, La Nation*, (ed.) Pierre Nora, Paris 1986, I, 89–184

36 Zum Ausmaß und Verlauf dieser Unruhen cf. Jacob-Nicolas Moreau, *Mes Souvenirs*, (ed.) Camille Hermelin, Paris 1901, II, 189–194

37 *Œuvres de Turgot et documents le concernant avec biographie et notes*, (ed.) Gustave Schelle, Paris 1924, IV, 119–120

38 Turgot, *Œuvres*, IV, 552–553 u. 557–567

39 Soulavie, *Mémoires historiques*, III, 3–8

40 *Nie war es herrlicher zu leben. Das geheime Tagebuch des Herzogs von Croÿ*, (ed.) Hans Pleschinski, München 2011, 299

41 Véri, *Journal*, I, 304

42 Véri, *Journal*, II, 8

43 Flammermont, *Remontrances*, III, 277–324

44 Véri, *Journal*, I, 419

45 Flammermont, *Remontrances*, III, 324–356

46 Louis XVI soll sogar einmal bemerkt haben: «M. Turgot veut être moi et je ne veux pas qu'il soit moi». Zit. Véri, *Journal*, I, 448

47 Henri Doniol, *Histoire de la participation de la France à l'établissement des Etats-Unis d'Amérique. Correspondance diplomatique et documents*, Paris 1886, I, 243–249

48 Doniol, *Histoire de la participation*, I, 273–278

49 Turgot, *Œuvres*, V, 384–420

50 Turgot, *Œuvres*, IV, 109–110

51 Zit. Véri, *Journal*, I, 450–457

52 Über die langfristigen Folgen des amerikanischen Unabhängigkeitskriegs urteilte Paul Schroeder bündig: «That Britain lost the war and France lost the peace». Paul. W. Schroeder, *The Transformation of European Politics 1763–1848*, Oxford 1994, 38

Zweites Kapitel · Ein unübersichtlicher Staat

1 Einen guten Überblick über die territoriale Gemengelage, die Frankreich prägte, gibt Armand Brette, *Les limites et les divisions territoriales de la France en 1789*, Paris 1907, 1–56

2 Michael P. Fitzsimmons, *The Remaking of France. The National Assembly and the Constitution of 1791*, Cambridge 1994, 4–5
3 Brette, *Les limites*, 57–84
4 Marcel Marion, *Dictionnaire des institutions de la France aux XVIIe et XVIIIe siècles*, Paris 1923, 259
5 Brette, *Les limites*, 95–107
6 Brette, *Les limites*, 109–114
7 Einen ausführlichen Überblick über diese Steuerbürokratie gibt George T. Matthews, *The Royal General Farms in the Eighteenth Century*, New York 1958, 185–227
8 *Protest of the Cour des Aides of Paris: April 10, 1775*, (ed.) James Harvey Robinson, (Translations and Reprints from the Original Sources of European History), Philadelphia 1899, 5–6
9 Maurice Bordes, *L'administration provinciale et municipale en France au XVIIIe siècle*, Paris 1972, 116–159
10 Douglas Dakin, *Turgot and the Ancien Régime in France*, London 1939, 28–31
11 Auch diese Zusammenhänge werden von Malesherbes in der großen *Remontrance* vom April 1775 ziemlich unverhüllt angesprochen. *Protest of the Cour des Aides*, 23–25
12 Alle Zahlenangaben nach P.M. Jones, *Reform and Revolution in France. The Politics of Transition, 1774–1791*, Cambridge 1995, 51–54
13 Der Ämterhandel, die *vénalité des offices*, war in der Sache nichts anderes als eine Kreditfinanzierung staatlicher Ausgaben. David D. Bien, «Offices, Corps, and a System of State Credit: The Uses of Privilege under the Ancien Régime», in: *The Political Culture of the Old Regime*, 89–114
14 Adam Smith, *An Inquiry into the Nature and Causes of the Wealth of Nations*, (eds.) R.H. Campbell, A.S. Skinner u. W.B. Todd, Oxford 1976, 856
15 Young, *Travels in France*, 328
16 Einen guten Überblick gibt Michael Kwass, *Privilege and the Politics of Taxation in Eighteenth-Century France. Liberté, Egalité, Fiscalité*, Cambridge 2000, 62–115
17 Gabriel Sénac de Meilhan, bis zur Revolution Intendant in Valenciennes, gehörte zu diesen wenigen, wie seine sarkastische Bemerkung zeigt: «On veut qu'il y ait un grand commerce, et on le poursuit avec acharnement dans sa route pour lui imposer des droits. C'est vouloir qu'un homme danse et le forcer à avoir des souliers de plomb». Sénac de Meilhan, *Considérations sur l'esprit et les mœurs*, London 1787, 42
18 I.F. Bosher, *The Single Duty Project. A Study of the Movement for a French Customs Union in the Eighteenth Century*, London 1964, 84–104
19 Young, *Travels in France*, 173
20 Arthur Young verknüpfte damit im Reisetagebuch vom 25. Mai 1787 einen sarkastischen Kommentar: «The forest around Chantilly, belonging to the Prince of Condé, is immense, spreading far and wide; the Paris road crosses it for ten miles, which is its least extent. They say the *capitainerie*, or paramountship, is above 100 miles in circumference. That is to say, all the inha-

bitants for that extent are pestered with game, without permission to destroy it, in order to give one man diversion. Ought not these *capitaineries* to be extirpated?» Young, *Travels in France*, 10; für eine Erklärung des Begriffs *capitainerie*, cf. Young, ibid., 330–331

21 Olwen H. Hufton, *The Poor of Eighteenth-Century France 1750–1789*, Oxford 1974, 25–68

22 Young, *Travels in France*, 60

23 David D. Bien, «La réaction aristocratique avant 1789: l'exemple de l'armée», in: *Annales, E. S. C.*, XXIX (1974), 23–48

24 William Doyle, «Was There an Aristocratic Reaction in Pre-Revolutionary France?», *French Society and the Revolution*, (ed.) Douglas Johnson, Cambridge 1976, 3–28

25 Vgl. dazu den wichtigen und vorzüglich dokumentierten Aufsatz von Colin Lucas, «Nobles, Bourgeois and the Origins of the French Revolution», *Past & Present*, LX (1973), 84–126

26 Das illustriert sehr schön die Bemerkung von Sénac de Meilhan: «Chaque état, par une communication fréquente avec les autres, a de nos jours altéré son caractère distinctif. (...) Les alliances se sont multipliées entre la haute Noblesse, la Robe, la Finance, et ont rapproché tous les états». Sénac de Meilhan, *Considérations*, 318

27 Guy Chaussinand-Nogaret, *La Noblesse au XVIIIe siècle. De la féodalité aux Lumières*, Paris 1976, 65–117

28 Hufton, *The Poor*, 132–193

29 Nigel Aston, *Religion and Revolution in France 1780–1804*, Washington, D. C. 2000, 13

Drittes Kapitel · Tanz auf dem Vulkan

1 In seiner Rede vor den Notabeln am 22. Februar 1787 machte Calonne das Eingeständnis, das Defizit habe sich 1776 auf lediglich 37 Millionen belaufen. Seitdem und bis Ende 1786 seien Anleihen über 1250 Millionen begeben worden. *Procès-verbal de l'Assemblée des Notables, tenue à Versailles en l'année 1787*, Paris 1788, 70

2 Robert D. Harris, *Necker. Reform Statesman of the Ancien Régime*, Berkeley u. Los Angeles 1979, 105–116, 176–207, u. Bosher, *French Finances*, 151–165

3 Gail Bossenga, «Financial Origins of the French Revolution», in: *From Deficit to Deluge. The Origins of the French Revolution*, (eds.) Thomas E. Kaiser u. Dale K. Van Kley, Stanford, Cal. 2011, 37–66

4 Hans Glagau, *Reformversuche und Sturz des Absolutismus in Frankreich (1774–1788)*, München 1908, 145–147

5 Harris, *Necker*, 155–159

6 Vgl. die tabellarische Aufstellung von «Revenus» und «Dépenses» in: *Compte rendu au Roi par M. Necker, Directeur général des Finances, au mois de janvier 1781*, Paris 1781, 114

7 Bosher, *French Finances*, 67–91

8 Croÿ, *Das geheime Tagebuch*, 384

9 Ein Dokument dafür ist Neckers Schrift: *Sur le Compte rendu au Roi en 1781. Nouveaux éclaircissements*, Paris 1788

10 Bosher, *French Finances*, 166

11 Besenval, *Mémoires*, 343–352

12 Hardman, *Louis XVI*, 72–73; Munro Price, *Preserving the Monarchy: The Comte de Vergennes, 1774–1787*, Cambridge 1995, 88–114

13 Hardman, *French Politics*, 64–67

14 Antoine Jean-Baptiste Robert Auget de Montyon, *Particularités et observations sur les ministres des Finances de France les plus célèbres, depuis 1660 jusqu'en 1791*, Paris 1812, 277

15 René Stourm, *Les finances de l'Ancien Régime et de la Révolution*, Paris 1885, II, 227–234

16 Joseph Droz, *Histoire du règne de Louis XVI, pendant les années où l'on pouvait prévenir ou diriger la Révolution Française*, Paris 1839, I, 453–460

17 Flammermont, *Remontrances*, III, 600–603 u. 640–649

18 Bosher, *French Finances*, 190–191

19 *Despatches from Paris 1784–1790*, (ed.) Oscar Browning, London 1909, I, 134

20 Martin Göhring, *Geschichte der Grossen Revolution. Vom Ancien Régime zum Sieg der Revolution*, Tübingen 1950, I, 244

21 Der Text dieses *Précis d'un plan d'amélioration des finances* findet sich im Appendix der *Réponse de M. de Calonne à l'écrit de M. Necker, publié en avril 1787*, Londres 1788, 50–52

22 Glagau, *Reformversuche*, 357–358

23 Vivian R. Gruder, «The Bourbon Monarchy: Reforms and Propaganda at the End of the Old Regime», *The Political Culture of the Old Regime*, 348

24 «Mémoire concernant la Gabelle», *Procès-verbal de l'Assemblée des Notables*, 198–217

25 «Mémoire sur la réformation des Droits de Traites, l'abolition des Barrières intérieures, l'établissement d'un Tarif uniforme aux Frontières, & la suppression de plusieurs Droits d'Aides nuisibles au Commerce», *Procès-verbal de l'Assemblée des Notables*, 141–198

26 Eine solche Notabelnversammlung, letztmals von Kardinal Richelieu 1626 einberufen, begriff Calonne als Quintessenz der öffentlichen Meinung; für manche Zeitgenossen war die Einberufung einer solchen Versammlung jedoch ein Spiel mit dem Feuer. Der Vicomte de Ségur verknüpfte dies sogar mit dem Kommentar, «le roi avait donné sa démission». Besenval, *Mémoires*, 392

27 Denkschrift des Ministers Calonne: «Observations sur la différence entre les assemblées des États-Généraux et les assemblées des Notables du royaume», Glagau, *Reformversuche*, 349–352

28 In einem Brief an Choiseul-Gouffier, der vom 4. April 1787 datiert ist, also einen Monat nach Eröffnung der Notabelnversammlung, qualifizierte Talleyrand Calonnes Reformkonzept: «C'est à peu près le résultat de tout ce que les bons esprits pensent depuis quelques années». Jean Gorsas, *Talleyrand. Mémoires, lettres inédites et papiers secrets, accompagnés de notes explicatives*, Paris 1891, 62

29 Glagau, *Reformversuche*, 385–386

30 Eine genaue Aufstellung der Notabeln findet sich im *Procès-verbal de l'Assemblée des Notables*, 3–29

31 Mallet du Pan kritisierte diesen bloßen Anschein hellsichtig, als er im Januar 1787 im Tagebuch notierte: «Les notables ne sont ni la nation, ni les représentants de la nation, comme le disent les sots; c'est un supplément au conseil: ils n'ont que voix consultative. Le roi peut leur ordonner tout ce qu'il veut, et ils ne peuvent résister à rien. On prévoit que la bagarre surviendra, lorsqu'on présentera les opérations à enregistrer aux parlements, qui récalcitreront; et gare le ministre». *Mémoires et correspondance de Mallet du Pan. Pour servir à l'histoire de la Révolution Française*, (ed.) A. Sayous, Paris 1851, I, 139

32 Für eine detaillierte Erörterung der Zusammensetzung der Notabelnversammlung vgl. John Hardman, *Ouverture to Revolution. The 1787 Assembly of Notables and the Crisis of France's Old Regime*, Oxford 2011, 56–80

33 Zit. Glagau, *Reformversuche*, 386

34 Jean Egret, *La Pré-Révolution française (1787–1788)*, Paris 1962, 17

35 Dieses Entgegenkommen zahlte sich aber ebenso wenig aus wie die üppigen Bestechungen, mit denen Calonne sich der Sympathien der Fürsten von Geblüt zu versichern suchte. Augeard, *Mémoires secrets*, 155

36 *Lettres de l'abbé Morellet à Lord Shelburne*, Paris 1898, 228

37 Olwen H. Hufton, *Europe. Privilege and Protest 1730–1783*, London 1980, 181–183. Um ihre Angriffsfläche zu verringern, hatte die Kirche in Frankreich auch längst damit begonnen, eine Reihe kleiner Bettelorden aufzulösen und deren Vermögenswerte einzuziehen. Pierre Chevallier, *Loménie de Brienne et l'ordre monastique (1766–1789)*, Paris 1960, II, 133–172

38 Hardman, *Ouverture to Revolution*, 91–96

39 Droz, *Histoire du règne de Louis XVI*, I, 476–477

40 Tatsächlich scheint Calonne allzu leichtfertig auf die Zusicherung Louis' XVI vertraut zu haben, «de n'être jamais abandonné par lui, de quelque manière que les choses tournassent». Besenval, *Mémoires*, 392–393

41 *Procès-verbal de l'Assemblée des Notables*, 52

42 Calonne schloss seine Eröffnungsrede mit den Worten: «Que d'autres rappellent cette maxime de notre Monarchie, *si veut le Roi, si veut la Loi;* la maxime de Sa majesté est, *si veut le bonheur du peuple, si veut le Roi*». *Procès-verbal de l'Assemblée des Notables*, 81

43 Für eine detaillierte Erörterung dieses gravierenden Unterschieds cf. *Réponse de M. Calonne à l'écrit de M. Necker*, 44–48; Droz, *Histoire du règne de Louis XVI*, I, 486

44 Die Kontroverse zwischen Necker und Calonne ist aufgeschlüsselt in: Charles-Joseph Mathon de la Cour, *Collection de Comptes-Rendus, pièces authentiques, états et tableaux concernant les finances de France, depuis 1758 jusqu'en 1787*, Lausanne 1788,182–183

45 Egret, *La Pré-Révolution*, 39–40

46 «C'était une maladresse à M. de Calonne d'attaquer M. Necker et de mettre, en pure perte, tous les fanatiques contre lui: le nombre en était grand, même

dans l'assemblée des Notables et, de plus, ils étaient animés par plusieurs femmes». Besenval, *Mémoires*, 395

47 Vgl. «Mémoire sur l'Imposition Territoriale», *Procès-verbal de l'Assemblée des Notables*, 108–118

48 *Procès-verbal de l'Assemblée des Notables*, 118–123

49 Talleyrand, *Mémoires*, I, 24

50 Für dieses Reformprojekt vgl. den «Mémoire sur l'établissement des Assemblées provinciales», *Procès-verbal de l'Assemblée des Notables*, 101–108; zur Auseinandersetzung um diese *Assemblées provinciales* vgl. Hardman, *Ouverture to Revolution*, 118–147

51 Kwass, *Privilege and the Politics of Taxation*, 257–258

52 Glagau, *Reformversuche*, 233–235

53 Hardman, *Ouverture to Revolution*, 148–160

54 Egret, *La Pré-Révolution*, 24–25

55 Von der Liberalisierung des Getreidehandels sollten alle Erzeuger profitieren. Mit diesem Vorschlag sollte ihnen die bittere Pille der geplanten Grundertragssteuer versüßt werden. «Mémoire sur le Commerce des Grains», *Procès-verbal de l'Assemblée des Notables*, 126–128; für die Umwandlung der *corvée* in eine Steuerleistung vgl. «Mémoire sur la Corvée», *Procès-verbal de l'Assemblée des Notables*, 128–131

56 Nigel Aston, *The End of an Elite. The French Bishops and the Coming of the Revolution 1786–1790*, Oxford 1992, 46–63

57 Glagau, *Reformversuche*, 248

58 *Procès-verbal de l'Assemblée des Notables*, 138

59 *Procès-verbal de l'Assemblée des Notables*, 218–226

60 Hardman, *Ouverture to Revolution*, 199–209

61 Zit. Egret, *La Pré-Révolution*, 42

62 Droz, *Histoire du règne de Louis XVI*, I, 498–500

63 *Journal de l'Assemblée des Notables*, 56

64 Besenval, *Mémoires*, 397–405; Droz, *Histoire du règne de Louis XVI*, I, 500–503

65 *Journal de l'Assemblée des Notables*, 87–88

66 *Procès-verbal de l'Assemblée des Notables*, 263–265

67 *Journal de l'Assemblée des Notables*, 95

68 Besenval, *Mémoires*, 409–410

69 Mercy-Argenteau, *Correspondance*, II, 94

70 *Journal de l'Assemblée des Notables*, 79

71 «États des Recettes et des Dépenses remis à l'assemblée des notables, au mois d'avril 1787, de la Cour», *Collection de comptes-rendus*, 193–224

72 Egret, *La Pré-Révolution*, 56. Mathon de la Cour bezifferte seinerseits das Defizit auf exakt 125 087 556 *livres*. *Collection de comptes-rendus*, 223

73 Egret, *La Pré-Révolution*, 58; Hardman, *Ouverture to Revolution*, 257–284

74 Egret, *La Pré-Révolution*, 59–61

Viertes Kapitel · Dem Untergang entgegen

1 Marcel Marion, *Le Garde des Sceaux Lamoignon et la réforme judiciaire de 1788*, Paris 1905, 64–98; Egret, *La Pré-Révolution*, 122–133
2 Egret, *La Pré-Révolution*, 140–141
3 Egret, *La Pré-Révolution*, 80–94
4 Bosher, *French Finances*, 197–214
5 *Lettres de l'abbé Morellet*, 245
6 Der *Parlement de Paris* hatte damals 144 Mitglieder. *Almanach royal, année 1787*, Paris 1787, 307–325. Konstituierte sich der Gerichtshof als *Cour des Pairs*, kamen noch sieben Prinzen von Geblüt, sieben geistliche *Pairs* sowie 27 *Pairs*, die Laien waren, hinzu. *Almanach royal, année 1787*, 147–150
7 Bailey Stone, *The French Parlements and the Crisis of the Old Regime*, Chapel Hill u. London 1986, 170–188
8 Das erkannte Lamoignon de Malesherbes, der seit dem Frühsommer 1787 der Regierung von Loménie de Brienne als Berater angehörte, sehr genau. In einem Memorandum für Louis XVI, in dem er den Monarchen zu Einsparungen in seiner aufwendigen Haushaltsführung aufforderte, schrieb er einleitend: «La résistance opposée aujourd'hui à l'enregistrement des édits, est d'un genre absolument différent de toutes les affaires qu'on a eu à traiter avec les Parlemens depuis la mort de Louis XIV. Dans toutes les autres, c'étoit le Parlement qui échauffoit le public: dans celle-ci, c'est le public qui échauffe le Parlement». Zit. in: J.B. Dubois, *Notice historique sur Chrétien-Guillaume de Lamoignon de Malesherbes*, Paris 1806, 85–86
9 *Despatches from Paris*, I, 212
10 Flammermont, *Remontrances*, III, 663–665
11 Flammermont, *Remontrances*, III, 667–675; *Despatches from Paris*, I, 221
12 Flammermont, *Remontrances*, III, 681–684; Besenval, *Mémoires*, 417
13 Nach dem Zeugnis Pasquiers waren es ausgerechnet die hohen Würdenträger, die *Pairs*, die mit ihrer oppositionellen Haltung für die jüngeren Mitglieder des *Parlement* ein Vorbild gaben, dem diese nacheiferten. *Mémoires du Chanelier Pasquier*, (ed.) Duc d'Audiffret-Pasquier, Paris 1893, I, 26
14 Étienne Pasquier, der damals als junger *Conseiller* dem *Parlement de Paris* angehörte, charakterisierte die Absicht, die Calonne mit der Einberufung der Notabeln verbunden hatte, in seinen Memoiren treffend damit, dass der sich eine Versammlung ausgemalt habe, «où il espérait obtenir, pour ses différents projets, une sorte de sanction nationale qui le placerait au-dessus des résistances parlementaires». Pasquier, *Mémoires*, I, 20
15 Dubois, *Notice historique*, 87–88
16 Flammermont, *Remontrances*, III, 663–688
17 Flammermont, *Remontrances*, III, 688–692
18 Flammermont, *Remontrances*, III, 692–693
19 Besenval, *Mémoires*, 424
20 Ségur, *Mémoires*, III, 323
21 Ségur, *Mémoires*, III, 327
22 Der britische Diplomat Daniel Hailes meldete in diesem Zusammenhang

aus Paris am 17. April 1788 seiner Regierung: «So strong is the sense of present disgrace and difficulties that it seems to have precluded all ideas of the possibility that a change should prove disadvantageous: an entire revolution in the form of the Government is therefore looked forward to with the greatest eagerness». *Despatches from Paris*, II, 31

23 Besenval, *Mémoires*, 421–423

24 Egret, *La Pré-Révolution*, 74–75

25 Necker, *Compte rendu au Roi, (...) au mois de janvier 1781*, 27–28

26 Egret, *La Pré-Révolution*, 80

27 Egret, *La Pré-Révolution*, 82–91

28 Guillaume-Joseph Saige, *Catéchisme du citoyen ou élémens du Droit Public Français, par demandes & réponses, s. l. 1788*, 138

29 *Correspondance secrète inédite sur Louis XVI, Marie-Antoinette, la Cour et la Ville de 1777 à 1792*, (ed.) de Lescure, Paris 1866, II, 89. Für den Widerstand des *Parlement*: Flammermont, *Remontrances*, III, 694–702

30 Am Rand von Turgots *Mémoire sur les municipalités* hatte Louis XVI am 15. Februar 1788 notiert: «L'idée de former des états-généraux perpétuels est subversive de la monarchie, qui n'est absolue que parce que l'autorité n'est point partagée. Dès le moment de leur ouverture, il n'existe plus entre le roi et sa nation des intermédiaires qu'une armée; et il est fâcheux et douloureux de lui confier la défense de l'autorité de l'état contre l'assemblée des français». Soulavie, *Mémoires historiques et politiques*, III, 152

31 Für diese Sicht Briennes vgl. Soulavie, *Mémoires historiques*, VI, 242–244

32 Egret, *La Pré-Révolution*, 181

33 Young, *Travels*, 80–81 u. 84–85

34 Egret, *La Pré-Révolution*, 183

35 Morellet, *Mémoires*, Paris 1823, I, 332–333

36 Jacob-Nicolas Moreau, *Mes souvenirs* (ed.) Camille Hermelin, Paris 1901, II, 356; Weber, *Mémoires concernant Marie-Antoinette, Archiduchesse d'Autriche et Reine de France*, (eds.) Berville u. Barrière, Paris 1822, I, 190

37 Guy-Marie Sallier, *Annales françaises, depuis le commencement du règne de Louis XVI, jusqu'aux Etats-Généraux. 1774 à 1789*, Paris 1813, 128

38 Talleyrand, *Mémoires*, I, 193

39 Sallier, *Annales françaises*, 129

40 Flammermont, *Remontrances*, III, 736–743

41 Egret, *La Pré-Révolution*, 204–245

42 Flammermont, *Remontrances*, III, 702–721

43 Egret, *La Pré-Révolution*, 131–132

44 Egret, *La Pré-Révolution*, 249, Anm. 4

45 Marmontel, *Mémoires*, Paris 1807, IV, 20–21

46 Flammermont, *Remontrances*, III, 747–777

47 Egret, *La Pré-Révolution*, 256, Anm. 2

48 Eine gute Übersicht über diese Kontroverse gibt Egret, *La Pré-Révolution*, 263–278

49 Weber, *Mémoires*, I, 217

50 Egret, *La Pré-Révolution*, 279–280

51 Aston, *The End of an Elite*, 107
52 *Procès-verbal de l'Assemblée des Notables*, 298
53 Droz, *Histoire du règne de Louis XVI*, II, 77
54 Soulavie, *Mémoires historiques et politiques*, VI, 196–203; Aston, *The End of an Elite*, 107–109
55 Egret, *La Pré-Révolution*, 295–296
56 Egret, *La Pré-Révolution*, 296–299
57 Droz, *Histoire du règne de Louis XVI*, II, 76
58 Vgl. die lebhafte Schilderung der Unruhen in Weber, *Mémoires*, I, 222–232
59 Weber, *Mémoires*, I, 226 u. 232–233; *Correspondance secrète*, II, 263–267
60 Weber, *Mémoires*, I, 228
61 *Recueil de documents relatifs à la convocation des Etats Généraux de 1789*, (ed.) Armand Brette, Paris 1894, I, 20
62 Sallier, *Annales*, 192
63 *Compte rendu au Roi, au mois de mars 1788*, Paris 1788, 180
64 Soulavie, *Mémoires historiques et politiques*, VI, 238–239
65 Brette, *Recueil de documents*, I, 23–25
66 Egret, *La Pré-Révolution*, 314
67 Moreau, *Mes souvenirs*, II, 368
68 Mercy-Argenteau, *Correspondance*, II, 190
69 Mercy-Argenteau, *Correspondance*, II, 198
70 Mercy-Argenteau, *Correspondance*, II, 194–195
71 Mercy-Argenteau, *Correspondance*, II, 210–211. Der Einfluss, den Marie-Antoinette auf die sich zuspitzende Krise ausübte, wird ausführlich von Thomas E. Kaiser, «From Fiscal Crisis to Revolution: The Court and French Foreign Policy, 1787–1789», *From Deficit to Deluge*, 139–164 erörtert.

Fünftes Kapitel · Die Flucht nach vorne

1 Moreau, *Mes souvenirs*, II, 408
2 Der Marineminister Malouet, der ein Vertrauter Neckers war, hat dies treffend charakterisiert: «Il [i. e. Necker] avait un orgueil timide, qui se reposait sur ses moyens, sur sa célébrité, et qui lui faisait craindre sans cesse de se compromettre avec l'opinion publique, qu'il ne savait plus gouverner lorsqu'il s'en voyait contrarié». *Mémoires de Malouet*, Paris 1874, I, 217
3 Weber, *Mémoires*, I, 253; die Aktien der *Caisse d'Escompte* wurden am 26. August für 4200 *livres* gehandelt, während ihr Kurs wenige Tage zuvor noch unter 3300 *livres* gelegen hatte. Lescure, *Correspondance secrète*, II, 283
4 *Sur l'administration de M. Necker, par lui-même*, s. l. 1791, 31–32
5 Ungeachtet seiner Ambivalenzen sah Necker die Vorbereitung der Generalstände als eine der wichtigsten Aufgaben der Regierung an, um die er sich selbst kümmern wollte. Moreau, *Mes souvenirs*, II, 373–374
6 Brette, *Recueil de documents*, I, 25–28
7 Dazu riet Malesherbes. Dubois, *Notice historique*, 98–108; Egret, *La Pré-Révolution*, 322
8 Brette, *Recueil des documents*, I, 28

9 Sallier, *Annales*, 205–208
10 So deutet Sallier die Motive, die für diesen Beschluss den Ausschlag gaben. Sallier, *Annales*, 209
11 Jean Egret, *La Révolution des Notables. Mounier et les Monarchiens 1789*, Paris 1950, 12–20
12 Brette, *Recueil de documents*, I, 32
13 Jean Egret, «La seconde Assemblée des Notables (6 novembre – 12 décembre 1788)», in: *Annales Historiques de la Révolution française*, 1949, 193–228
14 Sallier, *Annales*, 227–228
15 Sallier, *Annales*, 229, Anm.
16 Brette, *Recueil de documents*, I, 33
17 Flammermont, *Remontrances*, III, 782
18 *Résultat du Conseil d'Etat du Roi, tenu à Versailles le 27 décembre 1788*, Paris 1788
19 Barentin, *Mémoire autographe de M. de Barentin, Chancelier et Garde des Sceaux, sur les derniers Conseils du Roi Louis XVI*, (ed.) Maurice Champion, Paris 1844, 72
20 Barentin, *Mémoire autographe*, 73
21 (Necker), *Rapport fait au Roi dans son Conseil, par le Ministre de ses Finances*, Paris 1788, 8–10
22 (Necker), *Rapport fait au Roi*, 17–18
23 (Necker), *Rapport fait au Roi*, 12–13
24 (Necker), *Rapport fait au Roi*, 10
25 Charles-Alexandre de Calonne, *Lettre adressée au Roi*, par M. de Calonne, le 9 février 1789, London 1789, 13–16, 20–21, 28–30, 46–49 u. 87–88
26 Brette, *Recueil de documents*, I, 254–255
27 Brette, *Recueil de documents*, I, 246–248
28 Vgl. dazu den aufschlussreichen Bericht des britischen Botschafters, des Duke of Dorset, vom 15. Januar 1789. *Despatches from Paris*, II, 143–144
29 Brette, *Recueil de documents*, I, 259–262
30 *Correspondance secrète*, II, 349; Jean Egret, «Les origines de la Révolution en Bretagne (1788–1789)», *Revue Historique*, CCXIII, Fasc. 2 (1955), 189–215
31 Louis XVI entschied sich für Versailles als Tagungsort der Generalstände «par le frivole motif de ne pas déranger ses chasses et ses commodités». Comte de Saint-Priest, *Mémoires. Règnes de Louis XV et Louis XVI*, (ed.) Baron de Barante, Paris 1929, I, 219
32 Diese Wahlordnung galt zunächst nur für die *Pays d'élections*, die schon vor 1614 zu Frankreich gehört hatten, wurde dann aber auf fast alle anderen Landesteile ausgedehnt. Jean Egret, *Necker. Ministre de Louis XVI*, Paris 1975, 258–265
33 Brette, *Recueil de documents*, I, 69 (Art. 2 u. 3). Einen guten Überblick über das komplexe Wahlverfahren gibt Beatrice Fry Hyslop, *A Guide to the General Cahiers of 1789 with the Texts of unedited Cahiers*, New York 1936, 12–31
34 Brette, *Recueil de documents*, I, 73. Ausgerechnet in der Dauphiné jedoch wurden die Gemeindepfarrer von den Wahlen zu den Generalständen ausgeschlossen. Timothy Tackett, *Priest and Parish in Eighteenth-Century*

France. A Social and Political Study of the Curés in a Diocese of Dauphiné 1750–1791, Princeton, N. J., 1977, 258

35 Aston, *The End of an Elite*, 134–156

36 Brette, *Recueil de documents*, I, 74–75 (Art. 17 und 20)

37 Brette, *Recueil de documents*, I, 76–77 (Art. 24 und 25)

38 Vgl. *Réglement fait par le Roi pour l'éxécution des lettres de convocation du 24 janvier 1789*, in: Brette, *Recueil de documents*, I, 66–87

39 Der Duc d'Orléans, der in drei Distrikten als Deputierter gewählt wurde, ließ in großer Zahl die *Instruction donnée par S. A. S. Mgr. le duc d'Orléans à ses représentants aux bailliages, suivie de délibérations à prendre dans les assemblées* drucken und verteilen. Hyslop, *A Guide to the General Cahiers of 1789*, 58

40 «J'ai lu un assez bon nombre de cahiers des provinces. (...) Tous ces cahiers sont dictés par la raison et la justice, et sont presque tous unanimes dans leurs demandes et instructions; ils sont le fruit des écrits très nombreux qui ont été publiés depuis 6 mois avec la plus grande liberté». Nicolas Ruault, *Gazette d'un Parisien sous la Révolution. Lettres à son frère 1783–1796*, (eds.) Anne Vassal u. Christiane Rimbaud, Paris 1976, 128–129

41 «Les écrits sur les Etats généraux se multiplient par centaines chaque semaine. On dirait que les Parisiens sont devenus des auteurs politiques et qu'ils ne cèdent point aux Anglais sur ces matières». Ruault, *Gazette*, 126

42 *Procès verbal de l'assemblée des Notables*, 369–370

43 *Procès-verbal de l'assemblée des Notables*, 374–375

44 Das illustriert die Klage, die Malouet erhebt, der sich in Riom zur Wahl stellte: «Je fus au moment de donner ma démission, quand je vis de petits bourgeois, des praticiens, des avocats, sans aucune instruction sur les affaires publiques, citant le *Contrat social*, déclamant avec véhémence contre la tyrannie, contre les abus, et proposant chacun une constitution». *Mémoires de Malouet*, I, 245

45 Dawson beziffert deren Anzahl mit 127, die damit rund ein Fünftel aller Deputierten des Dritten Standes stellten. Philip Dawson, *Provincial Magistrates and Revolutionary Politics in France, 1789–1795*, Cambridge, Mass. 1972, 186; die Entsendung solcher Funktionsträger der Monarchie entsprach dem traditionellen Wahlverhalten des Dritten Stands. Johannes Willms, *Die Politik der Officiers Royaux auf den Etats Généraux 1576–1614*, Heidelberg 1975

46 Manche der von den Deputierten angegebenen Berufe lassen sich nur schwer eindeutig einer bestimmten Kategorie zuordnen. Für eine genaue prosopographische Auflistung der Deputierten aller drei Stände vgl. Edna Hindie Lemay, *Dictionnaire des Constituants 1789–1791*, Oxford u. Paris 1991

47 Timothy Tackett, *Becoming a Revolutionary. The Deputies of the French National Assembly and the Emergence of a Revolutionary Culture (1789–1790)*, University Park, PA 1996, 35–47

48 Diese Absicht wird vom *Cahier* der *Noblesse* der *Sénéchaussée* von Condom offen ausgesprochen: «Au moyen des sacrifices pécuniaires et contributions proportionelles, il ne sera porté aucune atteinte quelconque, et sous aucun

prétexte, aux droits réels et personnels, soit honorifiques soit utiles, appartenant d'ailleurs à l'ordre de la noblesse». *Archives parlementaires de 1787 à 1860. Recueil complet des débats législatifs et politiques des chambres françaises*, (eds.) J. Mavidal u. E. Laurent, Première série (1789 à 1799), Paris 1868, III, 38

49 *Mémoires du Marquis de Ferrières*, (eds.) Berville u. Barrière, Paris 1821, I, 2–3

50 Jean-Marie Murphy u. Patrice Higonnet, «Les députés de la noblesse aux Etats Généraux», *Revue d'Histoire Moderne et Contemporaine*, XX, No. 2 (1973), 230–247

51 Tackett, *Becoming a Revolutionary*, 28–35

52 Aston, *The End of an Elite*, 136

53 Das wird durch die Feststellung Talleyrands erhellt: «L'Etat, quoique divisé nominalement en trois ordres, ne l'était réellement qu'en deux classes: la classe noble et la classe plébéienne; une partie du clergé appartenait à la première, et l'autre partie à la seconde de ces deux classes». Talleyrand, *Mémoires*, I, 116

54 Den 46 gewählten Bischöfen standen 56 Amtskollegen gegenüber, die sich zwar zur Wahl gestellt hatten, aber durchgefallen waren. Aston, *The End of an Elite*, 137

55 Jean-Joseph Mounier, *Nouvelles Observations sur les Etats Généraux de France*, s. l. 1789, 228–229

56 George V. Taylor, «Revolutionary and Nonrevolutionary Content in the Cahiers of 1789: An Interim Report», *French Historical Studies*, 7, no. 4 (1972), 479–502

57 *Archives parlementaires*, III, 309

58 Talleyrand, *Mémoires*, I, 209–211

59 George Armstrong Kelly, «The Machine of the Duc d'Orléans and the New Politics», *Journal of Modern History*, LI, No. 4, 1979, 667–684

60 *Délibérations à prendre pour les assemblées de bailliages*, s. l. (1789), 13

61 *Délibérations*, 25

62 Hippolyte Taine, *Les origines de la France contemporaine*, Paris 1877, I, 518–520

63 *Mémoires du Comte Beugnot*, II, 115–116. Die Forderung findet sich auch im Beschwerdeheft der Bailliage von Chaumont-en-Bassigny. *Archives parlementaires*, II, 728

64 Für das Beschwerdeheft des Dritten Standes der Bailliage von Riom entwarf beispielsweise Pierre-Victor Malouet eine detaillierte Vorlage. *Mémoires de Malouet*, I, 231–240

65 *Archives parlementaires*, III, 702. Mit diesem Eingeständnis wartet *auch* der *Cahier* des Dritten Standes der Sénéchaussée de Beaujolais auf. *Archives parlementaires*, II, 282–283

66 *Archives parlementaires*, II, 750

67 *Archives parlementaires*, II, 348

68 *Archives parlementaires*, III, 130

ZWEITES BUCH · DIE REVOLUTION

Erstes Kapitel · Das Drama nimmt seinen Lauf

1 Georges Lefebvre, *La Grande Peur de 1789*, Paris 1932, 30–33
2 Aimé Cherest, *La Chute de l'Ancien Régime (1787–1789)*, Paris 1884, I, 48–56
3 *Mémoires de Malouet*, I, 254–255
4 *Correspondance secrète*, II, 351–352
5 *Recueil de Documents relatifs aux séances des Etats Généraux mai – juin 1789*, (ed.) Georges Lefebvre u. Anne Terroine, Paris 1953, I, 66–67; gegen diese dem Dritten Stand zugemutete Kleiderordnung wurden zahlreiche Proteste laut. Vgl. *Recueil de Documents relatifs aux séances des Etats Généraux*, I, 73–82
6 Für den Wortlaut der Eröffnungsrede des Königs vgl. den *Recueil de Documents relatifs aux séances des Etats Généraux*, I, 281–282
7 Die Rede Neckers ist dokumentiert in: *Recueil de Documents relatifs aux séances des Etats Généraux*, I, 292–350
8 Jean-Paul Rabaut de Saint-Etienne, *Précis de l'histoire de la Révolution Française*, in: Œuvres, (ed.) Collin de Plancy, Paris 1826, I, 293–294
9 Rabaut de Saint-Etienne, *Précis de l'histoire*, I, 294–295
10 *Mémoires du Marquis de Ferrières*, I, 24
11 Von den Sitzungen des Dritten Stands in den ersten Wochen liegen keine genauen Protokolle vor. Eine Orientierung über deren Verlauf gibt: *Récit des séances des députés des communes depuis le 5 mai 1789 jusqu'au 12 juin suivant, époque à laquelle la rédaction des procès-verbaux a commencé*, s. l. s. d.
12 *Recueil de Documents relatifs aux Séances des Etats Généraux. Les Séances de la Noblesse 6 mai – 16 juillet 1789*, (ed.) Olga Ilovaïsky, Paris 1974, II, 1, 203–235
13 Vgl. die Schilderung in: *Mémoires du Marquis de Ferrières*, I, 41–43
14 *Mémoires du Marquis de Ferrières*, I, 43–45
15 Diese zweite Gesprächsrunde endete ergebnislos am 9. Juni 1789. *Procès-Verbal des conférences sur la vérification des Pouvoirs, Tenues par MM. les Commissaires du Clergé, de la Noblesse et des Communes, tant en Salle du Comité des Etats-Généraux, qu'en présence de MM. les Commissaires du Roi, conformément au désir de Sa Majesté*, Paris 1789, 213–216. Die ablehnende Haltung des Adels wurde in der Rede, die der Comte d'Antraigues vor der Adelskammer am 28. Mai 1789 hielt, detailliert begründet. *Archives parlementaires*, VIII, 52–54
16 *Journal d'Adrien Duquesnoy, député du Tiers Etat de Bar-le-Duc sur l'Assemblée Constituante*, (ed.) Robert de Crèvecœur, Paris 1894, I, 65 u. 70; *Correspondance secrète*, II, 361
17 *Archives parlementaires*, VIII, 84–85
18 *Mémoires de Malouet*, I, 261
19 *Journal d'Adrien Duquesnoy*, I, 91
20 *Archives parlementaires*, VIII, 109
21 Jacques-Antoine Creuzé-Latouche, *Journal des Etats Généraux et du début*

de l'Assemblée Nationale 18 mai – 29 juillet 1789, (ed.) Jean Marchand, Paris 1946, 108

22 *Journal d'Adrien Duquesnoy*, I, 105

23 *Archives parlementaires*, VIII, 109

24 Einen entsprechenden Vorschlag hatte bereits der *abbé* Sieyès gemacht. *Délibérations*, 35–36

25 *Archives parlementaires*, VIII, 128–129; *Journal d'Adrien Duquesnoy*, I, 106

26 *Despatches from Paris*, II, 217

27 *Mémoires de Malouet*, I, 284

28 *Mémoire autographe de M. de Barentin*, 169–171

29 *Mémoires du Baron de Besenval*, 490

30 Droz, *Histoire du Règne de Louis XVI*, II, 220–221; *Mémoires de Bailly*, (eds.) Berville u. Barrière, Paris 1821, I, 189

31 Zit. Droz, *Histoire du Règne de Louis XVI*, II, 221–222

32 Creuzé-Latouche, *Journal*, 132–133

33 Droz, *Histoire du Règne de Louis XVI*, 223–224

34 Creuzé-Latouche, *Journal*, 136

35 Vgl. die detaillierte Darstellung von Georges Lefebvre: *Recueil de Documents relatifs aux Séances des Etats Généraux*, I, 2, 18–22

36 Deren Text ist dokumentiert: *Recueil de Documents relatifs aux Séances des Etats Généraux*, I, 2, 274–278.

37 Text der zweiten Deklaration, die 35 Artikel umfasst: *Recueil de Documents relatifs aux Séances des Etats Généraux*, I, 2, 278–283. Das politische Programm, das diese beiden Proklamationen formulierten, war lange Zeit für die Gegenrevolution verbindlich und fand schließlich auch Eingang in die *Charte*, die Louis XVIII 1814 Frankreich oktroyierte.

38 Wortlaut dieser Erklärung: *Mémoires de Bailly*, I, 452–454

39 *Mémoires de Bailly*, I, 455–459

40 «Six mois plutôt, cette Déclaration auroit été reçue & proclamée comme le plus grand bienfait qu'aucun Roi eût jamais accordé à ses peuples; elle eût fait perdre jusqu'à l'idée, jusqu'au désir d'avoir des Etats-Généraux». *Journal politique-national*, no. 3, 16 Juillet 1789, 3

41 *Journal d'Adrien Duquesnoy*, I, 119

42 Zit. *Mémoires de Bailly*, I, 213

43 Zit. *Mémoires de Bailly*, I, 215. Eine andere Version der bekannten Worte gibt: *Journal d'Adrien Duquesnoy*, I, ebd. Als Louis XVI über die Weigerung des Dritten Stands unterrichtet wurde, soll er nur bemerkt haben: «Eh bien! S'ils ne veulent pas quitter leur salle, qu'on les y laisse». Droz, *Histoire du Règne de Louis XVI*, II, 245

44 *Journal d'Adrien Duquesnoy*, I, 120–121

45 *Sur l'Administration de M. Necker*, 112

46 De Staël, *Considérations sur des principaus événemens de la Révolution françoise* (sic), Paris 1818, I, 225

47 *La Révolution Française racontée par un diplomate étranger. Correspondance du* Bailli de Virieu, *ministre plénipotentiaire de Parme (1788–1793)*, (ed.) Vicomte de Grouchy u. Antoine Guillois, Paris s. d., 102

48 Necker, *De la Révolution française*, Paris 1796, I, 275
49 Necker, *De la Révolution française*, I, 279–280
50 Ruault, *Gazette*, 142
51 Der Bischof von Autun, Charles-Maurice de Talleyrand, der zu diesen Abgeordneten des Klerus gehörte, gab in seinen Memoiren dafür eine bemerkenswerte Erklärung: «La composition des états généraux rendant évidemment nuls les deux premiers ordres, il ne restait qu'un seul parti raisonnable à prendre, c'était de céder avant d'y être contraint, et quand on pouvait encore s'en faire un mérite. Par là, on pouvait empêcher que les choses ne fussent d'abord portées à l'extrême, on forçait le troisième ordre à des ménagements, on conservait le moyen d'influer sur les délibérations communes, on gagnait du temps, ce qui souvent est tout gagner». *Mémoires du Prince de Talleyrand*, I, 124
52 *Journal d'Adrien Duquesnoy*, I, 128–129
53 *Mémoire autographe de M. de Barentin*, 240–241
54 Wortlaut dieses Schreibens in: *Recueil de Documents relatifs aux Séances des Etats Généraux*, I, 2, 311
55 *Mémoires de Bailly*, I, 255
56 Mercy-Argenteau, *Correspondance*, II, 252. Sehr viel detaillierter als Mercy-Argenteau äußerte sich der amerikanische Botschafter in Paris Thomas Jefferson in einem Schreiben an Außenminister John Jay vom 29. Juni 1789 über den aufrührerischen Geist, der in weiten Teilen der Armee herrschte: «It began in the French guards, extended to those of every other denomination (except the Swiss) and even to the *body guards* of the king. They began to quit their barracks, to assemble in squads, to declare they would defend the life of the king, but would not cut the throats of their fellow citizens. They were treated and caressed by the people (...), called themselves the soldiers of the nation, and left no doubt on which side they would be in case of a rupture. Similar accounts came in from the troops in other parts of the kingdom (...), and gave good reason to apprehend that the soldiery in general would side with their fathers and brothers rather than with their officers». *The Papers of Thomas Jefferson*, (ed.) Julian P. Boyd, Princeton, N.J. 1958, XV, 221–222
57 *La Révolution Française racontée par un diplomate étranger*, 104–105
58 Droz, *Histoire du règne de Louis XVI*, II, 264. Sogar der skeptische Arthur Young notierte am 27. Juni: «The whole business now seems over, and the revolution complete». Young, *Travels*, 159
59 *Correspondance diplomatique du Baron de Staël-Holstein*, 105
60 Young, *Voyages*, 160
61 *Mémoires de Bailly*, I, 251
62 *Journal d'Adrien Duquesnoy*, I, 142–143
63 Francisque Mège, *Gaultier de Biauzat, député du Tiers Etat aux Etats Généraux de 1789. Sa vie et sa correspondance*, Paris 1890, II, 160
64 *Archives parlementaires*, VIII, 200–203; *Journal d'Adrien Duquesnoy*, I, 173–174; Creuzé-Latouche, *Journal*, 195–201
65 *Correspondance diplomatique du Baron de Staël-Holstein*, 122–124. Munro

Price, *The Fall of the French Monarchy: Louis XVI, Marie-Antoinette and the Baron de Breteuil*, London 2002, 75–92

66 Jacques Godechot, *La Prise de la Bastille*, Paris 1965, 226–227

67 André-François Miot de Melito, *Mémoires*, Paris 1858, I, 12–13

68 *Archives parlementaires*, VIII, 208–210

69 *The Principal Speeches of the Statesmen and Orators of the French Revolution 1789–1795*, (ed.) H. Morse Stephens, Oxford 1892, I, 91–95

70 *Journal d'Adrien Duquesnoy*, I, 178

71 *La Révolution Française racontée par un diplomate étranger*, 104–105

72 Ruault, *Gazette*, 151–152

Zweites Kapitel · Die Revolution der Massen

1 Auf deren Enteignungsängste durch den drohenden Staatsbankrott macht der Comte d'Escherny aufmerksam, der in seinen Briefen ein sehr detailliertes Bild der in diesen Julitagen in Paris herrschenden Erregung gegeben hat. François-Louis comte d'Escherny, *Correspondance d'un habitant de Paris avec ses amis de Suisse et d'Angleterre sur les événements de 1789, 1790 et jusqu'au 4 avril 1791*, Paris 1791, 24

2 Johannes Willms, *Paris. Hauptstadt Europas 1789–1914*, München 1988, 17–24

3 *Journal politique-national, mardi 14 juillet 1789*, 2, 3–4

4 Camille Desmoulins, *Œuvres*, (ed.) Jules Claretie, Paris 1874, II, 199; vgl. auch René Farge, «Camille Desmoulins au jardin du Palais-Royal», *Annales révolutionnaires*, VII (1914), 646–674

5 Charles-Louis Chassin, *Les élections et les cahiers de Paris en 1789*, Paris 1888, I, 402

6 Chassin, *Élections*, II, 319

7 Vgl. auch die offizielle Begründung dafür: Chassin, *Élections*, I, 120, Anm.

8 Chassin, *Élections,* I, 257, 278–279 u. 421–442

9 Chassin, *Élections*, III, 49–142 u. George Rudé, *The Crowd in the French Revolution*, Oxford 1959, 34–44

10 Chassin, *Élections*, III, 245–246

11 Georges Garrigues, *Les districts parisiens pendant la Révolution française*, Paris s. d., 143–156

12 Chassin, *Élections*, III, 439–447; Droz, *Histoire du Règne de Louis XVI*, II, 272–273

13 *Procès-verbal des séances et délibérations de l'Assemblée générale des électeurs de Paris réunis à l'Hôtel de Ville*, Paris 1790, I, 88–94

14 Chassin, *Élections*, III, 475

15 Droz, *Histoire du Règne de Louis XVI*, II, 259–264

16 Droz, *Histoire du Règne de Louis XVI*, II, 270–271

17 Chassin, *Élections*, III, 491–507

18 Victor Clercq, «L'incendie des barrières de Paris en juillet 1789 et le procès de incendaires», *Bulletin de la Société de l'Histoire de Paris et de l'Ile-de-France*, Paris 1981, 117–149

19 D'Escherny, *Correspondance*, 54–55
20 Chassin, *Élections*, III, 495
21 Droz, *Histoire du Règne de Louis XVI*, II, 306–308
22 Siméon-Prosper Hardy, *Mes Loisirs, ou Journal d'événements tels qu'ils parviennent à ma connaissance*, B. N. Fonds français 6687, fol. 386
23 *Mémoires de Linguet sur la Bastille et de Dusaulx sur le 14 juillet*, (eds.) Berville u. Barrière, Paris 1821, 283
24 Der Duc d'Aumont lehnte am Morgen des 14. Juli diese Berufung ab, so dass Lasalle alleiniger Befehlshaber der Bürgergarde wurde. Chassin, *Élections*, III, 516
25 Hardy, *Mes Loisirs*, fol. 387
26 Chassin, *Élections*, III, 511–514
27 Chassin, *Élections*, III, 513
28 Der Gouverneur der Invalides nannte später eine Zahl von rund 30 000 Musketen, die den Plünderern in die Hände gefallen wären. *Procès-verbal des séances et délibérations de l'Assemblée générale*, I, 371
29 *Procès-verbal des séances et délibérations de l'Assemblée générale*, I, 307–359; eine gute Zusammenfassung findet sich auch bei Chassin, *Élections*, III, 522–535; eine ausführliche, aus den Quellen geschöpfte Darstellung gibt Jacques Godechot, *La prise de la Bastille, 14 juillet 1789*, Paris 1965, 267–300
30 *Despatches from Paris*, II, 243
31 Zur symbolpolitischen Genese dieses Nationalfeiertags: Christian Amalvi, «Le 14-Juillet. Du ‹Dies irae› à ‹Jour de fête›», *Les Lieux de mémoire. La République*, (ed.) Pierre Nora, Paris 1984, 421–472
32 *The Papers of Thomas Jefferson*, XV, 329
33 *Journal d'Adrien Duquesnoy*, I, 185–186
34 Eine gute Zusammenfassung dieser Debatte findet sich: *Journal d'Adrien Duquesnoy*, I, 190–198; Droz, *Histoire du Règne de Louis XVI*, II, 311–315
35 Droz, *Histoire du Règne de Louis XVI*, II, 332–333
36 Eine detaillierte Schilderung der Umstände dieser Flucht: *Journal d'émigration du Comte d'Espinchal*, (ed.) Ernest d'Hauterive, Paris 1912, 16–24
37 Droz, *Histoire du Règne de Louis XVI*, II, 331
38 Vgl. den detaillierten Bericht dieses Geschehens, den der amerikanische Botschafter Jefferson am 19. Juli 1789 an John Jay übermittelte. *The Papers of Thomas Jefferson*, XV, 284–291
39 *Mémoires du Marquis de Ferrières*, I, 150–151
40 Droz, *Histoire du Règne de Louis XVI*, II, 356–357
41 Droz, *Histoire du Règne de Louis XVI*, II, 358
42 Robespierre, *Œuvres*, VI, 40
43 Vgl. die lebhafte Schilderung dieser Exzesstaten: Droz, *Histoire du Règne de Louis XVI*, II, 360–366
44 *Correspondance secrète*, II, 259
45 Der Sitzungssaal der Nationalversammlung war ein langgestrecktes Rechteck, in dessen Mitte die Rednerbühne und das Präsidium installiert waren, während die Abgeordnetenbänke in stufenweise ansteigenden Tribünen

einander gegenüber lagen. Diese durch die architektonische Struktur vorgegebene Anordnung akzentuierte die politische Abschichtung der Versammlung erheblich. Vgl. Armand Brette, *Histoire des édifices où ont siégé les assemblées parlementaires de la Révolution*, Paris 1902, 162–170

46 Marquis de Ferrières, *Correspondance inédite (1789, 1790, 1791)*, (ed.) Henri Larvé, Paris 1932, 103–104

47 P. M. Jones, *The Peasantry in the French Revolution*, Cambridge 1988, 67–79

48 *Archives parlementaires*, VIII, 336

49 *Archives parlementaires*, VIII, 337

50 Staël-Holstein, *Correspondance diplomatique*, 108

51 *Archives parlementaires*, VIII, 343

52 Alphonse Aulard, *La Révolution française et le régime féodal*, Paris 1919, 82

53 Ferrières, *Correspondance inédite*, 114

54 *Archives parlementaires*, VIII, 346

55 *Archives parlementaires*, VIII, 350

56 Ferrières, *Correspondance inédite*, 116

57 Ferrières, *Correspondance inédite*, 120

58 *Archives parlementaires*, VIII, 352–353

59 *La première Année de la Révolution vue par un témoin (1789–1790). Les ‹Bulletins› de Poncet-Delpech, député du Quercy aux Etats Généraux de 1789*, (ed.) Daniel Ligou, Paris 1961, 55

60 *Archives parlementaires*, VIII, 397–398

61 Zur politischen Anschauung der «Monarchiens» vgl. Robert Griffiths, *Le Centre perdu. Malouet et les ‹monarchiens› dans la Révolution française*, Grenoble 1988, 105–128

62 Das Veto-Recht des Königs war seinerseits ein schwerer Verstoß gegen die reine Lehre der Gewaltenteilung nach Montesquieu, der von der Nationalversammlung aus Gründen der politischen Opportunität aber mit Stillschweigen akzeptiert wurde. Jacques Godechot, *Les Institutions de la France sous la Révolution et l'Empire*, Paris 1968, 85–86

63 Jean-Joseph Mounier, *Considérations sur les gouvernements et principalement sur celui qui convient à la France*, Versailles 1789

64 *Archives parlementaires*, VIII, 523–527 u. 554–564

65 Tackett, *Becoming a Revolutionary*, 185–188

66 Fitzsimmons, *The Remaking of France*, 64–66

67 Ruault, *Gazette*, 170

68 *Mémoires du Marquis de Ferrières*, I, 226–229

69 *Archives parlementaires*, VIII, 547. Dieses lediglich suspensive Veto war allerdings, wie Adrien Duquesnoy erkannte, nur ein fauler Kompromiss, denn es habe «tous les avantages du *veto* absolu et n'a aucun de ses inconvénients». Duquesnoy, *Journal*, I, 354

70 *Archives parlementaires*, VIII, 612

71 *Archives parlementaires*, VIII, 636

72 *Lettre du Roi à l'Assemblée Nationale, 18 septembre 1789*, Paris 1789; *Archives parlementaires*, IX, 28–31

73 *Archives parlementaires*, IX, 42–43
74 *Archives parlementaires*, IX, 53; Patrick Kessel, *La Nuit du 4 août 1789,* Paris 1969, 262
75 Comte de Saint-Priest, *Mémoires. La Révolution et l'émigration,* (ed.) Baron de Barante, Paris 1929 II, 1–5
76 *Mémoires de Weber*, I, 421–422
77 *Correspondance diplomatique du Baron de Staël-Holstein*, 126 (Schreiben vom 17. September 1789)
78 *Mémoires de Malouet*, I, 305
79 *Actes de la Commune de Paris pendant la Révolution,* (ed.) Sigismond Lacroix, Paris 1894, II, 160–162
80 Albert Mathiez, *Les grandes Journées de la Constituante 1789–1791*, Paris 1913, 75
81 Die Aufstandsbewegung fand ihren Niederschlag in zahlreichen Schilderungen. Vgl. Maurice Tourneux, *Bibliographie de l'histoire de Paris pendant la Révolution française*, Paris 1890, I, nos. 1405–1573 u. Alexandre Tuetey, *Répertoire général des sources manuscrites de l'histoire de Paris pendant la Révolution française*, Paris 1890, I, nos. 947–1039
82 Rudé, *The Crowd*, 73
83 Hardy, *Mes Loisirs,* fol. 502
84 *Mémoires de Weber*, I, 428
85 *Mémoires de Weber*, I, 429–431
86 Für den Eindruck, den diese Demonstranten auf die Nationalversammlung machten, vgl. *Journal d'Adrien Duquesnoy*, I, 401–403
87 Vgl. die ausführliche Schilderung des Chaos, das vor und im Schloss von Versailles in diesen Stunden herrschte: *Mémoires de Weber*, I, 431–452
88 Eine besonders anschauliche Schilderung dieses Zugs geben d'Escherny, *Correspondance*, 184–186; *Mémoires de Weber*, I, 452–459
89 D'Escherny, *Correspondance*, 196
90 *Actes de la Commune*, II, 343 u. 355–357
91 Diese Gräueltat wird ausführlich geschildert im *Journal d'Adrien Duquesnoy*, I, 457–458
92 *Actes de la Commune*, II, 385–386
93 *Actes de la Commune*, II, 364–367
94 Robespierre, *Œuvres*, VI, 123
95 *Actes de la Commune*, II, 391–392
96 *Journal d'Adrien Duquesnoy*, I, 424–425
97 *Collection complette des travaux de M. Mirabeau l'ainé à l'Assemblé Nationale*, (ed.) Etienne Méjan, Paris 1791, II, 269
98 Brette, *Recueil de documents*, II, 561–563
99 *Correspondance diplomatique du Baron de Staël-Holstein*, 135

Drittes Kapitel · Die Neuordnung Frankreichs

1 *French Revolution Documents 1789–1794*, (ed.) J. M. Thompson, Oxford 1948, 109–111

2 Rabaut Saint-Étienne, *Précis de l'histoire*, I, 334

3 *Journal d'Adrien Duquesnoy*, II, 419

4 *Archives parlementaires*, X, 563. Vgl. *Journal d'Adrien Duquesnoy*, II, 165–166

5 *Constitution Française, décrétée par l'assemblée nationale constituante aux années 1789, 1790 et 1791, du 3 septembre 1791*, Chapitre II, Section première, Art. II

6 Außerdem mussten alle *citoyens actifs* der Nationalgarde an ihrem Wohnort angehören, den «serment civique» auf die Verfassung leisten, durften nicht unter Anklage stehen oder Bankrott gemacht haben und mussten zahlungsfähig sein. Godechot, *Les institutions*, 75

7 Der *Comité de mendicité* stufte jene, die diese Steuerleistung erbrachten, in die unterste soziale Kategorie ein; bei Arbeitsunfähigkeit sollte ihnen deshalb automatisch Armenfürsorge gewährt werden. Norman Hampson, *Prelude to Terror. The Constituent Assembly and the Failure of Consensus 1789–1791*, Oxford 1988, 89. Die Zensusbestimmungen waren aber keineswegs absolut, sondern unterlagen von Gemeinde zu Gemeinde erheblichen Schwankungen mit der Folge, dass in ärmeren Gemeinden eine großzügigere Regelung galt als in reicheren. Als Faustregel kann also gelten, dass die Zahl der Aktivwähler auf dem flachen Land sehr viel größer war, als in den Städten.

8 Marcel Reinhard, *La Chute de la Royauté*, Paris 1969, 179; Godechot, *Les institutions*, 76

9 Jones, *The Peasantry*, 174

10 Die Qualifikation der *marc d'argent* gab am 29. Oktober 1789 Anlass zu einer lebhaften Debatte. *Archives parlementaires,* IX, 598–600; Godechot beziffert die Anzahl jener, die diese Qualifikation erfüllten, für ganz Frankreich mit rund 50 000. Godechot, *Les institutions*, ebda.

11 *Archives parlementaires*, VIII, 597

12 *Archives parlementaires*, IX, 202–210

13 Marie-Vic Ozouf-Marignier, *La formation des départements.* La *représentation du territoire français à la fin du 18e siècle*, Paris 1992

14 Godechot, *Les institutions*, 102–105

15 Für einen genauen Überblick über die innere Verwaltungsgliederung der Distrikte und Kommunen vgl. Godechot, *Les institutions*, 105–112

16 *Archives parlementaires*, XXIX, 301

17 Jones, *The Peasantry*, 173–180

18 Dawson, *Provincial Magistrates*, 245–255

19 Wortlaut dieses Gesetzes: *Archives parlementaires*, XVIII, 104–110; Godechot, *Les institutions*, 146–159

20 *Archives parlementaires*, XXX, 696–712

21 Die damit verbundenen Absichten waren bereits am 17. August 1789 von Nicolas Bergasse gelegentlich der Vorstellung des *Rapport au nom du Co-*

mité de Constitution sur l'organisation du pouvoir judiciaire ausführlich erläutert worden. *Archives parlementaires*, VIII, 440–446

22 Henri Carré, *La fin des Parlements, 1788–1790*, Paris 1912, 229–276

23 Godechot, *Les institutions*, 174

24 *Archives parlementaires*, VIII, 369

25 *Archives parlementaires*, VIII, 370

26 *Archives parlementaires*, IX, 47–52

27 Das Aufkommen, das der Kirchenzehnte abwarf, war eine große Verlockung, weshalb diese Abgabe nie abgeschafft, sondern nur mit einem neuen Etikett versehen wurde. Der Kirche wurde der Zehnte 1789 entzogen und auf die Nation übertragen. Danach bestand er fort als eine Abgabe, die Pachtbauern den Grundherren zuwenden mussten! Jones, *The Peasants*, 94–103

28 *Archives parlementaires*, IX, 147–168

29 *Du droit du souverain sur les biens-fonds du clergé et des moines et de l'usage qu'il peut faire de ces biens pour le bonheur des citoyens* (Rouen 1770), 86

30 *Archives parlementaires*, IX, 398–404

31 Die hatten Talleyrand auch nicht vergessen, dass er als Generalbevollmächtigter des Klerus maßgeblichen Anteil daran gehabt hatte, dass diese *portion congrue* im September 1786 von 500 auf 700 *livres* erhöht worden war. Johannes Willms, *Talleyrand. Virtuose der Macht* 1754–1838, München 2011, 33

32 *Archives parlementaires*, IX, 423–424

33 *Archives parlementaires*, IX, 485

34 *Archives parlementaires*, IX, 490

35 Dominique Dufour de Pradt, *Les Quatre Concordats suivis de considérations sur le gouvernement de l'église en général, et sur l'église de France en particulier, depuis 1515*, Paris 1818, II, 53

36 Robespierre, *Œuvres*, VIII, 173–174

37 *Archives parlementaires*, IX, 615–625 (Rede von Boisgelin de Cucé) und 628–629 (Rede des *abbé* de Montesquiou)

38 Vgl. dazu *Archives parlementaires*, IX, 635, Anm.

39 *Archives parlementaires*, IX, 639

40 *Archives parlementaires*, IX, 648–649

41 *Archives parlementaires*, X, 690–691; Godechot, *Les institutions*, 180

42 *Archives parlementaires*, XII, 46–48

43 *Archives parlementaires*, XII, 112–115

44 *Archives parlementaires*, XII, 212

45 *Archives parlementaires*, XIII, 612–619

46 Alfred Cobban, *The Social Interpretation of the French Revolution*, Cambridge 1964, 61

47 *Archives parlementaires*, XV, 506–508

48 *Archives parlementaires*, XX, 254–255

49 Von dieser Regel gab es regionale Ausnahmen; einen erschöpfenden Überblick über den Forschungsstand in dieser Frage geben Bernard Bodinier u. Eric Teyssier, *La vente des biens nationaux (1789–1867) en France et dans les territoires annexés*, Paris 2000

50 Text dieses Gesetzes in: *Les Comités des Droits féodaux et de législation et abolition du régime seigneurial (1789–1793)*, (eds.) Ph. Sagnac u. P. Caron, Paris 1907, 173–181
51 *Archives parlementaires*, XV, 365–366
52 Jones, *The Peasantry*, 86–123
53 Text dieses Gesetzes in: *Les Comités des Droits féodaux*, 775–776
54 Taine, *Les origines* II, 386

Viertes Kapitel · Die Revolution beginnt zu zerfasern

1 *Archives parlementaires*, XVI, 185
2 *Archives parlementaires*, XII, 265
3 *Archives parlementaires*, XII, 264
4 *Archives parlementaires*, XVI, 117–118
5 *Archives parlementaires*, XVI, 136
6 *La Révolution française racontée par un diplomate étranger*, 201–202
7 *Ebd.*, 202–203; vgl. auch die ausführlichen Schilderungen des spanischen Botschafters Albert Mousset, *Un témoin ignoré de la Révolution: le comte de Fernan Nuñez, ambassadeur d'Espagne à Paris, 1787–1791*, Paris 1924, 104–111
8 Ferrières, *Mémoires*, II, 92
9 *Correspondance secrète*, II, 458
10 *Correspondance secrète*, II, 458
11 De Staël, *Considérations*, I, 377–378
12 Jones, *Reform and Revolution in France*, 221
13 *Correspondance entre le Comte de Mirabeau et le Comte de la Marck pendant les années 1789, 1790 et 1791*, (ed.) Adolphe de Bacourt, Paris 1851, II, 75–76. Entsprechende Überlegungen entwickelte Mirabeau auch in weiteren Denkschriften, die er im Laufe des Jahres 1790 Louis XVI zuleitete. Ebd., 192–198, 225–231, 268–270 und 414–503, hier insbesondere 431–432
14 Vgl. Young, *Travels*, 251–252 (Eintragung vom 10. und 11. Januar 1790)
15 Zu dieser Verschwörungshysterie vgl. Tackett, *Becoming a Revolutionary*, 244–247
16 Zur Bedeutung dieses Falls: Barry M. Shapiro, *Revolutionary Justice in Paris 1789–1790*, Cambridge 1993, 148–174
17 Der Marquis de Favras war der erste Adelige, der nicht mehr enthauptet, sondern zum Tod durch den Strang verurteilt wurde. Ein entsprechendes Gesetz, das die gleiche Strafe für alle Täter vorsah und das von dem Abgeordneten Joseph-Ignace Guillotin am 9. Oktober eingebracht worden war (*Archives parlementaires*, IX, 393), wurde erst am 1. Dezember 1789 einstimmig verabschiedet. *Archives parlementaires*, X, 346. Die Guillotine, die diesem Abgeordneten ihren Namen verdankt, wurde erst 1792 eingeführt.
18 Jean Egret, *Necker, Ministre de Louis XVI*, Paris 1975, 390
19 *Archives parlementaires*, XI, 430
20 *Correspondance secrète*, II, 402
21 *Despatches from Paris*, II, 277

22 *Archives parlementaires*, XVI, 373
23 *Archives parlementaires,* XVI, 374
24 Ebd. Lambels zweiter Vorschlag ist allerdings im Protokoll nicht verzeichnet.
25 *Archives parlementaires*, XVI, 375
26 Vgl. die ausführliche Schilderung dieser Debatte von Ferrières, *Correspondance inédite*, 210–211 u. Droz, *Histoire du Règne de Louis XVI,* III, 230–232
27 *Archives parlementaires*, XVI, 378. Allerdings wurde es ausdrücklich untersagt, Wappen und andere adelige Symbole in Kirchen oder auf öffentlichen Plätzen zu zerstören.
28 Droz, *Histoire du Règne de Louis XVI*, III, 232
29 Diese Proteste sind dokumentiert: *Archives parlementaires*, XVI, 379–386
30 *Correspondance entre le Comte de Mirabeau et le Comte de la Marck*, II, 38–39
31 Saint-Priest, *Mémoires*, II, 24–25
32 *Opinion de M. Necker, relativement au décret de l'Assemblée nationale concernant les titres, les noms et les armoiries*: *Archives parlementaires*, XVI, 387–389
33 *Lettres du Comte de Mirabeau à un de ses amis en Allemagne*, (Braunschweig) 1792, 519
34 Michael L. Kennedy, «The Foundation of the Jacobin Clubs and the Development of the Jacobin Club Network, 1789–1791», *The Journal of Modern History*, LI, 4, December 1979, 701–733
35 Louis-Marie de La Revellière-Lépeaux, *Mémoires*, Paris 1895, I, 85–86
36 Michael L. Kennedy, *The Jacobin Clubs in the French Revolution. The First Years*, Princeton, NJ, 1982, 3–52
37 Nach dem Zeugnis von Félix Faulcon war es unmöglich, 1790 in einen Ausschuss gewählt zu werden, ohne Mitglied im Club der Jakobiner, der *Impartiaux* oder der *Amis de la Constitution monarchique* zu sein. *Correspondance de Félix Faulcon*, (ed.) G. Debin, Poitiers 1953, II, 236 (Schreiben vom 29. Mai 1790)
38 Timothy Tackett, «Nobles and Third Estate in the Revolutionary Dynamic of the National Assembly, 1789–1790», *The American Historical Review*, LXXXXIV, 2, April 1989, 295
39 Tackett, *Nobles and Third Estate*, 299
40 *Archives parlementaires*, XI, 543–546 u. 574–592
41 Einen guten Überblick über die Argumente, die beide Seiten in dieser Debatte austauschten, gibt Adrien Duquesnoy: *Journal d'Adrien Duquesnoy*, II, 383–391
42 *Archives parlementaires*, XI, 438; vgl. auch *Journal d'Adrien Duquesnoy*, II, 352–353
43 *Archives parlementaires*, XII, 46–57
44 *Archives parlementaires*, XII, 611–619
45 *Archives parlementaires*, XII, 678–683
46 *Archives parlementaires*, XII, 702
47 *La première année de la Révolution*, 275
48 Lemay, *Dictionnaire des Constituants*, I, 115–116

49 *Archives parlementaires*, XII, 702–703
50 *Archives parlementaires*, XII, 715–716
51 *Correspondance de Thomas Lindet pendant la Constituante et la Législative (1789–1792)*, (ed.) Amand Mointier, Paris 1899, 145–146
52 *Archives parlementaires*, XII, 734–751
53 Ein detaillierter Überblick über diese Ausführungsdekrete zum Gesetz vom 14. April in: *La première année de la Révolution*, 278–286
54 Timothy Tackett, *Religion, Revolution and Regional Culture in Eighteenth-Century France. The Ecclesiastical Oath of 1791*, Princeton, N.J. 1986, 19–20
55 Gwynne Lewis, *The Second Vendée. The Continuity of Counter-Revolution in the Department of the Gard, 1789–1815*, Oxford 1978, 1–26
56 Text dieses Gesetzes: *Archives parlementaires*, XVII, 55–60
57 *Archives parlementaires*, XVI, 6
58 *Archives parlementaires*, XVI, 31
59 *Archives parlementaires*, LIV, 580
60 Nigel Aston, *Religion and Revolution in France 1780–1804*, Washington, D.C. 2000, 167–168. Wortlaut der beiden Bullen: *Documents inédits relatifs aux affaires religieuses de la France, 1790 à 1800*, (ed.) Augustin Theiner, Paris 1857, I, 32–71 u. 75–88
61 René Vaillot, *Le Cardinal de Bernis. La vie extraordinaire d'un honnête homme*, Paris 1985, 309–310
62 *Exposition des principes sur la Constitution du Clergé par les évêques, députés à l'Assemblée nationale*, in: *Archives parlementaires*, XX, 153–165; Aston, *Religion and Revolution*, 151–154
63 Einen solchen phantastischen Plan schilderte der spanische Botschafter Fernan Nuñez in extenso. Mousset, *Un témoin ignoré*, 77–81
64 *Archives parlementaires*, XXI, 1–2
65 *Archives parlementaires*, XXI, 3–8
66 *Archives parlementaires*, XXI, 80–81
67 Das hätte natürlich auch die stillschweigende Anerkennung des Universalitätsanspruchs der Kirche vorausgesetzt, zu dem sich die Revolution nicht verstehen konnte, weil sie auch universale Geltung beanspruchte, wie sie das in der Erklärung der Menschenrechte bereits verkündet hatte.
68 Die Zivilverfassung der französischen Kirche charakterisierte Talleyrand später als «peut-être la plus grande faute politique de cette Assemblée, indépendamment des crimes affreux qui en ont été la conséquence». Talleyrand, *Mémoires*, II, 123
69 Louis XVI verzögerte die Inkraftsetzung dieses Gesetzes, um den Papst verzweifelt zu einem Einlenken in der Frage der Zivilverfassung zu bewegen. Vgl. die Briefentwürfe, die der Erzbischof von Aix, Boisgelin de Cicé, für Louis XVI anfertigte. *Archives parlementaires*, LIV, 475–478
70 John McManners, *The French Revolution and the Church*, New York 1970, 47
71 *Correspondance de Thomas Lindet*, 255
72 McManners, *The French Revolution*, 48–49
73 Tackett, *Religion, Revolution and Regional Culture*, 52–55

74 Angaben nach Tackett, *Religion, Revolution and Regional Culture*, 41
75 *Collection complette des travaux de M. Mirabeau*, V, 256–257
76 *Archives parlementaires*, XXII, 502
77 Aufschlussreiche Beispiele für dieses Motiv nennt McManners, *The French Revolution*, 53–54
78 Tackett, *Religion, Revolution and Regional Culture*, 51
79 McManners, *The French Revolution*, 54–55
80 *Archives parlementaires*, XI, 364–365
81 Aston, *Religion and Revolution*, 252–254

Fünftes Kapitel · Varennes

1 Gwynne Lewis, *The Second Vendée*, 27–33
2 Samuel F. Scott, *The Response of the Royal Army to the French Revolution. The Role and Development of the Line Army 1787–93*, Oxford 1978, 81–90
3 *Mémoires du Marquis de Bouillé*, (eds.) Berville u. Barrière, Paris 1821, 126–127
4 *Histoire parlementaire de la Révolution Française ou Journal des Assemblées Nationales depuis 1789 jusqu'en 1815*, (eds.) Philip J. B. Buchez u. Prosper C. Roux, Paris 1834, VII, 59–79
5 Dieser Entscheidung gingen lebhafte Debatten voraus. *Archives parlementaires*, XVIII, 429–434 u. 470–472
6 Vgl. die Schilderung in dem Bericht, den der Marquis de Bouillé der Nationalversammlung sandte: *Archives parlementaires*, XVIII, 524–526 u. *Mémoires du Marquis de Bouillé*, 145–158
7 Scott, *The Response*, 95
8 *Archives parlementaires*, XVIII, 528–529
9 Kennedy, *The Jacobin Clubs*, 180–182
10 Egret, *Necker*, 439–440
11 *Archives parlementaires*, XI, 429–431
12 Jean-Paul Desprat, *Mirabeau. L'excès et le retrait*, Paris 2008, 613–615
13 Droz, *Histoire du Règne de Louis XVI*, III, 348–349
14 Der *peuple* verdächtigte die Tanten, den *Dauphin* aus dem Land schaffen zu wollen. *Correspondance secrète*, II, 507
15 *Mémoires de Madame la Duchesse de Tourzel, gouvernante des enfants de France pendant les années 1789–1795*, (ed.) Duc des Cars, Paris 1883, I, 240 241
16 Buchez u. Roux, *Histoire parlementaire*, IX, 43–45
17 *Archives parlementaires*, XXIII, 499
18 *Archives parlementaires*, XXIII, 500
19 Buchez u. Roux, *Histoire parlementaire*, IX, 111–113
20 Eine anschauliche Schilderung des Geschehens an den beiden Schauplätzen dieses Tages geben Ruault, *Gazette*, 223–225; Bouchez u. Roux, *Histoire parlementaire*, IX, 140–148
21 *Archives parlementaires*, XXIV, 390–394
22 *Archives parlementaires*, XXIV, 424

23 Über diesen Briefwechsel unterrichten die Memoiren von Bouillé, *Mémoires du Marquis de Bouillé*, 181–201
24 Marcel Reinhard, *La Chute de la Royauté. 10 Août 1792*, Paris 1969, 26
25 *Correspondance diplomatique du Baron de Staël-Holstein*, 182–183
26 Einen detaillierten Augenzeugenbericht gibt die Erzieherin des Dauphin: *Mémoires de Madame la Duchesse de Tourzel*, I, 272–274
27 *Archives parlementaires*, XXIII, 625–628
28 *Archives parlementaires*, XXVII, 210–212
29 Vgl. die ausführliche, diesem Club gegenüber zwar sehr voreingenommene, aber umfassende Darstellung von Augustin Challamel, *Les clubs contre-révolutionnaires. Cercles, comités, sociétés, salons, réunions, cafés, restaurants et librairies*, Paris 1895, 127–275
30 *Archives parlementaires*, XXIII, 574
31 *The Correspondence of William Augustus Miles on the French Revolution 1789–1817*, (ed.) Charles Popham Miles, London 1890, I, 245
32 *Archives parlementaires*, XXIV, 621 u. 623
33 *Archives parlementaires*, IX, 716
34 Desprat, *Mirabeau*, 567
35 *The Despatches of Earl Gower, English Ambassador at Paris from June 1790 to August 1792*, (ed.) Oscar Browning, Cambridge 1885, 79–80
36 *Archives parlementaires*, XXVI, 111
37 *Archives parlementaires*, XXVI, 149–151
38 *Archives parlementaires*, XXVI, 123–126
39 *Correspondance de Maximilien et Augustin Robespierre*, (ed.) Georges Michou, Paris 1926, I, 109
40 Buchez u. Roux, *Histoire parlementaire*, X, 272–273
41 Kennedy, *The Jacobin Clubs*, 220–222
42 Robespierre, *Œuvres*, VII, 518–519
43 Zu den Vorbereitungen und dem Ablauf der Flucht vgl. Price, *The Fall of the French Monarchy*, 136–191
44 Claude-Antoine Gabriel de Choiseul, *Relation du départ de Louis XVI, le 20 juin 1791, écrite en août 1791, dans la prison de la Haute Cour nationale d'Orléans*, Paris 1822, 34
45 Eine detaillierte Schilderung der Umstände dieses gescheiterten Fluchtversuchs: *Mémoires de Madame de Tourzel*, I, 307–344. Der Befehl zur «Verhaftung» der königlichen Familie stützte sich bereits auf die Behauptung ihrer Entführung. *Archives parlementaires*, XXVII, 359; die Rückkehr von Louis XVI wurde von drei Abgeordneten der Nationalversammlung überwacht, die auf ihn unweit von Epernay stießen. Einer dieser Abgeordneten, Jérôme Pétion, hat von dieser Mission einen bemerkenswerten Bericht hinterlassen: Mortimer-Ternaux, *Histoire de la Terreur 1792–1794*, Paris 1862, I, 347–365
46 In verschiedenen Pariser Sektionen wie auch in einigen Departements wurden sofort Stimmen laut, die für eine Beseitigung der Monarchie und die Ausrufung der Republik eintraten. Die bekannteste dieser Forderungen ist jene, die von Thomas Paine formuliert und in französischer Übersetzung als

Plakatanschlag am 1. Juli in Paris veröffentlicht wurde. Das englische Original: *The Writings of Thomas Paine*, (ed.) Moncure Daniel Conway, New York 1895, III, 1–3; die französische Fassung: Buchez u. Roux, *Histoire parlementaire*, X, 449–450

47 Ferrières, *Correspondance inédite*, 362–363

48 Ferrières, *Correspondance inédite*, 368

49 *Archives parlementaires*, XXVII, 420–422

50 *Archives parlementaires*, XXVII, 517–521

51 *Archives parlementaires*, XXVII, 452–453

52 Robespierre, *Œuvres*, VII, 518–523

53 Albert Mathiez, *Le Club des Cordeliers pendant la crise de Varennes et le massacre du Champ-de-Mars*, Paris 1910, 112–113

54 *Archives parlementaires*, XXVIII, 336–338

55 *Archives parlementaires*, XXVIII, 331

56 *Archives parlementaires*, XXVIII, 329–330

57 Kennedy, *The Jacobin Clubs*, 269–274

58 Vgl. das Schreiben des amerikanischen Botschafters Gouverneur Morris an seinen Bruder Robert Morris vom 16. Juli 1791: Morris, *A Diary of the French Revolution, 1789–93*, (ed.) Beatrix Gray Davenport, London 1939, II, 220

59 Ruault, *Gazette*, 253

60 F.-A. Aulard, *La Société des Jacobins. Recueil des documents pour l'histoire du club des Jacobins de Paris 1892*, III, 17–18

61 Aulard, *La Société des Jacobins*, III, 25

62 Mathiez, *Le Club des Cordeliers*, 122–123

63 Gérard Walter, *Histoire des Jacobins*, Paris 1946, 195–197

64 Kennedy, *The Jacobin Clubs*, 285–286

65 Mathiez, *Le Club des Cordeliers*, 135–136

66 Rudé, *The Crowd*, 89–94. Dass dieses Blutbad der Disziplinlosigkeit der Nationalgarden zuzuschreiben war, die sich damit allerdings ganz im Sinne ihrer Vorgesetzten verhielten, kann außer Frage stehen.

67 *Archives parlementaires*, XXIX, 209, 211, 214–215

68 *Archives parlementaires*, XXIX, 748–750

69 Vgl. dazu die aufschlussreiche Begründung der Wahlrechtsänderung, die Barnave am 11. August 1791 gab. *Archives parlementaires*, XXIX, 365–368

70 *Archives parlementaires*, XXIX, 360

71 *Archives parlementaires*, XXIX, 656–659

72 Für diese «politique du pire», der sich die Rechte nach Varennes verschrieb, vgl. den aufschlussreichen Brief des Comte de Gouvernet an den Marquis de Bouillé vom 26. August 1791. *Mémoires du Marquis de Bouillé*, 282–287

73 Ferrières, *Correspondance inédite*, 388 (Schreiben vom 16. Juli 1791)

74 Donald Greer, *The Incidence of the Emigration during the French Revolution*, Gloucester, Mass. 1966, 21–31; William Doyle, Aristocracy and its Enemies in the Age of Revolution, Oxford 2009, 247–254

75 *Histoire militaire de la France*, (ed.) Jean Delmas, Paris 1992, II, 202

76 Patrice Higonnet, *Class, Ideology, and the Rights of Nobles during the French Revolution*, Oxford 1981, 77

77 Leopold II. stand der Französischen Revolution sogar mit unverhohlener Sympathie gegenüber. Adam Wandruszka, *Leopold II., Erzherzog von Österreich, Grossherzog von Toskana, König von Ungarn und Böhmen, Römischer Kaiser,* Wien u. München 1965, II, 353–356

78 *Quellen zur Geschichte der deutschen Kaiserpolitik Österreichs während der französischen Revolutionskriege. 1790–1801*, (ed.) Alfred Ritter von Vivenot, Wien 1873, I, 185–186

79 Dieser Plan ist dokumentiert in Vivenot, *Quellen*, I, 231–233

80 Bei Verabredung der Zusammenkunft von Pillnitz stand die französische Frage zunächst gar nicht auf der Agenda; auch war der Graf d'Artois von keinem der Monarchen nach Pillnitz geladen worden, sondern erschien hier aus freien Stücken. Leopold von Ranke, *Ursprung und Beginn der Revolutionskriege 1791 und 1792*, Leipzig 1879, 76–78

81 Wortlaut der Erklärung von Pillnitz in Vivenot, *Quellen*, I, 234

82 Kurt Heidrich, *Preussen im Kampfe gegen die Französische Revolution bis zur Zweiten Teilung Polens*, Stuttgart u. Berlin 1908, 22

83 *Correspondance entre le Comte de Mirabeau et le Comte de la Marck*, III, 232 Anm.; Vivenot, *Quellen*, I, 554–556

84 Georges Michon, *Robespierre et la guerre révolutionnaire 1791–1792*, Paris 1937, 11–14

85 Vivenot, *Quellen*, I, 270–271

86 Wortlaut der Erklärung Louis XVI in: *French Revolution Documents*, 105–108; Text der Verfassung vom 3. September 1791: *Archives parlementaires*, XXX, 151–168

DRITTES BUCH · DER MACHTKAMPF

Erstes Kapitel · Der Weg in den Krieg

1 Kennedy, *The Jacobin Clubs*, 292–296

2 François Furet, «Révolution française et tradition jacobine», *The Political Culture of the French Revolution*, (ed.) Colin Lucas, Oxford 1988, 331

3 Für die großen methodischen Probleme, die genaue Anzahl der Filialen in der Provinz festzustellen, vgl. Jean Boutier u. Philippe Boutry, «La diffusion des sociétés politiques en France (1789 – an III). Une enquête nationale», *Annales historiques de la Révolution française*, no. 266, sept.–oct. 1986, 365–398

4 Von den Filialen der Jakobiner in der Provinz gingen nur 46 zu den *Feuillants* über. Challamel, *Les clubs contre-révolutionnaires*, 336

5 Patrice Gueniffey, «Élections»: *Dictionnaire critique de la Révolution française. Evénéments*, (eds.), François Furet u. Mona Ozouf, Paris 2007, 128

6 Zu den Zahlen der Wahlbeteiligung vgl. auch Hippolyte Taine, *La Révolution*, Paris 1881, II, 42–43

7 *Mémoires et Correspondance de Mallet du Pan. Pour servir à l'histoire de la Révolution Française*, (ed.) A. Sayons, Paris 1851, II, 491–492

8 Walter, *Histoire des Jacobins*, 211–213
9 Diese wichtige Rede wird im *Recueil de documents pour l'histoire du club des Jacobins de Paris* von Alphonse Aulard lediglich erwähnt. Ihr Wortlaut ist in extenso dokumentiert: Reinhard, *La chute de la Royauté*, 495–507
10 Walter, *Histoire des Jacobins*, 223
11 Walter, *Histoire des Jacobins*, 37–41
12 *Archives parlementaires*, XXXI, 617–619
13 *Archives parlementaires*, XXXI, 617–619
14 *Archives parlementaires*, XXXI, 619–620
15 Georges Michon, *Essai sur l'histoire du parti feuillant: Adrien Duport*, Paris 1924, 343
16 Mit dem Dekret vom 24. Juni 1791 verschob die Nationalversammlung wegen der Erregung, die ob der Flucht des Königs im Lande herrschte, den Zusammentritt der Wahlmänner auf einen späteren Zeitpunkt. Der wurde durch ein weiteres Dekret vom 5. August auf den 25. August festgesetzt. Ein drittes Dekret vom 25. September terminierte schließlich die Eröffnungssitzung der Legislative auf den 1. Oktober. Auguste Kuscinski, *Les Députés à l'Assemblée Législative de 1791*, Paris 1900, 13–14
17 William Doyle, *The Oxford History of the French Revolution*, Oxford 2002, 175
18 Willms, *Paris*, 84–85
19 Sehr aufschlussreich für das Vorgehen Marie Antoinettes ist ihre Korrespondenz mit ihrem Bruder Leopold II. und dem Comte de Mercy von Ende Juli und Anfang August 1791. *Marie Antoinette, Joseph II. und Leopold II. Ihr Briefwechsel*, (ed.) Alfred Ritter von Arneth, Leipzig 1866, 188–195
20 Die Erklärung von Pillnitz wurde weder in der Nationalversammlung debattiert, noch erregte sie sonderliche Aufmerksamkeit in Presse und Öffentlichkeit. Michon, *Robespierre*, 10–12
21 *Archives parlementaires*, XXXI, 689
22 *Archives parlementaires*, XXXIV, 309–317
23 *Archives parlementaires*, XXXIV, 548
24 *Archives parlementaires*, XXXIV, 711–714 u. 723–724
25 *Archives parlementaires*, XXXV, 103–104
26 In einem Bericht über die außenpolitische Lage, die Außenminister Montmorin der Legislative am 31. Oktober 1791 abstattete, führte er aus, dass von den Emigranten keine wirkliche Gefahr ausgehe, da diese weder bewaffnet seien, noch von irgendeiner Macht unterstützt würden. *Archives parlementaires*, XXXIV, 554–555; diesen Befund bestätigte auch der Berichterstatter des *comité diplomatique* der Legislative in seinem Rapport vom 22. November 1791. Darin ist lediglich davon die Rede, dass im rechtsrheinischen Teil des Bistums Straßburg «un petit corps d'armée d'environ 600 hommes» anzutreffen sei. Zahlreiche andere Ansammlungen allerdings unbewaffneter Emigranten gebe es bei Worms und im Gebiet des Kurfürsten von Mainz wie auch in Koblenz und im Raum Trier. *Archives parlementaires*, XXXV, 290–291
27 *Archives parlementaires*, XXXIV, 340–342
28 Ein förmlicher Annexionsbeschluss der Nationalversammlung war zuvor zweimal gescheitert. *Archives parlementaires*, XXX, 631–632

29 *Archives parlementaires*, XXXV, 66–67
30 *Archives parlementaires*, XXXV, 436–437
31 *Archives parlementaires*, XXXV, 443
32 *Archives parlementaires*, XXXV, 441
33 *Archives parlementaires*, XXXVI, 110
34 Robespierre, *Œuvres*, VIII, 35–42
35 (Jacques-Pierre Brissot), *Discours sur la nécessité de déclarer la guerre aux princes allemands qui protègent les émigrés*, (Paris 1791)
36 Robespierre, *Œuvres*, VIII, 47–64
37 Gérard Walter, *Robespierre*, Paris 1961, I, 258–274
38 Für eine detaillierte Darstellung dieser Auseinandersetzung vgl. Michon, *Robespierre*, 31–83
39 Robespierre, *Œuvres*, VIII, 74–92 u. 132–152
40 *Archives parlementaires*, XXXVI, 607; die gesamte Rede ebd., 600–611
41 *Archives parlementaires*, XXXVI, 616
42 *Archives parlementaires*, XXXVI, 618–619
43 *Archives parlementaires*, XXXVI, 79
44 Vgl. die Vorlage der Staatskanzlei für die Ministerkonferenz vom 12. Januar 1792: Vivenot, *Quellen*, I, 330–341
45 In Wien wurde man von Seiten der *Feuillants*, die sich zu einer Hofpartei gemausert hatten, über die Verhältnisse in Frankreich orientiert. Vgl. den *Mémoire* von Charles Lameth, den Marie Antoinette dem österreichischen Hof wohl Anfang Januar 1792 übersandte. Ernst Herrmann, *Diplomatische Correspondenzen aus der Revolutionszeit 1791–1797*, Gotha 1866, 152 u. 167–177; das an Marie Antoinette als Antwort auf diese Denkschrift von Kaiser Leopold formulierte Schreiben vom 31. Januar, in dem er die Grundzüge seiner Frankreichpolitik erläutert, ebd., 182–189
46 *Archives parlementaires*, XXXVI, 698
47 Michon, *Essai sur l'histoire du parti feuillant*, 368
48 *Archives parlementaires*, XXXVII, 413–414
49 Vivenot, *Quellen*, I, 269–277
50 *Archives parlementaires*, XXXVII, 447 u. 462
51 *Archives parlementaires*, XXXVII, 464. Wortlaut der ganzen Rede, *ebd.*, 464–471
52 *Archives parlementaires*, XXXVII, 653–657
53 *Archives parlementaires*, XXXVII, 717
54 *Archives parlementaires*, XXXIX, 246–248
55 *Archives parlementaires*, XXXIX, 248–252
56 Daran zeigt sich deutlich, dass Kaunitz nur sehr einseitig und damit höchst unvollständig über die Situation in Paris und Frankreich informiert war. Zu diesem Dilemma: Hans-Alfred Goetz-Bernstein, *La diplomatie de la Gironde*. Jacques-Pierre Brissot, Paris 1912, 133–134
57 Heidrich, *Preussen*, 42–43
58 *Archives parlementaires*, XXXIX, 255–256
59 Bertrand de Moleville, *Private Memoirs relative to the last Year of Lewis the Sixteenth, late King of France*, London 1797, III, 50–75

60 *Archives parlementaires*, XXXIX, 534–545
61 *Archives parlementaires*, XXXIX, 549
62 Ranke, *Ursprung und Beginn der Revolutionskriege*, 153–154
63 Etienne Dumont, *Souvenirs sur Mirabeau et sur les deux premières Assemblées législtatives* (ed.) J. Bénétruy, Paris 1951, 218–219. Seine Gesinnung demonstrierte Dumouriez unter anderem dadurch, dass er unmittelbar nach seiner Ernennung zum Außenminister im Jakobiner-Club mit einer roten Revolutionskappe, der «phrygischen Mütze», auf dem Kopf erschien. *La vie et les mémoires du général Dumouriez*, Hamburg 1795, II, 155; Ruault, *Gazette*, 280
64 Vivenot, *Quellen*, I, 370–371. Zum Zustandekommen dieses Bündnisses vgl. die von Leopold von Ranke in den Analekten mitgeteilten Dokumente: Ranke, *Ursprung und Beginn der Revolutionskriege*, 268–277
65 Die Kompensationsfrage war erstmals von König Friedrich Wilhelm in seiner Antwort vom 28. Juli 1791 auf das Zirkular von Padua aufgeworfen worden. Herrmann, *Diplomatische Correspondenzen*, 57–58. Kaunitz nutzte sie als Köder bei den Bündnisverhandlungen mit dem preußischen Diplomaten Jacobi in Wien Anfang Januar 1792, an den der Berliner Hof sofort anbiss. Ebd., 141–146, 150, 163–165 u. 213–216
66 Dass diese territorialen Kompensationen eher im Osten als im Westen zu gewinnen seien, dessen wurde man sich in Preußen bereits Mitte Februar 1792 bewusst. Robert Howard Lord, *The Second Partition of Poland*, Cambridge 1915, 237–238; Heidrich, *Preussen*, 86–87
67 Diese Vermutungen stützten sich vor allem auf Berichte geheimer Emissäre, die Louis XVI nach Wien schickte. Vgl. Herrmann, *Diplomatische Correspondenzen*, 210–211
68 Vivenot, *Quellen*, I, 434
69 Lord, *The Second Partition of Poland*, 267
70 *Archives parlementaires*, XXXVI, 406
71 *Archives parlementaires*, XLII, 213
72 *Archives parlementaires*, XLII, 203–207
73 Mme. de Staël, *Considérations*, II, 40
74 *Archives parlementaires*, XLII, 217–218

Zweites Kapitel · Die zweite Revolution

1 Vgl. das Schreiben von Rabaut de Saint-Étienne an den Innenminister vom 27. Februar 1792: *La Révolution française*, Revue d'histoire moderne et Contemporaine, XXXV, 270–273; Hubert C. Johnson, *The Midi in Revolution. A Study of Regional Political Diversity, 1789–1793*, Princeton, N. J. 1986, 174–221
2 *Actes de la Commune de Paris, 2ᵉ série*, (ed.) Sigismond Lacroix, Paris 1909, VII, 86–87
3 *Archives parlementaires*, XXXIX, 379
4 *Archives parlementaires*, XXXIX, 375
5 Zit. William Scott, *Terror and Repression in Revolutionary Marseille*, London 1973, 33
6 José L. Franco, *Historia de la Revolución de Haití*, La Habana 1966, 173–302;

Frank Moya Pons, «Haiti and Santo Domingo: 1790 – c. 1870», *The Cambridge History of Latin America*, (ed.) Leslie Bethell, Cambridge 1985, III, 237–244

7 *Archives parlementaires*, XLII, 596–597

8 *Archives parlementaires,* XLII, 703–706. Einen guten Überblick über die Gründe des eklatanten Scheiterns dieser ersten französischen Angriffsoperationen gibt Heidrich, *Preussen*, 93–97

9 Vgl. das Schreiben von General Kellermann vom 10. Mai an Kriegsminister Servan. *Archives parlementaires*, XLIII, 345–346

10 Ruault, *Gazette*, 285

11 Goetz-Bernstein, *La diplomatie*, 206–210

12 Bouchez u. Roux, *Histoire parlementaire*, XIV, 278–283

13 *Archives parlementaires*, XLIII, 539

14 Für diese Debatten vgl. *Archives parlementaires*, XLIII, 539–542 u. 575–586

15 Für die erneute Debatte: *Archives parlementaires*, XLIII, 597–604; die Ankündigung der Anzeige des Königs, ebd. 604

16 *Archives parlementaires*, XLIII, 610–611 u. 619

17 Vgl. diese Reden in: *Archives parlementaires*, XLIV, 33–43

18 *Archives parlementaires*, XLIV, 167

19 *Archives parlementaires*, XLIV, 305

20 *Archives parlementaires*, XLIV, 429

21 *Archives parlementaires*, XLIV, 701

22 *Archives parlementaires*, XLV, 21–22

23 Buchez u. Roux, *Histoire parlementaire*, XV, 43–44

24 Goetz-Bernstein, *La diplomatie*, 222

25 *Archives parlementaires*, XLV, 338–340

26 *Archives parlementaires*, XLV, 56–371

27 *Archives parlementaires*, XLIV, 196

28 Albert Soboul, *Les sans-culottes parisiens en l'an II. Mouvement populaire et gouvernement révolutionnaire 2 juin 1793 – 9 thermidor an II*, Paris 1962, 408–433 u. 457–547; Haim Burstin, *L'invention du sans-culotte. Regard sur le Paris révolutionnaire*, Paris 2005

29 R. B. Rose, *The Making of the* sans-culottes. *Democratic Ideas and Institutions in Paris, 1789–92*, Manchester 1983, 140–177

30 Robespierre, *Œuvres*, VIII, 157–184

31 Pierre-Louis Roederer, *Chronique de cinquante jours. Du 20 juin au 10 août 1792*, Paris 1832, 17–21

32 *Archives parlementaires*, XLV, 411–416

33 *Archives parlementaires*, XLV, 416–417

34 Die Amtsenthebung Pétions war durch die *Administration du Département de Paris*, der übergeordneten Aufsichtsbehörde, nach ausführlicher Verhandlung am 6. Juli 1792 verfügt worden. Roederer, *Chronique*, 114–145

35 *Archives parlementaires*, XLV, 569–572

36 *Archives parlementaires*, XLV, 653

37 *Archives parlementaires*, XLV, 653–654

38 *Archives parlementaires*, XLVI, 35–38

39 *Archives parlementaires*, XLVI, 77–83, 110–111 u. 130–133

40 *Archives parlementaires*, XLVI, 335–337 u. 342–344
41 Scott, *Terror and Repression*, 29–33
42 *Archives parlementaires*, XLVI, 325; am Tag darauf wurde die Anklage gegen La Fayette auch von den Nationalgarden aus Bergerac in der Legislative gefordert. Ebd., 383. Und so ging es in den folgenden Tagen und Wochen munter fort.
43 Ruault, *Gazette*, 295
44 Ruault, *Gazette*, 296–297
45 Ruault, *Gazette*, 297–298
46 Ernest Mellié, *Les sections de Paris pendant la Révolution française*, Paris 1898, 62
47 *Archives parlementaires*, XLVII, 143. In Permanenz zu tagen war den Sektionen durch das bislang geltende Gesetz vom 21. Mai 1790 untersagt.
48 Bouchez u. Roux, *Histoire parlementaire*, XVI, 251–252
49 *Archives parlementaires*, XLVII, 140
50 Robespierre, *Œuvres*, VIII, 408–420
51 Buchez u. Roux, *Histoire parlementaire*, XVI, 279–280
52 *Archives parlementaires*, XLVII, 283
53 *Archives parlementaires*, XLVII, 425–427
54 *Archives parlementaires*, XLVI, 73–83
55 *Archives parlementaires*, XLVII, 159–160
56 *Archives parlementaires*, XLVII, 160–163
57 Am 10. Juli war von Collot d'Herbois im Auftrag von 800 Pariser Bürgern eine Petition an die Legislative gerichtet worden mit der Forderung, La Fayette unter Anklage zu stellen. *Archives parlementaires*, XLVI, 319; nach der Verkündung des Dekrets «la Patrie en danger» nahm die Zahl dieser Begehren erheblich zu. Roederer, *Chronique*, 185–186
58 *Archives parlementaires*, XLVII, 571–577
59 *Archives parlementaires*, XLVII, 578
60 Zur sozialen Schichtung der Angreifer auf die Tuilerien vgl. Alexandre Tuetey, *Répertoire général des sources manuscrites de l'histoire de Paris pendant la Révolution française*, Paris 1899, IV, XXI–XXXV. Wie andere Höhepunkte des Revolutionsgeschehens hat auch der 10. August 1792 einen großen Niederschlag in offiziellen Untersuchungen, Augenzeugenberichten oder den Memoiren der Zeitgenossen gefunden. Einen aus dieser Materialfülle geschöpften Überblick über Vorbereitung und Verlauf dieses Tages gibt Albert Mathiez, *Le Dix Août*, Paris 1934, 84–117
61 *Archives parlementaires*, XLVII, 641
62 *Archives parlementaires*, XLVII, 654
63 *Archives parlementaires*, XLVII, 660
64 *Archives parlementaires*, XLVII, 675. Dass ein Feuer in den Tuilerien tobte, war eine Tartarennachricht. Tatsächlich brannten einige Häuser in unmittelbarer Umgebung des Palasts.
65 *Archives parlementaires*, XLVIII, 314
66 *Archives parlementaires*, XLVIII, 101
67 *Archives parlementaires*, XLVIII, 29–30

68 *Archives parlementaires*, XLVII, 646
69 *Archives parlementaires*, XLIX, 8
70 *Archives parlementaires*, XLVIII, 118
71 *Archives parlementaires*, XLIX, 75–77
72 *Archives parlementaires*, XLIX, 10
73 *Archives parlementaires*, XLIX, 78
74 *Archives parlementaires*, XLIX, 89
75 *Archives parlementaires*, XLVIII, 98–99
76 *Archives parlementaires*, XLVIII, 297
77 *Archives parlementaires*, XLVIII, ebd.
78 *Archives parlementaires*, XLVIII, 298–299
79 *Archives parlementaires*, XLVIII, 378

Drittes Kapitel · Die Bluttaufe der Republik

1 *Archives parlementaires*, XLIX, 111
2 *Archives parlementaires*, XLIX, 118
3 Mortimer-Ternaux, *Histoire de la Terreur*, III, 167
4 *Archives parlementaires*, XLIX, 144–145
5 *Archives parlementaires*, XLIX, 194
6 Zit. Mortimer-Ternaux, *Histoire de la Terreur*, III, 205
7 Mortimer-Ternaux, *Histoire de la Terreur*, III, 189
8 Norman Hampson, *Danton*, London 1978, 83
9 *Archives parlementaires*, XLIX, 209
10 *Relation adressée par M. l'abbé Sicard, instituteur des sourds et muets à un de ses amis sur les dangers qu'il a courus les 2 et 3 septembre 1792*: *Mémoires sur les journées de septembre 1792*, Paris 1823, 99–120
11 Timothy Tackett, «Rumor and Revolution: The Case of the September Massacres», *French History and Civilization*, 2011, 34, 54–64
12 Pierre Caron, *Les Massacres de Septembre*, Paris 1935, 266
13 Caron, *Les Massacres*, 322–323
14 Caron, *Les Massacres*, 76–95, der diese Zahlen ermittelte, wertete dafür alle verfügbaren Informationen aus.
15 Von diesen Horrorszenen gibt es eine ganze Reihe detaillierter Schilderungen. Am glaubwürdigsten ist die eines neutralen Beobachters, des britischen Geschäftsträgers, der während der Massaker der Abbaye einen Besuch abstattete, den er in seinem Bericht vom 4. September ausführlich beschrieb. *The Despatches of Earl Gower*, 227–228. Vgl. auch Mgr. de Salamon, *Mémoires inédits de l'internonce à Paris pendant la Révolution 1790–1801*, (ed.) *l'abbé* Bridier, Paris 1890, 16–103
16 *Archives parlementaires*, XLIX, 276
17 Henry Légier Desgranges, «Les Massacres de septembre à la Salpêtrière», *Mémoires de la Fédération des Sociétés historiques et archéologiques de Paris et de l'Ile-de-France*, 1950, II, 295–347
18 *The Despatches of Earl Gower*, 225
19 *The Despatches of Earl Gower*, 238

20 Die detaillierte Schilderung, die J.M. Thompson in seiner Robespierre-Biographie diesen Vorgängen widmet, deutet das Motiv wie die politisch-moralische Hauptverantwortung Robespierres für die Septembermassaker zwar verschiedentlich an, vermeidet aber gleichwohl ein eindeutiges Urteil. J.M. Thompson, *Robespierre*, New York 1936, I, 262–277

21 *Discours de Danton*, (ed.) André Fribourg, Paris 1910, 168–169

22 Caron, *Les Massacres*, 243–245

23 Jacques-Pierre Brissot, *Mémoires*, (ed.) Claude Perroud, Paris s.d., II, 247

24 *Archives parlementaires*, XLIX, 270

25 *Archives parlementaires*, XLIX, 265–267

26 Ab dem 5.September bekundeten beispielsweise wiederholt Sektionen in der Legislative ihre Zustimmung zum Schreiben von Roland. *Archives parlementaires*, XLIX, 352, 375 u. 476–477

27 *Archives parlementaires*, XLIX, 380–381

28 *Archives parlementaires*, XLIX, 464

29 *Archives parlementaires*, L, 93

30 F.C. Laukhard, *Begebenheiten, Erfahrungen und Bemerkungen während des Feldzugs gegen Frankreich. Erster Theil von Anfang desselben bis zur Blokade von Landau*, Leipzig 1796, 153–154

31 Arthur Chuquet, *Les guerres de la Révolution. Valmy*, Paris s.d. , II, 228–264; Albert Sorel, *L'Europe et la Révolution Française,* Paris 1903, III, 47–66 u. 77–96

32 Jules Guiffrey, *Les Conventionnels. Listes par départements et par ordre alphabétique des députés et des suppléants à la Convention Nationale*, Paris 1889, XXVIII-XXX

33 *Archives parlementaires*, LII, 65

34 *Archives parlementaires*, LII, 67; bei der namentlichen Abstimmung für die Wahl des Vizepräsidenten am 21.September waren 349 Abgeordnete zugegen, von denen für Condorcet 194 ihre Stimme abgaben. *Archives parlementaires*, LII, 78. Während der gesamten Periode des Konvents, die vom September 1792 bis zum Oktober 1795 dauerte, war die Zahl der jeweils anwesenden Abgeordneten starken Schwankungen unterworfen. An namentlichen Abstimmungen im Dezember 1792 beteiligten sich 417 Abgeordnete; im Januar 1793 oszillierte deren Anzahl zwischen 721 und 355, im Februar zwischen 600 und 365, im März zwischen 630 und 293. Nach dem Ausschluss der *Girondins* am 2.Juni 1793 fiel deren Anzahl auf 241, um im Juli 1783 mit 186 Abgeordneten auf ihren absoluten Tiefpunkt zu sinken; von da an bis nach dem 9 Thermidor (27.Juli 1794) schwankte deren Anzahl zwischen 220 und 250. Sorel, *L'Europe et la Révolution*, III, 69–70, Anm. 2

35 *Archives parlementaires*, LII, 73

36 *Archives parlementaires*, LII, 74

37 *Archives parlementaires*, XLIX, 334

38 *Archives parlementaires*, XLIX, 335

39 *Archives parlementaires*, XLIX, ebd.

40 Alphonse Aulard, *Histoire politique de la Révolution française. Origines et développement de la démocratie et de la République 1789–1804*, Paris 1926, 241–251

41 Taine, *La Révolution*, II, 374
42 Gueniffey, *Elections*, 136–138; insgesamt wurden 77 Abgeordnete, die in der ersten Nationalversammlung vertreten waren und 186 Abgeordnete der Legislative in den Konvent gewählt. Taine, *La Révolution*, II, 379. Dass Robespierres Einfluss nur auf die Wahlen im Département de Paris beschränkt blieb, zeigt deren Ergebnis im benachbarten Département Seine-et-Oise, in dem von den 14 Deputierten mit Gorsas, Chénier, Audouin und Hérault de Séchelles vier bekannte *Girondins* ein Mandat erringen konnten. Mortimer-Ternaux, *La Terreur*, IV, 58
43 *Archives parlementaires*, LII, 130
44 *Archives parlementaires*, LII, 126–127
45 Die *Garde des Départements* wurde, obwohl dieser Vorschlag vermutlich eine Mehrheit bekommen hätte, nie votiert.
46 Norman Hampson, *Danton*, London 1978, 88
47 *Discours de Danton*, 176–177
48 *Archives parlementaires*, LII, 130–131
49 *Archives parlementaires*, LII, 131
50 *Discours de Danton*, 195–198
51 *Archives parlementaires*, LII, 139–140
52 *Archives parlementaires*, LII, 143
53 *Archives parlementaires*, LIII, 52–57
54 Zur ausgeprägten Antiken-Manie der Revolutionäre vgl. Harold T. Parker, *The Cult of Antiquity and the French Revolutionaries. A Study in the Developement of the revolutionary Spirit*, Chicago, Ill. 1937
55 *Archives parlementaires*, LIII, 161–165
56 Aulard, *La Société des Jacobins*, IV, 376; vgl. auch das Rundschreiben an die Jakobiner-Clubs in der Provinz, in dem der Ausschluss Brissots ausführlich begründet wurde. Ebd., 377–378
57 J. P. Brissot, *Député à la Convention Nationale, à tous les Républicains de France, sur la Société des Jacobins à Paris*, Paris 29 octobre 1792, l'an Ier de la République
58 Alphonse Aulard, *L'éloquence parlementaire pendant la Révolution française. Les orateurs de la Législative et de la Convention*, Paris 1885, I, 66
59 *Archives parlementaires*, LX, 162. Das berühmte Bild: «La révolution est comme Saturne: elle dévorera ses enfants» benutzte auch Danton gesprächsweise. Zit. Miot de Mélito, *Mémoires*, I, 42
60 *Archives parlementaires*, LII, 263–264
61 *Archives parlementaires*, LII, 267–268
62 *Archives parlementaires*, LIII, 100
63 *Archives parlementaires*, LIII, 275–282; der Gesetzentwurf ebd., 281–282
64 *Archives parlementaires*, LIII, 390
65 *Archives parlementaires*, LIII, 390–392
66 *Archives parlementaires*, LIII, 498
67 Der aus England stammende Thomas Paine war neben Anacharsis Cloots der zweite Ausländer, der im August die französische Ehrenbürgerschaft erhalten hatte und der als Abgeordneter in der Versammlung Sitz und Stimme

hatte. Für seine große Popularität spricht, dass er von vier Departements in den Konvent gewählt wurde: Aisne, Oise, Pas-de-Calais und Puy-de-Dôme; er entschied sich für die Annahme des Mandats des Département Pas-de-Calais. Guiffrey, *Les Conventionnels*, 111, Anm. 7. Dass er seine Stellungnahme schriftlich vorlegte und vom Sekretär des Konvents vorlesen lies, entschuldigte er in einem Anschreiben an den Sitzungspräsidenten mit der Erklärung: «Faute de pouvoir m'énoncer en français, je ne saurais parler à la tribune». *Archives parlementaires*, LIII, 498

68 Robespierre, *Œuvres*, IX, 121–130

69 *Archives parlementaires*, LIV, 77

70 *Archives parlementaires*, LIV, 78

71 *Archives parlementaires*, LIV, 351

72 *Archives parlementaires*, LV, 1–15

73 Robespierre, *Œuvres*, IX, 183–200

74 *Archives parlementaires*, LVI, 90–95

75 *Archives parlementaires*, LVI, 168–169

76 *Archives parlementaires*, LVI, 199–214

77 *Archives parlementaires*, LVII, 98. Die 283 Abgeordneten, von denen einige ihr zustimmendes Votum begründeten, waren die Anhängerschaft der Gironde; für die alphabetische Auflistung ihrer Namen vgl. *Archives parlementaires*, LVII, 106–109

78 *Archives parlementaires*, LVII, 74

79 *Archives parlementaires*, LVII, 338 u. 342

80 *Archives parlementaires*, LVII, 411. Diese schon recht knappe Mehrheit – bei 721 Abgeordneten belief sich die Mehrheit auf 361 Stimmen –, die sich bedingungslos für das Todesurteil aussprach, schrumpfte nach einer von den Abgeordneten geforderten Korrektur des Protokolls am 18. Januar auf die knappe Marge von 361 Stimmen zusammen! *Archives parlementaires*, LVII, 428

81 *Archives parlementaires*, LVII, 429

82 *Archives parlementaires*, LVII, 468. Eine genauere Betrachtung des namentlichen Abstimmungsergebnisses zeigt, dass die Girondins keineswegs, wie man vermuten möchte, geschlossen für einen Hinrichtungsaufschub votierten. Brissot, Lanjuinais und Louvet de Couvray stimmten zwar dafür, Barbaroux, Gensonné oder Vergniaud aber dagegen. Demgegenüber lehnten die Jakobiner einen Aufschub einheitlich ab, ein Votum, dem die Stimmen der *Plaine* die Mehrheit verschafften.

83 Das von vielen Erzählungen überlieferte Geschehen der Hinrichtung Louis' XVI hat Daniel Arasse mustergültig analysiert. Daniel Arasse, *Die Guillotine. Die Macht der Maschine und das Schauspiel der Gerechtigkeit*, Reinbek 1988, 77–96

Viertes Kapitel · Die Revolution wird exportiert

1 Sorel, *L'Europe*, III, 114–115

2 *Archives parlementaires*, XLVII, 291

3 *Archives parlementaires*, XLVII, 557–559. Jacques Godechot, *La grande nation. L'expansion révolutionnaire de la France dans le monde 1789–1799*, Paris 1956, II, 616

4 T. C. W. Blanning, *The French Revolutionary Wars 1787–1802*, London 1996, 89

5 Sorel, *L'Europe*, III, 116

6 *Archives parlementaires*, LIII, 615–616 u. ebd., LVIII, 102. Das dabei eingeschlagene Verfahren war für künftige Annexionen stilbildend. Im Falle Savoyens stellte Doppet am 21. November 1792 namens der *Assemblée nationale des Allobroges* den von dieser so gut wie einstimmig gefassten Antrag auf Aufnahme in den französischen Staatsverband. *Archives parlementaires*, LIII, 506–508

7 Vgl. die detaillierte Schilderung der herrschenden Zustände von Heinrich von Sybel, *Geschichte der Revolutionszeit von 1789 bis 1795*, Düsseldorf 1877, I, 581–586; T. C. W. Blanning, *The French Revolution in Germany. Occupation and Resistance in the Rhineland 1792–1802*, Oxford 1983, 18–58

8 Karl Härter, *Reichstag und Revolution 1789–1806. Die Auseinandersetzung des Immerwährenden Reichstags zu Regensburg mit den Auswirkungen der Französischen Revolution auf das Alte Reich*, Göttingen 1991, 240–285

9 III. Buch, 1. Kapitel, 290

10 *Archives parlementaires*, LII, 479

11 *Archives parlementaires*, LII, 477

12 *Archives parlementaires*, LII, 642–643

13 Joseph Hansen, *Quellen zur Geschichte des Rheinlandes im Zeitalter der Französischen Revolution 1780–1801*, Bonn 1933, II, no. 225, 469

14 Heinrich von Treitschke, *Deutsche Geschichte im Neunzehnten Jahrhundert*, Leipzig 1879, I, 129

15 Die sehr unterschiedlichen Urteile, die von Historikern je nach Standortbindung über die Episode der «Mainzer Republik» gefällt wurden, die im Zusammenhang mit der europäischen Dimension der Französischen Revolution lediglich die Bedeutung einer markanten Fußnote hat, können gut und gerne eine Bibliothek füllen. Die ausgezeichnete, umfassende und aus den Quellen akribisch gearbeitete Monographie von Franz Dumont, *Die Mainzer Republik von 1792/93. Studien zur Revolutionierung in Rheinhessen und der Pfalz*, Alzey 1993 (2. Aufl.), kann als das gleichsam «letztinstanzliche Urteil» in dieser Kontroverse gelten.

16 Zit. Arthur Chuquet, *Jemappes et la conquête de la Belgique (1792–1793)*, Paris 1890, 68–69

17 *Archives parlementaires*, LIII, 102–103

18 Zit. Chuquet, *Jemappes*, 69

19 *Archives parlementaires*, XV, 662

20 *Archives parlementaires*, LIII, 103

21 *Archives parlementaires*, LIII, 472–474
22 *Archives parlementaires*, LV, 72–73
23 *Archives parlementaires*, LV, 70–72; vgl. auch die ausführliche Erörterung dieser Rede Cambons in Dumont, *Die Mainzer Republik*, 291–295
24 Sorel, *L'Europe*, III, 236–237
25 Diese Absichten wurden schonungslos detailliert in den *Instructions générales pour les commissaires nationaux nommés par le conseil exécutif, en conformité du décret de la Convention Nationale du 15 décembre 1792. Archives parlementaires*, LVI, 625–632
26 *Archives parlementaires*, LIII, 612
27 Hansen, *Quellen*, II, 648, Anm. 1 u. 2
28 Vgl. die Schilderung von Dumont, *Die Mainzer Republik*, 316–369
29 Hansen, *Quellen*, II, no. 343, 755–758
30 Hansen, *Quellen*, II, nos. 344–346, 758–764; Dumont, *Die Mainzer Republik*, 369–377
31 Dumont, *Die Mainzer Republik*, 379. Wesentlich höher als in Mainz war aber die Wahlbeteiligung in Städten wie Speyer oder Worms und auch auf dem flachen Land. Ebd., 382–392
32 Hansen, *Quellen*, II, 758, Anm. 1
33 *Archives parlementaires*, LVIII, 547
34 J.-P. Brissot, *Correspondance et papiers*, (ed.) Cl. Perroud, Paris s. d., 316
35 *Discours de Danton*, 268
36 *Archives parlementaires*, LVIII, 548
37 *Archives parlementaires*, XXXVI, 469
38 Chuquet, *Jemappes*, 131–133; Samuel F. Scott, *The Response of the Royal Army to the French Revolution. The Role and Development of the Line Army 1787–1793*, Oxford 1978, 178
39 *Archives parlementaires*, LIX, 162
40 *Archives parlementaires*, LIX, 173–174
41 Scott, *The Response*, 179–182
42 *Archives parlementaires*, LVIII, 112–120
43 Arthur Chuquet, *La trahison de Dumouriez*, Paris 1891, 38–46
44 Chuquet, *La trahison*, 60
45 *Archives parlementaires*, LIX, 571, 649 u. 703
46 Chuquet, *La trahison*, 68
47 *Archives parlementaires*, LIX, 686
48 Das war keine förmliche Kriegserklärung des Reichs an Frankreich, sondern lediglich ein Beschluss, den das einschlägige «Reichsgutachten» derart formulierte, dass «der von Frankreich dem deutschen Reich abgenötigte Krieg zur Behauptung der Ehre, zum Schutz und zur künftigen Sicherheit der Rechte und Grenzen und zur Erreichung der gebührenden vollständigen Genugtuung als ein allgemeiner Reichskrieg zu achten sei». Zit. Karl Otmar Freiherr von Aretin, *Heiliges Römisches Reich 1776–1806. Reichsverfassung und Staatssouveränität*, Wiesbaden1967, I, 273
49 *Archives parlementaires*, XXXIV, 348
50 *Archives parlementaires*, XXXV, 398

51 *Archives parlementaires*, XXXVI, 607
52 *Archives parlementaires*, XXXVII, 574
53 Gilbert Bodinier, «L'armée de la Révolution et ses transformations», *Histoire militaire de la France*, (eds.) André Corvisier u. Jean Delmas, Paris 1992, II, 240–241
54 Chuquet, *La trahison*, 104–112
55 Chuquet, *La trahison*, 118–119
56 Die Eroberung von Aachen durch die Österreicher hatte eine Abordnung der Pariser *Section Poissonnière* bereits am 12. März dazu veranlasst, vom Konvent seine Ablösung und Anklage zu fordern. Dagegen erhob sich ein einhelliger Protest der Abgeordneten, dem sich sogar Marat anschloss, der Dumouriez eine lautere revolutionäre Gesinnung bescheinigte. *Archives parlementaires*, LX, 122–125
57 Chuquet, *La trahison*, 120–126
58 *Archives parlementaires*, LX, 529–530
59 *Archives parlementaires*, LXI, 43–44
60 *Archives parlementaires*, LXI, 121
61 *Archives parlementaires*, LXI, 267
62 *Archives parlementaires*, LXI, 132
63 *Archives parlementaires*, LXI, 280
64 Chuquet, *La trahison*, 163–233

Fünftes Kapitel · Der Untergang der *Girondins*

1 Aŭlard, *La Société des Jacobins*, V, 49
2 Robespierre, *Œuvres*, IX, 198
3 *Recueil des actes du Comité de salut public*, (ed.) Alphonse Aulard, Paris 1899, II, 532–534
4 *Archives parlementaires*, LIV, 687–688
5 Albert Mathiez, *La vie chère et le mouvement social sous la Terreur*, Paris 1927, 113–121
6 *Archives parlementaires*, LVIII, 475–476
7 Mathiez, *La vie chère*, 135–136
8 *Archives parlementaires*, LIX, 272
9 *Archives parlementaires*, LIX, 274–279
10 Schon am 25. April diskutierte der Konvent ausführlich die Vorlage eines Dekrets für die Einführung von Preisobergrenzen (Maximum) für Getreide. *Archives parlementaires*, LXIII, 314–320. Das Ergebnisprotokoll der Anhörung, ebd. 332–337 sowie weitere acht Stellungnahmen zum Thema, ebd. 338–353
11 *Archives parlementaires*, LX, 2
12 Darauf spielte Danton in seinem Debattenbeitrag mit den seither berühmten Worten an: «Profitons des fautes de nos prédécesseurs. Faisons ce que n'a pas fait l'Assemblée législative: soyons terribles pour dispenser le peuple de l'être; organisons un tribunal, non pas bien, celà est impossible, mais le moins mal qu'il se pourra, afin que le peuple sache que le glaive de la Loi pèse sur la tête de tous ses ennemis». *Discours de Danton*, 291

13 *Archives parlementaires*, LX, 3–5
14 *Archives parlementaires*, LX, 9–10 u. 68. Die Ernennung der insgesamt 82 Kommissare wurde von Jean-Marie Collot d'Herbois mit der Auflage verknüpft, «que ces commissaires ne puissent être pris parmi ceux qui ont voté pour l'appel au peuple». *Archives parlementaires*, LX, 24
15 *Archives parlementaires*, LX, 8
16 *Archives parlementaires*, LX, 59
17 *Discours de Danton*, 295–297
18 *Archives parlementaires*, LX, 101
19 Michel Biard, *Missionnaires de la République. Représentants du peuple en mission (1793–1795)*, Paris 2002
20 *Tableaux de la Révolution française publiés sur les papiers inédits du département et de la police secrète de Paris*, (ed.) Adolphe Schmidt, Leipzig 1867, I, 202
21 *Archives parlementaires*, LIX, 720
22 *Archives parlementaires*, LX, 24
23 *Archives parlementaires*, LX, 23 u. 54
24 *Archives parlementaires*, LX, 66–67
25 *Archives parlementaires*, LX, 290–294
26 *Archives parlementaires*, LX, 331
27 *Archives parlementaires*, LX, 389–390
28 *Archives parlementaires*, LXI, 63–64. Das zielte unmittelbar auf Danton, der aus Belgien zurückgekehrt war, wo er sich als Kommissar bei der Armee von Dumouriez aufgehalten hatte und den der *Girondin* Jean-Augustin Pénières beschuldigte, dessen Verräterei gedeckt bzw. ihn zumindest nicht unter Anklage gestellt zu haben. *Archives parlementaires*, LXI, 48
29 *Archives parlementaires*, LXI, 278
30 *Archives parlementaires*, LXI, 377
31 *Discours de Danton*, 371–372
32 *Archives parlementaires*, LXI, 378–379
33 Die Mitglieder dieses ersten *Comité de Salut public* waren Barère, auf den 360 Stimmen entfielen, Delmas (347), Bréard (325), Cambon (278), Jean Debry (233), Danton (227), Guyton-Morveau (202) Treilhard (167) und Delacroix (151). *Archives parlementaires*, LXI, 396
34 *Archives parlementaires*, LXI, 271–273
35 *Archives parlementaires*, LXI, 696–697
36 Buchez u. Roux, *Histoire parlementaire*, XXV, 295
37 *Archives parlementaires*, LXI, 453–454
38 *Archives parlementaires*, LXI, 522–523
39 *Archives parlementaires*, LXI, 532–541
40 *Archives parlementaires*, LXI, 547–548
41 *Archives parlementaires*, LXI, 637–643
42 Robespierre, *Œuvres*, IX, 414–416
43 Robespierre, *Œuvres*, IX, 420–421
44 M. J. Sydenham, *The Girondins*, London 1961, 231. Alison Patrick, *The Men of the First Republic. Political Alignments in the National Convention of 1792*,

Baltimore 1972, 111–114, glaubt sogar, 18 *Girondins* identifizieren zu können, die sich ihrer Stimme enthielten.

45 *Archives parlementaires*, LXIII, 14–29

46 *Archives parlementaires*, LXIII, 197–198

47 *Archives parlementaires*, LXIV, 54–57

48 Mathiez, *La vie chère*, 188–199

49 *Archives parlementaires*, LXIII, 681–682

50 Robespierre, *Œuvres*, IX, 348

51 Für die Genese dieses sehr komplexen Machtantagonismus zwischen den in Paris tagenden Nationalversammlungen und der *Commune de Paris* vgl. den Artikel «Commune de Paris/Département de Paris» von E. Ducoudray *Dictionnaire historique de la Révolution française*, (ed.) Albert Soboul, Paris 1989, 265–271

52 *Archives parlementaires*, LXV, 47

53 *Archives parlementaires*, LXV, 279–285

54 Der gegen Hébert ausgestellte Haftbefehl der Kommission stützte sich auf die Nummer CCXXXIX des *Père Duchesne*, der mit der reißerischen Ankündigung aufgemacht war: «La grande dénonciation du père Duchesne, à tous les sans-culottes des départements, au sujet des complots formés par les Brissotins, les Girondins, les Rolandins, les Buzotins, les Pétionistes, et toute la foutue séquelle des complices de Capet et de Dumourier (*sic*), pour faire massacrer les braves montagnards, les jacobins, la Commune de Paris, afin de donner le coup de grâce à la liberté, et de rétablir la royauté. Ses bons avis aux braves lurons des faubourgs, pour désarmer tous les viédases qui pissent le verglas dans la canicule, et qui, au lieu de défendre la République, cherchent à allumer la guerre civile entre Paris et les départements». Zit. Buchez u. Roux, *Histoire parlementaire*, XXVII, 208

55 *Archives parlementaires*, LXV, 319–320

56 Anspielung Robespierres darauf, dass in rund 20 der 48 Sektionen von Paris die *Girondins* die Mehrheit hatten. Soboul, *Les sans-culottes*, 25–27

57 Robespierre, *Œuvres*, IX, 525–526

58 Buchez u. Roux, *Histoire parlementaire*, XXVII, 299–300; Morris Slavin, *The Making of an Insurrection. Parisian Sections and the Gironde*, Cambridge, Mass. 1986, 64–89

59 *Archives parlementaires*, LXV, 629

60 Slavin, *The Making of an Insurrection*, 90–93

61 Paul Sainte-Claire Deville, *La Commune de l'an II. Vie et mort d'une assemblée révolutionnaire*, Paris 1946, 81

62 *Mémoires de R. Levasseur, (de la Sarthe) ex-Conventionnel*, Paris 1829, I, 233

63 *Archives parlementaires*, LXV, 641

64 *Archives parlementaires*, LXV, 639

65 *Archives parlementaires*, LXV, 649

66 *Archives parlementaires*, LXV, 652

67 *Archives parlementaires*, LXV, 653–654

68 *Archives parlementaires*, LXV, 655

69 *Archives parlementaires*, LXV, 656

70 *Archives parlementaires*, LXV, 655
71 *Archives parlementaires*, LXV, 656
72 *Archives parlementaires*, LXV, 688
73 *Archives parlementaires*, LXV, 690
74 *Mémoires de Meillan, député par le département des Basses-Pyrénées, à la Convention Nationale*, Paris 1823, 53
75 Zit. Deville, *La Commune de l'an II*, 91, Anm. 1
76 *Archives parlementaires*, LXV, 706–707
77 *Mémoires de R. Levasseur*, I, 247–248
78 *Archives parlementaires*, LXV, 694–698
79 *Archives parlementaires*, LXV, 707
80 Buchez u. Roux, *Histoire parlementaire*, XXVIII, 45, Anm. 1. Vgl. auch die ausführliche Schilderung des Geschehens in: *Mémoires de Meillan*, 58–60. Was den Abgeordneten aber vor allem Respekt eingeflößt haben dürfte, waren die kleinen Vierpfünder-Kanonen der Nationalgarde, die mit *Mitraille* geladen eine fürchterliche Waffe im Straßenkampf waren. Deville, *La Commune de l'an II*, 92–94
81 *Mémoires de R. Levasseur*, I, 249
82 *Archives parlementaires*, LXV, 707
83 Nach dem spektakulären Auftakt vom 2. Juni gab es noch weitere, im Vergleich damit jedoch routinemäßig ablaufende Säuberungen des Konvents. Am 28. Juli wurden 18 Deputierte, die geflüchtet waren, für vogelfrei erklärt, während elf weitere unter Anklage gestellt wurden. *Archives parlementaires*, LXIX, 631. Am 3. Oktober 1793 beantragte André Amar namens des *Comité de Sûreté générale*, 41 Abgeordnete wegen Verschwörung gegen die Republik sowie 74 weitere Deputierte zu verhaften, die es gewagt hatten, am 6. und 19. Juni gegen die Säuberung vom 2. Juni zu protestieren. *Archives parlementaires*, LXXV, 520–522
84 Robespierre, *Œuvres*, X, 381

VIERTES BUCH · DIE SCHRECKENSZEIT

Erstes Kapitel · Das Aufbegehren gegen die Revolution

1 Jacques Godechot, *Le Comte d'Antraigues, un espion dans l'Europe des émigrés*, Paris 1986, 93–109
2 Jean-Clément Martin, *La Vendée et la France*, Paris 1987, 18–19
3 Charles Tilly, *The Vendée*, Cambridge, Mass. 1964, 306–308
4 *Archives parlementaires*, LIX, 146
5 Reynald Secher, *Le génocide franco-français. La Vendée – Vengé*, Paris 1986, 253. Aufschlussreich ist auch, dass im Département Loire-Inférieure während der «Schreckenszeit» der Revolution vom Herbst 1793 bis zum Sommer 1794 von der Justiz 3548 Todesurteile über Beteiligte an dem Vendée-Aufstand verhängt und vollstreckt wurden. Im Vergleich dazu fanden im nämlichen Zeitraum in Paris 2639 Hinrichtungen statt. Donald Greer, *The Inci-*

dence of the Terror during the French Revolution. A Statistical Interpretation, Gloucester, Mass. 1966, 38

6 *Archives parlementaires*, LIX, 143

7 Tilly, *The Vendée*, 308–313

8 *Archives parlementaires*, LX, 268–272

9 *Archives parlementaires*, LX, 264–265

10 *Archives parlementaires*, LX, 268

11 *Archives parlementaires*, LX, 285

12 *Archives parlementaires*, LX, ebd.

13 *Journal d'Adrien Duquesnoy*, II, 290. Zu Robespierres Obsession mit Verschwörungen vgl. Geoffrey Cubitt, «Robespierre and Conspiracy Theories», *Robespierre,* (eds.) Colin Haydon u. William Doyle, Cambridge 1999, 75–91

14 *Recueil des actes du Comité de salut public avec la correspondance officielle des représentants en mission et le registre du Conseil exécutif provisoire*, (ed.) F.-A. Aulard, Paris 1889, II, 415–417

15 *Archives parlementaires*, LX, 481–483

16 *Archives parlementaires*, LX, 492–493

17 *Archives parlementaires*, LX, 493

18 *Recueil des actes du Comité de salut public*, III, 126

19 *Recueil des actes du Comité de salut public*, III, 290

20 Diese vermutlich erheblich übertriebene Stärke der Rebellenarmee wird in einem Bericht des Kommissars Anne-Pierre Coustard genannt, der aus Nantes vom 16. Juni 1793 datiert ist. *Recueil des actes du Comité de salut public*, IV, 582

21 *Archives parlementaires*, LXX, 91 u. 101

22 *Archives parlementaires*, LXX, 108

23 *Archives parlementaires*, LXXV, 421 u. 424

24 Comte Fleury, *Carrier à Nantes (1793–1794)*, Paris 1897, 102–175; Jean-Joël Brégon, *Carrier et la Terreur nantaise*, Paris 2002, 153–173.

25 Alan Forrest, «Federalism», *The Political Culture of the French Revolution*, (ed.) Colin Lucas, Oxford 1988, 309–327

26 Die von den Jakobinern in Marseille eingeschlagene «Sozialpolitik» orientierte sich an der Maßgabe, «que après la ci-devant noblesse, la bourgeoisie est la classe qui pèse le plus sur le peuple». Zit. William Scott, *Terror and Repression in Revolutionary Marseilles*, London 1973, 55

27 Zit. Scott, *Terror and Repression*, 84

28 Scott, *Terror and Repression*, 88–91

29 *Archives parlementaires*, LXV, 313–316

30 Johnson, *The Midi in Revolution*, 233–245

31 W. D. Edmonds, *Jacobinism and the Revolt of Lyon 1789–1793*, Oxford 1990, 123–130

32 Zum Charakter dieser *Armées Révolutionnaires*, zu deren Gründung der Département Hérault den Anstoß gegeben hatte, vgl. die Schilderung von Friedrich Christian Laukhard, der sich als Deserteur zeitweilig bei ihnen einreihte. Laukhard, *Leben und Schicksale*, II, 1, 336–342

33 Edmonds, *Jacobinism*, 169–173
34 *Archives parlementaires*, LXVI, 22 (Schreiben der Kommissare Gauthier und Nioche vom 28. Mai 1793)
35 *Archives parlementaires*, LXVI, 16
36 Alan Forrest, *Society and Politics in Revolutionary Bordeaux*, Oxford 1975, 62–73
37 *Archives parlementaires*, LXIV, 668–669
38 *Archives parlementaires*, LXIV, 670–671
39 Buchez u. Roux, *Histoire parlementaire*, XXVIII, 149
40 Alan Forrest, *Revolution in Provincial France: Aquitaine, 1789–1799*, Oxford 1996, 195
41 Forrest, *Society and Politics*, 203
42 Paul R. Hanson, *The Jacobin Republic under Fire. The Federalist Revolt in the French Revolution*, University Park, PA 2003, 96
43 Paul R. Hanson, *Provincial Politics in the French Revolution: Caen and Limoges 1789–1794*, Baton Rouge 1989, 121–132; *Mémoires de Louvet de Couvray sur la Révolution française*, (ed.) F. A. Aulard, Paris 1889, I, 102–103
44 Hanson, *The Jacobin Republic*, 68–70
45 Hanson, *Provincial Politics*, 132–134
46 Die bekanntesten unter den insgesamt 27 Abgeordneten des Konvents, die sich nach dem 2. Juni nach Caen flüchteten, waren: Pétion, Buzot, Gorsas, Louvet, Barabaroux, Guadet, Salles und Bergoeing. Buchez u. Roux, *Histoire parlementaire*, XXVIII, 358
47 Einen Bericht über die Farce dieser «Schlacht», bei der keiner der Beteiligten zu Schaden kam: *Mémoires de Louvet* I, 104–106; *Mémoires inédites de Pétion et mémoires des Buzot et de Barbaroux*, (ed.) C. A. Dauban, Paris 1866, 154–156
48 *Mémoires inédites de Pétion*, 147–148
49 *Archives parlementaires*, LXVII, 143–150
50 *Archives parlementaires*, LXVII, 555–556
51 *Archives parlementaires*, LXVII, 515–517
52 Malcolm Crook, *Elections in the French Revolution: An Apprenticeship in Democracy, 1789–1799*, Cambridge 1996, 103–105
53 Edmonds, *Jacobinism*, 235–236
54 Edmonds, *Jacobinism*, 243, Anm. 91
55 Hanson, *The Jacobin Republic*, 203
56 Für eine detaillierte Schilderung von der Agonie des föderalistischen Aufstands in Marseille vgl. Scott, *Terror and Repression*, 118–126

Zweites Kapitel · Der Weg zur Diktatur des Schreckens

1 *Réimpression de l'ancien Moniteur depuis la réunion des États Généraux jusqu'au Consulat (Mai 1789–Novembre 1799)*, Paris 1840, XVI, 566
2 *Archives parlementaires*, LXVI, 9
3 *Archives parlementaires*, LXVI, 109
4 Henri Calvet, *Un instrument de la Terreur à Paris: Le Comité de Salut public*

ou de Surveillance du département de Paris (8 juin 1793–21 messidor an II), Paris 1941, 51–80

5 *Archives parlementaires*, LXV, 708
6 *Archives parlementaires*, LXVI, 484–485
7 Für eine Erörterung der wichtigsten Unterschiede zwischen dem Verfassungsentwurf der *Girondins* und dem der *Montagnards* vgl. Albert Mathiez, *Girondins et Montagnards*, Paris 1930, 87–103
8 Jacques Godechot, *Les institutions de la France sous la Révolution et l'Empire*, Paris 1968, 281–289. Für den Text der Verfassung von 1793 vgl. *Les Constitutions de la France depuis 1789*, (ed.) Jacques Godechot, Paris 1970, 79–92
9 Crook, *Elections*, 106
10 Einige sehr anschauliche Beispiele für Einflussnahmen auf das Abstimmungsergebnis nennt Taine, *Les origines de la France contemporaine*, III, 11–16
11 Eine detaillierte Schilderung dieses Spektakels, das erstmals ohne Gottesdienst oder Te Deum ablief in: Buchez u. Roux, *Histoire parlementaire*, XXVIII, 436–451
12 *Archives parlementaires*, LXXII, 19
13 Robespierre, *Œuvres*, X, 65
14 *Archives parlementaires*, LXXVI, 312
15 Albert Soboul, *Les sans-culottes parisiens en l'an II. Mouvement populaire et gouvernement révolutionnaire 2 juin 1793–9 Thermidor an II*, Paris 1958, 59–89
16 *Archives parlementaires*, LXVII, 457–458
17 Aulard, *La Société des Jacobins*, V, 277–279
18 *Archives parlementaires*, LXVIII, 426–435
19 *Archives parlementaires*, LXIX, 21–31
20 *Archives parlementaires*, LXX, 133–134
21 *Archives parlementaires*, LXX, 135–136
22 *Discours de Danton*, 514–522
23 Über die interne Organisation und die Arbeitsweise des Wohlfahrtsausschusses, dessen Mitglieder sich um einen großen mit grünem Tuch bespannten ovalen Tisch in einem Raum im Tuilerien-Schloss versammelten, der einst Louis XVI als privates Büro gedient hatte, geben die Memoiren Carnots Auskunft. *Mémoires de Carnot par son fils*, Paris 1861, I, 340–348
24 Garat, *Mémoires*, 252–253
25 *Rapport fait au nom de la commission chargée de l'examen des papiers trouvés chez Robespierre et ses complices, par E. B. Courtois, député du département de l'Aube, dans la séance du 16 nivôse, an III de la République une et indivisible*, Paris nivôse an III (1795), 180–181
26 Robespierre, *Œuvres*, X, 64
27 Edmonds, *Jacobinism*, 245–246
28 *Archives parlementaires*, LXX, 101–103. Die Zerstörungswut machte auch vor anderen Symbolen nicht Halt. Am 8. Oktober 1793 schrieb der Kommissar Philippe Rühl, er habe in Reims die *sainte ampoule*, die das Öl enthielt, mit dem die Könige gesalbt wurden, zerbrochen. «La sainte ampoule n'existe

plus, ce hochet sacré des sots et cet instrument dangereux dans la main des satellites du despotisme a disparu». *Archives parlementaires*, LXXVI, 340

29 *Archives parlementaires*, LXX, 107–108
30 Soboul, *Les sans-culottes*, 102–109
31 *Archives parlementaires*, LXXII, 251
32 *Archives parlementaires*, LXXII, 674–675
33 Soboul, *Les sans-culottes*, 117–150
34 *Archives parlementaires*, LXXII, 701
35 *Archives parlementaires*, LXXIII, 330–332
36 Aulard, *La Société des Jacobins*, V, 386–387
37 *Archives parlementaires*, LXXIII, 351–354 u. 357
38 Soboul, *Les sans-culottes*, 165–170
39 Aulard, *La Société des Jacobins*, V, 388
40 Buchez u. Roux, *Histoire parlementaire*, XXIX, 33
41 *Archives parlementaires*, LXXIII, 409–410
42 *Discours de Danton*, 564–567
43 *Archives parlementaires*, LXXIII, 418
44 *Archives parlementaires*, LXXIII, 419–420
45 *Archives parlementaires*, LXIII, 423
46 *Archives parlementaires*, LXXIII, 425–427
47 Buchez u. Roux, *Histoire parlementaire*, XXIX, 9
48 *Archives parlementaires*, LXXIII, 467
49 *Archives parlementaires*, LXXIII, 599
50 *Recueil des Actes du Comité de Salut public*, VI, 536–537
51 *Archives parlementaires*, LXXIII, 601
52 Soboul, *Les sans-culottes*, 191–195
53 *Archives parlementaires*, LXXV, 321–323
54 *Archives parlementaires*, LXXIV, 303–304
55 *Archives parlementaires*, LXXIV, 538
56 *Archives parlementaires*, LXXIV, 317
57 *Archives parlementaires*, LXXIII, 416 u. 418
58 Soboul, *Les sans-culottes*, 209–214
59 *Archives parlementaires*, LXXV, 520–522
60 Soboul, *Les sans-culottes*, 221–230
61 *Archives parlementaires*, LXXV, 126
62 *Archives parlementaires*, LXXV, 131–132
63 *Archives parlementaires*, LXXVI, 311–317
64 *Archives parlementaires*, LXXVI, 313
65 *Archives parlementaires*, LXXIV, 384

Drittes Kapitel · Die Rache der Republik: Lyon, Toulon und Nantes

1 Edmonds, *Jacobinism*, 266–270
2 *Archives parlementaires*, LXXVI, 458
3 *Recueil des Actes du Comité de Salut public*, VIII, 29. Ein ähnliches Schreiben sandte Cusset am Tag auch an Robespierre. *Ebd.*, 30, Anm. 2

4 Courtois, *Rapport*, 226. Der letzte Satz des Schreibens bezog sich auf einen Brief, den Couthon gemeinsam mit seinen Kollegen Maignet, Laporte und Châteauneuf-Randon am 13. Oktober an den Pariser Jakobiner-Club gerichtet hatte: «L'esprit public est perdu dans cette malheureuse cité. Les patriotes y sont dans une minorité si effrayante que nous désespérerions de pouvoir les vivifier, si votre Société ne nous présentait pas des ressources consolatrices; il nous faut une colonie de patriotes qui, transportés sur cette terre étrangère, pour ainsi dire, au surplus de la République, y transplantent les principes révolutionnaires». Aulard, *La Société des Jacobins*, V, 465

5 *Recueil des Actes du Comité de Salut public*, VIII, 287

6 Richard Cobb, *Les armées révolutionnaires. Instrument de la Terreur dans les Départements avril 1793 – floréal An II*, Den Haag 1963, II, 788

7 *Recueil des Actes du Comité de Salut public*, VII, 377–378

8 Aulard, *La Société des Jacobins*, V, 458

9 Vgl. ihr Schreiben an den Jakobiner-Club von 13. Oktober 1793. Aulard, *La Société des Jacobins*, V, 465

10 *Recueil des Actes du Comité de Salut public*, VII, 458–459

11 Johann Friedrich Reinhardt, *Vertraute Briefe über Frankreich. Auf einer Reise im Jahr 1792 geschrieben*, Berlin 1792, I, 274

12 *Recueil des Actes du Comité de Salut public*, VIII, 32–33

13 *Recueil des Actes du Comité de Salut public*, VII, 480–481

14 Dieser Auftrag erschien dem *Comité de Salut public* bald weit wichtiger zu sein als seine offizielle Mission, wie die vom 8. November 1793 aus Avignon datierte Beschwerde Albittes zeigt. *Recueil des Actes du Comité de Salut public*, VIII, 302–303

15 *Recueil des Actes du Comité de Salut public*, VIII, 39–40

16 *Archives parlementaires*, LXXVIII, 52

17 *Recueil des Actes du Comité de Salut public*, VIII, 117–118

18 *Recueil des Actes du Comité de Salut public*, VIII, 319–320

19 *Archives parlementaires*, LXXVIII, 701

20 Edouard Herriot, *Lyon n'est plus*, Paris 1939, III, 101

21 Herriot, *Lyon n'est plus*, III, 107

22 *Recueil des Actes du Comité de Salut public*, VIII, 479–480

23 Zit. Herriot, *Lyon n'est plus*, III, 109

24 *Archives parlementaires*, LXXXI, 328–329

25 *Archives parlementaires*, LXXXI, 116–117

26 Die Einladung lautete: «Citoyens, Représentants, un grand acte de justice se prépare. Il sera de nature à épouvanter, dans les siècles les plus reculés, les traîtres qui penseraient encore à s'insurger contre la République française. Pour donner à ce grand acte toute la majesté qui doit le caractériser, pour qu'il puisse être transmis à l'histoire sous les traits de grandeur qui lui appartiennent, je propose que les administrateurs, les corps armés, les magistrats, le peuple, les fonctionnaires publics, soient invités à y assister, au moins par députation». Zit. Melville Glover, *Collection complète des jugements rendus par la Commission révolutionnaire établie à Lyon par les Représentants du peuple en 1793–1794*, Lyon 1869, XIV

27 Für eine detaillierte Schilderung dieser Massaker vgl. Glover, *Collection complète*, XV-XVI
28 Courtois, *Rapport*, 280–281
29 *Archives parlementaires*, LXXXI, 328
30 Ein Schreiben, das Robespierres Freund und Zuträger in Lyon, Jean-Jacques Achard, am 10. Dezember an den damals in Paris weilenden Claude Gravier sandte, der neben Charlier einer der Führer der Jakobiner von Lyon gewesen war, dokumentiert dies nachdrücklich: «Encore des têtes, et chaque jour des têtes tombent! Quelles délices tu aurais goûtées [sic], si tu eusses vu, avant-hier, cette justice nationale de deux cent neuf scélerats! Quelle majesté! Quel ton imposant! Tout édifiait. Combien de grands coquins ont, ce jour-là, mordu la poussière dans l'arène des Breteaux! Quel ciment pour la République!» Courtois, *Rapport*, 306
31 Herriot, *Lyon n'est plus*, III, 178
32 *Recueil des Actes du Comité de Salut public*, IX, 363–364
33 Laukhard, *Leben und Schicksale*, IV, 1, 356
34 Zahlenangaben nach dem «Tableau comparatif des exécutions», den Melville Glover im Anhang seiner nicht paginierten Dokumentensammlung mitteilt. Glover, *Collection complète*
35 Greer, *The Incidence of the Terror*, 26
36 Malcolm Crook, *Toulon in War and Revolution. From the* Ancien Régime *to the Restoration, 1750–1820*, Manchester 1991, 126–152
37 An diesem Erfolg hatte ein bis dahin unbekannter Artillerieoffizier namens Napoleon Bonaparte entscheidenden Anteil, der, als er in Anerkennung seiner Verdienste am 22. Dezember 1793 zum Brigadegeneral befördert wurde, die erste Sprosse seiner militärischen und politischen Karriere erklomm. Johannes Willms, *Napoleon. Eine Biographie*, München 2005, 47–51
38 *Recueil des Actes du Comité de Salut public*, VII, 109
39 *Recueil des Actes du Comité de Salut public*, VII, 288
40 Martin, *La Vendée*, 215–218
41 Secher, *Le génocide*, 151
42 Alfred Lallié, *J.-B. Carrier. Représentant du Cantal à la Convention 1756–1794*, Paris 1901, 160–171, u. Alfred Lallié, *Les Noyades de Nantes*, Nantes 1879, 46–82
43 *Recueil des Actes du Comité de Salut public*, VIII, 503
44 *Recueil des Actes du Comité de Salut public*, IX, 222
45 *Ebd.*, 316. Einen Tag später, am 11. Dezember, wurde von ihm der Vollzug dieser Ankündigung gemeldet: «Les cinquante-huit prêtres arrivés d'Angers ont péri sur la Loire». Ebd., 333
46 *Ebd.*, 589. Schilderungen grässlicher Einzelheiten dieser diversen *noyades*, bei denen selbst Kinder ersäuft wurden, in: Comte Fleury, *Carrier à Nantes*, Paris 1897, 117–123 u. 153–158; vgl. auch die einschlägigen Zeugenaussagen im Prozess gegen Carrier, Buchez u. Roux, *Histoire parlementaire*, XXXIV, 129–132
47 Für eine detaillierte Erörterung dieser seit je divergierenden Schätzungen vgl. Fleury, *Carrier*, 173–175; Lallié, *Les Noyades*, 82–91

48 Martin, *La Vendée*, 226
49 *Recueil des Actes du Comité de Salut public*, IX, 550–551
50 Zit. Secher, *Le génocide*, 150
51 Zit. Secher, *Le génocide*, 159. Bei diesem Befehl scheint es sich nur um eine Bestätigung früher gegebener Anweisungen gehandelt zu haben, denn am 17. Januar hielt General Grignon, der Chef der ersten Kolonne, eine Ansprache an die ihm unterstellten Soldaten: «Camarades, nous entrons dans le pays insurgé. Je vous donne l'ordre de livrer aux flammes tout ce qui sera possible d'être brûlé et de passer au fil de la baïonette tout ce que vous rencontrerez d'habitants sur votre passage. Je sais qu'il peut y avoir quelques patriotes dans ce pays; c'est égal, nous devons tout sacrifier». Zit. Secher, *ebd.*
52 Martin, *La Vendée*, 227–233
53 Diese Briefe sind dokumentiert in: Courtois, *Rapport*, 359–365
54 *Recueil des Actes du Comité de Salut public*, X, 778
55 Der Prozess gegen Carrier in: Buchez u. Roux, *Histoire parlementaire*, XXXIV, 133–222
56 Zit. *Dictionnaire historique de la Révolution française*, (ed.) Albert Soboul, Paris 1989, 193

Viertes Kapitel· Die Anarchie des Schreckens

1 *Archives parlementaires*, L, 181 u. 188–191
2 Beide Gesetze verfolgten aber keineswegs eine antikirchliche Zielsetzung. Godechot, *Les institutions*, 243–247
3 *Archives parlementaires*, LXXVI, 120–121
4 *Archives parlementaires*, LXXVII, 499–500
5 Für eine komplette Liste dieser Zuschreibungen vgl. *Archives parlementaires*, LXXVII, 496–499
6 Michel Vovelle, *Religion et Révolution. La déchristianisation de l'an II*, Paris 1976, 19–43
7 *Révolution française et «vandalisme révolutionnaire». Actes du colloque international de Clermont-Ferrand 15–17 décembre 1988*, (ed.) Simone Bernard-Griffiths, Marie-Claude Chemin u. Jean Ehrard, Paris 1992
8 Fouché war nur einer unter vielen anderen, die sich die systematische Entchristianisierung angelegen sein ließen, wie Michel Vovelle in seiner dem Thema gewidmeten detaillierten Studie von 16 Departements im Südosten Frankreichs zeigt. Vovelle, *Religion et Révolution*, 236–268
9 Vgl. das Schreiben Fouchés datiert aus Rennes vom 21. März 1793 in: *Archives parlementaires*, LX, 555–556
10 *Archives parlementaires*, LXVIII, 208–209
11 *Réimpression de l'ancien Moniteur*, XVII, No. 272, 29 septembre 1793, 761–762
12 *Recueil des Actes du Comité de Salut public*, VIII, 113–114
13 Comte de Martel, *Étude sur Fouché. Nantes, Nervers, Lyon. Le communisme dans la pratique en 1793*, Paris 1879, I, 137–149

14 Martel, *Étude sur Fouché*, I, 202–209
15 Zit. Martel, *Étude sur Fouché*, I, 160–161
16 F.-A. Aulard, *Le culte de la raison et le culte de l'être suprême (1793–1794)*, Paris 1892, 29
17 Willms, *Paris*, 152–156
18 Martel, *Étude sur Fouché*, I, 132–133. Damit nicht genug, überwies Fouché diesen *Comités* am 8. Oktober auch Überwachungsaufgaben «chargés de s'assurer de la situation des indigents, de procurer du travail aux valides et des secours à ceux qui ne le sont pas». Dazu gehörten im Besonderen die Befugnis, «de faire des visites domiciliaires, de séquestrer les biens en cas d'absence du propriétaire, de faire fouiller les châteaux, de réviser les fortunes, de faire restituer à la République celles qui ne proviendront que de malversations ou de monopoles usuriers, d'établir la taxe des riches égoïstes, et de la toucher». Zit. Louis Madelin, *Fouché 1759–1820*, Paris 1901, I, 103; Martel, *Étude sur Fouché*, I, 181–188
19 Colin Lucas, *The Structure of the Terror, The Example of Javognes and the Loire*, Oxford 1973, 89–95
20 Buchez u. Roux, *Histoire parlementaire*, XXX, 142
21 *Archives parlementaires*, LXXVIII, 550–553
22 Für den Ablauf dieses Fests vgl. Buchez u. Roux, *Histoire parlementaire*, XXX, 196–199
23 *Archives parlementaires*, LXXVIII, 710–711
24 Von diesem barbarischen Bildersturm blieben die Heiligenfiguren in den beiden Seitenportalen nur deshalb verschont, «parce que Dupuis [i. e. der Astronom Charles-François Dupuis, der dem Christentum den Charakter einer Sonnenreligion nachzuweisen suchte] y avait reconnu son système planétaire». Buchez u. Roux, *Histoire parlementaire*, XXX, 201
25 Bouchez u. Roux, *Histoire parlementaire*, XXX, 199–200
26 *Archives parlementaires*, LXXIX, 114
27 «Ajournement indéfini du décret sur le calendrier». *Le carnet de Robespierre*, Albert Mathiez, *Études sur Robespierre (1758–1794)*, (ed.) Georges Lefebvre, Paris 1958, 220
28 *Recueil des Actes du Comité de Salut public*, VIII, 58–59
29 *Mémoires de R. Levasseur*, II, 288–289
30 Aulard, *La Société des Jacobins*, V, 499–501
31 Robespierre, *Œuvres*, X, 162–163
32 *Archives parlementaires*, LXXIX, 34
33 Aulard, *La Société des Jacobins*, V, 508
34 *Archives parlementaires*, LXXVIII, 708
35 Der Abgeordnete Claude Basire wurde am 3. April 1794 hingerichtet.
36 François Chabot wurde am 16. März angeklagt und am 5. April 1794 zum Tode verurteilt.
37 *Archives parlementaires*, LXXVIII, 703–704
38 *Archives parlementaires*, LXXVIII, 704
39 *Archives parlementaires*, LXXVIII, 706
40 *Archives parlementaires*, LXXIX, 101–102

41 Aulard, *La Société des Jacobins*, V, 505–507
42 *Archives parlementaires*, LXXIX, 110
43 *Archives parlementaires*, LXXIX, 150–152
44 *Archives parlementaires*, LXXIX, 152–153
45 Aulard, *La Société des Jacobins*, V, 511–516
46 *Rapport écrit de la main de Robespierre et publié dans les pièces trouvées dans les papiers de Robespierre*, affaire Chabot, n° XVIII, 70–71 Bibliothèque historique de la Ville de Paris, 602552
47 Das Protokoll dieser Aussagen in: *Archives parlementaires*, LXXIX, 466–471
48 *Archives parlementaires*, LXXIX, 449–450
49 Robespierre, *Œuvres*, X, 167–183
50 Robespierre, *Œuvres*, X, 194–200
51 *Archives parlementaires*, LXXVII, 427–428
52 *Discours de Danton*, 248
53 Eine solche Manipulation beweist die Aussage Basires, in deren offizieller Version alle Hinweise auf eine direkte Beteiligung Dantons getilgt wurden. Vgl. die Synopse der beiden Versionen der Aussage von Basire: Albert Mathiez, *Un procès de corruption sous la Terreur. L'affaire de la Compagnie des Indes*, Paris 1920, 94–106
54 Dafür machte sich eine Petition des *Comité central* der 56 *sociétés populaires de Paris* mit der Begründung stark: «Que ceux qui ont encore foi aux augures les payent; mais pourquoi asservir à ce tribut honteux un républicain qui n'a d'autre dieu que la vertu et son pays»? *Archives parlementaires*, LXXIX, 21
55 *Discours de Danton*, 584–586
56 *Discours de Danton*, 593–597
57 *Archives parlementaires*, LXXIX, 451–459
58 *Archives parlementaires*, LXXX, 629–635
59 *Discours de Danton*, 587–589
60 Taine hat die Ausschweifungen und die Selbstherrlichkeit, mit der die *Représentants du peuple* agierten, mit einer Reihe eindrucksvoller Beispiele illustriert. Taine, *Les origines de la France contemporaine*, III, 251–288
61 Robespierre, *Œuvres*, X, 274
62 Cobb, *Les armées révolutionnaires*, 756–763 u. 777
63 *Archives parlementaires*, LXXXI, 30
64 Cobb, *Les armées révolutionnaires*, 764–766
65 Mathiez, *Un procès de corruption*, 145–167
66 *Mémoires de Garat*, Paris 1862, 317–319
67 Camille Desmoulins, *La France libre: Le Vieux Cordelier*, Paris 1834 (Nachdruck), 37–38
68 *Archives parlementaires*, LXXIV, 303–304
69 So etwa in der Club-Sitzung am 21. Dezember vgl. Aulard, *La Société des Jacobins*, V, 569
70 *Archives parlementaires*, LXXXI, 367
71 *Archives parlementaires*, LXXXI, 405–406
72 Danton charakterisierte diese wie auch Hébert und andere mehr einmal mit

einem drastischen Vergleich: «Ces sortes de gens sont, dans l'ordre politique, ce que sont des vents trop longtemps retenus dans le corps humain, et dont une bienséance malentendue empêche de se débarasser promptement, pour l'intérêt de la santé». Robinet, ‹Notes et souvenirs de Courtois de l'Aube, député à la Convention nationale›, in: *La Révolution française: revue historique*, 1887, XII, 1012

73 Robespierre, *Œuvres*, X, 263–264
74 *Archives parlementaires*, LXXXII, 95–100
75 *Archives parlementaires*, LXXVI, 296–297 u. 323–324
76 Aulard, *La Société des Jacobins*, V, 569–572
77 *Archives parlementaires*, LXXXII, 300–301
78 *Archives parlementaires*, LXXXII, 364–368
79 Aulard, *La Société des Jacobins*, V, 597–600
80 Aulard, *La Société des Jacobins*, V, 601–602

Fünftes Kapitel · Die Revolution verschlingt ihre Kinder

1 Robespierre, *Œuvres*, X, 327–341
2 *Discours de Danton*, 663–667
3 Buchez u. Roux, *Histoire parlementaire*, XXXI, 249–250
4 *Discours de Danton*, 639–642
5 Robespierre, *Œuvres*, X, 352–357
6 Buchez u. Roux, *Histoire parlementaire*, XXXI, 326–330
7 Buchez u. Roux, *Histoire parlementaire*, XXXI, 331
8 *Archives parlementaires*, LXXXVI, 128
9 Aulard, *La Société des Jacobins*, V, 671–673 u. 675–677
10 *Archives parlementaires*, LXXXVI, 434–441
11 Soboul, *Les sans-culottes*, 762–772
12 *Procès des conspirateurs Hébert, Ronsin, Vincent et complices, condamnés à la peine de mort par le Tribunal révolutionnaire, le 4 germinal, l'an II de la République, et exécutés le même jour, suivi du précis de la vie du P. Duchêne*, Paris (1794), 10–23
13 Guittard de Floriban, *Journal*, 328. Im Bericht eines für das Innenministerium tätigen Spitzels heißt es: «La joie du peuple était universelle en voyant conduire à l'échafaud les conspirateurs. C'était partout les mêmes démonstrations d'allégresse». Schmidt, *Tableaux*, II, 186
14 *Archives parlementaires*, LXXXVI, 634–635
15 Buchez u. Roux, *Histoire parlementaire*, XXXII, 245–303
16 *Archives parlementaires*, LXXXVII, 487
17 *Archives parlementaires*, LXXXVI, 673
18 *Archives parlementaires*, LXXXVI, 553–556
19 Robespierre, *Œuvres*, X, 380
20 *Archives parlementaires*, LXXXVI, 714
21 *Archives parlementaires*, LXXXVI, 720
22 Robespierre, *Œuvres*, X, 393
23 Für die Sicherheit, in der sich Danton wiegte, hat der Schriftsteller Antoine-

Vincent Arnault eine kluge Bemerkung von ihm überliefert: «Robespierre ne peut pas vouloir m'envoyer à l'échafaud; il sait trop que m'y faire monter serait prouver qu'il peut monter lui-même». Antoine-Vincent Arnault, *Souvenirs d'un sexagénaire*, (ed.) Raymond Trousson, Paris 2003, 267

24 Robespierre, *Œuvres*, X, 411

25 Antoine-Claire Thibaudeau, *Mémoires sur la Convention et le Directoire*, (ed.) François Pascal, Paris 2007, 61

26 Louis Barthou, *Danton*, Paris 1932, 358–360

27 Robinet, *Notes et souvenirs de Courtois*, 809–810

28 Vgl. die kritische Edition dieses Berichts: Albert Mathiez, *Études sur Robespierre*, Paris 1958, 121–153

29 *Archives parlementaires*, LXXXVII, 629–639

30 Mathiez, *Études*, 138

31 *Archives parlementaires*, LXXXVII, 626

32 Robespierre, *Œuvres*, X, 412–415

33 Buchez u. Roux, *Histoire parlementaire*, XXXII, 107–163

34 Diese sind vollständig dokumentiert: *Discours de Danton*, 700–717

35 *Discours de Danton*, 701 u. Anm. 2

36 Ruault, *Gazette d'un Parisien*, 348

37 Ruault, *Gazette d'un Parisien*, 348–349

38 *Archives parlementaires*, LXXXVII, 694–699

39 *Archives parlementaires*, LXXXVI, 441

40 Soboul, *Les sans-culottes*, 888–916

41 Ruault, *Gazette d'un Parisien*, 349–350

42 *Archives parlementaires*, LXXXVI, 723 u. LXXXVII, 101–102

43 Soboul, *Les sans-culottes*, 944–951. Eine schreckliche Ironie war, dass im April die Streikführer der Arbeiter in der Pariser Tabakindustrie, die höhere Löhne forderten, unter Berufung auf die *loi Le Chapelier* bestraft wurden, dessen Autor zur nämlichen Zeit hingerichtet wurde.

44 *Archives parlementaires*, LXXXVIII, 649

45 *Archives parlementaires*, XC, 157

46 *Archives parlementaires*, XCI, 483–487

47 Ruault, *Gazette d'un Parisien*, 354

48 Greer, *The Incidence of the Terror*, 118–119

49 Greer, *The Incidence of the Terror*, 165

50 Jean-François Fayard, *La Justice révolutionnaire. Chronique de la Terreur*, Paris 1987, 197–210

51 Ruault, *Gazette d'un Parisien*, 352

52 Jules Michelet, *Histoire de la Révolution française*, (ed.) Gérard Walter, Paris 1952, II, 923–924

53 «Là donc, dans ce petit coin abandonné et stérile, pierreux, aride et le pire du pire subsistent les vraies reliques de la Révolution. (…) Là gisent la belle et courageuse Mme. Roland, le bon, l'éloquent Vergniaud; là la tête d'où sortirent ces mots: *Ils font la révolution par la terreur; je voulais la faire par l'amour*. Là sont tombés les os de Danton, du pauvre Camille [i. e. Desmoulins] et de Lucile [i. e. die Frau von Camille Desmoulins], de Fabre d'Eglan-

tine, du sublime et bon Anarchasis Clootz, l'orateur du genre humain». Jules Michelet, *Journal*, (ed.) Paul Viallaneix, Paris 1962, II, 193

54 Willms, *Paris*, 109–111

55 Ruault, *Gazette d'un Parisien*, 357

56 Louis Véron, *Mémoires d'un bourgeois de Paris*, Paris 1853, II, 216

57 Robespierre, *Oeuvres*, IX, 481

58 Robespierre, *Oeuvres*, IX, 487–488

59 Robespierre, *Oeuvres*, IX, 512

60 Robespierre, *Oeuvres*, X, 275–279

61 Mallet du Pan, *Mémoires et correspondance*, II, 41–43

62 Robespierre, *Œuvres*, X, 443–464

63 Buchez u. Roux, *Histoire parlementaire*, XXXIII, 151–162; François-Alphonse Aulard, *Le culte de la raison et le culte de l'être suprême (1793–1794). Essai historique*, Paris 1892, 307–322

64 Robespierre, *Œuvres*, X, 481–483

65 *Mémoires sur Carnot*, I, 342–345

66 *Mémoires sur Carnot*, I, 511–513

67 *Archives parlementaires*, LXXXVIII, 649–650; Arne Ording, *Le Bureau de police du Comité de Salut public. Étude sur la Terreur*, Oslo 1930, 17–18

68 Ording, *Le Bureau de police*, 19–26

69 Über die beiden Attentatsversuche und die Reaktionen darauf vgl. Buchez u. Roux, *Histoire parlementaire*, XXXIII, 75–121

70 Robespierre, *Œuvres*, X, 486

71 *Archives parlementaires*, XCI, 528–529

72 *Archives parlementaires*, XCI, 544

73 *Archives parlementaires*, XCI, 545–546

74 Robespierre, *Œuvres*, X, 492–493

75 Seit Mitte Juni 1794 war der Wohlfahrtsausschuss in zwei feindliche Lager gespalten, wie übereinstimmenden Zeugnissen in den Memoiren der Beteiligten zu entnehmen ist. In dem einen befanden sich Robespierre, Couthon und Saint-Just, im anderen Billaud, Collot, Claude-Antoine Prieur (de la Côte-d'Or) und Carnot – Jeanbon Saint-André und Pierre-Louis Prieur (de la Marne) weilten auf Missionen in Toulon und Brest –, während Barère und Robert Lindet zu vermitteln versuchten. Albert Mathiez, «Les divisions dans les comités de gouvernement à la veille du 9 thermidor d'après quelques documents inédits», *Revue historique*, CXVIII (1915), 70–87

76 Robespierre, *Œuvres*, X, 487–491 u. 526–529

77 Robespierre, *Œuvres*, X, 506–524

78 Vgl. die Schilderung dieser Straßenfeste in: *Journal de Célestin Guittard de Floriban, bourgeois de Paris sous la Révolution*, (ed.) Raymond Aubert, Paris 1974, 410–411

79 Soboul, *Les sans-culottes*, 980–985

80 *Archives parlementaires*, XCIII, 222–225

81 Robespierre, *Œuvres*, X, -576

82 *Archives parlementaires*, XCIII, 533

83 *Archives parlementaires*, XCIII, 534–535

84 Françoise Brunel, *Thermidor. La chute de Robespierre*, Paris 1989, 94–95
85 *Archives parlementaires*, XCIII, 550–555
86 Für eine ausführliche Schilderung der Vorgänge in der *Commune* vgl. Deville, *La Commune de l'an II*, 222–241
87 *Archives parlementaires*, XCIII, 541–542
88 *Archives parlementaires*, XCIII, 543
89 Eine sehr detaillierte Schilderung des Geschehens am 9 und 10 Thermidor gibt Deville, *La Commune de l'an II*, 189–314
90 Soboul, *Les sans-culottes*, 996–1013
91 *Archives parlementaires*, XCIII, 564
92 *Archives parlementaires*, XCIII, 565–575
93 Eine detaillierte Schilderung des Geschehens dieser dramatischen Stunden im Rathaus gibt Deville, *La Commune de l'an II*, 266–314
94 Guittard de Floriban, *Journal*, 437
95 *English Witnesses of the French Revolution*, (ed.) J.M. Thompson, Oxford 1938, 248

FÜNFTES BUCH · DIE GÖTZENDÄMMERUNG

Erstes Kapitel · Thermidor oder das Trauma des Schreckens

1 Rudé, *The Crowd*, 133–141
2 Guittard de Floriban, *Journal*, 438
3 Bronislaw Baczko, *Comment sortir de la Terreur. Thermidor et la Révolution*, Paris 1989, 34–35
4 *Mémoires de Barras*, (ed.) George Duprey, Paris 1895, I, 200–201
5 *Archives parlementaires*, XCIII, 634–638
6 *Archives parlementaires*, XCIII, 650
7 *Archives parlementaires*, XCIV, 28
8 *Archives parlementaires*, XCIV, 29; Fayard, *La justice révolutionnaire*, 303–305
9 *Archives parlementaires*, XCIV, 434–436
10 *Archives parlementaires*, XCIV, 493–497. Endgültig neu geregelt wurden die Regierungsbefugnisse durch ein Dekret vom 24. August, das die Anzahl der bislang bestehenden Ausschüsse von 21 auf 16 reduzierte, die sich in die Aufgaben der Exekutive teilten, die bislang vom *Comité de Salut public* und dem *Comité de Sûreté générale* ausgeübt worden waren. *Archives parlementaires*, XCV, 406
11 Baczko, *Comment sortir de la Terreur*, 61–67
12 *Archives parlementaires*, XCV, 412–414; Marc Bouloiseau, «Les Comités de surveillance d'arrondissement de Paris sous la réaction thermidorienne», *Archive historique de la Révolution française*, X (1933), 317–337 u. 440–453; XI (1934), 223–249 u. XII (1936), 42–60 u. 204–217
13 Marcel Reinhard, *La Révolution 1789–1799. Nouvelle histoire de Paris*, Paris 1971, 332

14 *Archives parlementaires*, XCVI, 55–58
15 *Archives parlementaires*, XCVI, 78
16 *Archives parlementaires*, XCVI, 80–81
17 *Archives parlementaires*, XCVI, 82
18 Aulard, *La Société des Jacobins*, VI, 417
19 *Archives parlementaires*, XCVII, 60–61
20 *Archives parlementaires*, XCVII, 66
21 *Archives parlementaires*, XCVII, 66–67
22 Aulard, *La Société des Jacobins*, VI, 448–450
23 Buchez u. Roux, *Histoire parlementaire*, XXXVI, 113–114
24 *Archives parlementaires*, XCVII, 313
25 *Recueil des Actes du Comité de Salut public*, XV, 494
26 Aulard, *La Société des Jacobins*, VI, 302–307
27 Eine Schilderung der öffentlichen Empröung bietet J. J. Dussault, *Fragment pour servir à l'histoire de la Convention nationale, depuis le 10 thermidor, jusqu'à la dénonciation de Lecointre, inclusivement*, Paris s. d., 27–28
28 François Gendron, *La Jeunesse dorée. Episodes de la Révolution française*, Québec 1979, 28–34
29 Georges Duval, *Souvenirs thermidoriens*, Paris 1844, II, 11–12, Anm.
30 Fleury, *Carrier à Nantes*, 296–298
31 Zum Verlauf des Prozesses vgl. die Schilderung: Fleury, *Carrier à Nantes*, 300–327
32 *Archives parlementaires*, XCVIII, 154–161
33 Die Anklageschrift gegen das Revolutionskomitee ist dokumentiert: Buchez u. Roux, *Histoire parlementaire*, XXXIV, 137–147
34 Vgl. die Zusammenstellung der sich insbesondere auf Carrier beziehenden Angaben, die von den Angeklagten während der Verhandlung gemacht wurden: Buchez u. Roux, *Histoire parlementaire*, XXXV, 147–171
35 *Archives parlementaires*, C, 128–129
36 *Archives parlementaires*, C, 182–183
37 *Archives parlementaires*, C, 183–185
38 *Archives parlementaires*, XCIX, 94–95
39 *Archives parlementaires*, XCIX, 334–335
40 *Archives parlementaires*, XCIX, 335–337
41 *Archives parlementaires*, XCIX, 342
42 *Moniteur*, XXII, 699. Auf Antrag von Antoine-Claire Thibaudeau galt diese Bestimmung auch für Thomas Paine, der im Dezember 1793 verhaftet worden und einer Hinrichtung nur durch Glück entgangen war. Vgl. dazu auch Thibaudeau, *Mémoires*, 144–146
43 *Moniteur*, XXIII, 637–640 u. 645–647
44 Thibaudeau, *Mémoires*, 148
45 Aulard, *La Société des Jacobins*, VI, 633
46 *Archives parlementaires*, C, 426–427
47 Aulard, *La Société des Jacobins*, VI, 644–648
48 *Archives parlementaires*, CI, 77
49 *Archives parlementaires*, CI, 166–168

50 Thibaudeau, *Mémoires*, 140–141
51 *Réimpression de l'ancien Moniteur*, Paris 1842, XXII, 557–597
52 Buchez u. Roux, *Histoire parlementaire*, XXXIV, 217–218
53 Buchez u. Roux, *Histoire parlementaire*, XXXIV, 222
54 *Moniteur*, XXII, 676
55 *Moniteur*, XXIII, 71
56 *Moniteur*, XXIII, 589–592
57 Ruault, *Gazette*, 375
58 Duval, *Souvenirs*, II, 67–85
59 Zit. Gabriel Hanotaux, «La Transformation sociale à l'époque napoléonienne», *Revue des Deux-Mondes*, XXXIII (1926), 91
60 Kare D. Tønneson, *La défaite des sans-culottes. Mouvement populaire et réaction bourgeoise en l'an III*, Oslo 1959, 116–118. Die Gebeine Marats, die erst im September 1794 ins Panthéon gebracht worden waren, wurden schon im Februar 1795 wieder von dort entfernt und auf dem Friedhof der Kirche Saint-Étienne-du-Mont beigesetzt.
61 *Moniteur*, XXIII, 415
62 *Moniteur*, XXIII, 416
63 *Archives parlementaires*, XCVII, 267
64 *Moniteur*, XXIII, 527–528. Jacqueline Lalouette, *La séparation des églises et de l'etat: genése et développement d'une ideé (1789–1905)*, Paris 2005, 47–50
65 Vgl. etwa den Augenzeugenbericht vom 8. März 1795 bei Guittard de Floriban, *Journal*, 495
66 *Moniteur*, XXII, 113–114
67 *Moniteur*, XXII, 118
68 *Moniteur*, XXII, 643–644 u. 649
69 René Bittard des Portes, *Charette et la guerre de Vendée*, Paris 1902, 390–425
70 Mallet du Pan, *Mémoires et correspondance*, II, 133
71 *Moniteur*, XXIII, 429–430
72 Sydney Seymour Biro, *The German Policy of Revolutionary France 1792–1797*, Cambridge, Mass. 1957, I, 312–319
73 Im ersten dieser Geheimartikel sicherte Preußen auch zu, nichts gegen die von Frankreich besetzten Gebiete einschließlich der Niederlande zu unternehmen. Baron Fain, *Manuscrit de l'an III (1794–1795), contenant les premières transactions des puissances de l'Europe avec la République française*, Paris 1828, 393–395
74 Heinrich von Treitschke, *Deutsche Geschichte im Neunzehnten Jahrhundert*, Leipzig 1879, I, 141
75 Fain, *Manuscrit de l'an III*, 401–406

Zweites Kapitel · Die Macht und ihr Preis

1 Seymour Edwin Harris, *The Assignats*, Cambridge, Ma, 1930, 155–156
2 *Archives parlementaires*, XCVI, 339
3 *Moniteur*, XXIII, 51–52
4 Rudé, *The Crowd*, 129–132

5 *Moniteur*, XXII, 660
6 Schmidt, *Tableaux*, II, 240
7 Für einen umfassenden Überblick über Versorgung und Preisentwicklung, denen die Behörden ab Mitte Dezember 1794 verstärkte Aufmerksamkeit schenkten, vgl. *Paris pendant la réaction thermidorienne et sous le Directoire. Recueil des documents pour l'histoire de l'esprit public à Paris*, (ed.) Alphonse Aulard, Paris 1898, I, 331 ff.
8 Harris, *The Assignats*, 186
9 Dieser Wertverfall lässt sich allerdings nur ungefähr beziffern. Setzt man diesen für 1790 mit 100 an, dann belief er sich im Januar 1795 auf 580, im März auf 720 und im April auf 900. Harris, *The Assignats*, 108
10 *Moniteur*, XXIII, 197
11 Aulard, *Paris*, I, 341
12 Das wird durch das rapide Ansteigen der Brotpreise dokumentiert. Während sich der offizielle Preis für Brot auf 3 *sols* pro Pfund belief, lag er auf dem freien Markt in Paris am 28. März 1795 bei 25 *sols*, am 11. April bei 65 *sols*, am 21. April bei 6 *livres*, am 11. Mai bei 9 *livres* und am 18. Mai bei 16 *livres*. Aulard, *Paris*, I, 610, 654, 675, 715, 729; die Preissteigerung betrug also 1300 Prozent!
13 *Recueil des Actes du Comité de Salut public*, XXI, 261–263
14 Rudé, *The Crowd*, 145–146
15 Schmidt, *Tableaux*, II, 302
16 *Moniteur*, XXIV, 46–47 u. 49–53
17 *Moniteur*, XXIV, 30
18 *Moniteur*, XXIV, 32
19 *Moniteur*, XXIV, 33–36 u. 39–40
20 Richard Cobb u. George Rudé, «Le dernier mouvement populaire de la Révolution à Paris: les journées de germinal et de prairial, an III», *Revue historique*, CCXIV (1955), 259–262
21 *Mémoires de R. Levasseur*, IV, 210
22 *Moniteur*, XXIV, 122
23 *Moniteur*, XXIV, 120
24 Allein Collot d'Herbois starb binnen Jahresfrist an seinem Verbannungsort auf Cayenne. Billaud, der ebenfalls dorthin deportiert wurde, überlebte hier auch alle seine Schicksalsgenossen, die in späteren Prozessen zu dieser Strafe verurteilt wurden. Nach dem Putsch Bonapartes im November 1799 wurde er amnestiert, blieb aber freiwillig auf Cayenne, das 1809 von den Portugiesen besetzt wurde. Als Guayana 1816 wieder an Frankreich fiel, ging er, um nicht ein Untertan von Louis XVIII zu werden, nach New York und dann nach Santo-Domingo, wo er 1819 in Port-au-Prince starb. Ein noch besseres Los hatte Barère, der nach Madagaskar geschafft werden sollte, dem aber unterwegs, auf der Ile d'Oléron vor der französischen Atlantikküste, die Flucht gelang. Danach lebte er unbehelligt in Bordeaux und Toulon, bis er ebenfalls nach 1799 in den Genuss der Amnestie kam. Zu Beginn der bourbonischen Restauration 1815 ging er nach Belgien ins Exil, aus dem er nach der Juli-Revolution von 1830 nach Frankreich zurückkehrte. Er starb

1841 im 86. Lebensjahr in seinem Geburtsort Tarbes im Département des Hautes-Pyrénées.

25 *Moniteur*, XXIV, 119

26 *Moniteur*, XXIV, 190

27 Tønnesson, *La défaite*, 224–228

28 Albert Mathiez, *La réaction thermidorienne*, Paris 1929, 210–235

29 Jacques Godechot, *La contre-révolution. Doctrine et action 1789–1804*, Paris 1961, 264–273; Richard Cobb, *The Police and the People. French Popular Protest 1789–1820*, Oxford 1970, 131–150

30 Thibaudeau, *Mémoires*, 249–250

31 Mallet du Pan, *Correspondance inédite*, I, 119

32 *Moniteur*, XXIV, 243–244

33 Zwischen dem 12. April und dem 8. Mai wurden mit Barras, Rouyer und Féraud allein drei Volksvertreter als bevollmächtigte Kommissare zur Armee entsandt, die den Auftrag hatten, die für Paris bestimmten Getreidetransporte zu überwachen und zu beschleunigen. *Moniteur*, XXIV, 213, 224 u. 416

34 Duval, *Souvenirs*, II, 95

35 Duval, *Souvenirs*, II, 110–111

36 Vgl. den Augenzeugenbericht von Henri Meister, *Souvenirs de mon dernier voyage à Paris (1795). Publiés par la Société d'histoire contemporaine*, (ed.) Paul Usteri u. Eugène Ritter, Paris 1910, 83

37 Tønnesson, *La défaite*, 242–252

38 *Moniteur*, XXIV, 497

39 Georges Duval hat eine sehr anschauliche, aber deutlich tendenziös eingefärbte Darstellung der Ereignisse dieses Tages gegeben: Duval, *Souvenirs*, II, 243–257; für eine exaktere Darstellung vgl. Tønnesson, *La défaite*, 253–286

40 Mathiez, *La réaction*, 244–250; Tønnesson, *La défaite*, 266–272

41 Thibaudeau, *Mémoires*, 187–188

42 Tønnesson, *La défaite*, 272–274

43 Thibaudeau, *Mémoires*, 188–189; Tønnesson, *La défaite*, 283–284

44 *Moniteur*, XXIV, 513–514

45 Thibaudeau, *Mémoires*, 191

46 *Moniteur*, XXIV, 515–524 u. 527–528; Thibaudeau, *Mémoires*, 191; Tønnesson, *La défaite*, 297–305

47 Lacretelle, *Dix années*, 140

48 Die genaueste Schilderung des Geschehens gibt Tønnesson, *La défaite*, 306–323

49 *Moniteur*, XXIV, 531

50 *Moniteur*, XXV, 405

51 Tønnesson, *La défaite*, 328–333

52 Tønnesson, *La défaite*, 333–342

53 Thibaudeau, *Mémoires*, 206–208

54 *Moniteur*, XXV, 81–84 u. 92

55 *Moniteur*, XXVI, 329

56 Vgl. das Gesetz vom 5 Fructidor (22. August 1795), *Moniteur*, XXV, 560

57 Das Abstimmungsergebnis wurde am 22. September im Konvent bekannt gegeben. *Moniteur*, XXVI, 31
58 Godechot, *Les institutions*, 467–468. Einige Sektionen erschienen sogar im Konvent, um ihren Protest zu bekunden. *Moniteur*, XXV, 607–608 u. 614
59 Der Wortlaut dieses Manifests, das aus einsichtigen Gründen in keiner der damaligen Zeitungen in Frankreich dokumentiert worden zu sein scheint, findet sich in: A. Antoine, *Histoire de Sa Majesté Louis XVIII, surnommé le Désiré, depuis sa naissance jusqu'au traité de paix de 1815*, Paris 1816, 114–136
60 Für eine detaillierte Schilderung dieses Debakels gibt Maurice Hutt, *Chouannerie and Counter-Revolution. Puisaye, the Princes and the British Government in the 1790s*, Cambridge 1983, 269–323
61 Lacretelle, *Dix années*, 145
62 *Moniteur*, XXV, 331–333
63 *Moniteur*, XXV, 370–371
64 *Moniteur*, XXV, 389
65 *Moniteur*, XXV, 389
66 *Moniteur*, XXV, 405
67 *Moniteur*, XXV, 411–412
68 *Moniteur*, XXV, 453–455
69 *Moniteur*, XXIII, 183–184 u. XXIV, 192
70 *Moniteur*, XXV, 522–523
71 *Moniteur*, XXVI, 37
72 Thibaudeau, *Mémoires*, 229
73 *Moniteur*, XXVI, 117
74 *Moniteur*, XXVI, 119
75 Für eine detaillierte Schilderung des Geschehens an diesem 13 Vendémiaire vgl. den Bericht, den Merlin de Douai namens des Wohlfahrts- und Sicherheitsausschusses am 6. Oktober 1795 dem Konvent vortrug. *Moniteur*, XXVI, 140–144. Vgl. auch den Rapport, den Barras am 22. Oktober abstattete: *Moniteur*, XXVI, 277–282
76 Thibaudeau, *Mémoires*, 261–271
77 Thibaudeau, *Mémoires*, 251–258
78 *Moniteur*, XXVI, 332–333
79 *Moniteur*, XXVI, 330–331
80 *Moniteur*, XXVI, 348

Drittes Kapitel · Die Konkursverwaltung der Revolution

1 Schmidt, *Tableaux*, III, 37
2 Gueniffey, «Élections», 139
3 Jean-René Suratteau, «Les élections de l'an IV», *Annales historiques de la Révolution française*, 1951, 374–393, u. 1952, 32–62
4 Denis Woronoff, *La République bourgeoise de Thermidor à Brumaire 1794–1799*, Paris 1972, 48
5 Mallet du Pan, *Correspondance inédite*, I, 118
6 *Recueil des actes du Directoire exécutif*, (ed.) A. Debidour, Paris 1910, I, 189–200

7 Debidour, *Recueil des actes*, I, 19–20

8 Diese Subventionierung erfolgte durch Abonnements, die sich auf bis zu 2000 Exemplare pro Titel und Tag belaufen konnten und die vom Direktorium angeordnet wurden. Debidour, *Recueil des actes*, I, 346, 375, 426, 633 u. 638

9 Aulard, *Paris*, II, 450

10 Schmidt, *Tableaux*, II, 452. Verschiedentlich wird als Erscheinungsdatum der 34. Ausgabe des *Tribun du Peuple* der 6. November 1795 genannt. Der von Adolphe Schmidt dokumentierte Polizeibericht ist jedoch vom 26 Brumaire, also dem 17. November 1795 datiert und wird mit der Bemerkung eingeleitet: «La feuille de Babeuf, ou *Le Tribun du Peuple*, qui a paru aujourd'hui, prêche ouvertement l'insurrection».

11 Schmidt, *Tableaux*, III, 43

12 Zit. Albert Soboul, *Le Directoire et le Consulat*, Paris 1967, 25–26

13 La Révellière-Lépeaux, *Mémoires*, I, 395

14 Debidour, *Recueil des actes*, I, 691

15 Schmidt, *Tableaux*, III, 116

16 Debidour, *Recueil des actes*, I, 835–836

17 Für Babeufs Anschauungen vgl. den «Manifeste des Plébéiens», der am 30. November 1795 im *Tribun du peuple* erstmals veröffentlicht wurde. Sehr aufschlussreich ist auch der von Silvain Maréchal, einem der Mitverschwörer, redigierte «Manifeste des Égaux». Für eine ausführliche Darstellung von Babeufs Doktrin vgl. Claude Mazauric, *Babeuf et la conspiration pour l'Égalité*, Paris 1962, 145–177

18 Philippe Buonarroti, *Gracchus Babeuf et la conjuration des Égaux*, (ed.) A. Ranc, Paris 1869, 67

19 Buonarrotti, *Gracchus Babeuf*, 77

20 Wortlaut dieses «Acte Insurrecteur» in: Buonarroti, *Gracchus Babeuf*, 94–100

21 Debidour, *Recueil des actes*, II, 356

22 Schmidt, *Tableaux*, III, 188–201

23 Buchez u. Roux, *Histoire parlementaire*, XXXVII, 166–167

24 Robert Barrie Rose, *Gracchus Babeuf. The First Revolutionary Communist*, Stanford, Cal., 1978, 287–328

25 Für eine ausführliche Dokumentation des Prozesses vgl. Philippe Riviale, *Le procès de Gracchus Babeuf devant la Haute Cour de Vendôme ou la vertu coupable*, Paris 2011

26 Marcel Marion, *Histoire financière de la France depuis 1715*, Paris 1927, III, 518–526; Harris, *The Assignats*, 232–234

27 Georges Lefebvre, *La France sous le Directoire (1795–1799)*, (ed.) Jean-René Suratteau, Paris 1977, 145–161

28 Mallet du Pan, *Correspondance inédite*, I, 253–254

29 Schmidt, *Tableaux*, III, 40

30 Mallet du Pan, *Correspondance inédite*, II, 110–111

31 Hutt, *Chouannerie*, 430–460

32 Jacques Godechot, *La Contre-Révolution. Doctrine et action 1789–1804*, Paris 1961, 299–300

33 Godechot, *Les institutions*, 529
34 Albert Mathiez, *La Théophilanthropie et le culte décadaire*, Paris 1904
35 Lefebvre, *La France sous le Directoire*, 254–260
36 Eine vorzügliche Darstellung des verwickelten Geschehens wie auch des nachfolgenden Prozesses gegen die Verschwörer gibt Lefebvre, *La France sous le Directoire*, 260–263
37 Lefebvre, *La France sous le Directoire*, 264–266
38 Ebd.
39 Benjamin Constant, *Des réactions politiques*, (s. l.) 1797, Paris 1988
40 Mallet du Pan, *Correspondance inédite*, II, 265
41 Mallet du Pan, *Correspondance inédite*, II, 278
42 Lefebvre, *La France sous le Directoire*, 279–292
43 Barras, *Mémoires*, II, 436
44 Vgl. den ausführlichen Bericht dieser Mission, die Fabre in seinen Erinnerungen über das Direktorium gab: (Jean-Pierre Fabre), *Histoire secrète du Directoire*, Paris 1832, III, 25–67
45 Barras, *Mémoires*, II, 425–433; Godechot, *Le Comte d'Antraigues*, 151–175
46 Barras, *Mémoires*, II, 471–473
47 Lefebvre, *La France sous le Directoire*, 405–427
48 Für das Geschehen aus Sicht der Verschwörer vgl. Barras, *Mémoires*, III, 15–25
49 Diese Komödie hat Thibaudeau, einer der beteiligten Abgeordneten, in den Memoiren detailliert geschildert. Thibaudeau, *Mémoires*, 458–470

Viertes Kapitel · Die revolutionäre Expansion

1 *Archives parlementaires*, LIII, 474
2 *Archives parlementaires*, LV, 70–76
3 *Discours de Danton*, 268
4 T. C. W. Blanning, *The French Revolutionary Wars 1787–1802*, London 1996, 92–93
5 *Archives parlementaires*, LVIII, 112–119
6 Für eine souveräne Darstellung der komplexen Interessendivergenzen aufseiten der alliierten vgl. Schroeder, *The Transformation*, 127–136
7 Blanning, *The French Revolutionary Wars*, 109–112
8 Für eine ausführliche Darstellung dieser Neuorganisation vgl. Samuel F. Scott, *The Response of the Royal Army to the French Revolution. The Role and Developement of the Line Army 1787–1793*, Oxford 1978, 179–206
9 Blanning, *The French Revolutionary Wars*, 112–115
10 Für eine ausführliche Erörterung der komplexen militärischen Ursachen, die dafür den Ausschlag gaben, vgl. Blanning, *The French Revolutionary Wars*, 116–128
11 Schroeder, *The Transformation*, 136–150
12 *Archives parlementaires*, LXXIV, 231
13 *Recueil des Actes du Comité de Salut public*, XIII, 487
14 *Recueil des Actes du Comité de Salut public*, XV, 84

15 *Recueil des Actes du Comité de Salut public*, XV, 159

16 *Recueil des Actes du Comité de Salut public*, XVII, 410–411

17 Hansen, *Quellen*, III, 151, Anm. 1. Bereits seit Mitte November hatten französische Truppen Zweibrücken und große Teile der westlichen Rheinpfalz wieder besetzt, die von ihnen systematisch ausgeplündert wurden. Franz Xaver Remling, *Die Rheinpfalz in der Revolutionszeit von 1792 bis 1798. Ein urkundlicher Beitrag zur vaterländischen Geschichte*, Speyer 1865, I, 477–572

18 Hansen, *Quellen*, III, 310–311. Nachdem das «Maximum» in Frankreich am 24. Dezember 1794 abgeschafft wurde, blieb es im besetzten Rheinland noch bis zum 10. Februar 1795 in Geltung. Auch der Zwangskurs für die Assignaten wurde hier erst am 25. April 1795 ausgesetzt. Hansen, *Quellen*, III, 328, Anm. 6

19 *Recueil des Actes du Comité de Salut public*, XVI, 408

20 *Recueil des Actes du Comité de Salut Public*, XV, 775–776

21 Zu diesem Verwaltungschaos vgl. Biro, *The German Policy*, II, 546–550

22 Einen guten Überblick über die verheerende Tätigkeit beider gibt Blanning, *The French Revolution in Germany*, 83–134

23 Hansen, *Quellen*, IV, 635–637

24 Remling, *Die Rheinpfalz*, II, 18–308

25 *Correspondance de Napoléon Ier*, Paris 1859, I, No. 49

26 *Corr.*, I, No. 50

27 *Preußen und Frankreich von 1795–1807. Diplomatische Correspondenzen*, (ed.) Paul Eduard Bailleu, Leipzig 1881, I, 66

28 Stuart Woolf, *A History of Italy 1700–1860. The Social Constraints of Political Change, London 1979*, 95–151

29 Félix Bouvier, *Bonaparte en Italie. 1796*, Paris 1899, 16–27

30 Zahlenangaben nach: Gunther E. Rothenberg, *Atlas des guerres napoléoniennes 1796–1815*, Paris 2000, 38

31 *Correspondance inédite officielle et confidentielle de Napoléon Bonaparte avec les cours étrangères, les princes, les ministres et les généraux français et étrangers en Italie, en Allemagne et en Egypte.* Paris 1809, I, 165

32 *Corr.*, I, No. 453

33 Ein erster entsprechender Beschluss, der den Kunstraub «au nom de la République» in neun Punkten regelte, erging bereits am 19. Mai 1796. *Corr.*, I, N. 455; vgl. auch *Corr.*, I, No. 467. Eine erste Aufstellung der in Mailand und Parma eingesammelten Gemälde und Manuskripte übersandte Bonaparte dem Direktorium bereits am 18. Mai. *Corr.*, I, No. 444

34 Vgl. Bonapartes Rapport über das Geschehen an das Direktorium vom 1. Juni 1796. *Corr.*, I, No. 536 und die Schilderung in den «Campagnes d'Italie» in: *Corr.*, XXIX, 110–113

35 *Corr.*, I, No. 937

36 *Corr.*, II, No. 1088

37 Johannes Willms, *Napoleon. Eine Biographie*, München 2005, 101–102 u. 111–114

38 *Correspondance inédite*, I, 147–157, 196–199 u. 202–203

39 *Corr.*, I, No. 676; zu den Verhandlungen vgl. Raymond Guyot, *Le Directoire et la paix de l'Europe des traités de Bâle à la deuxième coalition (1795–1799)*, Paris 1911, 184–186
40 *Corr.*, I, No. 709
41 *Mémoires du Comte Miot de Mélito*, (ed.) Wilhelm August Fleischmann, Paris 1858, I, 117–121
42 Zu diesen *Giacobini* zählte etwa der später im Zusammenhang mit der *Conjuration des Égaux* von Babeuf zu Berühmtheit gelangte Komplize und erste Historiker dieser Verschwörung Filippo Buonarrotti. Armando Saitta, *Filippo Buonarrotti. Contributi alla storia della sua vita e del suo pensiero*, Roma 1950, I, 1–36, u. II, 1–33
43 Guyot, *Le Directoire*, 329–331
44 «Œuvres de Sainte-Hélène» in: *Corr.*, XXIV, 244
45 Für eine detaillierte Schilderung dieser Verhandlungen und deren Ergebnis vgl. Hermann Hüffer, *Diplomatische Verhandlungen aus der Zeit der französischen Revolution*, Bonn 1868, I, 230–277
46 *Corr.*, II, No. 1735
47 Der Vertragstext in: *Corr.*, II, Nos. 1743 u. 1744
48 Barras, *Mémoires*, II, 388 und Louis-Mariede La Révellière-Lépeaux, *Mémoires*, (ed.) R. D. d'Angers, Paris 1895, II, 271–272; Guyot, *Le Directoire*, 366–368
49 *Corr.*, III, No. 1762
50 Für die weiteren Pläne, die Bonaparte mit seinem «système italien» verfolgte, vgl. Guyot, *Le Directoire*, 491–500
51 George B. McClellan, *Venice and Bonaparte*, Princeton, N. J., 1931, 209–214
52 *Corr.*, III, No. 1765
53 *Le Ministère de Talleyrand sous le Directoire*, (ed.) G. Pallain, Paris 1891, 139–140
54 Schreiben an Talleyrand vom 26. September 1797, *Corr.*, III, No. 2259 und an denselben, 7. Oktober 1797, *Corr.*, III, No. 2292

Fünftes Kapitel · Brumaire

1 Bailleu, *Preußen und Frankreich*, I, 156 (Bericht von Sandoz-Rollin vom 2. November 1797)
2 Den Bevollmächtigten in Venedig, Villetard, wies Bonaparte am 20. Oktober 1797 an: «Ne rien laisser qui puisse être utile à l'Empereur et favoriser l'établissement d'une marine militaire. Il faut faire aller en France tout ce qui peut être utile à la marine». *Corr.*, III, No. 2312
3 Bezeichnend dafür ist seine Antwort vom 26. Oktober 1797 an Villetard, der es gewagt hatte, Art und Umfang dieser Ausplünderung zu widersprechen. *Corr.*, III, No. 2318
4 Miot de Mélito, *Mémoires*, I, 195–196
5 *Corr.*, III, No. 2419
6 *Corr.*, III, No. 2103
7 *Corr.*, III, Nos. 2103, 2105, 2195 und 2247

8 Clément de la Jonquière, *L'expédition d'Égypte, 1798–1801*, Paris 1899, I, 166–168
9 *Corr.*, IV, No. 2426
10 Für eine detaillierte Erörterung dieser Finanzmanipulation vgl. Lefebvre, *La France*, 489–493
11 Lefebvre, *La France*, 494–495
12 Lefebvre, *La France*, 496–497 u. 502–503
13 Lefebvre, *La France*, 441–442
14 Lefebvre, *La France*, 442–447
15 Jean-René Suratteau, *Les élections de l'an VI et le «coup d'état du 22 floréal» (11. Mai 1798). Étude documentaire, statistique et analytique. Essai d'interprétation*, Paris 1971, 71–192
16 Suratteau, *Les élections*, 276–277
17 Für einen detaillierten Überblick vgl. Suratteau, *Les élections*, 227–261
18 Wortlaut dieses Gesetzes in: Alphonse Aulard, «Réimpressions: la loi du 22 floréal», *La Révolution française*, XXXVIII (mai 1900), 428–460
19 Suratteau, *Les élections*, 368–382 u. 391–397
20 *Corr.*, III, No. 2407
21 Woolf, *A History of Italy*, 177–181
22 Guyot, *Le Directoire*, 601–613
23 *Corr.*, III, No. 1796 (Schreiben an den französischen Geschäftsträger Comeyras vom 14. Mai 1797)
24 Von seiner ersten von insgesamt vier Begegnungen mit Bonaparte am 8. Dezember hat Ochs eine anschauliche Schilderung gegeben. Peter Ochs, *Geschichte der Stadt und der Landschaft Basel*, Basel 1822, VIII, 253–259
25 Guyot, *Le Directoire*, 643–647
26 Für eine detaillierte Darstellung der Schweizer «Revolution» vgl. Robert Roswell Palmer, *The Age of the Democratic Revolution. The Struggle. A Political History of Europe and America, 1760–1800*, II, Princeton 1964, 395–421
27 Guyot, *Le Directoire*, 664–665
28 Guyot, *Le Directoire*, 855–858
29 Guyot, *Le Directoire*, 886–899
30 Harold Acton, *The Bourbons of Naples (1734–1825)*, London 1959, 372–391
31 A. B. Rodger, *The War of the Second Coalition 1798 to 1801. A Strategic Commentary*, Oxford 1964, 151
32 Zu den Details vgl. *Histoire militaire*, II, 243–244
33 Rodger, *The War*, 142–146 u. 152–157
34 Zit. Lefebvre, *La France*, 653
35 Crook, *Elections*, 152–153
36 Lefebvre, *La France*, 659–660
37 Barras, *Mémoires*, III, 357–359
38 Barras, *Mémoires*, III, 362–365
39 Georges Six, *Dictionnaire biographique des généraux et amiraux français de la Révolution et de l'Empire (1782–1814)*, Paris 1934, II, 235–236
40 Lefebvre, *La France*, 672–676
41 Alan Forrest, «Conscription and Crime in rural France during the Directory

and Consulate», *Beyond the Terror. Essays in French Regional and Social History, 1794–1815*, (eds.) Gwynne Lewis u. Colin Lucas, Cambridge 1983, 92–120

42 Joseph Lacouture, *Le Mouvement royaliste dans le sud-ouest (1797–1800)*, Hossegor 1932

43 Für eine Beteiligung Preußens am Koalitionskrieg gegen Frankreich plädierte eine Denkschrift des Herzogs von Braunschweig vom 25. August 1799. Bailleu, *Preußen und Frankreich*, I, 322–330; für die preußischen Forderungen ebd., 331–340

44 *Corr.*, XXX, 112

45 Zit. Paul Bastid, *Sieyès et sa pensée*, Paris 1939, 234

46 *Corr.*, VI, No. 4388

47 Zit. Tulard, *Le 18 Brumaire*, 134–135

48 Albert Vandal, *L'Avènement de Bonaparte*, Paris 1902, I, 378

49 *Mémoires de M. de Bourrienne, ministre d'état sur Napoléon, le Directoire, le Consulat, l'Empire et la Restauration*, Paris 1829, III, 96–97

50 Théodore Iung, *Lucien Bonaparte et ses mémoires 1775–1840. D'après les papiers déposés aux archives étrangères et d'autres documents inédits*, Paris 1882, I, 342

51 Wortlaut dieser Resolution in Iung, *Lucien Bonaparte*, I, 351–353

52 Bourrienne, *Mémoires*, III, 106

53 *Corr.*, VI, No. 4389

54 Noch grotesker ist die Schilderung des Geschehens in der Version, die Napoleon auf Sankt Helena diktierte. *Corr.*, XXX, 323

55 *Corr.*, VI, No. 4388

Epilog

1 *Corr.*, VI, No. 4422

2 Miot de Mélito, *Mémoires*, I, 344–345

3 *Corr.*, XVI, No. 13735

4 Willms, *Napoleon*, 473–477

5 Marquis de Noailles, *Le Comte Molé 1781–1855. Sa vie – ses mémoires*, Paris 1922, I, 143

DRAMATIS PERSONAE

Amar, Jean Pierre André, (Grenoble 1755 – Paris 1816), Mitglied des *Parlement* der Dauphiné mit Sitz in Grenoble, Mitglied des Konvents, war als *Montagnard* maßgeblich am Sturz Robespierres beteiligt.

Artois, Charles-Philippe, Comte d' (Versailles 1757 – Görz 1836), jüngster Bruder von Louis XVI und eines der führenden Häupter der französischen Adelsemigration, saß als Charles X von 1824 bis 1830 auf dem französischen Thron.

Babeuf, François-Noël, gen. Gracchus (Saint- Quentin 1760 – Vendôme 1797), gilt als ein früher Vertreter des Kommunismus und wurde als Führer einer Verschwörung zum Sturz des *Thermidor*-Regimes 1796 hingerichtet.

Bailly, Jean-Sylvain (Paris 1736 – Paris 1793), Astronom, Deputierter des Dritten Stands von Paris auf den Generalständen von 1789, erster Präsident der Nationalversammlung und von Juli 1789 bis November 1791 Bürgermeister von Paris.

Barbaroux, Charles-Joseph-Marie (Marseille 1767 – Bordeaux 1794), Anwalt aus Marseille, der nach seiner Ankunft in Paris im Februar 1792 sich den *Girondins* anschloss und im Konvent gegen die *Montagnards* focht.

Barère, Bertrand (Tarbes 1755 – Tarbes 1841), Anwalt, der sich nach der Flucht Louis' XVI im Konvent der Linken zuwandte, seit April 1793 Mitglied des Wohlfahrtsausschusses und einer der Hauptverantwortlichen für die Schreckenszeit.

Barnave, Antoine-Joseph-Marie (Grenoble 1761 – Paris 1793), Anwalt aus Grenoble und einer der großen Redner und Führer der gemäßigten *Feuillants*.

Barras, Jean-Nicolas-Paul-François, Vicomte de (Fox-Amphoux 1755 – Chaillot 1829), Mitglied des Konvents und als Kommissar an der Niederwerfung der Aufstände in Marseille und Toulon beteiligt; einer der Hauptdrahtzieher beim Sturz Robespierres.

Billaud-Varenne, Jacques-Nicolas (La Rochelle 1756 – Port-au-Prince 1819), Anwalt, Mitglied des Konvents, gehörte seit September 1793 dem Wohlfahrtsausschuss an, wichtiger Exponent des Terrorregimes, aber maßgeblich beteiligt am Sturz Robespierres.

Bonaparte, Napoleon (Ajaccio 1769 – Sankt Helena 1821), aus Korsika gebürtiger Artillerieoffizier, Befehlshaber bei der Niederschlagung des *Vendémiaire*-Aufstands von 1795, putschte sich im November 1799 an die Macht in Frankreich.

Brissot, Jacques-Pierre (Chartres 1754 – Paris 1793), Journalist, bereiste 1788 die Vereinigten Staaten, Mitglied der Legislative und des Konvents, als Führer der *Girondins* wichtigster parlamentarischer Gegenspieler Robespierres.

Calonne, Charles-Alexandre de (Douai 1734 – Paris 1802), seit 1783 Finanzminister, scheiterte 1787 mit seiner Finanzreform am Widerstand der Notabeln und der *Parlements*.

Carnot, Lazare-Nicolas-Marguerite (Nolay 1753 – Magdeburg 1823), Pionieroffizier, Mitglied der Legislative und seit August 1793 des Wohlfahrtsausschusses, Organisator des Revolutionskrieges gegen die Erste Koalition europäischer Mächte.

Carrier, Jean-Baptiste (Yolet 1756 – Paris 1794), Anwalt, Mitglied des Konvents, radikaler *Montagnard*, wurde berühmt-berüchtigt wegen seines Wütens bei der Unterdrückung des Vendée-Aufstands in Nantes.

Chaumette, Pierre-Gaspard (Anexagoras) (Nevers 1763 – Paris 1794), Mitglied der revolutionären *Commune de Paris* von 1792 und wichtigster Agitator der kirchenfeindlichen Bewegung.

Cloots, Jean-Baptiste (Anarcharsis) (Gnadenthal 1755 – Paris 1794), ein aus Kleve stammender holländisch-preußischer Baron, Mitglied des Konvents und exaltierter Revolutionsschwärmer und dogmatischer Kosmopolit.

Collot d'Herbois, Jean-Marie (Paris 1749 – Cayenne 1796), Schauspieler, Mitglied der revolutionären *Commune de Paris* von 1792, des Konvents und seit September 1793 des Wohlfahrtsausschusses, war gemeinsam mit Joseph Fouché der Hauptverantwortliche für die Niederschlagung des Aufstands in Lyon.

Condorcet de Caritat, Marie-Jean-Antoine-Nicolas, Marquis de (Ribemont 1743 – Bourg-la-Reine 1794), Philosoph und Mathematiker, Repräsentant der Spätaufklärung und Mitglied der Legislative wie des Konvents, Parteigänger der *Girondins*.

Couthon, Georges-Auguste (Orcet 1755 – Paris 1794), Anwalt, Mitglied der Legislative, des Konvents und des Wohlfahrtsausschusses, einer der engsten Verbündeten Robespierres.

Danton, Georges-Jacques (Arcis 1759 – Paris 1794), Anwalt, neben Robespierre eines der einflussreichsten Mitglieder des Jakobiner-Clubs, im September 1792 Justizminister und danach Mitglied des Konvents.

David, Jacques-Louis (Paris 1748 – Brüssel 1825), Künstler und Regisseur der großen Revolutionsfeierlichkeiten, Mitglied des Konvents.

Desmoulins, Camille (Guise 1760 – Paris 1794), «erster Apostel der Freiheit», wie er sich selbst stilisierte, Journalist, Schulfreund Robespierres und Vertrauter Dantons, Mitglied des Konvents.

Dumouriez, Charles-François du Périer (Cambrai 1739 – Turville Park 1823), Militär, von März bis Juni 1792 Außenminister, Befehlshaber in den Schlachten von Valmy und Jemappes, ging nach einem gescheiterten Putschversuch gegen die *Montagnards* ins Exil.

Duport, Adrien (Paris 1759 – Gais 1798), Mitglied des *Parlement de Paris* und der Verfassunggebenden Versammlung, in der er zusammen mit Antoine Barnave und Alexandre de Lameth das «Triumvirat» der monarchistisch gesinnten gemäßigten Patrioten bildete.

Fabre d'Eglantine, Nazaire (Carcassonne 1750 – Paris 1794), Bühnenautor und Journalist, Mitglied des Konvents, Schöpfer des Revolutionskalenders von 1793.

Fouché, Joseph (Le Pellerin 1763 – Triest 1820), Lehrer, Mitglied des Konvents und gemeinsam mit Collot d'Herbois Proconsul der Schreckensherrschaft in Lyon.

Fréron, Louis-Stanislas (Paris 1765 – Port-au-Prince 1802), Journalist, Mitglied der revolutionären *Commune de Paris* von 1792 und des Konvents, maßgeblich an der blutigen Unterdrückung des Aufstands in Toulon beteiligt und im *Thermidor* Anführer der reaktionären *Jeunesse dorée.*

Gensonné, Armand (Bordeaux 1758 – Paris 1793), Anwalt am *Parlement de Bordeaux*, Mitglied der Legislative und des Konvents, wo er zur Führungsgruppe der *Girondins* gehörte.

Guadet, Marguerite Elie (Saint-Emilion 1755 – Bordeaux 1794), Anwalt aus Bordeaux, Mitglied der Legislative und des Konvent, neben Brissot, Gensonné und Vergniaud einer der Wortführer der *Girondins.*

Hanriot, François (Nanterre 1759 – Paris 1794), Anwaltsgehilfe, seit Ende Mai 1793 Oberbefehlshaber der Pariser Nationalgarde.

Hébert, Jacques-René (Alençon 1757 – Paris 1794), Journalist, der das Blatt «Père Duchesne» zum führenden Organ der sozialpolitischen Forderungen der Sansculotten machte.

Hérault de Séchelles, Marie-Jean (Paris 1759 – Paris 1794), *Avocat général* am *Parlement de Paris*, Mitglied der Legislative, des Konvents und des Wohlfahrtausschusses, leitete die Kommission, die im Juni 1793 die Verfassung der *Montagnards* fertig stellte.

Isnard, Henri Maximin (Grasse 1758 – Grasse 1825), Parfümfabrikant aus Grasse, Mitglied der Legislative und des Konvents, enger Mitstreiter Brissots und Repräsentant des rechten Flügels der *Girondins.*

La Fayette, Gilbert Motier, Marquis de (Chavaniac 1757 – Paris 1834), General im amerikanischen Unabhängigkeitskrieg, Mitglied der Generalstände von 1789, Befehlshaber der Pariser Nationalgarde nach dem 14. Juli 1789, übernahm nach seiner gescheiterten Wahl zum Pariser Bürgermeister im Herbst 1791 ein Armeekommando, desertierte zu den Österreichern.

Lanjuinais, Jean-Denis (Rennes 1755 – Paris 1827), *Conseiller* der bretonischen Ständeversammlung, Mitglied der Verfassunggebenden Versammlung und des Konvents, wo er dem rechten Flügel der *Girondins* angehörte.

Le Chapelier, Isaac-René-Guy (Rennes 1754 – Paris 1794), Anwalt, Mitglied der Verfassunggebenden Versammlung, deren Arbeit er maßgeblich beeinflusste.

Lindet, Robert (Bernay 1746 – Paris 1825), Bürgermeister von Bernay, Mitglied der Verfassunggebenden Versammlung und des Konvents sowie des Wohlfahrtsausschusses. Sein Bruder Thomas Lindet (Bernay 1743 – Bernay 1823), Pfarrer, gehörte ebenfalls als Abgeordneter der Nationalversammlung und dem Konvent an.

Loménie de Brienne, Etienne Charles, (Paris 1727 – Sens 1794), Erzbischof von Toulouse, war von Mai 1787 bis August 1788 Finanzminister.

Louis XVI (Versailles 1754 – Paris 1793), Enkel Louis' XV, wurde nach dem Tod seines Vaters und seiner zwei älteren Brüder 1765 Dauphin, war von 1774 bis 1789 König von Frankreich und von 1789 bis 1792 König der Franzosen.

Louvet de Couvrai, Jean-Baptiste (Paris 1760 – Paris 1797), Romancier, Mitglied des Konvents und als *Girondin* einer der schärfsten Kritiker Robespierres.

Malesherbes, Chrétien Guillaume de Lamoignon de (Paris 1721 – Paris 1794), zweimal Minister Louis' XVI und einer seiner drei Verteidiger im Prozess, den der Konvent gegen den König anstrengte.

Malouet, Pierre Victor (Riom 1740 – Paris 1814), von 1780 bis 1789 Intendant der Marine in Toulon, Mitglied der Nationalversammlung und entschiedener Parteigänger einer konstitutionellen Monarchie.

Marat, Jean Paul (Boudry im Schweizer Kanton Neuenburg 1743 – Paris 1793), Arzt, der sich 1776 in Paris niederließ. Berühmt und berüchtigt als Revolutionär wurde er durch das von ihm von September 1789 bis zu seinem Tod redigierte Blatt *L'Ami du Peuple* Mitglied des Konvents.

Marie-Antoinette von Habsburg-Lothringen (Wien 1755 – Paris 1793), heiratete am 16. Mai 1770 den «Dauphin de France» Louis und war von 1774 bis 1789 Königin von Frankreich und von 1789 bis 1792 Königin der Franzosen.

Mercy d'Argenteau, Florimond Claude, Graf von (Lüttich 1727 – London 1794), österreichischer Diplomat, von 1766 bis 1792 Botschafter in Paris und Vertrauter von Marie-Antoinette.

Merlin, Philippe Antoine, gen. Merlin de Douai (Arleux 1754 – Paris 1838), Jurist, Mitglied der Verfassunggebenden Versammlung und des Konvents, war als *Montagnard* maßgeblich beteiligt an der Formulierung des Verdächtigengesetzes vom 17. September 1793.

Mirabeau, Gabriel Honoré Riqueti, Comte de, (Le Bignon 1749 – Paris 1791), Publizist, wurde als Verfechter einer konstitutionellen Monarchie vom Dritten Stand von Aix-en-Provence zum Abgeordneten gewählt und war bis zu seinem Tod die beherrschende Figur der Verfassunggebenden Versammlung.

Mounier, Jean-Joseph (Grenoble 1758 – Paris 1806), Anwalt am *Parlement* von Grenoble, der im Juni 1788 die Verdoppelung der Repräsentanten des Dritten Stands und die Abstimmung nach Köpfen auf den Provinzialständen der Dauphiné durchsetzte, formulierte gemeinsam mit Sieyès den Ballhausschwur.

Necker, Jacques (Genf 1732 – Coppet 1804), Bankier, Finanzminister Louis' XVI von November 1777 bis Mai 1781, von August 1788 bis zum 10. Juli 1789 und erneut vom 28. Juli bis zum 3. September 1790.

Orléans, Louis-Philippe Joseph, duc d', gen. Philippe-Egalité (Saint-Cloud 1747 – Paris 1793), Cousin Louis' XVI, Hausherr des Palais Royal, trotz seines Reichtums und Herkommens ein entschiedener Verfechter der Gleichheit, Mitglied der Verfassunggebenden Versammlung und des Konvents.

Pache, Jean Nicolas (Oron im Schweizer Kanton Vaud 1746 – Thym-le-Moutier 1823), war vom 3. Oktober 1792 bis 4. Februar 1793 Kriegsminister und vom 11. Februar 1793 bis 10. Mai 1794 Bürgermeister von Paris, maßgeblich an der Vorbereitung des Putschs vom Juni 1793 beteiligt.

Paine, Thomas (Thetford, England 1737 – New York 1809), Publizist, ging 1774 nach Amerika, für dessen Unabhängigkeit er sich engagierte, betätigte sich ab November 1789 als Propagandist der Französischen Revolution und war Mitglied des Konvents.

Pétion, Jérôme, gen. de Villeneuve (Chartres 1756 – Saint-Magne-de-Castillon im Département Gironde 1794), Jurist, Mitglied der Verfassunggebenden Versammlung, vom 16. November 1791 bis zum 1. Dezember 1792 Pariser Bürgermeister und Abgeordneter im Konvent.

Provence, Louis Stanislas Xavier, comte de (Versailles 1755 – Paris 1824), jüngerer Bruder Louis' XVI, nahm nach dessen Thronbesteigung den Titel Monsieur an, trug entscheidend dazu bei, alle Reformversuche im Vorfeld der Revolution zu vereiteln und war von 1814/15 bis 1824 als Louis XVIII König von Frankreich.

Robespierre, Maximilien-François-Isidore (Arras 1758 – Paris 1794), Anwalt, Mitglied der Verfassunggebenden Versammlung und des Konvents, war von Juni 1793 bis Juli 1794 der wichtigste Repräsentant des revolutionären Schreckens.

Roland de la Platière, Jean-Marie (Thizy 1734 – Bourg-Baudoin 1793), königlicher Fabrikinspektor, Innenminister von März bis Juni 1792 und wieder nach dem 10. August 1792 bis Januar 1793.

Roux, Jacques (Pranzac 1752 – Bicêtre 1794), Priester, Verfasser des *Manifeste des Enragés* vom 25. Juni 1793, der sich für umfassende Wirtschaftskontrollen und eine Verschärfung der Schreckensherrschaft aussprach.

Saint-Just, Louis Antoine de (Decize 1767 – Paris 1794), Schriftsteller, Mitglied des Konvents und des Wohlfahrtsausschusses, trotz seines jugendlichen Alters neben Robespierre die zweite große Führergestalt der radikalen Revolution.

Santerre, Antoine Joseph (Paris 1752 – Paris 1809), Bierbrauer aus dem *Faubourg* Saint-Antoine, Idol der Sansculotten, als Offizier der Pariser Nationalgarde maßgeblich an den *journées* im Juni und August 1792 beteiligt.

Sieyès, Emmanuel Joseph (Fréjus 1748 – Paris 1836), Vikar der Diözese von Chartres, Verfasser der berühmten Schrift «Qu'est-ce que le Tiers Etat» (1788), Mitglied der Verfassunggebenden Versammlung, der gemeinsam mit Mounier den Ballhausschwur formulierte.

Talleyrand-Périgord, Charles Maurice de (Paris 1754 – Paris 1838), Bischof von Autun, Mitglied der Verfassunggebenden Versammlung, der 1790 die Nationalisierung des Kirchenbesitzes zur Sanierung der Staatsfinanzen vorschlug.

Thouret, Jacques Guillaume (Pont-L'Evêque 1746 – Paris 1794), Anwalt in Rouen, Mitglied der Verfassunggebenden Versammlung, hatte wesentlichen Anteil an der Neuordnung der Landesverwaltung.

Turgot, Anne Robert Jacques, baron de l'Aulne (Paris 1727 – Paris 1781), Physiokrat, Finanzminister Louis' XVI von August 1774 – Mai 1776.

Vergniaud, Pierre Victurien (Limoges 1753 – Paris 1793), Anwalt in Bordeaux, Mitglied der Legislative und des Konvents, gehörte zur Führungsriege der *Girondins*, neben Mirabeau und Robespierre einer der bedeutendsten Redner der Revolution.

ZU DEN ABBILDUNGEN

Erstes Buch

Zweites Buch

S. 191 *(oben links)*: Honoré Gabriel V. de Riqueti, Comte de Mirabeau: Erich Lessing/akg-Images, Berlin; *(oben rechts)*: Emmanuel J. Sieyès (Litographie von F. S. Delpech, 1825): akg-images, Berlin; *(unten links)*: Charles M. Talleyrand (Lithographie von F. S. Delpech, 1832): akg-images, Berlin; *(unten rechts)*: Jean-Joseph Mounier, Prince de Bénévent (Kreidelithographie von H. J. Hesse, 1825): akg-images

S. 211 «Le Serment de La Fayette à la fête de la Fédération, le 14 juillet 1790». Französische Schule (Ende 18. Jh.). Roger-Viollet/ullstein bild, Berlin

S. 237 «Arrestation du Roi et de la famille Royale à Varennes». Radierung. Source gallica/Bibliothèque nationale de France, Paris

Drittes Buch

S. 269 «Portraits des principaux personnages de la Révolution» (1794). Source gallica/Bibliothèque nationale de France, Paris

S. 271 «Recrue Patriotique allant à la Guerre pour soutenir les Jacobins et les Feuillants». Radierung (1792). Source gallica/Bibliothèque nationale de France, Paris

S. 301 «Journée du 10 Aout 1792» von Ch. Monnet. Source gallica/Bibliothèque nationale de France, Paris

S. 331 «Ecce Veto: Louis Capet le Charles IX du 18.me siècle». Radierung (1793). Source gallica/Bibliothèque nationale de France, Paris

S. 335 *(oben links)*: Marguerite-Élie Guadet (Kupferstich von L. B. Mauduison): bpk – Bildagentur für Kunst, Kultur und Geschichte, Berlin; *(oben rechts)*: Pierre-V. Vergniaud (Lithographie von N. E. Maurin, um 1830): akg-images, Berlin; *(unten links)*: Jean Paul Marat (Lithographie von H. Grevedon, 1824): akg-images, Berlin; *(unten rechts)*: Jacques-Pierre Brissot de Warville (Kupferstich): bpk – Bildagentur für Kunst, Kultur und Geschichte, Berlin

S. 367 «Sitzung des Mainzer Jakobinerclubs 1792». (Kupferstich): Reiss-Engelhorn-Museen Mannheim, Foto: Carolin Breckle

S. 389 «Le Crible de la Révolution». Radierung (1792). Source gallica/Bibliothèque nationale de France, Paris

Viertes Buch

S. 421 «Robespierre guillotinant le bourreau après avoir fait guillot.r. tous les Français…». Radierung (1794). Source gallica/Bibliothèque nationale de France, Paris

S. 423 «Unité. Indivisibilité ou de la République Liberté. Egalité. Fraternité ou la Mort». Holzschnitt (1793-1794). Source gallica/Bibliothèque nationale de France, Paris

S. 451 «Interieur d'un Comité révolutionnaire sous le régime de la Terreur». Radierung von P.-G. Berthault und C. N. Malapeau (1802). Source gallica/Bibliothèque nationale de France, Paris

S. 479 «Les noyades de Nantes». (Radierung). Source gallica/Bibliothèque nationale de France, Paris

S. 483 *(oben links)*: Maximilien F. I. de Robespierre (Gemälde, um 1790): akg-images, Berlin; *(oben rechts)*: Louis Antoine Leon de Saint-Just (Gemälde von E. V. d'Auteroche): RMN-Grand Palais/bpk – Bildagentur für Kunst, Kultur und Geschichte, Berlin; *(unten links)*: Lazare Nicolas M. Carnot (Punktierstich von Ch. A. Forestier, undat.): akg-images, Berlin; *(unten rechts)*: Bertrand Barère de Vieuzac (Gemälde von J.-L. Laneuville, 1793/94): akg-images, Berlin

S. 503 «Le Peuple Français, Où le régime de Robespierre». Radierung von A. Chataignier. Source gallica/Bibliothèque nationale de France, Paris

S. 537 «Danton wird zur Hinrichtung geführt». Rote Kreide auf Papier von P. A. Wille, 1794. Musée de la Ville de Paris, Musée Carnavalet, Paris/ Giraudon/Bridgeman Images

Fünftes Buch

S. 577 «Ouf!». Musée de la Révolution Française – Inv.Nr. L90.18.4, Vizille (Frankreich)

S. 579 «L'ami de la justice et de L'humanité. Peuple Français Peuple de Frères!». Radierung (1797). Source gallica/Bibliothèque nationale de France, Paris

S. 609 «Attaque de la Convention nationale: journée mémorable du 13 vendemiaire…». Radierung (1802). Source gallica/Bibliothèque nationale de France, Paris

S. 639 «Vieux rentier et vieux pensionaire sur le chemin de Bicetre en 1797: l'un avec son inscription, l'autre avec son brevet de pension». Radierung (1797). Source gallica/Bibliothèque nationale de France, Paris

S. 643 *(oben links)*: Paul-F.-J.-N. Comte de Barras (Lithographie): IAM/akg-images, Berlin; *(oben rechts)*: Napoleon I. Bonaparte als General (Gemälde von L. A. G. Bacler d'Albe, um 1796/97): Laurent Lecat/ akg-images, Berlin; *(unten links)*: Lucien Bonaparte (Kreidelithographie von Z. Belliard): akg-images, Berlin; *(unten rechts)*: François-Noël G. Babeuf: Public Domain

S. 669 «Le Triomphe des Armées Françaises». Radierung von A. M. Monsaldy und J. B. Poirson (1798). Source gallica/Bibliothèque nationale de France, Paris

S. 699 «Séance du Corps-Législatif à l'Orangerie de St. Cloud, Apparition de Bonaparte et Journée libératice du 19 brum.re an 8». Radierung von Ch.-M. Descourtis (1800). Source gallica/Bibliothèque nationale de France, Paris

Leider war es nicht in allen Fällen möglich, die Inhaber der Rechte zu ermitteln. Wir bitten deshalb gegebenenfalls um Mitteilung. Der Verlag ist bereit, berechtigte Ansprüche abzugelten.

PERSONENREGISTER